LE GUIDE VERT

Indonésie

ÉCOUPAGE GÉOGRAPHIQUE DU
UIDE SUR LA CARTE CI-CONTRE

L'équipe du Guide Vert Michelin, de gauche à droite :
Camille Bouvet, Denis Rasse, Natacha Brumard, Amaury de Valroger, Lucie Fontaine, Philippe Orain, Florence Dyan, Catherine Guégan, Hervé Dubois, Fiona Lale, Hélène Payelle, Marie-Pierre Renier, Éric Boucher, Véronique Aissani, Marie Simonet, Carole Diascorn, Jérôme Lévêque, Marion Capéra, Pascal Grougon, Dominique Auclair.

Édito

Redonner du sens au voyage en prenant son temps et dans un plus grand respect de l'environnement, voilà ce à quoi devraient ressembler nos déplacements d'aujourd'hui.

Alors, ralentissons le pas pour nous imprégner en profondeur de la richesse des lieux que nous traversons et des gens que nous rencontrons. Laissons-nous surprendre et réapprenons à nous étonner de tout ce qui se trouve sous nos yeux, en ville ou à la campagne, sur un chemin de traverse, loin de chez nous ou juste au bout de la rue.

L'Indonésie est une destination magnifique, riche de milliers de sites naturels, villages, temples, îles, volcans... sans oublier les femmes et les hommes qui font vivre ces patrimoines et leurs traditions d'exception. Autant de lieux incontournables ou insolites, connus ou confidentiels, que l'équipe du Guide Vert Michelin a cherchés et dénichés pour vous au cours de ses innombrables tournées sur le terrain.

Cette nouvelle édition du Guide Vert Michelin a été entièrement mise à jour. En complément des sites étoilés ★★★, nos auteurs ont également souhaité partager avec vous leurs itinéraires, leurs infos pratiques, leurs plus belles expériences de slow tourisme ainsi que leurs coups de cœur pour des adresses qui s'engagent dans une démarche écoresponsable, signalées au fil des pages par le symbole .

À votre tour de faire le plein de beau, de bon et de rencontres.
Et vos meilleurs moments de voyage seront peut-être publiés dans la prochaine édition !
#coupsdecoeurGuideVertMichelin

Bon voyage en Indonésie !

Philippe Orain,
Directeur du Guide Vert Michelin

Sommaire

Retrouvez nos carnets d'adresses à la fin de chaque chapitre

COMPRENDRE L'INDONÉSIE

pawopa3336/Getty Images Plus

NicolasMcComber/Getty Images Plus

ORGANISER SON VOYAGE

Nos incontournables

★★★

Lac et caldeira du mont Batur

Logé dans le cratère du mont Batur, à 1000 m d'altitude, le plus grand lac de **Bali** fait miroiter les reflets du ciel sur ses eaux cristallines. Les amateurs de panorama profitent ici de l'un des paysages les plus grandioses de l'île. **Voir p. 322.**

F. Guiziou/hemis.fr

T. et B. Morandi/hemis.fr

★★★

Yogyakarta

Capitale spirituelle de **Java**, la ville a conservé ses croyances animistes ancestrales, mêlées au Coran. Mais « Jogja », comme on l'appelle, est aussi une ville moderne bouillonnante de vie et de créativité, où ateliers de batik, colporteurs et tricycles côtoient les graffs muraux et les galeries d'art branchées. **Voir p. 118.**

Cultura / hemis.fr

★★★

Borobudur

Au centre de **Java**, le sanctuaire bouddhique de Borobudur trône majestueusement depuis plus d'un millénaire au cœur d'une nature luxuriante. Cette montagne sacrée en forme de mandala symbolise le cosmos. **Voir p. 147.**

★★★

Pantai Mawun

Sable blanc, eau turquoise : cette superbe plage au sud de **Lombok** est un paradis à savourer ! Seule sa voisine, **Tanjung Aan**, tout aussi belle, lui fait un peu d'ombre... **Voir p. 383.**

Bicho_raro/Getty Images Plus

S. Baldini/age fotostock

★★

Pura Taman Ayun

Situé à l'ouest d'Ubud, voici l'un des temples les plus révérés de **Bali**. Niché au sein de romantiques jardins agrémentés de canaux et d'un bassin où flottent des lotus, ce sanctuaire abrite une pagode aux onze toits dédiée aux divinités ancestrales du royaume Mengwi. **Voir p. 232.**

Nos incontournables

★★★

Maisons et rites du pays Toraja

Situé dans une région montagneuse de l'île de **Sulawesi**, le pays Toraja a conservé ses étonnants rituels religieux et ses immenses maisons aux toits en forme de bateaux. Les défunts sont honorés par des sacrifices de buffles et de cochons.
Voir p. 511.

P. Seux/hemis.fr

★★

Rizières autour d'Ubud

Les rizières en terrasse et leur mosaïque de tons verts font la splendeur de **Bali**, où la culture du riz rythme la vie des villages depuis des siècles. Conservatoire des traditions balinaises, la région d'Ubud a su préserver ses charmes envoûtants.
Voir p. 276.

C. Moirenc/hemis.fr

benito_anu/Getty Images Plus

T. et B. Morandi/hemis.fr

★★

Île de Belitung

Au sud-est de **Sumatra**, cette île, encore peu connue, est un petit paradis ! Notamment Tanjung Tinggi, une anse féérique, dont les cocotiers et les blocs de granit argentés rivalisent avec les plus belles plages des Seychelles. **Voir p. 480.**

★★★

Mont Bromo

L'ascension du plus beau volcan d'Indonésie, à l'est de l'île de **Java**, figure parmi les musts d'un voyage dans l'archipel. Là-haut, au soleil levant, la beauté du paysage est à couper le souffle. **Voir p. 194.**

M. Bilbao/age fotostock

★★★

Pays Ngada

Accrochés aux pentes du volcan Inerie, les villages du peuple Ngada, au sud de l'île de **Flores**, dressent leurs maisons de chaume et de bambou autour d'une vaste esplanade où reposent les ancêtres. Tandis que les femmes tissent les ikats, les hommes travaillent aux champs. **Voir p. 405.**

Nos coups de cœur

Archipel de Karimunjawa, au nord de Java.
mazzzur/Getty Images Plus

TOP 5
Animaux étonnants

1. Le mola-mola à Nusa Lembongan, Bali (p. 265)
2. Le tarsier à Belitung, Sumatra (p. 480)
3. Les dragons de Komodo à Flores (p. 394)
4. Les langurs de Thomas au parc de Gunung Leuser, Sumatra (p. 444)
5. Les calaos et babiroussas au parc du Lore Lindu, Sulawesi (p. 532)

Un calao à cimier sur l'île de Sulawesi.
feathercollector/Getty Images Plus

❤ **Avoir la chair de poule** en admirant la grâce des danseuses balinaises qui, habillées d'or, de fleurs et de soieries, exécutent, dans des mouvements précis des mains et yeux, le *legong*, ballet des nymphes célestes, au son d'un orchestre de gamelan. Donnés jadis dans les palais pour les princes, les spectacles ont lieu régulièrement le soir à Ubud. **Voir p. 288.**

❤ **Découvrir l'art des anciens royaumes** hindous et bouddhistes de Java et Sumatra, ainsi que les traditions des multiples ethnies de l'archipel, en parcourant les très riches collections du musée national de Jakarta. Ne ratez pas la salle du trésor de Wonoboyo et ses bols d'or finement ciselés de scènes tirées du *Ramayana*. **Voir p. 58.**

❤ **Vagabonder dans la verdure** des plantations de thé, des jardins botaniques et des forêts équatoriales primaires, dans la région de Bogor et des parcs nationaux, à l'ouest de Java. **Voir p. 84.**

❤ **Naviguer d'îlot en îlot,** à la découverte de plages et récifs coralliens magnifiques, sur l'archipel de Karimunjawa, encore préservée du tourisme de masse. En fin de journée, on contemple le coucher de soleil sur une colline, avant d'aller festoyer de poissons et crustacés grillés sur la place du village. Simple comme le paradis ! **Voir p. 168.**

Danseuses balinaises.
Bicho_raro/Getty Images Plus

Nos coups de cœur

Sur la plage de Kuta à Bali.
R H Productions/robertharding/age fotostock

❤ **Se baigner avec les poissons à Bunaken,** au nord de Sulawesi, un parc national qui recèle de vertigineux tombants sous-marins. Au milieu des coraux évoluent des dizaines de tortues et des nuages de poissons colorés. On croise même parfois des dauphins et baleines. **Voir p. 546.**

Concert de gamelan à Bali.
mazzzur/Getty Images Plus

❤ **Assister à un concert de gamelan ou s'initier au batik,** à Ubud, refuge des artistes et des traditions culturelles de l'île de Bali. **Voir p. 288.**

❤ **Embarquer sur une pirogue** pour contempler les pains de sucre karstiques qui se dressent au-dessus des rizières à Rammang-Rammang, au sud de Sulawesi. Un paysage féerique. **Voir p. 499.**

❤ **Surfer sur les point breaks** de la péninsule de Bukit, au sud de Bali. Les novices iront plutôt s'initier à Kuta, le repaire des fêtards. **Voir p. 250 et 245.**

Un porteur de soufre sur le volcan Kawah Ijen, à l'est de Java.
B. Gardel/hemis.fr

Plongée à Sulawesi.
ifish/Getty Images Plus

TOP 5
Les plus belles plongées

1. Les raies manta à Nusa Penida, Bali (p. 266)
2. Bunaken et le cap Bira, Sulawesi (p. 546 et p. 505)
3. L'épave du Liberty à Tulamben, Bali (p. 310)
4. Le parc de Komodo, Flores (p. 394)
5. L'archipel des Gili, Lombok (p. 368)

❤ **Rouler à scooter** ou à vélo autour de l'île de Samosir, au milieu du lac Toba. Véritable mer intérieure, né de la colère d'un volcan, cet immense lac de cratère étale ses eaux d'un bleu profond à 900 m d'altitude. Ses rives sont ponctuées de splendides villages batak, d'anciens palais et tombeaux royaux. Sur Samosir se cachent de paisibles hôtels au bord de l'eau.
Voir p. 452.

❤ **Traquer les étranges flammes bleues** qui fusent durant la nuit, au milieu de vapeurs spectrales, des parois du volcan Kawah Ijen, à l'est de Java. Durant l'ascension, les randonneurs croisent de courageux mineurs, charriant sans répit sur leurs épaules des blocs de soufre arrachés au cratère, en dépit des nuages toxiques qui s'échappent de la fournaise.
Voir p. 199.

Nos coups de cœur

Orang-outan à Bukit Lawang, Sumatra.
R. Harding/hemis.fr

❤ **Aller à la rencontre des orangs-outans** à Bukit Lawang, dans le parc national de Gunung Leuser, à Sumatra, ces grands singes roux qui partagent 97 % du génome humain. Une légende indonésienne dit qu'ils parlent mais préfèrent se taire pour ne pas être forcés de travailler… **Voir p. 444.**

❤ **Purifier son karma au Pura Besakih,** le temple le plus sacré de Bali, perché à 1000 m d'altitude au pied du mont Agung, associé à la trilogie hindoue : Shiva le destructeur, Brahma le créateur et Vishnu le protecteur. Admirez la vingtaine de sanctuaires qui compose le site. **Voir p. 319.**

Pura Besakih à Bali.
imageBROKER/hemis.fr

TOP 5
Volcans fascinants

1. **Bromo, Java** (p. 196)
2. **Mont Batur, Bali** (p. 322)
3. **Rinjani, Lombok** (p. 375)
4. **Kelimutu, Flores** (p. 415)
5. **Kawah Ijen, Java** (p. 199)

Mont Rinjani à Lombok.
pawopa3336/Getty Images Plus

❤ **Partager la culture ancestrale des Mentawaï,** baptisés « hommes-fleurs », sur l'île de Siberut, au large de Padang, à Sumatra. Durant quelques jours, on dort et partage les repas de *sagou* dans *l'uma*, la longue maison clanique ; on crapahute dans la jungle pour chasser singe et sanglier à l'arc et récolter des plantes médicinales ; l'on assiste aux rites animistes menés par les *sikerei* (chamanes) vêtus d'un pagne en écorce et le corps tatoué, des fleurs d'hibiscus dans les cheveux, crapotant une cigarette roulée dans une feuille de bananier. Une initiation à la simplicité auprès d'un peuple qui vit en harmonie avec la forêt. **Voir p. 466.**

❤ **S'émerveiller devant les rizières en terrasse** qui ondulent à l'horizon, occupant le moindre mètre carré à flanc de montagne dans le pays Manggarai près de Ruteng à Flores. Verdoyant paysage modelé par l'homme, ces rizières sont découpées en parcelles qui semblent former d'insolites toiles d'araignée. **Voir p. 401.**

❤ **Assister au lever du soleil** à Borobudur, le plus grand mandala bouddhiste du monde, quand la brume baigne encore les stupas, avant l'arrivée des foules. **Voir p. 147.**

Rizières près de Ruteng, à Flores.
M. Bilbao/age fotostock

Nos coups de cœur

Un rhinocéros dans le parc national d'Ujung Kulon, sur l'île de Java.
Minden/hemis.fr

❤ **Partir en expédition** dans la jungle du parc national d'Ujung Kulon, à l'ouest de Java, refuge d'une faune sauvage extraordinaire, dont le rhinocéros unicorne de Java. **Voir p. 81.**

❤ **Se couper du monde** dans le paradis des îles Togian, à Sulawesi, à bouquiner dans un hamac sous les cocotiers, visiter les villages Bajo, les gitans de la mer, et nager dans les eaux turquoise. **Voir p. 535.**

❤ **Nager dans l'eau émeraude** de la rivière du Green Canyon à Pangandaran, à l'ouest de Java, dans un décor d'une beauté à couper le souffle. **Voir p. 106.**

❤ **Faire du snorkeling** dans les eaux claires et poissonneuses des îles Gili, à Lombok. **Voir p. 368.**

❤ **Tester les plats épicés** des restaurants padang, au lait de coco, piment ou curry, servis dans de nombreuses villes, dont Bukittinggi à Sumatra. **Voir p. 461.**

❤ **Randonner en vallée de Harau,** au milieu de rizières et des cascades dévalant des parois abruptes. On est ici au pays Minangkabau à l'ouest de Sumatra, la terre d'un groupe ethnique musulman matrilinéaire. Leurs maisons arborent des toits pointus comme les cornes du buffle d'eau qui labourent les rizières. **Voir p. 477.**

Temple de Borobudur, à Java.
NicolasMcComber/Getty Images Plus

TOP 5
Temples, sanctuaires et nécropoles

1. Borobudur, Java (p. 147)
2. Prambanan, Java (p. 153)
3. Pura Uluwatu, Bali (p. 249)
4. Site funéraire de Lemo, Sulawesi (p. 521)
5. Pura Tanah Lot, Bali (p. 232)

Archipel des Togian, à Sulawesi.
I. Peupelmann/Novarc Images/age fotostock

Et vous, quels sont vos plus beaux souvenirs de voyage ?

Partagez-les nous sur Instagram ! Vous serez peut-être sélectionnés pour une publication dans une prochaine édition en mentionnant le # : **#coupsdecoeurGuideVertMichelin**

Nos itinéraires

10 jours

Le meilleur de Bali

En bref : pour un premier contact avec l'Indonésie, tout en douceur.

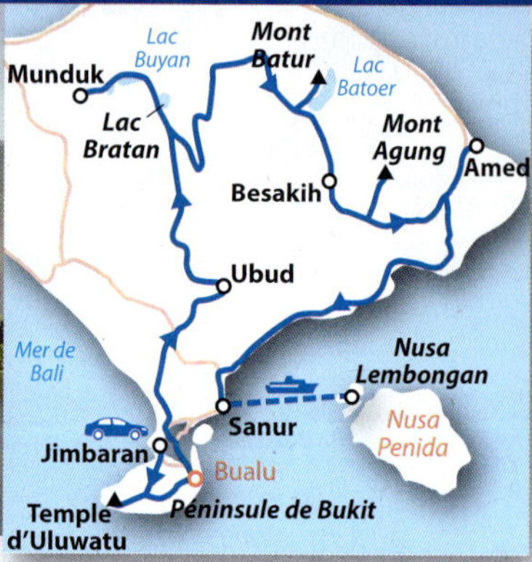

HonzaHruby/Getty Images Plus

Péninsule de Bukit — J-1

Profitez des plages de Jimbaran (**p. 250**), de Suluban, et de Benoa et visitez le temple d'Uluwatu. Nuit à Jimbaran.

Ubud — J-2 à 4

Rejoignez la capitale culturelle de l'île, Ubud (**p. 270**). Prévoyez une journée à Ubud et 2 jours pour les sites des environs, avec, si possible, une matinée rafting dans la gorge de l'Ayung.

Lac Bratan — J-5

Circuit du lac Bratan (**p. 294**) depuis Sangeh, avec les temples de Luhur Batukaru et Ulun Danu Bratan, puis nuit à Munduk.

Mont Batur — J-6

Gagnez Penelokan et la caldeira du Batur (**p. 322**), baignez-vous dans les sources chaudes à Toya Bungkah et passez une nuit sur place (**p. 327**).

Mont Agung — J-7

Ascension matinale du mont Batur, puis route sur les flancs du mont Agung et visite du temple de Besakih (**p. 319**). Nuit à Amed.

Côte Est — J-8

Deux options : une sortie plongée à Tulamben ou à Amed (**p. 310**), ou bien un circuit de Tirtagangga (**p. 309**) à Klungkung (**p. 303**). Nuit à Klungkung ou Padangbai.

Nusa Lembongan — J-9

Le matin, laissez votre véhicule à Sanur et prenez le bateau pour Nusa Lembongan. Farniente sur la plage et nuit sur l'île (**p. 265**).

Retour — J-10

Visite du temple de Tanah Lot (**p. 232**), shopping à Denpasar ou à Kuta avant le départ de Bali.

Conseils : louez une petite voiture, adaptée aux routes étroites (conduite à gauche). Si vous n'êtes pas trop chargé, un scooter revient moins cher, mais conduisez avec beaucoup de prudence dans le trafic routier des grosses agglomérations.

21 jours

Flores, Lombok, Bali

En bref : combiné d'exploration itinérante et de farniente balnéaire.

Goddard_Photography/Getty Images Plus

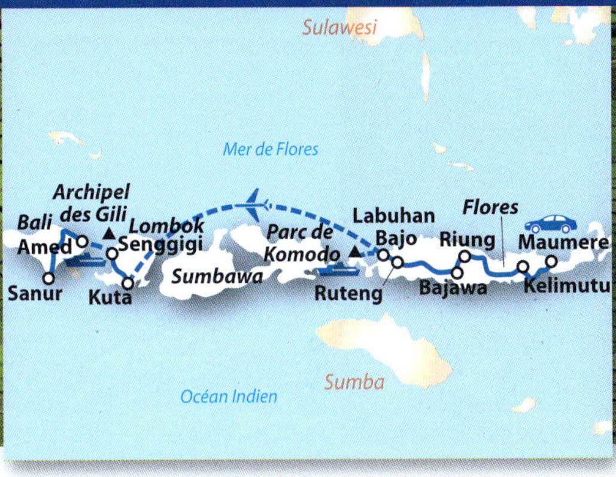

Maumere J-1

Arrivé sur l'île de Flores, commencez par visiter le pays Sikka (**p. 420**). Nuit à Moni.

Kelimutu J-2 & 3

Explorez le pays Lio (**p. 413**). Nuit à Ende.

Riung J-4 & 5

Faites une minicroisière dans les îles Tujuhbelas (**p. 410**).

Bajawa J-6

Visite du pays Ngada (**p. 405**). Nuit à Bajawa.

Ruteng J-7

Découvrez le pays Manggarai (**p. 401**).

Labuan Bajo J-8 à 11

Excursion dans les îles de la baie (**p. 393**), dans le parc de Komodo et sur l'île de Rinca. Vol Labuan Bajo-Lombok.

Kuta Lombok J-12 & 13

Rejoignez les plages de la côte sud et le village de Sade (**p. 384**). Nuit à Kuta. Le jour suivant, route vers le nord, par Mataram. Nuit à Senggigi.

Senggigi J-14

Balade sur la côte nord-ouest : Senggigi, Pura Batu Bolong, Mangsit. Seconde nuit à Senggigi (**p. 361**).

Gili J-15 & 16

Bateau pour l'une des trois îles de l'archipel. Gili Air (ambiance familiale) Gili Meno (esprit nature) ou Gili Trawangan (la plus festive) (**p. 368**).

Bali Est J-17

Speedboat pour Amed sur Bali, plongée et nuit sur place (**p. 310**).

Bali Centre J-18 à 20

Découvrez le mont Batur et Ubud (voir circuit page ci-contre).

Bali Sud J-21

Sanur ou Jimbaran (**p. 255 et p. 250**).

Conseils : louez une voiture avec chauffeur à Florès, sans chauffeur à Lombok. Pour Bali, prenez des taxis.

Nos itinéraires

21 jours

Java, Bali, Sulawesi

En bref : une traversée de trois grandes îles pour s'immerger dans toute la diversité de l'archipel.

Valery Bocman/Getty Images Plus

Yogyakarta — J-1 & 2

Le premier jour, baladez-vous dans la ville (**p. 118**) en visitant la Grand Mosquée et le palais Taman Sari puis flânez sur Jalan Malioboro et passez-y la soirée. Le lendemain, visitez le quartier du kraton et le musée Sono Budoyo. Transfert et nuit près de Borobudur.

Borobudur — J-3

Visite du temple (**p. 147**) puis du Candi Mendut. Retour l'après-midi à Yogyakarta. Spectacle de danse ou de marionnettes en soirée, ou si possible du *Ramayana* à Prambanan (**p. 159**).

Prambanan — J-4

Visite des temples de Prambanan (**p. 153**), puis transfert dans l'après-midi à Solo et nuit sur place.

Solo-Tosari — J-5

Visite matinale du kraton de Solo (**p. 160**), puis des temples Candi Sukuh et Candi Ceto (**p. 164**). Longue route pour Tosari (**p. 197**), où vous passez la nuit.

Mont Bromo — J-6

Départ avant l'aube, en jeep, pour assister au lever du soleil sur la caldeira du Tengger depuis le mont Penanjakan, et montée au mont Bromo (**p. 194**). Route vers l'est et nuit à Bondowoso.

Kawah Ijen — J-7

Ascension matinale du volcan (**p. 199**). Transfert à Banyuwangi, puis ferry vers Bali. Nuit à Permuteran.

Pulau Menjangan — J-8

Journée bateau et snorkeling dans le parc maritime (**p. 345**), puis nuit à Lovina Beach (**p. 331**).

Lovina Beach et la côte nord — J-9 & 10

Sortie en mer pour voir les dauphins, puis le lendemain, visite de Pura Beji, Singaraja et Gitgit. Nuit à Munduk (**p. 298**).

Lac Bratan J-11 & 12

Prenez un canot sur le lac Bratan (**p. 294**) et visitez les temples Ulun Danu Bratan et Luhur Batukaru. Nuits au bord du lac et à Ubud..

Ubud J-13 à 15

Visitez les environs d'Ubud : villages d'artisans, temples, musées (**p. 276**). Puis rejoignez l'aéroport de Denpasar pour un vol en soirée vers Makassar.

Rantepao J-16

Vol Makassar-Mengkendek le matin, puis route vers Rantepao (**p. 511**).

Pays Toraja J-17 & 18

Sites, villages et cérémonies (**p. 511**).

Cap Bira J-19 & 20

Vol Mengkendek-Makassar le matin, puis route vers le cap Bira, où l'on reste le jour suivant pour un peu de farniente balnéaire (**p. 505**).

Jakarta J-21

Route cap Bira-Makassar et retour en avion Makassar-Jakarta.

Rue de Yogyakarta, sur l'île de Java.
uskarp/Getty Images Plus

Conseil : pour votre confort, il vaut mieux passer par une agence de voyages locale et disposer sur chaque île d'une voiture de location avec chauffeur. À Bali, vous pouvez recourir aux services de Balicab. Vous pouvez bien sûr utiliser les bus et taxis locaux pour organiser ce circuit, mais la logistique impose alors de prévoir quelques jours supplémentaires.

Village du pays Toraja à Sulawesi.
fbxx/Getty Images Plus

Nos itinéraires

21 jours

Java, Sumatra

En bref : un itinéraire hors des sentiers battus, sur les deux principales îles de l'archipel.

Antosetiawan/Getty Images Plus

Yogyakarta J-1 à 2

Visitez le quartier du kraton et le musée Sono Budoyo. Flânez sur Jalan Malioboro puis baladez-vous dans les marchés locaux. Assistez à un spectacle de *wayang kulit* ou à un concert de gamelan en soirée (**p. 118**).

Borobudur J-3

Visite matinale du temple, puis du Candi Mendut (**p. 147**), balade en carriole dans la campagne alentour, puis retour à Yogyakarta.

Prambanan J-4

Visite du Candi Prambanan (**p. 153**), mais aussi des temples des groupes nord, sud et ouest. Assistez si possible au ballet du *Ramayana* en soirée. Nuit à Yogyakarta.

Cipanas J-5

Prenez la très belle route de Yogyakarta à Cipanas (**p. 105**), en passant par Pangandaran (**p. 106**), le village-musée de Kampung Naga et Garut. Passez la nuit à Cipanas.

Bandung et le pays Sunda J-6

Visitez le centre-ville (**p. 95**) puis les plantations de thé au sud de la ville (vallée de la Cisangkuy ou vallée de la Ciwidey). Nuit à Bandung.

Bogor et les parcs nationaux J-7 & 8

De Bandung, excursion au volcan Tangkuban Perahu, puis vous rejoignez le parc national du Gede Pangrango et les plantations de thé du col de Puncak. Nuit à Cibodas ou Puncak. Le lendemain, visitez le Taman Safari Indonesia, le jardin botanique de Bogor et le village de Ciptarasa. Nuit à Bogor (**p. 84**).

Jakarta-Padang J-9

Transfert à l'aéroport de Jakarta, d'où l'on s'envole pour Padang (**p. 459**), à l'est de Sumatra. Balade dans le vieux quartier chinois et nuit sur place..

Île de Siberut J-10 à 13

Bateau depuis Padang pour l'île de Siberut (**p. 465**), où l'on part vivre durant trois jours dans la jungle chez les Mentawaï. Retour le J13 en bateau pour Padang, d'où vous vous envolez en soirée pour Medan (**p. 436**).

Parc national de Gunung Leuser J-14 à 17

Aller-retour en voiture depuis Medan. Deux nuits à Bukit Lawang, pour aller à la rencontre des orangs-outans (**p. 444**).

Belitung J-18 à 20

Vol Medan-Jakarta, puis Jakarta-Belitung, où vous restez trois nuits pour profiter des plaisirs balnéaires de la côte nord-ouest de l'île, à l'écart des foules. (**p. 480**).

Jakarta J-21

Prenez l'avion pour Jakarta (**p. 46**) et profitez de votre dernière journée pour visiter les musées de la capitale et faire un peu de shopping.

Conseils : le circuit peut se faire en louant une voiture avec chauffeur (solution la plus confortable) ou bien en prenant le train (sur Java), les bus et des taxis locaux. Cette solution est certes plus économique et plus conviviale, mais elle nécessite néanmoins de prévoir quelques jours de plus pour les trajets.

Attention, pour l'île de Siberut, planifiez votre séjour en fonction des jours de traversée des bateaux. Si l'aventure vous semble trop compliquée, remplacez cette étape par un séjour dans l'île de Samosir, sur le lac Toba (p. 452) ou dans le pays Minangkabau (p. 470).

Île de Belitung, à l'est de Sumatra.
muslian/Getty Images Plus

Les éléphants dans le parc national de Gunung Leuser, sur l'île de Sumatra.
DANITA DELIMONT STOCK/Danita Delimont Agency/age fotostock

Nos spots en famille

Marina113/Getty Images Plus

Rafting dans le canyon sur la rivière Ayung.

Tout au long du guide, ce symbole vous aidera à repérer les sites ou activités qui intéresseront les enfants.

▸ **Cours de danse balinaise (Bali)**. Rien de tel qu'une initiation aux rudiments de cet art pour apprécier ensuite pleinement un spectacle et, peut-être, susciter une vocation. La grâce inégalée et les gestes millimétrés de ces chorégraphies, ainsi que leur symbolique, s'acquièrent ici dès le plus jeune âge. **Voir p. 248 (hôtel Tugu notamment).**

▸ **Descente en rafting de la rivière Ayung (Bali)**. Montée d'adrénaline assurée pour les petits lors de cette descente en pneumatique à travers la jungle. Diverses agences d'Ubud proposent des parcours à partir de 5 ans, dans des courants de classe 2, en toute sécurité. **Voir p. 275 et 288.**

Maison des masques et des marionnettes Setiadarma (Bali).
L. Serebrennikov/age fotostock

▸ **Balade ornithologique dans les rizières (Bali)**. James Mason et Wayan Sumadi, deux passionnés, proposent depuis vingt-cinq ans de découvrir l'extraordinaire variétés d'oiseaux et de papillons endémiques de l'île, au cours d'une balade dans le décor magique des rizières balinaises. Et l'on peut poursuivre l'expérience par une visite au parc ornithologique. **Voir p. 282.**

▸ **Maison des masques et des marionnettes Setiadarma (Bali)**. Bienvenue dans ce fascinant palais des dieux et des héros de bois et de cuivre du panthéon indonésien ! Effrayants, mystérieux, envoûtants, les personnages ne laissent pas les enfants indifférents. Un musée charmant dans un décor apaisant, au milieu des rizières. **Voir p. 280.**

▸ **Festival de cerf-volant à Sanur (Bali)**. Le cerf-volant est une passion indonésienne et le festival de Sanur est l'un des grands rendez-vous des amateurs. La compétition se tient en juillet sur la plage et les pièces présentées rivalisent en taille (jusqu'à 10 m de long !), de couleurs et d'extravagance. Mais les Balinais viennent s'y adonner toute l'année. **Voir p. 259.**

▸ **Face à face avec les orang-outans du parc Gunung Leuser (Sumatra).** Bukit Lawang est l'endroit rêvé pour observer ce fascinant cousin de l'homme dans son milieu naturel. L'expérience se mérite, il faut marcher un peu, mais rien de rédhibitoire pour des enfants… et la récompense vaut largement l'effort. **Voir p. 444.**

▸ **Rencontre avec les varans de Komodo (Flores).** Le seul endroit au monde où l'on peut observer un « dragon » plus vrai que nature ! Avec sa peau écaillée, sa langue bifide et ses griffes, ce gros lézard semble tout droit sorti d'un livre de légendes pour enfants. Une expérience inoubliable et sans danger. Après ça, qui pourra prétendre que les dragons n'existent pas ! **Voir p. 394.**

▸ **Lever du soleil sur le mont Bromo (Java).** La visite de ce volcan, qui compte parmi les plus beaux d'Indonésie, ne présente aucune difficulté physique… Si ce n'est qu'il faut se lever aux aurores. Voir l'immense caldeira sortir de la pénombre, avec la mer de sable, le cône parfait du Bromo et, au loin, la silhouette menaçante et majestueuse du Semeru… Un tableau parfait que l'on apprécie à n'importe quel âge. **Voir p. 194.**

▸ **Wayang au kraton de Yogyakarta (Java).** Le théâtre d'ombre javanais est bien loin des standards visuels auxquels sont habitués les enfants occidentaux, et il a de quoi les dérouter. Mais l'ambiance décontractée et populaire, les rythmes du gamelan et la voix mystérieuse du *dalang* ouvrent à une autre dimension. Tout un voyage… **Voir p. 125.**

▸ **Plongée aux Gili (Lombok) ou à Bunaken (Sulawesi).** Voir évoluer dans l'eau une tortue ou des nuées de poissons multicolores, admirer des fonds marins aux formes étranges… les fonds marins sont d'une richesse exceptionnelle à la portée d'un enfant dès qu'il sait nager et utiliser un masque et un tuba. Sans conteste, l'un des must d'un voyage dans l'archipel. **Voir p. 368 et 546.**

Vous avez vécu une super expérience en famille ?

Partagez-la nous sur Instagram ! Vous serez peut-être sélectionnés pour une publication dans une prochaine édition en mentionnant le # : **#enfamilleGuideVertMichelin**

Gibbon blanc au parc Gunung Leuser (Sumatra).
mazzzur/Getty Images Plus

Rizière près d'Amed, à Bali.
J. du Boisberranger/hemis.fr

DÉCOUVRIR L'INDONÉSIE

Java

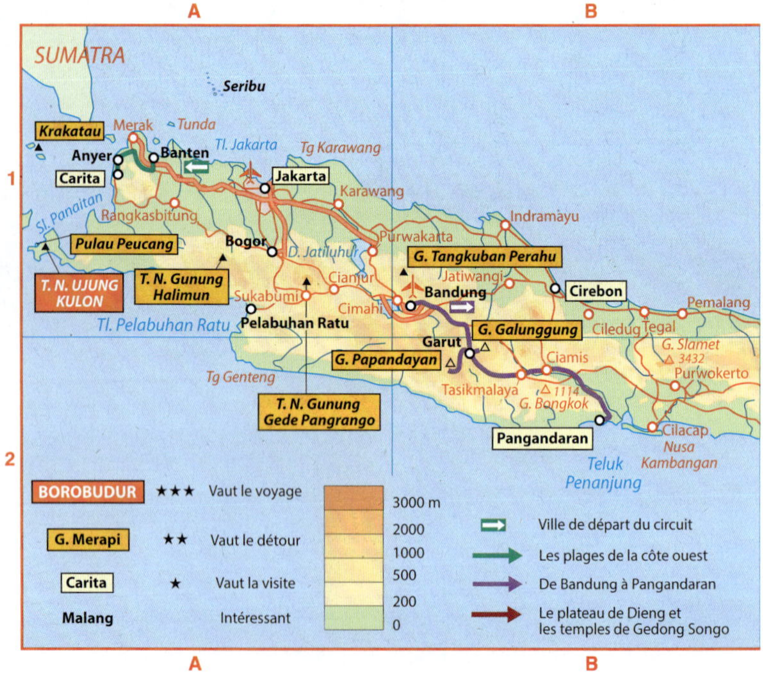

A
B
1
2
SUMATRA
Seribu
Krakatau
Merak
Tunda
Anyer
Banten
Tl. Jakarta
Tg Karawang
Carita
Jakarta
Karawang
Sl. Panaitan
Rangkasbitung
Indramayu
Purwakarta
Pulau Peucang
Bogor
D. Jatiluhur
G. Tangkuban Perahu
T. N. UJUNG KULON
T. N. Gunung Halimun
Cianjur
Jatiwangi
Sukabumi
Bandung
Cirebon
Cimahi
Pemalang
Tl. Pelabuhan Ratu
Pelabuhan Ratu
G. Galunggung
Ciledug
Tegal
Garut
G. Slamet 3432
G. Papandayan
Ciamis
Purwokerto
Tg Genteng
Tasikmalaya
1114
G. Bongkok
T. N. Gunung Gede Pangrango
Cilacap
Pangandaran
Nusa Kambangan
Teluk Penanjung
BOROBUDUR
★★★ Vaut le voyage
G. Merapi
★★ Vaut le détour
Carita
★ Vaut la visite
Malang
Intéressant
3000 m
2000
1000
500
200
0
Ville de départ du circuit
Les plages de la côte ouest
De Bandung à Pangandaran
Le plateau de Dieng et les temples de Gedong Songo

1

C
D
JAVA
0
80 km
LAUT JAWA
Bawean
Karimunjawa
1
G. Muria
1602
Tayu
Teluk
Rembank
Pati
Rembang
Semarang
Gedong
Songo
G. Merapi
Tuban
Cepu
Lamongan
Pulau Madura
Arosbaya
Bangkalan
Ambunten
Sumenep
Sapudi
Raas
Pamekasan
Gresik
Surabaya
Sidoardjo
Bangil
Selat Madura
Dieng
2911
Solo (Surakarta)
Candi Cetho
Candi Sukuh
Trowulan
Malang
Batu
G. Butak
2868
2700
2392
3676
G. PENANJAKAN
G. BROMO
G. SEMERU
Bondowoso
T.N.
Baluran
KAWAH IJEN
Banyuwangi
BALI
2
Selat Bali
PRAMBANAN
YOGYAKARTA
Purwodadi
BOROBUDUR
Ponorogo
Tulungagung
Blitar
Teluk
Dempar
Nusa
Barung
Teluk
Grajakan
LAUTAN HINDIA
N

Grand angle

Population : le melting-pot javanais

Java représente 7 % du territoire mais concentre près de 56 % de la population totale (151,6 millions de personnes selon le recensement de 2020), soit une des **densités les plus élevées au monde** (1 364 hab./km² contre 141 hab./km² pour l'ensemble de l'archipel). La province de Java Ouest atteint 1 319 hab./km² (contre 4 hab./km² en Papouasie méridionale !) ; beaucoup de communes rurales de l'île comptent plus de 2 500 hab./km², densités inégalées au monde. On dépasse même les 15 000 hab./km² à Jakarta. Les rares zones à faible densité sont les plateaux d'altitude ou les massifs forestiers situés aux extrémités occidentale et orientale, ainsi que le long de la côte sud de Java Ouest.

Un taux d'urbanisation élevé

Le surpeuplement de Java est un phénomène récent, car l'île ne comptait que 28 millions d'habitants au début du 20e s. La fertilité exceptionnelle de la terre a engendré les premières infrastructures nécessaires à son exploitation. Java est vite devenue un puissant aimant attirant main-d'œuvre et entreprises dans un cercle vertueux. Un temps. Car l'exode rural engendre toujours à plus ou moins long terme un taux d'urbanisation qui croît aux dépens des terres arables et nourricières, remettant en cause l'autarcie alimentaire.

En 1985, Java concentrait près de 70 % de la population urbaine indonésienne – l'île compte le nombre le plus important de grandes villes. Outre Jakarta, 3e plus grande métropole du monde et première d'Asie du Sud-Est avec plus de 30 millions d'habitants, trois villes javanaises dépassent le million d'habitants : Surabaya (3 millions), Bandung (2,7 millions) et Semarang (2 millions). Le gouvernement a donc décidé de combattre cette densité démographique et son inégale répartition. Avec la mise en œuvre, à partir des années 1970, d'un programme de planning familial prônant la contraception, le taux de fécondité est passé de 3,1 enfants par femme en 1990 à 2,2 en 2020.

En revanche, le programme de **transmigration** visant à déplacer des habitants de Java vers les îles périphériques moins peuplées n'a pas eu le résultat escompté. Le dynamisme économique de Java favorise toujours l'exode rural.

Le projet de transfert de la capitale à Kalimantan, dans une nouvelle cité créée ex-nihilo et baptisée Nusantara, a pour but de désengorger Jakarta, mais aussi de remédier à ce déséquilibre. Par ailleurs, les lois d'autonomisation régionale qui, depuis 1999, privilégient les populations locales et les retards d'infrastructures dont souffrent nombre de régions périphériques (mouvements indépendantistes en Papouasie, violences inter ethniques au Kalimantan ou inter religieuses aux Moluques) n'encouragent pas les Javanais à migrer, ni spontanément ni avec des subventions d'État.

Les peuples de Java

L'île compte plusieurs ethnies *(suku)* qui se distinguent par la langue, l'histoire et la culture mais partagent la même cellule sociale de base : le village *(desa)*. Sous l'effet de la globalisation et de l'islamisation, les différences tendent cependant à s'estomper.

Les Javanais

Formant près des deux tiers de la population de l'île, ils vivent dans la plaine centrale, la côte nord et l'est, suivant l'ancienne zone d'extension du royaume de Mataram. Yogyakarta et Solo constituent le creuset de la culture *kejawen*, tandis que le Pasisir (de Cirebon à Surabaya) garde l'empreinte des sultanats. Fière de ses arts, la première se caractérise par la prédominance d'une riziculture irriguée, héritée des grands royaumes indianisés. On y pratique un islam syncrétique, tandis que le Pasisir affiche une foi plus orthodoxe et se rattache à une tradition commerçante et urbaine.

Les Sundanais

Deuxièmes par le nombre (31 millions), ils sont installés à Java Ouest. Leur langue se rattache à celles de Sumatra et de Malaisie, mais elle a emprunté au javanais l'usage des différents niveaux de langage *(voir plus loin)*. L'interpénétration culturelle est forte avec les voisins javanais (gamelans, théâtre d'ombres, rizières irriguées...), sauf en matière religieuse, où les Sundanais manifestent une certaine orthodoxie. En outre, dans ce pays sauvage et montagneux, la hiérarchie sociale a toujours été moins marquée. Les villages kasepuhan du mont Halimun et le village-musée de Kampung Naga ont perpétué leur ancien mode de vie, mais c'est la petite communauté animiste des Badui *(voir encadré, p. 88)* qui compose la société la plus traditionnelle de Java.

Les Madurais

Originaires de Madura, île pauvre et surpeuplée, ils sont 12 millions à avoir émigré dans tout l'archipel, en particulier Java Est. Musulmans dévots, ils sont célèbres pour leur code d'honneur. Contrairement aux Javanais, les Madurais ont une âme de marin et pratiquent la pêche et l'exploitation de marais salants.

Les Osing

Au nombre de 400 000 environ, ils vivent dans l'est de l'île et sont assimilés aux Javanais. Ils n'ont guère conservé l'héritage de l'ancien royaume hindou de Blambangan. Leur particularisme culturel tend à se diluer au contact des Madurais, nombreux dans cette région. Seule une poignée d'irréductibles **Tenggers** maintient le flambeau hindouiste à Java *(voir « Le mont Bromo », p. 194)*.

Les Betawis

Au cœur de Jakarta la cosmopolite, où toutes les ethnies de l'archipel se côtoient, ils ont développé une culture particulière et possèdent leur propre langage.

Les descendants de Chinois

Les Tionghoa (2,8 millions en 2010) constituent une minorité importante, généralement urbaine. Si les traces les plus anciennes de leur passage remontent aux premiers siècles de notre ère, c'est au 13e s., à la faveur de la multiplication des échanges, qu'une communauté commence à faire souche sur la côte nord. Ils ont longtemps souffert de lois discriminantes, à l'époque coloniale et sous le régime de Suharto, qui limitait leur champ d'activité au négoce, à l'industrie et à la finance. Une loi de 2006 les a rétablis dans leurs droits. Ils sont désormais considérés comme *pribumi* (indigènes), comme les autres peuples d'Indonésie. Ils représentent en tout cas le groupe ethnique le plus prospère du pays.

Niveau de langue et respect des aînés

Pilier de la société javanaise, le respect des anciens transcende à tel point les classes qu'un « nouveau riche » au volant de sa puissante voiture marquera toujours de la déférence au mendiant âgé qui le sollicitera à un feu rouge. Car la

société reste très inégalitaire, à l'image de cette langue javanaise qui ne compte pas moins de trois niveaux. Le *krama* s'applique dans les rapports avec des personnes de rang social élevé. Au stade intermédiaire, le *madya* est utilisé par les paysans et les ouvriers ou quand le *krama* semble inapproprié. Plus simple et moins formel, le *ngoko* sert dans les rapports entre individus intimes ou de même condition.
De telles subtilités obligent à une gymnastique constante, qui confine au numéro d'équilibriste quand l'interlocuteur est un inconnu. Sujets d'une affection sans limites, les enfants en bas âge apprennent très tôt les bonnes manières : à deux ans, ils s'habituent ainsi à ne pas recevoir ou donner un objet avec la main gauche, considérée comme impure dans la tradition musulmane comme dans les cultures de souche hindouiste et bouddhiste.

Le « javanisme »

Musulmane à presque 90 %, Java compte quelques minorités de chrétiens, d'hindouistes et de bouddhistes. Presque tous partagent une **spiritualité** profonde et recourent au mysticisme et à la magie. À la fois guérisseurs, exorcistes et masseurs, les *dukun* sont des maîtres des sciences occultes auxquels il est souvent fait appel, même si de telles pratiques sont de plus en plus condamnées par les courants islamiques les plus orthodoxes.
L'anthropologue Clifford Geertz (1926-2006) a distingué trois pratiques de l'islam à Java. Les villageois *(abangan)* s'adonnent à une foi populaire teintée d'animisme. Héritiers de l'ancienne aristocratie, les *priyayi*, qui occupent souvent des fonctions élevées dans l'administration, restent attachés à la tradition javanaise et ont agrégé l'islam à un fond hindo-bouddhiste. Les marchands *(santri)* affichent quant à eux des pratiques plus rigoristes. Apparue au 19e s., cette tension entre les tenants de l'orthodoxie et les défenseurs d'un islam javanisé est encore vive aujourd'hui. Mais la tradition accuse

Le temps relatif

D'une savante complexité, le **calendrier javanais** synthétise à merveille quelque deux mille ans d'histoire, puisant dans les computs indo-javanais (l'ère saka commence en 78 apr. J.-C.) et musulman (l'Hégire débute en 622 apr. J.-C.).
Parallèlement au calendrier grégorien officiel, la vieille chronométrie lunaire saka continue de régir certains aspects de la vie quotidienne. L'année pawukon (210 jours) comprend des semaines de cinq jours *(pasaran)*, selon l'ancien cycle des marchés, et de sept jours *(wuku)*, utilisées dans les rituels de divination. L'association de ces deux semaines (35 jours) régente des événements publics (cérémonies, spectacles de wayang) et privés (la combinaison de certains jours, comme *selasa kliwon*, est réputée de bon augure). Au 17e s., le calendrier javanais s'islamisa et les grandes cérémonies du palais, comme le Sekaten, furent déplacées pour correspondre aux jours saints.
Quant à l'année musulmane, elle compte 354 jours répartis en mois de 29 ou 30 jours.
Enfin, pour simplifier le tout, n'oubliez pas qu'à Java le début d'une journée se situe à la tombée de la nuit. Ainsi, *malam sabtu* (samedi soir) tombe le vendredi soir !

un net recul, en particulier parmi les classes moyennes urbanisées, qui trouvent dans le Coran une réponse identitaire à la crise spirituelle provoquée par l'irruption de la modernité.
Le centre de l'île est le creuset du *kejawen*, un syncrétisme présent à tous les niveaux de la société. Les sultans se considèrent comme les défenseurs de la foi et envoient des présents à La Mecque mais se veulent aussi les dépositaires de la mystique javanaise et se sont toujours opposés à l'émergence d'un clergé autonome et puissant. Ainsi, le **gunungan** (montagne de riz) offert aux esprits protecteurs de l'île, lors de la fête du Garebeg Maulud, jour de la naissance du Prophète, constitue aussi une offrande à Allah. Et une fois l'an, le sultan renouvelle le lien sacré et charnel qui l'unit à **Ratu Kidul**, la reine des mers du Sud, gage de fertilité du pays.
De nombreux rites de passage règlent également la vie des Javanais, pour le mariage (en quatorze étapes !), le septième mois de grossesse *(mitoni)*, la première mèche coupée d'un enfant ou la première fois qu'il touche le sol *(tedak siten)*, la circoncision, les récoltes et la mort... Le rituel le plus répandu étant le *slametan*, le repas de communion accompagné de prières.

Architecture : du candi au kraton

On connaît mal la genèse de l'architecture des premiers royaumes indianisés, à partir des 4e-5e s., car les édifices en bois n'ont pas résisté au temps. Quoi qu'il en soit, les temples en andésite bâtis à **Dieng** *(voir p. 147)* au début du 8e s. marquent une appropriation et une reformulation de l'art des Pallava (sud de l'Inde) par la dynastie hindouiste des Sanjaya. L'avènement des Sailendra, qui voit la construction du Candi Kalasan (778), renvoie les Sanjaya dans l'ombre pendant un demi-siècle, le temps d'édifier notamment le sublime mandala de **Borobudur** *(voir p. 150)*. Puis, vers 825, la renaissance hindouiste s'enrichit de nouveaux apports indiens, entre autres dans les techniques de construction qui permettent aux Sanjaya d'édifier leur œuvre maîtresse, **Candi Prambanan** *(voir p. 153)*. Cette période voit aussi fleurir des temples empruntant aux deux religions.

Les temples-montagnes

Les *candi* bâtis à Java Est sous les Kediri puis les Singosari (13e s.) ont précédé l'avènement de l'**art mojopahit**, dont l'apogée se situe au 14e s. Loin des conceptions monumentales qui ont guidé les réalisations de Java Centre, ils affichent une architecture plus intimiste. Le principe de symétrie a été abandonné au profit d'un plan où les cours se disposent en enfilade et non de manière concentrique. Aussi le sanctuaire principal ne s'ouvre-t-il plus au centre, mais au fond du périmètre sacré (Penataran).
La structure classique des temples de Java Est montre un soubassement à plusieurs niveaux, supportant une étroite cella à laquelle on accède par un escalier à balustrade. Une superstructure pyramidale coiffe l'ensemble, qui dessine une silhouette très élancée, à l'image des **Candi Jawi**, **Kidal** et **Singosari**. **Candi Jago** et le temple principal de **Penataran** offrent une variante, constituée de hautes terrasses superposées. Ces sanctuaires en forme de montagne sacrée dominèrent peu à peu dans l'architecture religieuse. Les temples- terrasses bâtis à la fin de l'ère Mojopahit (15e s.), au mont Penanggungan (ouest de Malang) et à **Candi Sukuh** illustrent un culte du temple-montagne qui puise dans le vieux fond javanais.

Au contraire des temples en andésite, les éléments d'architecture civile mis au jour à **Trowulan**, l'ancienne capitale mojopahit, sont le plus souvent en brique rouge. Les splendides porches fendus, composés de deux éléments latéraux indépendants, sans linteau ni arche de liaison, ne sont pas sans évoquer l'architecture balinaise.

Mosquées d'antan et d'aujourd'hui

Même si les emprunts à l'art Mojopahit sont patents, l'architecture musulmane adopte des principes différents. Il en est ainsi des premières mosquées *(mesjid)*, dotées de toits multiples (Banten, Cirebon, Demak) sur le modèle des *meru* hindous. Leur base carrée, haute et massive, rappelle les anciens temples de Java et l'emploi de la brique rouge (Kudus) évoque l'architecture Mojopahit, de même que les céramiques qui ornent certains murs extérieurs. Un petit édifice adjacent sert à la prière des femmes mais, par la suite, une simple paroi devait séparer les deux espaces.

Les **mosquées contemporaines** sont généralement précédées d'une colonnade couverte qui soutient une coupole centrale coiffant l'espace de prière. Elles reprennent les éléments traditionnels de l'architecture musulmane : *mihrab* (niche murale indiquant la direction de La Mecque), *minbar* (chaire surélevée) et minaret, pour l'appel à la prière. La prière du vendredi, la plus importante de toutes, est célébrée dans les **mesjid agung** (grandes mosquées), associées aux *kraton*.

Les kraton, des palais sacrés

Édifice emblématique, le *kraton* apparaît sous sa forme actuelle au 15e s., avec les premiers sultanats, mais il emprunte ses éléments symboliques à la tradition indo-javanaise. Lieu sacré, il ne saurait être profané : si un ennemi s'en empare, il faut en construire un autre. Bâti à l'emplacement d'un palais hindou du 15e s., le **Kraton Kesepuhan de Cirebon** est le plus ancien encore debout *(voir p. 111)*. Il est entouré d'une enceinte en brique rouge incrustée de céramiques chinoises et hollandaises, sans aucun mortier. La forme va ensuite évoluer, mais les éléments et la disposition des *kraton* de Yogyakarta et Solo apparaissent déjà. Construit sur un plan régulier, entre deux vastes esplanades carrées **(Alun-alun)**, le *kraton* forme une enfilade de cours distribuées suivant un axe nord-sud. Élément majeur de l'architecture grandiose, les **pendopo** sont des pavillons de réception ouverts, coiffés d'un toit supporté par quatre piliers.

La partie privative du palais, répartie suivant un axe est-ouest, comprend le **Sesana Sewaka**, hall d'apparat, flanqué à l'ouest du *Dalem Prabayasa*, où sont conservés les *regalia*. Cette disposition rappelle le plan des maisons traditionnelles javanaises, avec leur toit à pan coupé caractéristique.

Temples chinois et maisons-boutiques

L'**architecture chinoise** a laissé sur l'île quelques superbes bâtisses, reconnaissables à leur pignon, à leur toit en tuiles relevé sur les bords et au large auvent précédant l'entrée. Glodok (Jakarta) compte encore de nombreuses maisons-boutiques à étages, flanquées d'un balcon. Ces dernières souffrent cependant d'une absence de reconnaissance de leur valeur patrimoniale et se voient menacées par la modernisation des centres-villes. Les **kelenteng** (temples chinois), enfin, dont certains

Éventails en batik de Java.
G & R Masc/Pacific Stock/age fotostock

datent de plusieurs siècles, frappent par l'exubérance colorée de leurs décors.

Néoclassicisme à la hollandaise

C'est, avec l'architecture chinoise, l'autre apport extérieur marquant le paysage urbain javanais. Les élégants bâtiments néoclassiques à colonnades et clocheton qui embellissent parfois les anciens quartiers hollandais offrent une parfaite illustration de l'architecture hollandaise, notamment à Jakarta **(Kota)** et à Bogor **(Istana Bogor)**. Les métropoles ont en effet souvent conservé leurs vieux quartiers résidentiels (Menteng à Jakarta). Avec ses édifices **Art déco**, Bandung fait figure d'exception, car la plupart du temps les grandes villes ont subi une modernisation anarchique et sans charme. Le style grandiloquent des tours de verre et de marbre qui ont poussé à Jakarta a cependant livré quelques édifices remarquables, comme la Gama Tower, la Bakrie Tower ou l'Intiland Tower...

Art et artisanat : sacraliser le quotidien

À la cour des *kraton* comme dans les villages, le génie javanais s'attache à magnifier les objets du quotidien, comme pour révéler la parcelle de sacré qu'ils recèlent. Loin d'être figé, cet artisanat, riche de nombreux apports extérieurs, continue à se renouveler au rythme de la société.

Trésors d'artisanat javanais

Spécialité de la côte nord, la **peinture sur verre** traite sur le mode naïf des sujets empruntant à l'islam, aux mythes javanais, et même à l'histoire contemporaine. Mention doit être faite de la **poterie** et de la **sculpture** en bois, en particulier les couples *loro budoyo* symbolisant la déesse de la fertilité Dewi Sri et son époux Sadono. Traditionnellement associés aux grands rites de passage, ils trônent devant les lits nuptiaux lors des mariages. Mais l'imagination s'exprime aussi dans les objets les plus usuels : jeux, **masques**, instruments de musique, tuiles faîtières, caches de rideaux, nécessaires à bétel, ustensiles de cuisine, instruments pour couper les épis de riz *(ani-ani)*, la liste est infinie.

Les batik

Deux styles de **batik** *(voir « Étoffes des îles », p. 569)* dominent. Lumineux et chatoyants (brun, indigo, rouge, ivoire), les **batiks du Pasisir** ont subi de profondes influences extérieures. Elles sont perceptibles dans les délicats motifs floraux de Pekalongan (inspirées des céramiques chinoises et hollandaises), dans le thème bien connu « rocs et nuages » d'origine chinoise de Cirebon, ou dans les calligraphies arabes de Demak et Kudus.
Au centre de Java, en revanche, Yogyakarta et Solo produisent des pièces plus sombres (brun, blanc, indigo) dans lesquelles les motifs, toujours géométriques, répondent à des symboliques précises, souvent liées aux *kraton*.

Le kriss

Bien plus qu'une simple dague, le **kriss** constitue un objet sacré, censé renfermer l'âme de son possesseur (un dignitaire peut se faire représenter dans une assemblée par son kriss). Ce poignard à double tranchant, d'origine malaise, est doté d'une lame sinueuse au nombre de courbes impair (de 7 à 25). Les plus beaux possèdent une poignée ciselée d'ivoire ou de métal, ornée d'animaux mythiques. La tradition prête aux forgerons des pouvoirs mystiques, et le nettoyage de la lame, avec de l'eau baignée de pétales de rose, donne lieu à un rituel très précis. Superbes pièces de bois travaillé, les **porte-kriss** sont généralement peints ou sculptés à l'effigie des héros du *Ramayana* ou du *Mahabharata*.

Théâtre d'ombres, théâtre de marionnettes

Si Yogyakarta et Solo font figure de foyers culturels, nombre de régions ont développé des traditions originales, en particulier le pays Sunda. En 2008, l'Unesco a classé le *wayang* sur la liste du patrimoine immatériel de l'humanité.
Maître incontesté des arts de la scène, le théâtre d'ombres **wayang kulit** *(voir « Le wayang dans tous ses états », p. 575)* colle si bien à la mentalité et à l'esprit des Javanais que l'on ne sait plus qui, de la poupée ou du marionnettiste, manipule l'autre !
Sa variante, le *wayang katolik*, se distingue par son répertoire inspiré de la Bible.
Originaire du pays Sunda, le **wayang golek** est un théâtre de marionnettes en ronde-bosse, manipulées à l'aide de tiges en bois. Un gamelan accompagne les dialogues prononcés par le *dalang*. Là aussi, le répertoire s'inspire du *Mahabharata* et du *Ramayana*, mais le personnage le plus populaire est **Cepot**, un trublion au visage rougi.
Également en bois, les marionnettes du **wayang klitik** sont en revanche dépourvues de relief. Leur répertoire s'appuie notamment sur les aventures de Damar Wulan, héros de l'époque Mojopahit.
Attesté dès le 15e s., le **wayang beber** est un spectacle sans acteur présenté sur une toile illustrée, que le *dalang* déroule au fur et à mesure de la narration. Il ne survit que dans quelques villages du centre de Java.
Enfin, certains *kelenteng* de la côte nord organisent des spectacles de **wayang potehi**, un théâtre de marionnettes à gaine qui puise dans les légendes chinoises.

Déchiffrer la danse : le langage du corps

Vibrations imperceptibles des doigts et des yeux, mouvements anguleux et retenus des bras, torse immobile, visage impassible... la réserve et la grâce javanaises trouvent leur parfaite expression dans la danse. La gestuelle des acteurs, qui semblent se mouvoir dans un univers en deux dimensions, s'inspire largement du *wayang kulit*. Seules les fréquentes scènes de combat, surprenantes de vigueur, viennent interrompre l'action.

Des personnages types

Reconnaissables à leur costume, leur voix et leur attitude, les caractères sont stéréotypés. La femme occupe peu l'espace et ses mouvements sont délicats, à l'image de **Sita**. Homme raffiné par excellence, **Arjuna** a des manières comparables mais campe solidement sur ses jambes écartées. Symbole de la force masculine, enfin, **Bima** se déplace beaucoup et parle d'une voix grave.
À Java, les répertoires du théâtre et de la danse s'inspirent du *Mahabharata* et du *Ramayana*, mais aussi du cycle des aventures de Panji et des contes arabisés de Menak, ainsi que des chroniques royales javanaises *(babad)*.

La danse classique

Née derrière les murs des *kraton* de Yogyakarta et de Solo, la danse classique porte la marque de ses origines aristocratiques. Cette culture du *kraton* a diffusé jusque dans les campagnes et il existe aujourd'hui des écoles de danse et de théâtre.
Dans le **Srimpi**, quatre amazones s'affrontent en duel, dans un jeu de miroirs tout en grâce. Les rôles étaient autrefois interprétés par des femmes du palais. À l'opposé, le **Golek** est apparu dans les villages avant de trouver sa place au *kraton*. Une jeune femme y mime la découverte de la féminité. Moins dynamiques que celles de Yogyakarta, les chorégraphies de Solo mettent presque toujours en scène des amoureux.
Autrefois réservé aux sultans, le **Bedoyo Ketawang** est une danse sacrée où neuf jeunes femmes se déplacent à l'unisson jusqu'à paraître fusionner en une seule. Elle raconte la légendaire union du premier roi de Mataram, avec la reine des mers du Sud.
D'apparition récente, le **Sendratari** répondait au souhait de rendre la danse plus accessible, en mettant l'accent sur la gestuelle plutôt que sur les dialogues. Les flamboyants spectacles du *Ramayana* donnés à Prambanan en sont un dérivé.

Entre danse et théâtre

Beaucoup plus vivant que le *wayang kulit*, dont il s'inspire, le **wayang wong** *(wayang orang)* est un théâtre dansé qui puise essentiellement dans le répertoire du *Mahabharata* et du *Ramayana* *(voir « Le wayang dans tous ses états », p. 575)*.
D'origine rurale, le **ketoprak** est la forme de théâtre populaire la plus répandue. Les dialogues sont improvisés et une large place est faite aux ressorts mélodramatiques, tel un *soap opera* oriental. Également très versé dans les histoires galantes, le **ludruk** (Java Est) est un théâtre chanté apparu au 20e s., où les rôles de femmes sont tenus par des hommes.
Java, en particulier le pays Sunda, compte quantité de **danses folkloriques**, qui rythment les fêtes de village, comme le *reog ponoro* (danse du tigre de Java Centre), ou le *gundrang* (Java Est). Dans la région de Cirebon, le *tari topeng* (danse des masques) connaît autant de variantes que de villages ! Seuls les personnages ne varient pas (Panji, Pamindo, Tumenggung, Kelana et Rumyang).
Des chorégraphies de **pencak silat**, un art martial, sont également mises en scène à Java Ouest, mais la plus spectaculaire reste le **kuda kepang** *(ou kuda lumping)*, une danse où les interprètes caracolent avec frénésie

sur un cheval de paille jusqu'à tomber en transe !
Loin d'être figés, les arts de la scène s'ouvrent à l'avant-garde. En danse, Didik Nini Thowok mêle avec bonheur et humour répertoire classique et audaces modernistes, tandis que le théâtre contemporain s'aventure parfois dans une critique sociale sans concessions.

Une belle diversité naturelle

Généreuse et colérique à la fois, Java révèle une diversité insoupçonnée. Quoi de commun en effet entre les hautes vallées verdoyantes de l'ouest, les plaines rizicoles du centre et la savane orientale de Baluran ? Trois types de paysages composent ce ruban de 1 000 km, large de 60 à 200 km. Le long de la mer de Java, la côte nord ouvre sur une vaste plaine alluviale qui héberge de **grandes cités** (Jakarta, Cirebon, Semarang, Surabaya). Rien ne vient y interrompre les mornes étendues de rizières inondées. Au centre, la **chaîne montagneuse** recèle la plus importante concentration de volcans actifs du monde (Gede 2 958 m, Slamet 3 432 m, Sumbing 3 371 m, Merapi 2 914 m, Lawu 3 265 m, Arjuna 3 331 m, Semeru 3 676 m, Raung 3 332 m). Enfin, le littoral de l'océan Indien présente une succession de collines de karst au calcaire sculpté par les eaux et de plaines alluvionnaires.

Sous le signe de l'excès

Située à 1 000 km au sud de l'équateur, l'île connaît un **climat tropical de mousson**, alternant saisons sèche et humide. Les précipitations, très importantes (le taux d'humidité dépasse 75 %), culminent durant la saison des pluies, de janvier à mars. Les zones d'altitude, où la température descend à 4 °C, et la savane de Baluran, qui reçoit moins de 1 500 mm/an, font donc figure d'exception. Calamité pour les paysans, le phénomène climatique El Niño perturbe parfois le cycle des récoltes. La richesse du dépôt volcanique concourt à l'extraordinaire **fertilité des sols** : près des deux tiers des terres sont cultivées, en champs irrigués ou non (le plus souvent du riz), ou en plantations (clou de girofle, thé, canne à sucre, café, teck). Mais la plus grande partie de l'île est sans cesse soumise à la menace d'une catastrophe naturelle : éruption volcanique, glissement de terrain, inondation...

Java plurielle

Forgée par les volcans et l'érosion des pluies, Java montre plusieurs « pays », qui se succèdent d'ouest en est.
À **Java Ouest**, le massif du Priangan accuse un contraste marqué avec la plaine de Jakarta. La région, l'une des plus arrosées de l'île, possède un important réseau hydrographique et quelques-unes des dernières forêts vierges. Longtemps dominée par les cultures sur champ sec *(tegalan)*, l'agriculture s'est tournée vers la riziculture irriguée *(sawah)* au 19e s., à l'époque où les Hollandais développèrent les plantations (café, hévéa, thé). Paradoxalement, l'Ouest forme aussi la région la plus industrialisée d'Indonésie, autour des pôles de Jakarta, Serang et Bandung.
Au **centre**, les riches plaines permettent deux ou trois récoltes de riz par an, mais certaines zones non volcaniques pâtissent d'un sol pauvre (Pekalongan, Gunung Kidul). Sur la côte nord, Semarang draine l'essentiel des activités industrielles, tandis que sa voisine Jepara se spécialise dans la production artisanale à grande échelle (meubles, textile).
Moins peuplée et plus sauvage, **Java Est** ne compte pas moins de six

Rizières et plantations de teck à Java.
RudyTanjung/Fotosearch LBRF/age fotostock.

grands appareils volcaniques, dont le Tengger. Dans les vallées, le sol fertile permet deux récoltes (riz et parfois maïs), tandis que les plantations fournissent de substantiels revenus (canne à sucre, café, tabac, cultures maraîchères). Par contraste, le sol pauvre de la plaine côtière ne permet qu'une récolte de riz par an.
Enfin, au nord-est de Java, l'île satellite de **Madura**, dépourvue de relief volcanique, frappe par son aridité.

Flore : un éden tropical

En dépit de sa surpopulation, Java conserve une flore remarquable, même si les jungles légendaires qui subjuguèrent jadis les voyageurs occidentaux ont presque disparu.
En plaine, on ne trouve plus guère de **forêts tropicales humides** qu'à Ujung Kulon, Nusa Kambangan, au mont Wayan, à Lebakharjo et à Alas Purwo. Quant aux forêts tropicales à feuillage décidu, sèches ou humides, il en subsiste seulement à Baluran et Madura. Les **forêts de montagne**, en revanche, sont mieux préservées, particulièrement à l'ouest (massif du Priangan), et à l'est (massifs du Tengger, de l'Argopuro et du Raung), où s'épanouit le teck. Java regorge de palmiers, d'arbres à pain, de bambous (une trentaine d'espèces), tecks, rotins, palmiers, lances de la Sonde, fougères arborescentes, flamboyants, frangipaniers, banians, arbres-ombrelles, pandanus, ficus et kapokiers...

Des fleurs rares et précieuses

Outre ses 217 sortes d'**orchidées**, Java recèle des essences singulières, comme la rafflésie *(voir encadré, p. 589)*, la plus grande fleur du monde, qui exhale un parfum putride. L'edelweiss, dont les Javanais raffolent, pousse seulement en altitude, sur des sols volcaniques récents. Enfin, la très rare *wijaya kusuma (voir encadré, p. 164)*, cousine du bougainvillier, reste confinée à de rares sites rocheux de la côte sud. Plus communes, la plupart des **plantes exogènes** – flamboyant, quinquina, manioc, patate douce, maïs, tabac... – proviennent du continent américain, les autres étant originaires d'Asie (taro, soja) ou d'Afrique (palmier à huile, café). L'une d'entre elles, cependant, est endémique à Java : *Saccharum officinarum*, l'espèce la plus répandue de canne à sucre du monde.

Les derniers rois de la jungle

La faune de Java est comparable à celle de l'Asie continentale, à laquelle elle était rattachée jusqu'à l'époque glaciaire. Parmi les 137 espèces de mammifères (une trentaine est endémique), les plus courantes sont le cochon javanais, le sanglier, le buffle d'eau, le rat et la chauve-souris.

Des espèces menacées

Moins chanceux, le tigre a probablement disparu dans les années 1980. Ce triste sort menace également à court terme le célèbre **rhinocéros de Java**, dont on ne dénombre plus qu'une quarantaine d'individus, ainsi que le crocodile (à Ujung Kulon), la panthère de Java (quelques centaines dans les forêts du centre et de l'ouest) et le chien sauvage.

Le **gibbon javanais** (Java Ouest), au visage noir et au poil gris, est le seul primate à vivre en couple et à conserver le même conjoint toute sa vie. Mais il régresse de façon alarmante en raison de la chasse et de l'étiolement de son habitat. Moins allergiques au voisinage de l'homme, le lutung et le macaque à longue queue prospèrent.

Énorme bovin pouvant atteindre 1,80 m à l'encolure et peser 900 kg, le **banteng** habite les forêts et prairies isolées de l'est et de l'ouest. Le **cerf de Bawean**, le plus rare du monde, ne se rencontre qu'à Bawean, une île au large de Surabaya. Beaucoup plus répandu en revanche, le muntjac de Java *(kijang)* vit dans la savane (Baluran), et l'on trouve une troisième espèce de cerf plus petite dans la région de Pangandaran.

La côte sud sert de refuge à cinq espèces de **tortues marines**, menacées, elles, par le commerce de leurs œufs.

Utiles mais pas toujours inoffensifs...

Incomparable chasseur d'insectes, le chétif **cicak** court sur tous les murs de Java, sans exception. Son compère le **gecko** *(tocke)*, gros lézard vert tacheté de rouge, au physique peu amène, hésite à s'afficher. Dissimulé dans les jardins et les chaumes des toits, il clame son nom dès le soir tombé (sept fois est signe de chance !). Il n'y a aucune crainte à en avoir, bien au contraire : comme pour les *cicak*, les moustiques sont leur principale gourmandise !

Précédés, eux, d'une réputation peu flatteuse, les **serpents** jouent néanmoins un rôle indispensable dans la biosphère, et seuls quelques-uns présentent un réel danger (vipère à tête triangulaire, cobra royal, python réticulé...).

300 espèces d'oiseaux

L'île compte près de 300 espèces d'oiseaux, dont une vingtaine endémique, présentes dans les marais et les forêts de l'est et de l'ouest. Le vanneau javanais a disparu, et le même sort guette l'**aigle de Java**, emblème national, dont on ne compte plus que quelques centaines d'individus, ainsi que le somptueux **moineau de Java**, ou padda de Java, victime de sa beauté.

Parmi les autres espèces figurent l'étourneau à ailes noires et le martin-pêcheur javanais. D'autres sont plus répandues, comme les aigrettes, les hérons et les ibis. Les **calaos** ont souffert du recul des forêts de plaine mais, dans les montagnes de Java Ouest, on trouve encore le rouge-gorge bleu de Sunda, l'aigle noir, la grive, le gobe-mouches à queue rouge et la perdrix javanaise.

Quant au délicieux *ayam kampung*

(coq de village), aux pulsions suicidaires irrépressibles (il a une fâcheuse tendance à se jeter sous les roues des voitures), ce n'est autre que le cousin de l'*ayam hutan*, fier gallinacé qui peuple encore les forêts.

Histoire : le rendez-vous des civilisations

Peuplée depuis 500 000 à 1 million d'années, Java fut très tôt soumise aux migrations. Mais on sait peu de choses des chasseurs-cueilleurs australoïdes, ancêtres des Aborigènes d'Australie et des Mélanésiens. Beaucoup plus tard, vers 3 000 ans avant notre ère, l'arrivée des Austronésiens, venus du nord via Bornéo, marque l'avènement du néolithique et ouvre la voie à des sociétés sédentarisées, vivant de l'agriculture. Avec l'expansion de la civilisation Dông-Sôn (derniers siècles av. J.-C.), originaire du nord du Vietnam, débutent l'âge du bronze et l'ouverture aux grands courants commerciaux. Dès lors, Java se trouve au carrefour de deux civilisations rayonnantes : l'Inde et la Chine.

L'Inde et les royaumes concentriques

Connue des Indiens dès le 3e s. av. J.-C., Java apparaît dans une version du *Ramayana* sous le nom de Yavadvipa. Il est probable que les marchands indonésiens se rendaient alors sur le sous-continent pour y vendre du camphre, du bois de santal et des épices. En pays Sunda, on a également mis au jour des poteries indiennes des deux premiers siècles de notre ère. La fameuse **pierre gravée de Bogor**, qui constitue la plus ancienne trace écrite trouvée à Java (450), mentionne Purnawarman, roi de Tarumanegara. Désormais, l'ouest de l'île se trouve dans l'orbite culturelle indienne, dont elle a adopté la religion hindouiste. Mais c'est au centre de l'île, trois siècles plus tard, qu'émergent les grands royaumes concentriques.

Le nom du roi hindouiste Sanjaya, dont l'autorité s'étend alors sur la plaine de Kedu, apparaît pour la première fois dans une inscription de 732 trouvée près de Borobudur. Au cours des deux siècles suivants, deux dynasties dominent le royaume, qui prend le nom de **Mataram** et unifie le centre et l'est de l'île. Un renversement s'opère vers 778, avec l'émergence des **Sailendra** (« rois de la montagne »), bouddhistes. Mais cette domination ne dure pas. En 832, une reine sailendra s'unit avec un prince sanjaya, qui reprend les rênes du royaume.

Les temples de **Dieng**, **Prambanan** et **Borobudur** témoignent de la magnificence de Mataram, capable de soustraire une grande quantité de bras aux activités agricoles.

De fait, le royaume mit en place un pouvoir très centralisé, sur le modèle des États concentriques indiens. L'hindouisme rencontre plus d'échos que le bouddhisme si l'on en juge par le nombre de sanctuaires brahmaniques, mais la cohabitation se passe sans heurts. En fait, il semble que la conversion des souverains aux religions indiennes n'a pas pénétré en profondeur la société, qui conserve certains cultes ancestraux.

On sait peu de choses en revanche sur les mœurs de l'époque, si ce n'est que les femmes jouissaient d'un statut relativement égalitaire et que le système indien des castes ne fut jamais introduit.

La coupure était fort nette entre la côte nord et l'intérieur du royaume, où les étrangers n'avaient pas le droit d'entrer. Cependant, après 919, on perd la trace du royaume de Mataram, victime d'une éruption du Merapi, d'une épidémie ou d'une invasion de Sriwijaya.

Les royaumes orientaux

L'est de Java devient le centre du pouvoir pour plus de cinq siècles. En 929, le roi Sindok fait bâtir un palais sur la rive nord de la Brantas (sud-ouest de Surabaya). Une alliance permet à ses successeurs de se rendre maîtres de Bali et, à la fin du 10e s., ils lancent une attaque contre Sumatra. Mais le royaume est miné par des divisions et, en 1016, sa capitale est détruite. Le jeune **Airlangga**, fils d'un roi balinais, trouve refuge dans une retraite. À son retour, quatre ans après, il élève un *kraton* près de Surabaya et, en dix ans à peine, il parvient à reconstituer le domaine de ses ancêtres. À sa mort, en 1049, le royaume est divisé entre **Janggala** (près de Malang) et **Kediri** (à l'ouest de Surabaya) et, en 1150, ce dernier finira par annexer son rival. Le faste de la cour de Kediri, où les nobles *(panji)* développent une culture raffinée, nous est connu grâce aux temples et à l'abondante production littéraire de l'époque.

Une nouvelle page d'histoire se tourne avec l'accession au trône, en 1222, de l'usurpateur Angrok, fondateur de la **dynastie des Singosari**. L'histoire de ce royaume agraire, devenu sur le tard une grande puissance commerçante maritime, mêle grandeur... et sang. À son apogée (fin du 13e s.), il contrôle les régions les plus peuplées de Java, Sumatra et du détroit de Malacca. Dernier souverain de Singosari, Kertanegara (1268-1292) meurt à la veille de l'invasion sino-mongole, invasion qui reste cependant sans lendemain.

Mojopahit : la prééminence de Java sur l'archipel

Après le départ de l'armada de Kubilaï Khan, en 1293, Raden Wijaya défriche la forêt de Terik avec l'aide des Madurais, et y installe sa capitale. L'empire Mojopahit est né. Cet âge d'or des royaumes agraires connaît son apogée au 14e s., sous le règne de Hayam Wuruk (1350-1389) et de son Premier ministre Gajah Mada. Suivant l'exemple de Singosari, l'empire Mojopahit s'appuie sur un développement combiné de l'**agriculture** et du commerce maritime. Un immense réseau commercial en étoile s'étend à la majorité des îles constituant l'Indonésie moderne, ainsi qu'à la péninsule malaise. Pour la première fois, Java affirme sa prééminence sur l'archipel.

Son lent déclin, au 15e s., coïncide avec l'expansion de l'islam, mais dans l'imaginaire javanais, l'empire Mojopahit reste le symbole de la splendeur des grands royaumes concentriques fondés sur la riziculture.

Les débuts de l'islam

Si les premières conversions à l'islam sont attestées dès le 11e s., la religion va mettre plusieurs siècles à se répandre à Java. Introduite par les marchands indiens et chinois dans les villes de la côte nord (Pasisir), elle est présente à la cour des Mojopahit au 14e s.

De toutes ces petites cités-États qui émergent, le **sultanat de Demak** connaît la destinée la plus remarquable. Au cours de la première moitié du 16e s., son influence s'étend à l'est de Java et à Kalimantan, et il tente par deux fois de prendre Malacca. On lui attribue même le coup de grâce porté à l'empire Mojopahit en 1527.

Les grands royaumes islamisés

À l'ouest, en pays Sunda, l'islam profite de la structure peu centralisée des États indianisés pour asseoir sa domination. En 1527, le sultan de Cirebon prend le principal port du royaume Pajajaran, Banten, et y établit un sultanat appelé à devenir l'une des grandes puissances de l'île

Les apports de l'islam

Au-delà du champ religieux, l'influence de l'islam se manifeste dans tous les domaines. Lié à l'essor du commerce dans le monde malais, il est associé à l'expansion de l'économie monétaire ainsi qu'à l'introduction d'une nouvelle forme politique, la cité-État, dirigée par un sultan. Le tassement dans la hiérarchie sociale s'est accompagné d'une certaine réduction du rôle de la femme.
On lui doit également le calendrier lunaire, adapté aux activités urbaines, ainsi que l'extension du défrichement et des zones peuplées. Les notions d'individu, de temps linéaire, de morale et de justice sont également des apports de l'islam. Sur le plan artistique enfin, les musulmans ont notamment enrichi le répertoire du wayang.

jusqu'au siècle suivant.
Dans le reste de Java, au 17e s., le pouvoir passe des mains des sultanats de la côte à celles du **royaume de Mataram** (deuxième du nom), fondé par Senopati à Kota Gede (1575). À la différence du pays Sunda, cependant, la tradition indo-javanaise s'y maintient aux côtés de l'islam. Les palais royaux *(kraton)* développent un modèle original conjuguant rites animistes, pratiques islamiques et pompe à l'européenne.

Les Wali Songo, pionniers de l'islam javanais

La légende dorée attribue l'essor de l'islam dans l'archipel à « neuf saints » dotés de pouvoirs miraculeux. Sunan Giri transforma une plume en kriss pour mettre en fuite des infidèles et, comme Sunan Botang, il pouvait marcher sur l'eau. Sunan Kali Jaga métamorphosa du sable en or pour convaincre un souverain de sa foi.
Les Wali puisent dans les traditions antérieures : Sunan Gunung Jati, fondateur du sultanat de Cirebon, utilisa pour prêcher le *wayang kulit* ; Sunan Kali Jaga se serait vu confier par Yudistira, héros du *Mahabharata*, un texte interprété comme la profession de foi des musulmans.
Les Wali ont aussi repris le concept hindou de la montagne cosmique et certains d'entre eux sont enterrés au sommet d'une colline (Gunung Jati et Muria) devenue lieu de pèlerinage.
Si les exploits des Wali ne font aucun doute pour les Javanais, rares sont pourtant ceux qui admettent, comme l'ont établi les historiens, que certains étaient chinois.

Le premier âge de l'ère batave

L'arrivée des Hollandais au 16e s. bouleverse l'échiquier politique. Dans la course à laquelle se livrent les grandes puissances européennes pour contrôler la route des épices, ils vont coiffer sur le poteau les Portugais. Après un premier passage en 1596, ils créent en 1602 la **Compagnie des Indes orientales** (VOC), ossature de la colonisation hollandaise. En 1619, le gouverneur général Coen rase Jayakarta et fonde Batavia, sur le modèle d'Amsterdam. Mais les bases de la présence néerlandaise restent fragiles face au sultanat de Banten et à la puissance montante de Mataram. Maître du centre et de l'est de Java, **Sultan Agung** (règne 1613-1646) s'assure en effet le contrôle des cités marchandes de la côte nord et, par deux fois (1628 et 1629), attaque Batavia. En vain : profitant des rivalités entre les royaumes javanais, la VOC va progressivement étendre son influence.

Le cycle des guerres

En 1671, pour faire face à la rébellion du prince madurais Trunajaya,

l'héritier de Mataram fait appel aux Hollandais. Réinstallé sur son trône, Mangkurat II déplace sa capitale à Kartasura (près de Solo). Mais désormais, les Hollandais ne cesseront de s'ingérer dans les affaires intérieures du royaume.
À l'ouest, la VOC a vaincu définitivement Banten en 1684, mais à l'est, il lui faut plusieurs décennies pour mater la petite principauté fondée par l'esclave balinais Surapati, à Pasuruan. Une guerre de succession ébranle Mataram, en 1704, mais c'est le massacre des Chinois de Batavia par les Hollandais, en 1740, qui précipite le déclin du royaume. La révolte se répand comme une traînée de poudre, obligeant les Hollandais à intervenir. Victorieux sans coup férir, ils contraignent Pakubuwono II à leur céder la côte nord et l'est de l'île, et à accepter la levée de taxes.
La **guerre de succession** qui s'ensuit (1740-1755) scelle le destin de Mataram. Après le sac de Kartasura (1742), Pakubuwono II déplace sa capitale à Surakarta (Solo), mais deux membres de sa famille refusent la capitulation. En 1755, le prince Mangkubumi provoque une partition de Mataram et s'installe à Yogyakarta.
En 1757, une petite principauté indépendante voit le jour à Solo même, sous le nom de Mangkunegaran. Une seconde dynastie émergera également en 1813, à Yogyakarta. La longue campagne militaire (1767-1777) menée par les Hollandais contre Blambangan, le dernier royaume hindouiste javanais, leur assure alors le contrôle total de l'île.

Une colonie rentable

En dépit de ces conquêtes, la VOC se retrouve acculée à la faillite et, en 1800, l'archipel passe sous l'autorité de la couronne de Hollande. Mais le tumulte des guerres européennes ne tarde pas à atteindre les côtes de Java. Napoléon ayant placé son frère Louis sur le trône de Hollande, c'est un gouverneur pro-français qui prend ses fonctions à Batavia en 1808. Homme énergique, Daendels trace la première route **trans-javanaise**, qui permet de désenclaver l'intérieur du pays mais coûte la vie à de nombreux ouvriers. Dès 1811, Daendels est chassé par les Anglais, qui placent Thomas Stamford Raffles. Le nouveau gouverneur s'oppose à la noblesse locale *(priyayi)* et aux sultans. Administrateur hors pair, Raffles effectue le premier recensement de population, inaugure un système d'impôts et combat l'esclavage. Mais il n'a pas le temps de récolter les fruits de cette mise en valeur car la colonie revient à la couronne hollandaise en 1815.
Ces réformes ont considérablement affaibli le sultan de Yogyakarta, dépossédé d'une partie de ses biens et de ses territoires. Une révolte, menée par le prince **Diponegoro**, éclate en 1825. Musulman dévot, mais imprégné de tradition javanaise, il bénéficie d'un large soutien populaire et mène pendant cinq ans des actions de guérilla. La **guerre de Java** s'achève avec son arrestation et son exil, en 1830.
Le pays étant exsangue, les Hollandais décident d'en rentabiliser l'exploitation pour leur compte. C'est le **Kultuurstelsel**, système de cultures instauré par Van den Bosch, qui transforme l'île en une vaste plantation, au détriment de l'agriculture traditionnelle. Les cultures vivrières cèdent le pas aux cultures d'exportation comme la canne à sucre. Les conditions de travail sont tellement épouvantables qu'on demande aux paysans de partir au champ avec leur linceul. À plusieurs reprises, la population est décimée par des famines.
Pour organiser le travail forcé, les Hollandais s'appuient sur les *priyayi*, qui tendent à se muer en une bureaucratie au service de la

puissance coloniale, tandis que, de leur côté, les cours javanaises se cantonnent dans un rôle de conservatoires des arts et des traditions.

Le réveil nationaliste

À la fin du 19e s., le système colonial s'assouplit, grâce notamment au choc provoqué dans l'opinion de la métropole par le roman *Max Havelaar*, qui en dénonce les excès. Le système éducatif se développe, et avec lui l'enseignement du hollandais. Mais la paysannerie est maintenue dans un état de pauvreté qu'accentue encore la croissance démographique. Paradoxalement, l'occidentalisation des élites locales, qui devait freiner le réveil islamiste, favorise l'émergence du nationalisme. C'est à Java que naît, en 1908, l'organisation Budi Utomo, qui cherche à répandre les idées modernes au sein de la classe des *priyayi*. Parallèlement, le mouvement de masse Sarekat Islam, fondé en 1909 par des marchands javanais, étend son influence dans l'archipel et recrute au sein des paysans. C'est également à Java qu'est créé le **parti communiste indonésien** (PKI).
Fondateur du **Partai Nasional Indonesia** (1927), avec Hatta et Sjahrir, Soekarno va s'efforcer de rassembler les diverses mouvances. Mais la crise économique et sociale s'aggrave et la répression s'abat sur les leaders nationalistes, qui sont emprisonnés.
Cependant, l'**invasion japonaise** (mars 1942) va porter un coup fatal à la puissance coloniale et à son image d'invincibilité. Trois années de terrible occupation pendant lesquelles l'idée d'émancipation progresse.

Java dans l'Indonésie d'aujourd'hui

Après le départ des Hollandais (1949), l'histoire de Java, qui a joué un rôle moteur dans la guerre d'indépendance, se confond avec celle de la République indonésienne, et l'île se divise désormais en **six provinces** (Banten, DKI Jakarta, Java Ouest, Java Centre, Daerah Istimewa Yogyakarta et Java Est).
Mais, de plus en plus, les Javanais sont accusés de monopoliser les rouages du pouvoir et de détourner à leur profit les ressources du pays. Il est vrai que si les richesses agricoles proviennent principalement de Java (riz, maïs, manioc, soja, cacahuètes, thé, tabac), l'exploitation forestière, l'huile de palme et les richesses minières – aujourd'hui capitales pour l'économie indonésienne – se trouvent, pour l'essentiel, dans la périphérie de Java. Or, l'île fournit environ 60 % du PIB indonésien. C'est dire si elle est **fortement industrialisée**. Près des trois quarts de la production manufacturière du pays (principalement le textile, la métallurgie, la chimie et l'électronique) se concentrent sur Java, selon les chiffres de la Mission économique de Jakarta.
C'est en partie pour répondre à cette trop grande centralisation, prédatrice dénoncent certains, que la grande **loi de décentralisation** a vu le jour peu après la chute du dictateur Suharto *(voir « L'Indonésie aujourd'hui », p. 554)*.

Jakarta ★

Cœur battant de Java, sa tentaculaire capitale en exacerbe les contrastes. Avare de silence, elle ne s'émeut plus des échos d'une circulation chaotique qui ne laisse aucune place aux piétons. Emblématique du melting-pot indonésien, elle reste aussi ce centre cosmopolite où immigrés bataks, bugis, timorais, moluquois, sundanais et javanais se mêlent aux Betawis, les natifs de la ville... Ses habitants la surnomment le « gros durian », du nom de ce fruit dont ils raffolent mais dont l'odeur nauséabonde suscite chez l'étranger une répulsion instinctive. Passé le choc de la première impression, Jakarta révèle bien des richesses, pour peu que l'on s'y aventure davantage. Les quais encombrés de Sunda Kelapa, l'ancien quartier colonial de Kota, les vertigineux gratte-ciel et les malls étincelants, les ruelles du quartier chinois ou celles des innombrables kampung (quartiers populaires) égrènent des images saisissantes.

Se repérer

CARTE A1 (P. 28-29) – PLAN I-AGGLOMÉRATION (P. 48-49) – PLAN II-CENTRE (P. 52) – PLAN III-QUARTIER DE JALAN JAKSA (P. 53).

13 688 321 hab. (agglomération 31 019 545 hab.) – Capitale de l'Indonésie – Province de DKI Jakarta.

Véritable mégapole, Jakarta s'étire du nord au sud sur plus de 20 km, dévorant la plaine qui borde la mer de Java. Elle compose une mosaïque de noyaux urbains, reliés entre eux par un lacis de larges artères. Le mieux est de commencer la visite par le port et de continuer vers le sud. Au nord, le vieux port de **Sunda Kelapa** (PLAN II B1) et le quartier colonial de **Kota** (PLAN II B1-2) avoisinent le quartier chinois de **Glodok** (PLAN II B2). Plongeant vers le sud, Jl. Gajah Mada débouche ensuite sur la **place Merdeka** (PLAN II BC3), où se regroupent le palais présidentiel, la gare de Gambir et le Musée national. Au sud de la place, Jl. Thamrin – les Champs-Élysées jakartanais – laisse à l'est les zones résidentielles de **Menteng** et **Cikini** (PLAN II C4), tandis qu'à l'ouest s'ouvre le quartier populaire de **Tanah Abang** (PLAN II A3). Dans son prolongement, Jl. Jend. Sudirman et Jl. Rasuna Said dessinent le « triangle d'or » de **Kuni Ngan** (PLAN I CD2), hérissé de gratte-ciel. Enfin, au-delà de Jl. Gatot Subroto (le boulevard périphérique) s'étendent **Kebayoran Baru** (Blok M) (PLAN I C3) et le quartier des expatriés de **Kemang** (PLAN I C3-4).

Et Jakarta grandit toujours. À force de croître, elle a englouti les villes alentour pour former une gigantesque agglomération baptisée **Jabotabek** : Jakarta-Bogor-Tangerang-Besakih.

À ne pas manquer

Les quais de Sunda Kelapa ; le Musée national et la mosquée Istiqlal.

Organiser son temps

Comptez une journée pour voir l'essentiel. Évitez de circuler aux heures de pointe et prenez le Transjakarta. Pour quitter Jakarta, surtout la veille d'un w.-end, partez en train si vous ne voulez pas passer la soirée dans les embouteillages.

En famille

Le parc d'attractions Dunia Fantasi et le Sea World au parc d'Ancol ; l'animation ImmersifA du Musée national ; le musée Betawi Setu

Vue de Jakarta.
Nikada/Getty Images Plus

Babakan; l'Indonésie en miniature, le cinéma Imax et les pavillons traditionnels du parc Taman Mini, au sud de la ville.

Carnet pratique p. 63

Nos adresses p. 67

La vieille ville

PLAN II P. 52

Comptez une demi-journée de visite, de préférence le matin. Vous y circulerez en taxi ou en vélo-taxi. Pour une visite guidée, voir « Nos adresses », p. 67.

★ Autour du port B1

Le site de Sunda Kelapa (*kelapa* signifie « cocotier ») sert de mouillage depuis le 12e s., mais c'est à l'époque hollandaise qu'il connut son heure de gloire, quand il devint l'une des principales escales sur la route des épices. Le port industriel de Jakarta se trouve plus à l'est, à **Tanjungpriok**.

Le kampung, un village dans la cité

Composante essentielle des grandes métropoles indonésiennes, le *kampung* (« village ») est un **quartier populaire** qui reproduit le mode de vie et l'habitat ruraux. À Jakarta, les *kampung* accueillent encore plus de la moitié de la population. Certains sont de véritables bidonvilles dépourvus d'eau courante, d'électricité et de trottoirs, où s'entassent les laissés-pour-compte du « miracle » économique. D'autres forment un assemblage propret de maisons en dur à toit de tuiles, où réside une classe moyenne qui rechigne à vivre dans des appartements. La plupart du temps, le *kampung* regroupe des populations de la même ethnie, voire du même village, qui maintiennent là un système d'entraide traditionnel.

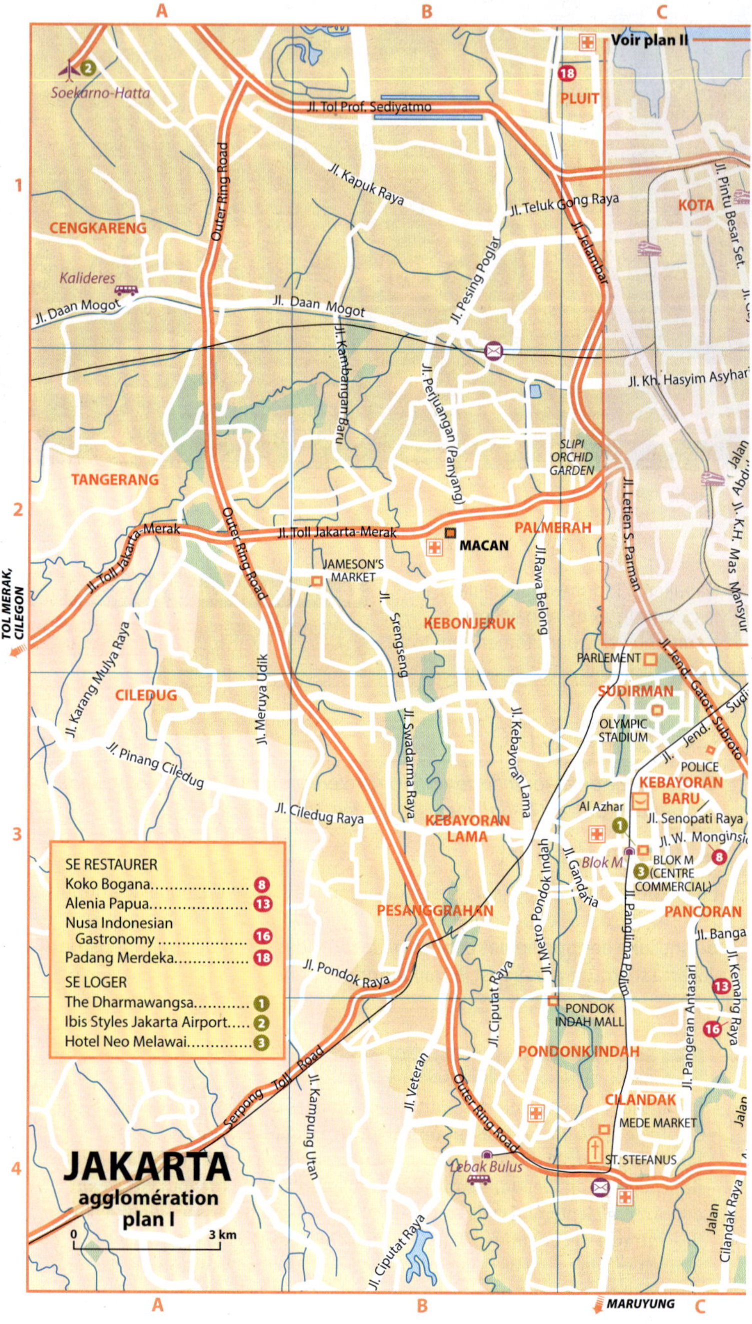

A
B
C
1
2
3
4
Voir plan II
Soekarno-Hatta
PLUIT
Jl. Tol Prof. Sediyatmo
Outer Ring Road
Jl. Kapuk Raya
Jl. Teluk Gong Raya
Jl. Jelambar
KOTA
Jl. Pintu Besar Set.
CENGKARENG
Kalideres
Jl. Pesing Poglar
Jl. Daan Mogot
Jl. Daan Mogot
Jl. Kembangan Baru
Jl. Perjuangan (Panyang)
Jl. Kh. Hasyim Asyhari
SLIPI
ORCHID
GARDEN
TANGERANG
Jl. Toll Jakarta-Merak
Jl. Toll Jakarta-Merak
PALMERAH
MACAN
JAMESON'S
MARKET
Jl. Letien S. Parman
Jl. K.H. Mas Mansyur
Jl. Srengseng
Jl.Rawa Belong
TOL MERAK,
CILEGON
KEBONJERUK
PARLEMENT
Jl. Karang Mulya Raya
CILEDUG
Jl. Meruya Udik
SUDIRMAN
Jl. Jend. Gatot Subroto
OLYMPIC
STADIUM
Jl. Jend. Sudirman
Jl. Pinang Ciledug
Jl. Swadarma Raya
Jl. Kebayoran Lama
POLICE
KEBAYORAN
BARU
Jl. Ciledug Raya
KEBAYORAN
LAMA
Al Azhar
Jl. Senopati Raya
Jl. W. Monginsidi
Blok M
BLOK M
(CENTRE
COMMERCIAL)
Jl. Gandaria
Jl. Metro Pondok Indah
PESANGGRAHAN
PANCORAN
Jl. Panglima Polim
Jl. Bangka
Jl. Pondok Raya
Jl. Ciputat Raya
PONDOK
INDAH MALL
Jl. Kemang Raya
Jl. Pangeran Antasari
PONDONK INDAH
Serpong Toll Road
Jl. Kampung Utan
Jl. Veteran
Outer Ring Road
CILANDAK
MEDE MARKET
ST. STEFANUS
Lebak Bulus
Jalan Cilandak Raya
Jl. Ciputat Raya
MARUYUNG
SE RESTAURER
Koko Bogana 8
Alenia Papua 13
Nusa Indonesian Gastronomy 16
Padang Merdeka 18
SE LOGER
The Dharmawangsa 1
Ibis Styles Jakarta Airport 2
Hotel Neo Melawai 3
JAKARTA
agglomération
plan I
0
3 km

D
E
F
1
2
3
4
Teluk Jakarta
Taman Impian Jaya Ancol
Harbour Tollraod
Harbour Tollroad
TANJUNG PRIOK
CILINCING
SUNTER
Jl. Toll Pelabuhan Timur
SUKAPURA
Jl. Kramat Jaya
Jl. Danau Sunter Utara
Jl. Danau Sunter Selatan
Jl. Industri
Jl. Sunter Jaya
Jl. Laks M. Yos Sudarso
ST. JAKOBUS
Gelapa Gading Boulevard
Jl. Pegangsaan Dua
KELAPA GADING
Jl. Perintis Kemerdekaan
Jl. Gelapa Gading
Taman Merdeka
Jl. Letien Suprapto
CEMPAKA PUTIH
JAYABAYA UNIVERSITY
HORSE RACE COURSE
Pulo Gadung
TRISAKTI UNIVERSITY
Jl. Cikini Raya
Jl. Salemba Raya
Jl. Pramuka
Jl. Pemuda
RAWAMANGUN
Bunderan HI
Dukuh Atas
MATRAMAN
Jl. Jend. A. Yani
Jl. Bekasi Raya
Jl. Pengglingan
KUNINGAN
WORLD TRADE CENTRE
Jl. Rasuna Said
MANGGARAI
Jl. T. Gusti Ngurah Rai
KUNINGAN STADIUM
JATINEGARA
Jl. Pahlawan
KARAWANG
Jl. Prof. Dr. Satrio
Jl. Casablanca
KLENDER
Jl. Prof. Dr. Supomo
Jl. Jend. Dr. Panjaitan
Jl. Mampang Prapatan
TEBET
Revolusi
PONDOKKELAPA
Jl. Letien Haryono
Jl. Inspeksi Saluran Kali Malang
CAWANG
Jl. Kali Malang
Jl. Duren Tiga
Jl. Padang Golf
Jl. Dewi Sartika
Jl. Pasar Minggu Raya
Jl. Tol Jakarta-Cikampek
KEMANG
HALIM
CIKAMPEK
Halim Perdana Kusuma
Jl. Jati Waringin
CILITAN
Jl. Bogor Raya
PASAR MINGGU
Jl. Condet Raya
Jl. Toll Jagorawi
Jl. Pondok Gede Raya
Jl. Hankam Raya
PONDOKGEDE
CIRACAS
Taman Mini Indonesia Indah
N
Ragunan Zoo
Jl. Pasar Minggu
MUSÉE BETAWI SETU BABAKAN
DEPOK
CIBINONG, BOGOR

Un petit port au grand destin

C'est sous le royaume hindouiste de Pajajaran (12e s.) que se dessine le destin de Sunda Kelapa, qui devient alors l'un des principaux ports de l'ouest de Java. L'histoire s'emballe en 1522, lorsque les **Portugais**, nouveaux maîtres de Malacca, obtiennent de Pajajaran le droit de construire un fort près de Sunda Kelapa, étape de choix sur la route des épices. Le projet fait l'affaire de tous : tandis que les Portugais désirent y établir un comptoir commercial, les Sundanais trouvent en eux un allié contre le sultanat musulman de Demak. Mais quand les Portugais reviennent, cinq ans plus tard, pour se mettre à pied d'œuvre, les musulmans achèvent de conquérir le royaume de Pajajaran et fondent le sultanat de Banten. Le 22 juin 1527, **Fatahillah** prennent Sunda Kelapa, qu'il rebaptise Jayakarta, « Victoire totale ».

Du sultanat à la VOC

Une nouvelle ère s'ouvre en 1610, lorsque le Hollandais Jan Pieterszoon Coen, gouverneur général de la **Compagnie des Indes orientales (VOC)**, choisit **Jayakarta** pour fonder à son tour un comptoir, indépendant de Banten. Dès lors, la situation devient critique pour le sultanat, victime du monopole instauré par la VOC sur le commerce des épices. En 1618, le prince de Jayakarta assiège le fort hollandais, mais Coen parvient à s'enfuir aux Moluques. Il en revient l'année suivante avec des renforts, et rase tout bonnement Jayakarta. Une nouvelle ville voit le jour, **Batavia**, qui restera le noyau de la colonisation hollandaise en Indonésie jusqu'au 20e s. Batavia s'affirme peu à peu comme le plus grand port de l'archipel. Une puissance économique montante qui ne manque pas de heurter les intérêts du souverain de Mataram, Sultan Agung, dont les attaques répétées (1628 et 1629) provoqueront de lourdes destructions. Pour rebâtir la ville, Specx, le successeur de Coen, choisit de suivre le modèle des cités hollandaises, quadrillant Batavia d'**élégants canaux**. Et pour relancer l'économie, il fait venir des Malais, des Makassars, des Balinais, et surtout des Chinois, qui montreront un grand dynamisme. Cependant, Batavia continuera longtemps d'ignorer l'arrière-pays sundanais, concentrant son essor vers la mer et le commerce extérieur. Il faudra attendre la seconde moitié du 17e s. pour qu'elle cesse de tourner le dos à Java et qu'elle y étende son emprise. Le 18e s. marque pourtant une période de déclin. Les canaux de Specx se révèlent inadaptés au climat tropical, les eaux stagnantes attirant les moustiques et servant d'égouts. La malaria et le choléra font bientôt des ravages. À cela s'ajoute le tragique **massacre de la communauté chinoise** *(voir encadré p. 56)*, dont la réussite suscite des jalousies. Tous ces facteurs freinent l'essor économique, et la VOC, déjà endettée par les guerres, se retrouve acculée à la faillite. En 1800, elle passe la main au gouvernement hollandais.

La « reine de l'Orient »

Arrivé en 1808, le très francophile gouverneur général **Daendels** décide de redonner son lustre à Batavia. Les canaux sont nettoyés, le vieux fort est détruit, et un nouveau centre urbain – embryon de la Jakarta moderne – voit le jour, à 4 km au sud. Un Anglais lui succède un temps (1811) : Thomas Stamford Raffles, qui introduit à son tour de nombreuses réformes. Mais la ville retourne aux Hollandais dès 1816. Commence alors un **nouvel âge d'or**. Au 19e s., Jakarta devient en effet la capitale florissante d'une colonie en plein essor, qui lui vaut le surnom de « perle de l'Orient » (même si cette prospérité

Le château de Batavia (ancien nom de Jakarta), peint par Andries Beeckman vers 1656.
ARTOKOLORO QUINT LOX LIMITED/age fotostock

ne profite guère à la population locale). Grâce à l'amélioration de la situation sanitaire, la ville compte 300 000 habitants au début du 20e s., époque à laquelle fleurissent les quartiers élégants de Menteng et Cikini. Époque faste qui s'achève, hélas, brutalement le 5 mars 1942 avec l'**invasion japonaise**. Livrée à la violence, Jakarta sera victime d'innombrables destructions.

La capitale de la république indonésienne

Au lendemain de la capitulation du Japon, le 17 août 1945, Soekarno et Hatta proclament l'**indépendance** de l'Indonésie à Jakarta, sur le perron d'une maison de Menteng. Le retour des Hollandais les obligera à transférer un temps leur capitale à Yogyakarta. Mais après le départ de l'ancienne puissance coloniale, en 1949, la ville redevenue **capitale** se couvre de monuments à la gloire de la jeune nation, et de larges boulevards sont tracés. Une renaissance brève, cependant, qui s'achève avec le coup d'État de 1965 *(voir « Histoire », p. 612)*.

Le traumatisme de 1998

Depuis, la métropole connaît une **croissance démographique phénoménale**, passant de 3 millions d'habitants dans les années 1960 à plus de 30 millions aujourd'hui. Symboles de la réussite économique, des centaines de gratte-ciel ont surgi de terre. Une centaine dépassent les 150 m et certains, achevés ou en construction, culminent à plus de 300 m : tours jumelles Indonesia-1, Autograph Tower (382 m), Luminary Tower, Bakrie Tower... En même temps a émergé une classe moyenne adoptant un mode de vie à l'occidentale. Mais Jakarta, encore pauvre en transports publics et infrastructures, reste ce foyer d'inégalités et de misère mis en lumière par la crise économique en 1997. Les **émeutes de mai 1998** (1 200 morts et 5 000 immeubles détruits ou endommagés) ont traumatisé une ville qui n'avait pas vécu de telles violences depuis plus de trente ans. Point d'orgue de la contestation estudiantine, l'occupation du Parlement devait conduire à la démission de Suharto.

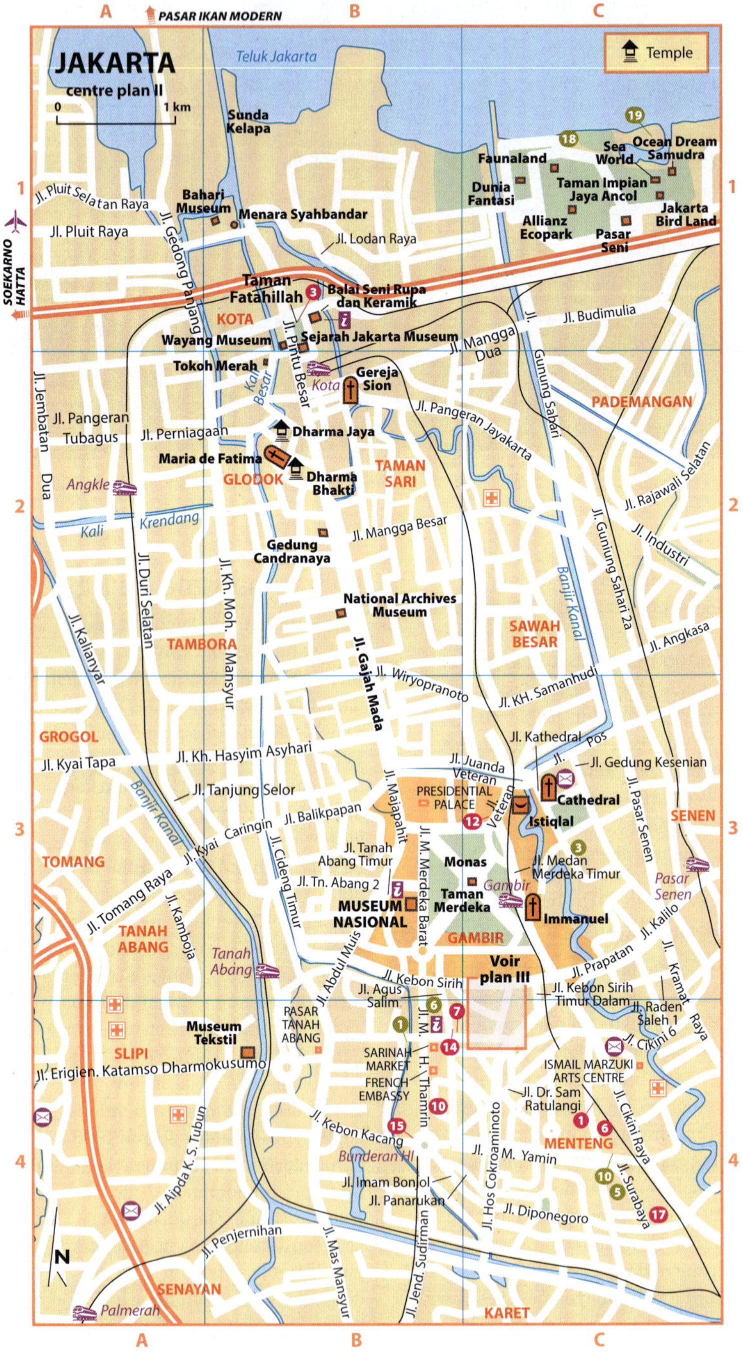

A
B
C
PASAR IKAN MODERN
JAKARTA
centre plan II
0
1 km
Temple
Teluk Jakarta
Sunda Kelapa
Ocean Dream Samudra
Sea World
Faunaland
Dunia Fantasi
Taman Impian Jaya Ancol
Jakarta Bird Land
Allianz Ecopark
Pasar Seni
Bahari Museum
Menara Syahbandar
Jl. Pluit Selatan Raya
Jl. Pluit Raya
Jl. Gedong Panjang
Jl. Lodan Raya
SOEKARNO HATTA
Taman Fatahillah
Balai Seni Rupa dan Keramik
KOTA
Wayang Museum
Sejarah Jakarta Museum
Jl. Pintu Besar
Jl. Mangga Dua
Jl. Budimulia
Jl. Gunung Sahari
Tokoh Merah
Kali Besar
Kota
Gereja Sion
PADEMANGAN
Jl. Jembatan Dua
Jl. Pangeran Tubagus
Jl. Perniagaan
Dharma Jaya
Jl. Pangeran Jayakarta
Maria de Fatima
GLODOK
Dharma Bhakti
TAMAN SARI
Angkle
Kali Krendang
Jl. Rajawali Selatan
Jl. Gunung Sahari 2a
Jl. Industri
Jl. Mangga Besar
Gedung Candranaya
Jl. Duri Selatan
Jl. Kh. Moh. Mansyur
National Archives Museum
Banjir Kanal
SAWAH BESAR
Jl. Kalianyar
TAMBORA
Jl. Gajah Mada
Jl. Angkasa
Jl. Wiryopranoto
Jl. KH. Samanhudi
GROGOL
Jl. Kathedral
Jl. Pos
Jl. Kyai Tapa
Jl. Kh. Hasyim Asyhari
Jl. Juanda
Jl. Gedung Kesenian
Veteran
Jl. Majapahit
Jl. Tanjung Selor
PRESIDENTIAL PALACE
Jl. Veteran
Cathedral
Jl. Pasar Senen
SENEN
Istiqlal
Jl. Balikpapan
Jl. Kyai Caringin
Jl. Tanah Abang Timur
Jl. M. Merdeka Barat
Monas
Jl. Medan Merdeka Timur
TOMANG
Jl. Cideng Timur
Jl. Tn. Abang 2
Gambir
Pasar Senen
Jl. Tomang Raya
Jl. Kamboja
MUSEUM NASIONAL
Taman Merdeka
Immanuel
Jl. Kalilo
TANAH ABANG
Jl. Kramat Raya
GAMBIR
Tanah Abang
Jl. Abdul Muis
Voir plan III
Jl. Prapatan
Jl. Kebon Sirih
Jl. Kebon Sirih Timur Dalam
Jl. Agus Salim
Jl. Raden Saleh 1
Museum Tekstil
PASAR TANAH ABANG
Jl. M. H. Thamrin
Jl. Cikini 6
SLIPI
SARINAH MARKET
ISMAIL MARZUKI ARTS CENTRE
Jl. Erigien. Katamso Dharmokusumo
FRENCH EMBASSY
Jl. Dr. Sam Ratulangi
Jl. Cikini Raya
Jl. K. S. Tubun
Jl. Kebon Kacang
Jl. Hos Cokroaminoto
MENTENG
Bunderan HI
Jl. M. Yamin
Jl. Surabaya
Jl. Aipda K. S. Tubun
Jl. Imam Bonjol
Jl. Panarukan
Jl. Diponegoro
Jl. Penjernihan
N
Jl. Mas Mansyur
Jl. Jend. Sudirman
SENAYAN
Palmerah
KARET

★★ Quai de Sunda Kelapa

Ancrés bord à bord le long de ce quai animé, une myriade de **pinisi**★ multicolores semblent surgir d'une autre époque. Ces célèbres bateaux bugis, reconnaissables à leurs lourdes coques ventrues et à leur proue relevée, sont conçus depuis toujours sans le moindre plan. On pourra y embarquer pour une traversée de quelques jours en mer de Java *(rens. à la capitainerie)* ou se contenter d'une simple visite à bord. Un moteur supplée désormais la voilure, qui ne sert plus que d'appoint.

Sitôt les *pinisi* accostés, une armée de dockers funambules montent à bord pour décharger les cales, pleines à craquer de bois en provenance de Kalimantan ou de Sumatra. Ils vont et viennent à toute allure sur d'étroites passerelles ; après quoi, les bateaux reprennent la mer, remplis de riz ou de ciment.

Pasar Ikan Modern Muara Baru (NOUVEAU MARCHÉ AU POISSON)

Jl Muara Baru 27 - 17h-00h.

Inauguré en 2019, le nouveau marché aux poissons de la capitale a fait entrer le quartier dans une nouvelle ère. Fini les allées boueuses et mal éclairées où l'on frayait entre les porteurs chargés de caisses de poissons. Il reste un endroit à part et très animé, où l'on peut saisir l'âme populaire de Jakarta et déguster de délicieux produits de la mer. Fraîcheur garantie !

Bahari Museum (MUSÉE DE LA MARINE)

Jl. Pasar Ikan 1 - ✆ (021) 669 34 06 - tlj sf lun. 9h-15h - 5 000 Rps (enf. 2 000 Rps).

Aménagé dans un ancien entrepôt à épices du 18e s., le musée a rouvert rapidement après un grave incendie en 2018. Il abrite une belle collection de *praos* et de canoës, ainsi qu'un échantillonnage des innombrables types d'embarcations qui

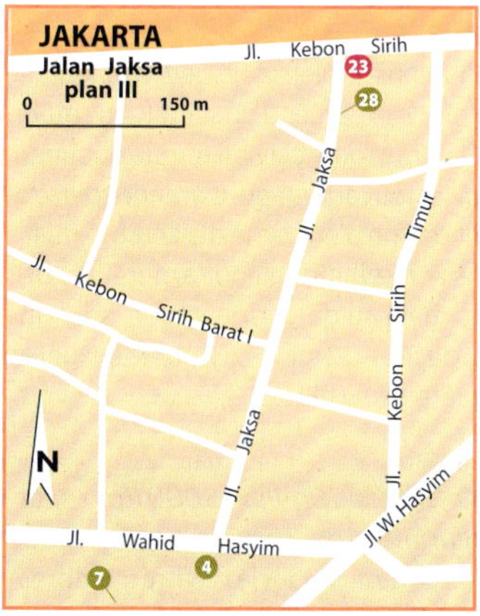

SE RESTAURER

Sate Khas Senayan 23

SE LOGER

Cipta 4
Tamarin 7
Istana Ratu 28

SE RESTAURER

Restoran Trio 1
Café Batavia 3
Lara Djonggrang 6
Midori 7
Queen's Tandoor 10
Dapur Babah 12
Sederhana 14
Sushi Tei 15
Cali Deli 17

SE LOGER

Kosenda 1
Borobudur Intercontinental 3
The Hermitage 5
Arthotel Thamrin 6
Marco Polo 10
Mercure Convention Centre Ancol 18
Putri Duyung 19

ont sillonné les eaux de l'archipel au fil des siècles. Des instruments de navigation et des photographies anciennes animent l'étage.
Dépendance du musée, une vieille tour de douane, **Menara Şyahbandar**, se dresse près du Kali Besar (« grand canal »). Construite en 1839, elle servit de tour de guet et de station météorologique. Son sommet livre un excellent **point de vue** sur Sunda Kelapa (horaires assez aléatoires).
Jl. Tongkol Cengkeh mène directement à Taman Fatahillah (1 km), au cœur de Kota. Des vélos-taxis proposent souvent leurs services.

★ Le quartier de Kota B1-2

La **place Taman Fatahillah★**, vaste espace pavé, reste l'un des rares endroits où l'on peut se faire une idée de ce que fut la présence hollandaise en Indonésie durant 350 ans. Ornée d'une fontaine, elle concentre les principaux bâtiments de l'époque coloniale, la plupart transformés en musées, cafés et galeries. À l'angle nord-est, le légendaire **café Batavia** *(voir « Nos adresses », p. 70)* occupe un bâtiment du début du 19e s. qui servit de bureau puis d'entrepôt à la Compagnie hollandaise des Indes orientales. Des vélos hollandais colorés – équipés de capelines pour les dames et de casques coloniaux pour les hommes – sont à louer pour quelques coups de pédales autour de la place.

★ Sejarah Jakarta Museum (MUSÉE HISTORIQUE DE JAKARTA) B1

Jl. Taman Fatahillah 1 - ✆ (021) 692 91 01 - mar.-jeu. et dim. 9h-15h, vend. 9h-13h30, sam. 9h-13h - fermé lun. - 5 000 Rps.
Avec son élégante façade néoclassique surmontée d'un clocher (1707), il occupe tout le côté sud de la place. Emblème de l'autorité coloniale, ce bâtiment abritait les bureaux du gouverneur général et de la mairie *(Stadhuis)*, ainsi qu'une prison et un tribunal, tous deux de sinistre réputation.
Au rez-de-chaussée, on peut voir des reproductions de pierres gravées du royaume Pajajaran, mais ce sont les salles, hautes de plafond et parées d'un somptueux **mobilier d'époque★★**, d'un bois sombre d'une austérité toute calviniste, qui retiennent l'attention ; on s'attend presque à voir surgir le gouverneur pour prendre place et présider une réunion du Conseil. Le portrait de l'un d'eux orne d'ailleurs le mur.
L'étonnant canon portugais *Si Jagur*, dans la magnifique cour arrière, fut pris à Malacca en 1641 ; sa culasse s'orne d'une main au doigt équivoque, souligné par cette phrase sibylline : « J'étais né hors de moi-même »... Symbole sexuel en Indonésie, ce geste attire les femmes en quête de fertilité.

★★ Wayang Museum (MUSÉE DU WAYANG) B1

Jl. Pintu Besar Utara 27 - ✆ (021) 692 95 60 - tlj sf lun. 9h-15h - 5 000 Rps - spectacles de marionnettes les 1er, 2e et dernier dim. matin de chaque mois d'avr. à déc.
Outre les ravissants *wayang kulit* (marionnettes de cuir pour le théâtre d'ombres), *wayang kelitik* (marionnettes plates en bois) et *wayang golek* (marionnettes de bois en ronde-bosse) voués aux épopées hindoues du *Mahabharata* et du *Ramayana*, vous découvrirez ici quelques curiosités, tels ce *wayang* chrétien du centre de Java mettant en scène Adam et Ève, ou les *wayang suluk* destinés à la propagande anti-hollandaise lors de la guerre d'indépendance.
Le musée possède également des marionnettes de Sumatra et de Bali, de Malaisie, du Vietnam, du Cambodge, d'Inde, du Sri Lanka, de Chine et d'Italie, et même un guignol offert par le président François Mitterrand.
Sur les différentes formes de théâtre en Indonésie, voir aussi le chapitre « Arts du spectacle et vie culturelle », p. 575.

Musée historique de Jakarta.
P. Langer/Axiom Photographic/age fotostock

1

Museum Seni Rupa dan Keramik

(MUSÉE DES BEAUX-ARTS ET DE LA CÉRAMIQUE) B1

Jl. Pos Kota 2 - ✆ (021) 692 60 90/690 70 62 - tlj sf lun. 9h-15h - 5 000 Rps. Buvette dans la cour arrière.

Ses collections occupent l'ancienne cour de justice (19e s.). La céramique chinoise n'y est pas aussi bien représentée qu'au Musée national, mais on appréciera les superbes pièces Song et Yuan – notamment une série d'assiettes et plats en céladon du 14e s. –, ainsi que des céramiques thaïlandaises, vietnamiennes et européennes découvertes dans l'archipel. Une section accueille les œuvres de quelques-uns des grands peintres indonésiens des 19e et 20e s. (Affandi, Hendra, Raden Saleh, Sudjojono, Nyoman Manoha, Suwaji).

Gereja Sion (ÉGLISE PORTUGAISE) B2

Jl. Pangeran Jayakarta (à l'est de Taman Fatahillah, derrière la gare de Kota).

La plus vieille église de la capitale (1695) fut construite pour les *mardijker* (« affranchis »), ces descendants d'esclaves angolais et indiens, et les mariages mixtes entre Asiatiques et Portugais. De plan rectangulaire, l'édifice renferme une chaire et un orgue d'origine.

Pour rejoindre le quartier chinois *(à pied ou en taxi)*, passez par **Kali Besar (Grand Canal)** *(à l'ouest de Taman Fatahillah)* (B2), dont les rives sont jalonnées d'élégants bâtiments du 18e s. Remarquez notamment le **Tokoh Merah** (« magasin rouge »), l'ancienne maison du gouverneur.

Glodok, le quartier chinois B2

Contrairement à d'autres Chinatown, celui de Jakarta n'affiche guère d'identité, les idéogrammes ayant longtemps été interdits en Indonésie. Depuis 2022, une porte surplombant la chaussée marque cependant l'entrée dans ce quartier, qui compte quelques superbes temples *(kelenteng)* et maisons anciennes. Il faut s'y promener pour l'atmosphère : le passage d'un Occidental dans ses ruelles animées

Les Chinois d'Indonésie : des boucs émissaires

Nombreux à Sunda Kelapa dès le 16e s., les Chinois manifestent au siècle suivant un grand dynamisme dans le commerce et l'artisanat, participant au plus près à l'essor de la ville. Mais cette concurrence et l'inquiétude envenimée par la rumeur d'un complot entraînent la VOC dans une répression sans pitié : en 1740, entre 5 000 et 10 000 Chinois sont assassinés par les Hollandais (dont 500 détenus, sur ordre du gouverneur) et la plus grande partie de la vieille ville est détruite. Cependant, l'immigration reprend rapidement et les Chinois, relogés à Glodok, reconquièrent leurs positions économiques. Hélas, l'histoire se répète : en 1965, les Sino-Indonésiens sont à nouveau victimes de massacres à grande échelle. Et lors des émeutes de 1998, c'est encore leur communauté qui sera la cible de la colère populaire : on dénombrera des dizaines de victimes, et des centaines de leurs magasins seront détruits.

suscite une curiosité amusée, et les multiples *warung* offrent autant d'occasions de déguster une soupe fumante. En longeant le canal vers le sud, on aperçoit de jolies **maisons chinoises** à pignons et toits de tuiles rouges. Sur Jalan Petak Sembilan, pénétrez un instant dans le **temple Dharma Jaya**.

Église Maria de Fatima

Jl. Kemenangan III/47 (à quelques pas du temple Dharma Jaya).
Tout comme l'école adjacente, dotée elle aussi d'une architecture sino-occidentale, elle rappelle que de nombreux Sino-Indonésiens, en quête d'une nouvelle identité moins discriminante, sont devenus catholiques pour ne pas avoir à se convertir à l'islam ; conversion qui interdit le culte des ancêtres et la consommation de porc, et voue souvent le nouveau fidèle à l'exclusion du cercle familial.

Vihara Dharma Bhakti (TEMPLE DHARMA BHAKTI)

Jl. Kemenangan III/97 (à quelques centaines de mètres plus au sud).
Le plus vieux temple de Jakarta, élevé une première fois en 1630, fut reconstruit en 1755 après sa destruction par les Hollandais lors du pogrom de 1740. Ravagé par un incendie en 2015, il est toujours en cours de rénovation. Plus connu sous le nom de Jinde Yuan, il est dédié à la déesse bouddhique de la miséricorde Kuan Yin (Guangyin en chinois).

Avenue Gajah Mada

Fief du commerce, elle aligne ses innombrables boutiques d'électronique dernier cri. Noyés au milieu de cette jungle urbaine, quelques bâtiments anciens résistent à l'invasion du béton, tel le **Gedung Candranaya★** *(n° 188)*, superbe ensemble du 17e s. où vivait le « capitaine » des Chinois.
Poursuivant vers le sud, on aperçoit à droite les **anciennes Archives nationales** (18e s.), devenues aujourd'hui un musée.
De Kota et Glodok, vous pouvez rejoindre le centre-ville en taxi ou faire une escapade au parc d'Ancol, sur le front de mer.

Taman Impian Jaya Ancol (PARC D'ANCOL) C1

Prenez le train jusqu'à la station de Kota, puis le Mikrolet M15 ou le bus transjakarta direct de Harmoni 5H ou le taxi.
(021) 29 222 222 - www.ancol.com - 24h/24 - entrée du parc avec accès à la plage 25 000 Rps, hors attractions. Évitez le Dunia Fantasi et le Sea World le w.-end : ils sont pris d'assaut par les familles jakartanaises.

Ce vaste îlot de verdure de 300 ha situé au nord de la capitale, face à la baie de Jakarta, est un énorme complexe de loisirs multipliant les activités et les spectacles de plein air. Il comprend une marina, une piscine, l'**Atlantis Water Adventure** *(voir « Activités », p. 72)*, des hôtels de luxe et des restaurants. Une ligne de train de 3,6 km, le **Sato-sato**, dessert gratuitement les différents sites, mais vous pouvez prendre de la hauteur avec le téléphérique **Gondola** *(à partir de 250 000 Rps)*, qui circule à 21 m de hauteur sur 2,4 km.

Parcs d'attractions

Le **Dunia Fantasi** *(lun.-vend. 10h-17h, sam.-dim. 10h-19h - 250 000 Rps, 275 000 Rps le w.-end)* et le **Sea World★** *(10h-16h30 - 110 000 Rps en sem., 130 000 Rps le w.-end; commentaires en anglais)* proposent les animations les plus spectaculaires. Ce dernier abrite une passionnante variété d'espèces aquatiques : crocodiles, piranhas, poissons-coffres, murènes, requins, tortues, raies mouchetées, araignées de mer géantes du Japon... Le **bassin principal★★**, traversé par un tunnel en Plexiglas, ne contient pas moins de 5 000 poissons !

Le **Jakarta Bird Land** *(9h30-16h30, w.-end 9h-16h30 - à partir de 80 000 Rps)* offre quant à lui un aperçu de l'infinie diversité du monde aviaire indonésien. L'**Allianz Ecopark**, un parc d'aventures (34 ha) aménagé sur le site de l'ancien golf, l'**Ocean Dream Samudra**, un parc à thème consacré à l'océan, et **Faunaland**, un mini-zoo, complètent l'offre.

1

Pasar Seni (MARCHÉ D'ART)

6h-18h - payant le dim. 6 000 Rps.

Vous pourrez y observer le travail d'artisans indonésiens et écouter en soirée *(surtout le sam.)* l'un des groupes qui s'y produisent, dans une ambiance bon enfant.

Le centre-ville

PLAN II P. 52

Prenez un taxi pour rejoindre Taman Merdeka. De là, mieux vaut vous rendre d'abord au Musée national, d'où vous rejoindrez le Monas à pied. Attention aux distances, considérables malgré les apparences sur une carte. Comptez une demi-journée.

Autour de la place Taman Merdeka BC3

Large carré d'herbe planté d'arbres au cœur de Jakarta, la **place Taman Merdeka** (« place de l'Indépendance ») sert de cadre aux parades, aux foires et aux promenades dominicales qui rythment la vie jakartanaise. Le reste du temps, la place est presque déserte.

Monas BC3

Entrée côté nord - tlj sf lun. 8h-16h - musée 5 000 Rps, accès au sommet 15 000 Rps.

Préférez une visite aux heures fraîches, car l'esplanade est très exposée au soleil.

Dressé au milieu de Taman Merdeka, le Monas, contraction de « monument national », est un obélisque de 137 m que couronne une flamme recouverte de 35 kg d'or fin. Voulue par le président Soekarno, le premier président de l'Indonésie, pour symboliser l'indépendance du pays, sa réalisation a débuté en 1962 et s'est achevée en 1975. Les Indonésiens l'associent au *linga* et au *yoni*, les symboles hindouistes de la fertilité. Du sommet *(montée en ascenseur, après une longue file d'attente)*, le **panorama★** sur la ville est intéressant quand le temps n'est pas trop brumeux. Au pied de l'édifice, le **musée de la Libération** renferme une série de dioramas relatant les hauts faits de la guerre d'indépendance. Pour férus d'histoire pétrie de nationalisme.

★★★ Museum Nasional (MUSÉE NATIONAL) B3

Jl. Medan Merdeka Barat 12 - ✆ (021) 386 81 72 - www.museumnasional.or.id - 8h-16h - fermé j. fériés - 25 000 Rps - visite guidée en anglais ou en français sur demande à museumtours@heritagejkt.org.

Comptez 1h30 ; si vous manquez de temps, privilégiez la section ethnographique et la salle du trésor. Photos interdites.

Le plus vieux musée indonésien, que les locaux surnomment « le musée de l'éléphant » en raison de la sculpture en bronze qui se trouve devant, reste incontestablement le plus intéressant.

Rouverte après une longue fermeture, la **section ethnographique★★★** comprend désormais quatre salles (rdc à droite en entrant) aux collections exceptionnelles, qui illustrent la diversité culturelle de l'archipel : masques, vannerie, objets de culte, bijoux, armes, statues et d'intéressantes maquettes de maisons traditionnelles.

Témoin des liens très anciens entre l'Indonésie et l'empire du Milieu, la collection de **céramiques chinoises★★★** couvre les périodes Han, Tang, Song Yuan et Ming. Elle jouxte la salle des terres cuites Mojopahit (14ᵉ-15ᵉ s.), caractéristiques de Java Est.

L'**art hindo-bouddhique★★★** est à l'honneur dans la cour, avec des sculptures – dont un **Ganesha★★** (le dieu à tête d'éléphant) de toute beauté –, de nombreux bas-reliefs javanais des 8ᵉ et 9ᵉ s., et de rares statues de Kalimantan (9ᵉ s.).

Au-delà de la section des bronzes, vous verrez de magnifiques **tambours Dông-Sôn★★** (500 av. J.-C.) découverts près de Komodo, qu'accompagnent d'autres belles statues hindoues, beaucoup plus tardives (13ᵉ et 14ᵉ s.).

Si la **collection de tissus★★** est relativement peu importante, les pièces présentées sont de grande qualité : attardez-vous notamment sur les **batiks primitifs★★** de Java Ouest, ainsi que sur les ikats.

Destinée aux plus petits, **ImmersifA** est une animation projetée sur quatre écrans géants retraçant l'histoire de l'Indonésie *(sur réservation)*.

L'aile moderne (2007), qui reproduit à l'identique la façade néoclassique de l'édifice originel (1860), est reliée à celui-ci par un pont où s'est installée une galerie lumineuse toute en vitres qui accueille des expositions temporaires. L'édifice présente sur quatre étages d'intéressantes collections consacrées aux origines de l'humanité en Indonésie, notamment l'Homme de Flores *(voir p. 403)*, mais surtout la **salle du trésor★★★** qui renferme une formidable collection de bijoux, kriss et vaisselle en or, argent et bronze. Les somptueux **objets hindouistes★★**, datés du 9ᵉ s., ont été mis au jour en 1990 dans la province de Java Centre, près de Prambanan. Les autres salles de la nouvelle aile présentent une répartition

Autre temps, autre geste…

Impossible de manquer les statues qui, aux principaux carrefours de la capitale, célèbrent la geste nationale dans le style réaliste-socialiste en vogue à l'époque de Soekarno. De *La Bienvenue* (Plaza Indonesia), qui représente un couple tendant les bras au ciel, au personnage aux mains surdimensionnées de la *Liberté brisant ses chaînes* (près de l'hôtel Borobudur), qui commémore l'émancipation de l'Irian Jaya, ces figures altières se voient affublées de surnoms fort irrévérencieux : ainsi de la *Dirgantara* (à Pancoran), la statue d'Hanuman (le héros-singe du *Ramayana*), rebaptisée *Seven Up* en raison de la forme de son socle ; la palme revient à la *Semangat Pemuda* (Jl. Jend. Sudirman, Kebayoran), fier emblème de l'esprit de la jeunesse, surnommée *Pizza Man* !

Le Monas, « monument national » sur la place Taman Merdeka.
AlfinTofler/Getty Images Plus

thématique des objets à travers les âges (transport, armement, parure..., de qualité inégale). Ne manquez pas la **pirogue monoxyle**, d'une longueur sidérante, provenant des basses terres de Papouasie occidentale.

★ Masjid Istiqlal (MOSQUÉE ISTIQLAL) C3

Jl. Taman Wijaya Kusuma - donation à l'entrée - short et épaules dénudées proscrits.
Toute d'élégance et de sobriété, elle fut conçue en 1978 par un architecte... chrétien. Rénovée en 2020, c'est la plus grande d'Asie du Sud-Est. Une fois vos chaussures ôtées, vous parcourrez les coursives pavées de marbre qui surplombent la salle de prière, immense volume baigné de lumière accueillant chaque vendredi 20 000 fidèles et pouvant recevoir, terrasses comprises, jusqu'à 200 000 pèlerins pour les festivités les plus importantes. Douze piliers circulaires enrobés d'aluminium confèrent à l'ensemble une verticalité vertigineuse.
En sortant, tournez à droite dans Jl. Kathedral (juste derrière la mosquée).
Image œcuménique par excellence, la plus grande mosquée et la plus grande cathédrale du pays se dressent l'une à côté de l'autre, au nord-est de la place. Un « tunnel de l'amitié », **Silaturaahmi**, inauguré en 2021, les relie désormais.
La **cathédrale** date de 1901. Ses deux flèches néogothiques soulignent un décalage incongru dans le décor. Plus sobre est l'architecture néoclassique de l'**église Immanuel** (1835), qui se dresse dans la même rue, vers la gare de Gambir.

Museum Tekstil (MUSÉE DU TEXTILE) B4

Jl. K. S Tubun 2-4 (près de la gare de Tanah Abang) - ✆ (021) 560 66 13 - www.museumtekstiljakarta.org - tlj sf lun. 9h-16h - 5 000 Rps.
Il occupe la superbe demeure d'une famille huguenote (18e s.) que signale sa colonnade. Un peu décevant, il intéressera surtout les passionnés de batiks.
☺ Le musée organise des ateliers *(jusqu'à 15h, mais il est recommandé d'arriver tôt)* où vous pourrez apprendre à confectionner votre propre batik. Une expérience originale et unique.

Les quartiers sud et ouest

PLAN I P. 48-49

Attention aux distances, considérables malgré les apparences sur une carte. N'espérez pas flâner à pied. Utilisez le bus Transjakarta pour les longs trajets, ojeks ou taxis pour les courts déplacements.

À Jakarta, la notion de centre-ville est assez illusoire, bien des quartiers au sud rassemblant tout autant, sinon plus, de commerces et d'activités. Parmi les coins les plus à la mode figurent **Menteng** (PLAN II C4), où résident la plupart des hauts fonctionnaires, des diplomates et riches indonésiens, **Kebayoran Baru**, **Kuningan** (PLAN I CD3) et **Sudirman**, quartiers des gratte-ciel, des grands hôtels, centres commerciaux et *malls* très chics ; plus au sud encore **Kemang** (PLAN I BC3) regroupe nombre de restaurants, galeries d'art, petites boutiques arty et cafés ombragés appréciés des jeunes.

★ MACAN (MUSÉE D'ART MODERNE ET CONTEMPORAIN) B2

AKR Tower (level MM), Jl. Perjuangan 5, Kebon Jeruk - ✆ (021) 2212 18 88 - www.museummacan.org - tlj sf lun. 10h-18h - prix variable selon les expositions.

Ouvert en novembre 2017 et aménagé dans un bel espace de 4 000 m² au cinquième étage d'une tour moderne, le MACAN est l'acronyme de « Museum of Modern and Contemporary Art in Nusantara » – Nusantra étant le terme javanais utilisé par les Indonésiens pour désigner leur l'archipel –, mais Macan signifie également « tigre » en indonésien. À l'origine du projet, un homme d'affaires et collectionneur privé, Haryanto Adikoesoemo, dont la collection comprend plus de 800 œuvres, pour moitié d'artistes indonésiens, et pour l'autre moitié d'artistes asiatiques, européens et américains. Des **peintres indonésiens** comme Raden Saleh, S. Sudjojono, Kusama Affandi, Heri Dono, Djoko Pekik ou Nyoman Masriadi y côtoient des vedettes de l'**art moderne et contemporain international** tels Ai WeiWei, Yayoi Kusama, Takashi Murakami, Jeff Koons, Sigmar Polke, Damien Hirst, Willem de Kooning, Robert Rauschenberg, Andy Warhol ou Jean-Michel Basquiat. Le musée n'expose pas de fonds permanent mais présente des expositions temporaires thématiques deux ou trois fois par an.

Museum Betawi Setu Babakan (MUSÉE BETAWI SETU BABAKAN) B2

Jl. Setu Babakan 47, Srengseng Sawah - ✆ (021) 7889 32 58 - www.setubabakanbetawi.com - 9h-16h - entrée du village gratuite - concerts de musique traditionnelle.

Inauguré en 2017, ce musée dédié aux Betawi, ethnie originelle de la région de Jakarta, offre un tour d'horizon de leurs culture et traditions, notamment culinaires. Dans le « village » (289 ha) sont présentées des maisons d'architecture traditionnelle et diverses animations (arts martiaux, pêche, stands culinaires...). Une visite agréable en famille, d'autant qu'il est situé au bord d'un vaste plan d'eau ombragé, entouré de gargotes.

À proximité

PLAN I P. 48-49

Comptez une demi-journée pour le parc Taman Mini et le zoo de Ragunan, situés à la périphérie sud de Jakarta. Effectuez ces sorties de préférence en semaine : les deux sites sont bondés le week-end.

★ Taman Mini Indonesia Indah (PARC TAMAN MINI) E4

À 18 km au sud-est du centre-ville. Le plus rapide et le moins onéreux est de prendre le Transjakarta (voir « Transports »,p. 66) jusqu'au terminal Kampung Rambutan qui se trouve à 5mn du parc (30mn de trajet du Blok M et 40mn de Senen).

Jl. Toll Jagorawi, Cipayung - ✆ (021) 8779 20 78 - www.tamanmini.com - 8h-22h - 25 000 Rps, puis chaque activité est payante.

« Mini », comme miniature. Toute l'Indonésie (ou presque) en format lilliputien ! Ce parc à thèmes de 100 ha, qui conjugue détente, nature et culture, a bénéficié d'une importante « revitalisation » en 2022, pour le mettre plus en phase avec les préoccupations environnementalistes. Entre deux visites, on peut s'attabler à l'un de ses restaurants de plein air ou se prélasser au bord de l'**étang artificiel**, dont les îlots dessinent une carte en relief géante de l'archipel.

Commencez par une immersion culturelle au **musée Indonesia** *(8h-16h - 15 000 Rps)*, l'un des 18 musées que compte le site (!), pour voir une belle collection de tissus, sculptures, marionnettes et gamelans, puis plongez dans un torrent d'images au **cinéma Imax** *(40 000 Rps)* où de vastes fresques projetées sur écran géant présentent toutes les beautés de l'Indonésie. Mais la principale attraction de Taman Mini est l'ensemble de 37 **pavillons traditionnels★★** (quasiment un par province), qui offre un aperçu de l'incroyable diversité architecturale de l'archipel. Conçus comme des petits musées d'art et d'artisanat, ils accueillent des spectacles de danse quelque peu folklorisants *(thèmes plus développés le dim. entre 10h et 14h)*.

Le parc renferme également une immense **volière★** *(Taman Burung)*, ainsi qu'un aquarium et de nombreux jardins.

1

Kebun Binatang Ragunan (ZOO DE RAGUNAN) C4

À 15 km au sud de Jl. Thamrin. Accès en taxi ou avec le bus transjakarta 6A ou 6B ; accès direct depuis TMII avec le mikrolet rouge S15A.

Jl. R. M. Harsono 1, Ragunan Jakarta - ✆ (021) 7884 7114 - http://ragunanzoo.jakarta.go.id - tlj.s.lun. 7h-16h - 4 000 Rps - restaurants sur place.

Si vous voulez profiter du zoo en toute tranquillité, venez très tôt le matin.

Quelque 2 000 oiseaux, un millier de mammifères (orangs-outans de Kalimantan, tigres de Sumatra), 350 reptiles (varans de Komodo, crocodiles, cobras), 150 variétés de poissons de l'archipel – et des animaux du reste du monde (ours, girafes, lions) – sont présentés ici.

Dans le **zoo des enfants** *(2 500 Rps)*, le jeune public pourra admirer des animaux particulièrement fascinants (python, capybara, arapaima, un poisson géant d'Amazonie) ou profiter d'installations dédiées.

Ne manquez pas le **Schmutzer Primate Center** *(6 000 Rps, w.-end 7 500 Rps)*, où a été reconstitué l'environnement naturel – sorte de forêt tropicale – des gorilles, orangs-outans, gibbons, que l'on peut observer en contournant les différents enclos, tous extrêmement vastes (comparés au zoo).

Excursion aux îles Seribu

CARTE P. 28-29

Pulau Seribu A1

Embarquement à la marina d'Ancol (compter 20mn à 2h de traversée aller suivant les îles). Départs très fréquents. Vous pouvez faire une balade à la journée dans les îles les plus proches si vous ne souhaitez pas y dormir. Pour les îles les plus au nord (Kotok, Pelangi...), le logement sur place s'impose. Aucune liaison n'existant entre elles, il faut revenir à chaque fois à Jakarta.

Avec ses plages de sable blanc ombragées de cocotiers, l'archipel Pulau Seribu (« mille îles ») est l'escapade privilégiée des riches Jakartanais et des étudiants

Pulau Seribu.
M. Sutanto/Alamy/hemis.fr

étrangers en manque de nature et de calme. Classé parc national, il compte 340 îlots.

La station balnéaire la plus proche et rapide d'accès se trouve sur **Pulau Bidadari** *(30mn en speedboat)*, mais elle ne présente guère d'intérêt. De là, on peut en revanche visiter **Pulau Onrust**, qui conserve les vestiges d'un fort hollandais. **Pulau Ayer** peut également faire l'objet d'une excursion à la journée, pour profiter de la plage.

À mesure que l'on s'éloigne d'Ancol, les eaux prennent une douce couleur turquoise, et l'on oublie peu à peu la grisaille de la capitale. La distance oblige à passer la nuit sur place; une bonne occasion pour profiter des **spots de plongée★** alentour. Celui de **Pulau Kotok★** est l'un des meilleurs de Seribu.

Plus au nord, **Pulau Pelangi** et **Pulau Putri** cachent quant à elles de belles plages de sable blanc, frangées de pins et de cocotiers. Juste à côté, enfin, **Pulau Papa Theo** est réputée pour ses jolis **fonds marins★**.

Carnet pratique

PLAN I (P. 48-49), PLAN II (P. 52) ET PLAN III (P. 53)

S'informer

Pusat Informasi Turis (Tourism Information Center) – PLAN II B4 - *Jakarta Theatre Building, Jl. MH. Thamrin 9 - ✆ (021) 314 20 67/315 40 94 - www.jakarta-tourism.go.id.* L'office de tourisme compte par ailleurs trois annexes : au **Museum Seni Rupa dan Keramik** (PLAN II B1 - (Jl. Pos Kota 2) ; au **Museum Nasional** (PLAN II B3 - Jl. Medan Merdeka Barat 12) et à l'**aéroport de Soekarno-Hatta** (Terminal 3).

Adresses utiles

☺ La plupart des palaces *(voir « Hébergement »)*, sur Jl. Thamrin et Jl. Jend. Sudirman (PLAN II B4), regroupent de multiples services : agences de voyages, compagnies aériennes, librairies, pâtisseries, bars.

Banque/Change

Les banques sont généralement ouvertes du lun. au vend. de 8h30 à 14h30. Vous ne rencontrerez aucune difficulté pour retirer ou changer de l'argent, au guichet d'une banque ou aux distributeurs ATM *(automated teller machines)*, nombreux dans les grands hôtels et les centres commerciaux, sur **Jl. Thamrin** (PLAN II B4), **Jl. Jend. Sudirman** (PLAN II B4), dans la galerie marchande près du Visitors Center (PLAN II B4)...

La plupart des **agences de voyage** de Jl. Jaksa (PLAN II C3-4) font office de bureaux de change avec des horaires d'une extrême souplesse. Leurs taux de change ne sont en revanche pas les plus compétitifs.

Poste

Poste centrale – PLAN II C3 - *Jl. Pos Utara 2, Pasar Baru - tlj sf dim. 8h-16h, sam. 13h.* Bureaux à Taman Fatahillah, Kota (PLAN II B1) et Jl. Cikini Raya, Menteng (PLAN II C4).

Internet

La plupart des hôtels, cafés et restaurants de Jakarta disposent d'un accès Wi-Fi.

Téléphone

Telkom – PLAN II B4 - *Jl. Thamrin 81, Jakarta Theatre - 24h/24.* On trouve sans problème des **Wartel**, particulièrement dans Jl. Jaksa (PLAN II C3-4).

Santé

Metropolitan Medical Centre – PLAN I CD3 - *Jl. Rasuna Said Kav. C21, Kuni Ngan - ✆ (021) 520 34 35 - 24h/24.* Hôpital privé fréquenté par les diplomates.

Rumah Sakit Pondok Indah – PLAN I B3 - *Jl. Metro Duta Kav. UE, Pondok Indah - ✆ (021) 765 75 25 - www.rspondokindah.co.id - 24h/24.* Un hôpital performant, refuge des expatriés.

Guardian Pharmacy *sur Plaza Indonesia* (PLAN II B4), *Blok M* (PLAN I C3) *et Pondok Indah Mall* (PLAN I B3-4).

Ambassades

Ambassade de France – PLAN II B4 - *Jl. M.H Thamrin 20 (accès Jl. Sunda)- ✆ (021) 2355 76 00 - www.id.ambafrance.org.*

Ambassade de Belgique – PLAN II B4 - *Deutsche Bank Building (16e étage) - Jl. Imam Bonjol 80 - Menteng - ✆ (021) 316 20 30 - www.indonesia.diplomatie.belgium.be.*

Ambassade de Suisse – PLAN I CD3 - *Jl. Rasuna Said, Blok X 3/2, Kuningan - ✆ (021) 525 60 61 - www.eda.admin.ch/jakarta.*

Ambassade du Canada – PLAN I C3 - *World Trade Center (6e étage) - Jl. Jend. Sudirman Kav. 29-31 - ✆ (021) 2550 78 00 - www.international.gc.ca/country-pays/indonesia-indonesie.*

1

Centres culturels

Institut Français (Pusat Kebudayan Perancis) – PLAN II B4 - *Jl. M.H Thamrin 20 (accès Jl. Sunda) - ✆ (021) 2355 79 00 - www.ifi-id.com.* Le centre possède une bibliothèque, une boulangerie et une cafétéria fréquentées par les étudiants indonésiens et organise régulièrement expositions, spectacles et projections de films. Le site Web permet de suivre la programmation.

Goethe Institut – PLAN II C4 - *Jl. Dr Sam Ratulangi 9-15 - ✆ (021) 391 40 42 - www.goethe.de/ins/id/jak.* Organise notamment des festivals de cinéma.

British Council – PLAN II B4 - *Tower II (16e étage) - Jl. Jend. Sudirman kav 52-53 - ✆ (021) 2933 34 70 - www.british council.id.*

Erasmus Huis – PLAN I D3 - *Jl. Rasuna Said Kav. S3 - ✆ (021) 524 800 - Ig@erasmushuis_jakarta.* Centre culturel hollandais.

Arriver/Partir

En avion

La capitale indonésienne est reliée directement à toutes les grandes villes du pays, ainsi qu'aux grandes métropoles internationales.

Aéroport international Soekarno-Hatta (CGK)– A1 - *À 40 km au nord-ouest de la place Merdeka - ✆ (021) 138 - www.soekarnohatta-airport.co.id.* Le 3e plus gros aéroport d'Asie compte 3 terminaux, reliés entre eux en 5-7mn par le **Skytrain**. Le **terminal 1** pour les vols intérieurs (Lion Air, Citylink et Batik Air) ; le **terminal 2** pour les vols internationaux des compagnies asiatiques et du Moyen-Orient et les vols domestiques d'Air Asia, de Nam Air et Sriwijaya Air ; le **terminal 3**, le plus récent, pour tous les vols de Garuda et ceux des compagnies Skyteam (Aeroflot, Air France- KLM, China Airlines, Korean Air, etc.).

De l'aéroport au centre-ville :

En train – *www.railink.co.id - ttes les 30mn, de 6h20 à 23h20 - 45mn de trajet - 70 000 Rps.* Une liaison ferroviaire relie l'aéroport (station SHIA, connectée aux terminaux par le Skytrain) à la gare de BNI City (ou Sudirman Baru) (PLAN II C4) dans le centre de Jakarta, et à celle de Manggarai (PLAN I D2), plus au sud de la ville. De la gare de BNI City, liaisons pour la plupart des quartiers (Block M, Menteng, Monas, Kota) avec le bus Transjakarta.

En taxi – Plusieurs compagnies disposent d'un comptoir à la sortie de chaque terminal, dont Blue Bird et Online Taxi (Gocar/Gograb). Comptez 150 000/200 000 Rps pour le centre-ville, en incluant le péage. Prévoyez 1h à 1h30 de trajet, voire 2h30 aux heures de pointe, en cas d'accidents ou d'intempéries.

En bus – Le **X Trans** *(www.xtrans.co.id - ttes les h. en journée - 50 000 Rps)* assure une liaison express pour le sud de Jakarta (Block M et Jl. Blora-Menteng). Liaison directe également pour Bandung.

Les bus **Damri** *(5h-23h - dép. ttes les 20-30mn - 80 000 Rps)* desservent plusieurs lieux à Jakarta, dont le Block M et la gare de Gambir, près de Jl. Jaksa (PLAN II C3). Notez que ces bus express vont jusqu'à Bogor.

En bateau

Port de Tanjung Priok – PLAN I DE1 - *À 15 km du centre-ville.*

Pelni – PLAN II C2 - *Jl. Gajah Mada 14 - centre d'appels ✆ (021) 162 ou (021) 6385 4130 - www.pelni.co.id.* La compagnie nationale assure de nombreuses liaisons dans l'archipel (notamment vers Makassar, à Sulawesi). Départs et arrivées se font au dock n° 1 (Pelabuhan).

En bus

Pour connaître les dessertes et les horaires de bus, consultez le site

www.jadwalbis.com *(en anglais).*
Jakarta compte **plusieurs gares routières**, situées à près d'une heure du centre-ville, que l'on peut relier en bus de Gambir (PLAN II C3), du Sarinah (Jl. Thamrin) (PLAN II B4) ou du Blok M (Kebayoran Baru) (PLAN I C3). Les billets s'achètent sur place ou auprès des hôtels et des agences de voyage *(voir « Visites », p. 67)*.

Terminal de Kalideres - PLAN I A1 - *Jl. Daan Mogot (à 15 km à l'ouest de Jakarta).* Il dessert la côte ouest de Java et de Sumatra.

Terminal de Kampung Rambutan - PLAN I E4 - *Jl. Lingkar Luar Selatan (à 18 km au sud).* Énorme, il dessert Bandung, Tasikmalaya, Garut, Cilacap, Yogyakarta, Solo, Malang.

Terminal de Pulo Gadung - PLAN I E2 - *Jl. Bekasi Raya (à 12 km à l'est).* Principale gare routière de la capitale, elle possède deux terminaux, l'un dessert Sumatra et l'autre, le nord de Java (Cirebon, Tegal, Pekalongan, Semarang) et Bali.

En train

Le site des chemins de fer **www.kereta-api.co.id** indique les prix et les horaires *(en indonésien).*
Pour connaître les horaires et réserver un trajet, il est toutefois plus simple d'utiliser le site **www.tiket.com** *(en anglais).* Pour le réseau régional, consultez le site **www.jakartabytrain.com**.

Gare de Gambir - PLAN II C3 - *Sur le côté est de la place Merdeka.* Principale gare de Jakarta, elle dessert toutes les grandes villes de Java, notamment Yogyakarta.

Gare de Pasar Senen - PLAN II C3 - *À l'est de Gambir.* Dessert la majorité des grandes villes (Semarang, Yogyakarta, Solo, Surabaya) en mode économique.

Gare de Kota - PLAN II B2 - *Au nord.* L'ancienne gare historique, de style Art déco, ne dessert plus que les localités de banlieue, Bogor, Tangerang et Bekasi, ainsi que Surabaya.
Si vous prenez un taxi en sortant d'une de ces gares, insistez pour qu'il mette le compteur. Sinon éloignez-vous un peu, et vous n'aurez aucune difficulté à trouver un taxi plus scrupuleux.

Liaisons principales :
- **Pour Bogor** : de Kota, avec la Red Line, départ ttes les 20mn entre 5h50 et 23h35 *(1h30 à 1h45 de trajet).*
- **Pour Bandung** : de Gambir, env. 6 à 8 trains/j. *(3h20 de trajet).*
- **Pour Cirebon** : de Gambir ou de Pasar Senen, env. 6 trains/j. *(3h de trajet).*
- **Pour Yogyakarta** : de Gambir ou de Pasar Senen, env. 6 départs/j. *(7h30 à 8h30 de trajet).*
- **Pour Solo** : de Gambir ou Pasar Senen, 6 départs/j. *(8h30 à 9h10 de trajet).*
- **Pour Surabaya** : de Gambir, 2 départs l'après-midi, arrivée dans la nuit ou au matin *(12h30 à 13h de trajet).* De Pasar Denen, 4 départs/j. *(11h30 à 14h30 de trajet).*

Transports

D'une manière générale, la circulation frise le cauchemar dans cette capitale où plus de 8 millions de véhicules circulent chaque jour. Aux heures de pointe (6h30-9h et 16h-20h), les embouteillages monstres (*macet* en indonésien) saturent littéralement la ville.
Inutile d'espérer circuler **à pied**, en raison de l'absence de trottoirs, de la chaleur, des distances, de la pollution et des multiples dangers qui guettent le piéton (chaussée accidentée, chauffards...). Dans l'attente de la pleine fonctionnalité du métro, le réseau de bus Transjakarta reste un moyen efficace de circuler, à associer avec les taxis et motos-taxis. Le site **www.transportforjakarta.com** met en ligne des cartes du réseau de transports et des infos à jour.

Métro
La première ligne du **MRT** (Mass Rapid Transit) a été inaugurée en mars 2019, sur un tronçon partiel de l'axe nord-sud, entre Lebak Bulus, au sud-ouest de la capitale (PLAN I B4), et le rond-point de l'Hotel Indonesia à Menteng (PLAN II B4), avec 13 stations desservies en chemin, dont celle du Blok M. À terme, la ligne devrait être prolongée au nord jusqu'au vieux quartier de Kota. Une autre ligne ouest-est, de Balaraja à Cikarang, devrait entrer en service d'ici 2025.

Bus
Le **Transjakarta**, un service de bus rapides (une voie express leur est réservée, et des plateformes d'embarquement surélevées), climatisés et limités en nombre de passagers, compte 13 lignes ou *corridors* (2 autres en construction) qui traversent Jakarta du nord au sud et d'est en ouest. Plan du réseau disponible dans chacune des stations ou sur *www.transjakarta.co.id.* Comptez 3500 Rps/voyage, quelle que soit la distance. Au total, le réseau Transjakarta couvre 230 km. Le réseau fonctionne de 5h à 22h (23h sur certaines lignes, service de nuit sur 7 d'entre elles). Le système est pratique aux heures creuses, mais aux heures de pointe, il faut compter avec des files d'attente interminables et des bus bondés.
En parallèle, les minibus vert et blanc de la **Kopaja** (Jakarta Transport Cooperative) sillonnent la ville dans toutes les directions, selon des itinéraires définis *(2000 Rps)*. Polluants et mal entretenus, ils s'arrêtent un peu n'importe où, à la demande, et il est assez difficile de repérer leur destination.

Train
Pratique mais souvent bondée, une ligne de **train aérien** parcourt la ville du nord au sud, entre Kota (PLAN I C1) et Manggarai Junction (PLAN I D3), et au-delà jusqu'à Bogor. Attention aux pickpockets.

Bajaj
À défaut de *becak* – bannis de Jakarta –, ce triporteur à deux places (prononcez « bajaï ») est pratique pour les petits trajets. Son faible encombrement lui permet de se faufiler dans les embouteillages. Mais il est interdit sur les grands axes. On le hèle dans la rue et on négocie le prix au départ.

Taxi
Les chauffeurs de taxis jakartanais rechignent souvent à mettre le compteur (*meter*, prononcez « méteur »), et ils ont une fâcheuse tendance à vous faire visiter la ville, parfois pour la simple raison qu'ils n'ont aucune idée du parcours ou aussi parce que les sens de circulation obligent souvent à d'incroyables détours pour rejoindre un point tout proche. Comptez 30000 à 50000 Rps pour un bref trajet, 100000 à 150000 Rps pour un itinéraire distant. Pour le pourboire, arrondissez au millier supérieur. Préférez les taxis bleus avec le logo d'oiseau du groupe **Blue Bird**, les plus fiables *(✆ (021) 7917 1234 ou 7941234 - www.bluebirdgroup.com - réserv. possible avec l'app. My Blue Bird)*. Vous pouvez utiliser aussi l'application de VTC **Grab**, équivalent de Uber.

Taxi-moto
Les *ojek* attendent les clients à certains carrefours. Si vous ne craignez pas le slalom entre les voitures, le gain de temps se révèle considérable. C'est vraiment la meilleure solution dans les bouchons. Les tarifs se négocient au départ, généralement un peu plus bas que ceux des taxis *(20000 à 40000 Rps pour un court trajet)*. Vous pouvez commander un *ojek* et connaître d'avance le prix de la course avec l'application **Gojek**.

Location de voitures

Rens. dans les hôtels et les agences de voyage *(voir « Excursions », p. 71)*. Les grandes compagnies garantissent plus de sérieux mais sont plus chères. Elles ont toutes un comptoir à l'aéroport. Il est vivement conseillé de prendre une voiture avec chauffeur, pour éviter de graves ennuis en cas d'accident.

Avis - PLAN II C4 - *Jl. Raden Saleh 27 - ✆ (021) 314 29 00 - www.avis.co.id.* N'hésitez pas à demander un devis.

Visites

Les agences de voyage, nombreuses sur Jl. Jaksa (PLAN II C3-4), organisent toutes des visites et peuvent être facilement mises en concurrence.

Smailing Tour - PLAN II B3 - *Jl. Majapahit 28 - ✆ (021) 2922 00 00 - www.smailingtour.co.id.* Cette agence, l'une des plus importantes d'Indonésie, propose nombre de formules, dont une découverte de Lombok en 3 ou 4 j.

Gray Line Jakarta - PLAN II A3 - *Jl. Meruya Ilir Utara n° 21 - ✆ (021) 630 81 05/0813 8018 0150 - www.grayline.id.* Circuits d'une journée pour découvrir la capitale et alentour.

Arus Liar Adventure - PLAN I C3 - *Jl. Kemang Raya 31, Kemang - ✆ (021) 2270 79 17 - ✆ 0812 8070 0700 - www.arusliar.co.id.* Organise des descentes de la Citarik en rafting jusqu'à Pelabuhan Ratu.

Agenda

Jakarta Fair - *Juin-juil.* L'anniversaire de la capitale donne lieu à des manifestations culturelles pendant plusieurs jours.

Fête nationale - *17 août.* Manifestations sportives, spectacles de marionnettes, carnaval.

Jakarta Independent Film Festival - *En nov.* Projection de films étrangers et indonésiens, en présence d'acteurs et de réalisateurs.

Nos adresses

PLAN I (P. 48-49), PLAN II (P. 52) ET PLAN III (P. 53)

Restauration

La capitale est l'endroit rêvé pour tester les spécialités de l'archipel ou d'autres cuisines d'Asie.

Chaque soir, une myriade de *warung* et petits restaurants chinois éclairés au néon ouvrent sur **Jl. Mangga Besar** (au nord, près de Glodok) (PLAN II B2).

Le soir (jusqu'à 23h env.), on déguste d'excellents fruits de mer dans **Jl. Pecanongan** (au nord de Taman Merdeka) (PLAN II C3).

Pour une cuisine indonésienne, essayez **Jl. Kendal, Menteng** (PLAN II C4), le long de la voie ferrée qui borde ce quartier résidentiel.

Plus centrale, **Jl. Sabang**, appelée officiellement **Jl. Agus Salim** (PLAN II B3), fourmille de *warung* à la nuit tombée.

On déjeune avec plaisir à l'un des stands du marché Pasar Santa *(voir « Shopping » p. 70)*.

Enfin le **Blok M** (PLAN I C3) est le bastion des restaurants japonais.

Dans le centre-ville

Premier prix

(14) **Sederhana** - PLAN II C3-4 - *Jl. H. Agus Salim 35 - ✆ (021) 3192 49 62 - www.restoransederhana.id - ⊠ - 30 000/70 000 Rps.* Ce restaurant qui ne paye pas de mine héberge l'une des meilleures cuisines padang de la ville, et ce depuis 1972. Il manque seulement

1

un supplément d'âme à la salle climatisée.

8 Koko Bogana – PLAN I C3 - *Jl. Cipaku I 22 - Kebayoran Baru - ✆ (021) 720 37 54/0812 802 81 60 - 💳 - tlj sf dim. 9h-17h - 20 000/60 000 Rps.* Charmant petit café familial, avec quelques tables en terrasse autour d'une fontaine. Plats indonésiens à base de riz cuit, dont le *nasi bogana* servi dans une feuille de bananier et un plat en terre cuite. Propose aussi gâteaux et glaces.

Budget moyen

23 Sate Khas Senayan – PLAN III - *Jl. Kebon Sirih 31A (à l'angle de Jl. Jaksa) - ✆ (021) 3192 62 38 - www.sks.sarirasa.co.id - 9h-21h - 50 000/100 000 Rps.* Ce restaurant climatisé attire une clientèle d'employés le midi et de touristes le soir. L'intérieur, un peu froid, dispose d'une agréable terrasse – s'il ne fait pas trop chaud – pour siroter une bière en grignotant de délicieuses brochettes de crevettes *(udang)*.

1 Restoran Trio – PLAN II C4 - *Jl. RP. Soeroso 29A - Menteng - ✆ (021) 3193 62 95 - 💳 - 10h-14h, 17h-21h - 100 000/200 000 Rps.* Le plus vieux restaurant chinois de la ville. Il affiche une modeste allure avec ses stores en bambou, ses nappes en plastique à carreaux et son décor inchangé depuis des lustres. Carte longue comme le bras de spécialités chinoises et sino-indonésiennes.

Pour se faire plaisir

10 Queen's Tandoor – PLAN II B4 - *Jl. Thamrin Kav. 57 (au sous-sol) - ✆ (021) 390 32 87/88 - www.queenstandoor.com - 11h-15h, 17h-23h - 150 000/250 000 Rps, formule déj. 145 000/155 000 Rps.* Les poulets tandoori rompront avec votre ordinaire de *nasi goreng*.

7 Midori – PLAN II C4 - *Jl. Wahid Hasyim 106 - ✆ (021) 314 89 77 - 10h-21h - 100 000/200 000 Rps.* Ce restaurant japonais, juché sur un bloc de béton digne d'une signature corbusienne, abrite un espace reposant, en retrait de la turbulente avenue. Sous des lumières tamisées idéales pour les amoureux, on peut commander toutes sortes de sushis que les clients japonais ne renient pas. C'est dire si la fraîcheur des produits est au rendez-vous. Au même niveau, il est possible de se faire masser.

15 Sushi Tei – PLAN II B4 - *Plaza Indonesia (1er étage) - Jl. M.H. Thamrin 28 - ✆ (021) 3983 51 08 - www.sushitei.co.id - 10h-21h30 - 100 000/200 000 Rps.* Ce restaurant japonais, antre noir pointillé de lumières, est d'une propreté irréprochable. Plusieurs autres antennes de la même marque dans la capitale, principalement dans les grands malls et centres commerciaux.

3 Café Batavia – PLAN II B1 - *Jl. Pintu Besar Utara 14, Taman Fatahillah - ✆ (021) 691 55 34 - www.cafebatavia.com - lun.-jeu. 9h-0h, vend.-sam. 8h-1h, dim. 7h-0h - 100 000/200 000 Rps.* Cette magnifique bâtisse hollandaise du 19e s. abrite deux grandes salles à l'atmosphère délicieusement surannée, aux murs tapissés de photos noir et blanc de stars hollywoodiennes. L'on y déguste une bonne cuisine occidentale et indonésienne, tandis que de grands ventilateurs tourbillonnent au-dessus de vos têtes. Brunch en matinée, pâtisseries à l'heure du thé, concerts *live* tlj en soirée.

12 Dapur Babah – PLAN II C3 - *Jl. Veteran I 18-19 - Ulujami - ✆ (021) 385 56 53/0851 0060 2256 - www.tuguhotels.com/restaurants - 11h-21h - 100 000/300 000 Rps.* Logé dans un bâtiment colonial de la vieille ville hollandaise, Dapur Babah fait l'effet d'un musée débordant d'antiquités du début du siècle.

C'est aussi un labyrinthe de salles, jardins et cours, tous plus raffinés les uns que les autres. Dans l'assiette, une combinaison de recettes javanaises, hollandaises et chinoises, comme le *nasi tjampoer babah*, à base de crevettes, lait de coco et tofu, ou le *bebek goreng boemboe lengkuas*, du canard mariné dans une sauce au galanga. Prix abordables vu le lieu, mais service un peu long. Réservez.

Au nord

Premier prix

18 Padang Merdeka – PLAN I C1 - *Jl. Lada 1, Kota Tua - ☎ (021) 2269 22 91 - 10h-20h - 40 000/80 000 Rps.* Dans une grande salle aux belles tables en bois et aux murs ornés de fresques patriotiques. Savourez, sous les pales des ventilateurs, un assortiment de petites assiettes de cuisine padang, épicée à souhait (*ayam goreng, bœuf redang, kikil gulai, sambal udang*). On paie juste les plats consommés.

Au sud

Budget moyen

17 Cali Deli – PLAN II C4 - *Jl. Surabaya 22 - ☎ (021) 315 03 63 - 9h30 -22h - 80 000/100 000 Rps.* Ce restaurant vietnamien est l'occasion de faire une agréable pause au milieu des échoppes du pseudo-marché aux puces de Jl. Surabaya. Sandwichs délicieux, cocktails de fruits exotiques. Coin terrasse arboré.

13 Alenia Papua – PLAN I C3 - *Jl. Raya Kemang 66B - Kemang - ☎ (021) 7179 01 41 - 10h-23h. 70 000/200 000 Rps.* Une adresse originale, spécialisée dans la cuisine et les cafés arabica de Papouasie. Déco ethnique de bois sculpté et tissages. Goûtez le *papeda*, une bouillie de sagou, avec du poisson sauce curry, ou l'*ikan asar*, thon fumé et râpé cuit dans un mélange d'herbes et d'épices.

Pour se faire plaisir

6 Lara Djonggrang – PLAN II C4 - *Jl. Cik Di Tiro 4 - ☎ (021) 315 32 52 - www.tuguhotels.com/restaurantsjakarta/laradjonggrang - 11h-22h - 100 000/300 000 Rps.* L'un des espaces les plus voluptueux et raffinés de Jakarta, une oasis d'ombres et de senteurs. La cuisine s'inspire des différents voyages que fit le roi Hayam Wuruk, qui gouvernait au 14e s. le puissant royaume Mojopahit. Propriété du groupe hôtelier Tugu, qui gère trois autres restaurants en ville, au décor tout aussi somptueux. Mieux vaut réserver. *Voir aussi « Boire un verre ».*

16 Nusa Indonesian Gastronomy – PLAN I C4 - *Jl. Kemang Raya 81 - Kemang - ☎ (021) 719 39 54 - www.nusagastronomy.com - 11h-23h30, fermé dim.-lun. - midi : 160 000/350 000 Rps ; soir : menus 650 000 Rps (4 plats) et 950 000 Rps (6 plats). Pas d'alcool.* Peut-être le meilleur restaurant gastronomique du pays. Dans une ancienne maison coloniale, un cadre sobre et lumineux (chaises en rotin, vitraux, bocaux d'herbes séchées). Le patron, Ragil Imam Wibowo, élu meilleur chef de la capitale par plusieurs magazines, remet au goût du jour les légumes, tubercules, épices et autres produits locaux des îles, et illustre toute la richesse de la cuisine indonésienne. À la carte, *na nuria* (poisson mariné dans du citron vert et des épices à la mode batak), pâtes au sagou de Papouasie, poulet fermier cuit dans un bambou ou bien champignons *pelawan* (la truffe indonésienne). En dessert, *boko-boko* de sorgho saupoudré de noix de Kenari et de sucre de palme. Réservation impérative.

1

Petite pause

Cafés/Salons de thé

Pendopo Lounge – Borobudur Intercontinental *(voir « Hébergement »)*. Son magnifique salon ouaté de fraîcheur aurait été à coup sûr plébiscité par Marcel Proust. Comptez 45 000 Rps pour un café glacé.

Sari Pan Pacific – PLAN II B4 - *Jl. Thamrin 6 - ✆ (021) 2993 28 88 - www.panpacific.com.* L'hôtel possède une succulente pâtisserie ainsi qu'un café où l'on sert d'excellents expressos.

Coffeebeerian – PLAN I C3 - *Jl. Ciragil II 26, Kebayoran Baru - ✆ 0812 9476 3195 - lun.-jeu. 6h-0h, vend.-sam. 17h-0h.* Pour amateurs de café... et de bière ! Une adresse conviviale pour savourer les meilleurs crus arabica d'Indonésie, fraîchement torréfiés, ou bien une bière artisanale de qualité, dont certaines sont brassées maison.

Glaciers

Ragusa es Italia – PLAN II C3 - *Jl. Veteran I/10 (près de la mosquée Istiqlal) - ✆ (021) 384 91 23 - 10h-21h.* Un charmant glacier ouvert depuis 1932, meublé de chaises en osier.

Boire un verre

Ici comme ailleurs, les modes se font et se défont assez vite. La majorité ferme autour de 2h du matin. Deux valeurs sûres des nuits jakartanaises :

Café Batavia – PLAN II B1. L'adresse chic, où se produisent des groupes de jazz, dans un décor colonial et une ambiance tranquille.

Lara Djonggrang – *Voir « Restauration » p. 69.* L'une des adresses les plus personnelles et raffinées de Jakarta. Idéale pour prendre un verre dans une ambiance relaxante, loin de la torpeur urbaine et frénétique.

En soirée

L'entrée des clubs varie entre 100 000 et 300 000 Rps, et les boissons alcoolisées coûtent entre 100 000 et 200 000 Rps. Le *dress code* exige le port d'une chemise et d'un pantalon pour les hommes, d'une robe pour les femmes.

Dragonfly – PLAN I D3 - *Graha Bip, Jl. Gatot Subroto Kav. 23, Kuningan - ✆ (021) 520 67 89.* Sans doute la meilleure discothèque de Jakarta. Les DJs y mixent RnB, electro et house music.

Colosseum – PLAN II B1 - *Jl. Kunir 7, Kota Tua (près du port) - ✆ 0822 7000 1001 - www.colosseum.id.* Jeux de lumière et sono de haut vol, dans une salle gigantesque qui accueille des DJs internationaux. Boisson incluse dans le prix d'entrée.

Shopping

Marchés

Pasar Burung – PLAN I D2 - *Jl. Pramuka.* Un marché d'animaux haut en couleur qui donne une petite idée de la richesse de la faune indonésienne.

Pasar Ikan – *Voir « La vieille ville » p. 53.*

Pasar Senen – PLAN II C3 - *À l'est de la place Merdeka.* Artisanat, batiks, produits frais.

Pasar Santa – PLAN I C3 - *Jl. Cisanggiri 2, Kebayoran Baru - 10h-19h30.* Animé surtout durant le week-end, ce marché a certes perdu de sa superbe, mais il reste l'un des plus branchés de la ville. Boutiques de jeunes créateurs de vêtements et d'accessoires, pâtissiers et torréfacteurs, stands de nourriture, magasins de disques et brocanteurs.

Pasar Baru – PLAN II C3 - *Jl. Otto Iskandardinata, Otista (dans le quartier chinois).* Le grand marché central, où l'on trouve vêtements, batiks, légumes...

Pasar Tanah Abang – PLAN II B4 - *À l'extrémité ouest de Jl. Wahid Hasyim.* Batiks bon marché, marchandage de rigueur.

Centres commerciaux

Les grands centres commerciaux sont conçus sur le modèle des malls américains. On y trouve les grandes marques internationales (vêtements, électronique...) à des prix meilleur marché qu'en Europe.

Blok M – PLAN I C3 - *Kebayoran Baru (au sud-ouest de Jakarta).* L'une des plus importantes concentrations commerciales d'Indonésie, des petites échoppes aux gigantesques malls, comme le Mega Pasar Raya (neuf étages).

Plaza Indonesia – PLAN II B4 - *Jl. Thamrin Kav. 28-30 (au pied du Grand Hyatt).* On y trouve notamment un magasin de la chaîne japonaise Sogo et la grande librairie Kinokuniya.

Grand Indonesia – PLAN II B4 - *Jl. Thamrin 1.* Une curiosité, réunissant boutiques de luxe et expériences culinaires des quatre coins du monde. L'espace, véritable patchwork architectural, mêle de manière iconoclaste tous les styles.

Taman Anggrek – PLAN I C2 - *Jl. Letien S. Parman.* Il fut à un moment le plus grand mall de la capitale.

Glodok Plaza – PLAN II B1-2 - *Jl. Gajah Mada (près de Kota).* Situé au cœur du quartier chinois, le temple de l'électronique qui avait été détruit lors des terribles émeutes de mai 1998 a refait surface avec les technologies dernier cri.

Antiquités

Avec Bali, Jakarta est le meilleur endroit d'Indonésie pour chiner. Si les prix sont plus élevés qu'à Yogyakarta, autre ville réputée pour ses marchés d'antiquités, les articles sont aussi beaucoup plus intéressants. Mais attention, les copies sont légion et les productions récentes, notamment celles en provenance de Papouasie occidentale, offrent une piètre image des arts papous. N'oubliez jamais que plus votre marge de négociation est forte, moins l'objet est digne d'intérêt. Les boutiques de Jl. Kebon Sirih Timur Dalam (PLAN II B3-C4) proposent de superbes antiquités, à des prix souvent inabordables.

Shinta Art – PLAN II BC3 - *Jl. Kebon Sirih Timur Dalam 5E - ✆ (021) 314 02 58 - 9h-17h30.* Arts primitifs de Sumatra à Kelimantan. Point faible, les arts en provenance de Papouasie occidentale.

Artisanat

Pasar Seni – PLAN II C1 - *Parc d'Ancol.* Environ 200 kiosques proposent de la peinture et de la sculpture contemporaines de qualité variable.

Sarinah – PLAN II B4 - *Jl. Thamrin 11 - ✆ (021) 3192 30 08 - www.sarinah.id.* Une adresse pratique pour les achats de dernière minute (argenterie, batiks, bois, livres, sport).

Jalan Surabaya – PLAN II C4 - *Menteng.* Artisanat indonésien, machines à écrire, miroirs du 17e s. au cadre doré, tout cela reproduit dans l'arrière-boutique. Le marché est de piètre qualité mais toujours intéressant et on y chine parfois quelques trouvailles.

Batiks

Batik Keris – PLAN II C4 - *Jl. Cokroaminoto 87-89 - ✆ (021) 3192 69 08 - www.batikeris.co.id - 10h-20h.*

Batik Danar Hadi – PLAN II C3 - *Jl. Raden Saleh 1A - ✆ (021) 3192 36 63 - www.danarhadibatik.com.*

Musée Iwan Tirta – PLAN II BC4 - *Grand Hyatt Shopping Arcade, Jl. M. H. Thamrin 28-30, Menteng - ✆ (021) 2992 35 41 - www.iwantirtabatik.com.*

1

Galeries d'art contemporain

Dia.lo.gue – PLAN I C4 - *Jl. Kemang Selatan 99A, Kemang - ☏ (021) 719 96 71 - www.dialogue-artspace.com - 11h-20h.* Galerie d'art, café et boutique d'objets design.

Librairies

On trouve des journaux en anglais (plus rarement en français) dans les grands hôtels et les grandes librairies des malls comme **Kinokuniya**, **Gramedia**, **Periplus**... Sur Plaza Indonesia (PLAN II B4), les librairies Times et Books Kinokuniya passent pour être les mieux fournies de Jakarta. On trouve aussi un Kinokuniya et un Gramedia au Grand Indonesia (*Jl. Thamrin 1*) (PLAN II B4).

Spectacles

Le **Time out Jakarta** (*www.timeoutjakarta.com*), le **Jakarta Post** (*www.thejakartapost.com*), en anglais, constituent deux bonnes sources d'informations.

Théâtre, danse

Taman Ismail Marzuki (TIM) – PLAN II C4 - *Jl. Cikini Raya 73, Menteng - ☏ (021) 3193 47 40/0821 2505 4242 - Ig@tim.cikini - 9h-22h.* Ce haut lieu de la création théâtrale contemporaine comprend également des salles d'exposition, un cinéma et des restaurants de plein air.

Gedung Kesenian – PLAN II C3 - *Jl. Pos/Jl. Gedung Kesenian 1 (derrière la mosquée Istiqlal) - ☏ (021) 380 82 83 - www.gedungkesenianjakarta.co.id.* La plus belle salle de la capitale, d'architecture néoclassique (1821), programme des spectacles indonésiens et étrangers d'excellent niveau.

Galeri Nasional Indonesia – PLAN II C3 - *Jl. Medan Merdeka Timur 14A - ☏ (021) 381 30 21 - www.galeri-nasional.or.id - tlj sf lun. 9h-19h.* Les plus grands événements culturels de la capitale s'y déroulent.

Wayang Orang Bharata – PLAN II C3 - *Jl. Kalilo 15 - ☏ 0856 9580 3525 - Ig@wobharata.* Le dernier des théâtres populaires de la capitale présente presque tous les samedi *(20h-22h)* un épisode du *Ramayana* ou du *Mahabharata*. Dialogues en javanais.

Musée du Wayang – *Voir « La vieille ville », p. 54.* Spectacle de marionnettes le dim. de 10h à 14h.

Parc Taman Mini – Danse traditionnelle le dim. de 9h à 14h.

Cinéma

Le **TIM** et la plupart des centres culturels étrangers *(voir « Adresses utiles », p. 63)* proposent une programmation variée. Les places sont plus chères le w.-end.

Activités

Piscines

Piscine d'Ancol – PLAN II C1 - *Parc d'Ancol - www.ancol.com - lun.-vend. 9h-15h30, sam.-dim. 8h-17h30.* Immense (et propre), la piscine **Atlantis Water Adventure** compte près d'une dizaine de bassins, quelques-uns avec jets d'eau, toboggans et vagues artificielles.

Hébergement

Jakarta possède un grand choix d'hébergements. Si les prix sont élevés par rapport au reste du pays, on trouve un grand nombre de pensions bon marché, à la propreté toutefois douteuse. La plupart des grands hôtels se concentrent sur **Jl. Thamrin** et **Jl. Jend. Sudirman** (PLAN II B4) : des sas reposants pour qui veut déambuler dans une librairie, goûter une pâtisserie ou se détendre dans un bar élégant. La majorité des hôtels ne comprend pas de basse et de haute saison.

En revanche, des réductions sont possibles selon le taux d'occupation.

Au centre-ville, à deux pas de la gare de Gambir, **Jl. Jaksa** (PLAN II C3-4 ET PLAN III) est le quartier des pensions pour voyageurs à petit budget. Hygiène, calme et confort sont rarement de la partie. Le secteur regorge d'enseignes touristiques (agences de voyage, restaurants, bars...), mais on sent que le quartier est passé de mode. Les Indonésiens le surnomment le « *backpackers ghetto* », c'est tout dire...

Dans le centre-ville

Budget moyen

28 **Istana Ratu** – PLAN III - *Jl. Jaksa 7-9 - ☎ (021) 314 24 72 - - 26 ch. 255 000/325 000 Rps.* Ce grand bâtiment sans âme qui domine Jl. Jaksa possède des chambres à la déco moderne, d'une propreté hélas en grand déclin au fil du temps. Accueil amical.

3 **Hotel Neo Melawai** – PLAN I C3 - *Jl. Panglima Polim Raya 15 - ☎ (021) 2966 14 00 - www.neohotels.com - - 88 ch. 560 000/720 000 Rps.* Très bien située au cœur du quartier commerçant du Blok M, une adresse de catégorie moyenne bien tenue, à la décoration moderne. Personnel souriant, chambres assez spacieuses et bien insonorisées. Les salles de bain sont en revanche décevantes.

10 **Marco Polo** – PLAN II C4 - *Jl. Teuku Cik Ditiro 19, Cikini - ☎ (021) 230 17 77 - www.marcopolo.co.id - - 190 ch. 500 000/650 000 Rps.* Bien situé, dans un quartier diplomatique verdoyant, ce grand établissement, sans caractère, est toutefois loué pour son professionnalisme et ses prestations (ascenseur, Wi-Fi, TV écran plat avec chaînes internationales, restaurant...). Les chambres sont très correctes, grandes, et disposent d'un balcon. Le petit-déjeuner, varié, est servi dans une jolie salle à manger à l'ancienne.

4 **Cipta** – PLAN II C4 - *Jl. Wahid Hasyim 53, Menteng - ☎ (021) 390 47 01 - www.ciptahotelgroup.com - - 62 ch. 450 000/650 000 Rps.* Bien situé dans le quartier des affaires et du shopping, un hôtel de quatre étages essentiellement fréquenté par les Indonésiens. Service impeccable. Bon rapport qualité-prix, mais un peu bruyant. Ascenseur, bonne literie.

7 **Tamarin** – PLAN II C4 - *Jl. Wahid Hasyim 77 - ☎ (021) 391 23 23 - www.tamarinhoteljakarta.com - - 129 ch. 650 000 Rps.* Fréquenté par les hommes d'affaires, cet hôtel est l'un des meilleurs dans sa catégorie : bien situé, dans l'artère la plus animée entre Jl Sabang et Jl. Jaksa. Services et prestations impeccables, petit-déjeuner pantagruélique servi dans une salle élégante en bordure de jardin, Spa et fitness. Réservez par Internet pour bénéficier de réductions.

6 **Arthotel Thamrin** – PLAN II B4 - *Jl. Sunda 3 - Menteng - ☎ (021) 3192 58 88 - www.artotelindonesia.com - - 107 ch. 850 000/1 600 000 Rps.* Une adresse centrale (en face du Sarinah) et très hype, débordant de fresques et d'œuvres d'art colorées. Chaque chambre est unique et dispose d'une machine à café expresso. Agréable bar sur le toit pour siroter un verre en musique le soir.

Pour se faire plaisir

1 **Kosenda** – PLAN II B4 - *Jl. KH Wahid Hasyim 127 - Meteng - ☎ (021) 3193 68 68 - www.kosendahotel.com - - 58 ch. 850 000/950 000* . Au sud du Monas, un petit boutique-hôtel

1

écolo très tendance. Déco raffinée dans les moindres détails (meubles chinés, tissus colorés), avec beaucoup de bois, des murs peints et de larges baies vitrées. Salle de fitness et superbe bar sur le toit.

3 **Borobudur Intercontinental** – PLAN II C3 - *Jl. Lapangan Banteng Selatan 1 (à l'est de la place Merdeka) - ✆ (021) 380 55 55 - www.hotelborobudur.com -* - *695 ch. 1 200 000/3 000 000 Rps.* Longtemps la référence en matière de luxe à Jakarta, le Borobudur possède beaucoup de charme. Son vaste parc, sa décoration raffinée, sa piscine olympique, ses bars et ses excellents restaurants, sa pâtisserie *(voir « Petite pause »)* en font un lieu de pure détente. Chaînes satellite, Spa, 8 courts de tennis, fitness, bar à vins et à cigares.

5 **The Hermitage** – PLAN II C4 - *Jl. Cilacap 1 - Menteng - ✆ (021) 3192 68 88 - www.hermitagejakarta.com -* - *90 ch. 2 500 000/2 700 000 Rps.* Un cinq étoiles, membre du groupe Starwood, situé dans un splendide bâtiment colonial de 1923, qui fut jadis le QG du président Soekarno. Un pur joyau Art déco. Piscine sur le toit, salle de sport ultramoderne, ambiance feutrée et intimiste, chambres au confort voluptueux. À défaut d'y loger, faites-y un tour le soir pour siroter un cocktail au *rooftop bar*, avec vue panoramique sur la skyline de Jakarta.

Au nord

Pour se faire plaisir

18 **Mercure Convention Centre Ancol** – PLAN II C1 - *Baycity, Jl. Pantai Indah, Ancol - ✆ (021) 640 60 00 - www.all.accor.com -* - *438 ch. 1 000 000/1 800 000 Rps.* Situé au bord de l'eau, près du parc d'attractions, cet établissement propose des chambres confortables (télévision par satellite, minibar, sèche-cheveux), avec, selon les prix, vue sur le golf, la mer ou Jakarta. Bien pour les familles avec enfants. Bar, tennis.

19 **Putri Duyung** – PLAN II C1 - *Jl. Pantai Indah, Ancol - ✆ (021) 260 16 80 - www.putriduyungresort.com -* - *127 ch. 1 000 000/3 000 000 Rps.* Ces bungalows avec terrasse donnant sur la mer constituent une alternative originale pour un séjour dans la capitale. Nombreuses activités sportives (promenade en bateau, golf)... Notez que les clients de l'hôtel peuvent visiter gratuitement le parc d'attractions Dunia Fantasi. Attention : le prix est multiplié par deux ou trois le w.-end.

Aéroport Soekarno-Hatta

Budget moyen

2 **Ibis Styles Jakarta Airport** – PLAN I A1 - *Jl. Raya Bandara Soekarno (à 10mn de l'aéroport) - ✆ (021) 2932 77 77 - www.all.accor.com -* - *251 ch. 620 000/740 000 Rps.* Des chambres modernes et confortables, bien isolées. Petit-déjeuner buffet à partir de 3h, Spa et fitness. Le vrai plus : une navette gratuite de/vers l'aéroport *(ttes les 90mn, de 3h à 0h).*

Au sud

Une folie

1 **The Dharmawangsa** – PLAN I C3 - *Jl. Brawijaya Raya 26 - Kebayoran Baru (à proximité du Blok M) - ✆ (021) 725 81 81 - www.the-dharmawangsa.com -* - *100 ch. 3 200 000/5 400 000 Rps.* Cet hôtel de grand luxe dresse son élégante architecture de pierre dans un bel écrin de verdure.

Intérieur du café Batavia à Jakarta.
L. Moreau/hemis.fr

SUMATRA
Tunda
Sebuku
Sebesi
844
Florida Beach
Panjang
Merak
Tanjung Pontang
Pontang
Sangiang
Cilegon
Banten
Sertung
Rakatakecil
Anyer
Krakatau ★★
Rakata
Cagar Alam Rançau
Serang
Ciruas
Tanara
Mauk
Teluknaga
Jakarta★
Balaraja
Tangerang
Selat Sunda
G. Karang
1778
Cadasan
Parigi
★Carita
Menes
Labuan
Rangkasbitung
Tl. Lada
Ciandur
Parung
Pagelaran
Ciujung
Jasinga
Cibinong
Cigudeg
Kadupandak
Panaitan
Cigeulis
Angsana
Muncang
Leuwiliang
Bogor
Gunungkencana
Munjul
Ciliman
Cisarua
Pulau Peucang ★★
Sumur
Ciawi
★★★T. N. UJUNG KULON
T. N. Gunung Halimun ★★
★Puncak Pass
Cikeusik
Malingping
2958
Ciptarasa★
Cikawung
Cimandur
Cikotok
Sukabumi
Tanjung Cang Kuang
Muarabinuangeun
Citarik
Cibadak
Cisolok
Tinjil
Bayah
Pelabuhan Ratu
Cimandir
Deli
Teluk Pelabuhanratu
Cimerang
Ciemas
Kiaradua
Cikadal
Sagaranten
Jampangkulon
Genteng
Cibuni
Unjung Genteng
Babadan
Rawauncal
JAVA OUEST
0
30 km
N
3000 m
2000
1000
500
200
0
LAUTAN HINDIA
Temple
Habitat traditionnel

LAUT JAWA
Tg Karawang
Tanjung Sedari
Cabangbungin
Sungalbuntu
Rengasdengklok
Cikarang
Karawang
Cilamaya
Pamanukan
Ciasem
Patrol
Leuweungmalang
Binong
Kandanghaur
Indramayu
Cikampek
Lohbener
Karangampel
Pangkalan
Tanjung Tanah
D. Jatiluhur
Purwakarta
Subang
Ciasem
Cipunagara
Darangdan
Jatitujuh
Arjawinangun
Trusmi
Puncak
Kebun Raya Cibodas
Wanayasa
Cisalak
Jatiwangi
Cirebon
2076
Ciater
G. Tangkuban Perahu
Lembang
Kadipaten
Cianjur
Sumedang
G. Ciremai 3078
BREBES
Cimahi
Bandung
Cilimus
T.N. Gunung Gede Pangrango
Cileunyi
Kuningan
D.Saguling
Gununghalu
Cimanuk
Gegerbitung
Citarum
Ciparay
Nagreg
Malangbong
Cikijing
Banjaran
Cibingbin
Sukanegara
Ciwidey
G. Malabar 2321
G. Kamojang
Cangkuang
D. Kawah Putih
Cipanas
Lauwimanggu
Pengalengan
Kawali
Rancah
Situ Patengan
Situ Cileunca
Garut
2201
G. Galunggung
Cisurupan
Tarogong
Cisayong
YOGYAKARTA
Kadupandak
2622
Ciamis
Cisaga
G. Papandayan
Singaparna
Tasikmalaya
Wanareja
Cikajang
Banjar
Cijarian
Kampung Naga
Cilaki
Cidaun
Cilandury
Sindangbarang
Soreang
Singajaya
Salopa
Padaherang
Cikatomas
Karangnunggal
Ciwula
Kalipucang
Pameungpeuk
Pangandaran
Cijulang
Tl. Parigi
Cipatujah
Teluk Penanjung

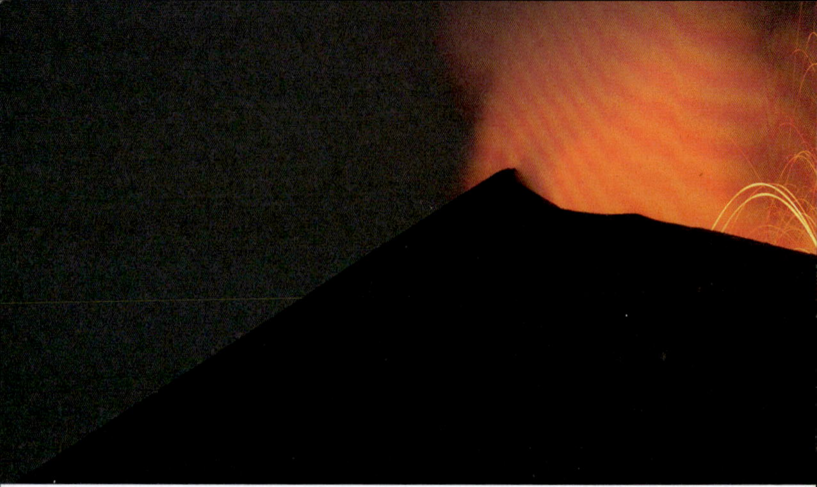

La côte ouest ★

Malgré la proximité de la capitale, la côte occidentale de Java reste à l'écart des circuits touristiques : une aubaine pour les amateurs de grands sites naturels et de tranquillité. De fait, la région n'a rien à envier au reste de l'île : de la verdoyante Banten, baignée d'un parfum suranné, au mythique Krakatau qui ne cesse de fumer, en passant par les sables chauds des plages du littoral, vos journées seront riches en découvertes.

Se repérer

CARTE A1 (P. 28-29) – CARTE DE JAVA OUEST (P. 76-77).

Province de Banten.
Banten se trouve à 65 km à l'ouest de Jakarta et à 10 km au nord de Serang.

À ne pas manquer

Une pause farniente sur les plages ; une excursion au volcan Krakatau ; le parc national d'Ujung Kulon.

Organiser son temps

Comptez 4 jours, dont 3 jours au parc national d'Ujung Kulon. Renoncez à voir le Krakatau et Ujung Kulon à la saison des pluies (nov.-avr.).

Carnet pratique p. 82

Nos adresses p. 83

Circuit conseillé

CARTE DE JAVA OUEST P. 76-77

Circuit de 52 km tracé en vert sur la carte de Java Ouest. Comptez une demi-journée pour Banten et une journée pour la côte avec un bain de soleil.

Avec leur frise de cocotiers et leur sable blanc, les plages de la côte ouest sont l'une des destinations favorites de la jet-set jakartanaise. On ne s'étonnera donc pas d'y voir fleurir autant d'hôtels de luxe. Il faut dire que – chose rare à Java – la baignade ne présente ici aucun danger. Profitez-en !

Banten

À 65 km à l'ouest de Jakarta.

Fondée au 11e ou 12e s., Banten devient au 14e s. le principal port du royaume sundanais de Pajajaran. Aujourd'hui, on a peine à imaginer que ce petit port de pêche assoupi des faubourgs de Serang fut à la fin du 16e s. la plus grande cité d'Asie du

Volcan Krakatau, éruption de nuit.
andersen_oystein/Getty Images Plus

Sud-Est et un florissant port poivrier. Elle garde pourtant un témoignage unique de l'histoire indonésienne *(voir encadré, ci-dessous)*.
Du vaste **Keraton Surosowan** (1680), palais détruit par les Hollandais en 1832, ne subsiste plus que la base de l'enceinte, muret de pierre envahi d'herbes folles qui borde l'Alun-alun, l'ancienne grande place de Banten.
Parfaitement conservée, en revanche, la **Mesjid Agung** (16e s.), qui se dresse de l'autre côté de ce grand carré vert, est typique de l'architecture des premières mosquées javanaises avec son triple toit de tuiles rousses. Son imposant **minaret★** blanc aux allures de phare offre le meilleur **point de vue★** sur Banten, la palmeraie alentour et les marais salants qui frangent la mer.
Un petit **Musée historique et archéologique** *(lun.-vend. 9h-15h)* se tient à proximité. Bâti sur la côte par les Hollandais en 1682, le **fort Speelwijk (benteng Speelwijk)**, petit ouvrage aux murs de lave, en est aujourd'hui éloigné de plusieurs centaines de mètres par l'ensablement.
Non loin, le **temple chinois** (18e s.) et la **mosquée chinoise (Pacinan Tinggi)**, dont il reste le mihrab et le minaret blanc à base carrée, rappellent le passé cosmopolite de la cité.
De Banten, poursuivez au nord-ouest jusqu'à Cilegon (12 km), puis bifurquez vers le sud pour longer la côte.

Anyer

À 19 km au sud-ouest de Cilegon.
Port important à l'époque coloniale, Anyer n'a pas oublié la lame de fond meurtrière qui suivit l'éruption du Krakatau *(voir encadré, ci-dessous)*. Deux ans après

1

Un passé mouvementé

Au début du 16e s., pour faire face à la menace du sultanat de Demak, les **Sundanais** – hindouistes – s'allient aux Portugais qui désirent y établir un comptoir sur la route des épices. En vain : en 1527, **Hasanuddin** soumet Banten et y établit une **dynastie musulmane**. C'est le début d'un nouvel âge d'or. Marchands portugais, arabes, perses, indiens et chinois y affluent, des canaux sont creusés et des remparts élevés. Une telle prospérité aiguise la convoitise des Hollandais, qui s'installent à Sunda Kelapa en 1619 et imposent un blocus commercial. Affaibli par une querelle dynastique et par sa rivalité avec le royaume de Mataram, Sultan Ageng, le dernier grand souverain de Banten, capitule devant les **Hollandais** en 1682.

Quand le Krakatau gronde

Le 27 août 1883, l'éruption du Krakatau, qui avait débuté en mai, atteignit son paroxysme. À 10h02, une fantastique explosion se produisit, qui pulvérisa le volcan et retentit jusqu'à Alice Springs en Australie, éloignée de 3 500 km. Bientôt, une colonne de cendre épaisse de 20 km^3 s'éleva dans l'atmosphère, à 80 km d'altitude, plongeant le détroit de la Sonde dans une obscurité totale, jusqu'au lendemain. Ce nuage continua de circuler autour du globe pendant trois ans avant de se dissiper. Mais, surtout, l'effondrement du volcan provoqua un prodigieux raz de marée : une vague de 30 à 40 m de haut ravagea les côtes de Java et de Sumatra, emportant 165 villages et tuant plus de 36 000 personnes. La vague atteignit la péninsule arabe en douze heures et fut même sensible jusque dans la Manche. Depuis, le volcan est entré plusieurs fois en éruption et ne cesse de menacer...

la catastrophe, la reine de Hollande Wilhelmine offrit au village le phare que l'on aperçoit au milieu des cocotiers, près de la plage. Anyer est désormais la destination chic des Jakartanais. Ses plages de sable blanc ombragées de cocotiers sont prises d'assaut le week-end, et presque désertes en semaine.
Au large, l'**îlot de Sangiang** cache de beaux **fonds coralliens★**, prétexte à une plaisante exploration aquatique *(1h30 de traversée, en bateau chartérisé)*.

★ Carita A1

À 21 km au sud d'Anyer.
Plus au sud, la route longe l'écharpe de sable clair de **Karang Bolong** *(11 km d'Anyer)* avant d'atteindre Carita, l'une des plus belles plages de la côte.

Excursions

CARTE DE JAVA OUEST P. 76-77

★★ Gunung Krakatau (VOLCAN KRAKATAU)

Au large des côtes javanaises, dans le détroit de Sunda (Selat Sunda). Pour les modalités d'accès et les recommandations, voir « Visites », p. 82. Comptez une journée.
Des éruptions avec coulées de lave et rejets de pierres se succèdent depuis 2008. En 2011, le volcan a émis un énorme nuage de cendres, forçant l'évacuation de milliers de personnes et ; en 2018, un tsunami a provoqué un glissement de terrain sous-marin causant la mort de 429 personnes ; et une nouvelle phase éruptive est survenue en avril 2022. Renseignez-vous avant d'entreprendre toute excursion sur ses flancs.
Posté à l'entrée du détroit de la Sonde (Selat Sunda), bras de mer qui sépare Java de Sumatra, le Krakatau (ou Krakatoa en français) est l'un des volcans les plus célèbres de la planète. On lui doit en effet l'un des plus puissants cataclysmes naturels de l'histoire *(voir encadré, ci-dessous)*.
Du massif initial, qui vola littéralement en miettes lors de la légendaire éruption de 1883, subsistent trois îles couvertes de végétation, modestes parties émergées de la caldeira (dans le sens des aiguilles d'une montre : Lang, Rakata et Sertung).
Au centre se dresse l'Anak Krakatau (« l'enfant du Krakatau »), un caillou aride surgi en 1928, qui constitue en fait la cheminée du volcan. En raison de la reprise de l'activité volcanique, il est interdit de faire le tour de son cratère.

Le parc national d'Ujung Kulon, classé au patrimoine mondial de l'Unesco.
J.-C. Muñoz/age fotostock

★★★ Taman Nasional Ujung Kulon (PARC NATIONAL D'UJUNG KULON)

Siège du bureau principal du parc, le petit port populaire de Labuan (9 km au sud de Carita) est le point de départ des expéditions en bateau. Pour les modalités d'accès et les excursions dans le parc, voir « Visites », p. 82. Comptez au moins 3 jours sur place. Prévoyez un traitement antipaludéen.
Jl. Raya Labuan (km 10), Carita Beach - (0253) 801731 - www.tnujungkulon.menlhk.go.id.
À la pointe sud-ouest de Java s'avance une étroite péninsule frangée d'îlots isolés et sauvages. Classé au Patrimoine mondial de l'Unesco, le parc, d'une superficie de 79 000 ha pour la partie terrestre et 44 000 ha pour la partie maritime, recèle une faune et une flore d'une richesse exceptionnelle. Outre l'invisible **rhinocéros de Java**, l'un des mammifères les plus rares de la planète (on n'en dénombre plus qu'une quarantaine), elle abrite des **banteng**, ces imposants buffles endémiques de 900 kg et 1,80 m d'encolure – de véritables aurochs ! –, mais aussi des crocodiles, des tortues, de nombreuses espèces de singes, ainsi qu'une multitude d'oiseaux.
Pour les esprits aventureux, des sentiers permettent de faire le tour de la péninsule jusque dans ses recoins les plus sauvages *(guide indispensable)*. Les plages ouvrent sur des **fonds coralliens**★★ de toute beauté.
À quelques encablures de la péninsule, **Pulau Peucang**★★, îlot frangé de plages dorées, vous offrira d'autres belles opportunités : plongées, randonnées et remontée de rivière en canoë. On y trouve un hébergement et un bureau du parc national.

Carnet pratique

Arriver/Partir

En bus et bemo

Le terminal de Kalideres, à Jakarta, dessert la côte ouest. La plupart des grands hôtels d'Anyer et Carita organisent le transport à partir de Jakarta si vous avez réservé.

Pour Banten – Bus jusqu'à Serang *(1h30 de trajet)*, puis *bemo (15mn)*.

Pour Anyer – Bus jusqu'à Cilegon *(2h)*, puis *bemo (30mn)*.

Pour Carita – Bus jusqu'à Labuan *(3h30)*, puis *bemo (15mn)*.

En voiture

Comptez 3h pour aller à Anyer par l'autoroute à péage, via Cilegon, mais attention aux embouteillages lors des retours de w.-end.

Pour les locations, voir Jakarta, p. 67.

Visites

Excursions au Krakatau

Carita est un point de départ idéal pour se rendre au Krakatau. Vous pouvez passer par une agence de voyage ou chartériser un bateau auprès de son propriétaire *(8h AR)*. Attention, les conditions météorologiques rendent parfois la traversée impossible, surtout pendant la période des pluies.

Java Rhino Ecotour – *Jl. Raya Carita Km 10 Labuan (à côté du Sunset View) - ✆ 0813 8666 8811 - www.krakatau-tour.com.* Une agence bien rodée. Rens. également à l'hôtel Rakata *(voir « Hébergement »)*.

Excursions au parc national d'Ujung Kulon

L'expédition au parc national exige du temps *(3 jours mini)* et de l'argent. Il existe deux moyens pour s'y rendre : le moins onéreux consiste à prendre le minibus de Labuan pour Sumur *(env. 3h30 de trajet)*, puis un *ojek* jusqu'à l'entrée du parc. L'autre moyen est de louer un bateau de pêche à Labuan *(6h de traversée)* ou un *speedboat* de 15 places *(3h)*, beaucoup plus cher *(env. 5 000 000 Rps pour une location de 3 jours et 2 nuits)*. Passer par une agence vous évitera bien des complications.

Dans tous les cas, il vous sera indispensable de faire appel à un guide. Mettez-vous à plusieurs pour partager les frais de transport. Prévoyez de la nourriture, de l'eau, une moustiquaire, une lampe de poche, un masque et un tuba, des jumelles, ainsi qu'un traitement antipaludéen.

Kantor Taman Nasional Ujung Kulon – *Jl. Perintis Kemerdekaan 51, Labuan - ✆ (0253) 801 731 - www.tnujungkulon.menlhk.go.id.* L'Office des forêts délivre les permis et aide à trouver guides et porteurs.

Labuan Perlindungan Hutan dan Pelestarian Alam – *Jl. Perintis Kemerdekaan 51, Labuan - ✆ (0253) 801 731. En règle générale, ouv. tous les matins sf w.-end.* Demandez s'il dispose toujours d'une copie du seul guide existant et anglophone, le *Visitor's Guidebook to the trails of Ujung Kulon National Park.*

PT Wanawisata Alamhayati – *Jl. Gatot Subroto, immeuble Manggala Wanabhakti Blok IV, bât. A, 2e étage, Jakarta - ✆ (021) 570 32 46.* L'agence, qui possède également un bureau à Labuan, prend en charge le permis, le transport et l'hébergement.

Nos adresses

Restauration

La plupart des hôtels de Carita et d'Anyer possèdent un restaurant, mais essayez les *warung*, qui proposent une cuisine meilleur marché, dans une ambiance familiale.

Hébergement

Les établissements de Carita sont meilleur marché que ceux d'Anyer. Nous indiquons les prix pratiqués en semaine ; ils peuvent doubler le w.-end.

À Carita

Premier prix

Rakata – *Au milieu de Carita - 0859 3927 1578 - - 7 ch. 175 000/395 000 Rps.* Un hôtel pas cher tenu par une équipe dynamique. Il constitue un bon spot pour s'informer sur les excursions et les activités de la région (plongée, par exemple).

Budget moyen

Sunset View – *Jl. Raya Pantai km 10 - (0253) 801 075 - - 10 ch. 285 000/350 000 Rps.* Cette adresse est un peu à l'écart de la plage. Les chambres assez petites et sombres sont relativement bien soignées. Le personnel est accueillant et attentif.

Wira Carita – *Jl. Raya Labuan, km 9 - (0253) 801 116 - - 100 ch. 588 000/888 000 Rps.* Simple mais bien entretenu, cet hôtel propose un large éventail de chambres, des plus basiques aux bungalows. La plage est juste de l'autre côté de la route.

À Anyer

Pour se faire plaisir

Mambruk Anyer – *Jl. Raya Karang Bolong - Desa Cikoneng (juste après le phare) - (0254) 601 602 - www.mambruk.co.id - - 97 ch. 1 170 000/1 250 000 Rps.* Sans grande âme mais d'un service irréprochable. Vous avez le choix entre les chambres du bâtiment principal, les bungalows dispersés dans les jardins (plus chers) ou ceux avec vue sur la mer (encore plus chers). Une plage artificielle a même été aménagée (attention, les fonds sont rocailleux). Possibilité de faire de la plongée et de la pêche en mer.

Anyer Cottage – *Jl. Raya Anyer - km 21 (en allant sur Carita) - (0254) 601 556 - - 52 ch. 1 450 000 Rps.* De très agréables bungalows dotés à l'étage d'une terrasse en bois. Certains sont équipés d'une cuisine. La plage est l'une des plus belles des environs.

À Ujung Kulon

Budget moyen

Ciputih Beach Resort – *Sumur (à l'entrée du parc) - (021) 828 10 93 - www.ciputihbeach.com - - 75 ch. 800 000/900 000 Rps en pension complète, avec ou sans transport inclus.* Cet hôtel propose des bungalows modernes ou traditionnels, au confort irréprochable. Circuits dans le parc, plongée, ski nautique, pêche en mer.

Bogor et les parcs nationaux ★★

Première étape dans la découverte du pays Sunda, Bogor s'étale au pied du volcan Salak (2211 m d'alt.), dans un beau décor vallonné. Assez verte, jouissant d'un climat plus frais et plus aéré que Jakarta, la ville ne manque pas de cachet, même si elle ne brille guère par son animation nocturne. Elle n'a pourtant guère conservé d'empreintes de l'ancien royaume Pajajaran, et elle arbore surtout des airs de petite cité coloniale sans histoire. De Jakarta, on fait aisément l'aller-retour dans la journée pour visiter son célèbre jardin botanique et découvrir l'artisanat traditionnel local (gongs et marionnettes en bois surtout). Mais il faut pousser plus loin pour apprécier pleinement la région : au-delà de Bogor, la chaîne du Priangan révèle une infinie variété de paysages, tantôt apprivoisés, tels les alentours de la station d'altitude de Puncak, tantôt sauvages, comme ceux des parcs nationaux du Halimun et du Gunung Gede Pangrango. Autant de sites à explorer, pour pénétrer au cœur de la Java verte...

Se repérer

CARTE A1 (P. 28-29) – CARTE DE JAVA OUEST (P. 76-77) – PLAN DE BOGOR CI-CONTRE.
Province de Java Ouest.
Bogor (1230 000 hab.) se trouve à 60 km au sud de Jakarta.

À ne pas manquer

Le jardin botanique et la fabrique de gongs à Bogor ; les parcs nationaux des monts Halimun et Gede Pangrango.

Organiser son temps

Comptez une demi-journée pour Bogor et quatre jours pour ses environs, en choisissant entre une randonnée au mont Halimun et l'ascension du Gede Pangrango ; évitez la saison des pluies (nov.-avr.). Si vous voulez faire l'ascension du Gede Pangrango (*10h de marche*), arrivez la veille pour l'obtention du permis. D'avril à août, réservez à l'avance votre hôtel à Cibodas, le meilleur point de départ pour la visite du parc national du Gede Pangrango.

En famille

Le parc animalier Taman Safari Indonesia.

Carnet pratique p. 90

Nos adresses p. 92

Se promener

PLAN CI-CONTRE

Le climat doux et pluvieux de Bogor (alt. 235 m) séduisit les Hollandais qui y implantèrent au 18e s. un manoir baptisé **Buitenzorg** (« Sans Soucis »), noyau de la ville actuelle. À chaque averse tropicale, pourtant, la Cisadane et la Ciliwung se muent en torrents impétueux, et Bogor justifie son surnom de Kota Ujan, « cité de la Pluie ». Mais c'est aussi ce qui donne toute sa beauté au jardin botanique de Kebun Raya.

★★ Kebun Raya Bogor (JARDIN BOTANIQUE DE KEBUN RAYA) BC2-3

Entrée principale sur Jl. Otto Iskandardinata - ✆ (0251) 8311 362 - www.kebon raya.id/bogor - lun.-vend. 8h-16h, sam.-dim. 7h-16h - 16 500/25 000 Rps. Pour une halte, l'agréable terrasse du **Resto Raasaa** (C3) *domine tout le parc (voir « Restauration », p. 92).*

Que l'on soit ou non passionné de plantes, la visite de ce grand parc botanique (75 ha) – véritable oasis au centre de la ville et prologue idéal à la découverte de la flore tropicale – est un enchantement. Le week-end, une foule bon enfant

déambule au fil de ses allées bordées de bambous géants, de fougères arborescentes, de palmiers, de pandanus et de tecks, toutes baignées des fragrances des bougainvilliers, des frangipaniers et des orchidées... Aménagé au 19e s., le Kebun Raya fut à l'origine de l'introduction de nouvelles essences dans l'archipel (flamboyant, palmier à huile, manioc, tabac, maïs, café, quinquina). Riche de plus de 12 000 spécimens de plantes, il se consacre à la préservation des essences menacées et à l'étude des plantes pour leur utilisation dans la médecine et l'agriculture.

Istana Bogor (palais de Bogor) – B3 - *Fermé au public.* Sur les marches nord-ouest du parc, près d'un petit lac, l'Istana Bogor occupe l'emplacement de l'**ancien manoir Buitenzorg**. Élevé au 19e s., il fut la résidence officielle des gouverneurs hollandais de 1870 à 1942. Converti en palais d'été présidentiel lors de l'Indépendance, il devint la prison dorée de l'ancien président Soekarno de 1967 à sa mort, en 1970. Un clocher surmonte son élégante façade néoclassique.

★ **Museum Zoologi (Musée zoologique)** – B4 - *Entrée comprise dans la visite du jardin.* Outre une panthère de Java, un orang-outan, un pangolin et des oiseaux de paradis – on comprend l'origine de leur nom en observant les couleurs et les dessins de leur plumage –, le musée renferme quelques curiosités, dont un banteng (buffle géant) ou un rare spécimen de rhinocéros (2 280 kg), tué en 1934 dans la région de Tasikmalaya.

Gong Home Factory (FABRIQUE DE GONGS) A4

Jl. Pancasan 17 - 0878 7771 7603 - 8h-15h - gratuit.

Venez de préférence le matin, car aux heures chaudes, la forge tourne au ralenti s'il y a peu de commandes.

Les gongs de Pak Sukarna (« Monsieur Sukarna ») sont réputés depuis près de deux siècles et six générations dans tout Java Ouest. Même si vous n'avez pas l'intention d'en acheter un, cet atelier de fabrication traditionnel – l'un des derniers – mérite une visite.

Batutulis B4 EN DIR.

Jl. Batutulis (au sud) - 8h-16h - donation - déchaussez-vous.

Cette pierre gravée en 1533 par le roi Surawisesa en l'honneur de son père, Sri Baduga Maharaja, constitue l'un des rares vestiges du royaume Pajajaran, qui domina pourtant la région pendant des siècles.

À proximité

CARTE DE JAVA OUEST P. 76-77

★★ Taman Nasional Gunung Halimun

(PARC NATIONAL DU MONT HALIMUN)

Env. 50 km au sud-ouest de Bogor.

Rens. : www.halimunsalak.org.

Classé parc national en 1992, le Halimun (40 000 ha) englobe la plus grande **forêt équatoriale primaire**★★★ de Java, sanctuaire du très rare gibbon javanais, du macaque à longue queue, ainsi que plus de 130 espèces d'oiseaux. Hérissée de multiples sommets, dont celui du Halimun (1 929 m), cette immense zone forestière joue un rôle essentiel dans le climat et l'irrigation de la région de Java Ouest, recueillant de 4 à 6 m de précipitations par an.

Entre la belle **plantation de thé de Nirmala** (à Citalahab) et les **cascades** qui jaillissent un peu partout dans la jungle – à l'instar des chutes de Cikudapaeh, Mecan (7 m de haut chacune) et Piit (25 m de haut) –, le parc invite à toutes sortes de découvertes sportives, notamment de la randonnée de quelques heures à 2 jours (le parc est doté de cabanes de bois pour faire étape pour la nuit).

Outre le petit **temple de Cibedug** *(2h de marche à l'ouest de Citorek)*, les villages traditionnels kasepuhan (la communauté locale), notamment **Ciptarasa★**, valent le détour avec leurs jolies maisons en bambou.

Pelabuhan Ratu et ses plages

À 90 km au sud de Bogor. Comptez 1 ou 2 jours pour profiter des plages.

Jl. Kidang Kencana - (0266) 433544.

Évitez les w.-ends et les j. fériés, car les prix grimpent en flèche. Soyez prudent en vous baignant : les courants marins peuvent être dangereux.

Petit bourg de pêcheurs érigé en station balnéaire, pris d'assaut par les Jakartanais le week-end, Pelabuhan Ratu jouit d'un cadre agréable, lové au creux d'une large baie sertie de verdure. Deux grandes rues traversent perpendiculairement le village : Jl. Siliwangi, qui dessert le centre et le port, et Jl. Kidang Kencana, qui longe le port et le littoral vers l'ouest.

Pelabuhan Ratu (« le port de Ratu ») tient son nom de Ratu Kidul, la mythique reine des mers du Sud *(voir encadré, ci-dessous)*. Le bourg lui-même ne présente guère d'intérêt, à l'exception du port, refuge d'une myriade de *prahu* qui attendent, fanions au vent, de prendre la mer. Au retour de la pêche, au petit matin, les poissons sont vendus sur le **marché** tout proche.

Des plages de sable gris s'égrènent à l'ouest du village, entre les pentes boisées du Priangan et les rouleaux de l'océan, dont les surfeurs ont fait leurs spots privilégiés. Avant de filer vers l'ouest sur les traces de la belle Ratu Kidul, faites un crochet au sud jusqu'à la **grotte Gua Lalay** *(4 km du bourg)*. Chaque jour, au coucher du soleil, une nuée de chauves-souris s'en échappe pour tournoyer dans le ciel. Plus sauvages et moins fréquentées que celle de Pelabuhan Ratu, les plages à l'ouest *(accessibles en* bemo*)* constituent le principal intérêt du séjour. Arrêtez-vous d'abord à **Citepus** *(4 km)*, la plus populaire de la région, où l'on sert d'excellents poissons dans des baraques installées sur le sable. Plus loin, on foule les galets de **Cimaja** *(8 km)*, repaire des amateurs de surf. Baigneurs, prudence : les déferlantes s'avèrent dangereuses. Au-delà se dressent les sombres **falaises de Karanghawu** *(15 km)*, vestige pétrifié d'une haute coulée de lave, d'où Ratu fit son légendaire saut de l'ange. Juste après **Cisolok**, la jolie **plage de Cibangban★** déroule son long ruban de sable gris. Les **sources chaudes de Cipanas** jaillissent à gros bouillons au milieu des bois *(2 km de Cisolok, en taxi-moto ou à pied ; ne pas confondre avec la station thermale du même nom, à 60 km de Bandung)*. Plus loin vers l'ouest, en direction de **Malingping**, la route littorale livre quelques magnifiques **paysages★★** de rizières et de forêts jusqu'à la côte occidentale de Java.

La légende de Ratu Kidul

Prabu Siliwangi, le sage et puissant roi de Java Ouest, vivait heureux en compagnie de son épouse et de sa fille Kadita, toutes deux d'une beauté sans pareille. Hélas, ce bonheur suscitait la jalousie des concubines, qui décidèrent d'user de magie noire pour transformer les deux femmes en répugnantes créatures. Chassée du palais, la reine mourut bientôt de tristesse, laissant Kadita poursuivre seule sa route vers le sud. Parvenue au bord des falaises de Karanghawu, la jeune fille eut un songe : un plongeon dans les eaux rugissantes lui redonnerait tous ses charmes. Elle sauta... et ne réapparut jamais. Depuis, la « **reine des mers du Sud** » hante l'océan Indien, belle mais profondément amère, et s'empare de quiconque ose se baigner vêtu de vert, sa couleur fétiche, qu'elle n'aime pas partager.

1

Circuit conseillé

CARTE DE JAVA OUEST P. 76-77

★★ Puncak Pass et le parc du Gede Pangrango

Boucle d'env. 90 km au départ de Bogor. Comptez une journée.

La route serpente au milieu des **plantations de thé★★** qui recouvrent le mont Gede, épais manteau vert sombre que les arbres alentour égayent d'un rouge éclatant dès que s'annonce la saison des pluies. Un cadre superbe, dont les riches Jakartanais en quête d'air pur et de fraîcheur ont fait leur villégiature.

De **Ciawi** *(10 km au sud-est de Bogor)* à **Cianjur**, de l'autre côté du **Puncak Pass★**, col perché à 1500 m d'altitude, la route est jalonnée d'hôtels et villas de luxe. Une fois le col franchi, Cibodas est le meilleur point de départ pour visiter le parc du Gede Pangrango. Sur la route sinueuse, vous découvrirez des milliers de plantes élevées en pot. Preuve qu'ici l'air est sain.

Passé Cisarua (20 km au sud-est de Bogor), une route à droite monte vers le parc animalier Taman Safari (2 km de Cisarua). On peut prendre un ojek *ou un* angkot *pour atteindre le parc en 10mn.*

Taman Safari Indonesia

Jl. Raya Puncak 601, Cisarua - ✆ (0251) 825 00 00 - www.tamansafari.com - 8h-17h - 400 000 Rps (- de 5 ans 350 000 Rps). Possibilité de safari nocturne le sam.

Éléphants, zèbres, bisons, cerfs, zébus, hippopotames, ours et tigres venus de tous les continents gambadent librement dans cette vaste réserve que l'on parcourt en minibus *(30mn)*. Les deux pandas géants venus de Chine, accueillis par la réserve en 2017, en sont rapidement devenus les vedettes. Le site comprend également un hôtel, des restaurants et un parc d'attractions.

Reprenez la route vers Cibodas.

Pour en savoir plus sur la cueillette du thé, vous pouvez visiter, juste avant le col, la grande **plantation de Gunung Mas★** et sa fabrique *(active le matin).*

Après le col, une route descend au **lac Telaga Warna**, nappe d'eaux limpides qui s'étend au milieu d'un bois. Selon la légende, une princesse qui s'y serait noyée avec ses bijoux serait à l'origine de ses variations de couleur.

Quelques kilomètres après Cipanas, une jolie route fleurie (sur la droite) mène au jardin botanique de Cibodas.

Les Badui, gardiens des lieux sacrés

Près de Rangkasbitung *(env. 65 km au nord-ouest de Bogor)* vit l'une des communautés les plus étonnantes d'Indonésie. À l'écart de toute modernité, les Badui habitent des maisons de bambou et parlent un sundanais archaïque. Mais lorsqu'ils se rendent en délégation dans la capitale (à pied !), ils sont reçus par les plus hautes autorités. Les Badui descendent en effet d'une communauté de mandala, gardienne de lieux sacrés, et les musulmans eux-mêmes leur reconnaissent le pouvoir d'intercéder auprès des forces surnaturelles. Leur religion mêle un **hindouisme primitif** et le **culte des ancêtres**, qui voit dans Adam le premier homme. Vêtus de sombre, les 7 000 Badui Luar (« de l'extérieur ») servent d'intermédiaires aux Badui Dalam (« de l'intérieur »), vêtus de blanc, qui se répartissent dans trois villages totalement coupés du monde.

Le mont Gede.
Muhammad Rizki Renaldi/Getty Images Plus

1

★ Kebun Raya Cibodas (JARDIN BOTANIQUE DE CIBODAS)

À 45 km au sud-est de Bogor

(0263) 295 30 70/0812 2466 7108 - www.kebunraya.id/cibodas - lun.-vend. 8h-18h, sam.-dim. 8h-18h - 15 500/25 500 Rps.

Dépendance du Kebun Raya de Bogor, le site est voué à l'étude et à la préservation des plantes tropicales d'altitude. Plus de 200 essences proviennent notamment du parc national du mont Halimun. Perché à 1400 m, ce jardin de 85 ha se présente comme un assemblage ordonné d'orchidées, de cactus et de fougères arborescentes qui contraste avec l'exubérance de la forêt alentour, partie intégrante du parc national du Gede Pangrango.

★★ Taman Nasional Gunung Gede Pangrango (PARC NATIONAL DU GEDE PANGRANGO)

Accès tout de suite après le jardin botanique. Le parc possède deux autres portes, l'une nommée Selabintana (au sud, via Sukabumi), l'autre Gunung Putri (au nord, près de Cipanas). Comptez une matinée pour la balade en forêt, et la journée entière si vous poussez jusqu'au sommet du Gede.

Bureau du parc national – *À l'entrée du parc - (0263) 512 776 - www.gede-pangrango.org - 6h-18h - droit d'entrée au parc 22 000 Rps ; chutes d'eau de Cibeureum 20 500 Rps.*

Classé réserve mondiale de biosphère par l'Unesco, ce parc de 15 000 ha recèle un patrimoine naturel exceptionnel avec plus de 300 essences à l'hectare. Un véritable éden tropical, labyrinthe de lianes enchevêtrées, de fougères arborescentes et d'arbres géants y compose des camaïeux de verts auxquels les fleurs et les lumières de la pluie donnent mille reflets.

Outre les chênes et les châtaigniers, on recense dans le parc du Gede Pangrango quinze variétés de ficus (utilisés dans la médecine et la teinture des batiks), 150 types de fougères, de délicats rotins (dont la taille peut atteindre 40 m) qui meurent après une unique floraison, des figuiers étrangleurs, des pandanus, une profusion d'épiphytes, mais aussi des **styrax** *(rasamala)*, arbres qui peuvent atteindre 60 m de hauteur et vivre de 300 à 500 ans. Sans oublier une kyrielle de fleurs : rhododendrons orange, orchidées vertes, jasmins blancs, fleurs de la passion violettes...

Cet inextricable fouillis végétal bruisse des chants de 251 espèces d'**oiseaux** (rouge-gorge bleu de Sunda, aigle noir, grives...) et des cris perçants des gibbons javanais. Si les rhinocéros et les tigres ont disparu depuis le 19e s., subsistent encore quelques léopards et chats du Bengale. Mais vous avez plus de chance d'observer des macaques à longue queue, des putois et des écureuils.

★★★ **Ascension du mont Gede** – *Un permis est requis (fournir une photocopie du passeport), que vous pourrez vous procurer au bureau du parc (voir p. 89). Comme il faut env. 10h pour atteindre le sommet, prenez votre permis la veille afin de pouvoir vous mettre en route avant 8h30. Pensez à prendre une lampe et des vêtements chauds. Inutile en revanche de faire appel à un guide « officiel » pour monter jusqu'au sommet : vous ne risquez pas de vous perdre, il n'y a qu'un seul sentier ! Sinon comptez autour de 500 000 Rps pour un guide.*

Après une promenade dans la jungle *(env. 45mn)*, le **lac Bleu★ (Telaga Biru)** surgit entre les arbres, offrant un excellent site d'observation ornithologique. Sa couleur varie en fait du bleu foncé au vert-brun, en fonction des éléments organiques et des rejets minéraux provenant du volcan.

Plus loin, une bifurcation mène aux **chutes de Cibeureum★** *(env. 1h30 de l'entrée)*. Puis, à mi-chemin de la randonnée, on atteint une **source chaude★★ (Air Panas)** *(3h de marche)* qui jaillit des flancs du volcan à une température de 75 °C, enveloppant les bois d'une brume surnaturelle.

Passé le col (2 400 m), le sentier se divise en deux branches à hauteur de l'abri de Kandang Badak. À gauche, le chemin le plus facile suit la crête du volcan jusqu'au **sommet★★★** du Puncak Gunung Gede (2 958 m) *(40mn de l'abri, 6h30 de marche en tout)*, d'où l'on découvre un magnifique **panorama★★★** sur la région. Le chemin de droite mène, lui, au Puncak Gunung Pangrango (3 019 m) qui se dresse de l'autre côté du col *(3h de marche harassante à partir de l'abri de Kandang Badak)*.

Carnet pratique

PLAN DE BOGOR (P. 85)

S'informer

Tourist Information Center – A2 - *Jl. Kapten Muslihat 51 (à deux pas de la gare, sortie est) - Bogor - ☎ (0251) 836 34 33.*

Adresses utiles

À Bogor

Banque/Change – Pour le change, les banques (B3) sont ouvertes jusqu'à 14h : **BNI** *(Jl. Juanda 52)* et **BCA** *(Jl. Juanda 28)*. Bureau de change ouvert tous les jours de l'année au *Jl. Siliwangi 62 (dans le prolongement de Jl. Suryakencana)* (C4, EN DIR.).

Poste centrale – B3 - *Jl. Juanda 3.*

Arriver/Partir

À Bogor

En train – De Jakarta (gare de Kota), départ toutes les 20mn, toute la journée. Selon le type de train (express ou économique), comptez de 1h à 2h de trajet.

Il n'y a pas de train entre Bogor et Bandung.

En bus – Le principal terminal, **Baranang Siang**, se trouve sur Jl. Raya Pajajaran (C4). Le second terminal, qui dessert exclusivement l'aéroport de Jakarta, se trouve de l'autre côté de Jl. Raya Pajajaran (C4).
De Jakarta (terminal de Kampung Rambutan), départ toutes les 10mn pour Bogor *(30mn de trajet par l'autoroute)*.
On peut gagner Bogor directement depuis l'**aéroport de Jakarta** avec les bus Damri *(départ ttes les heures de 2h à 20h)*.
Pour Bandung, bus env. toutes les heures, selon l'affluence. Départ entre 5h et 19h pour le bus économique *(4h30)* et à 20h pour le bus express *(3h)*. Le w.-end, les bus évitent Puncak et passent par Sukabumi.
Pour connaître les dessertes et les horaires de bus, consultez le site **www.jadwalbis.com** *(en anglais)*.
En minibus – Plusieurs minibus climatisés effectuent du porte-à-porte et desservent Bandung.
Permata Tour & Travel – *Cibinong City Mall, Jl. Raya Pemda 1 - ✆ (0251) 2933 5217.*

Parc du Gunung Halimun

En voiture – Aucun bus ne va jusqu'aux portes du parc. Quelle que soit la direction que vous emprunterez, vous devrez poursuivre en *bemo*, à moto... ou à pied. Mieux vaut louer un véhicule à Bogor. Le permis d'accès au parc peut vous être délivré sur place, à l'entrée.
En bus – Trois accès possibles :
- **Par le nord** : bus jusqu'à Cigudeg, près de Leuwiliang *(30mn de trajet)*, puis minibus ou moto jusqu'à Cisarua et... à pied jusqu'à Leuwijamang *(1h de marche)*.
- **Par l'est** : bus jusqu'à Parung Kuda *(1h)*, puis minibus jusqu'à Kabandungan *(1h)*, et moto jusqu'à Citalahab.
- **Par le sud** : bus jusqu'à Pelabuhan Ratu *(3h)*, minibus ou moto jusqu'à Pangguyangan *(1h)* et moto jusqu'à Ciptarasa *(45mn)*.

Pelabuhan Ratu

En bus – La gare routière se trouve près de l'intersection entre les deux artères principales : Jl. Siliwangi et Jl. Kidang Kencana. De Bogor, départs fréquents jusqu'à 18h *(3h de trajet)*. Pas de liaison directe à partir de Jakarta.
En minibus – Les *bemo* de la ville sillonnent la côte jusqu'à Labuan.
En taxi-moto – Nombreux sur la route et près du terminal, les *ojek* proposent leurs services à l'heure ou à la course. Avant de chevaucher votre engin, vérifiez-en l'état.
Location de voitures – **Hans Car Rental** *(Ruko Griya Bukit Jaya - ✆ 0821 2399 0737)*.

Puncak

En bus ou minibus – De Jakarta, les bus partent du terminal de Kampung Rambutan *(1h30 de trajet)*.
De Bogor, prenez un bus ou un *oplet* pour Cianjur et indiquez au chauffeur où vous souhaitez descendre *(45mn)*. Pour aller à Cibodas, prenez un autre *oplet*.
Pour rejoindre Bandung, montez dans un bus Jakarta-Bandung *(2h)*, ou prenez un minibus jusqu'à Cianjur, puis un bus.
Location de voitures ou de minibus – Les hôtels vous aideront à louer une voiture ou chartériser un *bemo*.

Transports

À Bogor

La douceur du climat et les distances réduites invitent à la promenade, mais prenez garde aux averses impromptues !
En minibus – Les *angkot* sont omniprésents. Le numéro 3 va, par exemple, jusqu'au terminal des bus pour Bandung.

1

En taxi – Il est difficile de trouver un taxi en dehors des abords de la gare, en raison de la concurrence des minibus. **Blue Bird** : *✆ (0251) 837 31 58.*

Agenda

Parc du Gunung Halimun

Des spectacles de *wayang golek* ou de *jaipongan* (danse sundanaise) sont organisés. Parmi eux : la **Seren Tahun**, à Ciptarasa (juil.), et la **Fête des récoltes**, avec danses, *wayang* et concerts d'*angklung* (percussion en bambou).

À Pelabuhan Ratu

Fête des pêcheurs – *Avr.*
Au programme, des offrandes de fleurs et d'une tête de buffle sont faites à la mer et des festivités organisées en l'honneur de la déesse Ratu Kidul : compétitions nautiques, spectacles de *wayang golek*, *pencak silat* et danses.

Nos adresses

PLAN DE BOGOR (P. 85)

Restauration

À Bogor

Premier prix

Le soir, essayez les *warung* de Jl. Dewi Sartika (A2).

1 Bogor Permai – B2 - *Jl. Jend. Sudirman 23A - ✆ (0251) 832 11 15 - www.bogorpermai.com - 💳 - 6h-20h - 30 000/50 000 Rps.* Ce restaurant, qui fait aussi boulangerie, sert une bonne cuisine indonésienne, chinoise et européenne. Simple mais honnête.

8 Trio Permai – C4 - *Jl. Pandu Raya 187 - ✆ 0878 7031 9077 - 💳 - 10h-22h - 20 000/65 000 Rps.* Un grand restaurant padang (épicé), pour manger rapidement et à n'importe quelle heure.

5 Favela Sunset Cafe – B3 - *Jl. Paledang 38 - ✆ 0859 4759 3690 - 💳 - 16h-23h - 30 000/70 000 Rps.* Situé à une quinzaine de mètres du Gumati, ce petit restaurant avec terrasse offre une vue exceptionnelle sur le mont Salak. Plats traditionnels. Très apprécié des voyageurs occidentaux.

Budget moyen

3 Gumati – A3 - *Jl. Paledang 26-28 - ✆ (0251) 831 34 22/0896 9687 8427 - www.linkfly.to.gumati restokhassunda - 8h-22h - 50 000/75 000 Rps.* Étagée sur plusieurs niveaux, flanquée d'une magnifique terrasse, cette imposante structure en bois aux accents balinais est l'un des endroits animés de Bogor. Restaurant, café, galerie, petite scène de concert en font l'un des lieux les plus agréables à la nuit tombée. Self-service pour le déjeuner *(entre 25 000 et 35 000 Rps le plat).* La nourriture est hélas assez moyenne.

2 Resto Raasaa – C3 - *Dans le jardin de Kebun Raya - ✆ 0811 9711 5927 - lun.-vend. 9h-20h. sam.-dim. 7h-20h - 70 000/200 000 Rps.* Ce restaurant propose une bonne cuisine indonésienne et européenne (lasagnes, par exemple). Mais il vaut surtout pour le cadre, au cœur du jardin botanique Kebun Raya. Les prix tiennent un peu compte du cadre champêtre.

Parc du Gunung Halimun

Premier prix

Les trois camps du parc *(voir « Hébergement »)* assurent un service de restauration.

À Citepus

Premier prix

Mutiara Sari – *Kebon Kelapa - ✆ 0857 2419 9866 - 💳 - jusqu'à*

0h le sam. - 30 000/50 000 Rps. Un endroit délicieux, à même la plage, pour déguster d'excellents fruits de mer accompagnés de riz et de légumes (il en existe d'autres semblables à proximité).

À Cimaja

Premier prix

Nuda's Cimaja Point – *Jl. Raya Cisolok - ✆ 0812 8892 9475 - 9h-21h - 45 000/150 000 Rps.* On y sert des plats chinois et indonésiens, ainsi que des fruits de mer (congelés).

Shopping

À Bogor

Jl. Suryakencana (BC4) est la principale rue commerçante.

Pasar Anyar – A2 - *Jl. NY Raja Permag (près de la gare).* Un marché populaire où l'on trouve de tout.

Pak Dase – B1-2 - *Jl. Jalak Harupat 38 (au nord du jardin botanique, en contrebas de la rivière Ciliwung, près de Jl. Sudirman juste avant le stade) - ✆ 0812 9476 8651 - 10h-17h.* Petit atelier de *wayang golek* tenu par la cinquième génération de la famille Dase. Les *wayang* sculptées au couteau sont d'une très belle facture. Comptez autour de 50 € selon la taille des modèles. Évitez de vous faire accompagner par un guide, qui demandera une commission auprès de l'artiste.

Activités

Rafting

La descente de la Citarik jusqu'à Pelabuhan Ratu procure des sensations inoubliables.

L'une des agences les plus réputées est la **PT Lintas Jeram Nusantara** *(Jl. Kemang Raya 31 - ✆ (021) 2270 79 17/0812 8070 0700 - www.arusliar.co.id).*

Hébergement

À Bogor

Bogor possède un large choix d'hébergements.

Premier prix

Hostel Bogor – HORS PLAN - *Jl. Narasoma 3, 5 - ✆ (0251) 831 90 40 - www.hostelbogor.com - 4 ch. 110 000/150 000 Rps.* À 15mn à pied au nord du jardin botanique, une petite pension propre, conviviale et confortable, avec trois sdb partagées et une cuisine en libre accès. Fournit un plan de la ville, organise des excursions et peut venir vous chercher à la gare.

Budget moyen

③ **Mirah Sartika** – A2 - *Jl. Dewi Sartika 6A - ✆ (0251) 831 23 43 - 15 ch. 250 000/400 000 Rps.* Bien situé entre la gare et le jardin botanique (juste derrière l'hôtel Salak), cet établissement au cadre un peu désuet dispose d'une petite terrasse bien agréable (quand la TV est à l'arrêt) pour petit-déjeuner et dîner. Un lieu sympathique.

② **Mirah** – C2 - *Jl. Pangrango 9A - ✆ (0251) 834 80 40 - www.mirahhotelbogor.com - 140 ch. 520 000/850 000 Rps.* Dans un quartier résidentiel de maisons hollandaises. Le hall pavé de marbre annonce des chambres confortables, avec moquette.

Parc du Gunung Halimun

Premier prix

Le parc compte trois camps, à **Leuwijamang**, **Citalahab** et **Pangguyangan**. On y loge dans des cabanes en bois, au confort sommaire mais bon marché.

À Pelabuhan Ratu

Budget moyen

☺ Les prix augmentent de 30 à 50 % le w.-end et doublent pour les fêtes. À l'inverse, négociez les

1

jours de la semaine et en basse saison : vous pouvez obtenir de 30 à 70 % de réduction selon le taux de fréquentation de la station et l'humeur des hôteliers (qui sera particulièrement bonne au lendemain d'un w.-end chargé...).

Bunga Ayu Resort – *Jl. Karang Pamulang 147 (sortie ouest de la ville) - ✆ (0266) 431111 -* ▤ ✕ *- 18 ch. 600 000/800 000 Rps* ☕. Un petit hôtel accroché à la falaise, avec des chambres propres et spacieuses. Certaines disposent d'une terrasse avec une vue superbe sur la mer. Un endroit agréable et d'un bon rapport qualité-prix.

Bayu Amrta – *Jl. Karang Pamulang 31 (après le Bunga Ayu) - ✆ (0266) 431 031/0858 6135 7655 -* ▤ ✕ ≋ *- 21 ch. 430 000/860 000 Rps* ☕. *Réserv. conseillée.* Perché sur un promontoire rocheux dominant une petite plage privée, cet hôtel très confortable jouit d'un panorama imprenable. Des parties de pêche en mer sont organisées. Beau restaurant en terrasse.

À l'ouest de Pelabuhan Ratu

Budget moyen

Nombre d'hôtels se trouvent à **Citepus**, un minuscule village situé à 3 km de Pelabuhan Ratu. **Cimaja**, à 8 km de Pelabuhan Ratu, est quant à lui réputé pour ses spots de surf.

Ocean Queen Resort – *Km 16 de Pelabuhan Ratu - ✆ 0816 986 200 - www.oceanqueenresort.com -* ▤ ✕ ≋ *- 18 ch. 450 000/1 450 000 Rps.* Dispersés sur une pelouse en bord de plage, dans un site paisible, ces bungalows en bambou sont prévus pour accueillir des familles ou des groupes. Comptez 1 450 000 Rps pour un bung. de 4 pers.

À Puncak

Budget moyen

Lieu de prédilection des Jakartanais en w.-end, Puncak regorge d'hôtels de luxe et de villas à louer.

Bukit Indah – *Jl. Raya Ciloto 116 (en montant le col) - ✆ (0263) 512 903 - www.hotelbukitindah.com -* ▤ ≋ *- 114 ch. 400 000/975 000 Rps* ☕. Perché à 1500 m d'alt., ce gros bâtiment à flanc de colline n'a pas l'attrait de l'hôtel Puncak Pass, mais le confort, décliné en sept catégories de chambres, s'avère irréprochable. Préférez les chambres avec vue, quoiqu'un peu plus chères. Groupes de musique au bar jusqu'à 1h du matin.

Pour se faire plaisir

Puncak Pass Resort – *Jl. Raya Puncak km 90 (en montant le col) - ✆ (0263) 512 503 - www.puncakpassresort.com -* ▤ ✕ ≋ *- 41 ch. 1 350 000/1 750 000 Rps* ☕. Dispersés à flanc de colline autour du bâtiment colonial, construit à la fin des années 1920, les bungalows jouissent d'un panorama superbe sur la vallée. Vous pourrez emporter des repas pour la journée *(100 000 Rps)* ou louer une tente avec deux matelas *(200 000 Rps)*. Une adresse pleine de charme – la vue est magnifique –, avec tout le confort et un service professionnel.

À Cibodas

Premier prix

Cibodas est le meilleur point de départ pour visiter le parc national du Gede Pangrango. Les pensions y sont bon marché, même si les prix montent de 20 à 50 % le w.-end et pendant les fêtes indonésiennes.

Bandung et le pays Sunda

Nichée au cœur du massif du Priangan, Bandung s'étale, immense, au fond d'une vaste cuvette laissée par un ancien lac. Métropole moderne et active, la capitale de Java Ouest est souvent considérée comme la vitrine des sciences et des technologies indonésiennes. Elle se veut aussi le foyer d'une culture surprenante d'éclectisme et de vitalité : que ce soit dans la danse (jaipongan), les marionnettes (wayang golek), les rituels mystiques (debus), l'art martial (pencak silat), la musique traditionnelle (angklung) ou pop (dangdut) ou encore les épiques combats de boucs. Pourtant Bandung, en dépit de son architecture Art déco, s'avère assez pauvre en monuments historiques, et l'on ne résiste pas longtemps à l'appel d'une nature toute proche, où les magnifiques plantations de thé jettent un voile de douceur sur fond de volcans encore fumants. Aux portes de Bandung, le verdoyant pays Sunda se prête à plusieurs excursions.

1

Se repérer

CARTE B1-2 (P. 28-29) – CARTE DE JAVA OUEST (P. 76-77) – PLAN DE LA VILLE (P. 96)

Chef-lieu de la province de Java Ouest – Alt. 750 m.
Bandung (2674000 hab. hors agglomération) est situé à 150 km au sud-est de Jakarta.

À ne pas manquer

Les bâtiments Art déco de la ville ; le volcan Tangkuban Perahu et la vallée de la Ciwidey.

Organiser son temps

Comptez une journée pour Bandung et une demi-journée pour chacune des excursions dans le pays Sunda.

Carnet pratique p. 100

Nos adresses p. 101

Le « Paris de l'Orient »

Si la première mention de Bandung remonte à 1488, la ville ne prit son essor qu'après la construction de la transjavanaise, en 1811. Au 19e s., elle bénéficia de l'expansion des plantations de thé développées par les **Hollandais**. Bien vite, ceux-ci firent de Bandung leur retraite favorite et y établirent le quartier général de leur armée. En plein épanouissement dans les années 1920, la cité vit s'installer créateurs et boutiques élégantes, et ses rues se couvrirent d'**édifices Art déco** qui lui valurent son surnom de « Paris de l'Orient ». Après la guerre, Bandung connut son heure de gloire en 1955 en accueillant la **première conférence du mouvement des non-alignés**, en présence de Soekarno, Nehru, Zhou Enlai et Nasser. Aujourd'hui, la ville et son agglomération s'affichent comme un grand foyer industriel et universitaire.

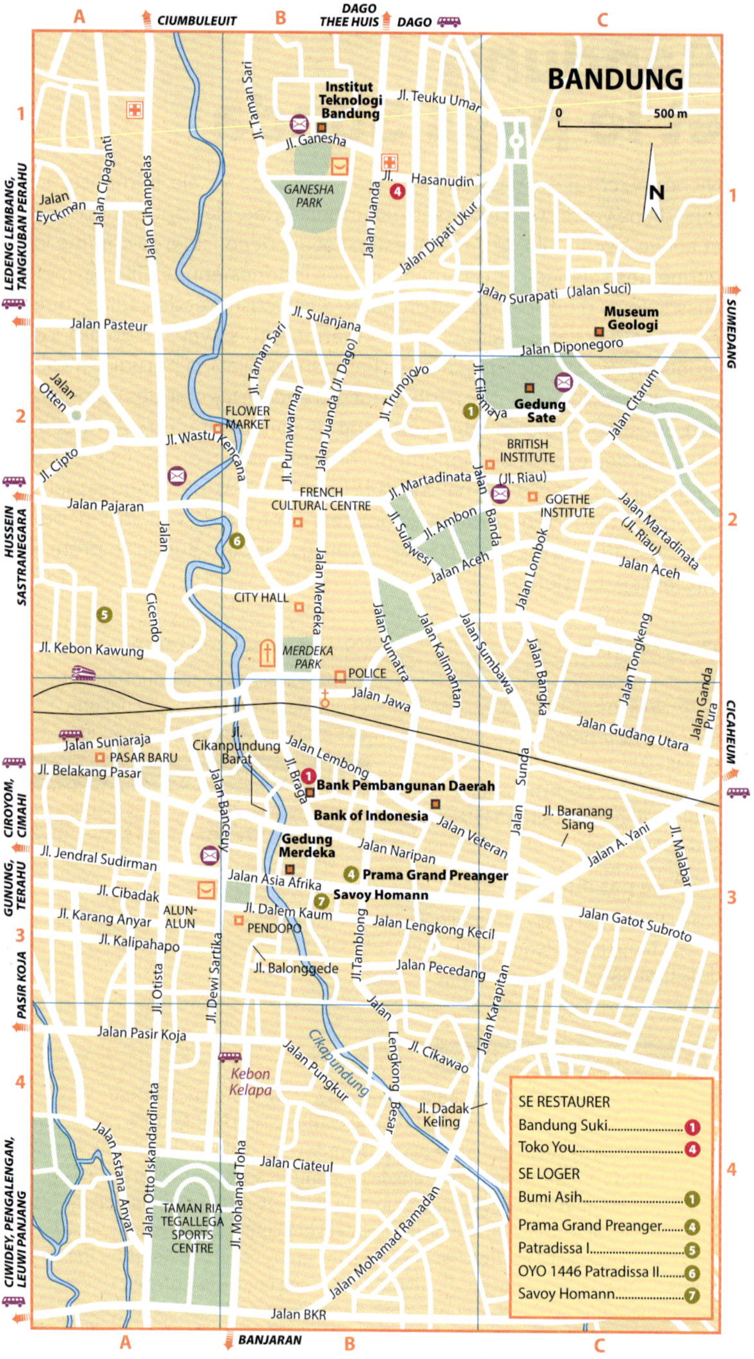

SE RESTAURER
Bandung Suki........ 1
Toko You........ 4

SE LOGER
Bumi Asih........ 1
Prama Grand Preanger........ 4
Patradissa I........ 5
OYO 1446 Patradissa II........ 6
Savoy Homann........ 7

Se promener

PLAN CI-CONTRE

Victime de son succès, Bandung, autrefois renommée pour son élégance, connaît à présent les affres d'une circulation et d'une urbanisation anarchiques. Restent heureusement les espaces verts, relativement nombreux, et la douceur du climat.

Le centre-ville B3

Le centre de Bandung, qui se visite à pied, concentre quelques fleurons d'architecture Art déco. Sur Jalan Braga, notamment, ancien quartier colonial et haut lieu de la vie nocturne, se dressent la **Bank Pembangunan Daerah** et la **Bank of Indonesia**, élégantes façades épurées aux lignes géométriques.
Sur Jalan Asia Afrika *(perpendiculaire à Jalan Braga, légèrement au sud)*, la principale artère, ne manquez pas la superbe façade de l'**hôtel Savoy Homann**, conçue en 1938 par Albert Frederik Aalbers, ni celle de l'**hôtel Prama Grand Preanger**, dessinée en 1928 par Wolf Schoemaker.
Gedung Merdeka – *Jl. Asia Afrika - ✆ (022) 423 35 64 - mar.-jeu. et sam.-dim. 9h-12h, 13h-15h - gratuit.* Édifice le plus connu de la ville, l'« immeuble de la libération » fut bâti en 1895 et rénové en 1926 par Schoemaker. Il est célèbre non seulement pour son architecture, mais aussi pour son histoire : c'est là que s'est tenue, en 1955, la **première conférence du mouvement des non-alignés**. Passé l'exposition de photos, vous pourrez voir la **salle de conférence**, animée de figures de cire représentant les orateurs, plus vraies que nature.

1

Au nord de la ville AC1

★ Museum Geologi (MUSÉE DE GÉOLOGIE) C1

Jl. Diponegoro 57 - ✆ (022) 721 52 97 - museum.geologi.esdm.go.id - tlj sf vend. 8h-16h (14h w.-end) - 5 000 Rps.
Avec ses étiquettes jaunies, il a le charme suranné des musées d'antan. Vous y découvrirez de superbes **fossiles** : squelettes de tortues géantes et de stegadon (un éléphant de la préhistoire), troncs d'arbres fossilisés, ainsi qu'une reproduction du crâne de l'« Homme de Java » *(voir encadré p. 604)*. Après les **collections de minéraux et de météorites**★, la **section volcanologique**★★ présente de belles maquettes des principaux massifs de l'archipel, ainsi qu'une saisissante moto détruite par une coulée pyroclastique lors de l'éruption du Merapi, en 2010. On regrette simplement que toutes les explications soient en indonésien. Vous trouverez dans le musée un… simulateur de tremblement de terre. Comme un rappel d'une réalité bien tangible dans la région, puisqu'en novembre 2022, un séisme a frappé Cianjur *(65 km à l'ouest de Bandung)*, provoquant la mort de plus de 600 personnes.

Gedung Sate C2

De l'autre côté de la rue, au milieu d'un agréable parc.
Le bâtiment doit à sa singulière silhouette son surnom d'« immeuble brochette ». Son architecture combine avec originalité des éléments javanais (le triple toit) et occidentaux (les arcs). Conçu dans les années 1920 par les Hollandais, qui envisageaient alors de transférer la capitale à Bandung, il abrite aujourd'hui l'administration du gouverneur de la province.

Institut Teknologi Bandung (INSTITUT DE TECHNOLOGIE - ITB) B1

Jl. Ganeca - ✆ (022) 250 09 35 - www.itb.ac.id.
Construit dans les années 1920, il associe divers éléments d'architecture javanaise – tel le *pendopo* – et Art déco. Depuis l'époque où Soekarno y fut étudiant, le bâtiment est resté un foyer d'agitation politique.

Dago Thee Huis (MAISON DE THÉ DAGO) B1 EN DIR.

Jl Bukit Dago Selatan 53 - ☏ (022) 250 53 65 - 11h-18h.

Perché sur une hauteur, au cœur d'un des quartiers chic de la ville, ce salon de thé désuet abrite un café-restaurant ainsi qu'un théâtre couvert – des concerts et autres performances (spectacles de marionnettes) y sont régulièrement donnés. À l'extérieur, vous trouverez un autre théâtre en plein air et une aire de jeux pour les enfants. Le lieu offre un superbe **panorama★★** sur Bandung et ses alentours, notamment à l'heure du coucher du soleil. De là, une belle balade mène à une jolie cascade *(1 km)*.

★ Bumi Siliwangi (VILLA ISOLA) A1 EN DIR.

Jl. Setiabudi 229 (à 6 km au nord du centre) - ☏ (022) 201 31 63 - www.upi.edu - gratuit - visite de l'intérieur sur RV uniquement.

Chef-d'œuvre d'architecture Art déco, sa façade blanche affiche des courbes audacieuses. Conçue par l'architecte hollandais Wolff Schoenmaker, la villa fut construite en 1933 pour un patron de presse néerlandais avant de devenir un hôtel. Puis elle servit, durant la Seconde Guerre mondiale, de quartier général aux occupants japonais et, dans les années 1950, fut intégrée à l'**université des Sciences et de l'Éducation**, dont elle abrite aujourd'hui les bureaux administratifs.

À proximité

CARTE DE JAVA OUEST P. 76-77

Outre le Tangkuban Perahu, qui sommeille aux portes de Bandung, le **pays Sunda** est parsemé de volcans, de lacs et de sources chaudes qui invitent à autant d'escapades. Mais ce sont les plantations de thé qui retiennent l'attention.

Au nord de Bandung

Au-delà de Lembang, la route file à travers les vergers, livrant quelques ravissants panoramas sur la vallée; puis elle s'enfonce dans une forêt de pins avant d'atteindre les hauteurs du Tangkuban Perahu.

★★ Gunung Tangkuban Perahu (VOLCAN TANGKUBAN PERAHU)

À 30 km au nord-ouest de Bandung - 8h-17h - 200 000/300 000 Rps.

Privilégiez une visite de bon matin.

Le Tangkuban Perahu (« bateau retourné »), dont la dernière éruption remonte à 2019, culmine à 2 084 m d'altitude. Il fait l'objet d'une surveillance permanente et la descente dans le cratère est interdite en cas de signes d'activité. C'est le volcan le plus proche de Bandung et, comme il est accessible en voiture, il attire en nombre les visiteurs – ainsi qu'une kyrielle de vendeurs de souvenirs. Abstraction faite de cet aspect mercantile, le site vaut vraiment le coup d'œil, surtout si vous n'avez pas l'occasion de voir un autre volcan en Indonésie.

La route monte jusqu'au **Kawah Ratu★★**, le « cratère de la reine », une spectaculaire cuvette rocailleuse. De là, on aperçoit par temps clair les plantations de thé de Ciater et, plus loin, la chaîne des volcans qui domine la plaine de Bandung. Sur la droite, un sentier de crête mène au deuxième cratère, le **Kawah Upas★★** *(évitez le sentier qui part sur la gauche, plus glissant; 30mn de marche; guide inutile)*, tout aussi impressionnant. Du parking, un autre sentier descend au **Kawah Domas** *(30mn)*, un cratère isolé criblé de mares de boue en ébullition, d'où émanent des vapeurs sulfureuses.

Ciater

À 8 km du Tangkuban Perahu. Des bemo *circulent sur la route principale.*

Ciater confirme l'engouement des Javanais pour les **sources chaudes**, auxquelles ils prêtent des vertus curatives. Niché au milieu des **plantations de thé★**, le plaisant

Cratère du volcan Tangkuban Perahu.
Victor Lin/Getty Images Plus

Sari Ater Hot Springs Resort Ciater *(www.sariater-hotel.com)* comprend un hôtel et plusieurs bassins *(entrée payante)*.

Sumedang

À 60 km au nord-est de Bandung. En voiture, rentrez par la route du nord, via Ciater, l'occasion d'une promenade bucolique à travers un beau paysage de montagnes et de rizières en terrasses.

De Bandung, la route suit le parcours de la Grot Postweg (« grande route postale »), dont la construction, au début du 19e s., coûta la vie à des milliers d'ouvriers. Au débouché d'une étroite vallée, Sumedang apparaît soudain, plantée au cœur d'un magnifique **cirque montagneux★** dressé telle une forteresse naturelle. À l'écart des circuits touristiques, la ville est fameuse pour ses *tahu su'* (pour *tahu Sumedang*), une spécialité locale de tofu frit.

★ **Museum Prabu GeUsan Ulun (Musée de Sumedang)** – *Jl. Geusan Ulun 40 - (0261) 201 714/0878 1306 6669 - www.museumprabugeusanulun.org - lun.-jeu. et sam.-dim. 8h-14h - 10 000 Rps. Le dim., répétitions de danse sundanaise dans le pavillon royal (9h-12h).* À la fin du 16e s., Sumedang fut la dernière capitale du royaume hindouiste de Pajajaran. Témoin de ce prestigieux passé, son musée – l'un des plus intéressants de tout Java – passionnera les amateurs d'histoire. Aménagé dans les pavillons de l'ancien palais du sultan (1706), il conserve de nombreux objets hérités des royaumes hindouistes et musulmans qui se sont succédé à Java Ouest, du 10e au 19e s. : char d'apparat (19e s.), collection de *wayang golek* et de *wayang kulit*, d'armes anciennes et de gamelans... Clou du musée, la **salle du trésor★★** renferme la **couronne★★** sertie de feuilles d'or du roi Prabu Geusan Ulun (1578-1601), ainsi que de superbes kriss et sabres régaliens du 15e s. Dans le **pavillon royal★**, élégant et sobre, les tigres empaillés et les céramiques chinoises évoquent la magnificence des souverains de Sumedang.

Au sud de Bandung

★ Vallée de la Cisangkuy

De Bandung, prenez la route de Banjaran.

Au pied du mont Malabar (2 321 m), le **lac artificiel Situ Cileunca** s'étale au milieu des **plantations de thé★★** qui s'étendent à perte de vue. En cours de route, faites une halte déjeuner à **Pengalengan** *(35 km au sud de Bandung; accès en* bemo*)*, bourgade célèbre pour ses caramels, avant de visiter l'intéressante **fabrique de thé Malabar**, installée entre Pasir Malang et Pintu *(transports publics aléatoires)*.

À 12 km de Pengalengan *(tournez à gauche à Pintu)*, dans un ravissant cadre de verdure, les **sources chaudes de Cibolang★** comptent plusieurs bassins aménagés très appréciés des familles indonésiennes.

★★ Vallée de la Ciwidey

Accrochée au flanc escarpé d'une superbe gorge sculptée de rizières en terrasses, **Ciwidey** *(25 km au sud de Bandung)* doit sa renommée à ses forgerons. Au-delà du village, la route disparaît dans la forêt.

Passé 10 km, une route à gauche monte au **Kawah Putih★★**, dont on rejoint le sommet 6 km plus loin *(à Ciwidey, prenez un taxi-moto car les* bemo *ne s'y rendent pas)*. Perchées à 2 350 m, les parois boisées du « cratère blanc » servent d'écrin à un surprenant **lac turquoise★★**.

De retour sur la route principale, on rejoint rapidement les **sources chaudes de Cimanggu**. Puis, au débouché d'un petit plateau vallonné couvert de **plantations de thé★★**, le **lac Situ Patengan** dessine ses paisibles rivages, que les pique-niqueurs prennent d'assaut le week-end.

Carnet pratique

PLAN DE BANDUNG (P. 96)

S'informer

Office de tourisme – *Jl. Ahmad Yani 227 (à l'est de la ville) - Bandung - ✆ (022) 727 172.*

Adresses utiles

À Bandung

Golden Megah Corp – A4 - *Jl. Otto Iskandardinata 180 - tlj sf dim. 8h30-16h30 (sam. 14h).* Reconnaissable à ses vitres fumées et à ses poignées couleur or en forme de dollar, ce **bureau de change** pratique des taux comptant parmi les meilleurs de la ville.

Poste centrale – A3 - *Angle de Jl. Banceuy et Jl. Asia Afrika - 7h30-23h (dim. 13h).*

Telkom – B3 - *Jl. Lembong 64 - lun.-vend. 8h-17h.*

Wartel – A2-3 - *Dans la gare.*

Centre culturel français – B2 - *Jl. Purnawarman 32 - ✆ (022) 421 24 17 - www.ifi-id.com/bandung.* Bibliothèque, salle de cinéma, spectacles et expositions.

Arriver/Partir

En avion

L'aéroport Hussein-Sastranegara (BDO) est situé à 4 km au nord-ouest de Bandung (A2 EN DIR.). Il dessert les principales villes indonésiennes (sauf Jakarta), Singapour et la Malaisie. Les taxis officiels disposent d'un comptoir dans le hall près de la sortie *(comptez env. 50 000 Rps pour le centre-ville)*. La plupart des hôtels assurent une navette gratuite.

En train

À l'est du centre-ville, la gare possède deux entrées : sur Jl. Kebon Kawung (A2) et Jl. Suniaraja (A3).

Pour Jakarta : 13 trains/j. entre 5h et 19h15 *(2h30 à 3h30 de trajet)*. Le parcours, superbe, emprunte plusieurs ponts suspendus.

Pour Yogyakarta : plusieurs départs/j. *(env. 7h de trajet)*.

Pour Surabaya : 3 trains/j. entre 7h et 19h *(11h30-13h30)*.

Pour connaître les horaires et réserver un trajet, consultez le site **www.tiket.com** *(en anglais)*.

En bus

Le terminal **Leuwi Panjang**, à 5 km au sud de la ville, sur Jl. Sukarno Hatta (A4 EN DIR.), dessert l'ouest : Bogor *(4h de trajet par le bus express)* et Jakarta *(terminal de Kampung Rambutan - 3h de trajet)*.

Le X Trans, CitiTrans, Airport Shuttle dessert aussi Bandung depuis l'**aéroport de Jakarta** *(7h45-23h45 - 175 000 Rps)*.

Le terminal **Cicaheum**, Jl. Yani (à l'est) (C3 EN DIR.), dessert Sumedang *(1h30)*, Garut *(2h)*, Cirebon *(3h30)*, Yogyakarta *(8h)*.

Pour connaître les dessertes et les horaires de bus, consultez le site **www.jadwalbis.com** *(en anglais)*.

En minibus

Les terminaux de **Ciroyom** (A3 EN DIR.), **Dago** (B1 EN DIR.) et **Ledeng** *(pour Lembang)* (A1 EN DIR.) desservent les villes des environs.

Pour Ciwidey et Pengalengan : départ du terminal Leuwi Panjang *(1h30 de trajet pour chacun)*.

Pour le Tangkuban Perahu et Ciater : départ du terminal près de la gare (A2-3) *(1h pour chacun)*.

Transports

On circule assez bien à Bandung, sauf le w.-end, où il faut parfois une heure pour sortir de la ville.

En minibus

Les lignes d'*angkot*, minibus qui relient les terminaux entre eux, se distinguent par leur couleur (leur parcours est indiqué sur le pare-brise). **Kebon Kelapa** (AB4) est le principal terminal d'*angkot* du centre-ville.

En taxi

Préférez les taxis du groupe **Blue Bird** *(✆ (022) 7561234)*, très fiables, ou ceux de la compagnie **AA** *(✆ (022) 4219 999)*, peu coûteux. Utilisez sinon les applications **Grab** pour les VTC et **Gojek** pour les moto-taxis.

Visites

Interlink Tours and Travel - B2 - *Jl. Ciliwung 18 - ✆ (022) 423 55 29 - www.interlink-tour.com.*

1

Nos adresses

PLAN DE BANDUNG (P. 96)

Restauration

À Bandung

Premier prix

Tentez les *warung* de Jl. Cikanpundung Barat (B3) et ceux de Jl. Gardu Jati (A3), ouverts jusqu'au matin, où l'on mange allongé sur des tapis *(lesehan)*.

Budget moyen

1 **Bandung Suki** - B3 - *Jl. Braga 70 - ✆ (022) 423 75 50 - lun.-vend. 10h-12h30, 17h-21h30, sam.-dim. 10h30-22h - 70 000/150 000 Rps.* Ce restaurant bien tenu, d'une sobriété toute japonaise, propose des plats vapeur *(suki, dim. sum)* et chinois d'excellente qualité.

Daun Pisang - HORS PLAN - *Jl. Dr Setiabudhi 154 (au nord) - ✆ (022) 203 75 75 - tlj sf lun. 11h-21h*

- 50 000/100 000 Rps. Un lieu élégant et aéré, où l'on sert une bonne cuisine sundanaise et javanaise. Dommage que les portions soient petites.

Pour se faire plaisir

4 **Toko You** – B1 - *Jl. Hasanudin 12 - ✆ (022) 250 33 32/0811 2099 12 - 7h30-23h - 80 000/150 000 Rps.* Un véritable petit musée, meublé de tables hollandaises et de chaises javanaises des années 1930, et décoré d'un *pendopo* madurais du 18e s. On y déguste, en terrasse couverte, une cuisine chinoise originale (goûtez les *mie* aux crevettes et légumes), accompagnée de vin français.

À Pengalengan

Premier prix

Rumah Makan Mandalawangi – *Jl. Raya Pengalengan (à 2 km du bourg) - ▭ - 20 000/50 000 Rps.* De petits bungalows en bambou distribués autour d'un étang, où l'on mange assis sur un tapis devant un superbe paysage. Une excellente occasion de découvrir la cuisine sundanaise, à base de poissons et de légumes.

Petite pause

Centre culturel français – *Voir « Adresses utiles », p. 100 - jusqu'à 22h.* Le CCF dispose d'une cafétéria agréable où vous croiserez des étudiants francophones.

Deux excellentes pâtisseries :

Chez Canary – B3 - *Jl. Braga 16.*

Braga Café – B3 - *Jl. Braga 69.*

Boire un verre

La Jl. Braga (B2-3) propose nombre de bars rompus à la pratique des *happy hours.*

Bars

North Sea – B3 - *Jl. Braga 82.* Ce bar-restaurant animé propose une bonne sélection de bières.

Roempoet – B3 - *Jl. Braga 80 - ✆ 0812 2280 5552.* Musique live.

Discothèque

F3X Club – B3 - *Jl. Braga 129 - ✆ (022) 2053 38 55 - 16h-5h.* La boîte chic de Bandung, où l'on passe de la techno et du dangdut.

Shopping

Les principales rues commerçantes sont **Jl. Yani** (C3) et **Jl. Dalem Kaum** (B3). Sur « Jean Street » (Jl. Cihampelas) (A1), vous trouverez nombre de boutiques de jeans et T-shirts à imprimer. Leurs façades, dignes d'un décor de foire du Trône, rivalisent d'extravagance. Sur **Jl. Braga**, l'une des artères les plus touristiques de la ville, vous trouverez des peintures à l'huile en vente sur les trottoirs.

Marchés

Pasar Jatayu – A2 EN DIR. - *Jl. Arjuna (1 km à l'ouest de la gare ferroviaire).* Marché aux puces.

Pasar Baru – A3 - *Jl. Otto Iskandardinata - Otista (dans le quartier chinois).* Le grand marché central, où l'on trouve vêtements, batiks, légumes...

Artisanat

Saung Angklung Mang Udjo – C2 EN DIR. - *Jl. Padasuka 118 - ✆ (022) 727 17 14 - www.angklung-udjo.co.id - 8h-17h.* Cet atelier d'*angklung* organise des spectacles pour les touristes.

Centres commerciaux

Gramedia – B2 - *Jl. Merdeka 43 - jusqu'à 21h.* L'équivalent local de la Fnac, avec librairie, rayon sport, papeterie...

Plaza Bandung Indah – B2 - *Jl. Merdeka 56.* L'un des plus grands malls de la ville.

En soirée

Arts et spectacles

Sekolah Tinggi Seni Indonesia (STSI) – C4 - *Jl. Buah Batu 212 (au sud-est) - ✆ (022) 731 49 82 -*

www.isbi.ac.id. L'institut des Beaux-Arts de Bandung programme des spectacles d'*angklung*.

Yayasan Pusat Kebudayaan – B3 - *Jl. Naripan 7-9.* Spectacles de *wayang golek*, de *jaipongan* et de *pencak silat*.

Taman Budaya – B1 EN DIR. - *Jl. Bukit Dago Selatan 53A (près du Dago Tea House) - ☎ (022) 250 53 65.* Ce complexe présente des spectacles d'art contemporain.

Kebun Binatang – B1 - *Jl. Kebun Binatang 6 Taman Sari - ☎ (022) 250 73 02.* Nombreux spectacles de danse *ketut tilu*, de *pencak silat* et de *wayang golek*. Les performances ont lieu dans le zoo de Bandung, près de l'institut de technologie.

Hébergement

À Bandung

Premier prix

Vous trouverez nombre d'hôtels économiques à proximité de la gare, sur Jl. Kebon Jati (A3).

5 **Patradissa I** – A2 - *Jl. Iskat 8 - ☎ (022) 420 84 88 - 28 ch. 250 000/305 000 Rps.* Adresse sans charme mais propre et bon marché, près de la gare. Certaines chambres sont équipées d'une TV et de la climatisation.

6 **OYO 1446 Patradissa II** – B2 - *Jl. Wastu Kencana 7A - ☎ (021) 297 76 01- - 8 ch. 200 000/350 000 Rps.* Bien situé, à quelques pas de Jl. Braga, l'artère animée de Bandung, l'établissement propose des chambres correctes, dotées pour certaines d'une petite terrasse sur jardin (à demander de préférence !). Évitez celles qui donnent sur rue, bruyantes. Accueil chaleureux.

Budget moyen

1 **Bumi Asih** – B2 - *Jl. Cilamaya 1 - ☎ (022) 420 18 22 - - 38 ch. 450 000/700 000 Rps.* Près du Gedung Sate, un bâtiment hollandais à l'architecture élégante. Les chambres, confortables mais vieillottes, encadrent un beau jardin intérieur. Un bon rapport qualité-prix. Accueil très aimable.

Sukajadi – HORS PLAN - *Jl. Sukajadi 176 - ☎ (022) 203 38 88 - www.sukajadihotel.com - - 140 ch. 376 500/562 500 Rps.* Cet établissement agréable, doté d'une petite piscine et d'un jardin intérieur, propose des chambres élégantes et confortables.

Pour se faire plaisir

4 **Prama Grand Preanger** – B3 - *Jl. Asia Afrika 81 - ☎ (022) 423 16 31 - www.grandhotelpreanger.com - - 187 ch. 750 000/1 500 000 Rps.* Un hôtel de luxe un peu froid, mais au service professionnel, avec de nombreuses prestations (chaînes satellite, Internet, agence de voyage, location de voitures, change...). On peut obtenir jusqu'à 30 % de réduction sur Internet.

7 **Savoy Homann** – B3 - *Jl. Asia Afrika 112 - ☎ (022) 423 22 44 - www.savoyhomann-hotel.com - - 185 ch. 1 100 000/1 300 000 Rps.* L'hôtel, qui a vu passer Charlie Chaplin, est un petit bijou. Sa façade Art déco est un pur chef-d'œuvre, et l'intérieur dévoile beaucoup de charme. Agences de voyage, location de voitures.

À Ciater

Budget moyen

Sari Ater – *Jl. Raya Ciater - ☎ (0260) 47 17 00 - www.sariater-hotel.com - - 164 ch. 650 000/850 000 Rps.* Des bungalows confortables, dispersés dans un vaste jardin. Les deluxe présentent le meilleur rapport qualité-prix. L'eau chaude provient de la source locale. Concerts de *dangdut* le w.-end.

1

De Bandung à Pangandaran ★★

En quittant Bandung pour l'est, la route s'engage dans une verte campagne, découvrant quelques-uns des plus beaux paysages de Java. Entre volcans, forêts et rizières, rares images d'une Java paisible et encore un peu sauvage, les dernières marches du pays Sunda recèlent une infinité d'attraits : temple hindou émergeant des cultures, village de bambou ombragé de cocotiers, sentiers de randonnée disparaissant sous le couvert tropical jusqu'au bord d'un cratère, sources chaudes jaillissant sur les flancs des volcans... Au terme du circuit, Pangandaran occupe un site idyllique que le tsunami de 2006 n'a pas épargné. La station balnéaire a depuis pansé ses plaies et, dans les villages alentour, le temps s'écoule de nouveau paisiblement.

Se repérer

CARTE B1-2 (P. 28-29) – CARTE DE JAVA OUEST (P. 76-77) – PLAN DE PANGANDARAN (P. 107).

Province de Java Ouest. Pangandaran se trouve à 165 km à l'ouest de Yogyakarta.

À ne pas manquer

Les volcans Papandayan, Kamojang et Galunggung ; à Pangandaran, une promenade matinale le long de la plage ouest (Teluk Parigi).

Organiser son temps

Vous gagnerez un temps précieux en louant un véhicule pour découvrir la région. Comptez deux jours de circuit avec la découverte d'un volcan, et deux jours de plus pour Pangandaran et ses environs ; évitez les w.-ends, car c'est la destination privilégiée des habitants de Bandung.

En famille

Le village-musée de Kampung Naga ; une baignade au Green Canyon ; les animaux du parc national de Pangandaran.

Carnet pratique p. 108

Nos adresses p. 109

Bateaux traditionnels dans le parc national de Pangandaran.
zodebala/Getty Images Plus

Circuit conseillé

CARTE DE JAVA OUEST P. 76-77

Circuit de 225 km tracé en violet sur la carte de Java Ouest. Comptez 2 jours (passez la nuit à Cipanas). Passé Cicalengka, la route gravit une côte très raide pour déboucher sur un plateau désolé où quelques warung *attendent d'hypothétiques clients. À Nagreg, tournez à droite vers le sud, en dir. de Garut.*

1

Candi Cangkuang

À Leles (50 km au sud-est de Bandung et env. 10 km au sud de Nagreg), une calèche vous conduira au temple, 3 km à l'est du village.

Le petit temple de Cangkuang se dresse au milieu d'un étang, isolé sur une presqu'île couverte de pins *(accès en barque)*. Le choix du **site★** – véritable mer verte quadrillée de rizières que cernent les silhouettes des volcans – semble ne rien devoir au hasard tant s'en dégage une profonde quiétude. Construit vers le 8e s., à l'époque du royaume Sunda de Galuh, Cangkuang a été reconstitué pierre par pierre dans les années 1970. L'intérieur cache une belle **statue de Siva** chevauchant un buffle.

Cipanas

À 60 km au sud-est de Bandung et 2 km de la route principale.

Installée au pied du volcan Guntur (2 247 m), cette petite **station thermale** est l'étape idéale pour rayonner dans la région.

À Tarogong, 2 km après Cipanas, tournez à droite et montez jusqu'à Samarang (8 km). La route de gauche mène au Papandayan (22 km) et celle de droite mène au mont Kamojang (14 km).

★★ Gunung Papandayan (MONT PAPANDAYAN)

Arrivé à Cisurupan, une route défoncée de 9 km conduit au sommet. La randonnée dure en tout 6 à 8h ; partez de Cipanas vers 4h30 pour y être au lever du soleil - prévoyez un pull pour l'ascension.

En chemin vers les hauteurs, vous croiserez sans doute quelques camions débordant de racines de vétiver *(usar)*, que l'on utilise en parfumerie. Le cratère béant du Papandayan (2 622 m) se découvre de loin, énorme balafre qui déchire tout le flanc du volcan depuis son terrible réveil, en 1772, qui fit 3000 morts. La dernière éruption remonte à 2002. Le sentier progresse au milieu d'un chaos de pierres rouges et jaunes, d'où jaillissent des vapeurs sulfureuses à l'odeur entêtante. Au bout de ce terrain presque lunaire, la cuvette du cratère offre paradoxalement un spectacle apaisant avec ses flancs tapissés de maquis. De là, le **point de vue★★** sur le cirque volcanique est exceptionnel.

★ Gunung Kamojang (MONT KAMOJANG)

À 14 km de Samarang.

La route livre quelques **panoramas★★** spectaculaires. Elle pénètre bientôt à l'intérieur du cratère du Kamojang, large plateau boisé que ponctuent des **geysers de vapeur★**, à la puissance de souffle impressionnante.

Un petit **lac de boue★** fumant, perdu au milieu des bois, s'est formé près de la centrale géothermique *(suivez le pipeline ; renseignez-vous au préalable, car la route qui permet de rejoindre Bandung en passant par Majalaya est souvent impraticable). De là, vous pouvez regagner Cipanas ou aller à Garut (18 km) pour poursuivre le circuit.*

Garut

À 65 km au sud-est de Bandung.

Aimable bourgade provinciale, proprette et tranquille, Garut se prête bien à une halte déjeuner. Après quoi, vous pourrez faire un tour au **marché** ou dans l'une des fabriques artisanales de **soie** ou de **caramel**.

Passé Garut, la **route★★**, superbe, zigzague au fond d'une gorge sculptée de rizières en terrasses.

★★ Kampung Naga

À 23 km au sud-est de Garut - descente par un sentier de 1 km.

Sur le vert des rizières se détache soudain un petit bouquet de cocotiers, sous lesquels se serrent les maisons blanches d'un ravissant village. Uniquement constituées de bambou peint, elles alignent leurs toits de chaume noirs face à la rivière, en rang impeccable. Classé **village-musée**, Kampung Naga maintient son mode de vie traditionnel (il n'y a pas d'électricité) mais seulement pour les besoins du tourisme... Vous serez invité à signer le livre des visiteurs et à laisser une donation au chef du village *(kepala desa)*, qui se fera un plaisir de vous fournir des explications sur les traditions de la région, s'il n'est pas retenu à sa rizière.

★★ Gunung Galunggung (MONT GALUNGGUNG)

À Singaparna (env. 15 km à l'est de Kampung Naga), prenez à gauche une route défoncée, puis tournez à gauche à Cisayong - emportez un pull pour l'ascension.

Sous des abords placides, le Galunggung (2 201 m) cache un tempérament coléreux. Le volcan aime en effet secouer de temps à autre la torpeur de la campagne environnante : si l'éruption de 1982 n'a pas atteint la violence de celle de 1822 (4 000 morts), elle a cependant provoqué l'exode de près de 30 000 personnes.

Du parking, une marche facile de 45mn vous mènera au **cratère★★**, spectaculaire chaudron rocheux qui sert d'écrin à un superbe **lac★** aux reflets verts.

Dernière étape avant de changer de province, Tasikmalaya (60 km au sud-est de Garut) ne présente guère d'intérêt. Vous pouvez donc continuer directement vers Pangandaran (100 km).

★ Pangandaran PLAN CI-CONTRE

droit d'entrée dans la station : 3 500 Rps.

Pangandaran (8 400 hab.) occupe l'entrée d'une presqu'île couverte de forêt, étroite langue de terre qui s'avance entre deux baies de sable noir s'étirant à perte de vue face aux eaux bleues de l'océan Indien. La petite **station balnéaire** a souffert du tsunami de 2006, qui a détruit une partie de la ville et fait plus de 400 victimes. Appréciée pour ses plages, bien située et dotée d'une bonne infrastructure touristique, Pangandaran est aussi le point de départ idéal pour explorer la région. La plage orientale, **Teluk Pangandaran** (C3), n'invite guère à la baignade mais on

y apprécie le spectacle des *prahu* revenant du large et des grappes de pêcheurs tirant à la rive leurs filets gonflés de poissons.

Pour la baignade, rien ne vaut la **plage Teluk Parigi**★ (A3-4), immense croissant de sable noir qui s'étire jusqu'à Batu Karas. *Attention aux courants, partout violents et dangereux, à l'exception de la zone la plus orientale, non loin du parc national : demandez aux habitants où l'on peut nager sans risque.*

★★ Taman Nasional Pananjung (PARC NATIONAL DE PANGANDARAN)

Entrée au bout de Jl. Kidang Pananjung - 7h-17h - 210 000 Rps avec guide (300 000 Rps le w.-end). Prévoyez une torche pour les grottes. Comptez 2h30.

Site d'une petite forêt secondaire avec des grottes cachées au cœur de la végétation, la presqu'île de Pangandaran est une réserve naturelle foisonnant d'essences végétales, dont la **rafflésie**, cousine plus petite de celle de Sumatra, la plus grande fleur du monde *(voir encadré, p. 589)*. Vous apercevrez des cerfs *(kijang)*, des lézards moniteurs, des **calaos** et des **macaques**. Un tour de la presqu'île en bateau *(45mn)* vous conduira à une **chute**★ plongeant du haut des falaises, et à la plage de sable blanc de **Pasir Putih** où vous pourrez vous baigner. Lorsque le soleil se couche, les chauves-souris à la recherche de nourriture envahissent la plage – c'est un spectacle étonnant qui s'offre à vous.

★★ Green Canyon

À 35 km à l'ouest de Pangandaran - entrée avec location d'un bateau : 200 000 Rps, à répartir entre les passagers (maximum 5 pers.). Comptez 3h. Possibilité de faire du rafting.

L'arrière-pays sundanais, verdoyante mosaïque de rizières et d'épais bouquets de forêt sillonnés de rivières, se prête à de multiples excursions. Point touristique

de la région, le Green Canyon doit son nom à la couleur de la petite rivière qui l'a creusé, chargée d'alluvions volcaniques (elle prend une teinte brune après la pluie). Après 30mn de remontée en bateau, le lit de la rivière se resserre et le cours d'eau, devenu plus rapide, s'engouffre dans une **gorge★**, tandis que des petites cascades ruissellent des hauteurs.
Coincée entre deux promontoires rocheux, la petite **plage de Batu Karas** *(42 km à l'ouest de Pangandaran)* est connue comme l'un des meilleurs **spots de surf** de la côte *(location de planches sur place)*. Dégustation de fruits de mer sur la plage.

Carnet pratique

PLAN DE PANGANDARAN (P. 107)

S'informer

Dinas Pariwisata Daerah – *Jl. Ciledug 120 - ✆ (0262) 233 529 - www.visitgarut.garutkab.go.id.*

Adresses utiles

À Pangandaran

BNI et **ATM** – AB1 - *À côté de la station de bus, à l'entrée de Pangandaran.* Beaucoup d'hôtels prennent des devises étrangères.

Bank Rakyat Indonesia – B4 - *Jl. Merdeka 316 - tlj sf w.-end 8h-15h.* Les taux de change ne sont souvent pas meilleurs que ceux proposés dans les hôtels.

Poste centrale – B3 - *Jl. Kidang Pananjung 129 - tlj sf vend. et dim. 7h30-15h, sam. 13h30.*

Arriver/Partir

En bus

Des terminaux Cicaheum et Kebon Kelapa, à Bandung, de nombreux bus vont à **Garut** *(63 km - 2h de trajet)*. Vous pouvez aussi héler un *bemo*.
Pour **Pangandaran**, au départ de Bandung, prendre le bus rapide Budiman *(225 km - durée 5h - dép. ttes les h. de 7h à 16h)*. Vous pouvez aussi prendre un minibus au départ de votre hôtel via une agence de voyage *(dép. à 6h et, s'il y a assez de touristes, à 14h - env. 5h - 100 000 Rps)*. Bus directs au départ de Jakarta *(terminal de Bekasi - 9h)*.

En train et bus

De Bandung *(4h de trajet)*, Yogyakarta *(5 à 7h)* ou Jakarta *(7 à 10h)*, le train va jusqu'à Banjar. Il faut ensuite emprunter un bus pour se rendre à la gare routière de Pangandaran (AB1) *(1h30)*.

En bus et ferry

De Yogyakarta : bus pour Cilacap *(5h de trajet)*, puis ferry pour les rives de Kalipucang *(4h)* et minibus jusqu'à Pangandaran *(30mn)*. Il est aussi possible de chartériser un bateau *(env. 80 000 Rps/pers. sur une base de 5 voyageurs)*.

Transports

Becak

Pratique pour circuler en ville. Comptez 15 000 Rps pour une course moyenne.

Location de vélo

Pangandaran est l'un des rares endroits de Java où il est facile et agréable de circuler à vélo. Vous trouverez partout des loueurs. Comptez 25 000 Rps/j.

Location de motos

Idéal pour découvrir les environs, et les prix sont raisonnables. Rens. auprès de votre hôtel ou d'une agence de voyage. Comptez 80 000 Rps/j.

Location de voitures

Les loueurs sont nombreux et les prix abordables. La plupart du temps, la location se fait avec chauffeur.

Visites

On peut faire la plupart des excursions sans guide – dont le rôle principal se résume souvent à celui de chauffeur. La majorité des hôtels travaillant avec un guide, vous serez forcément sollicité.

Agenda

International Kite Festival – *Juil.-août.* Ce festival du cerf-volant se tient chaque été sur la plage de Pangandaran. Des passionnés du monde entier s'y rassemblent.

Nos adresses

PLAN DE PANGANDARAN (P. 107)

Restauration

À Pangandaran

Premier prix

1 Chez Mama Cilacap – B4 - *Jl. Kidang Pananjung 197 - (0265) 630 098 - - 9h-22h - 30 000/100 000 Rps.* Tenu par un couple franco-indonésien qui sert une cuisine variée (indonésienne, fruits de mer). Preuve de sa qualité, l'endroit est souvent bondé. Les poissons pêchés le matin même et grillés en terrasse sont un délice.

3 Risma Fresh Sea Food – C2 - *Komplek Pasar Ikan Talanka - 0813 2034 5009 - - 7h-23h, sam.-dim. 7h-0h - 50 000/250 000 Rps.* Parmi les restaurants du marché aux poissons, celui-ci est incontestablement le meilleur. Ses fruits de mer de première fraîcheur (on les choisit sur l'étal) sont apprêtés avec bonheur. Si vous aimez les crevettes, l'*udang saus tiram* est à se damner.

Petite pause

Bamboo Cafe – A1 - *Kampung Turis 2, Jl. Pamugaran - 0813 1371 8567.* Le café prisé de la plage.

Shopping

Picnic – *Jl. Pasundan 102 - Garut - 0811 2035 689 - www.picnicdodolgarut.com.* Une fabrique de *dodol* (fruits confits), *noga kacang* (caramel aux cacahuètes), *noga wijen* (caramel au sésame).

Activités

Plongée

Vous trouverez à Pangandaran tous les équipements nécessaires.

Surf

Pangadaran Surf – A2 - *Bord de plage, cherchez le YOGA learn to surf - 0822 1404 4182 - www.yogalearntosurf.wixsite.com.* Chaleureuse équipe qui saura vous mettre à l'aise, que vous soyez débutant ou initié. Ici, tout le monde parle anglais.

Hébergement

À Cipanas

À Cipanas, la station la plus prisée des voyageurs, vous trouverez aussi bien des *losmen* rustiques que des hôtels de luxe. Les prix peuvent doubler le w.-end. Les hôtels, regroupés la plupart sur Jl. Cipanas, possèdent le plus souvent un restaurant, qui ferme assez tôt. Grand chic, leurs piscines et leurs sdb sont alimentées par l'**eau d'une source chaude** ; une expérience délicieusement relaxante !

1

Premier prix

Tirta Merta – *Jl. Cipanas 166 - ✆ (0262) 231085 - ⊠ - 24 ch. 325 000 Rps.* Une adresse économique, les prix étant les mêmes le w.-end. Chambres simples et personnel sympathique.

Budget moyen

Kampung Sumber Alam – *Jl. Raya Cipanas 122 - ✆ (0262) 238 000 ou 237 700 - www.resort-kampung sumberalam.com - ▤ ✕ ⛱ - 28 ch. 855 000/1 530 000 Rps ☕.* Les chambres les moins chères sont petites, mais les pavillons à toit de chaume, au bord d'un bassin, ont beaucoup de charme. La suite, avec piscine privative et terrasse, est un vrai nid d'amour ! Grande piscine alimentée par la source chaude. Location de voitures.

Tirtagangga – *Jl. Raya Cipanas 130 (entre Cipanas et Garut) - ✆ (0262) 232 549 ou 0812 8696 7994 - www.tirtaganggaresort. com - ▤ ✕ ⛱ ᯤ - 40 ch. 580 000/1 650 000 Rps.* L'un des plus grands hôtels de Cipanas. Les chambres sont confortables et le restaurant excellent. Location de voitures.

À Pangandaran

Si Pangandaran est l'endroit le plus animé, vous pouvez aussi séjourner dans les villages alentour, à **Cikembulan** ou **Babakan** (à l'est). À Pangandaran, les hôtels sont légion, mais il est parfois difficile de trouver une chambre correcte le w.-end et en haute saison *(15-30 sept., 15 déc.-8 janv.)*. En juil.-août, l'indice haute saison pourra être appliqué selon le taux de remplissage des hôtels ; c'est sur cette période, hors w.-end, que nous basons nos fourchettes de prix.

Premier prix

7 **Bamboo House Hotel** – A2 - *Baru Bulak Laut 8 - ✆ (0265) 639 419 ou 0813 2355 8555 - ▤ ⊠ ᯤ - 18 ch. 150 000/250 000 Rps.* Situé à proximité de la plage, cet hôtel propose des chambres propres et climatisées. L'accueil est chaleureux (la propriétaire possède le Bamboo Cafe) et le petit-déjeuner, délicieux.

Budget moyen

5 **Sandaan** – A2 - *Jl. Pamugaran Bulak Laut 100 - ✆ (0265) 639 165 - www.sandaanhotel.com - ▤ ✕ ⊠ ⛱ - 40 ch. 400 000/600 000 Rps ☕.* Organisé assez coquettement autour de la piscine ombragée par quelques cocotiers, l'hôtel propose des chambres agréables, disposant chacune d'une petite terrasse. Personnel accueillant. L'établissement organise des tours en synergie avec l'association des guides indonésiens. Comptez 200 000 Rps (moto avec chauffeur) pour visiter Green Canyon.

4 **Nyiur Resort** – A2 - *Jl. Bulak Laut 49 - ✆ (0265) 639 349/415 - www.nyiurresort hotel.com - ▤ ✕ ⊠ ⛱ - 32 ch. 450 000/800 000 Rps ☕.* Cet hôtel jouit d'une superbe situation, face à la mer et à proximité du parc national. Les chambres, élégantes et soignées, offrent un cadre reposant. Le restaurant sert une bonne cuisine à des prix raisonnables *(entre 20 000 et 30 000 Rps le plat)*. Le patron, accueillant et rigoureux, saura vous conseiller.

À Batu Karas

Budget moyen

Village de pêcheurs situé à 32 km à l'ouest de Pangandaran, Batu Karas est l'endroit idéal pour faire du surf ou se reposer.

Pondok Putri – *Pantai Batu Karas - ✆ 0812 1130 5546 - www.hotel-pondok-putri.business.site - ▤ ✕ ⊠ ⛱ - 14 ch. 250 000/685 000 Rps ☕.* Un hôtel calme situé en bordure de plage, à deux pas des bateaux de pêche. Le confort et la propreté sont irréprochables. Personnel très sympathique.

Cirebon et ses environs ★

Ouverte sur la mer de Java, Cirebon tourne le dos à la grande plaine monotone qui s'étire le long du littoral, jusqu'à Jakarta. Avec son atmosphère paisible et son architecture peu élevée, elle fait oublier la frénésie de la capitale. On profitera tranquillement du port, des élégants kraton ou des vénérables temples chinois, témoins d'un passé glorieux. De fait, Cirebon constituait un port des plus florissants, où les négociants affluaient de partout. Elle fut, comme d'autres villes de la côte nord, l'une des grandes portes d'entrée de l'islam et des Chinois à Java. C'est d'ailleurs de ce cosmopolitisme que Cirebon tiendrait son nom originel, Caruban : « mélange ». Un brassage d'influences que l'on retrouve dans ses très renommés batiks, dont les chatoyants motifs de fleurs et d'animaux portent le sceau de la Chine, du monde arabe et de l'Europe.

1

Se repérer

CARTE B1 (P. 28-29) - CARTE DE JAVA OUEST (P. 76-77).

Province de Java Ouest.

Cirebon (332 000 hab.) est située à 130 km au nord-est de Bandung et 248 km au sud-est de Jakarta.

À ne pas manquer

Le Kraton Kesepuhan et ses spectacles de *tari topeng* ; le marché de Kanoman ; les fruits de mer des *warung* de Jl. Bahagia et de Jl. Kalibaru Selatan ; acheter un batik à Trusmi.

Organiser son temps

Comptez une journée en *becak* ou à pied.

Carnet pratique p. 114

Nos adresses p. 115

Se promener

Groupés dans le sud de la ville, la plupart des centres d'intérêt ne sont distants que de quelques centaines de mètres. Sur les trois *kraton* que compte Cirebon, complexes dont les bâtiments tiennent plus de la villa que du palais, deux sont ouverts au public.

Si vous passez à Cirebon durant le mois précédant le Maulud Nabi (fête du Prophète), ne soyez pas surpris par le nombre de mendiants. Une vieille tradition établie par un raja veut que les riches fassent preuve de charité à l'égard des plus démunis durant cette période. D'où un triste afflux de pauvres hères en direction du *kraton*, où ils seront nourris toute une journée par le sultan.

★ Kraton Kesepuhan

Sur la place Alun-Alun nord, juste derrière le marché Kesepuhan (animé la nuit) - ✆ (0231) 225 511 - 8h-18h (dim. 17h) - 20 000 Rps. Le w.-end, un étudiant assure souvent la visite (45mn).

Bâti en 1677 sur les fondations d'un palais hindou du 15e s., c'est l'un des rares exemples encore debout d'architecture civile indo-javanaise, mêlant hindouisme

Trois sultans pour une ville

Cirebon est érigée en sultanat au 16e s. par Sunan Gunung Jati. Sa prospérité n'échappe pas à ses voisins et, dès le siècle suivant, elle devient l'enjeu d'un conflit entre les puissants royaumes de Banten, à l'ouest, et de Mataram, à l'est. Il en résulte un partage de la ville, situation que maintiendront les Hollandais lorsqu'ils prendront Cirebon en 1677. Quelques décennies plus tard (1705), les nouveaux maîtres décident de démanteler les cours des trois sultans en place, jugées trop remuantes. Au 19e s., la fortune de la cité, toujours aussi importante, attirera de nombreux Chinois qui participeront au développement de la **pêche à la crevette**, l'une des principales ressources de Cirebon – qui porte toujours le surnom de « ville de la crevette ».

et islam. La décoration, en revanche, traduit bien le cosmopolitisme de la ville, associant motifs et mobilier javanais, chinois et européens.
Entourée par un petit mur en brique rouge incrusté d'assiettes en faïences hollandaises et chinoises, la cour du **Siti Inggil★** (1529) renferme cinq *pendopo* de style hindou. De là, une « porte fendue » de type balinais donne accès à une autre cour, puis une troisième où se cache la résidence du sultan.
La **façade★**, étonnante, est sculptée de larges motifs « roc et nuage » *(wadasan awan)*, un décor d'inspiration chinoise que l'on retrouve sur les batiks de Cirebon. L'**intérieur★**, dans un style baroque à l'orientale, marie boiseries vertes, frises sculptées de fleurs irisées, faïences de Chine et de Delft autour d'un mobilier à la française.
Le **musée Pusaka★** adjacent rassemble dans un joyeux désordre des gamelans javanais (14e s.) et des coffres nacrés égyptiens, des armes javanaises et des cottes de maille portugaises du 16e s. Dans une pièce annexe, vous verrez le **Kereta Singa Barong★★** (1549), un incroyable carrosse royal rouge et or en forme de dragon ailé avec une trompe d'éléphant. À deux pas du *kraton* se dresse la **Mesjid Agung (Grande Mosquée)**, l'une des plus sacrées de Java. Son triple toit, typique des premières mosquées javanaises (vers 1500), cache une remarquable **charpente★**.
Du Kraton Kesepuhan, prenez un becak *jusqu'au Kraton Kanoman (à env. 500 m au nord, sur Jl. Kanoman).*
Avant de visiter le second *kraton*, vous prendrez un bain de couleurs, de fragrances et d'ambiance javanaises au **marché Kanoman**, très animé le matin.

Kraton Kanoman

Horaires aléatoires - donation.
Caché au fond d'une paisible cour derrière le marché, le Kraton Kanoman (1588) a pour actuel locataire le sultan Anom XIII. Derrière son enceinte à la balinaise, toute de briques rouges, se dresse un élégant *pendopo* bleu ciel décoré là aussi de faïences hollandaises et chinoises, et meublé à l'européenne. Le musée expose de splendides **carrosses★** du 16e s., semblables à celui du Kraton Kesepuhan, ainsi que de magnifiques **portes en bois sculpté★**.
Prenez la Jl. Kantor vers le port (à l'est).

★ Kelenteng Tiao Kak Sia

Dewi Welas Asih.
Sur le chemin du port, ne manquez pas l'un des plus vieux temples chinois d'Indonésie (17e s.), dédié à la déesse bouddhique de la Miséricorde. Notez les

Mur du Kraton Kesepuhan.
IvanLonan/Getty Images Plus

superbes **portes peintes★** et les fresques qui le décorent. L'énorme ancre qui repose contre le mur extérieur provient d'un sampan chinois perdu au large de Java au 18e s.

À proximité

CARTE DE JAVA OUEST P. 76-77

L'arrière-pays de Cirebon est marqué par une double empreinte sundano-javanaise, à l'image du métissage de la ville.

Makam Sunan Gunung Jati (TOMBE DE SUNAN GUNUNG JATI)

À 5 km de Cirebon, sur la côte.

Exemple de l'adaptation originale de l'islam en Indonésie, la tombe du saint fondateur de la dynastie de Cirebon *(voir encadré ci-dessous)* est perchée sur une butte *(gunung)* couverte de tecks *(jati)*, image de la montagne cosmique hindoue (rappelons que certains des neuf saints ont pris le nom de la montagne sur

Sunan Gunung Jati

Parmi les **neuf saints musulmans**, les **Wali Songo**, auxquels la tradition attribue la propagation de l'islam dans l'archipel *(voir « Histoire », p. 607)*, se trouve Sunan Gunung Jati, originaire de Sumatra. En 1552, celui-ci débarqua à Cirebon paré de l'aura d'un pèlerinage à La Mecque, une aventure rare à l'époque. S'aidant habilement des vieilles croyances locales, Gunung Jati parvint rapidement à imposer la parole d'Allah dans toute la région. Fondateur de la lignée des **sultans de Cirebon**, il devint un personnage hautement vénéré, auquel il fut même donné de guérir une lépreuse.

laquelle ils ont été enterrés). Haut lieu de conversion à l'islam, cette **nécropole princière** attire toujours nombre de pèlerins, de tout Java.
Elle est en fait constituée de plusieurs petits cimetières hérissés de mausolées dont les plus anciens remontent au 15e s. Les sultans de Cirebon y reposent aux côtés de Gunung Jati, l'un des neuf Wali Songo évangélisateurs de Java, près d'une petite mosquée.

Taman Sari Gua Sunyaragi (PALAIS D'EAU GUA SUNYARAGI)

▶ *À 4 km au sud-ouest de Cirebon - accès en* becak *ou par le minibus n° 4 via Jl. Jend. Yani - 7h-18h - donation.*
Créé en 1741 pour la détente et la méditation des sultans de Cirebon, cet étrange « palais-jardin » rappelle ces folies et paysages artificiels que la noblesse européenne affectionnait à la même époque : fausses grottes *(gua)*, bassins (vides), petites buttes en rocaille et en brique percées de niches et de galeries tortueuses composent le décor. Une légende veut que les deux niches de la Ruang Meja Perundingan (l'une des grottes) soient directement reliées à La Mecque et à la Chine !

Carnet pratique

S'informer

Office de tourisme – *Jl. Brijen Darsono 5 - ✆ (0231) 486 856.* Le bureau étant relativement excentré *(5 km de Gua Sunyaragi)*, mieux vaut téléphoner *(rens. en anglais)*.

Adresses utiles

Banque/Change – Vous trouverez plusieurs banques sur Jl. Karanggetas et Jl. Siliwangi et des **ATM** un peu partout.

Poste centrale – *Au sud du port, sur Jl. Yos Sudarso.*

Arriver/Partir

En train

La gare se trouve sur Jl. Tanda Barat *(au nord de la ville)*. Trains jour et nuit pour Jakarta *(gare de Gambir - 3h de trajet)*, Semarang *(4h)* et Yogyakarta *(5h)*.

En bus

Terminal – *Jl. Jend. Yani (au sud)*. Départs pour Jakarta *(5h)*, Bandung *(3h30)* et Yogyakarta *(9h)*.

Transports

Becak

Nombreux et pratiques (ils sont plus bas que ceux de Yogyakarta ; pas besoin d'être bien souple pour y grimper !). Comptez 5 000 Rps pour une petite course.

Minibus

Rens. auprès de votre hôtel sur les différentes lignes d'*angkot*.

Taxi

Taxi central – *✆ (0231) 206 028.* Les chauffeurs refusent de mettre leur compteur la nuit. Reste donc à marchander, à condition d'avoir une idée des distances.

Agenda

Sekatan Muludan – *Date indexée sur le calendrier lunaire ; rens. au secrétariat du sultan, qui fixe le calendrier annuel.* À l'occasion de la commémoration de la naissance du Prophète, les objets sacrés des *kraton* sont nettoyés, puis amenés en procession à la Grande Mosquée pour y être bénis. Un énorme *gunugan* (montagne de riz et de légumes) les accompagne sur le trajet.

Nos adresses

Restauration

Fidèle à sa réputation de ville de la crevette, Cirebon possède de nombreux et excellents *warung* de fruits de mer, concentrés principalement sur Jl. Bahagia et Jl. Kalibaru Selatan. Essayez également ceux qui se trouvent près du marché Kanoman.

Premier prix

Jumbo Sea Food – *Jl. Siliwangi 191 - ✆ (0231) 200 180 - www.restoran-jumbo.business.site - 10h-22h - 50 000/300 000 Rps.* Situé en face de l'hôtel Priangan, ce restaurant chinois réputé propose des plats variés et goûteux à très bon prix. Fruits de mer, grenouilles frites sauce soja *(kodok goreng kecap)*, poulet, pigeon, etc. Qualité et quantité sont au rendez-vous.

Shopping

Marché

Petit **marché aux oiseaux** sur Jl. Lemahwungkuk.

Batiks

Linas – *Jl. Kanoman 54 (dans le marché Kanoman).* Batiks locaux en soie ou en coton.

Les batiks de Trusmi, un village à 5 km à l'ouest de Cirebon (sur la route de Bandung), sont parmi les plus réputés de Java. Allez chez **Ibu Masina's** et **Ibu Ega Sugeng**, les deux meilleurs ateliers du village.

En soirée

Arts et spectacles

Spectacles de *tari topeng* généralement au **Kraton Kesepuhan**. Rens. auprès de l'office de tourisme *(voir ci-contre)* ou au secrétariat du sultan *(voir « Agenda » ci-contre)*.

Hébergement

Premier prix

Cordova – *Jl. Siliwangi 87-89 (à env. 300 m en face de la gare) - ✆ (0231) 204 677 -* 📺 ✕ ❄ 🅿 *- 54 ch. 180 000/250 000 Rps.* Passé le hall en marbre, les chambres sont propres mais sans âme. Les plus confortables disposent d'une sdb privée et de l'air conditionné. L'hôtel est animé par un personnel sympathique. N'hésitez pas à demander une réduction (jusqu'à 30 %), en fonction du taux de remplissage de l'hôtel.

Priangan – *Jl. Siliwangi 108 (près de la gare) - ✆ (0231) 202 929 -* 📺 ❄ *- 23 ch. 275 000/300 000 Rps* ☕. Les chambres, impeccables, sont distribuées autour d'un bassin éclairé par un puits de lumière. L'établissement constitue probablement le meilleur rapport qualité-prix de Cirebon. Le petit-déjeuner se prend sous le regard intéressé des poissons. Service amical et professionnel.

Budget moyen

Puri Santika – *Jl. Dr. Wahidin Sudirohusodo 32 (à l'ouest de la gare) - ✆ (0231) 200 570 - www.mysantika.com -* 📺 ✕ 🏊 *- 87 ch. 625 000/1 000 000 Rps* ☕. Hôtel doté d'un confort optimal. L'un des meilleurs de la ville. Le personnel, qui parle anglais, pourra vous aider à louer une voiture. Karaoké 24h/24.

1

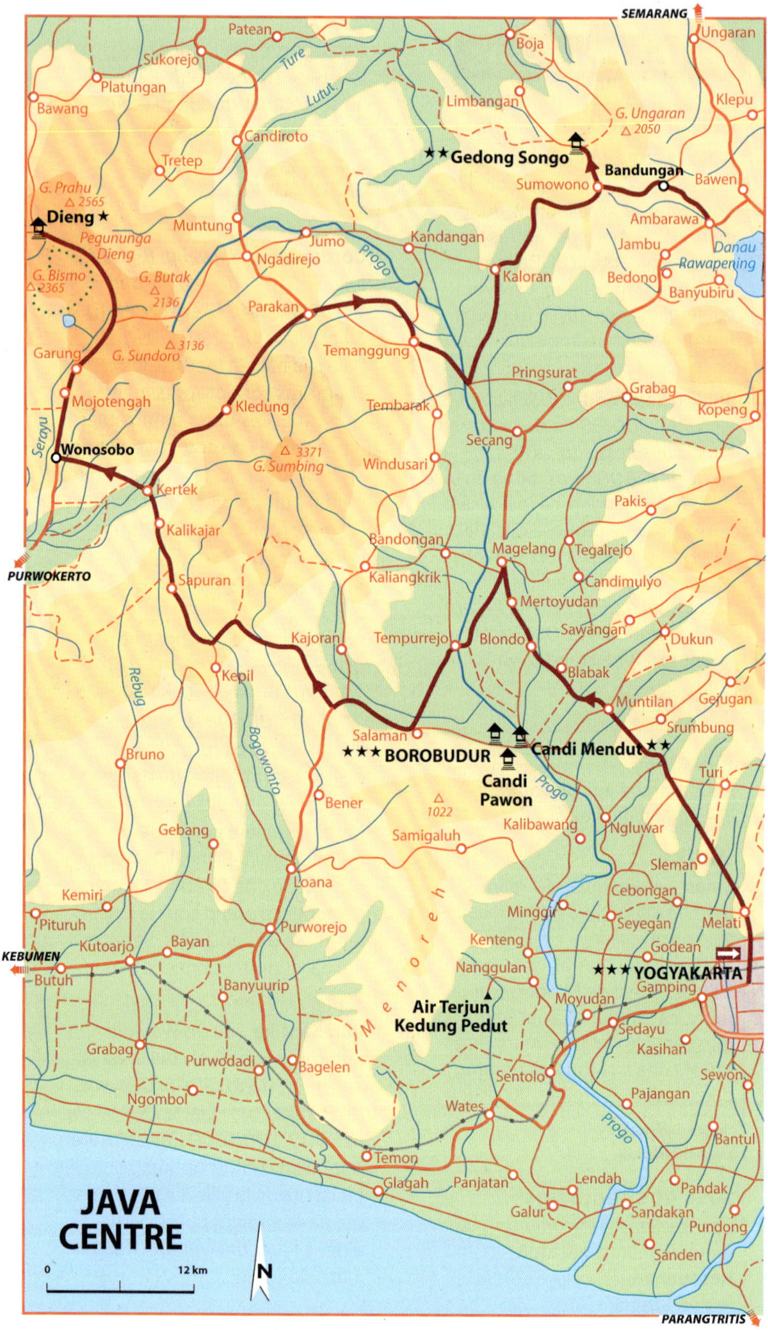
JAVA CENTRE
SEMARANG
PURWOKERTO
KEBUMEN
PARANGTRITIS
Dieng ★
★★ Gedong Songo
Bandungan
Wonosobo
★★★ BOROBUDUR
Candi Mendut ★★
Candi Pawon
★★★ YOGYAKARTA
Air Terjun Kedung Pedut
Patean
Boja
Ungaran
Sukorejo
Platungan
Bawang
Limbangan
Klepu
G. Ungaran 2050
Candiroto
Tretep
Sumowono
Bawen
G. Prahu 2565
Ambarawa
Muntung
Jumo
Kandangan
Jambu
Pegunungan Dieng
Ngadirejo
Danau Rawapening
G. Bismo 2365
G. Butak 2136
Kaloran
Bedono
Banyubiru
Parakan
Temanggung
3136
Garung
G. Sundoro
Pringsurat
Grabag
Mojotengah
Kledung
Tembarak
Kopeng
Secang
3371
G. Sumbing
Windusari
Kertek
Pakis
Kalikajar
Bandongan
Magelang
Tegalrejo
Sapuran
Kaliangkrik
Candimulyo
Mertoyudan
Sawangan
Dukun
Kajoran
Tempurrejo
Blondo
Blabak
Kepil
Muntilan
Gejugan
Salaman
Srumbung
Bruno
Turi
Bener
1022
Kalibawang
Ngluwar
Gebang
Samigaluh
Sleman
Loana
Cebongan
Kemiri
Minggir
Seyegan
Melati
Pituruh
Purworejo
Kutoarjo
Bayan
Kenteng
Godean
Butuh
Nanggulan
Banyuurip
Gamping
Moyudan
Sedayu
Kasihan
Grabag
Purwodadi
Bagelen
Sentolo
Sewon
Ngombol
Pajangan
Wates
Bantul
Temon
Glagah
Panjatan
Lendah
Pandak
Galur
Sandakan
Pundong
Sanden
Menoreh
Serayu
Rebug
Bogowonto
Progo
Ture
Lutut
0
12 km
N

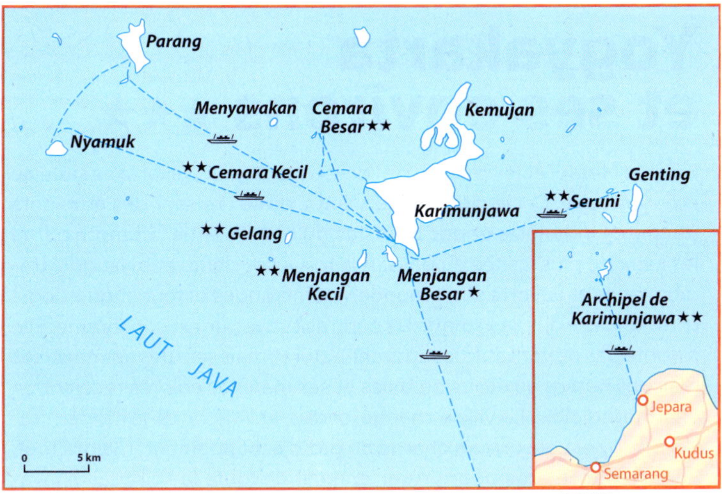

Parang
Menyawakan
Cemara Besar ★★
Kemujan
Nyamuk
★★ Cemara Kecil
Genting
★★ Seruni
Karimunjawa
★★ Gelang
★★ Menjangan Kecil
Menjangan Besar ★
LAUT JAVA
0 5 km
Archipel de Karimunjawa ★★
Jepara
Kudus
Semarang

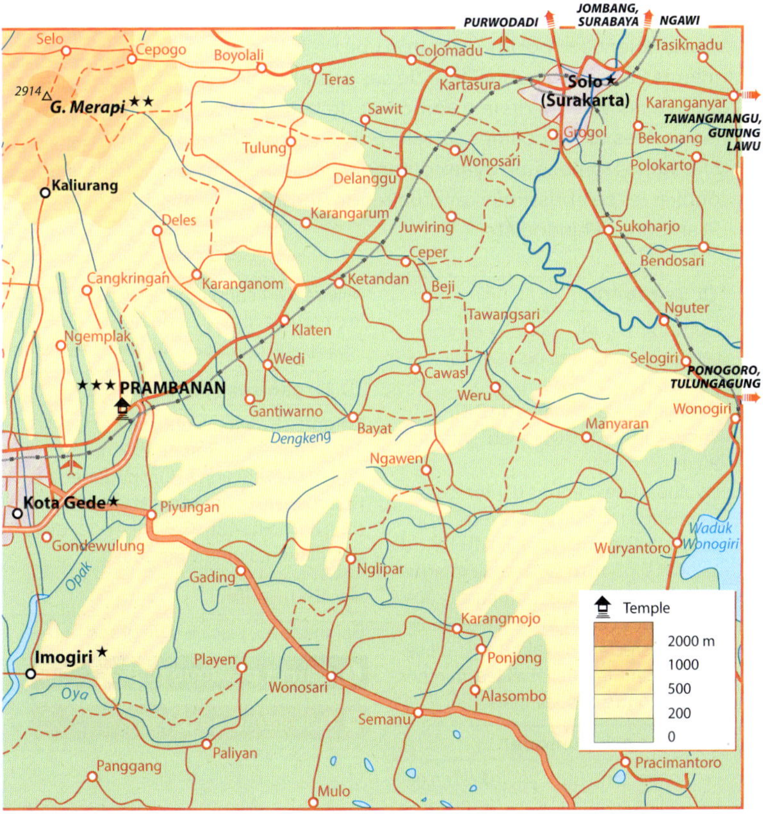

PURWODADI
JOMBANG, SURABAYA
NGAWI
Selo
Cepogo
Boyolali
Colomadu
Tasikmadu
Teras
Kartasura
Solo ★ (Surakarta)
Karanganyar
TAWANGMANGU, GUNUNG LAWU
2914
G. Merapi ★★
Sawit
Grogol
Bekonang
Tulung
Wonosari
Polokarto
Kaliurang
Delanggu
Deles
Karangarum
Juwiring
Sukoharjo
Ceper
Bendosari
Cangkringan
Karanganom
Ketandan
Beji
Tawangsari
Nguter
Klaten
Ngemplak
Wedi
Selogiri
Cawas
PONOGORO, TULUNGAGUNG
★★★ PRAMBANAN
Weru
Gantiwarno
Wonogiri
Bayat
Manyaran
Dengkeng
Ngawen
Kota Gede ★
Piyungan
Waduk Wonogiri
Gondewulung
Wuryantoro
Opak
Nglipar
Gading
Temple
Karangmojo
2000 m
1000
500
200
0
Imogiri ★
Playen
Ponjong
Wonosari
Alasombo
Oya
Semanu
Paliyan
Pracimantoro
Panggang
Mulo

Yogyakarta et ses environs ★★★

Entre le Merapi et les rivages de l'océan Indien, Yogyakarta se situe au cœur de Java. Cette cité bouillonnante, où se croisent des étudiants de toute l'Indonésie et des touristes du monde entier, compte parmi les lieux les plus visités du pays. À la fois insouciante et mystique, traditionnelle et ouverte sur le monde, aristocratique et touristique, Jogja (prononcez « djogja ») marie les contraires avec un art consommé. Elle n'abrite pas de véritable joyau architectural, mais ses rues animées, ses maisons basses aux toits de tuiles et ses marchés colorés recèlent un charme indicible. La ville a changé, certes, et, rançon de la modernisation, l'air y est désormais chargé de gaz d'échappement ; malgré tout, Jogja reste ce gros bourg rural, creuset de toute la spiritualité javanaise. Pour preuve, les éternelles représentations de wayang kulit qui rassemblent aux portes du kraton une foule bon enfant jusqu'aux premières lueurs de l'aube. Fière de ses arts et de sa culture, Yogyakarta cultive les valeurs de la tradition et de la tolérance. Sorti de la ville, les rizières et les collines offrent prétexte à maintes balades, vers le Merapi, les tombeaux royaux d'Imogiri ou la plage de Parangtritis, sans oublier les célébrissimes sanctuaires de Borobudur la bouddhiste et de Prambanan l'hindouiste.

Se repérer

CARTE C2 (P. 28-29) – CARTE DE JAVA CENTRE (P. 116-117) – PLANS DE VILLE (P. 120-121).

Chef-lieu de la province de DKI Yogyakarta – 460 000 hab – Alt. 90 m.

La plupart des centres d'intérêt se trouvent au sud de la voie ferrée, qui coupe la ville en deux. À l'extrémité de Jalan Malioboro (PLAN I B2), le quartier du *kraton* (PLAN I AB3) demeure le cœur historique et culturel de la cité. Mais pour apprécier Yogyakarta, il faut se perdre dans les ruelles et les marchés, à la rencontre des Javanais.

À ne pas manquer

Le musée Sono Budoyo ; le *kraton* et les ruelles alentour ; Kota Gede ; la galerie d'art contemporain Cemeti ; le cimetière royal d'Imogiri ; l'ascension du volcan Merapi.

Organiser son temps

Comptez trois jours pour visiter la ville et une journée supplémentaire pour une excursion à Borobudur et à Prambanan. Pensez à réserver votre train au moins 48h à l'avance pour des destinations comme Surabaya.

En famille

Baignade à la piscine d'un grand hôtel.

Carnet pratique p. 132

Nos adresses p. 136

Jalan Malioboro, artère principale de Yogyakarta.
M. Bilbao/age fotostock

Se promener PLANS P. 120-121

Jalan Malioboro PLANS I ET II

Comptez 2h en prenant le temps de flâner.

Longue de plus de 1 km, traversant le centre-ville du nord au sud, la principale artère de Yogyakarta est un passage obligé. Ce boulevard historique a été tracé par Hamengkubuwono I suivant l'axe du *kraton* vers le Merapi (l'avenue se prolonge au nord de la voie ferrée jusqu'au Tugu, un petit obélisque blanc érigé lors de la fondation de Yogyakarta). Pour réguler la circulation chaotique qui sévissait sur cet axe, seuls les *becak*, les *bebek* (le nom local des mobylettes) et certains véhicules peuvent désormais y circuler. Des bancs et de larges trottoirs ont été aménagés pour les piétons. Malgré les sollicitations parfois pesantes des marchands de rue, Jalan Malioboro est un lieu chaleureux, animé et coloré. L'endroit rêvé pour faire du shopping, manger un morceau le soir venu… et sentir battre le pouls de Yogyakarta.

Dans sa partie haute, le premier bâtiment que l'on aperçoit en partant du nord *(en retrait sur la gauche)* est l'**hôtel Inna Garuda** (PLAN II), au niveau du quartier Sosrowijayan.

Plus loin sur la gauche, le **Gedung DPRD** (PLAN II) abrite l'assemblée provinciale, dont le déménagement est prévu à court terme.

Plus loin, sur le même trottoir, après la façade en marbre gris d'un mall récemment rénové, un portail imposant annonce le **Kepatihan** (PLAN II), ancien palais de la chancellerie du sultan et siège actuel de l'administration du gouvernorat. Il abrite aussi l'office de tourisme.

Dans sa portion basse, la rue prend le nom de Jl. Yani.

Pasar Beringhardjo (GRAND MARCHÉ BERINGHARDJO) PLAN I B3

Il occupe depuis le début des années 1990 un vaste bâtiment en béton sans charme. L'endroit n'a pourtant rien perdu de son animation, et l'on flâne avec plaisir le long

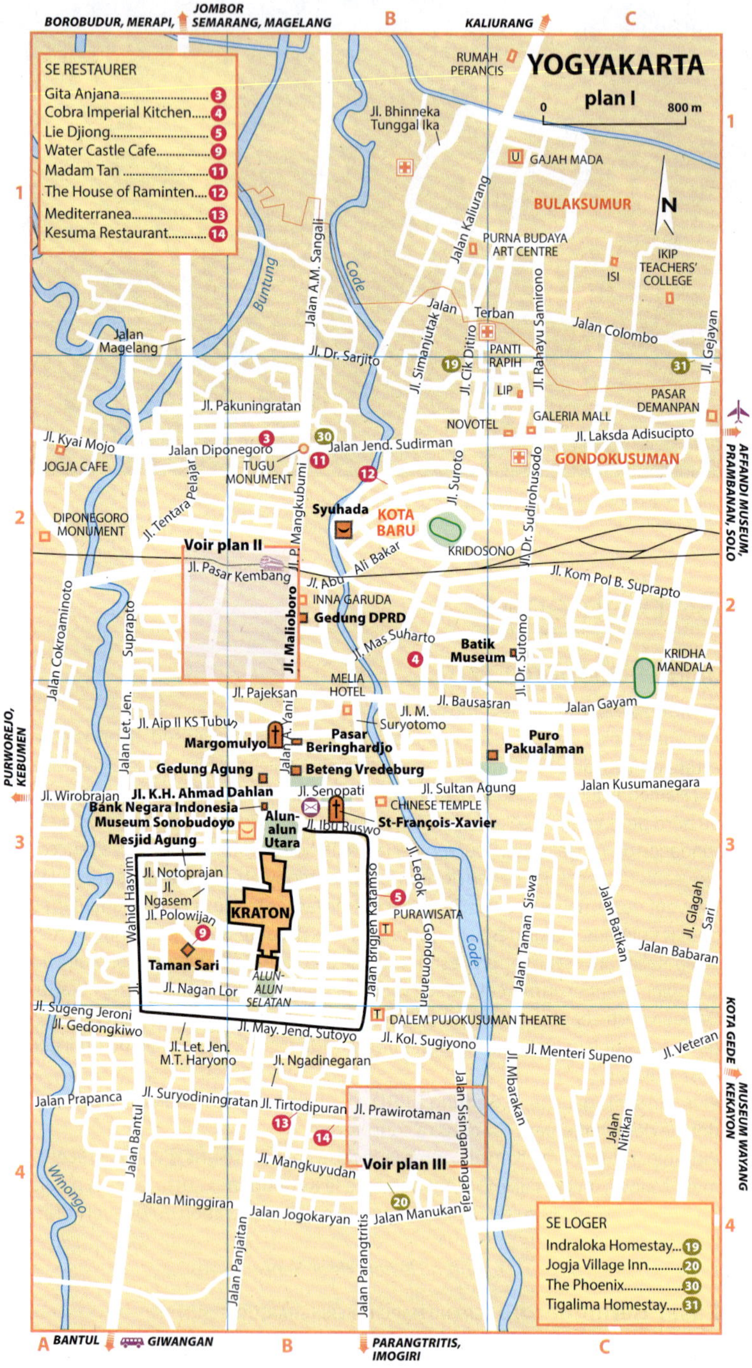
YOGYAKARTA
plan I
0
800 m
N
SE RESTAURER
Gita Anjana 3
Cobra Imperial Kitchen 4
Lie Djiong 5
Water Castle Cafe 9
Madam Tan 11
The House of Raminten 12
Mediterranea 13
Kesuma Restaurant 14
SE LOGER
Indraloka Homestay 19
Jogja Village Inn 20
The Phoenix 30
Tigalima Homestay 31
BOROBUDUR, MERAPI,
JOMBOR
SEMARANG, MAGELANG
KALIURANG
AFFANDI MUSEUM, PRAMBANAN, SOLO
KOTA GEDE
MUSEUM WAYANG KEKAYON
PURWOREJO, KEBUMEN
BANTUL
GIWANGAN
PARANGTRITIS, IMOGIRI
A
B
C
1
2
3
4
RUMAH PERANCIS
Jl. Bhinneka Tunggal Ika
GAJAH MADA
BULAKSUMUR
Jalan Kaliurang
PURNA BUDAYA ART CENTRE
ISI
IKIP TEACHERS' COLLEGE
Buntung
Jalan A.M. Sangaji
Code
Jalan Terban
Jalan Colombo
PANTI RAPIH
Jl. Cik Ditiro
Jl. Simanjutak
Jl. Rahayu Samirono
Jl. Gejayan
Jalan Magelang
Jl. Dr. Sarjito
LIP
PASAR DEMANPAN
Jl. Pakuningratan
GALERIA MALL
NOVOTEL
Jl. Laksda Adisucipto
Jl. Kyai Mojo
Jalan Diponegoro
Jalan Jend. Sudirman
JOGJA CAFE
TUGU MONUMENT
GONDOKUSUMAN
Jl. Tentara Pelajar
Jl. P. Mangkubumi
Syuhada
KOTA BARU
Jl. Suroto
Jl. Dr. Sudirohusodo
DIPONEGORO MONUMENT
Voir plan II
KRIDOSONO
Jl. Pasar Kembang
Jl. Abu Bakar
Ali
Jl. Kom Pol B. Suprapto
INNA GARUDA
Gedung DPRD
Jalan Cokroaminoto
Suprapto
Jl. Malioboro
Jl. Mas Suharto
Batik Museum
Jl. Dr. Sutomo
KRIDHA MANDALA
MELIA HOTEL
Jl. Pajeksan
Jl. Bausasran
Jalan Gayam
Jl. Aip II KS Tubun
Jl. M. Suryotomo
Jalan Let. Jen.
Margomulyo
Jalan A. Yani
Pasar Beringhardjo
Puro Pakualaman
Gedung Agung
Beteng Vredeburg
Jalan Kusumanegara
Jl. Wirobrajan
Jl. K.H. Ahmad Dahlan
Jl. Senopati
Jl. Sultan Agung
Bank Negara Indonesia
CHINESE TEMPLE
Museum Sonobudoyo
Alun-alun Utara
Jl. Ibu Ruswo
St-François-Xavier
Mesjid Agung
Jl. Notoprajan
Jl. Ngasem
Jl. Polowijan
Wahid Hasyim
KRATON
Jalan Brigjen Katamso
Jl. Ledok
PURAWISATA
Gondomanan
Jalan Taman Siswa
Jalan Batikan
Jl. Glagah Sari
Jalan Babaran
Taman Sari
ALUN-ALUN SELATAN
Jl. Nagan Lor
Jl. Sugeng Jeroni
Jl. Gedongkiwo
DALEM PUJOKUSUMAN THEATRE
Jl. May. Jend. Sutoyo
Jl. Kol. Sugiyono
Jl. Menteri Supeno
Jl. Veteran
Jl. Let. Jen. M.T. Haryono
Jl. Ngadinegaran
Jl. Mbarakan
Jalan Prapanca
Jl. Suryodiningratan
Jl. Tirtodipuran
Jl. Prawirotaman
Jalan Sisingamangaraja
Jalan Nitikan
Jalan Bantul
Winongo
Jl. Mangkuyudan
Voir plan III
Jalan Minggiran
Jalan Jogokaryan
Jalan Manukan
Jalan Panjaitan
Jalan Parangtritis

SE LOGER

Batik Yogyakarta II 2
Bladok 3
Monica................ 12

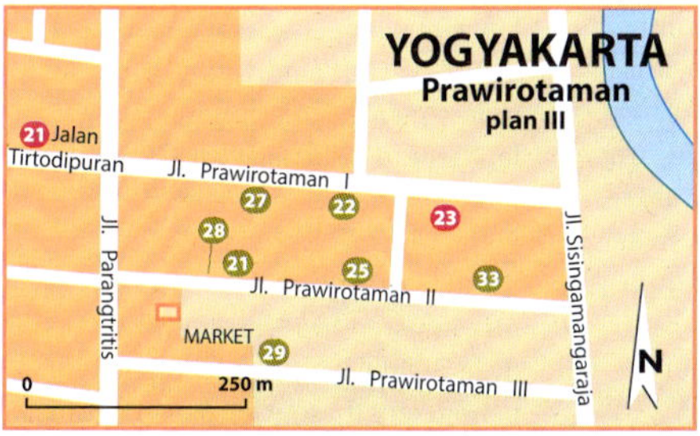

SE RESTAURER

Kedai Kebun............ 21
Via Via.................. 23

SE LOGER

Delta Homestay 21
Duta 22
Metro Guest House 25
Prambanan Guesthouse 27
Java Villas 28
Indies Heritage Hotel ... 29
Adhisthana Hotel....... 33

Art et politique à la cour des sultans

De fondation relativement récente, Yogyakarta ancre pourtant sa tradition aux sources de l'épopée javanaise : son nom même dérive de Ayodhya, la capitale mythique de Rama, le héros du *Ramayana*. Si la région est occupée depuis au moins deux mille ans, ce n'est qu'entre le 8e et le 10e s., sous les rois **Sanjaya** et **Sailendra**, qu'elle connaît son premier âge d'or, dont témoignent le mandala bouddhique de Borobudur et les temples sivaïtes de Prambanan. Au 16e s., après une longue éclipse, la région redevient l'épicentre politique de l'île, sous le royaume musulman de Mataram. C'est en effet à **Kota Gede**, aujourd'hui faubourg de Yogyakarta, que Senopati choisit, en 1575, d'installer sa capitale (elle le restera jusqu'en 1614).

Naissance d'une capitale

L'acte de naissance de la ville remonte à 1755, au lendemain du traité de Giyanti qui instaure la partition du royaume, orchestrée par les Hollandais. Mangkubumi, l'oncle du souverain de Solo, ayant obtenu la moitié des territoires, choisit pour sa nouvelle capitale un lieu symbolique, à mi-chemin entre le Merapi et l'océan. Sous le nom de **Hamengkubuwono I** (« celui qui porte le monde sur son giron »), il établit un État solide et prospère. Mais son successeur doit faire face aux visées de plus en plus menaçantes des Hollandais. En 1810, Hamengkubuwono II se voit contraint d'abdiquer en faveur de son fils, plus docile ; ce qui ne l'empêche pas de revenir au pouvoir dès l'année suivante. Craignant une alliance entre Yogyakarta et Solo, Raffles, le nouveau gouverneur général, dépose à nouveau le souverain et réinstalle son fils. Et pour affaiblir le trône, il favorise en 1813 l'installation d'une seconde dynastie à Yogyakarta, les **Pakualaman**. S'ensuit une période de troubles qui ne s'achèvera qu'après la sanglante guerre de Java (1825-1830) *(voir « Histoire », p. 609 et « Le rendez-vous des civilisations », p. 41)*.

L'essor des arts

Dépossédé de son pouvoir politique, le *kraton* devient alors un foyer artistique, animé par les sultans. C'est à eux que l'on doit en effet les canons esthétiques classiques, encore en vigueur de nos jours. Le 19e s. voit l'épanouissement de la littérature et de la danse, tandis que le répertoire du *wayang kulit* s'élargit et inspire une nouvelle forme d'art, le *wayang orang* (théâtre d'acteurs). Soumise à une intense croissance démographique, la campagne connaît dans le même temps de profondes mutations.

Un rôle politique de premier plan

Un vent nouveau souffle au début du 20e s. avec l'émergence de mouvements nationalistes. Au lendemain de la Seconde Guerre mondiale, Yogyakarta participe pleinement à la **lutte pour l'indépendance**, et devient même un temps, en 1946, la capitale de la République. Les rebelles bénéficient du soutien sans faille de Hamengkubuwono IX, qui fonde, dans l'enceinte du *kraton*, la première université du pays. Enlevée sans combat par les Hollandais en 1948, Yogyakarta sera libérée dès l'année suivante. Pour prix de son rôle joué dans la révolution, la région obtiendra le statut de province, tandis que le sultan troquera ses attributs royaux pour ceux de gouverneur.

des étals débordant de batiks, au fil des allées baignées de senteurs ou dans les ruelles environnantes envahies de commerces. Les prix défient toute concurrence *(marchandage de rigueur; attention aux pickpockets).*

Benteng Vredeburg (FORT VREDEBURG) PLAN I B3

Jl. Jend. Yani 6 - ✆ (0274) 586 934 - tlj sf lun. 8h-16h, vend. 8h30-11h - 10 000 Rps.
Ancien siège de la garnison hollandaise de Yogyakarta, ce lourd bâtiment typique de l'architecture coloniale militaire (18e s.) abrite le **Museum Benteng Yogyakarta**, consacré à la lutte pour l'indépendance. Ses photos et ses dioramas passionneront surtout les férus d'histoire.
Juste après le fort, une statue commémore la prise de Yogyakarta par les Indonésiens, le 1er mars 1949, lors de la guerre d'indépendance. En face, la résidence d'État **Gedung Agung** (1823, reconstruite en 1869) accueille les hôtes de marque étrangers, comme la reine Élisabeth II.

Jalan Ahmad Dahlan PLAN I AB3

À son extrémité sud, Jalan Malioboro coupe cette large avenue bordée de bâtiments coloniaux éclatants de blancheur. Au carrefour se dressent, à droite, la **Bank Negara Indonesia** (1923) et, à gauche, la poste centrale (1910), qui précède l'**église Saint-François-Xavier**.
De l'autre côté du carrefour, une arche marque l'entrée dans le quartier du kraton.

1

En chemin vers le kraton PLAN I

Comptez 2h avec la visite du musée Sono Budoyo.
À deux pas de la furie urbaine de Jalan Malioboro se déploient des endroits plus sages : une place arborée, un musée et une mosquée.

★ Alun-alun Utara (ou Alun-alun Lor) A3

L'Alun-alun Utara, vaste carré d'herbe planté de deux banians sacrés, sert de cadre aux parades et aux événements de la ville. Un mois par an, la place accueille une foire populaire *(voir « Agenda », p. 135)* et, hors de ces périodes, elle est le fief d'une multitude de *warung* qui, chaque soir, invitent à déguster quelque *martabak* à la lumière vacillante d'une lampe à pétrole.

★★ Sonobudoyo Museum B3

Jl. Trikora 27 (au nord de l'Alun-alun) - ✆ (0274) 376 775/373 617 - www.sonobudoyo.com - mar.-jeu. et sam. 8h-20h, vend. 8h-14h - fermé dim. - 20 000 Rps.
C'est sans doute l'un des musées les plus intéressants de Java. Passé le fastueux gamelan de Cirebon qui trône dans l'entrée, vous pourrez voir un *krobongan* (lit d'apparat de la déesse Sri Dewi) (1691), flanqué de deux statues en bois. Viennent

Un puissant tremblement de terre

Le 27 mai **2006**, un puissant tremblement de terre d'une intensité de 6,2 sur l'échelle de Richter a frappé Yogyakarta. En 58 secondes, il a fait 6 000 morts, 40 000 blessés, endommageant plus de 200 000 maisons, surtout dans le quartier touristique de Prawirotaman. Ce qui n'est pas surprenant puisque l'épicentre du séisme a été localisé à 37,6 km au sud de Yogyakarta, frappant de plein fouet la ville de Bantul. Le patrimoine culturel n'a pas non plus été épargné. Les temples de Prambanan, inscrits au Patrimoine mondial de l'Unesco, et la zone islamique du Taman Sari ont été particulièrement touchés. Seule consolation, Borobudur, quasiment épargné par le séisme.

Pour quelques poignées de riz

D'innombrables **fêtes** et **cérémonies** rythment la vie quotidienne. Purs produits du syncrétisme local, elles mêlent les rituels musulmans, hindouistes et javanais, même si, par souci de singularité, elles sont décalées d'un jour par rapport au calendrier de l'islam. Moments forts, elles permettent de réaffirmer le lien sacré qui unit le sultan à son peuple. La plus importante d'entre elles, le *garebeg maulud*, est particulièrement haute en couleur (*garebeg* signifie « bruyant »). Une garde en costumes ubuesques, qui n'a sans doute jamais effrayé qui que ce soit, précède la venue d'un *gunungan*, énorme cône de riz et de légumes en forme de montagne, qui symbolise l'abondance. Une fois le cortège parvenu à la mosquée, la foule se précipite dans une indescriptible bousculade pour en arracher des morceaux, censés porter chance.

ensuite des bronzes Dông-Sôn d'Indonésie orientale, des statues mégalithiques de Wonosari et de somptueuses **déesses hindoues★★** en bronze (10e-12e s.) provenant de Gunung Kidul. Poteries et terres cuites illustrent l'art mojopahit (Java Est), tandis que le Pasisir (côte nord) a laissé de vieux corans et de magnifiques panneaux en **bois sculpté★**.
Si la section des batiks peut décevoir, la **collection de marionnettes★★** est en revanche passionnante. Les différentes figures exposées montrent que le répertoire du *wayang*, loin de se limiter aux épopées hindoues, puise tout autant dans la geste musulmane, l'Ancien Testament, les légendes chinoises, les récits héroïques de la guerre d'indépendance. Hormis les beaux masques *topeng*, kriss, meubles et statues en bois, ne manquez pas la **collection de statues et gargouilles hindoues★★** entreposées à l'extérieur, qui couvrent les périodes classiques (8e-10e s.) et Mojopahit (13e-15e s.).
Inauguré en 2022, le nouveau bâtiment du musée abrite une exposition différente à chaque niveau. Le 1er est dédié aux voyages et modes de transport (vélos anciens, cyclopousses, calèches et civières), le 2e aux arts de la scène (gamelans, marionnettes), le 3e aux armes anciennes (kriss, dagues, machettes) et le 4e aux vêtements et batiks traditionnels provenant de tout l'archipel indonésien.
Du musée, vous gagnerez le kraton *en passant devant la Grande Mosquée.*

★ Mesjid Agung (GRANDE MOSQUÉE) A3

Visite en dehors des heures de prière - ôtez vos chaussures à l'entrée; short et épaules dénudées interdits.
Construite en 1773 sous Hamengkubuwono I, la Grande Mosquée a conservé tous ses éléments d'origine. Étroitement associée au *kraton* et à ses cérémonies, la mosquée dépend d'un notable, le *pangulu*, généralement choisi au sein du *kauman*, le quartier musulman adjacent. Un large portique baigné de lumière précède la salle de prière proprement dite, pavée de marbre d'Italie. Le toit de tuiles à triple pente, caractéristique de l'architecture javanaise, repose sur une magnifique **charpente★** supportée par 36 piliers en teck.

★★★ Le quartier du kraton PLAN I AB3

Au sud de l'Alun-alun Utara, à sillonner à pied ou en becak. *Comptez une matinée.*
Véritable cité dans la cité, le quartier du *kraton* forme un vaste périmètre résidentiel traversé de ruelles. Une enceinte blanche (1785) le protège, haute de 3 à 6 m et percée de quatre passages voûtés.

Outre le *kraton* lui-même, qui occupe le cœur du quartier (caché derrière une seconde enceinte), les ateliers de batiks et le palais Taman Sari invitent à l'exploration. Le site, à nul autre pareil, séduit. Vendeuses de *jamu (voir l'encadré ci-dessous)* ployant sous leur panier chargé de concoctions médicinales, familles nombreuses agglutinées sur des mobylettes, vénérables vieillards enserrés dans leur sarong, jeunes guides improvisés proposant leurs services aux touristes, dévots se rendant à la mosquée, mères de famille allant au marché ou écoliers en uniforme... une foule joyeuse fraye aux abords du palais.
Les **maisons basses** étaient traditionnellement réservées aux serviteurs et employés du palais, ainsi qu'aux membres de la cour et à la petite noblesse de Yogyakarta, mais la règle s'est relâchée ces dernières années, quoique les étrangers n'aient théoriquement toujours pas le droit d'y résider.

★ Kraton Ngayogyakarta Hadiningrat B3

(0274) 374 500 - www.kratonjogja.id - 8h30-14h, vend. 8h-11h - 1 500 Rps (12 500 Rps en sus pour filmer ou prendre des photos).
Des animations sont organisées chaque jour de la semaine *(10h-12h)* à l'intérieur du kraton et comprises dans votre billet d'entrée : danses traditionnelles, chants et poèmes javanais...
Bâti en 1756 par Hamengkubuwono I, le *kraton* s'organise selon un **axe nord-sud**, qui régit l'espace officiel et cérémoniel, et un **axe est-ouest**, qui définit l'espace privé et sacré. Le premier relie l'Alun-alun du nord à celle du sud, par une succession de sept cours que séparent des portes monumentales, l'axe est-ouest passant au niveau de la cour Pelataran.
Centre spirituel et royal de Yogyakarta, le *kraton* s'affirme aussi comme le conservatoire des arts javanais (danse, musique, théâtre, lettres). Le complexe peut décevoir ceux qui s'attendent à quelque prouesse architecturale, dans la ligne d'un Versailles mégalomaniaque ; ses élégants pavillons illustrent néanmoins une conception monarchique non dénuée de splendeur, étroitement associée à la mystique javanaise. Incarnation vivante de cette tradition, le sultan Hamengkubuwono X est à la fois dépositaire de la coutume et progressiste, homme d'affaires avisé et politicien de premier plan – il est le gouverneur de la province. Plus de 500 employés sont attachés à son service (la plupart exercent une activité parallèle).
De l'Alun-alun Utara (nord), une grille ouvre sur le **Pendopo Pagelaran**, où patientaient autrefois les dignitaires reçus en audience, utilisé aujourd'hui pour des spectacles traditionnels. C'est d'ici que, lors des émeutes de mai 1998,

Miraculeux « jamu »

Enserrée dans un sarong, le dos ployant sous un énorme panier rempli de bouteilles colorées, la vendeuse de *jamu* arpente les rues à la recherche du chaland. Elle est la seule à connaître la composition de ces **mixtures** qu'elle prépare elle-même avec des produits naturels. À base de tamarin, d'eucalyptus ou de gingembre, elles sont généralement relevées de sucre de palme ou de cannelle, pour la saveur. Pour faire bonne mesure, elle y ajoute parfois de la cendre, du soufre, des œufs et même des organes d'animaux (testicules, peau, queue). Les Javanais sont friands de ces remèdes auxquels rien ne résiste : migraine, rhume, crampes, problème cutané, virilité défaillante... Depuis les années 1930, des industriels se sont mis sur le marché et en vendent ainsi chaque année des millions de sachets.

Hamengkubuwono X a lancé un appel au calme solennel à son peuple massé sur la place et a réclamé la démission du président Suharto.
Juste à côté s'ouvre la terrasse surélevée du **Siti Inggil** (« lieu élevé »), siège des couronnements *(cette partie du* kraton *se visite séparément)*.
Au sud du Siti Inggil, une fois franchie l'entrée principale *(côté ouest, sur Jl. Rotowijayan)*, on débouche dans la **cour Kemandungan**. Les clameurs de la ville cessent pour faire place à une atmosphère pleine de sérénité et de dignité, à l'image de ces vieux serviteurs en sarong qui gardent les lieux, un kriss glissé dans le dos et coiffé du *blangkon* (bonnet traditionnel).
Passé une lourde enceinte *(où sont vendus les billets)*, on gagne ensuite la **cour Srimenganti**, occupée par deux élégants *pendopo*.
Deux *raksasa* (démons protecteurs) argentés flanquent la porte de la **cour Pelataran**, centre névralgique du *kraton* où le superbe **Bangsal Kencana★★ (« pavillon d'or »)** s'impose au regard. Ce vaste *pendopo* ajouré symbolise le mont Meru, l'axe de l'univers. Ses quatre piliers de teck, délicatement sculptés de motifs hindous, bouddhiques et musulmans, offrent une parfaite illustration du syncrétisme javanais. C'est ici que se déroulent les grands événements privés qui rythment la vie du palais : circoncisions, mariages...
Tout à côté s'ouvre le **Pendopo Bangsal Manis**, la salle des banquets, tandis que de charmants kiosques à musique s'élèvent çà et là, tels des îlots sur cette mer de sable noir.
À l'est du Bangsal Kencana se cache la partie la plus sacrée du *kraton*, le **Dalem Prabayeksa** *(fermé au public)*, tabernacle des attributs régaliens, où l'on vénère les ancêtres et la déesse Sri. Il ouvre sur le **Keputren**, sorte de harem où le sultan avait ses appartements, et qui abrite divers services : cuisines, intendance...
Au fond de la cour, à gauche, le **musée Hamengkubuwono IX** rassemble les objets ayant appartenu au père du sultan actuel, un personnage adulé par son peuple (1912-1988). On y apprend que ce héros de l'indépendance ne dédaignait pas de se mettre aux fourneaux (voyez ses gants de cuisine !), se pesait parfois, faisait du sport, de la photo et du cheval, aimait paraître en costume traditionnel, en uniforme hollandais ou en smoking...
Non loin, le **pavillon du thé★**, coquette bâtisse de style hollandais à boiseries jaune et vert, renferme un étonnant filtre à eau en pierre volcanique (il faut un mois pour que le liquide la traverse).
Sur le côté est, une porte mène à la **cour Kesatrian**, bel espace arboré où trône un *pendopo* qui accueille deux fois par semaine des concerts de gamelan.

Un palais-symbole

Le plan du **kraton** suit les préceptes très précis de la **cosmologie indo-javanaise**. Dans la cour principale, le *pendopo* (hall d'audience ouvert et coiffé d'un vaste toit) représente ainsi la montagne sacrée. Autour de cet axe rayonne une mosaïque de cours tapissées de sable noir (provenant des plages de l'océan Indien) et occupées par divers bâtiments, qui symbolisent respectivement la mer et les îles de l'archipel. Chaque cour est protégée par une enceinte percée de portes qui marquent les différents niveaux de la cosmologie : l'entrée nord est tournée vers le volcan Merapi, résidence des dieux, celle du sud s'ouvrant en direction de la mer, le domaine de la déesse Ratu Kidul. Selon la légende, le souverain est en contact direct avec elle. L'emplacement des 64 banians (l'âge du Prophète à sa mort) que compte le palais ne doit lui non plus rien au hasard : les deux plus vieux, au centre de l'Alun-alun nord, figurent l'union du souverain et de son peuple.

Le palais Taman Sari, ancien palais de détente et de méditation des sultans.
M. Wolf/imageBROKER/age fotostock

Dans les anciens appartements des fils du sultan a été aménagé le **musée des Peintures**, où sont présentés les **arbres généalogiques★** et une série de **portraits des sultans★**.
Au sud de la cour Pelataran, le plan du palais reprend en symétrie l'organisation de la partie nord. Au-delà de la première cour, qui servait aux exercices militaires, se dresse le **Sasono Inggil**, large pavillon où se jouent les spectacles de *wayang kulit* *(voir « Arts et spectacles », p. 140)*. On y accède par l'**Alun-alun Kidul★**, charmant carré d'herbe planté de deux majestueux banians.
Sur le côté ouest, deux éléphants sacrés font la sieste, indifférents aux regards des curieux. Une fois par an, lors d'un concours de chants d'oiseaux *(voir « Agenda », p. 135)*, la place est hérissée de dizaines de perches supportant des cages multicolores, dont les plus beaux prisonniers seront ensuite vendus aux enchères, à des sommes astronomiques.
Très bien conservée, la **porte sud** (Nirbaya) est interdite au sultan… jusqu'au jour de son enterrement.
Près de l'entrée du kraton, le **Museum Kereta Kraton** *(Jl. Rotowijayan - mêmes horaires que le kraton - 12 500 Rps)* expose les carrosses royaux, pour la plupart fabriqués en Europe.
À l'ouest du kraton, *dans Jl. Rotowijayan, tournez vers le sud dans Jl. Ngasem.*

★ Taman Sari A3

À l'ouest du kraton *- 9h-15h - 15 000 Rps.*
Plus connu sous le nom de **Water Castle**, l'ancien palais de détente et de méditation des sultans (18e s.) a beaucoup souffert des outrages du temps, guerres et séismes, et il faut faire un intense effort d'imagination pour recréer l'atmosphère qui régnait dans ses jardins rafraîchis de fontaines (disparues) et ses bâtiments (en ruine). Seule la partie des bassins a bénéficié d'une importante rénovation, dans les années 1970. Taman Sari fut pourtant le lieu mythique où les premiers sultans de Yogyakarta renouvelaient chaque année le mariage sacré les unissant

à Ratu Kidul, la déesse mère des mers du Sud. Selon la légende, un passage secret conduirait à Parangtritis, au bord de l'océan.
Passé une petite cour octogonale, on pénètre dans la partie la mieux conservée, comprenant trois **bassins** surélevés entourés d'une enceinte. L'un d'eux servait aux femmes et aux enfants du sultan, l'autre à ses concubines et le troisième au souverain lui-même. De la tourelle qui se dresse entre les bassins, celui-ci pouvait contempler les ablutions de ses femmes.
À l'ouest, des escaliers descendent dans une autre cour octogonale où l'on remarque un massif portique sculpté d'oiseaux. Un corridor étroit, au sud, mène aux anciennes **chambres royales**, d'inspiration chinoise. De l'autre côté de la cour, on rejoint l'emplacement de l'ancien lac artificiel, désormais envahi d'habitations. Du **manoir (Gedung Kenongo)** en ruine perché sur un monticule, la **vue★** est imprenable sur Yogyakarta. On voit surgir çà et là les tours qui servaient jadis à éclairer et à aérer les **passages souterrains★** du lac, toujours praticables.
Un escalier à peine visible descend dans le sombre tunnel qui mène à la plus remarquable réalisation de Taman Sari, la **mosquée souterraine★★ (Sumur Gumuling)**, en fait un large puits cerné par deux galeries circulaires superposées, éclairées par des baies. Au centre, quatre petits escaliers composent une pyramide, au sommet de laquelle part une autre volée de marches desservant la galerie supérieure. Quelques alcôves corroborent la thèse selon laquelle il s'agirait d'une ancienne mosquée, mais la seule certitude est que l'endroit servait à la méditation.
Les abords de Taman Sari regorgent d'**ateliers de batiks** organisés en coopérative. Dédiée au tourisme, leur production (motifs primitifs ou modernes) est assez médiocre.

À proximité

PLAN I P. 120

Comptez une demi-journée en choisissant deux ou trois visites.
Plusieurs sites dispersés autour de Yogyakarta offrent l'occasion de prolonger son immersion dans la culture javanaise.

Puro Pakualaman (PALAIS PAKUALAMAN) PLAN I C3

Jl. Sultan Agung (2 km à l'est de Jl. Malioboro) - 8h-15h - gratuit.
Bâti en 1813 pour la seconde dynastie de Yogyakarta, les Pakualaman (« clou de l'univers »), ce palais s'oriente vers le sud, en signe d'obédience au Kraton Ngayogyakarta Hadiningrat. Comme celui-ci (mais en beaucoup plus petit), il s'organise suivant une succession de cours parsemées de *pendopo*.
Au sud, une petite *alun-alun* précède la cour principale *(la seule ouverte aux visites)*, où se dresse le Bangsal Sewotomo à l'architecture typiquement javanaise. Un petit **pavillon★** de style européen le côtoie (sur sa droite), montrant une façade en bois joliment travaillée. À droite de l'entrée, un modeste musée expose armes, uniformes anciens, vieilles photos et quelques beaux carrosses rénovés. Le palais, qui a toujours été un pôle artistique et culturel, continue d'accueillir des **spectacles de danse et de gamelan**.
Rejoignez à pied le musée du Batik, juste derrière le palais Pakualaman.

★ Batik Museum PLAN I C2

Jl. Dr. Sutomo 13 - ✆ (0274) 562 338 - www.museumbatik.com - 9h-15h - 30 000 Rps ; atelier de confection d'un batik (1h) 90 000 Rps.
Une modeste mais passionnante collection privée, qui survit tant bien que mal avec les donations de sa dizaine de visiteurs mensuels. Seule une partie des 500 pièces

que le musée conserve est visible (la plupart proviennent de Pekalongan, sur la côte nord), mais elle donne une idée de l'infinie variété des couleurs et des motifs, abstraits ou naturalistes. Ingénieux, les *sarong pagi sore* (« matin et soir »), ornés d'un motif descendant et d'un autre montant, peuvent être inversés selon l'heure du jour. Ne manquez pas les superbes **broderies et costumes chinois★** du 19e s., au fond du musée.

Affandi Museum PLAN I C2 EN DIR.

Sur la route de l'aéroport, à la sortie de la ville, avant le pont - accès avec le Transjogja sur Jl. Malioboro (ligne 1B; arrêt Affandi).

Jl. Solo 167 - ✆ (0274) 562 593 - www.affandi.org - 9h-16h - fermé dim., j. fériés et 1er lun. du mois - 100 000 Rps.

Aménagé dans la maison du célèbre peintre indonésien, le musée présente un large éventail d'œuvres de ce pionnier de l'avant-garde (qui évoque par certains côtés le travail de Gen Paul), mort en 1991. Conçu par Affandi lui-même, en 1962, le premier bâtiment présente une bizarre forme incurvée. De grandes **toiles** peintes en Europe au lendemain de la guerre, y sont exposées, aux côtés d'une Mitsubishi customisée, œuvre de l'artiste. La **maison du peintre**, en forme de feuille de bananier, surplombe un café et une roulotte où vivait sa femme, transformée depuis en salle de prière. En contrebas, la piscine pavée d'une jolie mosaïque a été dessinée par Affandi. La deuxième galerie présente d'autres toiles du maître ainsi que des œuvres de sa fille Kartika. Un dernier bâtiment expose d'autres peintures d'artistes indonésiens de piètre qualité.

1

★ Kota Gede PLAN I C4 EN DIR.

À 5 km au sud-est de Yogyakarta - accès avec le Transjogja sur Jl. Malioboro (ligne 3A ou 3B), en taxi, becak *ou à vélo (c'est assez plat).*

La première capitale de Mataram, fondée en 1575 par Panembahan Senopati, n'est plus aujourd'hui qu'un paisible faubourg de Yogyakarta. De son âge d'or, elle conserve cependant une tradition vivace de l'**artisanat de l'argent**, dont les ateliers se concentrent dans les ruelles autour de Jalan Kemasan.

Pasar Legi★, le marché central *(au croisement de Jl. Kemasan et Jl. Mondorakan)*, est un véritable théâtre d'ombres et de lumières. Entre piles de sacs de riz, étalages de fleurs et rayonnages de poissons séchés, de vieilles paysannes y philosophent sur le prix des denrées.

Objet d'une grande vénération chez les Javanais, la **tombe de Senopati** *(200 m au sud du marché - lun., merc. et dim. 10h-13h, vend. 13h-15h - 5 000 Rps)*, cachée derrière un petit mur de brique, n'offre guère d'intérêt pour le visiteur hormis son cadre. Prenez plutôt le temps de flâner le long des passages ombragés ou sur **Jalan Mondorakan**, entre les élégantes demeures javanaises du début du 20e s., précédées de jolies vérandas.

Wayang Kekayon Museum PLAN I C4 EN DIR.

Jl. Raya Yogya-Wonosari km 7 - ✆ (0274) 379 058 - Ig@museumwayangkekayon - 8h30-14h, sam. 9h-12h - fermé dim. - 10 000 Rps. Comptez 30 000 Rps pour vous y rendre en taxi.

Dissimulée au milieu d'un jardin arboré, une fastueuse bâtisse abrite une collection de **marionnettes d'Indonésie** en bois ou en cuir, dessinant un vaste panorama à travers les âges (périodes classiques, Mojopahit, guerre de Libération) et les styles (musulman, chrétien, épiques).

Dans les environs

CARTE DE JAVA CENTRE P. 116-117

Comptez une demi-journée pour Kedung Pedut, une autre pour Imogiri et la côte.

Air Tejun Kedung Pedut (CASCADE DE KEDUNG PEDUT)

Banyunganti, à 35 km à l'ouest de Yogyakarta - accès en voiture ou en deux-roues. 8h-17h - 20 000 Rps, parking 10 000 Rps.

En pleine forêt, ces jolis **bassins d'eau claire** situés au pied d'une chute d'eau invitent à la baignade. Les aménagements (ponts en bambou, gargotes, tyrolienne, bouées...) sont un peu envahissants. Évitez l'affluence du week-end.

★ Imogiri

À 17 km au sud de Yogyakarta - accessible en bus du terminal de Giwangan. Visite des tombes : dim.-lun. 10h-13h et vend. 13h30-16h - donation.

Perché sur une colline à mi-chemin entre Yogyakarta et l'océan Indien, le **cimetière des sultans** de Mataram ne doit assurément pas son emplacement au hasard. On dit que son premier locataire, le célèbre Sultan Agung (règne, 1613-1646), choisit le site pour pouvoir apercevoir sa maîtresse Ratu Kidul, la reine des mers du Sud. Haut lieu de la culture javanaise, Imogiri offre une parfaite illustration du syncrétisme javanais, mêlant le culte des ancêtres, diverses croyances mystiques et la foi en l'islam. Lieu sacré, Imogiri se parcourt pieds nus et revêtu d'un costume traditionnel *(loués à l'entrée)*. Une volée de 345 marches mène aux tombeaux des 24 souverains de Yogyakarta *(à gauche)* et Solo *(à droite)*, enterrés ici depuis le 17e s. Passé l'enceinte, on pénètre un par un dans le mausolée en bois de Sultan Agung, pour se recueillir accroupi parmi les effluves d'encens, devant la tombe couverte de pétales.

★ Parangtritis

À 28 km au sud de Yogyakarta.

Deauville et Lourdes à la fois, Parangtritis est le lieu de détente des Yogyakartanais, et le site d'importants pèlerinages. Long ruban de sable gris s'étirant sur 4 km, dominé par de superbes falaises blanches, la **plage** est prise d'assaut le week-end par les Javanais, qui s'adonnent aux joies du cerf-volant, d'une balade en calèche ou d'un bain de soleil (attention, il ne saurait être question de bikini !). Mais l'océan reste le domaine de Ratu Kidul, qui entraîne par le fond quiconque ose se baigner vêtu de vert, sa couleur fétiche. De fait, les courants présentent un réel danger. Les cabanons à même le sable et les hôtels-restaurants en retrait de la plage servent des repas frugaux, mais allez admirer la **vue panoramique★** du Queen of the South *(voir « Hébergement », p. 141)*.

Selon la légende, c'est à **Parangkusumo** *(1 km à l'ouest)* que Senopati, le premier roi de Mataram, réapparut après trois jours passés au fond de la mer, en compagnie de Ratu Kidul, à apprendre les sciences de l'amour et du pouvoir. Certaines des grandes cérémonies du *kraton* de Yogyakarta s'y déroulent. Des bassins ont été aménagés à la **source chaude de Parangwedang**, toute proche.

Kaliurang

À 26 km au nord de Yogyakart - accès en bus (1h) du terminal de Giwangan.

Accrochée au flanc sud du Merapi, cette petite station d'altitude (900 m) offre une échappée rafraîchissante et un superbe point de vue sur le volcan. Pavillons et chalets se dispersent au milieu de la verdure, à l'orée des bois.

Museum Ullen Sentalu – *Mar.-vend. 8h30-15h, sam.-dim. 8h30-16h - 60 000 Rps.*

Niché au milieu d'un élégant jardin, ce musée constitue une excellente introduction

Le volcan Merapi.
Bambang Edi Wibowo/Getty Images Plus

à la symbolique des **arts de la cour** de Yogyakarta et, surtout, de Solo. Consacré au costume féminin javanais traditionnel, il est le fruit d'une réflexion muséographique, qui ne se contente pas d'exposer les batiks, mais explique la signification des motifs. La collection de photos et tableaux donne un aperçu de la vie d'autrefois dans les *kraton*, et vous pourrez conclure la visite par un **thé traditionnel** servi dans le superbe salon.

Museum Gunung Api Merapi – *Jl. Kaliurang km 22 - ✆ (0274) 896 498 - 5 000 Rps.* Ouvert en 2009, ce musée dont l'architecture moderniste évoque les pentes d'un volcan, jouit d'une vue imprenable sur le Merapi. Il présente un éclairage sur la volcanologie en général et le Merapi en particulier (films, photos, maquettes...).

★★ Gunung Merapi (MONT MERAPI)

À 30 km au nord de Yogyakarta - accès en bus (du terminal de Jombor, direction Magelang, descendre à Blabak, puis bus ou ojek pour Selo), en taxi, en scooter ou avec une agence (voir « Visites », p. 135).

Attention, le volcan a connu de récentes explosions, souvent imprévisibles. Renseignez-vous sur place pour savoir si l'ascension est possible et autorisée. En temps normal, elle nécessite une très bonne condition physique *(5h à 8h AR)*. La meilleure saison court de mai à oct.

Le Merapi (2 930 m) dresse son cône parfait au-dessus de la campagne javanaise. Majestueux, mais inquiétant : Gunung Merapi signifie en effet « la montagne de feu », un nom loin d'être usurpé quand on sait que ce volcan est l'un des plus actifs de la planète, particulièrement surveillé

Demeure divine

Plus qu'un phénomène géologique, le Merapi est pour les Javanais l'élément vertical de la trilogie sacrée qui unit le *kraton* de Yogyakarta à l'océan Indien et à la montagne. Si la mer, matrice féminine et demeure de Ratu Kidul, figure le lien du sultan à son peuple, le volcan, fief des dieux, est l'image du linga, le « signe » en sanskrit, emblème phallique de Siva.

par les scientifiques qui y ont installé de nombreuses stations d'observation. Les anciens évoquent encore l'éruption de 1930, qui fit 1369 morts ; en 1994, 62 personnes ont péri sous une nuée ardente près de Kaliurang et, en octobre 2010, le volcan a vécu une éruption centennale, provoquant la mort de plus de 350 personnes. De nouvelles coulées de lave ou nuées ardentes ont également été observées en 2014, 2018, 2020, 2021 et 2023 Autant dire que les vulcanologues veillent sur lui comme le lait sur le feu...
Depuis l'éruption de 2010, et la quasi-disparition des deux villages les plus proches du cratère, une zone interdite à l'habitation a été décrétée et une autre autour du sommet a été classée parc national. L'accès se fait par le village de Selo, au nord du volcan, où une une taxe d'entrée est exigée *(180 000 Rps en sem., 230 000 Rps le w.-end)*.
Ascension du volcan – *Départ du sentier au nord de Selo (1600 m), à 3,5 km du sommet (2 930 m). Montée possible de nuit pour assister au lever du soleil. Prévoir eau, lampe, polaire et chaussures de marche. Il est vivement conseillé de monter accompagné d'un guide (300 000 Rps). En cas d'alerte 3 (il en existe 4), l'ascension est interdite, car le danger devient réel.* On rejoint d'abord Pasar Bubrah, un **plateau lunaire** à 2 700 m d'altitude, avant d'entamer la montée finale, très raide. L'arrivée à la crête permet de contempler, si le temps le permet, une vue à couper le souffle sur le **cratère**.

Carnet pratique

PLANS DE VILLE (P. 120-121)

S'informer

Tourism Information Center – PLAN I B2-3 - *Jl. Malioboro 16 - (0274) 566 000.* On pourra obtenir des cartes, brochures, programmes de spectacles ainsi qu'un calendrier annuel des événements (en anglais).
Le site **www.yogyes.com** (en anglais) fournit des infos utiles.

Adresses utiles

Bureau de l'immigration

Kantor Imigrasi – PLAN I C2 EN DIR. - *Jl. Solo km 10 (avant l'aéroport) - (0274) 489 165 - www.jogja.imigrasi.go.id.*

Banque/Change

La plupart des grandes banques ont leur siège sur Jl. Jend. Sudirman (PLAN I B2) et possèdent des agences un peu partout en ville. Vous n'aurez aucun problème pour trouver des distributeurs ATM, en particulier dans les galeries marchandes des grands magasins (sur Jl. Malioboro, par exemple).
Parmi les bureaux de change, trois adresses centrales pratiquent des taux intéressants : **Mulia** et **Barumum Abadi**, dans l'hôtel Inna Garuda, Jl. Malioboro 60 (PLAN I B2), et **Intra Valas**, Jl. Senopati 2 (PLAN I B3).

Poste

Poste centrale – PLAN I B3 - *Jl. Senopati - lun.-sam. 7h-20h.* Téléphone international, change, et distributeur ATM juste en face.

Urgences/Santé

Hôpital Panti Rapih – PLAN I BC1 - *Jl. Cik di Tiro 30 (près de l'université UGM) - (0274) 514 014/845 ou 563 333 - www.pantirapih.or.id - 24h/24.* L'un des meilleurs hôpitaux de la ville. Certains médecins parlent anglais.
Rumah Sakit Bethesda – PLAN I C2 - *Jl. Jend. Sudirman 70 - (0274)*

586688 ou 0819 0433 1119 - www. bethesda.or.id. Autre très bon hôpital de la ville.

Mitra Medika (Assistance médicale aux voyageurs) – *(0274) 444444 ou 0815 7978 888 (24h/24).* Le personnel parle anglais, parfois français.

Kimia Farma – PLAN I B2 - *Jl. Malioboro 123 - 24h/24.*

Apotek K24 Kotabaru – PLAN I B2 - *Jl. Ahmad Jazuli 1 - 24h/24.*

Centre culturel

Institut français (LIP) – PLAN I C2 - *Jl. Sagan 3 - (0274) 566520 - www.ifi-id.com - lun.-vend. 8h-19h, sam. 12h-16h.* Le LIP fait office d'agence consulaire et de centre culturel. Il dispense des cours d'indonésien. Café équipé du Wi-Fi et proposant plats indonésiens et crêpes. Programmation franco-indonésienne dynamique (danse, théâtre, expositions, films).

Arriver/Partir

En avion

Yogyakarta International Airport (YIA) – PLAN I A3 EN DIR. - *Kulon Progo, Temon (à 47 km au sud-ouest de la ville) - (0274) 460 60 00 ou (0274) 172 (Hotline) - www.yogyakarta-airport.co.id.* Un nouvel aéroport de grande capacité a été inauguré en 2019 dans le district de Temon. Yogyakarta est reliée aux grandes villes indonésiennes par de nombreuses compagnies, ainsi qu'à Kuala Lumpur et Singapour. 32 vols/j. pour Jakarta *(1h de trajet)*, 7 vols/j. pour Denpasar *(2h15)* et 6 vols/j. pour Surabaya.

De l'aéroport au centre-ville : La meilleure option est le train *Keretapi Indonesia* (KAI) qui relie la gare de Tugu, à Yogyakarta, en 40mn *(20000 Rps - achat des billets sur www.railink.co.id/schedule).* Les bus *Damri* et *Satelqu* relient aussi le centre tlj de 7h à 19h *(1h30/2h de trajet - 70000 Rps).* Des taxis, dont Grab et Gojek, sont également disponibles à l'aéroport *(1h30 - à partir de 200000 Rps).*

Adisucipto International Airport (JOG) – PLAN I C2 EN DIR. - *Jl. Solo, km 9 (à 6 km à l'est de la ville) - (0274) 484261 ou (0274) 172 (Hotline) - www.adisutjipto-airport.co.id.* Plus proche de la ville, il est toutefois peu à peu supplanté par le nouvel aéroport de Kulon Progo.

De l'aéroport au centre-ville : le bus *Transjogja* relie le centre mais pâtit d'horaires aléatoires *(ligne 1A et 1B - env. 1h de trajet - 3600 Rps).* En taxi, plus pratique, comptez 30mn *(60000 Rps).* Si vous prenez un *ojek* ou un VTC Grab à la sortie de l'aéroport, comptez 35000 Rps.

1

En train

Tugu – PLAN I B2 - *Jl. Malioboro - (0274) 512870 ou 589685.* La gare principale est située à l'extrémité nord de Jl. Malioboro. Bureau d'information *(Customer Service)* à l'entrée. Si vous n'êtes pas chargé, vous pourrez rejoindre Jl. Malioboro et Jl. Sosrowijayan à pied (sortie côté Jl. Pasar Kembang).

Liaisons principales :

- **Pour Jakarta** : 16 trains/j. *(7h30 à 9h30 de trajet).* Les trains les plus confortables *(eksekutif)* sont avec air conditionné. Moins chers et plus folkloriques : les classes *bisnis*.
- **Pour Bandung** : 5 trains/j., *(env. 6 à 7h30 de trajet, de jour ou de nuit).*
- **Pour Solo** : 14 trains/j. *(1h).*
- **Pour Malang** : 4 trains/j. *(6 à 6h30 de trajet, de jour ou de nuit).*
- **Pour Surabaya** : 15 trains/j. *(5 à 7h de trajet, de jour ou de nuit).*

Le site officiel des chemins de fer **www.kereta-api.co.id** est en indonésien. Pour connaître les horaires et réserver un trajet, il est plus simple d'utiliser le site **www.tiket.com** (en anglais). À certaines périodes, il est conseillé de réserver au moins 48h à l'avance.

En bus

Il y a deux terminaux principaux, accessibles avec le *Transjogja*.

Terminal de Jombor (ou terminal nord) – PLAN I A1 EN DIR. Par le *Transjogja*, lignes 2A et 2B. Dessert Sleman, Magelang, Borobudur *(1h45 de trajet)*.

Terminal de Giwangan – PLAN I C1 EN DIR. - *Jl. Imogiri Timur (5 km au sud-est du centre-ville, près de Bantul)*. Par le *Transjogja*, lignes 3A et 3B. Dessert Bantul, Parangtritis *(1h)*, Kaliurang *(1h)*, Solo *(2h)*, Surabaya *(7h)*, Probolinggo *(près du volcan Bromo - 9h)*, Bandung *(10h)*, Jakarta *(12h)* et Denpasar *(Bali - 18h)*.

☺ Pour connaître les dessertes et les horaires de bus, consultez le site **www.jadwalbis.com** *(en anglais)*. Les prix des bus sont un peu plus élevés si vous passez par une **agence de voyage**, mais vous éviterez des complications et l'on viendra vous chercher à votre hôtel.

En minibus

Day Trans – PLAN I B4 - *Jl. MT. Haryono - ✆ (0274) 385 990 ou (021) 3029 6767 - www.daytrans.co.id.* Dessert Semarang et Jepara *(départ 23h, arrivée 4h30 - 180 000 Rps)*, où l'on embarque pour Karimunjawa. La compagnie relie aussi Solo.

Joglosemar – *Jl. Magelang km 7 (au nord de la ville) - ✆ (0274) 623 700 - www.joglosemarbus.com.* Navettes pour Semarang et Solo.

Transports

Bus

Le **Transjogja**, identifiable à sa petite taille et à ses couleurs jaune et vert, sillonne la ville (bus climatisé, places limitées). Tarif unique de 3 600 Rps. Les 8 lignes, jalonnées d'arrêts fixes, ont leurs couloirs pour circuler *(5h30-20h)*. Le Trayek 1A va, par exemple, de Malioboro *(arrêt devant l'Inna Garuda)* (PLAN I B2) jusqu'à Prambanan. Plan des lignes gratuit à chaque station de bus ou sur http://transjogja.com/rute.

Becak

Ce cyclopousse motorisé à deux places est un moyen idéal pour découvrir la ville, en particulier les abords du *kraton* (PLAN I AB3) ou Jl. Malioboro (PLAN I B2). Négociez la course au départ (à défaut d'avoir une idée des distances, faites jouer la concurrence) en gardant à l'esprit que ces conducteurs travaillent dur et gagnent juste de quoi vivre et payer la location de leur véhicule... Comptez entre 10 000 et 20 000 Rps, selon la distance. Ceux qui vous proposent un tarif inadéquat au trajet vous conduiront immanquablement à un vendeur de batiks, où ils percevront leur commission. Payez donc le juste prix si vous ne voulez pas perdre trop de temps.

☺ Les *becak* sont si nombreux en ville que cela frise le harcèlement. Vous pouvez poliment couper court à toute discussion en répondant « *Jalan jalan* » (« je me promène ») ou, mieux encore, en dialecte local, « Melako melako » (prononcez *m'lako-m'lako*). Succès garanti !

Calèche

Voiture à deux ou quatre places, conduite par un cocher en costume traditionnel, l'*andong* constitue un moyen de transport tout à fait commun, et pas seulement une attraction touristique. Vous pouvez néanmoins faire un circuit à l'heure.

Taxi

La plupart des taxis utilisent un compteur et disposent de l'air conditionné. Ils sont plutôt efficaces et honnêtes. Quelques bonnes compagnies :

Taxi Vetri – *✆ (0274) 563 551;*

Taxi Pataga – *✆ (0274) 384 384.*

Location de véhicule

Location de voitures – Si vous prenez un chauffeur, faites-vous préciser si ses repas et son logement sont à votre charge, dans le cas où vous partez plus d'une journée. Comptez entre 350 000 et 600 000 Rps/j. Les enseignes internationales (Avis, Budget, Europcar, Hertz) sont présentes dans les grands hôtels et à l'aéroport. Voyez aussi les agences de voyage de **Jl. Pasar Kembang** (PLAN I AB2) et de **Jl. Sosrowijayan** (PLAN II).

Location de moto – Pratique pour Yogyakarta et ses environs, mais attention à la conduite locale, imprévisible. Négociez les prix si vous louez plusieurs jours, et vérifiez de près l'état de la moto et le montant de la franchise. Soyez prudent : la majorité des agences, pour ne pas dire toutes, louent sans assurance. Comptez entre 60 000 et 80 000 Rps/j.

Location de vélo – Rens. auprès des hôtels et des agences de voyage de **Jl. Pasar Kembang** (PLAN I AB2) et **Jl. Sosrowijayan** (PLAN II). Comptez 30 000 Rps/j.

Visites

Visites guidées

Pour trouver un guide, prenez contact avec l'Institut français. Certaines agences ainsi que le restaurant Via Via *(voir « Restauration », p. 137)* organisent des **circuits thématiques** à vélo autour de Yogyakarta.

Excursions

Les agences de voyage sont légion à Sosrowijayan (PLAN II), Prawirotaman (PLAN I B4) et dans la majorité des grands hôtels. Elles proposent des circuits à Imogiri, Parangtritis, au volcan Merapi, au plateau de Dieng et, bien entendu, à Borobudur et Prambanan. Les prix varient du simple au triple selon qu'il s'agit d'un circuit privé en véhicule avec chauffeur ou d'un tour groupé en minibus. Faites jouer la concurrence et vérifiez le détail des prestations incluses.

Agung Tourist Service – PLAN I B4 - *Jl. Prawirotaman 30 - ✆ (0274) 370 206/383 577 - 7h-21h.* Agence du quartier qui propose des voyages sur mesure.

Azimuth Adventure Travel – *Jl. Pandega Marta VI/4, Catur Tunggal - ✆0812 2690 659 - www.voyageindonesie.com (en français) - lun.-vend. 8h-17h.* Une agence franco-indonésienne louée pour son professionnalisme. Circuits tous azimuts autour de Jogja (Merapi, plateau de Dieng) et sorties thématiques dans le reste de l'archipel (trekking, plongée…).

Merapi Pesona Jogja – HORS PLAN - *Sokowaten, Tamanan, Banguntapan - ✆ (0274) 439 95 62 - www.merapipesonajogja.com.* Enracinée à Yogyakarta, cette agence est rompue à l'accueil des touristes étrangers. Elle leur fait découvrir la ville, ses environs et aussi tout le reste de Java.

Agenda

L'office de tourisme fournit parfois un **agenda** très utile. Associées aux grandes fêtes musulmanes, les innombrables cérémonies javanaises *(upacara)* et celles du *kraton* ont en effet une date mobile.

Pasar Malam – *Mai-juil.* La place Alun-alun Utara (PLAN I B3) se transforme en vaste marché populaire, animé jusqu'à 23h. Les Javanais y viennent en famille acheter des jouets pour leurs enfants, se refaire une garde-robe, consulter des guérisseurs, écouter du *dangdut* ou se divertir aux attractions foraines.

Festival Art Yogyakarta – *Juin-juil.* Spectacles, gamelans, expositions et foires animent Yogyakarta durant un mois.

Associées aux grandes fêtes musulmanes, les innombrables

1

cérémonies javanaises *(upacara)* et celles du *kraton* ont en effet une date mobile.

Concours de chants d'oiseaux – *Sept.* Ventes aux enchères d'oiseaux et concours de chants sont organisés sur l'Alun-alun Kidul (PLAN I B3).

Garebeg Syawal – *À la fin du ramadan.* Au *kraton*, sur l'Alun-alun nord (PLAN I B3), une parade de la garde du palais précède la procession du Gunungan jusqu'à la Grande Mosquée.

Garebeg Besar – *Date mobile.* Cérémonie du *kraton* pour l'Idul Adha (Fête du mouton), qui commémore le sacrifice du fils d'Abraham. Mêmes festivités que le Garebeg Syawal. Des enfants parcourent les rues avec des bougies.

Nouvel an javanais – *Date mobile.* Parades et spectacles à Parangtritis.

Cérémonie de purification – *Mois Suro du calendrier javanais.* À cette occasion, kriss, lances et attributs royaux sont tous nettoyés avec de l'eau sacrée baignée de pétales de fleurs (seul le nettoyage des carrosses se déroule en public). Quelques jours plus tard vient le tour des quatre vases sacrés d'Imogiri.

Sekaten et **Garebeg Maulud** – *Date mobile.* Associée aux commémorations marquant la naissance du Prophète, la cérémonie du Sekaten, ancienne fête des récoltes des sultans javanais, remonterait à l'époque Mojopahit. Les gamelans du palais sont emmenés en grande pompe à la mosquée, où ont lieu des concerts sacrés. La semaine culmine avec la procession d'un *gunungan*. Le soir venu, un spectacle de *wayang kulit* se tient au palais.

Nos adresses

PLANS DE VILLE (P. 120-121)

Restauration

Yogyakarta compte quantité de restaurants touristiques, de *rumah makan* (restaurant modeste) fréquentés par une clientèle indonésienne, de *warung* et de *kaki lima*, marchands ambulants servant plats chauds, *gorengan*, beignets, *pisang goreng* (à la banane), *tahu goreng* (au tofu), *singkong goreng* (au manioc) et salades de fruits *rujak* (mangue, *bengkoang*, *kedongdong*, ananas, papaye).
Sur **Jl. Malioboro** (PLAN I B2) et **Jl. Solo** (PLAN I C2 EN DIR.), laissez-vous tenter en fin d'après-midi par de délicieux coupe-faim : *martabak* (crêpe épaisse servie sucrée avec du chocolat et des cacahuètes, ou salées avec des légumes), *klepon* (boule de farine de riz fourrée de sucre de palme, enveloppée de noix de coco râpée), *tempe* (biscuit au soja) et *onde onde* (boulette au sésame frite).

Après 21h, il devient difficile de se faire servir dans les restaurants.

Dans le kraton

Premier prix

9 Water Castle Cafe – PLAN I A3 - *Taman Sari KT I/231 - 0817 5420 500 ou 0813 2662 5905 - - 9h-17h - 25 000/60 000 Rps.* Cette institution décorée d'un bric-à-brac artisanal est l'endroit rêvé pour faire une pause en dégustant *gado gado*, *nasi goreng* (avec morceaux de mangue fraîche), lassi et jus de fruits, après une visite au Water Castle. Goûtez le thé du sultan. Bon et pas cher.

5 Lie Djiong – PLAN I B3 - *Jl. Brigjen Katamso 21 - (0274) 374 429 - - 10h30-14h, 17h30-21h - 30 000/70 000 Rps.* Ne vous laissez pas décourager par l'ambiance « garage » (murs couverts de calendriers du meilleur goût et bruit de la circulation) : il s'agit de l'un des meilleurs restaurants chinois de la ville, établi depuis des lustres. Goûtez les crevettes, le *mie goreng* et les coquillages.

À Prawirotaman

Premier prix

Jogja Village Inn – *Voir p. 142* - *50 000/100 000 Rps.* Cadre soigné et cuisine indonésienne raffinée : le poulet est servi avec une sauce *rendang* épicée ou dans une noix de coco.

21 **Kedai Kebun** – PLAN III - *Jl. Tirtodipuran 3 - (0274) 376 114 - Ig@kedaikebunforum - - tlj sf mar. 13h-21h - 35 000/85 000 Rps.* Un bel endroit, qui propose souvent des expositions d'art contemporain. La cuisine, plus concrète, est bonne et éclectique : salade, crevettes, poulet, poisson (*gurame* sauce aigre-douce ou à la cacahuète). Service accueillant mais parfois nonchalant.

Budget moyen

23 **Via Via** – PLAN III - *Jl. Prawirotaman 30 - (0274) 386 557 ou 0813 2601 9149 - www.viaviajogja.com - - 9h-22h - 50 000/100 000 Rps.* Ce café-restaurant chaleureux sert une excellente cuisine indonésienne et occidentale (trois plats différents chaque jour). Très active, la patronne (belge) propose des circuits thématiques à vélo ou à pied, des cours de fabrication de batik et même une introduction à la médecine traditionnelle javanaise. Un lieu incontournable pour les curieux soucieux de développement durable, d'échanges et de rencontres.

Pour se faire plaisir

14 **Kesuma Restaurant** – PLAN I B4 - *Jl. Sartono 858, Mantrijeron - 0812 2942 6685 - tlj sf mar. 18h-22h - 100 000/170 000 Rps.* Un charmant restaurant familial, au cadre feutré, dans une maison privée tapie au fond d'une ruelle. Cuisine javanaise authentique, mitonnée par la patronne et ses enfants, dont un succulent bœuf *rendang*. Un vrai coup de cœur !

13 **Mediterranea** – PLAN I B4 - *Jl. Tirtodipuran 24 A - (0274) 371 052 - www.mrbykamil.com - 8h-23h - 80 000/300 000 Rps.* Camille Massard, un Français qui a fait ses classes chez Michel Rostand, tient ici la meilleure table occidentale de la ville, au décor méditerranéen. Cuisine française, italienne et greco-libanaise où magret de canard, filet de bœuf d'Australie, ceviche de saumon fumé, tataki de thon, souris d'agneau, mezze, foccacias et pizzas au feu de bois tiennent le haut du pavé. Tout est cuit à la commande. Bonne carte des vins du nouveau monde. Service impeccable et produits très frais. L'adresse comporte aussi une boulangerie et sert de copieux petits-déjeuners.

Sur Jl. Sosrowijayan

Premier prix

4 **Cobra Imperial Kitchen** – PLAN I B2 - *Jl. Hayam Wuruk 19 (entre la voie ferrée et le Puro Pakualaman) - (0274) 516 771 - - 9h-20h - 50 000/100 000 Rps.* Un restaurant chinois au décor un peu froid (carrelage blanc et néons) servant du serpent à toutes les sauces...

Au nord de la voie ferrée

Premier prix

3 **Gita Anjana** – PLAN I B2 - *Jl. Diponegoro 48-50 - (0274) 515 050 ou 0878 4575 9753 - Ig@gitaanjana - 7h-21h30 - 20 000/70 000 Rps.* Restaurant en étage avec une charmante terrasse. On y mange toutes sortes de viandes, pâtes et pizzas. Service nonchalant mais amical.

Pour terminer sur une note sucrée, descendez à la pâtisserie du rdc.

Nanamia Pizzeria – HORS PLAN - *Jl. Moses Gatotkaca B10-17 - ✆ (0274) 556 494 ou 0813 3752 3726 - ⊠ - 11h-23h - 40 000/100 000 Rps.* Situé derrière le Jogjakarta Plaza Hotel, ce restaurant italien (tenu par un Allemand) prépare les meilleures pizzas de la région, cuites au feu de bois. Salades, pâtes et paninis figurent aussi au menu. Agréable cadre en plein air et ambiance animée. BBQ pour groupes et vente à emporter.

12 **The House of Raminten** – PLAN I B2 - *Jl. Faridan Noto 7 - ✆ (0274) 547 315 ou 0899 9555 522 - ⊠ - 9h-0h - 30 000/100 000 Rps. Autre adresse au dernier étage du magasin Hamzah Batik, Jl. Margo Mulyo 9.* Fondé par Hamzah Sulaiman, célèbre homme d'affaires local et acteur télévisé travesti, dans un pavillon au toit type joglo, ce restaurant au décor éclectique sert une épatante cuisine javanaise traditionnelle, préparée à la commande. La carte est illustrée et un orchestre de gamelan accompagne le repas. Goûtez notamment l'*ayam koteka*, du poulet à l'œuf cuit dans un étui de bambou. Les clients de la salle du Hamzah Batik ont droit en prime à un amusant spectacle de cabaret *drag-queen* les vend. et sam. de 19h à 20h30. Un bel exemple de promotion de la diversité et de la tolérance.

Budget moyen

11 **Madam Tan** – PLAN I B2 - *Jl. Sudirman 16 (près de la place Tugu) - ✆ (0274) 520 729 ou 0822 4189 4152 - www.madamtan.com - 10h-22h - 50 000/100 000 Rps.* En face de l'hôtel The Phoenix, une petite salle climatisée, simple mais agréable (carrelage au sol, musique d'ambiance). On y sert des classiques de la cuisine peranakan (fusion sino-indo-malaise), riches en épices et herbes, bien mitonnés et aux portions généreuses. Service souriant et efficace.

Pour se faire plaisir

Gadjah Wong – HORS PLAN - *Jl. Affandi 79D (sur la route de l'aéroport, près du pont) - ✆ (0274) 588 294 - Ig@ gadjahwong - tlj sf lun. 15h-22h - 80 000/300 000 Rps.* L'adresse est assez difficile à trouver ; mieux vaut prendre un taxi. Une institution que ce restaurant installé dans un cadre bucolique, avec un jardin que traverse une petite rivière. La cuisine, excellente, montre un souci d'originalité : *ranapekel* (agneau sauce citron), autruche, saumon.

À Parangtritis

Premier prix

Widodo – *Voir « Hébergement » - ⊠ - 10h-23h, selon l'affluence - 20 000 Rps.* Un bon restaurant indonésien servant aussi des fruits de mer.

Queen of the South – *Voir « Hébergement » - ⊠ - 11h-22h - 30 000/50 000 Rps.* L'endroit vaut surtout pour son cadre. Si la cuisine, indonésienne et occidentale, est bonne, elle ne vous laissera pas un souvenir impérissable.

Boire un verre

Sakapatat – PLAN I B2 - *Jl. Pakuningratan 34 - ✆ (0274) 292 13 54 ou 0811 2926 602 - Ig@ sakpatatypgyakarta - 17h-1h (2h vend.-sam.).* La meilleure adresse en début (et milieu) de soirée. Dans une cour-jardin à la déco stylée, touristes et Indonésiens se retrouvent autour de grandes tables en bois pour se régaler d'une sélection de bières importées (belges, hollandaises, allemandes) et locales, de cocktails et mocktails accompagnées de snacks (cornets de frites, ailes de poulet, oignons frits...). Des DJs et des groupes animent régulièrement la salle. Sert aussi de bonnes grillades (filet de bœuf, burgers, saumon), des salades et des pâtes.

K'Meals – PLAN III - *Jl. Prawirotaman 20 - ✆ 0812 4345 8008 - Ig@k_meals_baresto - 10h-0h.* Un bar souvent bondé et animé d'une bonne musique reggae. Super ambiance le week-end, avec des concerts plein de peps. Évitez le restaurant, médiocre.

Shopping

Marchés

Pasar Beringhardjo – PLAN I B3 - *Jl. Malioboro.* Un gros bâtiment en béton sans charme dont l'activité déborde dans les rues adjacentes (batiks, fruits et légumes...).

Pasar Demanpan – PLAN I C2 - *Jl. Gejayan (au nord du croisement avec Jl. Laksda Adisucipto).* Un petit marché populaire riche en odeurs et en couleurs (fruits, légumes et ustensiles divers), où vous croiserez peu de touristes.

Antiquités et meubles

Le meilleur coin pour chiner quelques souvenirs, à défaut d'antiquités, est **Jl. Tirtodipuran** (PLAN I B4), où se suivent une trentaine de boutiques dont chacune regorge d'objets (meubles, masques, kriss, sculptures en bois, marionnettes). Pour 95 % d'entre elles, il s'agit de copies que les plus honnêtes patinent sur le seuil de leur commerce en guettant les clients.

Srisasanty Gallery – PLAN I B4 - *Tirtodipuran Link Building A, Jl. Tirtodipuran 50 - ✆ (0274) 384892 - www.srisasantisyndicate.com.* Cette boutique chic et chère animée par Yus Suyako est probablement l'une des plus intéressantes. Les pièces originales sont de qualité, à des prix – gage d'authenticité ultime – qui ne baissent pas.

Java & Madura – PLAN I B1 - *Jl. Ring Road Utara 72 (au nord de la ville) - ✆ 0812 2702 3993 - 8h-17h.* Cette famille maduraise possède plusieurs boutiques dans les environs, où l'on trouve un grand choix de coffres, lits, bancs et armoires en bois.

Argenterie

C'est la spécialité de **Kota Gede** *(3 km à l'est du centre)* (PLAN I C4 EN DIR.). Vous pouvez même faire réaliser des pièces sur commande. Pas d'adresse particulière, les articles se valent.

Artisanat

Les marionnettes en cuir ou en bois, les kriss, les gamelans et les masques comptent parmi les spécialités de Yogyakarta. Attention, les « fabriques d'antiquités » abondent.

Sur **Jl. Malioboro** (PLAN I B2), vous trouverez un vaste choix mais de qualité médiocre. Les étals proposent quantité de T-shirts farfelus, de jouets en bois...

Sagio Griya Ukir Kulit – HORS PLAN - *Jl. Gendeng, RT. 04 RW. 02, Bangunjiwo (au sud-ouest de la ville) - ✆ (0274) 413267 - 9h-16h - fermé dim.* Depuis plus de trente ans, cet atelier réalise des marionnettes traditionnelles en cuir, objets en bois et peintures sur verre. Héritier du savoir-faire de son père, l'artisan M. Sagio est aussi un talentueux marionnettiste et un expert passionnant des techniques et de la philosophie du *wayang*. Ses créations ont été achetées par les présidents Abdurrahman Wahid et Megawati Soekarno Putri. L'atelier vend des marionnettes de toutes les tailles et à tous les prix, des marque-pages à 5000 Rps jusqu'aux pièces de collection à plus de 2 millions de Rps.

Batiks

Vous trouverez un large choix dans les boutiques de **Jl. Malioboro** (PLAN I B2) et au **marché Beringhardjo** (voir « Visite de la ville », p. 119), où les prix sont plus

1

raisonnables que sur Jl. Malioboro. Les fabriques de **Jl. Tirtodipuran** (PLAN I B4) offrent l'avantage d'inclure une démonstration. Autour de **Taman Sari** (PLAN I A3), des artisans s'essayent à des motifs modernes... pour le meilleur, plus souvent pour le pire.

Hamzah Batik – PLAN I B3 - *Jl. Margo Mulyo 9 (en bas de Jl. Malioboro, face au marché Beringhardjo) - ✆ (0274) 588 524/518 127 - www.hamzahbatik.co.id - 8h-0h.* Grand choix de sarongs et nappes.

Batik Margaria – PLAN I B3 - *Jl. Margo Mulyo 65 (dans le prolongement de Jl. Malioboro) - ✆ (0274) 512 669 - www.margariabatik.id - 9h-21h.* Belle collection de batiks en soie, mais les prix sont exorbitants.

Winotosastro – PLAN I B4 - *Jl. Tirtodipuran 54 - ✆ (0274) 375 218 - Ig@batik_winotosastro - 9h-16h45.* Bâtiment de plusieurs étages avec un atelier que l'on visite. Grand choix de sarongs et de vêtements, à des prix élevés.

Centres commerciaux

Ambarrukmo Plaza – PLAN II - *Jl. Adisucipto 80 - www.plaza-ambarrukmo.co.id - 10h-22h.*

Pakuwon Mall – PLAN I C2 - *Jl. Ring Road Utara - www.pakuwonmalljogja.com - 10h-22h.*

Galeries d'art contemporain

☺ Yogyakarta possède de nombreuses galeries dédiées à la scène artistique contemporaine indonésienne. Procurez-vous la carte des galeries à l'Institut français.

Cemeti Art House (Rumah Seni Cemeti) – PLAN I B4 - *Jl. Panjaitan 41 - ✆ (0274) 371 015 - www.cemeti.art.* Cette galerie d'art contemporain est célèbre dans toute l'Indonésie. Les artistes qu'elle défend, comme Eko Nugroho, compteront probablement parmi les grands artistes contemporains de demain.

Jogja Gallery – PLAN I B3 - *Jl. Pekapalan 7 - Alun-Alun Utara (près du restaurant Royal Garden) - ✆ (0274) 419 999 - www.jogjagallery.net.* Galerie aux choix éclectiques. Expositions régulières d'artistes contemporains.

Mes 56 – PLAN I A3 - *Jl. Mangkuyuban 53 A - ✆ (0274) 375 131 - www.mes56.com - 13h-19h.* Dans une rue calme, à l'allure (presque) campagnarde, l'atelier réunit un collectif d'artistes explorant un nouveau langage photographique. Un laboratoire d'idées. Expositions et conférences.

Langgeng Art Foundation – PLAN I A4 - *Jl. Suryodiningratan 37 - ✆ (0274) 417 043 - Ig@langgengartfoundation - 10h-18h, lun. 10h-12h - fermé dim.* Installée dans un bâtiment d'architecture contemporaine, cette fondation privée défend des artistes contemporains indonésiens dont FX Harsono, S. Teddy D., Agus Suwage et Filippo Siascia, et organise d'intéressantes expositions, projections vidéo et performances.

Librairies

Deux librairies qui proposent un choix important :

Gramedia – PLAN I B2 - *Jl. Sudirman 54-56.*

Periplus – PLAN II - *Malioboro Mall et à l'aéroport.*

Arts et spectacles

À Yogyakarta, les arts de la scène sont bien vivants et la tradition se perpétue dans les écoles.

Ballet du Ramayana

Purawisata – PLAN I B3 - *Jl. Brigjen Katamso - ✆ (0274) 375 705 - www.mandirabaruga.com - 20h-21h30 - 390 000 Rps (ballet) ou 570 000 Rps (ballet + repas).* Une interprétation de qualité mais sans âme.

➲ *Voir aussi à Prambanan.*

Danse et théâtre

Kraton – PLAN I B3 - *Dim. 11h-12h - entrée comprise avec le billet du kraton.* Danses javanaises classiques.

Indonesia Institute of Art (ISI) – PLAN I B4 - *Jl. Prangtritis - ✆ (0274) 379 133 - www.isi.ac.id.* Les répétitions de danse sont généralement ouvertes au public. Rens. à l'office de tourisme *(p. 118).*

Radio Republik Indonesia – PLAN I C1 - *Jl. Gejayan - 1er dim. du mois à 20h.* Spectacles de *ketoprak*, le théâtre populaire javanais.

Musique

Kraton – PLAN I B3 - *Lun.-mar. et jeu. 10h-12h - entrée comprise avec le billet du kraton.* Concerts de gamelan.

Purawisata – PLAN I B3 - Concerts de dangdut (musique populaire à la mélopée arabisante), interprétés par d'accortes chanteuses.

Wayang kulit

Sono Budoyo Museum – PLAN I B3 - *mar. 20h-22h - 50 000 Rps.*

Sasono Hinggil – PLAN I B3 - *Alun-alun Selatan - 2e sam. du mois 21h-5h - 20 000 Rps.* Ambiance populaire.

Wayang golek - Kraton – PLAN I B3 - *Merc. 10h-12h - entrée comprise avec le billet du kraton.*

En soirée

Yogyakarta n'est pas Bali, mais on trouve néanmoins quelques endroits où sortir le soir. Deux discothèques se disputent les faveurs des jeunes. :

Boshe Club – HORS PLAN - *Km 6,5 Jl. Magelang - ✆ (0274) 624 041 - www.boshejogja - 21h-3h.*

Liquid Cafe – HORS PLAN - *Km 5,5 Jl. Magelang - ✆ (0274) 589 611 - www.liquidjogja.com - lun.-mar. 17h-21h, mer.-dim. 19h-2h.*

Activités

Fabrication de batik

Winotosastro – PLAN I C3 - *Jl. Tirtodipuran 54 - ✆ (0274) 375 218.* L'atelier de cette boutique propose des cours d'apprentissage pour les étrangers.

Piscines

Les grands hôtels possèdent souvent une piscine, payante pour les non-clients.

Hyatt Regency – PLAN I C1 - *Jl. Palagan Tentara Pelajar.*

IKIP (École normale) – PLAN I C1 - *Jl. Colombo.* Une belle piscine olympique découverte (mais pas d'une propreté irréprochable).

Hébergement

Ville touristique, Yogyakarta possède plus de 200 hôtels. Deux quartiers concentrent les pensions bon marché pour voyageurs et quelques hôtels plus confortables, ainsi qu'une flopée d'agences, de restaurants, bars et boutiques : **Prawirotaman** (PLAN I B4), au sud du *kraton*, et **Sosrowijayan** (PLAN II), près de la gare.

À Prawirotaman

Premier prix

(25) **Metro Guest House** – PLAN III - *Jl. Prawirotaman II/71 - ✆ (0274) 372 364 ou 0851 5641 6174 - fb@metrohot - - 50 ch. 230 000/350 000 Rps.* Cette adresse très connue des voyageurs a gagné en notoriété ce qu'elle a perdu en amabilité. Visitez plusieurs chambres, leurs dimensions et leur confort (ventilateur ou air conditionné, eau chaude ou non) variant beaucoup. L'hôtel possède l'une des plus grandes piscines du quartier. Change, réservation de circuits, billets d'avion...

(21) **Delta Homestay** – PLAN III - *Jl. Prawirotaman II MG III/597 A - ✆ (0274) 372 051 - www.dutagardenhotel.com - - 14 ch. 250 000/300 000 Rps.* Très

bien tenu, cet hôtel appartient au même groupe que le Duta *(voir ci-dessous).* Cadre agréable et prix modestes.

27 **Prambanan Guesthouse** – PLAN III - *Jl. Prawirotaman I 14 - ✆ (0274) 376167 - ▤ ⛱ - 11 ch. 215 000/265 000 Rps.* Cette excellente adresse, l'une des meilleures de Jogja, issue d'une joint-venture belgo-indonésienne, conjugue professionnalisme et atmosphère familiale à des prix attractifs. Distribuées autour d'un patio agrémenté d'un jardin avec piscine, les chambres sont confortables et bien entretenues. L'hôtel propose une mine de services : Internet, réservation de billets, change (taux élevés).

Budget moyen

22 **Duta** – PLAN III - *Jl. Prawirotaman I 26 - ✆ (0274) 372 064 - www.dutagardenhotel.com - ▤ ✕ ⛱ - 31 ch. 600 000/700 000 Rps ☕.* Véritable dédale de couloirs, cet hôtel dispose de chambres confortables. Les plus chères donnent sur le jardin; celles situées au fond du jardin sont particulièrement calmes. Jolie piscine avec cascade.

33 **Adhisthana Hotel** – PLAN III - *Jl. Prawirotaman II 613 - ✆ (0274) 413 888 - www.adhisthanahotel.com - ▤ P ⛱ - 55 ch. 650 000/1 200 000 Rps, dortoir 150 000/175 000 Rps ☕.* L'amusante façade couverte de volets en bois attire l'œil. L'intérieur habillé de blanc fait aussi bel effet. Les chambres sont d'un bon rapport qualité-prix, mais manquent de luminosité. Préférez celles à l'étage plutôt que près de la piscine.

28 **Java Villas** – PLAN III - *Jl. Gerilya 460 - ✆ (0274) 287 13 38 ou 0858 0352 0862 - Ig@javavillasboutiquehotel.jogja - ▤ ✕ ⛱ - 17 ch. 700 000/1 000 000 Rps ☕.* Un endroit chic et intime pour se reposer au cœur d'une ville souvent bruyante. La piscine trône dans un petit éden de verdure et les chambres, spacieuses, s'ornent d'une décoration pleine de charme. TV à écran plat, minibar et machine à café. Personnel souriant et professionnel.

Pour se faire plaisir

29 **Indies Heritage Hotel** – PLAN III - *Jl. Prawiritaman 3 - ✆ (0274) 287 09 99 - www.indiesheritage.com - ▤ ✕ P ⛱ - 74 ch. 475 000/1 125 000 Rps ☕.* Logé dans un bâtiment de style Art déco, il dispose de chambres impeccables et spacieuses. Location de vélos et de voitures.

20 **Jogja Village Inn** – PLAN I B4 - *Jl. Menukan 5 (300 m au sud de Prawirotaman) - ✆ (0274) 373 031 - www.jogja-village.com - ▤ ✕ ⛱ - 24 ch. 800 000/900 000 Rps ☕.* Un hôtel de charme, parmi les plus agréables de la ville. Chambres avec mobilier en bois et lit à baldaquin (celles du rdc possèdent une sdb à ciel ouvert féerique). Le service s'avère irréprochable, et l'on résiste difficilement à l'appel de la piscine (eau salée). Spa, massages, galerie d'art, bibliothèque...

Sur Jl. Sosrowijayan et Jl. Malioboro

Premier prix

12 **Monica** – PLAN II - *Jl. Sosrowijayan GT I/192 - ✆ (0274) 580 598 - Ig@hotelmonicajogja - ▤ 🚭 - 20 ch. 200 000/350 000 Rps.* Cet hôtel parfaitement entretenu propose des chambres simples autour d'un charmant jardinet intérieur. Eau chaude et climatisation pour les chambres deluxe.

3 **Bladok** – PLAN II - *Jl. Sosrowijayan 76 - ✆ (0274) 560 452 ou 0822 2519 8302 - ▤ ⛱ - 32 ch. 265 000/600 000 Rps.* Cet hôtel reste l'un des bons rapports qualité-prix du quartier. Certaines

chambres ont un balcon ou une terrasse privée, assez agréable. Rançon du succès, l'endroit est souvent complet. Service à la fois professionnel et amical.

Budget moyen

2 Batik Yogyakarta II – PLAN II - *Jl. Dagen, Komplek Taman Yuono - (0274) 561828 - Ig@ hotelbatikyogya.id - - 40 ch. 500 000/700 000 Rps.* Un peu à l'écart de Sosrowijayan, dans un quartier calme. Grande piscine, chambres spacieuses et charmants bungalows. 3 chambres économiques avec sdb commune et ventilateur.

Au nord de la voie ferrée

Budget moyen

19 Indraloka Homestay – PLAN I B2 - *Jl. Cik DiTiro 18 - (0274) 544 428 - - 14 ch. 350 000/475 000 Rps.* Cette belle bâtisse néerlandaise construite dans les années 1930 est agrémentée d'un joli jardin.

31 Tigalima Homestay – PLAN I C2 - *Jl. Affandi (Gejayan) Kepuh GK III/946 - 0812 2626 2635 - Ig@tigalimahomestay - - 12 ch. 395 000/725 000 Rps.* Dissimulée au fond d'une venelle, à l'ombre des palmiers d'une cour-jardin, une adresse au calme et très charmante, avec une petite piscine pour se rafraîchir. Chambres dotées de lits confortables à baldaquin.

Puri Artha – HORS PLAN - *Jl. Cenderawasih 36 - (0274) 563 288 ou 0812 2725 2288 - www.puriarthahotel.com - - 70 ch. 850 000/1 050 000 Rps.* Un jardin tropical sert d'écrin à cet hôtel à la décoration javanaise exubérante de dorures et boiseries. Les chambres se répartissent entre deux bâtiments de chaque côté de la rue. Grande piscine, agréable restaurant, Spa.

30 The Phoenix – PLAN I B2 - *Jl. Sudirman 9, Cokrodiningratan. - (0274) 566 617 - www.all.accor.com - - 144 ch. 1 350 000/2 500 000 Rps.* Dans un bâtiment colonial de 1918, un hôtel du groupe Mgallery de Sofitel très central et d'un grand confort. Chambres spacieuses avec balcon, distribuées autour d'une splendide piscine en plein air. Excellent petit-déjeuner buffet, bar à vins et cocktails, Spa et fitness.

À Parangtritis

Destination privilégiée des Yogyakartais, Parangtritis voit ses prix augmenter sérieusement le w.-end. Les fourchettes de prix indiquées sont établies sur la base des tarifs pratiqués en semaine. La grande majorité des hôtels se trouve sur la promenade principale descendant à la plage.

Premier prix

Widodo I Tustiyani – *Pantai Parangtritis (dans l'allée principale qui mène à la plage) - 0821 3768 0008 - - 13 ch. 200 000/350 000 Rps.* Les chambres, austères, sont relativement lumineuses et confortables.

Budget moyen

Queen of the South – *3 km après Parangtritis, dans les collines (à 40mn en voiture du centre de Jogja) - (0274) 367 136 - www.queenofthesouth-resort.com - - 47 ch. 800 000/1 300 000 Rps.* Situé dans un site incomparable, sur une falaise dominant la mer (un escalier mène à la plage), cet hôtel propose des bungalows confortables dans un bel écrin de nature. Le panorama de la piscine vaut à lui seul le détour. Diverses activités spirituelles sont proposées : yoga, cérémonies javanaises.

Le plateau de Dieng ★

Dataran Tinggi Dieng

Nichés dans leurs écrins de volcans et de rizières, les temples de Dieng et de Gedong Songo invitent à une balade aux sources de l'histoire, à la découverte de l'architecture indo-javanaise. Chacun des deux sites peut faire l'objet d'une excursion depuis Yogyakarta. En les associant à Borobudur et Prambanan, vous pouvez vous concocter un véritable circuit thématique, sur les traces de la Java bouddhique et hindouiste.

Se repérer

CARTE C2 (P. 28-29) - CARTE DE JAVA CENTRE (P. 116-117).
Province de Java Centre.
Circuit de 370 km au départ de Yogyakarta avec hébergement à Dieng.

À ne pas manquer

Le panorama depuis les temples de Gedong Songo.

Organiser son temps

Comptez 2 jours. Vous pouvez ne passer qu'une journée à Dieng au départ de Yogyakarta. Meilleure saison : juil.-oct.

Carnet pratique p. 146

Nos adresses p. 146

Circuit conseillé

CARTE DE JAVA CENTRE P. 116-117

Circuit de 370 km tracé sur la carte de Java Centre. Comptez 2 jours. De Yogyakarta, quittez la route principale après Borobudur, en dir. de l'ouest.
Le circuit traverse une belle campagne vallonnée, parcourue de torrents et jalonnée de **maisons traditionnelles** en bambou. À perte de vue s'étendent les plantations de tapioca, de maïs et de riz, dominées par la silhouette impériale du volcan Sumbing (3 371 m). Passé Wonosobo, la route (plus cahoteuse) monte soudain en lacet très raide, révélant à travers la brume un superbe paysage de **cultures en terrasses★**, immense mosaïque d'escaliers vert sombre.

★ Plateau de Dieng

À 120 km au nord-ouest de Yogyakarta, 26 km après Wonosobo - ✆ 0812 2525 5556 - www.diengplateau.com - 25 000 Rps. Comptez 2h sur place.
À côté de Borobudur et Prambanan, les temples de Dieng font pâle figure et une brume glaciale baigne souvent le plateau l'après-midi, en particulier durant l'hiver. Pourtant, il en émane une atmosphère magique, surtout à l'aube. Si vous n'êtes pas rebuté par un hébergement précaire, l'idéal est de passer la nuit sur place.
Perché à plus de 2 000 m d'altitude, au sein d'une caldeira, ce vaste cirque pelé est le refuge des plus anciens temples hindouistes javanais, vestiges probables du royaume Sanjaya (autour de 750). Séjour présumé des dieux, les montagnes qui le cernent conféraient au site un caractère sacré, accru par la présence de sources chaudes. « Dieng » dérive du terme *di-hyang* : la « demeure des ancêtres ». Des 200 *candi* originels qui occupaient le plateau – tous dédiés à Siva –, seuls huit ont survécu. De nombreuses constructions en bois les accompagnaient, dont il ne reste plus que les fondations en pierre. Mais le site de Dieng recèle encore une multitude de vestiges qui attendent d'être mis au jour.

Perdus au milieu du plateau, les cinq petits *candi* du groupe central s'alignent le long d'une allée qui disparaît dans les herbes. Quatre se succèdent sur le même côté, orientés vers l'ouest : les **Candi Arjuna★**, Srikandi, Puntadewa et Sembadra, tandis que le **Candi Semar**, sur la rangée opposée, fait face à l'Arjuna. Ce dernier, le plus ancien de tous, est équipé d'un système d'évacuation des eaux sacrées contenues dans le linga *(visible à l'intérieur)*. Un tel dispositif, unique en Indonésie, permettait de pratiquer le rituel sivaïte suivant les préceptes des temples du sud de l'Inde. Le **Candi Srikandi** montre également de superbes **bas-reliefs★** extérieurs représentant Visnu (nord), Siva (est) et Brahma (sud).

La plupart des sculptures du site sont conservées au **musée de Dieng★** *(près du Candi Gatotkaca - 8h-15h - 5 000 Rps)* qui, quoique modeste, recèle quelques trésors : Ganesha, Kali, linga, *raksasa* et autres Nandi (le buffle sacré de Siva).

Trois autres temples se cachent sur les bords du cirque, isolés dans les collines : plus loin à l'ouest, le Candi Gatotkaca, puis au nord du plateau, le petit Candi Dvaravati. Le plus intéressant est le **Candi Bima★★** *(un peu plus loin au sud)*, unique en son genre. Bien conservé, il montre une architecture caractéristique de l'Inde du Nord : un large porche s'ouvre en saillie sur le bâtiment, une superstructure pyramidale ponctuée de niches en fer à cheval.

Près du Candi Bima *(marchez quelques centaines de mètres)* jaillissent les **sources chaudes de Kawah Sikidang**. Émanations de soufre perçant des entrailles de la terre, mares de boue en ébullition... le spectacle est saisissant.

Situé au sud-est du plateau, le lac **Telaga Warna** est certes séduisant avec ses reflets turquoise, mais il ne mérite pas le prix d'entrée exigé (*100 000 Rps*).

Du plateau de Dieng, si vous disposez d'un véhicule personnel, vous pouvez rejoindre directement Gedong Songo (110 km au nord-est) par une sublime route qui chemine entre le Sundoro (3 136 m) et le Sumbing (3 371 m).

★★ Gedong Songo

À 6,5 km de Bandungan - 6h-17h - 10 000 Rps - accès aux différents temples à pied ou à cheval (100 000 Rps la balade). Comptez 2h.

Bâtis entre 750 et 775 – à l'exception du premier d'entre eux, de trente ans plus jeune –, les temples de Gedong Songo sont juste postérieurs à ceux de Dieng. Comme leurs aînés, ils sont dédiés à Siva et comparables par leur taille et leur style. En revanche, ils sont largement dégradés, et le **panorama★★★** vaut davantage que l'observation des temples. Au sud-ouest le Sumbing et le Sundoro, au sud le Merbabu, et plus à l'est le Lawu... partout où se porte le regard, des volcans surgissent, plus spectaculaires les uns que les autres.

Le nom du site est trompeur. Si « Gedong Songo » signifie en javanais « neuf édifices », il n'existe que six sanctuaires, petits groupes de temples dispersés à la lisière d'une forêt *(on les rejoint par un sentier pavé)*. Les trois premiers groupes se rassemblent à l'est d'un ravin creusé par une source d'eau chaude.

Le principal temple du **troisième groupe★★** conserve de superbes **statues★★** et ses bas-reliefs sont encore bien lisibles. Sur le mur arrière apparaît Ganesha, le fils de Siva à tête d'éléphant, tandis que Durga figure sur le mur nord, et le sage Agastya côté sud.

Le cinquième groupe de temples vaut surtout pour le **panorama★★** qu'ils dominent.

De Bandungan (6,5 km), rejoignez Ambarawa (6 km au sud), puis Yogyakarta.

1

Carnet pratique

Arriver/Partir

En bus

De Yogyakarta à Dieng – Partez assez tôt pour avoir toutes les connexions : bus pour Magelang *(1h30 de trajet)*, puis un autre jusqu'à Wonosobo *(1h30)*, où vous changerez pour rejoindre Dieng en minibus *(1h)*. Il est impossible de faire l'AR dans la journée.

De Yogyakarta à Gedong Songo – Nombreux bus directs pour Ambarawa *(3h de trajet)*, puis minibus pour Bandungan.

De Gedong Songo à Borobudur – Minibus de Bandugan avec changement à Ambarawa, puis à Magelang, enfin à Muntilan *(env. 3h)*.

En circuit organisé

À Yogyakarta, des agences proposent un circuit d'une journée à Dieng. N'incluez pas la visite de Borobudur, à moins d'être vraiment pressé. En général, le circuit se fait en 9h *(départ à 5h de Jogja - env. 250 000 Rps)*.

En véhicule privé

Pour visiter Dieng et Gedong Songo, mieux vaut louer une voiture avec chauffeur ou un scooter à Yogyakarta. Location de scooters au village de Dieng.

Nos adresses

Restauration/ Hébergement

Premier prix

Les pensions du village proposent un hébergement spartiate et une cuisine assez fade Plusieurs logements chez l'habitant sont recensés sur le site **www.diengplateau.com**, certains avec eau chaude. Comptez 200 000/250 000 Rps la nuit.

Losmen Bu Djono – *Jl. Raya km 26 (juste avant d'arriver sur le plateau en venant de Wonosobo) - ✆ 0852 2664 5669 - www.losmenbudjono.com - ✕ ⊠ - 10 ch. 100 000/200 000 Rps.* Un petit *losmen* aux allures de chalet suisse, mais à la propreté et au confort souvent aléatoires (les chambres ont quand même l'eau chaude). Le restaurant sert des soupes et des *nasi goreng*. Location de scooters, organisation d'excursions.

Gunung Mas – *Jl. Raya 42 (sur le plateau, en face des temples) - ✆ 0811 2612 255 ou 0822 2005 5885 - ⊠ - 14 ch. 150 000/350 000 Rps.* Confort sommaire pour le meilleur *losmen* de Dieng. Les premiers prix sont sans eau chaude. Les chambres les plus confortables ont TV et sdb avec eau chaude, un luxe appréciable. La mosquée juste derrière vous évitera de mettre votre réveil.

Nusa Indah Homestay – *Jl. Telaga Warna - ✆ 0852 9282 3636 ou 0821 2378 7852 - www.homestaynusaindahdieng.com - ⊠ - 14 ch. 150 000/300 000 Rps.* Deux maisons récentes peintes en rose bonbon abritent des chambres propres et pimpantes, dont des familiales, avec TV, eau chaude et Wi-Fi. Cuisine à disposition.

Borobudur ★★★

Joyau de l'art bouddhique, le mandala de Borobudur impressionne par la majesté de son architecture autant que par la perfection de ses bas-reliefs. Ce merveilleux stûpa tropical, plus ancien encore que la cité d'Angkor, prend place dans l'imaginaire (et au Patrimoine mondial de l'Unesco) auprès des plus beaux chefs-d'œuvre de l'architecture. Mais pour prendre toute la dimension du site, il faut gravir les collines alentour : dans son écrin de volcans s'étendant à perte de vue, planté au milieu d'une plaine de palmiers et de rizières, Borobudur apparaît tel un axe nodal, un centre du monde, point de rencontre des énergies. Une féerie qui s'impose à nouveau au fil des kilomètres de bas-reliefs, composant un formidable livre de pierre à ciel ouvert. Si la découverte de Borobudur se fait généralement en excursion depuis Yogyakarta, les hébergements de charme alentour devraient vous inciter à y faire étape.

Se repérer

CARTE C2 (P. 28-29) – CARTE DE JAVA CENTRE (P. 116-117).

Province de Java Centre – Alt. 231 m. À 42 km au nord-ouest de Yogyakarta et 17 km au sud de Magelang.

À ne pas manquer

Les bas-reliefs de Borobudur ; le Candi Mendut.

Organiser son temps

Dormez de préférence sur place et visitez le temple tôt le matin, ou en fin de journée. Évitez les w.-ends.

Carnet pratique p. 151

Nos adresses p. 152

Découvrir

CARTE DE JAVA CENTRE P. 116-117

Aux portes de Borobudur

Deux petits temples précèdent Borobudur quand on arrive de Yogyakarta, 1 km à l'est du site *(7h-17h30 - billet commun : 3 500 Rps - comptez 30mn).*

Candi Pawon

Le temple, qui servait peut-être d'antichambre pour les pèlerins, montre une base carrée coiffée d'un toit pyramidal supportant des gradins de stûpas. À l'intérieur, de jolis **bas-reliefs** représentent des personnages féminins et des *kalpataru*, ces arbres à vœux ruisselant de bijoux.

★★ Candi Mendut

Édifié en 800 par le roi Indra, Candi Mendut se reconnaît à sa forme cubique (son toit, sans doute en forme de stûpa, ne fut jamais achevé). La balustrade de l'escalier et les murs extérieurs sont décorés de bas-reliefs et de bodhisattva. Mais le principal intérêt du temple réside dans ses **trois statues★★★** (3 m) qui trônent à l'intérieur, sans doute les plus belles que l'on puisse voir à Java *in situ*. Assis à l'européenne, Bouddha est flanqué à sa droite du bodhisattva Avalokitesvara, et à sa gauche du démon repenti Vajrapani. Leurs pieds sont lisses à force d'avoir été touchés par les dévots.

Le rayonnement du bouddhisme

Malgré les incomparables vestiges que nous a laissés son âge d'or javanais (entre 750 et 850), l'histoire du bouddhisme en Indonésie reste mal connue. Le plus ancien témoignage écrit, qui date de l'an 414, est le récit d'un bonze chinois faisant escale à Java au retour d'un voyage qu'il a effectué en Inde. À cette époque, comparé au brahmanisme, le bouddhisme reste encore embryonnaire.
Mais la situation évolue aux 7e et 8e s., et le moine chinois I-Ching, qui séjourne à Sumatra entre 686 et 691, s'émerveille du haut niveau des études religieuses, tout en notant quelques particularismes locaux, comme la vénération de déités serpents (Naga).

Le nombril du monde

Unique au monde dans sa conception, Borobudur n'est pas à proprement parler un temple, mais plus exactement un **stûpa**, édifice dépourvu de *cella* (sanctuaire abritant l'image d'un dieu). Conçu comme un **mandala**, ce monument figure un labyrinthe concentrique que le fidèle parcourt en suivant les **dix étapes de l'initiation** pour parvenir à la sagesse ; le stade ultime de la compréhension intuitive étant la *shunyata*, essence de la pensée bouddhique.
La construction, qui dura environ 70 ans, se fit en cinq étapes, de 750 à 850, sous les souverains Sailendra. Mais les modifications introduites au cours de la réalisation, notamment lors de l'émergence des théories du Vajrayana, rendent difficile l'interprétation de son symbolisme. C'est ainsi, par exemple, que l'énorme stûpa qui coiffait les quatre terrasses carrées fut abandonné au profit des trois terrasses rondes couronnées d'un stûpa plus petit que l'on peut voir aujourd'hui.

Un nom mystérieux mais un site symbolique

Certains historiens pensent que le temple serait le Bhumisambhara mentionné dans un texte de 842, auquel aurait été accolé le suffixe *baudhara* (« montagne »), pour donner « la montagne de l'accumulation de la vertu par étapes ». D'autres optent pour un mélange de sanskrit et de javanais signifiant « monastère sur la montagne », ou encore d'une altération de Varabuddhapura, le « sanctuaire du grand Bouddha »...
Quoi qu'il en soit, sa situation, au cœur d'un cirque volcanique, ne doit rien au hasard et répond aux préceptes définis par les textes indiens. Borobudur se dresse en effet à proximité du mont Tidar – volcan à forte charge symbolique –, non loin du confluent de la Progo et de l'Elo qui évoque le confluent sacré du Gange et de la Yumna, en Inde. En outre, les bâtisseurs choisirent une colline artificielle qui supportait jadis une terrasse, probablement élevée par les anciens Javanais pour le culte des ancêtres.

De l'Inde au Japon

Au début du 8e s., le célèbre gourou indien Vajrabodhi se rend à Sumatra et à Java, où il enseigne à Amoghavajra. L'un des disciples de ce dernier, Huigo, fondera plus tard le bouddhisme shingon, encore pratiqué au Japon, et qui comporte d'indéniables similarités avec le bouddhisme javanais de cette époque.

Moines bouddhistes au temple de Borobudur.
E. Nathan/Loop Images/age fotostock

1

Le site archéologique

(0294) 496 402 - www.borobudurpark.com (possibilité d'acheter le billet en ligne) - 6h-17h - 350 000 Rps (-10 ans 210 000 Rps); billet combiné avec Prambanan (valable 48h) 560 000 Rps; billets « Sunrise »/« Sunset » vendus par les agences de Yogyakarta et les hôtels, dont le Manohara situé à l'intérieur du site, pour une entrée à 4h30 et/ou une sortie à 18h30 : 450 000 Rps. Comptez au moins 2h.
Visitez Borobudur au lever du soleil, c'est une expérience unique.
Bien qu'il s'inspire des stûpas du nord-est de l'Inde, Candi Borobudur présente une architecture assez singulière. Par ses dimensions tout d'abord (123 m de côté), cet immense quadrilatère en andésite grise reste sans équivalent. Semblable à une pyramide écrasée, il comprend un socle supportant cinq terrasses carrées, surmontées de trois terrasses rondes, elles-mêmes coiffées d'un vaste stûpa.
Pas moins de 1460 panneaux de bas-reliefs narratifs et 1222 panneaux de motifs décoratifs ornent ses flancs, extraordinaires chefs-d'œuvre de pierre qui nous renseignent sur les croyances et le mode de vie des Javanais de cette époque. 504 représentations de Bouddha, d'une incomparable beauté, complètent l'ensemble. Mais l'on imagine aujourd'hui avec peine l'aspect de cette statuaire dans son état originel, quand elle était colorée de tons vifs…

La base

Avant d'entamer votre parcours initiatique, penchez-vous sur la base à demi cachée de l'édifice, qui supporte sa large terrasse ouverte. Elle se pare de **160 panneaux en bas-relief★**, mis au jour lors de la restauration. Cette frise illustre les traits de caractère humains et symbolise la « loi des Causes et des Effets », qui détermine la rétribution des actions et des pensées des hommes, dans la vie présente où dans une vie ultérieure. Certains historiens affirment que cette frise fut masquée lors de la modification de l'édifice, car elle ne répondait plus à sa nouvelle destination. D'autres prétendent que le contrefort fut simplement ajouté pour consolider l'ouvrage.

L'idéal du royaume mandala

Tous les royaumes indo-javanais ont en commun la référence au mandala indien, cercle fondamental représentant l'univers. Sur le plan religieux – dont découle l'architecture –, les mandalas dessinés au sol sont censés créer un espace de prière et de méditation à l'abri des mauvais esprits. Les divinités sont réparties symétriquement dans l'espace, en cercles concentriques et entourées par un mur. Sur le plan politique, le mandala symbolise le royaume parfait, libéré des puissances maléfiques. Au centre se trouve le souverain, au titre suprême de *cakravartin* (« celui qui fait tourner la roue »), entouré de cercles d'officiels, eux-mêmes situés au milieu d'anneaux secondaires. Sur le plan social enfin, cette notion semble avoir eu une influence sur l'organisation des villages autour d'une place centrale.

Les galeries

Au fil des quatre galeries du niveau supérieur courent 2,5 km de **bas-reliefs★★★** représentant l'univers des formes (Rupadhatu), que l'on découvre en déambulant dans le sens des aiguilles d'une montre. Durant cette phase initiatique, le stûpa sommital n'est visible à aucun moment, car les galeries sont bordées de hautes balustrades surmontées de petits stûpas. Des niches s'ouvrent aussi à distance régulière, abritant un bouddha dans l'une de ses quatre représentations (Jina).

Première galerie – Le mur intérieur de la première galerie présente deux séries superposées de 120 panneaux chacune. Celle du haut relate les événements de la vie de Bouddha de sa naissance au sermon de Bénarès (Lalitavistara), tandis que celle du bas narre ses vies antérieures (Jataka).

Le même thème apparaît sur la balustrade, à l'exception de l'angle nord-est, où sont décrites les vies antérieures des bodhisattva.

Deuxième et troisième galeries – Parvenu à la deuxième galerie par l'escalier est *(réservé à l'ascension)*, vous pourrez admirer 128 autres panneaux, décrivant le Gandawyuha, l'un des plus importants textes bouddhiques, qui raconte la quête de la sagesse supérieure par Sudhana. La série s'achève dans la troisième galerie.

Quatrième galerie – La quatrième galerie dévoile 72 panneaux décrivant le Bhadratjari, la fin de la vie de Sudhana, quand il fait vœu de suivre les traces du bodhisattva Samantabhadra. Une multitude de panneaux narratifs illustrent des scènes de la vie quotidienne du peuple et de la cour à l'époque des Sailendra.

Cinquième galerie – La cinquième balustrade délimite un plateau dont le **panorama★**, ouvert sur la vallée, offre un contraste saisissant avec les galeries inférieures. À ce stade, en effet, le fidèle a suffisamment appris sur le monde pour pouvoir le contempler. C'est d'ailleurs la principale occupation des **72 bouddhas de pierre★★** en méditation, enfermés dans leurs petits stûpas ajourés, qui hérissent les trois terrasses circulaires. Le grand stûpa central qui couronne le mandala est vide, lui, probablement pour alléger la structure.

Karmawibhangga Museum (MUSÉE DE BOROBUDUR)

En quittant le mandala, faites un tour au musée *(à ses pieds)*, qui présente une collection de photos consacrées à la rénovation du site. Décrit une première fois en 1817 par Thomas Raffles, le temple fut d'abord dégagé de son tapis végétal puis, au début du 20e s., le Hollandais Theo van Erp entreprit de le restaurer. Mais le mandala menaçait toujours de s'effondrer en raison des infiltrations d'eau. De 1975 à 1984, un ambitieux projet conduit par l'Unesco permit de lui rendre toute sa splendeur. Plus de 1 million de blocs furent déplacés un à un, puis l'ensemble fut renforcé par une dalle en béton invisible et doté d'un nouveau système de drainage. Le musée s'efforce également d'éclairer la signification symbolique de l'architecture du site en forme de mandala cosmique. Il détaille aussi les antiques routes maritimes des épices, raison pour laquelle des vaisseaux marchands figurent sur certains bas-reliefs du temple.

Carnet pratique

Arriver/Partir

En bus

La gare routière de Borobudur se trouve à 10mn à pied du site. Inutile de prendre un *becak*.

Du terminal de Jombor à Yogyakarta *(accès en taxi ou avec le Transjogja, lignes 2A et 2B)*, départs fréquents pour Borobudur entre 5h et 17h *(1h45 de trajet)*. Attention, dernier bus de retour à 15h. Sinon, il faut rejoindre Magelang, d'où partent des bus vers Yogyakarta ttes les heures jusqu'à minuit.

De Magelang, vous pouvez aussi attraper la navette **Daytrans** *(www.daytrans.co.id)* qui passe à 23h à l'hôtel Trio. Elle arrive à l'aube au port de Jepara, où l'on embarque pour l'île de **Karimunjawa** (*voir p. 169*).

En minibus

Les agences de Yogyakarta font des navettes *(75 000/100 000 Rps)* et proposent un circuit *Borobodur Sunrise* qui permet d'assister au lever du soleil sur le temple, juste avant l'arrivée de la foule. Départ vers 4h du matin de votre hôtel, retour vers 10h. Possibilité de circuit Borobodur-Prambanan dans la même journée.

En taxi

Comptez 300 000 Rps le trajet depuis Yogyakarta. À partir de 3 personnes, une solution rentable est de louer un taxi à la durée *(voir Yogyakarta, p. 134)*.

Voiture et scooter

De Yogyakarta, prendre au nord vers Magelang puis, à Muntilan, à gauche vers le site (panneau).

Pour les locations, voir Yogyakarta, p. 135.

Transports

Becak

Pratique, mais pas indispensable, pour se rendre de la gare routière au temple, ou à Candi Pawon et Candi Mendut.

Ojek (moto-taxi)

Très rapide pour les distances un peu longues. Comptez 10 000 Rps pour une petite course (de la gare routière au site, par exemple). Négociez un forfait si vous voulez visiter plusieurs temples ou vous rendre à l'hôtel Amanjiwo *(env. 50 000 Rps/h)*.

Location de vélos

Rens. auprès des *losmen*. Comptez env. 25 000 Rps/j.

Visites

Balade en carriole – Située à 4 km au sud-est du site, la petite communauté rurale de **Candirejo** s'est structurée autour d'un tourisme associatif. Elle propose des tours en *dokar* tiré par un cheval, la visite des plantations agricoles (papaye, cacahuète, piment, maïs, tabac, soja) et de la fabrique de chips de manioc, et des maisons du hameau. Vous pourrez également jouer du gamelan ou suivre des cours de cuisine, le tout dans une authentique ambiance villageoise.

Rens. au ✆ (0293) 789 675 ou 081 328 808 520.

Agenda

Waisak – *Avr.-mai.* Fête de la naissance et de la mort de Bouddha. Une procession de bonzes se rend de Candi Mendut à Candi Borobudur.

Borobudur Festival – *Mai.* Durant 5 jours, parades, expos d'art et d'artisanat, musique, *wayang kulit*.

Nos adresses

Restauration

Premier prix

Padang Borobudur Indah – *Jl. Medan Kamulan (près du parking A, au nord-est du site) - ✆ 0856 4335 9690 - 6h-21h - 30 000/80 000 Rps.* Restaurant de spécialités indonésiennes. Avec ses 200 places assises, il ne joue pas la carte de l'intimité.

BS Resto – *Jl. Raya Borobodur (4 km avant le site en venant de Muntilan) - ✆ 0812 2947 5140 - www.bsresto.com - 9h-17h - 35 000/100 000 Rps.* Sous des *gazebos* au bord d'un petit étang, on savoure d'excellents plats indonésiens à prix très modérés.

Hébergement

Budget moyen

Lotus II Guesthouse – *Jl Balaputradewa 54 (sur la route au nord-est du temple) - ✆ (0293) 788 845 - - 9 ch. 300 000/600 000 Rps.* Ambiance sympa grâce au propriétaire qui parle parfaitement l'anglais. Agréable terrasse donnant sur les rizières, mais évitez les chambres donnant sur la route, bruyante. Propreté à revoir. Possibilité de louer des vélos *(25 000 Rps/j.)* et des motos *(75 000 Rps/j.)*.

Rumah Boedi – *✆ (0293) 788 773 - Ig@rumah_boedi - - 20 ch. 650 000/1 400 000 Rps.* Sérénité et raffinement sont les maîtres-mots de ce bel ensemble de villas dispersées dans un jardin arboré au bord d'une rivière. Mobilier de style indonésien traditionnel. Prêt de vélos, cours de yoga, de cuisine ou de batik, rafting et balades à cheval.

Pour se faire plaisir

Shankara Borobudur – *Jl. Balaputradewa 18 (à 15mn à pied au nord-est du temple) - ✆ (0293) 330 1818 - www.shankaraborobudur.com - - 30 ch. 990 000/1 320 000 Rps.* Confortable et bien situé, il est doté d'une vaste piscine. Personnel serviable. Le restaurant est un peu décevant. Location de vélos et scooters.

Une folie

Plataran Heritage – *Dusun Kretek, Karangrejo (à 4 km à l'ouest du temple) - ✆ (0293) 788 888 ou 0811 2637 755 - www.plataran.com - - 75 ch. 4 600 000/9 690 000 Rps.* Très bel hôtel à la décoration d'inspiration coloniale, niché dans la végétation tropicale. À ne pas confondre avec son voisin, le Plataran Resort & Spa, nettement plus cher. Spa, location de vélo. Bon restaurant.

Amanjiwo – *Majaksingi (à 3 km du temple) - ✆ (0293) 788 333 - www.amanresorts.com - - 36 ch. 14 500 000/25 300 000 Rps.* D'un luxe inouï et à des prix stratosphériques, l'établissement vaut le détour ne serait-ce que pour le splendide panorama sur Borobudur. Spa, tennis, service irréprochable. Entrée gratuite à Borobudur pour les clients.

Prambanan ★★★

Petit village de la fertile campagne javanaise, Prambanan a donné son nom à la plus grande concentration de temples hindo-bouddhiques d'Indonésie. Joyaux de l'art indo-javanais du 9e s., les hautes silhouettes de Candi Prambanan composent un hymne aux dieux de l'Inde, comptant parmi les chefs-d'œuvre inscrits au Patrimoine mondial de l'Unesco. Mais, s'ils sont les plus connus, ces temples ne forment qu'une petite partie d'un gigantesque complexe de 508 sanctuaires, encore loin d'avoir livré tous ses secrets. Abandonné au 10e s., ce fascinant ensemble fusant vers le ciel n'a été que partiellement reconstruit mille ans plus tard. En 2006, un tremblement de terre a endommagé de nombreux temples annexes, dont certains restent encore en ruine.

Se repérer

CARTE C2 (P. 28-29) – CARTE DE JAVA CENTRE (P. 116-117) – PLAN DU SITE (P. 156).
Provinces de Java Centre et de DKI Yogyakarta.
À 17 km au nord-est de Yogyakarta et 40 km au sud-ouest de Solo.

À ne pas manquer

Le Loro Jonggrang et, plus au calme, Sewu et Plaosan ; le soir, une représentation du *Ramayana*.

Organiser son temps

Comptez une demi-journée avec le trajet de Yogyakarta ; prenez le *Transjogja* de Yogyakarta ou un taxi et arrivez dès l'ouverture ou en fin de journée pour éviter la foule.

Carnet pratique p. 159

Nos adresses p. 159

Découvrir

PLAN P. 156

★★★ Candi Prambanan (LORO JONGGRANG)

(0274) 496 402 - www.borobudurpark.com (possibilité d'acheter le billet en ligne) - 7h-17h30 - 675 000 Rps (-10 ans 405 000 Rps) ; billet combiné avec Borobodur ou Ratu Boko (valable 48h) 560 000 Rps, avec Plaosan et Sojiwan 420 000 Rps ; 100 000 Rps pour un guide (pas indispensable). Comptez 1h30.

Visible de la route, ce complexe reste le plus beau et le plus grand sanctuaire hindouiste jamais construit en Indonésie. Achevé en 856, Candi Prambanan marque le retour en gloire des Sailendra avec le règne de Rakai Pikata. En grande partie détruit par un tremblement de terre au 11e s., le Candi Prambanan a fait l'objet d'un travail de restauration à l'époque hollandaise.

Les divers temples se répartissent sur un vaste quadrilatère divisé en trois cours concentriques. L'enceinte de la première protège une esplanade dépourvue de bâtiments ; la deuxième accueille 224 **templions Perwara** plus ou moins en ruine. Au centre s'ouvre la cour la plus sacrée, domaine des temples principaux, dédiés à la Trimurti : de part et d'autre du Candi Siva, le plus haut et le plus saint, se dressent le Candi Brahma (au sud) et le Candi Visnu (au nord). À chacun correspond un temple secondaire, **temple de véhicule** dressé en face pour abriter le *vahana*, la monture du dieu.

Deux **Candi Apit**, « temples annexes » dont on connaît mal la fonction, occupent aussi les lieux, et le muret d'enceinte lui-même est ponctué de petits temples-gardiens : quatre **Kelir** aux portes et quatre **Sudut** pour les angles.

★★★ Candi Siva

Véritable prouesse technique, le temple-montagne de Siva est constitué de blocs de pierre de 600 kg, les plus élevés étant perchés à 20 m du sol. Haut de 47 m, l'édifice forme un quadrilatère de 30 m de côté, coiffé d'un toit pyramidal à six degrés qu'hérisse une kyrielle de petits stûpas côtelés.
Chaque façade est flanquée d'un **escalier à portique** doté d'une rampe à *makara* *(voir encadré, p. 158)*. Celui-ci conduit à une cella indépendante, petite chapelle dont l'entrée est gardée par un *kala* (seule la cella orientale fait office de vestibule en communiquant avec la cella centrale, cachée au cœur du bâtiment).
Chaque **chapelle** abrite une **statue★★★**, toutes des chefs-d'œuvre de l'art indo-javanais. Dans la cella centrale, un majestueux Siva anthropomorphe médite debout, le regard porté vers l'est. Côté nord, c'est la déesse Durga, également appelée Loro Jonggrang (« frêle vierge »), jeune beauté qui a donné son surnom au site. Dans la cella ouest, on reconnaît Ganesha à sa tête d'éléphant, tandis que le sage Agastya occupe la cella sud. Bien que ces figures appartiennent au panthéon indien, la composition présente ne se voit qu'à Java.
Outre les statues, il faut prendre le temps d'admirer tous les détails du **décor extérieur★★★**. Une galerie à ciel ouvert court autour du temple ; son parapet est ponctué de 24 panneaux de **bas-reliefs★★★** narrant l'épopée du *Ramayana* *(commencez par l'est, dans le sens des aiguilles d'une montre)*. Le dynamisme des scènes et la finesse des traits ont fait l'admiration de générations d'archéologues et de visiteurs. D'autres superbes bas-reliefs leur répondent sur les murs, représentant le dieu Dewa Lokapala, le gardien des points cardinaux.
Sur la base de l'édifice, remarquez aussi les lions en médaillon entourés de *kalpatura* (arbres célestes) et les *kinara* (créatures mi-homme mi-oiseau chantant), motifs caractéristiques du style de Prambanan. Au-dessus, **gargouilles**, **stûpas côtelés** et bas-reliefs illustrant la danse de Siva complètent le tableau.

★★ Candi Brahma et Candi Visnu

L'histoire interrompue du *Ramayana* – quand Rama arrive à Lengka pour livrer bataille à Rawana – se poursuit sur les **bas-reliefs★★★** du Candi Brahma (au sud). Plus petit que le Candi Siva, le temple ne comprend qu'une cella unique, où trône une **statue de Brahma★★** à quatre têtes, malheureusement endommagée. Le culte voué à ce dieu est une autre singularité javanaise par rapport à l'Inde, où les sanctuaires dédiés à Brahma sont rares.
Son frère jumeau, le Candi Visnu (au nord) ne comprend lui aussi qu'une seule cella, où trône une **statue de Visnu★** à quatre bras. De splendides **bas-reliefs★★★** relatant la légende de Kresnayana (l'incarnation de Visnu en Krisna) courent le long de ses murs extérieurs.
Des trois temples de véhicule *(vahana)*, seul le **Candi Nandi** *(face au Candi Siva)* a conservé sa statue : un magnifique **buffle sacré★★★**. L'oie sacrée du Candi Angsa *(face au Candi Brahma)* et l'oiseau mythique du Candi Garuda *(face au Candi Visnu)* ont hélas disparu.

Purbakala Tamanwisata Prambanan (MUSÉE DE PRAMBANAN)

À la sortie du complexe, avant le village marchand - mar.-dim. 6h-17h - gratuit.
Doté de plusieurs salles, le musée retrace l'histoire et les travaux de restauration des temples depuis leur redécouverte par l'archéologue hollandais C.A. Lons en

Candi Prambanan.
mazzzur/Getty Images Plus

1

1733. On peut aussi y admirer une réplique du **trésor de Wonoboyo** (les pièces authentiques sont conservées au Musée national d'Indonésie, à Jakarta). En 1990, dans un hameau situé à 5 km de Prambanan, des paysans déterrèrent, en labourant une rizière, des jarres contenant près d'un millier d'objets cérémoniels en or et en argent, dont des bols ciselés de scènes du *Ramayana*.

★★ Temples bouddhiques du groupe nord

★★ Candi Sewu

À 1 km à pied de Candi Prambanan, possibilité d'emprunter le petit train gratuit - entrée incluse dans le billet du Candi Prambanan. Comptez 30mn.

Connu des anciens sous le nom de Manjusirigrha, le Candi Sewu (littéralement « mille temples ») fut construit entre 778 et 810 sous l'égide des souverains

Le « candi », temple-montagne

Nés de la rivalité (puis cohabitation) entre les deux grands royaumes javanais de l'ère classique (8e-10e s.) – les **Sanjaya hindouistes** et les **Sailendra bouddhistes** –, les temples de Prambanan illustrent un art indo-javanais à son apogée. Souvent édifiés à la gloire d'un monarque décédé, les *candi* sont liés à la mort, bien qu'ils ne constituent pas des sépultures. Manifestation terrestre d'une divinité, c'est avec elle que le roi fusionnait avec l'au-delà et, dans la cella, une statue figurait la présence du monarque pour les pèlerins. Avant même l'introduction des religions indiennes, de très anciennes inscriptions javanaises font référence aux temples-montagnes, éléments qui sont au cœur de la mythologie hindo-bouddhique. Montagne cosmique située au centre de l'univers, le **Meru** indique l'axe du monde ; sa base s'enfonce au plus profond des entrailles de la terre et son sommet affleure les plus hauts niveaux du paradis. C'est par ce prisme symbolique que doivent être observés les temples de Prambanan.

Sailendra. Ce complexe constitue par sa taille le deuxième sanctuaire bouddhique d'Indonésie après celui de Borobudur.

Quatre rangées de **60 templions** (240 au total) coiffés de stûpas enserrent le temple principal, un édifice de 30 m de haut qu'accompagnent huit Candi Apit (« temples annexes »). Couronné d'un gros stûpa central, ce dernier respecte les strictes conventions du rituel védique (les fondations reposent sur un mandala de pierre), mais sa conception montre une émancipation stylistique – due aux Sailendra – par rapport à l'archétype indien. Ainsi, sa forme carrée originelle fut modifiée dès les années 790 au profit d'un plan cruciforme incorporant quatre chapelles latérales, pour répondre à l'essor du culte de Jina, le bouddha des points cardinaux. Quatre puissants *raksasa* armés de massues gardent les portes du temple contre les mauvais esprits, tandis qu'une galerie intérieure, partiellement couverte, distribue les cinq cellas (celle de l'est ouvrant sur la cella centrale).

Poursuivez à pied à travers les rizières et les plantations de canne à sucre jusqu'au temple le plus oriental du site, Candi Plaosan (situé à 2 km de Candi Prambanan).

★★ Candi Plaosan

Billet combiné avec le Candi Prambanan : 420 000 Rps. Comptez 30mn.

Probablement élevé à partir de 835, ce superbe complexe célébra le mariage d'une princesse bouddhiste Sailendra avec un roi hindou de la famille Sanjaya. Une union qui prédestina à un fascinant mélange d'éléments architecturaux, empruntés aux deux religions.

Du complexe originel qui comprenait trois grands sanctuaires, subsiste un **temple jumeau★★**, composé de deux bâtiments massifs de forme rectangulaire séparés par un muret. Pas moins de **116 stûpas** et **58 templions** les enserrent encore dans leur écrin sacré. Du troisième temple, en bois, qui se dressait au nord, ne reste en revanche plus que la base en pierre, tandis que son pendant, au sud, a complètement disparu.

Entre leurs épais murs de pierre, les deux temples cachent chacun trois cellules, faiblement éclairées par de petites baies. Les moines logeaient à l'étage supérieur, dont le plancher en bois n'a pas survécu au temps. Chaque cella renferme deux **bodhisattva★**, auprès desquelles les pèlerins venaient se recueillir. Assis à même le sol, leurs yeux se trouvaient juste à la hauteur des pieds des statues, seules figures divines qui soient accessibles aux hommes. Un bouddha en bronze *(disparu)* accompagnait les deux sculptures. Dans la pénombre, on distingue à peine les **bas-reliefs★** qui couvrent les murs, représentant des fidèles en train de prier. Vous aurez plus de chance avec ceux des murs extérieurs, ornés de **danseuses★★** d'une grande finesse d'exécution, mais aussi de terrifiants *raksasa*, chargés de repousser les mauvais esprits. Chose rare, les *kala* sont ici pourvus d'une mâchoire inférieure.

★ Ratu Boko ou le groupe sud

À 2 km de Candi Prambanan, navette gratuite depuis l'entrée du site - 350 000 Rps ; billet combiné avec le Candi Prambanan 675 000 Rps. Comptez 1h.

De Prambanan, on rejoint la colline qui s'élève de l'autre côté de la route, site de quelques vestiges peu visités. L'endroit conserve pourtant un rare exemple d'architecture civile de la période classique (8e et 9e s.). Bâtie sur une succession de petites terrasses, à flanc de colline, la cité de Ratu Boko s'étend sur 16 ha, jouissant d'un superbe **panorama★★** sur Prambanan et le volcan Merapi. Mais s'agit-il bien d'une cité ? Cet ensemble palatin reste mystérieux, et si certains archéologues y voient l'ancienne capitale des Sanjaya (la position était aisée à défendre), d'autres pensent à un monastère ou un lieu de détente.

Passé le Gapura, une double entrée cérémonielle, vous débouchez sur un vaste terre-plein couvert de pierres éparses. Sur la gauche, on aperçoit le **temple des incinérations**, une double terrasse carrée de 26 m de côté et 3 m de haut. Dernier ancrage des âmes éteintes, un puits s'ouvrait au centre. À l'autre bout du terre-plein se dressait le *paseban*, ancien hall de réception, dont on voit encore la base en pierre et quelques ruines.

Au-delà, près d'un hameau de maisons en bambou, se cachent quelques-uns des vestiges les plus intéressants de Ratu Boko, qui ne sont pas sans évoquer les bâtiments des *kraton* que les sultans de Yogyakarta bâtiront près de mille ans plus tard. Des trous dans le dallage d'un **pendopo★** (20 m sur 20 m), le pavillon des audiences, montrent l'emplacement des piliers qui supportaient une charpente en bois. Dans son prolongement s'ouvre la terrasse du *pringgitan*, un peu moins large que celle du *pendopo*. Un mur encadre les deux terrasses, jalonnées d'une myriade de *stûpika* (stûpas miniatures). Juste au sud-est de l'enceinte, on peut également voir trois anciens **temples en réduction**.

En contrebas, des **bassins★** creusés dans la roche servaient peut-être aux ablutions princières, de même que le large bassin du Keputren (« quartier des femmes »), à l'extrémité orientale du site.

La princesse au cœur de pierre

Bandung Bondowoso, le fils du roi Boko, aimait la princesse **Loro Jonggrang** qui ne le lui rendait guère. Coquin de sort, la victoire de Boko sur son père contraignit la belle à consentir au mariage, mais celle-ci y mit une condition : que Bandung construisît mille temples en son honneur en une seule nuit. Le prince fit appel à tout ce que la terre comptait de génies, qui se mirent au travail plein d'allant. Mais, alors qu'ils s'attaquaient au dernier ouvrage, la princesse – mauvaise joueuse – tira du sommeil ses servantes et leur ordonna de semer partout des grains de riz. Tout à la joie d'un petit-déjeuner avancé, les coqs entonnèrent leur chant matinal. Les génies, l'esprit sans doute obscurci par la fatigue, crurent l'aube venue et rangèrent leurs outils sans achever leur œuvre. Bien marri d'être ainsi dupé, Bandung montra cependant à la belle que lui non plus ne manquait pas d'humour, et la changea en statue. Depuis, Loro Jonggrang rumine sur son sort dans une cella du temple de Siva, figée sous les traits de Durga.

1

Une architecture symbolique

Niveau des mortels, le socle du temple, ou *bhurloka*, est couvert de motifs géométriques et floraux. Au deuxième degré *(bhuvarloka)*, siège des êtres purifiés, les fidèles rentraient en contact avec la divinité grâce aux incantations des prêtres. Divers bas-reliefs ornent ses murs, dont des *kala-makara*, association de **figures monstrueuses**. Démon légendaire aux yeux globuleux et dépourvu de mâchoire inférieure (censée se trouver sous terre), le *kala* coiffe portes et niches, tandis que le *makara*, chimère à trompe d'éléphant, crinière de lion, bec de perroquet et queue de poisson, forme la main courante des escaliers menant à la cella. Le toit pyramidal de l'édifice, enfin, figure le **monde des dieux** *(svarloka)*. Des *gandharva* et des *vidyadhara* le décorent, créatures célestes flottant parmi des *naga* (serpents) et des lotus. Une loge sous la cella abrite le *peripih*, un récipient conservant les symboles du monde matériel : or, argent, bronze et graines.

Le groupe ouest

★ Candi Kalasan

Entre Yogyakarta et Prambanan, sur la route principale, près du village éponyme - 6h30-17h30 - donation.

Près de Kalasan se dresse, ignoré des touristes, l'un des plus vieux temples bouddhiques d'Indonésie (778 ; quoique son aspect actuel daterait du 10e s.), dédié à Tara, une divinité stellaire du bouddhisme tantrique. Le temple montre un plan carré, additionné de quatre porches qui lui confèrent un aspect cruciforme. Ses murs, élevés, sont surmontés d'un toit complexe, tout hérissé de stûpas. Des niches percent les façades, cernées de double *kala-makara*. Mais l'originalité stylistique de Candi Kalasan se voit surtout dans le **kala★★** rayonnant de la porte principale, cerné de motifs floraux d'où jaillissent lions et *gandharva* (musiciens célestes).

On rejoint à pied le temple suivant (200 m au nord), planté dans un décor tropical.

★★ Candi Sari

6h30-17h30 - donation.

Bien que contemporain du Candi Kalasan, ce temple montre un style radicalement différent. Ce beau bâtiment à trois corps, élevé sur une base haute et coiffé de stûpas, rappelle plutôt le Candi Plaosan. Comme ce dernier, il est construit sur deux niveaux, mais le plafond en bois a disparu. Sur la façade percée de baies, les superbes **divinités bouddhiques★★** surprennent par leur taille (2 m), leurs membres allongés et, surtout, un déhanchement d'une grâce typiquement indienne.

De la route principale, tournez au km 12,5 en dir. du nord et continuez sur 2 km.

★ Candi Sambisari

9h-16h - donation.

Découvert par un paysan en 1966 sous un tapis de cendres volcaniques de 6 m d'épaisseur, Candi Sambisari n'a été exhumé qu'en 1996. Il s'agit probablement de l'un des derniers sanctuaires sivaïtes dus aux Sanjaya (10e s.). On suppose que les piliers de la terrasse portaient une large toiture en bois. Dans un état de conservation remarquable, le temple a conservé son **linga★** originel, et d'élégantes **statues★** de Durga, Ganesha et Angsa ornent les niches de la galerie supérieure.

Carnet pratique

Arriver/Partir

En bus – De Yogyakarta, prenez le *Transjogja (ligne 1A, arrêt sur Jl. Malioboro - 40mn de trajet - 3 500 Rps)*. De l'arrêt à Prambanan, il suffit de marcher 5mn pour atteindre l'entrée du temple.

En minibus – Les agences de Yogyakarta proposent un circuit d'une journée couplant les visites de Borobodur et Prambanan. Pour les plus pressés.

En taxi/moto-taxi – Pratique pour arriver au site dès l'ouverture *(30mn de trajet - 70 000 Rps en taxi, 30 000 Rps en* ojek*)*.

En voiture/deux-roues – Louer un scooter *(70 000/80 000 Rps/j.)* ou une voiture avec chauffeur *(450 000/600 000 Rps/j.)* permet de visiter les temples isolés ou, éventuellement, de voir Prambanan et Borobodur dans la même journée.

Visites

Balade en char à bœuf – *082 226 698 325 - www.prambananvillagetour.com - 325 000 Rps/pers. (mini. 6 pers.)* Les habitants du village de Bugisan, près du Candi Plaosan, organisent des balades en *gerobak*, carriole tirée par des bœufs, au milieu des rizières. Démonstration de chants et de gamelan et dégustation de *jamu* sont aussi au programme.

Agenda

Tawur Agung – *Mars.* La veille du Hari Raya Nyepi, cette grande cérémonie de purification hindouiste est marquée par des récitations de *védas* (textes sacrés) et un concert de gamelan.

1

Nos adresses

PLAN DE PRAMBANAN (P. 156)

Restauration

Budget moyen

1 Rama Shinta Restoran – *Komplek Rama Shinta Ballet - (0274) 496 178 - lun. et merc. 10h-16h, mar. et jeu.-sam. 10h-20h - déjeuner à la carte : env. 85 000 Rps ; buffet les soirs de spectacle (17h30-19h30) 175 000 Rps bc.* Pratique pour dîner sur place en attendant le début de la représentation du Ramayana. Tables sous des kiosques en extérieur, avec vue sur le Candi Prambanan. Bonne cuisine indonésienne et service souriant.

2 Abhayagiri – *Sumberwatu Heritage Resort (à 3 km au sud de Candi Prambanan) - (0274) 446 9277 - Ig@ abhayagiririestaurant - 11h-21h - 60 000/150 000 Rps.* Cadre verdoyant, avec vue sur le mont Merapi, les temples Prambanan et Sojiwan. Cuisine raffinée, indonésienne et internationale.

En soirée

Ballet du Ramayana – *(0274) 496 408 ou 0858 0352 5354.* Prambanan est le cadre de l'une des plus belles représentations du *Ramayana*, le *Sendratari*. Le spectacle a lieu tous les mar., jeu. et sam. de 19h30 à 21h30. De mai à oct., il se déroule dans un vaste amphithéâtre en plein air *(150 000 à 450 000 Rps)*, avec des chœurs, deux énormes orchestres de gamelan, et le Candi Prambanan en toile de fond. De nov. à avril, la représentation a lieu dans le théâtre Trimurti mitoyen *(150 000 à 300 000 Rps)*, moins scénographique.

Solo (Surakarta) ★

Trois volcans cernent Solo : à l'ouest, le Merapi et le Merbabu, et, à l'est, le Lawu. Loin de s'en émouvoir, la ville dégage une atmosphère paisible qui tranche avec l'agitation de sa voisine Yogyakarta. Creuset de la tradition artistique javanaise, qu'elle perpétue dans la fabrication des batiks, les spectacles de danse et les représentations de wayang orang et wayang kulit, Solo affiche aussi une vocation commerciale, que l'on ressent au marché. La campagne alentour, paysage serein de rizières, se découvre à vélo. Plus loin, sur les pentes du Lawu, se dressent les temples de Sukuh et de Ceto, témoins émouvants de l'hindouisme javanais à son crépuscule.

Se repérer

CARTE C2 (P. 28-29) – CARTE DE JAVA CENTRE (P. 116-117) – PLAN DE VILLE (P. 162).
Province de Java Centre – 544 000 hab. – Alt. 80 m.
Solo est située à 65 km au nord-est de Yogyakarta.

À ne pas manquer

Les batiks du Pasar Klewer ; les temples hindouistes du mont Lawu.

Organiser son temps

Comptez une journée, deux jours avec une excursion au mont Lawu ; à Solo, visitez les *kraton* et les musées le matin, car ils sont fermés l'après-midi.

En famille

Le parc d'attractions Sriwedari.

Carnet pratique p. 164

Nos adresses p. 166

Se promener

PLAN P. 162

Large avenue doublée d'une voie ferrée, **Jalan Slamet Riyadi** traverse la ville d'est en ouest, séparant les deux *kraton* par une rivière de boutiques, de restaurants et d'hôtels.

★ Kraton Surakarta Hadiningrat C3

(0271) 714 942 - lun.-jeu. 9h-14h, w.-end 9h-15h - fermé vend. - 15 000 Rps.
Véritable cité dans la cité, ce *kraton*, également appelé Kasunanan, constitue à lui seul un quartier, protégé par de hauts murs blancs. L'ensemble aurait bien besoin d'une rénovation, mais la visite reste intéressante, surtout si vous bénéficiez d'un bon guide pour comprendre les symboliques attachées aux lieux. Inauguré en 1745 à la fondation de Solo, le complexe est conçu, comme tous les *kraton*, suivant les préceptes de la cosmologie javanaise *(voir encadré, p. 124)*. La légende veut que son site ait été choisi par Ratu Kidul, la reine des mers du Sud *(voir encadré, p. 87)*, protectrice du souverain. Aussi les Solonais sont-ils convaincus que l'incendie qui l'a ravagé en 1985 a sanctionné les manquements aux règles du *sunan* Pakubuwono XII (1945-2004), plus intéressé par les affaires que les traditions. C'est Pakubuwono XIII qui lui a succédé. La partie nord du *kraton* est occupée par le **Pagelaran**, ancien pavillon des audiences publiques, et le **Siti Inggil**, la salle des couronnements. Au sud, le palais proprement dit (700 m sur 500 m) abrite le *sunan* et ses serviteurs *(accès par le musée, côté est)*.

Kraton Surakarta Hadiningrat.
Faris Fitrianto/Getty Images Plus

On pénètre dans l'enceinte du *kraton* par la **porte est** *(du sud de la place Alun-alun, prenez vers la gauche en longeant les balustrades)*. Elle débouche sur une cour distribuant les salles du **musée Swaka Budaya** *(voir horaires et prix ci-dessus)* dont les collections ne manquent pas d'attrait : marionnettes, gongs, masques de *wayang*, mais surtout des sculptures et des gargouilles provenant des temples de Prambanan et de Dieng, une collection de photos anciennes du temps de la colonisation hollandaise et de remarquables **carrosses royaux★**.
En sortant du musée, on débouche dans la cour principale du complexe, mer de sable noir plantée de grands arbres. Au centre trône un imposant *pendopo* pavé de marbre, reconstruit à l'identique après l'incendie de 1985. Une tour, **Panggung Songgo Buwono★** (1782), se dresse à ses côtés ; chaque année, le *sunan* s'y isole au dernier étage pour s'entretenir en tête à tête avec la reine des mers du Sud.
Le **dalem**, secteur privatif du sultan, est fermé au public, mais vous pouvez faire le tour de l'enceinte pour admirer la superbe **porte ouvragée★** qui ferme l'Alun-alun Kidul, la place au sud du *kraton*.

Autour de Surakarta Hadiningrat C3

Attenant à l'enceinte du *kraton*, un grand bâtiment en béton à deux étages abrite le **Pasar Klewer★** *(9h-17h)*, le marché de textiles de Solo. Il a été totalement reconstruit après l'incendie qui l'a ravagé, en 2014. C'est là qu'il faut aller pour acheter vêtements et batiks. Les vendeuses, qui s'interpellent sans cesse et se font servir leurs repas sur place, déplieront sous vos yeux les plus beaux batiks solonais, aux dominantes marron et jaune.
Sur le côté ouest, associée au *kraton*, se dresse la **Mesjid Agung (Grande Mosquée)**, reconnaissable à son triple toit (1750) *(entrée interdite aux non-musulmans)*.
Sur l'**Alun-alun Lor**, vaste quadrilatère semé d'herbe folle, s'élèvent deux majestueux banians sacrés, plantés par le sultan en 1745. Marchands de lunettes et philatélistes ont investi le côté nord de la place, tandis que le terre-plein central sert de cadre aux festivités ou à des matchs de foot improvisés.

Pour rejoindre le Kraton Mangkunegaran, faites un détour par la **Jalan Gatot Subroto**, artère devenue un spot de *street art* chéri des artistes locaux depuis quelques années.

★ Kraton Mangkunegaran BC2

✆ (0271) 642 016 - www.puromangkunegaran.com - 8h30-15h (14h30 jeu. et dim.) - 40 000 Rps (avec la visite guidée).

Le second palais de Solo est en fait une demeure seigneuriale *(pura)* et non un *kraton*. Construit en 1757, après la partition du royaume de Mataram, il accueille aujourd'hui le prince Mangkunegara X, monté sur le trône en 2022, à l'âge de 24 ans. Outre les collections, vous apprécierez la douce atmosphère des lieux. Au milieu de la cour, vaste carré d'herbe entouré d'une galerie jalonnée de piliers blancs, trône un immense **pendopo**★ (3 270 m²) qui fut longtemps le plus grand de Java. Ce vaste pavillon ouvert abrite quatre gamelans, dont le plus ancien (à gauche) a été fabriqué à Demak au 16ᵉ s. Juste derrière s'ouvre le Pringgitan, le

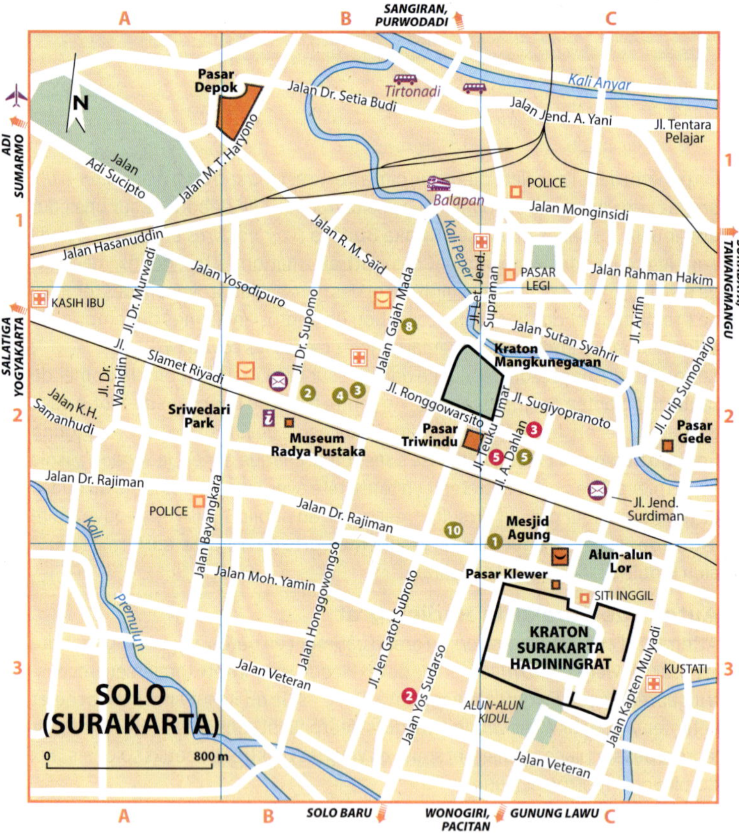

SE RESTAURER
- Kusuma Sari 2
- Ramayana 3
- Warung Baru 5

SE LOGER
- Cakra Home Stay 1
- Dana 2
- Grand Orchid 3
- Ibis Solo 4
- Istana Griya 5
- Kusuma Sahid Prince Hotel 8
- Westerner's 10

Deux princes pour une cité

Les rois de Mataram, dernier grand royaume javanais, avaient installé leur capitale à Kartasura. En 1742, après le sac de la ville par les Hollandais, Pakubunowo II décide de transporter sa cour dans un village proche, **Solo**, qu'il rebaptise **Surakarta**. Huit ans plus tard, son successeur doit faire face à la dissidence de deux oncles. Cette lutte de pouvoir, qui arrange bien les Hollandais, débouche en 1755 sur la **partition du royaume de Mataram**. La moitié revient à l'un des deux oncles, Mangkubumi, qui fonde Yogyakarta, tandis que l'autre moitié se voit divisée entre le *sunan* (prince) et son vassal Mangkunegara, qui demeurent tous deux à Solo. S'ouvre alors pour la ville une période de **prospérité** et d'essor démographique qui sera brutalement interrompue en 1825 par la guerre de Java *(voir « Histoire », p. 609)*. Le début du 20e s. voit la fondation à Solo des premières organisations nationalistes indonésiennes. Mais lors de l'indépendance, le *sunan*, accusé d'avoir collaboré avec les Hollandais, perd toutes fonctions officielles et ne jouera plus aucun rôle au sein de la nouvelle république.

« salon » des réceptions officielles, décoré des portraits des différents *sunan*. On pénètre ensuite dans la première salle du *dalem*, qui renferme les **collections des princes★★** : bijoux, ceintures de chasteté féminine et masculine, vaisselle, globes d'ivoire, sabres, kriss et miroirs à eau. L'alcôve du fond cache un lit où l'on dispose deux fois par semaine du riz en offrande à Dewi Sri, la déesse du riz.

1

Autour de Mangkunegaran B2

Juste à côté du Pura Mangkunegaran, en revenant vers Jalan Slamet Riyadi, faites un tour au minuscule **Pasar Triwindu** *(Jl. Diponegoro - 9h-17h)*, véritable bric-à-brac de statues, marionnettes, bronzes, batiks, masques, porcelaines, bijoux... (plus de copies que d'originaux).

Vers l'ouest, aménagé dans une élégante demeure coloniale aux murs blancs et plafonds en bois, le **Museum Radya Pustaka★** *(tlj sf lun. 8h30-15h - 5 000 Rps)*, le plus vieux musée d'Indonésie (1890) après le Musée national de Jakarta, abrite une remarquable collection d'**objets d'art et d'artisanat** de Java Centre : marionnettes, masques, kriss incrustés d'ivoire et de pierre, porcelaine, vaisselle, armes, gamelans, coiffes, proues de navires royaux, ainsi que de belles statues hindoues.

À gauche en sortant du musée, on aboutit au **parc d'attractions Sriwedari**, haut lieu de la nuit solonaise. Vous y trouverez des boutiques de souvenirs, un théâtre de *wayang* et un cinéma, ainsi que des *lesehan* ouverts 24h/24.

Excursion

CARTE DE JAVA CENTRE P. 116-117

★★ Sur les pentes du mont Lawu

À env. 40 km à l'est de Solo. Si vous êtes en voiture ou à moto, prenez la dir. de Tawangmangu. Au bout de 30 km, à Karangpandan, tournez à gauche, puis continuez sur 10 km. Comptez 1h de route en tout, les derniers km étant très pentus. Si vous y allez en bus, prenez celui de Tawangmangu et descendez à Karangpandan pour prendre un minibus (fréquence aléatoire). Comptez une journée.

À l'est de Solo se dresse le volcan Lawu sur les flancs duquel s'étagent plantations de thé, rizières et bouquets de forêts. Dans ce décor sauvage se cachent deux temples hindouistes méconnus, empreints de sérénité et de spiritualité.

Fleur de roi

Quoique dénuée d'éclat et de parfum, la *wijaya kusuma* était autrefois réservée au sultan de Solo, toute infraction étant passible de la peine capitale. Sa cueillette donnait lieu à des expéditions d'une soixantaine de personnes, conduites par un prêtre. Une fois ramassée, à grand-peine, elle était enfermée dans une boîte en or garnie de soie, elle-même placée dans une boîte ornementée, puis transportée jusqu'au *kraton* sur un palanquin protégé d'un parasol en or. Elle prenait place parmi les attributs les plus précieux de la royauté. Selon la légende, les sultanes enceintes qui consommaient une *wijaya kusuma* étaient sûres d'obtenir un héritier mâle, d'où son nom de « fleur de la victoire ».

★★ Candi Sukuh

Perché à 900 m d'altitude, le magnifique Candi Sukuh (vers 1416-1459), restauré en 2021, comprend trois terrasses superposées, dominées par une pyramide que coiffait autrefois un linga. De là-haut, le **panorama★★** sur la forêt et les plantations de thé est superbe. Dernier bastion de l'hindouisme dans Java Centre face à la propagation de l'islam, ce sanctuaire était consacré au culte d'un mystérieux héros salvateur. Une rupture avec l'orthodoxie sivaïte, qui se traduit par une iconographie originale. Telles les figures phalliques et les grandes tables en forme de tortues, qui révéleraient l'existence de rituels initiatiques, voire orgiaques, et les bas-reliefs extérieurs représentant Bima et Sadewa, héros du *Mahabharata* indien, dans des épisodes purement javanais.

Du temple Sukuh, vous pouvez faire une escapade jusqu'à la **cascade de Tawangmangu★**, qui jaillit au milieu d'un parc forestier. Haute de 40 m, elle inonde plusieurs bassins dans lesquels c'est un régal de se baigner. On peut s'y rendre en voiture – la route, à travers les rizières, est très belle –, mais le mieux est de faire la balade à pied pour apprécier pleinement l'atmosphère et de la beauté du cadre *(2h30 aller; prenez un guide, le chemin n'est pas simple)*.

★★ Candi Ceto

Un peu plus haut, à 1200 m d'altitude, le Candi Ceto apparaît au milieu de la brume et de la végétation *(7 km au nord de Sukuh, via Ngargoyoso)*. Contemporain du Candi Sukuh (vers 1468-1475), il est voué au même culte. En revanche, ses **terrasses** rappellent l'organisation des temples balinais. Des fidèles s'y rendent toujours ; lors de sa restauration, des pavillons en bois ont été ajoutés à l'initiative de Suharto qui, dit-on, aimait s'y recueillir.

Carnet pratique

PLAN DE SOLO (P. 162)

S'informer

Office de tourisme – B2 - *Jl. Slamet Riyadi 275 - ✆ (0271) 711 435.*

Adresses utiles

Banque/Change

Nombreuses banques et guichets automatiques ATM sur Jl. Slamet Riyadi (ABC2). Pour l'un des meilleurs taux de change :

Golden Money Changer – B3- *Jl. Yos Sudarso 1 - tlj sf dim. 10h-17h (sam. 16h).*

Poste/Téléphone

Poste centrale – C2 - *Jl. Jend. Sudirman 7 - 8h-19h (sam. 14h).*

Telkom – C2 - *Jl. Mayor Kusmanto (près de la poste centrale) - 24h/24.*

Arriver/Partir

En avion

Aéroport international Adi-Sumarmo – A1 EN DIR. - *À 10 km au nord-ouest de la ville.* Prenez un taxi, parce qu'il n'y a pas de bus direct. Liaisons avec toutes les villes de Java, avec Bali et Sumatra.

En train

Gare de Balapan – B1 - *Jl. Monginsidi.* De Yogyakarta, départ environ ttes les heures, *(45mn/1h de trajet).* Env. 5 trains/j. pour Jakarta *(8h30 à 9h de trajet).*

Pour connaître les horaires et réserver un trajet, utilisez le site **www.tiket.com** (en anglais).

En bus

Le terminal de **Tirtonadi** se trouve au nord de la gare (B1). La plupart des compagnies ont leurs agences sur Jl. Sutan Syahrir (C2) ou Jl. Urip Sumoharjo (C2). Durée approximative des trajets : Yogyakarta 2h ; Semarang 2h30 ; Surabaya 6h ; Jakarta 12h.

Pour connaître les dessertes et les horaires de bus, consultez le site **www.jadwalbis.com** (en anglais).

En bemo

Le terminal est juste à l'est de la gare routière (BC1). Pratique pour les moyennes distances.

Transports

Les distances étant réduites entre les centres d'intérêt, le mieux est de se promener en *becak*, en carriole, à bicyclette ou encore à pied.

Taxi

Station principale sur Jl. Slamet Riyadi (B2), dans le centre-ville.

Taksi Kosti – *(0271) 856 300.*

Taksi Sentral – *(0271) 728 728.*

Location de véhicules

Possibilité de louer une voiture ou un taxi avec chauffeur à la journée auprès des grands hôtels, des agences ou de : **PT Solo Central Taxi** – A1 - *Jl. Adi Sucipto 78 - (0271) 728 728.* Possibilité de louer des scooters et vélos auprès des pensions. Soyez vigilant sur la route.

Visites

Mandira – B1-2 - *Ruko Victoria Kav. 8, J. Tentara Pelajar 4 - (0271) 727 100 ou 0811 2640 0404 - www.mandiratour.com.* Personnel accueillant et efficace ; circuits touristiques, réservations de billets et spectacles.

Train à vapeur

Sepur Kluthuk Jaladara – Cette vieille locomotive à vapeur construite en 1896 était conservée au musée d'Ambawara jusqu'en 2009. Elle est désormais utilisée comme petit train touristique dans Solo *(150 000 Rps/pers.)* Rens. à l'office de tourisme ou dans certains hôtels de la ville.

Agenda

Kirab Pusaka Kraton – *Date mobile.* Le nouvel an javanais est célébré dans les deux palais.

Foire artisanale Maleman Sriwedari – *Deux dernières semaines du ramadan, au parc Sriwedari* (B2).

Sekaten – *Date mobile.* Semaine de fête précédant l'anniversaire de Mahomet.

Carnaval du batik de Solo – *Juin.* Défilés de mode, parades dans les rues principales de la ville.

1

Nos adresses

PLAN DE SOLO (P. 162)

Restauration

Les *warung* de **Jl. Teuku Umar** (marché de nuit) (C2) ferment tard et ceux de **Puja Sari**, près de l'office de tourisme (B2), sont ouverts 24h/24. Goûtez les spécialités locales : *nasi liwet* (riz au poulet cuit avec du lait de coco), *kue putu* (petit gâteau à la noix de coco cuit à la vapeur dans du bambou) et *srabi* (gâteau de riz à la banane, à la noix de coco ou au chocolat).

Premier prix

5 **Warung Baru** – C2 - *Jl. Ahmad Dahlan 23 - ✆ 0812 2687 443 - ▭̸ - 11h-21h - 15 000/50 000 Rps.* Son décor en bambou est connu de tous les globe-trotters. Cuisine occidentale et indonésienne (ne manquez pas ses savoureux *nasi liwet*). Location de vélos et circuits à vélo, prêt de livres, cours de fabrication de batik.

2 **Kusuma Sari** – B3 - *Jl. Slamet Riyadi 111 - ✆ (0271) 656 406 - ▭̸ - 9h-21h30 - 15 000/50 000 Rps.* Un endroit prisé par les Solonais (très bon rapport qualité-prix), qui le prennent d'assaut à partir de 20h. Cuisine indonésienne simple. On peut aussi manger des glaces. Environnement un peu lugubre.

Budget moyen

3 **Ramayana** – C2 - *Jl. Imam Bonjol 49 - ✆ (0271) 646 643 - 10h-21h - 60 000/150 000 Rps.* Bonne cuisine indonésienne (dont les spécialités locales) et chinoise mais dans un cadre sans saveur.

Shopping

La plupart des boutiques ferment à 16h-17h, sauf sur **Jl. Gatot Subroto** (B3), animée jusqu'à 21h.

Marchés

Pasar Gede – C2 - *Jl. Urip Sumoharjo - 9h-17h.* Marché central (légumes, fruits, poissons, viande).

Artisanat

Pasar Triwindu – B2 - *Jl. Diponegoro (face au palace Mangkunegaran) - 9h-16h.* Incroyable bazar de vraies et fausses antiquités.

Balai Agung – B3 - *Jl. Alun-alun - ✆ (0271) 661 931 ou 0851 0017 7797 - 8h-16h.* Large choix de *wayang kulit* de grande qualité exécutées par Sihhanto.

Batiks

Pasar Klewer – C3 - *À côté du kraton.* Le temple du batik, qu'il soit industriel ou fait à la main. Les principaux fabricants de la ville sont **Batik Danarhadi** *(Jl. Slamet Riyadi)* et **Batik Semar** *(Jl. Adi Sucipto 101).*

Batik Keris – B3 - *Jl. Yos Sudarso 62.* Un bon choix sur deux niveaux avec des prix toutefois assez élevés. Ils ont une fabrique à Lawiyan *(8 km à l'est de Solo),* où l'on peut assister à la production.

Arts et spectacles

Une tradition à Solo, qui compte plusieurs écoles d'art.

Danse

Kraton Surakarta – C3 - *Dim. 9h et 15h.*

Kraton Mangkunegaran – BC2 - *Merc. 10h-12h.*

SMK Negeri 8 (École supérieure d'art et de danse) – C2 - *Jl. Kepatihan Wetan - ✆ (0271) 632 225 - tlj sf dim. 8h-12h - spectacle le 26 de chaque mois.*

STSI (Académie des arts) – *Kentingan Kampus, Jebres - ✆ (0271) 647 658 - www.isi-ska.ac.id - tlj sf vend. et dim. à 9h.*

Wayang

Auditorium du RRI – B1 - *Jl Abdul Rahman Saleh 51 - ✆ (0271) 639 230/642 208 - lg@rrisurakarta. Spectacles gratuits de wayang orang (théâtre d'acteurs) le 2e mar. du mois (20h-0h), de ketoprak (théâtre populaire) le 4e mar. du*

mois (20h-0h), et de wayang kulit (théâtre d'ombres) le 3e vend. du mois (de 21h à l'aube).
Anom Suroto – *Jl. Gambir Anom 100.* Le meilleur *dalang* (marionnettiste) de Solo *(un mar. sur cinq).*
Taman Budaya Surakarta – C2 EN DIR. - *Jl. Sutami 57 - ☏ (0271) 635 414 - lun.-vend. 7h30-15h30.*
Kraton Surakarta – C3 - *Alunalun Lor - ☏ (0271) 641 243 - www.surakarta.go.id - vend. et dim. 19h-21h.*

Activités

Fabrication de batik

Au restaurant **Warung Baru**, *voir « Restauration ».*

Hébergement

Comptez 30 à 50 % de plus le w.-end et lors des fêtes indonésiennes.

Premier prix

(10) **Westerner's** – B2 - *Jl. Empu Panuluh 11, Kemlayan kidul, Serengan - ☏ (0271) 633 106 - ☏ 0819 1062 1190- www.the-westerners.business.site - ▤ ▱ - 6 ch. 110 000/160 000 Rps.* Ce *losmen* familial, l'un des plus vieux de Solo, rustique mais bon marché, a l'avantage d'être central tout en occupant une rue calme. Ch. avec sdb privée ou commune (eau froide). Café et thé à disposition.

(5) **Istana Griya** – C2 - *Jl. Ahmad Dahlan 22 - ☏ (0271) 632 667 - ▤ - 15 ch. 100 000/125 000 Rps.* Cette adresse rompue aux voyageurs à petit budget propose une multitude de services (circuits, réservation de billets, location de voitures avec chauffeur). Les chambres simples ou plus sophistiquées (avec air conditionné et TV) sont relativement bien tenues, sans plus.

(1) **Cakra Home Stay Red Partners** – C2-3 - *Jl. Cakra II 15 - ☏ (021) 8062 9666 - ▤ ⛱ ᯤ - 20 ch. 100 000/150 000 Rps.* Si le confort et la modernité ne sont pas les vertus premières de cette maison aux allures de kraton, sa dimension historique, son architecture raffinée, ses ombres patinées valent bien des sacrifices... tout relatifs qui plus est. Car il y a aussi un jardin avec piscine et un bel ensemble de gamelan joue tous les lundis soir (gratuit pour les clients).

Budget moyen

(2) **Dana** – B2 - *Jl. Slamet Riyadi 286 - ☏ (0271) 711 976 - www.hoteldana.id - ▤ ✕ - 48 ch. 415 000/690 000 Rps ☕.* Cet hôtel bien situé (près de l'office de tourisme) est l'une des meilleures adresses de gamme moyenne de Solo. Les chambres, élégantes, reposent dans un cadre arboré. Personnel amical, prévenant et professionnel.

(4) **Ibis Solo** – B2 - *Jl. Gajah Mada 23 - ☏ (0271) 724 555 - www.all.accor.com - ▤ ✕ P ⛱ - 152 ch. 325 000/540 000 Rps ☕.* Chambres modernes et élégantes, cadre raffiné et épuré. Un bel établissement, pas trop cher et agréable. Bar ouvert 24h/24.

(3) **Grand Orchid** – B2 - *Jl. Gajah Mada 29 - ☏ (0271) 731 888 ou 0882 3836 9859 - Ig@ grandorchidhotelsolo - ▤ ✕ P - 118 ch. 350 000/600 000 Rps ☕.* Un plaisant hôtel en plein centre, qui dispose de chambres confortables et soignées. Bon rapport qualité-prix. Spa, location de voitures.

(8) **Kusuma Sahid Prince Hotel** – B2 - *Jl. Sugiyopranoto 20 - ☏ (0271) 646 356 - www.sahidhotels.com - ▤ ✕ P ⛱ - 121 ch. 650 000/1 500 000 Rps ☕.* Dans une ancienne résidence aristocratique (1897), qui a conservé une partie de son décor originel (dont un superbe hall), l'accueil est excellent et le confort parfait. Demandez les chambres donnant sur la piscine. Souvent complet le w.-end, même si les prix sont prohibitifs. Spa, agence de voyage.

1

Karimunjawa ★★

L'électricité 24h/24 grâce au solaire est un luxe nouveau à Karimunjawa, un chapelet de 27 petites îles isolées qui s'égrènent dans la mer de Java, au nord de Semarang. Le tourisme n'y est encore qu'à ses balbutiements, et c'est ce qui fait le charme des lieux : pas de resorts balnéaires pour entacher le paysage, pas de voitures ni de foule de visiteurs. Le tableau est simple et pur : atolls aux fonds marins féeriques, croissants de sable blanc bordés par des lagons et dominés par une végétation de mangrove et de cocotiers... On se croirait en Polynésie ! Destination encore confidentielle, Karimunjawa vous invite à jouer les Robinson dans son paradis turquoise.

Se repérer

CARTE C2 (P. 28-29) – CARTE DE JAVA CENTRE (P. 116-117).

Province de Java Centre, district de Jepara - 9 000 hab.

À 80 km au nord-ouest de Jepara, Karimunjawa est composé de 27 îles, dont seules 5 sont habitées. La principale, Pulau Karimunjawa, abrite à sa pointe sud l'unique village, où accostent les bateaux. Du débarcadère, il faut marcher 1 km vers l'ouest, sur Jl. Slamet Riyadi, pour atteindre la place centrale, Alun-alun. À proximité se trouvent plusieurs pensions, le poste de police, la clinique et pharmacie, et la BRI dotée du seul distributeur bancaire de l'île (prévoyez du cash, il est parfois hors service). Les meilleurs hôtels s'échelonnent à l'est du débarcadère, sur environ 3 km le long de la route côtière.

À ne pas manquer

Une journée en bateau pour faire le tour des îlots et du snorkeling ; le coucher de soleil sur la colline de Bukit Love ; un dîner de poissons et crustacés sur la place du marché.

Organiser son temps

Comptez 2 à 3 jours sur place, en prenant le temps de flâner sur l'île à scooter et de profiter de la plage. Attention, durant la saison des pluies (déc.-mars) et par gros vent, les ferrys sont parfois annulés à cause de la mer agitée. Prévoyez une marge en cas de retard. Réservez votre hôtel à l'avance pour que l'on vienne vous chercher au port ou à l'aéroport.

Carnet pratique p. 171

Nos adresses p. 172

Découvrir

CARTE DE JAVA CENTRE P. 116-117

★★ Karimunjawa côté mer

Les pensions et agences de l'île proposent des excursions en bateau à la journée, avec escales sur plusieurs îles, d'où vous profiterez de plages immaculées et de récifs coralliens riches en vie marine - embarquement du ponton situé à l'ouest de la place Alun-alun (Pelabuhan Wisata) - tarif dégressif selon le nombre de passagers : comptez env. 350 000 Rps/pers. pour 6-8 pers., repas et entrée pour chaque île (10 000 à 30 000 Rps) comprise.

La tournée des nombreux îlots de l'archipel *(island hopping)* est l'occasion de faire du snorkeling et d'admirer de superbes fonds sous-marins peuplés de coraux et poissons bigarrés, d'observer des tortues de mer et parfois des dauphins. Entre

Sur une plage de Karimunjawa.
mazzzur/Getty Images Plus

deux baignades, on déguste un succulent poisson grillé sur la plage, avant de faire une sieste dans un hamac à l'ombre des cocotiers.
Les bateaux font escale à **Menjangan Besar★** au sud, où l'on fait trempette dans un bassin en compagnie de petits requins à pointe noire.
À quelques encablures de là, **Menjangan Kecil★★** abrite de jolis récifs coralliens, faciles à explorer en apnée. Sur **Geleang★★**, il arrive parfois de croiser des tortues.
À 1h de bateau à l'ouest de Karimunjawa, **Cemara Kecil★★** et **Cemara Besar★★** sont des îlots déserts aux divines plages de sable blanc et eaux turquoise mais, ici comme ailleurs, les déchets plastiques qui jonchent parfois le sol atténuent quelque peu l'enchantement.
Une autre journée est nécessaire pour explorer les îles plus sauvages et éloignées, notamment **Pulau Seruni★★** à l'est, aux somptueux jardins de coraux.

★ Karimunjawa côté terre

Location de scooters (75 000 Rps/j.) auprès des pensions et agences de l'île.
La route côtière vers l'est, Jalan Bukit Saba, s'achève rapidement en cul-de-sac dans les collines. Elle dessert plusieurs hôtels, ainsi que la plage privée de **Nirwana Laut** *(entrée 15 000 Rps)*, où l'on peut contempler le lever du soleil.
À 2 km de la sortie nord-ouest du village, la petite colline de **Bukit Love★** *(entrée 10 000 Rps)*, accessible par un chemin pentu, offre un sympathique point de vue, enjolivé de sculptures, cabanes perchées et bancs de pierre, pour siroter une boisson en admirant cette fois le coucher du soleil.
À 5 km au nord du village, dans un virage à gauche, un sentier mène aux deux plus belles plages de l'île : **Tanjung Gelam★★** *(Sunset Beach)* et **Batu Topeng★★**. Ces deux anses, tapissées d'un sable fin comme de la farine et ombragées de palmiers, sont reliées par un chemin. Quelques échoppes y servent à boire et à manger et louent des hamacs. Idylliques en journée, elles sont un peu envahies en fin d'après-midi quand les groupes débarquent des bateaux pour le spectacle du coucher de soleil, qui reste toutefois assez exceptionnel.

Un éden au large de Java

Karimunjawa forme un **archipel de 27 îles** rocheuses et d'**atolls coralliens** éparpillés à fleur d'eau, au milieu d'un splendide camaïeu de bleu, dans la mer de Java, au sud de Bornéo. Seules les îles de Karimunjawa et Kemujan au nord (reliées entre elles par la mangrove), Parang, Nyamuk, Menyawakan à l'ouest et Genting à l'est sont habitées. Composée pour l'essentiel de Bugis, Javanais et Madurais, la population – adepte d'un islam conservateur – tire ses revenus de la pêche, l'horticulture, des plantations de noix de coco et, plus récemment, du commerce et du tourisme. D'autant plus que, depuis juin 2016, l'électricité est disponible en permanence sur l'île principale.

Une histoire ancienne

Karimunjawa était bien connue des antiques navigateurs. L'île servait d'escale sur les routes commerciales de la mer de Java pour les navires qui se rendaient à Bornéo et aux Moluques, en quête d'épices, de bois de senteur et d'autres denrées précieuses. Des sources historiques font état de sa découverte par la flotte chinoise de l'empereur Kubilai Khan en 1293, qui la baptise alors Chilimen. Selon la légende locale, l'île aurait été colonisée par Sunan Nyamplungan, le fils de Sunan Muria, l'un des neufs saints qui ont introduit l'islam en Indonésie. Des marins arabes, espagnols, portugais, hollandais et français ont fréquenté les eaux de l'archipel, que l'on rencontre sous différentes dénominations (Tortuga, Chirimao, Carimon Jawa) sur les anciens portulans de la région. En 2009 et 2011, des fouilles archéologiques ont mis au jour des poteries d'époque Ming (15e s.) près des côtes de Pulau Genting. Sous le gouvernorat de Thomas Stamford Raffles, au début du 19e s., les Anglais établissent une colonie pénitentiaire sur l'île, qui sera abandonnée par les Hollandais après la guerre de Java (1825-1830).

Une nature préservée

Inauguré en 1999, le **parc national de Karimunjawa** couvre 22 des 27 îles de l'archipel (111 625 ha). Cinq types d'écosystèmes s'y juxtaposent : récif de corail, herbier marin, forêt de mangrove, forêt côtière et forêt tropicale. La **mangrove**, qui couvre la plus grande partie des côtes, sert de refuge aux tortues vertes et imbriquées, qui viennent y déposer leurs œufs. Les récifs frangeants et récifs barrière sont riches de plus de 90 espèces de coraux et 242 espèces de poissons tropicaux. On y croise des spécimens protégés comme le corail noir et le corail orgue, des casques cornus, des tritons géants et nautiles, mais aussi des bancs chamarrés de balistes, labres, poissons-papillons, poissons-anges, poissons chirurgiens et poissons-clowns. Si les fonds marins de l'archipel sont bien préservés, la pêche commerciale se maintient dans le parc, dont les rangers n'ont pas les moyens d'assurer la surveillance.
Sur terre, la diversité est moindre, mais il est possible d'apercevoir, dans les collines tapissées d'une jungle épaisse et qui culminent à 506 m, des cerfs de Java, pangolins de Malaisie, varangs, et un genre unique de macaque crabier. On dénombre 40 espèces d'oiseaux, souvent bariolés, comme le pigeon vert impérial, le pygargue blagre, le bulbul goiavier à ventre jaune, la perruche à moustaches et la brève azurine. Prenez garde, lors de vos promenades en forêt, aux vipères de Malaisie (appelées ici *utar edor*), dont le venin est mortel. Le port de chaussures est impératif.

Le Dewadaru, arbre sacré de Karimunjawa

Entouré de nombreux mythes et vénéré comme un totem, l'arbre dewadaru (appelé aussi Dewandaru) est endémique de l'archipel. Il est considéré par les villageois comme un **don des dieux**, un garant de l'harmonie et de la paix qui protège tous les êtres vivants de l'île. Les artisans s'en servaient jadis comme bois de charpente et bois de marine, pour le façonnage de meubles, mais aussi de bâtons, bracelets et amulettes aux vertus magiques, censées guérir de nombreux maux. Aujourd'hui, cet arbre se rencontre plus rarement. Il en existe en fait deux espèces : *Fagraea elliptica*, de la famille des gentianacées, qui fleurit en grappes odorantes, et *Eugenia uniflora*, arbuste fruitier de la famille des myrtacées, dont les cerises rouges, au goût acidulé, sont riches en vitamine C.

De Batu Topeng, l'un des sentiers de **trekking** s'attaque aux collines pentues *(5h AR)*, d'où se découvre un fabuleux panorama. La présence d'un guide du parc national est obligatoire *(250 000 Rps/j.)*, à réserver auprès des agences ou des hôtels.

Au nord de l'île, à environ 12 km du village, un parcours dans la **mangrove** a été aménagé *(8h-17h - fermé le vend. de 11h30 à 13h30 - 155 000 Rps, w.-end 230 000 Rps)*. La route passe ensuite devant l'aéroport. À sa droite, on accède à la plage de **Bunga Jabe**, où une *guesthouse* propose des tours en bateau et des spectacles bugis pour les groupes.

Enfin, à la pointe nord-est de l'île de Kemujan, le lagon d'**Asari Timo**★ abrite quelques bungalows de bambou pour les Robinson en devenir et une agréable gargote sur la plage tenue par une sympathique famille bugis.

Carnet pratique

S'informer

Pas d'office de tourisme ni de site Internet. Une brochure succincte est disponible à l'embarcadère des ferrys à Jepara.

À 100 m du débarcadère, devant la station d'essence Pertamina, la petite agence touristique **Seasky** *(☏ (062) 822 2699 0002)*, qui loue des scooters et propose un service de taxis, fournit des informations sur les activités. Les hébergements sur place vous donneront aussi quelques renseignements.

Adresses utiles

Banque – La **BRI**, dans l'unique village de l'île de Karimunjawa, dispose du seul ATM de l'île, parfois en panne.

Clinique – *Jl. Permuda 15 - ☏ (0297) 312 137 ou 0823 2578 5510 - 24h/24.* Pharmacie, médecin anglophone.

Arriver/Partir

En avion

L'aéroport **Dewadaru** *(☏ (0297) 319 1731)*, est situé sur Kemujan, à 22 km au nord du village *(45mn)*. Taxi à réserver à l'avance auprès de votre hôtel *(350 000 Rps)*.

Airfast – *☏ (021) 520 06 96 - www.airfastindonesia.com.* La c^ie assure un vol depuis Surabaya 2 fois/sem.

Nam Air – *☏ (021) 2927 9777 ou 0804 1777 777 - www.flynamair.com.* Relie l'île depuis Semarang 3 fois/sem.

En bateau

Bahari Express – *(0291) 592 999 ou 0813 5067 9768 - www.karimunjawaboatticket.com - dép. lun., mar. et vend. 9h, sam. 10h; retour lun. 12h, merc. et dim. 11h, sam. 7h - 2h de trajet - 200 000/230 000 Rps.* Le *fast boat* part du port de **Jepara** et arrive au débarcadère de l'île de Karimunjawa.

Singinjai – *(0291) 591 048 - dép. lun., merc., vend. et sam. à 7h; retour mar., jeu. et dim. 7h, vend. 13h - 5h de trajet - 125 000/155 000 Rps. Liaison par ferry.*

En minibus

Day Trans– *(0274) 385 990 - www.daytrans.co.id.* Minibus de nuit pour Jepara au départ de Yogyakarta *(23h-4h30 - 180 000 Rps).*

Agenda

Barikan Festival – *Vers la mi-oct.* Processions et danses costumées, confection de gâteaux de riz colorés *(tumpeng)*, jetés à l'eau en hommage à la déesse de la mer.

Nos adresses

Restauration

Sur l'île de Karimunjawa

Budget moyen

Fish Market – *Sur la place Alun-alun - 18h-21h - 20 000/100 000 Rps selon poids.* Si vous aimez le poisson et les crustacés tout frais pêchés, dînez sur la place centrale. Ambiance conviviale garantie. Des petits stands vendent des poissons de toutes sortes, ainsi que des crevettes, des langoustes, des cigales de mer et des calamars. Ils sont badigeonnés de marinade et grillés sur les barbecues. On les déguste avec les doigts, sur des tables disposées dans l'herbe, avec riz et légumes. Jus de fruits ou bière sur demande.

Amore Cafe – *au bord de l'eau, à 250 m à l'ouest du débarcadère - 0852 3206 7735 - - 10h-23h - 20 000/80 000 Rps.* Dans une maison au toit de style joglo, à la déco soignée et avec une agréable vue sur mer, on sert des classiques indonésiens ainsi que des salades, sandwichs, burgers, viandes et poissons grillés.

Eat & Meet – *Dans le village, en face de Coconut House - 0812 2515 7712 - 16h-22h - 60 000/120 000 Rps.* Cuisine occidentale mitonnée par un Allemand : burgers, pizzas au feu de bois, lasagnes, salades et crème glacée maison. Bière fraîche.

Hébergement

Deux options si vous devez passer la nuit à Jepara, réputé pour ses fabriques de meubles en teck :

Sriya Cafe & Homestay – *0813 2500 7000 - 2 ch. 175 000/200 000 Rps - 35 000 Rps.*

Marina Beach Bungalows – *(0291) 59 59 32 - www.jeparamarina.com - - 7 ch. 405 000/595 000 Rps .* Plus confortable que le précédent.

Sur l'île de Karimunjawa

Premier prix

The Bodhi Tree – *Jl. Sutomo (dans le village, en face de la BRI) - 0812 3922 2203 - Ig@thebodhitreehotel - - 1 dortoir de 8 lits 90 000 Rps, 4 ch. 170 000/300 000 Rps .* Un charmant petit hôtel d'une propreté immaculée. Jolie déco en carreaux de ciment, petite terrasse à l'étage.

Kathy's Place – *Dans le village, près de la mosquée - 0812 9188 1535 - - 5 ch. 200 000/250 000 Rps .* Une maison d'hôtes à la déco contemporaine qui propose des chambres impeccables. Accueil charmant. Cuisine équipée en libre accès.

Budget moyen

Ayu Hotel – *Côte est, à 400 m du débarcadère - 0813 2749 0558 - www.ayuhotel.com - - 9 ch. 450 000/500 000 Rps .* Dans un joli jardin face à la mer, des chambres et bungalows séduisants tenus par un couple germano-indonésien, qui loge dans la maison moderniste attenante. Les suites familiales peuvent accueillir jusqu'à 5 pers. Paiement par Paypal possible.

Mirabelle Joglo Village – *Côte est, à 1,5 km du débarcadère - 0821 3631 1234 - www.mirabellejoglovillage.com - - 6 ch. 900 000 Rps .* Au sommet d'une colline, un ravissant ensemble de bungalows de style javanais traditionnel, en teck recyclé. L'établissement est géré par un français, Laurent. Vue superbe des balcons. Bar-snack, restauration et organisation d'activités à la demande.

Pour se faire plaisir

Breve Azurine – *Côte est, à 1,5 km du débarcadère - 0813 2555 8796 ou 0821 7881 5657 - www.breveazurine.com - - 17 ch. 800 000/1 450 000 Rps .* Doté d'une plage privée, un bel ensemble de studios et villas en bois, dont une suite nuptiale, répartis dans la végétation. Les chambres, très spacieuses, ont toutes un balcon ou une terrasse, la télévision et un coffre. Excellent restaurant-bar face à la mer. Kayaks et masques/tubas à disposition. L'établissement organise à la demande des sorties en bateau, des massages, de la plongée et du trekking.

Une folie

Kura Kura Resort – *Sur l'île de Menyawakan, à 5 km au nord-ouest de Karimunjawa (40mn de bateau) - (024) 7663 2510 - www.kurakuraresort.com - CC - 15 cottages et 21 villas avec piscine privée 6 000 000/8 300 000 Rps en demi-pension.* Ceux qui rêvent de luxe trouveront ici leur paradis. Sur une île privée de 22 ha, cernée d'eaux cristallines, des cottages et villas raffinés, un service impeccable, supervisé par des gérants italiens. Restaurant de pâtes et poissons frais, Spa, fitness, club de plongée, canoës à disposition pour du snorkeling sur la barrière de corail, et sorties en bateau sur les îlots alentour. Accès en bateau de Karimunjawa *(70 $ AR)* et, de mai à oct., en avion 4 fois/sem. de Semarang *(210 $ AR).*

1

JAVA EST
LAUT
Ujung Pangkah
Paciran
Panceng
Laren
Pangkahkulon
Selat Barat
Sedayu
Bengawan Solo
Dukun
Sukodadi
Babat
Lamongan
CEPU, PURWODADI
Gresik
Kamal
Danau Prijetan
Ngimbang
Boboh
Mantup
Kedamean
Lamong
Taman
Kabuh
Trowulan
Krian
Ploso
Mojokerto
Surabaya
Mojosari
Jombang
Mojoagung
Porong
SOLO (SURAKARTA)
Gempol
Pandaan
Bangil
Pacet
Ngoro
Air Panas Cangas
Tretes
Candi Sumberawan
G. Arjuna
3331
Pare
Selekta
Purwodadi
Kepung
Waduk Selorejo
Candi Singosari
Air Terjun Coban Rondo
Batu
G. Kawi 2551
G. Kelud 1731
G. Butak 2868
Malang
Candi Penataran
Wlingi
Blitar
Waduk Wlingi
Lekso
Kepanjen
PONGORO, SOLO (SURAKARTA)
Lodoyo
Waduk Kesamben
Waduk Karangkates
Turen
Serang
Bantur
Teluk Serang
Ngliyep
Bembang
Penyaluran
Sitarjo
Sempu
Teluk Lenggasana
Arosbaya
Air Mata Cemetery
Bangkalan
Klampis
Tanjungbumi
Dupok
Ketapang
Baru
Blega
Kedunggdung
Kebanyartimur
Karangtengah
Sampang
Pantai Camplong
Surabaya
Kambing
Selat Timur
Sidoarjo
Selat
Ketapang
Pasuruan
Nguling
Welang
Tongas
Probolinggo
Puspo
Sukapura
Tosari
Wonokitri
G. PENANJAKAN
2270
Nongkojajar
Ngadisari
Cemara Lawang
Candi Jago
Tumpang
2392
G. BROMO
Klakah
Candi Kidal
Ngadas
3676
G. SEMERU
Bululawang
Besuktunggen
Besuksemut
Lumajang
Jatiroto
Tempeh
Dampit
Pasirian
Pronojiwo
Yosowilangun
Kencong
Glidik
Tanjung Pelindu
Nusa Barung
Cagar Alam Nusa Barung
Temple
2000 m
1000
500
200
0
0
25 km
N

JAWA
Pantai Slopeng
Ambuten
Asta Tinggi Cemetery
KEPULAUAN, KANGEAN
Tamberu
Pasongsongan
Slopeng
Lebak
Tanjung Lapak
Pantai Lombang
Dungkek
Madura
Sumenep
Iyang
Pakong
Kalianget
Semajid
Tanjung
Sombang
Rasang
Bluto
Puteran
Selat Sapudi
Sl. Raas
Jungkat
Brakas
Galis
Gayam
Pamekasan
Raja
Sapudi
Raas
Padeladang
Genteng
Tanjung Padelagan
LAUT BALI
Madura
Tanjung Pacinan
Kalbut
Tanjung Gerinting
Tanjung Ketah
Paiton
Besuki
Panarukan
Situbondo
Tanjung Jangkar
Asembagus
Gondosuli
Deluwang
Sampeyan
Taman Nasional Baluran
Tanjung Canding
Klabang
Jatikecil
Wonosari
Bondowoso
G. Argopuro 3000
Bajulmati
Bremi
Sempol
Wondsorejo
Tamanan
Pace
Paltuding
Cagar Alam Yang Plateau
Kalisat
KAWAH IJEN
2914
G. Merapi
G. Raung
3332
Ketapang
Watuurip
Jember
Licin
Rambipuji
Baru
Kajarjo
Banyuwangi
Gilimanuk
Merawan
Jambewangi
Katakan
BALI
Kalibaru
Wuluhan
Senen
Genteng
Binau
Puger
Wonowir
Baru
Selat Bali
Negera
Sukamande
Muncar
Setail
Bandialit
Sukamade
Taman Nasional Meru Betiri
Grajagan
Teluk Rajekwesi
Tanjung Kucur
Tanjung Grajagan
Teluk Grajakan
Cagar Alam Blambangan
LAUTAN HINDIA
Tanjung Purwo

Surabaya

Grosse cité portuaire, Surabaya semble avoir grandi trop vite. Architecture de verre et de béton, avenues saturées de circulation sous un soleil écrasant… au premier abord, la deuxième ville du pays fait plutôt fuir, d'autant qu'elle ignore superbement ce que le mot « piéton » veut dire. Elle offre cependant l'un des rares exemples en Indonésie d'une culture urbaine et cosmopolite. Surabaya est en effet tournée depuis longtemps vers la mer et les influences extérieures, maduraise, chinoise et arabe. Une vocation d'échanges vieille de plusieurs siècles, qui se lit sur les quais du port de Tanjung Perak, au détour d'un temple bouddhique ou dans les ruelles du quartier arabe. Pour les passionnés d'histoire, la ville sera aussi le point de départ d'une excursion à Trowulan, l'ancienne capitale de l'empire Mojopahit. À quelques encablures de la frénétique Surabaya, la petite île de Madura révélera un autre visage de l'Indonésie, d'une singulière aridité, que vous découvrirez dans ses petits ports de pêche aux bateaux flamboyants, sur ses plages désertes bordées de cocotiers, ou en assistant à un Kerapan Sapi, ces courses de taureaux riches en émotions fortes.

Se repérer

CARTE D1 (P. 28-29) – CARTE DE JAVA EST (P. 174-175) – PLAN DE VILLE (P. 178).

Chef-lieu de la province de Java Est – 3 044 000 hab.
À 270 km à l'est de Yogyakarta et 780 km à l'est de Jakarta.

À ne pas manquer

Les quartiers chinois et arabe ; la maison des Sampoerna ; les ruines mojopahit de Trowulan ; les belles plages de l'est et les courses de taureaux sur l'île de Madura.

Organiser son temps

Comptez 2 jours avec une escapade à Trowulan ou sur l'île de Madura. Évitez les heures de pointe pour vos déplacements en taxi. Visitez le quartier arabe plutôt en journée, l'ambiance y est plus chaleureuse.

En famille

Un spectacle de danses traditionnelles ; les varans du zoo.

Carnet pratique p. 183

Nos adresses p. 185

Se promener

PLAN P. 178

Surabaya s'est développée à partir du port vers le sud, en suivant le cours de la Brantas. Aujourd'hui, le cœur moderne de la cité bat le long des **avenues Tunjungan** (AB3), **Jend. Basuki Rahmat** (B4) et **Pemuda** (BC4), grandes artères que jalonnent hôtels de luxe, banques et centres commerciaux.
Sur Jl. Tunjungan, jetez un œil à l'**hôtel Majapahit** (B3), un bijou des années 1930 typiquement Art déco *(voir « Hébergement », p. 186)*. Puis filez vers le port pour découvrir çà et là des fragments de la ville d'autrefois, du temps où les marchands venaient des quatre coins du monde.

Les vieux quartiers AB1

Rendez-vous en taxi au pont Jembatan Merah AB1, à mi-chemin entre le centre et le port (20mn).

Port de Surabaya.
W. Winter/age fotostock

Quartier chinois B1

À l'est du pont Jembatan Merah (Pont rouge).
Dans un dédale de petites maisons-boutiques, piétons, *becak*, voitures et camions se disputent l'espace. Avec son **théâtre de marionnettes chinoises** *(Fu-Kien)*, le temple bouddhique **Hok Tek Hian** *(Jl. Dukuh)* témoigne d'un étonnant mélange culturel : le répertoire est chinois, mais les marionnettistes sont javanais.

Pasar Pabean (MARCHÉ PABEAN) B1

Jl. Panggung.
Le vaste marché regorge de poissons, viandes, épices, légumes et ustensiles en tout genre. Provisions juchées sur la tête, les femmes en sarong s'y bousculent négligemment, arpentant les allées boueuses au milieu du brouhaha et des mélanges de senteurs.

Quartier arabe B1

De l'autre côté de Jl. Mas Mansur.
Depuis le 15e s., Surabaya possède un quartier arabe, séparé du quartier chinois par Jalan Mas Mansur. Dans la ruelle qui mène à la **mosquée Sunan Ampel** *(accès interdit aux non-musulmans)*, les nombreux marchands d'étoffes, de tapis et de corans se font une rude concurrence, sur fond de mélopées arabes. Dans le petit cimetière attenant à la mosquée repose Sunan Ampel, l'un des Wali Songo les plus vénérés de l'histoire du pays *(voir « Histoire », p. 607)*.

En revenant sur le pont Jembatan Merah, filez plein ouest sur Jl. Rajawali, vers l'hôtel Arcadia. À 300 m au nord-ouest de l'hôtel se trouve la maison des Sampoerna (vous pouvez prendre un becak *devant l'hôtel, tout le monde connaît la destination).*

★★ House of Sampoerna (MAISON DES SAMPOERNA) A1

Taman Sampoerna 6 - ✆ (031) 353 90 00 - www.houseofsampoerna.com - musée, et galerie d'art : 9h-19h, café : 10h-21h - gratuit. Fermé depuis la crise sanitaire du Covid, le musée n'avait pas encore rouvert au moment de l'actualisation de ce guide.

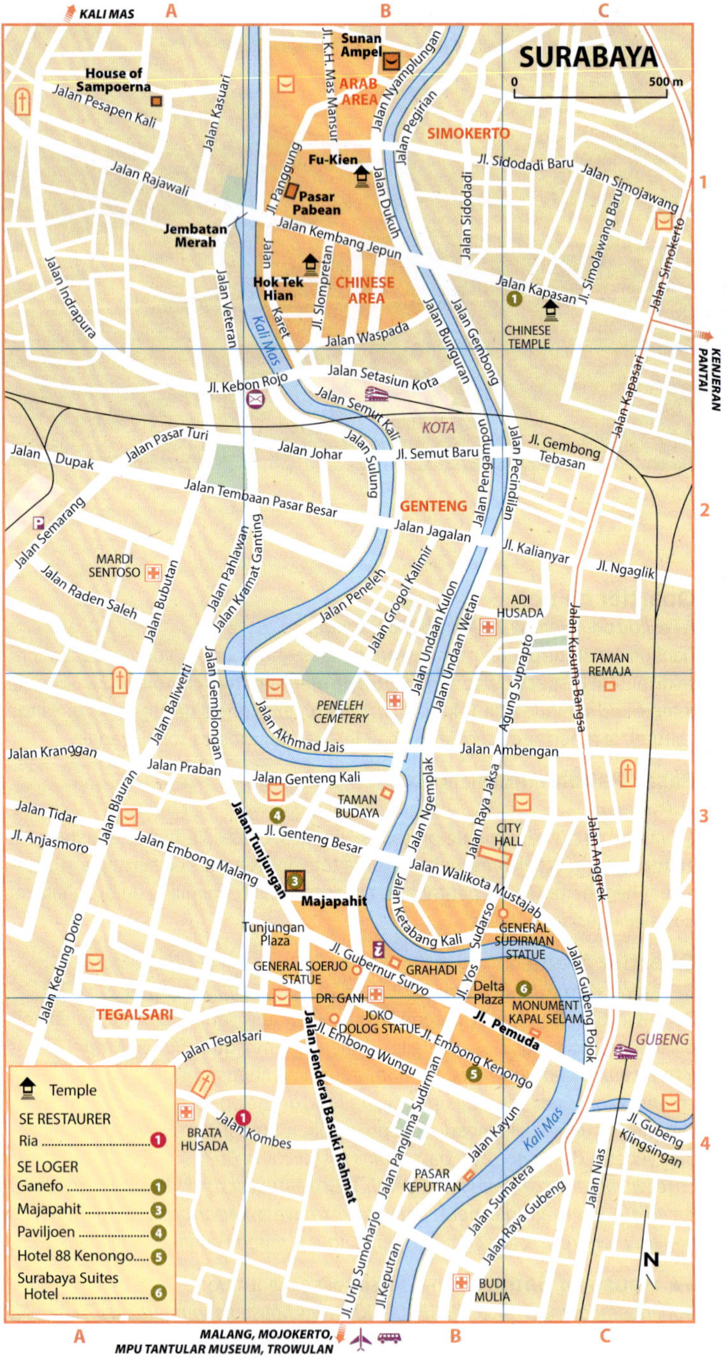
SURABAYA
0
500 m
KALI MAS
A
B
C
1
2
3
4
Sunan Ampel
ARAB AREA
House of Sampoerna
Jalan Pesapen Kali
Jalan Kasuari
Jl. K.H. Mas Mansur
Jalan Nyamplungan
Jalan Pegirian
SIMOKERTO
Fu-Kien
Jl. Sidodadi Baru
Jalan Simojawang
Jalan Rajawali
Jl. Panggung
Pasar Pabean
Jalan Dukuh
Jalan Sidodadi
Jalan Simolawang Baru
Jalan Simokerto
Jembatan Merah
Jalan Kembang Jepun
Jalan Indrapura
Jalan Veteran
Jalan Karet
Hok Tek Hian
Jalan Slompretan
CHINESE AREA
Jalan Kapasan
Jl. Simolawang
Kali Mas
Jalan Bunguran
Jalan Gembong
CHINESE TEMPLE
Jalan Waspada
KENJERAN PANTAI
Jalan Setasiun Kota
Jl. Kebon Rojo
Jalan Semut Kali
Jalan Kapasari
KOTA
Jalan Pasar Turi
Jalan Dupak
Jalan Johar
Jalan Sulung
Jl. Semut Baru
Jalan Pengamon
Jalan Pecindilan
Jl. Gembong Tebasan
Jalan Tembaan Pasar Besar
GENTENG
Jalan Semarang
Jalan Kramat Ganting
Jalan Jagalan
Jl. Kalianyar
Jl. Ngaglik
MARDI SENTOSO
Jalan Pahlawan
Jalan Raden Saleh
Jalan Bubutan
Jalan Peneleh
Jalan Grogol Kalimir
ADI HUSADA
Jalan Undaan Kulon
Jalan Undaan Wetan
Agung Suprapto
Jalan Kusuma Bangsa
TAMAN REMAJA
Jalan Baliwerti
Jalan Gemblongan
PENELEH CEMETERY
Jalan Akhmad Jais
Jalan Kranggan
Jalan Ambengan
Jalan Praban
Jalan Genteng Kali
Jalan Ngemplak
Jalan Raya Jaksa
TAMAN BUDAYA
Jalan Tidar
Jalan Blauran
Jalan Tunjungan
Jl. Genteng Besar
CITY HALL
Jalan Anggrek
Jl. Anjasmoro
Jalan Embong Malang
Jalan Walikota Mustajab
Majapahit
Jalan Ketabang Kali
Sudarso
GENERAL SUDIRMAN STATUE
Jalan Gubeng Pojok
Tunjungan Plaza
Jalan Kedung Doro
Jl. Gubernur Suryo
GRAHADI
GENERAL SOERJO STATUE
Jl. Yos
Delta Plaza
MONUMENT KAPAL SELAM
DR. GANI
Jl. Pemuda
TEGALSARI
JOKO DOLOG STATUE
Jl. Embong Wungu
Jl. Embong Kenongo
GUBENG
Jalan Tegalsari
Jalan Jenderal Basuki Rahmat
Jalan Panglima Sudirman
Jalan Kombes
BRATA HUSADA
Jalan Kayun
Jl. Gubeng Klingsingan
Jalan Nias
PASAR KEPUTRAN
Jalan Sumatera
Jalan Raya Gubeng
Jl. Urip Sumoharjo
Jl. Keputran
BUDI MULIA
N
MALANG, MOJOKERTO, MPU TANTULAR MUSEUM, TROWULAN
Temple
SE RESTAURER
Ria 1
SE LOGER
Ganefo 1
Majapahit 3
Paviljoen 4
Hotel 88 Kenongo 5
Surabaya Suites Hotel 6

Une cité cosmopolite

Fondée à la fin du 13e s., Surabaya fut longtemps convoitée par les princes de Madura et du centre de Java. Mais en 1525, époque de son islamisation, c'est elle qui impose son hégémonie sur les royaumes voisins. Elle ose même se frotter au puissant royaume de Mataram, engageant contre lui une guerre de près d'un siècle. La ville finit par capituler devant Sultan Agung (1625), avant de passer, un siècle plus tard, aux mains des Hollandais. Le 19e s. marque le début d'un grand **essor**, qui trouve son apogée avec la construction du chemin de fer reliant la ville à la capitale, Batavia (Jakarta). Dans les années 1930, la ville s'affiche comme le **premier centre industriel du pays**. Cependant, au lendemain de l'occupation japonaise (1942-1945), la population vit mal le retour des anciens colons. Surabaya est alors le théâtre de l'une des plus sanglantes batailles de la guerre d'indépendance. Les rebelles font preuve d'une telle résistance que la jeune République indonésienne érige Surabaya en « **cité des Héros** », son surnom.

Installé dans un superbe édifice à colonnes du 19e s., qui abritait autrefois un théâtre, ce musée relate l'histoire de la famille Sampoerna, propriétaire de la plus célèbre marque de cigarettes au clou de girofle du pays. Vous pourrez prendre un en-cas dans l'espace Art déco du café-restaurant.

Au nord de Surabaya, le **pont Suramadu** (2009), le plus long du pays (5438 m), relie la ville à l'île de Madura. Il fait la fierté des Surabayanais.

1

Au sud de la ville

MPU Tantular Museum (MUSÉE MPU TANTULAR) B4 EN DIR.

Jl Raya Buduran - ✆ (031) 805 66 88 - mar.-jeu. 8h-15h, vend. 8h-14h, sam.-dim. 8h-12h30 - 5 000 Rps.

Le lieu, consacré à l'**art et la préhistoire de Java Est**, renferme de remarquables bronzes Dông-Sôn ainsi qu'une impressionnante série de **69 statuettes en bronze hindoues★** (10e-11e s.), mises au jour à Ponorogo dans les années 1990. On peut y voir également de délicats *wayang*, des terres cuites mojopahit et d'élégantes céramiques chinoises.

Excursions

CARTE DE JAVA EST P. 174-175

Les amateurs d'histoire ancienne retrouveront les sources de la civilisation Mojopahit à Trowulan tandis que ceux qui préfèrent les sorties nature se rendront sur l'île de Madura.

★ Trowulan

À 60 km à l'ouest de Surabaya - possibilité de prendre un bus au départ de la gare routière de Purabaya à Surabaya (1h30 de trajet). Il vous déposera tout près du musée de Trowulan mais les édifices à découvrir étant dispersés, une voiture est plus adaptée. Comptez une demi-journée.

De la prestigieuse capitale de l'empire Mojopahit, il ne reste plus qu'une campagne semée de ruines. À la différence des temples de pierre du centre de Java (pourtant bien plus anciens), Trowulan était en effet bâtie en bois et en brique, matériaux qui ont mal résisté au temps. Quelques édifices méritent néanmoins le détour, sanctuaires ou portes d'enceinte esseulées qui datent pour la plupart du 14e s., l'apogée de l'empire.

★ Musée de Trowulan

1 km au sud de la route principale - tlj sf lun. 7h-16h.
Excellente introduction à l'art et à la civilisation Mojopahit, il présente statues, poteries, tuiles faîtières et vases ; la terre cuite occupe une place de choix. Vous y verrez d'étonnantes tirelires en forme de cochon, de remarquables **linga et statues hindouistes★**, ainsi que de nombreuses céramiques chinoises attestant des échanges que les Mojopahit entretenaient avec l'empire du Milieu.
En face du musée s'ouvre un vaste **bassin** *(Kolam Segaran)* de 375 m sur 175 m qui aurait servi de cadre aux festivités de la cour Mojopahit. C'est aujourd'hui le rendez-vous des pêcheurs à la ligne...

★ Gapura Bajang Ratu

2 km à l'est du musée. Ce spectaculaire édifice du 14e s., étroite porte pyramidale, constitue le dernier vestige d'une enceinte aujourd'hui disparue. D'élégants bas-reliefs inspirés du *Ramayana* la décorent.

Candi Tikus

1 km à l'est du Gapura Bajang Ratu. Le large bassin royal, tout de briques rouges, fut mis au jour en 1914. La structure qui trône au centre reproduit le Mahameru, la montagne sacrée des hindouistes. Notez ses superbes **gargouilles★** en pierre, en forme de *makara*, le gardien des eaux.

Cimetière de Troloyo

2 km à l'ouest de Candi Tikus. Il recèle les plus anciennes tombes musulmanes de Java (de 1368 à 1475). Les historiens y voient la preuve d'une présence islamiste à la cour même des rois Mojopahit.

Candi Brahu

De l'autre côté de la route principale. C'est le temple le plus massif de Trowulan, à défaut d'être le plus élégant. Selon certains historiens, ce sanctuaire en forme de tour accueillait les cendres des premiers rois Mojopahit après leur crémation.

Gapura Wringin Lawang

Sur la route principale, sur la droite en venant de Mojokerto.
Isolée au milieu de nulle part se dresse une majestueuse porte à pans coupés de plus de 15 m de haut. Une croyance populaire en a fait la porte d'entrée du palais de Gajah Mada, le grand homme d'État de Mojopahit.

Un voisin remuant

C'est à la grande famille locale des **Cakraningrat** que Madura doit ses pages d'histoire les plus illustres, du 16e au 18e s. En 1528, la conversion à l'islam d'un de ses membres, le prince d'Arosbaya, marque un tournant décisif : l'île s'affichera dès lors comme l'un des foyers les plus ardents de l'islam, qui est resté une donnée essentielle de la vie des Madurais. Jusqu'au 18e s., les Cakraningrat donneront du fil à retordre aux souverains de Java. Si, en 1624, l'île tombe aux mains de Sultan Agung, le roi de Mataram, quelques décennies plus tard (1672), le légendaire prince madurais Raden Trunojoyo refoule les occupants et réduit en cendres la capitale. Pour mater l'insurrection, les Javanais font appel aux Hollandais. Cependant, même sous l'hégémonie batave, les princes locaux parviendront à conserver une certaine autonomie. Au 19e s., l'exploitation du sel lancée par les Bataves fait de Madura une **île prospère**, âge d'or économique que ruinera brutalement l'occupation japonaise, lors de la Seconde Guerre mondiale.

Le Kerapan Sapi

Chaque année, l'île de Madura vit au rythme du très populaire Kerapan Sapi. Le principe de la course, qui met en concurrence deux attelages de deux **taurillons**, est on ne peut plus simple : le jury déclare vainqueur le premier dont l'arrière-train passe la ligne d'arrivée. Tous les coups sont permis, même le dopage : bière, œufs, piment sur les parties intimes des bêtes pour accroître leur rythme cardiaque ! En début de matinée, la foule se masse le long de la piste, pendant que l'on finit de parer et de maquiller les bêtes. Juché sur un timon qui traîne à même le sol, chaque concurrent prend place derrière la ligne de départ. Un fouet claque, les conducteurs empoignent la queue de leur taureau, et tout va très vite. En équilibre précaire, chacun tente vaille que vaille de diriger ses bêtes lancées à pleine vitesse. Aussi n'est-il pas rare de voir un attelage foncer dans la foule au milieu des cris, le plus périlleux restant d'arrêter l'équipage au bout de la piste !

★ Pulau Madura (ÎLE DE MADURA)

Le Suramadu Bridge (payant), pont le plus long d'Indonésie, relie Surabaya à Madura. Vous pouvez donc rejoindre l'île en voiture. Autrement, des ferries partent ttes les 30mn de Surabaya pour le port de Kamal, à la pointe sud-ouest de l'île de Madura (30mn de traversée) ; retour ttes les 30mn également - sur l'île, le bemo *est le principal moyen de transport : il suffit de faire un signe au chauffeur pour qu'il s'arrête. De Kamal, comptez 2h30 de route pour rejoindre Pamekasan et 4h pour Sumenep. Prévoyez une journée.*

Si vous êtes sur l'île de Madura en août ou en septembre, essayez d'assister à une course de taureaux (Kerapan Sapi) – généralement le w.-end *(voir encadré, p. 181).* Ici, pas de volcan aux cendres fécondes, à peine une frange de collines bordant le littoral nord. Madura (160 km sur 35 km) est une île de plaines brûlées par le soleil, vivant principalement de la pêche, de l'exploitation du sel et de l'élevage de bovins. Une terre pauvre et âpre. Et, si l'île reste très attachée à sa langue, à ses traditions et à l'islam, il faut se garder des clichés : dans les villes, à l'heure du marché, les rues sont le royaume des femmes, parées de voiles des plus chatoyants. Madura affiche ses différences dans un profond parfum d'exotisme.

Bangkalan

À 16 km au nord du port de Kamal, où accostent les ferries.

De Kamal, la route principale file vers **Bangkalan**, une petite ville sans intérêt. Seuls les passionnés d'histoire jetteront un œil à son modeste musée consacré aux rois Cakraningrat *(tlj sf dim. 8h-14h) (voir encadré ci-contre).*

Arosbaya

À 16 km au nord-est de Bangkalan (comptez 30mn en bemo*).*

Continuez vers le nord jusqu'à Arosbaya, un bourg tranquille dont rien ne laisse deviner qu'il fut aux 15e et 16e s. le centre politique de Madura. Rien, sauf le **Air Mata Cemetery★ (cimetière royal d'Air Mata)** qui le domine, perché sur une petite colline *(donation)* : c'est l'une des trois nécropoles royales (musulmanes) de l'île, qui font toujours l'objet d'une grande dévotion. À l'intérieur des deux chambres tapissées de stucs, les tombes des Cakraningrat s'alignent en ordre chronologique tandis qu'au sommet, une belle stèle ouvragée marque l'emplacement de la plus ancienne, celle de la très vénérée reine mère Ratu Ibu.

La mosquée Jamik, à Sumenep.
S. Lemaire/hemis.fr

Revenez à Bangkalan pour prendre la route du sud qui mène à Sumenep, à l'est de l'île. Elle traverse des collines puis rejoint la mer à Sampang (61 km de Bangkalan).

Côte sud

Passé Sampang, vous pourrez faire une pause à **Pantai Camplong (plage de Camplong)** *(9 km à l'est; attention, elle est prise d'assaut le w.-end)*. Les cocotiers qui s'épanchent sur le sable, les petits voiliers multicolores et les plateformes en bambou *(bagan)* flottant çà et là, ancrées par les pêcheurs, jettent une note de poésie. Dommage que les réservoirs de la compagnie pétrolière Pertamina encombrent le décor...

La route longe ensuite la côte jusqu'à **Pamekasan** *(29 km)*, petite cité qui s'anime une fois l'an, lors de ses courses de Kerapan Sapi, hautes en couleur *(voir « Agenda », p. 185)*.

Juste avant Sumenep, les bassins s'égrènent sur le côté de la route, couverts d'une multitude de petites nasses à poissons éclairées de lampes.

★ Sumenep

À 64 km au nord-est de Pamekasan.

Capitale de l'ancien royaume des Cakraningrat, Sumenep est restée la principale ville de Madura, une cité agréable, calme et proprette, quadrillée de larges avenues que sillonnent *bemo* et *becak*.

Avec son coquet jardin d'agrément, le **kraton** *(Jl. Sutomo 5 - 7h-16h)* tient plus de la grosse demeure bourgeoise que du palais princier. Construit en 1750, il abrite aujourd'hui le siège de l'administration du *bupati* (préfecture), ainsi qu'un petit **musée régional (Museum Daerah)**, dont les collections hétéroclites – mais intéressantes – évoquent surtout un cabinet de curiosités : carrosses, mobilier hollandais et chinois, photographies du sultan, bijoux de cérémonie, coffrets à bétel en cuivre, masques, kriss et marionnettes, statues hindoues du 13ᵉ s., céramiques...

Contemporaine du palais, la **mosquée Jamik** *(Jl. Trunojoyo, à 300 m du* kraton *- donation)* serait l'œuvre d'un architecte chinois. On y pénètre par un portail massif

peint en jaune et blanc, d'un style baroque inattendu. À l'intérieur, neuf larges piliers soutiennent le toit de la salle de prière, très lumineuse.
Juché sur une petite colline à 2 km au nord-ouest de Sumenep, l'**Asta Tinggi Cemetery ★ (cimetière royal d'Asta Tinggi)**, du 18e s., domine la ville et ses environs, offrant un beau **point de vue★**. L'enceinte s'ouvre par un grand portique jaune et blanc semblable à celui de la mosquée Jamik, tandis qu'au centre trône le mausolée à coupole du dernier prince de Madura. L'endroit dégage une atmosphère empreinte de mysticisme, où les Madurais aiment venir se recueillir en famille. On arpente pieds nus les allées bordées de simples stèles en brique, et l'on visite en silence les petits bâtiments funéraires.
Pantai Lombang ★ (plage de Lombang) *(30 km à l'est de Sumenep, près de Legung - comptez 1h au moins en* bemo*)*, l'une des plus belles de l'île et peu fréquentée, étire un long ruban de sable blanc bordé de pins.

Côte nord

Entre Slopeng et Tamberu, la route traverse de charmants villages de pêcheurs, tels **Ambuten** et **Pasongsongan**, installés au bord de petits estuaires encombrés de bateaux, au milieu des palmiers. Partout vous verrez des **voiliers madurais★** en construction, ces magnifiques bateaux reconnaissables à leurs gréements triangulaires, leurs bois ouvragés et leurs couleurs vives. Principalement destinés à la pêche, ils s'aventurent aussi parfois dans des îles lointaines pour le transport de marchandises. À l'entrée de chaque village, le trafic est invariablement interrompu par des quêtes organisées pour la construction d'une nouvelle mosquée, tandis que dans la campagne, les tapis blancs des *cambodia* signalent de loin la présence de quelque cimetière musulman.
Sur **Pantai Slopeng★ (plage de Slopeng)** *(20 km au nord de Sumenep, près d'Ambuten ; accessible en* bemo*)*, véritable coin de paradis avec ses dunes de sable blanc frangées de cocotiers, vous ne croiserez guère que les pêcheurs du village voisin.

1

Carnet pratique

PLAN DE SURABAYA (P. 178)

S'informer

Office de tourisme - B3 - *Balai Pemuda Complex, Balai Budaya Building, Jl. Gubernur Suryo 15 - ✆ (031) 534 04 44 - www.sparkling.surabaya.go.id.*

Adresses utiles

Représentations diplomatiques

Consulat de France - B4 EN DIR. - *Centre culturel français, Kompleks AJBS, Jl. Ratna 14, Blok C2 - ✆ (031) 503 50 35 - www.ifi-id.com.*

Consulat honoraire de Belgique - A4 EN DIR. - *Jl. Darmo Baru Brt I/22 - ✆ (034) 740 274/275.*

Banque/Change

Les banques de Jl. Pemuda et Jl. Tunjungan (B3-C4) acceptent les devises et les chèques de voyage, et elles sont équipées de distributeurs de billets ATM, que l'on trouve par ailleurs dans les galeries marchandes de Surabaya.
Maybank (Ex BII) - B4 - *Jl. Jembatan Merah - ✆ (031) 352 00 57 - tlj sf w.-end 8h-15h30.* Change, retrait (distributeur ATM 24h/24), virement (moyennant une commission importante).

Poste

Poste centrale – B2 - *Jl. Kebon Rojo 10 - 24h/24.*

Arriver/Partir

En avion

Aéroport Juanda (SUB)– B4 EN DIR. - *À 15 km au sud de la ville - www.juanda-airport.com.* C'est le deuxième aéroport du pays après celui de Jakarta, avec des vols de/vers les principales villes d'Indonésie ainsi que de Singapour, Kuala Lumpur, Bangkok, Hong Kong, Tapei, etc. Un bus fait la liaison avec la gare routière de Bungurasih, mais celle-ci est très excentrée, préférez le taxi *(billets en vente au guichet - env. 120 000 Rps pour le centre-ville).*

En train

Il y a deux gares principales : **Surabaya Pasar Turi** (A2 EN DIR.), pour les trains vers l'ouest de Java, et **Surabaya Gubeng** (C4), pour les trains vers les sud et l'est. La gare de **Kuta**, en centre-ville, n'assure que les dessertes locales.

– **Pour Malang** : 2 départs tôt le matin de Gubeng *(env. 2h de trajet).*

– **Pour Banyuwangi** : de Gubeng, de préférence avec le *Mutiara Timur* de 9h *(env. 6h30 de trajet).*

– **Pour Probolinggo** : de Gubeng, env. 6 trains/j. *(2h de trajet).*

– **Pour Yogyakarta** : de Gubeng, 6 départs/j. *(4h20/6h30 de trajet).* Les plus rapides sont l'*Argo Willis* à 7h et le *Bima* à 17h.

– **Pour Jakarta** : de Pasar Turi *(9h à 14h de trajet).* Le plus rapide, le *Argo Bromo Anggrek*, part à 8h (arrivée à 17h) et à 20h (arrivée à 5h du matin).

Pour connaître les horaires et réserver un trajet, consultez le site **www.tiket.com** (en anglais).

En bus

Terminal Bungurasih – B4 EN DIR. - *10 km au sud.* Accessible en bus ; comptez parfois plus d'1h de transport selon la circulation. Principaux trajets : Pandaan *(1h de trajet)*, Malang *(2h)*, Blitar *(4h)*, Banyuwangi *(7h)*, Solo *(6h30)*, Jakarta *(entre 12h et 18h, selon le type de bus et la circulation).* De Yogyakarta, comptez de 7h à 9h de trajet selon que vous prendrez le bus économique ou le rapide, vivement conseillé.

Pour connaître les dessertes et les horaires de bus, consultez le site **www.jadwalbis.com** (en anglais).

En minibus

Bien plus pratique (mais bien plus cher aussi) que le bus. Plusieurs compagnies assurent des liaisons vers Jakarta, Malang et Yogyakarta, et proposent de venir vous chercher et vous déposer à votre hôtel. Réservez votre billet auprès de votre hôtel ou dans une agence de voyage.

En bateau

Les bateaux de la Pelni se rendant à Sulawesi et dans l'est indonésien font tous escale à Surabaya.

Pelni – A2 - *Jl. Pahlawan 112 - ☎ (021) 162 (centre d'appels 24h/24) - www.pelni.co.id.*

PT Sarwa Tri Jaya – A1 EN DIR. - *Jl. Kali Mas Baru 194/A - ☎ (031) 328 17 01 ou 0812 7272 7886.* Les bateaux partent du port de Tanjung Perak.

Transports

À pied

Pour traverser une rue, il faut faire preuve d'un certain sang-froid si l'on n'emprunte pas les passerelles enjambant les voies. Prenez garde, Il y a beaucoup d'accidents.

Bemo

La plupart des lignes de *bemo* sont orientées est-ouest.

Bus

Pratique, le P1 part du terminal Bungurasih, dessert le **zoo** (B4 EN

DIR.), les rues **Jend. Basuki Rahmat** (B4), **Embong Malang** (A3) et le **port**.

Taxi

Bluebird – *(031) 565 12 34*. Les taxis plus fiables.

Location de voitures

Avis Rent a Car – A4 EN DIR. - *Jalan Opak 30 - 0851 0300 0162 - www.avis.com*. Autre agence à l'aéroport.

Visites

Pacto – B4 - *Hotel Bumi, Jl. Basuki Rahmat 106-128 - (031) 546 06 28 - www.pactoltd.com*. L'un des leaders du marché indonésien pour vos excursions.

Agenda

Courses de taureaux – Les Kerapan Sapi se déroulent une fois par an, partout dans l'île de Madura (les plus importantes sont à Bangkalan, Sumenep, Sampang et Pamekasan). Les épreuves éliminatoires débutent le 17 août (jour de la fête nationale) et se poursuivent les w.-ends de sept., la finale se tenant à Sumenep ou Pamekasan à la fin du mois.

Nos adresses

PLAN DE SURABAYA (P. 178)

Restauration

Vous trouverez quantité de *warung* sur **Jl. Genteng Besar** (B3), **Jl. Tidar** (A3), **Jl. Kayun** en bordure du Kali Mas (BC4). Sur Jl. Kayun toujours s'étire le **Pasar Keputran** (B4), un immense marché de nuit tout à fait étonnant, où les *warung* proposent des cuisines chinoise et javanaise, souvent à base de fruits de mer.

Pour se faire plaisir

1 **Ria** – A-B4 - *Jl. Kombes M. Duryat 7 - (031) 534 31 30 - www.riarestaurant.com - 22h - 150 000 Rps*. Une excellente adresse, prisée depuis plus d'une décennie. Le service est professionnel et la cuisine de qualité. Testez le *gurame bakar* (carpe grillée). Salle climatisée.

Petite pause

Majapahit – *Voir « Hébergement »*. L'hôtel possède une excellente pâtisserie dans un superbe cadre Art déco.

Zangradi Ice Cream – B3 - *Jl. Yos Sudarso 15 - (031) 534 58 20 - 10h-22h (sam. 23h)*. Une adresse agréable que ce glacier, apprécié par la bourgeoisie locale.

Boire un verre

Bars et discothèques

Lido – A4 EN DIR. - *Darmo Park I Blok 5A 8-9 (au sud-ouest de la ville) - (031) 567 24 52 - restaurant 11h-21h*. Ce bar-discothèque à l'ambiance chaleureuse accueille des groupes locaux.

Achats

Antiquités

Anisah Art Shop – B4 - *Jl. Urip Sumoharjo 4 - 0813-5711-1644*. Une boutique minuscule qui vend des antiquités de toutes sortes, parfois même un peu âgées (!) : sculptures, objets en bois, en métal... N'hésitez pas à marchander. Plus vous faites baisser le prix, plus vous pouvez être sûr que l'authenticité n'y est pas. Qu'importe, l'accueil est sympathique.

Centres commerciaux

Plaza Surabaya – C4 - *Jl. Pemuda*.

Tunjungan Plaza – B3 - *Jl. Tunjungan*. Vous y trouverez les grandes marques internationales.

En soirée

Arts et spectacles

Cak Durasim Cultural Center – B3 - *Jl. Genteng Kali 85 (près du fleuve) - ✆ (031) 534 21 28 ou 0821 3000 5785 - www.cakdurasim.com.* Des spectacles de danse traditionnelle, de théâtre ou de *wayang* javanais y sont parfois organisés (même les répétitions valent le coup d'œil), ainsi que des expositions. Pour la programmation (très hétéroclite), consultez leur site Internet.

Hébergement

Surabaya étant avant tout une ville d'affaires, les hôtels de luxe sont nombreux tandis que les *losmen* se comptent sur les doigts de la main. Ce sont les hôtels de moyenne gamme qui proposent, et de loin, le meilleur rapport qualité-prix. Logez autour de la gare de Gubeng : situation pratique et quartier sympathique.

Premier prix

1 Ganefo – C1 - *Jl. Kapasan 184 - ✆ (031) 371 11 69 - 52 ch. 100 000/180 000 Rps.* L'ancienne « capitainerie » des Chinois a conservé ses moulures et son atmosphère à l'ancienne. Simple et rustique, et hélas mal entretenu. Certaines chambres sont équipées d'une douche et de l'air conditionné. Clientèle locale.

4 Paviljoen – B3 - *Jl. Genteng Besar 94 - ✆ (031) 534 34 49 - www.hotelpavilijoen.com - 18 ch. 140 000/200 000 Rps.* Dans une rue calme et centrale, flanquée de *warung* à la nuit tombée, cette agréable maison coloniale s'organise autour d'un bel espace intérieur. Les chambres, d'une simplicité monacale, sont néanmoins propres. Personnel sympathique. Le service est un peu à l'avenant.

Budget moyen

5 Hotel 88 Embong Kenongo – B4 - *Jl. Embong Kenongo 11-17 - ✆ (031) 534 99 88 - www.hotel88.co.id - 99 ch. 290 000/370 000 Rps.* Une adresse de catégorie moyenne calme et bien située, à proximité de la gare de Gubeng. Les chambres sont confortables et propres. Petit-déjeuner buffet de style indonésien.

Pour se faire plaisir

6 Surabaya Suites Hotel – C3 - *Jl. Pemuda 33-37 - ✆ (031) 531 68 33 - www.surabayasuites.com - 230 ch. 464 000/1 200 000 Rps.* Une bonne adresse, réservée exclusivement aux non-fumeurs ! Les chambres, modernes et soignées, sont parfaites. Café, restaurant, piscine, spa, salle de sport composent une enclave des plus reposantes au cœur de Surabaya. Transfert AR gratuit de/vers l'aéroport. Réductions importantes sur les centrales de réservation internationales.

3 Majapahit – B3 - *Jl. Tunjungan 65 - ✆ (031) 545 43 33 - www.all.accor.com - 143 ch. 1 000 000/1 300 000 Rps.* Géré par le groupe Accor, un superbe exemple d'architecture Art déco (1910), arborant une élégante façade sur jardin, d'un charme unique. Courts de tennis, salle de sport, spa… Tout le confort d'un établissement haut de gamme. Les petits budgets se contenteront de tester l'excellente pâtisserie. Les budgets moyens se laisseront séduire par le restaurant *(voir « Restauration », le Sarkies Seafood).*

Malang

Une douce atmosphère enveloppe la région de Malang, bain de fraîcheur régénérant après la touffeur de la frénétique Surabaya. La région vous donnera l'occasion d'une agréable balade dans un cadre mêlant harmonieusement nature et histoire, avec ses sanctuaires hindouistes émergeant des rizières, ses volcans sacrés cernés de forêts, ses stations d'altitude isolées au milieu des plantations de café et des cultures maraîchères... Ces excursions vous permettront aussi de découvrir un visage plus intimiste de la civilisation indo-javanaise, en partant à la recherche des petits temples de l'ancienne Singosari, dont le royaume précéda l'empire Mojopahit. Ceux que les vieilles pierres laissent froids goûteront au plaisir d'un bain dans les eaux fraîches de la cascade de Batu ou la source chaude de Cangar.

Se repérer

CARTE D2 (P. 28-29) – CARTE DE JAVA EST (P. 174-175).

Province de Java Est – 834 545 hab. – Alt. 450 m.

À 85 km au sud de Surabaya. De la place Tugu, située entre le marché aux fleurs et la gare, on rejoint facilement le centre-ville, de l'autre côté de la Brantas. Sur Jl. Jend. Basuki Rahmat, vous trouverez quantité de restaurants, banques, boutiques et agences de voyage. Le quartier commerçant de Pasar Besar s'ouvre dans son prolongement sud.

À ne pas manquer

Les temples de Singosari et Penataran.

Organiser son temps

Comptez 2h pour la ville de Malang, une journée pour la route des temples et une autre pour parcourir les pentes du mont Arjuna ; si vous aimez le calme, faites plutôt les excursions en semaine.

Carnet pratique p. 191

Nos adresses p. 192

1

Se promener

À la fin du 18e s., les Hollandais *(voir encadré « Le fief des rebelles », p. 190)* s'établissent dans la région de Malang pour y cultiver le café ; ils apprécient le climat plaisant dont bénéficie cette bourgade d'altitude. C'est le début d'un formidable essor pour la petite ville, installée sur les rives de la Brantas. Depuis, Malang n'a cessé de prospérer, se diversifiant dans les cultures maraîchères et le tabac. C'est là, notamment, que s'est implanté le siège de la célèbre fabrique de cigarettes Bantoel. Avec ses élégantes maisons coloniales, Malang ne manque pas de charme, et c'est un vrai plaisir de se promener dans ses rues animées.

Les marchés

De la place Tugu, allez prendre un bain de fragrances au **Pasar Bunga**, le marché aux fleurs *(prenez Jl. Kahuripan, puis à gauche Jl. Brawijaya)*.

De là, en descendant vers la rivière, vous aboutirez au **Pasar Burung**, le marché aux oiseaux, où des espèces menacées sont vendues dans la plus parfaite illégalité.

Traversez la rivière Brantas pour rejoindre à pied Jl. Ijen ou prenez un taxi.

Jalan Ijen

2 km au nord-ouest de la ville.

Large boulevard planté de hauts palmiers, l'élégante Jalan Ijen avenue marque le cœur du quartier chic de Malang. Les vénérables **demeures hollandaises** y côtoient de luxueuses villas modernes, aux façades parfois un peu clinquantes.

Klenteng Eng Ang Kiong

Jl. Zainul Zakse (vers le sud, à 300 m à l'est de Pasar Besar).

Ce **temple chinois** étonne par l'exubérance de ses bas-reliefs : poissons aux yeux exorbités, monstres, oiseaux… s'y côtoient dans un décor propre au culte Tri Dharma, qui mêle bouddhisme, confucianisme et taoïsme.

Juste à côté le **kampung Jodipan**, s'est taillé une jolie notoriété depuis quelques années sur instagram avec ses maisons peinturlurées de toutes les couleurs.

Excursions

CARTE DE JAVA EST P. 176-177

★ La route des temples

Les temples étant dispersés et parfois difficiles à trouver, mieux vaut louer une voiture et les services d'un guide (voir « Transports », p. 191). Comptez une journée.

De la capitale des Singosari, fondée en 1222, il ne reste rien, la ville moderne de Malang l'ayant ensevelie sous ses murs. Seuls témoins de sa beauté : les temples funéraires édifiés aux alentours, que leur isolement a protégés.

★ Candi Singosari

À 10 km au nord de Malang - minibus du terminal Arjosari à Malang - donation.

Petit sanctuaire sivaïte dédié au roi Kertanegara (1268-1292), Candi Singosari s'inspire des édifices classiques de Java, disposé selon une orientation cardinale *(le toit pyramidal a disparu)*. De magnifiques **statues★** en pierre rouge, blanche ou grise se dressent à l'entrée, tandis que des niches sculptent la base de l'édifice (et non la partie supérieure, comme c'est traditionnellement le cas). Pour une raison inconnue, les têtes de *kala* qui couronnent les portes du niveau inférieur sont restées inachevées. À 200 m à l'ouest, les deux *dwarapala* devaient garder l'entrée du palais royal, aujourd'hui détruit. Leurs faces terrifiantes étaient censées décourager les mauvais esprits.

Candi Sumberawan

À 5 km au nord-ouest de Singosari - prenez un minibus au marché - un sentier de 500 m dans les rizières y conduit, mais il est difficile à trouver sans guide.

Changement d'époque et de culte avec ce stûpa bouddhique édifié au 14e s., grosse cloche de pierre noyée dans la verdure. C'est l'un des rares stûpas visibles à Java Est.

★ Candi Jago

À 28 km au sud-est de Candi Singosari - minibus du terminal Arjosari (Malang) - donation.

Au beau milieu du village de **Tumpang** se dressent les ruines mélancoliques du Candi Jago, probablement le monument funéraire du roi Singosari Wisnuwardhana (mort en 1268). Dédié au bouddhisme tantrique, le sanctuaire se compose de trois terrasses superposées, à l'image d'une montagne, que couronne un petit temple. À l'entrée trône une magnifique **statue★** étêtée du souverain, représenté sous les traits du dieu Amoghapasa, reconnaissable à ses huit bras. Tels des *wayang kulit* de pierre, les somptueux **bas-reliefs★★** des murs mêlent des thèmes bouddhiques *(Kunjakarna)*, hindous *(Mahabharata)* et javanais *(Angling Dharma)*.

Le temple chinois de Malang.
kovgabor79/Getty Images Plus

1

Candi Kidal

À 7 km au sud de Candi Jago - minibus de Tumpang.
À peine antérieur au précédent (1250), ce temple montre pourtant une structure toute différente, étroite et élancée (même si la partie supérieure du bâtiment a disparu). Il conserve sur trois de ses côtés de remarquables **reliefs de Garuda★**. Le temple serait apparemment dédié au roi Singosari Anusapati, mort en 1248.

★ Sur les pentes de l'Arjuna : autour de Batu

Batu

À 20 km à l'ouest de Malang - accès en minibus au départ du terminal Landungsari ou en bemo. *Comptez une journée en prenant le temps d'un bain à Cangar. Nombreux hôtels sur place.*
La station accueille le **Museum Angkut** *(Jl. Terusan Sultan Agung Atas 2)*, un musée dédié aux moyens de transports, installé au cœur d'un parc d'attraction, le Pasar Apung. On y découvre notamment une collection de voitures anciennes et l'ancien hélicoptère du président Soekarno. Pour une immersion dans une ambiance familiale javanaise testez également un autre parc d'attraction, le très populaire **Jatim Park**, installé sur trois sites !
Batu est surtout un excellent point de départ pour rayonner dans les environs vers de beaux sites naturels, telle la romantique **Air Terjun Coban Rondo (cascade de Coban Rondo)** *(10 km à l'ouest de Batu - accès en taxi - entrée payante)*, rendez-vous des amoureux, et l'**Air Terjun Sewu (cascade Sewu)**, un peu plus loin. Dans les hauteurs de l'Arjuna, au-dessus de la station de **Selekta** *(10 km au nord de Batu)*, la route traverse une forêt alternant avec des cultures en terrasses. Le **paysage★★**, superbe, s'enveloppe souvent de brume en fin de matinée. Passé un col (1600 m), on arrive à **Air Panas Cangar (source chaude de Cangar)** *(18 km de Selekta ; accès en* bemo *ou en taxi)*, ouverte au milieu d'une clairière. Dans la fraîcheur ambiante, c'est sans doute l'un des rares endroits à Java où vous apprécierez un bain brûlant !
De Cangar, vous pouvez revenir à Malang ou continuer jusqu'à Pacet (13 km), puis Trowulan (34 km ; voir p. 179).

Le fief des rebelles

Après la troisième guerre de succession de Java (1740-1755), la région de Malang, réputée difficile d'accès, servit de **refuge** aux derniers fidèles du **prince Surapati**, descendant d'un ancien esclave balinais qui avait fondé une principauté à Pasuruan à la fin du 17e s. Craignant l'arrivée de renforts balinais dans cette région en révolte permanente, les Hollandais encouragèrent activement l'installation des musulmans, jugés plus sûrs. Mais ce n'est qu'en 1771 qu'ils parviendront à capturer le dernier prince rebelle de la lignée. Figures de courage et de ténacité, les Surapati sont devenus des personnages légendaires du théâtre javanais.

Blitar

À env. 60 km au sud-ouest de Malang - bus du terminal Gadang, à Malang (2h). Comptez 2h.

Bourg tranquille et agréable, Blitar n'a d'autre fierté que d'être la ville natale du charismatique premier président de la République indonésienne, et son lieu de sépulture. Élevé en 1978, le **tombeau de Soekarno (Makam Bung Karno)** *(2 km au nord, vers Penataran - accès payant)* ne présente guère d'intérêt architectural, mais nulle part ailleurs on ne saisit mieux les affres de l'Indonésie moderne : « Bung Karno », comme le surnomment affectueusement les Indonésiens, souhaitait en effet être enterré à Bogor, près de Jakarta, mais à sa mort (1970), son successeur, Suharto, préféra le faire inhumer loin de la capitale, craignant que sa tombe ne devienne un lieu de rassemblement des opposants. En vain : la sépulture du président déchu est devenue un haut lieu de pèlerinage.

★ Candi Penataran

À Nglegok (12 km au nord de Blitar) - accès en minibus ou en taxi-moto - 7h-17h - donation.

Le site offre un témoignage unique sur les civilisations de Singosari et de Mojopahit, sa construction couvrant une période de 250 ans (de 1200 au milieu du 15e s., l'essentiel datant du 14e s., apogée du royaume Mojopahit). Perché parmi les cocotiers à 450 m d'altitude, le complexe comprend trois cours cernées d'enceinte, concept qui prélude à l'organisation des temples balinais.

Dans la première cour, vous apercevrez *(à gauche)* une large terrasse en pierre, siège des assemblées, et la base d'un ancien *pendopo* (1375) qui recevait les offrandes des fidèles.

Le petit **Candi Ganesha★** abrite une statue du dieu-éléphant indien. La deuxième cour accueille le **temple Naga★**, qui doit son nom à l'énorme serpent mythique ondulant sur les quatre côtés du bâtiment, soutenu par neuf **figures régaliennes★**. Un toit en bois devait le coiffer, comparable à ceux des *pura* balinais.

Au plus près de la montagne – fief des dieux – s'ouvre la plus sacrée des trois cours, où trône le **temple-mère★**. L'édifice se compose d'une base carrée de 30 m de côté sur lequel s'étagent trois terrasses. Des **bas-reliefs★★** – parmi les plus beaux de Java Est – courent sur les bases des deux premiers podiums, illustrant des épisodes du *Ramayana* et du *Krisnayana* (la jeunesse de Krisna). Un escalier mène à la dernière terrasse, ornée de serpents et de lions ailés.

À gauche du temple se dresse un petit sanctuaire, restauré, qui couronnait à l'origine le sommet. Derrière celui-ci s'ouvre un charmant **bassin★** (1415) décoré de bas-reliefs racontant des fables indiennes inspirées du Panca Tantra.

Carnet pratique

S'informer

Office de tourisme – *Jl. Jend. Basuki Rakhmad 11 - ✆ (0341) 341879.* Une équipe consciencieuse et chaleureuse qui ne ménagera pas ses efforts pour vous renseigner et vous donner les meilleurs tarifs d'excursions dans la région.

Adresses utiles

Poste centrale – *Jl. Merdeka Selatan 5 - tlj sf dim. 8h-19h.* Le Business Center *(8h-22h)* possède une batterie de postes Internet.
Apotik Kabupaten – *Jl. Jend. Basuki Rahmat 11 - ✆ (0341) 343383 - 8h-21h30.* Pharmacie.

Arriver/Partir

En avion

A. R. Saleh Airport (MLG) – *À 15 km à l'est de Malang (comptez 20mn en taxi).* Vols quotidiens pour Jakarta, Bandung et Denpasar.

En train

La gare principale se trouve à **Kota Baru** *(Jl. Trunojoyo 10)*, à 300 m à l'est de la place Tugu.
- **Pour Surabaya** : 6 départs/j. en classe économique *(3h de trajet)* et 2 trains *Ekspress (2h).*
- **Pour Banyuwangi** : changer à Bangil pour rejoindre la ligne Surabaya-Banyuwangi *(7h sans l'attente entre les correspondances).*
- **Pour Yogyakarta** : en *Ekspress*, 2 trains/j. *(7h de trajet).*
- **Pour Jakarta** : 1 train/j. *(15h de trajet, arrivée au petit matin).*

Pour connaître les horaires et réserver un trajet, consultez le site **www.tiket.com** (en anglais).

En bus

Malang dispose de trois terminaux :
- **Terminal Arjosari** – *5 km au nord.* Dessert Surabaya *(2h de trajet)*, Probolinggo *(2h30)*, Banyuwangi *(via Jember, 6h)* et Denpasar *(10h).*
- **Terminal Gadang** – *5 km au sud.* Dessert Blitar *(2h).*
- **Terminal Landungsari** – *5 km au nord-ouest.* Bus de nuit pour Jogja *(7h).*

Pour les longs trajets, mieux vaut prendre un minibus.

En minibus

Ils desservent Surabaya, Yogyakarta et Solo. Réservation auprès des hôtels ou agences de voyage.
Liza Tour & Travel – *Jl. Trunojoyo 46/B (à 100 m en sortant de la gare vers la droite) - ✆ (0341) 333037 - tlj sf dim. 8h-21h.* Minibus pour se rendre à l'aéroport de Surabaya.

Transports

Becak

Pratique pour circuler en centre-ville. Négociez la course.

Minibus

Le *mikrolet* AG va du terminal Arjosari à celui de Gadang en passant par le centre-ville ; le GL fait la navette entre Gadang et Landungsari.

Taxi

Citra Taksi – *✆ (0341) 495101.*

Agenda

Semaine du tourisme de Malang – *Juil.* Spectacles, expositions et concours de chants d'oiseaux.

Nos adresses

Restauration

Les *warung* de Jl. Kawi servent d'excellents *bakmie* (nouilles chinoises avec des condiments). Goûtez aussi le *nasi rawon* (bœuf en sauce avec des germes de soja), la spécialité locale.

Premier prix

Martabak Agung – *Jl. Merdeka Timur 2F (près de l'Alun-alun) - ✆ (0341) 326 575 - 💳̸ - 9h-21h - 30 000/70 000 Rps.* Ce restaurant simple et bon marché est une institution à Malang. On vient y chercher les meilleurs *martabak* de la ville (crêpes fourrées à la viande).

Budget moyen

Gloria – *Jl. Agus Salim 23 - ✆ (0341) 324 893 - 💳̸ - 9h-14h, 17h-21h30 - 50 000/100 000 Rps.* Dans le prolongement du Rumah Makan. Une bonne adresse simple, bon marché dans une salle malheureusement peu amène. On dit que c'est le meilleur rapport qualité-prix des restaurants chinois de la ville.

Toko Oen – *Jl. Jend. Basuki Rahmat 5 - ✆ (0341) 364 052 - 8h-20h - 50 000/80 000 Rps.* Les serveurs en costume semblent sortis d'un décor des années 1930. Ce café-restaurant a su rester vivant et a gardé son activité traditionnelle d'épicerie. On pourra s'y sustenter de plats chinois et occidentaux, de fruits de mer et de sandwichs, servis sur des nappes à carreaux rouges et blancs. Idéal pour déguster une glace, une pâtisserie ou prendre une bière.

Inggil – *Jl. Zainul Arifin 53A-B - ✆ (0341) 301 98 84 - 11h-22h - 60 000/90 000 Rps.* Ce restaurant-musée relève du cabinet de curiosités par le nombre et la diversité des objets exposés. La cuisine fine et raffinée, calquée sur la tradition javanaise, se marie à merveille avec l'imaginaire du propriétaire. Magasin en annexe dans lequel on peut acheter des cartes postales du vieux Malang. L'ensemble est une belle réussite.

Pour se faire plaisir

Melati Pavilion – *Tugu Park (voir « Hébergement ») - 24h/24 - 150 000/300 000 Rps.* Le cadre, en bord de piscine, est relaxant et la cuisine à la hauteur : essayez les aubergines panées, le *nasi rawon* et les desserts. On peut y boire d'excellents vins, mais tout plaisir a un prix...

Petite pause

Tugu Park *(voir « Hébergement »).* Bar et excellente pâtisserie.

Toko Oen *(voir « Restauration »).* Glaces et pâtisseries locales.

Shopping

Marchés

Pasar Besar – Dans la rue du même nom. Le grand marché du quartier sud. Les produits frais sont en sous-sol (poissons, viande, volaille). Allez le visiter vers 8h du matin, même si les étages supérieurs (antiquités, vêtements, bijoux, électronique, livres anciens) n'ouvrent que vers 10h. Ambiance formidable.

Pasar Bunga (marché aux fleurs) – *Voir « Se promener », p. 187.*

Tabac

Taman Tembakau – *Jl. Jend. Basuki Rahmat 37 - tlj sf dim. 8h30-13h.* Une vieille boutique de tabac baignant dans les effluves de cigares javanais. Pour les amoureux de cigares dans une ambiance de quincaillerie.

Centres commerciaux

Sarinah – *Jl. Jend. Basuki Rahmat. ✆ (0341) 326 969 - 9h-22h.*

À Blitar

Pasar Legi – *Dans le centre-ville.* Un charmant marché populaire où l'on

Temple de Candi Singosari.
master2/Getty Images Plus

1

trouve des objets d'artisanat local : vannerie, bronzes, terres cuites et chapeaux tressés en papier aux allures de corbeille.

Hébergement

La place Tugu et ses alentours offrent un bon choix d'hôtels.

Budget moyen

Helios – *Jl. Pattimura 37 - ✆ (0341) 362 741 ou 0821 4250 0231 - Ig@heliosmalang - 22 ch. 350 000/550 000 Rps.* Adresse honnête et centrale. Les chambres sont toutes climatisées et dotées d'un écran plat. Le personnel, sympathique, vous fournira une mine d'infos sur la région et pourra vous réserver train et bus.

Pelangi – *Jl. Merdeka Selatan 3 - ✆ (0341) 365 156 - Ig@ pelangimalang - 75 ch. 350 000/1 050 000 Rps.* Un grand hôtel aménagé dans une demeure hollandaise du centre-ville, qui fait un peu usine à touristes pour groupes indonésiens. L'adresse reste malgré tout bien tenue, et surtout très bien placée. Vous trouverez diverses catégories de confort, du modeste au luxueux (avec ou sans air conditionné, eau chaude et baignoire).

Pour se faire plaisir

Tugu Park – *Jl. Tugu 3 - ✆ (0341) 363 891 - www. tuguhotels.com - 43 ch. 1 750 000/3 000 000 Rps.* Comme tout ce qui est estampillé « Tugu Hotels », luxe et volupté s'accordent ici pour vous laisser les souvenirs les plus exquis. Ouvert en 1990, l'hôtel est déjà entré dans la légende avec son mobilier ancien, sa décoration raffinée et son agréable piscine au milieu du jardin. Jetez un œil à la boutique d'antiquités. Restaurant (Melati Pavilion) et pâtisserie *(voir rubrique « Petite pause »).*

Le mont Bromo ★★★

Gunung Bromo

Perchée à 2000 m d'altitude, la caldeira du Tengger forme une gigantesque mer de sable de 8 km sur 6 hérissée de cônes volcaniques. En toile de fond se dessine la menaçante silhouette du Semeru, point culminant de Java (3676 m), régulièrement coiffé d'une nuée sombre. Une vision de matin du monde… De fait, c'est à l'aube qu'il faut découvrir le site, quand les premiers rayons embrasent le ciel, découpant peu à peu la crête abrupte du cirque. À mesure que le soleil se lève, l'épaisse nappe de brume qui le tapisse s'étiole pour laisser apparaître trois volcans, serrés les uns contre les autres au centre de la caldeira : le Kursi (2581 m) aux flancs couverts de verdure, le cratère gris et fumant du Bromo, et le Batok (2440 m), cône parfait d'un vert profond, strié de ravines régulières. Chose rare en Indonésie, la température descend ici jusqu'à 3 °C, et les guides locaux ont l'allure d'Indiens des Andes avec leurs ponchos et leurs bonnets de laine, assis sur leurs petits chevaux… La découverte du parc national de Bromo-Tengger-Semeru sera sans nul doute l'un des moments forts de votre voyage en Indonésie.

Se repérer

CARTE D2 (P. 28-29) – CARTE DE JAVA EST (P. 174-175).
Province de Java Est – Alt. 2392 m. À env. 100 km au sud de Surabaya.

À ne pas manquer

Le lever du soleil sur la caldeira du Tengger.

Organiser son temps

Comptez une demi-journée. Évitez d'arriver de nuit à Probolinggo.

Carnet pratique p. 197

Nos adresses p. 198

Découvrir

CARTE DE JAVA EST P. 174-175

La veille de l'expédition, qui débute en pleine nuit, la plupart des visiteurs dorment à Cemara Lawang ou Ngadisari. Vous n'y serez pas seul : outre les pèlerins tenggers, le site attire 200 à 300 touristes par jour, voire jusqu'à 800 en haute saison. À Cemara Lawang, vous aurez quelques très beaux points de vue sur les volcans. Départ en Jeep à 4h du matin (1h de trajet) ; en chemin, vous trouverez café chaud, gants et bonnets (la température est souvent en dessous de 0 °C).

★★★ Gunung Penanjakan (MONT PENANJAKAN)

Meilleur endroit pour apprécier le lever du soleil, le Gunung Penanjakan, le volcan le plus élevé du site (2770 m), ferme la caldeira à l'ouest. Après une courte traversée de la mer de sable, invisible dans la pénombre et la brume, la route serpente à flanc de falaise jusqu'au sommet. Il n'y a plus alors qu'à attendre le **spectacle★★★** de l'aube : la caldeira se découvre au regard sous une multitude de teintes, jusqu'à l'apothéose du jour.

Le mont Bromo.
Adi Saputra/Getty Images Plus

Mystérieux Tenggers

Les quelque 40 000 Tenggers qui vivent sur les pentes du massif éponyme sont les derniers représentants du **royaume hindouiste de Blambangan**, disparu au 18e s. Refusant de se convertir à l'islam, ce peuple se retira dans les montagnes pour former de petites communautés religieuses, gardiennes des lieux sacrés (mandala). Bien qu'ils aient renoué avec les hindouistes balinais depuis les années 1960, les Tenggers affichent leurs particularismes : profondément égalitaires, ils n'utilisent qu'un seul niveau de langage, quel que soit leur interlocuteur. Ils ont maintenu une riche tradition populaire, dont le point d'orgue est la **cérémonie du Kasada**, qui mêle hindouisme et croyances locales. Cette fête commémore le sacrifice de Roro Anteng et Joko Seger, contraints de jeter leur 25e enfant dans le Bromo pour respecter leur promesse faite au dieu Hyang Widi Wasa.

★★★ Gunung Bromo (MONT BROMO)

Laisser partir le cortège des Jeep avant de redescendre dans la caldeira pour gravir le Bromo.

Dernier volcan actif du cirque, le Bromo est le plus célèbre, quoiqu'il soit le plus petit (2 392 m). Une rude volée d'escaliers conduit sur la crête du **cratère★★★**, bouche infernale d'où s'échappe avec bruit un épais nuage blanc à la forte odeur de soufre. C'est d'ici que les Tenggers jettent leurs offrandes – fleurs, riz et même des coqs – lors du Kasada. La cérémonie attire chaque année des milliers de pèlerins au pied du volcan et au bord de son cratère. Prenez le temps d'en faire le tour *(env. 1h ; le sentier de crête est aisé)* pour contempler le **panorama★★★**, extraordinaire, sur la caldeira et les autres volcans. Au pied du Bromo et du Batok, on aperçoit un **temple hindou★** édifié par les Tenggers.

★★★ Gunung Semeru (MONT SEMERU)

À env. 20 km au sud du Bromo. L'ascension (comptez 3 jours) demande une bonne condition physique. Munissez-vous de chaussures de marche et d'un matériel de campement, et faites appel à un guide expérimenté. Il faut également obtenir un permis (surat jalan) du PHPA (voir « S'informer » ci-contre). Si vous passez par une agence, elle se chargera des formalités. La meilleure période est la saison sèche, de mai à octobre.

La randonnée commence à Ranu Pani, où vous trouverez un guide. Attention, au sommet, les projections de pierres peuvent présenter un danger sérieux.

Les monts sacrés

Les **Tenggers**, peuple hindouiste venu chercher refuge ici lors de l'islamisation de Java, sont convaincus que le Bromo sert de demeure à Joko Seger, le plus sacré de leurs esprits protecteurs. Quant au Semeru, il incarne le Mahameru (ou Meru), la **montagne sacrée des hindous**. Selon la légende, les dieux, en quête d'une nouvelle demeure, l'auraient transporté de l'Himalaya à Java sur leurs épaules. Le site ne semble d'ailleurs guère leur plaire : il est secoué en permanence par des explosions et sa dernière éruption meurtrière date de 2021. Sportifs et aventuriers en font néanmoins l'ascension, inoubliable *(voir ci-dessus)*.

Carnet pratique

S'informer

PHPA (Office de protection des forêts et de conservation de l'environnement) – *Jl. Raden Intan 6, Malang - ✆ (0341) 491828 - www.bromotenggersemeru.org.*

Arriver/Partir

À Malang, Surabaya et Yogyakarta, la plupart des agences desservent le Bromo. Certaines organisent des circuits jusqu'à Bali, via le volcan.

Il existe plusieurs approches pour se rendre au Bromo ; l'arrivée par **Cemara Lawang** étant la route la plus classique, attendez-vous à y croiser plus de monde ; le village de **Tosari** est le plus agréable pour séjourner et le plus près du Penanjakan ; par **Ngadas**, vous aurez le choix entre l'ascension du **Bromo** ou du **Semeru**.

Par Cemara Lawang (nord-est)

Probolinggo est bien desservie par les bus, au départ de Surabaya *(3h de trajet)*, Malang *(2h30)*, Banyuwangi *(5h)*, Yogyakarta *(9h)* et Denpasar *(9h)*. Vous pouvez aussi prendre un train au départ de Surabaya *(2h)*, Malang ou Banyuwangi *(5h)*. Attention à certaines pratiques mafieuses des chauffeurs qui vous stoppent de nuit non pas au terminal des bus de Probolinggo (ou à Cemara Lawang) mais devant une agence de voyage qui proposera de chartériser un bus pour repartir au plus vite, tout au moins avant les bus publics, qui sont plutôt rares aux heures indues.

Le terminal routier se trouve à 5 km de Probolinggo (en *bemo*), sur la route du volcan. Prenez un minibus jusqu'à Cemara Lawang, situé au bord du cirque *(45 km - 1h30)*. Arrivé à Cemara Lawang, le plus simple est de chartériser une Jeep qui vous mènera au Gunung Penanjakan *(départ à 4h - 1h)*, puis au Bromo. En redescendant du Penanjakan, on peut aussi choisir de traverser la mer de sable jusqu'au Bromo à cheval ou à pied. Mais le trafic des Jeep et les ornières creusées par les roues nuisent au charme de la marche.

Certains, enfin, font la marche de nuit vers le Bromo, armés d'une lampe de poche, pour contempler l'aube du bord de son cratère *(prévoyez alors de vous lever à 2h30)*. Si la traversée de la mer de sable a quelque chose de magique (malgré les Jeep qui vous rattrapent), le spectacle reste bien plus beau du haut du Penanjakan.

Par Tosari (nord)

De Surabaya, prenez un bus pour Pasuruan *(1h30 de trajet)*, puis allez à Warung Dowo *(3 km)*, où vous prendrez un minibus jusqu'à Tosari *(40 km - 1h30)*, via Puspo. Puis éventuellement un taxi-moto pour Wonokitri *(3 km)*. À Tosari, vous n'aurez aucun mal à trouver une Jeep pour les monts Penanjakan et Bromo.

De Malang, prenez le bus ou le minibus de Pasuruan et descendez à Warung Dowo, puis prenez un minibus jusqu'à Tosari. Une autre solution consiste à prendre un bus jusqu'à Purwodadi *(30 km - 30mn)*, puis un minibus jusqu'à Wonokitri via Nongkojajar *(37 km - 1h30)*. Mais vous serez peut-être obligé de finir le trajet en taxi-moto.

Par Ngadas (sud-est)

C'est aussi le point de départ de l'ascension du Semeru, et un moyen de redescendre du Bromo vers Malang, *via* la mer de sable. Trajet éprouvant, mais superbe. De Malang, rendez-vous en minibus à Tumpang *(20 km - 30mn de trajet)*, où vous pourrez affréter une Jeep pour Jemplang *(29 km - 1h30)*, au bord de la caldeira. Le Bromo se trouve à l'autre extrémité de la mer de sable *(6 km - 30mn)*.

Visites

Harcèlements et vols ont conféré à cette étape une triste réputation. Surveillez bien vos affaires, soyez vigilant en prenant vos billets de bus et évitez les intermédiaires. Opter pour une excursion organisée par l'une des agences de Malang peut être un choix plus tranquillisant. Prévoyez des vêtements chauds et une lampe de poche, ainsi que de l'eau et des biscuits (à 3h30 du matin, les hôtels ne servent pas de petit-déjeuner !).

Agenda

Cérémonie du Kasada – *Le 4e jour du mois dans le calendrier hindouiste tengger, en nov.* Hormis la procession au Bromo *(voir encadré p. 196)*, un spectacle de danse a lieu à Ngadisari.

Nos adresses

Restauration/ Hébergement

Loin de la moiteur collante des villes, bien positionné sur le cratère, le village de **Cemara Lawang** jouit d'un climat sain et frais. Deux atouts qui en font une destination disputée des touristes. Les hôtels sont donc relativement chers, surtout en haute saison (fêtes indonésiennes, juillet et août).

La majorité des établissements sont de qualité médiocre. Ils disposent chacun de plusieurs gammes de chambres, des plus modestes (douches communes avec eau froide) à celles mieux équipées (douche privative avec eau chaude). Attention, l'eau chaude n'est pas ici un luxe. N'hésitez pas à demander une réduction si vous voyez que l'hôtel est un peu vide.

À **Wonokitri**, les habitants ouvrent facilement leurs portes pour accueillir les voyageurs en pension.

À Ngadisari

Budget moyen

Yoschi Guest House – *Desa Wonokerto I Bromo (2 km avant Ngadisari et 5 km de la caldeira) - ✆ 0822 5544 6000 - www.yoschis.com - ✕ - 38 ch. 200 000/600 000 Rps* ☕. Un hôtel de charme, doté de belles chambres en bois et bambou avec des nattes, et agrémenté d'un jardin. Les petits budgets se contenteront d'une sdb extérieure. Propose aussi des bungalows. Attention, les nuits sont fraîches et le petit-déjeuner n'est pas des plus roboratifs. Arrangez le transport en Jeep avec le personnel. Le prix sera fonction du nombre de personnes.

À Cemara Lawang

Budget moyen

Cafe Lava Hostel – *✆ 0821 2222 8183 - www.lavaindonesia.com - ✕ - 30 ch. 450 000/660 000 Rps* ☕. Une bonne adresse pour globe-trotters. L'accueil est sympathique et les chambres, avec ou sans sdb, sont bien tenues. Bonne cuisine occidentale et indonésienne, dans un décor de western inattendu.

Cemara Indah – *Jl. Cemara Lawang - ✆ (0335) 541 019 ou 0853 3122 3122 - ✕ - 33 ch. 550 000/1 100 000 Rps* ☕. Accueil blasé, confort et propreté très moyens. Mieux vaut regarder à l'extérieur de l'hôtel : la vue sur le cratère est saisissante. En dépannage.

Lava View Lodge – *Un peu à l'écart, près du terminal - ✆ 0812 4980 8182 - www.lavaindonesia.com - ✕ - 59 ch. 800 000/1 250 000 Rps* ☕. Les pavillons au bord du cratère ont une vue superbe sur le Bromo. Une excellente adresse. Bon restaurant.

Cratère du Kawah Ijen.
benedek/Getty Images Plus

1

Le Kawah Ijen ★★★

Volcans actifs, forêts primaires, plages désertes… l'extrémité orientale de Java révèle une nature intacte. Mais le joyau de la région est incontestablement le Kawah Ijen, impressionnant cratère (« kawah ») servant d'écrin à un lac turquoise au-dessus duquel dansent d'épaisses volutes de vapeurs sulfureuses. Avec ses voisins, le Merapi (2 914 m) et le Raung (3 332 m), le volcan a donné son nom à la réserve naturelle qui s'étale à leur pied, couvrant un plateau forestier de 130 000 ha. Un éden de verdure peuplé d'innombrables oiseaux dont les chants animent les frondaisons. À la pointe nord de la région, la réserve contiguë de Baluran promet elle aussi quelques randonnées, à la recherche des cerfs et des « banteng », ces énormes buffles endémiques à Java. À vos chaussures, donc !

Se repérer

CARTE D2 (P. 28-29) – CARTE DE JAVA EST (P. 174-175).

Province de Java Est – Alt. 2 386 m. À env. 150 km à l'est de Malang et 200 km de Surabaya.

À ne pas manquer

La soufrière à ciel ouvert.

Organiser son temps

Comptez une demi-journée. Montez au volcan à la saison sèche (mai-oct.). Passez par une agence si vous avez peu de temps.

Carnet pratique p. 201

Nos adresses p. 202

Découvrir

CARTE DE JAVA EST P. 174-175

La route du Kawah Ijen traverse une région verdoyante, alternant vastes forêts et plantations de café, de cacao et de poivre. Dernière bourgade avant de s'enfoncer dans la réserve d'Ijen-Maelang-Raung, **Bondowoso** doit sa renommée à ses combats de buffles. En des temps immémoriaux, un propriétaire terrien, cherchant désespérément à assécher et aplanir ses terres marécageuses, eut l'idée d'organiser un combat de buffles et d'y convier tous les villageois. Le résultat, après quelques heures de piétinement, dépassa toutes ses espérances.

★★ Réserve naturelle d'Ijen-Maelang-Raung

Droit d'entrée de 100 000 Rps (w.-end 150 000 Rps) - montée raide, bonne condition physique nécessaire. Ascension déconseillée pendant la saison des pluies (nov.-avr.). Prévoyez de bonnes chaussures, une lampe frontale si vous montez de nuit, une polaire et un foulard ou un masque à gaz (prêté par les hôtels) pour filtrer un peu les gaz toxiques. Les personnes asthmatiques doivent être prudentes.

En partant de **Sempol** *(à env. 40 km au sud-est de Bondowoso)* au matin, on rejoint le poste forestier de **Paltuding** *(10 km à l'est de Sempol)*, d'où un bon chemin conduit au cratère *(1h30 de marche)*. On y croise *(surtout avant 10h)* les **porteurs de soufre** qui font la navette jusqu'au cratère, en passant par le poste de pesage *(un peu en dessous du cratère, au sortir du couvert forestier)*. Imperturbables, chargés comme des mulets, ils dévalent les pentes du volcan à un train d'enfer. Offrir une cigarette ou des fruits est une marque de politesse appréciée, surtout si vous souhaitez prendre des photos.

Totalement dénudées, les parois du **cratère★★★** offrent un spectacle saisissant : au fond de ce chaudron de roche s'étale le **lac★★★** d'un vert laiteux, tandis que sur la rive on aperçoit la tache jaune d'une **soufrière★★** à ciel ouvert, d'où s'échappe un épais nuage de fumée. Vous pouvez descendre jusqu'au bord du lac par un sentier rocailleux *(30mn)* ; attention aux vapeurs de soufre : si elles ne présentent de danger qu'à dose répétée, elles imprégneront vos vêtements d'une odeur d'œuf pourri. Pour pouvoir observer les étranges flammes bleues produites par les gaz sulfuriques qui s'échappent des fissures des parois, il faut arriver de nuit, avant le lever du soleil (vers 4h30). L'autre alternative consiste à arriver après le lever du jour (moins de touristes), et à longer la crête jusqu'au sommet, d'où le **point de vue★★** est superbe. De là, vous pouvez continuer jusqu'au petit barrage qui ferme le lac, à l'autre extrémité.

Les forçats du soufre

Tous les jours, une centaine de **porteurs de soufre** montent au cratère de l'**Ijen**. Ils s'en vont récolter à la barre à mine ce précieux minerai jaune qui, avant de se cristalliser, a d'abord jailli à l'état gazeux puis liquide (autour de 120 °C). Après cet effort harassant au milieu des vapeurs suffocantes, ils le chargent dans des paniers suspendus à un fléau pour le descendre 4 km plus bas à **Paltuding**, point de départ de la route qui mène à l'usine de traitement située à 40 km. Un parcours qui devait être effectué à pied avant la construction de la route, en 1995. À raison de deux trajets quotidiens pour une charge moyenne de 80 kg (1250 Rps/kg), chaque porteur touche environ 225 000 Rps par jour pour les 160 kg de soufre collectés et transportés sur 16 km. Les hommes les plus robustes, eux, parviennent à porter jusqu'à 100 kg ! L'espérance de vie dépasse rarement les 40 ans.

Banyuwangi

En dépit de sa proximité avec Bali, dont les côtes se profilent en face, la ville la plus orientale de Java accueille peu de touristes, la plupart d'entre eux se rendant directement à l'embarcadère de Ketapang *(8 km au nord)*. Pourtant, ce gros bourg dépourvu de hautes constructions ne manque pas de charme. Son marché central constitue un but de promenade. Le **musée régional de Blambangan** *(Jl. Sritanjung - tlj sf dim. 7h-12h - donation)* conserve une énigmatique **statue en bronze★** animiste qui n'a encore jamais été étudiée.

Si vous envisagez d'aller à Malang par le sud, via Jember, la ville de **Kalibaru** *(80 km à l'ouest de Banyuwangi)* constitue une étape agréable, au milieu des plantations de café et de cacao. En chemin, **points de vue★★★** extraordinaires sur le Raung, l'Argopuro et le Semeru.

Carnet pratique

S'informer

Office de tourisme – *Jl. Yani 78 - Banyuwangi - ✆ (0333) 424 172 - www.banyuwangitourism.com.* Très utile pour louer des voitures.

PHPA – *Jl. Yani 108 - Banyuwang (2 km au sud de la ville) - ✆ (0333) 428 675.* L'Office de protection des forêts et de la conservation de l'environnement gère les droits d'entrée de la réserve d'Ijen-Maelang-Raung et délivre des informations sur les réserves de Baluran, Meru Betiri et Alas Purwo.

Adresses utiles

Banque/Change

BCA *(Jl. Sudirman, Banyuwangi)* ou **BNI** *(Jl. Banterang, Banyuwangi).* Distributeur automatique.

Poste/Téléphone

Poste centrale – *Jl. Diponegoro 1.*
Telkom – *Jl. Diponegoro 3.* Deux adresses à Banyuwangi.

Arriver/Partir

Il existe deux voies d'accès pour se rendre à Paltuding, ultime étape avant le Kawah Ijen : par Bondowoso, à l'ouest de la réserve, ou par Banyuwangi, à l'est.

Le mieux reste encore de disposer d'une voiture ou d'un scooter *(location de voitures à Surabaya, p. 185 et de scooters dans les* guesthouses *de Banyuwangi).*

Par Bondowoso (nord-ouest) – Le chemin d'accès jadis le plus pratiqué *(via Wonosari et Sempol - 68 km - env. 3h30 de trajet).* La route traverse des paysages agréables, composés entre autres de plantations. Si vous n'avez pas de voiture, des minibus font la liaison entre Bondowoso et Sempol, le village le plus proche du cratère, à condition que le véhicule soit rempli (ce qui arrivera plus vite en début de matinée qu'en milieu d'après-midi où vous aurez de fortes chances de rester à quai). De Sempol, voyez avec votre *guesthouse* pour monter jusqu'au point de départ de la randonnée *(Pos Paltuding - à 15 km de là)* ou prenez un *ojek (30mn - 30 000 Rps).*

Par Banyuwangi (sud-est) – Par ce côté, la route est moins longue, un peu raide, mais désormais entièrement goudronnée *(env. 1h30 de trajet).* On peut la parcourir en scooter *(75 000 Rps)*, en louant une voiture avec chauffeur ou en charterisant un taxi à Banyuwangi *(comptez 500 000 Rps AR)*. Les transports publics sont en revanche assez rares.

En train

De Banyuwangi, nombreux départs pour Surabaya *(env. 6h de trajet)*, notamment avec le *Mutiara*, via Probolinggo.

En bus

Vous pouvez rejoindre Bondowoso en bus au départ de Surabaya *(200 km - 4h30 de route)* et Probolinggo *(100 km - 2h)* ou le terminal **Seri Tanjung**, au nord de Ketapang *(à 8 km au nord de Banyuwangi)* au départ de Probolinggo *(3h)*, Surabaya *(5h)* et Malang.

À Banyuwangi, la gare principale, près du débarcadère de Ketapang, dessert Probolinggo *(5h)*, Malang *(6h)*, Surabaya *(7h)* et Yogyakarta *(env. 15h)*.

Le terminal **Brawijaya** (ou Karang Ente), 4 km au sud de Banyuwangi, dessert Jember.

Pour connaître les dessertes et les horaires de bus, consultez le site **www.jadwalbis.com** (en anglais).

En bateau

Embarcadère de **Ketapang**, ferries ttes les 30mn, 24h/24, pour Bali *(30mn de trajet)*. De là, bus touristique direct pour Ubud *(départ à 15h)* ou, à Gilimanuk, bus public pour Denpasar.

Transports

Becak et bemo

Pour les petits trajets à Banyuwangi, le *becak* est idéal. **Blambangan**, le terminal de *bemo*, se trouve sur la Jl. Basuki Rahmat.

Visites

Le Kawah Ijen est nettement moins fréquenté que le mont Bromo, ce qui n'empêche pas les pratiques douteuses de certains chauffeurs et gérants d'hôtel.

Le **parc national de Baluran** *(www.balurannationalpark.id)* est accessible en bus au départ de Banyuwangi *(35 km)* mais, sur place, mieux vaut disposer d'un véhicule. Possibilité d'hébergement auprès du PHPA (apportez votre nourriture), qui organise des virées en Jeep *(voir « S'informer », p. 201)*.

Les réserves naturelles de **Meru Betiri** et **Alas Purwo** (Blambangan) sont bien plus difficiles d'accès.

Agenda

Aduan Sapi – *Les w.-ends de fév. à juil. et d'oct. à déc.* Combats traditionnels de buffles à Bondowoso.

Petik Laut – *Juil.* La fête de la mer de Banyuwangi se tient à la plage de Muncar. Elle donne lieu à des danses et au sacrifice en mer d'une chèvre.

Nos adresses

Restauration

À Banyuwangi

Premier prix

Les petits étals de Jl. Pattimura, ouverts tard le soir, servent des spécialités locales comme le *dadak jagung* (petit pâté à l'œuf et au maïs).

Rumah Makan Sariwangi – *Jl. Basuki Rahmat 130 - 0812 3529 7327 - - 7h-23h - 50 000/100 000 Rps.* Petit restaurant de fruits de mer simple et agréable.

Hébergement

Mettez-vous bien d'accord avec le chauffeur avant de vous faire transporter d'office dans un hôtel reculé où, pris en otage par l'éloignement, on perd toute possibilité de négociation. Préférez loger à Banyuwangi ou à Licin plutôt qu'à Sempol, qui n'offre qu'un choix très médiocre. Les prix indiqués ci-dessous sont établis sur la saison sèche (mai-oct.), propice aux ascensions.

À Banyuwangi

Budget moyen

Ikhtiar Surya – *Jl. Gajah Mada 9 - ✆ (0333) 421 063 -* ▤ ✕ ▨ *- 38 ch. 318 000/415 000 Rps* ☕. L'hôtel est un peu excentré. Un vaste choix de chambres, des plus économiques aux plus confortables, avec air conditionné, eau chaude et télé. Chambres proprettes à condition de ne pas être trop regardant. Le jardin intérieur est assez agréable.

Selamet – *Jl. Kapten Pierre Tendean 89 - ✆ (0333) 424 675 - www.hotelselamet.com -* ▤ ✕ P *- 62 ch. 325 000/550 000 Rps* ☕. Hôtel assez confortable, propre et bien situé. Accueil sympathique.

Ketapang Indah – *Jl. Gatot Subroto (6 km au nord de Banyuwangi, avant Ketapang) - ✆ (0333) 422 280 - www.ketapangindahhotel.com -* ▤ ✕ ⛱ *- 153 ch. 625 000/910 000 Rps* ☕. Installé au bord d'une plage un peu triste et réservée exclusivement aux pêcheurs, l'hôtel possède des chambres très avenantes à des prix corrects. Dans tous les cas, n'hésitez pas à négocier une remise en fonction du taux de remplissage de l'hôtel. Possibilité de faire de la plongée sous-marine et de la pêche au gros. Belle vue sur Bali.

Mi Casa Ijen Guesthouse – *Dusun Krajan, Banjar - Licin (à 14 km à l'ouest de Banyuwangi) - ✆ 0813 3147 6879 - www.micasaijenguesthouses.com -* ▤ ✕ *- 8 ch. 600 000/800 000 Rps* ☕. Dans un cadre paradisiaque, des bungalows spacieux et décorés avec goût (bois et pierre), avec une vue superbe. Une villa est disponible pour 6 pers. Repas à la demande.

À Bondowoso

Budget moyen

Palm – *Jl. Yani 32 - ✆ (0332) 421 201 - www.palm-hotel.net -* ▤ ✕ ⛱ *- 62 ch. 352 000/517 000 Rps* ☕. Cet hôtel, assez bien organisé, est le plus intéressant de la ville. Les chambres, tenues correctement, déclinent différentes options selon les prix (accès à la piscine, au karaoké, au café sur le toit...). L'hôtel peut évidemment vous organiser des excursions. Une adresse centrale à prix raisonnable.

À Kalibaru

Budget moyen

Margo Utomo Resort – *Jl. Lapangan 10 - ✆ (0333) 897700 - www.margoutomo.com -* ✕ P ⛱ *- 47 ch. 450 000/650 000 Rps* ☕. Les chambres, spacieuses et confortables, disposent d'une petite terrasse donnant sur un jardin luxuriant. Des circuits sont organisés dans les plantations, au Kawah Ijen ainsi qu'à la réserve de Meru Betiri. En basse saison (déc.-mai), comptez 30 % de réduction, parfois davantage selon le taux d'occupation de l'hôtel.

1

Rizières à Bali.
rahmad himawan/Getty Images Plus

2

Bali

A
B
G. BATUR
★★★
Vaut le voyage
Ubud
★★
Vaut le détour
Seminyak
★
Vaut la visite
Negara
Intéressant
2000 m
1000
500
200
0
Temple
Plongée
Surf
1
2
3
MENJANGAN
L A U T
Lovina Beach
Kalibukbuk
Temukus
Pemuteran
Penyabangan
G. Prapat Agung
332
Gilimanuk
Palengkong
Labuhan Lalang
Pura Pulaki
Pura Melanting
Gerokgak
Seririt
Dencarik
Air Panas Banjar
Cekik
G. Kelatakan
698
G. Sanglang
1004
1385
G. Merbuk
1344
1224
G. Musi
G. Mesehe
Taman Nasional Bali Barat
Busungbiu
Munduk
Saba
Melaya
Candikesuma
Bilukpoh
Pertigaan
Pupuan
Pulukan
Tista
Negara
Mendaya
Baleagung
Belimbing
Perancak
Pura Rambut Siwi
Pekutatan
Pasar
Ampadan
Pantai Medewi
Antosari
Pantai Balian
Soka
Tibubiyu
Selat Bali
Tanjung Kucur
L A U T A N
JAVA
Cagar Alam Blambangan
H I N D I A
Ville de départ du circuit
La péninsule de Bukit
Autour d'Ubud
Autour du lac Bratan
L'est de l'île
Le mont Batur
À l'est de Lovina Beach
À l'ouest de Lovina Beach
Côte sud-ouest de l'île

C
D
BALI
0
15 km
1
2
3
B A L I
Pura Beji
Pura Maduwe Karang
Air Sanih
Sangsit
Kubutambahan
Singaraja
Tamblang
Tejakula
Sawan
Air Terjun Gitgit
Penginyahan
G. Penulisan
1745
Nangka
Penulisan
Songan
Tianyar
Asahpanji
PURA ULUN DANU BRATAN
G. BATUR
Catur
Kintamani
1717
Danau Batur
Batur
Kubu
Danau Buyan
Danau Bratan
G. Pohan
2001
Bedugul
Yeh Ajung
Penelokan
G. Abang
2153
Tulamben
LIBERTY
G. Batukaru
2276
Suter
Pura Luhur Batukaru
Pacung
G. Agung
3142
Culik
Amed
Bunutan
Pura Gunung Kawi Sebatu
Bangkled
Pura Besakih
Abang
Kusambi
Luwus
Tirta Empul
Tirtagangga
1175
G. Seraya
Tampaksiring
Selat
Bebandem
Amlapura (Karangasem)
Penebel
Rendang
Malinggih
Yehunda
Tenganan
Marga
G. Kawi
Bangli
Puri Taman Ujung
Sidemen
Sangeh
Ubud
Klungkung (Semarapura)
Candidasa
Pura Taman Ayun
Teluk Amuk
Tabanan
Padangbai
Selat Lombok
Kerambitan
Mengwi
Gianyar
Kusamba
Kediri
Kapal
Taman Burung
Jungutbatu
Toyapakeh
Toyapakeh
Pura Tanah Lot
Lembar (Lombok)
Kerobokan
N. Lembongan
Prapat
Sampalan
Seminyak
Denpasar
Sanur
Sanur
Jungutbatu
Toyapakeh
Legian
Kuta
Pulau Serangan
N. Ceningan
Sakti
Suwana
Jimbaran
Benoa
Selat Badung
Sebuluh
Nusa Dua
Sekataji
Tanglad
Nusa Penida
Bukit Badung
PURA LUHUR ULUWATU
Lembar (Lombok)
N
C
D

Grand angle

Bali au quotidien

Forte de plus de 4,32 millions d'habitants, la population balinaise se compose à 87 % d'**hindouistes**, petite enclave dans un immense pays musulman. Cette minorité religieuse est issue de la civilisation indo-javanaise, dont elle a hérité son **système des castes**. Paysans et artisans, largement majoritaires, appartiennent à la caste la plus basse, dite des *sudra*. L'aristocratie locale se partage entre les *brahmana* (lettrés et prêtres), les *satria* (caste des souverains) et les *wesia*, caste traditionnellement constituée des guerriers et administrateurs du royaume. Bien que son rôle s'atténue sensiblement, cette hiérarchie continue de régir certains rituels religieux et l'usage de différents niveaux de langage.
Seule la **minorité Bali Aga** *(voir « Tenganan », p. 307, et « Trunyan », p. 326)*, population originelle de l'île, est restée réfractaire au système des castes. Lors de l'immigration des Mojopahit au 15e s., ces Balinais indigènes ont fui vers des régions reculées de l'île et refusé la culture indo-javanaise, conservant ainsi leurs anciennes traditions.
À leurs côtés, Javanais, Madurais, Sasak de Lombok et Bugis affluent toujours plus nombreux à Bali, attirés par le marché touristique. De petits groupes de commerçants **chinois** et **indiens** complètent le tableau.
Bali compte également un nombre croissant d'expatriés, parmi lesquels Australiens, Japonais et Européens (Français, Italiens...) forment les plus gros contingents.

Un cadre de vie exceptionnel

Malgré ses petites dimensions – près de 140 km d'est en ouest sur 80 km du nord au sud –, Bali montre de forts contrastes géographiques. D'origine volcanique, la chaîne montagneuse qui s'étire d'est en ouest compte plusieurs **cratères actifs**, dont le plus élevé, le Gunung Agung, culmine à 3 014 m. Leurs éruptions successives ont fertilisé les sols de l'île, tandis que leurs sommets fixent les nuages qui attirent les pluies alimentant lacs et rivières.
Située à 8° de latitude sud, l'île jouit d'un agréable **climat tropical**, au taux d'humidité élevé (80 % en moyenne). Deux saisons alternent : sèche à partir d'avril, puis humide et plus chaude à partir d'octobre. Néanmoins, les précipitations arrosent l'île toute l'année et les températures, qui oscillent entre 24 et 31 °C, varient davantage en fonction du relief que des saisons.

Spectacle de legong.
Bicho_raro/Getty Images Plus

L'eau coule donc en abondance à Bali. Savamment exploitée grâce à un système d'irrigation complexe, elle assure deux généreuses récoltes par an. Vers le sud – véritable grenier à riz de l'île –, une multitude de lacs et de rivières inondent les **rizières** étagées sur les pentes douces des collines. Moins arrosée, l'étroite plaine côtière du nord se consacre plutôt à la culture du **café**, du coprah et à l'élevage de bétail, productions largement tournées vers l'exportation. Dans les régions d'altitude, enfin, très humides et plus fraîches, prospèrent fruits et légumes, fleurs, café, girofle, tabac, vanille, cacao…
Couvert par les vastes forêts du parc national, l'ouest de Bali est plus pauvre et moins peuplé. De même que le nord-est, dévasté par les colères de l'Agung, et surtout, le plateau calcaire de la péninsule de Bukit et des îles arides de Nusa Penida et Lembongan.

Des traditions solidement enracinées

Pour les Balinais, l'ordre social reflète un ordre cosmique, immuable, qui régit tous les aspects de la vie quotidienne. Leur univers distingue le domaine positif des **puissances ouraniennes** – associé aux ancêtres, au ciel et aux montagnes –, celui des humains et des rites – lié à la terre –, et celui des **forces chtoniennes**, néfastes, qui correspond à la mer et au monde souterrain. Cette hiérarchie se projette sous forme de microcosmes à tous les niveaux, dictant aussi bien le plan des maisons, celui des villages ou des temples, que la structure même du corps humain.

Une vie communautaire

Historiquement, chaque Balinais obéit à un étroit réseau d'institutions sociales, religieuses et économiques qui définissent sa place dans la société, son rôle et ses devoirs quotidiens. Il existe d'abord en tant que membre de tel ou tel groupe, avant d'exister en tant qu'individu. Il appartient à son *desa* (village), à son *banjar* et à son *subak* *(voir p. 210)* mais fait souvent partie d'autres associations (de joueurs de gamelan, par exemple). Unités administratives, les **villages** constituent autant de cellules sociales et religieuses auxquelles chaque Balinais reste attaché, même si l'explosion du tourisme ces dernières années tend à bouleverser la donne. Les citadins aussi continuent à participer à la vie de leur village natal et à suivre les coutumes *(adat)*.
Un plan similaire dicte l'organisation de chaque village. Au carrefour des deux rues centrales s'ouvre généralement une **place** *(alun-alun)* réunissant les édifices importants : le marché, l'ancien palais princier *(puri)*, accompagnés parfois de la tour de *kulkul* (tambour d'appel, destiné à

sonner l'alarme ou le rassemblement) et d'un banian, l'arbre sacré des Hindous. Les trois temples principaux du village *(kahyangan tiga)* s'y agencent selon les axes d'orientation balinais *(voir ci-dessous, « Espace et cycles cosmiques »)*, chacun étant par ailleurs associé à un dieu de la trinité hindoue : dans la partie *kaja kangin*, le **pura puseh** (temple des origines, dédié aux ancêtres fondateurs du village) est associé à Brahma ; au centre, le **pura desa** (consacré aux esprits protecteurs du village) honore Visnu, tandis que le **pura dalem** (temple des profondeurs, des morts), côté *kelod-kauh*, près du cimetière et du lieu des crémations, est voué à Siva.

Nom et prénom

Les Balinais prénomment leurs enfants en fonction de leur ordre de naissance : garçons ou filles, tous les aînés s'appellent « Wayan », les cadets « Made », les troisièmes « Nyoman » et les quatrièmes « Ketut ». Un petit cinquième vient au monde ? Qu'à cela ne tienne : on le baptisera... « Wayan ». Et ainsi de suite.
Il existe néanmoins quelques variantes (Gede, Putu, Kadek), et les surnoms ne manquent pas. Les titres (Cokorda, Dewa, Gusti...) qui précèdent certains noms indiquent en outre la position sociale.

Banjar et subak

Les habitations se répartissent en plusieurs quartiers : les **banjar**. Alignements d'enclos domestiques, ces derniers forment également des associations de voisinage, sous-communautés internes au village, d'ordre à la fois civil et religieux, régies par leur propre droit coutumier *(banjar adat)* et un système d'entraide. Chaque *banjar* possède son temple, son *kulkul* et surtout, sa *bale banjar*, pavillon de réunion pour le Conseil, formé par les hommes mariés, lieu de sociabilité où l'on discute, où l'on joue ou regarde parfois la télévision.
Chaque propriétaire de *sawah* (rizière inondée) doit faire partie d'une société d'irrigation, ou **subak**. L'appartenance à cette dernière, indépendante de toute autre institution villageoise, dépend du cours d'eau qui arrose le champ. Son rôle consiste à réguler et contrôler la construction et l'entretien du système hydraulique (canaux, tunnels, aqueducs, digues et barrages) et la distribution de l'eau qu'il fournit, à coordonner le calendrier des plantations et du repiquage, mais aussi à organiser les offrandes et les cérémonies honorant la déesse du riz, Dewi Sri. Comme les *banjar*, les *subak* disposent d'un temple, d'un *kulkul*, d'une assemblée...

Espace et cycles cosmiques

Villages, temples, maisons, champs, rituels religieux : à Bali, tout est régi par des pôles d'orientation dictés par l'ordre cosmique. Demeures des divinités et des ancêtres, de l'origine, les montagnes (l'Agung au premier rang) désignent la direction *kaja*, la plus pure et la plus sacrée. C'est de là que provient l'eau, source de fertilité et de purification de l'île. À l'opposé, la mer reçoit les eaux polluées et les cendres humaines : l'aval *(kelod)* indique donc la direction de l'impur, du profane. Au cycle *kaja-kelod* de l'eau et des âmes répond le cycle solaire, qui commence à l'est *(kangin)*, pôle positif, pour s'achever à l'ouest *(kauh)*, son pendant négatif. Le même schéma s'applique au corps humain : la tête, refuge de l'âme, correspond à *kaja*, les pieds à *kelod*, et la droite est supérieure à la gauche.

L'espace privé

Espace privé ceint d'un mur, foyer d'une famille élargie, la maison, ou plutôt l'**enclos domestique**

(pekarangan), comprend plusieurs bâtiments, dont l'emplacement et la fonction sont strictement définis par l'ordre cosmique *(voir ci-contre)*. Un système de mesures magiques assure en outre l'harmonie de ce microcosme. En léger retrait du porche d'entrée, un pan de mur protecteur *(aling aling)* fait obstacle aux mauvais esprits qui chercheraient à pénétrer à l'intérieur. À l'angle *kaja kangin* – le plus pur – se dresse le **temple domestique** *(sanggah)*, où chaque famille honore ses ancêtres divinisés. Divers pavillons *(bale)* ouvrent sur la cour, dont plusieurs hébergent une famille nucléaire : une fois mariés, les garçons s'y installent avec leur femme, tandis que les filles doivent rejoindre la demeure familiale de leur époux. Le pavillon de l'est *(bale kangin)*, lui, abrite les rites de passage, où l'on reçoit aussi les invités. Quant aux lieux fonctionnels, tels que la cuisine et la salle de bain *(mandi)*, ils s'agencent du côté *kelod*.
Dans l'enclos domestique, les temples et les *banjar*, plus récemment dans les hôtels et les restaurants : la **bale** se rencontre partout. Lieu de réunion ou de détente, de spectacle ou de rituel, elle se décline selon son importance et sa fonction dans la vie sociale, coutumière et religieuse. Ce pavillon rectangulaire, ouvert sur les côtés, procure une délicieuse ventilation naturelle, parfaitement adaptée au climat. Soutenu par des piliers, le toit – en chaume ou en palmes – compte parfois plusieurs niveaux superposés.

Une stricte répartition des tâches

Les tâches ménagères sont l'affaire des **femmes**. Dès l'aube, elles cuisent le riz qui fournira les trois repas quotidiens de la famille puis balaient énergiquement la cour et la maison et vont déposer de petites offrandes à des endroits bien précis. Tous les trois jours (fixés par le calendrier), elles se rendent au marché. Le reste de la journée se partage essentiellement entre enfants et voisines, la tenue d'une boutique ou d'un *losmen* ; l'activité reine demeurant, inlassablement, la confection minutieuse des offrandes. Les femmes se voient souvent confier des travaux de force, comme la quête de l'eau, ou occupent des emplois ailleurs réservés aux hommes (maçon, cantonnier).
Par contraste, les **hommes** monopolisent les tâches les mieux rémunérées, que ce soit dans le travail agricole ou le tourisme, qui prend une part de plus en plus importante. Ils doivent par ailleurs prendre part aux réunions des différents conseils (village, *subak, banjar*) auxquels ils appartiennent. Mais dès qu'ils en ont le loisir, c'est à leurs coqs – chaque Balinais en possède au minimum un ou deux – qu'ils se consacrent : ils les nettoient, les nourrissent, leur font prendre le soleil et, bien sûr, les entraînent au combat *(voir p. 213 et encadré, p. 230)*.

Des temples par milliers

Omniprésents dans les villages, le long de la côte ou au bord d'un lac, perdus sur le flanc d'un volcan ou au milieu d'une forêt : à Bali, les temples se comptent par milliers ! Espaces sacrés, lieux de rencontre entre les dieux et les humains, ils paraissent souvent déserts et presque laissés à l'abandon. Mais il suffit d'une cérémonie pour leur donner soudain une tout autre dimension.
Chaque Balinais est attaché à plusieurs temples, en fonction des différents groupes sociaux ou territoriaux auxquels il appartient. Seuls les temples les plus importants sont fréquentés par toute la

population. Il s'agit des neuf **temples « directionnels »** (dont les plus connus sont ceux de Besakih, Batur, Uluwatu, Batukaru et Bratan) et des six **« sanctuaires du monde »** (dont la liste, qui recoupe en partie la précédente, reste controversée). Certains se confondent également avec les temples d'État, qui dépendaient autrefois des cours princières. Chaque royaume avait ainsi son temple principal (le Pura Taman Ayun à Mengwi ou le Pura Kehen à Bangli), son temple de la montagne (Batukaru, Besakih) et son temple de la mer (Uluwatu, Rambut Siwi).

Du porche fendu aux toits multiples

Comme les habitations, les temples balinais sont protégés de murs délimitant l'espace sacré. Dans l'enceinte, qui compte souvent plusieurs cours légèrement étagées, la répartition des édifices suit le principe spatial balinais *(voir « Espace et cycles cosmiques », p. 210)*. On y accède en général côté *kelod-kauh* par un *candi bentar*, porche fendu symbolisant la base de la montagne sacrée Mahameru (le mont Meru). La première cour comporte plusieurs **bale** *(voir « L'espace privé », p. 210)*, destinées à la préparation des offrandes, au gamelan ou encore aux combats de coqs *(wantilan)*. On y trouve aussi la tour de **kulkul** *(voir p. 210)*.

Un *kori agung*, « grande porte » figurant la silhouette du Meru, débouche dans la cour intérieure. Gardée par des monstres censés repousser les mauvais esprits, elle ne s'ouvre qu'à l'occasion des cérémonies. Vous emprunterez donc un petit passage latéral.

Orientée vers l'amont, la cour la plus sacrée abrite une rangée d'**autels** secondaires côté *kangin*, tandis que les plus importants s'alignent côté *kaja* : ils servent de trône aux divinités lorsqu'elles « descendent » assister aux rituels.

Les **meru**, ces autels à toits multiples en chaume sombre, se dressent à l'extrémité *kaja* de la cour. Toujours impair, le nombre de leurs toits (de 3 à 11) varie en fonction du statut local de la divinité vénérée. Symboles du sacro-saint mont Meru, ils sont souvent voués aux puissances de la nature – dieux des volcans et déesses des lacs – mais peuvent aussi glorifier un ancêtre ou un prêtre déifiés.

À l'angle *kaja kangin*, le plus pur, se trouve souvent un *padmasana* (trône au lotus), édicule en pierre qui repose sur la tortue cosmique et deux serpents **naga**, sièges de la création de l'univers. Il est consacré au dieu soleil Surya, principale manifestation du dieu suprême Sanghyang Widi Wasa *(voir ci-contre)*.

Une architecture fragile

L'utilisation de matériaux naturels à l'usure rapide – bois, bambou, palmes, briques et *paras* (tuf volcanique gris-noir, très tendre) – tend à rendre toute construction éphémère et donne souvent un aspect vieilli même à des édifices récents. Les caprices de l'histoire et les colères volcaniques de l'île expliquent en outre le peu de vestiges anciens. Aussi, les temples et les palais que vous découvrirez sont bien souvent le résultat de fidèles reconstructions et de restaurations régulières (même si le terne ciment gris, qui s'est imposé à la fin du 20e s., n'a en rien le charme du *paras*).

L'hindouisme à la balinaise

Fondement de la culture balinaise, la « religion de la Loi divine hindoue » constitue un système de croyances qui guide les activités de la vie quotidienne. Fruit d'un étonnant syncrétisme, la religion balinaise a assimilé le **culte des ancêtres** et les **croyances animistes** autochtones, hérités de temps anciens. De l'Inde, elle a intégré des éléments de la cosmogonie et du panthéon hindouistes, ainsi que certains aspects ésotériques du tantrisme. Dominé par la trinité hindoue des dieux Brahma, Visnu et Siva, le panthéon balinais compte également une pléiade de divinités locales, associées aux forces de la nature et aux esprits des ancêtres. Officiellement imposé par le Pancasila *(voir « Religions et syncrétismes », p. 563)*, le **monothéisme** semble incompatible avec une telle religion : pour la voir reconnue, les Balinais ont donc dû affirmer leur croyance en un dieu suprême, **Sanghyang Widi Wasa** (« Dieu de l'Ordre Universel »), dont toutes les autres divinités sont autant de manifestations...

L'art des offrandes

Rituel sacrificiel quotidien, les offrandes participent du devoir primordial dévolu aux hommes : maintenir l'ordre de l'univers en assurant un équilibre entre toutes les forces antagonistes qui le composent. Véritables **œuvres d'art**, confectionnées et présentées selon des règles complexes et codifiées, les offrandes visent à satisfaire équitablement les esprits qui animent chaque entité, naturelle ou surnaturelle, positive ou négative, susceptible de contribuer à l'harmonie cosmique. Elles restent pour la plupart l'apanage des femmes, qui se transmettent leur savoir de mère en fille. Rançon de la modernisation, elles sont de plus en plus souvent achetées.

On les dépose par terre devant la maison, dans une petite niche ou sur un autel de fortune, à un carrefour ou à un virage dangereux, dans une rizière ou sur une plage... Les offrandes placées **en hauteur**, adressées aux puissances ouraniennes (positives, associées aux ancêtres, au ciel et aux montagnes) seront ensuite consommées par les fidèles. Celles qui apaisent les puissances chtoniennes (négatives, associées à la mer et au monde souterrain), posées **au sol**, feront le bonheur des poules et des chiens errants.

Les combats de coqs

Véritable passion insulaire, les combats de coqs sont officiellement interdits depuis 1981 en raison des paris ruineux qu'ils engendrent. Ils restent néanmoins autorisés dans le cadre des rituels. Leur vocation religieuse – que leur aspect ludique tend parfois à faire oublier – consiste en un sacrifice aux **esprits chtoniens**, puissances maléfiques avides de sang, pour les empêcher de nuire.

Lors des cérémonies les plus importantes, comme une crémation ou l'édification d'un temple, on organise un combat de coqs purificateur. Au quotidien, l'engouement pour ces joutes est tel qu'il s'en déroule toujours une quelque part, à l'abri des regards indiscrets, dans une clandestinité... quasi officielle !

De somptueuses cérémonies

Il ne se passe pas un jour sans qu'une cérémonie inonde l'île de ses sons et de ses rythmes, de ses couleurs et de ses parfums. Hommage aux cocotiers, aux instruments de musique, à la prospérité ou aux animaux domestiques, suivant un cycle de 5 jours ou 2 semaines, 6 mois ou 10 ans : elles donnent toujours lieu à des célébrations magnifiques. Sacrificielles ou purificatrices, elles honorent une divinité, un ancêtre ou tout esprit contribuant à l'harmonieuse unité du monde.

Au hasard de vos balades, vous croiserez certainement quelque splendide **procession**. Le pas cadencé par les rythmes du gamelan, les

fidèles accompagnent une divinité au bord de la mer ou sur les berges d'une rivière pour un bain purificateur, portent la tour de crémation d'un proche, vont recueillir l'eau sacrée d'une source en vue d'un rituel ou présenter des paniers d'offrandes en quelque lieu sacré.
Lors d'une **importante cérémonie au temple**, les abords du sanctuaire prennent vite l'allure d'une véritable kermesse. Les petits *warung* improvisés pour l'occasion laissent échapper d'appétissants effluves de *sate* et de *babi guling*. Plus loin, les jeux – dont les Balinais sont friands – vont bon train. Dans cette ambiance décontractée, festive et animée, on se retrouve autour d'un café, paré de son plus bel habit, on s'entretient des dernières nouvelles, on flâne...
Un envoûtant parfum embaume l'atmosphère : la fumée d'encens apporte symboliquement les offrandes à leurs destinataires. Résonnant dans les haut-parleurs, les percussions du gamelan répondent aux tintements de la clochette convoquant les divinités. Tandis que le prêtre effectue lentement ses *mudra* (gestes codifiés chargés de symbolisme), les fidèles, agenouillés, écoutent la récitation des *mantra* (invocations sacrées). Les mains jointes devant le front, ils tiennent des fleurs du bout des doigts. À la fin de la prière, ils boivent trois petites gorgées d'eau lustrale dans le creux de leurs mains puis s'appliquent quelques grains de riz sur le front et les tempes. Danses rituelles, combats de coqs et représentations de *topeng* ou de *wayang kulit* (théâtre d'ombres) complètent la célébration. Les festivités se prolongeront tard dans la nuit.

Deux calendriers

Pour certaines fêtes – notamment agricoles –, on se réfère au calendrier *saka*, d'origine indienne, fondé sur les cycles lunaires. Les jours de nouvelle et surtout de pleine lune sont marqués par d'importantes cérémonies. D'autres événements suivent le calendrier *wuku*, héritage hindo-javanais, qui compte 210 jours. L'interprétation de conjonctions complexes permet de déterminer les dates sous de bons auspices, et la consultation divinatoire du calendrier reste le préalable à tout acte de la vie quotidienne : graphiquement, chaque carré représente une semaine de l'année, illustrée par un fait de bon augure associé à cette période.

Quelques grandes célébrations

Odalan – Tous les 210 jours, chaque temple accueille ses dieux en célébrant pendant 3 jours son *odalan*, l'anniversaire de sa consécration.
D'autres fêtes sont communes à toute l'île :
Eka Dasa Rudra – La plus importante des célébrations, qui assure la purification générale de l'île, se tient tous les cent ans au temple de Besakih *(voir encadré, p. 320)*.
Nyepi – Le **Nouvel An** balinais est marqué par le « vide ». La veille, dernier jour de l'année *saka*, l'univers est purifié. On présente d'abondantes offrandes pour apaiser les puissances maléfiques. Toute la nuit, la foule envahit les rues et, dans la plus grande cacophonie, fait danser d'énormes effigies démoniaques en un **carnaval exorciste**. Dès que pointe le Jour de l'an, chacun reste silencieusement cloîtré chez soi, dans le noir, afin de faire croire aux mauvais génies que l'île est déserte. Le moindre signe de vie humaine risquerait de compromettre ce subterfuge et les inciter à rester pour semer la zizanie ! Gare aux imprudents : personne ne plaisante avec cette croyance et les contrevenants prennent des risques. Évitez surtout d'arriver ce jour-là *(renseignez-vous : la date change tous les ans)*. Aucun moyen de transport,

pas de lumière, interdiction de sortir : curieux spectacle, même si les règles se sont assouplies pour les hôtels accueillant une clientèle internationale.

Galungan – Tous les 210 jours, on fête la victoire légendaire des Balinais sur Maya Denawa, roi-démon qui leur interdisait de pratiquer leurs cultes. Symboliquement, il s'agit de célébrer la « religion de la Loi divine hindoue ». Des cérémonies ont lieu un peu partout dans les temples de l'île. Chacun rentre au village pour honorer le cortège de divinités et d'esprits ancestraux venus pour l'occasion. Toute l'île vit alors au ralenti : administrations et boutiques closes, hôtels et restaurants désertés... Les festivités prennent fin le dixième jour, appelé **Kulingan**, où les dernières offrandes précèdent le retour des dieux vers leurs demeures célestes.

Les rites de passage

On ne peut décrire ici, tant elles sont nombreuses, toutes les étapes rituelles qui rythment l'existence d'un Balinais, de sa conception à sa naissance, jusqu'à sa mort et au-delà. Réincarnation d'un ancêtre, le nouveau-né est considéré comme divin. Il accomplit son premier grand rite de passage à l'âge de trois mois. C'est à l'issue de cette fête hautement symbolique que le bébé, paré de bijoux protecteurs, touche pour la première fois le sol, jugé impur. Présenté aux divinités ancestrales, il aura dès lors accès aux temples et se verra « officiellement » intégré à la communauté.

À l'adolescence, la cérémonie du **limage des dents** marque l'entrée dans le monde des adultes. Le rituel vise à niveler six incisives, correspondant à six maux humains d'origine bestiale et démoniaque.

La plupart des Balinais célèbrent leur **mariage** avant l'âge de 30 ans. Au classique *mepadik*, visite de courtoisie en famille, à l'issue de laquelle le prétendant demande la main de sa dulcinée, les jeunes préfèrent souvent le scénario plus romantique et ludique du *ngerorod* : le garçon simule l'enlèvement de sa belle – consentante – que ses parents feignent de chercher partout en vain. Après leur « lune de miel » clandestine, les tourtereaux finissent par réapparaître et une grande cérémonie officialise l'événement.

La crémation, cérémonie capitale

Ultime étape de la vie et but suprême de l'existence, la **crémation** permet la libération de l'âme *(moksa)* en vue de sa réincarnation. Délivrée par les flammes, celle-ci pourra s'échapper de son enveloppe charnelle afin de renaître sous une autre forme, déterminée par son karma (somme des actes de sa vie passée).

En général, le défunt est provisoirement inhumé au cimetière ; la crémation n'aura lieu que plus tard – parfois plusieurs années après –, à une date favorable. Si la famille ne peut réunir les fonds nécessaires, elle attendra l'occasion d'une crémation collective.

Pendant ce temps, les membres du *banjar* s'affairent à construire la tour destinée à porter le cercueil, échafaudage de bambou et de bois décoré (tissus colorés, fleurs, miroirs), qui symbolise le cosmos.

Le sarcophage, de la forme d'un animal – vache, taureau, lion ailé ou autre animal fantastique –, repose à l'étage intermédiaire, entre terre et ciel, sous une tour à toits multiples dont le nombre dépend de la caste du défunt.

Après un repas festif offert par la famille, la **procession** s'ébranle au son du gamelan. Les porteurs avancent, reculent, tournent et retournent, secouant l'étrange palanquin en un manège tumultueux destiné à égarer les esprits malins et à éviter que l'âme du mort ne revienne hanter sa maison. Les derniers rituels accomplis, la tour s'embrase. Recueillies dans une noix de coco, les cendres seront jetées à la mer (ou au fleuve), d'où elles vogueront… jusqu'au Gange. Quant à l'âme, purifiée, elle prendra sa place dans l'autel central du temple domestique, domaine des ancêtres divinisés, avant d'obtenir sa réincarnation.

L'art au service des dieux

À Bali, toute expression artistique est empreinte d'une dimension spirituelle et participe d'un sentiment religieux. Sa fonction divertissante ou esthétique vise avant tout à honorer les dieux. Considérée comme partie intégrante des devoirs communautaires, elle demeura longtemps une activité collective. Aucun individu n'aurait songé à tirer orgueil de son talent ou à revendiquer son œuvre. La langue balinaise ne possède d'ailleurs pas de mot pour signifier l'art ou l'artiste. Cependant, au cours du 20e s., sous l'influence des Occidentaux, l'artiste s'est peu à peu affirmé en tant que tel, et à sa création, devenue expression personnelle, s'est attachée une valeur marchande. Avec l'essor du tourisme, les arts tendent ainsi à s'orienter vers une production de masse, au détriment de la qualité. Et si les arts balinais ont perdu une part de leur fondement religieux, ils n'en conservent pas moins une esthétique et un raffinement qui imprègnent tous les aspects du quotidien : des objets rituels (offrandes, habits de cérémonie, *wayang kulit*) aux objets les plus utilitaires (vannerie en palmes, ustensiles ménagers en coco, mobilier en bambou). Inspiration divine ou talent inné ? Le charme opère toujours…

Un répertoire inépuisable

Largement inspirés des grandes épopées hindoues du *Mahabharata* et du *Ramayana* qui bercent tout Balinais dès son plus jeune âge, les arts de la scène comme les arts plastiques font également intervenir les créatures mythiques et les héros du **folklore local**. Les figurines du *wayang kulit* *(voir la rubrique « Arts du spectacle et vie culturelle », p. 575)* font planer leur ombre sur tout cet ensemble, qui s'inscrit souvent dans l'exubérance d'une nature exotique. Classiques ou modernes, toutes les manifestations artistiques sont le reflet harmonieux de l'ordre cosmique. Références hindouistes et animistes cohabitent, réalisme et onirisme s'entremêlent, dans un foisonnement de détails minutieux.

La sculpture

Travaillée dans la pierre tendre *(paras)* ou dans les bois durs (teck, ébène), en **bas-reliefs** narratifs ou en statues monumentales, la sculpture – omniprésente à Bali – est avant tout vouée à orner les temples, les palais et les bains publics. Elle témoigne d'une parfaite maîtrise technique et d'une grande expressivité. Divinités protectrices ou démons effrayants : chaque représentation occupe un emplacement précis, déterminé par sa fonction symbolique. Mais avec le tourisme, la tendance est à la production massive de sujets profanes et stéréotypés, qui appauvrissent la création.

La peinture

Jadis exécutée sur des panneaux textiles ou végétaux (bois, écorce, feuilles de palmier), la peinture traditionnelle décorait les temples et les palais. Iconographie classique, composition narrative, mode de représentation conventionnel et palette chromatique réduite

Femmes balinaises portant des offrandes.
Bicho_raro/Getty Images Plus

à l'utilisation de cinq pigments naturels caractérisait ces créations. Les plus répandues, de **style wayang**, se perpétuent dans le village de Kamasan *(voir p. 305)*. Les artistes européens qui s'implantèrent dans l'île dans les années 1930 – notamment à **Batuan** *(voir p. 291)* – insufflèrent un nouvel élan à la peinture balinaise, tant dans ses thèmes que dans ses techniques. Interrompue par la guerre en 1942, puis par les troubles politiques des années 1950 et 1960, l'évolution picturale se poursuivra sous la houlette du Hollandais Arie Smit, instigateur de **l'école des Jeunes Artistes** *(voir « Penestanan », p. 274)*. Aujourd'hui, la création tâtonne, avec plus ou moins d'inspiration et de réussite.

Les arts de la scène

Indissociables, la musique, le chant, la danse et le théâtre occupent une place privilégiée dans la vie des Balinais. Les accords polyphoniques percutants du gamelan, la gestuelle souple ou le frémissement rigide d'une danseuse, la voix éraillée ou le roulement des yeux exorbités d'un comédien vous plongent instantanément dans un univers d'une singulière force évocatrice. L'identification de l'interprète à son rôle est poignante. Non professionnels, danseurs et acteurs répètent inlassablement, dès leur plus jeune âge, les gestes contraignants enseignés par leur maître. Très stylisé, chaque mouvement évoque de manière métaphorique une action ou un sentiment précis. L'expressivité des poignets et des doigts revêt une importance primordiale. Costumes, masques et maquillage, également codifiés, contribuent à l'identification des personnages. Les changements soudains de rythme et d'intensité sonore du gamelan guident la chorégraphie.
Spectateur néophyte, oubliez la symbolique hermétique de l'intrigue et laissez-vous porter par la beauté et la virtuosité musicale, d'une coordination parfaite. L'ambiance est aussi du côté du **public balinais**, qui participe, en famille, par ses rires et son enthousiasme.

L'harmonie du gamelan balinais

Originaire de Java, le gamelan balinais – aussi appelé gong – s'en différencie par un style de jeu plus informel. Il désigne un ensemble d'instruments, essentiellement en bronze et en bambou, où dominent les percussions : gongs, tambours, timbales, cymbales et xylophones... Mais l'île compte plus de vingt types d'orchestres différents ! Chacun forme une entité indivisible, dont tous les éléments ont été conçus simultanément et accordés pour jouer en interdépendance, dans la plus pure harmonie.
Chaque *banjar* (quartier) possède au moins un gamelan. Après leur journée de travail, les musiciens répètent sous le *bale gong*, sans partition : ils reproduisent, de tête, les accords entendus depuis leur naissance.

Entre danse et théâtre

Difficiles à distinguer l'un de l'autre, la danse et le théâtre font appel à un répertoire riche d'une cinquantaine de genres, mais les intrigues, connues de tous, voient toujours s'affronter les figures types du bien et du mal, des bons et des méchants. D'une incroyable virtuosité, les plus esthétiques mettent l'accent sur la parfaite résonance entre la musique et la chorégraphie. En 2015, l'Unesco a inscrit les danses balinaises sur la liste du patrimoine immatériel de l'humanité.

- Le **legong** se donnait autrefois dans les cours des rajas, à qui appartenaient les jeunes danseuses. D'une grande abstraction, le *legong* séduit par sa grâce gestuelle, épurée, délicate et raffinée. Trois fillettes interprètent tous les rôles. La *condong* ouvre le spectacle en solo. Puis les deux petites *legong* apparaissent. Âgées de 8 à 12 ans environ, rayonnantes dans leur costume de brocart doré très ajusté, coiffées de fleurs de frangipanier, un éventail à la main, elles dansent en parfaite synchronisation, souvent avec un effet de miroir. Elles miment l'histoire du roi de Lasem qui, refusant de libérer la jeune Rangkesari qu'il a capturée, va livrer combat au frère de celle-ci. Ignorant l'oiseau de mauvais augure (joué par la *condong*) qu'il croise en chemin, le roi sera tué dans la bataille...
- Le **baris** – Cette danse martiale glorifie les guerriers balinais. Aussi exigeante que le *legong*, elle est souvent exécutée par de jeunes garçons. La trame du combat sert de prétexte à l'interprétation des émotions instables et des revirements d'humeurs qui animent les personnages, par le jeu subtil et complexe de la gestuelle, de la physionomie et du regard, très expressifs, qui font écho au gamelan.
- Le **kecak** – Un groupe d'hommes assis en cercle à la lueur d'une flamme, un *kain poleng* à la taille (tissu à damier noir et blanc symbolisant l'équilibre entre les forces antagonistes), imite les percussions du gamelan par un chœur d'onomatopées : « cak a cak a cak... » (prononcez « tchak »). Inspiré de l'élément vocal de la danse rituelle de transe Sanghyang *(voir ci-après)*, le *kecak* moderne accompagne une chorégraphie tirée du *Ramayana*. Souvent appelée **« danse des singes »**, elle raconte la bataille victorieuse du prince Rama, aidé par l'armée des singes de Hanuman, pour secourir sa femme, Sita, enlevée par le roi-démon Rawana.

Plus proches du théâtre, d'autres représentations accordent davantage d'importance à l'histoire racontée et jouent sur l'alternance des registres, du plus grand tragique à la franche bouffonnerie, en passant par l'émouvant mélodrame.

- Le **topeng** (« masque ») – Les acteurs de topeng interprètent successivement différents archétypes de personnages (le roi, le bouffon, la

coquette, le sourd...), dont ils portent les masques. Le ballet *Ramayana* introduit dans les scènes épiques, par l'intermédiaire des rôles d'animaux, des improvisations comiques.
- L'**arja** narre une interminable histoire d'amour, ponctuée d'épisodes déchirants et d'intrigues rocambolesques.

Les danses sacrées

Certaines danses restent indissociables des rituels religieux et n'ont lieu qu'à l'occasion des cérémonies.
- Le **pendet** accompagne la présentation des offrandes.
- Les **Sanghyang** – Ces fascinantes danses d'extase sont exécutées par de jeunes fidèles entrés en transe, le corps investi par des nymphes célestes chargées de transmettre les exigences divines. Leur but originel consiste à protéger le village en exorcisant les esprits funestes.
- La danse de **Barong et Rangda** met en scène un duel entre les forces du bien et celles du mal. Créature mythique sacrée – jouée par deux hommes couverts d'une toison et d'un large masque aux crocs redoutables –, Barong incarne l'esprit gardien de chaque village, qu'il protège en chassant les puissances maléfiques. Sa principale ennemie est la sorcière Rangda. Dans ce ballet exorciste, l'affrontement culmine avec la **danse du kriss**, où Rangda pousse les partisans de Barong, ensorcelés sous son influence démoniaque, à retourner leurs armes contre eux-mêmes. Usant de ses pouvoirs magiques, Barong les sort de leur transe et fait triompher le bien...

Histoire : une île bien tentante...

Des vestiges retrouvés à Bali attestent d'une présence humaine dès le paléolithique, puis d'un peuplement issu du continent asiatique, de 70 000 à 40 000 ans avant notre ère. Aux alentours de - 3000, des populations austronésiennes originaires de l'actuelle Taïwan s'installent. Des sarcophages et des ossements datant de l'ère mégalithique (il y a environ 2 500 ans) ont été découverts en 2009 à Keramas, près de Gianyar.
D'autres traces, dont la fameuse Lune de Pejeng *(voir encadré, p. 290)*, issue de la culture Dông-Sôn, originaire du Viêtnam, remontent à l'**âge du bronze** (de - 300 à 100 en Indonésie).
Au 9e s., les Balinais cultivaient déjà le riz grâce à un système d'irrigation complexe et respectaient certaines des traditions religieuses et culturelles qui subsistent de nos jours. Les premiers habitants, **animistes**, vénéraient les esprits qui habitent tout lieu et toute chose. Le culte des ancêtres remonte également à des temps très anciens.
On ne connaît pas avec certitude la date de l'indianisation de Bali, mais les plus anciens témoignages écrits dont on dispose (8e s.) sont des textes bouddhiques inscrits sur des plaquettes d'argile retrouvées également à Pejeng. D'autres documents du 10e s., indiquent que la **civilisation hindoue** avait déjà pénétré l'île depuis plusieurs siècles, et révèlent une influence grandissante de Java sur Bali.

Le dernier bastion de la civilisation indo-javanaise

Dans la première moitié du 11e s., le règne du grand souverain javanais **Airlangga**, fils d'une princesse javanaise et du roi balinais Udayana *(voir p. 606)*, voit la réunion des deux îles sous la même couronne. Des liens étroits se tissent au profit de Java, dont la culture fleurit à Bali. À la mort d'Airlangga, cette dernière retrouve cependant une relative indépendance, entrecoupée de brèves périodes de tutelle javanaise, notamment sous **Kertanegara**, entre 1284 et 1292.

Elle sera fermement reconquise, en 1343, par la puissante dynastie des **Mojopahit** (1294-1527) *(voir p. 606)*. Premier ministre du royaume javanais, Gajah Mada soumet le grand roi balinais Dalem Beda Ulu et place sur le trône un prêtre javanais, qui prend le titre héréditaire de **Dewa Agung** (« grand dieu »).

De l'âge d'or à la guerre des rajas

Au 15e s., alors que l'islam s'impose à Java, l'hindouisme trouve refuge à Bali. À la chute du royaume Mojopahit, l'élite javanaise – prêtres, nobles, mais aussi artistes, danseurs et musiciens – y émigre massivement et l'influence indo-javanaise imprègne rapidement tous les domaines de la vie balinaise : politique, fastes de la cour, religion, système des castes, arts et architecture, langue et littérature...
Les palais des rajas de **Gelgel**, la nouvelle capitale, se révèlent de prestigieux centres culturels, où s'épanouissent de nouveaux courants artistiques mêlant des éléments javanais et balinais, qui connaîtront leur apogée au 16e s.
Mais une sombre série de querelles princières met fin à la suprématie du Dewa Agung au 17e s. Plusieurs vassaux, qui aspirent à s'émanciper, rompent l'allégeance à Gelgel, et l'île se morcelle en petits territoires indépendants. Les descendants de la dynastie finissent par établir leur royaume à **Klungkung**, en 1710. Suit alors une longue période d'instabilité, où la vie politique de l'île oscille au gré des rivalités entre rajas, des guerres et des alliances, des nouveaux États et des royaumes déchus... Ce n'est qu'au 19e s. que la situation se stabilise.

Diviser pour mieux coloniser

Dans la première moitié du 19e s., Bali conjugue prospérité – grâce à ses terres fertiles et à son commerce lucratif – et indépendance : deux facteurs qui attirent l'attention des Hollandais, présents à Java depuis le 16e s., et qui cherchent à se constituer un vaste empire colonial en étendant leur hégémonie sur l'archipel.
Cornelis van Houtman est le premier à se rendre à Bali, en 1596, mais la conquête militaire ne débute qu'en 1846. Le nord de l'île est pris en 1849 et un gouvernement colonial s'installe à Singaraja en 1882.
Des conflits éclatent bientôt entre presque tous les royaumes balinais ; une situation dont les Hollandais vont tirer profit : en 1894, leur soutien à la **rébellion sasak** *(voir « L'Indonésie des Sasaks », p. 352)* contribue à la chute des souverains balinais de Lombok. Quelques royaumes, tels ceux de Karangasem (1895) et de Gianyar (1900), acceptent de reconnaître la souveraineté du colonisateur pour sauvegarder un semblant de pouvoir. Les royaumes rebelles de Tabanan, Badung et Klungkung, qui perpétuent la lutte, seront conquis un à un par les armes.
En 1906, prenant prétexte du pillage d'une épave, les Hollandais débarquent sur les côtes de Sanur et marchent sur Denpasar. Kriss contre canons : les princes de Badung préféreront se donner la mort lors d'un tragique **puputan** (« combat à mort », *voir encadré p. 257*). Deux ans plus tard, le *puputan* de Klungkung signe la fin du dernier royaume balinais. L'île est entièrement sous la coupe de la couronne hollandaise.

La « balinisation » de Bali

Culpabilité ou intérêt sincère ? Dans les années qui suivent leur conquête, les Bataves tentent d'effacer le sang des Balinais en valorisant leur politique coloniale. Accordant une place prédominante à l'aristocratie locale, prônant le respect des traditions et de la culture indigènes, ils s'attachent à promouvoir ce « musée vivant », dernier bastion de la civilisation indo-javanaise. Dès les années 1920-1930, esthètes et intellectuels fortunés affluent du monde entier pour goûter aux raffinements uniques de ce paradis exotique...

Pour ou contre l'indépendance

En mars 1942, l'invasion japonaise aiguise les espoirs nationalistes, longtemps étouffés par le gouvernement colonial. Le 17 août 1945, la proclamation de la **République d'Indonésie** divise les Balinais. Paysans pour la plupart, nombre d'entre eux se montrent favorables à **Soekarno** (sa mère était une aristocrate balinaise) et se mobilisent contre le retour des Hollandais. Mais la minorité la plus influente, issue des hautes castes, avait établi avec le pouvoir colonial un compromis satisfaisant pour ses privilèges. Pour ou contre l'indépendance ? À Bali, le combat prend rapidement des allures de guerre civile... La lutte contre les Hollandais culmine lors de la **bataille de Marga**, le 20 novembre 1946, qui voit la fin héroïque du dernier noyau indépendantiste, dirigé par Ngurah Rai.

Les débuts de la République

Dès le début du 20e s., l'idée d'une nation indonésienne avait trouvé des échos favorables auprès de certains Balinais. Après la proclamation de l'indépendance de l'Indonésie en 1949, Bali reste majoritairement fidèle à Soekarno. Attaché à l'île, ce dernier lui confère une place à part, lui attribuant le statut de province en 1958 et œuvrant pour y développer le tourisme. Mais les années 1960 sont particulièrement noires : chaos politique et économique, éruption dévastatrice et meurtrière du mont Agung (1963)...

La mise en place du régime de l'Ordre nouveau, par le général Suharto, déclenche une sanglante **répression anticommuniste** (1965-66), particulièrement sévère à Bali, où près de 100 000 personnes seront massacrées, la plupart par les Balinais eux-mêmes. Leur faute : préconiser une réforme agraire et l'abolition du système des castes, fondements traditionnels de la société balinaise.

L'Ère du tourisme et la douloureuse émergence de la démocratie

La présidence Suharto marque l'avènement du **tourisme de masse** à Bali. Conscient du potentiel véhiculé par l'image édénique de l'île, le gouvernement choisit de l'ériger en vitrine de l'Indonésie.
Paradis encore confidentiel, en vogue auprès des surfeurs et des hippies, l'île commence à changer de visage dans les années 1970. Avec l'aménagement massif des infrastructures (routes, eau et électricité, télécommunications et bien sûr hôtellerie), tout est mis en œuvre pour accueillir les étrangers. Mais le 12 octobre 2002, à Kuta, deux explosions tuent 202 personnes et en blessent 209 au Paddy's Bar et au Sari Club. L'île est touchée au plus profond de son âme, même si c'est l'Australie qui compte le plus grand nombre de victimes. Le choix de Bali s'explique par l'aura mondiale de l'île et, de fait, l'écho international des **attentats** est considérable, tout comme les conséquences sur l'économie du tourisme (chute de 30 % des visites en 2003). Le 1er octobre 2005, une nouvelle série d'attentats, perpétrés à Jimbaran (26 morts), inscrit Bali pour plusieurs années sur la carte du terrorisme islamique dans l'opinion publique internationale. Plus d'une trentaine d'Indonésiens ont été condamnés pour leur implication

dans les attentats de 2002 et 2005, et trois d'entre eux ont été exécutés *(voir « Chronologie », p. 614).*

Tourisme culturel ou culture du tourisme ?

Quelques années après cette tragédie, qui a profondément marqué les esprits, la page semble avoir été tournée, et la vie démocratique fait preuve d'une belle vitalité. Le tourisme bat à nouveau des records d'affluence (environ 6 millions de visiteurs en 2018, contre moins de 30 000 à la fin des années 1960) et s'ouvre à d'autres horizons. Chinois et Russes affluent. Durant la même période, la capacité hôtelière est passée de moins de 500 chambres à plus de 46 000 ! Chaque année, ce sont 700 ha de terrain qui sont convertis en hôtels, en résidences de luxe ou en routes qui peinent à absorber un trafic en expansion constante. Revers de la médaille, 13000 m^3 d'ordures sont produites chaque jour, pour moitié seulement recyclées.

La loi de décentralisation de 1999, qui a attribué plus de pouvoirs aux gouverneurs de province, a permis aux Balinais de se réapproprier une partie de leur destin. Mais les mesures prises pour promouvoir un tourisme responsable (pas de construction à proximité des plages, contraintes architecturales, interdiction du plastique à usage unique...) semblent être restées lettre morte.

Avec l'invasion touristique, que sont devenus aujourd'hui Bali et le particularisme culturel qui a forgé la réputation de l'île ? Le débat est classique. Les détracteurs déclarent avec nostalgie qu'il ne reste plus rien d'authentique à Bali : l'appât du gain a corrompu les traditions, désormais orientées vers le goût des touristes ; même les cérémonies religieuses ont été perverties pour répondre aux attentes des visiteurs ! Le yoga, totalement étranger à la culture balinaise, compte plus de 600 lieux de retraite destinés aux touristes depuis l'engouement suscité par le film *Mange, prie, aime* (2010) avec Julia Roberts... Rappelons que dans son roman *Sang et volupté à Bali*, Vicki Baum regrettait déjà une culture en train de disparaître ; on était en 1935...

Les optimistes observent les bénéfices que tirent les Balinais de cette manne financière en termes d'infrastructures, de santé et de niveau de vie. Ils soulignent la capacité maintes fois démontrée de la population locale à s'accommoder des bouleversements provoqués par les intrusions étrangères et à en tirer parti, sans pour autant perdre son âme. Les pessimistes rétorquent que l'argent est un agent corrupteur diablement efficace et que les changements en cours touchent aux fondements de la société balinaise...

Le **tourisme culturel** *(parawisata budaya)*, encouragé par les autorités, visait à valoriser les ressources culturelles de l'île afin d'attirer les visiteurs, tout en utilisant les revenus de cette activité pour préserver et promouvoir la spécificité insulaire. Si cette politique a permis de raviver l'intérêt des Balinais pour leurs propres traditions et de renforcer leur identité, l'île semble aujourd'hui atteindre un point de non-retour dans la marchandisation de sa culture. Entre le Bali authentique, qui subit les influences extérieures sans s'y soumettre, et un autre façonné à l'usage des touristes et offert à la consommation, la frontière semble de plus en plus poreuse.

Savoir-vivre à la balinaise

Chaleureux et discrets, doux et sereins, les Balinais accueillent généralement les visiteurs avec plaisir. Ils accordent une importance primordiale à la courtoisie, inhérente

Maîtres de cérémonies à la cour royale, 1870.
Pictures From History/AGB Photo Library/age fotostock

à leur art de vivre, et attendent des étrangers qu'ils respectent leurs coutumes *(adat)* en adoptant le comportement qui sied à chaque circonstance. D'une extrême tolérance, ils ne vous feront pas de remarques désobligeantes sur vos bévues... mais vous observeront avec une condescendance, à peine perceptible... politesse oblige.

Voir aussi les rubriques « Savoir-vivre », p. 638, et « Photographie », p. 633.

Au temple

Vous pouvez assister seul à une cérémonie, mais il est préférable d'être accompagné d'un Balinais. À défaut, demandez la permission de pénétrer dans le temple.
Avant d'entrer dans un temple, lisez bien, comme tout bon Balinais, le panneau qui le précède. Selon l'endroit, celui-ci précise que l'accès est interdit « aux femmes pendant leurs menstruations, aux femmes enceintes, aux mères dont les enfants n'ont pas encore eu leur première dent, aux enfants dont la première dent n'est pas encore tombée, aux personnes en deuil (considérées comme impures), aux individus fous, et, enfin, à ceux qui ne sont pas correctement vêtus ».
Par discrétion, restez toujours derrière les fidèles : vous pourrez ainsi plus facilement suivre leurs gestes. Évitez absolument de vous tenir dans un passage, de bousculer ou d'enjamber quelqu'un, de parler à voix haute, de vous asseoir n'importe où sans y avoir été invité au préalable, de circuler ou de rester debout pendant les rituels. Surtout, ne vous placez jamais plus haut qu'un prêtre, ou même que tout autre Balinais – serait-ce votre seule chance d'apercevoir quelque chose : selon la conception « cosmique » du corps humain *(voir « Espace et cycles cosmiques », p. 210)*, il est sacrilège de dominer des pieds (impurs) la tête (sacrée) d'une tierce personne. Faites donc bien attention à ne pas les lever, les pointer ou les montrer ostensiblement.

En famille

Les rites de passage se déroulent en famille, élargie aux voisins et amis.

Dans les bras de Morphée

Réfléchissez à deux fois avant d'interrompre le sommeil d'un Balinais ! Si vous le tirez d'un rêve par un réveil impromptu, son âme vagabonde, qui a pu s'échapper de son corps assoupi, n'aura peut-être pas eu le temps de réintégrer son habitacle. Elle risque alors d'errer… comme une âme en peine !

Vous n'y serez bienvenu qu'à condition d'y avoir été explicitement convié. N'oubliez pas d'**offrir un cadeau** à vos hôtes et ne vous offusquez pas s'ils n'ouvrent pas le paquet devant vous. Rappelez-vous que l'on se déchausse toujours avant d'entrer dans une maison et que l'on ne donne, prend ou mange que de la **main droite** (la gauche, impure, étant réservée aux usages intimes).

L'habit de circonstance

Partie intégrante de toute cérémonie religieuse, la tenue vestimentaire est strictement réglementée. Ne craignez pas de vous sentir « déguisé » : vous inspirerez au contraire le respect, et les contacts s'établiront plus facilement. Si vous avez lié connaissance avec des Balinais, ils vous prêteront volontiers un habit de cérémonie et vous aideront à vous parer. S'ils vous demandent de vous laver *(mandi)*, n'y voyez aucune allusion désobligeante ; on se doit d'être frais pour célébrer les dieux. Les **hommes** portent un *saput* par-dessus le sarong – deux étoffes maintenues à la taille par une ceinture de tissu, une veste sobre et un turban noué autour de la tête. Les **femmes** revêtent un long sarong et une *kebaya,* fine tunique à manches longues dont le *sash* (écharpe) souligne la taille. Elles coiffent soigneusement leurs cheveux (parfois doublés d'un postiche) et se parent de leurs plus beaux bijoux. Attention, il est inconvenant de mettre son sarong en public. De même, on ne garde pas son pantalon sous un sarong, pas plus qu'un T-shirt sous une *kebaya.* Le noir est en principe réservé aux crémations. À moto, enfin, l'habit de cérémonie dispense du port du casque.

Bali pratique

S'informer

The Bali Times *(www.thebalitimes.com)* est le quotidien en anglais de l'île. **La Gazette de Bali** *(https://bali-gazette.com)* est un mensuel gratuit en français. Le site des professionnels du tourisme *(www.balitourismboard.org)* est une mine d'informations. Pour les sorties, les informations pratiques et la culture, consultez *http://hellobali.guide, www.bali-travelnews.com, www.baliblog.com* et *www.thebeatbali.com.*

Arriver/Partir

En avion

Ngurah Rai International Airport – *Au sud de l'île, entre Kuta et Jimbaran - ☏ (0361) 935 10 11 - https://bali-airport.com.* On y trouve distributeurs automatiques, banques, change, loueurs de voiture. Une autoroute *(moto 5000 Rps, voiture 19 500 Rps)* le relie directement à Nusa Dua, au sud, et Denpasar et Sanur, au nord. L'aéroport national est adjacent.

Taxe d'aéroport - Taxes d'aéroport internationale *(240 000 Rps)* et domestique *(120 000 Rps)* sont incluses dans les billets.

Taxis de/vers l'aéroport - La Ngurah Rai Airport Taxi dispose d'un monopole, avec des courses prépayées : Kuta *(200 000 Rps)*, Legian *(225 000 Rps)*, Sanur *(200 000 Rps)*, Ubud *(300 000 Rps)* ou des tarifs horokilométriques *(prise en charge 7 000 Rps, frais de course 6 500 Rps, tarif mini 45 000 Rps).*

Les principales compagnies aériennes desservant Bali sont :

Air Asia – *Aéroport Ngurah Rai, Domestic Departure Terminal- www.airasia.com.*

Garuda – *Jl. By Pass Ngurah Rai 11A - ☏ (0821) 8225 8080 (WhatsApp chat); Jl. Sugiayar, 5 - ☏ (0361) 222 788 - www.garuda-indonesia.com.*

Lion Air – *Aéroport Ngurah Rai, ☏ (0361) 935 10 11; Jl. Teuku Umar, 183 - ☏ (0361) 263 810 ou (0811) 1938 0888 (WhatsApp chat) - www.lionair.co.id.* **Singapore Airlines** - *Aéroport Ngurah Rai - ☏ (0361) 936 69 64 ou (021) 2561 7913 (Ticketing) - www.singaporeair.com.* **Qatar Airways** - *- www.qatarairways.com.*

En bus/ferry

Le ferry en provenance de Banyuwangi, à Java, débarque à Gilimanuk. Le bus poursuit sa route jusqu'à Denpasar.

De Lembar à Lombok, le ferry débarque à Padangbai.

En speedboat – De Bali vers Lombok, dép. de Benoa et Sanur, au sud, et de Padangbai et Amed, à l'est.

Transports

Moto

Devant la multiplication des conduites dangereuses et des accidents de deux roues (405 morts dans l'île en 2020), le gouverneur de Bali a décidé, en mars 2023, d'interdire leur location aux touristes. La mesure, qui a suscité de vives réactions de la part des professionnels du tourisme, était encore à l'état de projet lors de la finalisation de ce guide.

Shuttle bus

La **Perama** *(www.peramatour.com)* dessert Kuta, Sanur, Ubud, Padangbai, Candidasa, le mont Batur, Kintamani, Lovina, etc. (sf Denpasar).

Visites

Bali Autrement – *www.baliautrement.com.* Circuits hors des sentiers battus dans toute l'Indonésie, servis par une belle sélection d'adresses éthiques.

Archipelago Adventure – *www.archipelago-adventure.com.* Agence tenue par des Français, spécialisée dans la découverte de Bali, à moto ou à VTT.

Denpasar

Denpasar (littéralement, « au nord du marché ») reste marquée par son ancienne vocation de comptoir commercial : sa population, cosmopolite, rassemble de nombreux immigrants de longue date, essentiellement bugis, chinois, arabes et indiens. Aujourd'hui, le trafic motorisé a pris le dessus : motos, bemo, voitures, camions, mais aussi bicyclettes et dokar (calèches), on se demande à chaque carrefour comment ce flot trépidant parvient à avancer sans encombre! Tant de bruit et de fureur n'incite guère à s'attarder dans la capitale, d'autant que l'expansion urbaine continue, sans limites et non sans une certaine confusion, offrant de la réalité balinaise un aperçu fort éloigné de ce que l'on voit dans le reste de l'île. Au nord-ouest de la ville, les temples autour de Tabanan - dont celui de Tanah Lot et ses nobles meru dressés face au large -, comptent parmi les plus spectaculaires de Bali.

Se repérer

CARTE C3 (P. 206-207) - PLAN (P. 228-229).
962900 hab. - Chef-lieu de la province de Bali.
La capitale de Bali se trouve au sud de l'île. Les principales curiosités se situent de part et d'autre de **Jalan Gajah Mada**, la grande artère qui traverse le centre-ville d'est en ouest. Le nom des rues (en blanc sur fond vert) - quand il est indiqué - est placé perpendiculairement à la rue concernée.

À ne pas manquer

Le quartier des marchés; le temple Taman Ayun et le Tanah Lot.

Organiser son temps

Comptez une journée; évitez le w.-end, de nombreuses boutiques étant fermées.

Carnet pratique p. 233

Nos adresses p. 234

Se promener

PLAN P. 228-229

Autour d'Alun-alun Puputan B1

La vaste esplanade de l'Alun-alun Puputan commémore le suicide des princes de Badung et de leurs cours, lors de l'offensive décisive des troupes hollandaises *(voir encadré ci-contre)*. Allégorie de cet acte héroïque, une statue représente un couple et ses deux enfants brandissant kriss et lances. Les bijoux que la femme tient à la main rappellent les provocations des Balinaises qui jetèrent leurs biens les plus précieux à la face de l'assaillant avant de se transpercer le cœur. Aujourd'hui, les habitants de Denpasar viennent déjeuner sur la pelouse, jouer au ballon ou aux échecs et se promener en fin d'après-midi. Sur la place se donnent régulièrement des discours que les fonctionnaires de l'État viennent écouter, alignés au garde-à-vous, en uniforme, en d'impressionnants rassemblements.
Traversez Jl. Mayor Wisnu (Jl. Juanda Karta Wijaya), qui longe l'est de la place.

Temple de Taman Ayun.
Aurore Kervoern/Getty Images Plus

Pura Jagatnatha B1

Jl. Surapati. Généralement fermé aux touristes - vêtu d'un sarong et d'une ceinture, vous aurez peut-être une chance d'y pénétrer pour les représentations de wayang kulit*.*

2

Caché derrière une grille, ce temple est dédié au dieu suprême, Sanghyang Widi Wasa, affirmation officielle du monothéisme balinais *(voir « Des temples par milliers », p. 211)*. À l'intérieur se dresse un imposant *padmasana*, le **trône au lotus** figurant la création du monde. Tout de corail blanc, il repose sur la tortue cosmique et les deux *naga*, les serpents mythologiques. À chaque pleine et nouvelle lune, d'importantes cérémonies animent les lieux, avec des prières et, parfois, des représentations de *wayang kulit*.

La liberté ou la mort

Le terrifiant *puputan* de 1906, d'après Vicki Baum : « [...] Des hommes vêtus de blanc, parés de fleurs, marchaient très lentement comme s'ils eussent ignoré que les Hollandais étaient en face d'eux, avec des canons, des fusils. Soudain, le prince brandit son arme dans son poing levé. Un cri inhumain partit du groupe, tous les hommes tinrent leur kriss à la main et s'élancèrent. Des obus et des salves nourries accueillirent les Balinais qui se jetaient de front contre les troupes hollandaises. De nouvelles vagues d'hommes surgissaient du portail, tous armés du kriss, tous avec la même expression de démence et de fureur mortelle, tous parés et couronnés d'or et de fleurs. Les Balinais voulaient mourir. Rien au monde ne pouvait arrêter leur course à la mort. Des centaines d'entre eux tombaient sous les balles, des centaines d'autres brandissaient leurs kriss et les plongeaient dans leur propre poitrine, de façon que la pointe atteignît le cœur, selon l'antique et sainte coutume. Derrière les hommes vinrent les femmes et les enfants [...] » Extrait de *Sang et volupté à Bali*, Éditions 10/18.

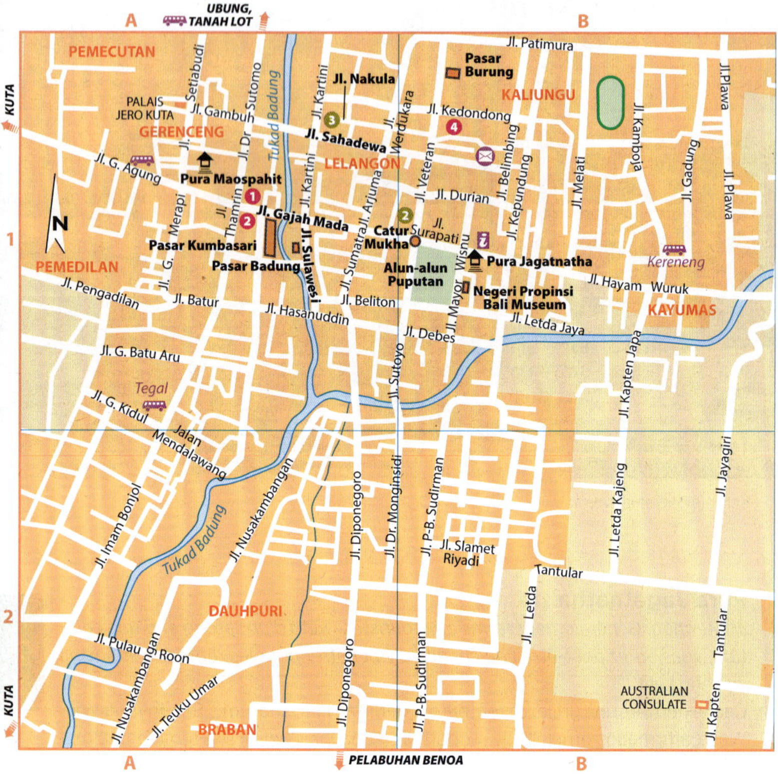

★ **Negeri Propinsi Bali Museum** (MUSÉE DE BALI) B1

Jl. Mayor Wisnu (juste à côté du temple - ✆ (0361) 222680 - lun.-jeu. 8h-16h, vend. 8h-13h, sam.-dim. 7h30-13h - 50000 Rps.

Détruit par un tremblement de terre en 1917, le bâtiment originel (1910) fut relevé sous la houlette des Hollandais avec la collaboration d'architectes balinais, et inauguré en 1932. Ses trois pavillons illustrent différents styles d'architecture traditionnelle, certains éléments provenant de temples ou de palais des anciens royaumes de Bali. Ils abritent des **collections ethnographiques** hétéroclites : outils et bijoux préhistoriques, art primitif, costumes cérémoniels et accessoires de rituels (mariage,

La capitale du royaume de Badung

En 1906, la ville s'affirme comme l'un des derniers bastions de l'île dressés contre l'invasion hollandaise. Le 20 septembre 1906, elle est le théâtre d'un tragique *puputan*, **suicide rituel collectif** qui signera la fin du royaume de Badung *(voir encadré p. 227)*. Symbole de l'emprise des Hollandais sur Bali, Denpasar devient alors le nouveau siège de l'administration coloniale, au détriment de Singaraja (au nord). Après l'indépendance de l'Indonésie, la ville fut érigée en capitale de la province de Bali (1958). Centre de l'administration, du commerce, de l'industrie et de l'éducation de l'île, elle drainera de tout l'archipel fonctionnaires, marchands, ouvriers et paysans en quête de travail.

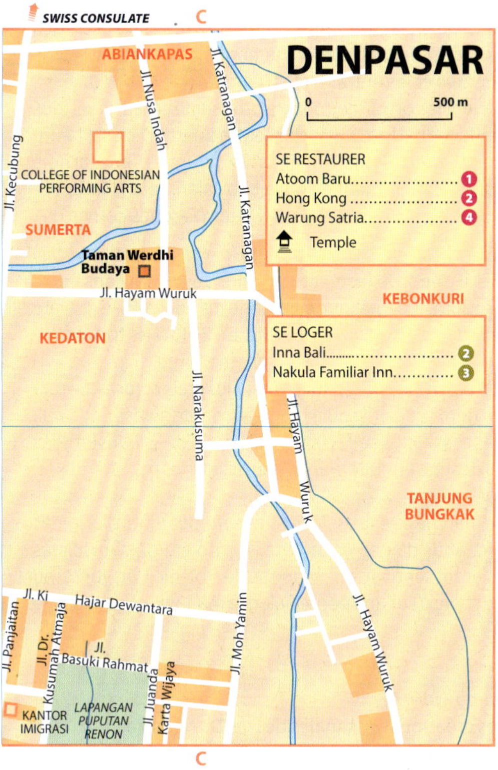

limage des dents, culte des morts…), tissus traditionnels, masques de *barong*, marionnettes de *wayang kulit*, kriss, instruments de musique et objets de la vie quotidienne (cages de coqs et de grillons de combat, instruments de cuisine, matériel de pêche…). La présentation manque de fraîcheur, mais le cadre architectural et certaines pièces justifient une visite. Attention cependant aux guides improvisés, qui tendent à imposer leurs services et réclament ensuite des sommes injustifiées !
Traversez ou contournez la place du Puputan jusqu'à la statue de Catur Mukha.

Le quartier des marchés AB1

Point de repère situé à l'angle nord-ouest de la place, la **statue de Catur Mukha**, divinité des quatre directions, veille sur le carrefour des rues Gajah Mada, Veteran, Surapati et Udayana.
Un détour de 500 m par Jalan Veteran conduit au **Pasar Burung (marché aux oiseaux)** (B1), avec ses allées effervescentes où l'on propose de nombreuses espèces menacées, parfaitement interdites à la vente…
Rejoignez Jl. Gajah Mada, en dir. du Pasar Badung.
Aux grandes artères encombrées – Jl. Veteran, Jl. Sumatra, Jl. Gajah Mada –, préférez les **ruelles transversales** telles que Jl. Nakula ou Jl. Sahadewa, plus paisibles et pittoresques. Vous y découvrirez d'autres aspects de la vie citadine, fébrile à la fraîche, plus nonchalante aux heures chaudes. De nombreux tailleurs y ont leur office, et le cliquetis régulier de leurs machines à coudre rythme la promenade.

Tôt le matin, les écoliers en uniforme se pressent, perchés sur leurs bicyclettes, pour ne pas manquer le début de la classe. Là, un homme arrose ses plantes ; des coqs profitent de l'air matinal dans leurs cages en bambou, attendant que leurs maîtres comparent leurs mérites et les entraînent au combat. De retour du marché, les femmes confectionnent les offrandes pour la prochaine cérémonie. Plus tard, au déclin du jour, des effluves parfumés envahissent le quartier : c'est l'heure où les vendeurs de *bakso* et de *sate* arpentent la chaussée, poussant leur carriole au son d'un klaxon de fortune... Légèrement en retrait de Jalan Gajah Mada, sur les berges de la misérable Badung, se tiennent deux vastes marchés couverts.

Pasar Badung A1

6h-0h. Toujours très animé, il déborde jusqu'au parking, où les paysans commencent à vendre leurs produits à peine leur camionnette déchargée. Il a été totalement reconstruit après un gigantesque incendie, en 2016. Les touristes y sont peu nombreux, aussi votre passage ne passera pas inaperçu.

À l'intérieur, l'escalier central offre une vue plongeante sur les étals colorés. Le rez-de-chaussée rassemble les denrées périssables, le premier étage est voué aux **épices**, tandis que vêtements et **sarongs** se partagent le dernier avec les ustensiles culinaires et tout le matériel destiné au culte. Partout au milieu des marchandises, les femmes préparent les offrandes.

Jalan Sulawesi, qui longe le marché à l'est, est le fief des commerçants d'origines arabe et indienne. Les marchands d'or et les orfèvres y côtoient des grossistes en tissu, dont les rouleaux s'entassent parfois jusque sur le trottoir. L'or, vendu au gramme, est minutieusement pesé sur une petite balance manuelle, avant d'être travaillé au goût du client.

Pasar Kumbasari A1

Juste en face du Pasar Badung - 8h-17h.

Il présente un panorama des **créations artisanales** de l'île. De nombreux artisans vous solliciteront – sans insistance – pour acheter bijoux, tissus, pièces de vannerie, sculptures ou tableaux, de qualité inégale.

Quittez le marché par Jl. Gajah Mada vers la gauche. Après le carrefour qui croise Jl. Dr Sutomo, prenez la 2e rue à droite (dir. Tanah Lot), puis la 1re allée piétonne (gang) *sur la droite, une pittoresque ruelle, populaire et paisible.*

Pura Maospahit A1

Le plus ancien temple du royaume de Badung a été restauré après le tremblement de terre de 1917. Il conserve quelques vestiges datant du royaume Mojopahit

Cocorico !

Un impressionnant groupe de motos garées dans une ruelle ? Des chants de coqs mêlés d'un brouhaha confus... Pas de doute : un combat de coqs se déroule. Seuls les hommes participent. Les rares femmes présentes restent à l'écart, pour vendre boissons et friandises. La foule se presse autour de l'arène improvisée. On parle, on mange, on boit, on fume beaucoup et on rit, toujours. Peu à peu, la tension monte. Chaque propriétaire de coq cherche un adversaire à sa mesure. Les billets circulent, les cris fusent. L'anarchie semble régner, mais il n'en est rien. Le maître masse son animal, l'excite, puis fixe soigneusement la lame à l'ergot, tranchante et pointue. Enfin lâchées, les bêtes s'observent, ou s'élancent sauvagement l'une contre l'autre, encouragées par un public qui a parfois misé gros... Il arrive que l'un des combattants s'enfuie à toutes pattes. Mais bien souvent, l'affrontement se résume à une brève volée de plumes, et quelques taches rouges sur le sol...

Temple Pura Tanah Lot.
AleksandarGeorgiev/Getty Images Plus

(14e s.). De vieilles femmes gardent les lieux tout en vaquant à leurs occupations. Elles vous inviteront à remplir le registre des visiteurs, et vous prêteront un sarong et une ceinture si vous n'en avez pas.

2

À voir aussi

PLAN P. 228-229

Taman Werdhi Budaya (CENTRE CULTUREL) C1

Jl. Nusa Indah (un peu excentré : prenez un taxi pour vous y rendre) - ✆ (0361) 227 176 - tlj sf j. fériés 8h - 17h - 50 000 Rps.

Destiné à promouvoir les arts traditionnels de l'île, le centre, aménagé dans un cadre verdoyant, prend toute sa dimension lors du **Festival des arts balinais** *(durant un mois, de mi-juin à mi-juil.)*. Mais tout au long de l'année s'y tiennent des expositions, des concerts, des spectacles de théâtre et de danse (et leurs répétitions). On peut assister, chaque soir, à une **représentation de kecak**, à vocation touristique mais de bonne qualité.

Au sud-est du centre, un nouveau quartier administratif a été bâti dans le **quartier de Renon**, autour d'une grande esplanade similaire à l'Alun-alun Puputan.

Circuit conseillé

CARTE P. 206-207

★★ Les temples autour de Tabanan C2-3

Prenez le grand axe routier Denpasar-Gilimanuk, dir. Tabanan. Comptez une demi-journée.

Kapal C2

À 11 km au nord de Denpasar.

Une succession de boutiques de bimbeloterie religieuse jalonne la route qui traverse le village. L'ancienne capitale du royaume de Mengwi s'est en effet reconvertie dans la fabrication des autels et sculptures qui ornent les temples domestiques.

★ **Pura Sada** – Un majestueux banian en garde l'entrée, faisant face à son élégant porche fendu. Ancien sanctuaire de la dynastie de Mengwi, l'édifice remonterait au début du 13e s., mais le séisme de 1917 causa de tels dégâts qu'il fallut le restaurer, vers 1950. L'originalité du temple réside dans l'alignement, sur plusieurs rangées, de 54 curieux petits **sièges en brique**, peut-être consacrés aux compagnons d'un souverain de la dynastie Mojopahit, qui firent naufrage en voulant jeter ses cendres à la mer. Autre particularité, l'autel principal n'est pas un *meru* à toit de chaume mais une tour de brique rouge à 11 niveaux évoquant les *candi* javanais *(voir « Architecture : du candi au kraton », p. 33)*. Il pourrait s'agir d'un monument funéraire royal.
Quittez Kapal pour suivre la route de Bedugul vers le nord. Prenez à droite juste après le village de Bringkit.

Mengwi C2

À env. 4 km au nord de Kapal.
Seconde capitale de l'un des plus puissants royaumes de Bali jusqu'en 1891 – date à laquelle des conflits avec ses voisins de Badung et Tabanan causèrent sa perte –, Mengwi n'est plus aujourd'hui qu'un paisible village. Son centre accueille l'un des plus beaux sanctuaires de l'île.
★★ **Pura Taman Ayun** – *6h-17h - 30 000 Rps - portez un sarong si vous n'avez pas les jambes couvertes et, pour apprécier au mieux le site, visitez le temple tôt le matin ou en fin de journée pour éviter les cars touristiques, nombreux.* Temple d'État de l'ancienne dynastie, il fut édifié au 17e s. par Corkoda Munggu lorsque celui-ci transféra le siège du royaume de Kapal à Mengwi. Restauré et agrandi en 1937, le bâtiment, tout en longueur, se dresse dans un agréable cadre de verdure, au bord d'un bassin de lotus.
Seuls les Balinais sont autorisés à franchir le grand porche qui mène à la troisième cour. Tout au fond, des *meru* dessinent leurs élégantes silhouettes élancées, côtoyant divers édicules, autels honorant les ancêtres de la famille royale ou figurant les monts sacrés (l'Agung, le Batur et le Batukaru).
Quittez Mengwi vers le sud en direction de Denpasar et tournez à droite à Bringkit (dir. de Gilimanuk). À env. 4 km sur la gauche, suivez les pancartes « Tanah Lot ».

★★ Pura Tanah Lot C2-3

À Beraban (quartier de Kediri), 11 km au sud de Tabanan et 30 km à l'ouest de Denpasar - www.tanahlot.id - 7h-19h - 60 000 Rps - spectacle de danse à 18h.
L'accès au temple proprement dit est interdit au public - portez un sarong si vous n'avez pas les jambes couvertes - allez-y de préférence dans la journée pour éviter la foule, qui arrive vers 17h pour assister au coucher du soleil.
Perché sur un rocher noir cerné de sable, que les flots tumultueux viennent lécher à marée haute, ce temple dédié aux divinités de la mer semble braver les éléments. Il aurait été érigé au 16e s. sous l'égide du brahmane javanais Danghyang Nirartha, émerveillé par la beauté du site.

Jour d'odalan

Comme tous les temples balinais, le Taman Ayun prend une autre dimension lorsque s'y déroule une cérémonie. Pour l'*odalan*, célébration de son anniversaire (tous les 210 jours, selon le calendrier balinais Pawukon), des combats de coqs animés se tiennent sous le grand pavillon *(wantilan)*, à droite de l'allée centrale.

Sa base rocheuse, qui menaçait de s'effondrer, a été consolidée dans les années 1980, si bien qu'un tiers en est aujourd'hui constitué de roche artificielle. La petite falaise qui court sur le côté de la plage offre un superbe **point de vue★★★**, surtout au coucher du soleil, quand les silhouettes des *meru* se détachent en ombres chinoises sur le ciel. L'endroit n'échappe pas à son lot de boutiques et de marchands ambulants.

Kerambitan C2

À env. 5 km de Tabanan.

Ce village assoupi s'éveille lors des **spectacles de danse et de gamelan** organisés pour les touristes dans le palais de la famille royale de Tabanan : le **Puri Anyar** *(possibilité d'y séjourner)*. Les transes de *calonarang* et les représentations de *tektekan* – une bruyante procession rythmée par de grosses cloches en bois et des gamelans de bambou, dont le but originel est de chasser les mauvais esprits et d'apporter la fertilité à la région – font revivre le souvenir de la grandeur déchue.

Après avoir visité les temples de Tabanan, vous pourrez conclure le périple par le temple de Batukaru, au nord (voir « Autour du lac Bratan », p. 296).

Carnet pratique

PLAN DE VILLE (P. 228-229)

S'informer

Dinas Pariwisata – B1 - *Jl. Surapati 7 - ✆ (0361) 223 602 - www.balidenpasartourism.com.*

Adresses utiles

Bureau de l'immigration

Kantor Imigrasi – C2 - *Jl. Panjaitan 3, Renon - ✆ (0361) 227 828 ou 0812 4618 3838 - www.imigrasidenpasar.kemenkumhan.go.id - lun.-jeu. 8h-12h, 13h-16h, vend. 7h30-11h30, 13h-16h.* Habillez-vous très correctement : on vous refusera l'entrée si vous portez des tongs, un short ou une robe trop décolletée.

Banque/Change

La plupart des banques qui changent les devises se trouvent sur Jl. Gajah Mada (AB1), Jl. Diponegoro (A2) et Jl. Thamrin (A1). Elles disposent d'un ATM.

Poste

Poste centrale – B2 - *Jl. Raya Puputan, Renon - lun.-vend. 8h-22h, sam. 8h-19h, dim. 9h-14h.* Poste restante.

Téléphone

Telkom – A2 - *Jl. Teuku Umar 6 (près de Jl. Diponegoro) - lun.-vend. 8h-16h, sam. 8h-12h.* Autres agences sur Jl. Raya Puputan (Renon) (BC2).

Wartel un peu partout en ville.

Santé

Voir également Kuta, p. 241.

RSUP Prof. Dr. I.G.N.G. Ngoerah – A2 - *Jl. Kesehatan 1, Sanglah - ✆ (0361) 227 911 - www.profngoerahhospitalbali.com.* L'hôpital public de Sanglah jouit d'une excellente réputation.

Prima Medika Hospital – A2 - *Jl. Pulau Serangan 9X - ✆ (0361) 236 225 - www.primamedika.com.* Une clinique moderne vantée par les expatriés.

Europ Assistance recommande par ailleurs deux cliniques :

2

Kimia Farma Clinic – A2 - *Jl. Diponegoro 125 - ✆ (0361) 255 914;*
Merdeka Medical Centre – C2 - *Jl. Merdeka VIII/2, Tanjung Bungkak - ✆ (0361) 233 790 ou 236 284 - www.mmc-bali.com.*

Centre culturel

Alliance française – B2 - *Jl. Raya Puputan I/13A, Renon, Sumerta Kelod - ✆ (0361) 234 143 ou 0182 1201 8345 - www.afbali.org - lun.-vend. 10h-19h.* Petite médiathèque francophone et cinéclub.

Sécurité

Ne plaisantez pas avec les **drogues**. Leur simple détention, même en toute petite quantité, est sévèrement punie. La police fouille parfois les taxis et effectue des descentes dans les bars et les hôtels. Refusez toute proposition si vous voulez éviter la prison de Kerobokan, où croupissent des touristes en « séjour long ».

Arriver/Partir

En avion

Voir « Bali pratique », p. 225.

En bus et bemo

La ville compte plusieurs gares routières. Des *bemo* font la navette entre la gare de **Kereneng** (B1) et la grande gare de **Batubulan** (C1 EN DIR.), d'où bus et *bemo* desservent le centre (Ubud), l'est et le nord de Bali. La gare d'**Ubung** (A1 EN DIR.) permet de gagner le nord et l'ouest de l'île ; celle de **Tegal** (A1), le sud. Les Shuttle Bus ne desservent pas Denpasar. En revanche, de la gare d'Ubung des bus font tlj la liaison avec les principales villes de Java.

Transports

Le mieux est de visiter le centre de Denpasar à pied. Mais attention, les feux tricolores étant rares, traverser se révèle parfois dangereux.

Bemo

Bon marché, les *bemo* suivent des itinéraires difficiles à identifier et s'avèrent donc délicats à utiliser pour les néophytes.

Calèche

Mode de transport jadis populaire, surtout autour du marché, les *dokar* disparaissent sous la pression du trafic automobile. On n'en compterait plus qu'une quinzaine.

Taxi

Nombreux dans le quartier du marché, les taxis se font plus rares dès que l'on s'éloigne du centre.
Bali Taxi (Blue Bird) – *✆ (0361) 701 111.*

Voiture

La densité de la circulation, les difficultés de stationnement et le nombre de rues à sens unique rendent les déplacements en voiture difficiles. *Pour la location de voitures, voir Kuta, p. 241.*

Agenda

Bali Arts Festival – *Juin-juil., pendant un mois.* À Bali. Le plus gros événement artistique et culturel organisé dans l'île (danses, expositions…). *Rens. : www.nowbali.co.id.*

Nos adresses

PLAN DE VILLE (P. 228-229)

Restauration

Warung et restaurants bon marché ne manquent pas à Denpasar mais, pour le reste, le choix est limité. Plusieurs marchés de nuit *(pasar malam)* s'animent dès 18h, comme celui de **Pekambingan**, Jl. Diponegoro (A2), et celui près du terminal des *bemo* de Kereneng (B1). Les adresses suivantes sont proches du marché **Kumbasari** (A1) :

Premier prix

4 Warung Satria – B1 - *Jl. Kedondong 11 (près de l'hôtel Adi Yasa) - ✆ (0361) 235 993 - ⊭ - 9h-20h - 40 000/50 000 Rps.* Un *warung* simple, carrelé de blanc et doté de ventilateurs, où déguster une bonne cuisine indonésienne et balinaise. La maison est fière de proposer un riz purement balinais non mélangé.

Budget moyen

1 Atoom Baru – A1 - *Jl. Gajah Mada 108 - ✆ (0361) 426 709 - ⊭ - 9h30-20h - 40 000/150 000 Rps.* Dans cette grande salle assez froide, on sert une cuisine essentiellement chinoise... depuis 1940. Large choix de plats à base de riz, de nouilles, de fruits de mer...

2 Hong Kong – A1 - *Jl. Gajah Mada 99 - ✆ (0361) 434 845 - 9h-21h - 60 000/100 000 Rps.* Salle climatisée au mobilier années 1980 fatigué. Grande variété de spécialités chinoises et de fruits de mer à partager. Chaque plat est servi en petite, moyenne ou grande portion. Un peu plus cher, mais meilleur que le Atoom Baru, en face.

Hébergement

Essentiellement fréquentés par des Indonésiens en voyage professionnel ou des touristes en transit, les hôtels de Denpasar n'ont rien de bien attrayant.

À Denpasar

Premier prix

3 Nakula Familiar Inn – A1 - *Jl. Nakula 4 - ✆ (0361) 226446 - www.nakulafamiliarinn.com - ⊟ ⊭ ᯤ - 8 ch. 300 000 Rps ☕.* Une pension familiale située dans un quartier populaire et animé. Petites chambres simples, avec terrasse. Celles à l'étage sont plus aérées. La végétation, les cages à oiseaux suspendues et l'autel à offrandes confèrent un certain charme à la maison. Attention, la climatisation est en sus du prix de la chambre !

Budget moyen

2 Inna Bali – B1 - *Jl. Veteran 3, Bj Lelangon - ✆ (0361) 225 681 - www.hig.id/hotels/inna-bali-heritage - ⊟ ✕ ⛱ - 70 ch. 750 000 Rps ☕.* Hôtel gouvernemental, l'ancien Bali Natur occupe une maison d'époque coloniale, mais le décor manque de caractère. Chambres confortables et propres avec terrasses individuelles, alignées sur un jardin fleuri ou sur la piscine. Grande salle de restaurant climatisée. Prix surévalués.

À Mengwi

Budget moyen

Puri Taman Sari – *Br. Umabian, desa Peken (à 3 km au nord de Mengwi) - ✆ (0361) 894 53 97 ou 0819 9977 7260 - www.puritamansari.com - ⊟ ✕ CC ⛱ - 21 ch. 750 000/950 000 Rps ☕.* Demeure d'un aristocrate de la famille princière de Mengwi, l'hôtel comprend de jolis pavillons balinais traditionnels au milieu des rizières, mais des travaux d'agrandissement lui ont fait perdre un peu de son charme intimiste. Vous pourrez assister ou participer aux cours de danse, de gamelan et de cuisine, ou apprendre à confectionner les offrandes pour les cérémonies qui se tiennent régulièrement dans le palais. Balades à vélo ou à pied dans les rizières des environs.

Kuta et son agglomération

Legian, Seminyak, Canggu et Kerobokan

Paradis des surfeurs, des amateurs de shopping et des noctambules, enfer pour les voyageurs en quête d'authenticité... Kuta, la plus grande station balnéaire de Bali, suscite des avis tranchés. Oublié le temps du village de pêcheurs mis au goût du jour par les surfeurs et les hippies dans les années 1970 : Kuta est à Bali, mais Kuta n'est pas Bali. Une fois intégrée cette perspective, vous pourrez apprécier ce que le lieu a à offrir; sinon, fuyez sans attendre dans les rizières, à l'intérieur de l'île. Certes, la délicatesse et la qualité du service ont quelque peu souffert de décennies de tourisme de masse, mais Bali surgit toujours quand on l'oublie, dans la grâce d'une femme disposant des offrandes devant sa porte, dans une procession se rendant à une cérémonie et dans la gentillesse de ses habitants. Désormais, la zone touristique s'étend au-delà de Legian et Seminyak, jusqu'à Kerobokan et Canggu. Cette extension permet d'absorber un nombre de visiteurs sans cesse croissant, toujours en quête de nouveauté.

Se repérer

CARTE C3 (P. 206-207) – PLANS DE L'AGGLOMÉRATION (P. 238-239).

59160 hab. – Département de Badung, district de Kuta.

À env. 10 km au sud de Denpasar, Tuban, Kuta, Legian, Seminyak, Kerobokan et Canggu se succèdent suivant un axe sud-nord. Longue artère embouteillée, **Jalan Legian** traverse l'agglomération de Kuta à Seminyak, parallèlement à la plage. Elle est doublée à l'intérieur par **Sunset Road**, une route à quatre voies au trafic fluide, qui part près du Bemo Corner et relie Seminyak. À Kuta, **Jalan Pantai Kuta** part du carrefour Bemo Corner et devient Jalan Raya Pantai Kuta en front de mer jusqu'à **Jalan Melasti**, qui permet de faire la boucle en rejoignant Jalan Legian.

Vous trouverez sur place des plans et le très complet *Bali Street Atlas* (éd. Periplus). Certaines rues ont un **nom officiel** et **un autre d'usage**, indiqué ici entre parenthèses : à Kuta, Jl. Dewi Sartika (Jl. Kartika Plaza) (PLAN I B4); à Legian, Jl. Arjuna (Jl. Double Six) (PLAN I AB1), Jl. Yudistra (Jl. Padma) (PLAN I B2); à Seminyak, Jl. Camplung Tanduk/Abimanyu (Jl. Dhyana Pura ou Jl. Gado-Gado) (PLAN I AB1), Jl. Laksamana (Jl. Oberoi) (PLAN I B1, EN DIR. ET PLAN II).

À ne pas manquer

Le coucher du soleil sur la plage de Kuta.

Carnet pratique p. 240

Nos adresses p. 242

Se promener

PLANS P. 238-239

Ce n'est pas à Kuta que vous aurez une idée de la Bali rurale et, malgré l'ambiance décontractée qui prédomine, vous n'y ferez probablement pas les rencontres

Plage de Kuta.
Nuture/Getty Images Plus

les plus désintéressées. Le développement débridé et la manne intarissable que constitue l'industrie touristique ont transformé la ville en véritable Eldorado pour les Indonésiens en quête de profits, qui y débarquent de tout l'archipel. L'ampleur du phénomène a drainé son lot de délinquance et de prostitution, et l'atmosphère tend parfois à devenir crapuleuse, en particulier la nuit. Il ne faut pas cependant céder à la paranoïa, car les mésaventures restent l'exception.

L'agglomération

À Kuta, arrêtez-vous un instant devant **Ground Zero** (PLAN I C3), le mémorial érigé en mémoire des attentats de 2002.

L'engorgement de Kuta a entraîné l'inéluctable développement de **Legian**, le bourg voisin, avec lequel elle se fond désormais.

Seule **Seminyak★**, bien que contiguë et elle aussi noyautée par Legian, conserve un peu de charme campagnard. Plus paisible, elle fait figure de banlieue résidentielle cossue, où hôtels de luxe et villas d'expatriés se côtoient dans un cadre verdoyant. Mais le développement touristique y a été fulgurant ces dernières années.

Juste au nord, à l'intérieur des terres, le quartier de **Kerobokan** est devenu une sorte de village d'Occidentaux, ces derniers y logeant dans de belles villas installées dans un paysage de rizières. Mais celles-ci sont de plus en plus rares… Désormais l'urbanisation s'étend jusqu'à **Canggu**, plus au nord encore, la nouvelle enclave branchée, où se réfugient les expatriés.

Baignade : prudence

Nageurs ou surfeurs, soyez prudents ! Respectez les zones de baignade surveillées (délimitées par des drapeaux rouge et jaune), car les courants sont puissants, et les vagues parfois violentes. En cas de difficulté, levez le bras en signe de détresse. Ne tentez pas de lutter contre le courant : laissez-vous dériver pour sortir de la turbulence.

JL. OBEROI, CANGGU, KEROBOKAN, DENPASAR
A
B
C
1
2
3
4
SEMINYAK
Jl. Camplung Tanduk (Jl. Dhyana Pura)
Jl. Abimanyu
Jl. Raya Seminyak
Sunset Road
Mati
Jl. Nakula
Jl. Double Six
Jl. Werdukara
Jl. Pantai Legian
Jl. Pura Bagus Teruna
ABIAN TIMBUL
Jl. Padma Utara
Jl. Padma
Jl. Legian
LEGIAN
Jl. Sahadewa
PELASA
DENPASAR
Pantai Legian
Jl. Melasti
Jl. Sriwijaya
Jl. Patih Jelantik
Jl. Pantih Jelantik
Selat Bali
Jl. Lebak Bena
Jl. Pattimura
Jl. Benesari
Jl. Pantai Kuta
Ground Zero
Poppies Lane II
BEACHWALK MALL
KUTA
Pantai Kuta
Jl. Majapahit
SANUR, DENPASAR
Poppies Lane I
BEMO CORNER
Jl. Raya Kuta
Jl. Pantai Kuta
Jl. Tengal Wangi
Jl. Buni Sari
Matahari Kuta Square
Jl. Singosari
Jl. Tanjung Sari
Jl. Raya Kuta
Jl. Kartika Plaza
ABIAN KUTA
BALI GALLERIA MALL
N
KUTA, LEGIAN, SEMINYAK
Plan I
0
500 m
TUBAN

SE RESTAURER

- Bamboo Corner 1
- Yamma Ya 3
- Cendana 5
- Chez Gado-Gado 6
- Kopi Pot 8
- Made's Warung 10
- Made's Warung II 11
- Pasar Senggol / Pasar Malam Sindhu 14
- Poppies 15
- Ryoshi 16
- Sawasdeekha Thai 17
- Warung Asia 19
- Zanzibar 22
- La Plancha 24

SE LOGER

- Ibis Style Bali Legian 1
- Bali Agung Village 2
- Balisandy Resort 3
- Kedin's Inn 4
- Kumala 5
- Kumala Pantai 6
- Kuta Puri Bungalows 7
- The Legian Mas Beach Inn 9
- Pearl 14
- Poppies (principal) 15
- Poppies (annexe) 16
- Puri Cendana Resort 18
- Puri Naga 19
- Suji Bungalow 22
- Three Brothers Bungalows 24
- Double-Six 28

★ La plage

Seule éclaircie dans ce tableau plutôt sombre : la **plage** *(pantai)*, long et large ruban de sable blond qui se déroule de Tuban à Seminyak. Peu fréquentée au sud en raison de la proximité bruyante de l'aéroport, son centre névralgique se situe à la hauteur de **Kuta**, le long d'une avenue très passante.

Là, passé l'alignement des petits bars de plage, il vous faudra franchir avec détermination le barrage serré des loueurs de parasols et de chaises longues, des masseuses et autres vendeurs ambulants de sarongs *very cheap*, de vraies fausses Rolex ou de boissons fraîches, pour atteindre l'aire théoriquement interdite aux démarcheurs. Si cette perspective vous paraît trop éprouvante, sachez que la plage est nettement plus agréable du côté de **Legian**, où prend fin la route du front de mer, et plus paisible encore à **Seminyak**.

Point d'orgue obligé d'une journée de farniente sur la plage de Kuta, le **coucher du soleil★★** est le rendez-vous quotidien d'une foule cosmopolite et bigarrée. En ce moment d'intense communion, les vendeurs ambulants eux-mêmes semblent en oublier leurs affaires. Des amoureux marchent les pieds dans l'eau ; des enfants colmatent à la hâte leur château de sable léché par la marée ; un grand-père savoure une glace dans un transat... Et tout ce public, aux premières loges, suit le ballet des surfeurs qui évoluent, en ombre chinoise, sur l'horizon.

Carnet pratique

PLANS (P. 238-239)

S'informer

Badung Government Tourism Office – *Jl. Raya Sempidi, Mangupura, Badung - ✆ (0361) 900 92 70 - www.badungtourism.com.* Quantité d'agences privées autoproclamées « Tourist Information Center » procurent les mêmes services que l'organisme officiel.

Adresses utiles

Représentation diplomatique

Agence consulaire de France – PLAN II - *Jl. Umalas I 80, Kerobokan - Kuta - ✆ (0361) 473 08 34 - consul@dps.centrin.net.id - sur RV.*

Banque/Change

La plupart des banques se trouvent le long de Jl. Legian. Les distributeurs **ATM** sont légion et permettent de retirer de l'argent avec les cartes Visa ou Mastercard. D'innombrables **Money changers** changent votre argent liquide.

Attention, les arnaques sont fréquentes. De véritables professionnels opèrent des tours de passe-passe et parviennent à voler les touristes les plus avertis. Restez toujours vigilant lorsque vous changez de l'argent. Nous recommandons les membres de l'Association des agences de change (APVA) :

Chatarindo Cemerlang – PLAN I C4 - *Jl. Raya Kuta 142, Kuta - ✆ (0361) 752 618.*

Poste/Téléphone

Poste centrale – PLAN I C4 - *Jl. Raya Kuta, Gang Slamet - tlj sf dim. 8h-16h (vend. 11h et sam. 12h30).* Autres bureaux à Legian : *Jl. Melasti* (PLAN I B2-3) ; *Century Plaza, Jl. Benesari 78* (PLAN I B3).

Nombreux **Wartel** pour appeler à l'international.

Internet

Vous trouverez partout des points Internet. Tarifs similaires et modiques. Le Wi-Fi est très répandu dans les hôtels et restaurants.

Santé

Voir aussi la rubrique « Santé » dans « Sur place de A à Z », p. 636.

International SOS – PLAN I C4 EN DIR. - *Jl. Bypass Ngurah Rai 505, Kuta - ✆ (0361) 720100 - www.internationalsos.co.id.* Assistance médicale et évacuation sanitaire (24h/24).

Bali International Medical Centre – PLAN I C4 EN DIR. - *Jl. Bypass Ngurah Rai 100, Kuta - ✆ (0361) 761263 - www.bimc bali.com.*

Guardian Melasti – PLAN I B2 - *Jl. Melasti 66, Banjar Legian Kelod - ✆ (0361) 762661 - 7h30-22h30.* Une pharmacie moderne.

Sécurité

Fermez les portes et fenêtres de votre chambre quand vous partez. Méfiez-vous des pickpockets et des vols à la tire, et ne laissez aucun objet de valeur sans surveillance lorsque vous allez vous baigner.

La vie nocturne génère parfois des situations tendues. La sortie des bars et des clubs a son lot de clients enivrés, et les taxis peuvent exiger des sommes exagérées.

Arriver/Partir

En shuttle bus

Perama – PLAN I C4 - *Jl. Legian 39, Kuta - ✆ (0361) 751551/875 - www.peramatour.com.* Plusieurs liaisons quotidiennes entre les principaux sites touristiques de l'île : Sanur, Ubud, Padangbai, Candidasa, le mont Batur, Kintamani, Lovina... Billets en vente dans toutes les agences de tourisme.

En bemo

Bemo Corner (PLAN I C4) est le carrefour du réseau de *bemo*. Une ligne dessert Denpasar (gare de Tegal), Kuta et Legian. Une autre va de Denpasar (Tegal) à Kuta, puis Tuban (tout près de l'aéroport). Les *bemo* ne circulent pas au nord de Legian, ni à Seminyak.

Transports

La marche **à pied** reste le meilleur moyen de circuler dans les ruelles encombrées de Kuta. Si vous voulez éviter l'agitation de Jl. Pantai Kuta, marchez sur la plage : les vendeurs ambulants y sont interdits.

Taxi

La plupart du temps, ce sont les taxis qui viendront à vous. À la sortie des boîtes, il est courant qu'ils refusent d'actionner le compteur et proposent un tarif outrancier. Cherchez-en un plus loin ou négociez.

Bali Taxi (Blue Bird) – *✆ (0361) 701111 - www.bluebirdgroup.com.* Des taxis sérieux.

Location de voitures

Les loueurs sont légion et pratiquent des tarifs modiques, mais à Kuta les embouteillages sont quasi permanents. Nombre d'agences locales louent des voitures, avec ou sans chauffeur. Comparez les prix, les contrats d'assurance et l'état des véhicules (freins, pneus, essuie-glaces, climatisation).

Location de deux-roues

Vous trouverez partout des agences qui en louent. Les véhicules automatiques sont plus chers. Les distances se prêtent parfaitement au vélo ou au vélomoteur, mais la circulation est dense et assez anarchique.

Agenda

Kuta Karnival – *oct.* Sports de plage, performances artistiques, expositions, concours de cuisine.

Nos adresses

PLANS (P. 238-239)

Restauration

D'innombrables restaurants servent une cuisine du monde entier, à tous les prix, et une cuisine locale généralement revue au goût des touristes. La qualité est variable, et les adresses ouvrent, ferment ou changent de direction rapidement.

À Kuta

Premier prix

14 Pasar Senggol/Pasar Malam Sindhu – PLAN I C4 - *Jl. Danau Tamblingan (marché de nuit) - ⌧ - 18h-23h - 10 000/40 000 Rps.* Une adresse où se croisent Indonésiens et touristes venus déguster *sate*, *nasi goreng* ou autres *bakso*. Les terrasses se côtoient dans une cour jouxtant un temple.

1 Bamboo Corner – PLAN I B4 - *Poppies Lane I - ✆ (0361) 751 059 - ⌧ - 9h-23h30 - 35 000/165 000 Rps.* Une agréable salle, basse de plafond, aux murs couverts de nattes en bambou, où l'on sert une cuisine standard, indonésienne et internationale de qualité. Plats chinois et fruits de mer. Les steaks sont réputés.

Budget moyen

8 Kopi Pot – PLAN I C3 - *Jl. Legian 139 - ✆ (0361) 752 614 - www.kopipot.com - CC - 8h-23h - 80 000/250 000 Rps.* Une terrasse-jardin sur une rue agréable pour déguster un petit-déjeuner, un goûter, ou un repas léger. À la carte, soupes, salades, grillades, fruits de mer et cuisine indonésienne, servis sous un toit de chaume. Les plats sont joliment présentés. Ne manquez pas le gâteau au fromage avec crème à la mangue, à savourer avec une sélection de thés ou de cafés.

Pour se faire plaisir

15 Poppies – PLAN I C4 - *Poppies Lane I/19 - ✆ (0361) 751 059 - www.poppiesbali.com - 8h-23h - 80 000/275 000 Rps.* Réservation recommandée le soir. Oasis tropicale et havre de paix agrémenté de fontaines, cet élégant établissement semble être planté là par erreur, telle une enclave en plein cœur de la Kuta trépidante. Vous y goûterez une bonne cuisine, locale ou occidentale, dans une atmosphère feutrée.

10 Made's Warung – PLAN I C4 - *Br. Pande Mas - ✆ (0361) 755 297 ou 0813 6861 6285 - www.madeswarung.com - 10h-21h - 70 000/360 000 Rps.* L'une des plus anciennes adresses de Kuta (1969), ce café-restaurant ouvert sur la rue, près de Bemo Corner, ne désemplit pas. La terrasse est bruyante, mais la mezzanine est plus calme Cadre rétro décoré de vieilles photos en noir et blanc. Large choix de plats copieux (indonésiens et occidentaux).

À Legian

Budget moyen

3 Yamma Ya – PLAN I A1 - *Jl. Arjuna (Double six) 6 - ✆ (0361) 733 584 ou 0812 4619 0856 - www.cafemarzano.com - CC - 13h-1h - 80 000/200 000 Rps.* Le restaurant, tenu par un Italien, ne désemplit pas. Un lieu sans façon avec une terrasse ombragée, séparée de la rue par un muret, et une salle ventilée (moins bruyante). Il est vrai que les pizzas du chef sont délicieuses. On y sert aussi des salades composées et des pâtes maison (tout comme le pain). Accueil sympathique et professionnel.

17 Sawasdeekha Thai – PLAN I B2 - *Jl. Werkudara 525 - ✆ (0361) 753 573 - CC - 15h-22h - 115 000/150 000 Rps.* Cadre intimiste, agrémenté d'une fontaine, pour déguster de la cuisine thaïe en toute sérénité. On mange sur des tables basses, assis sur des coussins. L'endroit dispose d'une agréable terrasse, plus classique, à l'étage. Bonnes pâtisseries.

19 **Warung Asia** – PLAN I A1 - *Jl. Werkudara 5 - ✆ (0361) 739 237 - ig@warungasiabali - 11h-22h30 - 85 000/155 000 Rps.* Niché dans un patio ouvert sur la rue mais calme, ce restaurant thaïlandais s'est agrandi et jouit désormais d'une belle salle ouverte en étage, coiffée d'un toit de tuile et bambou. Curry, soupe à la crevette, plats végétariens... et classiques de la cuisine thaïe.

Pour se faire plaisir

22 **Zanzibar** – PLAN I A1 - *Jl. Arjuna (Double six) - ✆ (0361) 735 28 ou 0821 4789 3457 - www.zanzibarseminyak.com - CC - 8h-22h - 70 000/250 000 Rps.* L'une des terrasses les plus agréables du bord de mer à Legian. L'on vient prendre une salade ou un sandwich après la plage, manger des plats indonésiens ou du poisson le soir. Idéal aussi pour simplement prendre un verre. Bon choix de desserts.

5 **Cendana** – PLAN I A1 - *Voir Puri Cendana dans « Hébergement » p. 249 - ✆ (0361) 732 947 ou 0818 1888 0947 - 7h-23h - 85 000/155 000 Rps.* Le restaurant est idéalement posté au bord d'une rue calme, parfait pour prendre un en-cas (soupes, sandwichs, salades) ou déjeuner copieusement (pizzas, grillades, *chicken curry*) après la plage, toute proche. Quelques tables près de la piscine.

11 **Made's Warung II** – PLAN I B1 - *Jl. Raya Seminyak - ✆ (0361) 732 130 ou 0889 0553 6431 - www.madeswarung.com - 9h-0h - 70 000/360000 Rps.* La maison à succès de Kuta a ouvert ici une succursale qui rencontre le même engouement auprès d'une clientèle mixte, indonésienne et internationale. Les tables disposées dans un agréable patio sont entourées d'une librairie et de boutiques de décoration. On y sert une cuisine internationale, balinaise et indonésienne. Le *nasi campur* et le *gado gado* (légumes sauce cacahuète) sont deux spécialités de la maison.

24 **La Plancha** – PLAN I A1 - *Jl. Mesari Beach - ✆ 0878 6141 6310 - ig@laplanchabali - CC - 7h-11h - 70 000/200 000 Rps.* Le premier restaurant de plage de Seminyak a fait beaucoup (trop) d'émules, mais reste la référence. Ses murs et son mobilier en bois, ainsi que la décoration végétale, dégagent un charme simple, et la cuisine ne déçoit pas (délicieux thon grillé). Idéal pour une pause déjeuner ou un apéritif installé dans les coussins disposés sur le sable au coucher du soleil.

À Seminyak

Budget moyen

16 **Ryoshi** – PLAN I B1 - *Jl. Raya Seminyak 17 - ✆ (0361) 731152 - ig@ryoshi_house_of_jazz - 12h-0h - 70 000/300 000 Rps.* Cette chaîne de restaurants japonais dispose de plusieurs adresses, notamment à Ubud, et livre des repas. On mange ici dans une salle climatisée, en terrasse ou dans la belle salle au décor de bois à l'étage, qui accueille des performances de jazz le lun. À la carte : sushi, sashimi, tempura... Le poisson y est frais, fondant et parfumé.

Pour se faire plaisir

6 **Chez Gado-Gado** – PLAN I A1 - *Jl. Camplung Tanduk 99 - ✆ (0361) 736 966 ou 0877 5870 8066 - www.gadogadorestaurant.com - 11h30h-0h - 100 000/300 000 Rps - réserv. recommandée.* Ce restaurant haut de gamme occupe une vaste bâtisse pleine de charme, pavée de marbre, avec une vue somptueuse sur la mer (terrasse). La carte a des couleurs internationales et marines (huîtres, poisson, crustacés). Essayez le porc trois façons ou le

2

poulet balinais. Ne négligez pas les pâtisseries. Cave à vin. Tarifs un peu moins élevés au déjeuner.

9 **Ku De Ta** – PLAN II - *Jl. Kayu Aya 9 (au bout de Jl. Oberoi) - ✆ (0361) 736 969 - www.kudeta.com - 8h-0h; jusqu'à 2h pour le bar - 150 000/500 000 Rps.* L'architecture épurée du patio ouvrant sur la plage, doté d'une piscine, a fait le succès de ce lieu chic et cher, devenu culte. Son nom est une contribution de la langue française (« coup d'État ») au *bahasa indonesia.* On vient ici prendre un repas ou simplement un verre, et l'on reste des heures à profiter du lieu. Mais l'ambiance a pris des airs nouveaux-riches et le service semble désormais avoir pour mission principale de pousser les clients à renouveler leur consommation. Ambiance musicale très tendance. Fruits de mer, cuisines indonésienne et internationale raffinées. À midi, les prix sont plus abordables.

À Canggu et Kerobokan

Pour se faire plaisir

13 **Old Man's** – PLAN II - *Jl. Raya Batu Bolong - Canggu (près de l'hôtel Tugu) - ✆ (0361) 846 91 58 - ig@oldsmanbali - 8h-1h - 80 000/160 000 Rps.* Ce bar-restaurant en plein air situé en retrait de la plage est une adresse très courue. Hormis le service « à l'australienne », qui peut surprendre (les clients sont appelés par numéro de commande), et le paiement à l'avance, l'ambiance est décontractée. Très agréable pour déjeuner ou lézarder l'après-midi dans des canapés. Cuisine occidentale, hamburger, poissons... Petit-déjeuner et brunch. Clientèle d'expatriés et de surfers, musique live certains soirs.

Une folie

10 **Sardine** – PLAN II - *Jl. Petitenget 21 - Kerobokan - ✆ 0811 397 81 11 - www.sardinebali.com* - CC - *17h-22h30 - 2000 000/550 000 Rps.* Un cadre somptueux, sous un splendide toit en bambou, face au Métis. Les fruits de mer sont à l'honneur et le chef sélectionne ses légumes avec soin (en provenance de Bedugul), pour une cuisine organique. Carte selon l'arrivage et glaces maison.

Boire un verre

Kuta, Legian et Seminyak sont célèbres pour leur vie nocturne. Ambiance rock ou électro, intimiste ou franchement décadente, il y en a pour tous les goûts. Les principaux spots se situent à Kuta sur Jl. Legian (PLAN I C3-4), et à Seminyak, sur Jl. Dhyana Pura (PLAN I AB1), surnommée la « rue de la soif ». Les prix sont assez élevés.

Hard Rock Cafe – PLAN I B4 - *Jl. Pantai Kuta - Kuta - ✆ (0361) 755 661 - www.hardrock.com - lun.-jeu. 12h-1h, vend.-sam. 12h-2h, dim. 12h-0h.* On ne décrit plus cette chaîne internationale. Celui-ci comprend un hôtel et une piscine avec plage de sable. Musique live. Le restaurant sert très tard.

Potato Head Beach Club – PLAN I B1 EN DIR. - *Jl. Petitenget 51 B - Seminyak - ✆ (0361) 620 79 79 - www.ptthead.com - dim.-jeu. 9h-0h, vend.-sam. 9h-2h.* Le concept du bar-piscine remis au goût du jour! Le cadre (piscine face à la mer) et la décoration étonnante (des dizaines de vieux volets assemblés) font le charme du lieu. Idéal pour un apéritif au coucher du soleil ou pour prolonger la soirée. Dj résident.

Voir également la rubrique « Restauration », les bars des restaurants Ryoshi et Kudeta.

Shopping

Kuta est LA capitale du shopping. Des centaines de boutiques, le long de Jl. Legian/Seminyak (B1-C4), et sur Jl. Oberoi, à Kerbokan

(B1 EN DIR.), ainsi que dans les rues secondaires, proposent sarongs, sacs, vêtements, bijoux, meubles, sculptures, artisanat... Les CD et DVD sont presque toujours des produits piratés.

Centres commerciaux

Beachwalk Mall – *Jl. Pantai Kuta, Poppies Lane II - www.beachwalkbali.com - 10h-22h.* Avec ses terrasses en plein air, il s'est imposé comme le principal centre commercial de Kuta.

Discovery Shopping Mall – *Jl. Kartika Plaza - Kuta - www.discoveryshoppingmall.com.* Situé entre Kuta et l'aéroport, il est lui aussi très bien achalandé.

Librairies

Periplus – Adresses à *Canggu (☏ 0877 8133 6821), Seminyak Square (☏ 0877 8286 6036) et Bintang Seminyak (☏ 0877 8464 4634) - tlj 8h-22h.* Pour les plans, guides et ouvrages en anglais, ce libraire-éditeur fait référence.

Activités

Surf

Vous trouverez les principaux loueurs sur la plage même, sur Jl. Legian (PLAN I C3-4) et dans Poppies Lane II (PLAN I B3), à Kuta. Les spots de Kuta et près du restaurant La Plancha, à Seminyak (PLAN I A1), sont idéaux pour les débutants. Ceux de Jl. Petitenget, à Seminyak (PLAN II), et de Canggu, plus au nord, sont pour les surfeurs confirmés.

Sanur School – *☏ (0361) 733 081 ou 735 858 - www.ripcurlschoolofsurf.com - 8h-18h.*

VTT

Archipelago Adventure – *Jl. Raya Cangu, Tibubeneng - ☏ 08211 4784 4095 - www.archipelago-adventure.com.*

Voir « Aller en Indonésie », p. 621.

Massages

Des foules de masseuses opèrent sur la plage. Pensez à négocier le prix *(env. 60 000/70 000 Rps/h)* et la durée du massage. Attendez-vous à ce que la masseuse « oublie » le temps, et à ce qu'elle vous propose une séance de manucure. C'est rarement désagréable, mais jamais gratuit...

Body Works – PLAN II - *Kayu Jati 2 - Petitenget - ☏ (0361) 733 317 - www.bobodyworksbali.com - 9h-22h.* Massages balinais, javanais, thaï, shiatsu et aromathérapie.

Jamu Traditional Spa – PLAN I B3 - *Jl. Pantai Kuta - Alam Kulkul Boutique Resorts - ☏ (0361) 752 520 - www.jamutraditionalspa.com - CC - 9h-19h.* Un cadre charmant et des prestations haut de gamme.

Jari Menari – PLAN II - *Raya Basangkasa 47 - ☏ (0361) 736 740 - www.jarimenari.com - 9h-22h.* Uniquement des praticiens hommes. Tarifs raisonnables. École de massage.

Hébergement

Difficile de s'y retrouver dans les tarifs, entre les prix officiels *(public rates)*, rarement pratiqués, les prix Internet, plus intéressants, et la réalité du terrain, où ils se négocient selon la saison. Il y en a pour tous les goûts et toutes les bourses, qualité et prix n'allant pas toujours de pair.

La plupart des adresses bon marché se concentrent à **Kuta**, tandis que **Legian** propose des établissements de moyenne gamme. Les établissements de luxe se situent surtout à **Seminyak**.

À Kuta

Premier prix

(4) **Kedin's Inn** – PLAN I B4 - *Poppies Lane I - ☏ (0361) 756 771 - - 30 ch. 300 000 Rps.* Un seul et

2

unique bâtiment d'un étage mais qui dispose d'une large gamme de chambres. Celles avec ventilateurs constituent une option économique. Accueil assez anonyme. Internet.

16 Poppies (annexe) – PLAN I B3 - *Poppies Lane II, Jl. Legian - ✆ (0361) 751 059 - www. poppies bali.com - - 4 ch. 300 000 Rps.* L'annexe de l'hôtel situé sur Poppies Lane I est le plus ancien des deux établissements. C'est une adresse agréable, avec des bungalows spacieux couronnés de toits de chaume, le tout dans un petit îlot de verdure.

Budget moyen

22 Suji Bungalow – PLAN I B4 - *Poppies Lane I - ✆ (0361) 765 804 - www.sujibungalowkutabali.com - - 25 ch. 350 000/450 000 Rps.* Pavillons propres et simples, en brique blanche à toit de tuiles, sur un ou deux niveaux. Le cadre n'est pas luxuriant, mais les bungalows sont bien espacés et entretenus. Les moins chers sont avec ventilateur et sans eau chaude.

3 Balisandy Resort – PLAN I B3 - *Poppies Lane II - ✆ (0361) 755 601 - - 25 ch. 250 000/500 000 Rps.* Deux bâtiments en brique, à étages, entourent une agréable piscine, quoique l'ensemble manque d'espace. Des chambres au décor anonyme (carrelage blanc) mais convenables. La deluxe, plus grande, ne vaut pas l'écart de prix.

Pour se faire plaisir

7 Kuta Puri Bungalows – PLAN I B4 - *Poppies Lane I - ✆ (0361) 751 903 - www.kutapuri bungalows.com - - 82 ch. 1 000 000/1 700 000 Rps.* Ce grand hôtel propose des chambres confortables, en bungalow ou dans de petits bâtiments à étages bordant le grand jardin. Chacune dispose d'une terrasse. Peu de différence entre la standard et la deluxe. L'ensemble dégage une impression aérée plutôt agréable. Spa.

15 Poppies (principal) – PLAN I C4 - *Poppies Lane I/19 - Jl. Legian - ✆ (0361) 751 059 - www.poppiesbali. com - - 20 ch. 1 950 000 Rps/2 230 000 Rps.* Des bungalows à toit de chaume nichés dans un jardin foisonnant. L'intérieur n'est pas grand mais cosy et parfaitement équipé (lecteur DVD). Terrasse et sdb à ciel ouvert dans les chambres, et ravissante piscine. L'ensemble ne manque pas de charme, dommage que les prix soient surévalués (en dollars, convertis à un taux outrancier, mieux vaut donc payer en devises).

À Legian

Premier prix

9 The Legian Mas Beach Inn – PLAN I B3 - *Jl. Melasti, Gang Lebak Bena 18 - ✆ 0812 380 28 57 - - 10 ch. 170 000/250 000 Rps.* Une bonne adresse familiale, nichée dans une ruelle tranquille (le nom est trompeur, l'adresse n'est pas sur la plage). Ses chambres, propres bien que rudimentaires, s'organisent autour de la cour arborée où trône un pavillon à offrandes.

Budget moyen

19 Puri Naga – PLAN I A1 - *Jl. Arjuna (Double Six) - ✆ (0361) 730 921 - - 20 ch. 1 200 000/1 500 000 Rps.* Parfaitement situé, au bout de la Double Six, face à la plage, l'hôtel se compose de pavillons balinais à un étage, égrenés dans le jardin. Les chambres sont spacieuses et disposent d'un balcon (préférez celles à l'étage, plus lumineuses), mais elles auraient besoin d'une rénovation. Les prix pratiqués sont cependant très corrects.

5 Kumala – PLAN I A1 - *Jl. Werkudara - ✆ (0361) 732 186 - www.hotelkumala.*

com - *50 ch. 450 000/1 000 000 Rps*. Très bien situé au cœur de Legian, en bordure de plage, cet hôtel à l'architecture balinaise propose des chambres à l'intérieur plutôt quelconque, mais confortables et disposant d'une terrasse. Préférez celles du premier étage, plus lumineuses. Son vaste jardin arboré est décoré de fontaines et comprend deux piscines.

24 Three Brothers Bungalows – PLAN I B2 - *Jl. Legian - (0361) 751 566/757 224 ou 0877 7727 7016 - www.threebrothersbungalows.com* - *96 ch. 800 000/1 100 000 Rps*. Installés dans un immense jardin disposant d'un accès à la plage, les pavillons (à étages ou de plain-pied) sont en brique et pierre sculptée. Chambres sobres et impeccables, certaines avec de belles sdb à ciel ouvert. Les familiales sont conçues en duplex sous un toit de chaume, avec des stores en bambou en guise de fenêtres, prodiguant une agréable ventilation naturelle. Belle piscine. Restaurant sympathique quoiqu'un peu bruyant.

Pour se faire plaisir

1 Ibis Style Bali Legian – PLAN I B2 - *Jl. Padma Utara - (0361) 767 688 ou 0812 3789 2724 - www.allaccor.com* - *113 ch. 1 600 000/2 500 000 Rps*. Cet hôtel moderne et aéré, aux couleurs acidulées, rompt avec le style habituel. Le bâtiment en U à deux étages enserre une cour occupée par une piscine tout en longueur. Les chambres ne sont pas grandes mais parfaitement équipées. Seules les sdb justifient les différences de prix, ceux-ci étant assez élevés pour la catégorie. Clientèle japonaise notamment.

14 Pearl – PLAN I B1 - *Jl. Arjuna (Double Six) - (0361) 732 743 ou 0819 3433 4060 - www.balihotel-pearl.com* - *16 ch. 1 050 000/1 400 000 Rps*. Cet hôtel-boutique tenu par un Français séduit par son cadre : sur une pelouse soyeuse sont disposés de jolis pavillons à toit de chaume. L'intérieur ne déçoit pas : design épuré, avec sol en ciment verni et teinté, et superbes sdb à ciel ouvert. Préférez les chambres à l'étage, plus lumineuses et avec terrasse. Restaurant de cuisine française. Un bémol : les moins de 15 ans ne sont pas acceptés.

6 Kumala Pantai – PLAN I B2 - *Jl. Werkudara - (0361) 755 500 - www.kumalapantai.com* - *164 ch. 1 500 000/2 500 000 : Rps*. L'un des plus gros hôtels de Legian, qui fait toutefois bonne figure grâce à son jardin luxuriant. Les chambres sont pavées de marbre et ornées de peintures balinaises. La piscine, superbe, est décorée d'une impressionnante statue d'Arjuna. Accueil professionnel quoiqu'un peu anonyme. Clientèle de groupes et de familles. Agréable restaurant en bord de plage.

À Seminyak

Budget moyen

18 Puri Cendana Resort – PLAN I A1 - *Jl. Camplung Tanduk (d/h. Abimanyu) - (0361) 732 947 ou 0818 1888 0047 - www.puricendanaresortbali.com* - *24 ch. 875 000/1 485 000 Rps*. Une architecture balinaise et des chambres coquettes et spacieuses, avec mobilier en bambou et carrelage blanc. Certaines chambres ont sdb avec baie vitrée donnant sur un jardin, d'autres ont un décor en bambou atypique. Les plus chères sont en duplex avec le lit à l'étage. Le tarif est beaucoup moins élevé si vous réservez par Internet, mais vous pourrez négocier un meilleur prix sur place, sauf en haute saison.

2

Pour se faire plaisir

2 Bali Agung Village – PLAN I A1 - *Jl. Sarinande 3 - (0361) 730 367 - www.baliagungvillagehotel.com - - 45 ch. 1 650 000/2 500 000 Rps.* Niché dans une ruelle à 5mn à pied de la plage, l'hôtel dispose de belles chambres, quoiqu'un peu petites, dans des pavillons à toit de chaume. La beauté du jardin et le calme environnant compensent. Certaines d'entre elles donnent sur des rizières. Les villas, isolées par un petit mur, ont plus de charme et jouissent d'une intimité parfaite. Le tarif est moins élevé si vous réservez par Internet.

Une folie

28 Double-Six – PLAN I A1 - *Jl. Double Six 66 - (0361) 730 466 - www.double-six.com - - 146 ch. 3 500 000/6 300 000 Rps.* Ce palace propose des chambres immenses au design moderne fort éloigné des canons balinais. Certaines jouissent d'une vue imprenable sur la mer ou d'une piscine privative ! Un service impeccable et une large gamme de services.

26 The Seminyak Beach Resort and Spa – PLAN II - *Jl. Kayu Aya - Seminyak Beach - (0361) 730 814 - www.theseminyak.com - - 107 ch. 4 000 000/11 000 000 Rps.* Ce palace de grand luxe propose des chambres immenses au confort impeccable. Bémol pour le décor en boiseries et marbre qui manque d'une touche d'exotisme. Superbe piscine en bord de plage.

13 The Oberoi – PLAN II - *Jl. Kayu Aya - Seminyak Beach - (0361) 730 361 - www.oberoihotels.com - - 74 ch. 7 300 000/21 300 000 Rps.* Un vrai palace, à la balinaise, avec un mariage subtil de luxe et d'exotisme qui concourent à créer une atmosphère zen. Les villas ont un toit de chaume, et certaines disposent même d'une piscine privative. La pelouse, pareille à celle d'un golf, est agrémentée d'élégantes fontaines-statues. L'hôtel occupe un lieu reclus, en bord de plage.

8 The Legian – PLAN II - *Jl. Kayu Aya - Seminyak Beach - (0361) 730 622 - www.lhm-hotels.com - - 67 ch. 7 000 000/11 000 000 Rps, 12 villas. 16 000 000 Rps.* Cette grande et élégante bâtisse à deux étages en pierre blanche, plantée face à la mer, est agrémentée de bassins et de fontaines. Superbe piscine à débordement. La décoration est raffinée, mais les tarifs sont quant à eux très élevés.

À Canggu

Une folie

25 Tugu Bali – PLAN II - *Jl. Pantai Batu Bolong - (0361) 473 17 01 - www.tuguhotels.com - - 21 ch. à partir de 4 500 000/9 000 000 Rps.* Il est isolé et hors de prix, c'est entendu, mais c'est l'un des plus beaux hôtels de Bali. À défaut d'y dormir, vous pouvez aller y boire un verre. L'immense Garuda sculpté qui trône dans le hall est une véritable pièce de musée, et le reste du décor est à l'avenant, avec une profusion d'antiquités jusque dans les chambres, toutes différentes. Les pavillons à toit de chaume entourent un ravissant bassin de nénuphars. Un lieu unique !

Le temple Luhur Uluwatu sur la péninsule de Bukit.
F. Chaput/hemis.fr

La péninsule de Bukit ★

2

Bukit Badung

Petit morceau de terre isolé à la pointe sud de Bali, la péninsule de Bukit montre une physionomie très différente du reste de l'île. Ici, ni rizières ni gorges escarpées. Seuls quelques vallons modèlent ce plateau calcaire (bukit signifie « colline »), couvert d'une végétation aride et clairsemée. Probablement séparée de l'île en des temps immémoriaux, Bukit lui est aujourd'hui rattachée par un isthme étroit et peu élevé. Au début de l'essor du tourisme à Bali, elle s'est imposée comme le site de quelques stations balnéaires de grand luxe. Ses infrastructures lui ont valu d'accueillir les leaders du monde entier lors du sommet annuel du G20, en novembre 2022. Aujourd'hui très prisée des surfeurs, la péninsule s'affirme comme une destination tendance, avec l'éclosion de nombreux restaurants, cafés et pensions le long des plages de Jimbaran à Uluwatu. Ce petit temple contemplant la mer reste le point d'orgue d'une visite dans le sud de Bali.

Se repérer

CARTE C3 (P. 206-207) – CARTE DE LA PÉNINSULE (P. 251).

Département de Badung, district de Kuta sud. Circuit d'env. 50 km au départ de Jimbaran. Hébergement à Jimbaran et Benoa.

À ne pas manquer

Le temple d'Uluwatu (de préférence en fin de journée ; prenez garde aux singes chapardeurs !) ; un poisson grillé sur la plage de Jimbaran ; le spectacle des surfeurs sur les vagues, les plus impressionnantes de l'île.

Organiser son temps

Comptez une demi-journée ; faites le circuit l'après-midi pour profiter du coucher du soleil.

En famille

L'île aux Tortues.

Carnet pratique p. 253

Nos adresses p. 253

Circuit conseillé

CARTE CI-CONTRE

Circuit d'env. 50 km tracé en vert sur la carte ci-contre – Comptez une demi-journée. De l'aéroport, prenez à droite Jl. Ngurah Rai (Bypass) et au bout de 1 km tournez à droite pour prendre Jl. Toyaning.

★ Jimbaran

À env. 3 km au sud de l'aéroport.

Ce village de pêcheurs, aujourd'hui truffé d'hôtels, égrène ses modestes maisons le long de l'asphalte. Par les ruelles transversales, on rejoint la **plage★**, un croissant de sable blond quasi désert et baigné par une mer calme. Le soir, des rangées de restaurants de fruits de mer dressent leurs tables sur le sable, illuminant la plage de milliers de bougies. Plus loin vers le nord, une flottille de bateaux multicolores se laisse bercer par les vagues, attendant la tombée de la nuit pour lever l'ancre. Le matin se tient là un **marché**, où les femmes de pêcheurs vendent la prise du jour.

À la sortie sud de Jimbaran, la route monte en dir. d'Uluwatu (indiqué).

★★★ Pura Luhur Uluwatu

À env. 15 km de Jimbaran (20mn de trajet - parking sur votre gauche) - 9h-18h - 30 000 Rps (location de sarongs). Spectacle de kecak à 18h-19h (150 000 Rps).

Isolé à la pointe sud-ouest de Bali, le temple se dresse au bout d'un abrupt promontoire rocheux (*uluwatu* signifie « au sommet des rochers ») surplombant l'océan de plus de 200 m. Dédié aux divinités de la mer, c'est aussi l'un des neuf temples directionnels et l'un des six sanctuaires de Bali *(voir « Des temples par*

Les spots de surf

Ils se succèdent sur la côte ouest de la péninsule, entre Jimbaran et Uluwatu. La renommée d'**Uluwatu** tient d'ailleurs également aux vagues de sa plage, qui attirent du monde entier les meilleurs surfeurs (attention, seuls les plus expérimentés peuvent s'aventurer sur ces déferlantes, grisantes mais dangereuses !). Nichés au pied de falaises, la plupart des spots sont assez difficiles à trouver : **Balangan**, **Dreamland**, **Bingin**, **Impossible Beach**, **Nyangnyang**... Mieux vaut être muni d'une application GPS.

La plage de Dreamland, où la vague est peu puissante et casse sur du sable, convient bien aux surfeurs débutants. Très fréquentée et d'accès payant, la plage de sable blanc de **Padang Padang** est agréable pour la baignade.

À 2 km au nord du temple d'Uluwatu, un escalier descend jusqu'à la plage de **Suluban**, où vous pourrez siroter une boisson fraîche dans un warung en admirant les surfeurs : quel spectacle fascinant de voir ces silhouettes danser sur les vagues, narguant les éléments déchaînés.

SE RESTAURER
Bela Seafood Café 1
Bayang Café 2
Bumbu Bali 3
Warung Bamboo 4
Cuca 5

SE LOGER
Belmond Jimbaran Puri Bali 1
Keraton Jimbaran 2
Pondok Agung 3
Puri Bambu 4

milliers », p. 211), comptant parmi les plus vénérés de l'île. La légende veut que, construit vers le 11e s. par le prêtre javanais Mpu Kuturan, il ait été rebâti au 16e s. par Danghyang Nirartha *(voir le « Pura Rambut Siwi », p. 343)*. Ce dernier, qui joua un rôle capital dans le renouveau de l'hindouisme à Bali, y aurait atteint le nirvana, accomplissant la *moksa*, l'ultime délivrance de l'âme qui met fin au cycle des réincarnations. Le **panorama**★★★ sur les falaises et la côte sauvage, où les déferlantes se brisent avec fracas, forme un tableau magique au crépuscule. Que le spectacle ne vous fasse pas perdre votre vigilance : les singes qui peuplent le sanctuaire dérobent en un clin d'œil appareils photo, portefeuilles ou lunettes de soleil... Si vous en êtes victime, achetez des cacahuètes ou des bananes (les marchands ne manquent pas) et tentez de les amadouer pour récupérer vos effets.
En quittant le temple, quelques centaines de mètres après le parking, tournez à gauche et suivez la route sur env. 2 km.

Nusa Dua

Sur la côte est, à 10 km d'Uluwatu. Depuis Sanur et Kuta, prendre la Mandara Toll Rd.
Construite dans les années 1970 et 1980, cette station balnéaire fut conçue par le gouvernement comme un lieu de séjour haut de gamme, isolé mais facile d'accès, destiné à accueillir l'élite. Totalement artificiel, aseptisé et sans âme avec ses avenues trop léchées et ses gazons tondus ras, l'endroit mérite bien le surnom de

Cérémonie de purification sur la plage de Nusa Dua.
S. Grandadam/age fotostock

« Californie de Bali » dont l'ont affublé les Balinais. Les complexes hôteliers – dont certains sont tellement étendus que les clients se déplacent dans des voitures électriques ! – monopolisent dans une large mesure les accès à la mer. Bref, on se sent très loin de Bali...

Museum Pasifika – *centre commercial Bali Collection, Block P - ☏ (0361) 774 935 - www.museum-pasifika.com - 10h-18h - 70 000 Rps.* Le musée présente un très intéressant panorama de travaux d'artistes indonésiens (Raden Saleh, Affandi, Hendra), occidentaux (Paul Gauguin, le Douanier Rousseau, Henri Matisse) et asiatiques, et des œuvres d'arts premiers venues d'Asie et d'Océanie. Des salles sont dédiées aux artistes européens d'avant-guerre qui furent séduits par Bali (Theo Meyer, Walter Spies, Miguel Covarrubias, Adrien-Jean Le Mayeur), d'autres présentent des peintures sur écorce, masques, objets rituels, tikis et textiles des îles du Pacifique et de Papouasie.

Benoa

À 5 km au nord de Nusa Dua.

Installés le long de l'étroite langue de terre qui s'étire au nord de Nusa Dua, le village et la station balnéaire de Benoa montrent une atmosphère un peu plus simple. La **Mandara Toll Road**, qui permet de relier beaucoup plus rapidement la station depuis Kuta ou Sanur, a atténué son relatif enclavement. Là aussi, les hôtels fleurissent le long de la mer, mais on s'y sent moins coupé de la vie locale. C'est là que se concentrent la plupart des activités nautiques (chères) de l'île : parachute ascensionnel, jet-ski, planche à voile ou ski nautique. Elles constituent au demeurant le principal attrait de Benoa.

La **plage** est assez belle, mais la ronde des bateaux à moteur, l'étroitesse et le manque de profondeur de la zone de baignade – délimitée par des flotteurs par mesure de sécurité – lui ôtent tout exotisme.

Juste en face de la péninsule s'avance le **port de Benoa**, l'un des principaux de Bali. Sa marina abrite parfois de somptueux yachts, et c'est de là que partent les croisières, vers Nusa Lembongan notamment *(voir p. 259)*.

Pulau Serangan (ÎLE AUX TORTUES)
A env. 9 km au sud de Sanur.
Au large de la mangrove de Suwung, à 500 m du littoral, l'île de Serangan accueille le modeste **Turtle Conservation and Education Center** *(✆ 0813 3849 0357 - www.tcecserangan.jimdo.com - 9h-16h30 - donation bienvenue).* Ce centre de protection lutte contre le trafic des **tortues de mer**. Il abrite une écloserie et effectue des lâchers sur la plage (vers 16h). À ne pas confondre avec un attrape-touristes situé à Tanjung Benoa. L'île abrite aussi le **Pura Sakenan**, l'un des six temples les plus sacrés de Bali, dédié à Shiva et associé aux rituels funéraires. Le jour de Kulingan commence l'*Odalan* célébrant l'anniversaire de sa fondation.

Carnet pratique

Adresses utiles

À **Benoa**, restaurants, hôtels, agences et points Internet se trouvent sur l'unique rue, Jl. Pratama.

Arriver/Partir

En bemo ou taxi

Bemo au départ de Denpasar (terminal de Tegal). En fin de journée, vous devrez opter pour un taxi.

En bateau

Blue Water Express – *Jl. Tukad Punggawa - ✆ (0361) 895 11 12/11, (081) 338 418 988 - www.bluewater-express.com.* Départ de Serangan à 9h (ainsi qu'à 11h45 d'avr. à sept.) pour Gili Trawangan (Lombok) *(2h de traversée - 960 000 Rps).*

2

Nos adresses

CARTE DE LA PÉNINSULE (P. 251)

Restauration

À Jimbaran

Budget moyen

Très courue, la plage de Jimbaran compte trois regroupements de restaurants, avec tables disposées sur le sable. De midi au soir *(22h-23h)*, ils servent d'excellents fruits de mer. Le temps de la cuisson, vous aurez le loisir de prendre un bain de mer. Choisissez vos pièces (au poids) dans le vivier ou le bac à glace (moins cher). Négociez les prix et n'hésitez pas à surveiller la pesée. Certains établissements acceptent les cartes de crédit. Les restaurants du nord, près du marché aux poissons, jouissent du meilleur angle pour le coucher de soleil. Ceux du milieu, mal desservis par les taxis, bénéficient d'une ambiance conviviale. Essayez le **Warung Bamboo** (4) ou le **Bayang Cafe** (2). Plus touristiques, ceux du sud, près du Four Seasons, proposent un cadre plus élégant. Nous conseillons le **Bela Seafood Cafe** (1). Le soir, des musiciens passent de table en table.

Une folie

(5) **Cuca** – *Jl. Yoga Perkanthi - ✆ (0361) 708 066 - www.cucabali.com - 12h-0h - 150 000/400 000 Rps. Réservation conseillée.* L'adresse gastronomique de Jimbaran, ouverte dans un bâtiment sobre

et moderne, de plain-pied dans un jardin de palmiers où sont également disposées quelques tables. La carte, très inventive, cultive les mélanges (coriandre, piment, gingembre...) et les produits frais. Composez votre menu avec trois tapas dans des registres sucré/salé, chaud/froid.

À Benoa

À Benoa, les restaurants sont nombreux. Pour manger sur le sable, il faut se rendre à la pointe orientale de la péninsule.

Pour se faire plaisir

3 **Bumbu Bali** – *Jl. Pratama - ✆ (0361) 772 299 ou 0813 5389 2518 - www.artcafebumbubali.com - 10h-22h - spectacles (danses balinaises) merc., vend. 20h-21h - 155 000/350 000 Rps.* Créé par Heinz von Holzen, auteur d'ouvrages culinaires, ce restaurant se targue de proposer une cuisine balinaise préparée « comme à la maison ». Outre les fruits de mer et les classiques de la cuisine indonésienne, on y sert du Rijsttafel, du cochon de lait rôti ou du canard rôti dans de la feuille de banane. Cours de cuisine.

Hébergement

La péninsule de Bukit a vu éclore quantité d'hôtels, dont de vastes complexes comme le Pecatu Indah Resort *(accès payant)*, près de Dreamland, qu'il faut traverser pour accéder à la plage. Des hôtels moins onéreux sont plantés sur les falaises de Balangan et Bingin, avec une vue sur l'océan.

À Jimbaran

Pour se faire plaisir

4 **Puri Bambu** – *Jl. Pengeracikan - Kedonganan - ✆ (0361) 701 377/440 - www.hotelpuribambu.com - 36 ch. 950 000/1 300 000 Rps.* Les chambres, modernes, pavées de marbre clair au confort et à la propreté impeccables, entourent une agréable piscine ombragée. Beau jardin planté de bambous et de frangipaniers.

2 **Keraton Jimbaran** – *Jl. Mrajapati - ✆ 0819 3431 2281 - www.keratonjimbaranresort.com - 100 ch. 1 700 000/2 000 000 Rps.* Les chambres se répartissent dans plusieurs bâtiments en brique à l'architecture balinaise, dont les toits évoquent les pagodes chinoises. Seules la taille et la vue diffèrent. L'ensemble est agréable, dans un beau jardin. Spa.

1 **Belmond Jimbaran Puri Bali** – *Jl. Uluwatu - ✆ (0361) 701 605 - www.belmond.com - 57 ch. 5 350 000/8 250 000 Rps.* Propriété de la chaîne Orient-Express, ce superbe palace dispose de bungalows à toit de chaume et sol en marbre, posés à l'ombre de frangipaniers et de cocotiers. L'équipement (lit king-size, grand écran plat avec DVD, TV satellite...) est à la hauteur du standing. Les suites, plus chères, ont un petit salon. Charmant restaurant, spa et salons de massage en bord de plage.

À Benoa

Budget moyen

3 **Pondok Agung** – *Jl. Pratama 99 Tanjung Benoa - ✆ (0361) 771 143 - www.pondokagung.com - 9 ch. 350 000/600 000 Rps.* Des chambres coquettes, impeccables, tout en boiserie et en bambou, avec un petit jardin. Ouvert en 1984 et tenu par un couple suisso-indonésien, il paraît propre comme un sou neuf. Un excellent rapport qualité-prix.

Sanur

S'étirant le long de la côte est, Sanur semble tourner le dos à Kuta. Si ces dernières décennies l'ont résolument dédiée au tourisme, Sanur a su éviter certains excès de sa voisine occidentale. Très en vogue auprès des artistes européens dès les années 1930, cet ancien village de pêcheurs vit surgir en 1966 son premier grand hôtel, construit grâce aux réparations de guerre versées par les Japonais. Depuis, l'imposant Inna Grand Bali Beach émerge, au nord de la plage, telle une grossière erreur dans le paysage côtier. Fort heureusement, cette hérésie architecturale ne fit pas d'adeptes, une loi interdisant par la suite toute construction au-dessus du niveau des cocotiers. Aujourd'hui, le développement mesuré de Sanur et le raffinement de son infrastructure hôtelière la placent dans la catégorie des stations balnéaires familiales et haut de gamme. Plus huppée que Kuta, sans montrer pour autant le caractère exclusif de la luxueuse enclave touristique de Nusa Dua, elle séduira ceux qui recherchent confort et tranquillité.

Se repérer

CARTE C3 (P. 206-207) – PLAN (P. 256).
District de Denpasar Sud.
Depuis l'aéroport, une voie rapide en surplomb de la mer, Jalan Ngurai Rai (Bypass), mène à la station, qu'elle traverse du sud au nord, parallèlement à la plage et à la rue principale, Jalan Danau Tamblingan.

À ne pas manquer

Profitez de l'animation populaire, devant la plage au lever du soleil, et au marché Sindhu le soir.

Organiser son temps

Comptez une demi-journée.

En famille

En juillet, le festival de cerfs-volants géants (Kite Festival) sur la plage de Padanggalak.

Carnet pratique p. 258

Nos adresses p. 259

2

Se promener

PLAN P. 256

Sanur s'étire sur près de 4 km le long de la côte, de part et d'autre de son artère principale, Jalan Danau Tamblingan. De nombreuses rues secondaires mènent à la plage, tandis qu'une route à deux voies, Jalan Ngurah Rai (Bypass), longe la ville par l'extérieur.

Jalan Danau Tamblingan B2-3

Alignement ininterrompu de boutiques, d'hôtels et de restaurants, Jalan Danau Tamblingan est le territoire des commerçants et des colporteurs. Impossible de s'y balader sans être sollicité, mais la courtoisie reste de rigueur. Pour avoir un aperçu plus authentique de Sanur, enfoncez-vous plutôt dans les ruelles qui partent vers l'ouest, seules rescapées de l'invasion touristique.
À l'extrémité nord de Jalan Danau Tambligan, le **Pasar Sindhu** rassemble, à la nuit tombée, de nombreux stands de *street food* où les étrangers viennent s'attabler en compagnie des locaux.

SANUR
0
500 m
DUTA ORCHID GARDEN, UBUD, GIANYAR, DENPASAR
DENPASAR
DENPASAR
NUSA LEMBONGAN
KUTA
Jl. Hang Tuah
Le Mayeur Museum
POLICE
PURA BURUAN
INNA GRAND BALI BEACH
Jl. Tukad Nyali
Jl. Danau Beratan
Jl. Ngurah Rai (Bypass)
SANUR
N
Jl. Tukad Bilok
Jl. Danau Buyan
Jl. Segara Ayu
PURA SEGARA
Jl. Intaran
Jl. Delod Peken
Jl. Danau Tondano
Jl. Danau Toba
Jl. Pantai Sindu
Pasar Sindhu
SINDHU
Selat Badung
Jl. Batur Sari
Jl. Danau Tondano IV
Jl. Sekuta
INTARAN
Gang Melati
Tamblingan
BEBET
CONSULAT D'ALLEMAGNE
Jl. Pantai Karang
Jl. Batur Sari
BATUJIMBAR
Danau
Jl. Betngandang I
Jl. Kesari
Jalan Karang Sari
Jl.
SIDAKARYA
Jl. Tirta Nadi 2
Jl. Duyung
SEMAWANG
Jl. Ngurah Rai (Bypass)
Jl. Danau Poso
Jl. Danau Poso
Jl. Cemara
Jl. Kesuma Sari
Jl. Pengembak
Jl. Sekar Waru
BELANJONG
Jl. Sudamala
Jl. Mertesari
SANUR BEACH
Selat Badung
Temple

SE RESTAURER	SE LOGER	
Sand Beach Club & Restaurant ... 2	Bumas ... 2	Swastika Bungalows ... 13
Cafe Bamboo ... 3	Bumi Ayu Bungalows ... 3	Taman Agung Hotel ... 14
The Pantry ... 9	Gazebo Beach ... 5	Tandjung Sari ... 15
Pasar Sindhu ... 10	Keke Home Stay ... 6	Werdhapura ... 16
Ryoshi ... 12	Peneeda View ... 7	Yulia 1 Home Stay ... 17
Sari Bundo Jaya ... 13	Puri Santrian ... 9	Yulia 2 Home Stay ... 18
Cafe Smorgas ... 18	S'cape ... 10	Kejora Suites ... 20
The Glass House ... 19	Segara Agung ... 11	Svarna ... 21
	Segara Village ... 12	

★ Le front de mer BC1-4

Frangée par les somptueux jardins tropicaux des hôtels de luxe s'étire une agréable promenade, interdite aux véhicules... mais non aux vendeurs ambulants.
On vous y proposera à longueur de journée sarongs, montres et autres casquettes, tandis qu'à l'ombre des matelas vous attendent pour une séance de massage. Le matin de bonne heure, quand le soleil embrase les flots, l'endroit appartient encore aux Balinais. De jeunes gens profitent de la fraîcheur pour faire quelques exercices de gymnastique ; d'autres méditent en silence, tandis que des femmes s'approchent du rivage pour déposer des offrandes.

★ La plage BC1-4

Long ruban de sable blond frangé de cocotiers, elle se déroule face aux eaux calmes et claires du lagon. L'exploitation du corail pour la construction d'hôtels et de villas a néanmoins beaucoup abîmé le récif, entraînant par ricochet une érosion alarmante de la plage, dont la largeur est passée de 50 à 20 m. Du coup, des brise-lames ont dû être construits. Très peu profond, le lagon se prête moins à la nage qu'à l'exploration des fonds avec masque et tuba *(méfiez-vous des oursins)*. À marée basse, la baignade devient même impossible. C'est l'heure où les pêcheurs affluent, armés de lignes ou de filets. Le week-end, les habitants de Denpasar aiment venir y passer quelques heures, le temps d'un pique-nique, d'une partie de ballon ou d'une sieste.

Le Mayeur Museum B1

Jl. Hang Tuah (accès par le front de mer) - ✆ (0361) 286 201 - sam.-jeu. 8h30-15h30, vend. 8h30-12h30 - 50 000 Rps.
Il a été aménagé dans l'ancienne demeure du peintre belge et de sa femme. Né à Bruxelles en 1880, **Adrien-Jean Le Mayeur** tomba amoureux de Bali, où il s'installa en 1932, et épousa la belle danseuse balinaise Ni Polok, alors âgée de 15 ans (il en avait 52). Après la mort de son mari, en 1958, Ni Polok vécut dans cette maison

Une plage historique

En 1904, un bateau chinois heurta les récifs et s'échoua sur le rivage de Sanur. L'équipage survécut, mais la précieuse cargaison disparut... Les Hollandais réclamèrent réparation aux pilleurs, mais le raja de Badung refusa avec obstination. Cette résistance à l'autorité coloniale fournit le prétexte pour une intervention armée : le 14 septembre 1906, les troupes débarquèrent sur la plage abritée de Sanur, d'où elles donnèrent l'offensive décisive qui allait soumettre la province rebelle. Le 20, elles marchèrent sur le palais de Badung, où les princes, leur famille et leur suite se donnèrent la mort face aux canons de l'adversaire, dans un sanglant *puputan* (suicide collectif).

Coucher de soleil sur la plage de Sanur.
febriyanta/Getty Images Plus

jusqu'à la fin de ses jours, en 1985. Le gouvernement a transformé cette jolie maison balinaise en un modeste musée, hélas en piteux état. Les tableaux, mal exposés derrière des vitrines sales, pour certains endommagés voire remplacés par des reproductions, témoignent de la passion de l'artiste pour l'île : scènes de la vie quotidienne et femmes balinaises ont inspiré la plupart de ses toiles. Dans le jardin reposent les stèles funéraires du couple Le Mayeur.

Duta Orchid Garden B1 EN DIR.

Jl. Bypass Ngurah Rai Tohpati, Kusamba 1 - ✆ (0361) 466 010 - www.dutaorchidgarden.com - 8h-18h - 100 000 Rps.
Le jardin d'orchidées comprend une splendide collection d'essences provenant du monde entier, avec plus de 500 variétés. Dommage que le tarif de la visite soit si élevé. Vous pourrez évidemment en acheter.

Carnet pratique

PLAN (P. 256)

Adresses utiles

Banque/Change

Banques, agents de change et distributeurs se concentrent sur Jl. Danau Tamblingan (B2-3). Comparez leurs taux : les écarts peuvent être importants.

Poste/Téléphone

Poste centrale sur Jl. Danau Buyan (A1), mais il est plus pratique de se rendre dans les agences postales qui sont situées sur Jl. Danau Tamblingan (B3), Jl. Mertasari (B4) ou dans un grand hôtel.

Santé

Remedium Care Clinic – B3 - *Jl. Bypass Ngurah Rai, Kompleks Pertokoan Niaga Sanur 1 - ✆ (0361) 288 860*. Une clinique généraliste où l'on parle anglais. Pour les questions sérieuses, voir Denpasar *(p. 233)* et Kuta *(p. 241)*.

Guardian Pharmacy – B3 - *Jl. Danau Tamblingan (près du supermarché Hardy's) - ✆ (0361) 284 343.*

Arriver/Partir

En shuttle bus

Perama – B1 - *Jl. Hang Tuah - ✆ (0361) 750 808 ou (0812) 3850 5050 - www.perama tour.com.* Plusieurs liaisons quotidiennes entre les principaux sites touristiques de l'île : Kuta, Ubud, Padangbai, Candidasa, le mont Batur, Kintamani, Lovina... Billets en vente dans les agences de tourisme.

En bemo

Le **terminus nord** est devant l'entrée de l'Inna Grand Bali Beach (B1) ; le **terminal sud** se trouve sur Jl. Mertasari (près de l'hôtel Semawang Beach Inn) (B4). Mais il suffit d'attendre le long de Jl. Danau Tamblingan (B2-3) ou de Jl. Bypass (B1-4) et de leur faire signe. Tous vont à Denpasar, les bleus à la gare de Tegal, les verts à celle de Kereneng.

En bateau

Sanur est un point de départ idéal pour une excursion à **Nusa Lembongan** *(voir p. 265)*. De nombreuses compagnies de *speedboat* assurent la liaison. L'embarquement et le débarquement se font bord à bord, ou sur la plage, dans le ressac. La compagnie **Scootcruise** est coutumière de retards et d'annulations de réservation. Pour Senggigi et les Gili, à Lombok, il n'existe pas de liaison directe. Le bateau fait escale à Nusa Lembongan, ou bien le départ se fait de Padangbai, à 1h de route en navette (comprise dans le prix).

Transports

Pour les petits trajets, le mieux est de se balader à pied le long de la plage ou de la rue principale.

Taxi

Ils circulent le long de Jl. Danau Tamblingan (B2-3) et vous proposent leurs services à coups de klaxon.

Location de véhicules

Quantité d'agences locales louent des voitures, avec ou sans chauffeur, et des motos. Comparez les prix, les contrats d'assurance et l'état des véhicules. Certains hôtels proposent aussi des vélos.

Agenda

Bali Kite Festival – *Juil. ou août.* À Sanur. Festival international de cerfs-volants.

2

Nos adresses

PLAN (P. 256)

Restauration

La plupart des restaurants affichent la même carte : salades et snacks, spécialités indonésiennes, balinaises et chinoises, pâtes et pizzas, cuisine occidentale. Le choix se fait en général entre la rue principale, Jl. Danau Tamblingan, bruyante en journée, et les restaurants de plage.

Premier prix

10 **Pasar Senggol** – B2 - *Jl. Pasar Sindu - 17h-23h - 40 000 Rps.* Marché du soir, très animé dès la fin de l'après-midi. Une poignée de gargotes se dressent, où vous pourrez commander des *sate*, soupes, *mie* ou *nasi goreng*, *capcai*

et autres plats locaux préparés sous vos yeux. Les quelques marchands encore présents (tout au fond) seront ravis de vous vendre leurs derniers fruits de la journée, en guise de dessert. Il y règne une effervescence décontractée, sur fond musical de variétés locales. Assis sur des tabourets ou des bancs de fortune, attablés côte à côte, c'est là, sans aucun doute, que vous aurez les meilleurs contacts avec les habitants de Sanur.

13 **Sari Bundo Jaya** – A4 - *Jl. Danau Poso 85 (à l'angle de Jl. Sudamala) - (0361) 281389 - - 24h/24 - 40 000 Rps.* Le principe bien connu des restaurants *padang* : on choisit les plats (épicés et savoureux) dans une vitrine, et ils vous sont ensuite apportés à table. Le Sari Bundo, d'une propreté impeccable, a l'immense avantage d'être ouvert sans interruption.

Budget moyen

9 **The Pantry** – B3 - *Jl. Danau Tamblingan 75A - 8h30-21h.* Attenante au café Batu Jimbar, cette épicerie fine de produits importés propose de délicieux sandwichs garnis (jambon de parme, poulet tandoori, *souvlaki*...) et des choix de pain.

Billy's Cafe – *Voir Yulia 2 Home Stay dans « Hébergement » - 7h-22h - 80 000/150 000 Rps.* Le restaurant attenant au Yulia 2 Home Stay possède une petite salle agréable. Cuisine indonésienne, notamment du *ayam goreng* (poulet frit), des fruits de mer, des salades. Service rapide.

18 **Cafe Smorgas** – B3 - *Jl. Danau Tamblingan 56 - (0361) 289361 ou 0813 5374 9982 - www.cafesmorgas.com - 7h-23h - 75 000/200 000 Rps.* Idéal pour une pause culinaire aux accents européens, pour déguster un sandwich ou une salade bio, en terrasse ou dans la salle climatisée, sur les grosses tables en bois brut. Bon choix de pâtisseries.

12 **Ryoshi** – B3 - *Jl. Danau Tamblingan 150 - (0361) 288262 - 11h-23h - 70 000/300 000 Rps.* Petite salle climatisée ou terrasse extérieure. On y mange à la japonaise, assis par terre sur des coussins. Quelques tables hautes également. À la carte : sushi, sashimi, tempura, soba-udon et autres délicieuses préparations nipponnes, dont de savoureux poissons.

3 **Cafe Bamboo** – B4 - *Jl. Duyung 9 (sur le front de mer) - (0361) 276725 ou 0857 3969 9536 - ig@bamboo.eaterybar - 8h-23h - 50 000/80 000 Rps.* Un restaurant de plage avec des tables posées sur une terrasse en béton, ombragée par des arbres. On y sert, bien sûr, des poissons grillés (au poids ou en filet) et des fruits de mer. N'hésitez pas à demander des demi-portions pour les crevettes, servies copieusement. Également de la cuisine indonésienne et internationale.

19 **The Glass House** – B2 - *Jl. Danau Tamblingan 25 - (0361) 288696 - www.starvillasbali.com - CC - 7h-23h - 100 000/200 000 Rps.* Cette belle bâtisse à claire-voie, en bois blanc, où l'on sert une cuisine internationale. Choix de salades et sandwichs, et poisson rôti à la noix de coco avec pommes de terre en sauce béchamel.

2 **Sand Beach Club & Restaurant** – B2 - *Jl. Danau Tamblingan 27 - (0361) 282909 - ig@sandbeachsanur - CC - 8h-23h - 60 000/250 000 Rps.* Installé sur la plage, à l'ombre d'un couvert d'arbres, il propose une carte classique, avec snacks, fruits de mer et plats indonésiens. Idéal aussi pour un brunch ou pour boire un verre.

Boire un verre

La majorité des restaurants font également office de bars, et vous aurez le choix entre la plage ou des ambiances plus animées sur la rue principale. Certains proposent des spectacles de danses balinaises et des concerts de gamelan. Les clubs s'animent le samedi soir.

Shopping

Jl. Danau Tamblingan concentre un choix de boutiques.

Artaseadana – B3 - *Jl. Danau Tamblingan 136 - ✆ 0878 6203 8645 - 8h-22h.* Un grand supermarché pour les achats pratiques, les sarongs et pour sa librairie Periplus.

A-Krea – B2 - *Jl. Danau Tamblingan 51 - ✆ (0361) 286 101 ou 0821 3331 8013.* Sacs, accessoires, objets déco et vêtements de créateurs, inspirés de l'artisanat indonésien.

Activités

Plongée

Sanur n'est pas un spot de plongée de premier plan, mais elle se prête à une initiation. Les clubs organisent des sorties vers les meilleurs sites de Bali, en particulier Nusa Lembongan.

Bali Crystal Divers – B3 - *Jl. Bypass Ngurah Ray, Gang Griya 6 - ✆ (0361) 286 737 ou 0878 6119 0174 - www.crystal-divers.com - 8h-20h.*

Bali Diving Academy – A4 - *Jl. Bypass Ngurah Rai 46 E - ✆ (0361) 270 791 - www.balidiving.com - 7h-18h.*

Sports nautiques

Bateaux à fond de verre, canoës, parachute ascensionnel, snorkeling sont proposés sur le front de mer et dans certains hôtels.

Sortie en mer

Sea Trek – *Jl. Tukad Balian 133 - ✆ (0361) 474 39 02 - www.seatrekbali.com - 9h-18h.* Le superbe Pinisi Katharina est doté d'un onduleur qui permet de naviguer la nuit sans bruit. Équipage francophone.

Yoga

Power of Now Oasis – A4 - *Pantai Merta Sari (Mercure Resort Sanur) - ✆ 0878 6153 4535 - www.powerofnowoasis.com - CC - 8h-18h30.* Installé au milieu des cocotiers en bord de plage dans une belle maison en bambou, le lieu est idéal pour la méditation ou une initiation au yoga.

Hébergement

Premier prix

17 Yulia 1 Home Stay – B2 - *Jl. Danau Tamblingan 38 - ✆ (0361) 288 089 - 24 ch. 250 000/500 000 Rps.* Charmante pension familiale à l'architecture balinaise installée dans un jardin, derrière une boutique. Les chambres les moins chères sont plus petites et sans eau chaude. Celles du haut, plus confortables, ont bénéficié d'une importante rénovation. Calme et propreté impeccable. L'adresse la plus agréable dans cette catégorie.

Budget moyen

18 Yulia 2 Home Stay – B2 - *Jl. Danau Tamblingan 57 - ✆ (0361) 287 495 - 10 ch. 390 000/400 000 Rps.* Petite pension familiale d'une propreté impeccable. Les chambres à l'étage sont plus lumineuses et jouissent d'un balcon donnant sur les toits. Celles du rdc, avec terrasse commune, sont plus sombres, mais sans doute plus isolées des bruits de la rue.

6 Keke Home Stay – B2 - *Jl. Danau Tamblingan 100 - Gang Keke 4 - ✆ (0361) 472 0614 - www.keke-homestay.com - 10 ch. 300 000/475 000 Rps. Suppl. 3 % pour paiement par carte.* Chambres basiques et propres, agencées autour d'une courette paisible, au fond d'une ruelle. Une adresse qui

2

vaut avant tout pour son prix et la gentillesse de la famille.

21 Svarna – B2 - *Jl. Danau Tamblingan 50 - (0361) 270 588 - www.svarnahotels.com - - 20 ch. 350 000/450 000 Rps.* Cet hôtel propose des chambres sans caractère, mais confortables et spacieuses, disposées autour d'un patio à étage. Il possède une piscine sur le toit, très agréable malgré sa petite taille.

14 Taman Agung Hotel – B3 - *Jl. Danau Tamblingan 166 - (0361) 288 549 - ig@taman agunghotel - - 30 ch. 500 000/600 000 Rps.* Chambres dans de petits bâtiments d'un ou deux étages. Deux piscines (dont l'une réservée aux villas), dans un jardin paisible. L'ensemble, soigné, manque un peu d'espace.

16 Werdhapura – C2 - *Jl. Danau Tamblingan 49 - (0361) 288 171 - www.werdhapuravillage.business.site - - 116 ch. 500 000/700 000 Rps.* Cet hôtel gouvernemental propose un large choix de chambres dans des bungalows en brique à toit de chaume, dispersés dans un vaste jardin arboré. Les standard, parfaitement équipées, offrent d'excellentes prestations pour leur prix. En tout cas, l'une des rares adresses de cette gamme avec un accès direct à la plage.

2 Bumas – B2 - *Jl. Bumi Ayu 4 - (0361) 286 306/307 - www.bumasresorts.com - - 75 ch. 600 000/750 000 Rps.* À l'écart de la rue principale, dans une ruelle paisible. La plupart des chambres, spacieuses, disposent d'une jolie sdb à ciel ouvert, décorée de galets et de plantes. Disposées sur deux niveaux, elles encadrent une belle piscine et un vaste jardin, où dominent hibiscus, cocotiers et frangipaniers. Des petites paillotes à toit de chaume vous attendent pour boire un verre à l'ombre.

11 Segara Agung – B4 - *Jl. Duyung 43 - Semawang - (0361) 288 446 - www.segaraagung.com - - 23 ch. 650 000/830 000 Rps.* Au bout d'une ruelle, un bel hôtel à l'architecture balinaise niché dans un coin calme à deux pas de la plage. Petite piscine, transats et restaurant-paillote au milieu d'un joli jardin. L'ensemble, aéré et paisible, constitue un bon rapport qualité-prix pour Sanur, surtout en basse saison. Les chambres sont décorées d'ikats ou de peintures balinaises. Les plus chères disposent de la climatisation et de l'eau chaude.

3 Bumi Ayu Bungalows – B2 - *Jl. Bumi Ayu 8x - (0361) 289 101 - www.bumiayubungalow.com - - 54 ch. 650 000/950 000 Rps.* À l'écart de la rue principale (et de la plage, il est vrai), dans un coin paisible, cet hôtel de bon standing propose un bon rapport qualité-prix. Grandes chambres joliment meublées, éparpillées dans un beau jardin. De petites allées desservent les terrasses, dont l'intimité est préservée par la végétation. Agréable restaurant et vaste piscine. Service irréprochable.

Pour se faire plaisir

7 Peneeda View – B3 - *Jl. Danau Tamblingan 89 - (0361) 288 425 - www.peneedaviewhotel.com - - 56 ch. 800 000/950 000 Rps - 117 000 Rps.* Petits pavillons à toit de chaume, desservis par une longue allée reliant l'entrée de l'hôtel à la plage. Les chambres avec plancher et tissus aux murs ne manquent pas de style (celles proposées avec vue sur mer ont en fait le restaurant en premier plan). Toutes jouissent d'une petite terrasse. L'accueil est charmant et l'ambiance familiale. Les deux petites piscines mériteraient cependant une rénovation.

10 S'cape – B2 - *Jl. Danau Tamblingan 80 - (0361) 281 490/285 204 - www.scapebali.com - - 5 ch. 1 000 000 Rps.* Une adresse chic et moderne d'appartements en duplex alignés le long d'une étroite piscine. Ces derniers disposent en rdc d'une cuisine et d'un canapé pour un couchage d'appoint. La chambre à l'étage est spacieuse et lumineuse. L'endroit évoque une résidence de luxe ; de fait, certaines chambres sont en copropriété. À défaut d'exotisme, une adresse calme et confortable, à un prix correct.

13 Swastika Bungalows – B3 - *Jl. Danau Tamblingan 150 - (0361) 288 693 - ig@swastika_bungalow - - 96 ch. 850 000/1 200 000 Rps.* Magnifique jardin sillonné de petites allées tortueuses, avec deux belles piscines. Un accueil souriant et un établissement un poil démodé - dommage que ses tarifs aient sensiblement augmenté ces dernières années. Une grande variété de chambres spacieuses, à défaut de charme (carrelage blanc et dessus-de-lit fleuri). Certaines standard ont une sdb à ciel ouvert.

5 Gazebo Beach – C2 - *Jl. Danau Tamblingan 35 - (0361) 288 212 - www.baligazebo.com - - 69 ch. 900 000/1 300 000 Rps.* Des chambres variées, en bungalow ou dans un bâtiment, dont les prix ne sont pas toujours en rapport avec la qualité. N'hésitez pas à en visiter plusieurs (préférez les standard en bungalow proches de la plage ou les suites avec sdb à ciel ouvert). Le vaste et beau jardin, avec une piscine en pierre volcanique, s'étire jusqu'à la mer. Accueil charmant.

20 Kejora Suites – B2 - *Jl. Danau Tamblingan 25 - (0361) 282 199 - www.kejorasuites.com - - 25 ch. à partir de 2 200 000/2 800 000 Rps.* Cette adresse propose des chambres tout en boiseries et pierre volcanique. Les deux petites ailes d'un étage enserrent une ravissante piscine entourée de palmier. L'ensemble manque un peu d'espace, mais pas de charme.

9 Puri Santrian – B4 - *Jl. Cemara 35 - (0361) 288 009 - www.santrian.com - - 170 ch. à partir de 2 400 000/3 200 000 Rps.* Un hôtel de luxe sobre et raffiné, à l'architecture balinaise. Les tons écrus dominent, rehaussés par des portes en bois richement sculpté et coloré, et un mobilier traditionnel en bois et rotin. Le tout caché au milieu d'un vaste domaine fleuri, avec deux immenses piscines. Agréable front de mer avec restaurant, petits salons sur le sable ou même flottants !

Une folie

12 Segara Village – B1 - *Jl. Segara Ayu - (0361) 288 407 - www.segaravillage.com - - 117 ch. 2 000 000/2 500 000 Rps.* Architecture, ameublement et jardin harmonieux, aérés et soignés. Les chambres, agencées sur deux étages, donnent sur un bassin de nénuphars ou sur le temple domestique. Les couloirs sont peuplés de statues de divinités balinaises. Nombreuses activités : billard, ping-pong, bicyclette, sauna, aérobic... Une adresse en bord de plage qui a de la classe.

15 Tandjung Sari – C2 - *Jl. Danau Tamblingan 41 - (0361) 288 441 - www.tandjungsarihotel.com - - 31 ch. dans 29 bung. - 3 500 000/5 200 000 Rps.* Créé dans les années 1960, c'est l'un des premiers à avoir adopté le concept de boutique-hôtel à Bali, quand le terme n'existait pas encore. Les bungalows en brique sont joliment décorés de mobilier en bois sous un toit de chaume. Terrasse, lits à baldaquin, carrelage à l'ancienne, sdb à ciel ouvert et jardin somptueux.

2

L'archipel de Penida

★★

Au large de la côte sud-est de Bali, de l'autre côté du détroit de Badung, émergent trois îles cernées de récifs coralliens irisés : Nusa Penida et ses deux minuscules satellites, Lembongan et Ceningan. Ici, pas de forêts ni de rizières. Seules cultures possibles sur ces plateaux calcaires aux collines arides : le manioc, la patate douce, le soja, le maïs et un peu de tabac. À cela s'est ajoutée depuis les années 1980 la récolte des algues, devenue la principale activité des insulaires. L'habitat traditionnel – des cabanes de fortune en bambou tressé à toit de chaume – prédomine, et la tôle ondulée n'a pas encore fait trop de ravages. Ces îles sont longtemps restées à l'écart du tourisme de masse, la plupart des visiteurs se contentant d'une croisière à la journée. Ses fonds marins, ses criques accessibles uniquement à pied et la quasi-absence de circulation automobile en font une destination de choix pour les amateurs de tranquillité... Mais pour combien d'années encore ? Les temps changent et de plus en plus d'établissements voient le jour, tandis que les liaisons en speed-boat se multiplient, menaçant l'écosystème marin.

Se repérer

CARTE D3 (P. 206-207) – CARTE DE NUSA PENIDA (P. 267).

5 000 hab. à Nusa Lembongan et 57 000 hab. à Nusa Penida – Département de Klungkung.

Ce petit archipel est situé au sud-est de Bali.

À ne pas manquer

Le coucher du soleil à Jungutbatu ; la vue sur les falaises de la côte sud de Nusa Penida ; faire du snorkeling à Crystal Bay ou nager avec les raies à Manta Point.

Organiser son temps

Comptez deux jours sur place pour profiter des lieux. Louer un scooter pour vous déplacer sur Nusa Penida.

Carnet pratique p. 268

Nos adresses p. 269

Les mangroves, forêts salées

Ces forêts basses et denses qui s'épanouissent dans l'eau de balancement des marées forment l'un des biotopes les plus étonnants des tropiques. Inondés jusqu'au ramage à marée haute, les arbres dévoilent à marée basse leurs racines adventives, qui dessinent un inextricable lacis. Outre la fixation de la plante, celles-ci ont pour fonction de la pourvoir en oxygène, fort rare dans ce sol. L'étonnante résistance de ces plantes halophytes à ce milieu hostile s'explique par l'enrichissement en chlorure de sodium de leurs cellules, qui permet de puiser dans la mer les besoins en eau. Les feuilles ont également la faculté d'emmagasiner de l'eau salée et de limiter les émissions de vapeur tout en maintenant le niveau de sel à un niveau acceptable. Certaines plantes disposent même de glandes favorisant l'élimination du sel.

Excursion

CARTE DE NUSA PENIDA P. 267

★★ Nusa Lembongan

L'île mesure env. 2 km sur 4. Pour l'accès, voir « Carnet pratique » p. 269.
Après une traversée houleuse à bord d'un bateau rapide depuis Sanur, sautez dans l'eau tiède et cristalline : vous êtes sur **Pantai Jungutbatu** ★★, où s'alignent les bateaux de pêche au repos. Les bungalows se concentrent au nord de la plage. Sur le sable blond ou sous les cocotiers *(attention aux chutes de noix !)*, on vous proposera un T-shirt, un massage ou un tour en bateau, mais les démarcheurs se montrent ici moins pressants qu'ailleurs.

Le **panorama**★★★ embrasse tout le sud-est de Bali, de la péninsule de Bukit au mont Agung. À la tombée de la nuit, les lumières scintillent sur la côte, et lorsque la lune brille, la ligne de crête des volcans se découpe en ombres chinoises.

Réputée pour les vagues qui se brisent sur ses récifs, Nusa Lembongan attire les surfeurs d'avril à septembre *(exclusivement les pratiquants confirmés)*. Quand les déferlantes sont au rendez-vous, on suit le ballet de ces silhouettes sur les flots en face de Jungutbatu, au-delà de la barrière de corail, sur les spots de **Shipwreck**, **Lacerations** et **Playground**.

La **plongée**, pour sa part, se pratique notamment à **Ental Point** (ou Blue Point, à la pointe nord-ouest) où, d'août à octobre, les plus chanceux apercevront peut-être l'énorme (une tonne !) poisson-lune *(mola mola)*. **Jangka Point** *(pointe nord-est)* et le **canal de Ceningan** *(côte est)* sont les autres spots de plongée les plus renommés. *Attention, les deux premiers sont sujets à des courants dangereux.*

★★ Le tour de l'île

De Jungutbatu, prenez la route qui file vers le nord. Promenade à faire à moto ou à bicyclette ; vérifiez vos freins : certaines côtes sont sportives.
La plupart des routes sont goudronnées mais elles sont parfois très cahoteuses, surtout à l'est. Les échoppes qui jalonnent la balade sont autant d'occasions de faire une halte pour se rafraîchir et discuter avec les villageois.

À la pointe nord de l'île, vous pourrez vous désaltérer au **Mangrove Restaurant**, où l'on peut louer un canoë avec guide pour une incursion dans la superbe **mangrove** *(comptez 30mn - 100 000 Rps)*.

De retour à Jungutbatu, prenez plein sud vers le village de Lembongan, d'où une route indiquée gagne la pointe sud-ouest de l'île.
Ravissante petite anse de sable blanc, encadrée de falaises sculptées par l'érosion, **Mushroom Bay**★★★ doit probablement son nom aux étonnantes formations coralliennes qui émergent çà et là, semblables à de gros champignons. Son lagon turquoise, peuplé de myriades de poissons multicolores, se prête à merveille à l'**exploration sous-marine**★★. Au sud, **Dream Bay**★★★ est l'une des plus belles plages de sable fin de Bali, mais la baignade est dangereuse.

De Jungutbatu, Mushroom Beach semble proche, mais la route à pied oblige à un long détour par Lembongan, perché sur une colline.

★ Nusa Ceningan

Du centre de Lembongan, prenez à droite la rue qui descend vers la mer.
Entre Nusa Lembongan et sa petite voisine passe un minuscule bras de mer, superbe damier d'eau turquoise et brun sur lequel tangue une flottille de *jukung* colorés. Une passerelle permet de l'enjamber à pied ou à deux-roues. Le tourisme reste ici un phénomène marginal. Parfois, on vous arrêtera pour vous demander

votre nom, votre nationalité ou simplement pour le plaisir de discuter et de vous guider vers les plus belles criques de l'île. La population parlant peu anglais, le contact sera plus facile avec quelques rudiments de *bahasa indonesia*. À la pointe orientale de l'île, la crique de **Blue Lagoon** abrite des eaux d'un bleu turquoise irréel.

★★ Nusa Penida

Au départ de Jungutbatu, la traversée s'effectue à l'aube, à bord d'un jukung *surchargé. Bien qu'étant la plus grande des trois îles (env. 20 km sur 16), Nusa Penida ne dispose que d'une infrastructure hôtelière rudimentaire, principalement à Sampalan.*

Tandis que la frêle embarcation longe la mangrove de Nusa Lembongan, le soleil naissant ne tarde pas à illuminer les côtes balinaises. Toutes sortes de légendes hantent cette île austère et redoutée, fief d'un ancien bagne, où le royaume de Klungkung exilait ses prisonniers, et refuge d'un terrible démon qui serait à l'origine de tous les maux de Bali.

Difficile d'accès, Nusa Penida reste à l'écart du tourisme de masse, mais les choses évoluent depuis que le gouvernement a décidé, en 2013, d'en faire un axe stratégique de développement. Le premier hôtel avec piscine a ouvert la même année, et l'eau et l'électricité sont désormais disponibles presque partout sur l'île. Avec le succès phénoménal des images de la plage de Kelingking, publiées sur Instagram à partir de 2017, Nusa Penida a acquis une renommée internationale.

À l'arrivée à **Toyapakeh**, des *bemo* attendent les passagers, dont la plupart vont faire leurs provisions au **Pasar Sampalan★ (marché de Sampalan)**, le principal village de l'île *(au nord)*.

D'une côte à l'autre

Très irréguliers, les bemo *ne desservent pas toute l'île. Ils circulent principalement entre Toyapakeh et Sampalan – mieux vaut louer un scooter ou un mini-van avec chauffeur.*

La **côte est★** compte des plages superbes, mais les cultures d'algues qui tapissent le lagon *(voir encadré ci-dessous)* entravent souvent la baignade.

Juste avant Karangsari, sur la droite, une faille dans la roche permet de pénétrer dans **Goa Karangsari (grotte de Karangsari)**, un tunnel de près de 300 m de long, peuplé de chauves-souris *(prévoyez une lampe de poche)*. Il débouche sur un beau paysage vallonné.

Culture d'algues

Beaucoup plus pauvres que les Balinais, les habitants des îles de Penida vivent surtout de la pêche et de la culture des algues *(rambut laut)*. Dans l'eau turquoise, vous remarquerez vite le dessin sombre des carrés d'algues sur le sable clair. Dès que la marée descend dans le lagon, la récolte commence et chacun se met à l'ouvrage. Certains vont à pied, poussant un panier en bambou posé sur une grosse bouée, d'autres préfèrent se déplacer en *jukung*, qu'ils manœuvrent à l'aide d'un long bambou. Sur les plages, dans les cours, au bord des chemins, d'harmonieux tapis d'algues aux teintes rosé, jaune, vert ou bleuté, sèchent au soleil. Et partout, hommes et femmes, jeunes et moins jeunes s'affairent, démêlent, trient, lavent... Vendues à une coopérative, puis exportées au Japon ou à Hong Kong, les algues serviront à la fabrication des cosmétiques et de certains produits alimentaires.

Pour rejoindre les falaises, prenez la piste caillouteuse (très accidentée à partir de Klumpu ; possible à moto ou en 4x4). Vous devrez finir à pied, guidé par un enfant du coin.

Sauvages et grandioses, les **falaises de la côte sud★★** plongent à pic dans l'océan, cachant à leurs pieds quelques jolies petites criques, pour la plupart inaccessibles. Seules de vertigineuses échelles en bois et en bambou y descendent. Les habitants les utilisaient encore il y a quelques années pour s'approvisionner chaque jour en eau douce, aux sources souterraines qui jaillissent juste au-dessus du niveau de la mer. Des citernes alimentées par les eaux de pluie ont mis fin à ces périlleux trajets. L'échelle la plus spectaculaire, véritable échafaudage aérien appuyé sur les arbres qui poussent à flanc de falaise, se trouve à proximité du village de **Sebuluh**.

Plusieurs hôtels et restaurants ont ouvert aux abords de l'étonnante piscine naturelle d'**Angel's Billabong** et de la baie fermée de **Broken Beach★ (Pasih Uug)**, une splendide arche surplombant la mer. Mais le site le plus fameux de l'île est la désormais très célèbre **plage de Kelingking★★**, au pied d'une paroi rocheuse évoquant un tyrannosaure en train de s'abreuver (d'où son surnom de T-Rex Bay). L'accès se fait par un étroit sentier vertigineux : attention aux glissades dans la descente, et à la remontée, éreintante ! Sachez que la baignade est interdite sur cette plage depuis la noyade d'un touriste, victime des vagues violentes, en février 2023.

Les plus beaux spots de plongée se trouvent à **Crystal Bay**, dans l'étroit chenal séparant Penida de Ceningan, et **Manta Point** *(pointe ouest)*, où vous aurez toutes les chances d'observer ce fascinant poisson.

Carnet pratique

Adresses utiles

Il existe un distributeur de billets à Jungutbatu, mais il est toujours préférable de retirer de l'argent à Bali car tous les établissements n'acceptent pas les cartes de crédit. Il est possible de changer des devises ou d'obtenir des espèces avec une carte de crédit auprès de certains d'entre eux moyennant une forte commission. Plusieurs cybercafés à Jungutbatu et accès Wi-Fi dans les plupart des restaurants.

Arriver/Partir

De Sanur

Départs en bateau public de l'embarcadère près de l'Inna Grand Bali Beach vers 10h30 *(env. 1h30 de trajet - 100 000 Rps AS)*. Pour le retour, départ de Lembongan à 8h. Plusieurs départs en bateau public rapide *(30mn de trajet - 175 000 Rps AS)* entre 8h et 16h. Pour le retour, départ de Lembongan entre 7h et 16h à Mushroom Bay, et entre 8h et 17h à Jungut Batu. Tickets en vente au bout de Jl. Hang Tuah. Passagers et marchandises s'entassent, et il n'est pas toujours facile de trouver une place. Ambiance garantie, surtout au moment de franchir la barrière de corail !

Le bateau de la **Perama** est beaucoup moins chargé. Il dispose de sièges, de quelques gilets de sauvetage et de bâches pour couvrir les bagages, mais là aussi la traversée est parfois agitée. Départ à 8h30, 11h et 15h de Sanur *(env. 30mn - 250 000 Rps AS)* et retour à 9h30, 13h et 16h30 de Nusa Lembongan.

Les vedettes constituent l'option la plus rapide *(30mn)*, à défaut d'être la plus économique. Les vedettes publiques *(✆ 0361 751 875)* pratiquent les meilleurs tarifs *(350 000 Rps AR)*. Plusieurs compagnies privées effectuent aussi des liaisons quotidiennes *(450 000/650 000 Rps AR)* : **Tanis Lembongan Express** - *✆ 0819 0738 1222 - www.tanisfastcruise.com* ; **Rocky Fast Cruise** - *Jl. Hangtuah 41, Sanur - ✆ (0361) 280 185 ou 0813 3909 9963 - www.rockyfastcruise.com.*

Il est possible (mais dommage) d'effectuer l'aller-retour dans la journée, avec une vedette ou en combinant plusieurs moyens de transport.

De Padangbai et Kusamba

Des ferries *(env. 1h de trajet)* et des vedettes publiques partent tôt le matin pour Nusa Penida. Il est possible aussi d'affréter un bateau privé *(env. 500.000 Rps)*, mais la traversée peut être annulée si la mer est trop agitée.

De Benoa

Plusieurs compagnies proposent des croisières d'une journée à bord de luxueux catamarans, avec activités nautiques et buffet *(départs le matin ; prix élevés)*. Vous pouvez les emprunter pour effectuer la traversée uniquement, sans acquitter le prix total de la croisière.

Bali Hai - *✆ (0361) 720 331 - www.balihaicruises.com.*

Bounty Cruises - *✆ (0361) 726 666/727 878 - www.balibountycruises.com.*

Liaisons avec Nusa Penida

À Nusa Lembongan, un bateau part de Jungutbatu vers 6h et repart de Toyapakeh vers 8h *(45mn de trajet)*. Possibilité de chartériser un bateau privé *(env. 500 000 Rps)*.

Un ferry relie également Padangbai et Nusa Penida (2h).

Transports

Location de deux-roues

Louez une bicyclette pour faire le tour de Nusa Lembongan.
Vous serez abordé dès votre arrivée par des loueurs. Gardez à l'esprit que les habitants de l'archipel sont parmi les plus pauvres de Bali. Les vélomoteurs sont loués à la journée (voire à la demi-journée, après négociation), essence comprise, à des tarifs élevés *(de 80 000 à 120 000 Rps)*.

Nos adresses

Restauration/ Hébergement

Les établissements bon marché et ceux de moyenne gamme sont alignés à Jungutbatu, à gauche du débarcadère, tandis que Mushroom Beach, à droite du débarcadère, regroupe les hôtels de gamme supérieure. Presque tous servent à manger. L'électricité, produite par un générateur, est sujette à intermittences. Les prix indiqués ci-dessous sont ceux de la haute saison (juil.-août et mi-déc. à mi-janv.).

À Jungutbatu

Budget moyen

Tarci Bungalows – *0812 3906 300 ou 0877 9650 5919 - ig@tarci_lembongan - - 14 ch. 300 000/700 000 Rps -* . Chambres simples et bien tenues. Les plus chères jouissent de l'eau chaude, d'une TV satellite et d'une terrasse avec vue sur la mer. Le bar-restaurant, installé sur une terrasse en bord de plage, est un lieu animé. On y sert fruits de mer et classiques indonésiens jusqu'à 22h. Le bar « n'a pas d'heure... »

Ketut Losmen – *(0361) 747 46 38 - ig@ketutlosmenbungalows - - 14 ch (7 bung.). 450 000/950 000 Rps.* Différentes catégories de chambres en bungalows à étage, avec décor de bambou. Les chambres les moins chères sont en rdc sur jardin. Les autres jouissent d'une petite terrasse à l'étage, la plus courue étant évidemment celle en front de mer. Les chambres climatisées ont un prix sensiblement plus élevé. La décoration intérieure est proprette mais sans style, avec des dessus-de-lit satinés et des murs en parement de rotin pour certaines.

Sur Mushroom Beach

Budget moyen

Mushroom Beach Bungalows – *Prenez la route du sud vers le village de Lembongan, où vous tournerez à droite - 0812 3956 317 - www.mushroombungalows.com - - ch. 500 000/700 000 Rps* . Ce bel hôtel à flanc de colline au-dessus de la plage jouit d'un emplacement exceptionnel. Bungalows à toit de chaume, tout juste rénovés, avec tout le confort. Tous n'ont pas la vue sur la mer. Le bar est idéalement placé pour admirer le coucher de soleil.

Activités

Sports nautiques

Excursion en bateau à fond de verre, sortie de pêche en mer, snorkeling et surf (location de matériel sur place), le choix est vaste. Rens. auprès de votre hôtel.

World Diving Lembongan – *Pondok Baruna Guesthouse - Jungutbatu - 0812 3900 686 - www.world-diving.com.*

2

Ubud ★★

Ubud s'étale dans une riante campagne sculptée de vallons, de gorges et de rizières en terrasses. La douceur de son climat, son atmosphère paisible, ses nombreux musées, ses traditions artistiques, son hôtellerie raffinée et ses adresses gastronomiques en font un lieu de séjour idéal. C'est aussi le meilleur camp de base pour rayonner dans les environs, véritable écrin de verdure où sont noyés temples et vestiges anciens. La première vision d'Ubud risque pourtant de décevoir, car l'emprise du tourisme n'a pas épargné la ville. Mais que cela ne vous rebute pas ! Laissez de côté cette facette commerciale, et vous découvrirez une autre réalité balinaise : des hommes et des femmes pour qui la vie suit son cours au rythme des traditions et des croyances. La subtile mélodie d'un gamelan s'échappe d'une cour ? Vous aurez peut-être la chance d'assister à une répétition de legong. Le martèlement des gongs et des cymbales résonant au loin guide sans doute les pas d'une procession au temple. Et dès que vous vous éloignerez du centre-ville, vous vous retrouverez au milieu des rizières, parmi les paysans qui s'affairent. Fidèle à la doctrine du Tri Hita Karana, qui promeut la quête de l'harmonie, Ubud est devenu un haut lieu des retraites « spirituelles », mêlant cours de yoga, cures détox, réflexologie, cérémonies de purification, méditation shamanique, massages et autres soins de bien-être.

Se repérer

CARTE C2 (P. 206-207) – PLAN (P. 272) – CARTE DES ENVIRONS (P. 277).

71568 hab. (district) – Département de Gianyar.

Au centre de l'île, à 25 km au nord de Denpasar. Ubud et les villages voisins se confondent désormais en un gros bourg étendu. Les rues, bordées d'hôtels, de pensions et de boutiques, s'articulent autour de deux grands axes : Jalan Raya Ubud (BC2), la rue principale, et Jalan Wanara Wana (B2-3), plus souvent appelée à l'anglaise, Jalan Monkey Forest.

À ne pas manquer

Prendre un verre dans l'un des hôtels surplombant les rives de l'Ayung ; goûter le canard fumé à la balinaise *(bebek betutu)* ; assister à un spectacle de danse ; faire une descente en rafting dans la gorge de l'Ayung ; prendre un cours de danse au musée Puri Lukisan ; faire une balade dans les rizières.

Organiser son temps

Consacrez au moins trois jours à la ville et à ses environs. Le centre ainsi que Campuhan, Penestanan et Monkey Forest sont accessibles à pied ou en *bemo*. Pour le reste, n'hésitez pas à louer un scooter ou une voiture avec chauffeur à la journée.

En famille

La forêt des Singes ; le parc ornithologique. Attention, le zoo dans les environs d'Ubud, à Gyanyar, pratique des tarifs prohibitifs pour ce qui est proposé.

Carnet pratique p. 282

Nos adresses p. 283

Marché d'Ubud.
F. Guiziou/hemis.fr

Se promener

PLAN P. 272

2

★ Le centre d'Ubud BC2

Puri Saren Agung (PALAIS ROYAL) C2

Jl. Raya Ubud - www.ubudpalace.com - 8h-1h - gratuit.

Reconstruit en 1928, la résidence de la famille royale d'Ubud comprend plusieurs temples et bâtiments, mais seule la partie avant se visite. Le soir, la cour extérieure, que domine l'élégant *kori agung* (grande porte), décoré par le Maître I Gusti Nyoman Lempad, offre son cadre somptueux à des spectacles de danse balinaise de qualité *(voir p. 00)*.

Pasar Seni C2

Jl. Raya Ubud 35 - 9h-17h ou 18h.

Centre névralgique d'Ubud, le **marché d'artisanat** occupe une vaste structure en béton, au cœur du village. Avec l'essor du tourisme, les maraîchers ont reconverti leurs étals en boutiques de vêtements, d'artisanat et de souvenirs. À l'arrière du bâtiment, le **marché alimentaire** s'anime tous les trois jours, le matin dès l'aube, lorsque camions et *bemo* affluent des montagnes, débordant de denrées aussi colorées qu'odorantes. Vous y trouverez quelques vendeurs de *sate* et de soupes, bienvenus pour un déjeuner sur le pouce.

Du carrefour, à l'angle du marché, prenez la rue principale vers Campuhan, à l'ouest.

★ Pura Saraswati B2

Un large **bassin★** couvert de lotus précède la façade de cet élégant sanctuaire dédié à la déesse des arts, de la connaissance et de la parole, qui fut édifié dans les années 1950 sous l'égide de l'architecte et sculpteur Lempad. Il offre un cadre des plus romantiques au **Lotus Cafe**, un agréable café-restaurant qui s'ouvre sur la rue *(voir « Restauration », p. 285)*, ainsi qu'à des spectacles de danse.

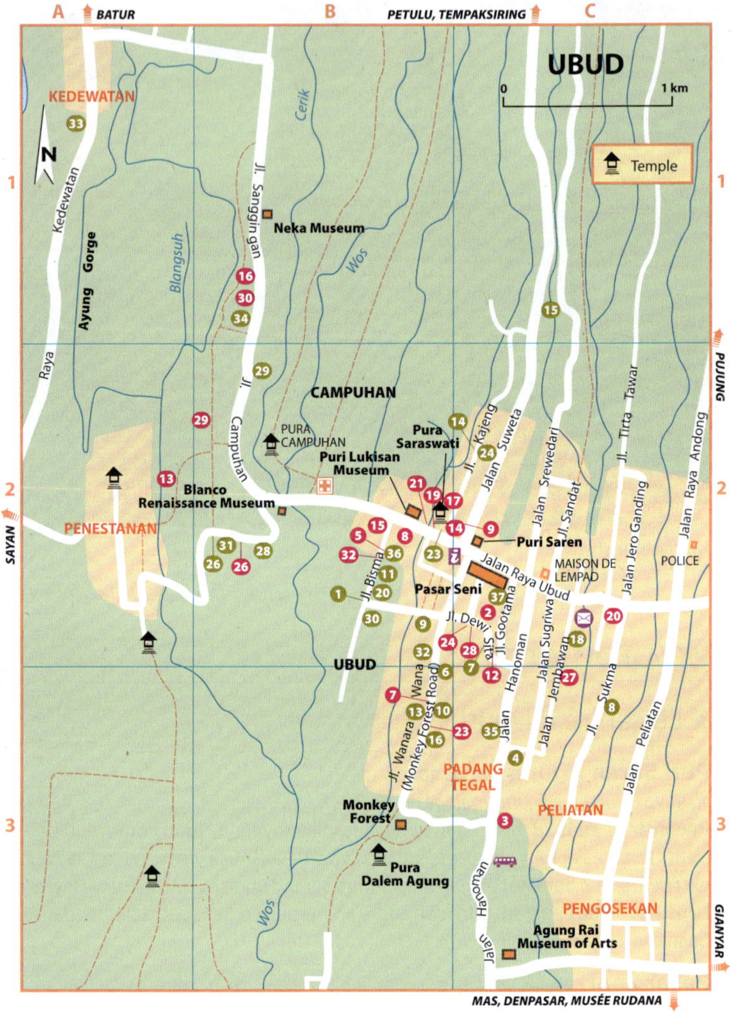

SE RESTAURER

Bamboo 2
Bebek Bengil
(Dirty Duck Diner) 3
Café des Artistes 5
Cafe Wayan & Bakery 7
Casa Luna 8
Ibu Oka 9
Kafe Batan Waru 12
Lala & Lili 13
Lotus Cafe 14
Miro's Garden 15
Mozaic 16
Oka's Warung 17
Warung River View 19
Rumah Makan
Padang Sumber Hidup 20
Ryoshi 21
Three Monkeys 23
Tutmak 24
Warung Mendez 26
Balibuda 27
Wahyu Restaurant 28
Yellow Flower Cafe 29
Pulau Kelapa 30
Umah Pizza 32

SE LOGER

Ala's Green Lagoon 1
Artini 2 4
Cendana 6
Dewangga Bungalow 7
Family Guesthouse 8
Gayatri 2 9
Gerhana Sari 2 10
Honeymoon Guesthouse 11
Jati 3 13
Kajeng Bungalows 14
Ketut's Place 15
Komaneka Resort 16
Khrisna Guesthouse 18
Nick's Pension 20
Puri Saraswati
Dijiwa Ubud 23
Rumah Roda 24
Sari Bamboo Villas 26
Sri Ratih Cottages 28
Taman Indrakila 29
Villa Chempaka 30
The Sungu 31
Warsi's House 32
Amandari 33
Ananda Cottages 34
Jati Home Stay 35
Sama's Cottages & Villas 36
Sania's House 37

★ Puri Lukisan Museum B2

Jl. Raya Ubud - ☏ (0361) 971 159 - www.purilukisanmuseum.com - 9h-18h - 50 000 Rps.

Fondé en 1954, à l'instigation du prince Sukawati, du peintre Rudolf Bonnet et des derniers artistes de l'association Pita Maha *(voir encadré, p. 275)*, ce palais *(puri)* de la peinture *(lukisan)* abrite, au cœur d'un beau jardin, un ensemble hétéroclite d'œuvres représentatives des grands courants de l'art balinais moderne. La visite vaut le coup, même si les salles sont plutôt vieillottes. Le **pavillon principal** *(face à l'entrée)* est consacré aux artistes du Pita Maha. Les œuvres offrent un large éventail des thèmes et des techniques utilisés par le groupe. Traditionnellement limitée à la mythologie hindoue et au folklore local, la peinture a élargi ici son inspiration aux thèmes profanes, tirés de la nature et de la vie quotidienne. L'introduction de supports différents (toile sur châssis), d'autres techniques (détrempe, encre, aquarelle), de larges gammes de couleurs et de notions esthétiques occidentales (perspective, clair-obscur, anatomie) a contribué elle aussi à l'émergence de nouveaux courants. Le **deuxième pavillon** *(à gauche de l'entrée)* présente les œuvres plus récentes et colorées des « Jeunes Artistes » *(voir « Penestanan », p. 274)*. Le **pavillon est** abrite les œuvres de style *wayang (voir p. 305)*, tandis que le **pavillon sud**, inauguré en 2011, est dédié à l'histoire du musée et aux expositions temporaires.

Poursuivez sur la rue principale et traversez le pont suspendu qui enjambe le Wos.

★ Campuhan B2

Niché au confluent de deux rivières, au milieu d'une végétation luxuriante et sauvage, ce hameau fut, dès 1930, le lieu de résidence favori de nombreux artistes étrangers, parmi lesquels **Johan Rudolf Bonnet** et **Walter Spies** (sa maison fait désormais partie de l'hôtel Tjampuhan). Certains y demeurent d'ailleurs toujours.

Surplombant la gorge où coule le Wos, la **crête de Campuhan** (B1-2) offre l'occasion d'une des plus belles balades des environs *(départ sur la droite juste avant le pont en venant d'Ubud - comptez 1h30 de marche ; il est possible de la faire à vélo).*

Blanco Renaissance Museum B2

Jl. Raya Campuhan (juste après le pont à gauche) - ☏ (0361) 975 502 - www.blanco museum.com - 9h-17h - 100 000 Rps.

Ne manquez pas ce musée installé dans la demeure de Don Antonio Blanco, extravagant peintre philippino-américain, décédé en 1999. Son œuvre exubérante autant que la décoration baroque de la maison, parfois comparées à l'œuvre d'un Dalí, méritent le détour. La femme – son épouse balinaise en particulier – constitue sa principale source d'inspiration. Dans le jardin, une volière contient de superbes spécimens d'oiseaux exotiques. Restaurant avec vue et boutique de souvenirs.

★ Neka Museum B1

Jl. Raya Campuhan (env. 1 km après le pont de Campuhan) - ☏ (0361) 975 074 - www.museumneka.com - 9h-17h - 100 000 Rps (-12 ans gratuit) - outre ses collections permanentes, le musée accueille des expositions temporaires.

Autre institution consacrée à la **création picturale balinaise**, le musée fut fondé en 1982 par le collectionneur et marchand d'art Suteja Neka. Spacieux et bien présenté, il bénéficie d'un très beau cadre, dominant une magnifique gorge habillée de rizières.

2

Le premier bâtiment présente la peinture classique *wayang*, puis les **styles d'Ubud et de Batuan**. Le deuxième pavillon, dédié à Arie Smit, rassemble les toiles du peintre hollandais et des « Jeunes Artistes » *(voir « L'art au service des dieux », p. 216)*. La salle suivante abrite de belles **photographies** en noir et blanc de l'Américain Robert Koke, qui immortalisa des scènes de danses et de cérémonies religieuses, dans les années 1930-1940. Un petit bâtiment est consacré aux dessins de **I Gusti Nyoman** Lempad, qui traitent avec originalité les légendes populaires balinaises et les grandes épopées hindoues. Le pavillon suivant et l'annexe présentent toutes sortes d'artistes contemporains, indonésiens et étrangers, dont la création s'est inspirée de Bali. Une salle abrite également une superbe collection de **272 kriss**, dont les plus vieilles pièces remontent au 13e s.
Du musée Neka, revenez vers Ubud et prenez la route à droite, juste avant le musée Blanco. Vous pouvez aussi poursuivre sur la route principale pour rejoindre la vallée de l'Ayung et revenir par Penestanan.

★ Penestanan A2

Passé une **gorge★★** de toute beauté, encaissée dans une épaisse végétation, la route parvient au village. Jalonné de galeries de peinture, il a vu naître dans les années 1960 l'**école des Jeunes Artistes**, sous la houlette du peintre hollandais Arie Smit (1916-2016). Munis de toiles et de tubes de couleurs, les jeunes villageois laissèrent libre cours à leur imagination, donnant de leur île et de leur vie quotidienne des visions naïves et bariolées qui contrastaient radicalement avec les compositions plus rigides et réglementées de la peinture traditionnelle.

★★ Ayung Gorge (GORGE DE L'AYUNG) A1

Entre **Sayan** (A2 EN DIR.) et **Kedewatan** (A1), le paysage devient superbe : miroitant au soleil, les rizières au vert tendre plongent en terrasses jusqu'aux berges sinueuses de l'Ayung, dont les eaux tumultueuses se prêtent à merveille à des descentes en rafting *(voir « Activités », p. 305)*. Pour profiter de ce somptueux **panorama★★★**, insoupçonnable du bord de la route, allez boire un verre dans l'un des luxueux hôtels des environs, tels l'Amandari, le Sayan Terrace ou le Taman Bebek.

Pour l'amour de l'art

L'histoire du petit village d'Ubud commence véritablement à la fin du 19e s. quand une série d'alliances conclues avec les royaumes voisins accroît considérablement les terres et le pouvoir de son prince, le Cokorda Gede Agung Sukawati. Grand amateur d'art, celui-ci accueille favorablement les artistes, encourageant une création d'avant-garde. Le village acquiert rapidement une réputation de grand **centre artistique** et, dès les années 1920-1930, attire les premiers artistes occidentaux. Parmi eux, le peintre allemand **Walter Spies**. Tombé sous le charme des lieux, il décide d'y élire domicile, bientôt suivi par de nombreux disciples. Cette communauté étrangère contribuera à faire d'Ubud et de sa région le foyer le plus actif de la renaissance artistique balinaise.
Aujourd'hui, la ville foisonne de galeries de peinture ou de sculpture, et les spectacles de musique et de danse sont légion. Quoique destinées aux touristes, ces manifestations ont du moins le mérite de perpétuer les arts traditionnels de l'île et de fournir les fonds nécessaires à l'acquisition des costumes et des instruments.

Pita Maha, la « grande vitalité »

Sous l'influence des peintres européens qui s'établirent dans la région d'Ubud et de Batuan dans les années 1930, la peinture balinaise connut une évolution décisive. Mais face à l'essor du tourisme et à la demande massive d'œuvres bon marché, les artistes craignirent que la vocation mercantile n'altère la qualité de leur travail et ne corrompe leur art. Née en 1936 autour de W. Spies, R. Bonnet, Lempad et du Cokorda Sukawati, l'association Pita Maha eut pour vocation de préserver et de faire connaître l'œuvre de près de 150 artistes balinais. Elle organisa ainsi plusieurs expositions à l'étranger, destinées à promouvoir la création balinaise sur les marchés d'outre-mer. La guerre et l'invasion des troupes japonaises mirent fin aux activités du groupe vers 1942.

Padang Tegal

Monkey Forest (FORÊT DES SINGES) B3

À l'extrémité sud de Jl. Monkey Forest - ☏ (0361) 971 304 - www.monkeyforest ubud.com - 9h-18h - lun.-vend. 80 000 Rps., sam.-dim. 100 000 Rps.

Vers le sud, la grande artère d'Ubud mène au cœur d'une forêt sacrée peuplée de **macaques**, qui porte le nom de Mandala Wisata Wanara Wana. Bien qu'il soit interdit de nourrir ces turbulents primates, les marchandes de bananes et de cacahuètes ne manquent pas. Mais sachez que les singes se jetteront sans vergogne sur vos victuailles ! La prudence est donc de mise. Faites également attention à vos chapeaux, lunettes et appareils photo. Les macaques se montrent tellement agressifs que les gardiens qui veillent à la sécurité des touristes doivent sans cesse intervenir, munis de leur lance-pierre. À travers la forêt, un dédale de petits chemins et d'escaliers mène au **Pura Dalem Agung**, le temple des morts du village de Padang Tegal.
De là, gagnez Jl. Hanoman, que vous prendrez à droite, vers le sud, sur env. 1 km.

Pengosekan C3

La communauté des **artistes** de ce village n'a plus grand-chose à voir avec la coopérative créée en 1969, qui contribua à forger leur réputation dans le domaine de la peinture. Fondée sur un travail collectif, celle-ci mettait en commun aussi bien les techniques et les matériaux que les revenus. Désormais plus orienté vers la production de masse pour l'export (avec, notamment, la fabrication de cadres en bois peint), le groupe a quelque peu éclaté.
Pour dénicher de belles toiles représentatives de leur création, prospectez donc chez les artistes eux-mêmes plutôt que dans les boutiques.

★ Agung Rai Museum of Arts (ARMA) C3

Jl. Pengosekan - ☏ (0361) 976 659 - www.armabali.com/museum - 9h-18h - 100 000 Rps - deux restaurants et un café dans un cadre agréable.

La visite du musée est souvent animée par des répétitions de gamelan. L'institution dispense également de **multiples cours** (danse, gamelan, peinture, sculpture, batik, cuisine, yoga, offrandes) et organise des spectacles de danse donnés par des enfants *(lun.-vend. 15h, dim. 10h30)*.
Installé dans deux bâtiments sis dans un jardin agrémenté de bassins et de fontaines, il est le seul musée balinais à exposer **Walter Spies** (1895-1942), notamment son tableau *Calonarang* (1930). Le musée présente également des toiles du

2

prince javanais **Raden Saleh** (1807-1880), le premier à avoir adopté les méthodes de peinture européennes (*Javanese Nobleman and his wife*, 1837). Les différents courants de la peinture balinaise traditionnelle et moderne sont représentés par des peintures sur bois de style *wayang*, des toiles du courant Batuan *(voir « L'art au service des dieux », p. 222)*, ainsi que des œuvres du maître I Gusti Nyoman Lempad.

Circuit conseillé

CARTE CI-CONTRE

Circuit de 65 km tracé en bleu sur la carte des environs d'Ubud. Comptez une demi-journée pour chaque balade.
L'intérêt d'Ubud ne se limite pas au village. La région regorge de temples, de villages d'artisans et de somptueux paysages de rizières. Les sites n'étant pas tous desservis entre eux en *bemo*, optez pour un véhicule individuel ou un circuit auprès d'une agence *(voir « Adresses utiles », p. 283)*.

★★ Au nord-est d'Ubud : la route de Tampaksiring

Quittez Ubud par l'est et prenez à gauche au T, vers le nord. En bemo, *descendez à Tampaksiring, d'où vous devrez marcher env. 2 km ou attendre un autre* bemo. *L'excursion peut être combinée avec les autres balades aux environs d'Ubud (voir ci-après) ou prolongée jusqu'au mont Batur (voir p. 322).*
La route qui grimpe vers le mont Batur *(assez fréquentée)* traverse de ravissants paysages de rizières. À la hauteur de **Petulu**, faites halte à la **Petulu Heron Colony (Héronnière de Petulu)** *(20 000 Rps)*. D'avril à octobre, en fin de journée, on y observe le spectacle fascinant de milliers d'aigrettes et de hérons regagnant leurs nids.
Ponctuée d'ateliers d'artisans et de boutiques touristiques, la route passe aussi par quelques hauts lieux de la sculpture sur bois, tels **Tegallalang** et **Pujung**, où les fleurs et les fruits aux couleurs vives, façonnés dans le bois tendre du bananier, envahissent les devantures.
Au centre de Pujung, tournez à droite en dir. de Tampaksiring puis, moins de 1 km après sur la gauche, descendez vers Sebatu.

★ Pura Gunung Kawi Sebatu

Jl. Raya Bayad - 8h-17h - 15 000 Rps - ne confondez pas avec le site archéologique de Gunung Kawi (voir p. 278).
Au fond d'une vallée, en contrebas de la route *(d'où vous aurez le meilleur point de vue)*, ce temple s'inscrit dans un luxuriant **écrin de verdure★★**. Avec ses *meru* en arrière-plan, ses petits pavillons et ses autels chargés d'offrandes, l'endroit est plein de charme. Une source sacrée alimente des **bains** où les habitants de Sebatu viennent se purifier *(ne pas photographier les baigneurs)*.
Poursuivez la route (à gauche en sortant du temple) jusqu'au carrefour, puis suivez les panneaux.

★ Tirta Empul

Jl. Tirta Manukaya - 7h-17h - 30 000 Rps - sarong et ceinture obligatoires (disponibles sur place).
Ce **sanctuaire**, l'un des plus sacrés de l'île, s'organise en trois cours successives, au fond desquelles se dressent d'élégants autels en bois sculpté et peints de couleurs vives. Comme dans le temple précédent, une source sacrée *(tirta empul)* y alimente des **bains publics**. Connue pour avoir des vertus magiques, elle attire

la population de tout le district. Après avoir déposé leurs offrandes à la divinité de la source, hommes et femmes se baignent, chacun de leur côté, dans l'eau claire des bassins *(photos et films interdits)*. Chaque année, à la pleine lune du quatrième mois de l'année, les habitants du village voisin de Manukaya viennent également y purifier une **pierre sacrée**. L'inscription qu'elle porte indique la date de fondation du site (962 apr. J.-C.) et décrit le rituel perpétué depuis plus de 1000 ans. À cette occasion, les villageois de la région forment des processions autour de leur *barong*, qu'ils vont symboliquement baigner dans les eaux sacrées d'Indra.

Remontez au carrefour et prenez à gauche, dir. Gianyar-Denpasar. Sur la gauche, un panneau indique le site (parking juste après, à gauche).

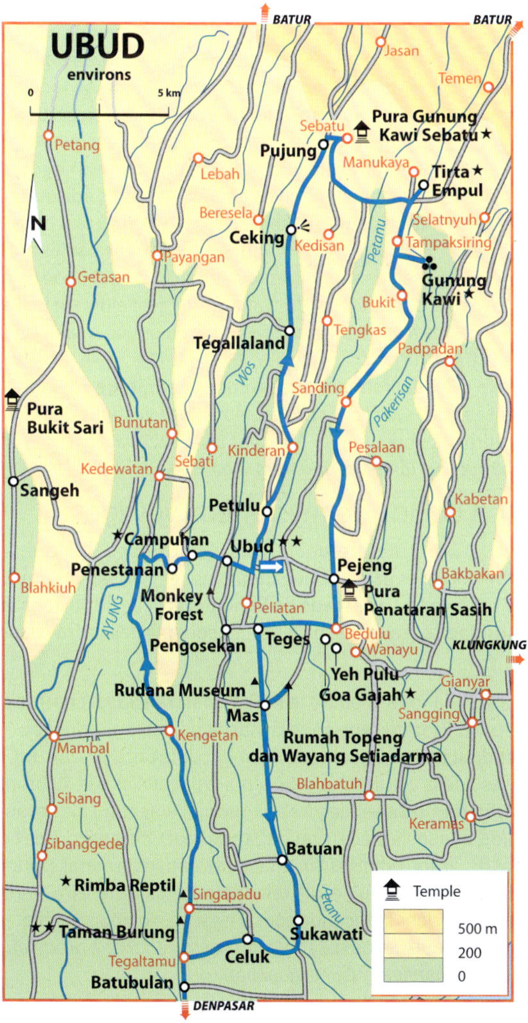

Un élixir d'immortalité ?

Une légende populaire fait remonter l'origine de Tirta Empul à la grande bataille qui opposa les troupes divines d'Indra au roi démoniaque Maya Denawa. Après avoir déclaré la guerre aux dieux, celui-ci parvint à repousser ses adversaires jusqu'à une source empoisonnée, créée par ses soins. Assoiffées par les interminables combats, les divinités s'y désaltérèrent... et moururent. Seul Indra évita le piège : frappant violemment la terre, il fit jaillir une source d'amerta, l'élixir d'immortalité, grâce auquel il put ranimer tous ses compagnons. Ainsi rétablie, l'armée céleste déclencha l'offensive, à l'issue de laquelle Maya Denawa fut mortellement blessé. Le flot de sang impur qui se répandit pendant son agonie donna naissance à la Petanu, la rivière qui coule près du temple.

★ Gunung Kawi (MONT KAWI)

8h-18h - 50 000 Rps - sarong et ceinture obligatoires - évitez les heures chaudes.
Un long escalier bordé d'échoppes touristiques descend au fond d'une vallée encaissée, découvrant un superbe **point de vue★★** sur les rizières hérissées de cocotiers. Sur votre gauche, en bas des marches, apparaissent quatre surprenantes façades de **temples funéraires★**, sculptées à même la roche d'une falaise, encastrées dans des niches de près de 7 m de haut. Cinq autres édicules semblables leur font face, sur l'autre rive de la Pakerisan, et un dixième *(plus difficile d'accès)* se cache un peu plus au sud. Les inscriptions déchiffrées par les archéologues ont révélé qu'il s'agissait de sépultures royales du 11e s. Le groupe des cinq *candi* glorifierait la famille du souverain Udayana, qui régnait alors sur Bali et Java Est. Les quatre autres seraient dédiés aux favorites du prince Anak Wungsu, qui lui succéda sur le trône de Bali.
Un peu plus loin sur la droite s'ouvre un curieux **ermitage** composé de petites grottes creusées dans la roche : probablement les vestiges des cellules où les moines se retiraient pour méditer *(ôtez vos chaussures avant d'entrer).*
Reprenez la route de Tampaksiring, vers la gauche.

★ À l'est d'Ubud : de mystérieux vestiges

Peuplée depuis l'âge du bronze (de 300 av. J.-C. à 100 apr. J.-C.), la région regorge de sites archéologiques et historiques, témoins des civilisations pré-hindouiste, bouddhiste et shivaïte. La **cascade de Bandung** et celle de **Suwat**,à la sortie est de Bedulu, promettent aussi de belles escapades pleines de fraîcheur.

Pejeng

Sur la gauche de la route s'ouvre le **Pura Penataran Sasih** (TEMPLE PENATARAN SASIH), temple d'État de l'ancienne dynastie de Pejeng *(donation - portez un sarong).* L'endroit doit sa célébrité au tambour de bronze (3 s. av. J.-C.), ou **Lune de Pejeng**, issu de la culture Dông-Sôn, qui répandit l'usage du bronze en Asie du Sud-Est. En forme de sablier, il s'agit probablement du plus grand gong au monde coulé d'une seule pièce (près de 2 m de haut). Il est décoré de figures géométriques et de visages stylisés, finement gravés dans le métal. Les incertitudes demeurent quant à son origine, qui remonterait à un millénaire. Perché dans le haut d'un pavillon, dans la seconde cour, il n'est pas toujours visible.
Poursuivez cette route jusqu'à Bedulu, où vous prendrez à droite au carrefour. Suivez ensuite les panneaux (sur la gauche).

Les rizières en terrasses de Tegallalang autour d'Ubud.
laughingmango/Getty Images Plus

2

Yeh Pulu

En règle générale, 8h-18h - 30 000 Rps.

Que vous arriviez de Bedulu par la route ou de Goa Gajah par les rizières, vous ne serez pas seul : des guides improvisés et plus ou moins insistants vous offriront immanquablement leurs services pour vous expliquer avec une expertise variable les détails de la surprenante **frise★** qui couvre un pan de falaise sur près de 25 m de longueur et 2 m de hauteur. De fait, les scientifiques peinent à s'accorder sur la signification exacte de ces scènes, gravées sur une roche au milieu de nulle part. Découvertes en 1925, on sait seulement qu'elles remonteraient au 14ᵉ s. Si Ganesha est aisément identifiable à sa tête d'éléphant, les autres personnages semblent illustrer des scènes de la vie quotidienne – la chasse, notamment – plutôt que des thèmes religieux. À moins qu'il ne s'agisse d'épisodes de la vie de Krishna, un avatar de Visnu...

L'endroit peut aussi fournir le prétexte à une jolie **balade dans les rizières★** jusqu'à la grotte de l'Éléphant *(env. 30mn)*.

Regagnez la route principale, vers la gauche.

La lune tombée des cieux

Selon une légende balinaise, la Lune se décrocha du ciel et atterrit dans un arbre, à Pejeng. Elle brillait d'un tel éclat qu'elle gêna un groupe de voleurs, sur le point de commettre un larcin. Alors que l'un d'eux tentait de l'éteindre, l'astre tomba de l'arbre et se transforma en tambour, fendu à la base par le choc. Quant à l'imprudent, il mourut sur-le-champ. Une autre version raconte que l'objet serait une des roues du char de la déesse de la Lune, ou encore, sa boucle d'oreille, tombée une nuit sur la Terre, dans un arbre, à Pejeng...

★ Goa Gajah (GROTTE DE L'ÉLÉPHANT)

En règle générale, 8h-17h - 30 000 Rps - sarong et ceinture requis, mais a priori inclus dans le ticket, donc déclinez les propositions des nombreux vendeurs à la sauvette.

Découverte en 1923, cette grotte doit sans doute son nom à la gueule béante du démon qui en garde l'entrée, un large bas-relief que les archéologues prirent pour un éléphant aux oreilles prolongées d'une profusion de motifs sculptés. Plus simplement, l'endroit pourrait tenir son nom de la Petanu qui coule près de là, jadis appelée « rivière de l'Éléphant ». Les interprétations ne manquent pas... Quoi qu'il en soit, l'intérieur, en forme de T, abrite bel et bien un **Ganesha**, divinité hindoue à tête d'éléphant, ainsi que plusieurs **linga**, symboles phalliques du dieu Siva. On pense qu'à la fin du 11e s. la grotte abritait un ermitage bouddhique. Les petites niches qu'elle renferme évoquent des cellules monacales. À droite en sortant, un petit pavillon renferme une vieille statue de Hariti, divinité bouddhique de la fertilité et protectrice des enfants. Les deux grands bassins creusés devant, alimentés par des nymphes portant des vasques, furent mis au jour en 1954.

Les vieux fragments de reliefs sculptés (représentant un stûpa bouddhique) et la petite **grotte au Bouddha** (sans tête !) que l'on vous proposera d'aller voir à une cinquantaine de mètres de là ne valent guère le détour. Vous pouvez en revanche marcher à travers les rizières pour rejoindre Yeh Pulu *(voir p. 279)*, l'occasion d'une agréable balade.

Regagnez la route principale, Jl. Raya Goa Gajah, en direction d'Ubud, et tournez à gauche après la rivière, à Tengkulak, puis suivez les indications.

★ Rumah Topeng dan Wayang Setiadarma

(MAISON DES MASQUES ET DES MARIONNETTES SETIADARMA)

Jl. Tegal Bingin, Tengkulak Tengah Kemenuh - ✆ (0361) 898 74 93 ou 0819 9946 2379 - www.maskandpuppets.com - 8h-16h - donation.

Souvent négligé – à tort – par les visiteurs, ce remarquable musée occupe sept splendides bâtisses javanaises en bois entourées de rizières. Créé par l'homme d'affaires Hadi Sunyoto, il présente sa collection personnelle qui ne compte pas moins de **1 300 masques et 5 700 marionnettes**, principalement indonésiennes, mais aussi chinoises, cambodgiennes, africaines... Récentes ou anciennes, les pièces couvrent de manière très complète la multitude de caractères qui composent les répertoires traditionnels javanais et balinais (courte notice en anglais). Une visite idéale avant d'assister à un spectacle de théâtre indonésien ! Expositions temporaires.

Vers le sud : les villages d'artisans

Si vous êtes accompagné d'un guide ou d'un chauffeur, sachez qu'il touchera une commission substantielle qui se répercutera nécessairement sur le prix de vos achats.

La grand-route qui relie Ubud à Denpasar traverse une succession de villages d'artisans, traditionnellement spécialisés par corps de métier – travail du bois, de la pierre, de l'argent ou de l'or –, bien que les frontières entre les diverses activités soient de plus en plus floues. Art ou business ? Longtemps réputés pour la qualité de leur travail, les artisans balinais se sont peu à peu tournés vers une production massive pour répondre à la demande touristique et à l'exportation. Deux facteurs qui tendent à banaliser leur création... Ne vous contentez donc pas de longer la route, jalonnée d'innombrables boutiques qui donnent une impression

de mercantilisme vulgaire. Enfoncez-vous plutôt dans les ruelles adjacentes, plus paisibles, pour découvrir, au hasard des ateliers, la dextérité des artisans – parfois de très jeunes enfants – affairés à tailler, sculpter, polir, peindre, selon des techniques transmises de père en fils.
D'Ubud, prenez la grande route de Denpasar. De la grotte de l'Éléphant, poursuivez à gauche en quittant le parking.

Conseil

Faites vos achats dans les villages environnants plutôt qu'à Ubud même. Vous y serez au plus près des lieux de production et trouverez ainsi un contact plus chaleureux que dans les boutiques ou au marché de la ville.

Teges et Mas

Teges aligne les galeries de peinture et de **sculptures** en bois et en pierre. Tournez ensuite vers le sud, direction Denpasar. Étiré de part et d'autre de la route, Mas est le centre le plus réputé pour le **travail du bois** : statuettes en ébène ou en bois de santal (parfumé), masques et meubles se disputent le bord de la chaussée.

Rudana Museum

Jl. Cok Rai Pudak 44, Peliatan (entre Teges et Mas) - ✆ (0361) 975 779 - www.therudana.org - 9h-17h - 100 000 Rps.
Ce musée des beaux-arts s'est fixé pour objectif de promouvoir des artistes vivants. Vous pourrez y admirer des peintures de différents courants, du style traditionnel à l'école de Batuan *(voir « L'art au service des dieux », p. 216)*, représenté par I Gusti Nyoman Lempad, Ida Bagus Made et Affandi.
Le 2e étage offre un bon panorama de la **peinture postmoderne** indonésienne (Nyoman Gunarsa, Made Wianta, Boyke Aditya, Nyoman Erawan, Made Budhiana). Des toiles de maîtres occidentaux implantés à Bali, comme Antonio Blanco, y sont également exposées. Vous pourrez également **acheter des toiles** et parfois même observer des peintres au travail.

Batuan

Village d'artistes de longue date, Batuan fut dans les années 1930 le berceau d'un nouveau **style pictural**. Il se caractérise avant tout par une incroyable densité de minutieux motifs exécutés à l'encre de Chine, qui « noircissent » littéralement la toile. Vous verrez aussi du mobilier et d'amusants objets en bambou, ainsi que des panneaux de bois sculpté.

Pasar Seni Sukawati (MARCHÉ D'ART DE SUKAWATI)

Désormais installé dans un grand édifice à trois étages, ce marché déborde de tissus, batiks, vêtements et pièces d'artisanat diverses. On y trouve aussi des marionnettes en cuir, le village étant l'un des plus grands ateliers de la **fabrication de wayang kulit** de l'île. Ici comme ailleurs, les touristes sont très sollicités et le marchandage est de rigueur.

Celuk

Depuis des générations, les **orfèvres** de Celuk se consacrent au travail de l'or et de l'argent. Les bijoux qu'ils confectionnent se reconnaissent à leurs délicats dessins en filigrane, réalisés à l'aide de fines pointes métalliques.

Batubulan

Peu avant Denpasar, une foule de divinités et de démons en pierre vous accueillent à Batubulan (littéralement « pierre de lune »). Sculptées dans le paras, un tuf volcanique très tendre, ces statues iront orner les temples des villages... ou les jardins des hôtels. L'endroit est également réputé pour ses troupes de danse de *barong*.

Retour à Ubud par les parcs animaliers

Pour rejoindre Ubud par un autre trajet, prenez la petite route qui part du carrefour de Tegaltamu, au nord de Batubulan. Moins fréquentée, elle traverse rizières et villages, et donne accès aux parcs animaliers.

★★ Taman Burung (PARC ORNITHOLOGIQUE)

Jl. Serma Cok Ngurah Gambir, Singapadu - ✆ (0361) 299 352 ou 0811 3883 388 - www.balibirdpark.com - 9h-17h30 - 385 000 Rps.

Ce magnifique parc agrémenté de cascades, d'étangs, de lotus, d'arbres et de fleurs tropicales possède la plus belle sélection d'oiseaux indonésiens. Vous y côtoierez aussi d'innombrables autres espèces du monde entier : perroquets bariolés, élégants oiseaux de paradis, flamants et pélicans.

★ Rimba Reptil (PARC AUX REPTILES)

Jl. Serma Cok Ngurah Gambir, Singapadu - ✆ (0361) 299 344 - 9h-17h - 200 000 Rps.

En face du Taman Burung, ce parc de reptiles renferme d'incroyables spécimens de serpents, tortues, lézards, caméléons et varans, dans un bel environnement reconstituant leur habitat d'origine (désert, savane, forêt tropicale...).

De Singapadu, regagnez Ubud par la route de Sayan et Campuhan.

Carnet pratique

PLAN (P. 272)

S'informer

Ubud Tourist Information - BC2 - *Jl. Raya Ubud - ✆ (0361) 973 285.* Dispose du programme des spectacles et des cérémonies dans la région, ainsi que des excursions organisées au départ d'Ubud.

Adresses utiles

Banque/Change

Les bureaux de change sont nombreux sur Jl. Raya Ubud (BC2) et Jl. Monkey Forest (B2-3). Nous recommandons les membres de l'association APVA : **Bali Indramas Utama** *(Jl. Raya Mas 88X)*, **Prawira Valas** *(Jl. Hanoman 59)*, **Sari Citra Masgading** *(Jl. Wenara Wana 2)*. Distributeurs automatiques ATM des banques **BCA**, **BII**, **BNI**, **Lippo** sur Jl. Raya Ubud (C2) et Jl. Monkey Forest (B3).

Poste

Poste centrale - C2 - *Jl. Jembawan 1, Padang Tegal - lun.-sam. 8h-18h, dim. 8h-14h.* Poste restante *(Kantor Pos, Ubud 80571, Bali, Indonésie)*. Vous pouvez également acheter des timbres et poster votre courrier dans les petites agences postales.

Téléphone/Internet

Les agences et les cybercafés pullulent sur la rue principale et dans Jl. Monkey Forest.

Santé

Ubud Clinic - B1 - *Jl. Raya Campuhan 36 - ✆ (0361) 974 911 - www.ubudclinic.co.id.*

Apotik Kimia Farma - B2 - *Jl. Hanoman - ✆ 0811 3811 5363.*

Sécurité

Police - C2 - *Jl. Raya Andong (est d'Ubud) - ✆ (0361) 975 316 - 24h/24.*

Arriver/Partir

En shuttle bus

Perama – C3 - *Jl. Raya Pengosekan Padang Tegal - ✆ (0361) 973 316 - www.peramatour.com.* Plusieurs liaisons quotidiennes entre les principaux sites touristiques de l'île : Kuta, Sanur, Padangbai, Candidasa, le mont Batur, Kintamani, Lovina... Vous pouvez acheter des billets dans n'importe quelle agence de tourisme.

En bemo

Ils stationnent devant le marché d'Ubud (C2). Les *bemo* marron vont à Denpasar (terminal de Batubulan); les orange à Gianyar.

En taxi

Les seuls taxis officiels que l'on croise sont ceux qui amènent des touristes du sud de Bali. Dans la rue principale, des chauffeurs vous proposeront néanmoins leurs services à tout bout de champ : à vous de négocier! De Kuta, comptez 300 000 Rps.

Transports

Dans le centre d'Ubud, l'idéal est de vous déplacer à pied pour faire du lèche-vitrines. Mais méfiez-vous des distances : la ville est plus étendue qu'il n'y paraît.

Vélo

Attention, le relief est très pentu dès que l'on quitte le centre d'Ubud! Très agréable néanmoins et idéal pour de moyennes distances.

Moto

Bien si vous avez l'habitude de conduire. Sinon louez les services d'un *ojek*, à vos risques et périls!

Location de véhicules

De nombreuses agences locales louent des voitures avec ou sans chauffeur, des motos et des vélos. Comparez les prix, les contrats d'assurance et l'état des véhicules.

Visites

Très nombreuses, surtout sur Jl. Raya Ubud (BC2) et Jl. Monkey Forest (B2-3), les agences de voyage offrent tous les services : change, excursions dans les environs d'Ubud, Shuttle Bus, location de véhicules, billets d'avion... Comparez les tarifs.

Agenda

Ubud Writers and Readers Festival – *Oct.* Des plumes du monde entier sont invitées à ce festival d'écrivains et de lecteurs. *Rens. : www.ubudwritersfestival.com.*

Nos adresses

PLAN (P. 272)

Restauration

Ubud est réputée pour sa gastronomie et le cadre de ses restaurants. Vous y trouverez toutes sortes de cuisines, à tous les prix. La spécialité locale, un canard cuit à l'étouffée dans une feuille de bananier, le *bebek betutu*, à commander la veille, est un régal.

Dans le centre

Premier prix

(20) **Rumah Makan Padang Sumber Hidup** – C2 - *Jl. Raya Ubud - ✆ 0813 3708 1215 - - 9h-1h - 25 000/50 000 Rps.* Ubud compte plusieurs restaurants *padang*, cette cuisine de Sumatra épicée et savoureuse, dont on choisit les plats préparés à l'avance en vitrine. Celui-ci a l'avantage de fermer tard.

(17) **Oka's Warung** – BC2 - *Jl. Kajeng 2 - ✆ 0812 3882 151 -*

2

- 9h-22h - 30 000/60 000 Rps. Ne le confondez pas avec le célèbre Ibu Oka. Juste six tables en terrasse au bord de la rue (calme), pour des spécialités locales et chinoises préparées et servies avec amour.

28 Wahyu Restaurant - C2 - *Jl. Dewi Sita - (0361) 975 308 - 7h-22h - 45 000/75 000 Rps.* Situé sur la sente qui longe le terrain de football, ce petit restaurant jouit d'un emplacement calme et central. Carte indonésienne et internationale.

Budget moyen

27 Balibuda - C3 - *Jl. Jembawan 1 (près du bureau de poste) - 0811 3951 202 - www.balibuda.com - 50 000/100 000 Rps - Voir aussi « Shopping », p. 287, pour la boutique BudaMart.* Une salle fermée et une agréable terrasse ombragée sur le toit. Idéal pour un déjeuner léger (salades, sandwichs, wraps...) ou un petit-déjeuner. Produits bio et faits maison.

32 Umah Pizza - B2 - *Jl. Bisma - 0813 3887 5843 - ig@umahpizza - - 10h30-22h - 60 000/100 000 Rps.* Une agréable salle ouverte, tout en longueur, et coiffée d'un toit en bambou. L'on vient y satisfaire une subite envie de pizzas cuites au feu de bois, et l'on repart comblé. Plats indonésiens également.

2 Bamboo - C2 - *Jl. Dewi Sita - (0361) 975 307 - ig@bamboo.ubud - 7h-1h (parfois plus tard) - 85 000/115 000 Rps.* Restaurant ouvert sur la rue (préférez la terrasse à l'étage, moins bruyante). Bonnes spécialités balinaises (de thon, notamment), pizzas au feu de bois, préparations mexicaines, la cuisine occidentale étant la moins réussie. Il y règne une ambiance décontractée et bon enfant.

21 Ryoshi - B2 - *Jl. Raya Ubud - (0361) 978 524 - 11h-23h - 50 000/300 000 Rps.* Un autre établissement de cette chaîne bien implantée à Bali. Salle fermée, légèrement climatisée, où l'on mange à la japonaise, assis par terre sur des coussins. Quelques tables hautes également. À la carte : sushi, sashimi, tempura, *soba-udon* et autres préparations. Le poisson y est délicieusement frais, fondant et parfumé.

9 Ibu Oka - C2 - *Jl. Tegal Sari 2 (en face du Palais royal) - Puri Saren - (0361) 976 345 - - déj. uniquement 11h-18h - 60 000/100 000 Rps.* Arrivez tôt, l'adresse, de son vrai nom Warung Babi Guling, est très courue par les Balinais. On y mange accroupi au sol. Plat unique : le *babi guling*, porcelet à la peau laquée et croustillante, accompagné de riz, de légumes et de sauce pimentée. Le meilleur morceau est le *spesial*. Rançon du succès, le service laisse à désirer.

5 Café des Artistes - B2 - *Jl. Bisma 9/X - 0813 3746 3747 ou 0821 4691 0901 - www.cafedesartistesbali.com - 12h-23h - 60 000/340 000 Rps.* Une belle et grande salle ouverte avec ventilateurs suspendus. Tables en jardin. Un peu guindé. La carte est indonésienne et internationale. Choix de snacks et salades composées, idéal pour déjeuner. Ambiance plus romantique le soir. Grand choix de cocktails et de vins.

7 Cafe Wayan & Bakery - B3 - *Jl. Monkey Forest - (0361) 975 447 - www.cafewayan.com - 11h-22h - 65 000/200 000 Rps.* Tables dans une salle ouverte couverte d'un grand toit de chaume ou dans les petits *lesehan* individuels (pavillons en bambou) du jardin où l'on mange affalé sur des coussins. Spécialités indonésiennes, salades composées ou pâtisseries pour une pause dans l'après-midi. Repas à thèmes certains jours et buffet balinais traditionnel le dim. *(150000 Rps).* Un classique.

24 Tutmak – C2 - *Jl. Dewi Sita - ☎ (0361) 975 754 ou 0812 3005 3979 - ig@tutmakwarungkopi - 9h-22h - 75 000/150 000 Rps.* Une grande salle à plusieurs niveaux, avec une terrasse sur la rue et une ouverture sur le terrain de football. On y mange affalé sur des coussins ou à table. Délicieux cappuccino à la cannelle et large choix de pâtisseries maison. Également de bons plats indonésiens et occidentaux, ainsi que des sandwichs. Service anonyme. Journaux en anglais.

19 Warung River View – B2 - *Jl. Raya Ubud - ☎ 0831 2232 1910 - 8h-22h - 80 000/160 000 Rps.* Situé sur la route principale, près du musée, un lieu atypique où les tables sont dispersées dans un jardin à plusieurs niveaux dominant le torrent. Cuisine indonésienne classique, ainsi que des plats chinois.

12 Kafe Batan Waru – C3 - *Jl. Dewi Sita - ☎ (0361) 977 528 - ig@kafebatanwaru - 8h-23h30 - 80 000/185 000 Rps.* Une vaste et belle salle au carrelage ancien et aux tables en bois, ouverte sur la rue. On y mange, sous fond de musique world, de délicieux currys et salades. La spécialité maison est l'*ayam rica-rica* (poulet désossé et mariné dans une sauce piment-noix de coco-champignon).

Pour se faire plaisir

15 Miro's Garden – B2 - *Jl. Bisma - ☎ (0361) 973 314 - www.mirosgardenrestaurantubud.blogspot.com - 14h-22h - 100 000/185 000 Rps.* Située à l'angle de la rue principale, une jolie terrasse à ciel ouvert et deux pavillons à toit de chaume dans un jardin magnifiquement fleuri. Un havre de paix. Bon choix de sandwichs (avec différents pains) et de salades rafraîchissantes. Également cuisine indonésienne et balinaise, pizzas. Chocolats, pâtisseries, thés et expressos.

23 Three Monkeys – B3 - *Jl. Monkey Forest - ☎ (0361) 975 554 - 11h-23h - 100 000/280 000 Rps.* Un restaurant charmant, aéré et moderne, avec un toit de chaume et un bassin, en prise directe avec la rizière. La cuisine est à l'avenant, conceptuelle, tendance *world food*, en clair de la cuisine indonésienne, thaïe, marocaine et des incursions méditerranéennes. Également glaces, pâtisseries et tartes.

Ketut's Place – *Voir « Hébergement », p. 290.*

14 Lotus Cafe – BC2 - *Jl. Raya Ubud - ☎ (0361) 975 660 - www.thecafelotusubud.com - 7h30-23h - 100 000/220 000 Rps.* Le cadre justifie à lui seul que l'on vienne y boire un verre : jolies tables au bord d'un grand étang de lotus, avec le Pura Saraswati en toile de fond. On y sert les classiques de la cuisine balinaise et indonésienne, ainsi que de la cuisine occidentale. Pour compléter ce tableau, des spectacles sont organisés *(tlj 19h30 - 80000 Rps).*

8 Casa Luna – B2 - *Jl. Raya Ubud - ☎ (0361) 977 409 - www.casalunabali.com - 8h-23h - 85 000/175 000 Rps.* Une des grosses enseignes d'Ubud, propriétaire d'une galerie et de l'hôtel Honeymoon Guesthouse *(voir « Hébergement »)*. Ce bar-restaurant sur trois niveaux, coiffé d'un grand toit de palme, surplombe le torrent. Menu original et varié, mêlant des ingrédients locaux et occidentaux. Salades, pains et pâtisseries maison. Un brunch est proposé le week-end. On y sert de bons expressos et cappuccinos ! Musique live au bar. La maison organise aussi des cours de cuisine.

3 Bebek Bengil (Dirty Duck Diner) – C3 - *Jl. Hanoman - ☎ (0361) 975 489 - www.bebekbengil.co.id - 10h-22h - 115 000/235 000 Rps.* Une grande paillote balinaise, ouverte sur la rue d'un côté, et un jardin bordé de rizières et animé de fontaines de l'autre. Cadre enchanteur où déguster le canard croustillant aux épices indonésiennes, ou le canard balinais, fumé et parfumé.

À Campuhan et Penestanan

Budget moyen

26 **Warung Mendez** – B2 - *Penestanan Kelod - ✆ 0819 9119 1109 - ig@warungmendez - 9h-22h - 65 000/165 000 Rps.* Une salle en bois et au toit en chaume, totalement ouverte sur les côtés, où déguster une savoureuse cuisine indonésienne (*nasi goreng, ayam bakar, mie goreng*...), des salades composées, des salades de fruits et d'excellents desserts.

13 **Lala & Lili** – A2 - *Penestanan Kaja 17 - ✆ (0361) 977 716 - 8h-22h - 50 000/85 000 Rps.* Un petit *warung* charmant, revisité au goût occidental avec toit de chaume. Posé au milieu des rizières et repérable la nuit à ses bougies, il bénéficie d'un cadre relaxant. Cuisine indonésienne, soupes, salades, jus de fruits frais.

29 **Yellow Flower Cafe** – B2 - *✆ 0812 3889 9695 - ig@yellowflowercafe - 7h-21h - 90 000/150 000 Rps.* Un petit *warung* non-fumeur, à l'ombre des bambous, où l'on sert jus de fruits et cuisine balinaise bio. Clientèle issue des retraites de yoga alentour.

30 **Pulau Kelapa** – B1 - *Jl. Raya Sanggingann - ✆ (0361) 971 872 - www.warungpulaukelapa.com - 10h-22h - 70 000/135 000 Rps.* Une splendide maison javanaise, précédée d'un jardin où sont disposées des tables sous des abris en bois. On y déguste les classiques de la cuisine indonésienne à des prix raisonnables. Légumes du potager.

Une folie

16 **Mozaic** – B1 - *Jl. Raya Sanggingan - ✆ (0361) 975 768 - www.mozaic-bali.com - 18h-23h (dernière commande 21h30) - 900 000/1 600 000 Rps (dégustation plusieurs mets); déj. : jeu-dim. : 12h-14h.* Ce restaurant compte parmi les meilleures tables d'Indonésie ! Tarifs élevés pour Bali, mais abordables pour le service et la qualité des mets. Atmosphère décontractée, jardin. Chris Salans, le chef franco-américain, mitonne une cuisine française métissée d'arômes et d'épices locaux. Cave exceptionnelle.

Petite pause

Kafe – C3 - *Jl. Hanoman 44/B - www.kafe-bali.com - ✆ 0811 1793 455 - 7h-23h.* Un beau lieu en bois, esprit écolo, où l'on trouve des pâtisseries bio maison, et une sélection de thés, de chocolats et de cafés. Salades composées, plats indonésiens. Produits organiques garantis. La clientèle féminine occidentale apprécie. Boutique, cours de yoga. Ambiance décontractée.

Clear Cafe – C2 - *Jl. Hanoman 8 - ✆ 0878 6219 7585 - www.clearcafebali.com - 8h-11h.* Un café à la décoration contemporaine sophistiquée, minérale et végétale, sur deux étages. Pâtisseries bio, produits sains et jus de fruits frais. On peut également y déjeuner. Pensez-bien à laisser vos chaussures à l'entrée.

Boire un verre

Ubud n'est pas Kuta. On n'y trouve pas de clubs, et les soirées sont calmes. Cependant, la plupart des restaurants font office de bars. Certains organisent aussi des concerts.

Napi Orti – B3 - *Jl. Monkey Forest - ✆ (0361) 970 982 - 19h-23h30.* Le personnel dort sur place... Une petite salle à l'étage, sous un toit de chaume, avec terrasse sur rue. Choix de cocktails. Musique du monde, reggae, accueil charmant et décontracté.

Laughing Buddha Bar – B3 - *Jl. Monkey Forest - ✆ (0361) 970 928 ou 0821 4524 5199 - www.laughingbuddhabali.com - 9h-1h.* Concerts tous les soirs sauf le dim. (musiques pop, rock, blues, latine, disco...).

Shopping

Artisanat

Ubud et sa région sont l'endroit privilégié des amateurs d'art et d'artisanat (peinture, sculpture, décoration, bois et tissus). Si les boutiques et galeries sont légion, il faudra toutefois faire le tri, car les sarongs, vêtements, bijoux et souvenirs sont souvent de qualité inégale, comme au marché, où il faut parfois diviser le prix de départ par trois ou quatre !

Studio 22k – C2 - *Jl. Raya Ubud (vers l'est, près de Jl. Sukma) - ✆ (0361) 975 624 - lun., mar., jeu., sam. 10h-18h, merc., vend., dim. 10h-21h.* Une très belle boutique de batiks haut de gamme, en soie ou en coton, provenant de tout l'archipel.

Threads of life – C2 - *Jl. Kajeng 24 - ✆ (0361) 972 187 - www.threadsoflife.com - 10h-18h.* Cette association destinée à revitaliser les arts du textile indonésien organise aussi des cours de fabrication de batik.

Dayu Collection – B2 - *Jl. Raya Ubud (à l'entrée ouest de la ville) - ✆ (0361) 975 428 - 9h-18h.* Belle collection de sculptures polychromes.

Moari – B2 - *Jl. Raya Ubud 4 - ✆ 0858 4713 0885 - ⊭ - 9h-19h.* Une petite boutique d'instruments indonésiens traditionnels et de CD.

Épiceries/soins du corps

Kou Bali et Kou Cuisine – C2 - *Jl. Dewi Sita et Jl. Monkey Forest - ✆ (0361) 971 905/972 319 - 9h45-18h45.* Des savons naturels à l'huile de coco, aux senteurs exotiques (jasmin, orange, vanille...), joliment empaquetés. La boutique cuisine propose un choix de confitures maison savoureuses.

BudaMart – C2 - *Jl. Raya Ubud - Jl Jembawa 1 (près de la librairie Ganesha) - ✆ 0811 3951 202 - www.balibuda.com - 7h-10h.* La boutique du restaurant Balibuda propose des produits bio et faits maison (pâtisseries, pain, savons, etc).

Blue Stone Botanicals – C2 - *Jl. Dewi Sita - ✆ 0812 3611 9431 ou 0852 0551 7097 - www.bluestonebotanicals.com - lun.-vend. 9h-21h, sam.-dim. 11h-21h.* Large choix de baumes, savons et huiles essentielles.

Créateurs

Kunci & nu crochet – C2 - *Jl. Dewisita - ✆ 0821 4462 7669 - www.kunciubud.com - 10h-20h.* Napperons, pochettes, chaussons, coussins, sacs... Une créativité étonnante !

Nanan – C2 - *Jl. Gootama 24 - ✆ 0812 3928 485 - www.e-nanan.com - tlj sf jeu. 10h-18h.* Sacs, accessoires et bijoux, en cuir et en argent.

Librairies

Periplus – C2 - *Jl. Raya Ubud ; Jl. Monkey Forest ; supermarché Bintang, Campuhan.* Un large choix de livres ou guides en anglais, et de cartes postales.

Ary's Bookshop – B2 - *Jl. Raya Ubud (en face du Pura Desa).*

Ganesha Bookshop – C2 - *Jl. Raya Ubud (près de la poste) - ✆ (0361) 970 320 - www.ganeshabooksbali.com - 9h-18h.*

Supermarchés

Bintang – B2 - *Jl. Raya Campuhan (avant le musée Neka, à gauche).*

Delta Dewata – C2 - *Jl. Raya Andong 14.* Un grand supermarché

2

bien achalandé, mais excentré, à la sortie est d'Ubud.

En soirée

Arts et spectacles

Des spectacles de musique et de danse se donnent tous les soirs à Ubud. Lorsque la représentation a lieu dans les villages alentour, le transport est généralement prévu et inclus dans le prix du billet. Le programme est disponible à l'office de tourisme, qui vend des places *(voir « S'informer », p. 282)*. Vous pouvez aussi les acheter dans la rue, dans les agences ou sur place, à la dernière minute.

Activités

Randonnées thématiques

Nombre d'agences proposent des balades dans les rizières.

Bali Bird Walks – B2 - *Près du musée Blanco, Campuhan - ✆ (0361) 975 009 - www.balibirdwalk.com - lun., mar., vend. et sam. à 9h - durée de promenade 3h-3h30.* Partir à la découverte des oiseaux : une initiative de Victor Mason, auteur de *Birds of Bali* (Éditions Periplus). La région ne compte pas moins d'une centaine d'espèces. Une part des revenus finance une fondation de protection des oiseaux.

Bali Herbal Walks – *✆ 0857 3900 0963 - www.baliherbalwalk.com.* Animé par un couple, lui sundanais, elle balinaise, dont les parents étaient guérisseurs. La promenade (3h) constitue une passionnante introduction à la nature autant qu'à la culture indonésienne. Cours de préparation de *jamu*, les fameuses concoctions à la base de la médecine traditionnelle.

Rafting et VTT

L'Ayung, l'un des meilleurs torrents de Bali pour le rafting, coule près d'Ubud. Le point d'arrivée est à Kedewatan.

Bali Bintang Tour – *Jl. Raya Pejeng - Campuhan - ✆ 0851 0046 2290 ou 0812 3912 883 - www.balibintangtour.com.* Plusieurs formules, dont l'une combine 2h de VTT et 1h de marche, conclue par un repas.

Mason Adventure Tours – *Jl. Bypass Ngurah Rai - Pesanggaran (sur la route entre Kuta et Sanur) - ✆ (0361) 721 480 - www.masonadventures.com.* Une grosse agence de Bali, aux multiples activités, notamment le rafting, la randonnée et le VTT.

Bali Bahama Adventures – *Bypass Ngurah Rai, Graha Niaga Sanur n 405-G - Sanur - ✆ (0361) 270 811 - www.balibahamaswing.com - 8h-21h.* Une agence qui semble offrir de bonnes garanties de sérieux. Elle organise aussi des circuits VTT sur le mont Batur.

Massages et yoga

Massages balinais ou javanais, aromathérapie, réflexologie... Ubud est ouvert à nombre de techniques de massages qui sont venues s'agréger au savoir-faire local. La ville est aussi devenue un lieu de retraite de yoga mondialement connu. Ainsi, n'hésitez pas à choisir Ubud pour vous y initier...

Ubud Bodyworks Centre – C3 - *Padang Tegal - ✆ (0361) 975 720/971 393 - www.ubudbodyworks.com - 8h-20h.* Une institution, inspirée par le principe balinais hindouiste du Tri Hita Karana. Médecine naturelle, réflexologie, bains aux herbes, massages et cours de yoga.

Bali Botanica Day Spa – C2 - *Jl. Raya Sanggingan - ✆ (0361) 976 739 - www.balibotanica.com - 9h-21h.* Massages aux herbes, javanais, ayurvédiques, prise en main d'une demi-journée ou d'une journée. Très professionnel.

Raditya Massage – C2-3 - *Jl. Jembawan 9/X - Padang Tegal - ✆ (0361) 978 341 - 11h-21h.* Plus simple et moins onéreuse, cette adresse propose de vrais massages thérapeutiques. Acupressure et réflexologie.

Cours

Casa Luna – *Voir « Restauration » p. 285.* Pour s'initier à la cuisine indonésienne, en commençant par une visite du marché.

L'**Agung Rai Museum of Arts** *(voir p. 276)* dispense des cours de peinture, de danse, de musique… et de cuisine.

Puri Lukisan Museum – *Voir p. 273.* Cours de danse et de musique.

Hébergement

Vous trouverez toujours de quoi vous loger à Ubud. Les hôtels ou pensions sont légion. Hormis la question du budget, le premier critère de choix est celui du lieu : soit près du centre, soit plus au calme, au milieu des rizières, mais un moyen de transport est alors recommandé. Attention, certains hôtels sont accessibles par des sentiers ou des escaliers parfois difficiles à pratiquer avec des sacs lourds. Négociez les tarifs.

Outre la rue principale, le **centre** compte plusieurs concentrations d'établissements : Jl. Kajeng (C2) pour les adresses bon marché et Jl. Monkey Forest (B2-3) pour un plus large choix. Vous trouverez d'autres établissements sur Jalan Bisma, un quartier agréable, proche du centre, où les rizières n'ont pas totalement disparu.

La plupart des hôtels de **Padang Tegal** et **Peliatan**, quartiers sud et est d'Ubud, se concentrent sur Jl. Hanoman et Jl. Tebesaya.

Campuhan et **Penestanan**, deux hameaux situés à la sortie ouest d'Ubud, après le pont, sont séparés par Jl. Campuhan. Enfin, la **gorge de l'Ayung** *(à l'ouest d'Ubud, après Penestanan)* dessine un cadre splendide où l'on trouve les adresses les plus chic.

Dans le centre

Budget moyen

(37) **Sania's House** – C2 - *Jl. Karna 7 - ✆ (0361) 975 535 - ▤ ᯤ ⛱ - 24 ch. 300 000/400 000 Rps ☕.* L'architecture balinaise s'exprime ici par des constructions en brique ornementées de bas-reliefs qui s'élèvent jusqu'à trois étages, sur un petit terrain. Chambres avec terrasses propres et confortables. Situation centrale. Une adresse réputée dans sa catégorie.

(10) **Gerhana Sari 2** – B3 - *Jl. Monkey Forest - ✆ (0361) 971 278 - ▤ ᯤ ⛱ - 7 ch. 300 000/400 000 Rps ☕.* Avec son édifice entièrement rénové, cette adresse a gagné en confort ce qu'elle a perdu en charme, mais reste une excellente option. Les anciennes chambres en bambou, dans la petite cour-jardin, ont été préservées, et celles à l'étage ont une vue sur les rizières. L'accueil est discret et charmant.

(24) **Rumah Roda** – C2 - *Jl. Kajeng 24 - ✆ (0361) 975 487 - www.rumahroda.com - ▤ ✕ ᯤ ⛱ - 9 ch. 400 000/450 000 Rps ☕.* Chambres agréables et impeccables, alignées sur deux étages autour de la maison familiale. Certaines ont une sdb ouverte sur l'extérieur. Confortables canapés en bambou sur les terrasses. Eau chaude.

(32) **Warsi's House** – B2 - *Jl. Monkey Forest (en face du terrain de foot) - ✆ (0361) 975 311 - ▤ - 8 ch. 400 000/500 000 Rps.* Au bout d'une allée, des chambres assez spacieuses et joliment décorées, alignées devant un étang de lotus. Elles n'ont pas de fenêtre mais disposent d'une terrasse. Préférez celle de l'étage, avec une vue sur

2

les rizières. Une excellente option dans sa catégorie. Eau chaude.

14 **Kajeng Bungalows** – C2 - *Jl. Kajeng 29 - ✆ 0853 3940 4489 - - 13 ch. 450 000/550 000 Rps*. Les prix varient en fonction de la taille de la chambre et de la présence ou non de la climatisation. L'hôtel est un peu en colimaçon, et à l'étroit. La piscine, au fond, borde un torrent. Confort basique et propreté correcte.

13 **Jati 3** – B3 - *Jl. Monkey Forest, Gang Jati 3 - ✆ (0361) 973 249 - www.jati3bungalows.com - - 26 ch. 500 000/700 000 Rps*. Niché au fond d'une allée en retrait de la rue, l'endroit jouit d'un calme appréciable. Au bout du jardin coule une rivière. Chambres de taille variable, lumineuses et climatisées pour certaines. L'hôtel s'est fait une spécialité du massage et du yoga.

15 **Ketut's Place** – C1 - *Jl. Suweta 40 - ✆ (0361) 975 304 - www.ketutsplaceubud.com - - 15 ch. 550 000/1 000 000 Rps*. Un autre rendez-vous avec l'architecture balinaise. Les chambres *traditional*, moins chères, sont en rdc. Les standard situées à l'étage disposent d'une vue et sont plus spacieuses. Enfin, les deluxe sont climatisées et leur terrasse donne sur une mini-jungle et un torrent spectaculaire en contrebas. Accueil prévenant. Merc., vend. et dim., des repas de cérémonie balinais sont proposés, à base de produits bio *(150 000 Rps/pers.)*. Une expérience à ne pas manquer (réserv. indispensable).

7 **Dewangga Bungalow** – C2-3 - *Jl. Dewi Sita - ✆ (0361) 973 302 - www.dewanggaubud.com - - 20 ch. 600 000/800 000 Rps*. Des chambres confortables et bien tenues dans un jardin spacieux agrémenté de bassins de lotus. Les standard, moins chères, sont un peu proches de la rue. Au cœur du jardin, et mieux aménagés, les bungalows sont dotés d'une agréable sdb à l'aspect de grotte, séparée de la chambre par une baie vitrée. Nichées tout au fond du terrain, les deux villas en duplex disposent d'un salon et d'une baignoire en plein air. Mobilier balinais en bois coloré. Dommage que les tarifs aient autant augmenté.

6 **Cendana** – B3 - *Jl. Monkey Forest - ✆ (0361) 973 243 - www.cendanaresort-spa.com - - 31 ch. 600 000/700 000 Rps*. Bâtiments en brique sur deux niveaux, ouvrant par des portes balinaises en bois sculpté. Chambres habillées de bambou, plus ou moins luxueuses et spacieuses selon la catégorie. Préférez celles à l'étage, pour la vue. L'ensemble est bien en retrait de la rue.

Pour se faire plaisir

23 **Puri Saraswati Dijiwa Ubud** – B2 - *Jl. Raya Ubud 14 - ✆ (0361) 975 164 - www.dijiwasanctuaries.com - - 18 ch. 1 000 000/1 500 000 Rps*. De petits pavillons balinais à un étage, en brique et toit de tuiles. Les chambres, en marbre, claires et spacieuses, s'ouvrent par une porte en bois travaillé et possèdent leur terrasse. Une adresse on ne peut plus centrale, qui jouxte le temple éponyme. Cher pour son standing.

9 **Gayatri 2** – B2 - *Jl. Monkey Forest 67 - ✆ (0361) 979 129 ou 0823 8009 954 - www.gayatri.org - - 19 ch. 1 100 000/1 575 000 Rps*. Une architecture balinaise en brique rouge, qui ne manque pas d'allure. L'intérieur des chambres, en carrelage blanc, est en revanche plus banal, mais celles à l'étage ont une belle vue. L'hôtel est caché au bout d'une allée, en bord de torrent, ce qui

lui vaut d'être au calme et bien situé. Superbe piscine en face des rizières.

Une folie

16 **Komaneka Resort** – B3 - *Jl. Monkey Forest - ✆ (0361) 977 140 - www.komaneka.com - ▤ ✕ ᯤ ⛱ - 22 ch. 5 000 000/8 000 000 Rps.* Un hôtel au luxe raffiné, qui s'étire le long d'un jardin d'esprit zen. Chambres spacieuses, d'une élégante sobriété, où les tons écrus des tissus s'harmonisent avec le mobilier en bois, les sols en marbre et les portes coulissantes à la japonaise. Jolies terrasses, ouvrant pour la plupart sur les rizières. L'atout maître est la splendide piscine à débordement, qui se fond dans les rizières.

Sur Jl. Bisma

Budget moyen

1 **Ala's Green Lagoon** – B2 - *Jl. Bisma - ✆ (0361) 970 476 - www.alagreenlagoon.com - ᯤ ⛱ - 9 ch. 350 000/500 000 Rps ☕.* Une adresse paisible, au milieu des rizières et pourtant proche du centre. On y vit au rythme du chant des grenouilles et de son aimable propriétaire, efficace et discret. Chambres assez spacieuses, sur deux niveaux, avec des lits surélevés sur un pavage de galets. Somptueux petit-déjeuner.

20 **Nick's Pension** – B2 - *Jl. Bisma 32 - ✆ (0361) 975 636 - www.nickspensionbali.com - ▤ ✕ ᯤ ⛱ - 24 ch. 500 000/1 000 000 Rps ☕.* Le propriétaire, un Balinais, possède deux autres adresses à Ubud. Celle-ci s'étire en bord de rizières, presque entièrement de plain-pied. Les chambres sont spacieuses, d'un confort agréable, et impeccablement tenues. Celles du fond bordent un torrent. Un sentier très pratique qui enjambe l'eau permet de rejoindre facilement à pied Jl. Monkey Forest. Une adresse fiable.

11 **Honeymoon Guesthouse** – B2 - *Jl. Bisma - ✆ (0361) 973 282 - www.honeymoonguesthouse.com - ▤ ᯤ ⛱ - 40 ch. 650 000/1 200 000 Rps ☕.* Une adresse de style, avec vieux dallage en terre cuite, mobilier en bois ancien, lit à baldaquin et moustiquaire, et une vaste sdb en marbre. Les bungalows sont spacieux mais un peu les uns sur les autres. Ils s'ouvrent par des portes en bois travaillé à la balinaise. Belle piscine d'eau salée à débordement. L'annexe toute proche propose des prestations équivalentes.

30 **Villa Chempaka** – B2 - *Jl. Bisma - ✆ (0361) 849 30 40 - www.villachempaka.com - ▤ ⛱ - 10 ch. 750 000/1 000 000 Rps.* Des chambres confortables, dans des bungalows à toit de tuiles, avec de belles vérandas en bois. Elles donnent sur un jardin fleuri avec de petites mares, sur les rizières ou la piscine (toute petite !). Bon service mais cher pour le standing.

Pour se faire plaisir

36 **Sama's Cottages & Villas** – B2 - *Jl. Bisma - ✆ (0361) 973 481 - www.samascottagesubud.com - ✕ ᯤ ⛱ - 10 ch. 1 300 000/2 500 000 Rps ☕.* Agréables bungalows individuels en brique à toit de chaume ou en tuile, étagés dans un jardin en longueur très verdoyant. Ambiance décontractée et confort simple, mais l'espace apparaît un peu saturé.

À Padang Tegal et Peliatan

Premier prix

8 **Family Guesthouse** – C3 - *Jl. Tebesaya 39 - ✆ (0361) 974 054 - www.familyhouseubud.com - ᯤ ⍁ - 8 ch. 250 000/350 000 Rps ☕.* Une pension à l'écart du centre, qui porte bien son nom. Les pavillons se répartissent autour du temple domestique, dans un beau jardin. À défaut de caractère, les chambres s'avèrent confortables. Celle située en surplomb de la

gorge à l'arrière bénéficie d'un somptueux environnement végétal. Les autres sont plus sommaires, mais les standard restent d'un bon rapport qualité-prix.

Budget moyen

35 Jati Home Stay – C3 - *Jl. Hanoman - (0361) 977 701 - www.jatihs.com - - 10 ch. 450 000/600 000 Rps*. Pension familiale particulièrement bien située, au fond d'une ruelle. Les chambres, lattes de bambou aux murs, s'alignent sur deux niveaux face à une petite rizière. Vue dégagée sur la campagne environnante. Une excellente adresse, bien isolée de la rue.

18 Khrisna Guesthouse – C2 - *Jl. Jembawan 7 - (0361) 976 330 ou 0812 3815 708 - - 8 ch. 600 000/650 000 Rps*. Trois pavillons à étage, couverts d'un toit de chaume, dans un beau jardin luxuriant qui s'enfonce au creux d'une gorge. Les chambres, au carrelage ocre élégant, sont spacieuses et joliment décorées. Cadre agréable pour un excellent rapport qualité-prix.

4 Artini 2 – C3 - *Jl. Hanoman - (0361) 978 424/975 689 - ig@ artini2cottages - - 22 ch. 700 000/900 000 Rps*. De jolis pavillons en brique, à toit de tuiles, nichés dans une douce cuvette formant un jardin. Les chambres ont un décor en lambris de bambou. Celles en rdc (plus sombres et sans climatisation) sont moins chères. Les plus belles ont une vue sur les rizières. Un endroit calme, où la ville semble loin. Prix élevés mais remise si vous réservez par Internet.

À Campuhan et Penestanan

Budget moyen

29 Taman Indrakila – B2 - *Jl. Campuhan, Sanggingan - Campuhan - (0361) 975 017 - ig@ tamanindrakila - - 12 ch. 450 000/750 000 Rps -*. D'agréables bungalows à portes traditionnelles en bois, distribués dans un jardin à flanc de colline. Le panorama sur la gorge en contrebas est exceptionnel.

Pour se faire plaisir

26 Sari Bamboo Villas – B2 - *Jl. Raya Penestanan 8 - Campuhan - (0361) 975 547 - www.sari bamboovillas. id-indonesia.com - - 6 ch. 1 200 000/1 500 000 Rps*. Les chambres les plus simples, spacieuses, donnent sur la piscine mais sont un peu proches de la route. Plus en retrait, les bungalows à étage disposent d'une ou deux chambres, d'un coin cuisine et d'une véranda embrassant un beau panorama sur les rizières. Un très bon rapport qualité-prix.

À Padang Tegal et Peliatan

Pour se faire plaisir

31 The Sungu – B2 - *Jl. Raya Penestanan - (0361) 975 719 - www.thesunguresort.com - - 15 ch. 1 200 000/2 000 000 Rps*. Cette adresse de charme s'ouvre par un joli hall carrelé à l'ancienne. Les chambres, conçues sur le même mode, chic et élégant, marbre clair et toit de chaume, s'égrènent autour d'une piscine et de fontaines. Leur taille et leur équipement varient. Les plus belles ont une immense sdb et une cour privative ; les moins chères sont un peu près de la rue. Tout cela a un prix !

28 Sri Ratih Cottages – B2 - *Jl. Raya Panestanan - Campuhan, Kelod - (0361) 975 638 - www. sriratih.com - - 30 ch. 1 300 000/3 000 000 Rps*. De petits pavillons balinais en brique rouge distribués autour d'une piscine, dans un jardin fleuri avec pelouse. Les chambres sont de taille variable (certaines disposent d'une sdb à ciel ouvert), avec terrasse. Spa. Propreté et confort impeccables.

(34) **Ananda Cottages** – B1 - *Jl. Raya Campuhan - Campuhan - ✆ (0361) 975 376 - www.anandaubud.com - ▤ ✕ ᯤ ⛱ - 83 ch. 2 000 000/3 000 000 Rps ☕.* Agréable ensemble de chambres, sur jardin ou rizières, traversé par un ruisseau et ne comptant pas moins de trois piscines. Les supérieures, spacieuses, sont coiffées par un grand toit en palme et fermées par des stores en bambou, distillant une ventilation naturelle. Les standard, plus quelconques, sont parfois vraiment petites ou un peu proches de la route. La plupart des chambres du rez-de-jardin ont une sdb à ciel ouvert.

Vers la gorge de l'Ayung

Une folie

Taman Bebek – HORS PLAN - *Sayan 84 - ✆ (0361) 975 385 - www.tamanbebek.com - ▤ ✕ ᯤ ⛱ - 12 ch. 2 500 000/10 000 000 Rps ☕.* Bâti par un musicologue américain dans les années 1940, l'ensemble a évolué en conservant son mélange de styles malais, balinais et colonial. Architecture en bois et bambou sous toit de chaume et vieux objets donnent à l'ensemble un cachet certain. La vue est splendide. Certaines villas, immenses, disposent d'un coin cuisine, d'une sdb à ciel ouvert et d'une belle terrasse couverte, aménagée en salon. Les plus chères, grands pavillons privatifs en duplex, jouissent d'une vue exceptionnelle. Les garden villas, plus petites, banales et dépourvues de vue, ont néanmoins un jardinet privatif. Spa.

(33) **Amandari** – A1 - *Kedewatan - ✆ (0361) 975 333 - www.aman.com/resorts/amandari - ▤ ✕ ᯤ ⛱ - 30 ch. à partir de 18 000 000 Rps ☕ (transfert aéroport-hotel inclus).* Charme, élégance, luxe et discrétion… c'est l'un des plus beaux hôtels de Bali. Chaque pavillon dispose d'un jardin privatif, et certains possèdent même leur piscine. On ne se lasse pas du panorama sur les rizières et la gorge de l'Ayung. Le restaurant est raffiné, et le service prévenant et délicat. Le personnel accueille les curieux et leur indique le meilleur point de vue sur la gorge de l'Ayung mais limite les déambulations des visiteurs dans l'hôtel pour ne pas déranger sa clientèle huppée. Il cultive par ailleurs un esprit village et entretient des relations d'entraide avec les communautés locales.

Autour du lac Bratan ★★

Danau Bratan

Échappez-vous dans les hauteurs du centre de Bali. Sur les flancs des volcans, les rizières dessinent des escaliers géants, les torrents ont taillé des gorges envahies de verdure où ils se jettent parfois en d'impressionnantes cascades, et des lacs s'étalent au creux d'anciens cratères souvent envahis par la brume. Baignées de fraîcheur et généreusement arrosées, ces pentes fertiles sont couvertes de plantations de café, de cacao, de vanille et de girofliers. Introduites par les Hollandais à titre expérimental, elles prospèrent toujours, côtoyant les cultures maraîchères dont vivent les habitants de la région. Un tel cadre s'est naturellement imposé comme l'un des sites majeurs d'écotourisme à Bali. Les infrastructures sont moins développées qu'ailleurs, et l'on vient ici précisément pour cela : pour trouver la tranquillité, loin du tourisme de masse.

Se repérer

CARTE BC2 (P. 206-207) – CARTE DU LAC BRATAN (P. 296).

Départements de Badung, Buleleng et Tabanan – Alt. 900 m à Munduk, 1250 m à Bedugul.
Munduk se situe à 65 km (2h de route) au nord-ouest d'Ubud et 25 km (45mn) au sud de Lovina Beach.
Hébergement à Bedugul, Candi Kuning et Munduk.

À ne pas manquer

Le temple Batukaru ; le Pura Ulun Danu Bratan dans les brumes de l'aube ; la région de Munduk.

Organiser son temps

Comptez 1 ou 2 jours pour profiter des randonnées ; passez la nuit au lac ou partez très tôt le matin pour arriver avant les nuages (ayez de quoi vous couvrir en fin de journée).

En famille

Le parcours d'accrobranche® dans le jardin botanique.

Carnet pratique p. 298

Nos adresses p. 299

Le lac Bratan et le temple Ulun Danu Bratan.
HonzaHruby/Getty Images Plus

Circuit conseillé

CARTE DU LAC BRATAN P. 296

Circuit d'env. 100 km au départ de Sangeh (au nord-ouest d'Ubud), tracé en bordeaux sur la carte du lac Bratan – Comptez 1 à 2 jours. D'Ubud, partez vers Campuhan et, à Sayan, prenez à gauche au T ; à Kengetan, tournez ensuite à droite ; passé Mambal, tournez à droite à la fourche, puis de nouveau à Keraman au T : un panneau indique Sangeh tout droit, puis à droite.

Sangeh, la forêt des singes C2

Jl. Brahmana, Sangeh - 0812 3635 655 - 8h-17h - 50 000 Rps.

Faites-vous accompagner par un gardien – qui jouera les gardes du corps, armé de son lance-pierres –, et n'achetez surtout pas de bananes ou autres cacahuètes : tous les singes se rueraient aussitôt sur vous ! Faites aussi attention à vos chapeau, lunettes, appareil photo et portefeuille, leur larcin favori.

Moins connue et beaucoup plus calme que celle d'Ubud, cette forêt de 14 ha, plantée d'arbres tropicaux (keruing, muscadiers) et jalonnée de statues, est le fief d'une colonie de 700 macaques qui batifolent en liberté. Ils ne sont pas agressifs, mais assez chapardeurs : soyez vigilant ! Les guides les attirent avec des cacahuètes et vous proposent de les faire grimper sur votre dos pour une photo (payante). Dans le parc se cache un beau temple couvert de mousse, comme enveloppé dans un manteau de velours vert, le **Pura Bukit Sari★**

Poursuivez vers le nord. Au village de Petang, tournez à gauche, en suivant la dir. de Bedugul.

Une petite **route★**, endommagée par endroits, sinue entre d'étroits escarpements où s'entremêlent bambous, bananiers et fougères. Elle débouche à **Luwus**, sur l'axe Denpasar-Bedugul-Singaraja.

Une armée de singes tombée du ciel

Selon une interprétation balinaise tirée de l'épopée du *Ramayana*, les macaques qui peuplent la forêt de Sangeh seraient les disciples de Hanuman – commandant en chef de l'armée des singes, doué d'une force immense et du pouvoir de voler dans les airs. Ensemble, les primates entreprirent de tuer le démon Ravana en l'écrasant entre les deux moitiés du mythique mont Meru (l'axe du monde, dans la cosmogonie hindoue), celui-ci ne pouvant être abattu ni sur terre ni dans les airs. Dans la bataille, un pan de la montagne tomba sur terre, près de Sangeh, avec les singes qu'elle portait...

★★ Les pentes sud du mont Batukaru

De Pacung à Jatiluwih, la route★★ serpente dans la forêt. Quelques bambous encombrent parfois la chaussée, mais on trouve toujours le moyen de passer. À Apuan, tournez à droite à hauteur du marché.

★★ Rizières de Jatiluwih

Autour de Gunungsari et Jatiluwih apparaissent de magnifiques rizières en terrasses, léchées par la brume qui enveloppe les montagnes ou scintillant au soleil lorsqu'un rayon perce. Inscrites sur la liste du patrimoine mondial de l'Unesco, elles sont inondées selon un système d'irrigation et de gestion de l'eau traditionnel, le *subak*. Par beau temps, le **panorama**★★★ s'étend jusqu'au sud de l'île. *En poursuivant, vous rejoindrez la route qui monte au temple de Batukaru.*

★★ Pura Luhur Batukaru

Jl. Penatahan-Wongayagede, Penebel - ✆ 0813 3823 6095 - 8h-17h - 40 000 Rps - sarong exigé (prêt sur place).

Accroché aux flancs du mont sacré Batukaru (2 276 m), le **temple** émerge d'un écrin de verdure luxuriante, havre de paix et de fraîcheur souvent enveloppé par la brume. Des sculptures, couvertes de mousse verte, trônent au milieu des fougères arborescentes, des crotons, des bambous et des bananiers. Dans la cour principale se dressent plusieurs *meru* à toits multiples, dédiés aux ancêtres de la dynastie

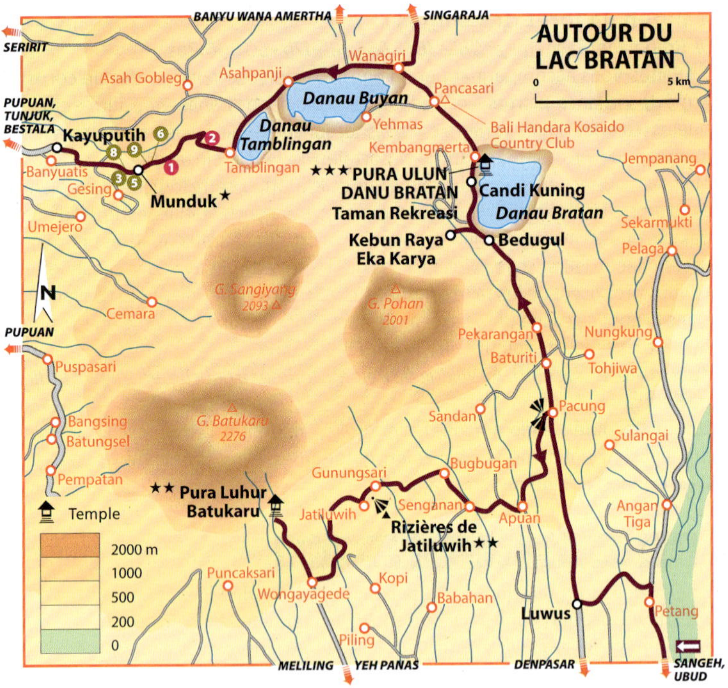

SE RESTAURER
- Eco Cafe 2 Munduk 1
- Ngiring Ngewedang 2

SE LOGER
- Guru Ratna Homestay 3
- Meme Surung 5
- Puri Lumbung Cottages..... 6
- Made Oka Warung & Homestay....... 8
- Aditya Homestay 9

de Tabanan et aux divinités protectrices locales, dont Maha Dewa, la déesse de la montagne. Sur le bassin situé en contrebas, un petit îlot accueille deux autels, probablement voués à la déesse du lac Tamblingan et au dieu du mont Batukaru.
Vous pouvez regagner Jatiluwih et poursuivre jusqu'à Bedugul ou redescendre vers le sud par la petite route qui débouche à Meliling sur l'axe principal.
Si vous redescendez vers le sud, à mi-chemin, faites une petite pause à Penataran, au complexe thermal de **Yeh Panaes Resort**, où vous pourrez vous relaxer dans les **piscines d'eau chaude**. La **ferme aux papillons** *(Bali Butterfly Park)* de Wanasari est une autre occasion de halte.

Dans le cratère

Bedugul

À l'entrée du village, sur la gauche, un porche précédé d'un gros épi de maïs en pierre indique l'accès au jardin botanique.
Kebun Raya Bali (jardin botanique) – *✆ (0368) 203 3211 ou 0811 9711 5933 - www.kebunraya.id - 8h-16h - 20 000 Rps/pers., 12 000 Rps/voiture - parking seulement : 3 000 Rps/moto, 11 000 Rps/bus.* Avec ses allées goudronnées particulièrement soignées, l'endroit fournit un cadre de promenade très agréable, dans la fraîcheur de la forêt, à l'ombre des cimes noyées dans la brume. Les Balinais aiment venir y flâner en famille, le temps d'une sieste ou d'un pique-nique, et les jeunes du village investissent les pelouses pour jouer au football. Les **cactus** sous serre, la collection d'orchidées et les plantes médicinales traditionnelles méritent un coup d'œil.
Revenez sur la route, à gauche à l'épi de maïs.
Faites aussi un tour au **marché★**, très coloré, mais ne comptez pas y faire de bonnes affaires. Il regorge de tout ce qui pousse dans la région – fruits, légumes, épices, fleurs destinées aux offrandes, roses et orchidées – et approvisionne la plupart des autres marchés balinais.
Poursuivez la route jusqu'à Candi Kuning, au bord du lac Bratan.

Candi Kuning

★★★ **Pura Ulun Danu Bratan** – *8h-18h - 30 000 Rps.* Ouvrant sur un jardin soigné, ce délicieux temple s'érige sur deux îlots, ses *meru* se reflétant avec élégance sur le miroir du lac. Dédié à la déesse des lieux Dewi Danu, il est vénéré par tous les villageois de la région située en aval, dont les eaux du lac irriguent les champs. Non loin se dresse un curieux **stûpa★** en pierre orné de bouddhas. Pour goûter toute la beauté du site, venez tôt le matin, quand celui-ci est encore désert et silencieux, épargné par les bruits des moteurs et des haut-parleurs. À mesure que le soleil s'élève face au temple, la brume qui couvre le lac se dissipe, découvrant les montagnes qui le cernent. Sur leur crête, une ligne d'arbres se détache en ombres chinoises, tandis qu'à l'est émerge le sommet de l'Agung. Au bord du lac, les villageois vaquent à leurs occupations : un homme pêche au filet, un autre repeint sa barque, tandis que les femmes font la lessive ou savonnent leurs bambins.
Reprenez la route de Singaraja. Parvenu au sommet (Puncak Wanagiri), deux options s'offrent à vous : poursuivez tout droit par la jolie route en lacet pour rejoindre la cascade de Gitgit (voir p. 333) ; sinon, pour continuer le circuit proposé, tournez à gauche vers le village de Wanagiri.

★ La route de crête

A **Puncak Wanagiri**, faites une halte pour admirer le panorama sur le lac, avant d'emprunter cette route splendide qui domine les eaux bleues du **Danau Buyan (lac Buyan)**, cernées de cultures maraîchères.

Au bout de 3 km, un petit crochet sur la droite mène au village de Wanagiri et à la splendide **cascade de Banyu Wana Amertha**. Un peu plus loin, une route discrète invite à une autre escapade pleine de fraîcheur, jusqu'aux **cascades jumelles de Banyumala**, qui surgissent au milieu de la forêt (possibilité de baignade).
De retour sur la crête, à Wanagiri Hidden Hill, des spots aménagés en forme de cœur ou de nid d'oiseau, ou de simples balançoires, offrent l'occasion d'inoubliables *selfies* ! En poursuivant sur la crête, on aperçoit bientôt le **Danau Tamblingan (lac Tamblingan)**, qui se dessine en contrebas derrière une haie d'arbres.
Pour un circuit à pied autour des lacs, renseignez-vous auprès du Puri Lumbung Cottages *(voir « Hébergement », p. 300)*.
Parvenu au bout, suivez la dir. de Tamblingan, puis celle de Munduk.

★ Munduk B2

Une route sinueuse mène au village de Munduk, dont les petites maisons sans âge s'étirent le long de la route. Quelques bâtiments de l'époque coloniale subsistent, mais la tôle ondulée a fait une apparition remarquée, et depuis quelques années, les hôtels et les pensions ont proliféré.
La région, qui fait l'objet d'un vaste programme de protection de l'environnement, a développé un tourisme écologique et offre de belles **randonnées★** *(voir « Visites » ci-contre)*. À pied, ou en voiture, si vous aimez vous perdre hors des sentiers battus, empruntez les petites routes transversales *(en dir. de Gesing, par exemple, à gauche au village suivant)*, au hasard des collines et des vallées. Dans les villages, les femmes broient sans relâche le café au pilon à mortier, tout en mâchant le bétel, cette chique dont le jus rouge sang teinte le sol. Aux périodes de récolte, lorsque le vert tendre des rizières vire au jaune d'or, les bottes d'épis s'alignent sur les bas-côtés de la route, attendant d'être ramenées sur l'épaule au village. Et partout, de délicats effluves se dégagent des tapis de clous de girofle qui sèchent au soleil.
Après le village de **Kayuputih** *(ou de Banyuatis, les deux routes se rejoignant)*, où un superbe banian trône à l'entrée d'un temple, la route principale traverse de magnifiques paysages, notamment au niveau de Tunju et de Bestala, où elle découvre de larges **panoramas★★** sur les rizières, hérissées de cocotiers.
Parvenu sur la route de Pupuan, prenez à gauche pour rejoindre le sud de Bali via Antosari ou à droite pour Seririt, Lovina et la côte nord (voir p. 331).

Carnet pratique

CARTE (P. 296)

Arriver/Partir

En shuttle bus

Perama – ✆ *(0368) 21011 - www.peramatour.com.* Les bus qui se rendent à Lovina font un arrêt à Bedugul ou à Candi Kuning. Départ de Kuta à 10h *(125 000 Rps)*, de Sanur à 10h30 *(125 000 Rps)*, d'Ubud à 11h30 *(125 000 Rps)*. Dans l'autre sens, départ à 10h.

En bemo

Des *bemo* font la navette entre Denpasar (gare d'Ubung) et Singaraja (gare de Sukasada). Ils sont plus nombreux en matinée. Signalez que vous souhaitez descendre à Bedugul. Les petites routes panoramiques décrites dans le circuit que nous conseillons sont rarement desservies.

De Bedugul, on peut rejoindre Munduk en *bemo* ou en *ojek*, mais il faut changer à Pancasari. Arrivez tôt car les transports publics se font rares après 15h.

En voiture ou deux-roues

Les transports publics étant peu développés, louer un véhicule constitue le meilleur moyen de sillonner la région.

Bedugul se trouve sur la route reliant Denpasar *(50 km)* à Singaraja *(30 km)*.

Munduk est quant à elle accessible depuis Bedugul, et de Lovina Beach (côte nord) via Singaraja (est) ou Seririt (nord-ouest) par une belle route de montagne sinueuse.

Visites

Environmental Trekking Centre – *Voir « Hébergement », le Puri Lumbung Cottages.* Les guides de Munduk ont créé une association. Randonnées de 2 à 7h dans toute la zone (cascade de Tanah Barak, lac de Buyan, tombes préhistoriques de Tirta Sari...).

Nos adresses

CARTE (P. 296)

Restauration

À Munduk

Budget moyen

1 Eco Cafe 2 Munduk – *Jl. Kayu Putih (à la sortie nord du village, sur le côté droit en montant) - ✆ 0813 3873 8007 -* CC *- 8h-22h.* Vente des produits d'une coopérative locale (café luwak, cacao, thé...). Possibilité de déjeuner sur place.

2 Ngiring Ngewedang – *Au-dessus du village, sur la rte qui monte vers la crête - ✆ 0877 6252 2227 - www.ngiringngewedang.com - 9h-20h - 100 000/350 000 Rps.* Agréable salle ouverte sous un toit de chaume. Perdu au milieu de nulle part, ce petit restaurant touristique n'a pas choisi son site par hasard : au milieu des plantations de café, il jouit d'un panorama somptueux sur le nord de Bali. Cuisine indonésienne, délicieuses bananes flambées et dégustation du café local.

Activités

Golf

Handara Golf & Resort Bali – *Raya Pancasari, Bedugul - ✆ (0362) 342 26 46 - www.handaragolfresort.com - 6h30-18h.* Un splendide terrain de golf, dans un site vallonné et fleuri.

Yoga

Prana Dewi Mountain Resort – *Wongaya Gede - ✆ 0813 5355 3531 - www.balipranaresort.com.* De ravissants bungalows tout simples au milieu des rizières, à quelques kilomètres du Pura Luhur Batukaru. Parfait pour un stage de yoga (3 ou 6 jours). Nourriture végétarienne organique. On peut aussi y séjourner sans faire de stage.

Massage

O'O massage – *Jl. Raya Munduk (près de Meme Surung) - ✆ 0821 4789 4581 - (cartes non acceptées) - 14h-21h.* Petit salon de massage installé dans le Puri Alam Bali (shiatsu, pierres chaudes...).

Hébergement

Bedugul et **Candi Kuning** comptent un certain nombre

2

d'hôtels et de *losmen*, de qualité médiocre et à des prix surestimés pour la plupart. De plus, le service y est souvent mal aimable et la nourriture quelconque. Attention, les restaurants des hôtels ferment généralement très tôt. Le jardin botanique dispose de plusieurs hébergements, notamment la **Guesthouse Ethnobotany** *(✆ (0368) 203 3211 - 1 ch. 350 000 Rps, 3 cottages 550 000 Rps)*, mais l'ouverture reste aléatoire.

À **Munduk** et dans ses environs, une dizaine d'hébergements se disputent la clientèle de passage ; mis à part quelques *warung*, tous les restaurants se trouvent dans les hôtels.

À Munduk

Budget moyen

3 **Guru Ratna Homestay** – *Dans le village, suivez les indications - ✆ 0813 3719 4398 - 7 ch. 350 000/420 000 Rps.* Des chambres monacales mais impeccables, dans une maison de village datant de l'époque coloniale. Accueil familial, authentique et attentionné. Sdb commune pour certaines chambres. Petit restaurant en terrasse. Guides et informations sur les treks.

9 **Aditya Homestay** – *Jl. Pura Buseh (petite rue juste en dessous du Meme Surung) - ✆ 0852 3888 2968 - www.adityahomestay.com - 7 ch. 400 000/650 000 Rps.* Une grande bâtisse blanche avec de petites chambres carrelées sans charme, mais impeccables. Celles à l'étage ont une vue magnifique. L'ambiance est familiale et chaleureuse.

5 **Meme Surung** – *Jl. Raya Munduk - ✆ 0812 3882 370 - www.memesurung.com - 10 ch. 450 000/480 000 Rps.* Situé derrière le Guru Ratna, et propriété du Puri Lumbung, cette maison coloniale affiche une architecture plaisante, mais les chambres sont petites. Pour une sdb privative, optez pour les bungalows, plus confortables à défaut de charme. Autre critère, la proximité de la route, un peu bruyante, mais qui offre un meilleur panorama. Les nouvelles en sont totalement dépourvues. Jolies terrasses donnant sur le jardin familial et sympathique restaurant panoramique. Prix un peu surévalués par rapport à son voisin, le Guru Ratna.

8 **Made Oka Warung & Homestay** – *Jl Kayu Putih - ✆ 0812 3836 3095 - 7 ch. 660 000/825 000 Rps.* De nouvelles chambres, d'un confort simple et coquet, ont été adjointes à la maison coloniale originelle. La plupart d'entre elles jouissent d'une vue splendide, sauf celles situées à l'arrière, à éviter.

Pour se faire plaisir

6 **Puri Lumbung Cottages** – *2 km à l'est (au-dessus du village) - ✆ 0812 3874 042 - www.purilumbung.com - 44 ch. 1 100 000/1 500 000 Rps.* Des pavillons inspirés des greniers à riz balinais. Une architecture de bois et de bambou au cachet rustique et convivial, avec sdb dans une partie en dur, accolée. Certains ont les pieds dans les rizières. De votre terrasse, par beau temps, le panorama s'étend jusqu'à Java. Joli jardin (fleurs, café, plantes médicinales, clous de girofle...) et restaurant panoramique. Siège d'une association de guides locaux, l'hôtel se spécialise dans la randonnée. Également centre de méditation, massages et cours de cuisine ou de yoga, pour les amateurs. Eau chaude.

Cascade à proximité de Munduk.
Schlafwagenschaffner/Getty Images Plus

BALI EST
N
0
10 km
LAUT BALI
Selat Lombok
SINGARAJA
Sambirenteng
Geretek
Tembok
Tanjung Ngis
Muntidesa
Tanjung Tekurenan
Tianyar
Belandingan
Muntigunung
Songan ★
Trunyan
Danau Batur
Ban
Kubu
Rubaya
Dukuh
Tulamben
LIBERTY ★★★
Buahan
PENELOKAN
2153 Gunung Abang
Suter
★★ Amed
Gunung Agung ★★
3142
Kelodan
Culik
Jemeluk
Bunutan
Lehan
Lipah
Selang
Aas
Kusambi
Pura Lempuyang Luhur
Pura Besakih ★★
Besakih
Lebih
Pura Pasar Agung
Abang
Ngis
Abadi
1058
1175
Gunung Seraya
Pempatan
Menanga
Singarata
★ Tirtagangga
Amlapura (Karangasem)
Seraya
Rendang
Selat
BANGLI
Bucu
Duda
Bebandem
Genteng
Yehbung
Putung
Ngis
Jasri
Ujung
Puri Taman Ujung ★
Pesaban
Sidakaria
Tenganan
Bukit Jambul
Sidemen
Bugbug
Selisihan
Ulakan
Sengkidu
Pasir Putih ★
Tanjung Biasputih
Akah
Besan
Kaler
Candidasa
Klungkung ★ (Semarapura)
Goa Lawah
Padangbai ★
Tanjung Sari
UBUD
Kamasan
Kampunggelgel
Sidayu
Kusamba
Pantai Kecil ★★
Jumpai
DENPASAR
2000 m
1000
500
200
0
Temple
Plongée
NUSA PENIDA, NUSA LEMBONGAN
LOMBOK

L'est de l'île ★★

Rassurant et inquiétant à la fois, le mont Agung veille sur l'est de Bali. Son cône éventré culmine à 3142 m, écrasant de sa masse sombre son petit frère, le Seraya (1175 m), qui forme la pointe orientale de l'île. Toute la région semble soumise à ces montagnes de feu : la terrible éruption de 1963, qui dévasta l'est de Bali et l'isola du reste de l'île, a marqué les hommes et le paysage, façonnant un relief escarpé. De 2017 à 2019, le volcan, capricieux, a renoué avec une intense activité éruptive. En filant vers le levant, la route hésite entre mer et montagne. Elle sinue près de plages volcaniques sauvages, traverse de paisibles villages de pêcheurs et stations balnéaires, zigzague au fil de crêtes étroites pour s'enfoncer plus loin dans les collines sculptées en terrasses. Au creux des vallons verdoyants se découvrent quelque village oublié, un temple sacré ou les vestiges d'anciennes cités royales. Des paysans labourent leurs rizières avec des buffles d'eau, des familles se baignent et lavent leurs vêtements dans la rivière, des vendeurs étalent leurs durians, mangues, bananes et pitayas sur le bord de la chaussée... À l'abri des foules de touristes et des embouteillages du sud de l'île, l'est de Bali s'offre comme un antidote au monde moderne, un divin mélange de ruralité, d'authenticité et de quiétude.

2

Se repérer

CARTE D2 (P. 206-207) – CARTE DE BALI EST CI-CONTRE – PLAN DE CANDIDASA (P. 308).

Districts de Klungkung et de Karangasem.
De Sanur, une route littorale rapide mène à Kusamba (env. 1h15 de trajet). De Ubud à Klungkung, comptez 1h sur une route à fort trafic. Prévoyez 1h30 à 2h de trajet entre Sidemen ou Candidasa et Amed.

À ne pas manquer

Explorer les jardins de coraux ; arpenter les rizières de Tirtagangga ; déguster un poisson grillé à Amed ; plonger sur l'épave du *Liberty*.

Organiser son temps

Comptez au moins trois jours pour bien profiter de la région, côté montagne et côté littoral. Visitez le temple de Besakih le matin, avant l'arrivée de la foule et de la brume. Des vans touristiques relient le sud de Bali à Padangbai, Candidasa et Amed, et les hôtels assurent également les transferts. Pour rayonner sur place, louez un scooter ou une voiture avec chauffeur.

Carnet pratique p. 311

Nos adresses p. 312

Circuit conseillé

CARTE DE BALI EST CI-CONTRE

Circuit de 90 km au départ de Klungkung, tracé en rouge sur la carte de Bali Est.

★ Klungkung (SEMARAPURA)

À 25 km au nord-est de Denpasar. Klungkung a été rebaptisée Semarapura, mais les Balinais emploient plus volontiers l'ancien nom.

En 1710, le royaume de Gelgel transférait sa capitale à Klungkung, inaugurant son âge d'or. Le royaume, qui était parvenu au siècle précédent à unifier Bali et à étendre ses conquêtes à Lombok, allait déjà vers son déclin, mais la cour de Klungkung s'afficha comme la digne héritière des rois de Gelgel et de leur engagement pour les arts *(voir « Une île bien tentante », p. 219)*. De cette aura culturelle, la ville a conservé peu de chose, les Hollandais l'ayant presque entièrement détruite en 1908. Petite bourgade provinciale, Klungkung ne montre aujourd'hui plus rien de ce tragique épisode. Seul un monument de pierre, au cœur de la ville, rappelle le sanglant *puputan* auquel le raja appela ses sujets, un suicide collectif qui marqua la fin du dernier royaume indépendant de Bali.

★ **Taman Gili** – *Entrée par Jl. Puputan, près du carrefour central de la ville - 8h-17h - 50 000 Rps.* Construit en 1710 lorsque la cour de Gelgel s'installa en sa nouvelle capitale, le « jardin de l'Île » fut presque entièrement détruit par les troupes hollandaises en 1908. Seul élément d'origine à subsister de nos jours : la **porte sud★ (Pemedal Agung)**, magnifiquement ornée. Mais les bâtiments qui ont été restaurés valent tout autant le coup d'œil : au centre d'un bassin de nénuphars, que l'on franchit par une belle passerelle en pierre jalonnée de statues gardiennes, se dresse le majestueux **pavillon flottant★★ (Bale Kambang)**, où se tenaient audiences et cérémonies. Sa haute toiture coiffe un superbe **plafond peint★★** dans les années 1940 par des artistes de Kamasan dans le style *wayang* (personnages représentés de trois quarts, comme les marionnettes du théâtre d'ombres javanais). Les scènes, empreintes de réalisme, illustrent des récits légendaires, tel celui de Pan et Men Brayut et de leurs 18 enfants. C'est dans le **pavillon de Justice★ (Bale Kertha Gosa)** *(angle nord-est de l'enceinte du palais)*, sous la présidence de trois brahmanes, que l'on tranchait les affaires les plus délicates, celles qui n'avaient pu être réglées dans le cadre du village. En contemplant le **plafond★★** de la salle des audiences, orné lui aussi de peintures classiques de Kamasan, les accusés pouvaient méditer sur le paradis clément réservé aux innocents ou sur les terribles châtiments qui attendaient les coupables. De la rue, la population pouvait elle aussi contempler le travail de la justice, qui continua d'être rendue ici sous l'occupation hollandaise. Dans l'enceinte du palais, un petit **musée** vieillot présente quelques pièces archéologiques et de l'époque coloniale, des œuvres du peintre italien Emilion Ambron, ainsi que des photos de la cour au début du 19e s.

Traversez Jl. Puputan.

Au **marché couvert**, le plus important de Bali, vous trouverez de la vannerie et des tissus.

Descendez Jl. Puputan et prenez à droite la dir. de Gianyar.

Nyoman Gunarsa Museum

À 3 km au sud de Banda, sur la route de Gianyar à Klungkung - ✆ (0366) 222 56 - www.nyomangunarsamuseum.com - lun.-sam. 9h-16h - 50 000 Rps - si vous venez d'Ubud via Gianyar, visitez le musée avant d'entrer dans la ville.

Le musée accueille les œuvres et la collection personnelles de Nyoman Gunarsa, l'un des fondateurs de l'**art moderne** à Bali, couvrant les périodes classique et contemporaine. Le premier édifice présente 250 peintures balinaises, dont les plus anciennes remontent au 15e s., à l'époque du royaume de Gelgel. Figurent également des œuvres du courant classique, dont les canons furent définis à Klungkung au 18e s. Beaucoup proviennent de Kamasan. Une des pièces maîtresses du musée est un **lion en bois** (17e s.), très travaillé, provenant de la cour de Singaraja. L'on peut également admirer masques, sculptures en bois, bas-reliefs, calendriers et chroniques peints du *Mahabharata* et du *Ramayana*, ainsi que de rares *wayang kulit* du 16e s.

Pantai Kecil.
Ph. Michel/age fotostock

Le second édifice est dédié à la peinture moderne, avec notamment des œuvres de jeunesse de Nyoman Gunarsa. Une section est consacrée aux herbes médicinales. Des spectacles de danses et de gamelan sont régulièrement organisés. 2

Kamasan

À 1 km au sud de Klungkung.
Descendants des peintres de la cour de Gelgel, les habitants de ce paisible village perpétuent le style élaboré par leurs ancêtres *(voir encadré ci-dessous)* ; c'est à eux que l'on fit appel pour restaurer les plafonds endommagés du palais de Klungkung. Au hasard des cours des maisons et des ateliers, vous pourrez observer le minutieux travail des **peintres**. Avec l'explosion touristique, la création tend à s'orienter vers une production de masse destinée à l'export ou vendue

Le style wayang de Kamasan

C'est la ressemblance des figures avec les marionnettes du théâtre d'ombres javanais qui valut son nom au style pictural de Kamasan : la représentation de trois quarts (la tête et le tronc de face ; les jambes de profil), qui donne leur mouvement aux personnages, serait en effet inspirée du style mojopahit. L'élaboration d'une œuvre est collective, souvent familiale, chacun intervenant à une étape du travail. Mais le maître supervise la création, à laquelle il donne la première et la dernière touche. Sur une toile préalablement bouillie, amidonnée et polie, l'artiste commence par tracer une fine esquisse à l'encre de Chine. Vient ensuite la mise en couleurs, où le jaune, le rouge et le brun dominent (les teintes chimiques tendent à remplacer les pigments naturels). Outre les calendriers astrologiques, les thèmes classiques ont trait aux épopées hindoues du *Ramayana* et du *Mahabharata*. *Pour tout savoir des différentes formes de wayang sur l'archipel, voir également « Arts du spectacle et vie culturelle », p. 575.*

dans les boutiques de la région, mais on déniche encore çà et là de belles pièces.
De Klungkung, la route de l'est rejoint la côte à Kusamba.

Kusamba

À 6 km au sud-est de Klungkung. Pour aller vers la plage de Monggalan, vous emprunterez une petite ruelle qui part sur la droite.
Bordant une large écharpe de sable noir, Kusamba, paisible village de pêcheurs, pratique encore la récolte du sel selon des méthodes ancestrales. Certains matins, très tôt, devant les huttes à toit de chaume qui jalonnent la plage, on assiste au départ de la **flotte des jukung★★**, superbe alignement de proues dressant leurs figures bariolées vers le large. Elle s'éloigne lentement vers les eaux poissonneuses, traversant parfois le houleux détroit de Badung pour approvisionner les habitants de Nusa Penida, l'archipel voisin, en poisson, mais aussi en riz et en fruits.

Goa Lawah (GROTTE AUX CHAUVES-SOURIS)

Peu après Kusamba, sur la gauche de la route côtière - 8h-18h - 30 000 Rps, location d'un sarong incluse.
Comme nombre de temples à Bali, Goa Lawah a ses animaux sacrés, considérés comme ses gardiens : ici, des chauves-souris, par milliers, pendues la tête en bas sur les parois d'une cavité naturelle, au-dessus de petits autels à offrandes, et dont les excréments répandent une odeur âcre. Symbole de la montagne, cette grotte revêt une grande importance lors des rituels de purification qui suivent les crémations, et la légende veut qu'un tunnel la relie au temple mère de Besakih *(voir p. 319)*. Goa Lawah est en effet l'un des six temples axiaux de Bali *(voir « Des temples par milliers », p. 211)*... qui draine, à ce titre, son lot de vendeurs plus ou moins pressants.
Env. 5 km plus loin, quittez la route principale pour une plus petite, vers la droite.

★ Padangbai

Sur la côte, à env. 10 km au nord-est de Kusamba.
Niché au creux d'une petite baie cernée de collines, ce village de pêcheurs, point de départ des ferries pour Lombok, est aussi l'un des ports de transit les plus importants de Bali. La station, au contraire de Candidasa, a le vent en poupe. Elle a atteint son rythme de croisière, et son développement semble devoir être limité par la taille de la baie, malgré la pression des promoteurs immobiliers. Dès l'aube, au retour des pêcheurs, la plage se transforme en une véritable criée.
Pour la baignade et l'exploration des splendides fonds marins, préférez les

Une puanteur providentielle

Les habitants de Tenganan acquirent leur vaste territoire au 14e s. grâce à un subterfuge original. Un jour qu'il parcourait les environs, le puissant roi Dalem Beda Ulu perdit son destrier favori. Partis à sa recherche, les villageois finirent par retrouver le cheval... mort. Les Bali Aga demandèrent au roi de leur donner, en récompense de leur service, toutes les terres sur lesquelles se répandait l'odeur de la dépouille. Un envoyé du roi partit délimiter la zone, en compagnie du chef du village. Ils parcoururent de grandes distances, mais curieusement, partout où ils allaient, l'odeur pestilentielle persistait. Au bout de plusieurs jours, l'homme de Beda Ulu, épuisé, décida d'octroyer aux villageois toutes ces terres empestées... et le chef Bali Aga put enfin retirer de sous ses vêtements le bout de chair malodorant qu'il y avait dissimulé !

Les Bali Aga de Tenganan

Lors de l'immigration des Mojopahit au 15e s., ces Balinais indigènes fuirent vers des régions reculées et refusèrent la culture indo-javanaise, conservant ainsi leurs anciennes traditions. Ils sont ainsi les seuls à être restés réfractaires au système des castes. L'organisation, les traditions et les rituels de cette microsociété archaïque sont singuliers et immuables : les quelques centaines d'habitants, tous natifs du village, doivent se marier entre eux, sous peine de se voir déclassés, voire bannis pour les femmes ! L'adat (loi coutumière) aurait été dicté par le dieu Indra, fondateur légendaire du village. Longtemps fermée au monde, jusqu'à l'essor de la station de Candidasa, cette minorité vit désormais du tourisme.

La communauté perpétue des fêtes rituelles ancestrales, notamment le spectaculaire Perang Pandan, combat opposant des hommes armés de piquantes feuilles de pandanus, encouragés par les percussions du gamelan selunding (composé de plaques de bronze fixées sur des bandes de cuir). Ces instruments rythment aussi le rejang, une ravissante danse d'offrandes, très lente, où des jeunes filles drapées de soie et coiffées de couronnes de fleurs en or agitent de longues écharpes colorées. Lors de la fête d'Usaba Sambah, vous verrez des femmes se balancer dans les airs, assises sur des structures en bois actionnées par deux hommes, à plusieurs mètres de haut.

environs. La **plage de Blue Lagoon**, enfermée dans une petite crique, se trouve à 15mn à pied au nord. Pour accéder au spot de **Tanjung Jepun** *(un peu au nord de Blue Lagoon)*, il faut chartériser un bateau.
De l'embarcadère des ferries, prenez la route qui monte (à droite du port). À 100 m, un chemin pierreux part sur la gauche.

2

★★ Pantai Kecil

Au sud (prenez le chemin près du débarcadère de Padangbai ; comptez 15mn à pied) - 2 000 Rps.
Triste destin que celui de **Pantai Bias Tugel**, aussi appelée **Pantai Kecil** (littéralement « petite plage »), dont la colline a été arasée pour la construction d'un hôtel coréen, qui ne sera sans doute jamais achevé. Le gouverneur de Bali a en effet fait cesser le chantier pour protéger l'environnement, mais un peu tard, le mal est fait... Reste la plage de sable blanc et d'eau turquoise, ravissante malgré le cadre *(attention aux courants !)*.
À l'entrée de Candidasa, prenez la route qui monte vers la gauche, après un petit pont.

Tenganan

Dans l'intérieur des terres, au nord de Candidasa - 9h-17h - donation requise (5 000 Rps mini.).
Derrière son enceinte de pierre, le village, qui passe pour être le plus ancien de Bali, abrite une **communauté de Bali Aga** *(voir « Bali au quotidien », p. 208)*, descendants de la population originelle de l'île, pré-hindouiste. Labellisé *objek wisata* (« objet touristique »), le village compte trois rues qui définissent la position sociale de chaque habitant. Sur l'axe central, les maisons, construites selon le même plan, abritent des boutiques. Entrez-y pour admirer le patient travail des femmes, affairées au tissage du fameux **double ikat** *(kamben geringsing)*, propre à la communauté. Le développement du tourisme a eu pour une fois un effet positif, car il a permis de raviver cette tradition qui déclinait. Les Bali Aga attribuent des

pouvoirs protecteurs et guérisseurs à ces admirables tissus que l'on utilisa longtemps, dans toute l'île, lors des rites de passage (limage des dents, crémation...). Pour leur réalisation, chaque fil est minutieusement teint séparément, en fonction des motifs souhaités (floraux ou géométriques), puis savamment tissé de manière à les faire concorder. La confection d'un sarong nécessite plusieurs années et la finesse du travail en explique le prix. Attention, les ikats vendus à Tenganan sont loin d'être tous d'authentiques *geringsing*...

Candidasa PLAN CI-DESSOUS

À env. 11 km au nord-est de Padangbai.

Développée dans les années 1980 pour désengorger le sud de Bali, cette station balnéaire s'étire sur près de 3 km, de part et d'autre de la grand-route côtière. La production de la chaux pour construire les hôtels a malheureusement entraîné l'exploitation à outrance du corail et signé la disparition de la plage : les flots n'étant plus freinés par le récif, ils ont peu à peu balayé le sable, et les digues de béton construites tout le long du littoral n'ont pas suffi à enrayer l'érosion. Entre la route, très passante, et la plage quasi inexistante, Candidasa manque donc singulièrement de charme. Ces handicaps, combinés à la concurrence de Padangbai et d'Amed, ont entraîné la fermeture d'un grand nombre d'hôtels. Seule la partie située un peu plus à l'est, où subsiste une petite portion de plage à marée basse, demeure plaisante. Vous pouvez y négocier la location d'un bateau pour aller explorer les **fonds marins★** autour des îlots voisins (Mimpang, Tepekong et Biaha). La **plage de Pasir Putih★** *(Jl. Raya Bugbug, entre les villages de Pesari et Bugbug)*, appelée aussi Virgin Beach en raison de son ravissant ruban de sable blond, constitue une halte de choix pour la baignade et le farniente. Quelques *warung* s'y sont établis (cuisine locale et location de transats), tandis que les pêcheurs proposent de vous emmener faire du snorkeling.

Amlapura (Karangasem)

À env. 19 km au nord-est de Candidasa.

Difficile d'imaginer le passé glorieux de cette petite capitale de district. Libérée de la tutelle de Gelgel à la fin du 17e s., Karangasem s'imposa comme l'un des plus puissants royaumes de Bali aux 18e et 19e s., avant de se soumettre aux Hollandais (1895). La ville souffrit sévèrement de l'éruption de l'Agung, en 1963. On la rebaptisa Amlapura, pour conjurer la colère des dieux, mais les Balinais continuent bien souvent à l'appeler par son ancien nom.

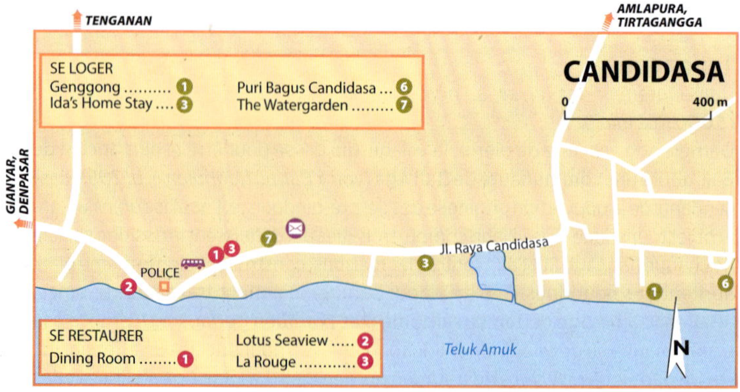

Tournez à droite au débouché de la route de Candidasa. Après le pont, suivez la dir. « Terminal », à gauche, puis deux fois à droite (les sens interdits obligent à un détour).

Puri Agung Karangasem – *Jl. Sultan Agung - ✆ (0363) 213 64 - 8h-17h - www.tourism.karangasem.go.id - donation env. 10 000 Rps.* De tous les **palais** de la ville, seul le Puri Agung Karangasem se visite. Des membres de la famille royale y résident toujours. Construit à la fin du 19e s., l'édifice montre un mélange éclectique d'éléments balinais (pavillons, sculptures, statues), européens (la *bale* London, avec sa véranda et ses meubles frappés de l'écusson royal britannique) et chinois (portes sculptées et autres décorations). L'ensemble, peu entretenu, donne un sentiment d'abandon...

Poursuivez tout droit vers le sud cette rue qui prend ensuite le nom de Jl. Gajah Mada. Elle quitte rapidement la ville en direction de Seraya, à travers un joli paysage de rizières.

★ Puri Taman Ujung (PALAIS AQUATIQUE D'UJUNG)

À env. 5 km au sud d'Amlapura - 8h-17h - 75 000 Rps.

Sur la gauche de la route surgissent quelques bâtiments dominant un plan d'eau. Le fastueux palais aquatique fut édifié par le dernier roi de Karangasem en 1921. L'ensemble, endommagé par l'éruption de l'Agung en 1963 puis par un séisme en 1979, a été rénové. Somptueux jardin d'agrément, lieu de repos et de réception, le palais comprenait plusieurs pavillons et des bassins dotés de fontaines. Deux ponts en pierre desservent, au milieu d'un bassin, le **Gili Bale**, ancien pavillon de détente où sont exposées quelques photos d'époque de la famille royale. 2

Après Ujung, la route rejoint la mer pour contourner le **mont Seraya** jusqu'à Amed, sinuant sur le flanc du volcan *(attention aux sections cahoteuses)*. Entre les pentes arides et la côte sauvage, face à l'immensité du large, elle révèle quelques splendides **panoramas★★**.

Pour gagner Tirtagangga, reprenez la route d'Amlapura, mais au carrefour avant l'entrée de la ville, prenez à gauche, vers Singaraja.

★ Tirtagangga

À 5 km au nord-ouest d'Amlapura.

Perdu au milieu des rizières, sur le flanc d'une colline, ce paisible village cache un ravissant **palais aquatique★ (Taman Tirtagangga)** *(8h-18h - 50 000 Rps)* dû, comme celui d'Ujung, au dernier roi de Karangasem. Édifié en 1947, il a été lui aussi très endommagé par l'éruption de 1963, mais il a bénéficié d'importantes restaurations. Dans un cadre harmonieux s'agencent les bains royaux, larges bassins que des monstres de pierre alimentent en eau de source. Le palais comprend un restaurant et même un hôtel *(voir « Hébergement », p. 316)*.

Passé le village, la route serpente entre les collines, ouvrant ici et là, au fil des virages, sur de magnifiques paysages de **rizières en terrasses★★★** *(sur la droite de la route, juste après Tirtagangga, puis quelques kilomètres plus loin, notamment près du village d'Abang)*, avant de glisser vers la mer.

Pura Lempuyang Luhur

À env. 10 km au nord-est de Tirtagangga, près du village de Bunutan - 8h-17h - donation requise (env. 10 000 Rps). Port du sarong exigé (location sur place).

☺ Venez tôt le matin pour éviter la brume sur le mont Agung.

Perché à 1175 m d'altitude, au sommet du mont Lempuyang, le temple figure parmi les six lieux de culte les plus sacrés de Bali, assurant symboliquement la protection de l'Est. Pour y accéder, il faut s'armer de courage et gravir les 1700 marches

d'un sentier jalonné de sept autres sanctuaires. En chemin, on croise souvent des macaques venus des forêts alentour. Du sommet, lorsque le temps est clair, la vue sur le mont Agung et sur la côte est grandiose. Peu de touristes s'aventurent pourtant jusqu'en haut, la plupart s'agglutinant au premier temple rencontré, le **Pura Penataran Agung Lempuyang**. Un bel escalier aux rampes à têtes de dragons donne accès à une esplanade, où les amateurs de *selfies* patientent (parfois plusieurs heures) pour poser devant le grand portail scindé *(candi bentar)* où se découpe, à l'horizon, le dôme sombre du mont Agung.
Reprenez la route et, à Culik, tournez à droite (des panneaux indiquent des hôtels).

★★ Amed

À env. 17 km au nord-est de Tirtagangga par la route de l'intérieur.
À l'approche du village d'Amed, le décor se fait plus plat, toujours dominé par le vert tendre des rizières. La station, un chapelet de hameaux de pêcheurs (Jemeluk, Bunutan, Lipah, Selang), garde une taille humaine qui séduit les amateurs de plongée et d'ambiance décontractée. Amed est aussi un bon camp de base pour plonger à Tulamben.
Au-delà d'Amed, la **route littorale** ondule sur les flancs du Seraya, au gré des échancrures du relief. Le paysage devient alors plus aride, le décor vire au jaune. Sur le rivage, des colonies de *prahu* détachent leurs coques colorées sur le sable noir ou les galets, attendant le crépuscule pour prendre la mer, tandis que des enfants jouent à cache-cache en riant derrière les salines. Au petit matin, les voiles triangulaires réapparaîtront sur l'horizon, gonflées par le vent, et les femmes afflueront sur la plage pour décharger les cargaisons.
Profitez de votre séjour pour explorer en toute quiétude les superbes **récifs coralliens★★** des environs.
Revenez à Culik et prenez la route principale vers la droite.

Tulamben

À 9 km au nord de Culik. Mieux vaut dormir sur place pour plonger tôt le matin, quand la lumière est plus favorable et les touristes, moins nombreux.
Nichée dans l'ombre majestueuse de l'Agung, cette banale plage de galets gris est l'un des principaux spots de plongée de l'île. Tout près du rivage repose en effet l'**épave du cargo Liberty★★★** *(voir encadré ci-dessous)*, où des myriades de poissons multicolores ont élu domicile, dansant un éblouissant ballet parmi les bouquets de coraux.
Vous pouvez retourner à Amlapura et, de là, emprunter la jolie route de Selat jusqu'à Rendang (voir p. 323). Sinon, vous pouvez gagner Lovina via Singaraja, au nord par la côte, à travers les paysages désolés de l'Est, marqués par l'éruption de l'Agung.

L'incroyable destin du « Liberty »

En 1942, au cours de la Seconde Guerre mondiale, un sous-marin japonais torpilla un cargo américain qui croisait à proximité des côtes balinaises. Le vaisseau s'échoua sur la plage de Tulamben alors qu'on tentait vainement de le remorquer jusqu'au port de Singaraja pour récupérer sa cargaison.
En 1963, l'éruption de l'Agung et les torrents de lave qui se déversèrent sur ses pentes provoquèrent un terrible raz de marée qui repoussa le cargo à la mer. Celui-ci se fracassa sur un récif et sombra non loin du rivage, par quelques mètres de fond. Oubliée de tous, l'épave – qui mesure plus de 100 m de long ! – fut redécouverte par des plongeurs. Ses extraordinaires coraux et colonies de poissons en ont fait le repaire de tous les amateurs d'exploration sous-marine.

Carnet pratique

PLAN DE CANDIDASA (P. 308)

Adresses utiles

Banque/Change

Bureaux de change à **Padangbai**, **Candidasa** et **Amed**. ATM à Padangbai (près du débarcadère), Candidasa, Amlapura et Amed.

Poste

Vous trouverez des agences postales à **Padangbai** (près de l'embarcadère), **Candidasa** (sur la rue principale) et **Amlapura**.

Internet

À Padangbai, Candidasa et Amed, le Wi-Fi est disponible dans la plupart des hôtels et restaurants.

Arriver/Partir

En shuttle bus

De Kuta, Sanur, Ubud et Lovina, la compagnie **Perama** assure des liaisons quotidiennes pour Padangbai et Candidasa. De là, des liaisons sont assurées pour Tirtagangga, Amed et Tulamben.

Perama – *Rue principale, Candidasa - ☎ (0363) 41114/5 - 7h-22h - www.peramatour.com.*

En bemo et bus

De la gare routière de Denpasar (Batubulan), départs fréquents pour Klungkung, Candidasa et Amlapura, la plaque tournante des bus à Bali Est.

De Padangbai et Candidasa, liaisons en *bemo* pour Klungkung (à l'ouest) et Amlapura (à l'est).

Tirtagangga se trouve sur la ligne de bus entre Amlapura et Singaraja, départs fréquents. Également des *bemo* entre Amlapura et Tirtagangga.

Située sur la route entre Amlapura et Singaraja, Tulamben est facilement accessible en bus. En revanche, Amed s'avère plus difficile à rejoindre en transports publics. Il vous faudra descendre à Culik et prendre un *bemo*.

En voiture

La route côtière *(Bypass)* au départ de Denpasar, excellente, a considérablement désenclavé l'est de l'île. Elle prend fin près de Klungkung, avant Candidasa, puis devient plus étroite après Padangbai. La splendide route secondaire qui longe la côte entre Amlapura et Amed est praticable, bien qu'elle soit étroite et inclinée, voire cahoteuse par endroits.

En bateau

De Padangbai, on peut rejoindre **Lombok** (embarcadère de Lembar) en ferry *(départ ttes les 90mn - 24h/24 - 4 à 5h de trajet).*

☺ Passez par une agence pour avoir le minibus compris à l'arrivée afin d'éviter un pénible harcèlement à Lembar. Une douzaine de compagnies privées au moins effectuent la liaison de Bali vers les Gili et Lombok.

L'agence **Island Promotions** *(www.island-promotions.com)* constitue une bonne source d'informations. Faites jouer la concurrence et n'hésitez pas à négocier les prix, surtout en basse saison.

Certaines compagnies, comme **Scoot Cruise**, n'offrent pas toutes les garanties de fiabilité pour les horaires et les réservations.

À Padangbai, l'embarquement se fait depuis un ponton, mais l'on débarque aux Gili et à Lombok sur la plage, dans le ressac.

Il existe des liaisons régulières pour **Nusa Penida** *(vers 14h - 1h de traversée). Voir aussi la rubrique « Arriver/Partir » pour Nusa Penida, p. 268.*

Kuda Hitam Express – *☎ (085) 238 692 853 - www.kuda hitam express.com.* C'est la seule compagnie à relier directement Amed aux Gili et à Lombok.

2

Location de véhicules

Vous trouverez facilement vélos, vélomoteurs ou voitures à louer à **Padangbai**, **Candidasa** et **Amed**.

Visites

Il existe plusieurs agences de voyage à Padangbai (sur le front de mer) et à Candidasa (sur la route principale). Elles font souvent office de bureau de change et de blanchisserie, vendent des tickets de Shuttle Bus et organisent des excursions. La plupart des hôtels proposent les mêmes services.

Nos adresses

PLAN DE CANDIDASA (P. 308)

Restauration

À Padangbai

La plupart des hôtels du front de mer ont un restaurant, mais vous pouvez préférer ceux simples et moins chers sur la portion de plage, près de l'embarcadère. Les *warung* dans la rue de l'embarcadère n'ont d'intérêt qu'en cas de départ. On trouve deux restaurants également sur la plage de Blue Lagoon.

Premier prix

Depot Segara – *Jl. Silayuti, Pantai Segara - ☎ (0363) 438 16 66 - ⊠ - 7h-22h - 30 000/60 000 Rps.* Un délicieux petit restaurant dans une salle ouverte qui surplombe la rue, devant la plage. L'ambiance est décontractée, et les prix sympathiques. Cuisine indonésienne, salades composées, sandwichs et poissons grillés.

Budget moyen

The Colonial Restaurant – *Jl. Silayukti 4 - ☎ 0811 3858 827 - 7h-23h - 80 000/225 000 Rps.* Une adresse dont le style plus chic tranche avec celui de ses voisins. Toit en rotin, petite piscine et hamac au-dessus de la pelouse... L'endroit invite à la détente. Cuisine internationale et indonésienne.

Topi Inn – *Jl. Silayukti 99 (au bout de la rue du bord de mer) - ☎ (0363) 414 24 - www.topiinn.nl - 200 000/250 000 Rps.* Une grande salle ouverte, au décor en bois, et à l'atmosphère décontractée. Cuisine indonésienne et internationale, salades, sandwichs, pâtisseries, milk-shakes... Le soir, bar et projection cinéma à ciel ouvert. Nombreux services (randonnées, sorties de pêche, nurserie...).

À Candidasa

La plupart des adresses donnant sur la route, très passante, mieux vaut choisir les restaurants des hôtels en front de mer, comme celui du Puri Bagus ou celui du Watergarden *(voir « Hébergement » p. 315)*, au cadre et à la cuisine raffinés. Les *warung* de la plage de Pasir Putih, à quelques kilomètres, constituent une excellente option pour déjeuner si vous êtes véhiculé.

Budget moyen

1 Dining Room – *Jl. Raya Candidasa (juste à côté du Toke) - ☎ (0363) 421 74 ou 0853 3782 3205 - 12h-21h - 80 000/200 000 Rps.* Un vaste et splendide restaurant en bambou et toit de chaume en retrait de la route, avec vue sur la mer. Poissons frais et crabes grillés, salades composées, sandwichs, pizzas, volaille, cuisine balinaise...

3 La Rouge – *Jl. Raya Candidasa - ☎ (0363) 419 91 ou 0878 3252 480 - www.larougebali.com - 9h-22h - 70 000/200 000 Rps.* L'ancien Toke Café propose toujours une carte balinaise, internationale et indienne. On y mange assis dans d'incongrus fauteuils en velours rouge, sous un toit d'*alang alang*, mais pas en bordure de mer.

2 **Lotus Seaview** – *À l'entrée ouest de la station, là où la route passe au plus près de la plage - ☏ (0363) 412 57 - www.lotusbungalows.com - 8h-22h - 100 000/190 000 Rps.* L'une des adresses de cette chaîne connue à Bali, qui possède aussi un hôtel sur place *(voir « Hébergement »)*. Comme toujours, un soin est apporté au cadre, ici, une belle terrasse couverte face à la mer. Vaste choix de cuisine indonésienne, internationale et de produits de la mer, de qualité.

À Tirtagangga

Évitez les *warung* près du parking du palais, où se concentrent les vendeurs de souvenirs, et préférez les restaurants des *losmen*, qui bénéficient d'un cadre nettement plus agréable.

Budget moyen

Tirta Ayu – *Voir « Hébergement » p. 316 - ☏ 0812 3608 053 - ig@tirtaayuhotel - 7h-21h - 80 000/200 000 Rps.* Dans l'enceinte du palais aquatique, ce très agréable restaurant ouvert aux vents sous sa grande charpente propose des plats légers (sandwichs, salades composées), ainsi que les classiques indonésiens et balinais. Un peu cher pour les standards locaux.

À Amed

Les meilleures adresses sont là aussi les restaurants d'hôtels, comme l'Aiona et le Santai, à Bunutan *(voir « Hébergement », p. 316-317)*.

Budget moyen

Amed Kedai – *Jemeluk - ☏ 0819 3662 8859 - 8h-22h - 60 000/100 000 Rps.* Un petit restaurant de bord de plage décontracté, où l'on voue un culte à Bob Marley. Une carte sans surprise, mais de bon aloi (plats indonésiens et produits de la mer). Groupes locaux de reggae et de blues samedi et lundi à 20h.

Pour se faire plaisir

Sails Restaurant – *Pantai Lean, Bunutan (entre Lipah et Selang) - ☏ (0363) 220 06 ou 0812 3688 572 - ig@sailsamed - 11h-22h - 100 000/170 000 Rps.* Une belle terrasse à l'architecture moderne dépouillée, en boiserie et pierre blanche, située côté terre, mais avec vue splendide sur la mer. Cuisine indonésienne et produits de la mer, de qualité.

Boire un verre

À Padangbai

La place et les ruelles en retrait de la place, près de l'Ozone Café, ont vu s'ouvrir une poignée de bars et de *warung* animés le soir.

Ozone Café – *Jl. Sllayukti - ☏ (0363) 438 14 66 - (pas de carte de crédit) - 8h-23h.* Côté village, sur le parking, dans une salle rustique sous charpente. Ambiance décontractée, teintée d'humour excentrique (n'est qu'à lire le menu). Une cuisine classique et bon marché. Un bon endroit pour boire un verre et écouter de la musique live, occasionnelle.

Activités

Plongée

Geko Dive – *Jl. Silayukti - Padangbai - ☏ (0363) 415 16 - www.gekodive.com - 8h-19h.* Peut-être les meilleurs connaisseurs des fonds de Bali Est. Les animateurs mènent en outre des campagnes de nettoyage et ont créé un fonds de santé pour les habitants de Padangbai. Une équipe très professionnelle qui vous accueillera avec le sourire.

Eco-Dive – *Amed, Jemeluk - ☏ (0363) 234 82 - www.ecodivebali.com - 8h-18h.* Le plus ancien club de plongée d'Amed. Initiation et sorties pour plongeurs confirmés. L'équipe s'implique dans des opérations de collecte des déchets.

Bien-être

Bloo Lagoon Spa Wellness – *Voir « Hébergement », le Bloo Lagoon, Padangbai, ci-contre.* Aromathérapie, massage shama, réflexologie... Cadre superbe à ne pas manquer.

Meditasi – *Voir « Hébergement » à Amed, p. 317.* Séances de yoga et de méditation plusieurs fois par semaine. Cadre simple et décontracté.

Aiona Garden of Health – *Voir « Hébergements » à Amed, p. 317.* Cours d'ayurveda et de lecture du tarot, yoga et bien-être. Des « cérémonies du feu » sont organisées sur la plage. Le lieu est tenu par une Suisse qui promeut les produits organiques.

Hébergement

À Padangbai

Logez le plus loin possible du terminal des ferries : les annonces bruyantes des haut-parleurs sont quasi permanentes. La plupart des bonnes adresses se concentrent sur Jl. Silayukti (la rue qui longe la plage, à l'est de l'embarcadère).

Budget moyen

Serangan Inn I et II – *Jl. Silayukti - 0818 0550 2124 - - 20 ch. 400 000/450 000 Rps.* Cachée derrière le restaurant Depot Segara, cette pension familiale proprette est une excellente option dans sa catégorie. Les chambres à l'étage jouissent d'une terrasse commune avec vue sur la mer et un petit autel familial (évitez celle sans fenêtre). Accueil sympathique. L'annexe, dans un bâtiment à étage de style balinais, propose des chambres plus chères mais vraiment plus confortables. Gare à l'animation nocturne des bars environnant néanmoins !

Puri Rai – *Jl. Silayukti 7 - (0363) 413 85 - www.puriraihotels.com - - 36 ch. 550 000/750 000 Rps.* L'hôtel dispose de chambres modernes et confortables, alignées dans deux bâtiments en pierre noire, d'inspiration balinaise, mais dépourvues de charme. Deux d'entre elles ont vue sur la mer, mais les autres, en retrait de la rue, jouissent d'un calme appréciable. Trois piscines à disposition.

Padangbai Beach Resort – *Jl. Silayukti - (0363) 420 88 ou 0821 4458 1655 - www.absolutescubabali.com - - 24 ch. 700 000/1 100 000 Rps.* Des chambres correctes, mais sombres pour celles du rdc. Un rabais est appliqué si vous ne souhaitez pas utiliser la climatisation. Préférez celles à l'étage, avec petit balcon et vue sur la mer, de côté. Petite piscine à débordement. Club de plongée.

Pour se faire plaisir

Bloo Lagoon – *Au bout de la plage, prenez à droite la rue qui monte au sommet de la colline - (0363) 412 11 ou 0823 3410 0300 - www.bloolagoon.com - - 25 villas 2 100 000 Rps.* Conçu par un couple d'architectes americano-argentin qui vit sur place, le lieu jouit d'une vue fantastique sur la crique de Padangbai et la baie d'Amuk. Villas splendides ouvertes aux vents, avec de ravissantes sdb à ciel ouvert, et un salon-cuisine spacieux joliment carrelé. Agréable restaurant panoramique, spa, cours de yoga et spectacles de danse traditionnelle ou contemporaine.

À Balina Beach

Une folie

Amankila – *Sur la rte de Padangbai à Candidasa - (0363) 413 33 - www.amanresorts.com - - 31 ch. 18 750 000/78 750 000 Rps.* Perchés en haut d'une falaise, face à la mer, de ravissants bungalows à toit de chaume, dans les tons crème, au décor raffiné et à l'équipement haut de gamme. Ils jouissent d'une vue sur le jardin ou l'océan, les suites les plus chères (hors catégorie!) disposant même d'une piscine privative. Accès direct à la plage de sable blanc, en contrebas, avec accès payant au beach club et sa piscine *(400 000 Rps)* et un restaurant. L'on peut se contenter d'y prendre un verre en admirant le paysage. Spa, cours de yoga, boutique et librairie.

À Candidasa

La qualité des hébergements est très inégale. De façon générale, préférez l'est de la station, où subsistent des portions de plage et où vous subirez moins la présence de la grande route, en particulier après le lagon (quand la route principale vire à gauche, prenez tout droit la ruelle).

Premier prix

3 Ida's Home Stay – *Jl. Raya Candidasa - ✆ (0363) 410 96 - 6 ch. 330 000/440 000 Rps.* Souvent complet, réservez bien à l'avance. De charmants bungalows en bois dispersés à l'ombre des cocotiers, dans un vaste jardin face à la mer. Certains sont en duplex, avec parfois une véranda à l'étage. Le propriétaire, passionné d'antiquités, entend préserver un esprit traditionnel balinais. Tout est inspiré de l'architecture locale et construit avec des matériaux naturels. Il a même déplacé et remonté une maison provenant d'un village voisin.

Pour se faire plaisir

1 Genggong – *Jl. Pantai Indah, Candidasa (à l'extrémité est de la ville, quand la rte tourne à gauche, prenez tout droit et continuez sur env. 300 m) - ✆ (0363) 438 10 05 ou 0812 3996 512 - www.hotelgenggong.com - 16 ch. 1 200 000/1 700 000 Rps.* Un très agréable hôtel, précédé d'une pelouse et d'une jolie piscine en bord de plage. Chambres confortables. Préférez celles à l'étage, plus lumineuses. Toutes font face à la mer et certaines disposent d'une terrasse.

Lotus Bungalows – HORS PLAN - *Rte principale (à l'entrée ouest de la ville, côté mer) - ✆ (0363) 411 04 - www.lotusbungalows.com - 18 ch. 900 000/1 800 000 Rps.* L'hôtel est planté au bord de l'eau mais il n'y a malheureusement plus de plage à cet endroit, ce que compense en partie la belle piscine. D'agréables bungalows à toit de tuiles posés sur une pelouse à l'ombre des cocotiers. Intérieurs confortables mais sans beaucoup de cachet. Terrasse et jolie sdb à ciel ouvert. Les moins chers ne disposent pas d'une vue directe sur la mer. Spa, club de plongée.

6 Puri Bagus Candidasa – *Jl. Raya Candidasa (dans le virage à l'extrémité est de Candidasa, prenez la ruelle à droite et continuez jusqu'au bout) - ✆ (0363) 411 31 - www.puribaguscandidasa.com - 48 ch. 1 200 000/2 000 000 Rps.* Niché dans le coin calme de Candidasa, entre plage et colline, l'hôtel le plus luxueux de la station propose des bungalows en brique blanche et toit de tuiles dispersés sur une grande pelouse. Grandes baies vitrées et charmante sdb à ciel ouvert. Certaines ont une vue sur la mer. Vélos, spa et cours de yoga. Passez par Internet pour réserver.

7 The Watergarden – *Jl. Raya Candidasa - ✆ (0363) 415 40 - www.watergardenhotel.com - 22 ch. 1 300 000/1 700 000 Rps.* L'un des rares hôtels qui ne soient pas situés côté mer, mais aussi l'un des plus charmants, avec son jardin fleuri luxuriant. Les bungalows, en brique blanche et toit de chaume, sont suffisamment éloignés de la route. Confortables et cosy, ils disposent

2

d'une terrasse et d'une baie vitrée sur jardin. Les super deluxe ne valent pas le supplément de prix. Le tarif donné sur place est beaucoup plus élevé que si vous passez par Internet. Spa, salon de massage.

À Tirtagangga

Pour se faire plaisir

Villa Gangga – *Br Tanah Lengis, Desa Ababi (1 km au nord de Tirtagangga, à gauche ; téléphonez pour être guidé) - 0813 714 3228 ou 0812 3625 271 - www.villagangga.com - - 4 ch. 1 500 000/1 750 000 Rps - réserv. conseillée.* Cette table d'hôtes constitue un véritable éden au milieu des rizières. Elle est tenue par un couple franco-balinais qui cultive avec discrétion l'art de recevoir. Lui est photographe, elle s'occupe d'une dynamique association d'éducation. Isolés dans le splendide jardin, les pavillons présentent une décoration chaleureuse et raffinée, heureux mélange des styles provençal et balinais. La table, succulente, puise dans les mêmes inspirations (la demi-pension est plébiscitée). Spectacles de danse, cours de cuisine, VTT, terrain de pétanque, visites culturelles, entre autres...

Tirta Ayu – *Dans l'enceinte du palais aquatique - 0815 5800 1934 - ig@tirtaayuhotel - - 5 ch. 2 100 000/2 600 000 Rps .* Les pavillons sont situés derrière le restaurant qui surplombe les bains royaux. La Villa Raja fut la résidence du roi de Tirtagangga lors de la construction du palais. Une autre villa possède sa piscine privative, tandis que la superior, avec sa jolie charpente coiffée de chaume, est dotée d'une sdb à ciel ouvert. Agréable restaurant surplombant le bassin *(Voir « Restauration » p. 313).*

À Amed

La station est très étendue, et on trouve des hébergements dans plusieurs des villages de la côte (**Amed**, **Bunutan**, **Lipah**). Leur densité diminue à mesure que l'on s'éloigne d'Amed. Si vous cherchez l'isolement, optez pour **Selang** ou **Aas**.

Budget moyen

Good Karma Bungalows – *Selang - 0813 3753 1133 - ig@goodkarmabungalows - - 15 ch. 320 000/1 000 000 Rps .* Les bungalows en bambou, simples mais sympathiques, font le charme de cette adresse d'un bon rapport qualité-prix. Sdb à ciel ouvert.

Aiona Garden of Health – *Jl. Raya Amed Bunutan (avant le pont) - 0813 3816 1730 - www.aionabali.com - - 4 ch. 450 000/920 000 Rps .* Des bungalows simples, en brique et toit de chaume, à proximité de la plage. Avis aux amateurs, l'esprit New Age règne dans cette « école spirituelle » *(voir « Activités »).* Restaurant végétarien, produits bio, boissons énergisantes et cocktails aloa du jardin sans alcool (plante exotique aux nombreuses vertus curatives). Non-fumeur.

Le Jardin – *Lipah - (0363) 235 07 - - 4 ch. 700 000/850 000 Rps .* Une table d'hôtes tenue par une Française. Les bungalows sont propres et possèdent une sdb à ciel ouvert. Terrasse, mobilier en bambou, mezzanine avec lit d'appoint. Un endroit très bien tenu, avec un beau jardin. Un bon rapport qualité-prix. Le restaurant propose salades et cuisine indonésienne *(de 60 000 à 80 000 Rps).* Séjours de relaxation (massages et randonnées).

Selang Resort – *Br. Banyuning, Bunutan - (0363) 278 85 75 ou 0812 2223 6636 - www.selangresort.com - - 14 ch. 750 000/1 200 000 Rps .* Accroché à la falaise en surplomb de la mer, l'hôtel jouit d'une vue et d'une situation idylliques, mais affiche les signes du déclin.

Les chambres, avec terrasse panoramique, ont perdu de leur splendeur, mais les tarifs ont été revus sensiblement à la baisse. Jolie piscine et restaurant agréable.

Meditasi Bungalows – *Plage de Aas - 0828 3722 738 - www.meditasibungalows.blogspot.com - - 8 ch. 700 000/1 200 000 Rps*. Une poignée de bungalows surélevés dans un jardin, avec terrasse face à la mer et sdb à ciel ouvert. Lieu charmant, avec les bateaux échoués sur le sable, et ambiance décontractée. Cours de yoga et de cuisine, musique et danse le dimanche à 19h30. Restaurant bio.

Wawa Wewe II – *Bunutan (passé le pont, côté mer) - (0363) 235 22 - www.wawawewe.com - - 11 ch. 875 000/1 250 000 Rps*. Des pavillons en dur à toit de tuiles disposés le long d'une pente arborée menant du jardin à la plage. Bien tenu, avec des chambres spacieuses, l'hôtel est d'un excellent rapport qualité-prix. Restaurant en bord de plage.

Pour se faire plaisir

Hidden Paradise Cottages – *Lipah (après le pont, au bout de la baie) - (0363) 235 14 - www.hiddenparadise-bali.com - - 16 ch. 1 900 000/2 400 000 Rps*. Des bungalows balinais classiques (brique et toit de chaume) répartis le long d'une allée traversant un jardin soigné. Ils sont dotés d'agréables sdb à ciel ouvert et d'une terrasse. Restaurant sur la plage. Club de plongée.

Santai – *Jl. Raya Amed, Bunutan (à l'ouest du pont qui enjambe le torrent) - (0363) 234 87 - www.santaibali.com - - 10 ch. 1 200 000/2 200 000 Rps*. De jolis bungalows à toit de chaume, inspirés de l'architecture de Sulawesi. Les plus luxueux - avec mezzanine - sont postés en front de mer près de la piscine. Décor de bois et de bambou. Jardin luxuriant. Un cadre très agréable avec les bateaux échoués sur la plage, même si celle-ci n'est pas la plus belle des environs.

Life in Amed – *Lean - (0363) 231 52 - www.lifebali.com - - 11 ch. 1 425 000/2 175 000 Rps*. Des bungalows en dur confortables, à toit de chaume, et pourvus de jolies sdb à ciel ouvert avec un sol pavé de galets. Petite terrasse. Les plus belles chambres donnent sur la plage, le tout dans un site agréable. Accès direct à la mer.

À Tulamben

L'unique intérêt d'un séjour à Tulamben même est la plongée. Vous pouvez aussi dormir à **Amed**, où les plaisirs sont plus variés. Presque tous les hôtels ont leur club de plongée (vérifiez l'état du matériel) et louent masques et tubas. Ils consentent souvent des tarifs privilégiés aux plongeurs.

Premier prix

Dive Concepts Tulamben – *Jl. Raya Singaraja, Karangasem (dans le hameau, côté terre) - 0812 3684 5440 - www.diveconcepts.com - - 12 ch. 100 000/175 000 Rps.* Situé au bout d'une allée calme, en retrait de la route, l'hôtel, géré par des Français qui possèdent aussi un club de plongée, pratique des prix imbattables et propose un dortoir pour les tout petits budgets. Le confort sommaire est compensé par l'ambiance décontractée et la vue somptueuse sur le volcan Agung.

Pour se faire plaisir

Tauch Terminal – *Suivez les indications - (0361) 774 504 - www.tauch-terminal.com - - 28 ch. 1 100 000/1 850 000 Rps*. Un hôtel planté sur la plage avec des chambres spacieuses et confortables, précédées de terrasses privatives. Toutes ont vue sur la mer. Spa et club de plongée.

Sur les pentes du mont Agung ★★

Gunung Agung

Point culminant de Bali, à 3142 m, le mont Agung est à la fois le volcan le plus redouté et le plus vénéré de l'île, et chaque temple possède un autel consacré à son esprit. Selon la légende, l'Agung serait né de la scission en deux parties du mythique mont Meru (Mahameru), axe cosmique originel des Hindous, l'autre moitié ayant formé le mont Batur. Créé par les dieux pour en faire leur trône, le volcan symbolise le « nombril du monde », le centre de l'univers balinais, occupant ainsi une place fondamentale dans la cosmogonie et la vie spirituelle de l'île. Aussi, les directions, si importantes à Bali, sont-elles souvent données par rapport à l'Agung. Et c'est sur ses pentes meurtries, ravinées par les éruptions (la dernière datant de 2017-2019) et le passage du temps, que se dresse le plus sacré des temples balinais : le Pura Besakih.

Se repérer

CARTE D2 (P. 206-207) – CARTE DE BALI EST (P. 302).

District de Karangasem – Alt. 3142 m.

À ne pas manquer

Le panorama du haut de Besakih ; les petites routes autour de l'Agung.

Organiser son temps

Visitez Besakih le matin, avant l'arrivée de la foule et de la brume ; louez un véhicule : les transports sont aléatoires. Comptez 2 jours pour l'ascension du volcan.

Nos adresses p. 321

Excursions

CARTE DE BALI EST P. 302

Plusieurs excursions sont envisageables au départ de Klungkung, dont l'une mène à Besakih. Les plus sportifs préféreront entreprendre l'ascension du mont Agung, tandis que les villages alentour se prêtent à de belles balades parmi les plantations et les rizières.

★★ Autour de Sidemen

À 10 km au nord de Klungkung.

Petit village paisible entouré de rizières, avec en toile de fond le mont Agung coiffé de nuages, **Sidemen★** compte parmi les coins les plus authentiques et reposants de Bali. On y pose volontiers ses valises quelques jours pour entreprendre des balades à pied, à moto ou en voiture à la découverte des paysages vallonnés de la région. Au bord des routes, les tapis de clous de girofle qui sèchent au soleil exhalent leur délicat parfum, tandis que les plantations d'œillets d'Inde destinés aux offrandes tapissent d'orange les champs. La rivière **Telaga Waja** qui coule près de Sidemen se prête à un amusant parcours de rafting sur près de 17 km, dans des eaux vives et cristallines.

Sur la route en lacets vers Besakih, faites une halte à **Bukit Jambul** pour son superbe panorama sur les rizières et les girofliers. Par beau temps, il s'étend même jusqu'à la mer.

Besakih, le temple mère.
T. et B. Morandi/hemis.fr

Plus au nord, à proximité de **Selat**, s'étendent des plantations de *salaks* (fruits à la chair blanche et ferme) réputés les meilleurs d'Indonésie.
De **Bukit Putung** s'ouvre aussi un ravissant point de vue jusqu'à la mer.

2

★★ Pura Besakih (TEMPLE DE BESAKIH)

À env. 23 km au nord de Klungkung (prenez Jl. Gajah Mada en dir. de Besakih; des bemo *desservent le temple, mais ils s'arrêtent tôt dans l'après-midi; comptez 30mn de route).*
www.besakihbali.com - 8h-18h - 60 000 Rps - Inclus dans le tarif : location d'un sarong si vous avez les jambes découvertes, guide et aller simple en moto si vous garez votre voiture à Manik Mas. Comptez 45mn. Être accompagné d'un guide vous évitera tout harcèlement - avant de partir, soyez ferme et clair dans les négociations.
Essayez d'arriver très tôt le matin, avant le gros de la foule. Attention, on n'entre pas dans les sanctuaires, il faut se contenter d'en faire le tour.
Étagé sur les contreforts de l'Agung, à près de 1000 m d'altitude, le « temple mère » de Bali conjugue les superlatifs : c'est à la fois le plus grand, le plus ancien, le plus sacré et le plus vénéré de tous les temples de l'île. Son origine reste incertaine, mais des inscriptions du 11e s. laissent penser que des rituels honorant le dieu tout-puissant du volcan s'y seraient déroulés avant l'époque hindouiste. Au 15e s., Besakih devint le temple officiel de la dynastie de Gelgel, où l'on vénérait les ancêtres divinisés de la famille royale. Détruit par un tremblement de terre en 1917, puis reconstruit, il fut miraculeusement épargné par la terrible éruption de l'Agung, en 1963.
Plus qu'un temple, il s'agit en fait d'un grand **complexe** comprenant une vingtaine de sanctuaires. Une longue rampe bordée de boutiques de souvenirs conduit du parking aux portes du temple principal. Au fil du parcours, des hordes de marchands vous solliciteront (l'occasion de goûter les délicieux fruits de la région, à négocier plus que jamais !) et de vrais ou prétendus guides tenteront de vous vendre leurs services. Outre ce harcèlement un peu pénible, la visite de Besakih

La colère des dieux

Le 8 mars 1963, alors que tous les Balinais s'apprêtaient à fêter l'Eka Dasa Rudra, le plus grand rituel purificateur de l'île, l'Agung se réveilla, après un sommeil de plus de six siècles (1350). Des grondements avaient annoncé sa colère quelques jours auparavant, mais l'on y vit un présage favorable. Le volcan se mit soudain à cracher d'épais nuages de fumée, visibles jusqu'à Java, et des torrents de lave et de roche en fusion se déversèrent sur les flancs du volcan, ensevelissant tous les villages alentour. Le cataclysme fit près de 2 000 victimes. Des coulées de lave passèrent à quelques dizaines de mètres du temple de Besakih, qui fut miraculeusement épargné par le cataclysme, mais un tapis de cendres opaque recouvrit toute l'île, et les pluies qui suivirent l'éruption furent fatales aux récoltes.

peut décevoir, car seuls les pèlerins sont autorisés à pénétrer dans l'enceinte des sanctuaires, qui conservent peu d'éléments d'origine.

La vie du sanctuaire – L'ensemble fait néanmoins forte impression. Chaque jour, une activité intense règne dans ce dédale de cours et d'autels : les Balinais viennent y recueillir l'eau sacrée pour les rituels qu'ils accomplissent au village, déposer des offrandes à quelque divinité locale ou encore achever la longue série de rites funéraires qui suit la crémation d'un proche. Mais la visite du sanctuaire prend une autre dimension lorsque s'y déroule l'une des quelque **70 cérémonies** annuelles, qui attirent par milliers des pèlerins de toute l'île *(consultez le calendrier des fêtes distribué par l'office du tourisme de Denpasar, voir « S'informer », p. 233)*. Chaque temple du complexe suivant son propre calendrier, on y célèbre son *odalan* (fête anniversaire) tous les 210 jours. Plus grandioses encore sont les fêtes purificatrices de Panca Wali Krama, qui ont lieu tous les 10 ans environ. Une fois par siècle, enfin, se tient la plus impressionnante des cérémonies : Eka Dasa Rudra.

Les principaux temples – Les trois temples majeurs de Besakih vénèrent La Trinité hindoue, le plus vaste, le **Pura Penataran Agung** *(au centre)*, étant consacré à Siva. Par-dessus le muret qui l'entoure, vous pourrez voir ses *meru*, ses *bale* et ses autels chargés d'offrandes, et dans la deuxième cour, le triple **trône au lotus** *(padmasana trisakti)* voué à la divine triade.

Plus loin, sur sa gauche, se dresse le **Pura Batu Madeg** (ou « temple de la pierre levée »), dédié à Vishnu ; tandis que sur sa droite, le **Pura Kangin Kreteg** (ou « temple de l'est du pont ») honore Brahma. Montez les marches qui longent les cours successives, étagées en terrasses sur les flancs de l'Agung. On n'aperçoit que rarement le sommet du volcan, toujours perdu dans les nuages. C'est un peu plus haut, légèrement vers la droite, que vous aurez le plus beau **panorama★★** sur le site – élégante forêt de *meru* léchée par la brume – et, au loin, sur les collines verdoyantes qui déclinent jusqu'au bleu sombre de la mer.

★★ L'ascension du mont Agung (GUNUNG AGUNG)

Le volcan a connu une période d'éruptions de 2017 à 2019 et il était alors interdit de l'approcher à moins de 4 km et d'en faire l'ascension. Renseignez-vous sur le niveau d'alerte avant de partir.

L'ascension, très difficile, s'effectue soit à partir du temple Besakih, soit à partir du temple Pasar Agung - elle est interdite pendant certaines cérémonies religieuses. Comptez 2 jours.

Recommandations – *Entreprenez l'ascension à la saison sèche, de préférence entre juil. et oct., par temps clair, idéalement à la lueur d'une nuit de pleine lune.*

Il est indispensable de se faire accompagner d'un guide ; vous en trouverez à Besakih, Selat ou Tirtagangga. Partez très tôt pour atteindre le sommet avant les nuages. Prévoyez de bonnes chaussures de marche antidérapantes (le terrain est accidenté et glissant), de quoi vous protéger du froid et de la pluie, une lampe frontale puissante, beaucoup d'eau et des provisions énergétiques.

Du temple Besakih – Si l'ascension à partir du temple de Besakih s'avère plus ardue *(2200 m de dénivelé - comptez 6h de montée et 4 à 5h de descente)*, il permet d'atteindre le sommet du cratère, sur la partie la plus élevée de sa crête. Partez aux alentours de minuit pour être sûr de parvenir au sommet avant l'arrivée des nuages. Votre effort sera récompensé, si le temps est dégagé, par un grandiose **panorama★★★** à 360 degrés qui embrasse, au-delà des spectaculaires pentes volcaniques, une grande partie de l'île.

Du temple Pasar Agung – De Selat, une route file droit au Pura Pasar Agung, point de départ de l'autre ascension. Le chemin est plus court et moins éprouvant *(comptez 3 à 4h de montée et 3h de descente - faites-vous enregistrer au commissariat de Selat, à l'aller et au retour)*. Il aboutit sur le bord inférieur du cratère, d'où la **vue★★** sur Bali Centre est entravée par le pan le plus haut. Le décor reste néanmoins magique, ouvrant sur les paysages du sud et de l'est, modelés par les coulées de lave de 1963.

De retour à Menanga, prenez à gauche jusqu'à Rendang, où vous tournerez à gauche, en dir. d'Amlapura

Nos adresses

Restauration/ Hébergement

Budget moyen

À Toya Bungkah

Mahagiri Resort and Restaurant – *Jl Surya Indah, Rendang Karangasem (entre Bangbang Pande et Menanga, sur la route du temple Besakih) - ✆ 0812 3814 775 - ig@mahagirirendang - 🍴 📶 🏊 - 14 ch. 450 000 Rps - Rest. : buffet 75 000 (déj.).* Des chambres confortables, avec vue sur le jardin ou les rizières. Le restaurant panoramique, étape privilégiée des bus touristiques, n'en est pas moins une bonne adresse, avec une vue exceptionnelle sur les rizières.

Le mont Batur ★★★

Gunung Batur

Que vous vous contentiez d'une brève excursion pour admirer le panorama sur la caldeira - grandiose ! -, que vous optiez pour une promenade en bateau sur le lac qui s'étend entre ses parois ou que vous entrepreniez l'ascension du volcan et le tour de ses cratères encore fumants, le Batur vous laissera un souvenir fort, le site étant sans conteste l'un des plus féeriques de Bali. D'innombrables routes y conduisent, sinuant à travers une région baignée de fraîcheur, terres volcaniques fertiles, colonisées par une végétation d'altitude luxuriante. Insoupçonnable jusqu'à la dernière minute, le saisissant décor sculpté par les colères de ce « mont de feu » s'ouvre soudain sous vos yeux et vous invite à la contemplation et à quelques promenades insolites. Une expérience inoubliable.

Se repérer

CARTE C1 (P. 206-207) - CARTE DE BALI EST (P. 302) - CARTE DU GUNUNG BATUR (P. 324).
District de Bangli - Alt. 1717 m.
À env. 70 km de Denpasar et env. 40 km (1h30) au nord d'Ubud. De Penelokan, la route descend jusqu'aux villages de Kedisan et Toya Bungkah, au bord du lac de cratère.
Hébergement à Kedisan et Toya Bungkah.

À ne pas manquer

La vue de Penelokan sur la caldeira ; le soleil levant du sommet du volcan.

Organiser son temps

Comptez une journée, dont une matinée pour escalader le volcan ; partez vers 3-4h du matin, pour éviter les nuages qui bouchent le panorama ; passez par votre hôtel ou une agence locale pour réserver un guide.

Carnet pratique p. 328

Nos adresses p. 328

Circuits conseillés

CARTE DU GUNUNG BATUR P. 324

★ Les routes pour le Batur

De nombreuses routes mènent au mont Batur, dont certaines sont particulièrement belles. L'idéal est d'emprunter un trajet différent à l'aller et au retour - les trois routes que nous proposons aboutissent toutes à Penelokan, au bord de la caldeira du Batur - Comptez env. 1h aller, quel que soit le trajet choisi. Sur la route, une « taxe » dont la légitimité semble douteuse est parfois prélevée pour pénétrer dans la zone. Demandez un justificatif.

Au fur et à mesure que l'on grimpe dans les hauteurs, les rizières inondées disparaissent au profit des cultures maraîchères (maïs, choux, gingembre, girofle, café, tabac, agrumes). Bananiers et cocotiers se raréfient, cédant la place aux poinsettias d'un rouge éclatant, à toutes sortes de crotons puis, plus haut encore, aux bouquets de bambous et aux fougères arborescentes.

La caldeira du mont Batur (Gunung Batur) et le lac Batur.
Nikada/Getty Images Plus

★★ Par Tampaksiring

Circuit tracé en vert foncé sur la carte du Gunung Batur – départ de Bedulu.
La route de Tampaksiring – l'itinéraire le plus classique – traverse quelques beaux paysages de **rizières en terrasses★★**, superbes vallons taillés en escaliers, dont le vert éclatant répond aux feuilles écarlates des poinsettias.

2

★ Par Bangli

Circuit tracé en violet sur la carte du Gunung Batur – départ de Peteluan.
Autre chemin également assez fréquenté, cette route passe par l'ancienne capitale de la dynastie des Gelgel, **Bangli**, agréable bourgade provinciale à l'allure soignée, arborée et fleurie.
C'est au très beau **Pura Kehen★★**, temple d'État de l'ancien royaume de Bangli, que se déroulaient les cérémonies de couronnement des souverains *(traversez la ville vers le nord ; à côté d'une statue, tournez à droite et continuez 200 m - entrée payante)*. L'édifice s'élève sur huit niveaux, en terrasses, dans un somptueux décor végétal. Des statues d'éléphants gardent les marches. Plus haut, le porche d'entrée, finement ouvragé, débouche sur un magnifique banian dans lequel est perché un *bale kulkul (voir p. 210)*. S'ouvre ensuite la 1re cour, dont certains pans de mur sont incrustés d'assiettes chinoises. Divers autels occupent la 2e cour, honorant les ancêtres de la dernière dynastie du royaume, tandis qu'un élégant alignement de *meru* se dresse dans la suivante. Le plus haut – le plus sacré – est dédié au dieu du feu. Un autre autel, joliment sculpté, figure les trois trônes consacrés aux dieux hindous Brahma, Siva et Visnu. La **cascade de Tukad Cepung**, à Tembuku *(6 km à l'est)* mérite le détour.
Pour gagner directement Penelokan, continuez vers le nord. Vous pouvez aussi rejoindre la route de Rendang (ci-après) en prenant la dir. de Besakih.

★★ Par Rendang

Circuit tracé en marron sur la carte du Gunung Batur – au village de Suter, en cours de route, on vous vendra peut-être les billets d'accès au site du Batur : payer ici ou à Penelokan revient au même.

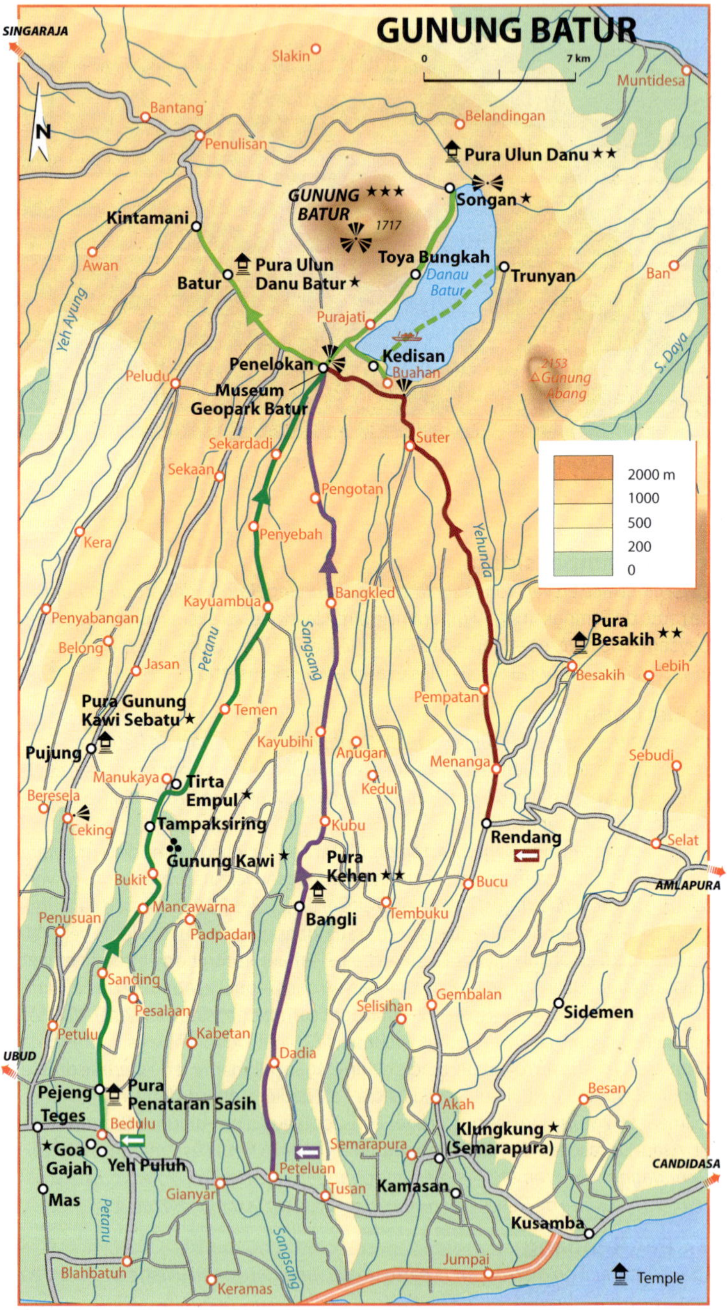
GUNUNG BATUR
0
7 km
N
SINGARAJA
Slakin
Muntidesa
Bantang
Belandingan
Penulisan
Pura Ulun Danu ★★
GUNUNG ★★★
BATUR
1717
Songan ★
Kintamani
Toya Bungkah
Danau
Batur
Trunyan
Awan
Pura Ulun
Danu Batur ★
Batur
Ban
Yeh Ayung
Purajati
Penelokan
Kedisan
Buahan
2153
Gunung
Abang
S. Daya
Peludu
Museum
Geopark Batur
Suter
Sekardadi
Sekaan
Pengotan
2000 m
1000
500
200
0
Kera
Penyebah
Yehunda
Bangkled
Kayuambua
Penyabangan
Sangsang
Pura
Besakih ★★
Belong
Petanu
Jasan
Besakih
Lebih
Pempatan
Pura Gunung
Kawi Sebatu ★
Temen
Kayubihi
Anugan
Sebudi
Pujung
Menanga
Kedui
Manukaya
Tirta
Empul ★
Beresela
Ceking
Tampaksiring
Kubu
Rendang
Selat
Gunung Kawi ★
Pura
Kehen ★★
Bukit
Bucu
AMLAPURA
Mancawarna
Bangli
Tembuku
Penusuan
Padpadan
Sanding
Pesalaan
Gembalan
Selisihan
Sidemen
Petulu
Kabetan
UBUD
Dadia
Pejeng
Pura
Penataran Sasih
Besan
Teges
Akah
Bedulu
Klungkung ★
(Semarapura)
Goa
Gajah
Yeh Pulu
Semarapura
CANDIDASA
Peteluan
Mas
Gianyar
Tusan
Kamasan
Petanu
Kusamba
Sangsang
Jumpai
Blahbatuh
Keramas
Temple

Moins fréquentée, cette route traverse des villages méconnus et découvre des **paysages★★** de toute beauté qui vous permettront de mieux apprécier les changements de végétation. Après une série de virages, la silhouette de l'Agung se profile d'abord, puis celle du mont Abang. Passé Suter, la route grimpe au cœur d'une épaisse forêt où l'air fraîchit ; au détour d'un virage, la **vue★★★** s'ouvre sur le lac Batur : vous êtes au bord de la caldeira...

★★★ La caldeira du Batur

Circuit tracé en vert clair sur la carte du Gunung Batur – Comptez 1h.
Un spectacle à couper le souffle ! Au centre de la caldeira, gigantesque cirque rocheux de 13 km de diamètre, trône le mont Batur (1717 m), cône sombre d'où s'échappe presque en permanence une fumerolle. Sur ses pentes désolées apparaissent, dans un camaïeu de bruns, les différentes générations de coulées de lave. Déjà la végétation a recommencé de les coloniser. À l'est, les flancs de l'Abang (2153 m) plongent abruptement dans les eaux bleutées du lac. Plus loin à l'horizon *(vers l'est)*, quand les nuages ne le voilent pas, l'Agung (3142 m) découpe sa majestueuse silhouette, s'alignant juste derrière les deux premiers sommets.

Penelokan

Accès payant. Avec son extraordinaire **panorama★★★** sur la caldeira (quand le temps le permet), Penelokan (1350 m) figure au premier rang des étapes touristiques de Bali. Au milieu des légions de cars des circuits organisés, vous serez donc assailli par une foule de vendeurs proposant sarongs, souvenirs et fruits avant même que vous ayez eu le temps d'embrasser le paysage.

Museum Geopark Batur – *Jl. Raya Penelokan - ✆ (0366) 51152 - www.baturglobalgeopark.com - lun.-vend. 8h-16h, sam.-dim. 8h-14h - gratuit.* En forme de cône volcanique, ce musée consacré à la géologie et à la volcanologie présente de remarquables maquettes 3D et plans de coupe du Batur. Photos, minéraux et outils de volcanologie complètent l'ensemble.

Poursuivez en direction de Kintamani. Pour descendre dans le cratère, prenez à droite la route sinueuse à forte déclivité qui descend jusqu'au village de Kedisan (1040 m). Sinon, continuez sur la route de crête.

Batur

Le temple du village se dresse sur votre droite, juste avant Kintamani.
À l'origine, Batur se trouvait au bord du lac, à l'intérieur de la caldeira. Lors de l'éruption de 1926, la lave s'arrêta miraculeusement à l'entrée du temple, mais ravagea tout le village, que l'on reconstruisit ici, sur la crête de la caldeira, et où l'on déplaça le temple *(voir encadré p. 326)*. Considéré comme l'un des sanctuaires les plus importants de Bali, après celui de Besakih, le **Pura Ulun Danu Batur★** *(Jl. Raya Kintamani - 8h-17h - 35 000 Rps, location de sarong 20 000 Rps)* est dédié à la déesse du lac Batur, Ida Betari Dewi Danu. Les eaux du lac alimentent en effet tout un réseau souterrain de sources, à l'origine de l'irrigation et de la fertilité de la région. Le temple conserve quelques éléments d'origine, épargnés par la lave, mais de nombreux autels n'ont jamais été entièrement reconstruits. Ses élégants porches fendus ouvrent sur de vastes cours où se dressent des *meru* – les plus élevés honorent la déesse du lac et les dieux de l'Agung et du Batur – et de nombreuses *bale* couvertes d'offrandes.

Kintamani

Marché tous les 3 jours, de 5 à 10h env.
Au **marché★**, le plus important de la région, on vend de tout, y compris des anoraks et des pull-overs. En saison, vous pourrez y goûter les fruits qui poussent dans les environs : *salak*, gros pamplemousses verts, *manggis*, fruits de la passion...

2

Naissance d'une caldeira

Il y a environ 30 000 ans, une explosion d'une puissance inouïe secoua Bali, propulsant des tonnes de cendres et de lave et donnant naissance à un volcan de 3 000 m d'altitude. La poche de magma sous-jacente s'étant vidée, le sommet du volcan s'effondra sur lui-même, creusant à sa place une caldeira, large marmite aux parois vertigineuses. Près de 10 000 ans plus tard, une nouvelle éruption donna naissance à un volcan secondaire, le Batur, tandis qu'à ses pieds la caldeira se remplissait d'eau, formant un lac. Depuis sa naissance, le Batur est entré plusieurs fois en éruption. Les habitants se transmettent le souvenir de celle de 1926, qui détruisit 60 000 maisons et tua un millier de personnes. La dernière remonte à 2000. Coulées de lave et éjections de cendres, de scories et de pierres ont façonné ses pentes, modelant d'autres cônes... qui augurent d'autres colères. Pourtant, dans les villages qui ont fleuri à ses pieds, la vie continue.

En poursuivant au nord sur la route de Singaraja, à environ 10 km après Kintamani, on parvient à deux **points de vue★★** splendides – **Sukawana Sunrise Spot** et **Pinggan Sunrise Spot** – pour des photos du mont Batur à l'aube.
Pour redescendre vers le sud de Bali, retournez à Penelokan et prenez l'une des routes décrites ci-dessus. Pour vous rendre sur la côte nord, longez la caldeira vers le nord jusqu'à Penulisan ; là, prenez la route sinueuse qui descend vers Singaraja ; elle aboutit à Kubutambahan (env. 1h de Kintamani), 10 km à l'est de Singaraja par la grande route littorale nord.

Autour du lac

Kedisan

À env. 6 km de Penelokan, sur la rive sud du lac. L'embarcadère se trouve à Kedisan, 100 m à droite au débouché de la route de Penelokan. Les bateaux publics n'étant pas accessibles aux touristes, il vous faudra en louer un : comptez 300 000 Rps par pers. (tarif dégressif en fonction du nombre) pour une balade de 2h en bateau, avec arrêt à Trunyan. Sinon, une route relie Trunyan (comptez de 1h30 à 2h).
Le village (1 040 m) ne présente pas d'intérêt particulier, mais il est le point de départ des bateaux pour une balade sur les eaux paisibles du lac. L'occasion d'admirer les pêcheurs, rame sous un bras et ligne dans l'autre main, sur leurs pirogues de fortune creusées dans des troncs d'arbre.

Trunyan

Sur la rive orientale du lac.
Isolée sur une étroite bande de terrain, la **communauté des Bali Aga** *(voir « Bali au quotidien », p. 208)*, ou « Balinais originels », vit en autarcie. On ne vous laissera pas voir grand-chose du village ; les habitants se montrent peu avenants à l'égard des étrangers. Seule attraction, la visite du **cimetière** *(Kuban)* n'a rien de réjouissant. Suivant un rituel funéraire archaïque, les Aga n'incinèrent pas leurs morts mais laissent leurs corps se décomposer à l'air libre. Exploitant à des fins mercantiles la curiosité qu'attisent ces traditions mortuaires, la population locale organise une mise en scène autour des squelettes. Amateurs de visions macabres, sachez que l'on sollicitera vos donations avec acharnement !
De retour à Kedisan, une petite route cahoteuse, montant et descendant des éboulements de roches volcaniques, permet de longer le lac par l'ouest.

Toya Bungkah

À 6 km au nord de Kedisan, par une route étroite bordée de coulées de lave. Vous pouvez loger à Kedisan et y entreprendre l'ascension du volcan, mais il vaut mieux se rendre à Toya Bungkah, plus proche du Batur.

Ce hameau désolé, appelé aussi Air Panas, abrite une source chaude d'origine volcanique qui jaillit au bord du lac, très délassante après l'ascension *(voir « Activités », p. 329).*

Poursuivez la route (mauvaise) vers le nord jusqu'à Songan (15-20mn en voiture).

★ Songan

À l'extrémité nord du lac.

Ce village pittoresque cache un joli temple, rehaussé par un majestueux décor : tout au bout de la route, le **Pura Ulun Danu★★** aligne ses superbes *meru* à toits multiples, au pied de la paroi de la caldeira tapissée de fougères. De là, si le ciel est dégagé, vous pouvez grimper sur la crête de la caldeira *(15-20mn de marche aisée).* Le **point de vue★★★** plonge d'un côté sur le lac Batur, de l'autre sur la côte est de Bali, avec la silhouette de l'Agung en toile de fond.

★★★ L'ascension du volcan

Comptez env. 3-4h de marche AR pour l'ascension la plus courte, au dép. de Toya Bungkah ; elle est fatigante mais sans grande difficulté. Un autre départ se situe au niveau du parking du temple Pura Jati Batur. Il vous sera difficile de vous passer des services de l'association des guides locaux (HPPGB).

Munissez-vous d'une lampe de poche si vous partez de nuit, d'eau (1 à 2 l/pers. selon la durée de votre balade) et de bonnes chaussures de marche, antidérapantes et de préférence montantes, le terrain étant par endroits sablonneux et caillouteux ; prévoyez un coupe-vent et une polaire : il fait très frais au sommet. Dès l'arrivée à Kedisan et Toya Bungkah, vous serez sollicité par les guides : il est conseillé d'être accompagné pour l'ascension de nuit (comptez env. 350 000 Rps pour un groupe de 1 à 4 pers.) et, éventuellement, pour faire le tour des cratères secondaires (env. 500 000 Rps, ascension du cratère principal comprise). De jour, vous pouvez entreprendre seul l'ascension, balisée, mais vous risquez d'avoir un ciel couvert.

Pour atteindre le **cratère principal★** au lever du soleil, partez à 4h du matin *(de 1h30 à 2h de montée, 1h-1h30 de descente ; assez facile).* Au sommet, si le temps n'est pas couvert, vous découvrirez un **panorama★★★** féerique. L'air est pur, le ciel scintille encore de toutes ses constellations et, avec un peu de patience, vous verrez fuser quelques étoiles filantes ; les premières lumières s'allument peu à peu dans les villages en contrebas. Sur le cratère vous attendent thé et café chauds ou boissons fraîches. On vous proposera même de vous cuire un œuf sur les fumerolles qui s'échappent des failles alentour... Lorsque pointent les premières lueurs du jour, la silhouette du mont Rinjani puis les côtes de l'île de Lombok se dessinent dans le lointain, entre mer et brume, tandis qu'au premier plan *(légèrement sur la droite)* les sommets de l'Abang et de l'Agung semblent se superposer. Tout en bas, des nuages flottent parfois sur le lac, enveloppant ses contours dans la ouate. Plus tard, ils s'élèveront doucement le long des parois de la caldeira, d'où ils finiront par s'échapper. Enfin, sur les pentes nord du Batur, le soleil matinal teinte d'orange les petits cônes et les ondulations que la lave a modelés. Déjà recouverts de verdure, ils sont le fief de toute une colonie de singes sauvages.

S'il vous reste des forces, redescendez en faisant le tour des **cratères secondaires★★** *(de 5 à 6h AR, ascension du cratère principal comprise ; difficulté moyenne).* La marche se fait dans un paysage volcanique varié, pentes austères, sables glissants, roches instables, âcres fumerolles sulfureuses : le volcan se mérite ! L'apothéose se situe au bord du **dernier cratère★★★**, issu de l'éruption de 1997 : tapissé de dépôts de soufre multicolores, il souffle et crache fumée et flammes rouges, dans un grondement impressionnant.

Carnet pratique

S'informer

The Association of Mount Batur Trekking Guides (HPPGB) – *En face de l'hôtel Arlinas, Toya Bungkah - ✆ (0366) 523 62.* Le bureau officiel des guides du mont Batur a mauvaise réputation. Que vous vouliez faire l'ascension seul ou avec une agence, il tente d'imposer ses guides ou à tout le moins une taxe, et il s'avère quasi impossible de l'éviter. *Voir aussi la rubrique « Visite » ci-après.*

Adresses utiles

Banque/Change – Distributeur ATM près du Lakeview Hotel, à Penelokan, sur la crête. Non loin de là, banque **BRI**.

Arriver/Partir

Shuttle Bus - **Perama** – *www. peramatour.com.* Liaisons depuis Kuta *(départ 10h - 150 000 Rps)*, Sanur *(départ 10h30 - 150 000 Rps)* et Ubud *(départ 11h30 - 125 000 Rps)*. Rens. à l'hôtel Arlina's *(voir « Hébergement »)*.

Bemo – Liaisons pour Kintamani via Penelokan, au départ de Denpasar (Batubulan), Ubud, Amlapura et Singaraja. Plus nombreux en matinée et les jours de marché *(tous les 3 jours)*. Des *bemo* réguliers descendent vers les villages de Kedisan et Toya Bungkah *(ttes les h env. ; plus fréquents pendant le marché)*.

Visites

Prévoyez une polaire pour l'ascension et un maillot de bain pour les sources chaudes. Fermez votre voiture et n'y laissez aucun objet de valeur.

Pour l'ascension du volcan, prenez beaucoup d'eau et une lampe frontale. Presque tous les hôtels proposent des guides pour l'ascension ; comptez 300 000/550 000 Rps/pers. pour la formule la plus simple, sans le repas *(30 000 Rps)* et l'entrée au site *(75 000 Rps)*.

Roijaya Wisata – *Lakeside Cottages, Toya Bungkah - ✆ (0366) 512 49 - lakesidecottage@yahoo.com.* Une agence sérieuse.

Nos adresses

Restauration

À Penelokan

Étape obligée des circuits organisés et des touristes juste venus admirer le panorama, Penelokan compte d'innombrables restaurants proposant des formules de buffet, assez chères et pas toujours excellentes. Certains ne jouissent pas de la vue sur le cratère.

Gunung Sari, **Panca Yoga**... En poursuivant vers Kintamani, vous ne tarderez pas à voir les petites terrasses de ces restaurants, implantés au bord de la caldeira. Plus simples et souvent meilleurs, ils proposent les plats indonésiens classiques, des sandwichs et parfois des buffets (moins chers qu'à Penelokan). Seul bémol : le bruit de la route, mais la vue vous le fera oublier.

À Kedisan

Premier prix

Resto Apung Floating Restaurant – *Au bord du lac, prenez à droite au carrefour en arrivant - ✆ (0366) 51627 ou 0813 3375 5411 - 💳 - 50 000/100 000 Rps.* À l'image de son hôtel attenant, le lieu souffre d'une nonchalance dans l'entretien des lieux. Les plateformes flottantes en bois (avec tables à ciel ouvert ou pavillons à toit de chaume) conservent néanmoins leur charme. Essayez le *tilapia* (poisson à chair blanche) grillé à la sauce Kedisan (lait de coco et piments).

À Toya Bungkah

Budget moyen

Tous les hôtels cités disposent d'un restaurant, proposant les mêmes plats à des prix comparables. Voir aussi les restaurants des sources chaudes, comme le Batur Natural Hot Spring, qui jouit d'une situation agréable.

Activités

Sources chaudes

Batur Natural Hot Spring – *✆ 0821 4468 1554 - www.baturhotspring.com - CC - 7h-19h.* Cet établissement, géré par une coopérative locale, a été superbement réaménagé. Il compte désormais trois bassins (eau à 38-39 °C) en pierre de lave bordant le lac, ainsi qu'un restaurant. Les tarifs s'en ressentent *(190 000 Rps).*

Toya Devasya – *Puri Bening, Toya Bungkah - Voir « Hébergement » - ✆ (0366) 512 05 ou 0819 9994 4332 - www.toyadevasya.com - CC - 7 piscines - 300 000 Rps (enf. 200 000 Rps), équipement inclus.*

Hébergement

Penelokan, sur la crête, compte plusieurs hôtels, mais il vaut mieux séjourner dans le cratère même, à Kedisan ou Toya Bungkah, pour être plus près du départ de l'ascension. N'espérez pas trouver d'adresses de charme : le niveau de l'hôtellerie est médiocre et aucun établissement ne sort vraiment du lot. Pourtant, faute de choix, ils sont vite pleins. Vérifiez la propreté de la chambre et des sanitaires avant de choisir. L'hôtel **Toya Devasya** propose un hébergement en camping équipé *(570 000/750 000 Rps.)* et des villas *(2 500 000/4 500 000 Rps)*, accès aux bassins compris.

À Kedisan

Budget moyen

Segara – *Jl. Raya Desa Kadisan (dans le village, à gauche au carrefour) - ✆ (0366) 511 36 - ✕ ᯤ - 33 ch. 300 000/700 000 Rps ☕.* Des pavillons disposés autour d'une cour aménagée en jardin. Les plus chères sont spacieuses et disposent d'une terrasse, mais sont surévaluées. Les plus simples sont correctes pour leur prix. N'hésitez pas à négocier. Certaines ont vue sur le lac mais subissent la proximité de la route. Eau chaude.

À Toya Bungkah

Premier prix

Kintamani Volcano Living – *Jl. Pendakian to Batur (à l'entrée du village et sur le chemin menant au lac) - ✆ (0366) 525 08 ou 0821 4693 9393 - ig@volcano_living - ✕ ᯤ 🏊 - 12 ch. 150 000/200 000 Rps ☕.* Hôtel familial comptant deux établissements. Le Volcano est un alignement de chambres dans un bâtiment planté au bord d'une rue calme. Confort sommaire, les chambres avec eau chaude sont un peu plus chères. Le Kintamani, agréablement posé au bord du lac, offre un confort similaire mais est plus onéreux. L'hôtel pourvoit guides de randonnée et transports.

Budget moyen

Arlina's (RedDoorz) – *À l'entrée du village - ✆ (021) 8062 96 66 - ✕ ᯤ 🏊 - 10 ch. 500 000/600 000 Rps ☕.* Un établissement simple et dépourvu de caractère. Les chambres sont identiques, seule la présence d'eau chaude justifie les variations de prix. Ambiance bon enfant et familiale. Il possède désormais une piscine et deux bassins d'eau thermale chaude. Mais les prix ont subi une nette augmentation.

BALI NORD
0
5 km
Temple
Plongée
LAUT BALI
Tanjung Bungkulan
TULAMBEN
KINTAMANI
BEDUGUL
MUNDUK
ANTOSARI
GILIMANUK
1000 m
500
200
0
N
Alassari
Bukit
Air Sanih
Depeha
Tegal
Daya
Bakungan
Penginyahan
Bulian
Tamblang
Bila
Bontihing
Pakisan
Air Terjun Sekumpul
Pura Maduwe Karang
Tambak
Kubutambahan
Bungkulamindah
Pura Dalem Jagaraga
Sawan
Sudaji
Kusia
Nangka
Jagaraga
Sangsit
Sinabun
Suwug
Poh
Tenaon
Silangjana
Pegayaman
Air Terjun Gitgit
Yehketipat
Buleleng
Pura Beji
Sangsit
Sidayu
Kerobokan
Singaraja
Sarimekar
Sukasada
Panji
Abasan
Air Terjun Aling-Aling
Banyuasri
Galiran
Pemaron
Tegallinggah
Pancoran
Selat
Lovina Beach
Tukad Mungga
Anturan
Panti
Tukadjuwuk
Kalibukbuk
Sekar
Tigawasa
Temukus
Brahma Vihara Arama
Air Panas Banjar
Sidetapa
Dencarik
Pengastulan
Bukanan
Seririt
Patemon
LOVINA BEACH
1 km
Jl. Pantai Kalibukbuk
Jl. Binaria
Jl. Kobu Gembong
Kalibukbuk
Anturan
Tukad Mungga
Pemaron
SE LOGER
Angsoka 1
Bali Lovina Beach Cottages 2
Bali Taman Resort 3
Gede Homestay 4
Lovina Beach Hotel 5
Nirwana Seaside Cottages 6
Puri Bali 8
Rambutan 9
Sea Breeze Bungalows 10
Puri Saron Baruna Beach Lovina 12
SE RESTAURER
Semina 1
Santhi Bar 5

Lovina Beach et la côte nord ★

Au début du 20e s., le Nord restait la principale porte d'entrée dans l'île. Mais les premiers touristes qui débarquèrent préféraient quitter son atmosphère coloniale et mercantile pour les petits villages de Kuta ou de Sanur, à la recherche de la « vraie » Bali et de ses plages paisibles. Aujourd'hui, le courant s'est inversé : le Nord attire tous ceux qui fuient les grandes stations balnéaires méridionales, en quête de calme. Autre côte, autre visage : ici, la montagne est reine. Abrupte, elle plonge presque directement dans la mer, ne laissant qu'une étroite plaine côtière frangée de plages de sable noir, derrière lesquelles vergers et cultures maraîchères ont pris le pas sur les rizières. Plus sèche, moins urbanisée, la région reste un peu à l'écart des routes touristiques, à l'exception de Lovina, station tranquille non dépourvue de charme, même si elle peine à rivaliser avec les plages du Sud. Le Nord se distingue également par des traits artistiques originaux, sensibles dans l'architecture et la décoration des temples ou dans le dynamisme des danses locales (tel le joged) et l'activité artisanale (fabrication des instruments du gamelan, orfèvrerie), sans oublier l'art du songket, ces délicates étoffes tissées de fils d'or.

Se repérer

CARTE BC1 (P. 206-207) – CARTE DE BALI NORD CI-CONTRE.
District de Buleleng.
À 80 km au nord de Denpasar et à 5 km à l'ouest de Singaraja. Lovina s'étire sur 7 km le long de la côte. Desservie par une route très passante, elle est éclatée en différents villages devenus autant de spots de la station balnéaire. D'est en ouest : Tukad Mungga, Anturan et Kalibukbuk, le plus touristique.

À ne pas manquer

Le lever du soleil sur la plage de Lovina ; un tour en bateau pour voir les dauphins et explorer les fonds marins ; les temples à l'est de Lovina.

Organiser son temps

La plupart des touristes passent une nuit à Lovina pour partir en mer à l'aube à la rencontre des dauphins. Comptez un jour de plus pour explorer les cascades, sources et temples des environs.

En famille

Un tour en bateau pour observer les dauphins.

Carnet pratique p. 336

Nos adresses p. 336

Se promener

CARTE DE BALI NORD CI-CONTRE

★ Lovina Beach

Avec l'essor du tourisme, les petits villages qui s'égrenaient le long de la côte se sont développés jusqu'à se rejoindre et former une longue station balnéaire : Lovina. Malgré cette expansion, l'endroit jouit encore d'une atmosphère agréable, paisible et nonchalante. Sur la **plage**★ ombragée, longue écharpe de sable noir baignée par une mer calme, une guirlande colorée de *jukung* attend l'aube pour prendre le large. Devant leurs cabanes de fortune, les pêcheurs rafistolent leurs filets pendant que les enfants barbotent dans l'eau. Dans les petites allées qui relient la route à la plage, vous tomberez peut-être sur une partie de billard animée ou de gamelan improvisée...

Dès votre arrivée à Lovina, on vous proposera immanquablement un **dolphin tour**★ pour aller observer les dauphins *(départ à 6h du matin ; présentez-vous sur la plage un peu avant ou réservez la veille auprès de votre hôtel - à partir de 100 000 Rps/pers. ; les hôtels prennent une commission - la meilleure saison est de mai à janvier)*. Nombreux certains jours, les mammifères font parfois faux bond aux touristes aux aguets, et les photographes reviennent bredouilles. C'est la loi du genre, ne faites pas comme certains touristes qui insistent dans ce cas pour se faire rembourser et consolez-vous à la vue du magnifique **lever du soleil**★★ sur les montagnes ! La foule des bateaux peut aussi rebuter, mais si vous avez la chance d'y être en basse saison, l'expérience peut se révéler inoubliable. Pour augmenter vos chances de voir des dauphins, vous pouvez aussi louer les services d'un pêcheur en fin d'après-midi. Vous prendrez ainsi les animaux au dépourvu, eux qui ne vous attendaient qu'au petit matin... Le coucher du soleil n'a par ailleurs rien à envier au lever.

Vers 8 ou 9h, les pêcheurs vous ramènent à la plage. Ils peuvent ensuite vous emmener faire du **snorkeling**★★ *(prix fixe ; masques et tubas fournis)*. À quelques centaines de mètres de la côte seulement, les bancs de coraux sont en effet peuplés de fascinantes créatures multicolores. Quelques récifs se trouvent tout près du rivage, et quand l'eau est claire, on peut apercevoir une grande variété de coraux et de poissons.

Dauphins

Les bateaux à moteur constituent une réelle **nuisance pour les dauphins** et beaucoup de bateaux ne respectent pas une distance raisonnable (50 m au moins) et n'hésitent pas à les prendre en chasse. Certains jours, les bateaux se comptent par dizaines. Choisissez bien votre prestataire et insistez pour ne pas vous approcher trop près des dauphins !

Circuits conseillés

CARTE DE BALI NORD P. 330

★ À l'est de Lovina Beach

Circuits rose tracé sur la carte de Bali nord – Comptez une demi-journée.
Dans les terres ou sur la route côtière, l'est de Lovina est surtout remarquable pour ses temples.

Singaraja

À 10 km de Lovina Beach.
Grande ville universitaire (150 000 hab.) animée par une circulation intense, y compris celle des voitures à cheval, l'ancienne capitale administrative de Bali ne présente pas un grand intérêt touristique. Près du vieux port envasé, elle conserve néanmoins quelques vestiges de l'époque hollandaise *(voir encadré « Carrefour des peuples sur la route des épices » ci-contre)* : vous y verrez des demeures coloniales et des entrepôts, dans un piteux état pour la plupart.
Musée-bibliothèque Gedong Kirtya – *Jl. Veteran 20 - lun.-jeu. 8h-16h, vend. 8h-12h30 dans la pratique, horaires capricieux - entrée payante.* Installé dans

Carrefour des peuples sur la route des épices

Idéalement située sur la route des épices, **Singaraja**, capitale du royaume de Buleleng, devint au fil des siècles un grand port de commerce, attirant des marchands de Java, de Sulawesi, de Chine et même d'Inde et d'Arabie. Un kaléidoscope ethnique qui fit se côtoyer mosquées, pagodes chinoises, temples hindous, monastères bouddhiques et églises, dont on voit encore quelques vestiges. La position stratégique de Singaraja n'échappa pas aux Hollandais qui, à la suite d'une série de différends, attaquèrent le royaume de Buleleng. À commencer par sa capitale, qui fut la première ville à tomber (1849). Siège du raja local, elle devint en 1855 la résidence du gouvernement colonial, qui contrôla tout le nord de Bali à partir de 1882.

l'ancien palais royal (1928), il possède une collection unique au monde de *lontar*, des manuscrits anciens gravés sur des feuilles de palmier. Ces pièces, considérées comme sacrées, traitent de médecine, de sorcellerie, de religion.

Marché de nuit – *Jl. Durian (entre Jl. Diponegoro et Jl. Imam Bonjol) - 17h-22h.* Dans une atmosphère sympathique, vous pourrez goûter un bon *sate* ou d'autres spécialités indonésiennes.

Quittez Singaraja par Jl. Gajah Mada et prenez la route qui monte vers Bedugul sur 11 km (comptez 10 à 15mn en voiture jusqu'au parking).

★ Les cascades de l'intérieur

Prévoyez des baskets plutôt que des tongs, les sentiers d'accès aux chutes d'eau sont souvent glissants.

Au sud de Singaraja, la route vers Bedugul monte à l'assaut des montagnes, réservant quelques belles **vues★★** sur les rizières en terrasses et les gorges noyées sous la végétation. De pittoresques **cascades** *(Air Terjun)* se cachent dans les parages, dont l'accès est hélas noyauté par des guides qui insistent lourdement pour imposer leurs services.

★ Air Terjun Aling-Aling – *Village de Sukasada (à 8,5 km au sud de Singaraja) - 8h-17h - entrée simple 10 000 Rps, entrée avec baignade et guide 125 000 Rps.* Elle compte quatre bassins, dans lesquels on peut glisser par des toboggans naturels ou sauter de rochers à 5, 10 et 15 m de haut. Attention, la première des cascades est sacrée, on ne peut pas s'y baigner.

Air Terjun Gitgit – *Village de Sukasada (à 11 km au sud-est de Singaraja) - 8h-17h - entrée 20 000 Rps, avec guide 150 000 Rps.* Elle forme un joli rideau d'écume se jetant d'une haute paroi rocheuse au milieu de la verdure. Des boutiques jalonnent le sentier d'accès et les vendeurs vous solliciteront à l'aller comme au retour.

De là, vous pouvez continuer vers Bedugul et visiter la région des lacs (voir « Autour du lac Bratan », p. 294) ou, pour poursuivre le circuit proposé, revenir sur la côte nord et prendre à droite jusqu'à Sangsit (8 km de Singaraja). Le temple sera indiqué sur la gauche.

★★ Pura Beji

Village de Sangsit (à 7 km à l'est de Singaraja par la route littorale) - 8h-17h - donation - sarong et ceinture obligatoires.

Caractéristique de l'architecture « baroque » du Nord avec ses façades foisonnant d'effrayantes créatures ailées, ce **temple de subak** *(voir p. 210)* est dédié aux divinités des rizières irriguées. Dans la cour intérieure, ombragée de magnifiques frangipaniers, le sanctuaire principal rassemble de nombreux édicules, destinés à accueillir les divinités lorsqu'elles descendent sur terre. Ces petits autels sans

2

À en perdre le nord !

Dans la tradition balinaise, profondément marquée par le rôle sacré des volcans, les cartes géographiques ne sont pas orientées suivant le nord magnétique, mais par rapport aux montagnes, souvent réputées être les demeures des dieux. Quand on se trouve au sud de l'île, tout va bien : comme les montagnes se dressent au nord, les deux se confondent. Mais dans le nord de l'île, au-delà des montagnes qui se retrouvent au sud, le problème se corse ! Les habitants du Nord voient en effet leur île « à l'envers ». Une particularité qui ne manque pas de prêter à confusion. Aussi, lorsque vous demandez votre chemin, évitez d'évoquer les points cardinaux et parlez plutôt de *kaja* (« vers les montagnes »). Vous aurez ainsi moins de risque de vous retrouver dans la direction opposée à celle que vous cherchez.

toit, qui remplacent ici les *meru* des autres régions de l'île, sont eux aussi richement sculptés de motifs floraux et de démons.
Continuez vers l'est jusqu'à une route qui monte, à droite, vers Jagaraga (indiqué).

Pura Dalem Jagaraga

Village de Jagaraja (à 11 km à l'est de Singaraja) - donation - sarong et ceinture obligatoires.
Autre exemple de l'architecture régionale, mais moins bien conservé, ce temple dépourvu de *meru* est peuplé de nombreuses statues de monstres terrifiants et d'amusants bas-reliefs qui contrastent nettement avec le classicisme du Sud. Vous y verrez entre autres un bateau voguant sur les flots, une voiture, une bicyclette, et même un avion !
La route mène ensuite à **Sawan**, un charmant village réputé pour la fabrication des gongs de gamelan. Demandez à visiter un des ateliers, où les forgerons fondent et martèlent avec dextérité le bronze brûlant.

★ Air Terjun Sekumpul

Village de Sekumpul (à 6 km au sud de Sawan) - 8h-17h - entrée 20 000 Rps, avec guide 200 000 Rps.
Isolée à l'intérieur des terres, cette cascade dévoile sept chutes grandioses qui dégringolent au fond d'une vallée d'un vert profond.
Reprenez la route côtière vers l'est jusqu'à Kubutambahan, peu après la route de Kintamani.

★ Pura Maduwe Karang

Village de Kubutambahan (à 11 km à l'est de Singaraja) ; le temple se trouve à l'angle d'une rue qui part vers la mer) - entrée payante - sarong et ceinture obligatoires.
Dédié aux dieux de la terre et des cultures sèches, ce **temple** frappe lui aussi par la créativité et l'originalité de ses sculptures. Un foisonnement de figures tirées de l'épopée du *Ramayana* vous accueille, de part et d'autre des marches d'accès. Des porches fendus ouvrent sur les deux cours successives, ombragées de beaux frangipaniers. Des enfants vous indiqueront, sur la gauche, le **bas-relief★★** le plus surprenant : un homme à bicyclette, avec des fleurs en guise de roues. A-t-il été sculpté par l'un des premiers Hollandais à visiter Bali à vélo ou par un artiste balinais à qui la scène parut saugrenue ? Les interprétations divergent...
Poursuivez sur la route côtière vers l'est.

Source chaude de Banjar.
McPHOTO/vario Images RM/age fotostock

2

★ Kolam Renang Air Sanih (SOURCE D'AIR SANIH)

Village de Bukti (à 15 km à l'est de Singaraja) - 8h-18h - 10 000 Rps - location de serviettes.
Alimenté par les eaux limpides d'une source de montagne, un grand bassin pavé de galets vous attend pour une halte rafraîchissante. On peut s'y restaurer (et même y loger) au cœur d'un luxuriant jardin tropical débouchant sur la mer.

À l'ouest de Lovina Beach

Circuit violet tracé sur la carte de Bali nord – Comptez 2h. Longez la côte jusqu'à Dencarik où une petite route monte au monastère (env. 10 km de Lovina).

Brahma Vihara Arama (MONASTÈRE BOUDDHIQUE)

Village de Banjar - ✆ (0362) 929 54 - www.brahmaviharaarama.com - 20 000 Rps, prêt d'un sarong inclus.
Accroché à la montagne, dominant les rizières et la mer qui se dessine dans le lointain, le monastère occupe un site charmant et jouit d'un **panorama** splendide. Rare lieu de culte bouddhique de l'île, il montre un curieux mélange de styles : les bouddhas dorés rappellent ceux de Thaïlande, les offrandes et certaines statues sont typiquement balinaises, le stûpa évoque ceux que l'on voit au Népal, tandis que certaines statuettes en porcelaine colorée font plutôt penser aux vierges de Lourdes.
Du monastère, redescendez vers la côte sur 1 km. Tournez à gauche et traversez le village. Devant le marché, un panneau indique les sources de Banjar vers la gauche.

★ Air Panas Banjar (SOURCE CHAUDE DE BANJAR)

✆ (0362) 929 01 - www.banjarhotspring.co.id - 8h30-17h30 - 20 000 Rps - restaurant.
Plusieurs dragons crachent une eau chaude et légèrement sulfureuse dans les bassins, qui s'étagent dans un bel écrin de verdure tropicale. Agréable pour se prélasser au réveil, ou après une journée de visites et de transports.

Carnet pratique

Adresses utiles

Banque/Change – Les bureaux de change sont concentrés à Kalibukbuk. Distributeur à la banque **BCA** sur la route principale, près du carrefour avec Jl. Binaria.

Poste/Téléphone – Bureau de poste à Kalibukbuk, sur la grand-route, vers l'ouest *(tlj sf dim. 9h-15h, vend. 13h, sam. 11h30).* Plusieurs **Wartel** sur Jl. Binaria.

Internet - **Spice Dive** *(Jl. Binaria, Kalibukbuk - 8h-0h)* et **Warung Sukha** *(Jl. Binaria, Kalibukbuk - 9h-23h).* Fait également restaurant et épicerie.

Santé – Il y a des hôpitaux à Singaraja, mais en cas de problème sérieux, mieux vaut se rendre à Kuta ou Denpasar.

Arriver/Partir

En shuttle bus

Perama – *Jl. Raya Lovina, Perama Hotel Anturan - ✆ (0362) 411 61 - www.peramatour.com.* Plusieurs liaisons quotidiennes de/vers Kuta, Sanur, Ubud, Padangbai, Candidasa... Billets en vente dans les agences de voyage.

En bemo et bus

Les *bemo* circulent souvent sur la route principale de la côte nord et desservent tous les villages autour de Lovina. De Singaraja, bus ou *bemo* relient Denpasar, Bedugul, Kintamani, Amlapura (par la côte est) et Gilimanuk. La ville compte trois gares routières : **Banyuasri** pour les destinations de l'ouest, **Penarukan** pour l'est et **Sukasada** pour le sud.

Location de véhicules

Nombreux loueurs à Kalibukbuk.

Visites

Nombreuses **agences de voyage** à Kalibukbuk. Elles font aussi souvent office de bureau de change et de blanchisserie, vendent des tickets de bus Perama et organisent des excursions. La plupart des hôtels assurent les mêmes services.

Nos adresses

PLAN DE LOVINA BEACH (P. 330)

Restauration

Tous les restaurants de Lovina servent poissons (le plus souvent en filets) et fruits de mer, ainsi que des plats indonésiens ou occidentaux classiques.

À Kalibukbuk

Budget moyen

5 Santhi Bar – *Jl. Binaria - ✆ 0852 391 1576 - [pas de CB] - 8h-22h - 55 000/110 000 Rps.* Une bicoque simple avec des tables en bois en bord de plage, près de la statue des dauphins. Cuisine simple : salades, sandwichs, plats indonésiens et chinois. Viande et poisson grillés.

1 Semina – *À mi-chemin de la rue, côté droit - ✆ 0813 3947 2601 - www.seminalovina.com - [pas de CB] - 9h-22h - 50 000/110 000 Rps.* Un des plus anciens restaurants de Lovina, dans une agréable salle ouverte, sous charpente. Accueil sympathique. Fruits de mer, cuisine indonésienne et surtout balinaise : *lawar* (porc aux légumes, épices et chair de coco), *bebek tutu* (canard à l'étouffée), *babi guling* (cochon de lait cuit à la broche)...

Sea Breeze Café – *Voir « Hébergement » p. 337 - [pas de CB] - 80 000/100 000 Rps.* Jolie terrasse sous un toit en bambou au bord de la plage. Salades, sandwichs, snacks, idéal pour une pause déjeuner après la plage. Également des plats indonésiens, des poissons grillés, en filets ou entiers.

Boire un verre

Il s'ouvre sans cesse de nouveaux bars : tenez-vous au courant.

Zigiz Bar – *Jl. Binaria - ☎ 0877 1558 8766 - www.zigiz-bar.com - 16h-1h.* Petit bar sur rue joliment éclairé le soir. Musique acoustique à 21h. Mais le bar d'à côté impose ses décibels !

Poco Music Bar – *Jl. Binaria (à côté du Zigiz) - ☎ (0362) 414 34 ou 0821 4712 5917 - ⊭ - 17h-2h - musique live jusqu'à 0h, fermeture à 1h.* Reggae, funk, rock, R & B. On peut aussi y manger.

Shopping

Lovina n'est pas le meilleur endroit pour faire vos achats. Vous y trouverez néanmoins des sarongs, des vêtements et quelques articles d'artisanat, bon marché mais pas toujours d'excellente qualité.

Activités

Plongée

Lovina est un bon site de plongée pour les débutants.

Pour le snorkeling, sachez que la plupart des hôtels et *losmen* louent ou prêtent masques, tubas et palmes.

Massages

Nada Spa – *Jl. Mawar - Kalibukbuk - ☎ (0362) 418 94 - ⊭ - 9h-20h.* Massages balinais, spa.

Hébergement

La majorité des grands hôtels proposent des chambres dans une large gamme de prix. Il est souvent possible de négocier.

À Kalibukbuk

Premier prix

(10) **Sea Breeze Bungalows** – *Sur le front de mer, à l'angle de Jl. Binaria - ☎ (0362) 411 38 - ▤ ✕ ᯤ ⛱ ⊭ - 5 ch. 200 000/300 000 Rps ☕.* Un petit hôtel agréable et tranquille (l'endroit est plus calme le soir que le front de mer, à l'est). Aux chambres en dur en retrait, on préférera les bungalows en bois donnant sur la plage.

(6) **Nirwana Seaside Cottages** – *Jl. Binaria - ☎ (0362) 412 88 ou 0878 5592 7769 - ▤ ᯤ ⛱ ⊭ - 22 ch. 200 000/400 000 Rps.* Plusieurs rangées de bungalows à toit de chaume, en brique ou en bambou, sur un ou deux niveaux, dispersés sur un vaste terrain : il y en a pour tous les goûts et toutes les bourses. Les moins chers mériteraient une petite rénovation mais sont d'un bon rapport qualité-prix. Accès direct à la plage. Le soir, la ruelle longeant les bungalows côté mer, sillonnée par les mobylettes, est bruyante.

(1) **Angsoka** – *Jl. Pantai Binaria - ☎ (0362) 418 41 - www.hotelangsoka.com - ▤ ✕ ᯤ ⛱ - 40 ch. 200 000/800 000 Rps ☕.* Proche de la plage. Un large éventail de prix pour des chambres sans charme mais au confort correct. Les plus économiques, en forme de grenier à riz avec un toit de chaume, sont d'un bon rapport qualité-prix (mais chaudes et petites). Les plus chères ont un décor en bambou.

Budget moyen

(2) **Bali Lovina Beach Cottages** – *Jl. Sririt Singaraja (au bord de la plage) - ☎ (0362) 412 85 - www.balilovinabeach.com - ▤ ⛱ ⊭ - 30 ch. 300 000 Rps.* Une adresse confortable et bien tenue, chère en haute saison, mais une bonne option le reste de l'année. Bungalows balinais avec petite terrasse face à la mer et sdb à ciel ouvert. Les chambres les moins chères se trouvent dans un bâtiment sur jardin ; préférez celles à l'étage, plus lumineuses.

2

(5) **Lovina Beach Hotel** – *Accès par la route principale (100 m à l'ouest de Jl. Binaria) - (0362) 410 05 - - 21 ch. 350 000/600 000 Rps.* Chambres sur jardin mais proches de la grande route ou près de la plage et climatisées : les tarifs varient du simple au double mais restent d'un bon rapport qualité-prix. Également une suite en duplex avec terrasse et salon, spacieuse mais sans grand charme.

(8) **Puri Bali** – *Jl. Mawar (côté droit de la rue, 150 m avant la plage) - (0362) 414 85 ou 0812 3796 5764 - - 25 ch. 400 000/450 000 Rps.* Les chambres standard, dans des bungalows sans eau chaude et avec ventilateur, constituent une excellente option pour les petits budgets. Les autres sont mieux équipées et plus spacieuses. Architecture balinaise, intérieurs banals mais confortables.

(9) **Rambutan** – *Au bord de la plage - (0362) 413 88 - www.rambutan.org - - 30 ch. 450 000/850 000 Rps.* Sur un vaste terrain avec jardin, spa et deux piscines, à 150 m de la plage, l'hôtel propose des chambres en rdc avec petite terrasse, confortables mais sans cachet, ainsi que des superior et des deluxe plus récentes, spacieuses et climatisées. Jolies sdb en pierre et galets.

À Anturan

Premier prix

(4) **Gede Homestay** – *Au bout de Jl. Kobu Gembong - (0362) 415 26 ou 0812 3663 723 - www.gedehomestay.com - - 11 ch. 180 000/300 000 Rps.* Cette adresse familiale d'un excellent rapport qualité-prix séduira ceux que l'atmosphère plus mercantile de Kalibukbuk rebute. Les chambres, assez simples mais impeccables, manquent un peu d'intimité. Agréable restaurant en terrasse, d'où l'on contemple la mer en sirotant une noix de coco ou en dégustant un poisson délicieusement préparé. Le maître de maison y joue parfois du gamelan. Il sera ravi de vous parler de son île et de vous faire découvrir les environs. Eau chaude dans certaines chambres.

Pour se faire plaisir

(3) **Bali Taman Resort** – *Jl. Raya Lovina - (0362) 411 26 ou 0812 3801 6560 - www.balitamanlovina.com - - 35 ch. 1 530 000/3 000 000 Rps.* Le plus gros hôtel des environs (accès par la plage ou la grande route). Les standard occupent un bâtiment balinais d'un étage, avec vue sur le jardin et les rizières. Plus au calme (plus chères aussi), les deluxe, en pavillon de plain-pied le long d'une allée de bougainvilliers, semblent presque trop grandes ! Elles disposent d'une sdb à ciel ouvert. Quelques suites en front de mer. Spa. Réservation moins chère par Internet.

À Pemaron

Pour se faire plaisir

(12) **Puri Saron Baruna Beach Lovina** – *En venant de Singaraja, l'un des premiers hôtels ; suivez les indications et tournez à droite - (0362) 417 45/416 65 - - 80 ch. 1 650 000/2 000 000 Rps.* Cet hôtel de standing présente une architecture tendance, un peu froide pour ce qui est du lobby. Vastes chambres deluxe dans des bungalows balinais en brique rouge bien espacés. Confort et équipement modernes.

Pura Beji.
CSP_GoodOlga/Fotosearch LBRF/age fotostock

MENJANGAN ★★★
G. Prapat Agung
332
★ Pura Pulaki
★ Pemuteran
Banyupoh
Gondol
Pura Melanting ★
Sumberkerta
Labuhan Lalang
Gilimanuk
Asih
Cekik
Tegalbunder
Pura Bakungan
G. Kelatakan
698
Melaya
Sangiang
G. Sanglang
1004
Banyupoh
G. Merbuk
1385
G. Musi
1224
Bilukpoh
G. Mesehe
1344
Daya
★★ Taman Nasional Bali Barat
Klatakan
Blimbingsari
Palarejo
Sumbersari
Adnyasari
Pucaksari
Pangkungdedari
Melaya
Sarikuning
Nusasari
Candikesuma
Ketiman
Benel
Dewasana
Palunganbatu
Pangkung
Tibubeleng
Puseh
Mundukranti
Airanakan
Banyubiru
Rening
Batuagung
Loloan
Negara
Mendaya
Cupel
Yehbuah
Munduk
Perancak
Yehkuning
★ Pura Rambut Siwi
SELAT
BALI OUEST
0
8 km
2000 m
1000
500
200
0
Temple
Plage
Plongée
Surf
N

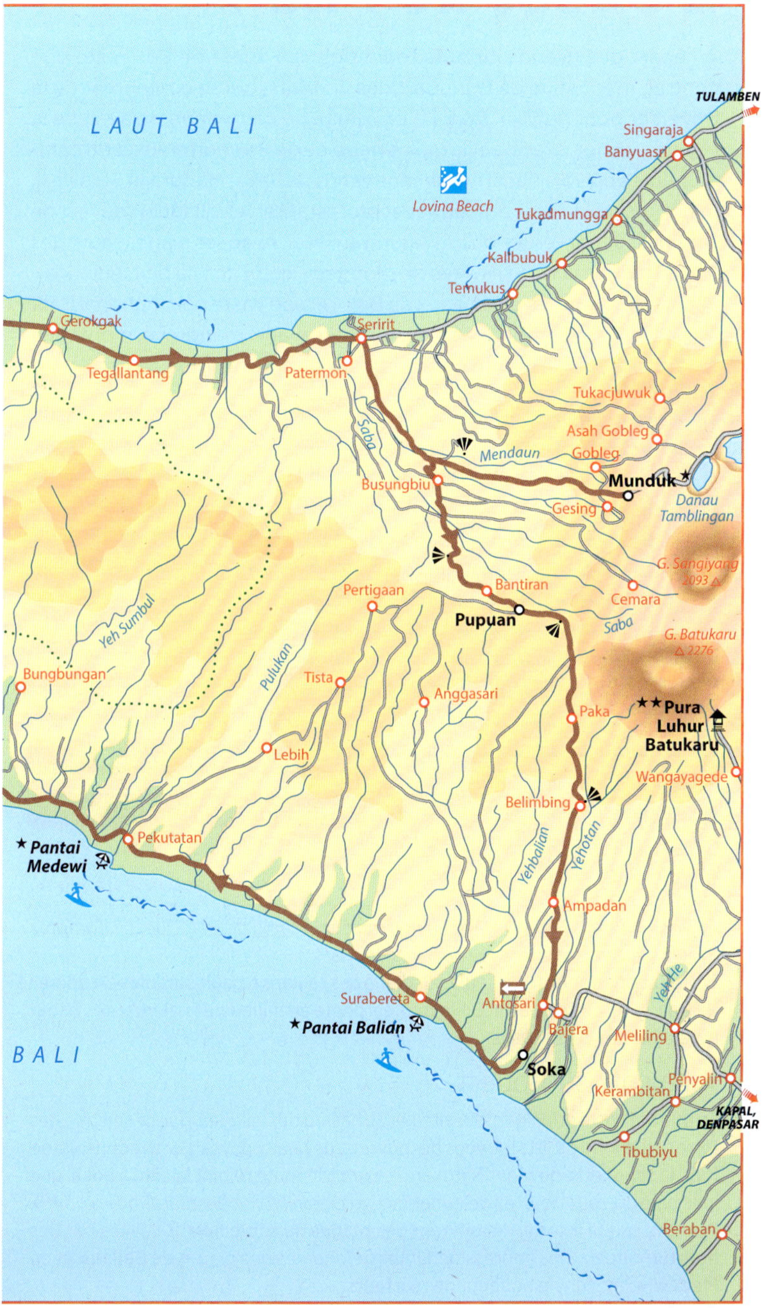
LAUT BALI
Lovina Beach
TULAMBEN
Singaraja
Banyuasri
Tukadmungga
Kalibubuk
Temukus
Gerokgak
Seririt
Tegallantang
Patermon
Saba
Tukacjuwuk
Asah Gobleg
Gobleg
Mendaun
Munduk
Busungbiu
Gesing
Danau Tamblingan
G. Sangiyang 2093
Bantiran
Cemara
Pertigaan
Pupuan
Saba
G. Batukaru 2276
Yeh Sumbul
Pulukan
Bungbungan
Tista
Anggasari
Paka
Pura Luhur Batukaru
Lebih
Wangayagede
Belimbing
Pekutatan
Pantai Medewi
Yehbalian
Yehotan
Ampadan
Yeh He
Surabereta
Antosari
Bajera
Meliling
Pantai Balian
BALI
Soka
Penyalin
Kerambitan
KAPAL, DENPASAR
Tibubiyu
Beraban

L'ouest de l'île ★

À l'écart des grands circuits touristiques, l'ouest de Bali reste une contrée méconnue de la plupart des visiteurs, qui se contentent de la traverser pour gagner Java. La proximité de cette dernière a fait de la région – la moins fertile et la moins peuplée de Bali – un creuset de communautés où voisinent musulmans venus de Java, Madura et Sulawesi, minorités balinaises catholiques et protestantes, et villageois de l'est de l'île chassés par l'éruption de l'Agung en 1963. Avec ses plages sauvages (mais dangereuses), ses sites de plongée – ceux de l'île de Menjangan comptent parmi les plus beaux de Bali – et son vaste parc national Balit Barat, riche de nombreux écosystèmes (savane, mangrove, montagne et forêt), la région mérite pourtant que l'on s'y attarde.

Se repérer

CARTE A1-2/B2 (P. 206-207) – CARTE DE BALI OUEST (P. 340-341).
Districts de Badung et Buleleng. Pemuteran, principal point de chute des visiteurs, se situe à 46 km (1h10) à l'ouest de Lovina Beach et 66 km (1h30) au nord de Perancak. Le port de Gilimanuk est relié à Java par des ferries. Bus et *bemo* desservent Denpasar, Lovina Beach et Singaraja.

À ne pas manquer

Les fonds marins autour de l'île de Menjangan.

Organiser son temps

Comptez 1 à 2 jours. Prévoyez de faire du snorkeling ou de la plongée sur l'île de Menjangan, en partant tôt pour profiter de la lumière matinale. Évitez la saison pluvieuse, de décembre à mars.

En famille

Le parc maritime de Pulau Menjangan.

Carnet pratique p. 346

Nos adresses p. 346

Circuit conseillé

CARTE DE BALI OUEST P. 340-341

Circuit d'env. 200 km tracé en marron sur la carte de Bali Ouest – Comptez 2 jours avec une courte visite du parc national.
Entre Tabanan et Antosari, au cœur d'une des régions rizicoles les plus prospères de Bali, la route Denpasar-Gilimanuk serpente au milieu des rizières, des bananeraies et des cocoteraies.

★ La côte sud-ouest

En quittant l'axe principal pour circuler au hasard des villages, que ce soit dans les terres ou le long du littoral, vous découvrirez de beaux paysages, avec en toile de fond la silhouette du mont Batukaru. La grande route rejoint la côte à **Soka**, une jolie baie où vous pourrez déjeuner face à l'océan *(voir « Restauration », p. 346)*. Puis elle suit le littoral, découvrant des **plages de sable noir**. Balayées par des flots tumultueux, les impressionnantes déferlantes des plages de **Balian★** et de **Medewi★** (B2) font le bonheur des **surfeurs**.
Env. 7 km après la plage de Medewi, un panneau sur la gauche indique la petite route qui mène au temple (400 m plus loin).

Odolan (fête annuelle du temple qui a lieu tous les 210 jours) au temple de Rambut Siwi.
T. et B. Morandi/hemis.fr

★ Pura Rambut Siwi

À env. 7 km à l'ouest de Medewi et 18 km à l'est de Negara - 8h-18h - 20 000 Rps, prêt d'un sarong inclus.

Perché sur un promontoire dominant la mer, au milieu des frangipaniers, ce temple occupe un **site de toute beauté**. Édifié au 16e s. sous l'égide de Danghyang Nirartha, le même qu'à Pura Tanah Lot, il abriterait une relique des cheveux du saint homme qui, raconte la légende, aurait miraculeusement mis fin à une épidémie qui dévastait la région. Aux villageois reconnaissants, Nirartha offrit une boucle de ses cheveux *(rambut)*, que l'on continue à vénérer *(siwi)* au temple. Un escalier descend sur la plage, où plusieurs petites grottes cachent des sanctuaires secondaires, dont la **grotte au tigre** (l'un des derniers tigres de Bali y aurait élu domicile) et le temple de la source sacrée.

Poursuivez sur la route principale sur env. 8 km et tournez à gauche, juste avant la sortie de Mendaya (avant le pont qui enjambe la rivière). Comptez encore 10 à 15mn jusqu'à Perancak.

Perancak

Situé à l'estuaire de Perancak, le Pura Gede Ancak commémore le débarquement de Danghyang Nirartha ici même, un jour de 1546. La **plage** s'anime au petit matin *(5h-9h)*, avec la vente du poisson sur le sable et, en fin d'après-midi, au départ des pêcheurs. Allez observer les superbes bateaux multicolores et leurs équipages s'apprêtant à prendre le large pour la nuit. Ils appartiennent à la communauté des Bugis, des marins musulmans originaires de Sulawesi.

Rejoignez la route principale. Si vous ne voulez pas revenir sur vos pas, vous pouvez regagner la grande route par les chemins (assez mauvais) qui serpentent au milieu des rizières.

Negara

À 12 km au nord de Perancak.

Le nom de cette petite ville évoque les **courses de buffles** *(mekepung)* qui se déroulent dans les environs les 2e et 4e dimanches du mois, le matin, de juillet à octobre *(des entraînements ont aussi lieu le dimanche matin toute l'année ;*

rens. sur place). Originaires de l'île de Madura, ces courses sont associées à des rites traditionnels destinés à honorer les divinités agraires. Cet événement met en compétition des buffles somptueusement harnachés, tractant deux à deux des chars à deux roues. Plus encore que la vitesse, le style du jockey et la beauté de l'attelage entrent en ligne de compte pour le palmarès. La compétition voit s'affronter deux équipes, l'une en vert et l'autre en rouge, appartenant à deux communautés agricoles vivant de part et d'autre du fleuve qui traverse Negara. Une récompense de près de 25 millions de roupies attend l'équipe gagnante.

La région de Negara est célèbre aussi pour ses **joutes musicales**, qui voient s'affronter d'impressionnants orchestres d'instruments géants en bambou peints de couleurs vives *(jegog mebarung)* ou, plus rares, des tambours démesurés *(kendang mebarung)*, pouvant atteindre 1 m de diamètre et 2 à 3 m de haut, d'une puissance telle qu'ils retentissent à des kilomètres à la ronde.

À **Loloan**, faubourg situé à 1 km au sud du centre-ville, s'est établie au 17e s. une communauté musulmane de marins bugis. Ici, les mosquées remplacent les temples et les femmes portent le voile. Vous y verrez des vestiges de maisons traditionnelles sur pilotis.

Reprenez la dir. de Gilimanuk.

À mi-chemin entre Negara et Gilimanuk, la baie de **Candikesuma** (A2), ruban de sable noir frangé de cocotiers, est la seule plage où l'on peut se baigner sans danger.

★★ Taman Nasional Bali Barat (PARC NATIONAL DE BALI OUEST)

Poste d'entrée situé à Cecik, à 3 km au sud de Gilimanuk (8h-15h), ou à l'embarcadère de Labuan Lalang pour l'île de Menjangan, à 20 km à l'ouest de Pemuteran (8h-18h) - ☏ (0365) 610 60 - permis d'entrée 200 000 Rps (300 000 Rps le dim.)

Le parc national couvre toute la région montagneuse de l'ouest de Bali sur près de 190 km², terre et mer comprises. Alors que l'on exploite sa partie orientale pour ses ressources forestières, l'Ouest, resté sauvage, est officiellement voué à la préservation des espèces rares.

Randonnées en forêt

Différentes possibilités de randonnées s'offrent à vous pour découvrir la mangrove, observer les oiseaux ou sillonner la forêt de mousson (guide obligatoire - organisez votre balade la veille afin de partir à la fraîche). Les prix varient selon la durée et le nombre de participants (de 200 000 Rps les 2h pour 1-2 pers., à 600 000 Rps les 7h pour 3-5 pers.). Une balade d'observation des oiseaux est également organisée tôt le matin (3h ; 400 000 Rps pour 1-2 pers.). Les agences de Pemuteran proposent aussi des combinés plongée à Menjangan le matin et tour en forêt l'après-midi. Sachez toutefois qu'une courte promenade ne suffit pas pour explorer les coins intéressants.

La forêt, qui colonise les montagnes jusqu'à une altitude de 1 400 m, montre plusieurs visages. Sur le versant sud du massif, exposé aux pluies, s'étale une végétation tropicale dense et verte toute l'année. Du côté nord, moins humide, les espèces caduques sont reines. La mangrove envahit les rivages de la pointe ouest de l'île, mais l'on y rencontre aussi des essences de palmiers.

Dans ce dédale de verdure vivent quelques animaux rares, tel l'**étourneau de Bali** (sur l'île de Menjangan), seule espèce endémique à l'île, en danger d'extinction. Un programme a été mis en œuvre pour tenter de sauver l'oiseau, dont la population est tombée à moins de 200 individus. C'est aussi ici que vécurent les derniers **tigres de Bali**, espèce déclarée éteinte en 1937. Un programme est en cours pour y réintroduire, d'ici à 2030, le **tigre de Sumatra**. En revanche, vous aurez plus de chance d'apercevoir des daims et des singes, voire des varans malais, des chats marbrés, des écureils géant, des pangolins, des cerfs de Java et des bantengs, ainsi qu'une multitude d'oiseaux.

★★★ Parc maritime de Pulau Menjangan

À 15 km à l'ouest de Pemuteran, dép. des bateaux à Labuhan Lalang - 7h-14h (la visibilité est optimale entre 10h et 12h) - guide obligatoire - les clubs de plongée et les hôtels de Pemuteran organisent des excursions snorkeling ou plongée sur l'île, avec équipement, repas, transfert AR en bateau et minibus inclus : départ vers 8-9h, retour vers 15h ; comptez 500 000 Rps/pers. pour le snorkeling, 800 000 Rps pour la plongée, auquel s'ajoute le permis d'entrée au parc.

Vous pouvez faire un tour sur l'île, mais c'est sous l'eau que se cache le spectacle. Enfilez masque et palmes, et plongez dans la féerie de cet aquarium polychrome. Suivre la silhouette délicate du poisson-papillon, écouter le poisson-perroquet picorer les coraux, jouer avec le petit poisson-clown frétillant dans les massifs d'anémones... On ne sait où donner de la tête. Pour des sensations vertigineuses, scrutez les profondeurs abyssales : raies, tortues, requins ou autres « gros » passeront peut-être par là...

★ La côte nord-ouest

La route littorale traverse une succession monotone de villages où alternent temples et mosquées. Chaque famille semble ici cultiver son carré de cocotiers et de bananiers, de manguiers et de bambous. En saison, les fleurs des flamboyants rehaussent le tableau de tons jaune et rouge vif. Noyés dans les nuages toujours menaçants, les sommets du parc national veillent sur les plages désertes du littoral.

2

★ Pemuteran

Grande anse de sable noir ombragée, la **plage** de Pemuteran constitue un agréable lieu de séjour : c'est là que se rassemblent les hôtels les plus plaisants de l'Ouest, base idéale pour explorer les richesses de Pulau Menjangan *(voir « Hébergement », p. 346)*.

★ Pura Pulaki

Sur la droite de la route, avant Banyupoh.

Étagé à flanc de montagne, ce joli **temple** en pierre grise, dont l'édification serait due au brahmane javanais Danghyang Nirartha *(voir le « Pura Rambut Siwi », p. 343)*, offre une belle **vue**★ sur l'océan. Méfiez-vous des macaques, chapardeurs de haut vol, qui peuplent le sanctuaire !

Reprenez la route côtière et tournez à droite au panneau indiquant le temple Melanting (l'abréviation PR. signifie pura*).*

★ Pura Melanting

Une charmante route de 2 km, bordée de flamboyants et de vignes, conduit au temple, qui émerge dans un écrin de fleurs. Un bel escalier flanqué de *naga* (serpents mythologiques) et de fleurs de lotus stylisées mène au porche. Les cours du sanctuaire, mal entretenues, ne présentent pas grand intérêt.

De Seririt, vous pouvez longer la côte nord vers Lovina et Singaraja (voir p. 331) ou redescendre vers le sud, en rejoignant éventuellement la région des lacs par la route de Munduk (voir p. 298).

★★ La route de Pupuan

De Seririt, une route grimpe vers les montagnes, traversant de magnifiques paysages de **rizières en terrasses**★★. À Mayong, une bifurcation vers l'ouest permet, elle, de rejoindre Munduk et le lac Bratan (*voir p. 298*). En poursuivant vers le sud, l'on gagne Belimbing, puis Antosari *(à 54 km de Seririt ; comptez 1h30-2h)*, sur le grand axe Denpasar-Gilimanuk.

Carnet pratique

Arriver/Partir

En voiture
Le seul moyen de découvrir cette région en toute liberté. Les routes sont bonnes, et il est assez facile de se repérer.

En bus et shuttle bus
Liaisons de Denpasar et Lovina à Gilimanuk.

En bemo
Entre Denpasar (gare d'Ubung) et Gilimanuk, des *bemo* desservent Kapal, Kediri, Tambanan, Kerambitan, Batukaru, Tanah Lot. Liaisons moins fréquentes entre Gilimanuk et Singaraja. Le service s'achève tôt dans l'après-midi, et les *bemo* sont plus rares sur les petites routes que sur l'axe côtier.

Nos adresses

Restauration

À Soka

Budget moyen

Soka Indah – *Plage de Soka - ✆ 0822 3629 0777 - www.sokaindah.com - 7h-20h - 50 000/100 000 Rps.* On déjeune sous des pavillons, devant la plage, face à l'océan. Cuisine indonésienne.

Hébergement

À Pemuteran et Banyupoh

Budget moyen

Taruna Homestay – *Jl. Singaraja Gilimanuk, Pemuteran - ✆ 0813 3853 6318 - www.tarunapemuteran.com - - 12 ch. 550 000/1 800 000 Rps .* Les chambres sont alignées dans un bâtiment de plain-pied à toit de chaume. Leur charme principal réside dans la sdb à ciel ouvert et la petite terrasse face au jardin. Spa.

Pour se faire plaisir

Pondok Sari Beach Bungalows – *Pemuteran - ✆ (0362) 947 38 - www.pondoksaribungalow.com - - 38 ch. 1 258 000/2 142 000 Rps .* De beaux bungalows meublés de bambou et décorés d'ikats, avec terrasse et sdb à ciel ouvert. Spa, club de plongée.

Taman Selini Beach Bungalow – *Pemuteran - ✆ (0362) 947 46 - www.tamanselini.com - - 11 ch. 1 350 000/1 700 000 Rps .* Bungalows à toit de chaume meublés en bois ancien, sdb à ciel ouvert dans un jardin de frangipaniers et de bougainvilliers. Sorties pêche et plongée. Une adresse raffinée.

Adi Assri Beach Ressorts – *Pemuteran - ✆ (0362) 948 38 - www.adiassribeachresorts.com - - 80 ch. 1 200 000/3 500 000 Rps .* Des bungalows dispersés sur un très long jardin qui s'étire jusqu'à la mer. Le style est moderne, avec baie vitrée et parquet, et le confort, impeccable. Agréable restaurant, en bord de plage.

Une folie

Puri Ganesha Villas – *Pemuteran - ✆ (0362) 947 66 - www.puriganesha.com - - 4 villas 5 800 000/7 850 000 Rps .* En face des plus beaux fonds marins de Pemuteran, de somptueuses villas à toit de chaume, dotées chacune d'un salon, de deux chambres, d'une superbe sdb à ciel ouvert et d'une piscine privative. Balades à cheval et sorties plongée.

Accueil personnalisé et cuisine savoureuse, sur demande.

Taman Sari Bali – *Pemuteran - (0362) 932 64 - www.tamansaribali.com - - 33 ch. 3 895 000/4 987 000 Rps.* Des bungalows à toit de chaume disséminés dans un vaste jardin, meublés avec goût et aux jolies sdb à ciel ouvert. Agréable restaurant devant la plage, club de plongée attenant à l'hôtel, massages, circuits dans la région. Une excellente adresse.

Sur la plage de Balian

Pour se faire plaisir

Gajah Mina Beach Resort – *Pantai Balian, Suraberata, Lalanglinggah - (0361) 831 17 58 - www.gajahminaresort.net - - 12 villas 1 310 000/2 185 000 Rps.* De charmants bungalows entourés de rizières, sur une falaise dominant la mer, conçus par le propriétaire, un Français. Parfaitement équipé et joliment décoré de mobilier ancien, chacun possède jardin et terrasse. Panorama splendide, jolie piscine et bon restaurant (français, indonésien, thaï et italien). Location de mobylettes et de matériel de surf. Randonnées à pied ou à vélo, spa, massages et yoga.

Sur la plage de Medewi

Pour se faire plaisir

Medewi Beach Cottages – *Jl. Pantai Medewi - (0361) 836 17 17 - www.medewibeachcottages.com - - 31 ch. 1 350 000/1 650 000 Rps.* À défaut de charme, les chambres sont confortables. La vue, sur jardin, piscine ou mer, fait la différence de prix. L'endroit est un spot de surf, et l'hôtel loue du matériel (voiture et mobylette). Plage de galets avec des zones sablonneuses. Prix élevés, mais gros rabais sur Internet.

Puri Dajuma Cottages – *Proche de Pekutatan - (0365) 439 55 - www.dajuma.com - - 31 ch. 1 460 000/2 235 000 Rps.* Bungalows balinais en dur, avec toit de chaume et vue sur la mer, jardin privatif, sdb à ciel ouvert et Spa. L'hôtel organise des spectacles de musique et de danse balinaise, un grand choix d'excursions, des cours de yoga, des stages de plongée...

À Belimbing

Pour se faire plaisir

Cempaka Belimbing Guest Villas – *Au village de Suradadi, au sud de Belimbing, sur la rte d'Antosari - 0853 3704 2314 - www.cempakabelimbing.com - - 25 ch. 900 000/1 000 000 Rps.* Bungalows confortables, étagés au-dessus des rizières, dans un cadre enchanteur et paisible. Terrasses avec vue sur le jardin ou la campagne. Immenses lits à baldaquin. Spa et massages. Promenades organisées dans les villages alentour.

Archipel des Gili.
F. Guiziou/hemis.fr

3

Lombok

A
B
G. RINJANI ★★★ Vaut le voyage
Gili Meno ★★ Vaut le détour
Tetebatu ★ Vaut la visite
Bayan Intéressant
Ville de départ du circuit
Senggigi et la côte nord-ouest
Kuta-Lombok : la route du Sud
1
2
3
Teluk Amoramor
BALI
Lokorangan
Sidutan
Santong
Gondang
Air Terjun Tiu Pupus
Gili Meno
Tanjung Sira
Tanjung
Gili Trawangan
Gili Air
Bangsal
Pemenang
Segara
LAUT
Teluk Nipah
G. Masjidborok
1272
Mangsit
Pusuk Pass
Semaya
G. Meninting
1418
Senggigi
Teluk Senggigi
Pura Batu Bolong
Kekait
Batu Layar
Pura Suranadi
SELAT LOMBOK
Pura Segara
Pura Lingsar
Mataram
Ampenan
Narmada
Sweta
Cakranegara
Bertais
Pura Kasasa
Mapakbelatung
Telagawaru
Pura Gunung Pengsong
Kediri
Ubung
Jelantik
Gerung
Padangbai (Bali)
Tanjung Bangkobangko
Gili Nanggu
Sukarara
Praya
Gili Asahan
Batubolong
Lembar
Gili Gede
Selegong
Ranggagata
Medang
Plambik
Temeran
Sekotong Timur
Penujak
Sekotong
Pelangan Barat
Kabot
Tanak Awu
Mecanggah
Teluk Peretan
Mesembur
Blongas
Sepi
PANTAI SELONG BELANAK
Lendanglantang
Tanjung Mamadi
Teluk Batujonggat
Kuta
Pengatap
PANTAI MAWUN
Pantai Mawi
Tanjung Pangga
LAUTAN
Pantai Tampah
HINDIA
PANTAI ARE GULING

C
D
LOMBOK
0
10 km
Akarakar
Anyar
Selengan
Segenter
Beburung
Obel-Obel
Bayan
Gili Lawang
Batukok
Senaru
Sidanggala Waterfall
Selat Sungian
Gili Sulat
Belanting
Sajang
Pos 1
Sidutan
Sugian
Pos 2
Sembalunlawang
Air Kalak
Sambelia
Pelawangan I
Pelawangan II
2045
Sembalunbumbung
Maroak
G. Baru
G. Kanji
2351
3726
G. Nangi
2330
Padak
Danau Segara Anak
G. RINJANI
Bunutunjang
TAMAN NASIONAL GUNUNG RINJANI
Permatan
PotoTano
Kayangan
(Sumbawa)
Air Terjun Jeruk Manis
Segare
Labuhan Lombok
Duren
Pemotoh
Kembangkuning
Selaparang
Tetebatu
Wanasaba
Pringgabaja
Pringgasela
Jangkok
Wajageseng
Kotaraja
Mantang
Rungkang
Loyok
Korleko
Rungkang
Masbagik
Blimbing
Terara
Sikur
Selong
Papcor
Aikmual
Tanjung
Sakra
Penunjak
Pendagang
Janapria
Labuhanhaji
Padangbai (Bali)
Renggung
Palung
ALAS
Seliat
Sepit
Sesait
Mujur
Keruak
Tanjung Luar
SELAT
Sengkol
Ende
Sagikmateng
Rembitan
Pemokong
Sade
Temple
Surf
Plongée
Circuit international Pertamina Mandalika
Pengorosdalem
Awang
Ekas Bay
Tanjung Ringgit
Kelekuh
2000 m
Kaliantan
1000
Gerupuk
500
Tanjung Sangulap
Teluk Seriwe
N
200
0
Pantai Tanjung Aan
1
2
3

Grand angle

L'Indonésie des Sasaks

En quittant Bali pour Lombok, le voyageur change de monde : à l'est de la fameuse « ligne Wallace » *(voir le chapitre « Nature et paysages », p. 584)* commence la sphère australe de l'archipel indonésien, marquée par un autre environnement naturel. De fait, après la douce harmonie de Bali, Lombok surprend par l'originalité et la force de ses paysages. L'île « piment » – c'est son nom en indonésien – montre un visage plus sauvage, plus corsé, en un mot, plus... épicé. Un visage beaucoup plus varié aussi : rien de commun, en effet, entre les cultures de la **plaine centrale**, largement arrosée, et les collines méridionales que tapissent savanes et maquis arides. Couleurs ocre que l'on retrouve sur le flanc nord du Rinjani, alors qu'au sud du **volcan** des rizières verdoyantes ont sculpté des escaliers géants. Du sommet, l'on embrasse l'un des plus somptueux panoramas de l'archipel tandis que la **côte méridionale** égrène quelques sites idylliques : plages de sable blanc, baies profondes aux eaux turquoise cachant des coraux irisés...
Un point commun, cependant : un climat chaud partout, voire très chaud pendant la saison sèche (de mai à oct.). Seule zone de fraîcheur, les hauteurs du Rinjani, dont la cime se perd dans les nuages, à 3 726 m d'altitude. Mont sacré, divinité de pierre et de cendres à qui Lombok doit sa fertilité, mais aussi ses tourments.

Les moteurs de l'économie

Lombok, qui constitue avec Sumbawa la province de Nusa Tenggara Ouest, a retrouvé une certaine prospérité grâce à la pêche et à l'**agriculture** (riz, tabac, soja, café, oignon, piments, épices), activités qui occupent toujours la majorité de la population.
L'industrie du **tourisme** s'est développée d'année en année et de villégiature annexe à Bali, l'île est devenue une destination à part entière, l'une des quatre zones de développement définies par le gouvernement indonésien.
Avec l'inauguration d'un aéroport international en 2011, Lombok fait figure de nouvel eldorado pour les grands acteurs du tourisme qui investissent à tour de bras. Le projet Mandalika (1 175 ha), près de Kuta, va bouleverser la physionomie du sud de l'île : un investissement de 3 milliards de dollars comprenant golf, parc de loisir, hôtels de luxe... Le nouveau circuit de vitesse, où s'est tenue en 2022 une manche du championnat du monde moto, et qui ambitionne d'accueillir une épreuve de F1, a quant à lui donné lieu à de multiples conflits fonciers.
Cette explosion du tourisme pose d'ores et déjà d'importants problèmes de développement (traitement des déchets, ressources en eau).

Population : le pays des Sasaks

Comparée à celle d'autres îles comme Java ou Sulawesi, la population de Lombok (3, 75 millions d'hab.) est relativement homogène : les **Sasaks** représentent à eux seuls près de 85 % de la population, les **Balinais** hindouistes (à l'ouest) constituant la minorité la plus importante (9 %).
Le reste de la population se compose de cellules urbaines – **Chinois**, **Arabes** et **Javanais** –, tandis que des communautés **bugis** et **sumbawanaises** se concentrent sur la côte est.
La densité moyenne de population, très élevée dans son ensemble (plus de 800 habitants par km^2), cache

en fait de profondes disparités géographiques : alors qu'elle atteint des sommets dans la plaine centrale, le sud est presque désertique. Ce déséquilibre pose de sérieux problèmes d'approvisionnement et d'hygiène pour la population de la plaine, valant à Lombok un taux élevé de mortalité infantile.

Religion : un islam bien particulier

Si la plupart des Sasaks sont aujourd'hui musulmans, leur islam est teinté de traditions animistes. Près de 25 000 d'entre eux sont des Wetu Telu, fidèles au culte originel des ancêtres et de la nature, et adeptes d'un islam très modéré. Ils respectent le principe « triptyque » de l'obéissance à Dieu, au chef du village et aux parents, mais ils ne sont pas tenus de prier cinq fois par jour et suivent un ramadan très souple. Port d'entrée de l'islam à Lombok, Bayan (au nord de l'île) est resté leur foyer. Mais le culte tend à disparaître face à l'hostilité du gouvernement, qui ne les reconnaît pas, et des musulmans orthodoxes, qui, après avoir tenté de les convertir (1927-1933), ont fini par les persécuter (1965). Aujourd'hui, rares sont les Wetu Telu qui affichent leur foi et, le culte ne tolérant pas l'adhésion d'autres musulmans, il semble condamné à plus ou moins long terme.

Une architecture traditionnelle en voie de disparition

À Lombok, le bâti traditionnel, de plus en plus rare, recourt essentiellement au bois et aux feuilles d'*alang-alang* (pour les toits de chaume). La forme si particulière des **greniers à riz** *(lumbung)*, évoquant un fer à cheval, est presque devenue un symbole de l'île. Les touristes, quant à eux, apprécient particulièrement les **gazébos** *(berugaq)*, ces plateformes couvertes que l'on trouve dans les rizières comme sur les plages, où il fait bon se délasser.

Artisanat : l'ikat à l'honneur

Lombok est renommée pour son artisanat, apanage ancestral des Sasaks. Les **ikats**, notamment, sont remarquables par la diversité de leurs motifs et l'éclat de leurs couleurs, quoique l'usage des fils et des teintes naturels ait presque disparu au profit de matières synthétiques.
Autre fleuron de l'artisanat local, la **poterie** est très appréciée pour ses lignes simples et élégantes, même si le procédé de fabrication, à basse température, rend les pièces fragiles. La **vannerie** n'est pas en reste (les belles cages à oiseaux circulaires sont une spécialité de l'île), ni le **travail du bois** et du **bambou**, varié et délicat comme les **laques de Sayang** aux couleurs chatoyantes.

Arts du spectacle : l'influence javanaise

Si l'artisanat sasak fait preuve d'une grande originalité, les différentes formes d'art ont en revanche beaucoup emprunté aux îles voisines. L'apport javanais et balinais, notamment, est très sensible dans les arts de la scène avec le **gamelan** (*gamelan oncer* ou *kendang belek*), qui accompagne les chants, les représentations théâtrales et surtout le fameux *tari oncer*, qui réunit deux percussionnistes mimant un face-à-face guerrier.
Au hasard de vos balades, vous aurez peut-être l'occasion d'assister à un spectacle de *tembang sasak*, une forme de poésie chantée, ou à un *cupak grantang*, une danse hindouiste très ancienne (et d'une sensualité surprenante pour un peuple d'obédience musulmane) mettant en scène le héros javanais Panji.
Les **cultures arabe** et **malaise**, quant à elles, ont surtout influencé

les arts religieux : si le répertoire reste inspiré par le gamelan traditionnel, les instruments insulaires en bronze ont été bannis au profit du rebab moyen-oriental. De même, le théâtre d'ombres sasak, le *wayang sasak* – dérivé du *wayang kulit* javanais –, a pour héros Amir Hamzah, l'oncle du Prophète.

Histoire

Premières migrations

La première colonisation humaine de Lombok (et de Sumbawa) remonterait à 30 000 ans, voire 50 000 ans. Mais les plus anciennes traces de sédentarisation ne datent que du 4e millénaire, quand un groupe d'Austronésiens *(voir « Histoire, les premiers âges », p. 602)* débarque des Philippines via Sulawesi. Ils y constitueront la première véritable communauté de Lombok, dont descendront les **Sasaks**. Ce peuple d'agriculteurs animistes, fidèles au culte des ancêtres, y développe l'élevage et la poterie. Entre 500 et 300 avant notre ère, la **civilisation de Dông-Sôn** se répand à son tour dans l'archipel *(voir « Histoire », p. 603)*, jusqu'à Timor, apportant avec elle la technique du bronze.
L'histoire pré-islamique de Lombok reste à écrire. Grâce à la chronique javanaise du *Negara Kertagama* (14e s.), on sait néanmoins que l'île se retrouve un temps sous la coupe de roitelets sasaks dont l'autorité ne dépasse guère quelques villages, hormis celui de **Selaparang**, qui s'étendra sur tout l'est de l'île.

Un islam venu de Java

Les choses changent avec l'apparition de l'islam, importé de Java dans la première moitié du 16e s. La nouvelle religion va rapidement évoluer vers une forme syncrétique, pénétrée d'hindouisme et d'animisme.
Un islam « à l'orientale » que l'installation des **musulmans de Makassar** (côte occidentale de Sulawesi) dans l'est de l'île, au siècle suivant, ne modifiera guère.

La conquête balinaise

À la même époque, cependant, les Balinais envahissent la côte ouest, où leur influence est déjà sensible. Ils ne tardent pas à pousser plus avant vers l'est et, en 1678, parviennent même à renverser le royaume de Selaparang. La colonisation de la partie orientale de l'île ne sera pourtant complète qu'après la **victoire de Mataram**, en 1838, soit près de deux siècles plus tard. Une conquête bien lente qui explique peut-être pourquoi, à l'exception de la culture irriguée, l'apport balinais restera confiné dans l'ouest de l'île.

L'ère batave

En 1894, sous prétexte de secourir les Sasaks, dont les relations avec les Balinais sont toujours houleuses, les Hollandais envahissent Lombok. Mis en déroute une première fois, ils reviennent pour raser Mataram et piller le palais de Cakra ; âpre bataille au cours de laquelle des centaines de Balinais périront. Les nouveaux occupants mettent l'île en coupe réglée et, malgré les progrès de l'irrigation, la population, en plein essor démographique, sombre dans la misère.
En 1965, la **tentative de coup d'État** se traduit à Lombok par une sévère répression et le massacre des Chinois et des communistes de l'île. À ces heures tragiques s'ajoute un an plus tard une nouvelle période de famine, due aux mauvaises récoltes.
En 2018, Lombok à été durement touchée par deux séismes qui ont fait 481 morts et plus de 350 000 sans-abris. L'année suivante, le lancement du gigantesque projet d'infrastructures touristiques Mandalika, très contesté, était lancé dans le sud de l'île, autour de Kuta.

Pura Meru.
Tuayai/Getty Images Plus

Mataram

Capitale de province, Mataram forme une grosse agglomération englobant les bourgades d'Ampenan, Cakranegara et Sweta. Sur 10 km, elle aligne ses bâtiments le long d'une avenue interminable qui change de nom et de physionomie au gré des quartiers. Du petit port de pêche d'Ampenan – son principal centre d'intérêt –, Jalan Pejanggik s'enfonce au cœur de Mataram, quadrillage de rues assoupies bordées de bâtiments administratifs et de villas cossues datant de l'ère coloniale. Puis elle dessert Cakranegara, principal centre commercial de Lombok, où se concentrent plusieurs ateliers de tissage, avant de rejoindre Sweta, que l'on traverse sans s'en rendre compte.

3

Se repérer

CARTE B2 (P. 350-351) – PLAN DE VILLE (P. 356).

Chef-lieu de la province de Nusa Tenggara Ouest - 477 476 hab. L'agglomération s'étend sur 10 km d'ouest en est.

À ne pas manquer

Le vieux quartier d'Ampenan et le départ en mer des pêcheurs.

Organiser son temps

Comptez une demi-journée pour Ampenan ; le reste de l'agglomération est sans grand intérêt.

Carnet pratique p. 359

Nos adresses p. 360

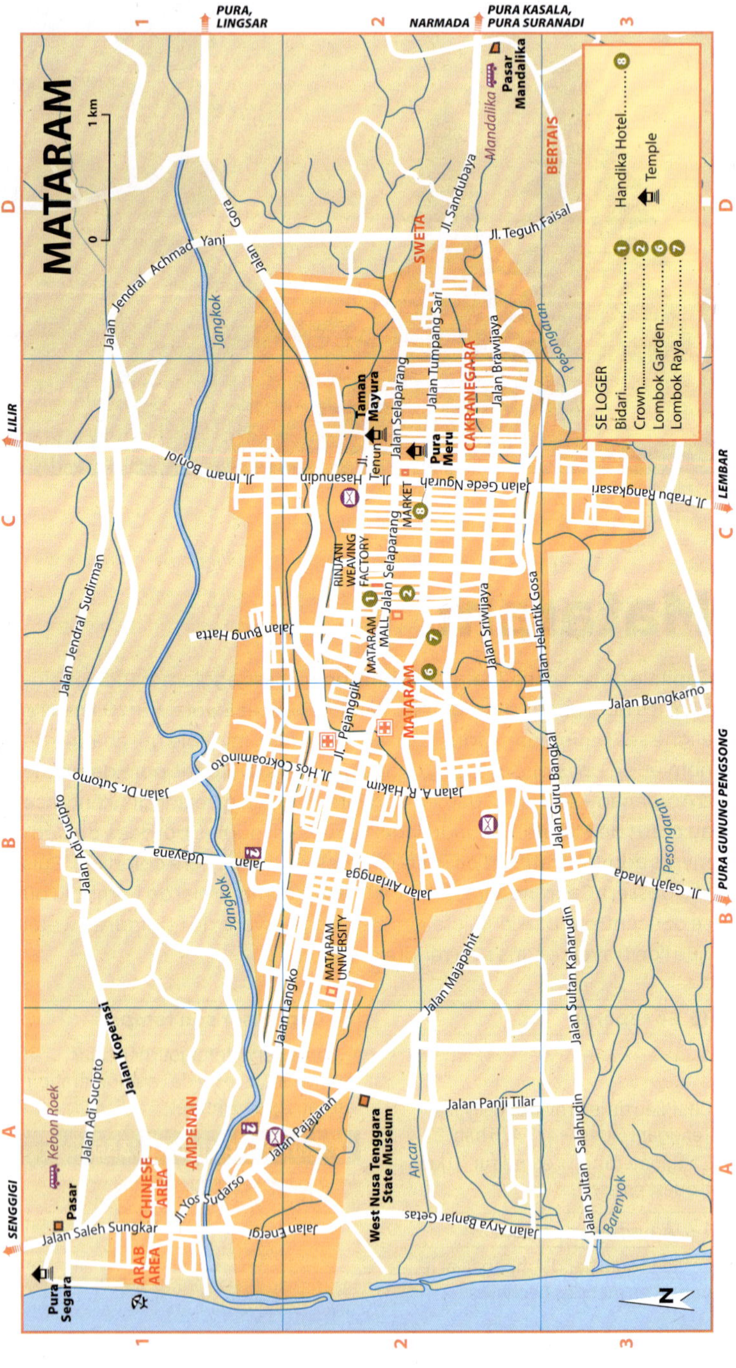
MATARAM
0
1 km
PURA, LINGSAR
NARMADA
PURA KASALA, PURA SURANADI
LILIR
LEMBAR
PURA GUNUNG PENGSONG
SENGGIGI
SE LOGER
Bidari
Crown
Lombok Garden
Lombok Raya
Handika Hotel
Temple
Pasar Mandalika
Mandalika
BERTAIS
SWETA
CAKRANEGARA
MATARAM
AMPENAN
CHINESE AREA
ARAB AREA
Kebon Roek
Pasar
Pura Segara
Taman Mayura
Pura Meru
MARKET
RINJANI WEAVING FACTORY
MATARAM MALL
MATARAM UNIVERSITY
West Nusa Tenggara State Museum
Jangkok
Ancar
Barenyok
Pesongaran
Jalan Jendral Achmad Yani
Jalan Gora
Jl. Teguh Faisal
Jl. Sandubaya
Jalan Tumpang Sari
Jalan Brawijaya
Jalan Selaparang
Jl. Tenun
Jl. Hasanudin
Jl. Imam Bonjol
Jalan Gede Ngurah
Jl. Prabu Rangkasari
Jalan Jendral Sudirman
Jalan Bung Hatta
Jl. Pejanggik
Jalan Sriwijaya
Jalan Jelantik Gosa
Jalan Bungkarno
Jl. Hos Cokroaminoto
Jalan Dr. Sutomo
Jalan A. R. Hakim
Jalan Guru Bangkal
Jalan Adi Sucipto
Jalan Udayana
Jalan Airlangga
Jl. Gajah Mada
Jalan Majapahit
Jalan Sultan Kaharudin
Jalan Langko
Jalan Koperasi
Jalan Panji Tilar
Jalan Pajajaran
Jl. Yos Sudarso
Jalan Saleh Sungkar
Jalan Energi
Jalan Banjar Getas
Jalan Arya Banjar Getas
Jalan Sultan Salahudin
A
B
C
D
1
2
3

Se promener

PLAN CI-CONTRE

Ampenan A1

Visite à faire à pied et en bemo. *L'angle des rues Saleh Sungkar, Koperasi et Yos Sudarso est un bon point de départ pour explorer le quartier – Comptez 2h.*
Ce qui était autrefois le principal port de Lombok n'est plus qu'un petit bourg aux maisons hollandaises, arabes et chinoises décrépites, où la vie s'arrête à l'heure du cagnard. Si vous résistez à l'appel de la sieste, promenez-vous dans les ruelles des **quartiers arabe et chinois**, qui témoignent d'un passé où le port attirait des marchands du bout du monde.
Vers l'ouest, la petite **Jalan Koperasi** égrène ses quelques échoppes, antiquaires et *warung*. Au passage, le regard s'arrête sur le petit temple chinois et les façades délavées des entrepôts désertés.
Au bout de la rue, à 300 m, la **plage** est dominée à droite par les nouvelles installations (2019) de la Pertamina, la compagnie nationale de pétrole. À gauche, des *prahu* alignent leur proue face au large, prêts à partir, tandis que leurs capitaines jouent aux dominos. Le spectacle de cette **flotte multicolore★** prenant la mer, avec en toile de fond le mont Agung (Bali), est superbe.
D'Ampenan, prenez un bemo *vers Mataram, descendez en face de l'hôtel Natour et remontez Jl. Pajajaran sur 500 m ; vous éviterez un détour.*

Mataram A2

West Nusa Tenggara State Museum

(MUSÉE ETHNOGRAPHIQUE DE NUSA TENGGARA OUEST)

Jl. Panji Tilar Negara 6 - ✆ 0897 3862 445 - mar.-dim. 8h-15h - entrée payante.
Ses collections vous initieront à la richesse culturelle de Lombok et de Sumbawa. Passé la salle des fossiles et des animaux empaillés, vous découvrirez sculptures, porcelaines chinoises, vanneries, coffres en bois, ikats sasaks et *songket* de Sumbawa (broderies de fil d'or ou d'argent), ainsi qu'une belle collection de bronzes Dông-Sôn et hindous. Les **pièces d'orfèvrerie et de joaillerie★★** (plateaux, kriss...) constituent le clou du musée.
Poursuivez vers l'est en traversant Mataram. À l'angle de Jl. Bung Hatta (nord) et Bung Karno (sud), vous pénétrez dans Cakranegara. Jl. Pejanggik devient Jl. Selaparang.

3

Cakranegara CD2

Accès en bemo *– Comptez 2h de visite.*
Encouragée par une communauté chinoise très active, la vocation commerciale de « Cakra » (prononcez *tchakra*) saute aux yeux : boutiques de vêtements ou d'électronique, concessionnaires automobiles et vendeurs d'électronique se disputent l'espace le long de l'avenue principale. Parfait pour dénicher son sarong.

Pura Meru C2

Jl. Selaparang - donation.
Seul vestige de l'ancienne capitale des princes balinais, ce temple daté de 1720 est le plus grand lieu de culte hindou de Lombok. Consacré au Triloka, la trinité Siva-Visnu-Brahma, le sanctuaire comprend trois élégants *meru*.

Taman Mayura C2

De l'autre côté de l'avenue.
Le « palais d'eau » est protégé par une enceinte de brique rouge. Seul vestige du palais royal, au milieu d'un grand bassin écrasé de chaleur, trône le Bale Kambang,

le pavillon où siégeait l'ancienne cour de justice (1744), qui réunissait les seigneurs balinais. En 1894, l'endroit fut le théâtre d'une victoire sans lendemain de ces derniers sur les Hollandais.
Prenez un bemo *jusqu'au Pasar Mandalika.*

À proximité

CARTE P. 350-351

De Mataram, vous pouvez partir à l'est à la découverte des temples nichés dans la campagne. Pour en faire le tour, comptez une demi-journée avec votre propre véhicule.

Pura Lingsar B2

2 km au nord-est de Cakranegara par Jl. Gora.
C'est le principal lieu de culte des musulmans Wetu Telu *(voir « Un islam bien particulier », p. 353)*, mais aussi des hindouistes qui y célèbrent le Pujawali, une fête du riz en l'honneur du dieu du Rinjani, Batara.

Pura Suranadi B2

4 km au nord-est de Sweta par Jl. Sandubaya.
L'un des sanctuaires hindouistes les plus sacrés de l'île, il attire des pèlerins de tout Lombok. Dans le jardin, charmant, une source provenant des flancs du Rinjani alimente des bassins.

Pasar Mandalika D2

7 km à l'est de Cakranegara.
Installé dans un bâtiment en béton et très animé, il déborde de tissus, d'objets d'artisanat locaux, de fruits et d'épices ; c'est le plus gros marché de Lombok.

Pura Kasala B2

10 km à l'est de Sweta par Jl. Sandubaya.
À Narmada, le roi de Mataram fit construire ce temple en 1805. Devenu trop vieux pour gravir le Rinjani – mont sacré –, il décida d'en bâtir une réplique à échelle humaine, dotée d'un bassin.

Pura Gunung Pengsong B2

7 km au sud de Mataram par Jl. Gajah Mada.
Perché sur une colline rocheuse, en haut d'un escalier de 236 marches, le site délivre un beau **panorama★** sur la plaine centrale et le volcan. Dédié à Dewi Sri, la déesse du riz, ce sanctuaire balinais s'anime à chaque moisson pour le sacrifice rituel d'un buffle. Quand ils n'accompagnent pas les rares touristes au sommet, les gamins du coin s'occupent à tirer au lance-pierres sur les singes.

Carnet pratique

PLAN DE MATARAM (P. 356)

S'informer

The Lombok Guide, un bi-hebdomadaire en anglais, disponible gratuitement dans de nombreux hôtels et restaurants, donne des infos pratiques et des nouvelles de l'île.

Dinas Pariwisata Kota Mataram – B1 - *Jl. Majapahit 14A (près du bureau de l'immigration), Mataram - (0370) 640 790 - disparmataram.mataramkota.go.id.*

Kantor Dinas Kebudayaan Dan Pariwisata Provinsi NTB – A1 - *Jl. Langko 70, Mataram - (0370) 637 174 - www.disbudpar.ntbprov.go.id.* L'office de tourisme provincial fournit un calendrier des événements.

Adresses utiles

Banque/Change

Nombreuses banques et distributeurs ATM sur Jl. Pejanggik (BC2) et près du Mataram Mall (C2). Les guichets de change ouvrent le matin mais leurs taux sont défavorables.

BCA – C2 - *Jl. Pejanggik 67.* ATM et change au guichet le matin.

BNI – B2 - *Jl. Langko 64.*

Poste/Téléphone

Poste centrale – B2 - *Jl. Sriwijaya 37.*

Wartel sur Jl. Cokroaminoto (B1-2) et Jl. Pejanggik (C2).

Arriver/Partir

Pour les accès à Lombok, voir « Transports » dans « Sur place de A à Z », p. 650, ainsi que les chapitres Senggigi et l'archipel des Gili p. 364 et 370.

En avion

Bandara Internasional Lombok (BIL) – L'aéroport international de Lombok le se situe à env. 40 km au sud-est de Mataram *(1h en voiture)*. Lombok est reliée à Java (Jakarta, Surabaya), Sumbawa et Flores.

Les compagnies **Garuda Airlines** *(021 2351 99 99 ou 08041 807 807)* et **Lion Air** *(08041 788 899)* assurent des liaisons fréquentes avec Bali *(25mn de vol)*.

Taxe d'aéroport – 200 000 Rps pour les vols internationaux et 60 000 Rps pour les vols locaux, à régler à l'embarquement.

De/vers l'aéroport – Les bus de la compagnie **DAMRI** relient l'aéroport à Mataram *(4h-19h - ttes les h. - 20 000 Rps)* et Senggigi *(3h-20h - ttes les 1h30 - 25 000 Rps)*.

Vous pouvez aussi gagner n'importe quel point de l'île en taxi.

Blue Bird – *(0370) 627 000.*

En bus

Terminal **Mandalika**, à Bertais *(2 km à l'est de Cakranegara)* (D2). Principal nœud de transport public pour l'ensemble de l'île. Il dessert toute l'île (Lembar, Senggigi, Labuhan Lombok), ainsi que Java, Bali, Sumbawa et Flores.

En bemo

Terminal **Kebon Roek**, à Ampenan (A1). De là, on peut gagner Senggigi, Bangsal ou le terminal des bus de Mandalika. On trouve également des *bemo* sur toutes les grandes avenues.

Transports

Cidomo

Une calèche à deux roues tirée par un cheval ; lent.

Taxi

Blue Bird (Lombok Taksi) – *(0370) 627 000.*

Location de véhicule

Rens. dans les hôtels et agences.

TRAC (Astra Rent a Car) – B1 - *Jl. Pancaka 8A, Mataram Barat - (0370) 626 363 - www.trac.astra.co.id.*

3

Nos adresses

PLAN DE MATARAM (P. 356)

Restauration

Le quartier du Mataram Mall, autour de Jl. Pejanggik (C2), concentre les restos et *warung*.

Shopping

Marchés

À Bertais, au **Pasar Mandalika** (D2), grand choix d'artisanat sasak et de tissus (la plupart des ikats proviennent des usines de Jepara). Les vendeurs gonflent leurs prix ; marchandez ferme !

Gunung Sari – *5 km au nord de Mataram.* Village spécialisé dans le bois et le cuir, moins chers qu'à Mataram et Senggigi.

Centre commercial

Mataram Mall – C2 - *Jl. Pejanggik - (0370) 629 908.* Très pratique, le seul véritable mall de Mataram.

Ikats

Rinjani Hand Woven – B2 - *Jl. Sriwijaya 4 - (0370) 632 848 - tlj sf dim. 8h-18h.* Des ikats en tout genre.

Hébergement

Dormir à Mataram n'a d'intérêt que si vous êtes en escale vers Flores. Rares sont les hôtels qui appliquent des tarifs saisonniers.

Premier prix

(1) **Bidari** – C2 - *Jl. Bangau 5 - Cakranegara - (0370) 627 710 ou 0819 9988 7576 - lg@bidarihotelandlounge - - 50 ch. 250 000/350 000 Rps.* Près du Mataram Mall. Un hôtel moderne mais dont le service et l'entretien laissent à désirer. La superior donne sur un temple niché sur le toit.

(8) **Handika Hotel** – C2 - *Jl. Panca Usaha 3 - Cakranegara - (0370) 633 578 - - 25 ch. 200 000/350 000 Rps.* Une adresse agrémentée de mobilier ancien et d'un agréable petit café. Le décor lambrissé des chambres est un peu démodé sans que cela ne préjuge de leur confort.

Budget moyen

(2) **Crown** – C2 - *Jl. Maktal 8 - Cakranegara - (0370) 630 222 - - 18 ch. 350 000/455 000 Rps.* Cet hôtel moderne en U autour d'une cour plantée semble lui aussi souffrir d'une gestion négligée, malgré un personnel sympathique. Évitez les deluxe (minuscule fenêtre). Les superior ont une sdb exiguë mais sont d'un meilleur rapport qualité-prix. Prix négociables.

(7) **Lombok Raya** – C2 - *Jl. Panca Usaha 11 - (0370) 632 305 - www.lombokrayahotel.com - - 264 ch. 500 000/4 500 000 Rps.* Un hôtel moderne et central, juste derrière le Mataram Mall : chambres spacieuses, carrelées, impersonnelles mais agréables. Certaines ont un balcon sur jardin.

(6) **Lombok Garden** – C2 - *Jl. Bung Karno 7 - (0370) 636 015 - www.lombokgardenhotel.com - - 205 ch. 550 000/950 000 Rps.* L'ancien Granada, racheté par le Lombok Raya, propose un confort de même catégorie que celui-ci mais dans un cadre moins urbain car il est un peu excentré. Chambres confortables donnant sur un agréable jardin.

Plage de Senggigi.
Scott Biales/Getty Images Plus

Senggigi et la côte nord-ouest ★

3

Collines plongeant dans la mer, croissants de sable fin ourlés de cocotiers, myriades de prahu partant à la pêche, couchers de soleil sur Bali… la côte nord-ouest de Lombok offre quelques instantanés de rêve. Les promoteurs l'ont bien compris ! Elle fut la première zone de l'île à voir s'installer des hôtels de luxe, égrenés sur une quinzaine de kilomètres, entre Batu Bolong et Mangsit, là où on ne trouvait que des villages de pêcheurs. Après la frénésie touristique des années 1990, l'endroit s'est assagi et a trouvé un certain équilibre. Son centre névralgique, la bourgade de Senggigi, regorge d'hôtels, de bars et de commerces. Plus calme, Mangsit constitue une alternative idéale. Enfin, au-delà de Bangsal, sur la route du nord, on retrouve une nature plus sauvage, jusqu'aux majestueuses pentes arides du Rinjani.

Se repérer

CARTE AB1-2 (P. 350-351) – PLAN DE SENGGIGI (P. 362).
Province de Nusa Tenggara Ouest. À 10 km au nord d'Ampenan.

À ne pas manquer

Un repas de fruits de mer sur la plage ; une baignade dans les belles eaux turquoise de la côte.

Organiser son temps

Comptez une journée. Logez de préférence à Mangsit. Les prix des hôtels flambent en juillet-août !

Carnet pratique p. 364

Nos adresses p. 365

Circuits conseillés

CARTE P. 350-351

Circuit tracé en vert sur la carte de Lombok (p. 350-351) – Comptez une journée.
La côte ouest de Lombok, ourlée de **plages★** et de falaises, a fait l'objet d'une exploitation touristique contrastée. À mesure que l'on remonte vers le nord, les hôtels se font plus rares et les plages… plus belles encore.

La route vers Senggigi A2 ET PLAN DE SENGGIGI

Peu après Ampenan, la route passe devant un **marché populaire** *(à l'angle de la route d'Ampenan et de Jl. Adi Sucipto)* où vous ferez moisson d'odeurs et d'ambiances sasaks. Plus loin *(1 km au nord)*, on laisse sur la gauche un étonnant **cimetière chinois** dont les tombes, en béton, sont toutes recouvertes de céramiques colorées. Juste derrière, un temple balinais, le **Pura Segara**, dresse ses *meru* face au large, à proximité des vestiges d'un cimetière musulman.

Pura Batu Bolong

1 km avant Senggigi - horaires aléatoires - donation.
Les anciens avaient l'art de choisir les lieux les plus propices à la méditation. Ce sanctuaire hindouiste, juché sur un étroit promontoire rocheux qui s'avance

SE RESTAURER
Asmara 1
Cafe Alberto 3
Coco Beach 4
Square Restaurant & Lounge 8

SE LOGER
Batu Bolong Cottages 2
Aruna Senggigi 3
Puri Mas 5
Puri Senggigi 6
Qunci Pool Villas 7
Central Inn 11
Transit Inn 12
Sunset House 13

sur la mer, doit son nom – *batu* (« roche ») et *bolong* (« trou ») – à la faille qui le coupe en deux. De là, le **panorama★★** sur Bali est superbe. La tradition (ou légende ?) d'y livrer des vierges en pâture aux requins s'est bien heureusement perdue.

★ Senggigi

À 17 km au nord de Mataram.

Boutiques de souvenirs, agences, restaurants et bars animent la rue principale, tandis que sur la plage des vendeurs insistants proposent leur marchandise. Le soir, bars et discothèques brassent une population de touristes et de femmes en quête de rencontres tarifées. Le sable n'en reste pas moins d'une finesse incomparable, l'eau chaude et limpide, et les **fonds marins** sont riches en coraux et poissons, même s'ils ne valent pas ceux des Gili. Senggigi est le point de départ pour une excursion de plongée *(voir « Activités », p. 366)*.

★★ Mangsit

À 3 km au nord de Senggigi.

Coincée entre la mer et des collines escarpées, la **route côtière** file ensuite à travers les cocoteraies et les rizières, offrant çà et là de beaux **points de vue★**. Plus lieu-dit que village, **Mangsit** apparaît comme un havre de paix. Le paysage y a conservé tout son charme, et les hôtels y sont plus épars qu'autour de Senggigi.

Au-delà, la **route de Bangsal★★** révèle toute une série de baies sauvages, d'une beauté à couper le souffle. C'est à Bangsal que se trouve le petit débarcadère d'où partent les navettes pour les Gili.

Pemenang

Lombok Wildlife Park – *Jl Raya Tanjung, Sire Sigar Penjalin - ✆ 0819 3670 0717 - www.lombokwildlifepark.com.* Ce parc offre l'occasion d'observer des éléphants ou des orangs-outans.

Arrivé à cette petite ville-carrefour animée, plusieurs options s'offrent à vous. Vous pouvez rebrousser chemin, continuer vers le nord ou emprunter la route de Pemenang à Mataram *(45 km)*, parallèle à la route côtière, qui offre une alternative au tourisme balnéaire.

Progressant à travers une forêt épaisse, cette dernière gravit le **col du Pusuk** (851 m), d'où l'on découvre un panorama somptueux : la vue porte jusqu'à Pemenang. De là, on peut rejoindre à pied Senggigi. La forêt est le refuge d'une colline de singes que l'on croise souvent aux abords du col.

★ La route du nord B1

Si vous possédez votre propre véhicule, laissez-vous tenter par un périple sur la côte nord, jusqu'au littoral oriental, via Anyar. Cette région, l'une des plus désertiques et arides de l'île, cache des paysages magnifiques. Comptez une demi-journée.

Tanjung

À 10 km au nord-est de Bangsal.

Le marché aux poissons de Tanjung est le lieu le plus animé de la bourgade. On y vend toutes sortes d'animaux marins, y compris des espèces menacées comme les requins... Dans la campagne environnante, le vert se fait rare et la lumière rasante du couchant enveloppe les rizières de velours.

Air Terjun Tiu Pupus (CHUTES DE TIU PUPUS)

À 3 km à l'est de Gondang.

Après Gondang, le paysage, soudain très sec, est dominé par la masse du Rinjani, dont les pentes désolées glissent doucement dans la mer.

Une piste mène aux chutes, à quelques kilomètres dans les terres. Au-delà, on atteint les terres arides des contreforts du volcan, dans un paysage rude et désertique.

Carnet pratique

PLAN DE SENGGIGI (P. 362)

Adresses utiles

Boutiques, épiceries, agences de voyage et autres services se regroupent au sud de la pointe de l'hôtel Senggigi Beach.

Banque/Change

Plusieurs distributeurs au centre de Senggigi, notamment ceux de la **BNI** et de la **BCA**.

Internet

Millenium Internet – *En face du Papaya Cafe - 9h-0h.*

Blue Island Medika Klinik – *Jl. Raya Senggigi (près du Choice Café, à 50 m du Pasar Seni) - ✆ 0818 0523 7373.*

Arriver/Partir

En bus

Perama – *Jl. Raya Senggigi (dans le centre) - ✆ (0370) 693 008 - www.peramatour.com.* De Senggigi, les bus Perama assurent une liaison avec Bangsal (embarcadère pour les Gili), Mataram et Kuta.

En speedboat

Plusieurs compagnies, notamment la **Perama**, font la liaison directe avec les Gili. Renseignements auprès des agences locales.

En bemo

Liaisons fréquentes du terminal de Kebon Roek (Ampenan) à Senggigi. Tous ne vont pas jusqu'à Mangsit et Pemenang. Attention, les *bemo* se font rares après 17h.

En taxi

Blue Bird – *✆ (0370) 627 000.*

Location de véhicules

Vous trouverez de nombreuses agences pour louer voitures ou motos. Négociez les prix, plus élevés qu'à Bali.

Visites

Pour visiter le nord de l'île, louez un véhicule en bon état et évitez la saison des pluies.

Rinjani Trek Management Board – *(voir « Excursions », p. 378).* La référence en la matière pour l'ascension du Rinjani.

Khiri Travel – *Jl. Industri, Gang Lanter I 12 - ✆ (0370) 647 390 - www.khiri.com - 9h-17h30.* Une entreprise éco-responsable qui organise des randonnées et apporte un autre regard sur le pays.

Rinjani Trekking Club – *En face du Papaya Cafe, Senggigi - ✆ 0817 5754 551 - www.rinjanitrekkingclub.com - 8h-22h.*

Nos adresses

PLAN DE SENGGIGI (P. 362)

Restauration

À Senggigi, on trouve une poignée d'adresses dans la rue centrale et en front de mer, près du Pasar Seni (marché d'art). La plupart des hôtels possèdent leur restaurant, dont celui réputé du Qunci *(voir « Hébergement » p. 367)*.

À Batu Bolong

Budget moyen

3 **Cafe Alberto** – *Batu Bolong - ✆ (0370) 693039 ou 0812 3755 543 - www.cafealberto.com - 7h30-22h - 100000/250000 Rps.* Ce restaurant a pris le parti du design avec sa dalle grise et ses jolies tables en bois. Cuisine italienne et indonésienne, mais aussi délicieux poissons grillés. À midi, snacks ou salades constituent une bonne option. On peut manger ou boire un verre sur le sable et profiter de la piscine ou d'un bain de mer.

Pour se faire plaisir

Warung Menega – HORS PLAN - *Au sud de Batu Bolong (près du Bintang Senggigi) - ✆ (0370) 750 16 49 - www.menega.com - ⊭ - 10h-23h - 150000/300000 Rps.* Déclinaison locale des restaurants de fruits de mer de Jimbaran, l'adresse est très appréciée, en particulier par les officiels et les hommes d'affaires indonésiens. Poissons et crustacés frais ou du vivier sont servis dans une agréable salle au toit en *alang-alang* ou directement les pieds dans le sable. La qualité du service peut laisser à désirer, et l'addition comprend parfois une taxe ne figurant pas sur la carte (refusez de la payer).

À Senggigi

Premier prix

4 **Coco Beach** – *Kerandangan, Pantal 2 (la plage 2, entre Senggigi et Mangsit) - ✆ 0821 4468 3300 - ⊭ - 11h-21h - 30000/80000 Rps.* Ce lieu plein de charme imaginé par un Français comporte huit gazébos en bambou sous les cocotiers, face à la plage. Au choix, cuisine bio avec des produits de la ferme et du potager (poulet rôti, légumes frits...), poissons et fruits de mer. La banane frite au chocolat avec du sésame a acquis une certaine réputation. On y sert aussi du *jamu*, boisson à base d'herbe de la médecine traditionnelle indonésienne.

Budget moyen

1 **Asmara** – *Sortie nord de Senggigi - ✆ (0370) 693619 - lg@asmararestaurantlombok - 17h-22h - 100000/250000 Rps.* Chéri des expatriés, ce restaurant dispose d'un espace aéré, avec une salle sur rue et une autre en mezzanine. La cuisine, occidentale et indonésienne, est de qualité. Essayez les *sate pusut* (brochettes de poisson) ou l'*ayam taliwang* (poulet mariné dans du piment). Fruits de mer et pizzas. Musique live certains soirs.

8 **Square Restaurant & Lounge** – *Senggigi Square Block B-10 (à l'angle de la rue principale) - ✆ (0370) 693688 ou 0818 0360 7231 - www.squarelombok.com - 11h-22h - 100000/300000 Rps.* Cette adresse s'est imposée depuis quelques années comme l'une des meilleures tables de Senggigi. Au menu, cuisine internationale, indonésienne ou sasak (begibung). Terrasse.

Boire un verre

Pour un verre au coucher du soleil sur la plage, tentez **The Office Bar** *(près du Pasar Seni - 9h-0h)*.

À Batu Bolong, **La Chill Bar** *(près du Transit Hotel - 11h-24h)* est une bonne option pour boire un verre (cocktails) ou manger un morceau (salades, pizzas) sur la terrasse ombragée ou dans le sable.

3

Shopping

Pasar Seni, le « marché d'art », est en réalité une foire d'artisanat où l'on trouvera un bon choix de souvenirs.

Asmara Collection – *Jl. Raya Senggigi km 8 - ✆ (0370) 693 109 - 9h-22h.* La galerie du restaurant propose un bon choix de tissus et d'artisanat de Lombok et des petites îles de la Sonde.

En soirée

L'offre est abondante, mais ne vous attendez pas à trouver des lieux chic et tendance comme il en existe à Bali. On peut écouter de la musique *live* au **Papaya Cafe** *(8h-23h30)*, au décor plutôt réussi. Le **Paragon** *(12h-2h)* est l'un des plus grands bars-clubs, avec là aussi Dj, musique live et karaoké. Terrasse face à la mer.

Activités

Plongée

Lombok Dive – *Jl. Pantai Senggigi - ✆ 0818 0523 2385 - www.lombok-dive.com.*

VTT

Lombok Biking Tour – *✆ 0822 3687 6881 - www.lombokbikingtour.com.* Des circuits à VTT avec une agence sérieuse. Une bonne manière de découvrir l'île.

Hébergement

Senggigi propose toutes les gammes d'hôtels, mais pour les adresses de charme préférez Mangsit, isolé et plus au calme.

À Batu Bolong

Premier prix

6 **Puri Senggigi** – *Jl. Raya Senggigi 8 - Batulayar - ✆ (0370) 692 192 - - 52 ch. 250 000/350 000 Rps.* Logé dans une jolie maison, cet hôtel propose un hébergement d'un excellent rapport qualité-prix, avec des chambres proprettes. Également une jolie petite piscine entourée d'arbres.

Budget moyen

12 **Transit Inn** – *Jl. Raya Senggigi 16 - ✆ (0370) 693 002 ou 0823 4166 6678 - www.transitinnlombok.com - - 16 ch. 600 000 Rps.* Le jumeau du Central Inn, moins cher, propose des chambres impeccables dans un bâtiment de style motel. La clientèle est indonésienne. Un bon rapport qualité-prix, mais gare au bruit du bar La Chill, en bord de plage.

2 **Batu Bolong Cottages** – *Batu Bolong (1 km au nord du temple) - ✆ (0370) 693 198 ou 0817 5717 185 - www.batu-bolong-cottages.business.site - - 36 ch. 450 000/750 000 Rps.* Réparti des deux côtés de la route, cet hôtel propose une grande variété de chambres, dont le prix varie en fonction de la proximité de la plage et de la présence d'une climatisation. Certaines ont un décor intérieur en bambou. Les plus belles disposent d'une petite terrasse avec vue sur la mer.

Pour se faire plaisir

13 **Sunset House** – *Jl. Raya Senggigi 66 - ✆ (0370) 692 020 - www.sunsethouse-lombok.com - -17 ch. 1 000 000/1 500 000 Rps.* Un hôtel lui aussi réparti des deux côtés de la route, avec une piscine et des chambres en bord de plage. Ces dernières sont plus chères mais spacieuses. Confort au standard international. Vous trouverez d'autres chambres au **Day Inn by Sunset House** *(18 ch. - 700 000 Rps).*

À Senggigi

Budget moyen

11 **Central Inn** – *Jl. Raya Senggigi 8 - ✆ (0370) 692 006 - www.centralinnlombok.com -*

- 88 ch. *200 000/400 000 Rps*. Le jumeau du Transit Inn constitue une bonne option moyenne gamme (moitié prix en basse saison). Les chambres, proprettes à défaut d'être exotiques, disposent d'une terrasse ou d'un balcon.

Pour se faire plaisir

3 **Aruna Senggigi** – *Jl. Raya Senggigi (entre Senggigi et Batu Bolong) - (0370) 619 77 77 - www.arunasenggigi.com - - 143 ch. 850 000/1 500 000 Rps*. L'hôtel propose deux types de chambres : les standard, côté terre, disposent de sdb à ciel ouvert mais sont proches de la route ; les superior sont bien situées près de la plage.

À Mangsit

Pour se faire plaisir

7 **Qunci Pool Villas** – *Jl. Raya Mangsit - (0370) 693 800 - www.quncivillas.com - - 78 ch. 2 100 000/3 300 000 Rps*. Ce boutique-hôtel affiche un style moderne et épuré. Les chambres, très élégantes, sont décorées d'œuvres d'art et disposent d'une terrasse avec un lit de jour. Le jardin est à l'avenant, lui aussi décoré de statues. Seul bémol, les chambres sont un peu les unes sur les autres. Préférez celles à l'étage, qui jouissent d'une vue sur la mer. L'hôtel dispose d'un spa et sa table passe pour l'une des meilleures de la région. Service très professionnel.

5 **Puri Mas** – *Jl. Raya Mangsit Beach - (0370) 693 831 - www.purimas-lombok.com - - 40 ch. 2 100 000/2 500 000 Rps*. Une grande variété de prix ; certaines standard (celles à l'étage avec vue) semblent plus confortables que les superior. La décoration mêle les styles javanais et balinais et la brique rouge, avec des intérieurs en bambou ou en dur. Le restaurant campe agréablement face à la mer, près de la superbe piscine à débordement. Les enfants de moins de 12 ans ne sont pas acceptés. Le Puri Mas possède aussi des villas et un boutique-hôtel dans un jardin luxuriant.

À Tanjung

Une folie

Tugu – *Jl. Pantai Sire - Sigar Penjalin - (0370) 612 01 11 ou 0819 3799 5566 - www.tuguhotels.com - - 35 ch. 3 900 000/12 500 000 Rps*. Isolé à la pointe nord-ouest de Lombok (près de Bangsal), ce boutique-hôtel mise, comme tous les Tugu Hotels, sur l'intimité et le raffinement de la décoration, riche en antiquités. Son souci d'originalité et de références historiques ou mythologiques flirte avec le kitsch (comme ces statues géantes du dieu hindou Bhairava), mais l'ensemble est assez réussi. Les chambres sont immenses, avec une mention spéciale pour les sdb à ciel ouvert, dont certaines disposent d'une baignoire taillée dans la pierre. Spa et boutique d'antiquités.

L'archipel des Gili ★★

À quelques brasses de la pointe nord-ouest de Lombok, le petit archipel des Gili (« île », en sasak) dévoile un paysage de carte postale. Tout véhicule à moteur y est proscrit, et on se déplace en calèche, à pied ou avec des palmes… Plages de sable blanc, eaux claires et poissonneuses, fonds coralliens irisés, ces îles sont le repaire des amateurs de fête, de farniente et de plongée sous-marine. Les Gili comptent en effet parmi les spots les plus réputés d'Indonésie, où vous aurez peut-être la chance d'apercevoir des tortues, des raies, voire des requins (sans danger). À moins que vous ne préfériez la pêche au gros… ou la vie nocturne, très animée. Car vous ne serez pas seul aux Gili, surtout en haute saison. Les nuées de losmen, de restaurants et de bars qui couvrent l'archipel attirent une foule bigarrée, dont la jeunesse locale qui débarque la guitare en bandoulière. Dans son sillage se glissent parfois quelques esprits malveillants en quête de sacs oubliés ou pourvoyeurs de substances illicites. Sans céder à la paranoïa, restez donc vigilant.

Se repérer

CARTE AB1 (P. 350-351).

Province de Nusa Tenggara Ouest.
De 4 à 8 km au large de Bangsal.
Pour l'accès aux îles, voir la rubrique « Arriver/Partir », p. 370.

À ne pas manquer

Les fonds marins, parmi les plus beaux d'Indonésie.

Organiser son temps

Comptez 2 jours. En juillet-août, pensez à réserver, car les hôtels affichent parfois complet. Attention aux vols dans les chambres et sur la plage.

En famille

La découverte des fonds marins avec masque et tuba.

Carnet pratique p. 370

Nos adresses p. 371

Nature en danger

Le rapide développement touristique de l'archipel des Gili cause d'inquiétants problèmes en matière d'environnement. Les fonds coralliens, très fragiles, ont été les premiers à souffrir de l'intérêt qu'ils suscitent, ainsi que de la pêche à la dynamite. Le pompage de la nappe phréatique (une eau légèrement saumâtre que l'on utilise pour les douches) ne va pas non plus sans poser de problèmes, de même que le traitement des eaux usées. L'eau consommable est quant à elle importée en containers depuis Lombok. Trawangan dispose d'une décharge, tandis que les deux autres îles envoient leurs déchets à Lombok. Des initiatives privées sont mises en place, notamment pour la protection des coraux, afin de sauvegarder ce paradis menacé. Des succès ont déjà été remportés dans la lutte contre la pêche à la dynamite, et désormais toutes les constructions sont réalisées avec des matériaux (bois, sable) apportés de Lombok afin de préserver les ressources de l'archipel.

Gili Meno, la plus calme des trois îles.
MasterLu/Getty Images Plus

Excursions

CARTE P. 350-351

À chacun son île... Faites votre choix en fonction de vos préférences : confort ou farniente, tranquillité ou soirées tendance...

★★ Gili Air B1

À 4 km de Bangsal à vol d'oiseau.

L'île la plus proche de la côte offre le meilleur compromis en matière d'infrastructures et de densité touristique. Vous pourrez sans peine y choisir un lieu de retraite isolé ou opter pour les côtes sud et est, où se trouve la plus grosse concentration de *losmen* et de restaurants de l'île. La plupart d'entre eux sont construits en retrait de la plage, au milieu des cocotiers.

★★ Gili Meno B1

Au centre de l'archipel.

C'est la plus calme des trois îles. Ici, les cocotiers cèdent la place aux pins, et le sable est encore plus fin qu'à Gili Air. Hôtels et restaurants (un peu plus chers qu'ailleurs) se rassemblent surtout sur la côte est. Les meilleurs spots de **plongée en surface**, eux, se trouvent au nord-est et au sud. C'est au nord-ouest que vous aurez le plus de chances d'apercevoir des **tortues**.
Au centre de l'île, un lac d'eau saumâtre fournit le prétexte d'une agréable balade.

★★ Gili Trawangan A1

À 8 km de Bangsal.

Changement complet d'atmosphère à Trawangan, la plus grande des trois îles (340 ha), la plus touristique et la plus animée. Amateurs de calme et de tranquillité, repliez-vous sur la côte nord ou l'intérieur de l'île !
Trawangan est le fief des noctambules : dès que le soleil se couche, les bars-restaurants ouvrent leurs portes à des groupes de musique, et des images vidéo dansent sur les murs. En haute saison, surtout, l'île devient le rendez-vous des

fêtards qui finissent la soirée sur la plage à contempler les nuées d'étoiles scintillant dans la nuit...
La plupart des infrastructures sont rassemblées sur la côte sud-est, idéale pour la baignade et le snorkeling. Plus isolée, la **côte nord-est★** recèle aussi la plus belle plage de l'île, face à de superbes fonds coralliens. Quant à la côte ouest, qui se prête peu à la baignade, c'est l'une des plus romantiques au coucher du soleil.

Carnet pratique

Adresses utiles

Banque/Change – On trouve des distributeurs automatiques sur Gili Trawangan et Gili Air, pas sur Gili Meno.
Internet – La plupart des hôtels et restaurants disposent d'une connexion Wi-Fi. Vous trouverez des cybercafés sur toutes les îles.

Arriver/Partir

En bateau

Depuis Lombok, les bateaux partent de l'**embarcadère de Bangsal**, situé à 23 km de Senggigi et à 40 km d'Ampenan (32 km *via* Kekait). Les taxis n'ayant pas le droit d'embarquer ou de débarquer leurs passagers au port, ils s'arrêtent au niveau du Bunga Bunga Cafe à 1 km, ce qui oblige à effectuer le restant à pied... ou en *cidomo*. Au retour, négociez fermement le prix du transport en voiture, pour rejoindre Senggigi. La meilleure solution est d'opter pour un billet combiné bateau/navette pour Senggigi *(120 000 Rps)*, l'aéroport *(600 000 Rps)* ou Kuta-Lombok *(450 000 Rps)*. Tout en sachant que ce billet n'inclut pas le trajet du bateau à la navette...
À Bangsal, achetez votre billet au guichet de la **Koperasi Angkutan Laut Karya Bahari**, en front de mer, et non aux revendeurs à la sauvette. Deux liaisons quotidiennes entre les trois îles, le matin et l'après-midi. Le départ s'effectue quand le bateau est plein (comptez de 10 000 à 25 000 Rps selon l'île). Sinon, il est aussi possible de chartériser un bateau auprès de la coopérative pour Gili Air *(360 000 Rps)*, Gili Meno *(450 000 Rps)* ou Gili Trawangan *(500 000 Rps)*.

En speedboat

De Bali, départs depuis Sanur (2h), Benoa (2h), Nusa Lembongan, Padangbai (1h30 de bateau puis 1h de navette jusqu'à Sanur) et Amed.
De Lombok, départs depuis Senggigi. Nombreuses liaisons régulières.
Gilicat – *Jl. Danau Tamblingan 51, Sanur - ✆ (0361) 271 680 - www.gilicat.com.*
Blue Water Express – *Jl. Tukad Punggawa - Denpasar - ✆ (0361) 895 11 11 ou 0813 3841 8988 - www.bluewater-express.com.*

Transports

Entre les îles

La coopérative **Koperasi Angkutan Laut Karya Bahari** détient le monopole des transports. Les bateaux publics partent quand ils sont pleins *(10 000 Rps)*. D'autres partent à heure fixe mais le coût est plus élevé.
De Gili Air à Gili Meno *(35 000 Rps)* et Gili Trawangan *(40 000 Rps)* dép. à 8h30 et 15h. De Gili Meno à Gili Air *(35 000 Rps)* dép. à 10h15 et 16h15 ; et pour Gili Trawangan

(35 000 Rps) dép. à 8h40 et 15h15. De Gili Trawangan à Gili Meno *(35 000 Rps)* et Gili Air *(40 000 Rps)* dép. à 9h30 et 16h. Attention, il n'y a pas de liaison le vendredi après-midi.

Sur les îles

En l'absence de tout véhicule à moteur, le seul transport public est le *cidomo* (calèche). On peut aussi louer des vélos sur Gili Trawangan, près du débarcadère.

Nos adresses

Restauration

La plupart des hôtels ont un restaurant, souvent situé en bord de plage à même le sable. On y sert des plats indonésiens ou occidentaux et des fruits de mer.

Sur Gili Air

Budget moyen

Chill Out – *Côte sud-ouest - ✆ 0818 0379 8554 - www.chilloutbungalows.com - 7h-23h - 50 000/150 000 Rps.* Une salle ouverte et des tables sur le sable, avec en toile de fond la mer et le Rinjani... voilà pour le décor. La carte est sans surprise, mais la cuisine, de qualité. Venez tôt, c'est vite complet.

Sur Gili Meno

Budget moyen

Diana Cafe – *Côte nord-ouest - ▭ - 9h-22h - 40 000/100 000 Rps.* Un restaurant simple, au charme romantique avec tables sur la plage et décoration de corail, dans un coin très tranquille, d'où l'on aperçoit Gili Trawangan. On y sert de bons fruits de mer.

Rust Warung – *Près du débarcadère - ✆ 0819 0785 5755 - ▭ - 8h-23h - 60 000/80 000 Rps.* Une belle salle à plancher et toit de chaume, avec quelques gazébos où s'allonger en bord de plage. Cuisine indonésienne et produits de la mer. Pratique pour attendre son bateau, mais le service est long, et plutôt anonyme.

Pour se faire plaisir

Mahamaya – *100 000/200 000 Rps.* Le très élégant restaurant de l'hôtel *(voir « Hébergement »)*, en bord de plage, est l'une des meilleures tables de l'île. Service professionnel.

Sur Gili Trawangan

Premier prix

Kikinovi – *Au nord du marché d'art - ✆ 0819 0789 0069 - ▭ - 8h-22h - 50 000 Rps.* Une gargote toute simple, qui ne paye pas de mine, mais où l'on déguste le meilleur de la cuisine locale (bœuf à la noix de coco, poulet à la citronnelle), préparée avec soin par la maîtresse des lieux.

Budget moyen

The Beach House – *Côte sud-est - ✆ (0370) 614 23 52 ou 0821 6140 0500 - www.beachhousegilit.com - 7h-22h30 - 80 000/120 000 Rps.* Cette institution de Trawangan dispose d'une agréable salle en bois plantée en bord de plage, avec une micro-terrasse surélevée face à la mer. C'est un peu plus cher qu'ailleurs, mais la fraîcheur des fruits de mer et des poissons est garantie. Les filets sont plus abordables, de même que les plats indonésiens ou les salades.

Pour se faire plaisir

Scallywags – *Côte sud-est - ✆ (0370) 614 53 01 ou 0819 1743 2086 - www.scallywagsresort.com - 7h-22h - 100 000/200 000 Rps.* Un excellent restaurant de fruits de mer et de produits bio, installé dans une jolie salle avec ventilateurs suspendus sous un plafond en *alang-alang*. Quelques tables peu ombragées en bord de plage.

La carte comprend des salades composées, du poulet à la papaye, des tapas… Le soir, délicieuses grillades de poisson.

Boire un verre

Fréquentée par une clientèle jeune et hédoniste, locale et internationale, **Gili Trawangan** est l'endroit idéal pour sortir et rencontrer des gens. Les bars indiqués ici font aussi restaurant.

Surf bar – *Au sud de l'île.* Full moon party deux fois par mois.

Sama-Sama – *Au nord du débarcadère - ✆ 0811 3941 6415 - lun.-jeu. 7h-1h, vend.-sam. 7h-3h.* Un bar animé et chaleureux où se produisent d'excellents groupes de reggae locaux. Musique live de 21h à 1h.

Tir Na Nog – *Au sud du débarcadère (près du Vila Ombak) - ✆(0370) 619 54 61 ou 0819 5885 2790 - www.tirnanogbar.com - bar : tlj jusqu'à 2h (4h le merc.).* Ce classique des nuits de Trawangan possède une vaste salle et un bar sous toit de chaume en bord de plage.

Paradise Sunset Bar – *Pointe sud de l'île - 7h-23h.* Le meilleur spot pour admirer le coucher de soleil, attablé sur le sable ou sous un gazébo à toit de chaume. On y sert aussi du poisson. Musique house en fond sonore.

Activités

Concernant les loisirs nautiques, la location de jet-ski, les sorties de pêche ou les bateaux à fond de verre : rens. auprès des hôtels. Vous trouverez aussi des loueurs de vélo et des cours de yoga.

Randonnée à cheval

Stud – *Gili Trawangan - ✆ 0811 3897 779.* Promenades à cheval *(500 000/700 000 Rps pour 1h)* à l'intérieur de l'île ou sur la plage.

Plongée

La meilleure époque est la saison sèche (de mai à oct.), en raison de la clarté des eaux. Pour la plongée de surface, vous trouverez partout des masques et palmes à louer. Les clubs s'adressent aux débutants comme aux pêcheurs expérimentés.

Blue Marlin Dive – *www.bluemarlindive.com. Clubs à Gili Air (✆ 0811 391 636), Gili Meno (✆ 709 991 9234) et Gili Trawangan (✆ 0877 5936 7889).*

Dream Divers – *www.dreamdivers.com. Clubs à Gili Air (✆ 0812 3758 035) et Gili Trawangan (✆ 0370 6134 496).*

Freedive Gili – *Gili Trawangan - ✆ 0813 9286 6683 - www.freedivegili.com.* Le seul à organiser des plongées en apnée. Également possibilité de prendre des cours de yoga.

Hébergement

En pleine saison touristique, l'offre frôle la saturation, même si ces dernières années quantité d'adresses ont ouvert dans les terres. Dans le même temps, le standing des hôtels s'est élevé, et les prix avec. Sachez tout de même qu'ils baissent de moitié, voire plus, en basse saison. De façon générale, négociez.

Sur Gili Air

Premier prix

Abdi Fantastik – *Côte est - ✆ (0370) 636 421 - ⊭ - 9 ch. 250 000/300 000 Rps ☕.* Des pavillons en dur ou en bambou, disposés face à la mer, sous des cocotiers. Ils comprennent chacun deux chambres avec terrasse, au confort sommaire mais correct. En haute saison, le tarif devient toutefois excessif. Le propriétaire réserve un accueil sans excès de chaleur… heureusement compensé par celui du personnel.

Budget moyen

Si Pitung Village – *Est de l'île (à 200 m de la côte, prendre le* *ch. derrière le Santai) - 0818 555 827 - - 16 ch. 250 000/750 000 Rps.* Une adresse aux chambres de standing très variable, des villas et bungalows en bois et rotin, aux plus simples avec carrelage blanc. Le lieu est soigné et ne manque pas de style, en particulier la piscine et la salle à manger.

Island View Bungalows – *Côte ouest - 0878 6588 0103 - Ig@islandviewgiliair_ - - 13 ch. 800 000/1 500 000 Rps.* De jolis bungalows dans un endroit calme, à l'ombre des cocotiers. Chambres simples mais impeccables.

Gita Gili – *Côte est - 0823 3918 9296 - Ig@gita_gili - - 18 ch. 350 000/620 000 Rps.* De jolis bungalows en brique et bois, avec toit de chaume ou en tuile. Du confort sans originalité, mais un agréable espace arboré.

Villa Karang – *À gauche du débarcadère - 0811 3811 4888 - www.royalregantrishotels.com - - 48 ch. 680 000/880 000 Rps.* Totalement remanié, l'hôtel propose des chambres en dur, au confort moderne, quoiqu'un peu martial, alignées autour d'un jardin planté de cocotiers, avec une belle piscine.

Pour se faire plaisir

Sunrise – *Pointe sud-est de l'île - 0819 1601 0360 - www.sunrisegiliair.com - - 30 ch. 2 800 000/3 900 000 Rps.* Des bungalows sur pilotis, inspirés de l'architecture traditionnelle sasak. Les standard sont des *lumbung*, avec un espace de détente pourvu d'un lit et d'un hamac sous la chambre. Petit inconvénient, la sdb n'est pas attenante. Certaines chambres partagent une cour privative. L'une d'elles possède une sdb en plein air avec baignoire extravagante sous un toit de chaume. La différence de prix pour les bungalows avec eau chaude et climatisation semble justifiée. Une bonne adresse.

Gili Air – *Pointe nord de l'île - 0819 1606 5019 - www.giliairbungalows.com - - 31 ch. 920 000/1 100 000 Rps.* Rideaux satinés et sol carrelé sans caractère, le parti pris esthétique peut sembler radical, mais les chambres dégagent une plaisante impression de confort. Elles disposent d'une agréable sdb à ciel ouvert. Les standard, en bois et bambou, ont plus de charme.

Sur Gili Meno

Une folie

Mahamaya – *Côte nord-ouest - 0811 274 514 - www.mahamaya.co - - 19 ch. 3 250 000/4 250 000 Rps.* Ce boutique-hôtel offre des prestations de luxe, au standard international. D'architecture moderne, en pierre blanche, froide et chic, il irradie sous le soleil. Le restaurant sur le sable, en bord de plage, n'est pas son moindre atout.

Sur Gili Trawangan

Si vous cherchez le calme, évitez la zone entre le débarcadère et le Vila Ombak, où se concentrent les bars. Et pour une ambiance différente, plus « indonésienne », séjournez dans le village.

Budget moyen

Kreative Homestay – *Au sud du débarcadère, dans le village, près du Puri Hondje - 0819 1600 4754 - - 7 ch. 350 000 Rps.* Une adresse dans le village avec de petites chambres sobres alignées devant un mini jardin de palmiers. Confort basique mais ambiance familiale, et prix doux.

Coral Beach Pizza Cottages – *Pointe nord-est - 0812 3768 534 - - 14 ch. 350 000/1 000 000 Rps.* Idéalement situé dans un coin calme, face à la mer, le Coral

Beach propose des bungalows en bambou, simples mais proprets. D'autres, plus récents, sont quant à eux en brique. Les petits pavillons sur la plage sont l'endroit rêvé pour un farniente à l'ombre. Accueil chaleureux. Les pizzas cuites au feu de bois ont fait la réputation du restaurant.

The Exile – *Côte sud-ouest - ✆ 0819-0722-9053 - Ig@ theexilegilit - ▤ ✕ ᯤ - 10 ch. 300 000/500 000 Rps* ☕. Des bungalows en rotin et bambou posés sur le sable face à la mer, qui jouissent d'un confort simple et rustique, avec de jolies sdb à ciel ouvert. Pour plus de confort, optez pour la chambre climatisée. Le lieu est tenu par un fan de reggae originaire d'Aceh. Sessions de jembe certains soirs.

Puri Hondje – *Au sud du débarcadère (prenez la ruelle près du Blue Marlin, puis la deuxième à gauche, dans le village) - ✆ 0819 3672 6660 - www.purihondje.business.site - ▤ - Wi-Fi, TV sat. - 3 ch. 350 000/800 000 Rps.* De jolis bungalows à toit de chaume, avec une belle hauteur sous plafond, serrés autour d'une petite piscine. L'endroit est bien tenu, et l'accueil chaleureux.

Alam Gili – *Pointe nord-ouest - ✆ (0361) 908 7017/974 629 - www.mahaputrahotelsandresorts.com - ▤ ✕ ᯤ ⛱ - 9 ch. 600 000/800 000 Rps* ☕. Les jolis bungalows en brique rouge disposés dans un jardin sont d'influence balinaise (sdb à ciel ouvert). Celui face à la mer est plus cher, mais il dispose d'une terrasse plus grande. Le restaurant sert sur la plage, ça ne se refuse pas !

Pour se faire plaisir

Dream Village – *Au nord du débarcadère - ✆ 0821 4533 6652 ou 0852 0505 4211 - www.dreamvillagetrawangan.com - ▤ ᯤ - 11 ch. 820 000/1 600 000 Rps.* Cet établissement tenu par un Italien haut en couleur comprend cinq bungalows spacieux (préférez ceux face à la mer). Les toits de chaume, les jolis parquets et les sdb à ciel ouvert font tout leur charme. Également six chambres décorées dans le style balinais. Eau chaude et eau froide. Gros rabais en basse saison.

Une folie

Vila Ombak – *Pointe sud - ✆ (0370) 614 23 36 - www.vilaombak.com - ▤ ✕ ᯤ ⛱ - 146 ch. 1 800 000/4 600 000 Rps* ☕. Le premier hôtel de luxe construit dans les Gili propose un hébergement en pavillons ou en bungalows inspirés de l'architecture traditionnelle à toit de chaume et équipés de sdb à ciel ouvert. Certains ont une vue sur la mer.

Desa Dunia Beda – *Pointe nord-ouest de l'île - ✆ (0370) 614 15 75 ou 0811 390 676 - www.desaduniabeda.com - ▤ ✕ ᯤ ⛱ - 12 ch. 2 500 000/4 000 000 Rps* ☕. Une adresse haut de gamme originale, avec ses spacieux bungalows en bois rustiques, espacés sur une vaste pelouse. Ils sont conçus dans le style javanais, avec des toits de tuiles à pan coupé, et dotés de mobilier ancien ainsi que d'immenses lits à baldaquin. L'endroit offre, qui plus est, beaucoup de calme.

Le mont Rinjani ★★★

Gunung Rinjani

Partez à la conquête du Rinjani, le volcan le plus haut d'Indonésie (3726 m) après le Gunung Kerinci (Sumatra, 3805 m) : son ascension est l'une des plus belles de l'archipel. Traversée de la forêt tropicale, descente au fond du cratère, bivouac au bord du lac où se reflètent les étoiles, jusqu'à l'assaut final dans un chaos lunaire de cendres et de cailloux... Le sommet se mérite. Mais quel spectacle ! Pour les Balinais de Lombok – hindouistes –, le Rinjani est une montagne sacrée, théâtre du Pekelem, un grand pèlerinage qui se déroule lors de la pleine lune d'octobre ou de novembre. Les fidèles se rendent en procession au bord du lac pour y jeter des offrandes, implorer la venue de la pluie et recueillir de l'eau. Les volcanologues, eux, surveillent de près ce volcan dont l'accès est fermé aux visiteurs en cas d'activité. L'éruption de 1994 avait recouvert l'île d'un voile de cendres, celles de 1995 et de 1996 ont donné naissance à un nouveau petit cône, et le volcan s'est réveillé à nouveau en 2004, 2009 et 2016. Classé parc national et reconnu comme géoparc mondial par l'Unesco depuis 2018, le massif du Rinjani est aussi le dernier refuge de la faune et de la flore sauvages de Lombok, un sanctuaire menacé par le braconnage et par l'essor du tourisme, les marcheurs laissant souvent derrière eux des amas de détritus.

Se repérer

CARTE CD1-2 (P. 350-351).
Province de Nusa Tenggara Ouest – Alt. 3726 m (point culminant de l'île). Les candidats à l'ascension partent des villages de Senaru, au nord du volcan (comptez au moins 3h, en bus et en bemo de Mataram), et de Sembalunlawang, au nord-est. Les agences de trekking organisent les transferts depuis Senggigi, les îles Gili, l'aéroport et Kuta Lombok.

À ne pas manquer

Le Pekelem, lors de la pleine lune d'octobre ou de novembre ; se baigner dans les sources chaudes près du lac.

Organiser son temps

Comptez 2 ou 4 jours de randonnée (dont une journée pour le retour) ; faites l'ascension à la saison sèche (mai-oct.), car pendant la saison des pluies, le sol est glissant et la visibilité réduite. Hébergement conseillé à Senaru et à Sembalunlawang.

Carnet pratique p. 378

Nos adresses p. 378

3

Découvrir

CARTE P. 350-351

L'ascension du volcan C1-2, D1

La grande majorité des randonneurs partent du village de Sembalunlawang (appelé plus simplement Sembalun), à l'est du Rinjani, et redescendent vers

Senaru (comptez 3 jours/2 nuits pour le sommet.) Le départ de Senaru est en général réservé à la marche aller-retour pour le lac de cratère (2 jours/1 nuit). L'ascension n'est possible que durant la saison sèche (mai-oct.). Une bonne condition physique est indispensable et la présence d'un guide indispensable. Les agences incluent le transfert en voiture entre Senaru et Sembalunlawang. Prévoyez de bonnes chaussures de marche, des habits chauds pour le sommet (polaire, coupe-vent imperméable), une lampe frontale, un couteau, des allumettes, une paire de jumelles et des sacs pour ramasser vos déchets. Le reste du matériel (nourriture, tente, duvet) et les porteurs sont fournis par l'agence. Vous pouvez réserver votre trek à Senaru, en arrivant la veille. Choisissez un prestataire qui prend bien soin de rapporter les déchets, sans rien laisser sur place. Le droit d'entrée au parc a connu une énorme inflation : 300 000 Rps/j. Sélection d'agences de trekking à Senggigi et Senaru dans la rubrique « Excursions », p. 378.

Au départ de Sembalunlawang CD1

Situé à 1100 m d'altitude, le village de Sembalunlawang marque le départ du trekking pour le sommet. Pour les moins sportifs, il est possible de grimper jusqu'à la **colline de Pergasingan**, à 1760 m *(2h30 de marche)*, d'où s'offre un joli panorama sur le village et la mosaïque des champs alentour, avec le mont Rinjani en toile de fond. La balade est aussi un bon moyen de s'échauffer avant l'ascension du volcan. Bivouac possible sur la colline.

Le trek du Rinjani décrit ci-dessous suit l'itinéraire classique de 3 jours, mais les marcheurs moins aguerris peuvent l'allonger sur 4 jours.

- **1er jour : vers le cratère** – *Dénivelé 1720 m - 8h de marche.* Départ matinal. Le sentier traverse une savane herbeuse parsemée de maigres bouquets de pins. Après 2h de marche, on atteint le **Pos 1**, une petite cahute à mi-pente (alt. 1400 m). Il faut ensuite 1h pour parvenir au **Pos 2** *(*alt. 1500 m*)*, puis 1h de plus jusqu'au **Pos 3** (alt. 1800 m), où s'effectue la pause déjeuner, bienvenue. Encore 3h30 d'une rude grimpette et voilà enfin le bord du cratère de Sembalun et le campement de la borne **Pelawangan II** (alt. 2 639 m), où l'on bivouaque pour la nuit.
- **2e jour : le sommet et le lac** – *Dénivelé positif 1030 m, puis 1710 m de descente - 8h de marche).* Pour atteindre le sommet à l'aube, avant que les nuages ne voilent le ciel, réveil à 2h, petit-déjeuner sommaire et départ dès 3h du matin, lampe frontale sur la tête, par une pente de plus en plus raide et sablonneuse. La progression finale, à travers cendres et rocailles, est harassante. Enfin, c'est le sommet (alt. 3 726 m), battu par un vent froid qui vous saisit immédiatement.

Le Rinjani et son lac (Segara Anak).
benedek/Getty Images Plus

Il est 6h et le soleil se lève à l'horizon... Le **panorama★★★** à 360° est époustouflant : toute l'île est à vos pieds, gros vaisseau de pierre flottant sur l'océan. Si le temps le permet, vous pourrez même apercevoir ses voisines, qui semblent à portée de main : Bali et le mont Agung, à 110 km à l'ouest, et Sumbawa dominée par le Tambora, à 170 km à l'est. Striés de profondes ravines, les flancs du volcan glissent vers la plaine, que l'on embrasse d'un seul regard. En contrebas, 1700 m plus bas, la **caldeira★★★** s'ouvre comme une bouche béante, gigantesque marmite large de 6 km sur 8, aux parois de 500 m de haut. Au fond, le **lac Segara Anak★★** (Danau Segara Anak, « enfant de la mer ») dessine un croissant bleu-vert auquel la brume donne un teint laiteux. Un impressionnant cône volcanique, encore fumant, se dresse au centre, le **mont Baru★** (Gunung Baru, alt. 2 351 m), formé en 1942.

Une rude descente au milieu des roches rejoint les rives du lac (alt. 2100 m). En chemin s'offre une halte bienfaitrice aux **sources chaudes** *(Air Kalak)*, dont on profite pour se baigner ; c'est un vrai délassement. Beaucoup plus fraîches, les eaux du lac sont très poissonneuses, attirant les pêcheurs, à qui vous pourrez peut-être acheter une carpe, à déguster grillée sur le rivage. Après le déjeuner au bord du lac, on remonte jusqu'au bord du cratère de Senaru, à la borne **Pelawangan I** (alt. 2 634 m), où l'on dresse le camp pour la nuit.

● **3e jour : descente sur Senaru** – Dernière journée, nettement plus détendue, même si les courbatures se font sentir lors de la descente de 7 km à travers la forêt tropicale, où l'on croise de nombreux macaques. Arrivée à Senaru en fin d'après-midi.

Les villages traditionnels

Les pentes nord du Rinjani sont le refuge de villages où se maintiennent des traditions séculaires, comme **Senaru** et **Segenter** *(proche de la côte ; quittez la route littorale à Sukadana)*, qui conservent leur habitat traditionnel à toit de chaume clôturé par des bambous.

Capitale d'un ancien royaume, le petit bourg de **Bayan** est quant à lui un des hauts lieux de la religion wetu telu *(voir « Un islam bien particulier », p. 353)*. Sa mosquée *(ne se visite pas)*, l'une des plus anciennes de l'île, daterait de 1634. Bâti en bambou sur une plateforme en pierre, l'édifice évoque davantage un temple. Non loin de **Batukok** (ou Batu Koq), les chutes de **Sidanggala** (Sidanggala Waterfall) jaillissent dans la verdure *(comptez 30mn à pied ; certains passages sont souterrains)*.

Au départ de Senaru C1

Joli hameau traditionnel sasak, Senaru (alt. 608 m) est un endroit frais et tranquille qui mérite d'y flâner un petit moment. Au départ du village, il est possible d'effectuer un aller-retour jusqu'au **lac Segara Anak★★**, à 2000 m d'altitude *(comptez 2 jours, avec un bivouac au lac)*. On peut également effectuer l'ascension du volcan de Senaru, mais l'ascension est au départ plus difficile, et il faut alors prévoir 4 jours de marche.

Carnet pratique

Arriver/Partir

En bus et bemo

La plupart des voyageurs font appel à une agence pour le transport jusqu'à Senaru. De Sweta (près de Mataram), quelques bus vont à Bayan *(3h de trajet)*. Départ tôt le matin. Il faut généralement changer à Pemenang ou à Anyar et continuer en *ojek* jusqu'à Batukok ou Senaru *(10 km)*. Attention pour le retour, le dernier *bemo* quitte Senaru à 16h.

Excursions

Pour l'ascension du mont Rinjani, il est obligatoire de faire appel aux services d'un guide. Louer les services d'un porteur facilite en outre grandement les conditions de la randonnée. Cigarettes et repas sont en sus du tarif négocié.

Beaucoup d'agences se recommandent du **Rinjani Trek Center (RTC)**, mais celui-ci ne préconise que celles dont la liste figure sur son site.

RTC – *Senaru - 0817 5754 551 - www.rinjanitrekkingcenter.com.*

Rinjani Information Center (RIC) – *Jl. Raya Senaru - 0818 540 673 - www.senarutrekking.com.*

John's Adventures – *0817 5788 018 - www.rinjanimaster.com.* Une agence sérieuse.

Agenda

Pekelem – *Pleine lune d'oct.-nov.* Pèlerinage hindouiste au Rinjani.

Nos adresses

Restauration/ Hébergement

À Senaru

Budget moyen

Pondok Senaru – *Dans le village - 0818 0362 4129 - - 8 ch. 500 000/750 000 Rps.* Les pavillons, avec terrasse, sont dispersés dans un agréable jardin (eau chaude dans certains). Du restaurant, belle vue sur le Rinjani.

Pour se faire plaisir

Rinjani Lodge – *Dans le village - 0819 0738 4944 - www.rinjanilodge.com - - 13 ch. 1500 000 Rps.* L'adresse de confort de Senaru. Elle comprend cinq pavillons précédés d'une terrasse, aménagés avec goût et parfaitement tenus.

Sur les pentes du Rinjani ★

Le versant sud du Rinjani révèle une physionomie beaucoup moins tourmentée que son flanc nord. L'abondance des pluies et la fertilité du sol, enrichi des cendres du volcan, en ont fait une terre riche où poussent riz, maïs, oignons et tabac. Forte de ses paysages splendides et de l'artisanat des villages environnants, Tetebatu s'était rêvé un destin à la Ubud, celui d'un tourisme culturel et écologique, au milieu des rizières ; la baisse de fréquentation qui a suivi les attentats de Bali a marqué un coup d'arrêt à cette ambition. La région a toutefois gardé ses atouts et offre l'occasion de multiples rencontres avec le peuple sasak et sa culture.

Se repérer

CARTE C2 (P. 350-351).
Province de Nusa Tenggara Ouest - Alt. 550 m.
Tetebatu est située à 50 km à l'est de Mataram.

À ne pas manquer

Une randonnée à la cascade de Jeruk Manis (pensez à l'antimoustique !) ; les villages d'artisans.

Organiser son temps

Comptez une journée avec la visite des villages d'artisans ; évitez la saison des pluies.

Carnet pratique p. 380

Nos adresses p. 381

3

Découvrir

CARTE P. 350-351

★ Tetebatu C2

Accroché aux pentes du Rinjani, Tetebatu offre un tableau charmant avec ses maisons dispersées au milieu des rizières en terrasses. L'ambiance y est nature et le climat doux, mais la faible affluence touristique n'a pas que des avantages car elle fait de chacun des visiteurs une proie pour les guides improvisés qui proposent leurs services (négociez ferme !). Pour autant, Tetebatu reste un lieu d'immersion idéal dans la campagne de Lombok, pour observer les Sasaks dans leur quotidien, entre fêtes, travaux des champs et appels à la prière matinaux.

Une belle promenade par les rizières offre de superbes **panoramas★★** *(guide conseillé ; comptez 2h30 aller, autant pour le retour par un autre chemin)*. Paysans occupés à piquer, couper ou récolter le riz, groupe de femmes portant de l'eau sur la tête, gamins jouant au cerf-volant tandis que leurs aînés rentrent de l'école... chacun s'interrompt pour vous saluer.

Ne manquez pas également la **forêt des Singes** (Taman Wisata Tetebatu), à 4 km au nord du village.

★ Air Terjun Jeruk Manis (CASCADE DE JERUK MANIS) C2

À 6 km au nord-est de Tetebatu, sur la route de Pondok Bulan, à l'est de Kembangkuning - 150 000 Rps.

Du village part un sentier dégagé qui mène au site *(30mn de marche, 800 marches !)*. Hautes de 50 m, les chutes jaillissent du couvert végétal pour se jeter dans un cirque rocheux *(prévoyez un maillot de bain)*. Une option intéressante consiste à faire la balade à pied depuis Tetebatu à travers les rizières (avec un guide).

Les villages d'artisans C2

Comptez une demi-journée d'excursion au départ de Tetebatu. N'hésitez pas à faire appel aux services d'un guide (rens. auprès de votre losmen*).*

Presque chaque village de la région s'est spécialisé dans une activité artisanale. Même si le tourisme a tendance à modifier la production, les procédés de fabrication n'ont guère évolué, et la tradition reste vivace.

Rungkang Jangkuk – C'est le fief de la poterie de terre noire, l'une des grandes spécialités de l'île. N'hésitez pas à visiter l'un des ateliers du village où s'entassent les pièces, emballées dans des fibres de bambou tressées.

Loyok – Connu pour ses forgerons, le hameau est aussi réputé pour sa vannerie et le tissage de nattes en fibres de bambou, que l'on fabrique chez soi.

Masbagik – Le gros bourg est connu pour sa poterie et sa céramique dont les ateliers sont implantés à la périphérie, à l'est du bourg.

Pringgasela – L'un des plus fameux centres de tissage d'ikats et de *songket* de Lombok : vous y trouverez certainement le sarong de vos rêves *(sachez que les guides perçoivent une commission)*.

Ikats sasaks

Apanage des femmes, le tissage des ikats sasaks suit une technique ancestrale. Tenue par une perche en bois qui lui maintient les reins et sert à tendre les fils, l'ouvrière fait corps avec son métier, travaillant des heures durant, assise à même le sol sur le seuil de sa maison ou à l'ombre d'un auvent.

Carnet pratique

Adresses utiles

Banque – Il n'y a ni banque ni distributeur à Tetebatu.

Poste/Téléphone – **Wartel** et **poste** sur la route principale, près de Masbagik.

Arriver/Partir

En bus et bemo

Pour Tetebatu, prenez le bus à Bertais *(terminal de Mandalika, voir p. 359)* dir. Masbagik *(1h30 de trajet)* et descendez à Paokmotong. De là, prenez un *ojek* (taxi-moto) ou un *bemo* jusqu'au village *(30mn)*.

En bus

Les bus **Perama** *(www.peramatour.com)* effectuent la liaison Mataram-Senggigi.

Transports

Bemo et cidomo

Hormis les *bemo*, très nombreux, vous pouvez prendre les *cidomo* (calèches) pour les petits parcours.

Voiture

Les liaisons étant compliquées, louer son propre véhicule à Mataram ou Senggigi *(voir « Transports », p. 359 et p. 364)* constitue la solution la plus simple.

Nos adresses

Restauration

Presque tous les *losmen* possèdent un restaurant.

Shopping

Marchés

À **Kotaraja**, lun. et merc. matin. Marché aux bestiaux à **Selong** le lun.

Artisanat

Boutiques d'ikats à Pringgasela, notamment au **Dinda Artshop**.

Activités

Randonnées

La plupart des *losmen* vous proposeront les services d'un guide pour vous conduire à la cascade de Jeruk Manis ou d'autres promenades.

Il est également possible d'effectuer l'ascension du Rinjani depuis Tetebatu.

Hébergement

Nombreux *losmen* au confort rustique, agréablement situés en bord de rizières *(bifurquez à droite 1 km avant l'hôtel Soedjono)*. La douceur du climat rend la climatisation inutile, mais l'eau chaude est appréciable.

Premier prix

Cendrawasih – *sur la gauche (500 m après le carrefour) - ✆ 0812 3780 228 - - 30 ch. 150 000 Rps.* Ses bungalows en brique rouge et toit de chaume plantés en bord de rizières ont connu des jours meilleurs et manquent d'entretien.

Hakiki-Inn – *Côté gauche (dans le virage, après le Cendrawasih) - ✆ 0818 0373 7407 - www. hakiki-inn.com - - 8 ch. 250 000/270 000 Rps.* Petits bungalows rustiques de style sasak dans un cadre charmant, mais qui souffrent d'un laisser-aller. Les tarifs sont cependant plus que raisonnables. Le restaurant, sur pilotis, s'ouvre au-dessus d'une rizière.

Wisma Soedjono – *Jl. Pariwisata (au carrefour, continuez tout droit vers les hauteurs jusqu'au cul-de-sac à 2 km) - ✆ 0819 3317 5255 - - 10 ch. 200 000/250 000 Rps.* Installé dans l'ancienne demeure d'un médecin javanais, construite à l'époque hollandaise, l'hôtel est doté d'un jardin tropical et d'une piscine d'eau de source (hélas, un peu négligée). Dispersées de façon anarchique dans le jardin, les chambres sont de confort variable, des standard toutes simples (sans vue), aux superior, jouissant d'une terrasse panoramique. Toutes ont l'eau chaude.

Kuta-Lombok : la route du Sud ★★

La grande plaine centrale, surpeuplée, s'ouvre à perte de vue lorsque l'on quitte Mataram vers le sud par les petites routes. Ici, pas de monuments à visiter, mais un monde à observer, réglé sur le calendrier agricole et le rythme du travail dans les rizières : femmes aux sarongs colorés, dont les visages s'éclairent d'un sourire au premier signe de la main, troupeaux d'oies conduits à la baguette par des gamins rieurs, buffles pataugeant dans la boue... Plus au sud, sur ses pentes arides, la barrière de collines qui protège le littoral accueille les derniers villages sasaks, encore dotés de leur habitat traditionnel, mais transformés en attraction touristique. Longtemps préservé du tourisme de masse, le littoral sud était connu des surfeurs pour sa côte découpée, ses falaises et ses plages lumineuses. Avec l'ouverture de l'aéroport international (2011), d'un circuit de course international (2021) et le lancement du projet Mandalika (3 milliards de dollars d'investissements touristiques), la région est en train de changer de dimension, même si Kuta Lombok est encore loin de ressembler au Kuta de Bali. Le sud de l'île abrite d'ailleurs encore bien des paradis secrets, tel Gili Asahan, petite île de la côte sud-ouest qui s'ouvre à peine aux visiteurs.

Se repérer

CARTE BC3 (P. 350-351).
Province de Nusa Tenggara Ouest. Kuta Lombok se situe à 20 km (30mn de voiture) au sud de l'aéroport de Lombok et 50 km au sud-est du port de Lembar, où arrivent les ferries réguliers venant de Bali (les vedettes rapides accostent à Bangsal, au nord de l'île). De nombreux vans touristiques *(shuttle bus)* proposent des liaisons entre Kuta Lombok, Senggigi, Mangsit et Bangsal.

À ne pas manquer

Les plages de Mawun, Selong Blanak, Are Guling et Tanjung Aan, sans conteste les plus belles de l'île ; le village sasak de Sade.

Organiser son temps

Comptez 2 jours pour profiter de la plage. Pour sillonner la région, l'idéal est de louer un véhicule, un scooter ou un vélo sur place. De Mataram à Kuta, faites la boucle en passant par Selongblanak à l'aller et Sade au retour. Hébergement à Kuta et Gerupuk.

Carnet pratique p. 385

Nos adresses p. 386

Circuit conseillé

CARTE P. 354-355

La côte sud BC3

Circuit de 120 km tracé en violet sur la carte régionale. Comptez 2 jours.
Vaste étendue verte et plate, traversée de mille cours d'eau, la **plaine centrale** constitue le grenier à riz de Lombok. Elle est aussi l'un des grands foyers d'artisanat

sasak de l'île, même si la production y est plus orientée vers le tourisme qu'à Tetebatu.

Praya B2-3

À 25 km au sud-est de Mataram.

La construction de l'aéroport international est venu bouleverser le cours tranquille de cette campagne paisible. Autour de la cité, principale ville de la région, gravitent des dizaines de villages, chacun spécialisé dans une activité. Tel **Sukarara** *(6 km à l'ouest de Praya)* et ses voisins, où les femmes vêtues de noir tissent des ikats colorés sur le pas de leur porte, ou **Penujak** *(6 km au sud de Praya)*, qui doit sa renommée à l'élégante simplicité de ses poteries, polies à la main et parfois rehaussées de motifs géométriques.

De Praya, piquez au sud vers Selong Blanak, puis longez la côte jusqu'à Kuta.

★★★ Les plages de la côte sud B3

La plage de Kuta n'étant pas la plus belle, vous aurez tout intérêt à prendre un scooter pour explorer celles des alentours. Toutes abritent des warungs qui louent des transats et mitonnent de la cuisine locale. Les parkings sont payants.

Après la plaine, les collines couvertes de maquis. En passant leur crête, on découvre un **panorama★** somptueux sur le littoral. Puis la route descend jusqu'à **Pantai Selong Belanak★★★**, immense courbe de sable enchâssée entre les collines qui convient à la baignade et aux surfeurs débutants. Un village de pêcheurs, avec ses *prahus* colorés, occupe le bout de la baie.

La route file ensuite vers l'est entre les collines, desservant des plages propices au surf : après la splendide plage de **Pantai Mawi★★** *(accès par une piste cabossée)*, celle de **Tampah★★**, plus grande et plus sauvage, est accessible par un chemin. Au bout de 8 km, une petite bifurcation à droite conduit à **Pantai Mawun★★★** *(10 km à l'ouest de Kuta)*, une superbe crique ourlée de sable blanc aux eaux propices à la baignade. Autre bijou de sable, apprécié des surfeurs pour ses rouleaux réguliers, **Pantai Are Guling★★★**, à quelques kilomètres à l'est, n'a rien à envier à sa voisine.

3

★ Kuta-Lombok B3

À 25 km au sud de Praya et 8 km à l'est de Mawun.

Cerné d'eaux bleues et de plages de sable blanc, cet ancien village de pêcheurs concentre la plupart des hébergements. Sa douce quiétude, à peine troublée une fois l'an lors de la **fête du Nyale** *(voir encadré ci-dessous)*, ne sera bientôt plus

Le projet Mandalika

Conscient des atouts de cette côte paisible et peu peuplée, le gouvernement indonésien l'a classé parmi les cinq destinations de développement prioritaire du pays. Longtemps retardée, la transformation de cette région en une station haut de gamme, pouvant accueillir 2 millions de touristes par an, est entrée dans une phase active en 2021 avec l'inauguration du circuit moto et la construction d'une route. Le méga-projet Mandalika, d'un montant de 3 milliards de dollars, couvre une zone de 1 175 ha, sur laquelle seront bâtis 16 000 chambres d'hôtel (d'ici 2040), un parc d'attractions de 120 ha, un terrain de golf de 27 trous, une marina... Des experts de l'ONU et la Commission internationale des droits de l'homme ont alerté de son impact sur l'environnement et les communautés locales expropriées. Plusieurs sociétés, comme Vinci et le Club Med, ont décidé de se retirer du projet.

qu'un souvenir *(voir encadré p. 383)*. Pour les pêcheurs et paysans sasaks vivant dans cette région déshéritée, et encore attachés à un mode de vie très traditionnel, le changement sera radical.
La plage de Kuta n'étant pas la plus belle, rendez-vous plutôt à **Pantai Tanjung Aan★★** *(5 km à l'est)*, composée de deux écharpes de sable encadrées de collines brûlées par le soleil et baignées d'une eau cristalline. Les cabanes sur la plage permettent de se mettre à l'ombre quand le soleil tape fort.
Quelques kilomètres plus loin, le village de **Gerupuk**, sur la baie du même nom, compte des **spots de surf** très réputés : Inside (Perigi), Outside (Gili Golong et le cap Ebuak), Don-Don et Pelawangan.
De Gerupuk, vous pouvez regagner Kuta par la même voie ou rejoindre **Awang** *(15 km de Kuta)*, sur l'immense **baie d'Ekas**, par la nouvelle route inaugurée en 2014. D'Awang, cette route continue vers le nord jusqu'à Mujur, sur la route de Praya.

★ Les villages sasaks C3

À 6 et 8 km au nord de Kuta.
Étapes incontournables de toutes les excursions touristiques dans la région, les villages sasaks de **Sade★** et **Ende★** *(2 km plus au nord)*, ont conservé leurs étonnantes **maisons traditionnelles★** à toit de chaume ; même la mosquée en est couverte. Construite en lacis de bambou ou de feuilles de palmier, chaque demeure se dresse sur une plateforme en torchis haute d'1 m environ, dans laquelle est creusé un escalier. Au corps d'habitation *(bale tani)* est souvent associé un **grenier à riz★** *(lumbung)*, dont la curieuse toiture en fer à cheval est devenue l'emblème de Lombok. Si Sade reçoit régulièrement des cars de touristes, Ende est en revanche un peu moins visité. Malgré le rapide développement du tourisme, les habitants de la région ont conservé leur mode de vie rural. Dans certaines maisons, il est possible d'observer des tisserandes à l'œuvre. En revanche, les ikats qu'elles s'efforceront à tout prix de vous vendre ne sont pas tous forcément réalisés sur place.
Grosse bourgade agricole, **Sengkol** *(10 km au nord de Kuta)* organise le jeudi matin un grand **marché** très coloré où affluent les paysans sasaks de la région.

★★ Gili Asahan A3

À 45 km au sud-ouest du port de Lembar. Accès en bateau depuis la plage de Pantai Kores, sur la côte, ou depuis l'île voisine de Gili Gede, elle-même reliée par bateau rapide à Serangan (entre Sanur et Kuta), à Bali.

Le ver de l'amitié

Une fois par an, le nyale *(Lycidice collaris)*, un gros ver marin qui se mange grillé ou cru, vient se reproduire aux abords de la plage de Kuta, entre minuit et 3h30 précises. Une bonne prise est signe de récolte abondante (on en parsème les rizières), et l'on prête à l'animal des vertus aphrodisiaques. Une légende veut qu'une ravissante princesse, Mandalika, plutôt que de créer un conflit entre ses prétendants, préféra se jeter dans la mer ; les nyales, représentation de ses cheveux, permettraient à Mandalika de rester liée à son peuple pour l'éternité. L'arrivée des nyales est l'occasion d'une grande fête au cours de laquelle jeunes filles et garçons sasaks s'affrontent en joutes nautiques et poétiques *(Betandak)* au sommet de la colline, avant de descendre sur la plage quand l'heure est venue. Les festivités, qui attirent des milliers de personnes, illuminent la plage de Kuta de centaines de feux de joie autour desquels chacun fait connaissance.

Au contraire des îles Gili du nord de Lombok, très fréquentées, cette petite île reste encore peu connue et bien préservée. Elle fait partie d'un archipel d'une douzaine d'îles situées dans la baie de Sekotong, au sud-ouest de Lombok, baignées d'eaux turquoise et limpides.
Sans voiture ni scooter, ni même de *cidomo* (charette) ou de vélo, cette île de poche (4,2 km de circonférence), dont on fait le tour à pied en 2h, n'abrite pour l'instant que deux hôtels, une ferme perlière et un hameau de pêcheurs dont les filets sèchent au soleil. Les rares habitants vous saluent avec de larges sourires. Avec ses plages de sable blanc frangées de palmiers, Gili Asahan offre un terrain privilégié pour jouer les Robinson Crusoé. Outre la sieste dans un hamac à l'ombre d'un cocotier ou le yoga face au coucher de soleil, plusieurs activités permettent d'occuper sa journée. Un petit **sentier** grimpe jusqu'au point culminant de l'île (alt. 400 m), une colline où paissent une poignée de chèvres et de vaches. On peut aussi louer un kayak ou un *paddle* pour explorer les îlots voisins, ou embarquer sur un *jukung* pour aller faire du snorkeling ou de la plongée. Les fonds marins de la baie n'ont pas été trop abîmés, et les récifs peu profonds sont très faciles d'accès. On y contemple de splendides coraux et gorgones aux couleurs chatoyantes, des nuées de poissons tropicaux (poissons-clowns, poissons anges, chirurgiens, demoiselles, papillons, etc.), des nunibranches et des tortues.

Carnet pratique

Adresses utiles

Change – Rens. auprès des hôtels, notamment du Segare Anak *(voir « Hébergement » p. 387)*. Mais mieux vaut changer à Mataram.

Arriver/Partir

En avion

Aéroport international de Lombok, à Mataram, p. 359.

En bus

Un bus **Perama** effectue la liaison au départ de Lembar *(à 5h30 et 14h30)* via Mataram. Dans le sens inverse, rens. à l'hôtel Segare Anak *(voir « Hébergement » p. 387)*.

En bemo

De Mataram, prenez un *bemo* au terminal de Mandalika jusqu'à Praya *(40mn de trajet)*, puis un autre jusqu'à Sengkol *(20mn)*, et enfin Kuta *(30mn)*. Après 16h, reste l'option d'un taxi-moto.

Transports

En voiture

Le plus simple est de louer une voiture à Mataram ou Senggigi *(voir p. 359 et p. 364)*. Les routes sont bonnes, à l'exception de portions à l'ouest de Selongblanak.

Bemo

De Kuta à Gerupuk *via* Tanjung Aan, liaisons fréquentes entre 7h-18h. Ensuite, il faut chartériser sur place un bateau pour gagner les spots de surf.

Location de mobylettes

Il n'y a pas d'agence de location, mais les propositions seront nombreuses. Négociez *(env. 50 000 Rps pour une mobylette non automatique)* et vérifiez l'état du véhicule.
La location vaut du matin au soir, non pour 24h comme ailleurs. Évitez de vous garer dans des endroits isolés ou, dans ce cas, demandez à quelqu'un de garder le véhicule, moyennant rétribution.

Agenda

Fête du Nyale – *Fév.* La reproduction sur la plage de Kuta de ce gros ver marin donne lieu à des festivités *(voir encadré, p. 384)*. À ne pas manquer si vous êtes dans les parages.

Nos adresses

Restauration

À Kuta

Budget moyen

Family House – *Voir « Hébergement » ci-contre - 8h-22h - 60 000/100 000 Rps.* Une belle salle à toit de chaume ouvrant sur un jardin. On y sert les classiques de la cuisine sasak, comme le *sate pusut* (brochettes de viande ou de poisson frits puis grillés, à la noix de coco), ainsi que de la cuisine indonésienne et internationale, des poissons et des fruits de mer.

Pour se faire plaisir

Ashtari – *Sur la colline à l'ouest de Kuta, à 3 km du centre - ✆ 0811 3884 838 - www.ashtarilombok.com - 8h-21h - 100 000/200 000 Rps.* Une magnifique terrasse d'où l'on jouit d'un panorama incroyable sur la baie de Kuta. Tournant le dos à l'esprit zen du lieu pour le faire entrer dans l'âge de la branchitude, les propriétaires entendent valoriser leur investissement et sont préparés à l'explosion du tourisme dans la région. À l'ordre du jour, une cuisine créative (végétarienne, indonésienne, fusion internationale et fruits de mer). Ouvert le soir.

Boire un verre

Ladiva Shore – *À l'est du village, en face du restaurant Ilalang - ✆ (0370) 650 2061 - 7h-22h.*

Shopping

Le **marché** a lieu deux fois par semaine, les merc. et dim.

Activités

Plongée

Dive Zone by Two Fish Divers – *✆ 0823 4098 6987 - www.twofishdivers.com.* Plongée pour novices ou expérimentés, certification PADI.

Sorties en mer

Pour une partie de pêche en mer ou une balade en bateau, rens. auprès de votre hôtel.

Surf

Vous trouverez tout le matériel nécessaire sur place.

Kimen Surf – *Près du carrefour principal de Kuta - ✆ (0370) 655 064 - www.kuta-lombok.net.* Location et réparation de matériel.

Hébergement

L'offre s'égrène désormais sur plusieurs sites de la côte.

À Kuta-Lombok

Premier prix

OYO 1871 Surfers Inn – *Face à la plage - ✆ (021) 2970 76 01 - - 24 ch. 150 000 Rps.* Les chambres standard, avec ou sans climatisation, sont le meilleur rapport qualité-prix (évitez celles du fond, qui ont un vis-à-vis trop proche). Si vous souhaitez l'eau chaude, il faudra payer beaucoup plus cher pour la superior. La VIP, avec son sol en marbre rose, flirte avec le kitsch, mais elle est

spacieuse. Le tout est distribué autour d'une agréable piscine.
Sekar Kuning – *Face à la plage - (0370) 615 48 56 ou 0818 0575 3646 - - 6 ch. 175 000/275 000 Rps.* Vous ne trouverez ici qu'une seule catégorie de chambres, d'un bon rapport qualité-prix (moustiquaire, pas d'eau chaude). Carrelées de blanc, elles sont proprettes et disposent d'une terrasse sur jardin.

Budget moyen

Family House – *Dans le village (100 m à l'ouest du carrefour principal) - (0370) 650 75 76 - - 14 ch. 300 000/450 000 Rps.* Deux petits bâtiments à étages avec des chambres au confort coquet mais sans âme. La piscine se trouve dans un agréable jardin.
Anda – *Face à la plage - (0370) 655 049 ou 0818 0578 3810 - - 13 ch. 500 000 Rps.* Un jardin où poussent cactus, papayes et vigne. Seule la chambre la plus chère est climatisée, le prix des autres varie en fonction de leur taille. Un accueil plutôt sympathique et des prix raisonnables.
Kuta Paradise – *Face à la plage - 0821 4444 6768 - - 6 ch. 550 000 Rps.* Posté à la sortie est du village, cet établissement propose d'agréables bungalows, propres à défaut d'être charmants. Restaurant sur rue aéré.
Segara Anak – *Jl. Raya Pantai Kuta (face à la plage) - (0370) 615 85 44 ou 0878 2290 1567 - lg@segaraanakhotels - - 26 ch. 650 000/1 500 000 Rps.* Des bungalows en dur, à toit de tuile, le long d'un jardin qui s'étire, perpendiculaire à la plage. Préférez ceux au fond du jardin, au calme à l'ombre de cocotiers.

Pour se faire plaisir

Novotel Lombok – *2 km à l'est de Kuta - (0370) 615 33 33 - www.all.accor.com - - 102 ch. 1 300 000/3 500 000 Rps.* On accède par une double voie à cet îlot de luxe ! Les bungalows, inspirés de l'architecture sasak, avec toit de chaume, offrent tout le confort ainsi qu'un joli décor (sdb avec lumière naturelle). Ambiance familiale type village de vacances avec spa et de nombreuses activités (excursions, plongée, vélo).

À Bumbang

Budget moyen

Bumbang Ku – *De Kuta prenez à droite avant Gerupuk - 0853 3903 2515 ou 0878 4360 6645 - lg@bumbangkulombok - - 26 ch. 250 000/550 000 Rps.* Le seul hôtel de cette plage idyllique. On y loge dans des chambres en dur, face à la mer, ou dans de charmants bungalows en bambou rustiques, façon Robinson Crusoé.

À Gerupuk

Premier prix

Duyung – *R. principale côté mer - 0819 0795 8523 - - 5 ch. 185 000/250 000 Rps.* Des chambres au confort sommaire mais de taille correcte, décorées de fresques naïves. Une adresse fréquentée par les surfeurs. Elle propose des navettes en bateau jusqu'aux spots de surfs de la baie.
Edo Homestay – *R. principale côté mer - 0818 0371 0521 - - 18 ch. 190 000/210 000 Rps.* Une bâtisse blanche en bord de mer, avec des chambres simples. Celle à l'étage jouit d'un balcon.

Budget moyen

Spear Beach House – *R. principale côté mer - 0818 0371 0521 - - 8 ch. 400 000/600 000 Rps.* C'est la meilleure adresse du village. Les chambres sont spacieuses et certaines ont un balcon avec une vue exceptionnelle sur la baie.

3

Flores

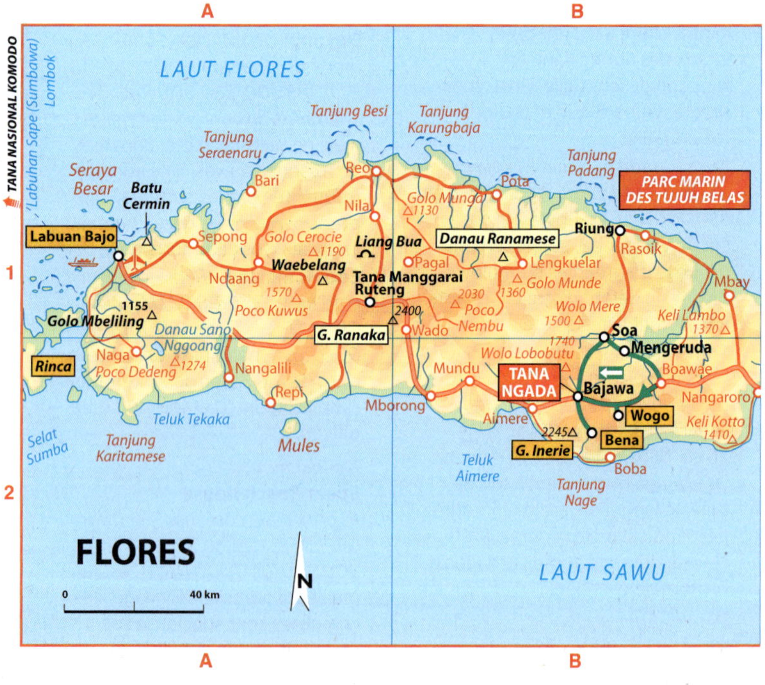

A
B
1
2
TANA NASIONAL KOMODO
Labuhan Sape (Sumbawa)
Lombok
LAUT FLORES
Tanjung Besi
Tanjung Karungbaja
Tanjung Seraenaru
Seraya Besar
Batu Cermin
Bari
Reo
Pota
Tanjung Padang
PARC MARIN DES TUJUH BELAS
Nila
Golo Munga
1130
Labuan Bajo
Sepong
Golo Cerocie
1190
Liang Bua
Danau Ranamese
Riung
Rasoik
Waebelang
Pagal
Lengkuelar
Ndaang
Tana Manggarai
Ruteng
Golo Munde
1360
Mbay
1570
2030
Poco Nembu
Wolo Mere
1500
Golo Mbeliling
1155
Poco Kuwus
2400
Keli Lambo
1370
Danau Sano Nggoang
G. Ranaka
Wado
1740
Soa
Mengeruda
Naga
Poco Dedeng
1274
Wolo Lobobutu
Rinca
Nangalili
Mundu
TANA NGADA
Bajawa
Boawae
Repi
Nangaroro
Mborong
Wogo
Teluk Tekaka
Aimere
Keli Kotto
1410
2245
Selat Sumba
Tanjung Karitamese
Mules
Bena
G. Inerie
Teluk Aimere
Boba
Tanjung Nage
FLORES
0
40 km
N
LAUT SAWU

4

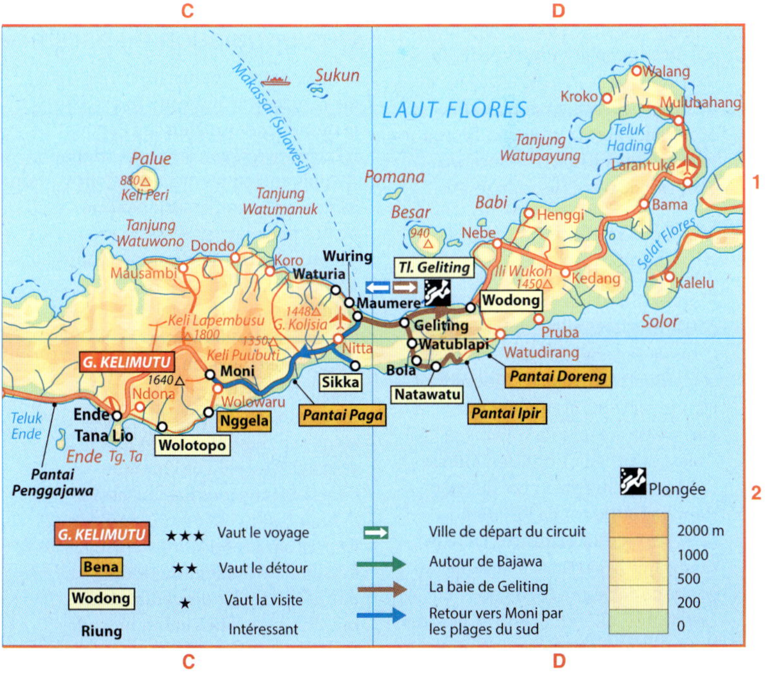

C
D
1
2
LAUT FLORES
Makassar (Sulawesi)
Sukun
Palue
880
Keli Peri
Tanjung Watumanuk
Tanjung Watuwono
Dondo
Mausambi
Koro
Wuring
Waturia
Maumere
Tl. Geliting
Pomana Besar
940
Nebe
Babi
Henggi
Tanjung Watupayung
Kroko
Walang
Mulubahang
Teluk Hading
Larantuka
Bama
Selat Flores
Kedang
Ili Wukoh
1450
Kalelu
Solor
Wodong
Geliting
Watublapi
Pruba
Watudirang
Pantai Doreng
Bola
Natawatu
Pantai Ipir
Sikka
Nitta
1448
G. Kolisia
Keli Lapembusu
1800
1350
Keli Puubuti
Pantai Paga
G. KELIMUTU
1640
Moni
Ndona
Wolowaru
Nggela
Wolotopo
Ende
Tana Lio
Ende
Tg. Ta
Teluk Ende
Pantai Penggajawa
Plongée
G. KELIMUTU ★★★ Vaut le voyage
Bena ★★ Vaut le détour
Wodong ★ Vaut la visite
Riung Intéressant
Ville de départ du circuit
Autour de Bajawa
La baie de Geliting
Retour vers Moni par les plages du sud
2000 m
1000
500
200
0

Grand angle

Bien loin de Jakarta...

Flores, comme les autres îles de la Sonde, abrite une myriade de microcultures isolées les unes des autres par le relief, qui y ont vu le jour et s'y sont maintenues, à l'écart du monde moderne. Vivant en étroite communion avec une nature peu clémente, rétive à tout apprivoisement, cette mosaïque de sociétés archaïques fait encore une large place aux croyances animistes, même si l'islam ou les missionnaires chrétiens ont marqué ces terres de leurs empreintes.
Passée Sumbawa la musulmane, le contraste avec l'ouest indonésien devient manifeste. Dès que l'on aborde **Flores la catholique**, il s'affiche partout, sur les visages aux traits mélanésiens, sur les façades des églises, dans les dessins et les couleurs des ikats, et dans l'architecture traditionnelle des villages aux toits de chaume, que les ancêtres peuplent toujours de leurs effigies de bois. Pour le voyageur en quête de paysages spectaculaires et de rencontres atypiques, Flores marque une ultime frontière, un chapelet de terres hors du temps.

Volcans boisés et côtes arides

Flores (13 540 km^2) se développe sur 350 km de longueur, contre 60 km (près de Ruteng) à 15 km de largeur seulement au niveau de Maumere, étroite crête montagneuse que hérisse un cortège de volcans : à l'ouest et au centre de l'île, l'**Inerie** (2 245 m) se dresse à côté du Poco Ranaka (2 400 m), de l'Ebulobo (2 124 m) et du **Kelimutu** (1 640 m), tandis que la partie orientale est le domaine de l'Egon (1 703 m) et du Lewotobi-Lakikali (2 263 m, près de Larantuka). Entre ces montagnes de feu, des vallées et des cuvettes d'altitude se sont creusées, fertiles et bien arrosées. La région de Ruteng, le « grenier à riz de Flores », bénéficie de précipitations annuelles de plus de 4 000 mm. Un contraste net avec l'est et le littoral nord, fiefs arides de la savane, qui reçoivent moins de 1 000 mm de pluie.

Des communications peu aisées

Contraintes par un relief aussi complexe, les voies de communication restent peu développées. Seule grande artère, la **Transfloresienne** (680 km) dessert les principales villes, axe majeur en dehors duquel on ne trouve que quelques routes carrossables (notamment de Ruteng à Reo et de Bajawa à Riung). Et encore, durant la saison des pluies (nov. à mars), il n'est pas rare qu'un glissement de terrain ou l'effondrement d'un pont coupe temporairement la route...

Une population disparate

Situées dans une zone intermédiaire, entre le **monde malais** à l'ouest et le **monde mélanésien** des Papous d'Irian Jaya à l'est, les populations les plus anciennes de l'île mêlent à leurs traits sud-asiatiques une peau sombre et des cheveux crépus. Ces ethnies ont chacune développé leur propre langue – manggarai, ngada, lio et ende, sikka, lamaholot –, toutes se rattachant au grand groupe austronésien, auquel appartient la presque totalité des langues de l'archipel indonésien.
À ces populations millénaires se sont agrégés au fil de l'histoire divers voisins : des marins **bugis** et **makassars** ont établi des têtes de pont sur la côte nord, les Bima de Sumbawa se sont installés dans l'Ouest, des descendants de marchands **arabes** habitent Ende, tandis que Larantuka accueille une minorité de **métisses portugais**.

Le village de Bena et ses habitations traditionnelles.
M. Bilbao/age fotostock

Un peuplement en plusieurs phases

Premiers habitants de l'Indonésie orientale, des chasseurs-cueilleurs **australoïdes** seraient venus d'Asie via les Philippines au paléolithique supérieur. Vers 3000 av. J.-C., des **Austronésiens** originaires de Taïwan migrèrent à leur tour en différents points de l'archipel, dont les petites îles de la Sonde. Important avec eux le riz, la banane et de nombreuses espèces animales (daim, porc, chiens...), ces hardis voyageurs y développeront l'agriculture. Plus tard, les richesses de Flores (cuivre, soufre, noix de coco, concombre de mer, bois de santal...) attirèrent des marchands de tous les horizons : Javanais de l'empire Mojopahit, Chinois (12e s.), puis Arabes et Indiens à partir du 13e s... Aucun d'entre eux, pourtant, ne laissera d'empreinte durable. Même les Bugis du **sultanat de Gowa** (Sulawesi), maîtres du commerce des esclaves aux 15e et 16e s., n'imposeront pas l'islam, et le royaume de Bima (17e s.), à l'ouest, et les principautés des Moluques, à l'est, n'exerceront qu'une domination intermittente sur certaines régions de Flores.

Une structure sociale ancestrale

Les îles orientales d'Indonésie étaient jadis divisées en petits royaumes dirigés par des souverains issus d'une parentèle aristocratique, le *wau*. Unie par le partage et la réciprocité des tâches, la cellule fondamentale (clan, famille ou maison) se ressoudait en temps de guerre ou de catastrophe. Malgré les bouleversements introduits par le système colonial, la structure sociale de l'ancienne Flores a perduré, sous des formes diverses, jusqu'à nos jours. Les *raja* d'antan ont troqué leur titre pour celui de *kepala desa* (chef de village) et sont élus par leurs concitoyens. Gardien de la tradition, le *kolu* arbitre toujours la répartition des terres et organise les cérémonies. Avec la christianisation de l'île, le prêtre est devenu lui aussi une figure importante du village. Mais aujourd'hui, le centralisme indonésien et l'ouverture au tourisme fragilisent cette organisation, soumise à une pression de plus en plus forte.

Des Lusitaniens...

Quoique dépourvue d'épices, Flores apparaît dès 1512 dans les chroniques portugaises. Elle doit cette notoriété précoce à sa situation stratégique, entre le puissant comptoir de **Malacca** (actuelle Malaisie) et l'île de **Timor**, riche en bois de santal. Son nom lui fut attribué en 1544 par un capitaine croisant au large de la pointe orientale, qu'il baptisa Cabo das Flores. Dès 1566, les **Portugais** élèvent un fort sur l'île de Solor (à l'est de Flores) puis envoient des **Dominicains**. Ces derniers répandent la bonne parole dans toute l'île, qui compte 100 000 catholiques en 1599. Mais après avoir repoussé les attaques des Bugis (1602), les Portugais doivent céder la place aux Hollandais, et s'installent à **Larantuka** (1613). Parallèlement, les Dominicains prennent pied à la fin du 16e s. dans le centre de Flores, sur l'**île d'Ende**, plaque tournante du commerce du bois de santal et du textile, où frayent des marchands malais, chinois et arabes. Là aussi, ils construisent un fort, dont ils sont chassés en 1630 par la population locale, rendue furieuse par une sombre histoire de mœurs impliquant un prêtre, le capitaine du fort et une princesse locale... Les rescapés trouvent refuge à Paga et à Sikka, sur la côte sud, où ils s'allient avec le raja Dom Alesu Ximenes da Silva, qu'ils couvrent de présents. Une collection de 70 défenses d'éléphants scelle un lien qui perdurera jusqu'à la fin du 19e s. ; la lignée da Silva régnera sur la région de Sikka jusqu'à l'accession de l'Indonésie à l'indépendance (1945). Au 17e s., la situation tourne à l'avantage des **Hollandais**. Après la chute de Malacca (1641), une partie des Portugais fuit aux Célèbes (Sulawesi) ; la perte de Makassar en 1667 accélère leur déclin. La même année, le **traité de Bonggai** reconnaît la souveraineté hollandaise sur l'est de Sumbawa et sur Flores, à l'exception de Larantuka, Paga et Sikka. La plupart des colons et marchands lusitaniens de Malacca, Macao et Makassar échouent alors à Larantuka, où ils forment une communauté métissée, les **Topasses** *(mestizos)*, dont les descendants peuplent encore la région. Lisbonne enverra des missionnaires jusqu'en 1782 et ne renoncera qu'en 1859 à ses revendications (seul Timor-Est restera portugais), contre la promesse que la religion catholique y soit maintenue.

... aux Bataves

La **VOC** *(voir p. 608)* ne fonde une mission à Ende qu'en 1670. En 1838, une expédition chargée de mettre fin au commerce des esclaves détruit la ville. Puis, après l'échec d'une première mission d'exploration de l'intérieur (1890), les Hollandais mettent sur pied une expédition militaire qui revient bredouille... mais laisse derrière elle des centaines de morts. Au début du 20e s., les Hollandais bannissent le roi catholique de Larantuka et placent l'île sous administration directe. La pacification achevée, ils envoient une première mission à Ruteng en 1917, qui sert de prélude à la christianisation du reste de l'île.

Un catholicisme fervent, mais de surface

Si 85 % de la population de Flores est baptisée, le culte catholique y demeure fortement imprégné de rites animistes. Malgré tout, l'ordination d'un prêtre constitue toujours un événement majeur de la vie du village et, à Larantuka, les processions de Pâques rassemblent chaque année une foule innombrable. Le succès remporté par le christianisme s'explique sans doute par la tolérance que ses missionnaires montrèrent à l'égard des traditions locales, traditions qui, si elles varient sensiblement d'une région à l'autre, ont en commun le culte des ancêtres et le tribut dû à la terre nourricière.

La baie de Labuan Bajo ★★

Lové au fond d'une baie magnifique, Labuan Bajo invite à un séjour prolongé pour paresser sur les plages de sable fin ou pour plonger parmi les somptueux fonds marins des îlots qui s'égrènent à quelques encablures au large, face à la baie. Porte d'entrée occidentale de Flores, Labuan Bajo vit aujourd'hui en partie de la pêche, son activité de toujours, et, de plus en plus, du tourisme; car elle est aussi « le » point de départ pour partir à la découverte des îles de Komodo et de Rinca, fiefs des « dragons » aux mines préhistoriques. Autant d'atouts qui ont fait de l'ancien village de pêcheurs l'une des cinq « destinations touristiques super prioritaires » d'Indonésie. Signe des temps, Labuan Bajo possède désormais treize hôtels 5-étoiles et a accueilli, en mars 2023, le 42e sommet de l'Asean.

Se repérer

CARTE A1 (P. 388-389) – CARTE DU PARC NATIONAL DE KOMODO (P. 395).

District de Manggarai – 30 000 hab.
À l'extrémité ouest de Flores, à 137 km à l'ouest de Ruteng (4h). La principale rue de Labuan Bajo est Jl. Soekarno-Hatta, parallèle à la côte et orientée nord-sud. En débarquant du terminal des ferries (au nord), tournez à droite dans cette artère où se succèdent boutiques de plongée, agences de voyage, hôtels et restaurants.

À ne pas manquer

Une plongée sur les récifs coralliens; le coucher de soleil sur la baie; les varans de Komodo.

Organiser son temps

Comptez 2 à 3 jours pour le village et les îles. En été, n'oubliez pas de réserver : les hôtels affichent parfois complet.

Carnet pratique p. 398

Nos adresses p. 399

Se promener

CARTE P. 388-389

★★ Labuan Bajo A1

Selon que vous arrivez de l'ouest (Bali et Lombok via Sumbawa), ou que vous venez de Maumere et achevez ici la longue traversée de Flores, Labuan Bajo apparaîtra comme la première étape d'un vrai dépaysement ou un retour à la civilisation. Bâtie à flanc de colline, face à la baie, la ville jouit d'un cadre magnifique. Les maisons se serrent, les pieds dans l'eau, en contrebas de la grande rue qui traverse le village, côtoyant désormais hôtels – dont le gigantesque Jayakarta Suites –, restaurants, boutiques et agences de voyage.

Pour une dégustation de fruits de mer, ne manquez pas le **marché de nuit SO Bajo**, dans le port, qui offre un vaste choix de produits. Fraîcheur garantie !

Pour la plupart des voyageurs, Labuan Bajo est surtout le point de départ pour des excursions en mer d'un ou deux jours, vers l'île de Rinca, associant découverte des varans et snorkeling *(voir la rubrique « Visites », p. 399, et « Le parc national de Komodo », p. 394)*.

À proximité

CARTE P. 388-389

Plage de Waecicu A1

À 5 km au nord de Labuan Bajo - comptez 1h à pied ou 20mn en bateau avec la navette de l'hôtel, qui part près du débarcadère.

Idéale pour le farniente, cette petite écharpe de sable protégée par une colline fait face à un îlot désertique. Agréable et facilement accessible de Labuan Bajo, elle a malheureusement tendance a être envahie de plastique.

Dans les environs, la **grotte de Batu Cermin** et celle de **Rangko** méritent également le détour.

★★★ Les îlots environnants A1

La plupart des agences de Labuan Bajo proposent des circuits à la carte dans les îlots environnants - ils comportent plusieurs arrêts pour la plongée et un déjeuner sur une plage de sable blanc - emportez masque et tuba.

Les eaux turquoise de la baie cachent des **fonds coralliens★★** de toute beauté, véritable ballet de couleurs composé par une faune aquatique d'une variété exceptionnelle – poisson lion (rascasse volante), poisson perroquet, poisson Napoléon – que vous pourrez observer sans peine, même si vous n'êtes pas un plongeur chevronné, avec un simple masque et un tuba.

Impossible de citer tous les **spots de plongée** que compte la région, il y en a un très grand nombre. Parmi les plus connus, on retiendra celui de **Pulau Bidadari★★** (Angel Island) et **Tatawa**, mais les îles de **Padar**, **Kanawa**, Tatawa, Kelor, Kalong, Sebayur Kecil... recèlent elles aussi des trésors.

Excursions

CARTE CI-CONTRE

★★ Taman Nasional Komodo (PARC NATIONAL DE KOMODO)

Pas de ferry pour les îles ; le parc maritime se visite depuis Lombok (sortie de 3 j. organisée par la Perama au départ de Senggigi ou de Mataram) ou en affrétant un bateau privé depuis Labuan Bajo (voir « Visites », p. 399) - entrée dans le parc national : 150 000 Rps (lun.-sam.) ou 225 000 Rps (dim. et j. feriés), payable à l'arrivée et valable 3 j. pour l'ensemble du parc - hébergement sommaire sur place possible, mais il vaut bien mieux passer la nuit sur le bateau – Comptez au moins 1 journée.

Pour limiter l'impact du tourisme sur l'écosystème, le nombre de visiteurs est limité à 200000 par an.

Avec seulement 650 mm de précipitations annuelles, le petit archipel des Komodo, planté au beau milieu du détroit de Sape, entre Sumbawa et Flores, peut se targuer d'être la **région la plus sèche** d'Indonésie. Inscrit au patrimoine mondial par l'Unesco, le parc national de Komodo s'étend sur environ 180 000 ha. Il englobe non seulement Komodo, mais aussi les îles de Rinca et Gili Morang, une large surface maritime située entre Sumbawa et Labuan Bajo, ainsi que la région de Mbeliling et de Nggorang, sur l'île même de Flores (district de Manggarai).

Conseils

À **Rinca**, portez un pantalon pour éviter les piqûres de mouches. En **plongée**, attention aux courants et aux oursins qui peuplent certains endroits. Ne vous promenez jamais sans guide dans les réserves où vivent les varans.

Au fil de la traversée dans les eaux turquoise, les mamelons de terre se succèdent, alternant baies et caps, falaises et plages de sable blanc, l'ocre de la savane formant l'essentiel d'un paysage rehaussé de loin en loin par le vert des palmiers lontar. Outre les varans, vous pourrez voir des buffles d'eau, des macaques, des chevaux sauvages et des cerfs. Quant aux fonds marins, c'est l'autre attrait majeur du parc, à ne pas manquer.

4

★★★ Selat Sape (DÉTROIT DE SAPE)

Entre Flores et Sumbawa, la traversée est superbe. Pour en profiter pleinement, affrétez un bateau à plusieurs pour deux jours ; vous pourrez ainsi visiter Komodo ou Rinca, profiter de leurs **plages de sable fin**, vous baigner dans les eaux transparentes et découvrir les fonds **marins★★**, exceptionnels. Le soir, après avoir dégusté un poisson fraîchement pêché, vous n'aurez plus qu'à vous laisser bercer par le roulis en contemplant le ciel étoilé…

Le détroit de Sape est parcouru par de puissants courants qui rendent la navigation difficile, mais les marins connaissent parfaitement le coin et sont capables de naviguer en pleine nuit en se guidant aux étoiles. Faites-leur confiance pour vous indiquer les meilleurs endroits, notamment **Pulau Lawah★**, une petite île à la pointe nord de Komodo qui recèle de superbes fonds coralliens, ou **Pulau Banta★**. Les courants ont aussi pour effet de ramener des profondeurs quantité de denrées nutritives, qui attirent **baleines**, **dauphins** et de nombreux poissons. Hélas, dans leur sillage se glissent parfois des braconniers peu scrupuleux qui n'hésitent pas à pêcher à la dynamite et au cyanure…

Un mystérieux reptile

Depuis 25 millions d'années, le *biawak Komodo* (ou *ora*), baptisé *Varanus komodoensis* par les scientifiques, coule des jours tranquilles dans l'archipel, alors que son contemporain le mastodonte a depuis longtemps disparu. Son origine et sa survie restent un mystère pour les paléontologues, qui auraient trouvé en Australie un squelette de son ancêtre, long de 7 m. C'est par hasard que le lieutenant hollandais Van Steyn Van Hensbroek découvrit le « monstre », en 1910, après un amerrissage en catastrophe au large de Komodo. Personne ne voulut croire son récit, sauf un autre officier qui se rendit sur place en 1912 et rapporta la peau d'un spécimen pour prouver la véracité de ses dires. Le choc fut immense dans la communauté scientifique.

Le plus grand lézard du monde

Depuis, ce reptile antédiluvien a fait l'objet de nombreuses études. Considéré comme le plus grand lézard du monde – il peut atteindre 3 m de long –, il semble déplacer avec peine ses 150 kg, mais une fois lancé, il peut faire des pointes à 30 km/h. On ne le rencontre qu'aux îles de **Komodo**, **Rinca** et **Gili Motang**, sur les côtes sud-ouest et nord de Flores, voire à Sumbawa-Est. Son territoire est la savane, mais on le croise parfois sur la plage ou dans la mangrove, à la recherche de nourriture. Carnivore, le varan se régale de macaques, de cerfs, de sangliers et d'oiseaux, voire de lézards, serpents ou œufs en cas de disette. Grâce à son système olfactif très performant (sa langue bifide lui sert de radar), il peut détecter un gibier à des kilomètres. Sa queue et ses griffes sont des armes redoutables, et ses mâchoires dissociables, sur lesquelles s'alignent 26 dents crénelées (comme le tyrannosaure), lui permettent d'avaler des proies énormes.

Pour chasser le buffle, le varan se contente de lui inoculer des bactéries en le mordant, qui le tueront en quelques heures ou quelques jours. Il est aussi grand amateur de charogne et, à l'occasion, les mâles les plus puissants pratiquent le cannibalisme. Cette méthode d'intimidation servirait à réguler la répartition spatiale de la population, les jeunes mâles étant priés d'aller chercher ailleurs nourriture et compagne. Le varan adulte ne connaît donc d'autre prédateur que lui-même, car l'homme se désintéresse de cet animal dont la peau, trop épaisse, n'est pas digne de servir de sac à main. Il vit sa romance de mai à juillet ; puis, entre juillet et septembre, les femelles pondent dans des nids creusés à flanc de colline (l'incubation dure neuf mois). Une fois nés, les petits vivent pendant les premiers mois dans les arbres, à l'abri des prédateurs (un varan vit en moyenne 20 ans).

Plus menacé que menaçant

Victime de la déforestation, mais aussi de la prolifération des chiens errants qui dévoraient leurs œufs, l'espèce compterait désormais quelques milliers de spécimens. Ces dernières années cependant, même s'ils sont toujours considérés comme menacés d'extinction, les varans connaissent une progression encourageante. Toutes sortes d'histoires circulent à propos du « dragon », notamment celle de ce touriste suisse parti seul en balade, et dont on n'a retrouvé que les lunettes et l'appareil photo. Il arrive également qu'un varan s'en prenne aux habitants de l'île. En fait, l'animal ne se révélerait dangereux qu'en présence d'une personne blessée et à terre, ou en réaction à un comportement agressif. Toutes situations à éviter donc...

Varan de Komodo.
Morales/age fotostock

★ Pulau Komodo (ÎLE DE KOMODO)

4h de navigation depuis Labuan Bajo, départ vers 4h du matin - visite guidée obligatoire, comprise dans le billet d'entrée au parc.

L'île abrite une importante communauté de varans : on en recense aujourd'hui environ 2 700. En débarquant à **Loh Liang**, ne vous laissez pas impressionner par un varan rampant sur la plage ou somnolant à l'ombre des bungalows ; le premier est toujours le plus effrayant !

Plusieurs balades guidées sont proposées en compagnie d'un guide, qui ouvre la marche avec un bâton. Par le passé, les gardes du parc leur jetaient en pâture des carcasses d'agneau au fond d'une fosse où se trouvaient les varans, pour amuser les touristes. Cette pratique a été abandonnée quand on s'est aperçu qu'elle modifiait le comportement de l'animal, qui s'habituait à recevoir sa pitance sans avoir à chasser. De plus, les femelles les plus faibles se trouvaient exclues de fait des agapes.

Ne quittez pas l'île sans profiter des sites de plongée. Celui de **Pantai Merah★**, à la pointe est de la baie, et ceux de Loh Namu, Loh Sera, Manta Alley, comptent parmi les plus plaisants.

★★ Pulau Rinca (ÎLE DE RINCA)

2h de navigation depuis Labuan Bajo, départ vers 7h du matin, aller-retour dans la journée avec un bateau chartérisé. Si vous ne l'avez pas déjà fait à Loh Liang (Komodo), c'est à Loh Buaya que vous acquitterez votre droit d'entrée.

Désormais aussi touristique que Komodo, Rinca, plus petite mais plus proche des côtes, recèle une faune et une flore plus variées, ainsi qu'une colonie d'env. 1 000 varans. À 30mn de marche du débarcadère, après avoir longé une mangrove, on rejoint **Loh Buaya**. Les varans que l'on aperçoit au cours de la **randonnée dans la savane★★** (2h), au détour d'un chemin ou à l'ombre d'un arbre, font forte impression. En chemin, vous croiserez des **buffles d'eau**. Sur l'horizon se découpe le profil caractéristique des palmiers lontar.

Petits conseils pratiques

Voyager à Flores peut se révéler fatigant et aléatoire en raison de l'état des routes (comptez une moyenne de 30 km/h). Mais l'avion ne présente guère plus de garantie du fait du faible trafic et de la fréquence des vols annulés. Il est donc indispensable de disposer de temps et de s'armer de patience. L'île est décrite ici suivant un axe ouest-est, mais ceux qui entreprennent une traversée complète de Flores gagneront à se rendre directement en avion à **Maumere**, pour revenir ensuite par la route. Il est en effet plus facile de repartir de Labuan Bajo, et l'attente y est plus agréable. Les taux de change étant peu favorables à Flores, mieux vaut vous munir de roupies avant le départ.

Circuit conseillé

CARTE P. 388-389

Sur la route de Ruteng AB1

La colline de **Batu Cermin** *(à 4 km sur la route de Ruteng, prenez une piste sur 1 km - 50 000 Rps)*, qui s'élève sur un massif karstique, est criblée de **grottes** que traversent d'étonnantes racines aériennes.

En poursuivant sur la route de Ruteng, on traverse un magnifique **paysage de montagne★★** au creux duquel se cache une vallée verdoyante *(à mi-chemin, près de Limbung)*.

La Transfloresienne, sinueuse, découvre de superbes **panoramas★★** sur la baie de Labuan Bajo avant de s'enfoncer dans une forêt dense. En prenant de l'altitude, la route passe parmi les caféiers qui s'épanouissent dans ce climat humide : vous en verrez les grains sécher devant les maisons.

À environ 25 km de Labuan Bajo partent les sentiers de randonnée qui sillonnent le **mont Mbeliling** (1239 m d'alt.), passent par la cascade **Cunca Rami** et redescendent, environ 15 km plus au sud *(4 à 6h de marche, à faire avec un guide)*, vers le lac de cratère **Sano Nggoang (Danau Sano Nggoang)**. Particulièrement profond (500 m), ce dernier est réputé pour ses eaux soufrées aux vertus thérapeutiques.

Carnet pratique

S'informer

Dinas Pariwisata – *Jl. Gabriel Gampur, Labuan Bajo (au sud de la ville, sur la route de Ruteng) - ✆ (0385) 411 70 - www.florestourism.com*. Quelques bonnes brochures en anglais sur Flores ainsi qu'une carte détaillée. Le personnel, aimable, parle anglais.

Komodo National Park Kantor – *JL. Kasimo, Labuan Bajo (à côté de l'office de tourisme) - ✆ (385) 410 05/06 - www.komodonationalpark.org*. Brochure en anglais sur Komodo. C'est la représentation officielle du parc maritime national, mais vous obtiendrez des informations plus circonstanciées au bureau qui vend les tickets d'entrée *(200 000 Rps)*.

Adresses utiles

Banque/Change – Les banques n'effectuent pas d'opérations de change. Vous trouverez des

distributeurs sur la rue principale et un bureau de change *(money changer)* à côté du restaurant *The Lounge* (taux désavantageux).
Poste – *Jl. Soekarno-Hatta (près de la BRI).*

Arriver/Partir

En avion

L'aéroport se trouve à 2,5 km du centre-ville *(desservi par* bemo*)*. 4-6 vols/j. vers Denpasar (Bali) et Jakarta avec TransNusa, Lion, Garuda et BatikAir.

En bateau

Débarcadère des ferries à l'extrémité nord de Labuan Bajo. Départ tlj à 8h pour Labuhan Sape *(8h à 9h de trajet)* avec la compagnie de ferry **ASDP** *(www.asdp.id).*
Pelni – *Derrière l'église Stella Maria (monter le chemin de terre en suivant les indications Danny's Diving) - www.pelni.co.id.* Tableau des liaisons affiché au guichet. Le *KM Willis* de la Pelni dessert Makassar (Sulawesi) via Maumere un vend. sur deux à 22h *(35h de traversée)*. Il vogue vers Denpasar les jeu. matin à 8h *(28h de traversée)*. Le *KM Tilongkabila* dessert Makassar *(18h)* deux fois par mois.
Pour affréter un bateau vers Komodo ou Rinca, voir ci-contre.

En bus

Le terminal Nggorang se trouve à env. 7 km au sud de la ville. Départ pour **Ruteng** ttes les 2h *(6h de trajet)*. Si vous passez par une agence, le bus vous prendra à votre hôtel mais il passe parfois un temps interminable à rechercher d'autres passagers. Départ pour **Bajawa** vers 6h *(durée : 8h30 env.).*

Transports

Le plus simple est de se déplacer à pied, les distances étant réduites dans le village, mais les *bemos* se révèlent pratiques pour les petits trajets. Vous pouvez aussi en affréter un pour la journée ou la demi-journée.

Location de véhicules

Komodo Travel – *Rue principale* *(0385) 414 80 - www.komodo.co.id.* Essentiellement des scooters 110 cm³ *(100 000 Rps/j.)* mais aussi voitures et matériel de snorkeling *(50 000 Rps/j.).*

Visites

Toutes les agences proposent les mêmes circuits de découverte des îlots environnants : à la journée ou sur plusieurs jours avec nuit à bord, snorkeling et rencontre des varans de Komodo ou de Rinca. Les tarifs s'entendent par bateau *(en général 4 pers.)*. Départs pour Rinca vers 7h, pour Komodo vers 4h du matin. Dans tous les cas, faites-vous bien préciser la durée du trajet, les arrêts prévus et les différentes prestations (nourriture, masques et tubas, entrée du parc maritime – chère et rarement comprise).
Perama Tour – *R. principale (en face du restaurant Pesona) -* *(0385) 42016 ou 0877 8686 5656 - www.peramatour.com.* Une agence réputée pour son sérieux. Elle organise tous les 6 jours une traversée *(3 j.)* jusqu'à Lombok, via Rinca et l'île de Pulau Moyo. Également des excursions de 4 à 6 j. sur Flores avec volcans et cascades au programme.

Agenda

Festival Komodo (en mars) et Carnaval Culturel (en juin) – Représentations de *caci*, des danses-combats traditionnels mettant en scène des personnages armés de fouets et de boucliers.

Nos adresses

Restauration

Outre les quelques adresses ayant traduit leur menu en anglais et adapté leur cuisine aux palais occidentaux (sans sauce ni épices...), Labuan Bajo compte de nombreux *warung* sans prétention, surtout dans la partie sud de la rue ; on choisit son plat en vitrine, poisson ou poulet, pour une cuisine familiale savoureuse, à des prix défiant toute concurrence.

Premier prix

Artomoro Restaurant & Grill – *R. principale (en dir. du port) - ✆ 0811 3823 330 - ⊠ - 10h-22h30 - 50 000/170 000 Rps.* Une baraque en bois surplombant la rue où l'on sert une cuisine simple et sans surprise (légumes, poulet frit, fruits de mer). La carte, peu étendue, a été adaptée aux palais occidentaux.

Budget moyen

Pesona – *R. principale (non loin du Gardena) - ✆ 0821 4525 0266 - ⊠ - 10h-22h - 50 000/120 000 Rps.* Cuisines européenne (salades et sandwiches), indonésienne et chinoise servies sur une petite terrasse dominant la rue. Les fruits de mer sont excellents.

Pour se faire plaisir

Kelimutu Coffee Shop – *Rest. de l'hôtel Bintang Flores - 6h-23h - 150 000/250 000 Rps.* On y apprécie une cuisine internationale, servie avec style par un personnel courtois. La salle, de plain-pied sur le jardin, assure un calme bienvenu après l'agitation du centre-ville.

Shopping

Vous trouverez de nombreux magasins de souvenirs mais Labuan Bajo n'est pas le meilleur endroit à Flores pour acheter des ikats : les pièces sont médiocres et les prix élevés. Pour ces derniers, vous ferez de meilleures affaires à Ende *(p. 413 et 418)*, à Maumere *(p. 424)* ou à Sikka *(p. 423)*.

Activités

Plongée

Juste avant le port, sur la rue principale, les échoppes de plongée se bousculent, proposant toutes cours pour débutants et niveau avancé, certification PADI, sorties sur les îlots avoisinants. Vérifiez l'état du matériel, prenez le temps de discuter avec les moniteurs et de comparer les prestations et surtout les gages de sécurité avant de faire votre choix.

Hébergement

Labuan Bajo possède un grand nombre d'hôtels à des prix abordables. La plupart jalonnent Jl. Soekarno-Hatta, la rue principale et proposent bon nombre de services annexes, location de voitures ou de matériel de snorkeling, laverie, restaurant...

Premier prix

Wisata – *Jl. Soekarno-Hatta 39 (en face de la BNI, à env. 1 km au sud du port) - ✆ (0385) 41020 - ▤ ⊠ - 21 ch. 200 000/300 000 Rps ☕.* Ses chambres, distribuées de part et d'autre d'une allée carrelée garnie de plantes vertes, sont spacieuses mais manquent de lumière. Le personnel, aimable, parle anglais.

Une folie

Bintang Flores Hotel – *Jl. Pantai Pede (à 2 km au sud du centre-ville) - ✆ (0385) 244 37 55 ou (0361) 846 57 20 - www.bintangfloreshotel.com - ▤ ✕ ⛱ ᯤ - 61 ch. 2 900 000/4 500 000 Rps ☕, transfert AR aéroport inclus.* Légèrement excentré, cet hôtel offre un confort international très largement supérieur à tout ce que l'on peut trouver en ville. Lumineuses, impeccables, les chambres (TV, coffre-fort, mini-bar) donnent sur un jardin fleuri et une petite plage.

Ruteng et le pays Manggarai

Passage obligé sur la route de Labuan Bajo à Bajawa, la modeste bourgade de Ruteng s'étend au fond d'une large vallée d'altitude que cernent les volcans. Hormis son cadre bucolique, la ville elle-même ne présente pas d'intérêt particulier : c'est avant tout un point de départ pour randonner dans la région Manggarai, foyer d'une culture originale mêlant catholicisme et animisme, entre forêts et plantations de café. Particulièrement photogéniques, les spectaculaires toiles d'araignées en terrasses que dessinent les rizières lingko forment l'un des buts d'excursion les plus prisés.

Se repérer

CARTE AB1-2 (P. 388-389).
Chef-lieu du district de Manggarai – Alt. 1100 m.
Ruteng (41502 hab.) se trouve à 128 km au sud-est de Labuan Bajo (4h), 135 km au nord-ouest de Bajawa (5h).

À ne pas manquer

Les rizières en forme de toile d'araignée.

Organiser son temps

Consacrez une journée à la découverte de la région.

Carnet pratique p. 404

Nos adresses p. 404

Se promener

CARTE P. 388-389

Ruteng A1

Le terrain de football, à l'angle de Jl. Motang Rua et Jl. Niaga, marque le centre de la ville de Ruteng.

Gros bourg à vocation administrative, Ruteng s'articule autour de sa mosquée et de ses trois églises, dont une **cathédrale** digne d'un décor de carton-pâte *(en haut de Jl. Sudarso, la principale avenue)*. Installé dans un gros bâtiment en béton, le marché, **Pasar Kain Tenun** *(Jl. Pasar Ruteng)*, constitue le quartier le plus animé de la ville, et le meilleur endroit pour dénicher les ikats manggarai. Un peu plus au sud *(Jl. Motang Rua)*, vous apercevrez le grand toit de chaume de la **maison traditionnelle (Rumah Adat)**, couverture dont la forme circulaire, caractéristique du pays Manggarai, rappelle le dessin des rizières *lingko*.

À proximité

CARTE P. 388-389

Golo Guru A1

À 2 km au nord de Ruteng - accès en bemo *ou à pied.*

Un étonnant **chemin de croix**, ponctué de statues du Christ, jalonne l'ascension jusqu'au sommet de cette colline, que couronne un petit sanctuaire dédié à la Vierge. De là-haut, beau **panorama★** sur la ville dans son écrin de rizières.

4

L'ikat, un art majeur

Vannerie, artisanat et architecture en bambou... les manifestations du savoir-faire des Floresiens varient selon les régions. Les arts de la danse et de la musique se révèlent à l'occasion de nombreuses fêtes et cérémonies : ordination d'un prêtre, inauguration d'une maison, résurgence d'une source, mariage... Mais c'est incontestablement l'art de l'ikat qui a suscité la littérature la plus abondante *(voir « L'ikat : couleurs de la Sonde », p. 570)*. Si les musées et les collectionneurs du monde entier ont depuis longtemps acquis à prix d'or les plus belles pièces, on trouve toujours sur place une production de qualité. Cependant, le coton naturel a pratiquement disparu au profit du fil industriel et, si la teinture naturelle reste en usage dans certains villages, elle cède de plus en plus le pas aux couleurs chimiques.

À chaque région son style et sa technique

L'ikat reste la tenue privilégiée de la majeure partie de la population pour tous les grands moments, revêtant diverses fonctions rituelles et sociales (funérailles, mariages). Chaque motif exprime en effet une vertu magique, attachée aux diverses étapes de la vie.

Ikat manggarai

En pays Manggarai (ouest de l'île, autour de Ruteng), les motifs sont obtenus par le tissage de fils de plusieurs couleurs, et non par la teinte préalable de la chaîne. Deux grands styles s'y côtoient, l'un portant la marque de Sumbawa, l'autre celle de Sulawesi. Le premier fait dominer le rouge, le bleu et le vert, dessinant de larges croix alternant avec des quadrillages de lignes fines. L'indigo foncé est l'apanage du second style, dans lequel se distinguent des bandes de couleur à motifs géométriques, parfois relevés de dessins secondaires.

Ikat ngada

Les ikats bleu sombre des régions isolées du **pays Ngada**, autour de Bajawa, adoptent des figures géométriques plus simples – triangles dits *tumpal*, zigzag, carrés... Très prisés, les *kain kudu* sont reconnaissables à leurs délicats chevaux blancs sur fond noir, dessins dont l'exécution nécessite des journées entières de bain, la teinture pénétrant difficilement la toile. Certains portent une étroite bande orange qui augmente encore leur valeur.

Ikat d'Ende

Même si, au quotidien, ses habitants portent des sarongs indigo, la **région d'Ende** montre une incomparable variété d'ikats, foisonnement de tons chauds et de motifs géométriques, animaliers et floraux. L'influence extérieure, en particulier celle des tissus *patola*, d'origine indienne, y est manifeste.

Ikat lio et sikka

Les ikats du **pays Lio**, quant à eux, révèlent un décor raffiné mariant des fleurs jaunes et brunes sur fond rouge ou bleu foncé, traversé de bandes parallèles. Concession à la modernité, certains arborent des avions, des voitures et des bateaux ! Les mêmes thèmes floraux apparaissent dans les **ikats de Sikka** (côte sud-est de Flores) – plus épais –, révélés par un fond sombre, parfois rehaussé de teintes rouges.

Dans la traditionnelle **Flores orientale**, enfin, où certains villages utilisent encore le coton naturel, chaque composition est l'usage exclusif d'un clan, et il ne saurait être question d'arborer les couleurs de son voisin.

Gua Liang Bua (GROTTE DE LIANG BUA) A1

À 14 km au nord de Ruteng, à côté du village de Rampasasa - accès en ojek.
C'est dans cette grotte dite « de l'eau glacée » qu'a été découvert, au début des années 2000, un squelette daté entre 100 000 et 60 000 ans que l'on a baptisé « Homme de Flores » *(voir p. 58)*. Cette découverte a créé des remous dans le monde scientifique qui n'avait jamais observé un squelette d'une si petite taille (moins d'1,50 m) et pourvu d'une aussi faible capacité crânienne. Il n'y a forcément pas grand-chose à voir dans la grotte, mais des guides locaux vous attendant sur place se feront la joie de vous relater cette exceptionnelle découverte – moyennant rémunération bien sûr *(tarif variable, à vous de négocier)*.

Waebelang A1

À 17 km à l'ouest de Ruteng, près de Cancar - accès en bemo.
Cette colline offre sans conteste le plus beau **point de vue★★** des environs ; du sommet, on peut contempler les **lingko★**, ces rizières typiquement manggaraises dont l'agencement dessine une toile d'araignée.

★ Gunung Ranaka (VOLCAN RANAKA) A1-2

Sur la route de Bajawa - prenez un bemo *jusqu'à Robo (à 8 km à l'est de Ruteng). Ne manquez pas l'embranchement sur la droite, à l'entrée du hameau (non carrossable s'il a plu) qui s'enfonce dans les bois sur 9 km.*
Point culminant de Flores, le Ranaka (2 350 m d'alt.) est le but d'une des plus belles randonnées de la région, en pleine jungle *(partez tôt le matin pour parvenir au sommet avant les nuages)*. La piste, entre les fougères géantes et les orchidées, mène à une ancienne station de télécommunications abandonnée après l'éruption de 1987.
Revenez sur la route principale et poursuivez vers l'est.

★ Danau Ranamese (LAC RANAMESE) B1

À 23 km de Ruteng sur la route de Bajawa (pas de transport public). Comptez 30mn pour effectuer le tour du lac à pied.
Le superbe lac de cratère Ranamese *(baignade dangereuse)* s'ouvre au milieu d'une épaisse jungle ondoyant sous la lumière. Aménagées en aires de pique-nique, ses rives offrent un agréable lieu de détente. Par beau temps, on aperçoit la mer, loin au sud.

Le « caci » ou la lutte à la Manggarai

Les **Manggarais** sont restés très attachés au culte de leurs ancêtres. Ils les honorent lors du *caci* (prononcez « tchatchi »), épreuve de force et de courage mettant aux prises les hommes de deux villages. Séparés par une frontière invisible, les supporters des deux camps forment le cercle sur la place centrale, transformée pour l'occasion en arène. Chaque combattant joue alternativement le rôle du guerrier et celui du buffle. Armé d'un fouet, l'attaquant cherche à toucher son rival au bras, au dos, voire au visage, mais il n'a droit qu'à un seul coup. Coiffé d'une sorte de visière à cornes, le dos prolongé par une tige de bambou – en guise de queue –, le « buffle » dispose d'un bouclier et d'une simple perche pour se défendre. Il affecte une attitude nonchalante dont il ne se départit jamais, même quand il est atteint. Mais l'arbitre veille, qui comptabilise les coups portés, pour désigner le village vainqueur.

Carnet pratique

Adresses utiles

Banque/Change

BRI – *Jl. Yos Sudarso (en face de l'hôtel Wisma Sindha)*. Vous y trouverez un distributeur (ATM). Pas de change à Ruteng : prenez vos précautions à Labuan Bajo ou, mieux, à Lombok.

Arriver/Partir

En bus

Les bus de et pour Labuan Bajo (4h) s'arrêtent au **terminal ouest** *(Terminal barat)* à 3 km du centre. Le **terminal est** *(Terminal timur)*, qui dessert Bajawa (5h), Ende (9h) et Maumere, se trouve à 5 km. Votre hôtel pourra vous réserver un billet.

Agenda

À Ruteng et dans les villages environnants, vous pourrez assister à un **caci** lors de la fête nationale (le 17 août), ou à l'occasion d'une fête religieuse ou familiale (mariage).

Nos adresses

Restauration

Premier prix

Il n'y a pas de restaurant digne de ce nom à Ruteng, mais vous n'aurez aucune difficulté à trouver de quoi vous sustenter dans l'un des nombreux *warung* et *rumah makan* entourant le marché.

Hébergement

La ville ne compte pas d'hébergement de qualité. On se passe aisément d'air conditionné à Ruteng, l'atmosphère étant plutôt fraîche. L'eau chaude, en revanche, devient un confort appréciable.

Premier prix

Agung III – *Jl. Waeces 10 (à 500 m au nord de la ville, sur la rte de Reo) - ✆ 0813 3875 4686 - - 20 ch. 150 000 Rps.* Deux bâtiments pour une même adresse, où l'on vous proposera des chambres relativement spacieuses et d'un niveau de confort acceptable. Un rapport qualité-prix convenable.

Hotel Rima – *Jl. Achmad Yani 14 (rte de Bajawa) - ✆ (0385) 221 96 - - 14 ch. 120 000/300 000 Rps.* Quoique légèrement excentré (à 500 m du centre), cet établissement tout en bois propose des chambres parmi les plus sympathiques de la ville. L'accueil est chaleureux, et l'hôtel dispose même d'une salle Internet. Un seul défaut : l'endroit est un peu bruyant.

Budget moyen

Sindha Hotel – *Jl. Yos Sudarso 26 - ✆ (0385) 211 97 - - 23 ch. 370 000/850 000 Rps.* Relativement calme et chaleureux, l'hôtel propose une large gamme de chambres, les plus chères étant dotées d'une douche chaude.

Bajawa et le pays Ngada ★★★

À l'ombre des volcans, cachés dans les vallées ou dans l'épaisseur de la forêt, les villages ngada révèlent toute la richesse de la Flores traditionnelle. Au cœur de la région se niche Bajawa, agréable bourgade de montagne sillonnée de ruelles aux maisons basses. Elle constitue un excellent camp de base pour rayonner dans le pays Ngada, dont il faut espérer que la beauté fragile résistera à l'irruption de la modernité et du tourisme...

Se repérer

CARTE B1-2 (P. 388-389) – CARTE AUTOUR DE BAJAWA (P. 407).

Chef-lieu du district de Ngada – Alt. 1100 m.

Bajawa (39 442 hab.), centre du pays Ngada, se situe à 125 km à l'ouest d'Ende (5h) et à 135 km au sud-est de Ruteng (5h).

À ne pas manquer

Les villages de Bena, Nage et Wogo; l'ascension du volcan Inerie.

Organiser son temps

Prenez un guide pour visiter les villages, pas toujours faciles d'accès.

Carnet pratique p. 408

Nos adresses p. 409

Circuit conseillé

CARTE AUTOUR DE BAJAWA P. 407

Circuit d'env. 135 km tracé en vert sur la carte Autour de Bajawa (p. 407) – Comptez une journée. Des bemo *desservent Langa; pour Bena, Nage et Wajo, mieux vaut organiser un charter.*

Bajawa

Capitale administrative et commerciale de la région, Bajawa est une ville agréable quoique dépourvue de curiosités, à l'exception du **marché★** *(voir « Shopping », p. 409)*, animé et coloré. C'est dans les environs que le pays Ngada révèle tous ses attraits.

Soa

À 25 km au nord de Bajawa, sur la route de Riung - accès en bemo*.*

Le petit bourg accueille chaque mercredi un **marché** où affluent les villageois de toute la région.

Mengeruda

À 8 km de Soa, sur la route de Boawae - pas de transport public.

Une **source chaude★** *(Air Panas)* jaillit près du village de Mengeruda, dans un merveilleux petit éden de verdure. Le bassin principal, à l'ombre d'un ample ficus, est brûlant; un bain plus tiède vous attend dans le torrent qui coule en contrebas.

Continuez vers l'est sur env. 12 km et redescendez vers le sud-ouest à partir de Boawae. À Mataloko (env. 45 km à l'ouest), vous tournerez à gauche; Wogo se trouve à 2 km, à gauche de la route.

★★ Wogo

À env. 18 km au sud-est de Bajawa.

Suivant la disposition traditionnelle, deux rangées de maisons de bambou au toit de chaume enserrent une large esplanade plantée de *ngadhu* et de *bhaga (voir*

4

Les Ngada, au plus près de la nature

L'origine des Ngada – aujourd'hui 60 000 individus – reste assez obscure, mais l'usage des pierres levées rattacherait ce peuple à la culture vietnamienne Dông-Sôn qui a essaimé dans toute l'Asie du Sud-Est au cours du premier millénaire avant notre ère *(voir « L'âge du bronze et la civilisation Dông-Sôn » p. 603)*.
En dépit de leur conversion au catholicisme, introduit dans les années 1920, les Ngada sont restés profondément attachés à leurs croyances et leurs rites animistes, fondés sur un culte complexe des ancêtres.

Le village et la forêt

Fief de la mémoire du peuple, la nature est au centre de toute la cosmogonie ngada, dominée par Dewa, le dieu du ciel, et sa femme Nitu, la déesse de la terre. Aussi, le village symbolise-t-il « l'intérieur », par opposition à la forêt, monde « extérieur » chargé de mystères et de dangers, le volcan Inerie représentant la montagne sacrée.

« Ngadhu » et « bagha », l'âme des ancêtres

Les villages ngada respectent tous le même plan : une large place en terre battue, bordée par deux rangées de maisons sur petits pilotis, en bois et bambou, et couvertes d'un toit de chaume. Au milieu du terre-plein central s'alignent diverses structures – une pour chaque clan –, demeures des esprits mâle ou femelle des ancêtres fondateurs et protecteurs.
L'ancêtre mâle du clan est figuré par le **ngadhu**, pilier sculpté d'environ 3 m de haut qui fait penser à un parasol : coiffé d'un petit toit conique en chaume, le poteau est flanqué d'une paire de bras armés d'une lance et d'une machette. Chaque arbre ayant une âme, les Ngada laissent au devin le soin de choisir dans la forêt le spécimen idéal pour servir de poteau au *ngadhu*. Déterré avec ses racines, l'arbre sera couvert d'une toile (car il passe pour être dangereux) avant d'être ramené en ligne droite au village pour y être replanté. C'est l'occasion de quelques festivités, mais dont sont exclues les jeunes femmes, l'arbre risquant de les violer.
Image de la matrice, mère de tous les ancêtres, les **bhaga** sont représentées par des petites maisons carrées à toit de chaume. Complétant l'ensemble, des stèles de pierre (**peo**) sont fichées dans le sol autour d'une pierre sacrificielle.
Reprenant la même symbolique, enfin, chaque maison est hérissée d'une figure guerrière avec lance et machette, à l'image du *ngadhu*, ou d'une hutte identique à la *bhaga* en miniature.

Maisons de bambou

Le pays Ngada foisonne de bambous, de toutes variétés. Les plus grands, qui peuvent mesurer jusqu'à 30 m de hauteur et dont le diamètre atteint jusqu'à 35 cm, constituent le principal matériau de construction de la maison, chacune nécessitant l'abattage de 50 à 60 troncs. Une fois l'ouvrage achevé, l'inauguration de la nouvelle demeure donne lieu à des festivités, dont le point d'orgue est un sacrifice de buffles et de cochons. Il revient au devin du village de désigner l'unique officiant, celui dont la main ne devra pas trembler au moment de porter le coup de machette fatidique. Après le festin, les cornes des buffles iront orner la façade de l'habitation.

« Les Ngada, au plus près de la nature », p. 406). Le village originel, **Wogo Lama** *(prenez la route à l'extrémité du terre-plein et marchez 15mn jusqu'à un sentier, sur la gauche)*, a été abandonné pour le site actuel, jugé plus propice. Au débouché d'un bosquet de bambous géants s'ouvre l'ancienne place, tapis d'herbes folles, hérissée de pierres dressées.

Du hameau en contrebas de Wogo Lama, on jouit d'un splendide **panorama★★** sur les collines verdoyantes où paissent quelques buffles, avec en toile de fond la haute silhouette du volcan Ebulobo... Les enfants du village se feront une joie de vous accompagner à la source chaude voisine, d'où vous pourrez rejoindre directement Wogo *(comptez 1h30 pour toute la promenade)*.

Poursuivez jusqu'à Bajawa (env. 18 km) et, peu avant la bifurcation pour Ruteng, dirigez-vous plein sud.

Langa

À 7 km au sud de Bajawa.

Village ngada le plus proche de Bajawa, Langa est le moins typique, bien qu'il conserve ses *ngadhu* et ses *bhaga*. Le dimanche, jour du grand marché à Bajawa, l'endroit est quasiment désert.

★★ Bena

À 9 km au sud de Langa; la piste, de plus en plus défoncée (difficilement praticable s'il a plu), passe au pied de l'Inerie - donation (5 000 Rps/pers.).

Sans conteste l'un des plus beaux villages du pays Ngada : à l'étroit sur un petit promontoire couvert d'arbres, il offre un spectaculaire **panorama★★★** sur la plaine et la forêt qui s'étendent en contrebas. Certes, avec l'intrusion du tourisme, Bena tend à devenir une sorte de musée vivant, et les maisons qui encadrent le terre-plein central se sont pour la plupart transformées en étalages d'**ikats** (au demeurant superbes avec leurs motifs de chevaux sur fond noir). Mais les habitants restent fidèles à leur mode de vie traditionnel et la seule concession faite à la modernité semble être le terrain de volley-ball qui jouxte les **ngadhu★**, les **bhaga★** et les **peo** (pierres levées).

Poursuivez vers le sud. La piste, défoncée et très escarpée, traverse une épaisse forêt tropicale.

★★ Nage et Wajo

À 8 km au sud-est de Bena par une piste défoncée.

La route passe parmi les bambous géants au pied desquels poussent les plants de café et de cacao. Juste avant d'arriver à Nage et à Wajo, le village contigu, elle

4

enjambe une belle **rivière★** couleur émeraude, alimentée par une **source chaude**. Vous voici arrivé au pays du *moke*, le nom local de l'*arak*, un alcool de palme qu'on laisse fermenter dans des tubes de bambou suspendus aux branches des arbres. Le **panorama★★★** est superbe : de loin en loin des villages surgissent au milieu de la verdure, une cascade géante balafre la forêt pour s'écraser au pied de l'Inerie, tandis qu'au sud s'étend la mer de Savu.

Excursion

CARTE AUTOUR DE BAJAWA P. 407

★★ Gunung Inerie (MONT INERIE)

Pour assister au lever du soleil, départ de Bajawa à 2h30 du matin - guide indispensable et prévoyez beaucoup d'eau afin de bien vous hydrater – Comptez 30mn de voiture jusqu'au petit hameau juste avant Bena, puis 4h de marche aller-retour.

L'ascension ne présente aucune difficulté, mais elle est rendue éprouvante par le tracé trop rectiligne (donc raide) du sentier et l'épaisseur du tapis de cendres qui ralentit la progression. Du sommet (2 245 m), on a un magnifique **point de vue★★** sur Bajawa, Bena, le **mont Ebulebo** (2 124 m) et, par temps clair, on aperçoit l'île de Sumba, à 100 km au sud.

Carnet pratique

S'informer

Dinas Pariwisata – *Jl. Ade Irma Suryani 1 - ✆ (0384) 215 54.*

Adresses utiles

Bank Rakyat Indonesia – *Jl. Soekarno-Hatta.* ATM ; change de devises possible mais à des taux défavorables.

Arriver/Partir

En bus

Vous pouvez réserver par votre hôtel ou vous rendre directement au terminal situé à côté du marché. Le **terminal de Watujadi** *(3 km à l'est)* relie Ende *(trajet 5h)*, Maumere *(8h30)*, Labuan Bajo *(8h30)*, Ruteng *(5h)*.

La plupart des départs ont lieu entre 6h et 7h ; dép. fréquents pour Ruteng.

Le terminal du marché dessert Riung *(dép. vers 12h - trajet 3h30)*.

En bemo et camion

Terminal des bemo – *Jl. Basuki Rahmat.* Pour les environs (Langa, Mataloko, Boawae). Des *trucks* partent régulièrement pour Soa, Mataloko et Langa.

En ojek

C'est le moyen le plus pratique pour découvrir la région. Si votre chauffeur parle un peu anglais, il vous servira aussi de guide.

Transports

Se déplacer à pied est un vrai plaisir, les distances étant réduites et l'atmosphère plutôt fraîche. Sinon, rens. à la réception des principaux hôtels pour la location de moto et voiture.

Agenda

Fêtes et cérémonies – Chez les Ngada, tout donne lieu à une cérémonie : le calendrier religieux, les travaux des champs et les divers événements de la vie quotidienne. Rens. auprès de votre hôtel pour connaître les dates de ces festivités.

Fêtes de la fécondité – *Janv.* Elles sont marquées par des sacrifices de buffles et des chants (autour de Bajawa).

M'aha Kudus – À Pâques *(avril)*, des hommes armés de sabres portent en procession un crucifix à travers la ville. C'est aussi l'occasion d'une chasse au cerf.

Paruwitu – *En oct.-nov.* À Soa, chasse au cerf et combats de boxe.

Nos adresses

Boire un verre

Dito's – *Jl. A. Yani (en face du restaurant Camellia) - 8h-22h.* Ce petit chalet de bambou aux grandes baies vitrées vous donnera l'occasion de goûter à l'arak ou au vin de palme, servis au verre.

Shopping

Marché

Le marché de Bajawa est particulièrement animé le dim. matin, après la messe. On y vend des fruits, des légumes, du bétel, du tabac et des textiles, dont, bien sûr, des ikats.

Hébergement

Bajawa possède un bon choix d'hôtels, et la plupart proposent de nombreuses prestations (circuits, location de véhicule et réservation de bus).

Premier prix

Bintang Wisata – *Jl. Palapa 4 - ✆ (0384) 217 44 - 24 ch. 150 000/200 000 Rps.* Entourant une cour qui ouvre sur la rue, à 200 m du marché, les chambres s'étagent sur deux niveaux. Certaines chambres VIP ont une porte donnant sur une terrasse, mais seules les standard disposent vraiment d'une fenêtre. Souvent complet, pensez à réserver.

Kembang – *Jl. Martadinata 18 (près du marché) - ✆ (0384) 210 72 - lg@ hotelkembangjaya - 10 ch. 200 000/250 000 Rps.* Le confort est irréprochable et l'accueil chaleureux, mais les prix sont peut-être un peu surévalués au regard des prestations fournies.

Korina – *Jl. A. Yani 81 - ✆ (0384) 211 62/212 22 62 - 18 ch. 200 000/400 000 Rps.* Dans un grand bâtiment de béton, les chambres, sur deux étages, donnent sur un vaste hall où trône une TV avec chaînes satellites. Les standard disposent d'une fenêtre, ce qui n'est pas le cas des VIP. L'entretien est assez sommaire.

Edelweis – *Jl. A. Yani (en face de l'hôtel Korina) - ✆ (0384) 213 45 - 26 ch. 300 000 Rps.* C'est l'un des établissements les plus convenables de la ville, avec des chambres lumineuses à l'étage, même si le personnel n'est pas d'une grande amabilité. Nombreux services, mais plus chers qu'en ville.

Budget moyen

Villa Silverin – *Sur la route Bajawa-Ruteng, au km 4 - ✆ (0384) 222 55 06 ou 0822 3793 1411 - fb@ villa-silverin-bajawa - 13 ch. 400 000/450 000 Rps.* Visitez plusieurs chambres avant de faire votre choix : les plus chères ne sont pas forcément les mieux entretenues. Sans être impeccables, elles demeurent plus agréables que ce que l'on peut trouver en centre-ville. Belle vue sur la vallée depuis la grande terrasse. Possibilité de négocier les prix.

Riung et les îles Tujuhbelas ★★★

Isolé sur la côte nord de l'île, Riung demeure en marge des circuits touristiques de Flores. À quelques encablures de ce paisible village de pêcheurs, l'archipel des Pulau Tujuhbelas égrène sur une mer turquoise un petit chapelet d'îlots déserts, frangés de sable blanc et de coraux multicolores comptant parmi les plus somptueux de l'île. En venant de Bajawa, le contraste est fort. Les paysages verdoyants du pays Ngada ne sont plus ici qu'un lointain souvenir. Passé Soa, la route débouche bientôt sur un vaste plateau en cuvette, perché à 830 m d'altitude, encore baigné d'une douce atmosphère, puis elle redescend vers la côte nord à travers des terres plus arides, livrant quelques belles perspectives sur la baie de Riung.

Se repérer

CARTE B1 (P. 388-389).
Archipel du district de Ngada.
Sur la côte nord de Flores, Riung (25 000 hab.) est située à 70 km au nord de Bajawa (3h30) et à 135 km au nord-ouest d'Ende (4 à 5h).

À ne pas manquer

Une mini-croisière dans l'archipel avec des haltes snorkeling sur les récifs coralliens.

Organiser son temps

Les bus quittant Riung tôt le matin, il vous faut compter au moins 2 nuits sur place. Sitôt arrivé, votre première préoccupation sera de trouver – chose aisée – un équipage pour une excursion aux îles Tujuhbelas le lendemain *(voir « Nos adresses » p. 412)*. Programmez aussi dès votre arrivée l'expédition sur Torong Padang, pour voir les varans.

Carnet pratique p. 412

Nos adresses p. 412

Découvrir

CARTE P. 388-389

Riung B1

Mosaïque de maisons dispersées sous un couvert de cocotiers, au pied d'une colline brûlée par le soleil, Riung ressemble à une oasis. De loin, rien ne trahit la présence des habitations, hormis la fumée qui s'élève çà et là au-dessus des arbres. Ici, ni quartier commerçant ni centre administratif.

La plupart des rues n'ont pas de nom et même le **« port »**, qui concentre toute l'activité du village, n'est en fait qu'une simple baie pourvue d'une longue jetée où mouillent quelques modestes embarcations. Avec les **maisons sur pilotis** plantées au bord de l'eau – fief de la communauté bugis du village – et les petites îles qui se dressent à quelques brasses du rivage, la mer elle-même prend l'allure d'un lac. Bordée de **mangroves**, Riung ne compte pas de plage où l'on peut se baigner, mais celles des îles voisines compensent largement cette absence.

Archipel de Pulau Tujuhbelas, île de Pulau Rutong.
Ph. Michel/age fotostock

La colline de Watu Mitong – *À 8 km à l'ouest du village, à pied ou en voiture.* En grimpant au sommet, vous aurez un beau **point de vue★** sur la baie de Riung et l'archipel des Pulau Tujuhbelas.

Tama Laut Tujuhbelas Pulau (PARC MARIN DES PULAU TUJUHBELAS) B1

Les excursions comprennent une série de plongées avec masque et tuba, ponctuées d'un déjeuner de poisson grillé sur une île déserte - entrée dans le parc maritime 100 000 Rps – Comptez 1 journée.

Comme son nom ne l'indique pas, l'archipel des Pulau Tujuhbelas (« dix-sept îles ») compte une vingtaine d'îles. Il doit en fait son nom à la fête nationale, qui a lieu le 17 août ! Mais le nombre de spots de plongées est largement assez important pour satisfaire tous les amateurs d'exploration sous-marine : merveilleusement préservé, le **jardin corallien★★** de cet archipel révèle une véritable féerie de couleurs (rouge, jaune, vert, bleu) et de formes (floraisons, vasques, plateaux), superbe décor dans lequel évoluent des myriades de poissons, plus colorés les uns que les autres *(voir planches p. 598-599)*.

La journée commence par une plongée à **Pulau Lainjawa**, puis à **Pulau Bakau**. À **Pulau Rutong★★**, vous pourrez lézarder un moment sur une magnifique plage de sable blanc. Le périple s'achève à **Pulau Ontoloe★★**, la plus grande île de l'archipel, couverte d'une maigre savane. Une importante colonie de chauves-souris géantes a trouvé refuge dans la mangrove littorale, labyrinthe de racines que survole parfois un aigle solitaire. Le bruit du bateau suffira à semer la panique dans la communauté, et vous verrez les chauves-souris prendre leur envol pour couvrir le ciel d'un manteau noir.

Torong Padang B1

Près de Damu Bay - affrétez un bateau, puis marchez jusqu'au point d'eau - l'expédition doit être organisée dès votre arrivée à Riung.

Plus petit que celui de Komodo, le **varan** local *(mbu)* se distingue par sa peau jaune et noir, sa queue effilée et son museau allongé. Vos chances d'en apercevoir un sont minces, l'animal étant farouche et capable de renifler votre odeur à 1 km.

Carnet pratique

Adresses utiles

La mangrove borde Riung : n'oubliez pas votre lotion antimoustique. Le village possède quelques petites épiceries mais vous ne trouverez ni banque ni pharmacie. Il n'y a pas non plus de téléphone fixe. L'électricité est fournie par le générateur municipal qui ne fonctionne qu'entre 18h et 6h. Pour les îles, prévoyez de la crème solaire.

Arriver/Partir

En bus

Les bus passent tous par le marché : postez-vous sur la rue principale. Départs pour Bajawa vers 7h *(trajet : 3h30)* et pour Ende vers 6h *(135 km - 4 à 5h de route).*

Nos adresses

Restauration

Premier prix

Rumah Makan Ujung Pandang – *Après le pont, en dir. du Pondok SVD - - 35 000 Rps.* Pas de menu dans cette gargote sans prétention : on vous servira un *nasi ikan* (riz et poisson) en fonction de la pêche du jour.

Rumah Makan Murah Meriah – *Derrière le marché, à 50 m de l'hôtel Bintang - ✆ 0852 3857 7131 - - 40 000/60 000 Rps.* Les classiques de la cuisine indonésienne, et surtout du poisson grillé *(à commander 2h à l'avance).*

Activités

Si les guides ne viennent pas à votre rencontre dans le village, vous les trouverez à l'hôtel Pondok SVD, où vous pourrez louer masques et palmes. Tous servent d'intermédiaire avec les pêcheurs (qui ne parlent pas anglais) pour une sortie en mer *(8h-16h)*. Pour une excursion plus courte, essayez de négocier.

Hébergement

Peu de rues portent un nom mais le village est petit et vous trouverez sans difficulté l'adresse recherchée.

Budget moyen

Pondok SVD – *En dir. de la jetée, après le Kantor Polisi - ✆ 0813 3934 1572 - - 21 ch. 240 000/395 000 Rps.* Distribuées autour d'une cour arborée, les chambres sont confortables et bien entretenues. Propriété de la mission catholique d'Ende, cet hôtel est aussi le rendez-vous des guides locaux.

Bintang Wisata – *À côté de l'hôtel Pondok SVD - ✆ 0812 4613 0831 ou 0813 3896 3187 - - 16 ch. 250 000/400 000 Rps.* Les chambres, spacieuses et propres, avec sdb à l'occidentale, ouvrent de plain-pied sur un patio de papayers. Restaurant ouvert en saison seulement.

Nirvana Bungalows – *En dir. de la jetée, par un sentier partant sur la droite - ✆ 0813 3710 6007 ou 0813 3852 8529 - Ig@nirvana_bungalows_riung - - 12 bung. - 500 000/600 000 Rps.* Dans un grand jardin, charmants petits bungalows de bambou, au sol carrelé, jouxtant des sdb à ciel ouvert. Adresse plaisante.

Ende et le pays Lio

Postée à l'entrée d'une étroite presqu'île, la plus grande ville de Flores s'étale au pied de deux petits volcans, le Meja et l'Iya, dont les majestueuses silhouettes composent un décor de toute beauté. La ville, qui intéressera surtout les amateurs d'ikats, fournit également prétexte à quelques excursions sur la côte. Si Flores s'avère davantage attachée au catholicisme qu'à l'islam, les femmes voilées ne sont pas rares à Ende, et les commerçants chinois qui animent les abords du port témoignent d'une plus grande mixité des mœurs et des cultures. À moins de deux heures de route, Moni sera le point de départ d'une excursion au Kelimutu ; avec ses trois lacs de couleurs changeantes sur lesquels danse la brume, ce volcan classé parc national constituera l'un des moments forts de votre voyage à Flores. Mais si ce volcan mythique écrase de sa superbe le paysage tourmenté du pays Lio, celui-ci recèle d'autres motifs de balades : de Moni à Nggela, près des rivages de la mer de Savu (Laut Sawu), un magnifique chapelet de villages aux maisons de bambou résiste envers et contre tout à l'envahisseur... Mbana bego, donc (« Bonne route », en lio) !

Se repérer

CARTE C2 (P. 388-389) – CARTE DU PAYS LIO (P. 416).

Chef-lieu du district d'Ende – Alt. 1640 m.

Ende (87 269 hab.) est à env. 180 km au sud-ouest de Maumere (5h), 54 km au sud-ouest de Moni (2h) et à 125 km à l'est de Bajawa (5h).

À ne pas manquer

Le village de Wolotopo ; les lacs du Kelimutu ; les villages du pays Lio.

Organiser son temps

Comptez 1 journée de visite pour Ende, avec l'escapade sur la côte, et une autre pour Moni avec l'ascension du volcan et le tour des villages Lio. Dormez à Moni si vous voulez gagner le Kelimutu à la première heure, avant que la brume se lève (prévoyez des vêtements chauds et évitez la saison des pluies (novembre à mai), les couleurs sont moins spectaculaires).

Carnet pratique p. 417

Nos adresses p. 418

4

Se promener

CARTE P. 388-389

Ende C2

Bien que le **port de Pelabuhan Ipi** et l'aéroport aient été installés à l'est, le quartier le plus animé reste celui du **vieux port**, à l'ouest de l'isthme, quartier commerçant dominé par la **cathédrale du Christ-Roi**.

À 200 m au nord de l'édifice, une élégante maison jaune et vert abrite la **maison d'exil de Bung Karno** *(Jl. Perwira - lun.-vend. 8h-17h - donation)*, résidence du père de l'indépendance indonésienne, où il fut exilé par les Hollandais de 1934 à 1938. C'est ici qu'il définit les cinq préceptes du *Pancasila* qui allaient devenir la doctrine nationale *(voir p. 563)*.

Non loin, le haut toit pointu d'une maison traditionnelle signale le **Museum Tenun Ikat Ende** *(Jl. Mahoni - 9h-16h)*, consacré à l'art du tissage.
Après la frénésie du **Pasar Mbongawani** *(Jl. Pasar, au sud de la cathédrale)*, vous apprécierez le calme et l'espace de la baie occidentale, long ruban de sable noir qui s'étire face à **Pulau Ende**. L'occasion d'admirer le coucher de soleil sur l'îlot...
De la **colline de Nuabosi★** *(à 9 km au nord)*, la vue embrasse toute la ville et la côte. La route serpente jusqu'au sommet (650 m) au milieu des plantations de tapioca.

À proximité

CARTE P. 388-389

★ Wolotopo C2

À 5 km à l'est d'Ende - prenez un bemo *en ville.*
Vers l'est, on suit une belle plage de sable noir où, selon la légende, un mauvais génie aurait élu domicile. Au détour d'un virage apparaît le village de Wolotopo, dominant la mer. Une énorme **église** au toit de tôle écrase la place centrale, au milieu d'une nuée de petites maisons serrées les unes contre les autres à flanc de colline. Les enfants vous guideront à travers ce dédale jusqu'aux superbes **longues maisons★★**, typiques de la région.
Sur le promontoire qui surplombe le village, un petit **sanctuaire** abrite la dépouille du légendaire guerrier Daïa, face à une **vue★★** splendide sur la baie.

Pantai Penggajawa (PLAGE DE PENGGAJAWA) C2

À 25 km à l'ouest d'Ende - prenez un bemo *au terminal de Ndao.*
La route de Bajawa longe une immense plage de sable noir qui s'étire sur 10 km. Puis elle atteint la plage de Penggajawa, connue pour l'étonnante couleur gris-bleu de ses galets. Chaque jour, cinq tonnes de ces dragées géantes sont ramassées pour les exporter vers le Japon, où elles servent de décor aux jardins.

Excursions

CARTE DU PAYS LIO P. 416

Moni

À 47 km à l'est d'Ende - prenez un bemo au terminal de Wolowona.
En quittant Ende pour Moni et les hauteurs, la route traverse une large gorge qui livre de spectaculaires **paysages★★** à mesure que l'on gagne en altitude. Le village de Moni, camp de base du Kelimutu, aligne petits hôtels et restaurants au long de son unique rue. On peut passer un agréable séjour dans ce cadre montagneux et forestier.

Lacs du cratère de Kelimutu.
goinyk/Fotosearch LBRF/age fotostock

Si Moni n'a pas conservé son habitat traditionnel, le sarong reste la tenue conventionnelle des femmes, et la sortie de la messe du dimanche – un véritable défilé de mode – offre l'occasion d'observer toutes les dernières tendances locales en matière d'ikat.
Au-dessus du village, une petite **cascade** *(Air Terjun) (10mn en* ojek *- sur la route du Kelimutu)* jaillit au milieu d'un couvert d'arbres. Rien de tel qu'un bain vivifiant dans le bassin qui s'ouvre à ses pieds pour se requinquer après la montée au Kelimutu. Et vous pouvez achever votre séance de remise en forme dans le torrent, alimenté par des **sources d'eau chaude**.

★★★ Gunung Kelimutu (VOLCAN KELIMUTU)

Tous les jours en juil.-août, vers 4h du matin, un camion ramasse les passagers devant les hôtels de Moni et monte au Kelimutu (45mn) ; il redescend à 7h, mais vous pouvez également choisir de redescendre à pied (13 km) - le reste de l'année, chartérisez un bemo *ou prenez un* ojek *qui vous attendra sur place - entrée du parc national 20 000 Rps (guichet à 3 km du sommet).*
Si le lever du soleil est spectaculaire, les amateurs de photo préféreront la fin de matinée, quand la lumière sur les lacs est la plus belle. Selon la saison, attention cependant à l'arrivée des nuages.
De Moni, une route goudronnée rejoint le parking d'où part un petit sentier forestier qui mène au **point de vue★★★** sur la crête des cratères *(30mn à pied)*. À l'approche du but, la végétation cède la place à un chaos de rocaille. Le regard s'attarde d'abord sur les pentes extérieures du volcan, tapissées de forêts, puis il glisse vers le **mont Egon**, à l'est, et le **Keli Bara** (« mont Blanc »), au sud. D'abord invisibles dans la pénombre, les trois lacs apparaissent peu à peu. Trois taches de couleurs dans leur écrin de pierre, à 260 m en contrebas, dominées par le sommet du volcan qui se dresse de l'autre côté des lacs jumeaux.
Une légende locale voit dans le volcan la demeure du dieu Konderatu et de sa femme Bobi. Les Lio, qui vont régulièrement leur faire des offrandes de riz et de bétel, sont convaincus que les âmes des personnes mortes jeunes trouvent refuge dans le **lac Tiwu Ata Polo** *(à l'extrême droite)*, aux reflets vitreux vert sombre, celles des anciens dans le **Tiwu Nuwamuri Koofai** *(à droite)*, d'un bleu vert laiteux, et celles des voleurs et des criminels dans les eaux noires du **Tiwu Ata Mbupu** *(à gauche)*.
Les scientifiques avancent quant à eux des explications beaucoup plus prosaïques aux éruptions du volcan (la dernière remonte à 1968) et aux variations de couleurs des lacs, dues à un mélange instable d'acides, de vapeurs de soufre et de

minerai de fer. Ainsi, dans les années 1960, les lacs arboraient d'extraordinaires teintes rouge, blanc et bleu.

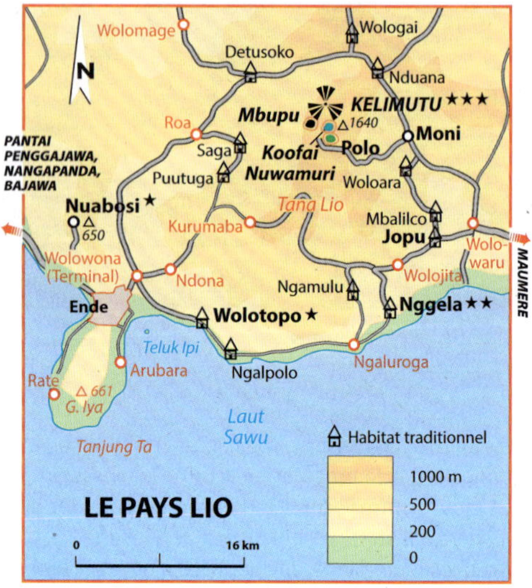

★★ À travers le pays Lio

De Moni, quelques rares bemo *vont directement à Nggela (28 km au sud), mais ne desservent pas les autres villages. Il est plus simple et plus rapide de chartériser un* bemo *ou de louer une moto ou un* ojek. *À la sortie de Moni, en dir. de Maumere, tournez à droite au premier carrefour.*

De Moni à Nggela, la **route★★** zigzague au pied du Keli Bara, entre palmiers et cocotiers, jusqu'à la mer de Savu. Avant d'atteindre **Jopu** *(15 km)*, qui a conservé ses maisons aux toits de chaume, elle traverse quelques beaux villages dont l'on peut encore voir le *rumah adat* (« maison traditionnelle »), superbe construction à toit de chaume pyramidal, précédée d'un petit totem ; parmi eux, ne manquez pas **Nuandari** *(7 km)*, réputé pour le travail de ses tisserandes. Çà et là, des **tombes chrétiennes** en céramique bleue mettent un contrepoint inattendu.

Passé Jopu, la route traverse Wolojita (6 km) avant de filer plein sud vers Nggela (7 km).

★★ Nggela

À 28 km au sud de Moni.

Niché sur les pentes du majestueux Keli Bara, ce gros bourg conçu sans plan apparent occupe un site superbe, en surplomb d'une côte frangée de palmiers. En 2018, les vénérables demeures en bambou et toit de chaume, et leurs trésors d'ikats, ont toutes été détruites par un incendie, à l'exception d'une seule. Elles ont été reconstruites depuis.

Là aussi, de lourdes **tombes** en béton couvertes de céramiques, un peu incongrues, rappellent que l'on se trouve en terre chrétienne. Le dimanche – jour du seigneur – chacun vaque à ses occupations : les vieilles femmes mâchent du bétel sur le perron de leur maison, les hommes jouent aux cartes à l'ombre d'un arbre, les jeunes jouent au football sur le terre-plein central, tandis que les femmes pilent le riz ou tissent des **ikats★★** (ceux de la région comptent parmi les plus réputés de Flores). Comme presque partout dans l'île, le coton filé à la main a disparu au profit du fil industriel, mais les couleurs sont encore préparées avec des racines et des feuilles. Les ikats fournissent l'essentiel des ressources, devant le riz, le maïs, le manioc et la pêche. Rien d'étonnant donc, à ce que l'on cherche par tous les moyens à vous en vendre.

Carnet pratique

S'informer

Dinas Pariwisata – *Jl. Yos Sudarso 5 - Ende.*

Adresses utiles

À Ende

Bank Negara Indonesia – *Jl.Kelimutu.*
Bank Rakyat Indonesia – *Jl. Yos Sudarso 29 (près de l'hôtel Dwi Putra).* Elles disposent de distributeurs, mais n'effectuent pas d'opérations de change.
Poste centrale – *Au nord de la ville, sur Jl. Yos Sudarso.* Le bureau situé sur Jalan Dewantara, près de l'hôtel Dwi Putra, est plus pratique.
Telkom – *Jl. Kelimutu 3.*

À Moni

En revanche, ni banques, ni ATM, ni Internet à Moni.

Arriver/Partir

À Ende

En bateau – Le *KM Awu* relie Ende à Bima, Denpasar (Bali, port de Benoa) et Surabaya (Java) 2 fois/mois. Pour les billets, adressez-vous à :
Pelni – *Jl. Kathedral 2 - ✆ (0381) 210 43 - www.pelni.co.id - lun.-sam. 8h-12h, 14h-16h.* Ne vend que des billets au départ d'Ende. Les horaires des différents navires desservant Flores sont affichés à l'extérieur.
En bus – Le **Terminal de Wolowona** *(7 km à l'est d'Ende ; accès en bemo)* dessert l'est de Flores. Départs fréquents pour Moni *(2h de trajet)* et Maumere *(5h)* de 6h à 14h. Le **Terminal de Ndao** *(2 km au nord)* assure les liaisons avec l'ouest de l'île. Deux départs le matin pour Bajawa *(5h de route)* et Ruteng *(9h)*, un pour Labuan Bajo *(14h)* et un autre pour Riung *(5h)*.

À Moni

En bus – Moni se trouvant sur la transfloresienne entre Ende et Maumere, nombreux bus pour ces deux villes ; ils font halte devant le marché au bas de l'unique rue du village.
En bemo/ojek – Les transports publics ne desservant pas tous les villages, négociez 1/2 journée de balade avec un *bemo* ou un *ojek*.
En camion – À Moni, prévenez votre hôtel la veille si vous souhaitez prendre le *truck* qui se rend au Kelimutu à 4h du matin *(juil.-août)*.

Transports

À Ende

Les **bemo** sillonnent la ville jusqu'à 20h.
Pour la location de voiture (comptez env. 1000 000 Rps/j. avec chauffeur), adressez-vous à la réception des principaux hôtels ou à **Pelita Rent A Car** *(✆ 0857 3287 22 22 - www.pelitacar.com)*.

Visites

Pour le circuit dans les villages Lio, rens. auprès de votre hôtel.

4

Nos adresses

Restauration

À Ende

Premier prix

Nombreux *rumah makan* tout au long de Jl. Kelimutu, sur Jl. Yos Sudarso, ainsi qu'autour du marché.
Istana Bambu – *Jl. Pasar 39 (près du marché) - ✆ (0381) 219 21 - 💳 - 8h30-22h.* Un bon choix de plats indonésiens et chinois, ainsi que des fruits de mer.
Rumah Makan Merlin – *Jl. Gatot Subroto (à la jonction de Jl. Kelimutu et de Jl. Jend. A.*

Yani) - ✆ (0381) 220 55 - - ouvert jusqu'à 22h - 50 000/60 000 Rps. Excellente cuisine chinoise et fruits de mer. La salle est un peu triste, mais l'accueil charmant.

Budget moyen

Edelweis Restaurant – *Rest. de l'hôtel Grand Wisata - 7h-23h - 80 000/130 000 Rps.* Dans une salle climatisée et rutilante, on vous servira crevettes, crabes et calamars à votre goût *(aneka)* grillés, sautés ou en sauce. Bon choix de soupes.

À Moni

Moni ne possédant pas de restaurant local, vous dînerez dans l'un des quelques restaurants d'hôtels dont le menu *(en anglais)* fait la part belle aux « préparations » occidentales. Armez-vous de patience...

Premier prix

Arwanty Hotel – *Rest. de l'hôtel du même nom - 35 000/65 000 Rps.* Goûtez la spécialité maison, le *nasi bambu,* un excellent riz cuit dans des troncs de bambou. Là encore, commandez bien avant d'avoir faim.

Shopping

La plupart des magasins ferment l'apr.-midi, de 13h à 16h30.
Sur Jl. Pasar, le populaire petit **Pasar Mbongawani** (fruits, légumes et poissons) est très animé le matin.

Ikats

Marché des ikats – *À l'angle de Jl. Pabean et Jl. Pasar - Ende.* Il propose l'un des meilleurs choix de Flores, à petits prix.

Fanny Art Shop – *Jl. Pasar 1 - Ende - ✆ (0381) 214 78.* Un impressionnant choix d'ikats venus de toutes les régions de Flores, ainsi que de l'île voisine de Sumba. Prix raisonnables.

Marché de Moni – *Lun. et mar. matin.* Vous pouvez faire votre choix au marché de Moni ou bien les acheter directement au producteur, dans les villages alentour, en particulier à Nggela.

En soirée

À Ende

En saison, tous les soirs à 20h, un spectacle de danse régionale *(env. 50 000 Rps)* est présenté dans la *rumah adat*, la maison traditionnelle en face du marché.

Hébergement

À Ende

Premier prix

Hotel Ikhlas – *Jl. Jend. A. Yani 92 (à côté de l'hôtel Safari) - ✆ (0381) 216 95 - - 29 ch. 150 000/250 000 Rps.* De la chambre petit budget, exiguë et guère entretenue, à la VIP donnant sur un jardinet mais proche du salon TV, l'établissement décline toutes les catégories. Belle vue sur le Gunung Meja. Laverie attenante.

Hotel Safari – *Jl. Jend. A. Yani 65 (à 1,5 km du marché) - ✆ (0381) 219 47 - - 21 ch. 150 000/400 000 Rps.* Un établissement vaste, s'articulant autour d'un jardinet, qui attire surtout une clientèle indonésienne. Les chambres sont correctes mais un peu bruyantes et sombres.

Hotel Dwi Putra – *Jl. Yos Sudarso 27 (à 250 m du marché) - ✆ (0381) 216 85 - - 35 ch. 150 000/400 000 Rps.* Ignorez la réception, souvent déserte, et grimpez à l'étage de ce gros bâtiment situé en centre-ville. Bien entretenu, il offre un bon rapport qualité-prix, tout comme le buffet *(10 000 Rps)* servi midi et soir.

Budget moyen

Grand Wisata – *Jl. Kelimutu 32 - ✆ (0381) 229 74 - www.grandwisatahotel-ende.com* - - *36 ch. 550 000/990 000 Rps*. Cet hôtel est de loin le plus confortable de la région. Des chambres impeccables, même si la personnalité fait défaut. Les deluxe n'ont pas de fenêtre, à la différence des standard, situées au niveau de la piscine.

À Moni

Premier prix

Les *homestay* y sont nombreux, mais tous de confort très sommaire *(env. 50 000 Rps)*. Ils se concentrent sur la rue principale. Nous ne les mentionnons pas ici, leurs propriétaires ne manqueront pas de vous héler dans la rue.
Ici comme ailleurs, le « petit-déjeuner », compris dans le prix de la chambre, se résume généralement à un café et un toast.

Arwanty Bungalow & Resto – *Moni Kelimutu (sur la route principale, à 200 m du marché) - ✆ 0812 3687 3333* - - *3 bung. 300 000 Rps*. Des bungalows particulièrement spacieux avec leur chambre séparée d'un salon accueillant un lit supplémentaire. L'ensemble, tout en bois et meublé de bambou, reste rustique et l'entretien pourrait être plus soigné.

Budget moyen

Flores Sare – *À 1 km au sud de Moni - ✆ 0852 5300 29333 ou 0852 5321 39333* - - *25 ch. 470 000/950 000 Rps*. Seule la présence d'eau chaude distingue les deux catégories de chambres, toutes très spacieuses distribuées sur deux étages autour d'un charmant patio.

4

Maumere et le pays Sikka ★

Après Moni et les hauteurs verdoyantes du pays Lio, on est saisi par l'aridité de la plaine côtière de Maumere. La proximité du Kelimutu, les sites de plongée de la baie de Geliting et les villages traditionnels du pays Sikka contribueront à vous faire oublier le manque d'intérêt de cette grosse ville sans charme. Foyer du catholicisme à Flores depuis l'arrivée des premiers dominicains portugais au 16e s., Maumere a vu passer quantité de missionnaires hollandais, allemands et portugais au cours des siècles. Fervents chrétiens, les Sikka – l'ethnie locale – évoquent encore avec émotion le souvenir de la visite du pape Jean-Paul II, en 1989. Mais le grand événement qui s'est imprimé dans toutes les mémoires reste incontestablement le tragique tremblement de terre du 12 décembre 1992. La secousse (6,8 sur l'échelle de Richter), dont l'épicentre se trouvait à une trentaine de kilomètres des côtes, a alors détruit des quartiers entiers et provoqué la mort de 2500 personnes, la plupart emportées par un tsunami exceptionnel de près de 30 m de haut. Aujourd'hui, la ville a su faire peau neuve.

Se repérer

CARTE CD1-2 (P. 388-389).
District de Sikka. Maumere (87 720 hab.) est située à env. 180 km au nord-est d'Ende (5 à 6h) et à 126 km au nord-est de Moni (3h30).

À ne pas manquer

Une plongée dans la baie de Geliting ; les villages traditionnels de Bona et Sikka ; les plages d'Ipir, de Doreng et de Paga.

Organiser son temps

Comptez 2 jours pour découvrir les environs de Maumere.

Carnet pratique p. 423

Nos adresses p. 424

Se promener

CARTE P. 388-389

Maumere C1

Grosse bourgade aux larges rues bordées de bâtiments en béton à deux étages, Maumere affiche une urbanité sans fard, et la chaleur écrasante jointe à l'absence de curiosités n'invite guère à y séjourner. On y vient surtout pour faire prolonger son visa ou pour prendre l'avion ou le bateau vers les îles voisines.

Du **port** partent les cargaisons de cacao, de clou de girofle et de café destinées à l'exportation. Non loin, vous repérerez à sa flèche de tôle la **cathédrale**, dont les vitraux modernes relatent les épisodes marquants de la vie du Christ. À 500 m en retrait du port, le **marché** *(Jl. Pasar Baru)* marque le centre-ville.

Une escapade dans les faubourgs ouest *(à 4 km du centre-ville)* offre un saisissant contraste avec Maumere la catholique : le village bugis de **Wuring** respecte le précepte commun à tous les villages établis par ces marins musulmans dans l'archipel indonésien : un assemblage anarchique de bicoques sur pilotis dressées directement au bord de l'eau, enserrant une **mosquée** coiffée d'une énorme

Pêche sur la plage de Geliting.
P. Frilet/hemis.fr

coupole en tôle. Le retrait de la mer, à marée basse, révèle l'austère tapis de coraux morts qui sert de soubassement aux maisons.
Dominée par les pentes arides du **Kolisia**, la route file ensuite jusqu'aux **plages de Waturia** *(à 16 km à l'ouest de Maumere)*, lieu de pique-nique favori des Maumeréens le week-end.
Du sommet de la **colline de Nilo** *(à 57 km au sud)*, où trône une statue de Marie haute de 18 m (28 m avec la base), le panorama sur la région est splendide.

Circuits conseillés

CARTE P. 388-389

★ Teluk Geliting (BAIE DE GELITING) CD1-2

Circuit de 75 km à l'est de Maumere, tracé en marron sur la carte de Flores (p. 388-389) – Comptez une journée (sauf mention contraire, les distances sont données depuis Maumere). La première partie du circuit peut se faire en bemo.
Maumere doit sa renommée aux superbes coraux qui tapissent la baie de Geliting, croissant de sable d'une trentaine de kilomètres de long.

Geliting D2

À 10 km à l'est de Maumere.
Le petit bourg a pour seul intérêt son **grand marché★** du vendredi. Poisson frais ou séché, fruits et légumes, mais surtout vastes étals d'ikats en font ce jour-là un lieu haut en couleur.

Waiara D2

À 13 km à l'est de Maumere.
Cette belle plage de sable noir frangée de cocotiers est occupée par deux hôtels spécialisés dans la **plongée** sous-marine. Si l'on y vient surtout pour tutoyer le poisson Napoléon, la raie manta, la tortue et autre poisson ange, on peut aussi se contenter de lézarder sur la plage...

★ Wodong (Wairterang) D1

À 28 km à l'est de Maumere, tout au bout de la baie.

L'endroit offre une alternative pour un séjour plus exotique, dans des bungalows de bambou plantés au bord de la plage. Paisible, il ravira autant les amateurs de farniente que les sportifs : outre l'ascension de l'**Egon** (1700 m) *(6 à 7h de marche ; rens. auprès des hôtels)*, un volcan encore actif, la plongée constitue la principale attraction. Des sorties sont organisées dans la baie où une **épave** repose par 30 m de fond, ainsi qu'à **Pulau Besar**, **Pulau Indah** et **Pulau Babi**, le petit chapelet d'îles qui se dessine au large.

Revenez à Geliting et dirigez-vous vers les collines du sud. De Geliting, pour rejoindre Bola, mieux vaut disposer d'un véhicule personnel.

La route sillonne au travers d'un véritable jardin tropical où foisonnent palmiers, bananiers, jaquiers, tamariniers, manguiers, papayers, goyaviers, bambous, cocotiers et girofliers. Les amandes de cacao et les cerises de café, récoltées dans la région, sont mises à sécher sur de grandes bâches au pied des maisons.

Watublapi D2

À 9 km de Geliting.

Établie à l'entrée d'un petit col, la **mission catholique de Watublapi** est réputée pour ses ikats. Même si vous n'envisagez pas d'en acheter, ne manquez pas la démonstration qui permet de comprendre les étapes de leur fabrication : filage du coton, fabrication des couleurs avec des feuilles et des racines, préparation des motifs, teinte et enfin, tissage.

Dans les environs, un **belvédère★** domine la partie la plus étroite de Flores *(15 km de large)*, d'où la vue embrasse à la fois les côtes nord et sud de l'île.

Passé Watublapi, la route redescend vers le littoral sud.

Bola et Natawatu D2

Peu avant d'arriver à la mer, le clocher d'une grande **église** décorée de vitraux annonce le bourg de **Bola** *(à 6 km de Watublapi)*, haut lieu de l'artisanat de l'ikat. Juste après, la route rejoint la côte à **Natawatu★**, paisible bourgade aux maisons de bambou cernées de cocotiers, qui s'étire le long d'une plage de sable gris. La venue d'un touriste y crée invariablement l'événement : femmes enserrées dans leur ikat, pêcheurs en sarong portant leurs prises à l'épaule, enfants revenant de l'école, tout le monde s'arrête sur votre passage, un large sourire aux lèvres.

★★ Pantai Ipir et Doreng (PLAGES D'IPIR ET DE DORENG) D2

Vers l'est, la route longe une côte magnifique alternant baies et falaises, jusqu'à la plage d'**Ipir★★** *(à 2 km de Natawatu)* et sa belle haie de cocotiers, que l'on aperçoit en contrebas. Hormis quelques cabanes de pêcheurs, l'endroit est presque désert. En poursuivant à l'est, on atteint enfin le village de **Habibola** *(à 14 km de Natawatu)*, installé près de la grande plage de **Doreng★★**, un ruban de sable doré – chose rare dans la région – de 4 km de long.

De Maumere à Moni par les plages de la côte sud C1-2

Circuit de 66 km au sud de Maumere, tracé en bleu sur la carte de Flores (p. 388-389) – Comptez une journée. Pour réaliser l'intégralité du circuit, il vous faudra disposer de votre propre véhicule.

Museum Blikon Blewet (MUSÉE DE LEDALERO) C1

À 10 km de Maumere (accès en bemo*) - lun.-vend. 9h-14h - donation.*

Aménagé dans l'enceinte d'un séminaire catholique, dans la verdure des collines, ce petit musée rénové en 2022 présente les collections hétéroclites rassemblées

depuis les années 1960 par le père Piet : bijoux traditionnels de Timor, magnifiques **bronzes Dông-Sôn**, vannerie, photos anciennes et même une défense de stegadon (un ancêtre de l'éléphant datant du Pléistocène). La **collection d'ikats★**, superbe, est malheureusement sous clé, empilée derrière une vitrine...
À 10 km au sud de Ledalero, quittez la route principale en prenant à gauche la petite route qui descend sur 7 km vers Sikka et la mer.

★ Sikka C2

À 27 km au sud de Maumere.
Célèbre pour ses **ikats★★** aux motifs et aux couleurs variés, ce gros village côtier est l'étape obligée de tous les circuits touristiques. Rançon de ce succès, les voyageurs y sont considérés comme des acheteurs potentiels et encerclés dès leur arrivée par une nuée de femmes brandissant leurs pièces avec obstination. Reste que le village, niché au pied d'une falaise face à une étroite **plage de sable noir**, occupe un site superbe.
Au 17e s., Sikka comptait parmi les premières implantations portugaises à Flores. Mais c'est un missionnaire normand, **Le Cocq d'Armandville**, qui laissa son nom à l'**église★**, inaugurée par ses soins en 1899. Les murs peints de motifs d'ikat, le chant des oiseaux mêlé au bruit du ressac et du vent dans les arbres confèrent à l'endroit une grande poésie...
Revenez à la bifurcation et reprenez la transfloresienne en dir. d'Ende.

★★ Pantai Paga (PLAGE DE PAGA) C2

À 32 km à l'ouest de Sikka - bus fréquents pour Moni, Ende et Maumere.
Une magnifique plage de sable blanc, petit bijou désert de la côte sud. Chaque matin, les femmes du village voisin, portant sarong et panier d'osier sur la tête, traversent la plage pour se rendre à la rizière.

Lekebai C2

À 7 km à l'est de Paga.
Le samedi matin est jour de marché. Les villageois des environs s'y rendent en famille pour faire emplette de tabac, d'épices, de poissons, voire... de viande de chien, un mets très réputé à Flores.
Juste avant Lekebai, une frontière invisible marque le passage du pays Sikka au pays Lio. Entre gorges et montagnes, quelques rizières éparses jettent une touche de vert dans l'ocre du paysage.

Carnet pratique

S'informer

Dinas Pariwisata - *Jl. Wairklau (à l'est de la ville)* - *(0382) 216 52.*
Vous y trouverez un petit plan de la ville et une brochure sur les principales curiosités de la région.

Adresses utiles

Bureau de l'immigration
Kantor Imigrasi – *Jl. Adi Sucipto 24* - *(0382) 21150/51.*
Pour les extensions de visa (sponsor indispensable si votre premier visa vous a été délivré pour une durée supérieure à 30 jours). Comptez au moins 4 j.

Banque/Change

Mandiri Bank – *Jl. Moa Toda (à côté du marché).*

Bank Danamon – *Jl. Raya Kentis 1 (à l'angle de Jl. Pasar Baru Barat).* ATM, pas d'opérations de change.

Bank Rakyat Indonesia – *Jl. Jend Ahmad Yani (à l'angle de Jl. Raya Centis 74).* Change les principales devises à des taux prohibitifs. ATM.

Poste/Téléphone

Poste centrale – *Jl. Pos (à l'angle de Jl. A. Yani).*

Telkom – *Jl. Soekarno-Hatta 12.*

Arriver/Partir

En avion

Aéroport Wai Oti – *À 3 km à l'est de la ville (accessible en* bemo*).* Maumere est la ville la mieux desservie de Flores. De l'aéroport, vous pourrez prendre un taxi direct pour les hôtels des plages de Waiara et Wodong. Vols tlj vers Denpasar (direct) et vers Makassar via Surabaya (Java).

En bateau

Le *KM Bukit Siguntang* et le *KM Willis* de la Pelni relient Maumere à Benoa (Bali) et Makassar (Sulawesi) toutes les 2 semaines.

Pelni – *Jl. Don Djuan 6 - ✆ (0382) 210 13 - www.pelni.co.id.*

En bus et bemo

Les bus sillonnant la ville à la recherche de passagers, le départ prend du temps... Vous pouvez vous faire récupérer à votre hôtel.

Terminal Lokaria – *À 3 km à l'est de la ville.* Dessert l'extrémité orientale de l'île, notamment Geliting, Waiara, Ipir et Wodong.

Terminal Madawat – *À 1,5 km au sud-ouest de la ville.* Dessert Ende *(5h)* via Moni *(3h)* et Ledalero.

Transports

Bemo

Ils sillonnent Maumere jusqu'à 20h (19h en dehors de la ville).

Location de véhicules

Il n'existe pas de loueur officiel. Le mieux est de vous renseigner auprès de votre hôtel.

Nos adresses

Restauration

Premier prix

Sur le port, à la sortie est de la ville, vous trouverez *(sur la gauche en entrant dans le complexe portuaire)* une dizaine de restaurants de poissons, crevettes et calamars très prisés des habitants de Maumere. Privilégiez ceux où s'attablent les Indonésiens : ils savent quelles sont les meilleures tables de saison en saison *(⊠ - 25 000/45 000 Rps).*

Rumah Makan Surya Indah – *Jl. Raja Centis - ⊠ - 9h-21h - 15 000 Rps.* Une vaste salle servant de la cuisine padang sans surprise, que vous choisirez dans la vitrine.

Sarinah Restaurant – *Jl. Raja Centis - ✆ (0382) 215 92 - ⊠ - 9h-19h - 25 000/30 000 Rps.* Un bon choix de cuisine chinoise et de poisson. Salle climatisée.

Budget moyen

Sylvia Restaurant – *Dans l'hôtel du même nom - 11h-22h - 60 000/100 000 Rps.* Un orchestre vient animer trois fois par semaine les dîners où poissons et fruits de mer vous seront servis avec le sourire. Salle climatisée.

Shopping

Tous les fruits et légumes poussant dans la région se retrouvent au **marché de Maumere** *(entre Jl. Raja*

Centis et Jl. Moa Toda). Ils côtoient les stands de poissons et les échoppes d'ikats.

Le **marché de Geliting** *(à 15 km à l'est de Maumere)*, qui se tient le vendredi, propose un vaste choix d'ikats.

Activités

Plongée

La meilleure saison court d'avr. à déc. Plusieurs agences organisent des sorties en mer (incluant transport, nourriture et matériel) vers Pulau Besar, Pulau Pangabatang et Pulau Kambing, les sites où les fonds coralliens sont les mieux préservés.

Sea Word Club – *Dans l'hôtel du même nom, plage de Waiara - ☎ 0812 3600 9427 - www.flores-seaworldclub.com*

Ankermi – *Dans l'hôtel du même nom, à Wodong - ☎ 0821 4778 1036 - www.ankermi-happydive.com.* Spécialisé dans la plongée de nuit, le centre s'adresse aussi bien aux débutants qu'aux plongeurs aguerris et aux amateurs de snorkeling. Certification PADI.

Hébergement

Il est beaucoup plus agréable de séjourner sur l'une des plages proches de Maumere que dans la ville elle-même.

À Maumere

Les hôtels de Maumere proposent un confort très variable. Dans tous les cas, ne vous attendez pas à des palaces. La plupart proposent un petit-déjeuner, mais celui-ci se limite souvent à une tasse de thé ou de café assortie de quelques maigres toasts.

Budget moyen

Hotel Sylvia – *Jl. Gajah Mada 88 (au terminal de bus Madawat) - ☎ (0382) 218 29 - www.sylviahotelmaumere.com - 79 ch. 385 000/1 250 000 Rps.* L'hôtel le plus confortable de Maumere propose des chambres, toutes semblables, avec parquet, minibar et rangements. Sdb avec baignoire et TV grand écran. Certaines disposent d'un petit balcon sur la piscine. Une excellente adresse.

Plage de Waiara

Budget moyen

Sea World Club – *Jl. Nairoa - ☎ (0382) 242 50 89 ou 0812 3600 9427 - www.flores-seaworldclub.com - 26 bung. 700 000/1 200 000 Rps.* Agréables bungalows en bambou donnant sur la plage ou, moins chers, dans un jardin luxuriant. Reçoit beaucoup de groupes. Circuits dans les environs et centre de plongée.

Wodong (Wairterang)

Premier prix

Wodong Beach Cottages – *5 bung. 150 000 Rps.* L'ameublement est réduit à sa plus simple expression - un lit garni d'une moustiquaire - dans ces minuscules cabanons de bambou dotés pourtant d'un *mandi* privatif à l'extérieur. Mais la propreté est au rendez-vous et vous bénéficierez d'un calme absolu, entre plage et cocotiers.

Budget moyen

Ankermi – *☎ 0821 4778 1036 - www.ankermi-happydive.com - 7 bung. 365 000/590 000 Rps.* De charmants bungalows de bambou en duplex, très bien entretenus s'alignent sur une petite plage privée, dans un jardin qui fournit les légumes du restaurant. L'hôtel propose de nombreux services (bibliothèque, centre de plongée, croisière dans les îles, randonnée), l'accueil est très sympathique et le restaurant, excellent. L'une des rares adresses de charme de Flores; réservation indispensable, longtemps à l'avance.

Île de Samosir, sur le lac Toba à Sumatra.
Jon Arnold Images/hemis.fr

5

Sumatra

A
B
1
2
3
Weh
Banda Aceh
Lhokseumawe
Sigli
G. Geureudong 2855
Calang
Takengon
Langsa
G. Lembu 3077
G. Leuser 3404
Kutanibong
TAMAN NASIONAL GUNUNG LEUSER
Tangkahan
Medan
Bukit Lawang
Silobangit
Berastagi
2094
G. Sibayak
Pematangsiantar
Parapat
Simeulue
Sinabang
Danau Toba
Tuk Tuk
Labuhanbilik
Palau Samosir
Balige
Singkil
Silangit
Tarutung
Bagansiapiapi
Rupat
Tuangku
Teluk Sibolga
Sibolga
Dumai
Cagar Alam Siak Kecil
Gunungsitoli
Nias
Padangsidempuan
Duri
Sirombu
Kotanopan
Pasirpangaraian
Hutanopan
Panti
Pekanbaru
Telukdalam
Selat Mentawai
Pini
Tara Minang
Harau Canyon
Bukittinggi
Tanahmasa
Danau Maninjau
Tanahbala
Selat Siberut
Danau Singkarak
Padang
Solok
Sungaidareh
Pantai Bungus
SIBERUT
Cagar Alam Siberut
Muara Siberut
Sungai Pinang
T.N. Kerinci Seblat
Bukit
Selat Bungalaut
LAUTAN
HINDIA
Sipora
Cagar Alam Lunang
Mukomuko
Pagai Utara
Pagai Selatan
Penang
Selat
Malaka
SIBERUT ★★★ Vaut le voyage
Bukit Lawang ★★ Vaut le détour
Bukittinggi ★ Vaut la visite
Tuk Tuk Intéressant
3000 m
2000
1000
500
200
0
A
B

C
D
SUMATRA
0
100
200 km
MALAYSIA
LAUTAN CINA SELATAN
Natuna Besar
1
Kep. Anambas
Bengkalis
Bengkalis
Bintam
Cagar Alam Danau Bawah
Cagar Alam Kerumutan
Pematang
Rengat
Lingga
2
Singkep
Selat Berhala
Selat Karimata
Muarabungo
Jambi
Balinyu
Bangka
Mentok
Pangkalpinang
TANJUNG KELAYANG
TANJUNG TINGGI
Sarolangun
Koba
Tanjung Padan
Barisan
Babat
Palembang
Toboali
Membalong
Palau Belitung
Muarabeliti
Tulungselapan
Tebingtinggi
Bengkulu
Cagar Alam Pasemah
Talangbatu
Baturaja
Dintiteladas
LAUT JAWA
3
G. Patah 2617
Bintuhan
Gunungsugih
Surabaya
D. Ranau
T.N. Way Kambas
Bandarlampung
Enggano
Selat Sunda
N
JAVA
C
D

Grand angle

Une nature abondante

Quel nom évoque autant les lointains ailleurs, ceux des ports du bout du monde et d'une jungle luxuriante abritant des peuples inconnus ? La Sumatra moderne reste propice aux frissons. Une terre sauvage et authentique, à l'écart des sentiers battus, qui ravira les passionnés de nature.

Mosaïque de paysages et de peuples

Avec ses 473 606 km², cette île immense (la septième plus grande du monde) montre une infinie variété de paysages, marqués par l'empreinte d'une gigantesque épine dorsale, les monts Barisan, vertigineux rideau rocheux qui borde presque toute la côte ouest. Des **volcans** fumants hérissent son échine, certains culminant à plus de 3 000 m (Gunung Leuser, Gunung Kerinci). Dans leurs replis se cachent des **lacs d'altitude**, majestueux miroirs reflétant le ciel, et de fertiles vallées où scintillent les gradins verts des rizières. Les contreforts des montagnes sont le fief d'une **forêt** encore exubérante, refuge des grands singes et du tigre de Sumatra, des tapirs et des éléphants, des calaos et des lézards volants. À l'est, les versants des Barisan s'abîment sans transition dans une grande plaine propice aux plantations d'hévéas, de café, de tabac... qui s'étire jusqu'à la mer. À l'approche du détroit de Malacca, les fleuves qui l'irriguent s'étalent en de vastes deltas marécageux, au sous-sol riche en pétrole. Côté ouest, enfin, une étroite bande de terre alluviale sépare les flancs des Barisan de l'océan Indien. C'est de là que les bateaux partent pour l'**archipel des Mentawaï**, barrière naturelle s'égrenant à une centaine de kilomètres de la côte. Hormis les coraux, ces îles à la beauté brute sont cernées d'une aura mystérieuse, de Nias la guerrière à Siberut la « primitive ». Car l'aventure sumatranaise, c'est aussi la découverte de ses peuples : plus de **dix ethnies** se côtoient sur l'île, en une constellation de cultures originales. Avec un point commun, cependant : la richesse des traditions ancestrales, qui vous laisseront un souvenir aussi dense que la jungle.

Des records d'humidité

Terre de contrastes, Sumatra l'est aussi par son **climat** : une chaleur étouffante sur la côte (avoisinant en général les 30 °C) et une fraîcheur salvatrice dans les montagnes, avec des nuits franchement froides à proximité des lacs. Mais, traversée par l'**équateur**, Sumatra confond saison sèche et saison humide. En termes simples : il y pleut toute l'année, plus ou moins ! La moyenne des **précipitations** frôle les records dans l'ouest de l'île, avec de 4 000 à 6 000 mm d'eau par an. Et pendant les mois plus secs (de juin à août), les lourds nuages épargnent la matinée, pour crever plutôt en fin de journée.

À la croisée de l'histoire

Peu de traces de l'histoire antique de Sumatra ont survécu à son climat humide. Seuls des tambours de bronze découverts dans le sud trahissent une incursion de la civilisation **Dông-Sôn**, développée autour du 1er millénaire av. J.-C. sur le continent sud-est asiatique *(voir p. 603)*. D'un bond, l'histoire resurgit au 1er millénaire de notre ère, avec les influences indiennes et l'apparition des premiers royaumes, dont les vestiges traverseront les siècles.

La vallée de Harau.
J. Garcia/hemis.fr

Les premiers rois de « l'île d'or »

À partir du 7e s., un royaume bouddhiste, le **Sriwijaya**, s'épanouit dans le pays de l'actuelle Palembang. Le nom de « l'île d'or » circule alors de l'océan Indien jusqu'au Pacifique. Profitant de sa position stratégique, ce royaume assoit sa puissance sur le commerce des étoffes, des épices et des cornes de rhinocéros. Il en conserve le monopole jusqu'à l'an 1000, avant d'être brutalement éradiqué par une flotte indienne. Son effondrement laisse le champ libre à l'essor de l'actuelle province de Jambi, où l'État du **Malayu** prospère aux 12e et 13e s. Un succès peu apprécié du royaume javanais de Singosari : le conflit éclate en 1278, se soldant par l'enlèvement d'une princesse du Malayu, qui épouse le souverain javanais et lui donne un fils, **Adityavarman.** Devenu adulte, celui-ci revient sur les terres maternelles pour s'établir dans une région riche en or, l'actuel pays Minangkabau, où il tente d'implanter le modèle royal javanais.

Islam et négoce

Au 13e s., cependant, les négociants venus de Perse et d'Inde essaiment leur religion sur le littoral nord-est de l'île. Sumatra servira ensuite de tremplin à la culture musulmane vers la Malaisie et les côtes nord de Java. Au 16e s., tous ses ports importants – c'est l'un d'eux, **Samudra**, dans l'estuaire de la Pasai, qui donnera son nom à l'île – vivent à l'heure musulmane, de même que les régions montagneuses des Minangkabau. Les jeunes États côtiers font fortune avec une épice vendue au prix de l'or : le poivre, dont Sumatra s'affirme comme le premier fournisseur de la lointaine Chine (autour de 1500).

La guerre du poivre

Dans la première moitié du 16e s., le **détroit de Malacca** est devenu un carrefour maritime d'envergure mondiale fort convoité. Les Portugais s'en emparent en 1511. Catholiques, ils entendent soumettre la musulmane **Aceh**, le plus puissant port de la zone, à la pointe nord de Sumatra. Peine perdue : le sultanat accroît son

Colons hollandais à Sumatra.
Pictures From History/AGB Photo Library/age fotostock

influence et fournit bientôt la moitié du poivre en Europe. C'est l'âge d'or, marqué par le règne du « Nouvel Alexandre », **Iskandar Muda** (1607-1636), dont les fastes de cour feront sa renommée jusqu'en Occident. Son territoire s'étend alors de Padang à la future Singapour. Mais à la fin de sa vie, la folie s'empare du sultan, et le déclin d'Aceh s'accélère avec la prise de Malacca par les **Hollandais** en 1641. Batavia (Jakarta) devient le nouvel épicentre de la route des épices.

L'ère coloniale

En 1663, les Hollandais prennent Padang. Mais ce n'est qu'en 1824 qu'ils tiendront véritablement Sumatra sous leur emprise, après l'avoir échangée aux Anglais contre la Malaisie. Le gouvernement de Batavia hérite du conflit avec les **Padri**, musulmans radicaux qui mènent une guerre sainte en pays Minang.

À la fin du 19e s., cependant, les **plantations** de tabac hollandaises fructifient, ainsi que la culture de nouveaux produits tels le caoutchouc (introduit en 1877) et le palmier à huile (après 1910). C'est également dans la seconde moitié du 19e s. que des missions luthériennes – hollandaises mais surtout allemandes – connaissent leurs premiers succès chez les Batak du nord de Sumatra, puis sur l'île voisine de Nias.

Aceh, éternel bastion

Depuis l'arrivée des Hollandais, Aceh revendique son **autonomie** : la vieille puissance commerciale refuse les contrats commerciaux imposés par les maîtres de Batavia. S'ensuit une série de guerres entre 1873 et 1903. Aceh est défaite mais ne se soumet pas. Sa volonté d'indépendance fait école et suscite d'autres mouvements de résistance dans l'île, dont celui du sultan de Jambi, sur la côte est (1906), et du roi-prêtre batak **Sisingamangaraja**, au nord (1907). Mais ces rébellions sont écrasées et les forces hollandaises s'emparent progressivement de toutes les régions de Sumatra, plaçant l'île sous une autorité unique en 1910.

À la pointe d'une identité nationale

Quelques années plus tard éclatent les premiers mouvements nationalistes indonésiens. Comme à Java, le **Sarekat Islam**, l'Union musulmane créée en 1912, anime les rébellions de masse sur l'île. Bénéficiant d'un récent accès à l'enseignement supérieur hollandais, les étudiants forment leurs premières associations : Ligue de la jeunesse de Sumatra (1917), Organisation des étudiants batak dans les années 1920. Elles réclament l'indépendance de l'archipel et soutiennent le Minangkabau **Mohammed Hatta**, l'intellectuel le plus célèbre de Sumatra, qui ira en Hollande plaider la cause de l'Indonésie, et deviendra plus tard vice-président au côté de Sukarno. C'est enfin la principale langue de l'île, le **malais**, qui sera adoptée dans le cadre du projet d'une langue nationale (le *bahasa indonesia*), en 1939.

Sumatra rebelle

En 1942, les **troupes japonaises** envahissent Sumatra, où elles trouvent un soutien auprès des factions nationalistes, prêtes à lutter contre les alliés colons. Au départ des Nippons, après Hiroshima, ces groupes armés entrent dans une lutte de pouvoir parfois sanglante avec les traditionalistes musulmans. Pourtant, en 1945, à la proclamation de l'**indépendance**, une cause commune unit la population : l'insurrection contre Jakarta et son socialisme centralisateur. En 1958, Batak Toba et Minangkabau s'allient pour former un gouvernement rival, le **PRRI** (Gouvernement révolutionnaire de la République d'Indonésie). Bukittinggi s'érige en capitale révolutionnaire, que Java fera taire par les bombes. Au nord, Aceh refuse son rattachement à la province de Sumatra Nord, peuplée de Batak chrétiens. La paix de 1959 lui accordera une certaine autonomie en l'érigeant en un district autonome spécial, Banda Aceh. Durant la période de « l'Ordre nouveau » (1966-1998), cette région est le théâtre d'un long et sanglant conflit entre l'armée indonésienne et les indépendantistes du **GAM** (env. 15 000 morts). La répartition, jugée injuste, des riches ressources en gaz naturel, nourrit la colère de la population locale.
Le reste de l'île bénéficie alors du développement de l'éducation, de la santé et des voies de communication, avec la construction de la **Transsumatranaise**, une route de 2 500 km s'étirant du nord au sud de l'île. Signe d'une nouvelle ère, le président Widodo a inauguré, en 2019, le premier tronçon de l'autoroute à péage (2 700 km), relié à celui de Java, qui fera le lien entre la capitale et le nord de Sumatra. Fin des travaux prévus en 2024.

Les Padri

Conduits par l'imam Bonjol et ses généraux, « les huit tigres », les Padri mirent à feu et à sang le pays Minang au 19e s. Revenus de La Mecque (ils prirent au passage le nom de leur port d'entrée, Padri, Sumatra Nord), ces musulmans radicaux entreprirent de soumettre la population à une pratique orthodoxe de l'islam. Mais les Hollandais s'immiscèrent, profitant de la situation pour s'imposer militairement dans la région. La guerre, qui débuta en 1803, prit fin avec la capture de l'imam en 1837, dans son fief de Bonjol (Sumatra Ouest). Depuis, l'homme est devenu un héros national, symbole de la lutte pour l'indépendance contre le colonialisme.

L'île aux trésors

Les volcans ont généreusement doté Sumatra de terres fertiles qui attireront les planteurs européens dès 1860. La culture du **tabac** est rapidement suivie par celle de l'hévéa (**caoutchouc**), du sisal (dont les feuilles servent dans la fabrication des textiles), du **thé**, du **poivre** et du **palmier à huile**. Le **riz**, bien sûr, complète le panorama des ressources vivrières. Sa production, échelonnée sur toute l'année, nourrit toute la population et génère même des revenus à l'export. Le sous-sol recèle tout autant de trésors : **pétrole**, **charbon**, **étain** et **gaz naturel** ont jeté les bases de l'industrie dès les années 1950. Mais l'avenir de Sumatra se pose aujourd'hui en termes d'écologie.

La forêt en danger

Selon le Fonds mondial de la nature (WWF), entre 65 et 80 % des forêts de Sumatra ont déjà été détruites par l'agriculture. À l'origine de ces ravages : les feux, l'industrie du bois et des produits dérivés (les résines transformées en encens), mais aussi l'extension des plantations d'huile de palme. Depuis les années 1980, le gouvernement tente de préserver ce qui reste de cette richesse biologique par la création de parcs nationaux. La forêt abrite en effet une flore exceptionnelle et une faune tout aussi originale : près de 200 espèces de mammifères, dont des primates endémiques (**orang-outan**, **gibbon bilou** ou **joja** de Siberut), mais aussi le tapir, le cochon sauvage, la chauve-souris roussette, 600 espèces d'oiseaux, des serpents et des papillons rares. Les deux parcs les plus importants de l'île, celui du Gunung Leuser au nord, et du Kerinci-Seblat au sud, sont le refuge d'espèces en voie de disparition telles que le **rhinocéros** de Sumatra (le plus petit des cinq espèces de la famille), le tigre et l'éléphant. Celui-ci se retranche dans un espace vital qui se réduit sans cesse, l'obligeant à empiéter sur les cultures. À Bukit Lawang (Sumatra Nord), encore, un centre de réhabilitation des orang-outans réintroduit dans leur milieu naturel les singes qui ont vécu en captivité.

Une palette de visages

Sumatra cristallise dans ses mille visages les influences qui se sont échouées sur ses côtes, en premier lieu l'**islam**. Arrivée au 16e s., la foi des négociants perses n'a plus quitté l'île. Depuis, Sumatra est une des terres les plus musulmanes d'Indonésie. Sa population de **60 millions d'habitants** se compose de quatre ethnies principales, dont trois se réfèrent au Coran. Ainsi en est-il des

Façade de maisons du peuple Batak.
Jon Arnold Images/hemis.fr

Malais (un quart de la population), qui ont traversé le détroit de Malacca avec l'essor du commerce. Ceux-ci peuplent majoritairement tout l'est de Sumatra. Deuxième force démographique, les **Minangkabau** (6 millions) occupent la riche province de Sumatra Ouest. Ils sont eux aussi musulmans, mais leur croyance est mâtinée de leur tradition **matrilinéaire** ancestrale. Les **Acehnais**, de la province d'Aceh (5,27 millions d'habitants), à l'extrême nord, vivent sous le régime de la charia.

Musulmans, chrétiens, bouddhistes, animistes...

Quatrième grande ethnie de l'île, enfin, les **Batak**, arrivés probablement de Bornéo au 1er s. av. J.-C. Ils peuplent les hautes terres de Sumatra Nord, autour de leur berceau d'adoption : le lac Toba. La plupart ont embrassé la religion des missionnaires, protestants et catholiques, à la fin du 19e s., formant de nos jours la **première communauté chrétienne** d'Indonésie.

À ces grands groupes culturels s'ajoutent une profusion de minorités. Main-d'œuvre des plantations et des mines du 19e s., les **Chinois, bouddhistes**, prennent part aux affaires concentrées à Medan ou à Padang. Quant aux **Indiens** sombres du Tamil Nadu, ils sont passés du rang élevé de shahbandars – dirigeants des comptoirs commerciaux du 17e s. – à celui d'ouvriers du monde urbain (chauffeur de becak, vendeur de rue)... Sumatra recèle aussi des peuples très anciens, dont les coutumes sont restées presque inchangées depuis le fond des âges. C'est le cas des habitants de l'île de **Nias**, sur laquelle ni église ni mosquée n'ont encore détrôné le **culte des ancêtres**. Animistes, les **Mentawaï** de Siberut perpétuent le **chamanisme**.

Le lourd bilan du tsunami

Le 26 décembre 2004, Sumatra a été ébranlé par un violent **séisme** sous-marin d'une magnitude de 9,1 sur l'échelle de Richter, suivi d'un **tsunami** dévastateur qui a frappé de plein fouet les régions côtières d'Aceh et du nord-ouest de l'île. Bilan : près de 170 000 morts (220 000 au total en Asie) et des milliers de sinistrés. Si le retour à la vie normale a été long et difficile, Sumatra a su néanmoins se reconstruire. Le tsunami a permis de mettre fin à la sanglante guerre civile dans la province séparatiste d'Aceh, grâce aux accords de paix de 2005. Mais l'autonomie d'Aceh a aussi entraîné l'arrivée d'extrémistes musulmans au pouvoir, qui appliquent désormais la charia avec intransigeance.

Medan

Deuxième port de l'archipel et porte d'entrée de Sumatra Nord, la métropole porte bien son nom : le « champ de bataille ». Et celui-ci prend tout son sens lorsque, en fin de journée, le centre-ville résonne du concert chaotique des klaxons et des moteurs pétaradants... De prime abord, le modernisme galopant semble avoir dévoré la cité tout entière, hérissant chaque quartier de tours disgracieuses - bureaux, banques ou centres commerciaux. Heureusement, l'ancienne capitale du sultanat de Deli, cité cosmopolite que les colons hollandais avaient surnommée le « Parijs Van Sumatra », conserve encore çà et là quelques traces pittoresques de sa splendeur perdue. Mais si certains quartiers montrent un réel cachet, avec leurs avenues arborées et bordées de maisons coloniales, peu de visiteurs s'attardent à Medan.

Se repérer

CARTE B1 (P. 428-429) - PLAN (P. 438).
Capitale de la province de Sumatra Nord - 2,4 millions d'hab. (métropole 4,7 milions).

Au nord-ouest de Sumatra, Medan occupe une place stratégique à l'entrée du détroit de Malacca, en face de la Malaisie, par où transite une part considérable du commerce maritime mondial. Au centre-ville, les avenues Jl. Balaikota et J. Ahmad Yani rassemblent la plupart des anciens bâtiments hollandais. À 2 km au sud, l'ancien palais du sultan fait face à la Grande Mosquée.

À ne pas manquer

Le palais Maimoun, la Grande Mosquée et la Tjong A Fie Mansion ; goûter la boisson locale, le *bandrek*, un alcool parfumé aux épices.

Organiser son temps

Une demi-journée de visite suffit. Évitez de vous balader en milieu de journée, lorsque chaleur et pollution sont au rendez-vous.

Carnet pratique p. 441

Nos adresses p. 442

Se promener

PLAN P. 438

★ Istana Maimoun (PALAIS MAIMOUN) D4

Jl. Katamso - 8h-17h (vend. 8h-12h, 14h-17h) - 10 000 Rps.

Frais et calme, l'ancien palais du sultan est un bon point de départ pour apprécier Medan. Cette pompeuse résidence d'architecture éclectique, mêlant les styles malais, hispano-mauresque, italien et victorien, fut construite en 1888 par le sultan Mahmud Al Rasjid, qui venait de faire fortune avec les plantations de tabac. De beaux jardins encadrent le palais, que les enfants du quartier transforment chaque soir en terrain de football. Un joyeux chahut que semblent tolérer le sultan et sa famille, qui occupent encore l'aile droite du bâtiment.

Derrière ses murs jaune pâle, Maimoun n'est plus qu'un palais des courants d'air à la grandeur fanée. Seule la **salle d'audience★** s'anime encore, notamment pour célébrer la fin du ramadan (entrée libre). On peut alors approcher l'actuel sultan, Mahmud Alam Lamanjiji, assis sous son dais jaune, au fond de la salle habillée de

La Grande Mosquée de Medan.
littlewormy/Getty Images Plus

vert, la couleur de l'islam. Monté sur le « trône » en 2005, à l'âge de 7 ans, il n'occupe aucune fonction officielle. Le marbre des sols vient d'Italie et les lustres – des plus kitsch ! – de Paris, via la Hollande. L'activité favorite des touristes indonésiens qui visitent les lieux consiste à louer un costume de sultan pour faire des photos en habit d'époque devant le trône. Des **concerts** de musique traditionnelle ont lieu le dimanche *(de 13h à 17h).*

★ Mesjid Raya Al Mashun (GRANDE MOSQUÉE) D4

Jl. Sisingamangaraja 61 - 8h-16h (sf heures de prières) - donation suggérée.
C'est au riche sultan Mahmud Al Rasjid que l'on doit également cet édifice qui se dresse en face du palais, de l'autre côté de la voie ferrée. Bâtie en 1906, sur un plan octogonal et dans un style moghol, cette mosquée témoigne des richesses accumulées par les sultans lorsqu'ils cédèrent aux planteurs... des terres qui ne leur appartenaient pas toutes. Elle passe pour être l'une des plus belles et des plus grandes de l'archipel. De fait, avec ses cinq imposants **dômes noirs** et ses murs de marbre blanc tapissés de faïences bleues, la Mesjid Raya fait la fierté des citadins. Ses abords sont le théâtre d'une animation incessante : des enfants font des parties de cerf-volant sur la pelouse, tandis que des hommes papotent sur les marches, à côté des marchands de *peci* et de brochettes. Les femmes disposent de leur entrée particulière : on les aperçoit, drapées de blanc, assises sous la fraîcheur des arcades.

Museum Gedung Arca (MUSÉE DE SUMATRA NORD) E4 EN DIR.

Jl. H M. Yoni 51 - mar.-jeu. 8h-16h, vend.-sam. 8h-15h30, dim. 8h-17h - 15 000 Rps.
Sur deux étages, le musée de la province de Sumatra Nord, assez poussiéreux et dont la présentation laisse à désirer, offre néanmoins une bonne introduction à l'histoire et à la culture des peuples de la région. Dans ses salles, vous pourrez voir, entre autres, de beaux **bijoux** batak karo, en cuivre et argent, des maquettes des divers types d'habitations, des **instruments de musique** traditionnels, des **tissages** et des objets de la vie quotidienne. Les **rites funéraires** sont évoqués par

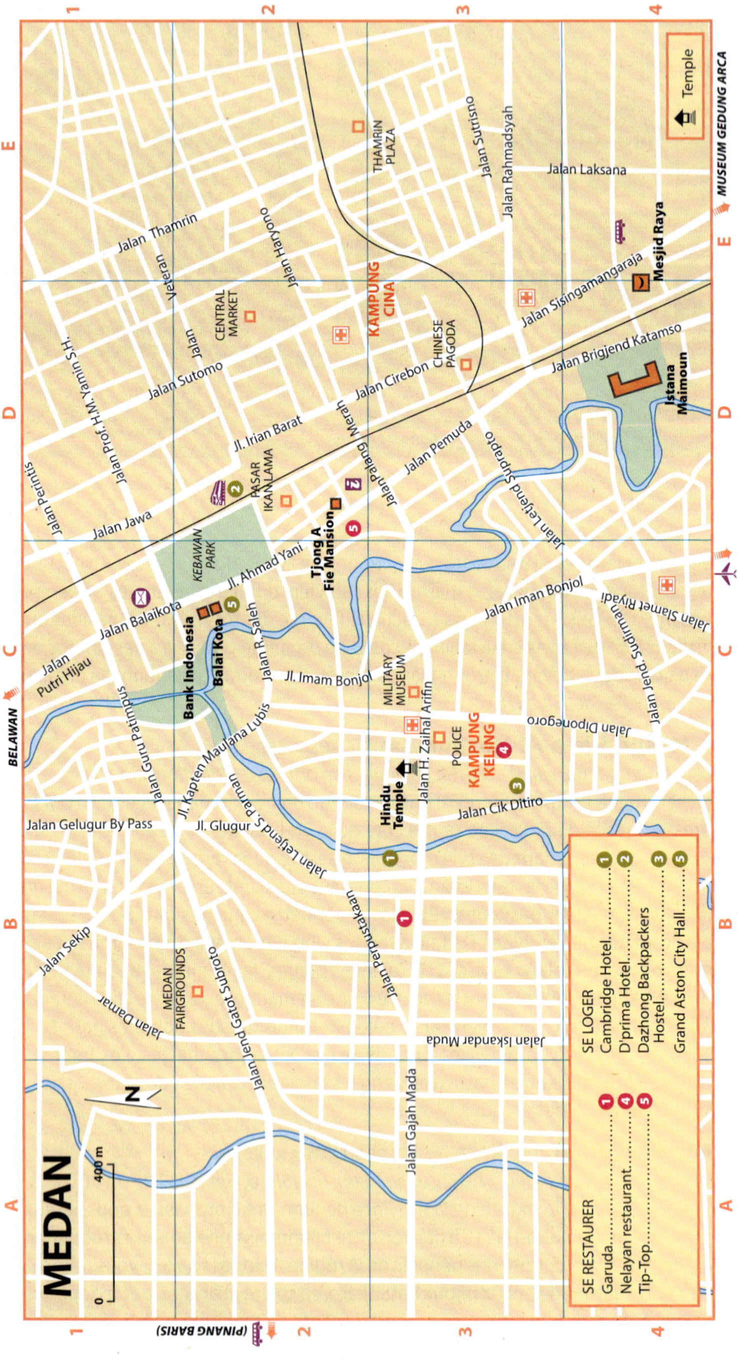
MEDAN
400 m
SE RESTAURER
Garuda 1
Nelayan restaurant 4
Tip-Top 5
SE LOGER
Cambridge Hotel 1
D'prima Hotel 2
Dazhong Backpackers Hostel 3
Grand Aston City Hall 5
Temple
BELAWAN
(PINANG BARIS)
MUSEUM GEDUNG ARCA
Mesjid Raya
Istana Maimoun
Tjong A Fie Mansion
Bank Indonesia
Balai Kota
Hindu Temple
KAMPUNG CINA
KAMPUNG KELING
KEBAWAN PARK
PASAR IKAN LAMA
CENTRAL MARKET
THAMRIN PLAZA
CHINESE PAGODA
MILITARY MUSEUM
POLICE
MEDAN FAIRGROUNDS
Jalan Thamrin
Jalan Sutomo
Jalan Veteran
Jalan Haryono
Jalan Laksana
Jalan Rahmadsyah
Jalan Sutrisno
Jalan Sisingamangaraja
Jalan Brigjend Katamso
Jalan Cirebon
Jl. Irian Barat
Jalan Prof. H.M. Yamin S.H.
Jalan Perintis
Jalan Jawa
Jalan Pemuda
Jalan Palang Merah
Jl. Ahmad Yani
Jalan Balaikota
Jalan Putri Hijau
Jalan Letjend Suprapto
Jalan Iman Bonjol
Jalan Slamet Riyadi
Jalan Jend. Sudirman
Jl. Imam Bonjol
Jalan R. Saleh
Jalan Diponegoro
Jalan H. Zaihal Arifin
Jalan Cik Ditiro
Jalan Guru Patimpus
Jl. Kapten Maulana Lubis
Jalan Letjend S. Parman
Jl. Glugur
Jalan Gelugur By Pass
Jalan Perpustakaan
Jalan Sekip
Jalan Damar
Jalan Jend Gatot Subroto
Jalan Iskandar Muda
Jalan Gajah Mada

la maquette d'une tour de cercueil karo, des cercueils ornés de têtes de dragon provenant de l'île de Nias et deux sarcophages batak toba, taillés dans des troncs évidés et finement travaillés. La **section historique** évoque les civilisations qui ont marqué la province, les périodes hindoue et islamique, la colonisation hollandaise et les batailles pour l'indépendance.

★★ Tjong A Fie Mansion (MUSEUM GEDUNG ARCA) D2

Jl. A. Yani 105 - ✆ 813 7516 0031 - www.tjongafiemansion.org - 9h-17h - 35 000 Rps.
Ancienne résidence d'un influent homme d'affaires et chef de la communauté chinoise, ce manoir construit en 1895 mêle les styles chinois, malais et Art déco européen. Avec son grand portique en bois flanqué de deux dragons, il a vraiment fière allure. Le porche franchi, on découvre un **jardin** soigné. Un paravent de nacre rouge et or habille le grand hall d'entrée de la maison transformée en musée, dissimulant une enfilade de salons décorés de meubles victoriens ou chinois en bois laqué incrusté de nacre, d'œuvres d'art et de photos de famille. La salle de bal, les chambres, les plafonds peints et les petits autels taoïstes font de cette demeure un des joyaux de Medan.

★ Kampung Keling C3

Prenez Jl. Palang Merah vers l'ouest, qui devient Jl. Zaihal Arifin.
Le quartier indien, l'un des plus animés de Medan, s'est développé autour du temple tamoul **Sri Mariamman★** *(Jl. Teuku Umar 18 - 6h-12h, 16h-20h - gratuit),* dont le décor bariolé et les innombrables statues de divinités rappellent l'exubérance de l'Inde. Peuplées d'Indiens du Sud, à la peau noire, les rues adjacentes cachent d'innombrables échoppes – marchands de saris de Bombay et épiceries indiennes remplies jusqu'au plafond de bocaux parfumés.
Revenez sur Jl. Ahmad Yani et poursuivez plus au nord sur Jl. Balaikota.

Le centre-ville C1-2

Fief des riches planteurs du 19e s., le centre-ville conserve quelques beaux édifices hollandais d'architecture Art déco, tels la **Bank Indonesia** (ancien Grand Hotel Medan, *Jl. Balaikota 4*), le **Balai Kota** (l'ancien hôtel de ville, racheté par l'hôtel

5

Le « champ de bataille »

Le nom de Medan garde le souvenir de cette forte rivalité qui opposa au 16e s. le sultanat de Medan-Deli au royaume d'Aceh. Au centre du conflit : la manne du **commerce du poivre.** Mais à ces considérations économiques les habitants de Medan préféreront une légende : celle de la « **princesse verte** », une jeune Médanaise dont la beauté sans pareille frappa le sultan acihais. En guise de sérénade, celui-ci envoya ses troupes sur la ville et enleva la princesse. Hélas, un dragon invincible la captura à son tour, la faisant à jamais disparaître. D'un dragon à l'autre…
Au 19e s., Medan sera à nouveau un « champ de bataille » : celui des investisseurs hollandais qui y développent des **plantations de tabac**.
Au début du 20e s., l'économie connaît un nouvel essor : le chemin de fer permet d'exporter, depuis Medan, caoutchouc, thé, bois, huile de palme et sucre…
Les emplois engendrés, auxquels s'est ajoutée la découverte de **pétrole**, font aujourd'hui de Medan la première région de Sumatra par sa population : une agglomération de 4,3 millions d'habitants, immense creuset ethnique composé de Batak, de Malais, de Javanais, mais aussi de Chinois et d'Indiens. Autant de visages et de caractères qui se gravent dans la mémoire du visiteur, à son insu…

Aston, *Jl. Balaikota 4*) et la **poste centrale** (Kantor Pos, *Jl. Pos 1*). Plus ou moins décrépites, la plupart des anciennes maisons coloniales du quartier semblent condamnées à disparaître, au profit de tours modernes de verre et d'acier.

À proximité

CARTE P. 428-429

La plaine de Medan B1

En quittant Medan pour le pays Batak au sud, la route file à travers la plaine, damier vert composé d'immenses plantations de thé, de tabac, mais aussi d'**hévéas**, vastes forêts qui se signalent à l'odeur âcre du latex. Chaque matin, les troncs grêles sont incisés pour faire couler la sève, que l'on recueille dans de grosses cuves. Outre l'hévéa, les exploitations dominantes de la région sont le **cacao** et le **palmier à huile** *(Elaeis guinensis)*, dont le fruit pressé sert à la confection de la glycérine et de la margarine.

Réserve naturelle de Sibolangit B1

À 42 km au sud de Medan, sur la route de Berastagi.

Couvrant une superficie de 25 ha, à une altitude de 500 m, cette réserve parcourue par des sentiers de promenade recèle une belle collection de plantes indigènes, témoins de la variété de la flore sumatranaise. Parmi les plus communes, le **palmier à sucre** *(Arenga saccharifiera)* figure au nombre des espèces les plus exploitées d'Indonésie : sa sève est utilisée pour fabriquer la mélasse, mais aussi le *tuak*, l'alcool de palme, ses fruits font une délicieuse confiture, et sa fibre noire sert de chaume. Identifiez aussi la **liane de bétel** et l'**aréquier**, un palmier au tronc longiligne : la feuille de l'une, la noix de l'autre entrent dans la confection de la très populaire chique de bétel, le *siri*. Notez encore le **giroflier**, un arbuste dont les feuilles brillantes serties de rouge forment une frondaison sphérique, ainsi que le **cannelier**, à l'écorce parfumée.

De Sibolangit, vous pouvez continuer vers **Berastagi** (*27 km, 1h de route*), station climatique juchée à 1300 m d'altitude, au pied des volcans Sibayak et Sibanung, en pays Batak Karo.

De là, poursuivez jusqu'à Parapat (*111 km, 3h de route*), d'où des bateaux conduisent à l'île de Samosir, sur le **lac Toba** (*voir p. 451*).

Carnet pratique

PLAN DE MEDAN (P. 438)

S'informer

North Sumatra Tourist Office - D2 - *Jl. A. Yani 107 - ✆ (061) 452 84 36.* Les employés parlent anglais et sont aimables. Plan de la ville et bons conseils. Bureau d'information à l'aéroport.

Adresses utiles

Banque/Change

Évitez de changer de grosses sommes en arrivant à l'aéroport. Les taux sont plus intéressants en ville. De nombreuses banques et bureaux de change sont situés autour de la gare centrale (D2) et au carrefour de Jl. Diponegoro et Jl. Arifi (C3).

Poste/Téléphone

Poste centrale - C1 - *Jl. Bukit Barisan (au sud du carrefour entre Jl. Putri Hijau et Jl. Prof. H. M. Muhammad Yamin).*

Santé

Columbia Asia Hospital - C3 - *Jl. Listrik 2A - ✆ (061) 456 63 68 - www.columbiaasia.com - 24h/24.* Le meilleur hôpital de la ville.

Divers

Consulat belge - HORS PLAN PAR B4 - *Jl. Kapten Pattimura 459 - ✆ (061) 821 05 59.*

Alliance française - B3 - *Jl. Hasanuddin 5B - ✆ (061) 453 74 47 - www.afmedan.org - 9h-18h.*

Arriver/Partir

En avion

Aéroport international de Kualanamu (KNO) - *À 26 km à l'est du centre-ville - ✆ (061) 88 88 03 00 - www.kualanamu-airport.co.id.* L'aéroport ultramoderne de Medan est relié aux principales villes de l'archipel : 263 vols/sem. pour Jakarta, 21 pour Padang. Vols aussi pour Kuala Lumpur, Penang, Singapour et Bangkok.

Pour le centre-ville - le train **Rail Link** relie la gare centrale de Medan, en plein centre *(env. ttes les heures, de 4h40 à 23h40 - 30 à 45mn de trajet - 100 000 Rps).* Les bus **Damri** desservent aussi le centre-ville *(Jl. Subroto, à côté du Plaza Medan Fair, et gare routière d'Amplas - ttes les 15mn, de 5h à 23h - 15 000 Rps).* En **taxi**, comptez 150 000 Rps et 1h à 1h30 de trajet.

En bateau

Belawan, le port de Medan *(26 km au nord de la ville),* relie Sumatra à Java, la Malaisie et Singapour. Du port, des navettes assurent le transport vers le centre-ville.

Pelni - *Jl. Gunung Krakatau 17A - ✆ (061) 42 06 52 68.* Compagnie maritime.

En bus

La gare routière principale d'**Amplas** *(Jl. SM Raja - à 6,5 km au sud du centre-ville)* dessert le sud de la province, Padang, le lac Toba et l'île de Java.

La gare routière de **Pinang Baris** *(Jl. Simatupang, Kampung Lalang - à 10 km à l'ouest du centre-ville)* dessert Bukit Lawang *(4h - 30 000 Rps)* et Berastagi. Prudence, elle est mal fréquentée.

En voiture

Si vous envisagez de sillonner le pays Batak ou pour rallier confortablement Bukit Lawang et Tangkahan, la voiture (avec chauffeur) est conseillée. Location auprès des hôtels ou agences de voyage.

Transports

Minibus

Les *angkot* coûtent 5 000 Rps le trajet et suivent un parcours fixe. Ceux de couleur jaune desservent les grands axes de la ville.

5

Becak/Taxi

Un trajet en *becak* coûte de 10 000 à 20 000 Rps, mais peu de chauffeurs parlent anglais. En taxi, préférez les compagnies **Bluebird** ou **Express**, fiables et avec compteur, ou utilisez l'application VTC **Grab**.

Visites

Tri Jaya Tours – *Jl. Raya Namorambe 129 - ✆ (061) 703 29 64 - www.trijaya-travel.com.* Circuits sur mesure à travers Sumatra et tour historique dans la ville de Medan.

Bob Sumatra Tours – *Jl. Laubeng Klewang 9 - ✆ 0813 6116 4282 - www.bobsumatratours.com.* Berastagi, le lac Toba et Bukit Lawang en voiture avec chauffeur/guide.

Narasindo Tour – *Jl. Ir. H. Juanda 55E - ✆ (061) 415 99 39 - www.narasindotours.com.* Location de voitures, circuit et change.

Nos adresses

PLAN DE MEDAN (P. 438)

Restauration

Medan dispose d'un grand choix d'adresses où savourer cuisines malaise et padang (très épicée). Goûtez aussi la boisson locale, le *bandrek*. Ses effets euphoriques sont dus à la quantité d'épices qui y macèrent. Guettez aussi les vendeurs ambulants de *lontong*, une spécialité de Medan. C'est une saucisse de riz cuite à l'étouffée dans une feuille de bananier, accompagnée de lait de coco, de crevettes, de piment frit et de noix de coco râpée et grillée. Un régal !

Premier prix

Mie Aceh Titi Bobrok – HORS PLAN - *Jl. Setia Budi 17C - ✆ 0821 6374 7015 - 💳̸ - 11h-23h - 20 000/50 000 Rps.* L'une des gargotes les plus populaires de Medan, toujours bondée. Elle est spécialisée dans les nouilles d'Aceh, servies avec du crabe, des crevettes, du calamar ou des œufs, en soupe ou frites, et assaisonnées d'un délicieux bouillon d'épices parfumées.

4 Nelayan restaurant – C3 - *Jl. Zainul Arifin 7 - Sun Plaza (3e ét.) - ✆ (061) 450 11 92 ou 0819 3062 0282 - 💳̸ - 11h-22h - 40 000/100 000 Rps.* Les amateurs de *dim. sum* et de raviolis chinois apprécieront ce restaurant de bonne qualité, qui possède plusieurs succursales à Medan. À la carte également, *mie goreng*, crabe à carapace molle sauté à la sauce pimentée et pancakes de durian.

Budget moyen

1 Garuda – B3 - *Jl. Gaja Mada 8 - ✆ (061) 452 07 06 - www.restorangaruda.com - 24h/24 - 40 000/100 000 Rps.* Pour s'habituer aux feux de la cuisine padang, voici la meilleure adresse de Medan. Sur la table, une multitude de petits plats (on paye ce qu'on a consommé), légumes marinés, beignets, viandes et poissons, tous très épicés. Goûtez notamment l'*ayam pop* (poulet cuit à l'huile de coco) et le *redang* (bœuf mijoté lentement dans une sauce épaisse à la noix de coco et au piment). Le restaurant possède plusieurs franchises en ville, dont le RM Berjaya.

5 Tip-Top – D2 - *Jl. Ahmad Yani 92 - ✆ (061) 451 44 42/453 20 42 - www.tiptop-medan.com - 8h-21h30 - 20 000/100 000 Rps.* Estaminet historique de 1934, aux murs lambrissés et fauteuils en rotin, pour une ambiance assurément rétro. Cuisine correcte, avec des plats indonésiens, asiatiques et occidentaux déclinés sur un menu fleuve, et aussi pâtisseries et crèmes glacées. Musique live en soirée.

Hébergement

Centre de commerce et d'affaires, Medan dispose de bons hôtels, mais ils sont souvent sans charme.

Premier prix

3 Dazhong Backpackers Hostel – C3 - *Jl. Muara Takus 28 - ✆ 0822 7309 3888 - - 100 lits en dortoir 100 000 Rps/pers., ch. double 125 000 Rps.* Dans le centre-ville, près du Sun Plazza et d'un petit marché, au-dessus d'une école d'anglais, une pension sympathique qui réserve un accueil chaleureux et amical. Dortoirs, chambres et sbd communes basiques mais plutôt propres. Eau chaude, cuisine et bibliothèque à disposition, terrasse sur le toit.

K77 Guest House – HORS PLAN - *Jl. Seto 6B - ✆ 0813 9653 8897 - - 5 ch. 100 000 Rps.* Dans un quartier résidentiel à l'ouest de la ville, à 2 km de la Grande Mosquée, cette agréable maison d'hôtes, appréciée des voyageurs, abrite des chambres propres, confortables et plaisantes. Sbd commune. Location de vélos. Les hôtes, Johan et Lola, peuvent venir vous chercher à l'aéroport et organiser votre circuit.

Budget moyen

2 D'prima Hotel – D2 - *Jl. Stasiun Kereta Api 1 - ✆ (061) 456 10 77 - www.dprimahotelmedan.com - - 53 ch. 570 000/750 000 Rps.* Difficile de trouver plus pratique si vous avez un avion matinal ou si vous arrivez tard le soir. Situé au-dessus de la gare centrale (3e étage), un établissement de catégorie intermédiaire, très propre, où l'on peut prendre une bonne douche chaude avant de plonger dans un lit confortable. Assez bruyant cependant, prévoir des bouchons d'oreilles. Le petit-déjeuner se prend au Starbucks voisin.

Deli River – HORS PLAN - *Jl. Namorambe 129 (à 12 km au sud du centre-ville) - ✆ (061) 703 29 64 - www.hotel-deliriver.com - - 15 ch. 760 000/1 600 000 Rps.* À l'écart de la ville bruyante et polluée, on profite du calme de ce bel îlot de verdure, avec son vaste jardin planté d'arbres et de fleurs, son bassin fleuri de lotus et de nénuphars et sa grande piscine. Les chambres, un peu défraîchies, n'ont rien d'exceptionnel, mais le service est bon, comme le restaurant.

Pour se faire plaisir

1 Cambridge Hotel – B3 - *Jl. S. Parman 217 - ✆ (061) 457 69 99 ou 0811 6676 999 - www.cambridgehotelmedan.com - - 242 ch. 1 200 000/1 500 000 Rps.* Au sein d'un complexe commercial, un établissement moderne doté d'un centre d'affaires, d'un spa et d'une piscine en plein air. Chambres spacieuses et douillettes, préférez les étages supérieurs.

5 Grand City Hall – C2 - *Jl. Balaikota 1 - ✆ (061) 455 70 00 ou 0813 9701 7058 - www.grandcityhallhotelcom - - 148 ch. 1 100 000/2 500 000 Rps.* Face à la promenade Merdeka, cet hôtel moderne et luxueux a été édifié juste derrière l'ancienne mairie de Medan. Vaste lobby très bling-bling, chambres fastueuses avec lit moelleux et personnel zélé. Spa, galerie marchande, club de karaoké, location de voitures.

Le parc national de Gunung Leuser ★★★

Taman Nasional Gunung Leuser

Couvrant 7927 km² d'une zone montagneuse à cheval entre les provinces d'Aceh et de Sumatra Nord, le parc national du mont Leuser est une réserve de biosphère exceptionnelle, inscrite sur la liste du patrimoine mondial en péril de l'Unesco. Sa luxuriante forêt tropicale abrite certains des animaux et des plantes les plus rares au monde, dont les derniers grands mammifères de Sumatra : éléphants, tigres, rhinocéros et orangs-outans, menacés par la disparition progressive de leur habitat forestier. Niché aux portes méridionales du parc, le village de Bukit Lawang s'étire le long de la Bohorok, petite rivière agitée de rapides qui marque la frontière entre le monde des hommes... et celui des singes. Sur l'autre rive, c'est la forêt, rien que la forêt. Dense, écrasante et sombre, animée de mille bruissements étranges. Autre entrée du parc, plus au nord-est, le hameau isolé de Tangkahan offre l'occasion d'une balade dans la jungle à dos d'éléphant, suivie d'un divertissant bain avec les pachydermes.

Se repérer

CARTE A1 (P. 428-429).

Province de Sumatra-Nord.
Bukit Lawang se trouve à 86 km à l'ouest de Medan (3h de voiture) et à 38 km au sud de Tangkahan (2h de piste). À Bukit Lawang, une multitude de pensions, restaurants et boutiques s'alignent sur la rive nord et, dans une moindre mesure, sur la rive sud de la rivière Bohorok, que traverse plusieurs ponts de singe.

À ne pas manquer

À Bukit Lawang, un trek dans la jungle pour observer orangs-outans et autres singes ; une descente de rivière en kayak. À Tangkahan, participer au bain des éléphants.

Organiser son temps

Meilleure période : avril à sept.
Prévoyez un circuit de 3 ou 4 j. depuis Medan. Évitez de venir le week-end à Bukit Lawang, alors envahi par les touristes indonésiens. Les éléphants de Tangkahan ne sont pas disponibles le vendredi, jour de la patrouille en forêt.

Carnet pratique p. 448

Nos adresses p. 449

Découvrir

CARTE P. 428-429

★★ Bukit Lawang A1

Bukit Lawang est un petit village touristique encadré, d'un côté, par d'innombrables plantations de palmiers et, de l'autre, par la jungle du parc national du mont Leuser. Dans ce cadre idéal pour un séjour relaxant, règne une ambiance paisible où la nature est omniprésente. On peut se balader au bord de la rivière et ainsi apercevoir, en fin de journée ou à l'aube, les singes qui peuplent l'autre rive

Orangs-outans dans le parc national de Gunung Leuser.
Minden/hemis.fr

et se balancent de branche en branche avec une incroyable agilité.
Le **centre de réhabilitation** des orangs-outans ayant cessé ses activités (*voir encadré p. 446*), on ne se rend plus sur les anciennes plateformes pour assister à leur repas de bananes. Pour apercevoir ces créatures à poil roux, une seule solution : un trek en forêt, au minimum d'une demi-journée, plus sûrement deux jours.

★ Bats Cave (GROTTE AUX CHAUVES-SOURIS)

À 2 km au sud de Bukit Lawang (30mn de marche) - 10 000 Rps.

Munissez-vous d'une lampe torche et de bonnes chaussures. Partez le matin pour profiter de la relative fraîcheur.

Avant de tenter l'aventure de la jungle *(voir ci-après),* faites une petite escapade à proximité du village. Après avoir traversé le pont le plus en aval du village, vous marchez à l'ombre d'une **plantation d'hévéas,** alignements soignés de troncs clairs sur lesquels sont fichées des demi-noix de coco, destinées à recueillir le latex. Passé un petit cours d'eau, vous arrivez en vue d'une cabane en bois qui fait office de guichet. L'accès à la grotte se fait par une échelle aux barreaux glissants, en passant sur des rochers et des troncs. Des galeries relient entre elles une série de salles dont les plafonds sont tapissés de centaines de chauves-souris, qui passent la journée à dormir. Leur odeur âcre prend à la gorge. La fin du parcours oblige à se faufiler dans un étroit goulet. Une étrange lumière verte qui provient des cheminées creusées par l'eau dans la roche, éclaire rochers et stalactites. Ouvertes sur le ciel, ces cheminées sont à demi bouchées par les lianes, mousses et feuillages, véritables cascades de verdure.

★★★ Trekking en forêt

Prenez le temps de bien choisir votre guide, en vous assurant qu'il connaît la flore et la faune et que le courant passe entre vous. La durée des treks varie de 3h à plusieurs jours. La plupart des voyageurs optent pour un trek de 2 jours avec une nuit sous la tente dans la jungle (formule conseillée). Les tarifs, fixés par l'Association des guides indonésiens, sont donnés par personne, sur la base de 3 pers. : 35 € la demi-journée, 45 € la journée, 80 € les 2 jours, prix incluant l'entrée du parc

(150 000 Rps), les repas et le matériel de camping. Une bonne condition physique est requise (montées et descentes rudes). Ne nourrissez pas les animaux sauvages, ne vous approchez pas trop près d'eux et ne laissez aucun déchet en chemin.

De Bukit Lawang, quelques minutes de marche suffisent pour pénétrer dans la jungle. À proximité des bâtiments désaffectés de l'ancien centre de réhabilitation rôdent certains des orangs-outans réintroduits. Autrefois nourris durant leur phase de réintroduction, ils sont habitués à l'homme, qu'ils regardent, du haut de leur branche, avec une évidente nonchalance. Beaucoup de visiteurs tentent de les approcher imprudemment. Mais dès que l'on s'éloigne, la présence humaine se dissipe et permet d'apprécier la quiétude de la forêt, avec ses sons étranges, chants d'oiseaux ou craquements de branches mortes. On chemine au pied d'arbres géants, tel le **santiria**, de la famille des diptérocarpes, qui culmine à plus de 40 m. Face à leurs énormes racines, on se sent Lilliputien ! Une impression renforcée par le chaos végétal, enchevêtrement de lianes, de tiges et de feuilles énormes, d'un vert vif et luisant de pluie. Des fleurs poussent sur les troncs, visitées par des **papillons** de toutes les couleurs.

Presque à cheval sur l'équateur, le parc de Gunung Leuser bénéficie d'une pluviométrie exceptionnelle : il y tombe en moyenne 4 m d'eau par an ! D'où une flore dense, sans cesse renouvelée, parfois étonnante, comme la rarissime **rafflésie**

Les portes de la liberté

L'origine du parc de Gunung Leuser remonte à 1934, lorsque les Néerlandais fondèrent une réserve naturelle autour du mont Leuser (3 119 m). Devenu parc national en 1980, le Gunung Leuser forme, avec les deux parcs de Kerinci Seblat et Bukit Barisan Selatan, l'une des plus vastes aires de conservation d'Asie du Sud-Est, classée par l'**Unesco** en 2004 comme Patrimoine des forêts ombrophiles de Sumatra, et inscrite sur la liste des sites en danger depuis 2011. Dernier vestige de l'ancienne forêt primaire qui couvrait jadis toute l'île de Sumatra, le parc protège, sous l'épaisse canopée de sa jungle, près de 10 000 variétés de plantes et plus de 200 espèces de mammifères. C'est le dernier endroit au monde où éléphants, tigres, rhinocéros et orangs-outans vivent ensemble à l'état sauvage.

C'est en 1973 qu'a été ouvert à Bukit Lawang un **centre de réhabilitation** des **orangs-outans**, « les hommes des forêts ». Comme d'autres centres de sauvetage déjà présents à Sumatra et Bornéo, il avait pour but de réintroduire dans leur milieu naturel des primates ayant été capturés illégalement pour être vendus comme animaux de compagnie, ou ayant été victimes de la déforestation. Nourris chaque jour durant leur phase de réacclimatation, les singes au pelage roux ont retrouvé peu à peu leur autonomie jusqu'à se réadapter totalement à la vie sauvage.

Après avoir réintroduit près de 230 orangs-outans, le centre a cessé ses activités en 2002. Les plateformes d'observation, qui attiraient beaucoup trop de touristes aux comportements irresponsables, ont été fermées en 2015. Le développement touristique a eu aussi pour effet de détruire toute la forêt le long de la rivière menant au centre, convertie en une longue rangée de restaurants et pensions. En novembre 2003, une crue dévastatrice a emporté ces constructions, faisant 239 morts et 1 400 sans-abri. Rouvert un an plus tard et déplacé plus en hauteur, le village s'efforce désormais, avec plus ou moins de succès, de limiter la déforestation alentour et de mettre en place un écotourisme mieux encadré.

Les derniers « hommes de la forêt »

La déforestation se poursuit à un rythme vertigineux en Indonésie. Selon Greenpeace, 24 millions d'hectares de forêts ont été détruits dans l'archipel entre 1990 et 2015. Une surface équivalente à 146 terrains de football est rasée toutes les heures, principalement pour laisser place à des plantations de palmiers à huile, et aussi pour l'exploitation du bois ou des mines. La déforestation incontrôlée et le braconnage d'**orangs-outans** ont placé l'espèce en danger critique d'extinction. La population d'orangs-outans de Bornéo aurait diminué de moitié au cours des vingt dernières années. On estime qu'il ne reste que 7 400 individus à Sumatra et 54 500 à Bornéo, qui survivent sur seulement 6 % de leur habitat d'origine. Les deux sous-espèces diffèrent. Plus grand et plus mince que celui de Bornéo, l'orang-outan de Sumatra montre une face plus allongée et un pelage plus clair. Ses bras, une fois et demi plus longs que ses jambes, lui permettent de passer de branche en branche avec une dextérité d'acrobate.

(voir p. 589). Un paradis pour les singes, les oiseaux, les reptiles et autres animaux à poil, plume ou écaille. Avec un peu de chance et de patience, on aperçoit de petits groupes de **macaques** qui se chamaillent en piaillant et des **gibbons noirs ou blancs** bondissant de branche et branche. Des **semnopithèques** (ou langurs) **de Thomas**, reconnaissables à leur crête blanche d'Iroquois, surgissent fugitivement des fourrés. Le plus émouvant reste néanmoins la rencontre avec les orangs-outans perchés dans leur nid de branchages, le plus souvent des mères avec leur petit dans les bras. Les adultes mâles, solitaires, communiquent par des cris puissants, perceptibles à 1 km au moins, qui évoquent le rugissement du lion. Mais c'est la nuit, lors du bivouac, que le concert de la jungle prend toute son ampleur, l'apothéose étant à l'aurore. Les cris des orangs-outans se mêlent alors à ceux de tous les autres habitants des lieux, des 285 espèces d'oiseaux (dont le **faisan argus**) que cachent les frondaisons. Sans oublier le coassement des grenouilles et autres amphibiens (35 espèces recensées), des 200 espèces de mammifères, des reptiles (103)... De quoi habiter votre insomnie jusqu'à l'aube !
Le retour vers Bukkit Lawang se fait généralement sur la rivière Bohorok en **tubing**, de grosses chambres à air de camion attachées les unes aux autres, sur lesquelles on se laisse glisser au fil du courant.

5

★★ Tangkahan A1

De Bukit Lawang, une piste cabossée file à travers des plantations de palmiers à huile, alignés en rang d'oignons par millions, tandis que brinquebalent les camions chargés des récoltes. Par miracle, à Tangkahan, la forêt tropicale reprend ses droits, dans la luxuriance d'une nature gorgée d'humidité.
Situé à la jonction de deux rivières, la Buluh et la Batang, Tangkahan est un écovillage né d'un projet original. Au tournant des années 2000, alors que cette partie du parc subissait une déforestation massive, les villageois ont décidé de protéger et valoriser leur patrimoine naturel en s'ouvrant au tourisme, ce qui permet aux agriculteurs de diversifier leurs revenus sans dépendre des plantations de palmiers à huile ni se livrer à la coupe illégale du bois. Sachez néanmoins que Tangkahan n'est pas un sanctuaire d'éléphants à proprement parler, et que certaines associations dénoncent le traitement réservé aux éléphants.
Si les éléphants sont la principale attraction de Tangkahan. On peut aussi y faire, comme à Bukit Lawang, des **treks à pied★★★** dans la jungle, variant de 3h à 4

jours, guidés par des rangers, pour observer la flore et la faune (papillons, grenouilles, calaos, varans, macaques et langurs de Thomas, gibbons et plus rarement orangs-outans). Le trek de 4 j./3 n. permet de rallier Bukit Lawang. Les prix sont plus élevés qu'à Bukit Lawang, mais les treks sont de meilleure qualité et moins fréquentés. Autres activités proposées : visite de grottes, tubing sur la rivière, baignade dans des cascades et des sources chaudes.

★★★ Trek et baignade avec les éléphants

Tlj sf vend. Réservez à l'avance au Visitor Center à l'entrée du village. L'enclos des éléphants est situé à 15mn à pied en amont de la rivière Batang. Départ des treks à 10h, 11h et 14h, lavage des éléphants à 8h30 et 15h30. Balade de 1h et lavage des éléphants : 850 000 Rps/pers. Lavage seul : 250 000 Rps/pers.
Guidés par leur *mahout* (cornac), les six éléphants de la patrouille avancent en file indienne dans la jungle puis dans le lit de la rivière Batang, pour le plus grand plaisir des visiteurs montés sur leur dos – ou plutôt sur leur cou, les jambes calées derrière leurs grandes oreilles. Au terme de la balade, les équipages se retrouvent maculés de poussière. Tout le monde au bain donc, et munis de brosses, on se retrouve dans la rivière jusqu'à la taille, pour frotter le cuir épais et les poils drus des éléphants.

Carnet pratique

S'informer

Site officiel du parc (en indonésien) – *www.gunungleuser.or.id.*
Bukit Lawang Guide Association – *Sur la rive sud du villge - ✆ 813 6410 8007 - www.bukitlawangguide.com.*
Tangkahan Visitor Center – *À l'entrée du village - ✆ 852 7560 5865.*

Adresses utiles

Banque/Change – Plusieurs boutiques et hôtels font du change à Bukit Lawang, mais à des taux désavantageux. On trouve un ATM au village de Bohorok, situé à 10 km au sud (parfois hors service). Pas de change ni d'ATM à Tangkahan.
Téléphone/Internet – Boutique Wartel à Bukit Lawang, où l'on capte du Wi-Fi dans les hôtels et restaurants. Très peu de réseau à Tangkahan, où l'électricité ne fonctionne qu'en soirée.

Arriver/Partir

De/vers Bukit Lawang – De l'aéroport de Medan, les bus ALS desservent la ville de **Binjai** (*ttes les 30mn - 2h de trajet - 50 000 Rps*), d'où des minibus vous mèneront à Bukit Lawang *(3h - 30 000 Rps). Si* vous partez de la ville de Medan, il faut rejoindre la gare routière de **Pinang Baris**, d'où partent des bus directs pour Bukit Lawang *(4h - 50 000 Rps),* ou bien des bus passant par Binjai, d'où des minibus parcourent les derniers 70 km jusqu'à Bukit Lawang. De l'arrêt de bus de Bukit Lawang (Gotong Royong), il faut prendre un *becak (10 000 Rps)* pour les 2 km restant jusqu'à la rivière.
De Medan, Il existe également des vans touristiques climatisés qui viennent vous chercher à votre hôtel *(2h/2h30 - 150 000 Rps - réserv. auprès des hôtels et agences de Bukit Lawang).* Autre solution : louer une voiture avec chauffeur *(3h de trajet -500 000 Rps).* Une option confortable pour rejoindre ensuite Berastagi et le lac Toba.

De/vers Tangkahan – De Bukit Lawang, vous pouvez parcourir les 2h de piste avec un *ojek (300 000 Rps)* ou une voiture avec chauffeur *(400 000 Rps)*. La plupart des hôtels et agences du village organisent le transfert dans le cadre d'un tour à la journée. De Medan, de vieux bus partent à 10h et 13h du terminal de Pinang Baris *(4h30 à 5h de trajet)*. Ils repartent de Tangkahan vers Medan à 8h30 et 14h30 *(horaires à vérifier sur place)*.

Visites

Dès votre arrivée à Bukit Lawang, les guides tenteront tous de vous vendre leurs treks en forêt. Déclinez leurs offres et adressez-vous plutôt à l'**Association des guides** du village ou aux hôtels menant des écoprojets (Ecolodge Bukit Lawang, Bukit Lawang Hill Resort, EcoTravel Cottages) ou des projets éducatifs (Bukit Lawang Jungle Trekking), qui disposent de guides certifiés et compétents.

Nos adresses

Restauration/ Hébergement

À Bukit Lawang

Évitez de loger en plein centre du village, la rue commerçante est un peu bruyante et n'a rien de bucolique. Les *guesthouses* plus en amont au bord de la rivière ou bien celles nichées dans la jungle sur la rive sud sont plus agréables.

Premier prix

Waterstone – *Jl. Orangutan (dans le village, sur la rive nord) - ✆ 0822 7402 1973 - Ig@ waterstoneguesthouse -* ✕ ⊭ *- 4 ch. 175 000/400 000 Rps* ☕. Cette pension en bord de rivière est remarquable par le raffinement de sa décoration tout en respectant les critères « ecofriendly » (bois et métal recyclés). Les chambres à l'étage, pourvues de ventilateur et moustiquaire, partagent une salle de bain. Le restaurant, avec son menu frais du marché, est vivement recommandé : la meilleure table du village.

Budget moyen

Thomas'Retreat – *Sur la rive sud, en amont du village - ✆ 0813 7633 0753 - www.thomasjungletours.com -* ▤ ✕ *- 10 ch. 350 000/500 000 Rps* ☕. Thomas, guide local très expérimenté, quand il n'est pas en trek dans la jungle, supervise cet hébergement au bord de la rivière, au calme car sur l'autre rive du village. Chambres simples mais propres (les bungalows les plus chers ont la climatisation et l'eau chaude), nourriture copieuse et bon marché, personnel charmant. La meilleure adresse pour les petits budgets.

Hotel Orangutan – *Jl. Orangutan - ✆ (061) 460 402 273 ou 0823 7052 3754 - www.hotelorangutan.com -* ✕ *- 6 ch. 350 000/550 000 Rps* ☕. Sur la rive nord, en bord de rivière, on ne peut rater ce bâtiment de trois étages habillé d'orange. Les chambres sont spacieuses, avec balcon, moustiquaire et ventilateur, et des salles de bains (avec eau chaude) aux allures de grottes. Celles du haut ont une vue superbe, mais il faut aimer grimper les escaliers. Bon repas et bon treks aussi. Le personnel anime volontiers la soirée à la guitare.

Ecolodge Bukit Lawang – *Jl. Besar Bukit (sur la rive sud, en aval du village) - ✆ 0812 6079 983 - www.ecolodges.id -* ▤ ✕ *- 3 dortoirs 150 000 Rps/pers. et 50 ch. 480 000 Rps* ☕. Il faut emprunter le pont suspendu (pas très pratique avec les bagages) pour accéder à

5

ce bel ensemble niché au bord de la rivière, à l'orée de la jungle. Les petits bungalows au sol carrelé sont propres et bien aménagés, avec eau chaude et moustiquaire, balcon et hamac, salle de bains à ciel ouvert. Le restaurant, sous une vaste canopée de bambou, sert de bons plats indonésiens et le personnel est agréable.

EcoTravel Cottages – *Jl. Orangutan 10 - ✆ 0822 7609 2633 - www.sumatra-ecotravel.com - ✕ - 5 ch. 400 000/1 100 000 Rps* ☕. Sur la rive nord, en amont de la rivière, ce lodge possède des chambres splendides (en particulier les plus grandes, en haut) avec de larges balcons donnant sur la rivière. Construit à l'aide de pierre et bois locaux, le lieu mêle l'architecture traditionnelle batak karo et des œuvres d'art indonésiennes contemporaines. Les chambres sont munies de ventilateur moustiquaire, eau chaude, frigo, sèche-cheveux et bouilloire. N'hésitez pas à participer à leurs treks, menés par d'excellents guides.

Jungle Inn – *rive nord, tout au bout du sentier en amont du village - ✆ 0822 7637 2436 - www.jungleinn-bukitlawang.com - ✕ - 13 ch. 500 000/1 500 000 Rps* ☕. Sans doute le meilleur emplacement du village, en face de la rivière et de la jungle, où l'on aperçoit les singes se balançant dans les arbres. Les chambres sont toutes différentes, chacune avec son style, balinais (lit à baldaquin en bois sculpté) ou Tarzan, avec des balcons et de jolies salles de bain en plein air. Bonne musique le soir. La cuisine laisse parfois à désirer. Dommage.

À Tangkahan

Rustiques, la poignée de lodges du village compensent le manque de confort (pas d'eau chaude, peu d'électricité, pas de Wi-Fi) par la bienveillance de l'accueil et le charme sauvage des lieux. Parfait pour se déconnecter du monde.
Il faut traverser la rivière Buluh par le pont suspendu pour rejoindre les hébergements.

Premier prix

Green Lodge – *À 15mn à pied du village, près de l'enclos des éléphants - ✆ 0813 7008 4859 - 💳 - 12 ch. 200 000 Rps* ☕. Des bungalows en bois et feuilles de cocotier tressées, vraiment spartiates, mais personnel adorable. Petite plage de galets en contrebas pour prendre un bain.

Activités

Jungle Kayak – *✆ (032) 479 981 017 - Fb@jungle-kayak - comptez 950 000 Rps/pers., transport, repas et équipement inclus.* Alternative intéressante au tubing sur la rivière Bohorok, la descente en kayak de la rivière Landak est un pur moment de plaisir partagé, à faire entre amis ou en famille. L'activité occupe une journée entière (9h-16h), avec pique-nique sur les berges. Matériel en parfait état, guide expérimenté. Cette rivière aux eaux limpides héberge une riche vie sauvage, et on repère pas mal d'oiseaux en chemin.

Le lac Toba ★★

Danau Toba

Le plus grand lac volcanique du monde est né de la colère d'un upervolcan qui, il y a 75000 ans, vola en éclats lors d'une explosion. La quantité de cendres crachées par l'éruption, selon certains scientifiques, aurait plongé la planète entière dans un hiver glacial qui bouleversa la vie sur terre. Son cratère s'effondra sur lui-même, ouvrant une large marmite qui se remplit d'eau. Véritable mer intérieure aux reflets bleu-mauve, frangé de versants abrupts, le lac Toba affiche des mensurations hors du commun : 100 km de long sur 35 km de large, et jusqu'à 505 m de profondeur. En son centre trône l'île (ou plutôt la presqu'île) de Samosir, grande comme Singapour. Un site aussi majestueux et fertile ne pouvait que séduire les hommes. Vers le 6e s. ap. J.-C., des Batak s'y établirent, pour développer la plus prospère communauté de cette ethnie : les Toba. Une richesse que la noblesse locale affirma dans ses sépultures, d'impressionnants mégalithes. Restés longtemps isolés sur les hauts plateaux du lac, les Toba ont conservé une forte culture, qui s'exprime dans leur cosmogonie, les décorations des maisons en forme de bateau, les rites funéraires et nuptiaux, la sculpture sur bois, les danses et les tissages. Avec le classement par le gouvernement indonésien du lac Toba parmi les cinq destinations « hyper prioritaires » de développement touristique, les choses vont changer. L'aéroport de Silangit a bénéficié d'agrandissements, une liaison autoroutière doit ouvrir prochainement avec Medan et une compétition internationale de hors-bord s'y est tenue en 2023...

Se repérer

CARTE B1 (P. 428-429) – CARTE DU LAC TOBA (P. 454) – PLAN DE TUK TUK (P. 455).

Province de Sumatra Nord - Alt. 900 m.

Le lac Toba se situe à env. 180 km au sud de Medan. L'accès à l'île de Samosir se fait en ferry, soit par Parapat, sur la rive nord-est, si l'on arrive par la route de Medan ou Berastagi, soit par Balige au sud, si l'on atterrit à l'aéroport de Silangit. Les hébergements se situent majoritairement dans le village de Tuk Tuk, en face de Parapat.

À ne pas manquer

Le musée TB Silalahi Center ; une baignade dans le lac ; les panoramas sur le lac depuis les alentours.

Organiser son temps

Louez un scooter à Tuk Tuk pour vous balader sur Samosir (comptez un jour, et un autre pour le farniente). Vérifiez bien les horaires des ferrys pour assurer vos correspondances de bus ou d'avion.

Carnet pratique p. 456

Nos adresses p. 457

Découvrir

CARTE DU LAC TOBA P. 454

★★ Palau Samosir (ÎLE DE SAMOSIR)

Berceau de la culture batak, Samosir concentre l'essentiel des infrastructures touristiques dans la petite villégiature de **Tuk Tuk**, qui forme une péninsule en face de Parapat. Hôtels et *guesthouses* y alignent de jolis bungalows sur les berges du lac, dont les eaux placides et fraîches invitent à la baignade ou au canoë. L'île, jadis étape incontournable sur le chemin des jeunes hippies en Asie, qui affluaient en masse à ses *full moon parties*, était presque tombée dans l'oubli après les attentats de Bali (2002). Les efforts entrepris par les autorités pour y éradiquer la consommation de substances hallucinogènes ont aussi contribué au déclin du tourisme, mais le lac Toba est entré dans une nouvelle ère depuis que le gouvernement indonésien l'a placé parmi les sites de développement prioritaires.

★ Tomok

À 4 km au sud de Tuk Tuk.

Outre une belle **maison traditionnelle toba** abritant un musée batak poussiéreux, Tomok recèle une **nécropole royale★**, domaine de nombreuses tombes parées de leur *singa*, le démon protecteur. Sur une plateforme en pierre *(suivez l'allée des boutiques pour trouver le site)*, un groupe de statues apparaît, personnages hiératiques assis sur des chaises, que l'on croirait avoir été figés dans la roche pendant qu'ils conversaient. Exécutées au début du 20e s., ces sculptures représentent le premier roi de Tomok, **Sidabutar**, et son épouse (17e s.), entourés de dignitaires. Des démonstrations de Sigale Gale (*voir encadré p. 455*) ont lieu sur le site lorsque les visiteurs sont suffisamment nombreux.

★ Ambarita

À 6 km au nord de Tuk Tuk - 8h-18h - entrée : 10 000 Rps ; visite guidée : 100 000 Rps.

Du débarcadère, une suite continue d'échoppes de souvenirs conduit tout droit au site. Veillé par la statue en pierre d'un gardien protecteur, le **village du roi Siallagan★** présente une double rangée de maisons traditionnelles sur piliers très bien conservées. L'une d'elles est ouverte à la visite, permettant d'observer le foyer intérieur servant à la cuisine. Les autres sont encore habitées par les descendants du clan. Au centre du village s'ouvre la place de justice, ombragée de son traditionnel banian, où plusieurs **sièges de pierre** ont été rassemblés, provenant de divers villages de Samosir. Les pilotis de la maison adjacente abritaient une **geôle** où le prisonnier attendait son supplice. Au fond de la place, un autel

Les maisons-navires du lac toba

Avec leur toiture incurvée en forme de navire, les maisons du lac Toba et de l'île de Samosir rappellent un peu celles des Toraja de Sulawesi, presque à l'autre bout de l'archipel. Alignées en village-rue, elles font chacune face à leur grenier à riz, le *sopo*, signe extérieur de richesse. Comme chez les Karo, on entre par le mur pignon, en passant par une trappe ménagée dans le plancher. De riches motifs, colorés de rouge, de noir et de blanc, sculptés décorent la façade. Sur les compositions géométriques, les spirales et les étoiles, se détache fréquemment le masque protecteur du *singa*, un animal mi-lion mi-buffle à la gueule béante, qu'accompagne une double paire de seins, symbole de fertilité.

Le lac Toba et l'île de Samosir.
laughingmango/Getty Images Plus

de pierre illustre le rituel des exécutions capitales qui s'y déroulaient, coutume dont la cruauté donna aux Batak Toba une sinistre réputation de guerriers cannibales. Les guides locaux aiment se fendre d'une « reconstitution historique » en se délectant des détails les plus sanguinaires.

★ Simanindo

À 19 km de Tuk Tuk, à la pointe nord de l'île.

À l'entrée du village, une belle bâtisse traditionnelle abrite le petit musée **Huta Bolon Simanindo** *(9h-17h - 10 000 Rps),* dédié aux traditions batak, qui recèle une petite collection d'armes, de sculptures et de gravures batak, de vaisselle chinoise et hollandaise et d'ustensiles de cuisine en cuivre. La maison, ornée de beaux masques de *singa* et de cornes de buffle, fut la demeure du Rajah Simalungun et de ses 14 épouses.

À droite du village se dressent en enfilade les **mausolées de la famille royale,** où repose le clan. Tout près, on reconnaît le **pavillon des sacrifices** (animaux et humains), précédé de son **autel à offrandes**.

Derrière son enceinte, le village révèle un très bel ensemble de cinq **maisons avec greniers★** en toit de chaume, alignés sur deux rangées se faisant face. À droite, côté greniers – qui servaient aussi de chambres à coucher pour les hommes célibataires –, un pavillon abrite le *lesung* collectif, le pilon à décortiquer le riz.

En sortant, vous pourrez assister au spectacle d'une danse traditionnellement exécutée lors du sacrifice d'un buffle *(spectacle de danse traditionnelle à 10h30. Spectacle de Sigale Gale selon l'affluence)*.

★ Danau Sidihoni

À 30 km au sud-ouest de Simanindo. Longez la côte occidentale, puis bifurquez à gauche après Pangururan.

Peu de touristes se rendent au cœur de Samosir, la route truffée de nids-de-poule n'y invitant guère. Le paysage vaut pourtant le détour. Isolé sur un plateau d'altitude, un lac de 1 km² s'étend, petite émeraude dans son écrin terrestre au-dessus

des eaux bleues du lac Toba. Étrange vision d'un lac dans le lac, dont la teinte changeante a forgé plus d'une légende.

Au retour, la route presque à pic délivre des **panoramas★★** à couper le souffle sur les rives occidentales du lac Toba. Une riche végétation tapisse les montagnes d'un velours brun-vert que l'on voudrait caresser.

Sur la rive ouest du lac

À **Pangururan**, vous pourrez rejoindre des **sources chaudes** *(4 km à l'ouest; tournez à droite au pont de Pangururan - 10 000 Rps).* L'occasion d'un bain relaxant, même si le béton alentour gâche sévèrement le cadre, mais des travaux de rénovation sont prévus.

Poursuivez ensuite au pied du volcan Pusuk Bukit (1981 m), en suivant vers le sud-ouest la route qui grimpe jusqu'à la **Tele Tower** *(à 28 km de Pangururan - 10 000 Rps),* le plus haut belvédère de la région, où l'on profite d'une **vue★★** magnifique sur le lac Toba et l'île de Samosir.

★ Au sud du lac

De Parapat, la Trans-Sumatra longe les berges orientales du lac Toba vers le sud, sillonnant à travers une campagne très bucolique. Des plantations de caféiers, de girofliers et de canneliers accrochées au flanc des collines alternent avec une succession de beaux villages, simples et paisibles, oubliés des touristes.

Balige

À 65 km au sud de Parapat et 20 km au nord de l'aéroport de Silangit.

Autre port d'embarcation des ferrys pour Samosir, Balige mérite une halte pour découvrir son gigantesque **marché★★**, coiffé d'une succession de toits

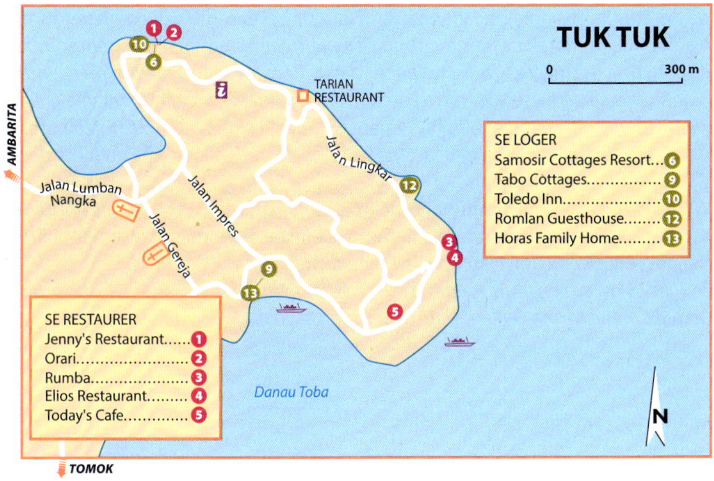

traditionnels batak. Poissons, viandes, fruits et épices mêlent leurs arômes... pour le meilleur et pour le pire. Une véritable fourmilière doublée d'une caverne d'Ali Baba recelant de superbes *ulos*. Vendus et fabriqués sur place ou dans les villages alentour, ces étoffes s'entassent là par centaines, de toutes les couleurs et de tous les styles, à des prix imbattables.

★★ Museum TB Silalahi Center

À Silalahi (5 km à l'ouest de Balige).

Jl. Pagar Batu 88 - ✆ (0632) 215 88 - www.tbsilalahicenter.com - mar.-vend. 8h-17h, sam.-dim. 8h-18h - fermé lun. - 50 000 Rps. Spectacle de Sigale Gale à 11h30, 13h30, 15h et 16h30.

Fondé par un ancien général et ministre indonésien dont il porte le nom, cet imposant complexe (2011) affiche un design futuriste inspiré par les lignes incurvées des décorations batak. Les salles intérieures, lumineuses, ouvrent leurs larges baies vitrées sur le lac. Dédié à la conservation des valeurs et de la culture des six clans batak (Toba, Simalungun, Mandailing, Angkola, Dairi, Karo), le musée présente, sur deux niveaux, une remarquable collection de reliques, d'ustensiles agricoles, d'objets de la vie quotidienne (métier à tisser, boîtes à bétel, jarres en terre cuite pour conserver le tuak, cuillères en noix de coco), de costumes, poteries, bijoux, statuettes, masques, armes, livres sur les herbes médicinales et calendriers divinatoires. Les pièces sont bien mises en valeur, accompagnées

5

Sigale Gale, le pantin du défunt

Actionnée par les ficelles d'un opérateur à travers une caisse en bois, la **marionnette** Sigale Gale s'anime sur un fond musical de tambours, gongs et flûtes. Grandeur nature, vêtu d'un costume traditionnel incluant turban rouge et sarong bleu, ce pantin de bois articulé était confectionné lorsqu'un homme important décédait sans héritier mâle, afin d'éviter que son âme ne revienne hanter les survivants du clan. Les officiants le traitaient donc avec égard durant les funérailles... avant de le réduire en morceaux et de chasser du village celui qui l'avait fabriqué, emportant avec lui l'esprit apaisé du défunt.

de descriptifs en anglais ou indonésien. Notez le bel ensemble d'*ulos*, les étoffes traditionnelles batak tissées main. La visite permet notamment d'explorer tout ce qui a trait à la magie et aux croyances batak, dont le redoutable *tunggal panaluan*, bâton sacré du *datu* (prêtre sorcier), qui pouvait ainsi jeter la maladie ou la mort sur un clan adverse, ou simplement appeler la pluie. Des portes sculptées de motifs animaliers et de délicates statues de divinités illustrent l'habileté des Batak dans le travail du bois.
À l'extérieur, un village traditionnel de trois *rumah* (maisons) et trois *sopos* (greniers), représentatif des habitats batak, a été installé. On pourra aisément faire l'impasse sur la section historico-militaire du musée.
Roulez 15 km au sud, puis prenez à droite vers l'aéroport de Silangit. 9 km après, la route mène à Huta Ginjang, site d'un superbe point de vue sur le lac.

Carnet pratique

PLAN DE TUK TUK (P. 455)

S'informer

Office du tourisme de Samosir – *℘ (0626) 206 88 - www.visitsamosir.com (site en indonésien).* Kiosque d'information à la sortie de l'aéroport de Silangit.

Adresses utiles

Banque/Change – Mieux vaut prendre ses précautions et changer à Medan, les taux étant ici bien plus défavorables. Au moins trois ATM sur Samosir, à Ambarita, Tuk Tuk (banque BRI) et Tomok.

Poste/Téléphone – Petit bureau de poste à Ambarita *(8h-14h).*

Santé – Petit centre médical *(Puskesmas)* à Tuk Tuk *(près du Carolina Hotel - ℘ 813 7531 8783 - ouvert 24h/24).*

Arriver/Partir

En avion

Aéroport de Silangit (DTB) – *À Siborong-Borong, à 17 km au sud de Balige.* Vols quotidiens de/vers Jakarta *(35/sem.)*, Medan, Singapour et Kuala Lumpur. En taxi, comptez 250 000 Rps pour Balige et 500 000 Rps pour Samosir (Pangururan).

En bus

De Medan *(route de l'est, par Pematangsiantar)* : plusieurs départs quotidiens de la gare routière Amplas *(5h de trajet).*
De Berastagi, prenez la route qui longe la rive orientale du lac Toba, *via* Merek. Changement de bus à Kabanjahe et Siantar. Plus chers que les bus ordinaires, mais confortables et directs, des minibus pour touristes font le trajet tous les jours.

En bateau

Ferrys pour Samosir – *Ne prenez pas le ferry en cas de gros temps et si le navire semble surchargé (risque d'accident).* De Parapat, des bateaux en bois assurent la navette pour Tuk Tuk ou Tomok *(ttes les heures - 6h-18h - 30mn de traversée - 10 000 Rps).* Vous pouvez leur demander de vous déposer directement sur le quai de votre hébergement à Tuk Tuk, et prendre le ferry du retour du même endroit. De plus gros ferrys pour les véhicules et passagers font la liaison 5 fois/j. entre Tomok et Parapat *(port d'Ajibata - 1h).*
De Balige, un ferry dessert Onan Runggu, au sud de Samosir *(tlj à 14h, retour à 9h - 1h de traversée).*

Autres liaisons : Tigaras-Simanindo *(7 fois/j. - 1h)* et Muara-Sipinggan *(à 6h30 et 15h, retour 8h et 17h - 45mn).*

Transports

Sur l'île de Samosir, les transports publics sont inexistants. La meilleure solution consiste à louer un scooter *(100 000 Rps/j.)* ou un vélo *(30 000 Rps/j.)* auprès de votre hébergement, ou d'affréter un taxi à plusieurs *(400 000 Rps/j.).*

Agenda

Festival du lac Toba – *Chaque année, à la mi-juin, à Parapat.* 6 jours durant des bateaux effilés disputent des régates. Des concerts de musique traditionnelle les accompagnent pendant la journée, tandis que rock et disco rythment la nuit.

Samosir Music International Festival – *En août, à Tuk Tuk.* Ce grand rassemblement donne lieu à de nombreux concerts en plein air, avec pour invités des groupes indonésiens ou internationaux de musique rock et de jazz. Les musiciens jouent à l'occasion des instruments et des chants traditionnels de la culture batak.

Nos adresses

PLAN DE TUK TUK (P. 455)

Restauration

Autour du lac Toba, la cuisine batak est reine. Le travers de porc grillé est une spécialité locale, de même que la carpe d'élevage grillée. Les plats sont souvent épicés avec de l'*andaliman*, le poivre sauvage de la région, au goût de citronnelle. Les Batak étant majoritairement chrétiens (protestants), on sert à table du porc cuit dans son sang *(saksang),* de la bière, voire de la viande de chien. Certains hôtels de Tuk Tuk tel le Bagus Bay proposent également des spectacles de danse lors du dîner.

À Tuk Tuk

Premier prix

1 **Jenny's Restaurant** – *Au nord du village - ✆ 0813 9791 4229 - www.jennysrestaurant-restaurant.business.site - ⊠ - 8h-22h - 30 000/80 000 Rps.* Une table incontournable de l'île, toujours très animée le soir. À la carte, poisson frais du lac grillé au barbecue et servi avec frites et salade, curry de légumes, crevettes grillées à l'avocat ou poulet au poivre sauvage.

2 **Orari** -- *Jl. Lingkar Tuk Tuk (au nord du village, près des Samosir Cottages) - ✆ 0821 6071 9748 ou 0813 9697 4343 - www.orari-restaurant.business.site - ⊠ - 7h-23h - 30 000/80 000 Rps.* La grande terrasse ouverte sur le lac est vraiment appréciable. Au menu, du poisson ou du porc grillé servis avec une sauce sambal très épicée, et des plats occidentaux basiques, aux portions ultra-copieuses. Accueil chaleureux. Location de scooters.

Budget moyen

4 **Elios Restaurant** – *Jl. Durian (au sud du village) - ✆ 0813 6206 6124 - ⊠ - 8h-21h - 50 000/125 000 Rps.* Grande salle avec vue sur le lac. La carte décline un choix très varié de plats indonésiens, asiatiques et occidentaux, notamment des homards d'eau douce, des currys, soupes, légumes frits, pâtes, poulet et porc grillés.

3 **Rumba** – *au sud du village - ✆ 0813 9633 5694 - ⊠ - 10h-23h - 50 000/100 000 Rps.* Des pâtes

et des pizzas généreuses et plutôt bien cuisinées, à déguster dans une atmosphère décontractée. Les touristes viennent volontiers ici pour écluser des bières et jouer au billard jusque tard dans la nuit.

5 **Today's Cafe** – *Jl. Linkar 30 (au sud du village) - ✆ 0813 7513 0804/7521 4981 - 8h-22h - 50 000/100 000 Rps.* Une gargote typique de Tuk Tuk, où les trois patronnes s'activent à préparer de délicieux plats frais et pas chers. On recommande notamment les chiapatis indiens au guacamole, le curry d'aubergines et le *sak sang*, porc haché au lait de coco et épices. Wi-Fi pour les clients.

En soirée

Roy's Pub –*Jl.Lingkar Tuk Tuk (au sud du village) - ✆ 0812 6510 2916 - www.roys-pub-live-music.business.site - 17h-1h.* Des idoles de pierre accueillent le visiteur à l'entrée de ce pub aux hybridations batak-hippie-reggae, où les bandes de potes viennent siroter bières et cocktails et s'éclater tout en écoutant de la musique. Concerts de groupe les mar., jeu. et sam. soir. Happy hour de 19h à 21h.

Hébergement

À Tuk Tuk

Premier prix

12 **Romlan Guesthouse** – *Jl. Siadong 36 - ✆ (0625) 451386 ou 0811 6547 735 - lg@romlantuktuk - 12 ch. 175 000/250 000 Rps.* En retrait de la route, une pension familiale sans prétention, sympathique et propre. Les chambres sont assez basiques, avec eau chaude. Préférez celles avec vue sur le lac. Petit-déj. à la carte.

Budget moyen

10 **Toledo Inn** – *Jl. Lingkar, Tuktuk - ✆ (0625) 451007 ou 0877 1832 687 - lg@toledo.inn - 40 ch. 430 000 Rps.* Un hôtel de catégorie moyenne, assez impersonnel mais jouissant d'un environnement superbe et très calme, juste au bord de l'eau. L'endroit est agréable pour se baigner. Chambres propres et correctes, avec eau chaude et ventilateur.

6 **Samosir Cottages Resort** – *Jl. lingkar Tuk Tuk - ✆ (0625) 451170 ou 0813 7584 4395 - www.samosircottages.com - 150 ch. 500 000/3 500 000 Rps.* Ce gros bâtiment manque singulièrement de charme, mais il est assez convivial et offre de bonnes prestations, dont un accès direct au lac. N'hésitez pas à négocier le prix, et éviter le week-end, où les tarifs sont plus élevés.

13 **Horas Family Home** – *Jl. Lingkar Tuktuk - ✆ 0813 6105 1419 - www.holidaysumatra.com - 2 ch. et 2 maisons. 700 000/1 000 000 Rps.* Tenus par Berend et Mian, des hôtes très aimables, de charmants cottages de style batak toba, pouvant accueillir des familles au grand complet. Eau chaude et literie confortable, cuisine équipée à disposition. Également deux chambres avec salle de bains partagée. Potager et lapins dans le jardin fleuri.

9 **Tabo Cottages** – *Jl. Lingkar Tuktuk - ✆ (0625) 451318 ou 0812 6042 9452 - www.tabocottages.com - 30 ch. 800 000/1 350 000 Rps, villa 850 000 Rps.* Sans doute la plus charmante adresse sur le lac. Distribuées dans un jardin bien entretenu, des maisons en bois à toits de palme, respectueuses de l'environnement. Chambres spacieuses, restaurant agréable ouvert sur le jardin, boulangerie allemande. Le QG idéal pour explorer la région.

Padang

Plaque tournante des transports aériens et maritimes de la côte ouest, Padang n'invite guère à un séjour prolongé. Ses immenses avenues anarchiques et polluées n'ont rien de propice à la promenade, et l'étroite plage qui longe la ville écarte tout projet de baignade. Cependant, avant de gagner des climats plus cléments, le pays Minangkabau ou l'île toute proche de Siberut, flânez une heure ou deux dans le quartier chinois, qui ressuscite l'atmosphère du 19e s. Puis risquez-vous à goûter les saveurs pour le moins « chaleureuses » de la cuisine padang : vous êtes dans son sanctuaire. À moins d'une heure de route au sud de la ville, le littoral recèle, au creux de baies vierges parsemées d'îlots et bordées de collines luxuriantes, de belles plages de sable blanc où il fait bon se relaxer.

Se repérer

CARTE B2 (P. 428-429) – PLAN (P. 460).

Capitale de la province de Sumatra Ouest - 1 015 000 hab.

Grande métropole portuaire à l'ouest de Sumatra, Padang est la porte d'accès aux îles Mentawaï et au pays Minangkabau. Située sur une zone de forte activité sismique, la ville est régulièrement frappée par des séismes, dont celui de septembre 2009, qui a dévasté ses bâtiments. Padang est tentaculaire, néanmoins, le quartier touristique se concentre sur la rive nord de la rivière Arau, entre Jl. Cokroaminoto, Jl. Niaga et Jl. Moh. Yamin.

À ne pas manquer

Les saveurs épicées de la cuisine padang ; le vieux quartier hollandais et chinois ; les plages vers Pantai Bungus et Sungai Pinang, au sud.

Organiser son temps

Évitez la plage la nuit, peu sûre et mal éclairée.

Carnet pratique p. 462

Nos adresses p. 463

Se promener

PLAN P. 460

Avant de vous enfoncer dans les ruelles du quartier chinois, faites un détour au nord du centre-ville pour visiter le musée de la province de Sumatra Ouest.

★ Museum Negeri Adityawarman (MUSÉE DE SUMATRA OUEST) B3

Jl. Pangeran Diponegoro 10 - tlj sf lun. 8h-16h - 3 000 Rps.

Bâti dans le style monumental des palais minang, il présente divers objets de la culture mentawaï et du peuple Minangkabau, ainsi que des panneaux sur le séisme de 2009, qui endommagea l'édifice et fit plus de mille morts dans la région. Dommage que les explications ne figurent qu'en indonésien et que l'ensemble soit un peu délabré. Son intérêt réside aussi dans son parc ombragé, bien agréable.

En sortant du musée, prenez à gauche sur Jl. Bundo Kandung. Au bout à droite, descendez Jl. Pondok, puis prenez à gauche sur Jl. Cokroaminoto. Après 300 m, tournez à droite dans Jl. Niaga : vous êtes au cœur du quartier chinois.

★ Kampung Cina (QUARTIER CHINOIS) B4

Les Chinois arrivèrent à Padang à la fin du 19e s. pour travailler dans les mines et sur les docks. De cette époque, **Jalan Niaga★** exhale encore un peu l'atmosphère avec

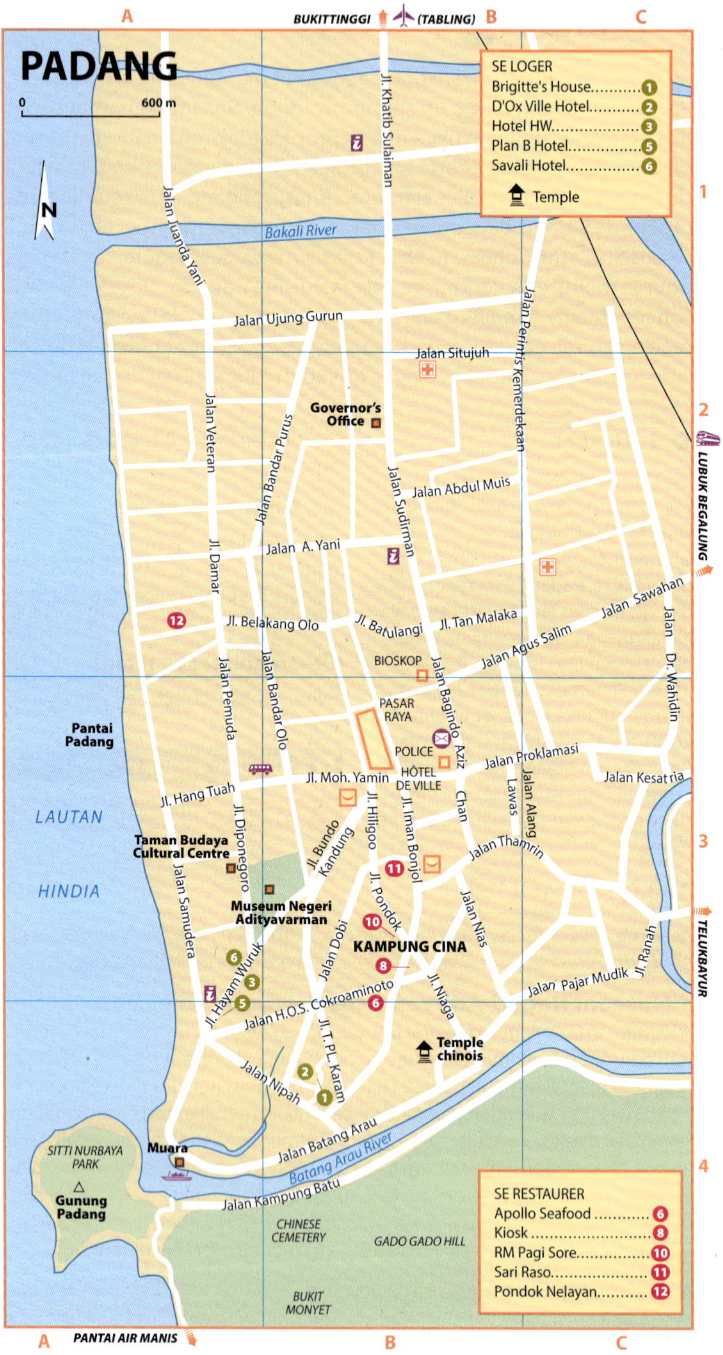
PADANG
0 600 m
BUKITTINGGI (TABLING)
SE LOGER
Brigitte's House 1
D'Ox Ville Hotel 2
Hotel HW 3
Plan B Hotel 5
Savali Hotel 6
Temple
SE RESTAURER
Apollo Seafood 6
Kiosk 8
RM Pagi Sore 10
Sari Raso 11
Pondok Nelayan 12
Bakali River
Jalan Juanda Yani
Jl. Khatib Sulaiman
Jalan Ujung Gurun
Jalan Situjuh
Jalan Perintis Kemerdekaan
Governor's Office
Jalan Veteran
Jalan Bandar Purus
Jalan Sudirman
Jalan Abdul Muis
Jalan A. Yani
Jl. Damar
Jl. Belakang Olo
Jl. Batulangi
Jl. Tan Malaka
Jalan Sawahan
Jalan Agus Salim
Jalan Dr. Wahidin
BIOSKOP
PASAR RAYA
Jalan Pemuda
Jalan Bandar Olo
Jalan Bagindo Aziz Chan
POLICE
HÔTEL DE VILLE
Jalan Proklamasi
Jalan Kesatria
Jl. Moh. Yamin
Jl. Hang Tuah
Pantai Padang
LAUTAN
HINDIA
Lawas
Jalan Alang
Jl. Diponegoro
Jl. Hiligoo
Jl. Iman Bonjol
Jl. Bundo Kandung
Jalan Thamrin
Taman Budaya Cultural Centre
Museum Negeri Adityavarman
Jalan Samudera
Jl. Pondok
Jalan Nias
KAMPUNG CINA
Jalan Dobi
Jl. Hayam Wuruk
Jalan H.O.S. Cokroaminoto
Jl. Niaga
Jalan Pajar Mudik
Jl. Ranah
Jl. T.P.L. Karam
Temple chinois
Jalan Nipah
Jalan Batang Arau
Batang Arau River
Muara
SITTI NURBAYA PARK
Gunung Padang
Jalan Kampung Batu
CHINESE CEMETERY
GADO GADO HILL
BUKIT MONYET
LUBUK BEGALUNG
TELUKBAYUR
PANTAI AIR MANIS
A B C
1 2 3 4

« Rumah makan padang », une diaspora culinaire

Toutes les villes de l'archipel possèdent des restaurants à l'enseigne de la capitale de Sumatra Ouest. La recette de leur succès : un régal épicé et un spectacle unique. Ici, pas de menu ; les serveurs accourent à votre table, une dizaine de plats en équilibre sur les bras, s'échelonnant de l'épaule à la main. Une mosaïque de saveurs dans laquelle vous piocherez, au gré des couleurs et des parfums qui vous inspirent. Seuls les plats consommés sont facturés. Excepté le porc, tout se mange : de la tétine de vache au gésier de poulet, mijotés des heures durant dans la fameuse sauce *rendang*, un mélange d'épices liées au lait de coco. C'est ce brûlant *rendang* qui fait – ou défait – la réputation d'un établissement.

ses alignements de petites **maisons colorées** en pierre, bâties par les Hollandais dans les années 1920. Le quartier a hélas gravement souffert du séisme de 2009, et la majorité des anciens bâtiments se sont effondrés. Ceux qui restent sont souvent à l'abandon ou ont été remplacés par des boutiques d'électronique. Entièrement reconstruit, le **Kelenteng See Hin Kiong ★ (temple chinois)** mérite le coup d'œil. Deux dragons aux yeux globuleux flanquent la porte d'entrée festonnée de lanternes rouges. À l'intérieur, dans un jeu de clair-obscur, des volutes parfumées dansent au-dessus des autels, cachant une antique **cloche en fonte** rapportée de Chine par les bienfaiteurs de la diaspora. Face au temple, les berges calmes de la Batang Arau sont le fief des **entrepôts★** de pierre où l'on stockait poivre, bois et café. Plus loin, on rejoint l'estuaire et **Pelabuhan Muaro★**, le vieux port où s'alignent des bateaux de pêche et des cargos de bois. Un lieu assez photogénique au coucher du soleil.

Pantai Air Manis (PLAGE D'AIR MANIS) A4 EN DIR.

À 5 km du vieux port (1h de marche). Du quartier chinois, prenez le pont qui enjambe la Batang Arau et suivez l'estuaire vers la mer. Retour possible en minibus public.
Tel un phare dressé à l'entrée du port, la luxuriante **Gunung Padang (colline de Padang)** est le site de tombes chinoises en faïence. Mais l'escapade vaut surtout pour le superbe **panorama★★** dont on jouit au débouché du plateau, sur les eaux bleues de la mer et l'anse de la plage en contrebas.

À proximité

CARTE P. 428-429

5

★ Au sud de Padang B2

Accès possible à Pantai Bugus en angkot (20 000 Rps - 1h de trajet). Pour Sungai Pinang, prenez un taxi ou louez un scooter (2h de trajet).
Blottis au fond d'anses de sable blanc frangées de cocotiers, les paisibles villages de pêcheurs de **Pantai Bungus★** *(à 23 km au sud de Padang)* et de **Sungai Pinang★★** *(à 38 km au sud, par une route assez accidentée)* dégagent une atmosphère paradisiaque qui invite au farniente et à la baignade. Poules et chèvres se promènent au seuil des maisons, les femmes travaillent dans les rizières, tandis que les hommes lancent leurs filets en mer.
Quelques *guesthouses* alignent leurs bungalows rustiques sur la plage. Elles proposent des sorties en bateau pour faire du snorkeling et se baigner dans les eaux turquoise et limpides près des îlots déserts, des excursions dans la mangrove où se cachent des varans et des treks dans la jungle tropicale des montagnes environnantes, peuplées de gibbons, de macaques, de daims et de nombreux oiseaux, et où dévalent plusieurs belles cascades.

Carnet pratique

PLAN DE PADANG (P. 460)

S'informer

Office du tourisme de Sumatra Ouest – *Jl. Khatib Sulaiman 7 (au nord de la ville) - ✆ (751) 705 51 83.* Inutile de vous y déplacer. Mieux vaut s'adresser aux pensions et agences de voyage.

Adresses utiles

Banque/Change

Nombreux ATP partout en ville.

BNI – B2 - *Jl. A. Yani 18.*

BCA – B2 - *Jl. Agus Salim 10.*

Poste

Kantor Pos – B3 - *Jl. Aziz Can 7 - 8h-17h, w.-end 10h-19h.*

Santé

Hôpital Yos Sudarso – B2 - *Jl. Situjuh 1 - ✆ (0751) 332 30.*

Arriver/Partir

En avion

Aéroport Bandara Internasional Minagkabau (PDG) – *À 23 km au nord de la ville, sur la route de Bukittinggi - ✆ (0751) 919 123 - www.minangkabau-airport.co.id.* Vols quotidiens pour Jakarta, Medan, Palembang, Yogyakarta, Bandung et Kuala Lumpur.

De l'aéroport, un **train automatique** relie le centre-ville *(ttes les 2h, de 7h40 à 17h55 - 30mn de trajet - 10 000 Rps)*, mais sa fréquence est très réduite.

Les **bus Damri** desservent les grands hôtels du centre *(45mn de trajet)*. En **taxi**, comptez 150 000 Rps.

En bateau

Pour la desserte de Siberut et des îles Mentawaï, voir p. 469.

En bus

Il n'existe pas de gare routière centrale, chaque compagnie opérant depuis son propre point de départ, dans l'anarchie la plus totale. Selon votre destination, le plus simple est de vous renseigner sur les compagnies et les horaires auprès de votre hôtel.

Du terminal de la compagnie **ALS** *(Jl. By Pass km 6 - à 5 km à l'est du centre-ville - ✆ 852 6464 4348)*, des bus climatisés relient le lac Toba *(16h)* et Medan.

Pour **Bukittinggi** *(2h de route)*, le plus simple est d'utiliser les minibus touristiques qui assurent un service de porte à porte *(env. 50 000 Rps/pers.)* en réservant *via* votre hébergement. Si vous êtes plusieurs, la meilleure option est d'affréter une voiture avec chauffeur pour parcourir le pays Minangkabau durant 2 ou 3 jours.

Visites

Les agences de voyage proposent des locations de voiture avec chauffeur, des circuits de 2 à 4 jours dans le pays Minangkabau, du surf dans les îles Mentawaï, des excursions dans le parc national de Kerinci Seblat. On déconseille en revanche de recourir à leurs services pour l'île de Siberut, où il vaut bien mieux utiliser des guides mentawaï locaux (*voir p. 469*).

Keumala Holidays – *Jl. Beringin 29 F - ✆ 851 0085 5145 - www.keumalaholiday.com.*

Nando Sumatra Tour – *Jl. Tanjung Indah I blok E - ✆ 852 6335 7645 - Fb@hendriadnando.*

Regina Adventures – *Jl. Pampangan 54 - ✆ (0751) 781 08 35 ou 0812 6774 5654 - www.reginaadventures.com.*

Nos adresses

PLAN DE PADANG (P. 460)

Restauration

Premier prix

11 Sari Raso – B3 - *Jl. Karya 3 - (0751) 334 98 - 8h-20h - 20 000/80 000 Rps.* Au rez-de-chaussée d'un édifice moderniste, une salle ouverte sur la rue. L'on y savoure une des meilleures cuisines padang, à travers une myriade de petits plats du jour – certains très épicés. Pas de menu, on paye selon ce que l'on a consommé. Un comptoir sert des jus de fruits et de légumes frais.

10 RM Pagi Sore – B3 - *Jl. Pondok 143 - (0751) 324 90 - - tlj sf sam. 8h-21h - 20 000/50 000 Rps.* Un petit *rumah makan* qui sert depuis des lustres un large éventail de la cuisine padang, avec notamment beaucoup de plats végétariens. Recommandable, mais les plats sont souvent froids.

Budget moyen

6 Apollo Seafood – B3 - *Jl. Cokroaminoto 36 A - (0751) 263 55 - - 9h30-14h, 17h-22h - 30 000/100 000 Rps.* Tenue par des Chinois, la salle qui s'étire en longueur n'a rien d'affriolant, mais on y fait bombance de poissons grillés, crabes et langoustes à des prix raisonnables et tout est frais. Le prix est calculé au poids.

8 Kiosk – B3 - *Jl. Tepi Pasang 40-42 - (0751) 893199 - 11h-22h - 50 000/165 000 Rps.* Flanquée d'une micro-terrasse sur la rue, cette grande salle à la déco soignée, associant briques et carrelages de ciment, tables de bois et banquettes en cuir, témoigne d'un souci de bien faire. Clientèle assez jeune. Large choix au menu, entre des classiques indonésiens, des spécialités padang et des plats occidentaux. On retiendra aussi d'appétissants desserts et une bonne carte de cafés, thés, jus de fruits et cocktails sans alcool.

12 Pondok Nelayan – A2 - *Jl. Samudera 8 - - 11h-22h - 35 000/120 000 Rps.* Un des bons restaurants de poisson de la ville, sur deux étages, face à la mer. On choisit parmi la pêche du jour (poissons, crevettes, crabes, calamars) la pièce que l'on vous fera griller ou frire, et qui sera servie en sauce aigre-douce ou pimentée à la mode chinoise. Service très lent.

Hébergement

À Padang

Premier prix

1 Brigitte's House – B4 - *Jl. Kp. Sebelah I 14D - (0751) 360 99 ou 0813 7425 7162 - - lit en dortoir 100 000 Rps/pers., ch. 250 000/350 000 Rps .* Appréciée des jeunes voyageurs, cette auberge sympathique propose dans le bâtiment principal ou dans l'annexe plusieurs types de chambres : en dortoir, avec sdb partagée ou privée, petites avec ventilateur ou grandes avec climatisation. Très propre. Plein de bons conseils sont fournis à l'accueil. Location de scooters. Terrasse sur le toit.

Budget moyen

5 Plan B Hotel – A4 - *Jl. Hayam Wuruk 28 - (0751) 892100 - - 39 ch. 450 000/650 000 Rps .* À défaut d'avoir du charme, cet établissement moderne et central réserve un bon accueil et aligne des chambres fonctionnelles, insonorisées et bien équipées, et sert des petits-déjeuners copieux pour un prix raisonnable (n'hésitez pas à demander un rabais).

2 D'Ox Ville Hotel – B4 - *Jl. Kp. Sebelah 28 - (0751) 812999 - www.oxvillehotel.com*

5

- *29 ch. 500 000/700 000 Rps.* Central, récent et très bien décoré, cet agréable hôtel-boutique dispose d'une appréciable piscine en plein air. Dotées d'un beau parquet, les chambres se veulent douillettes, avec réfrigérateur, téléviseur LCD et chaînes câblées, cafetière et articles de toilette.

6 **Savali Hotel** – A3 - *Jl. Hayam Wuruk 31 - (0751) 276 60 - www.savalihotel.com - 23 ch. 700 000/900 000 Rps.* Propre et discret, ce petit hôtel ne manque pas d'atouts, à commencer par sa décoration plaisante, mêlant plantes vertes, arts islamique et bouddhique. Petite piscine, ambiance zen et détendue, chambres petites mais correctes.

3 **Hotel HW** – A3 - *Jl. Hayam Wuruk 16 - (0751) 893 500/893 502 - www.hwhotelpadang.com - 78 ch. 400 000/1 350 000 Rps.* Un bel édifice de style néo-classique, tout de blanc et de beige, sert d'écrin à cet hôtel de catégorie supérieure. Chambres assez petites mais dotées d'une excellente literie, Wi-Fi de bonne qualité, bon petit-déj. buffet, piscine sur le toit. L'insonorisation laisse cependant à désirer. N'hésitez pas à négocier les prix.

À Pantai Bungus

Budget moyen

Jophira Tintin – *Accès par bateau (40mn - 400 000 Rps par trajet pour 4 pers. maxi.) au départ de Bungus - 0853 6522 0635 - www.jophira-tintin.com - 3 ch. 175 000/200 000 Rps/pers. en pension complète.* Sur une plage isolée (pas d'accès routier), entre jungle et récifs de corail, des bungalows en bois et toit de palme, sobres et équipés de moustiquaires (prévoir tout de même du répulsif antimoustique), ainsi qu'une chambre d'hôtes dans la maison principale. Raoul, le propriétaire, qui possède également le *losmen* Tintin sur la plage de Bungus, organise des sorties en bateau dans les îles, des treks dans le parc de Kerenci, ainsi que des excursions sur l'île de Siberut. Pas de téléphone ni d'Internet : le cadre rêvé pour une robinsonnade.

À Sungai Pinang

Rimba Ecolodge – *Muaro Duo Bay - accès en bateau (45mn) seult - 0821 7082 6361 - www.rimba-ecoproject.com - 7 ch. 250 000/350 000 Rps/pers. en pension complète.* Fondée par une Française, Nadège Lanau, qui s'occupe en parallèle, avec son mari indonésien, d'une association d'aide à la scolarisation des enfants des villages voisins, cette *guesthouse* est un vrai paradis pour Robinson. Plantés sur la plage, face aux eaux turquoise d'une baie sauvage, la jungle dans le dos, les bungalows en rotin, palme et bambou sont sobres mais bien équipés. Tout est géré dans un souci écologique. Snorkeling, excursions en forêt, pirogue traditionnelle inclus dans le prix. Dépaysement garanti.

L'île de Siberut ★★★

Alors que les autres îles de l'archipel des Mentawaï attirent des surfeurs en quête de vagues, Siberut, la plus grande et la plus septentrionale des quatre îles habitées, est le terrain des aventuriers et ethnologues en herbe. L'île abrite en effet des communautés animistes qui, isolées du monde extérieur, vivent en parfaite harmonie avec la forêt, de chasse, pêche et cueillette. Aujourd'hui minoritaires sur leur propre île, les Mentawaï tentent de résister aux sirènes de la modernité et à la domestication culturelle voulue par les autorités indonésiennes. Habitant des longues maisons enclavées dans la jungle épaisse, ces petits clans familiaux s'y déplacent en pirogue sur des rivières rouges, ou à pied par un incroyable réseau de troncs de bois enjambant ruisseaux et marais. La remarquable préservation de leur mode de vie ancestral, leur esthétisme corporel (fleurs, tatouages et bijoux), leurs rituels chamaniques, leurs connaissance et respect de la nature et leur société égalitaire attirent les touristes. Partager, durant quelques jours, la vie quotidienne de ces « hommes-fleurs » est pourtant loin d'être une sinécure. Mais c'est une expérience riche en émotions qui vous marquera à vie et qui, quoi qu'on en dise, aide à préserver la culture de ces peuples indigènes.

Se repérer

CARTE B2 (P. 428-429).
Archipel des Mentawaï – 6 011 km² – 87 623 hab.
À 150 km à l'ouest de Padang, dans l'océan Indien, l'île de Siberut (130 km de long sur 50 km de large) est l'une des quatre îles habitées de l'archipel des Mentawaï, avec Sipora, Pagai Utara (nord) et Pagai Selatan (sud). Outre la mangrove côtière, elle est couverte par une dense forêt équatoriale humide classée parc national dans sa partie ouest et déclarée réserve de la biosphère par l'Unesco. Aucune route ne la traverse, sinon pour relier le port de Maileppet, sur la côte sud-est, où accostent les bateaux, à Muara Siberut, 6 km plus au sud, l'unique bourgade de l'île. Les déplacements dans l'île se font en pirogue et à pied.

Conseils

Munissez-vous d'une vieille paire de baskets ou, mieux, de chaussons marins en néoprène, plus pratiques que des bottes en caoutchouc pour marcher dans la boue profonde des sentiers. Prévoyez du produit antimoustique et un traitement antipaludéen. Prenez assez d'argent pour le bateau, le guide, les repas et menus achats, et consignez le reste, vos objets précieux et papiers (emportez des photocopies), à Padang, à l'abri de l'humidité. Riz, sucre, café et thé peuvent s'acheter à Muara Siberut.

Organiser son temps

Prévoyez au moins 3 jours sur place, l'idéal étant de rester entre 5 et 6 jours.

Carnet pratique p. 469

Nos adresses p. 469

5

Les Mentawaï, peuple en sursis

Les premiers habitants de Siberut auraient une souche commune avec les peuples Batak-Nias de Sumatra, mais peu d'éléments éclairent leur arrivée. Déclarée territoire hollandais au moment de la colonisation, l'île n'entre vraiment en contact avec l'extérieur qu'au milieu du 20e s., lors de l'arrivée des missionnaires catholiques italiens et des commerçants chinois, minang ou bugis, lorgnant sur les profits juteux de l'exploitation forestière. Anciens chasseurs de têtes, les Mentawaï délaissent alors les côtes pour se réfugier dans l'intérieur des terres. Après l'indépendance, le gouvernement entreprend de « civiliser » et de sédentariser ces indigènes qui vivent presque nus dans la forêt. Des mosquées et des villages en préfabriqué sont édifiés, où les familles sont déplacées de force, pour être plus près des écoles destinées à enseigner aux enfants la langue nationale. Dans un même projet d'acculturation, rites animistes, tatouages et pagnes sont interdits et les maisons claniques sont brûlées. Depuis les années 1990, cependant, la tendance s'inverse. Raison pragmatique : l'engouement des touristes pour cette culture ancestrale, qui a su préserver ses traditions animistes. Des maisons claniques (uma) sont reconstruites, les chamans (sikerei) retrouvent une part de leur prestige social, des familles repartent vivre en forêt, la discrimination à l'égard des autochtones diminue. Mais menacés par les projets d'exploitation de l'île, incités à rejoindre les villages gouvernementaux et souvent réduits à n'être qu'une attraction folklorique pour touristes, les Mentawaï ont du mal à assurer un avenir à leur culture.

Les hommes-fleurs, une vie d'harmonie

Des fleurs d'hibiscus rouges dans les cheveux, les hommes partent à la chasse. Ainsi parés, les Mentawaï demandent à la forêt et à ses esprits – ceux des pierres, des arbres et de toutes choses – de leur accorder de la chance. Au sein de la forêt, l'homme vit en harmonie avec la nature et avec lui-même. Reflet de cet équilibre personnel, le corps se doit d'être beau, afin de toujours séduire l'âme qui, sans cela, s'en irait... Bijoux et dents limées en pointe y contribuent, mais rien n'égale la valeur des tatouages, véritable langage symbolique. Ainsi, les flèches qui descendent sur les bras évoquent la force, et les singes que les hommes dessinent sur leurs cuisses rappellent leurs chasses fructueuses. La douleur liée à l'exécution du tatouage est aussi vive que les Mentawaï sont fiers de leur peau. Les Mentawaï de Siberut se divisent en une dizaine de clans qui possèdent chacun leur propre dialecte : Sikapone, Sakuddei, Simatalu, Togiiite, Sabirut, etc. Chaque clan a ses propres tatouages.

L'Uma, la maison-village

Isolée dans la jungle, à proximité d'un cours d'eau, l'*uma* abritait autrefois sous son immense toit de palmes une communauté de cinq à dix familles, aux liens patrilinéaires. Toute la vie sociale s'y déroule : repas, mariages, chamanisme. On accède au niveau d'habitation, perché sur des pilotis, par un tronc creusé d'encoches. Avant le repas du soir, hommes et femmes, en deux groupes distincts, discutent et fument sous le grand *jaraïk*, une peinture dressée au-dessus de l'entrée qui reprend la symbolique du singe, l'animal totem. À la nuit tombée, les hommes prennent la lampe à huile et vont s'installer dans la première pièce, ornée de crânes de singe et de mâchoires de cochon, évocations des esprits bienveillants, tandis que les femmes et les enfants s'allongent sous la moustiquaire, près du foyer encore chaud de la cuisine...

Mentawaï à Siberut.
F. Charton/hemis.fr

Découvrir

Les ferrys abordent au débarcadère de Maileppet, d'où des ojek (25 000 Rps) emmènent les visiteurs jusqu'à Muara Siberut, le village principal de l'île, situé à 6 km plus au sud, au bord du fleuve Rereiket.

Muara Siberut

Avec son port, sa mosquée et ses commerces tenus par des Minang ou des Javanais, ce petit bourg de 1000 habitants, qui tient plus du cloaque amazonien que de la carte postale, représente le dernier pôle de modernité avant la jungle. Une modernité qui rattrape peu à peu les hommes-fleurs, en particulier les jeunes, attirés par ce monde nouveau, qui ne veulent plus d'une vie de chasseurs-cueilleurs comme leurs parents et migrent vers Sumatra et ses grandes villes.

★★★ Les villages de la jungle

En général, un pong-pong (pirogue à moteur) dépose les visiteurs à Rogdog (15 km à l'ouest - 45mn de pirogue) ou plus loin à Madobag (1h30). De là partent les sentiers vers les profondeurs de la jungle.

Marécageuse, infestée par la malaria, les sangsues, les serpents, les lianes et les branchages, la jungle de Siberut ne se parcourt pas sans l'aide d'un guide. Les premiers troncs d'arbre jetés dans la boue indiquent le chemin, qui s'enfonce au cœur de l'entrelacs végétal. Tour à tour se succèdent palétuviers des marais, rotins et bambous épais, tandis que résonnent les chants mélodieux des singes *bilou* et les cris des bandes de macaques, qui cessent d'un coup à l'approche des intrus. La progression, rendue difficile par un sol limoneux, ne pose aucun problème aux Mentawaï, habitués à marcher pieds nus. D'un pas élastique, ils vous croisent en saluant d'un joyeux *« Alohita! »* (bonjour) avant de disparaître à nouveau dans les profondeurs de la forêt.

Village récent construit par le gouvernement, avec son école et ses maisons au toit de tôle, **Madobag** *(7 km au nord-ouest de Rogdog - 4h de marche)* émerge

Danses et transes

L'homme transpire dans une couverture. Il regarde se dérouler la cérémonie dont il est le centre, sur la plateforme abritée de l'*uma*. Pas moins de sept **chamanes** *(sikerei)* sont venus des villages alentour pour invoquer le retour de l'âme dans le corps du malade, un chamane, lui aussi. Pendant sept jours et sept nuits, parés de fleurs et de feuilles de palmier, le front ceint du *luat* – un bandeau de perles qui marque leur fonction, transmise de père en fils –, ils se relaient pour chanter et danser en mimant l'aigle et le singe, martelant le sol de leurs pieds jusqu'à la transe. Autour d'eux, les dizaines de membres de la communauté participent en riant, sans répit, à se décrocher la mâchoire. Car malgré la fatigue et l'ombre de la mort, il doit en être ainsi : l'âme ne reviendra que si la maison est joyeuse.

soudain au centre d'une plaine. Les habitants des *umas* environnantes s'y approvisionnent en tabac, sortant de leur pagne l'argent dont ils ont récemment adopté l'usage. À 45mn de marche du village, on rejoint la **cascade de Kulu Lubuk**, lieu de baignade enchanteur.

En s'enfonçant dans l'intérieur de l'île, on rejoint les villages plus reculés de **Ugaï**, **Sakalio** et **Attabaï**, où se dressent de grandes et anciennes *umas* *(voir p. 466)* décorées de dizaines de crânes d'animaux domestiques (tournés vers le foyer) ou sauvages (regardant vers la forêt extérieure), de sculptures en bois, d'armes, de paniers d'osier et d'objets rituels.

Alentour, la jungle recèle de nombreuses **umas** isolées, construites sur des pilotis, la plupart du temps au bord d'une rivière. Là, on conserve le mode de vie traditionnel en clan. Si vous faites preuve de tact et de patience, les membres de la famille vous feront partager leur quotidien : la **pêche** avec les femmes qui partent en invoquant l'esprit des eaux. Armées de nasses, elles se déplacent en silence dans la vase jusqu'à mi-corps pour déloger poissons et crevettes cachés dans la mangrove. Au retour, vous verrez le chef de famille, toujours une cigarette en feuille de bananier à la bouche, enduire patiemment la pointe de ses flèches d'un poison mortel. Extrait de diverses racines, feuilles et écorces, ce redoutable neurotoxique terrasse un singe ou un cochon sauvage en une minute ! Vous participerez à la fabrication des **pagnes en écorce** de jacquier ou des paniers en osier, à la préparation du **sagou**, plat principal des repas, à une séance de **tatouage** ou encore à un **rituel de guérison chamanique**, sanctionné par le sacrifice d'un poulet ou d'un cochon. Vient enfin l'heure de la veillée, bercée par les **chants** des Mentawaï, tandis que les *pepen* (lucioles) tournoient dans l'air, uniques lumières dans cette nuit des temps que l'on quitte à regret pour retrouver la « civilisation »...

Le goût du sagou

Depuis la nuit des temps, les Mentawaï tirent une sciure extrêmement nutritive du cœur friable du sagoutier (*Metroxylon*), une variété de palmier qui plonge ses grosses racines dans les marécages. Râpé sur une plateforme surplombant la rivière, le sagou est recueilli dans une pirogue placée en dessous, puis filtré et lavé. Une fois grillé, il sera conservé dans des feuilles de palme pour constituer l'essentiel de tous les repas (goût fade et légèrement aigre).

Carnet pratique

Adresses utiles

Muarat Siberut abrite un bureau de poste, une banque (ni ATM, ni retrait, ni change), quelques épiceries, un poste de police et un petit centre médical sommaire. Mieux vaut apporter tout ce dont vous pourrez avoir besoin : argent liquide, produit antimoustique, traitement antipaludéen et antidiarrhéique, capsules purifiantes d'eau, désinfectant, lampe frontale, papier-toilette, drap de soie ou sac à viande, imperméable et sacs en plastique pour protéger vos affaires de la pluie, savon et shampooing. La nourriture et les cigarettes peuvent s'acheter sur place, mais les prix sont plus élevés qu'à Padang.

Arriver/Partir

En bateau

Mentawaï Fast – ✆ *(0751) 893 489 - www.mv-mentawaï-fast.business.site.* Solution la plus rapide et la plus confortable pour rejoindre Siberut de Padang, ce bateau climatisé part les mar. et sam. à 7h *(6h de traversée, avec escale)* et jeu. à 7h *(3h, direct)*. Retour de Siberut *(3h)* les mar., jeu. et sam. à 15h.

Gambolo – Le vieux ferry de nuit, doté de quelques cabines couchettes, part de Bungus, à 20 km au sud de Padang. Dép. à 19h les merc. *(18h de traversée, avec escale)* et vend. *(12h, direct)* ; retour de Siberut jeu. à 16h *(18h, avec escale)* et sam. à 19h *(12h, direct)*. Les jours et horaires peuvent changer, vérifiez sur place. Vous devrez dormir la veille du départ et au retour à Padang. Réservez votre billet à l'avance et arrivez au quai au moins 30mn avant le départ.

Visites

☺ Pour découvrir l'île dans une démarche éthique et responsable, passez par les guides locaux. Les agences de voyage de Sumatra n'ont pas le même respect pour la population autochtone et les circuits qu'ils proposent ne profitent nullement aux locaux. Mieux vaut se regrouper (pas plus de 6 pers.) pour partager les frais. Plusieurs guides Mentawai basés sur l'île ou à Padang et parlant anglais disposent d'une page Facebook et/ ou d'un numéro WhatsApp : **Agus Sakukuret** *(✆ 0823 8565 5117)* ; **Aman Jepri** *(✆ 0813 7438 1791)* ; **Korne Sakaliou** *(✆ 0821 7466 7486)* ; **Sarhul** *(✆ 0813 7226 5185)*. Selon vos souhaits, ils vous établiront un devis. Tarifs non négociables. Sinon, au départ de Padang, vous pouvez vous joindre à une excursion organisée par le **Rimba Ecolodge** (*voir p. 464*) ou la **Ricky's Beach House** à Sungai Pinang *(www.authenticsumatra.com)*.

5

Nos adresses

Restauration/ Hébergement

Dans les villages, vous mangerez et dormirez chez l'habitant, à même le sol. Muara Siberut possède quelques *warung*.

Premier prix

Manai Koat – *À Maileppet (entre l'embarcadère et le village) - ✆ 0813 6340 1647 -* ✕ ⊭ *- 3 ch. 300 000 Rps* ⊒. En bord de mer, à 5mn à moto de Muara Siberut, la seule pension correcte de l'île, tenue par un couple de Mentawaï. Chambres spacieuses et simples, sdb à l'occidentale. Repas à la demande. Peut garder vos bagages et vous trouver un bateau pour aller vous relaxer au sud jusqu'à la plage de Masilok *(40mn de trajet)*.

Le pays Minangkabau ★★

Terre agricole, le cœur du pays Minang s'étend au pied du volcan Merapi (2891 m). Sur ses pentes fertiles, sculptées de rizières en terrasses, s'ouvrent de fantastiques canyons où jaillissent des cascades noyées dans la jungle. Au petit matin, quand les brumes s'accrochent encore dans le feuillage délicat des canneliers, le paysage rappelle les beautés bucoliques de Bali. Les habitants, eux, ne se comparent à nul autre. À la ville, les femmes voilées, reines du commerce, transforment les marchés en ruches animées. À la campagne, elles règnent sur ces étonnantes maisons traditionnelles au toit à cornes, à l'abri duquel les frères discutent l'adat, la coutume qui régit le quotidien. Car les Minangkabau perpétuent le paradoxe d'une société à la fois matrilinéaire et musulmane. Un fascinant double visage, qui s'accompagne d'une chaleur constante envers l'étranger.

Se repérer

CARTE B2 (P. 428-429) – CARTE DU PAYS MINANG (P. 474) – PLAN DE BUKITTINGGI PAGE CI-CONTRE.

Province de Sumatra-Ouest. Située à 90 km au nord-est de Padang (3h de route), Bukittinggi (113000 hab.) est le cœur culturel de cet éden verdoyant qu'est le pays Minang. Perchée à 930 m d'altitude, la ville jouit d'un climat doux et frais. Une bonne base pour explorer les environs, le lac Maninjau, Batusangar et la vallée de Harau.

À ne pas manquer

Le palais de Pagaruyung ; randonner dans la vallée de Harau ; assister à une course de buffles ou à un fastueux mariage minang ; observer la floraison d'une rafflésie à Batang Palupuh.

Organiser son temps

Au départ de Padang, prévoyez un circuit de 3 jours, avec une nuit à Bukittingi et une nuit dans la vallée de Harau ou au bord du lac Maninjau. Pour arpenter la région, mieux vaut disposer d'un scooter ou d'une voiture avec chauffeur. Évitez la vallée de Harau le w.-end.

Carnet pratique p. 478

Nos adresses p. 479

Se promener

PLAN CI-CONTRE

★ Bukittinggi

Point de départ pour l'exploration du pays Minang, Bukittinggi possède bien des avantages : il y fait bon, on y mange bien, et l'on s'y promène à pied. La petite ville, qui a un faux air arabe avec ses minarets à chaque coin de rue, est réputée pour ses chants de muezzin, dans une surenchère de haut-parleurs. À 4h30 du matin, les appels de toutes les mosquées se fondent en une polyphonie lancinante. Les fidèles se hâtent alors dans l'obscurité brumeuse tandis que les paysans, déjà à l'œuvre, mènent leurs vaches dans les rues désertes. Le jour, celles-ci résonnent des trottinements de sabots ferrés : les cent **bendi** de Bukittinggi, calèches à cheval

ornées de pompons rouges. Mais ne vous méprenez pas : sous ses airs tranquilles, cette bourgade représente le pôle culturel des Minangkabau, et elle fit office de capitale provisoire au pays pendant la guerre d'indépendance.

Vous ne pouvez pas manquer **Jam Gadang** (B3), la « grande horloge », un beffroi néerlandais coiffé d'une toiture minang, élevé en 1827, véritable épicentre de la ville. Il aurait servi à l'armée hollandaise pour espionner les mouvements de l'imam Bonjol.

À son pied s'étend le **Pasar Atas** ★★ (C2), le marché du haut traditionnel, qui surplombe le **Pasar Bawah** (C2), le marché du bas destiné aux produits d'importation. Tous deux abritent les *warung* les plus animés et rassemblent toutes les richesses du pays Minang : fruits, pièces d'artisanat, sans parler des montagnes de *krupuk*, ces chips aux parfums et aux couleurs variés. Le samedi, le centre-ville tout entier n'est plus qu'un seul immense étal, justifiant la réputation du marché de Bukittinggi : le plus grand de Sumatra.

Au centre se trouvent les plus **vieilles ruelles**★ de la ville, bordées de petites maisons basses aux tons fanés, datant du colonialisme. Sous leurs arcades ombragées, les hommes coiffés du *peci* disputent de rudes parties de dominos, où l'on tape du poing pour passer son tour.

Un peuple, trois vallées

La tradition veut que les Minangkabau descendent directement d'Alexandre le Grand. Celui-ci eut en effet trois fils d'une princesse indienne. L'un partit s'établir au pays du Levant, l'autre au pays du Couchant. Quant au troisième, **Maharaja Diraja** (« grand roi des rois »), il s'installa entre les deux. Son bateau heurta un écueil de la taille d'un œuf : le sommet du Merapi, montagne mythique. Il y attendit que les eaux descendent et fonda son royaume alentour, sur le site de l'actuelle **Pariangan**. Son épouse – une jeune fille du pays – lui donna un fils, Sutan Paduka Basa. D'un second mariage, elle eut ensuite un autre enfant, Jantang Sutan Balun. Or, quand l'heure fut au partage, l'aîné voulut régner sur les trois vallées du pays – **Tanah Datar, Agam** et **Limapuluh Kota** –, et les deux demi-frères en vinrent à s'affronter. Le plus jeune lança un défi, près de Lima Kaum : le vainqueur serait celui qui parviendrait à plonger son kriss dans une pierre. Les deux lames s'enfoncèrent à moitié... à hauteur égale. Résultat : chacun créa son système politique. Descendant d'une noble lignée, l'aîné établit une organisation aristocratique fortement hiérarchisée, le *koto-piliang* ; le cadet, une administration collégiale et égalitaire, le *bodi-caniago*. L'Agam releva de l'un, Tanah Datar de l'autre, et la vallée de Limapuluh Kota combina les deux.

Le règne des femmes

C'est à ces temps reculés que remonterait l'**adat**, le droit coutumier qui fixe les règles du fameux **système matrilinéaire** des Minang. D'après cet « héritage ancien que les pluies ne pourrissent pas, que le soleil ne dessèche pas », seules les femmes ont le droit de posséder et de transmettre. La famille obéit à l'aînée des grand-mères et, si l'administration du village incombe à son frère aîné, le pouvoir de décision finale revient aux femmes. Face à cette puissance féminine, les hommes partent en *marantau*, un exil dans une autre contrée où ils recherchent expériences et richesses, avant de revenir au pays pour y prendre épouse. Ainsi la société acquiert-elle sa logique : les mères sont gardiennes des terres nourricières, mais il appartient aux fils d'en faire fructifier les produits. La légende de Malin Kundang illustre la force de cette tradition : de retour au pays, ce fils refusa de reconnaître sa mère, devenue veuve et pauvre. Indignée par une telle attitude, la vieille femme le maudit et, lorsque Malin Kundang reprit la mer, une tempête s'éleva et il périt pour ne pas avoir respecté l'*adat*.

Les noces de l'adat et de l'Islam

Selon un proverbe minang, « l'*adat* est descendu des montagnes, la religion est montée de la côte ». Dans cette étonnante rencontre – tradition matrilinéaire et islam –, le Coran fit le premier pas. Les richesses du pays Minang en minerai d'or, puis en poivre, attirèrent les commerçants islamisés d'Aceh et, à la fin du 16e s., un musulman, **Sutan Alif**, prit le trône de **Pagaruyung**, la capitale de Tanah Datar. À ses côtés, deux vice-rois : le *raja adat*, représentant du droit coutumier, et le *raja ibadat*, responsable des questions religieuses.

Au 19e s., cependant, cet équilibre fut bousculé par l'arrivée des **Padri** *(voir p. 432)*. Conduits par l'**imam Bonjol**, ces croyants armés entreprirent une guerre sainte qui se mua en instrument du nationalisme contre les Hollandais. L'*adat* fut

Les maisons à cornes des Minangkabau

La grande maison *(rumah gadang)* des Minangkabau montre une façade toute en longueur. Certains pensent que la courbe de sa toiture fut adoptée pour éviter l'affaissement de la poutre faîtière. Mais pour les Minangkabau, elle figure les cornes d'un buffle, leur animal totem. La façade de bois se pare d'une profusion de motifs gravés et colorés, vocabulaire ornemental qui reprend celui des brocarts minangkabau, les *songket*. Des greniers à riz (*riangkiang*) flanquent souvent la maison. L'intérieur se compose d'un long vestibule, qui fait office de salle de réception ; chaque extrémité est occupée par une estrade, l'*anjung*, où les invités de marque peuvent prendre place. Sur le mur du fond, fermé d'une cloison de bambou tressé pour laisser passer l'air, s'aligne une série d'alcôves : les chambres des femmes.

alors jugé contraire aux principes musulmans orthodoxes, d'autant que les familles royales minangkabau entretenaient des liens économiques, trop étroits à leur goût, avec le pouvoir colonial. Lâchés par Batavia, le roi de Pagaruyung et sa famille furent alors décimés par les Padri, dans les années 1820, avant que les Hollandais n'écrasent finalement le djihad.
L'islam sortit vaincu de cet épisode, mais il continua longtemps de représenter le nationalisme et l'espoir d'indépendance. Aussi la population de Sumatra Ouest est-elle restée l'une des plus ferventes d'Indonésie. Le choix entre l'ancien droit coutumier et la loi coranique se décide désormais en famille, et le conseil du village s'appuie sur l'un ou l'autre, selon les circonstances, pour résoudre un problème.
Autre évolution : si les propriétaires des biens sont encore principalement les femmes, la tendance actuelle encourage de plus en plus une répartition de l'héritage entre frères et sœurs. Propriétaires des terres, les femmes minangkabau partagent néanmoins les rênes du pouvoir avec l'oncle maternel, le *mamak*, et avec le ef du clan, le *datuk*.

La terre des « longues maisons »

Malgré les transformations de la société, les Minangkabau conservent une identité forte. Les membres de la diaspora du *marantau* restent profondément attachés à leur pays et reversent encore à leur mère une part de leurs revenus. C'est ainsi que, sur les terres ancestrales, on conserve et bâtit encore les **rumah gadang**, ces grandes maisons traditionnelles en bois (même si la tôle a fait, ici aussi, son apparition). C'est le domaine des femmes, les époux y sont « invités » à la nuit tombée. Leur immense toiture, courbée en forme de cornes de buffle aux pointes serties de bagues brillantes, rappelle l'animal totem des origines. Bien sûr, elles paraissent un peu vides avec tous ces enfants partis chercher fortune ailleurs. Mais au moment des mariages – qui comptent parmi les plus spectaculaires de l'archipel –, elles deviennent un magnifique théâtre chatoyant de soie et d'or. Vous pourrez découvrir de majestueuses *rumah gadang* – certaines datant de plus de trois siècles – en flânant dans les villages autour de Batusangkar : **Sungayang**, **Limo Kaum**, **Pariangan** et **Balimbing**.

Pour sortir de la frénésie du marché, empruntez les escaliers qui rejoignent Jl. A. Yani, puis gravissez ceux qui montent vers le quartier du benteng, la « citadelle ».
Plus connue sous le nom de **fort de Kock** (B1), elle a été bâtie par les Hollandais durant le soulèvement des Padri. Seuls en subsistent les canons, mais c'est le lieu idoine, au coucher du soleil, pour admirer le panorama sur la ville.
De là, empruntez la passerelle métallique qui enjambe Jl. A. Yani.
En face de la colline du fort se dresse celle du **zoo** (C1), où tigres, éléphants, tapirs, varans et pélicans croupissent dans des conditions déplorables. Le parc abrite également le **Rumah Gadang TMS Kinantan**★ *(8h-17h - 25 000 Rps)*, musée de la culture minangkabau qui occupe une belle maison traditionnelle. L'intérieur cache un bric-à-brac de documents ethnographiques, de maquettes d'architectures

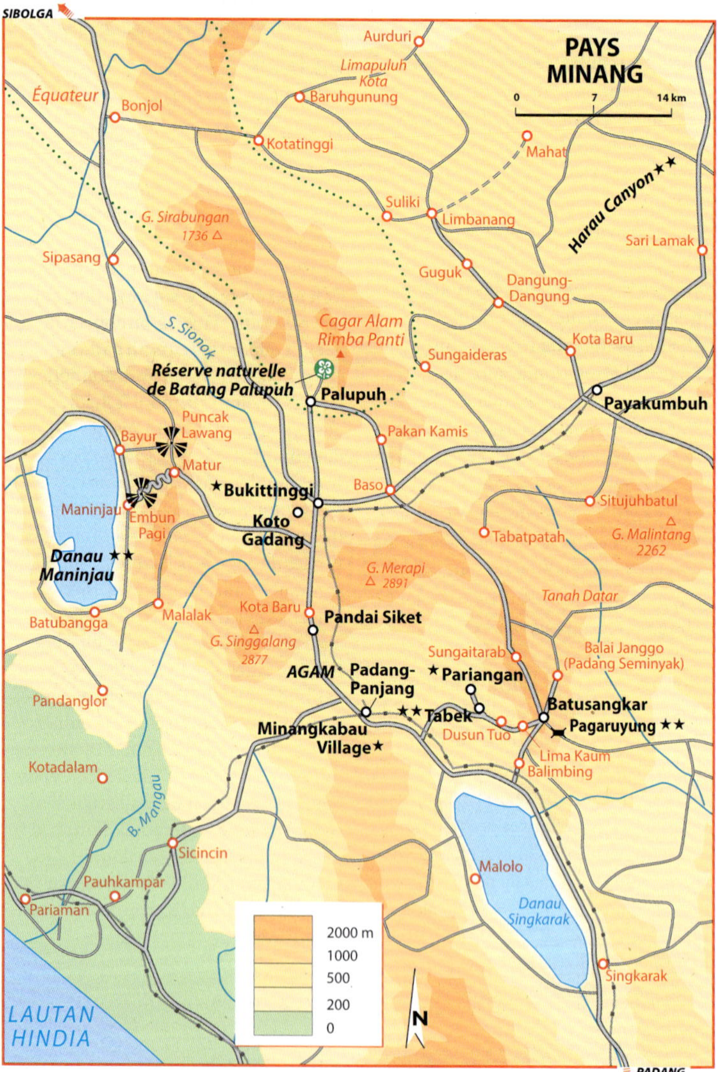

régionales et d'animaux empaillés. De précieux **songket★**, les superbes brocarts de soie régionaux, montrent les harmonieuses influences chinoises, indiennes et arabes qui font la richesse de l'art du tissage minang. Des spectacles de danse ont lieu en soirée tous les dimanches, les jours fériés et pendant les vacances.
Finissez la visite de la ville par une échappée au **Panorama Park★** (A3) *(Jl. Panorama - 20 000 Rps)*, un jardin aménagé sur la corniche d'une faille rocheuse, au sud-ouest de la ville. La **vue★★** sur la faille est spectaculaire *(de préférence tôt le matin ou au coucher du soleil)*.
Dans le parc, ne manquez pas les **grottes japonaises** *(8h-18h - env. 30 000 Rps la visite guidée)*, creusées par des travailleurs forcés sur ordre de l'occupant (1942-1944) pour qu'il puisse y entreposer ses armes à l'abri des Alliés. 1400 m de tunnels ont ainsi transformé en gruyère les collines sur lesquelles repose Bukittinggi ! Au coucher du soleil, des chauves-souris géantes émergent des galeries pour rejoindre les forêts alentour.
En contrebas du parc, un autre sentier donne accès à **Koto Gadang**, une réplique miniature (et assez grotesque) de la Grande Muraille de Chine. Ses escaliers descendent jusqu'au **Ngarai Sianok★★ (canyon Sianok)**, impressionnante faille que l'on admire du haut du belvédère du parc *(voir plus haut)*. Son enfilade de falaises aux couleurs changeantes dirige le regard jusqu'à l'imposant **Gunung Singgalang** (2877 m), un volcan endormi. Un sentier de randonnée longe la rivière, où l'on aperçoit des singes sauvages. Sur ses berges, des terrasses de café ont été aménagées.

À proximité

CARTE DU PAYS MINANG CI-CONTRE

Au nord et à l'ouest de la ville

Koto Gadang

À 5 km à l'ouest de Bukittinggi.
Dans ce petit village cerné de rizières, d'habiles artisans transforment l'argent en bijoux et maquettes de maisons traditionnelles, en filigrane d'une précision et d'une finesse remarquables. Leurs ateliers méritent le coup d'œil.

★★ Danau Mininjau (LAC MANINJAU)

À 36 km à l'ouest de Bukittinggi (comptez 2h de trajet).
Après une longue descente de 44 virages en épingle, on rejoint enfin les rives du Danau Maninjau, un superbe lac de cratère (16 km de long sur 7 km de large). S'il n'atteint pas les dimensions du lac Toba, il lui dispute largement sa majesté, que l'on peut contempler du haut des panoramas au fil de la route en lacets. Le lac est exploité pour l'aquaculture intensive par la population locale, à l'aide de près de 17 000 cages flottantes fourmillant de carpes et tilapias, si bien que ses eaux sont devenues très polluées.

★ Réserve naturelle de Batang Palupuh

À 15 km au nord de Bukittinggi, accès possible en minibus. Renseignez-vous avant auprès de votre hôtel ou d'une agence locale pour savoir si des rafflésies sont en fleur. Prévoyez pantalon, chaussures de marche et lotion antimoustique.
C'est dans cette réserve, un pan de jungle de 3,4 ha dans la montagne, que vous aurez le plus de chance de voir la géante **Rafflesia arnoldii**, la rafflésie, la plus grande fleur au monde (*voir p. 589*). Il faut souvent randonner près d'une heure dans la jungle, guidé par un ranger, à travers une végétation dense et sur un sol glissant, pour apercevoir un spécimen en fleur. La réserve abrite aussi de

nombreuses espèces d'orchidées et des **arums titans**, dont l'inflorescence en forme d'épi peut atteindre jusqu'à 3 m de hauteur, et qui partagent avec les rafflésies un doux parfum de pourriture.

À la sortie de la réserve, derrière la mosquée du village, allez visiter la plantation **House of Rafflesia Luwak Coffee** *(✆ 819 3353 8136)* où l'on récolte et torréfie le très réputé *kopi luwak*, l'un des cafés les plus chers du monde. Il est récolté dans les excréments des civettes (*luwak* en indonésien).

Au sud et à l'est de la ville

Pandai Sikek

À 15 km au sud de Bukittinggi par la route de Padang-Panjang.

Doté de quelques belles maisons traditionnelles, le village est célèbre pour ses magnifiques **songket★**, brocarts de soie ou de coton dans lesquels sont insérés des fils d'or ou d'argent. N'hésitez pas à entrer dans l'un des ateliers où les femmes s'affairent sur leurs antiques métiers à tisser. Portés lors des mariages et cérémonies, ces scintillants brocarts peuvent valoir une fortune.

Padang-Panjang

À 20 km (1h de route) au sud de Bukittinggi.

Ville universitaire, Padang-Panjang abrite une Académie des arts (Institut Seni Indonesia) où sont enseignés théâtre, danse et musique du pays Minang. Des concerts et des spectacles de *randai*, le théâtre dansé, y sont donnés. Une belle *rumah gadang* sert d'écrin au **Minangkabau Cultural Center** *(tlj sf vend. 7h-17h-5 000 Rps)*, qui présente une collection de photographies anciennes, des livres, documents, costumes et instruments de musique traditionnels.

★★ Autour de Batusangkar

À 45 km (1h30 de route) au sud-est de Bukittinggi.

C'est dans ce secteur que l'on croise les plus belles et anciennes *rumah gadang*. À 5 km au sud du village de Batusangkar, le **palais de Pagaruyung★★** *(9h-16h - 25 000 Rps)* fut le siège de la royauté Minangkabau qui régnait sur Tanah Datar au 17e et 18e s. Lors de la guerre des Padri, en 1821, la famille royale fut massacrée sur ordre d'un dirigeant musulman puritain et son palais incendié. On sait peu de choses de l'ancien palais, plusieurs fois déplacé. Une première réplique, construite

Les Ben-Hur des rizières

Chaque année, après les récoltes, plusieurs villages autour de Batusangkar organisent *(en général les samedis de septembre)* le **Pacu Jawi**, une ancestrale course de buffles dans les rizières boueuses. L'occasion d'une bonne séance de rigolade collective mais aussi, pour les éleveurs, d'exhiber leur plus beaux spécimens à cornes afin de les vendre au meilleur prix. C'est un tour de force autant pour les bovidés que pour les conducteurs d'attelage. Ces derniers, en équilibre précaire sur une barre de bambou qui remplace la charrue, se livrent une compétition effrénée, les mains agrippées à la queue de leur paire de buffles. Pour les faire aller plus vite, ces jockeys des rizières n'hésitent pas à leur mordre la queue et à leur hurler des invectives, tandis que les attelages soulèvent des gerbes de boue qui éclaboussent le public. Le vainqueur n'est pas seulement le premier arrivé, c'est aussi celui qui parvient à tenir son attelage le plus longtemps possible en ligne droite, sans en perdre le contrôle ni chuter dans la boue.

en 1976, brûla lors d'un incendie en 2007. L'actuelle reconstitution, achevée en 2013, est admirable, tant par ses dimensions (60 m de long) que par son style, avec ses toits de palme dont les flèches s'envolent vers le ciel, ses hauts piliers et ses façades en bois finement sculptées et peintes.

À 500 m au nord, l'**Istano Silinduang Bulan**★ *(9h-16h - gratuit),* ou palais de la Lune, est plus petit, mais tout aussi richement incisé de motifs floraux. Propriété d'une riche famille minang de Jakarta, il a été rénové après un incendie en 2010.

À 13 km à l'ouest de Batusangkar, niché au fond d'une vallée encaissée, le petit village de **Pariangan**★ mérite d'être visité. Autour de sa mosquée, de la maison du conseil (et son antique siège de pierre) et de sources chaudes se répartissent des longues maisons traditionnelles minangkabau, ayant pour la plupart troqué les anciens toits de chaume pour de la tôle ondulée. Souvent délabrées, construites en bois et sans clous, ces maisons aux courbes élancées, façades colorées et fenêtres de guingois sont dignes d'un conte pour enfants.

Buffle contre bufflon

Le peuple de Sumatra Ouest tire son nom d'une joute mythique qui, au 14e s., l'opposa aux forces javanaises. Le puissant royaume Mojopahit avait envoyé le prince Adityavarman pour vassaliser Sumatra. Celui-ci gagna les montagnes des Minangkabau, où il dût se soumettre à l'épreuve du pouvoir : un combat de buffles. Face à l'énorme mâle des Javanais, dressé à la lutte, les Minangkabau ne présentèrent qu'un ridicule bufflon. Gagné d'avance ? Le jeune animal portait deux lames aiguisées, dissimulées dans ses cornes. En voulant le téter, il éventra son adversaire. Le public acclama le *Menang Kerabau* – « buffle vainqueur » – qui désigna le peuple et le pays Minang.

★★ Harau Canyon (VALLÉE DE HARAU)

À 45 km (1h30 de route) à l'est de Bukittinggi - 5 000 Rps.

La route passe d'abord par la vallée de **Payakumbuh**, que jalonnent de nombreux **mégalithes** (en minang, *batu*) dont l'origine remonte aux premiers ancêtres des Minangkabau. Après avoir sillonné un paysage plat, d'impressionnantes falaises de granit, hautes de 150 m, dressent leur masse sombre au fond de la vallée de Harau, ne laissant qu'une ouverture étroite où s'engouffre la route. De luxuriantes rizières sont enserrées entre ces falaises brun rouge où s'accroche une végétation de lianes et de bambous, et d'où dévalent de nombreuses chutes d'eau jusque dans le canyon, sillonné par la rivière Batang Arau. La vallée est une réserve naturelle de 270 ha dans laquelle vivent macaques, siamangs, tapirs, sangliers… Le chant des siamangs provenant du haut des falaises résonne dans la vallée le soir et au petit matin. Le secteur est propice à l'escalade des parois rocheuses, à la randonnée jusqu'aux cascades ou aux balades en scooter ou à vélo au milieu des rizières d'un vert flamboyant, des plantations de gambir (plante tinctoriale), de manioc, de café et de cannelle.

Carnet pratique

PLAN DE BUKITTINGGI (P. 471)

Adresses utiles

Banque/Change – Plusieurs banques et ATM sur Jl. Yani (B2) et autour de la place de l'horloge.

Poste centrale – C4 - *Jl. Sudirman - lun.-vend. 8h-14h.*

Arriver/Partir

En bus

La gare routière de Bukittinggi, Aur Kuning, est située à 3 km au sud-est de la ville (*env. 30 000 Rps en taxi*). Plusieurs départs dans la journée pour Padang-Panjang, Manijau, Payakumbuh et Batusangkar. De nombreux bus qui relient Medan et le lac Toba à Padang par la Trans-Sumatra font escale à Bukittinggi. Pour Padang et son aéroport ou pour Parapat, il est néanmoins plus pratique d'opter pour un transfert en minivan en passant par les agences de voyage ou votre hôtel.

Transports

À Bukittinggi même, vous pouvez aisément effectuer les trajets à pied, ou essayer les calèches (*bendi*). La plupart des *bemo* passent sur Jl. Yani et Jl. Permuda. Pour explorer les environs, il vaut mieux louer un scooter ou une voiture avec chauffeur auprès de votre hôtel ou d'une agence.

Visites

Les agences de voyage se concentrent autour de Jl. Yani et Jl. Veteran (B1-2).

Lite'n'Easy Tour – *Jl. Sudarso 12 (près du Novotel) - ✆ 0813 7453 7413 - www.liteneasy.co.id.* Bonne agence pour explorer la région et Sumatra Ouest.

Nos adresses

PLAN DE BUKITTINGGI (P. 471)

Restauration

Vous êtes dans la capitale de la cuisine *padang* : à se lécher les doigts ! Ce qui est de rigueur puisque l'habitude veut qu'on mange sans couverts. Vous pourrez cependant réclamer une cuillère... et moins de piment.

À Bukittinggi

Premier prix

Simpang Raya – HORS PLAN - *Jl. Sudirman 8 - ✆ (0752) 221 63 - 💳 - 5h30-0h - 20 000/50 000 Rps.* Cette grande cantine populaire brasse en permanence une foule bourdonnante. Cuisine padang authentique, goûteuse et variée. Essayez le redang, délicieux. Pas d'alcool.

③ **Turret Cafe** – B1 - *Jl. Ahmad Yani 140-142 - ✆ 0812 6702 2159 - 💳 - 11h-0h - 20 000/50 000 Rps.* Le service est parfois un peu lent, le temps de siroter tranquillement une Bintang en terrasse, mais les plats indonésiens ou occidentaux sont très appétissants, en particulier le *redang* de poulet ou de bœuf au curry de coco. Bonnes salades et soupes aussi.

① **Bedudal Cafe** – B1 - *Jl. Ahmad Yani 105 - ✆ 0813 4791 4633 ou 0853 6857 6863 - 💳 - 9h-0h30 - 30 000/80 000 Rps.* Une salle en bois tout en longueur, avec des posters de musiciens, des tableaux et sculptures ethniques. Ambiance chaleureuse impulsée par de jeunes serveurs en dreadlocks qui n'hésitent pas à livrer quelques jams de guitare. Bons petits plats indonésiens ou occidentaux (pizzas, omelettes, steaks, salades), bières et jus de fruits.

Hébergement

À Bukittinggi

Sauf si vous aimez vous lever avant l'aube, les tonitruants appels à la prière des mosquées vous inciteront à porter des bouchons d'oreille.

Premier prix

2 **Hello Guesthouse** – B2 - *Jl. Teuku Umar 6B - (0752) 215 42 ou 0817 811 900 - Ig@ helloguesthousebukittinggi - - 10 lits en dortoir 75 000 Rps/ pers., ch. 195 000/375 000 Rps .* L'adresse favorite des petits budgets. Cette pension familiale propose un dortoir de 10 lits et des chambres très propres avec salle de bain privative et eau chaude, assez petites néanmoins. Ling, la patronne, bichonne ses hôtes. Plan et brochures, location de scooter.

Budget moyen

1 **Grand Kartini Hotel** – B2 - *Jl. Teuku Umar 5 - (0752) 333 37 - www.grand-kartini-hotel. business.site - - 20 ch. 350 000 Rps .* Son élégante façade blanche est un peu trompeuse, car l'établissement n'a rien d'un palace. Les chambres sont néanmoins claires, propres et bien équipées, le Wi-Fi fonctionne et le petit-déj. est correct.

Pour se faire plaisir

9 **Novotel Bukittinggi** – B3 - *Jl. Laras Datuk Bandaro - (0752) 350 00 - www.all. accor.com - - 98 ch. 1 500 000/1 750 000 Rps .* À deux pas de la place de Jam Gadang, l'ancienne résidence du gouverneur affiche un look de palais mauresque. Chambres spacieuses et agréables pour celles qui ont été rénovées, les anciennes étant vieillottes. Personnel attentif, petit-déj. de qualité, piscine extérieure, spa.

Au bord du lac Maninjau

Premier prix

Bagoes Cafe et Homestay – *Au bord du lac, à droite après la descente aux 44 virages - 0813 6379 7005 - - 11 ch. 200 000/250 000 Rps .* Sans doute la meilleure adresse au bord du lac, présente de longue date et décorée avec goût. Hébergement assez basique mais propre, ambiance relax et jolie vue. Bonne cuisine indonésienne et occidentale. Location de scooters, VTT et canoës, change, randonnées guidées.

Vallée de Harau

Premier prix

Abdi Homestay – *Tarantang, Harau - 0852 6378 1842 - - 10 ch. 200 000 Rps .* Cadre bucolique, au pied d'une falaise d'où coule une cascade, et au milieu des rizières où résonnent les chants des grenouilles et des oiseaux. Bungalows en bois et bambou tressé, au-dessus de mares à poissons. Assez roots (mandi à l'indonésienne, sans eau chaude) mais l'ambiance conviviale et la nature alentour compensent largement. Ikbal, le patron de l'auberge, organise des randonnées.

L'île de Belitung ★★

Connue pour ses gisements d'étain et ses plantations de poivre blanc, cette île déploie ses plages féeriques à une heure de vol de Jakarta. Encore peu connue des voyageurs étrangers, elle est devenue une destination appréciée des Indonésiens depuis sa mise à l'honneur, en 2008, par le tournage du film à succès Laskar Pelangi (Les Guerriers de l'arc-en-ciel), adapté du roman éponyme de l'écrivain Andrea Hirata, natif de Belitung. Sur la côte nord-ouest, les projets de golf, marinas et grands hôtels se multiplient. Espérons que l'essor du tourisme n'abîmera pas le littoral de cette île comme les mines et plantations d'huile de palme l'ont déjà fait d'une partie de sa forêt primaire. En attendant, oubliez Seychelles et Maldives, et foncez à Belitung tant qu'il est encore temps ! Avec ses plages désertes de sable fin, où affleurent d'énormes blocs de granit qui encadrent le bleu turquoise de la mer, il est difficile de ne pas être conquis par sa beauté.

Se repérer

CARTE D3 (P. 428-429).

Province des îles Bangka-Belitung - 4 833 km² – 309 097 hab. - Alt. max. 512 m.

Au sud-est de Sumatra, dans la mer de Java, l'île de Belitung se situe à environ 450 km au nord de Jakarta. L'activité touristique se concentre sur la côte nord-ouest, la plus hospitalière, non loin de Tanjung Pandan, la principale ville de l'île. La partie orientale de Belitung, qui a pour capitale Manggar, est dévolue à l'activité minière. Son littoral, infesté de crocodiles, est d'ailleurs impropre à la baignade.

À ne pas manquer

Les plages de Tanjung Tinggi et Tanjung Kelayan ; une sortie en bateau à Pulau Kapayang et Pulau Lengkuas ; observer le tarsier de Belitung à la tombée de la nuit.

Organiser son temps

Une journée suffit pour les visites, mais prévoyez plutôt 2-3 jours pour profiter des plages. Évitez les mois de novembre à mars (saison des pluies), ainsi que les week-ends, jours fériés et congés scolaires indonésiens (pour être au calme).

Carnet pratique p. 484

Nos adresses p. 484

Découvrir

CARTE P. 428-429

★ Tanjung Pandan et ses alentours D3

★ Tanjung Pandan

Capitale de la partie occidentale de l'île, cette modeste ville de 103 000 hab. résonne d'un étrange vacarme. En plein centre, un grand nombre de bâtiments laissés vides sont équipés de haut-parleurs diffusant à plein volume des piaillements d'oiseaux, pour attirer les hirondelles (plus exactement, des salanganes à nid blanc) qui viennent ainsi s'y installer. Leurs nids, réputés aphrodisiaques, sont empaquetés puis exportés vers le marché chinois.

Belitung, une vie après l'étain

D'une superficie proche de celle de Lombok (4 833 km²), l'île de Belitung – appelée jadis Billiton – présente un relief plat, hormis quelques collines accidentées qui culminent à 512 m (Gunung Tajam). Le détroit de Karimata sépare l'île des côtes de Kalimatan à l'est, et à l'ouest, le détroit de Gaspar (ou Gelasa) l'isole de sa voisine Bangka, avec laquelle elle forme une même province.

Escale sur la route maritime de la soie

Depuis des temps lointains, les navires cinglant entre l'Arabie, l'Inde, la Chine et les Moluques empruntaient le détroit de Gaspar, qui relie la mer de Java à la mer de Chine méridionale. Un passage périlleux, parsemé de récifs, dont les fonds sont jonchés d'épaves. En 1292, une flotte mongole dépêchée par l'empereur Kubilai Khan pour conquérir Java fit escale, après une avarie, sur l'île alors appelée You Lan. En 1998, des pêcheurs d'holoturies ont mis au jour, près des côtes occidentales de l'île, la plus importante découverte archéologique sous-marine d'Asie du Sud-Est : **l'épave de Belitung**, un *dow* (boutre) arabe du 9e s. chargé d'un trésor de 60 000 pièces de la dynastie Tang, en or, argent et céramique. Il faisait alors route entre le port chinois de Guangzhou et celui d'Al Basrah (Bassorah), en Irak, fief du puissant califat des Abbassides.

Un plat pays truffé de cratères

Développée par les Hollandais à partir de 1851, l'exploitation des **gisements d'étain** constitue le pilier économique de Belitung qui, avec Bangka, assure 90 % de la production indonésienne. L'île fut exploitée jusqu'en 1958 par la société hollandaise Billiton Maatschappij. Après l'indépendance, l'exploitation fut confiée à l'entreprise d'État PT Timah, qui devint le plus grand producteur mondial d'étain. Mais, suite à la crise des années 1990, la société s'est retirée de l'île, laissant derrière elle un paysage désolé de cratères lunaires. La décentralisation, à partir des années 2000, a permis à de petites entreprises ou des individus de prendre le relais, souvent de façon illégale. À l'étain s'ajoute l'exploitation du sable de quartz, d'argile, de fer, de kaolin et de minerais plus rares comme le zircon ou le thorium. La prolifération sauvage des **mines**, ainsi que l'essor des plantations d'**huile de palme**, ont porté un coup sévère à l'environnement de l'île, qui aurait perdu, entre 2001 et 2013, plus de 10 % de sa surface forestière.

L'or blanc du tourisme

Heureusement, Belitung possède d'autres ressources agricoles et sylvicoles, notamment le **poivre blanc**, d'excellente qualité, dont la région est le principal producteur national. La **pêche artisanale** (pêche à la nasse, pêche au lamparo à bord des *bagan*, bateaux équipés de carrelets, ou plongée au narguilé) fait aussi vivre de nombreux villageois. Pour défendre leurs forêts contre la spéculation, les habitants se sont regroupés en HKM, associations chargées de protéger et mettre en valeur les forêts communautaires. Des forêts de sals, palmiers à rotin, *medang*, *jelutung*, *sialang*, *meranti*, myrtes et palétuviers, où évoluent tarsiers, pangolins, civettes, cobras, sangliers et chevrotains.
Un classement prochain de l'île en Géopark par l'Unesco pourrait y favoriser l'essor du tourisme vert. Les autorités indonésiennes misent quant à elles beaucoup sur le **tourisme balnéaire** à Belitung. Elles viennent pour cela de lui conférer le statut de zone économique spéciale, afin d'y attirer les investisseurs.

Les rues de la ville convergent vers un carrefour, **Bundaran Batu Satam** où, au milieu d'une fontaine, se dresse un socle sur piliers portant une énorme sculpture ovale noire. Le monument, qui fait songer à l'œuf d'une créature du jurassique, rend hommage à ces pierres noires et brillantes que déterrent parfois les mineurs de Belitung : des tectites, fragments de silice vitrifiée issus de la chute d'une météorite, auxquels ils attribuent des pouvoirs magiques.
La grande rue de Tanjung Pandan, Jalan Sriwijaya, débouche à l'ouest sur la **plage** de la ville, longée par Jalan Patimura, où se promènent familles et joggeurs. Elle est bordée de petits kiosques vendant des babioles en coquillage et de cafés agréables pour siroter un verre en profitant du coucher du soleil.
Au sud de la ville, le **Pasar tradisional**, marché local du matin, assez chaotique, saisit les narines par ses effluves âcres, iodés ou épicés, émanant des étals de poissons frais ou séchés, de volailles, herbes, fruits et légumes.
À l'est de la ville, vous pouvez jeter un œil à la **Rumah Adat** *(Jl. A. Yani, angle Jl. Gajah Mada)*, réplique des maisons traditionnelles de l'île, en palissandre.
Musée de Tanjung Pandan – *Jl. Melati 41 A - ✆ 0627 1922 968 - tlj sf dim. 8h-17h - 3 000 Rps.* Quoique poussiéreux, ce musée évoque assez bien l'histoire de l'île et du commerce maritime qui longeait ses rivages à l'époque du royaume de Sriwijaya. Des porcelaines chinoises issues d'épaves sous-marines côtoient des reliques coloniales, des armes, pièces de monnaie, costumes et animaux empaillés. Une salle est dédiée à la géologie de l'île et aux mines d'étain. La partie zoo, dans le jardin, présente, dans des cages, la faune endémique de l'île.

★ Danau Kaolin

À 6 km (10mn de voiture) à l'est de la ville, sur la route de l'aéroport.
Dans une mine abandonnée de kaolin s'est formé un lac pluvial, très photogénique, dont l'eau d'un bleu intense contraste avec le blanc des rives d'argile.

★ Mangrove de Juruh Seberang

À 9 km au sud de Tanjung Pandan - 10h-18h - 5 000 Rps.
Plus de 700 ha de mangroves en bord de mer, jadis terrain de mines d'étain illégales, ont été réhabilités par une association de villageois, qui a déjà replanté près d'un milliers de palétuviers, afin de valoriser le site et de l'ouvrir au tourisme. Une passerelle en bois mène à une tour d'observation, un café et un bateau de pirates pour les enfants. Des balades en bateau sont proposées sur la rivière *(25 000 Rps)*, ainsi que des visites guidées pour observer les oiseaux *(35 000 Rps)*. Sur une petite île au large, l'association prévoit d'installer un enclos de crocodiles.

★★ La côte nord-ouest et ses environs D3

Futur cœur touristique de l'île, où fourmillent les projets immobiliers, cette côte encore paisible et préservée abrite deux plages paradisiaques : **Tanjung Tinggi★★★**, parfait croissant de sable fin encadré de gros rochers de granit, et plus à l'ouest, **Tanjung Kelayang★★★**, long ruban parsemé lui aussi de monolithes de granit qui semblent avoir été dispersés par une main géante.
Plus au sud, ne manquez pas le village de pêcheurs de **Tanjung Binga★**, peuplé de Malais, Bugis, Javanais, Madurais et Orang Laut, anciens nomades des mers. Il abrite une flottille impressionnante de *bagan*, bateaux en bois qui servent à la pêche de nuit. La journée, le poisson est mis à saler et à sécher sur des plateformes de bambou au bord du rivage.
Plus à l'est, dans les terres, le village de **Sijuk★** est un bel exemple du cocktail ethnique de l'île. On y voit un temple chinois (*Klenteng Sijuk*) de 1816, dédié à la

Plage de Tanjung Tinggi.
benito_anu/Getty Images Plus

déesse Guanyin et, 100 m plus loin, la Masjid al Ikhlas, la plus ancienne mosquée de l'île (1817), construite en bois dans le style vernaculaire. L'islam se teinte ici de chamanisne et de superstitions locales. Dans le village vit également une communauté d'une centaine de Balinais hindouistes.

★★ Bukit Peramun

Air Selumar, à 11 km au sud du littoral - 0819 5889 9509 - Entrée 10 000 Rps, balade nocturne guidée 100 000 Rps.
Gérée par une association villageoise, cette forêt préserve l'habitat du **tarsier de Belitung**, un fascinant mais fragile petit primate nocturne aux longues pattes et gros yeux d'extraterrestre. On peut l'observer à la nuit tombée, lorsqu'il descend des arbres pour manger, à condition de ne pas trop s'approcher pour ne pas le déranger. Auparavant, ne manquez pas de grimper jusqu'au sommet de la colline *(30mn de marche)* pour assister au coucher du soleil.

5

★★★ Le tour des îles D3

Embarquement à Tanjung Kelayang. Comptez 500 000 Rps par bateau. Venez plutôt en tout début d'après-midi pour éviter les groupes du matin.
Activité vedette de Belitung, l'*island hopping* consiste à naviguer à la découverte des îlots au large, à la journée ou à la demi-journée, avec des haltes pour se baigner et faire du snorkeling. Principale étape, à l'heure du déjeuner dans un *warung* sur la plage, **Pulau Kepayang★★** est cernée de beaux récifs coralliens et abrite un centre de conservation des tortues marines dont on peut visiter l'écloserie. Sur **Pulau Lengkuas★★**, large d'à peine 1 ha, les Hollandais ont érigé un phare de 62 m en 1882. On peut monter au 3e étage, à 18 m, pour admirer le panorama sur les flots turquoise. D'autres îlots arborent des amas rocheux aux formes évocatrices, celle d'un voilier avec son grand mât pour **Batu Perlayar★** ou d'un oiseau à bec crochu pour **Pulau Burung★**. Banc de sable peuplée d'étoiles de mer, **Pulau Pasir★** disparaît sous l'eau lors des hautes marées.

Carnet pratique

S'informer

Office de tourisme – *Jl. Depati Gegedek 17, Tanjung Pandan - ☎ (719) 21398*. Bureau à la sortie de l'aéroport.

Adresses utiles

Banque – Nombreuses banques sur Jl. Sriwijaya, la grande artère de Tanjung Pandan, avec ATM mais pas de bureau de change.

Poste centrale – *Jl. Merdeka 12, Tanjung Pandan - 8h-21h.*

Hôpital (Rumah Sakit) – *Jl. Jend. Surdiman km 5 (à la sortie est de Tanjung Pandan) - ☎ 819 4938 8838.*

Arriver/Partir

En avion

L'**aéroport de Hanandjoeddin** (TJQ) est situé à 12 km à l'ouest de Tanjung Pandan. 8 vols/j. pour Jakarta *(1h de trajet)*. Des bus relient en théorie le centre-ville et Tanjung Kelayang, mais mieux vaut prendre un taxi. Comptez 100 000 Rps pour Tanjung Pandan et 200 000 Rps pour la côte nord-ouest.

Transports

Pas de transport public, il faut louer un scooter *(env. 80 000 Rps/j.)* ou une voiture auprès de son hôtel ou d'une agence.

Visites

Pour organiser votre séjour sur l'île, contactez **Nganyau Tour & Travel**, *☎ 819 4946 0327 ou 859 2497 2410 - www.gobelitung.com.* L'agence est gérée par un Français, Stéphane, qui connaît l'île comme sa poche.

Nos adresses

Restauration

À Tanjung Pandan

Budget moyen

Happy Bakery – *Jl. Veteran 18 (à l'angle de Jl. Suryo) - ☎ (0719) 212 47 ou 0812 7179 815 - ▭ - 7h-22h - 20 000/140 000 Rps.* Tenue par un patron d'origine chinoise, cette grande salle se divise entre une partie boulangerie-sandwicherie et une partie restaurant. À la carte, du canard laqué au poivre, du riz aux fruits de mer, de la soupe au crabe, du poulet aux poivrons et noix de cajou, des crevettes au miel. Excellents jus de fruits.

Timpo Duluk – *Jl. Lettu Mad Daud 22, Kampung Parit - ☎ (0719) 922 32 42 ou 0813 2829 2906 - ▭ - 11h30-21h30 - 50 000/200 000 Rps.* Décorée d'un bric-à-brac d'outils, de sandales, d'antiques bicyclettes et de paniers en osier, cette belle maison en bois typique de Belitung, donnant sur une varangue à l'étage, a pour nom « Le bon vieux temps » en dialecte belitung. On y déguste la savoureuse cuisine traditionnelle de l'île, dite « bedulang », autour d'une série de plats à partager, dont le riz cuit dans une feuille de bananier. Goûtez aussi la boisson citronnée de l'île, jeruk kunci, servie dans des timbales en aluminium. Service très souriant.

Sur la côte nord-ouest

Premier prix

Rumah Makan Benaria – *Jl. Raya Sijuk (à 1,5 km à l'est de la plage de Tanjung Tinggi) - ☎ 0819 7778 3730 - ▭ - 10h-19h - 20 000/60 000 Rps.* Sur la route qui longe le littoral, un restaurant de plage sous des gazebos, tenu par les villageois du coin. Cuisine traditionnelle, avec de bons poissons grillés, du crabe ou du calamar. Hygiène correcte.

RM Amat – *Tanjung Tinggi - ✆ 0819 7895 672/4925 9322 - - 9h-20h - 40 000/100 000 Rps.* Sympathique gargote sur la plage, sous un toit de palme. Cuisine familiale à base de la pêche du jour. On choisit son poisson en cuisine, avec sa garniture et sa sauce. Douches à disposition.

Shopping

Toko Oleh Oleh Klapa – *Jl. Airsaga 89, Tanjung Padan - ✆ 0878 0011 7888 - 8h-21h30.* Dans ce magasin de souvenirs bien fourni, vous trouverez les principaux produits à rapporter de l'île : coquillages, poivre blanc et noir, miel, t-shirts, krupuk (chips de crevettes), paréos et objets artisanaux d'un goût parfois très kitsch.

Hébergement

À Tanjung Pandan

Budget moyen

Lux Melati – *Jl. Melati 72 - ✆ (0719) 245 65 - - 53 ch. 270 000/360 000 Rps.* En centre-ville, un petit hôtel propre et accueillant, aux chambres confortables. Le petit bar en terrasse sert des bières d'importation, vins et spiritueux.

Green Tropical Village – *Jl. Ahmad Yani 4 - ✆ (0719) 241 35 ou 0819 4916 2858 - www.greentropicalbelitung.com - - 45 ch. 600 000/800 000 Rps.* À 10mn du centre-ville, de spacieux bungalows de bois éparpillés dans un grand jardin tropical. Trois piscines, un bar-karaoké. Location de voitures.

Pour se faire plaisir

Billiton Hotel – *Jl. Gegedek 50 - ✆ (0719) 228 87 - Ig@ billitonhotel - - 22 ch. 450 000/800 000 Rps.* Cet hôtel-boutique au cœur de la ville loge dans un ancien bâtiment hollandais flanqué d'un temple chinois. Il distille une atmosphère coloniale, soutenue par une décoration raffinée mêlant antiquités hollandaises et chinoises. Chambres lumineuses avec vue sur jardin.

Sur la côte nord-ouest

Pour se faire plaisir

Santika Hotel – *Jl. Pantai, Dusun Ulu, Sijuk - ✆ 0823 7189 1889 - www.mysantika.com - - 128 ch. 800 000/2 300 000 Rps.* Un resort balnéaire bien conçu, car toutes les chambres, telles les alvéoles d'une ruche, ont un balcon avec vue sur mer. Agréable piscine en plein air, accès direct à la plage, spa, fitness, club enfant, petit-déj. buffet, location de vélos.

Un tongkonan, maison typique du pays Toraja.
PhoeniX dolores/Getty Images Plus

6

Sulawesi

TANA TORAJA
Vaut le voyage
Tanjung Api
Vaut le détour
Tana Towa
Vaut la visite
Makassar
Intéressant
TANA TORAJA
Voir la carte détaillée du circuit
2000 m
1000
500
200
0
Plongée
A
B
C
1
2
LAUT SULAWESI
LAUT MALUKU
SELAT MAKASSAR
Équateur
KALIMANTAN (BORNÉO)
TALIABU
UTARA
TENGAH
Taman Nasional Bunaken
Cagar Alam Tangkoko Batuangus
Bangka
Bitung
Tana Minahasa
Tondano
Manado
TANA MINAHASA
Amurang
Belang
Cagar Alam Gunung Ambang
Onggunoi
Inobonto
Imandi
T.N. Dumoga Bone
Taluda
Kwandang
Gorontalo
Limboto
Bolontio
2207 G. Tentolomatinan
Cagar Alam Randangan Panua
Marisa
Cagar Alam Tanjung Panjang
Kepulauan Togian
Walea Bahi
Malenge
Togian
Batu Daka
Una Una
Bonnobogu
S. Paguat
Binontoan
G. Malino 2443
Moutong
Tolitoli
Tinabogan
Ongka
Teluk Tomini
Ogotua
2525 G. Sojol
Tinombo
Siboalong
Tambu
Ampibabo
G. Butak 2868
Toboli
Torue
Donggala
Palu
Pakuli
Gimpu
Toare
S. Lariang
Pasangkayu
Lariang
Karossa
Taman Nasional Lore Lindu
Air Terjun Saluopa
Poso
Tl. Poso
Tentena
1400 G. Tamanatua
Uekuli
G. Katoposa 2835
Tanjung Api
Ampana
S. Bongka
Cagar Alam Morowali
Morowali
Baturude
Buabuang
Bunta
2400 G. Tumpu
Batui
Pagimana
S. Walea
Puah
Luwuk
Boalemo
Teku
Sl. Peleng
Peleng
Kembani
Bangkurung Kepulauan Banggai
Labobo
Banggai
Melilis
Kepulauan Bowokan

SULAWESI
0
100 km
N
A
B
C
3
4
LAUT BANDA
LAUT FLORES
Teluk Tolo
Teluk Bone
Teluk Mandar
SELATAN
TENGGARA
TANA TORAJA
TANA TORAJA
Toinasa
Danau Poso
Pendolo
Δ2950 G. Kambuno
Δ3016 G. Baleasi
D. Matana
D. Towuti
Nuha
Wotu
Malili
Bungku
Langkobale
Lingkeh
Latowu
S. Lasolo
Malamala
Lasusua
Δ2790 G. Mengkoka
Asolu
Wawotobi
Kendari
Raterate
Kolaka
Tambea
Toari
Bupinang
Punggaluku
Kambara
Tampo
Tampo
Muna
Kabaena
Labuan
Buton
Bone
Munse
Wowoni
Manui
Baubau
Sampolawa
Watanauwe
Wangiwangi
Kaledupa
Tomea
Binongko
Sabbang
Palopo
Rantepao
Makale
Mamasa
Mamuju
Malunda
Majene
Polewali
Enrekang
Cagar Alam Latimojong
Siwa
Sengkang
Sidenreng
Pare Pare
Danau Tempe
Soppeng
Lamuru
Bone
Sinjai
Tana Towa
Tana Beru
Bira
Selayar
Benteng
Bontosunggu
Bulukumba
Malino
Air Terjun Bantimurung
RAMMANG-RAMMANG
Sumpangbinangae
Segeri
Pangkajene
Maros
Makassar
Sungguminasa
Pattalasang
Labuhan Bajo, Maumere (Flores)
Surabaya (Java)

Grand angle

Une population très diversifiée

Sa position au cœur de l'archipel indonésien et son rôle stratégique dans le commerce international des épices ont voué depuis longtemps Sulawesi aux contacts avec l'étranger. Forte de quelque 20 millions d'habitants, la **population de l'île** rappelle par sa diversité les vagues migratoires qui l'ont traversée au fil des siècles, brassage d'influences indiennes, chinoises, arabes et européennes qui a forgé un creuset ethnique et culturel unique.

Des religions d'importation

Peuplée de pêcheurs et de marins aguerris, mais aussi d'agriculteurs, de commerçants et d'artisans, Sulawesi reste largement tournée vers la mer. Concentrés dans les centres urbains et portuaires des régions littorales du Sud, qui regroupent près de la moitié de la population de l'île, les principaux groupes ethniques (Bugis, Makassars et Mandars) pratiquent l'**islam sunnite** que les commerçants malais introduisirent dès le 15e s. à Sulawesi Sud. Officiellement adopté au début du 17e s. seulement, il touche aujourd'hui près de 80 % des habitants tout en s'accommodant des croyances et des pratiques indigènes séculaires telles que le culte des ancêtres ou les rituels animistes.
Pour sa part, le **christianisme** (majoritairement protestant) des missionnaires portugais, espagnols, puis surtout hollandais, se cantonne principalement dans les montagnes du pays Toraja pour le Sud, les hautes terres du Centre et le pays Minahasa, au Nord.
Moins touchés par les influences étrangères, les peuples des montagnes et des forêts denses du Centre et du Sud-Est – kyrielle de minorités souvent méconnues – ont plus facilement conservé leurs croyances **animistes**, selon lesquelles une énergie cosmique anime l'Univers et des esprits habitent toute chose. Leurs pratiques rituelles visent à capter cette force, censée assurer ici-bas bonheur, santé, prospérité, fertilité...

Chinois et transmigrants

Groupée dans les villes, où elle est restée très soudée et entreprenante dans le commerce et les affaires, la **communauté chinoise** – majoritairement chrétienne, mais aussi bouddhiste et confucéenne – ne représente guère plus de 1 % de la population. Enfin, dans le cadre du programme gouvernemental de **transmigration**, certaines régions ont accueilli plus récemment des **minorités balinaises et javanaises**.

Babel indonésienne

Cohabitant en bonne entente, tous ces peuples ne parlent pas moins de **80 langues** et dialectes, au premier rang desquels figurent le makassar, le bugis, le sa'dan toraja, le minahasa, le mandar et le gorontalo. Toutefois, la plupart des habitants de l'île possède au moins quelques notions de *bahasa indonesia*, les plus jeunes s'exprimant parfois volontiers en anglais.
Du nord au sud, vous trouverez partout hospitalité et sourire, chez l'artisan bugis occupé à la construction d'un bateau comme chez le commerçant minahasa *(voir « Le pays Minahasa », p. 542)*, ravi de vous indiquer comment partir à la découverte des volcans de sa région ou encore en pays Toraja *(voir « Le peuple toraja », p. 512)*, célèbre pour ses somptueuses cérémonies funéraires.

À cheval sur l'équateur

Telle une pieuvre géante, Sulawesi, l'ancienne **Célèbes**, déploie ses tentacules sur plus de 186 000 km^2 en quatre longues péninsules léchées par les mers des Célèbes, des Moluques, de Banda et de Flores. Des récifs coralliens frangent la plus grande partie de ses côtes, découpées de golfes profonds, tandis qu'au large émergent une centaine de petites îles secondaires, habitées ou non.

Une géographie complexe

Ses contours sont si tortueux que les premiers explorateurs crurent aborder un archipel, non une île. Au 16e s., après s'être échoué sur la côte nord, des marins portugais la baptisèrent *Puntos dos celebes* : les « caps mal famés ». Les **Célèbes** figurèrent sur les cartes géographiques jusqu'à l'indépendance de l'Indonésie, où elles reçurent le nom de **Sulawesi**, en référence aux gisements de métaux *(besi)* que recèle l'île *(sula)*.

Façonnée par des mouvements tectoniques incessants, sa physionomie tourmentée résulte de la collision de deux fragments des anciennes plaques continentales, qui auraient fusionné il y a plusieurs millions d'années *(voir « Deux arcs sur la mer », p. 584)*. De ce choc titanesque naquirent ses paysages accidentés.

Dominées par de hautes terres embrumées, les étroites **plaines côtières** alternent falaises calcaires et plages de sable blond ombragées de cocotiers, le long desquelles s'égrènent des villages de pêcheurs. Moins hospitalières, les terres intérieures s'élèvent à plus de 500 m d'altitude (la majeure partie de l'île), pour culminer à près de 3 500 m. Entrecoupées de gorges où les rivières se fraient un passage aussi bref que tumultueux, ces majestueuses **montagnes** servent d'écrin à une myriade de lacs, certains occupant d'anciens cratères. Éteints dans le Sud, les **volcans** sortent régulièrement de leur torpeur dans le Nord, où les vulcanologues surveillent de près les colères d'une dizaine d'entre eux.

En septembre 2018, un puissant séisme d'une magnitude de 7,5, suivi d'un tsunami,a frappé Sulawesi, provoquant de très nombreux dégâts, notamment dans les environs de Palu. Le bilan humain, très lourd, dépasse les 4 000 morts.

Entre jungle et rizières

Certes dévastatrices, les éruptions volcaniques qui marquèrent l'histoire de l'île en ont aussi fertilisé les sols, faisant des régions nord-est et sud-ouest les deux principales **zones agricoles**. Hormis les rizières, damiers de verdure ou terrasses aux lignes courbes, d'innombrables plantations, vouées en partie à l'exportation, complètent le tableau des ressources agricoles : maïs, manioc et légumes, mais aussi café et cacao, clous de girofle et coprah.

Partout ailleurs, la forêt est reine, jungle équatoriale inextricable qui, ajoutée au relief accidenté de l'île, rend difficiles les communications terrestres. Depuis la fin des années 1980 cependant, la **Trans-Sulawesi** franchit les quelque 2 000 km qui séparent le nord du sud et relie entre elles les différentes **provinces administratives** de Sulawesi – Sud (Selatan), Centre (Tengah), Nord (Utara) et Sud-Est (Tenggara) –, qui correspondent à peu près aux quatre péninsules de l'île.

Climat équatorial

Traversée par la ligne de l'**équateur**, Sulawesi jouit tout au long de l'année d'un climat stable, qui varie toutefois assez fortement en fonction de l'altitude et de l'exposition aux vents

dominants. Il y fait alors chaud dans les régions littorales (de 25 à 30 °C en moyenne), mais beaucoup plus frais dans les hautes terres.
Le **sud-ouest** de l'île bénéficie quant à lui d'une longue saison sèche (avr. à nov.), beaucoup plus brève au **nord-est** (août à oct.). Néanmoins, le relief favorise des précipitations abondantes, qui atteignent leurs maximales en décembre sur la côte ouest, en mai sur la côte est.

Une faune originale

Si la flore de Sulawesi – dominée par la forêt pluviale et les **orchidées** – ne diffère pas sensiblement de celle du reste de l'archipel indonésien, la faune se distingue par sa diversité et sa rareté. Les origines géologiques de l'île, ses conditions écologiques et son relief – véritables obstacles naturels aux migrations animales – expliquent la présence de si nombreuses espèces endémiques. Une vingtaine d'entre elles est hélas menacée d'extinction, du fait de la déforestation de certaines régions d'une part, de l'introduction intempestive de spécimens exotiques (dans les lacs notamment) d'autre part. Pour les observer, il faudra vous aventurer dans la jungle des grandes réserves naturelles, où elles sont désormais protégées, comme celles du **Lore Lindu** ou de **Morowali** dans le centre de l'île, ou encore **Tangkoko Batuangus** dans le Nord. On y recense plus de 120 espèces de mammifères, endémiques pour la quasi-totalité.
Au hasard de vos explorations, vous croiserez peut-être l'**anoa**, un buffle nain agressif et volontiers solitaire, ou l'étonnant **babiroussa** (« cerf-cochon »), dont les canines supérieures poussent en se recourbant au-dessus du museau pour former des défenses. Guettez aussi les colonies de singes, comme les **macaques à houppette noire**, qui se déplacent en bande, bondissant d'arbre en arbre. Plus difficile à dénicher (et pour cause !), le **tarsier**, le plus petit primate du monde, ne dépasse guère 10 cm de long et pèse à peine 100 g. Doté de gros yeux ronds, il vit la nuit et paresse le jour, caché au creux des troncs ou des racines. Nain, lui aussi, et noctambule, le **couscous** utilise sa queue comme un cinquième bras pour grimper aux arbres et attraper les feuilles dont il se nourrit.
L'île se prévaut de myriades d'insectes, d'amphibiens et de reptiles, pour beaucoup endémiques eux aussi. Elle abriterait en particulier le plus grand serpent du monde, un python long de 10 m !

Dans les cieux…

Parmi plus de 300 espèces que compte la riche **avifaune** insulaire, près d'un tiers ne vit qu'à Sulawesi. Vous aurez peut-être la chance d'apercevoir un **calao**, bel oiseau aux couleurs vives paré d'un bec démesuré et surmonté d'une étrange bosse rouge, couvant ses œufs dans les cavités des arbres morts ou des rochers. Quant à l'original **maleo**, il met ses gros œufs à incuber au chaud, creusant la terre près d'une source volcanique ou dans les zones les mieux exposées au soleil.

… et sous les eaux

Avec ses 6 000 km de côtes et plus de 110 îles périphériques, Sulawesi recèle une fabuleuse **faune sous-marine**. Petits ou gros, colorés ou… savoureux, frétillant au milieu d'extraordinaires bouquets de coraux ou sillonnant les profondeurs abyssales, les poissons qui peuplent cet univers aquatique sont d'une infinie variété : poissons-papillons et poissons-perroquets, poissons-scorpions ou poissons-lions, poissons-clowns, Napoléon, mais aussi requins, barracudas, raies, serpents et tortues géantes.

Histoire

Hormis des traces d'occupation humaine remontant à environ

30 000 ans et les vestiges archéologiques découverts sur l'île (mégalithes, sarcophages et jarres funéraires en pierre, puis des sculptures bouddhiques et hindouistes en bronze des 4e et 5e s.), on dispose de peu de témoignages sur l'histoire pré-islamique de Sulawesi.

Les royaumes rivaux de Sulawesi Sud

L'histoire de l'île se focalise longtemps sur la péninsule méridionale, morcelée en plusieurs royaumes rivaux qui se constituent entre les 12e et 14e s. Sur le devant de la scène : les puissants **États bugis** de Luwu, Bone, Wajo et Soppeng, fondés sur une économie commerciale. **Luwu**, occupant l'essentiel de la péninsule, domine largement la région ; mais après trois offensives armées, les troupes de **Bone**, le royaume voisin, parviennent à le supplanter au 16e s.
Parallèlement, le royaume makassar de **Gowa**, au sud de l'actuelle Makassar, connaît une ascension fulgurante. Par le jeu des conquêtes et des alliances – notamment avec les intrépides « Gitans des mers », les **Bajau** – il s'assure bientôt la suprématie sur la région, contrôlant dès 1600 les côtes sud et ouest de la péninsule.
Ses relations commerciales avec les jeunes sultanats musulmans du nord de Java mettent très tôt le royaume en contact avec l'**islam**. Après la conversion de leur roi vers 1605, les armées de Gowa imposent par la force la nouvelle religion « officielle » dans la plupart des États côtiers bugis du sud. En 1611, la soumission de Bone, leur principal rival, achève d'asseoir l'hégémonie des Makassars sur la péninsule.
Grâce à son grand port cosmopolite, Gowa s'affiche dès lors comme le sultanat le plus prospère de l'île. Escale obligée des négociants sur la route des Moluques, **Makassar** se hisse ainsi au premier rang du commerce international des épices, mais aussi du bois de santal, de l'ambre, des perles, des ailerons de requin... ou encore des esclaves. À l'aube du 17e s., les marchands portugais, indiens, chinois, malais et bien d'autres viennent y troquer leurs biens manufacturés contre les précieux clous de girofle, noix de muscade...

Détrôner Gowa

Arrivée à Makassar en 1609 dans le but avoué de s'emparer du commerce des épices, la **Compagnie hollandaise des Indes orientales** se heurte donc à une puissante opposition. Pour contrer les aspirations néerlandaises, les Makassars passent des accords commerciaux avec les autres Européens.
Mais les Hollandais n'ont pas dit leur dernier mot : exploitant les rancœurs du royaume de Bone, humilié par la défaite que lui ont infligée les troupes de Gowa (1644), ils concluent une alliance avec celui-ci en 1660. Sous le commandement du prince **Arung Palakka**, les Bugis mobilisent alors une forte armée. Après avoir coulé quelques navires portugais dans le port de Makassar et s'être emparés du fort, les Hollandais débarquent avec la flotte bugis en 1666. Il faudra tout de même un an à la coalition pour amener le **sultan Hasanuddin** de Gowa à capituler.
Les deux parties concluent en 1667 la **paix de Bungaya**, qui signe la défaite des Makassars. Par ce traité, les Hollandais affirment leur mainmise sur la ville et son port, dont ils excluent tous les autres marchands étrangers, s'assurant ainsi le monopole du commerce extérieur de Sulawesi. Mais ils doivent encore passer à l'attaque l'année suivante pour venir à bout des forces makassars récalcitrantes.

Ces âpres combats achèveront de détruire la vieille ville et entérineront la prospérité du port.
Les Hollandais attribuent la plupart des dépendances de Makassar au sultanat de Bone, qui étend alors sa suprématie à la majeure partie de la péninsule méridionale jusqu'à la mort d'Arung Palakka, en 1696. Or, son règne se révèle si autoritaire que nombre de Makassars, mais aussi de Bugis, s'enfuient vers d'autres contrées. Ils établiront ainsi un chapelet de petites communautés dans tout l'archipel indonésien et sur la péninsule malaise, où ils fonderont même de nouvelles dynasties.

La soumission pacifique de Sulawesi Nord

Quoique également morcelée en **États indépendants**, Sulawesi Nord ne connaît pas les luttes intestines du Sud. Dès le 16e s., les marchands **portugais** établissent un comptoir à Manado, et leurs missionnaires ne tardent pas à convertir la population au catholicisme. Déjà implantés dans leur colonie des Philippines, les **Espagnols** débarquent à leur tour, établissant un petit fort à Manado en 1617 pour approvisionner en riz leurs garnisons basées aux Moluques.
Mais la situation bascule lorsqu'ils tentent de placer sur le trône un roi semi-espagnol. Convoitant les lieux elle aussi, la **Compagnie hollandaise des Indes orientales** ne se fait pas prier, à l'appel des Minahasas (la population de la région), pour bouter hors de la péninsule leur ennemi commun. Soucieux d'affirmer leur présence dans la région, les Hollandais établissent à Manado le fort **Amsterdam** et conquièrent les **îles Sangir-Talaud**, au large de la côte nord. Dès 1679, un traité signe leur domination, qui marquera le pays Minahasa trois siècles durant.
Parallèlement à sa vaste entreprise de conversion au protestantisme, la **Société néerlandaise missionnaire (NZG)** développe au 19e s. un important système éducatif qui contribuera à faire des Minahasas une élite christianisée, cultivée et occidentalisée, vouée à occuper des postes importants dans l'administration et l'armée coloniales.

Une conquête sanglante

Pour affermir leur souveraineté sur la **péninsule sud**, les Hollandais doivent lancer plusieurs nouvelles offensives contre Bone, entre 1825 et 1860.
Quant au nord de l'île, sa soumission totale ne sera effective que vers 1870. Restent toutes les hautes terres de l'intérieur, que le pouvoir colonial ne réussit à assujettir que dans la première décennie du 20e s.
Peu touchées par l'islam qui domine dans les régions côtières, les populations du centre deviennent rapidement la proie des missionnaires, qui explorent le lac Poso à partir de 1892 et le pays Toraja en 1913. Mais le contact avec ces populations reculées s'avère plus difficile : il leur faudra près de vingt ans de patience et d'acharnement pour convertir les Torajas.
Partout, la conquête passe par une campagne militaire agressive. Une guérilla sanglante éclate sur tous les fronts, la résistance la plus acharnée demeurant celle des **Bugis** du sultanat de Bone et des **Makassars** de Gowa, en 1905, ainsi que – dans une moindre mesure – celle des **Torajas** du Nord en 1906. Ayant enfin écrasé tous ses opposants, le gouvernement des **Indes hollandaises** les engage à accepter le nouvel ordre colonial : il s'assure le contrôle politique et économique de l'île, tout en laissant gouverner les chefs locaux. Obtenue au prix d'un lourd bilan, cette victoire ouvre enfin une longue période de **paix** dans l'île. Avec l'établissement d'une **administration** centralisée, basée à Makassar, l'ère coloniale sera surtout marquée par

l'aménagement d'un **réseau routier** et le développement de l'**irrigation**.

Des aspirations nationalistes

Né autour de Manado et de Makassar, le mouvement nationaliste se manifeste aussi par des actions sporadiques, témoins du fort ressentiment de la population à l'encontre des Hollandais. Sombre interlude dans l'histoire de Sulawesi, l'invasion des **troupes japonaises** en 1942 ne fera que mettre en veilleuse la mobilisation anticolonialiste, qui reprendra dès la proclamation de la République d'Indonésie.
Nommé premier gouverneur républicain de Sulawesi en 1945, le leader nationaliste minahasa **Sam Ratulangi** (1890-1949) *(voir encadré p. 545)* se verra emprisonné par les Hollandais en avril 1946. En décembre 1946, ces derniers tentent de faire pendant à la jeune république en créant un « **État d'Indonésie de l'Est** », établi à Makassar. Mais leur ambition ne survivra pas à une opposition populaire croissante. Même les terribles massacres dont ils seront les auteurs (notamment l'exécution de plusieurs centaines de villageois par Raymond Westerling, à Galung Lombok) ne parviendront pas à étouffer les aspirations émancipatrices… qui aboutiront finalement à la reconnaissance de l'indépendance de tout le pays en 1949.

Régionalisme contre pouvoir central

De 1950 à 1965, un mécontentement général croissant s'empare de la population de Sulawesi : les attentes déçues, l'impatience face à la faiblesse du gouvernement de Jakarta, ajoutées aux tendances centralisatrices et autoritaristes du pouvoir de **Sukarno**, ne tardent pas à faire émerger un mouvement réformiste régionaliste. Celui-ci culmine en 1958, dans le nord de l'île, avec la **rébellion Permesta**. Les forces gouvernementales y répondent par le bombardement de Manado, bientôt suivi d'une interminable répression armée dans toute la région. La résistance ne sera écrasée qu'en 1961.
Favorables à l'économie locale, les réformes mises en œuvre sous l'**Ordre nouveau** par Suharto ramèneront la paix. Ce retour au calme marque le début du développement de Sulawesi, d'abord timide, plus rapide après 1970, qui permettra bientôt à l'île d'accueillir ses premiers touristes… Mais la chute de Suharto, en 1998, libère les tensions longtemps contenues entre chrétiens et musulmans et provoque de graves affrontements entre milices, qui font plusieurs centaines de morts, notamment à Poso.

L'exploitation des ressources naturelles

Hormis le tourisme, les ressources naturelles de l'île – la terre, la mer et la forêt – fournissent l'essentiel de leurs revenus aux habitants de Sulawesi. L'agriculture et la pêche, notamment, restent largement traditionnelles, pratiquées le plus souvent à l'échelle familiale. Quoique riche en matières premières, l'île produit encore assez peu de biens manufacturés et si ses sols recèlent d'abondants **gisements minéraux**, seules les mines de **nickel** de la péninsule sud-est font l'objet d'une véritable exploitation. Quant à la fièvre de la ruée vers l'or, elle demeure très circonscrite. En revanche, l'exportation des épices et des **bois précieux**, tels le teck et le santal, connaît toujours la même fortune depuis des siècles.

Makassar

Métropole trépidante à la circulation ininterrompue, la capitale de la province de Sulawesi Sud s'étend sur plusieurs kilomètres, au bord du détroit de Makassar. Rebaptisée Ujung Pandang à l'indépendance du pays, la ville a repris son ancien nom en 1999. Par-delà les changements d'appellation, elle a toujours conservé sa vocation de carrefour maritime ; elle demeure l'un des ports les plus actifs de l'archipel et le plus important de l'île. Comme tous les grands ports du monde, Makassar brasse une population cosmopolite en transit. Concentrant la plupart des administrations, commerces et industries de l'île, elle connaît aussi une incessante et rapide expansion, doublée d'un urbanisme incontrôlé qui lui a ôté tout caractère. Si ses universités attirent de nombreux étudiants, la ville, polluée, bruyante et dénuée de monuments majeurs, n'a rien pour séduire le visiteur, qui se contente le plus souvent d'une brève escale.

Se repérer

CARTE A4 (P. 488-489) – PLAN (P. 498).
Capitale de la province de Sulawesi Selatan – 1423877 hab.
À environ 950 km au sud-ouest de Manado, la capitale de la province de Sulawesi Sud reste parfois nommée **Ujung Pandang** (son nom officiel de 1971 à 1999), notamment sur certaines cartes et sur les sites Internet de certaines compagnies aériennes ou maritimes.

À ne pas manquer

Faire un tour en *becak* jusqu'au port de Paotere ; le site kartisque de Rammang-Rammang.

Organiser son temps

On ne séjourne pas à Makassar, ville peu plaisante, mais on y arrive ou l'on en repart nécessairement. Comptez une demi-journée pour la ville elle-même (évitez le dimanche, de nombreuses boutiques et administrations étant fermées ce jour-là) et une autre pour une balade à Rammang-Rammang. Dès votre arrivée, pensez à réserver vos billets de bus, d'avion ou de ferry.

En famille

Le parc à thème Trans Studio.

Carnet pratique p. 500

Nos adresses p. 502

Se promener

PLAN P. 498

Attention où vous mettez les pieds : les trottoirs laissent souvent place à des égouts à ciel ouvert. Comptez une demi-journée.

La plupart des sites s'égrènent en retrait du front de mer **Pantai Losari** (Jl. Penghibur) (A3), de part et d'autre du **fort Rotterdam** (A2), autour de l'esplanade de **Karebosi** (B2) et du centre commercial **Makassar Mall** (B2).

Benteng Rotterdam (FORT ROTTERDAM) A2

Jl. Ujung Pandang (sur le front de mer) - 9h-18h- gratuit.

Principal vestige historique de la ville, le fort doit son nom aux Hollandais, qui entreprirent sa reconstruction vers 1667, après s'être emparés de la ville. Édifié en 1545, il faisait initialement partie d'un dispositif voué à protéger le royaume

Battage du riz, Sulawesi du Sud.
R. Harding/hemis.fr

de Gowa. Malgré d'importantes restaurations, les bâtiments ont conservé leur architecture d'origine. Autour d'une vaste cour, ils abritent diverses administrations culturelles et musées.

La Galigo (musée de la province de Sulawesi Sud) – *Dans l'aile droite - ✆ (0411) 362 35 71 - tlj sf. lun. 8h-15h30 - 10 000 Rps.* Il dépeint la vie quotidienne des quatre grandes ethnies de la région. Maquettes de bateaux et de maisons bugis, outils agricoles, ustensiles de tissage et costumes traditionnels composent l'essentiel des collections. La visite se poursuit dans le batiment en face, qui abrite divers objets usuels et pièces d'artisanat originaires de l'île. Sommairement présentées (quelques panneaux en anglais mais la plupart des indications en indonésien seulement), les collections peuvent néanmoins constituer une rapide introduction à votre visite de Sulawesi : maquettes de maisons torajas, mégalithes de Lore Lindu, porcelaines chinoises jadis troquées contre des épices et, à l'étage, attributs royaux, vaisselle, faïences évoquant les dominations hollandaise, portugaise et japonaise.

En sortant du fort vers la droite, traversez Jl. Riburane (un peu plus loin à droite), puis tournez à gauche, dans Jl. Sulawesi.

Le quartier portuaire A2

Sur Jl. Sulawesi, notamment au niveau de Jl. Serui et Jl. Bali.

Débauche de lampions rouges, effluves d'encens, recueillement silencieux : l'atmosphère feutrée des **pagodes chinoises** contraste avec les appels du muezzin qui retentissent au loin et le monde interlope de la grande cité portuaire et son cortège de bars à marins. Une importante communauté chinoise prospère dans ce quartier commerçant animé.

Une agréable promenade vous conduira au **vieux port de Paotere** (B1 EN DIR.) *(à env. 3 km au nord de la ville - à ne pas confondre avec le port moderne, plus central)* où des goélettes bugis sont à l'ancre. Prenez un *becak* et essayez de lui expliquer que vous souhaitez emprunter les ruelles des quartiers populaires plutôt que les grands axes.

SE RESTAURER
- Bistropolis 2
- Kios Semarang 3
- New Dinar 4
- Kampoeng Popsa 5
- Rumah Makan Seafood Apong 6
- RM Nelayan 7

SE LOGER
- Hotel Santika 1
- Hotel Pacific 2
- Fave Hotel 3
- Aston Makassar Hotel 4
- M-Regency 5
- Swiss-Belhotel 7
- Favor Hotel 9
- Wisma City Inn 10
- Yasmin Hotel RedDoorz 11

La fortune de Makassar

Sa position stratégique sur la route des épices en provenance des Moluques voua Makassar au commerce (des épices, mais aussi du coprah, du café et du bois de teck), particulièrement intense aux 15e et 16e s. Bravant les pirates et les océans, les marchands s'aventuraient de Chine, d'Inde, de tout le Sud-Est asiatique et même d'Europe, dans l'espoir d'affaires lucratives. Autour du port se développa peu à peu la ville, dont la Compagnie hollandaise des Indes orientales s'empara en 1667 pour y établir un comptoir.

En fin d'après-midi, il fait bon redescendre au sud du fort Rotterdam et flâner sur le front de mer de **Pantai Losari** *(Jl. Penghibur)* (A3) pour y boire un verre ou y dîner face au soleil couchant *(voir « Restauration », p. 502)*.
De l'autre coté de la baie, on aperçoit la silhouette rouge et singulière de la **Masjid 99 Kubah**, la « mosquée aux 99 dômes ». Inaugurée en 2022, elle s'est imposée d'emblée comme le nouveau symbole de la ville.

À proximité

CARTE P. 488-489

Air Terjun Bantimurung (CHUTES DE BANTIMURUNG) A4

À 40 km au nord-est de Makassar (1h de voiture). Au marché central, prenez un pete-pete *pour Maros ; de là, un autre* bemo *pour Bantimurung.*
6h-18h - 225 000 Rps. Comptez une demi-journée (possibilité d'y associer la visite de Rammang-Rammang, non loin de là). Attention, il y a beaucoup de monde le w.-end.
Une excursion idéale pour un bain rafraîchissant. Au milieu de magnifiques falaises aux allures de pains de sucre tapissées d'une végétation luxuriante, les chutes cascadent sur la roche érodée pour se jeter dans une piscine naturelle. Un tableau un peu gâché par les détritus et les installations en piteux état qui jonchent les berges. L'endroit, classé parc national, est réputé pour ses papillons. Le naturaliste britannique **Alfred Wallace** *(voir p. 587)* y dénicha au 19e s. des spécimens rares, tel *Papilio blumei* (noir à bandes bleu-vert), dont la survie est aujourd'hui menacée par le braconnage, la déforestation et l'usage des pesticides.

★★★ Rammang-Rammang (PEGUNUNGAN RAMMANG-RAMMANG) A4

À 45 km au nord-est de Makassar (1h de voiture). Au marché central, prenez un pete-pete *pour Maros ; de là, un autre* bemo *pour Salerang. On y loue une pirogue (200 Rps) pour rejoindre Berua, d'où partent les sentiers pédestres.*
9h-17h - 10 000 Rps. Comptez une demi-journée.
Dispersé sur 45 000 ha de rizières, mares, forêts, falaises et pains de sucre, ce site spectaculaire constitue la troisième plus grande formation karstique au monde, après Tsingy à Madagascar et Shilin en Chine. Il a été classé sur la liste des géoparcs mondiaux par l'Unesco en 2023. Rammang-Rammang, en makassar, signifie « brume », en raison du brouillard qui enveloppe les sommets à l'aube ou dès qu'il pleut. La pirogue chemine sur la rivière Puteh frangée de palmiers, jusqu'à un village bugis de maisons sur pilotis. Des sentiers mènent ensuite à divers points de vue et aux grottes criblant les montagnes. Les parois de certaines cavernes portent des traces de peintures préhistoriques (mains au pochoir et dessins d'animaux), parmi les plus anciennes du monde.

Musée de la ville de Makassar.
Muhammad Arie/Getty Images Plus

Carnet pratique

PLAN DE MAKASSAR (P. 498)

S'informer

Sulawesi Tourist Information Centre (STIC) – (B3) - *À l'angle de Jl. Sudirman et de Jl. S. Sungai Saddang* - *(0411) 87 89 12.* L'office du tourisme de Sulawesi Sud. Il ne dispose que d'un médiocre plan de la ville et de quelques brochures peu utiles, disponibles dans la plupart des hôtels et des agences de voyage.

Adresses utiles

Bureau de l'immigration

Kantor Imigrasi – B2 EN DIR. - *Jl. Perintis Kemerdekaan (à 13 km du centre, près du terminal Daya) - (0411) 584 559. lun.-vend. 8h-15h.* Pour les prolongations de visa.

Banque/Change

Nombreuses banques avec distributeur sur Jl. Ahmad Yani (AB2) et autour du Makassar Mall (B2). La **Mutiara Bank**, sur Jl. Sulawesi (AB2) est la seule à changer les euros. L'aéroport dispose d'un bureau de change et d'un distributeur automatique.

Poste

Pos dan Giro – A2 - *Jl. Slamet Riyadi 10 - lun.-vend. 7h-21h, sam. 7h-18h, dim. 10h-17h.*

Santé

En cas de problème, adressez-vous d'abord à votre hôtel, qui pourra appeler un médecin. La ville compte de nombreux hôpitaux :

Rumah Sakit Akademis – B2 - *Jl. M. Jusuf 57A - (0411) 361 73 43.*

Rumah Sakit Stella Maris – A3 - *Jl. Somba Opu 273 - (0411) 854 341.*

Arriver/Partir

En avion

Aéroport Sultan-Hasanuddin (UPG) – B1 EN DIR. - *À 23 km au nord-est de la ville.* Vols de/vers Jakarta, Yogyakarta, Surabaya, Denpasar, Manado, Kuala Lumpur et Singapour. Les **taxis** se paient d'avance *(100 000 Rps + péages)* au guichet situé à la sortie. Vous pouvez aussi marcher jusqu'à la grande route *(800 m)*, où des *pete-pete* font la navette avec le terminal Daya. Quelques bus Damri *(env. ttes les 30mn, 27 000 Rps)* assurent la liaison entre l'aéroport et le centre.

En bateau

Port Soekarno Hatta – A1 - *Jl.Soekarno 1 Central - ✆ (0411) 361549*. Il accueille les navires de la **Pelni** en provenance de Surabaya (Java), Maumere (Flores) et Manado (Sulawesi).

Pelni – B2 - *Jl. Sawerigading 14 - ✆ (0411) 361 48 61 - www.pelni.co.id - 8h-15h*. Les billets s'achètent dans les agences de voyage ou directement au port, où vous pourrez par ailleurs consulter les horaires et le détail des liaisons.

En bus

De Makassar, de nombreuses compagnies de bus relient les principales villes de l'île. Réservez vos places la veille (surtout pour le pays Toraja), auprès d'une agence de voyage ou de votre hôtel. **Prima Dona**, **Litha**, **Métro** et **Bintang Prima** sont les compagnies les plus ponctuelles et confortables.

Terminal Daya – B2 EN DIR. - *Jl. Kapasa Raya (à 14 km à l'est de la ville)*. Dessert le nord : Rantepao *(9 à 10h, en trajet de nuit)*, Sengkang *(4 à 6h)*, Palopo *(10 à 12h)* et Pare-Pare (*3 à 4h*), entre autres destinations.

Terminal Malengkeri – B3 EN DIR. - *À env. 10 km au sud de la ville.* Bus pour Bulukumba (où vous changerez pour rejoindre le cap Bira) et le sud de la péninsule.

Transports

Très étendue, chaude et humide, et dépourvue de trottoirs, la ville se prête mal à la marche à pied.

Becak

Omniprésents et bon marché *(négociez le prix de la course avant de monter, env. 10 000 Rps pour une course moyenne)*, ils constituent le moyen idéal pour se déplacer en ville. Pris de sueurs froides dans le flot dense et anarchique des *pete-pete*, motos, voitures et autres camions pétaradants, faites confiance aux conducteurs : leur habileté à se croiser vous surprendra à chaque carrefour !

Pete-pete et mikrolet

Ils sillonnent la ville et ses environs. Bon marché *(3 000 Rps)*, mais pas toujours faciles à utiliser pour les néophytes. Demandez au chauffeur ou à la population locale de vous aider. Les 2 lignes les plus utiles sont celles desservant les deux gares routières (nom du terminal affiché sur le pare-brise).

Pasar Sentral – B2 - *New Makassar Mall, Jl. KH.Ramli 22*. Principale station de ces minibus.

Taxi

Nombreux dans le centre-ville et à l'aéroport. Ils sont presque tous climatisés et équipés d'un compteur. Votre hôtel pourra vous en appeler un.

Location de voitures

À Sulawesi, pas de location de voitures sans chauffeur. Vérifiez que le prix inclut l'essence, ainsi que les repas et nuitées du chauffeur si vous partez pour plusieurs jours. Adressez-vous à une agence de voyage ou à la réception de votre hôtel.

Visites

De nombreuses agences de voyage assurent les réservations de bateaux et de billets d'avion, proposent divers programmes de visite de l'île, avec ou sans guide, et louent des voitures avec chauffeur. Voyez-en plusieurs, comparez les prix et prestations. La plupart des hôtels proposent des services similaires.

Agenda

Jazz Festival – *Début nov. - www.makassarjazzfestival.com*. Il dure deux jours et se tient au fort Rotterdam.

Nos adresses

PLAN DE MAKASSAR (P. 498)

Restauration

La ville compte d'innombrables *warung*, bon marché et souvent savoureux, ainsi n'hésitez pas ! On y mange des poissons grillés, de la cuisine chinoise et des spécialités makassars, comme le *coto Makassar* (bouillon épicé aux entrailles de buffle). Goûtez aussi les pâtisseries locales, à base de noix de coco *(kelapa)* et de sucre rouge *(gula mera)*.

Premier prix

Coto Gagak – HORS PLAN - *Jl. Gagak 27 - ✆ 0813 5568 0278 ou 0823 4653 2166 - 24h/24 - 30 000 Rps.* L'endroit, très apprécié des Indonésiens, est réputé servir le meilleur coto Makassar de la ville. L'odeur du bouillon flotte dans l'air. La salle abrite de longues tables et des chaises en plastique. Le fameux plat d'abats est servi assaisonné d'oignons frits, de poireaux et de citron vert, avec éventuellement des nouilles ou du riz.

5 **Kampoeng Popsa** – A2 - *Jl. Ujung Pandang 4 - ✆ (0411) 362 15 91 ou 0813 5551 2121 - 15h-0h - 30 000/80 000 Rps.* Face à la mer, près du fort Rotterdam, ce *food court* apprécié des jeunes de la ville abrite, sous son grand pavillon, une scène de concerts où se produisent des groupes le week-end. Une série de petits comptoirs proposent des plats indonésiens, malais ou chinois, des nuggets de poulet et des frites, des smoothies, glaces et boissons. Agréable terrasse en bois devant les grues du port.

3 **Kios Semarang** – A3 - *Jl. Penghibur 20 - ✆ (0411) 362 23 94 - [carte bancaire refusée] - 9h-23h45 - 30 000/60 000 Rps.* Au 2e étage, sa terrasse surplombant la rue offre un poste d'observation idéal pour boire une bière au coucher de soleil. Large choix de nouilles et de soupes consistantes et parfumées. Une adresse populaire à la clientèle hétéroclite.

Budget moyen

4 **New Dinar** – B3 - *Jl. Lamaddukelleng 26 - ✆ (0411) 872 218 - [carte bancaire refusée] - 10h-22h - 40 000/100 000 Rps.* Une des meilleures tables pour les poissons et fruits de mer, à choisir selon la pêche du jour (prix au kilo). Crevettes, langoustes, crabes, calamars.... Tout est frais et les prix sont très raisonnables. Menu avec photo, ce qui aide pour la communication avec le personnel qui ne parle pas anglais.

7 **RM Nelayan** – A3 - *Jl. Ali Malaka 25 - ✆ (0411) 361 05 23 - [carte bancaire refusée] - 10h30-22h - 45 000/150 000 Rps.* Très bonne cantine locale de poissons et fruits de mer grillés et préparés à toutes les sauces. Poisson, crevettes ou calamars grillés sont servis en portions généreuses, à accompagner de plats de légumes et de riz, d'un soda ou d'une bière fraîche.

6 **Rumah Makan Seafood Apong** – B1 - *Jl. Diponegoro 95 - ✆ 0812 3333 1519 - [carte bancaire refusée] - 11h-22h - 80 000/360 000 Rps.* Excellent restaurant de poissons et fruits de mer, dans une salle climatisée. Produits frais et cuissons parfaites. Sole, palourdes, crevettes, langoustes, crabe à la sauce épicée et *kudu-kudu* (poisson-coffre) grillés à la braise sont à la carte, selon arrivage.

2 **Bistropolis** – A3 - *Jl. Sultan Hasanuddin 18 A - ✆ (0411) 363 69 88 - www.bistropolis.net - 11h-22h (sam. 1h, dim. 0h) - 80 000/250 000 Rps.* Déco à l'esprit factory (murs de briques, chaises et luminaires en métal, tables en bois brut) et cuisine de bistrot italo-américain (burgers, nachos, bruschettas, lasagnes,

pizzas, poulet cordon-bleu, steak, salades). En dessert, essayez le crumble aux pommes ou les glaces maison.

Pour se faire plaisir

Grind & Pull – HORS PLAN - *Jl. A. Mappanyukki 40-42 - ✆ (0411) 877 322 - 10h-22h - 80 000/200 000 Rps.* Déco chic et soignée pour cette grande salle climatisée dont on apprécie la fraîcheur en journée. À la carte, des plats occidentaux (salade de crudités, pâtes à la carbonara, wraps de poulet, saumon grillé, filet de bœuf australien), thaïs et indonésiens (soupe Tom Yum, satay, crevettes grillées). Grand choix de desserts et glaces, de bières importées et de cocktails de fruits ou alcoolisés. Bonne ambiance et prix honnêtes.

Petite pause

Café Dapoer Sulawesi – A2 - *Jl. Penghibur (à l'angle de Jl. Ujung Pandang) - 7h-23h.* Snacks, bières locales et d'importation, café et jus de fruits à deux pas de la très commerçante Jl. Somba Opu.

Warkop Hai Hong – A2 - *Jl. Serui 16 - ✆(0411) 800 1013 - ⊠ - 6h30-18h.* Vous choisirez en vitrine de succulentes bouchées de riz gluant enrobées dans des feuilles de bananier et fourrées au poulet, au poisson ou à la banane. Excellent café. Service rapide. Une bonne adresse pour un petit-déjeuner à l'asiatique.

Boire un verre

Kareba – A3 - *Jl. Penghibur 12 - ✆ (0411) 362 60 62 - 16h-2h.* Sa terrasse ouvre en face du front de mer. La cuisine est moyenne, mais l'endroit, en plein air, est agréable pour boire un verre. Des orchestres viennent jouer divers styles de musique, chaque soir à partir de 18h.

Shopping

Jl. Somba Opu (A3), une rue parallèle à Jl. Penghibur, se prête au lèche-vitrines. Ses nombreuses boutiques vendent surtout des bijoux (en argent filigrané ou en or), mais aussi de l'artisanat du pays Toraja et des autres îles de l'archipel.

Ratu Indah Mall – B2 - *Jl. DR. Ratulangi 35 - ✆ (0411) 856 939 ou 0812 4286 4833 - 10h-23h.* Énorme complexe commercial qui regroupe des enseignes internationales (McDo, KCF, Starbucks) et indonésiennes (Gramedia, Gaudi), des cinémas, boutiques de vêtements et autres.

Makassar Karebosi Trade Center – B2 - *Jl. A. Yani (à l'angle de Jl. Cokroaminoto).* Sur trois étages, nombreuses boutiques, notamment de prêt-à-porter, et grand supermarché Carrefour.

Activités

Trans Studio – B2 EN DIR. - *Jl. Metro Tanjung Bunga (sur le front de mer, à 4 km au sud de Pantai Losari) - ✆ (0411) 811 70 00 - www.transstudioworld.com - forfait de 155 000 Rps (205 000 Rps le w.-end) pour 15 attractions.* Organisé sur le modèle des studios Universal, mais en intérieur, ce gigantesque parc à thèmes décline les grands succès de la télévision indonésienne.

Hébergement

Makassar n'est qu'une étape de transit où vous devrez sans doute passer une nuit. Aucun hôtel de charme, mais l'on en trouve des propres et confortables en catégorie intermédiaire, à des prix souvent bradés sur Internet.

Premier prix

(10) **Wisma City Inn** – A2 - *Jl. Ahmad Yani 34 - ✆ (0411) 363 11 68 - ▤ P - 18 ch.*

6

160 000/200 000 Rps ☕. Un hotel petit budget bien placé, près du MTC Karebosi. Chambres propres et confortables, à condition de n'être pas trop exigeant pour le prix.

⑪ **Yasmin Hotel RedDoorz** – A2 - *Jl. Jampea 5 - ✆ (0411) 362 83 29 -* ▤ ✕ *- 98 ch. 200 000/500 000 Rps* ☕. Des chambres relativement spacieuses, confortables et bien entretenues, mais sombres et sans caractère. Service peu empressé.

Budget moyen

② **Hotel Pacific** – B3 - *Jl. Botolempangan Raya 53 - ✆ (0411) 363 12 99 -* ▤ ✕ *- 29 ch. 285 000/670 000 Rps* ☕. Hôtel simple, offrant des prestations correctes. Les chambres sont bien équipées (coffre-cort, bouilloire, écran plat) mais sans charme. Les couloirs carrelés résonnent hélas un peu trop.

⑨ **Favor Hotel** – B3 - *Jl. Lasinrang 15 - ✆ (0411) 811 18 05 - www.favorhotels.com -* ▤ 🏊 🅿 *- 100 ch. 350 000/500 000 Rps* ☕. Un établissement à la déco soignée, sur 5 étages, aux chambres petites mais bien équipées. Petite piscine. Fitness. Le personnel peut vous organiser vos excursions à Sulawesi.

③ **Fave Hotel** – A3 - *Jl. Daeng Tompo 28-36 - ✆ (0411) 363 97 77 - www.favehotels.com -* ▤ ✕ 🏊 *- 141 ch. 400 000/1 000 000 Rps* ☕. Arborant des couleurs pimpantes, rose framboise, violet prune et capucine, cet hôtel moderne situé près de Pantai Losari procure un bon confort à prix doux. Chambres fonctionnelles, piscine intérieure, restaurant quelconque.

⑤ **M-Regency** – A3 - *Jl. Daeng Tompo 8 - ✆ (0411) 365 00 99 ou 0811 4253 8111 - lg@mregencyhotel -* ▤ ✕ *- 149 ch. 350 000/1500 000 Rps* ☕. Avec ses chambres spacieuses, lumineuses et plaisantes, ses moquettes épaisses, cet hôtel vous assurera un confort aux normes internationales... additionné d'une petite touche de kitsch. Service stylé et souriant.

① **Hotel Santika** – A3 - *Jl. Hasanuddin 40 - ✆ (0411) 363 22 33 - www.mysantika.com -* ▤ ✕ 🅿 *- 118 ch. 475 000/1 200 000 Rps* ☕. Le grand bâtiment n'est certes pas très séduisant, mais l'accueil est impeccable et les chambres sont lumineuses et douillettes, dotées d'une excellente literie, de produits de toilette et de la télévision par satellite. Préférez les étages supérieurs, pour la vue. Spa, jacuzzi et fitness.

Pour se faire plaisir

④ **Aston Makassar Hotel** – A2 - *Jl. Hasanuddin 10 - ✆ (0411) 362 32 22 - www.astonhotelsinternational.com -* ▤ ✕ 🏊 *- 177 ch. 950 000/1800 000 Rps* ☕. Apprécié de la clientèle d'affaires, un grand hôtel moderne de confort international, très central. Chambres spacieuses et confortables, décorées d'un mobilier en bois foncé. Piscine intérieure et fitness.

⑦ **Swiss-Belhotel** – A2 - *Jl. Ujung Pandang 8 - ✆ (0411) 369 00 00 - www.swiss-belhotel.com -* ▤ ✕ 🏊 🅿 *- 294 ch. 1 300 000/1 360 000 Rps* ☕. Tour moderne de 20 étages au bord de la baie. Chambres agréables avec une bonne literie, vue sur la mer ou sur la ville. Petit-déj. copieux. Piscine extérieure, spa, DAB, agence de voyage, navette aéroport. Bar musical sur le toit, avec vue panoramique.

Chantier naval à Tana Beru, dans les environs de Bira.
A. Pistolesi/hemis.fr

Le cap Bira ★★

La région de Bira compte parmi les plus arides de l'île. De Makassar, vous longerez la côte méridionale à travers des paysages encore verdoyants, mais rizières, bananeraies et cocoteraies cèdent peu à peu la place à une végétation plus clairsemée, où pointent les cactus. D'élégantes maisons sur pilotis, peintes de couleurs vives, jalonnent la route. À l'ombre de leurs habitations surélevées, les femmes se consacrent au tissage, un travail qui complète les revenus de l'agriculture (noix de cajou, girofle, cacao, café, maïs, hévéas). Mais la population, majoritairement makassar et bugis, reste tournée vers la mer : perpétuant la tradition ancestrale de la construction navale, elle continue à assembler ces élégants bateaux en bois qui hantent l'océan depuis des siècles.

Se repérer

CARTE B4 (P. 488-489).
Province de Sulawesi Selatan.
À 200 km de Makassar, le cap marque l'extrémité sud-est de la péninsule de Sulawesi Sud.

À ne pas manquer

Les eaux limpides et les grottes de la plage de Bira et les superbes fonds coralliens.

Organiser son temps

Passez 1 ou 2 nuits à Bira ; évitez le week-end, où la plage est bondée.

Carnet pratique p. 507

Nos adresses p. 507

Découvrir

CARTE P. 488-489

★★ Bira B4

Ce village de pêcheurs s'étire sur plusieurs kilomètres avant de déboucher sur la mer. Au sud-ouest se déroule une **plage★★** de sable blanc, ourlée de petites falaises où l'érosion a sculpté des grottes. À marée basse, lorsque les pêcheurs viennent jeter leurs filets, vous pourrez marcher jusqu'au bout de la plage.

Les eaux turquoise et cristallines recèlent des **fonds coralliens★★** de toute beauté. Non loin du rivage, vous nagerez au milieu des poissons multicolores et, avec un peu de patience, vous apercevrez sans doute quelques tortues. Louez une petite embarcation pour aller observer le ballet des **dauphins**, qui voguent souvent à proximité du **cap Lasa** *(baignade dangereuse)*. Beaucoup de sites se prêtent à la plongée autour de **Pulau Kambing**, au sud du cap Bira.

De nombreux singes ont élu domicile sur la petite montagne de **Puajanggo**, qui se dresse à l'ouest de Bira. Un sentier *(env. 3 km)* mène au sommet, d'où l'on bénéficie d'un beau **panorama★** sur la côte.

Pour clore la journée, allez boire un verre à la terrasse du Bira Beach Hotel : vous serez aux premières loges pour le **coucher de soleil★★★**.

★ Tana Beru B4

À 18 km à l'ouest de Bira. Comptez 15mn en voiture, 1h en bemo.

Perdu dans les cocotiers, ce charmant village côtier abrite l'un des principaux chantiers de **construction navale★** bugis de l'île *(pas toujours en activité)*. Derrière les habitations sur pilotis, un alignement de carcasses ventrues, proues pointées vers le large, envahit la plage. Suivant les secrets transmis de père en fils, les artisans continuent à façonner l'une des plus anciennes flottes traditionnelles du monde. Sans plan préétabli, ils assemblent savamment les planches avec des jointures à base d'écorce et de caoutchouc et des chevilles en bois ; seuls quelques boulons métalliques viennent consolider les plus gros navires. Des petits *pajala* de pêche effilés aux imposants cargos *pinisi* de près de 200 tonnes et de plus de 30 m, destinés à sillonner les mers du Sud-Est asiatique, différentes sortes de *prahu* naissent ainsi de ces mains agiles, après des semaines ou des mois de labeur. D'importantes cérémonies et des sacrifices d'animaux accompagnent l'élaboration de chaque bateau.

★ Tana Towa B4

À 66 km au nord de Bira et à 9 km de Kajang, vers l'intérieur des terres – Comptez 1h30 en voiture, 2h au moins en bemo *(ils s'arrêtent sur la route principale, d'où il vous faudra marcher 15 à 30mn).*

Guide obligatoire - entrée payante, avec location imposée d'un costume noir, et donation au chef du village - il est interdit de photographier l'intérieur des maisons et certains membres de la communauté n'ayant pas le droit d'être pris en photo, demandez-leur l'autorisation au préalable..

Tana Towa, le « vieux pays », est le fief d'une ethnie isolée qui vit toujours au rythme de traditions pré-islamiques. Totalement repliée sur elle-même, cette société autarcique commence tout juste à s'entrouvrir au reste du monde. L'eau courante et l'électricité n'ont pas encore franchi les murs d'enceinte du village, et la population continue à pratiquer une économie d'autosubsistance, fondée sur l'élevage et l'agriculture.

À la tête de la tribu règne l'**Amma Towa**, chef coutumier dont l'autorité absolue régit toute la vie des habitants. Chacun doit le consulter et obtenir son assentiment

avant d'entreprendre quoi que ce soit. Une porte marque l'entrée du « bourg », caché à 1 ou 2 km de la maison où on loue les costumes.
En chemin, vous croiserez des jeunes filles allant tirer de l'eau au puits, tandis que les garçons conduisent les vaches à la rivière. Des chemins pierreux mènent aux **habitations**, bâties comme jadis en bois brut, et couvertes d'un toit en palmes de cocotier. Entre les pilotis de leurs maisons, les femmes tissent les vêtements noirs de la communauté. Les visiteurs sont priés de se présenter à la **maison du chef du village** *(rumah Amma Towa)* : une bonne occasion de découvrir l'intérieur de ces demeures impénétrables. Après les questions d'usage (votre guide servira d'interprète), on vous offrira sans doute un café, avant de solliciter – avec discrétion – une petite donation...

Carnet pratique

Arriver/Partir

De Makassar

Partez le matin avant 10h du terminal de Malengkeri *(taxi ou* bemo *du marché central)*. Vous y trouverez soit un taxi collectif *(kijang)*, soit un bus ou un *bemo* pour Bira *(4h à 5h)*. Départs plus fréquents pour Bulukumba, d'où des *bemo* relient Bira.

Nos adresses

Restauration/ Hébergement

Budget moyen

Bira Beach Hotel – *Jl. Kapongkolang 3 - ✆ 0823 8949 5751 - ▤ ✕ - 23 ch. 400 000/500 000 Rps* ☕. Chambres un peu exiguës mais avec terrasses privatives, réparties dans un jardinet donnant sur la plage. Les moins chères, de petits bungalows plus sommaires, s'alignent en retrait de la rue principale. Ensemble correct mais sans grand charme, et qui mériterait d'être rénové. Agréable restaurant avec vue sur la mer.

Bara Beach Bungalows – *Jl. Poros Bara (à 3 km à l'ouest du village) - ✆ 0813 4041 3340 - www. bara-beach.com - ▤ ✕ P - 9 ch. 950 000/1 170 000 Rps* ☕. D'agréables bungalows, au calme, au bord d'une plage de sable blanc (mais pas toujours très propre).

Pour se faire plaisir

Amatoa Resort – *Jl. Pasir Putih 6 - ✆ 0812 4296 5500 - www. amatoaresort.com - ▤ ✕ ⛱ - 14 ch. 1 750 000/3 000 000 Rps* ☕. À la pointe sud du cap, sur un promontoire rocheux, une adresse luxueuse, avec sa piscine, son restaurant raffiné et son centre de plongée. Bungalows joliment meublés, dans une ambiance marine décontractée. Parfait pour buller quelques jours.

Activités

Plongée

Bira Dive Camp – *Jl. Pasir Putih 6 - ✆ 0812 2181 3253 - www.scuba-republic.com* Devant la plage, le meilleur centre de plongée, avec des instructeurs de qualité. On peut loger sur place dans les bungalows.

Autour du lac Tempe ★★

De Makassar, la route qui remonte vers le centre, via Maros, traverse des paysages de toute beauté. Elle serpente sur les flancs verdoyants de montagnes en pains de sucre avant de redescendre vers les rizières et les plantations de tabac. Les jours de mariage, les villages bugis qui ponctuent le parcours s'animent d'airs d'antan et des couleurs vives des costumes traditionnels. De quoi égayer votre périple… et vous faire oublier les nids-de-poule ! L'arrivée à Sengkang en fin d'après-midi, lorsque les arbres qui jalonnent les berges de la rivière se découpent en ombres chinoises sur le ciel, est particulièrement féerique. Puis apparaît la silhouette élancée du minaret de la grande mosquée, tout illuminée de néons verts, la couleur de l'islam.

Se repérer

CARTE AB3 (P. 488-489).
Province de Sulawesi Selatan. Sengkang, la localité principale, se trouve sur la rive est du lac Tempe, à 192 km au nord-est de Makassar.

À ne pas manquer

Un tour en bateau sur le lac en fin d'après-midi, quand le ciel s'embrase.

Organiser son temps

La meilleure saison est celle des pluies (nov. à mars), lorsque le niveau du lac est plus haut. Renseignez-vous avant d'entreprendre le voyage : le lac peut se trouver à sec plusieurs années durant. Profitez de l'animation qui règne le matin autour des maisons et au bord de la rivière.

Carnet pratique p. 510

Nos adresses p. 510

Découvrir

CARTE P. 488-489

★ Sengkang B3

Ancien siège du **royaume Wajo** qui s'étendit sur le centre du pays Bugis, la charmante petite ville de Sengkang s'étire sur les rives de la **Walanae**, à 5 km du lac Tempe, où la rivière prend sa source. D'étroites passerelles en bambou desservent les maisons qui bordent l'eau, passant parmi des antennes paraboliques plantées un peu partout. Le matin, l'animation se concentre sur les berges : ici, un groupe de femmes fait la lessive ; là, un homme répare son embarcation ; ailleurs, une bande de bambins rigolards se savonne des pieds à la tête…

Réputée pour le tissage de la soie *(sutera)* – la production se fait à **Soppeng** *(à env. 50 km au sud-ouest de Sengkang)*, où vous pourrez voir des élevages de vers à soie –, la ville vit au rythme régulier du cliquetis des métiers à tisser. Pour assister de plus près au travail des femmes, attelées à leur instrument sous la maison familiale, échappez-vous au nord de la ville : à 3 km du centre, dans le village de Sempange, peu avant le panneau « Selamat jalan kota sutera », prenez la ruelle qui part à gauche de la route principale. Prenez garde toutefois, des imitations en viscose sont vendues dans certaines boutiques.

Maisons flottantes sur le lac Tempe.
Claudiovidri/Getty Images Plus

★★ Danau Tempe (LAC TEMPE) A3

Excursion en barque à moteur que vous louerez par l'intermédiaire des hôtels ou directement au bord de la rivière, auprès d'un propriétaire. Négociez le prix (200 000 à 300 000 Rps) et la durée - entrée : 5 000 Rps. Comptez 2h pour avoir un bon aperçu.

Ce vaste lac aux eaux peu profondes s'assèche parfois complètement lorsque les pluies se font capricieuses. Large cuvette tapissée de verdure, il offre alors un spectacle étonnant, envahi par les piétons et les *bendi* (carrioles à cheval) circulant d'une rive à l'autre. Autrement plus apocalyptiques, les crues peuvent inonder l'intérieur des habitations riveraines – pourtant haut perchées sur leurs pilotis – jusqu'à 1 m de haut, contraignant alors des familles entières à évacuer leurs biens à la nage.

Profitez si possible de la lumière dorée d'une fin d'après-midi pour faire un tour en bateau. En remontant la rivière jusqu'au lac, les barques effilées fendent les plantes aquatiques que le courant, puissant, charrie par paquets. Au pied des maisons, des pêcheurs lancent leurs filets d'un geste ample, prompt et précis, tandis que d'autres prennent le frais sur leur véranda. Les bateaux s'arrêtent parfois pour faire le plein à la station d'essence flottante, peu avant de déboucher sur le lac. Là, le tableau change. Le lac Tempe se révèle progressivement, dans ses méandres et ses reliefs inattendus : des champs flottants, amarrés à l'aide de bambous, alternent avec de surprenantes palmeraies, émergeant de flots souvent tumultueux. Çà et là surgit une maison, flottante elle aussi, d'où l'on vous saluera chaleureusement. Quelques vaches broutent paisiblement un tapis d'herbe lacustre… flottant !

Tout comme le lac Inle en Birmanie ou le Tonlé Sap au Cambodge, le Danau Tempe est aussi le refuge d'une riche **avifaune** (plusieurs espèces d'aigrettes, de hérons, d'ibis, de butors, de grues et de poules d'eau), mais avec le bruit des moteurs, les oiseaux ont tendance à s'envoler vers des contrées plus reculées.

Carnet pratique

Adresses utiles

BNI – *Jl. Latainrilai (au carrefour).*
Poste – *Jl. Veteran 18 (au nord-est de la ville).*
Wartel Askar I – *Jl. Emmi Sailan* et *Jl. Bau Makhmud 26 (près du marché central).*

Arriver/Partir

De **Makassar**, bus et *bemo* partent du terminal Daya *(4 à 5h de route).*
De **Rantepao**, prenez un bus pour Palopo *(2h)*, et, de là, un *bemo* ou un *kijang* pour Sengkang *(4 à 6h, départs le matin).*
De **Bira**, *bemo* ou *kijang* de Bulukumba à Bone, puis de Bone à Sengkang *(comptez 8 à 10h).*
Également des liaisons avec Pare-Pare.

Nos adresses

Restauration

Vous trouverez quelques *warung* bon marché le long de la rue principale, autour du marché et de la gare routière. Tous servent les mêmes plats indonésiens ou chinois dans des salles sans prétention.
Les hôtels cités ci-dessous disposent tous d'un restaurant. On recommande en particulier celui de l'hôtel BBC.

Shopping

Soieries

Toko Sumber Sutera – *Jl. A. Magga Amirullah 140 - ✆ (0485) 213 83.* Une bonne adresse pour acheter des sarongs ou des vêtements en soie. Vous y trouverez un grand choix et une bonne qualité.
Aminah Akil Silk – *Jl. Wanna Makka 33 - Sempange - ✆ (0485) 323 242 ou 0853 9977 7071.* On peut y voir les tisserandes à l'œuvre. Soie au mètre, châles et foulards en ikat aux motifs bugis.

Hébergement

Premier prix

Amira Guesthouse – *Jl. Andi Malingkaan 3 - ✆ 0852 9834 3824 - - 7 ch. 300 000 Rps .* Une maison familiale à deux étages transformée en pension. Le patron, Anton, organise des excursions sur le lac, avec possibilité de dormir dans une maison flottante. Chambres simples et correctes, avec un grand salon attenant et un balcon.

Budget moyen

BBC Hotel – *Jl. Andi Palawaruka 17 - ✆ (0485) 213 63 ou 0852 4202 0353 - - 30 ch. 425 000/575 000 Rps .* Le meilleur établissement de la ville, propre et moderne. Chambres simples mais confortables. Service souriant mais inexistant, petit-déjeuner acceptable.

Le pays Toraja ★★★

À Rantepao, épicentre d'une région montagneuse unique en Indonésie, une croix géante trône au sommet de la colline dominant la ville. À Makale, la capitale administrative, c'est une statue monumentale du Christ qui accueille le visiteur. Christianisé depuis un siècle, converti à la vie moderne, à ses embouteillages et moteurs pétaradants, le peuple Toraja continue pourtant d'honorer ses coutumes animistes, la mythologique et fascinante Aluk To Dolo, la voie des ancêtres, dont les rituels restent vivaces. Les tongkonan, ces grandes maisons familiales sur pilotis dont les toits évoquent la forme d'un bateau renversé, servent toujours de décor à d'impressionnants rituels, en particulier lors des funérailles. Ces cérémonies spectaculaires sont couronnées par le sacrifice sanglant de nombreux buffles. Le ruminant aux grandes cornes est censé escorter les morts au pays des âmes et pousser pour eux les portes du paradis.

Se repérer

CARTE AB3 (P. 488-489) - PLAN DE RANTEPAO (P. 518) - CARTE DU PAYS TORAJA (P. 520).

Province de Sulawesi Sud (Sulawesi Selatan) - Alt. moyenne 900 à 1200 m (maxi 2 369 m).

Rantepao (43 438 hab.), principale ville du pays Toraja, se trouve à 60 km à l'ouest de Palopo, où se situe l'aéroport le plus proche, 148 km au nord de Sengkang (lac Tempe) et 340 km au nord de Makassar. Capitale administrative du pays Toraja, Makale ne présente quant à elle pas d'intérêt.

À ne pas manquer

Assister à des funérailles ; le marché aux buffles de Bolu, les *tau-tau* de Lemo, le village de Ke'te Kesu.

Organiser son temps

Comptez au moins 2 jours et demi pour découvrir le pays Toraja, en rayonnant depuis Rantepao. C'est entre juillet et septembre, saison « sèche » où les Torajas émigrés reviennent au pays pour les fêtes, que se déroulent les cérémonies funéraires les plus importantes. Presque aucune festivité n'a lieu le dimanche, jour consacré à la messe.

Carnet pratique p. 524

Nos adresses p. 525

Découvrir

PLAN P. 518

Rantepao

La plus grande ville du pays Toraja s'étend sur les berges de la **Sa'dan**, au creux d'une large vallée cernée de montagnes verdoyantes. Entre sa longue artère principale, bordée de boutiques et de compagnies de bus, et ses ruelles adjacentes jalonnées d'hôtels et de gargotes, le centre économique et touristique du Tana Toraja n'a pas grand charme, mais les toits incurvés qui jalonnent ses rues, encore nombreux même si la tôle ondulée remplace souvent le bambou, lui

Le peuple toraja

« Peuple des montagnes » *(toriaja)* ou « hommes au cœur généreux » (*toraa* ou *toraya*), les habitants de Tana (terre, sol) Toraja occupent les hautes terres de Sulawesi Sud. Fuyant la vague d'islamisation des côtes célèbes, ces anciens marins dont on ignore l'origine exacte remontèrent le cours de la Sa'dan pour se réfugier dans les montagnes, probablement vers le 17e s. Longtemps repliés sur eux-mêmes, ils édifièrent des villages fortifiés au sommet des collines, et n'investirent les vallées qu'au début du 20e s., sous l'égide des Hollandais. Dans ces reliefs accidentés, exploitant leurs pentes abruptes, ils se consacrèrent à l'agriculture, sculptant çà et là des rizières en terrasses, irriguées par un savant système de canalisations, auxquelles s'ajoutèrent plus tard les plantations de girofliers et de café de l'époque coloniale.

Les Sa'dan Toraja

Parmi les quelque 450 000 Torajas disséminés sur près de 3 600 km² (sans parler de ceux, presque aussi nombreux, qui vivent dans d'autres îles de l'archipel), on distingue les habitants des contrées les plus reculées, peu touchés par l'influence occidentale, de ceux des zones davantage marquées par le contact avec la civilisation moderne. Ces différences se perçoivent avant tout dans les rituels et dans l'usage de la langue toraja *(bahasa toraja)*, qui connaît plusieurs variantes régionales. Autour de **Makale** – chef-lieu et capitale administrative de la région – et de Rantepao, notamment, on trouve les **Sa'dan Torajas**, largement christianisés et scolarisés par les missionnaires hollandais arrivés dans la région au début du 20e s. Nombre d'entre eux ont émigré depuis, attirés par les perspectives d'emploi des grandes villes. Officiellement **chrétiens**, ils n'en restent pas moins fidèles à certaines traditions animistes séculaires, et rentrent régulièrement au pays pour accomplir les grands rites de l'*aluk to dolo*, le culte des ancêtres.

Une société hiérarchisée

Traditionnellement, la société toraja se partage en trois classes. Au sommet de l'échelle, la **noblesse** – 10 % de la population – possède presque toutes les terres, tandis que 20 % de **petits propriétaires terriens** constituent la classe moyenne. Les 70 % restants, **employés agricoles** et **ouvriers** pour la plupart, forment la classe inférieure. Certes, depuis le début du 20e s., avec l'abolition de l'esclavage par les Hollandais et l'égalité des hommes prônée par les missionnaires, cette société s'est sensiblement nivelée, d'autant que le phénomène migratoire, massif, offrait à chacun de nouvelles chances d'enrichissement. Néanmoins, la hiérarchie ancestrale s'avère encore vivace, et elle continue de jouer un rôle déterminant, visible notamment lors des funérailles.

« Tongkonan », la maison des origines

Imposants vaisseaux aux grands toits élancés, les *tongkonan* hérissent les paysages du pays Toraja de leurs silhouettes caractéristiques. Les interprétations divergent quant à l'origine de leur forme ; admirable assemblage de tuiles de bambous imbriquées en quinconce (de plus en plus souvent remplacées, de nos jours, par de la tôle ondulée), le toit toraja figure selon certains une coque de bateau – évocation des navires sur lesquels arrivèrent les ancêtres –, pour d'autres, la ligne incurvée des cornes du buffle, animal sacré entre tous.

Les couleurs de la vie

Toutes de bois et bambou, les maisons se dressent sur des

Des tongkonans, demeures traditionnelles du pays Toraja.
Rafal Cichawa/Getty Images Plus

pilotis, leurs façades arborant une myriade de motifs sculptés et peints. Apanage presque exclusif de la noblesse, la décoration des habitations torajas – façades des maisons aussi bien que des greniers à riz – frappe par sa beauté. Mais au-delà de l'esthétique, elle recèle surtout une forte valeur symbolique. Cercle, triangle, oiseau magique, objets rituels, buffle ou encore plant de riz : chaque motif porte un nom et a un sens particuliers. La famille fait généralement sculpter les images de ce à quoi elle aspire : prospérité, fertilité, union..., décor que viennent rehausser quatre couleurs, obtenues à partir de pigments naturels, tout aussi chargées de sens. Le blanc évoque ainsi la paix et l'équilibre, la pureté, le divin ; le jaune, les êtres humains et le mariage ; le rouge, couleur du sang, figure la guerre et le courage ; le noir, enfin, désigne la mort et les forces des ténèbres.

Colliers de têtes

Une tête de buffle en bois orne les façades des demeures les plus riches, parfois accompagnée de l'image de l'ancêtre fondateur... et d'une ribambelle de mâchoires de porc. Devant la façade, le pilier qui soutient l'avancée du toit reçoit encore les **cornes des buffles** sacrifiés lors des funérailles des ancêtres, leur nombre témoignant du niveau de vie et du statut social de la famille.

Le cœur de la communauté

Percé de minuscules ouvertures, le corps d'habitation se divise généralement en trois pièces sombres et exiguës – auxquelles la majorité des Torajas préfèrent désormais l'espace et le confort des maisons modernes. Cependant, le *tongkonan* traditionnel, où sont nés les ancêtres fondateurs, leurs enfants et petits-enfants, continue de figurer le siège du **groupe familial**. Plus qu'une véritable habitation en soi, il représente le noyau de la famille, emblème de l'unité et de l'identité de cette communauté. Celle-ci comprend plusieurs dizaines, voire plusieurs centaines de personnes, dispersées un peu partout dans les villes et les îles de l'archipel. Lieu de rassemblement pour les discussions et les décisions importantes, le *tongkonan* s'affirme ainsi comme le centre de toutes les fêtes religieuses et familiales, telles les funérailles, qui réuniront autour de lui tous ses membres, jusqu'aux plus lointains. En cas de (re)construction du bâtiment, toute la famille doit participer aux frais, puis à la cérémonie consacrant la nouvelle demeure. À cette occasion, outre les sacrifices rituels de poulets ou de porcs, le sage – détenteur de la mémoire orale du village – prend la parole pour rappeler la généalogie de la famille. Si le coût élevé d'un *tongkonan* – payable en buffles – en fit longtemps l'apanage des aristocrates, la prospérité nouvelle de nombreux migrants torajas au cours des dernières décennies tend à éroder l'ancienne hiérarchie sociale, élargissant ce privilège à un plus grand nombre de familles.

Alang, les greniers à riz

Chaque *tongkonan* s'accompagne d'un ou de plusieurs greniers à riz. Orientées vers le nord, les maisons s'alignent ainsi face à leurs *alang*, indissociables pendants de ces demeures. Construits sur le même modèle, mais en plus petit, ils s'élèvent sur de hauts pilotis composés de quatre à six larges troncs de palmiers parfaitement lisses, pour empêcher les rats de grimper. Le compartiment à riz abrite une plateforme où l'on se repose et où l'on reçoit ses amis. En principe, seules les femmes sont habilitées à engranger le riz dans l'*alang*, suivant des rites particuliers. Les bouts de bambou que vous verrez parfois sur ses pans indiquent le décès du propriétaire du grenier ou d'un membre important de la famille.

Cérémonies aux dieux...

Les Torajas distinguent deux types de cérémonies. Vouées aux dieux, les fêtes **rambu tuka** consistent en des offrandes sacrificielles d'animaux (poulets, porcs, buffles). Ainsi honorés, les dieux accorderont aux humains leurs bonnes grâces : pour la maison lors de l'édification d'un *tongkonan*, pour les récoltes à l'occasion des moissons... Célébrés par le *to'minaa* (chef religieux), ces rituels se déroulent le matin, entre 6h et midi, face à l'est, la direction symbolique de la vie. On y assiste parfois à des **danses traditionnelles**, généralement rythmées par un tambour, exécutées le plus souvent par des femmes vêtues de couleurs vives et parées de perles, le kriss sacré à la ceinture. On y mange du *pa'piong* et du riz gluant cuits dans des bambous, et le *tuak* coule à flots.

... et aux ancêtres

Dédiées aux ancêtres, les cérémonies **rambu solo** s'orientent vers l'ouest (le côté des morts), et ont lieu après 12h. Les plus importantes sont celles des **funérailles**, aboutissement suprême de la vie d'un Toraja. Avant de pénétrer au **Puya**, le royaume des morts, l'âme doit en effet rendre compte de ses funérailles aux autorités de l'au-delà. Si les obsèques n'ont pas été dignes de sa classe ou conformes à la tradition, l'âme se voit condamnée à errer. Et dans l'attente d'une cérémonie appropriée, elle risque de revenir perturber les vivants sur terre... À l'inverse, elle apportera le bonheur dans le village et la famille si la célébration a été bien accomplie et les sacrifices nombreux. Elle entrera alors dans le royaume des ancêtres, où elle retrouvera – projection de sa vie terrestre – sa personnalité, ses qualités et son statut social. À l'occasion des funérailles se manifeste l'extrême solidarité qui lie les membres de la famille. Chacun contribue à réunir les fonds nécessaires à la cérémonie, qui peut avoir lieu des mois, voire des années après le décès. Pendant cette longue période, le mort reste parmi les siens, dans le *tongkonan*. Une fois **embaumé**, on le traite en effet comme s'il s'agissait d'un simple malade : on le veille, on lui apporte de la nourriture pour ses repas, on lui parle avec le plus grand respect... Il ne sera véritablement considéré comme mort qu'après ses funérailles. Dès que la famille a réuni suffisamment d'argent, on fixe la date de la cérémonie – après les récoltes –, puis les préparatifs commencent, avec l'aide des villageois.

De fastueuses funérailles

La durée (de 1 à 7 jours) et la splendeur de ces onéreuses festivités (le nombre et le type de bêtes sacrifiées peut aller d'un seul porc à plusieurs dizaines de porcs et de buffles) dépendent de la classe sociale du défunt, à qui l'on se doit d'offrir des funérailles dignes de son rang.
Le déroulement d'une cérémonie intermédiaire, étalé sur 5 jours, suit des étapes bien précises, des premiers combats rituels au cortège final.

Combats de buffles, combats de pieds

Dans l'effervescence générale des ultimes préparatifs percent des plaintes aiguës : deux hommes s'affairent à égorger des **porcs**. Aussitôt débitées, les bêtes finissent dans une énorme marmite ; le déjeuner mijote... Plus loin, on apprête de robustes **buffles**. Un chant funèbre en l'honneur du mort prélude parfois aux combats. Puis, dans les rizières fraîchement moissonnées, retentissent les clameurs de la foule. Stimulées par leurs maîtres, les bêtes se jaugent, hésitent, puis s'attaquent à coups de cornes décidés. Chargeant subitement leur adversaire dans une puissante course à travers champs, les buffles obligent parfois les spectateurs à s'enfuir à toutes jambes... Moins risqués mais tout aussi violents, les **combats de pieds** voient s'affronter, avec une agressivité dépourvue d'animosité, des jeunes gens courageux, enhardis par les cris du public.

La mise en bière

L'heure est venue pour les proches de sortir le corps du *tongkonan*. On l'enferme dans un **cercueil** cylindrique puis, à l'aide d'un brancard en bambou conçu à l'image du *tongkonan*, on le porte en grande pompe jusqu'au lieu de la cérémonie. En principe, la famille sacrifie alors un buffle et quelques cochons avant de déposer le défunt sur la plateforme édifiée pour lui.

L'accueil des invités

Accueillis dans les pavillons provisoires construits à leur intention – un véritable village éphémère, tout de bambou, où chacun se voit attribuer une place déterminée par son rang social –, les invités arrivent lentement, par groupes successifs. Ils viennent offrir un porc, un buffle, du *tuak* ou encore, pour les citadins, du sucre et des cigarettes. La famille gardera en mémoire ces « dettes », pour rendre la pareille à la prochaine occasion.
Suit une élégante et solennelle procession : après les hommes, vêtus de noir, défilent les femmes, coiffées d'un large chapeau conique en rotin, un petit sac à bétel et une écharpe en bandoulière. Parées d'habits traditionnels aux couleurs vives, les jeunes filles proches du défunt servent des pâtisseries et du café ou du *tuak* aux convives.
Plus tard, et toute la nuit durant (souvent même les nuits suivantes), les hommes danseront et chanteront le **Ma'badong** : formant une ronde, serrés côte à côte dans l'épaisse fumée des *kretek*, ils psalmodient doucement ce chant funèbre qui retrace la vie du disparu et évoque, plus largement, le cycle de la vie humaine.

Le sacrifice des buffles

Point d'orgue des funérailles, le sacrifice des buffles doit permettre à l'âme du mort de s'échapper, avec l'animal, vers le lointain **Puya**. Considéré comme un ancêtre de l'homme, le buffle est l'intermédiaire privilégié entre le monde des vivants et celui des morts. Sa valeur varie en fonction de la couleur de sa robe, de sa corpulence et de la longueur de ses cornes. Son prix (qui peut atteindre des sommes exorbitantes, de 30 millions à 200 millions de roupies, soit environ 12 000 euros, pour les buffles les plus précieux, les albinos aux yeux bleus) est pour les Torajas un symbole de leur statut social. Face à la bête, le bourreau lève sa machette soigneusement aiguisée et lui assène d'un geste sûr un coup sans appel. La gorge béante, crachant des gerbes de sang, l'animal se débat, tente de s'échapper, résiste, puis vacille. Un autre coup vient parfois mettre fin à son agonie. En quelques minutes, tous les buffles gisent çà et là, au milieu de larges flaques rouges. Une fois l'animal dépecé, la tête revient au *tongkonan* du défunt ; le foie à sa maison natale. Les invités reçoivent les autres morceaux, attribués selon leur rang social. Les Torajas ne répugnent pas à ce macabre spectacle… qui peut faire tourner de l'œil le touriste non averti ! Des **combats de coqs** peuvent également suivre ces sacrifices.

Dernier voyage

Lors du dernier hommage au disparu, il arrive que les proches parentes de ce dernier s'abandonnent à des scènes pathétiques : embrassant le cercueil, elles se lamentent en de longs gémissements. Le moment venu, un groupe d'hommes s'empare subitement du sarcophage et se met à courir à travers champs jusqu'au **tombeau familial**. Le cortège déambule alors dans une ambiance étonnante : on s'asperge d'eau et de boue, le cercueil manque de tomber à chaque accélération ou virage délicat… Tout se passe très vite, dans les cris et les rires. Le mort peut enfin rejoindre le royaume de ses pairs.

Une vie trop brève

Mort-nés ou décédés avant d'avoir eu leur première dent, les bébés reçoivent des funérailles spécifiques. L'après-midi, alors que le soleil décline à l'ouest (la direction des morts), le grand-père ou la mère place le défunt, à la verticale, dans une petite cavité aménagée dans le tronc d'un arbre *(liang pia)*. Considéré comme encore pur, le bébé poursuivra ainsi sa vie, croissant grâce à la sève de l'arbre pour revenir au monde originel et atteindre lui aussi le *Puya*.

Les demeures des morts

À l'origine, les Torajas déposaient leurs morts dans des *erong*, sarcophages en bois rappelant, comme le *tongkonan*, la forme d'un bateau ou celle des cornes du buffle. On les abritait dans une grotte, les plus riches choisissant de les suspendre dans les hauteurs des falaises.

Aujourd'hui, à l'exception des familles peu fortunées, qui se contentent d'utiliser des cavités naturelles, le tombeau rupestre *(liang)* domine. Creusé à flanc de falaise, il niche le plus haut possible, sur un abrupt difficile d'accès, pour éviter que les animaux et les voleurs ne puissent grimper et s'emparer des objets précieux enfermés dans la tombe (pour les morts de haute condition). Depuis les années 1980, de nouveaux types de sépultures ont fait leur apparition : des petites maisons rectangulaires en ciment *(patane)*. Les riches familles bâtissent même de grands pavillons mortuaires aux allures de mausolées.

Considérée par les Torajas comme leur seconde maison – la « **maison sans fumée** », par opposition au foyer du *tongkonan* –, chaque niche mortuaire, héréditaire, héberge une lignée familiale. Maris et femmes ne peuvent donc se faire enterrer ensemble, à moins de creuser une autre sépulture à cet effet. Quant aux enfants, ils rejoindront, au choix, le caveau du père ou de la mère.

Les « morts au balcon »

Spectateurs figés ou gardiens fantomatiques, les effigies des disparus – ou **tau-tau** – semblent veiller sur les morts... et les vivants. Ces étranges silhouettes s'alignent près des tombes, à l'abri de corniches taillées à flanc de falaise. Sculptées dans le **bois de jacquier** pour les plus riches, en **bambou** pour les autres, ces onéreuses statues restent l'apanage des membres de la classe supérieure, qui paient les artisans en buffles.
La main ouverte, certains *tau-tau* semblent attendre les offrandes (riz, *tuak*, bétel ou autres présents) de leurs descendants. L'âme du défunt ainsi comblée, on espère qu'elle apportera en retour le bonheur chez les vivants.
Par la suite, une nouvelle cérémonie honore chaque année l'ancêtre, dont on change les vêtements et ceux de son *tau-tau*. Offrandes, sacrifices d'animaux et combats de pieds accompagnent en principe ces festivités. Très convoités par les antiquaires – et les touristes occidentaux –, d'innombrables *tau-tau* d'origine ont été volés et la plupart de ceux que vous verrez ne sont que des copies.

Savoir-vivre chez les Torajas

Pour passer (presque) inaperçu, ou du moins éviter de commettre des impairs qui choqueraient vos hôtes, il convient de suivre quelques règles élémentaires.

Aux funérailles

Vous aurez un contact plus chaleureux et authentique en venant seul, mais la présence d'un guide s'avère utile pour éviter les maladresses et comprendre les étapes de la cérémonie. Si vous croisez des gens vêtus de noir, ou portant des tubes de bambou vert débordant de mousse, il se prépare certainement une cérémonie dans les environs... Il suffit bien souvent de témoigner d'un vif intérêt pour s'y voir convié. Sinon, il vous faudra user de votre tact, de votre humour et de vos rudiments de *bahasa indonesia*.
N'oubliez pas qu'il s'agit de funérailles : il est indispensable de **se vêtir décemment** (jambes et bras couverts, pas de décolleté), en **noir** de préférence.
Lorsqu'on vous accueille, demandez à qui (généralement un enfant du défunt) vous devez remettre votre **cadeau** : il convient en effet d'en offrir un à la famille du disparu.
Asseyez-vous impérativement à l'endroit que l'on vous a indiqué : chaque convive se voit en effet attribuer une **place** en fonction de sa position sociale. Acceptez les boissons et la nourriture que vous offrent vos hôtes, vous les offenseriez en refusant.
Il n'y a aucun inconvénient à filmer ou à prendre des **photos**, à condition de rester discret, de ne pas gêner le passage ou la vue, et de ne pas déambuler à l'improviste sans en demander l'autorisation.

Dans les sites

Aussi attendrissants soient-ils, ne donnez aux **enfants** ni argent ni bonbons *(gula gula)*, qu'ils sollicitent inlassablement; offrez-leur plutôt de votre temps en jouant ou en bavardant avec eux.
Enfin, bien que l'on voie souvent de joyeux bambins s'amuser sur les sépultures et jouer avec les crânes, sachez que toucher aux **ossements**, aux tombes ou aux *tau-tau* vous expose aux plus terribles malheurs... Vous choqueriez en le faisant.

confèrent une allure unique. Ses infrastructures en font par ailleurs le principal lieu de séjour de la région.

★ Pasar Bolu (MARCHÉ DE BOLU) B1 EN DIR.

À 2 km au nord-est de Rantepao - prenez un becak *ou un* pete-pete.
Paysans tirant leurs buffles au bord de la route, groupes de femmes portant

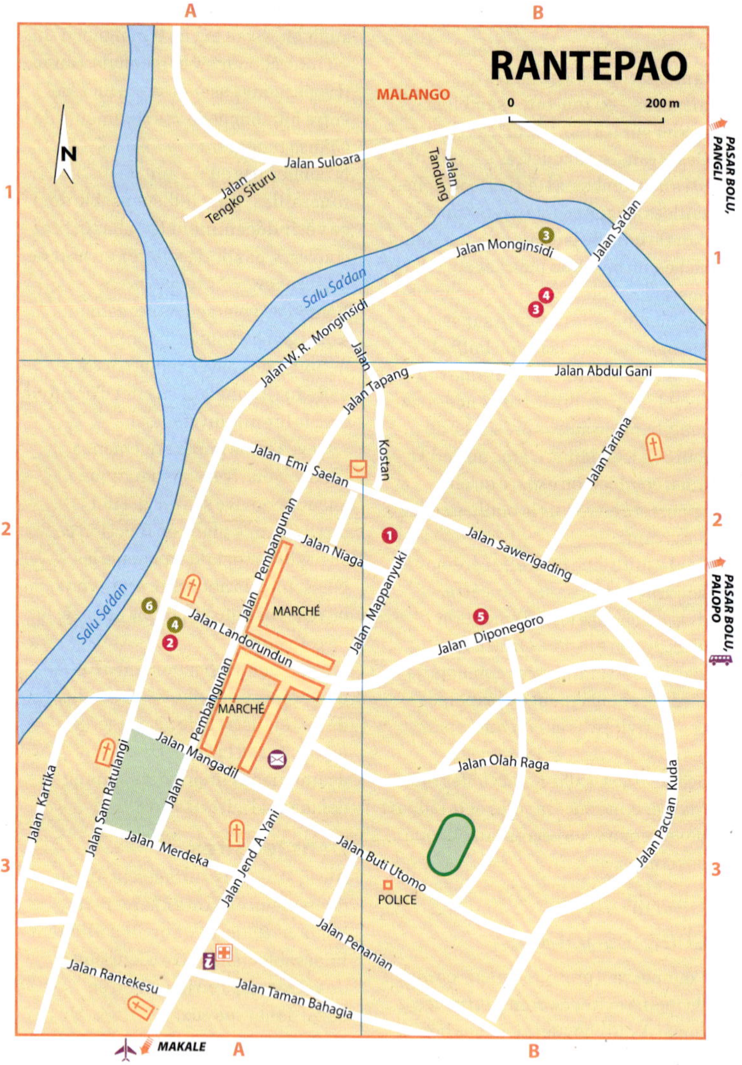

SE RESTAURER
Cafe Aras 1 et 2 1
Monika Restaurant 2
Riman 3
Rimiko 4
Saruran 5

SE LOGER
Wisma Imanuel 3
Indra Toraja 4
Luta Resort Toraja 6

Les autres hôtels sont situés sur la carte du Tana Toraja.

d'énormes paniers sur le dos ou de gros tubes de bambou vert remplis de *tuak* (vin de palme)... Dans un manège incessant, les *bemo* klaxonnent les passagers, chargés de fruits et de légumes, de bidons, de sacs de riz ou de coqs, qui affluent au marché. Derrière les étals alimentaires, aussi colorés que parfumés, les stands de vêtements, sarongs et ustensiles en tout genre, se déroule le **marché au bétail★★**, sur un vaste terrain boueux où patauge une marée de **buffles**. On les arrose, on les brosse, on vante leurs mérites auprès des acheteurs potentiels, tandis que, plus loin, des hurlements stridents s'échappent d'une halle couverte, fief des cochons, ficelés à des tiges de bambou, qui attendent de trouver acquéreur. Le marché se tient le samedi.

Circuits conseillés

CARTE DU PAYS TORAJA P. 520

★★ Au nord de Rantepao

Circuit d'env. 70 km AR, tracé en vert sur la carte du pays Toraja (p. 520) - Comptez 1 journée. Du terminal de Bolu, prenez un bemo *en dir. de Sa'dan ou de Batutumonga. Il vous faudra marcher pour accéder à certains sites. La majorité des sites ouvrent de 9h à 17h et sont payants.*

De Pasar Bolu, une belle route sillonne le long des rizières qui bordent la rivière. Autour de **Sa'dan** *(à 13 km)*, plusieurs villages traditionnels sont spécialisés dans le tissage, tel **Ma'limbong★**, qui conserve par ailleurs de très beaux **tongkonan★★**. *Reprenez la dir. de Rantepao et, peu avant* **Pangli**, *prenez sur la droite.*

★★ Palawa

À env. 10 km au nord-est de Rantepao

Malgré l'atmosphère mercantile qui y règne, ce village traditionnel mérite le détour pour ses superbes **tongkonan★★★** alignant leurs façades peintes, ornées d'impressionnantes cornes de buffle, face à leurs **greniers à riz★**. On vous proposera sans doute de visiter l'intérieur d'une maison... qui cache en fait une boutique.

Revenez vers Pangli, où vous prendrez la route qui monte vers la droite en dir. de Batutumonga (panneau discret).

La route serpente, offrant çà et là de beaux **points de vue★★** sur les rizières en terrasses parsemées de gros cailloux noirs, vestiges de la colère des volcans.

À **Deri** *(sur la gauche, en contrebas de la chaussée)*, des rochers cachés dans les bambous abritent des **niches mortuaires**.

Puis à la hauteur de **Lempo** *(env. 20 km de Rantepao)*, au détour d'un virage, s'ouvre sur la droite un superbe **panorama★★★** : la vue s'étend à 180° sur les rizières, escaliers au vert tendre ou jaune d'or selon la saison, que ponctuent là aussi de multiples rochers noirs. Au loin émergent quelques toits de *tongkonan*, tandis qu'au fond de la vallée on distingue Rantepao.

★ Batutumonga

À 3 km à l'ouest de Lempo. - 10 000 Rps.

Perchée sur les contreforts du mont Sesean, cette bourgade constitue une halte agréable où vous pourrez déjeuner dans une relative fraîcheur, face à la **vallée de la Sa'dan★** *(voir « Restauration », p. 526)*. Bambous, palmiers et épineux se disputent ces pentes humides, site de quelques belles randonnées en saison sèche.

★★ Lokomata

À env. 4 km à l'ouest de Batutumonga - 20 000 Rps - meilleure lumière l'après-midi.

La route se poursuit, jalonnée de **tombes rupestres★** sur la droite, ouvrant sur de

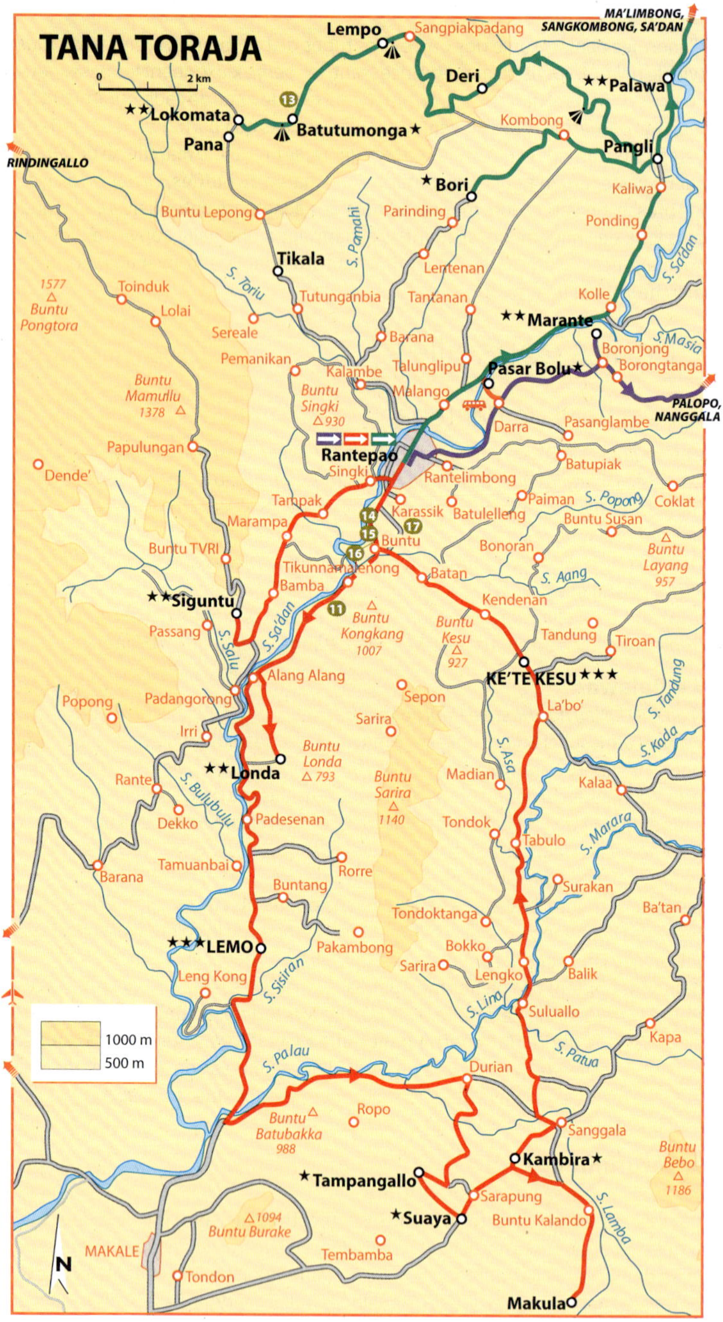

SE LOGER

Misiliana Hotel	11
Mentirotiku	13
Pia's Poppies	14
Hotel Pison	15
Rosalina Homestay	16
Toraja Heritage Hotel	17

beaux paysages sur la gauche. Soudain, telle une tête truffée d'yeux (*mata* signifie « œil »), un énorme rocher apparaît, abritant une myriade de tombes (*loko* désigne ces cavités). Certaines ferment par une porte en bois sculptée de motifs torajas. Les photos et les offrandes témoignent du culte rendu aux ancêtres.
Si vous voulez redescendre à pied, revenez sur vos pas jusqu'au chemin qui mène, sur la droite, à Pana. De là, comptez env. 1h de marche jusqu'à Tikala, où vous trouverez en principe un bemo pour Pasar Bolu. En voiture, redescendez jusqu'à Pangli, où vous prendrez à droite.

★ Bori

À env. 6 km à l'ouest de Pangli - 15 000 Rps.
On arrive au village par une jolie route traversant les rizières. Jouxtant les maisons, un ancien **rante★**, petit espace semé d'herbes folles jadis dévolu aux cérémonies funéraires, accueille de curieux **mégalithes** effilés. C'est là que se déroulaient autrefois les sacrifices de buffles. On y élevait pour l'occasion une pierre d'une hauteur proportionnelle au statut du défunt. La tradition s'est perdue et l'on se contente désormais d'accrocher les cornes de l'animal devant le *tongkonan*.
Un peu plus haut, derrière le *rante*, quelques **tombes de bébés** se cachent dans un bosquet. Des tubes de bambou pendent de certains arbres ; deux fois par jour, un homme grimpe aux troncs pour y recueillir la sève de palmier qui, après fermentation, donnera le *tuak*.

★★ Au sud de Rantepao

Boucle d'env. 60 km, tracé en rouge sur la carte du pays Toraja ci-contre – Comptez 1 journée. Prenez un bemo *en dir. de Makale et demandez au chauffeur de vous arrêter à proximité des sites que vous souhaitez visiter ; il vous faudra bien souvent poursuivre à pied car la plupart des villages se trouvent à 2-3 km en retrait de la route principale ; sachez aussi que vous pourrez seulement voir les principaux lieux.*

★★ Londa

À 6 km au sud de Rantepao - 15 000 Rps.
Suivez le petit chemin qui contourne la place principale et ses boutiques de souvenirs pour prendre du recul. Dans un cadre de toute beauté, au milieu des rizières, des cacaoyers et des girofliers, se dresse une imposante falaise sur laquelle on distingue, perchées à une hauteur vertigineuse, les **niches mortuaires** de l'aristocratie locale, accompagnées de quelques **tau-tau★** aux vêtements passés par le soleil *(prenez des jumelles)*. Rapprochez-vous pour voir les restes des *erong*, ces cercueils en bois suspendus par des cordages en contrebas de la falaise. D'autres se cachent dans une grotte *(prévoyez une puissante lampe de poche)*, parmi des ossements.
De retour sur la route principale, prenez à gauche et poursuivez sur env. 3 km.

6

★★★ Lemo

À 4 km au sud de Londa - 20 000 Rps.
Allez-y de préférence le matin pour profiter de la lumière, si possible très tôt pour arriver avant les groupes venus en car.
C'est l'un des sites les plus somptueux du pays Toraja. Malgré son succès (vous n'y serez pas seul), Lemo a su garder toute sa magie. Outre les **tongkonan et greniers à riz★** aux toitures altières, l'endroit conserve surtout de remarquables **tombes rupestres**. Dominant la nappe verte des rizières, les falaises abruptes sont percées

d'innombrables sépultures et de niches à **tau-tau★★★**. Serrées derrière leurs balustrades, les effigies des nobles s'alignent dignement dans leurs vêtements blancs ou colorés, fixant de leurs grands yeux les visiteurs qui déambulent à leur pied. Le chemin qui fait le tour du site, jalonné d'échoppes de souvenirs, conduit notamment à un atelier de *tau-tau* à vocation commerciale ; mais le travail reste intéressant à regarder.
Reprenez la route principale, traversez Makale et tournez à gauche.

★ Tampangallo

À 24 km de Rantepao (quittez la route pour emprunter sur la gauche un chemin non asphalté puis un étroit sentier entre les rizières) - 20 000 Rps.
Cachés dans une profonde grotte, d'anciens **erong★** sculptés en forme de *tongkonan*, de bateau ou de buffle côtoient des restes de crânes et des ossements. Parmi ces sépultures abandonnées, les enfants du coin improvisent des jeux et des parties de cache-cache.

★ Suaya

À 1 km de Tampangallo par un sentier aménagé - 20 000 Rps.
Autre grotte habitée d'âmes... Au-dessus de quelques vieux sarcophages royaux en bois, une haute paroi rocheuse sert de support à de belles coursives de **tau-tau★★** blanchis.

Makula

À env. 6 km à l'est de Suaya - 10 000 Rps.
La jolie route sillonne à travers rizières et forêt jusqu'aux **sources chaudes** de Makula. Vous pourrez vous y prélasser dans une piscine d'eau tiède.

★ Kambira

À 4 km au nord de Makula - 20 000 Rps.
N'oubliez pas votre lotion antimoustique.
Un agréable chemin bordé de quelques *tongkonan* et de boutiques mène au village. Non loin, à l'ombre d'une bambouseraie, se dresse un arbre contenant des **tombes de bébés**.

★★★ Ke'te Kesu

À 14 km au nord de Kambira - 20 000 Rps. Venez de préférence l'apr.-midi.
De la route, une élégante ligne de toits incurvés se dessine au-dessus des rizières. Très touristique, ce village montre une physionomie un peu trop muséifiée, mais il demeure l'un des plus beaux ensembles de **tongkonan★★** et de **greniers à riz★★** traditionnels du pays. Le chemin qui part derrière les maisons aboutit à un escarpement conservant un groupe de **tau-tau★** colorés, installés à l'ombre d'une cavité devant laquelle sont suspendus de vieux **erong★**, petites nefs de bois oubliées.
De retour à Rantepao, prenez à gauche et poursuivez tout droit, puis à gauche après le pont (dir. Singki). Prenez une petite route montant vers la droite.

★★ Siguntu

À 6 km au sud-ouest de Rantepao - 20 000 Rps.
Prétexte à de superbes balades dans les rizières environnantes, ce village traditionnel abrite lui aussi de beaux *tongkonan* et **greniers à riz**.

Les sépultures et les ensembles de tau-tau de Lemo.
KubilayAkdemir/Getty Images Plus

★★ À l'est de Rantepao

Circuit de 32 km AR, tracé en violet sur la carte du pays Toraja (p. 520) – Comptez 2h de balade. Du terminal de Bolu, prenez un bemo *en dir. de Palopo.*

★★ Marante

À 6 km au nord-est de Rantepao - 30 000 Rps.

La lumière est meilleure l'apr.-midi.

Derrière le village, où dominent les toits en tôle, un chemin longe une falaise où, encastrés dans les anfractuosités de la roche, de superbes ensembles de **tau-tau**★★ en bois apparaissent, tout de blanc vêtus.

Suivez la route de Palopo, puis la plus petite sur la droite à travers les rizières.

★ Nanggala

À 16 km de Rantepao.

Une jolie route débouche dans ce village traditionnel où, face à de vétustes *tongkonan*, s'alignent d'anciens **greniers à riz**★. Les fougères qui envahissent leurs toits leur donnent un aspect sauvage qui ne manque pas d'allure.

Entre le pays Toraja et Makassar, la **région de Mamasa** se prête à de belles randonnées pédestres de plusieurs jours dans les montagnes *(voir « Visites », p. 525).*

Carnet pratique

PLAN DE RANTEPAO (P. 518)

S'informer

Dinas Pariwisata – *Jl. Ahmad Yani, Rantepao - ✆ (0423) 212 77 - www. visittanatoraja.com.* Souvent fermé. Adressez-vous plutôt aux guides officiels ou à votre hôtel.

Adresses utiles

Banque/Change

Plusieurs banques et bureaux de change à Rantepao sur Jl. Jend A. Yani (A3) et Jl. Diponegoro (B2) près du carrefour central.

BNI – B2 - *Jl. Diponegoro.* ATM.

Danamon – B2 - *Jl. Diponegoro.* ATM.

Haji La Tunrung – A3 - *Jl. Landorundun.* Pratique de loin les meilleurs taux de change.

Poste

Poste – A3 - *Jl. Jend A. Yani.*

Téléphone

Telkom – A3 - *Jl. Jend A. Yani (juste après la poste).* Plusieurs Wartel jalonnent la rue principale.

Internet

Rantepao dispose d'une excellente couverture Wi-Fi. Il est gratuit dans la majorité des hôtels, cafés et restaurants.

Manonet – A3 - *Jl. Sadan 10.*

Santé

Les grands hôtels pourront vous mettre en contact avec un médecin parlant anglais. Évitez l'hôpital de la ville, **Rumah Sakit Elim**, très sale.

Pharmacies – *Jl. Jend A. Yani* (A3) *et Jl. Mappanyuki* (B2).

Arriver/Partir

En avion

Aéroport de Palopo (LLO) – *À env. 75 km (2h30 de route) à l'est de Rantepao.* Appelé aussi Bua Airport. Liaison quotidienne le matin pour Makassar avec Wings Air *(10h55 - 50mn - 520 000 Rps).* Pas de bus pour Rantepao, réservez à l'avance une voiture pour votre transfert *(env. 300 000 Rps).*

En bus

Pour **Makassar** (terminal Daya), plusieurs bus par jour. Le trajet dure de 9 à 10h et peut s'effectuer de jour ou de nuit. Réservez vos places la veille, directement auprès des compagnies de bus qui se succèdent sur la rue principale, Jl. Mappanyuki (B2). Les compagnies **Manggala**, **Charisma**, **Primadona** et **Bintang Prima** disposent des meilleurs bus, climatisés et spacieux, avec sièges inclinables et repose-jambes.

Liaisons quotidiennes entre Rantepao et **Pare Pare** *(4 à 6h)*, **Palopo** *(3h)*, **Pendolo** *(8 à 9h)*, **Tentena** *(10 à 12h ; voyage éprouvant ; voir « Nos adresses », p. 533).* Les bus partent le matin de la rue principale. Réservez votre place dès que possible.

Pour vous rendre à **Sengkang**, vous devrez changer à Pare Pare. À partir de 3 personnes, il est conseillé de prendre une voiture avec chauffeur pour faire le trajet car le prix est similaire.

Transports

La **randonnée à pied** ou **à vélo** est le meilleur moyen de profiter des paysages et de se rendre dans des coins reculés.

Becak

Nombreux à Rantepao, ils sont parfaits pour les déplacements en ville.

Bemo

Particulièrement nombreux et bondés les jours de marché, ils desservent les principaux villages de la région situés sur des routes goudronnées. Ils sillonnent les rues de Rantepao en klaxonnant, mais le terminal principal se trouve à **Bolu**, à 2 km au nord-est du centre-ville. Demandez au chauffeur s'il va dans la direction que vous souhaitez et informez-vous de l'heure de passage du dernier *bemo* pour le retour. Sachez que les trajets sont longs et fatigants, et que vous ne pourrez pas vous rendre dans les coins reculés.

Location de deux-roues

Un bon moyen (quoique parfois éprouvant!) de sortir des sentiers battus en toute liberté. Motos et scooters en location *(env. 100 000 Rps/j.)* dans les agences de tourisme de Rantepao et dans certains hôtels et restaurants (s'y prendre la veille ou tôt le matin car le parc est limité). Vérifiez l'état des pneus et des freins avant de vous aventurer sur les routes escarpées et cahoteuses de la région. Une solution plus économique qu'une location de voitures pour visiter la région avec un guide.

Location de voitures

Le moyen le plus confortable de visiter la région. Vous pouvez louer une voiture avec chauffeur dans les agences de voyage de Makassar ou à l'aéroport *(voir p. 500)*, ainsi qu'auprès des hôtels de Rantepao *(comptez 500 000 Rps/j. avec chauffeur)*.

Visites

Tout en sachant que l'on peut très bien visiter le pays Toraja sans guide, voir quelques sites avec une personne de la région permet de bénéficier de plus amples explications. C'est aussi l'assurance de pouvoir assister aux cérémonies quand elles ont lieu. Si vous décidez de vous rendre seul à des funérailles, renseignez-vous bien sur les codes de bienséance *(voir « Savoir-vivre chez les Torajas », p. 517)*. Prévoyez des vêtements de pluie et de bonnes chaussures (boue et cailloux).

Agences de tourisme – Nombreuses à Rantepao, elles proposent des services similaires à des prix variables : randonnées d'un ou de plusieurs jours dans la région, visite des villages torajas (avec des funérailles, quand c'est possible), location de vélos, motos et voitures. En pratique, ce sont les guides qui viendront vous proposer leurs services à votre hôtel. Certains parlent français (vérifiez leurs compétences au préalable). Assurez-vous également qu'ils possèdent une licence officielle.

Mega Permai Tours – HORS PLAN PAR B1 - *Jl. Poros Makale Rantepao - ✆ (0423) 289 04 19 - www.megapermai.com.* La plus professionnelle des agences de voyage locales concocte des circuits sur mesure dans le pays Toraja, les autres régions de Sulawesi et le reste de l'Indonésie.

6

Nos adresses

Restauration

Les restaurants du pays Toraja vous laisseront rarement un souvenir inoubliable. On mange souvent mieux au marché ou chez l'habitant. Outre les classiques indonésiens et quelques plats d'inspiration occidentale généralement médiocres, tous servent des spécialités torajas, qu'il faut commander quelques heures à l'avance, comme le *pa'piong* (préparation à base de poulet, porc ou poisson, cuite pendant plusieurs heures dans un tube de bambou avec du lait de coco ou du sang de porc), accompagné de riz noir *(nasi hitam)*. À la saison des funérailles (juil. à sept.), vous pourrez goûter la viande de buffle *(kerbau)*, coriace et au goût très prononcé. L'*ikan mas*, poisson des rizières, peut être délicieux. Enfin, ne manquez pas les succulents jus de fruits frais, au *markisa* (fruit de la Passion) ou au *terung* (variété d'aubergine). Les gourmands se régaleront des pâtisseries *kue* à base de riz gluant, cacahuètes ou noix de coco et de sucre rouge (*gula merah*, sève de palmier). À savourer avec un café noir (servi avec le marc et très sucré) ou du *bolok* (ou *tuak*, vin de palme), deux spécialités du pays Toraja.

À Rantepao

PLAN DE RANTEPAO (P. 518)

Premier prix

5 Saruran – B2 - *Jl. Mappanyukki 119 - ✆ (0423) 210 79 - 10h-22h - 30 000/50 000 Rps.* Sa carte en images et ses bons de commande préimprimés donnent le ton : ce restaurant chinois a opté pour l'efficacité. Service rapide et plats copieux, pour une carte accommodant les recettes indonésiennes à la manière cantonaise.

4 Rimiko – B1 - *Jl. Mappanyuki 115 - ✆ 0813 5339 2779 - ▭ - 7h-23h - 35 000/55 000 Rps.* Sa terrasse sur rue, bruyante aux heures de gros trafic, sert de quartier général aux guides locaux. À la carte, brochettes de porc, de bœuf ou de poulet, grande variété de préparations de crevettes.

3 Riman – B1 - *Jl. Mappanyuki 113 - ✆ (0423) 236 26 - ▭ - 10h-21h30 - 35 000/55 000 Rps.* Frère jumeau du Rimiko adjacent, avec ses quatre tables en terrasse et sa salle de bambou tressé, il propose des assiettes de légumes « style toraja », des formules de petit-déjeuner et des plats indonésiens.

2 Monika Restauran – A2 - *Jl Ratulangi 5 - ✆ 0813 5553 5287 - ▭ - 9h-23h - 30 000/60 000 Rps.* Dans cette jolie petite salle aux murs en bambou, doublée d'une minuscule terrasse sur la rue, on s'attable pour savourer des plats simples et copieux, occidentaux ou indonésiens, mitonnés avec soin. Service très souriant.

Budget moyen

1 Cafe Aras 1 et 2 – B2 - *Jl. Andi Mappanyukki 64 et 94 - ✆ 0823 9627 5688 ou 0853 4256 9641 - ▭ - 10h-22h, dim. 15h-22h - 30 000/80 000 Rps.* Ces deux établissements avec terrasse à l'étage, situés de part et d'autre de la rue principale, à 50 m de distance, sont certes des repaires à touristes, mais on ne regrette pas de s'y attabler. Le décor est séduisant, exposant de l'artisanat toraja, des objets anciens et des peintures contemporaines, et la carte est bien étoffée. On y trouve en particulier de bons steaks de buffle, des satays de porc, des pâtes, pizzas, salades et des spécialités culinaires de la région comme le *pa'piong duku bai*. Excellent café expresso. Le café Aras 1, en haut de la rue, est le plus chaleureux des deux, avec parfois des concerts en soirée.

À Batutumonga

CARTE DU PAYS TORAJA (P. 520)

Premier prix

13 Mentirotiku – ▭ - *Rest. de l'hôtel du même nom - 45 000 Rps.* Terrasse couverte panoramique dominant toute la région. L'endroit est touristique mais agréable. Large choix de plats indonésiens et torajas (à commander à l'avance).

Petite pause

Tinimbayo – *3 km avant Batutumonga.* Trois tables dans une cahute de bois dont les baies vitrées surplombent les rizières de

Lempo, pour prendre un café, une bière ou un soda.

Shopping

Artisanat

En chinant, vous dénicherez quelques belles pièces d'artisanat dans les boutiques qui jalonnent la rue principale de Rantepao, **Jl. Mappanyuki**, près du carrefour central (B2). On y trouve de tout : statues en bois, petits *tau-tau*, tissus, ikats, bijoux en perles..., d'une qualité très inégale. Certains objets et tissus sont fabriqués au pays Toraja. Il en va de même pour les échoppes situées dans les villages et sites touristiques des environs. Aux marchés de Rantepao et de Bolu, vous pourrez acheter du *kopi toraja* (café), en grains ou moulu.

Todi – B2 - *Jl. Andi Mappanyukki 25 - ✆ 0812 3606 4922 - www.todishop.com - lun.-sam. 9h-19h30.* Ce magasin de souvenirs soigné, aux allures de galerie d'art, propose des chemises et t-shirts, de jolis batiks et ikats (salle de démonstation de tissage), de l'artisanat toraja, des sculptures sur bois et d'autres objets ethniques ou anciens de bonne facture.

Activités

Rafting

Les eaux de la Sa'dan et de la Maulu s'y prêtent à merveille. Expéditions de 1 ou 3 j. pour une autre façon de découvrir les paysages de la région.

Toranggo Buya (Ex. Sobek Expeditions) – *Jl. Pongtiku 32A (à 3 km, sur la route de Makale) - Ig@ raftingsulawesi*

Santé/Beauté

Luta Resort Toraja – A2 - *Dans l'hôtel du même nom.* Spa, sauna, jacuzzi faisant un large usage des plantes aromatiques de l'archipel. Les tables de massage surplombent la piscine et la rivière.

Hébergement

À Rantepao

PLAN DE RANTEPAO (P. 518)

Budget moyen

3 Wisma Imanuel – B1 - *Jl. W.R. Monginsidi 16 - ✆ (0423) 214 16 - 9 ch. 300 000/400 000 Rps.* Une maison familiale en retrait de la rue, dans un petit jardin. Adresse centrale et bon marché, mais rustique. La plupart des chambres donnent à l'arrière, sur la rivière. Les plus chères ont l'eau chaude. Terrasse commune à l'étage. La propreté laisse à désirer.

4 Indra Toraja – A2 - *Jl. Landorundun 63 - ✆ (0423) 211 63 - www.indratoraja.com - 29 ch. 465 000/605 000 Rps.* C'est son patio verdoyant qui confère tout son charme à l'ensemble. Chambres standard (au rdc) impeccables mais sombres et humides. Dotées de TV, les plus chères (à l'étage) sont les plus plaisantes, avec leur petite terrasse privative. Évitez les quelques chambres qui donnent sur le restaurant (musique live en soirée). Salon de beauté et massages.

6 Luta Resort Toraja – A2 - *Jl. Dr Sam Ratulangi 26 - ✆ (0423) 210 60 - www.torajalutaresort.com - 33 ch. 555 000/895 000 Rps.* Mariant les styles toraja et luwu (région de Palopo), l'établissement conjugue avec bonheur architecture traditionnelle et design contemporain. Donnant sur la rivière, le jardin ou la ville, les chambres, spacieuses et claires, disposent de tout le confort. Sans conteste l'adresse la plus charmante dans le centre de Rantepao. Spa.

6

Aux environs de Rantepao

CARTE DU PAYS TORAJA (P. 520)

Premier prix

16 Rosalina Homestay – *Jl. Pongitiku (à la sortie sud de la ville) - 0852 5572 5432 - - 6 ch. 250 000 Rps.* À l'étage d'une maison familiale, des chambres simples et fraîches, avec ventilateur et eau chaude et une vue agréable sur les rizières. Bon petit-déjeuner. Scooters à louer.

15 Hotel Pison – *Jl. Pongtiku Gii 8 (à 1 km au sud du centre-ville, en retrait de la rte principale) - (0423) 213 44 - - 10 ch. 250 000/350 000 Rps.* Un peu excentré, mais au calme. Les chambres de l'étage, meublées à minima mais confortables (eau chaude et AC), ont un petit balcon dominant la campagne. Celles du rdc, plus anciennes, spartiates et un peu sombres, donnent sur un jardinet. Correct dans l'ensemble, malgré un entretien un peu négligé.

14 Pia's Poppies – *Jl. Pongtiku 22 (en face de l'hôtel Pison) - (0423) 211 21 ou 0823 4816 8881 - www.piaspoppies.com - - 22 ch. 250 000 Rps.* Le rendez-vous des backpackers anglo-saxons. Meublées de façon hétéroclite, d'un charme suranné, les chambres sont toutes différentes. Elles s'alignent sur une terrasse, devant un petit étang de lotus, avec une belle vue sur la campagne environnante. Souvent plein : réservation indispensable. En l'absence de restaurants proches, vous devrez prendre vos repas sur place (prix élevés).

Budget moyen

11 Misiliana Hotel – *Jl. Pongtiku 27 (à 3 km au sud de la ville) - (0423) 212 12 - www.torajamisiliana.com - - 98 ch. 700 000/1 100 000 Rps.* Niché dans un vaste et joli jardin, l'hôtel aligne une impressionnante série de toits incurvés dans un pur style toraja. Les matériaux proviennent d'anciennes maisons du pays. Chambres spacieuses et confortables, mais seulement dans la partie moderne, à l'arrière, celles du devant étant plutôt vétustes et mal insonorisées. Prix réduits par agence ou sur Internet.

Pour se faire plaisir

17 Toraja Heritage Hotel – *Jl. Ke'te Kesu (à 3 km au sud du centre-ville, vers Ke'te Kesu, en pleine campagne) - (0423) 211 92 - www.torajaheritagehotel.com - - 134 ch. 1 000 000/1 250 000 Rps.* Grands pavillons construits sur le modèle des tongkonan, agrémentés d'un bel aménagement intérieur, élégant et sobre, et de terrasses privatives donnant sur un paysage verdoyant. Jolie piscine extérieure. Excursions, location de voitures, spa, navettes pour le centre-ville. Une valeur sûre.

À Batutumonga

CARTE DU PAYS TORAJA (P. 520)

Budget moyen

13 Mentirotiku – *Jl. Batutumonga (sur la route principale) - 0811 4052 587 - Ig@alantonapa_mentirotiku - - 19 ch. 250 000/450 000 Rps.* L'hébergement le plus confortable de Batutumonga, avec vue sur la belle vallée en contrebas. Plusieurs styles d'hébergement : maison traditionnelle, chambre standard ou deluxe (eau chaude). Propre et rustique. Le cadre compense largement le manque d'empressement du personnel.

Une maison de tongkonan traditionnelle, Tana Toraja.
Jon Arnold Images/hemis.fr

Autour du lac Poso ★

Danau Poso

Peu touristique, la région de Sulawesi Centre se mérite. Éreintante, l'unique route qui la dessert - la Trans-Sulawesi reliant le sud au nord de l'île - est régulièrement endommagée par les inondations et les glissements de terrain, fréquents dans cette zone pluvieuse. On quitte le pays Toraja par une route vertigineuse qui descend en lacets serrés vers la mer, offrant çà et là de magnifiques panoramas. Elle débouche sur la côte à Palopo, l'ancienne capitale du puissant royaume de Luwu, aujourd'hui petite ville provinciale soignée au port animé, où le voyageur en transit ne s'attarde guère. La route longe un temps la plaine côtière, puis elle s'enfonce dans les hauteurs de l'intérieur, au milieu d'une nature luxuriante. Le décor se fait plus sauvage... et la route plus dure, sinuant avec peine à travers un relief escarpé, strié de gorges sans fond, de torrents impétueux et de cascades. Partout, la forêt domine, cachant une multitude de minorités ethniques regroupées en petites communautés.

Se repérer

CARTE B2-3 (P. 488-489).
Province de Sulawesi Centre (Sulawesi Tengah) – Alt. 485 m.
Le lac Poso (323 km²) est encadré par les localités de Tentena au nord et Pendolo au sud. Ne confondez pas la région du lac avec la ville de Poso, située à 60 km au nord de Tentena, sur le golfe marin de Tomini.

À ne pas manquer

Se baigner dans le lac, sur la plage de Pendolo ; les chutes de Saluopa ; les mégalithes de la vallée de Bada.

Organiser son temps

À mi-chemin sur la route entre le pays Toraja et les îles Togian, le lac Poso est l'occasion d'une halte reposante. Séjournez à Tentena pour rayonner dans la région.

Carnet pratique p. 533

Nos adresses p. 534

Découvrir

CARTE P. 488-489

C'est au cœur d'une contrée verdoyante que s'ouvre le **Danau Poso (lac Poso)**, troisième plus grand lac d'Indonésie, d'une profondeur maximale de 450 m. Suspendu à 500 m d'altitude dans son écrin de montagnes, le lac jouit d'un climat humide et relativement frais, propice à toutes sortes de cultures. Au bleu-vert ténébreux de ses flots répond l'harmonieux dégradé du manteau forestier, des rizières, des plantations de girofle et de cacao qui prospèrent sur ses berges et dans les hautes plaines environnantes. À la suite des conflits entre chrétiens et musulmans, qui ont dégénéré en émeutes entre 1998 et 2006, la région a connu une baisse drastique du tourisme, ce qui a engendré la fermeture de nombre d'hôtels. Depuis, les étrangers renouent lentement avec la région.

La rive ouest du lac Poso.
N. Marino/Novarc Images/age fotostock

Pendolo B3

À 170 km au nord-est de Rantepao (8 à 9h de trajet).

Ce paisible village de la rive sud offre une halte rafraîchissante pour se remettre du voyage. Vous pourrez y passer la nuit et, après une baignade au pied de votre bungalow, attendre le bateau pour traverser le lac jusqu'à Tentena. La route qui contourne le lac par l'est présente peu d'intérêt car le relief bouche la vue. Si elle s'avère praticable, préférez donc la piste qui longe le lac par l'ouest. Vous en profiterez pour faire un tour à la réserve d'**orchidées de Bancea**★ *(à 16 km de Pendolo)*, où poussent d'innombrables espèces *(la période de floraison court en principe de janv. à mai)*. À côté du jardin s'étire une ravissante petite **plage**★ de sable blond, baignée par une eau limpide.

★ Tentena B2

Au nord de Pendolo, à 40 km par le lac (3h) ou 80 km par la route (2h30).

Établie à l'embouchure de la rivière Poso, à l'extrême nord du lac, la petite ville niche au pied de collines verdoyantes, cadre d'une étape reposante. C'est aussi le point de départ idéal pour des excursions dans la région *(voir « Le parc national du Lore Lindu », p. 532)*. Près du pont et des maisons sur pilotis, vous apercevrez les pièges destinés à attraper les gigantesques **anguilles** (certaines mesurent plus de 2 m et pèsent plus de 20 kg)... que vous aurez peut-être dans votre assiette au dîner.

★★ Air Terjun Saluopa (CHUTES DE SALUOPA) B2

À 22 km à l'est de Tentena. Le plus pratique est de louer une moto à Tentena car les bemo *s'arrêtent au village balinais, Kampung Bali, peu après Tonusu, d'où il faut alors marcher 30 à 45mn - 20 000 Rps.*

Élégant rideau d'écume, la cascade a poli la roche et creusé plusieurs bassins naturels qui s'étagent dans une explosion de verdure *(attention à l'escalade : terrain très glissant)*. Son eau cristalline et fraîche attire un ballet de délicats **papillons**. Un *warung* vend snacks et boissons près de l'entrée. Pour boire un café et

grignoter des cacahuètes grillées, arrêtez-vous à la maison en bois *(à 500 m)*, où une famille charmante vous accueillera.
Un autre bain tonifiant vous attend sur la **plage de Toinasa★★** *(voir « Siuri Cottages », rubrique « Hébergement », p. 534).*

Excursions

CARTE P. 488-489

★★ Taman Nasional Lore Lindu (PARC NATIONAL DU LORE LINDU) B2

Accès en jeep de Tentena (pas de transport public) - confiez la logistique à un guide (voir « Visites » ci-contre) et comptez de 2 à 5 j. AR selon la formule choisie - hébergement en losmen *rudimentaires - prévoyez de la lotion antimoustique.*
Faites l'excursion pendant les mois les plus secs, entre juin et août.
Fief d'une petite communauté aux mœurs ancestrales, le parc du Lore Lindu s'étend entre Palu et Tentena, immense domaine de 230 000 ha recelant d'innombrables trésors, naturels mais aussi historiques. Classées réserve de biosphère par l'Unesco, ces hautes terres abritent une **faune endémique** d'une extrême richesse : principal refuge du babiroussa, des calaos, de l'anoa (buffle nain) et des macaques de Sulawesi, elles cachent aussi une rare **avifaune**.
Le but suprême de cette expédition demeure la découverte des vestiges des **vallées de Bada**, **Besoa** et **Napu**, au sud-est du parc : des **mégalithes★★** datés de l'âge du bronze, dont l'origine et la signification continuent d'intriguer les archéologues. Concentrés à proximité des villages de **Gintu** et **Doda** *(env. 70 km au sud-ouest de Tentena)* apparaissent des réservoirs et des citernes, parfois décorés, ainsi que d'étonnantes statues : hauts de plusieurs mètres, ces personnages aux lignes primitives surgissent en pleine nature, cachés dans les hautes herbes des plaines, sous le regard indifférent des buffles qui labourent les rizières.

★ Cagar Alam Morowali (RÉSERVE NATURELLE DE MOROWALI) B2

Expédition longue et difficile réservée aux aventuriers et aux fous de botanique - pas de transport public, confiez la logistique à un guide que vous trouverez à Tentena (voir « Visites » ci-contre) - comptez 5 j. et 4 nuits sur place, avec nuitées en losmen *précaires - prévoyez de la lotion antimoustique.*
Faites l'excursion pendant les mois les plus secs, entre juin et août.
Créée en 1980 pour préserver les espèces rares menacées – végétales et animales –, la réserve couvre 225 000 ha de jungle dense, entre la mer de Tolo et Ampana. Avec un peu de chance et de patience, vous apercevrez un babiroussa, un anoa ou un *maleo* (oiseau)...
De Tentena (bus ou *bemo* de la gare routière), une superbe **route★★** serpente au milieu des montagnes avant de descendre vers la ville portuaire de **Poso** *(comptez 2h)*, au creux de la **baie de Tomini**. De là, des bus ou des *bemo (du terminal des bus, départs fréquents de 10h à 17h)* longent la côte vers Ampana *(voir p. 535).*

Carnet pratique

Adresses utiles

Banque/Change – On trouve des distributeurs automatiques à Pendolo et Tentena, mais pas de change.

Poste/Téléphone - **Poste** à Tentena, près du pont *(rive est)*. Plusieurs **Wartel** à Tentena, dans la rue principale.

Internet - Quelques cybercafés à Tentena, Wi-Fi absent ou mauvais dans les hébergements.

Arriver/Partir

En bus

De Rantepao à Pendolo – Liaisons quotidiennes à destination de Poso ou de Palu, *via* Palopo ; départ le matin. Comptez 8 à 9h de trajet. Adressez-vous aux bureaux des compagnies situés sur la rue principale de Rantepao. Le voyage est éprouvant : route cahoteuse, très mauvaise par endroits, retards fréquents, bus non climatisés et peu confortables.

De Pendolo à Tentena – En fin d'après-midi, vous pourrez monter dans un bus à destination de Palu (quand ils ne sont pas pleins). Sinon, des *kijang* publics font la liaison entre les deux villes : attendez-les sur la route principale, au niveau du Rumah Makan Mential. Comptez 2h30 de trajet.

De Tentena à Poso – Le terminal de bus se situe à 2 km au nord de Tentena. *Bemo* et *kijang* fréquents jusqu'à 10h, sauf le dimanche. Comptez 2h de trajet *(57 km)*. Vous devrez changer de véhicule à Poso pour gagner Ampana puis les îles Togian *(voir p. 538)*.

En bateau

Pour la traversée *(3h)* du lac Poso, vous devrez chartériser un petit bateau *(env. 400 000 Rps)*, car il n'y a plus de liaisons par ferry. Les embarcations étant de petite taille, la traversée n'est pas possible si le lac est trop agité.

En voiture

Pour gagner en temps et en confort, mieux vaut prendre une voiture pour le trajet Rantepao-Tentena *(10 à 11h)*.

Pour explorer la région, vous pourrez louer les services d'un véhicule avec chauffeur à Tentena, ce qui vous épargnera bien des fatigues et vous fera gagner un temps considérable. Adressez-vous à votre hôtel.

Visites

À Tentena, l'**Hotel Victory** dispose d'un bon centre d'informations et de services touristiques : organisation de randonnées de plusieurs jours dans les réserves naturelles de la région, guides locaux, location de voitures, réservation de billets d'avion et de bateau.

Vous pourrez vous adresser à eux pour la visite du Lore Lindu (excursions de 2 à 5 j. comprenant la découverte d'une ou de plusieurs vallées à mégalithes et d'un trekking – marche difficile dans la jungle et la boue, avec quelques cours d'eau à traverser à gué. Il faut être en bon forme physique).

Agenda

Festival du Danau Poso – *À Tentena, fin août.* Fête culturelle importante, animée de danses et de chants traditionnels.

Nos adresses

Restauration/ Hébergement

De modestes *warung* jalonnent la rue principale de Pendolo et le centre de Tentena. Parmi les spécialités locales, goûtez les poissons du lac et les anguilles *(sugili)* de la rivière.

À Pendolo

Premier prix

Pendolo Cottages – *Jl. A. Yani 441 (à 100 m de l'hôtel Mulia) - 0852 4127 7543 - - 3 ch. et 3 bung. 150 000 Rps.* Rustiques, les bungalows faits de planches grossières s'alignent à quelques mètres du rivage et vous garantissent une tranquillité absolue. Le cadre, charmant, compense le relatif manque de confort.

À Tentena

Toutes ces adresses se trouvent sur la rive orientale.

Premier prix

Hotel Victory – *Jl. Diponegoro 18 - 0813 5511 8099 - www.victorytentena.com - - 18 ch. 175 000/275 000 Rps.* Une adresse agréable, au calme. Toutes les chambres, alignées en rdc pour la plupart, ouvrent sur une petite terrasse. Les économiques et les standard sont petites et sommaires. Préférez les deluxe ou les supérieures, plus grandes, mieux aménagées et plus confortables. Propreté impeccable dans ces dernières et accueil charmant. Une mine d'informations sur la région. Restaurant attenant. Location de scooters *(100 000 Rps/j.)*.

Budget moyen

Dolidi Ndano Towale – *Au bord du lac, à 7 km au sud de Tentena, par une route cahoteuse - 0812 4523 9357 - - 4 cottages 500 000/1 000 000 Rps.* Géré par des Néerlandais, ce resort idyllique est composé de ravissants bungalows au bord d'une plage de sable et d'un ponton sur le lac. Excellent restaurant. Les gérants organisent des tours pour visiter les mégalithes de Bada ou faire un trek dans les parcs de Lore Lindu et Morowali. Chambres impeccables avec terrasse, eau chaude. La moitié des recettes est reversée à l'orphelinat voisin.

À Toinasa

Budget moyen

Siuri Cottages – *À 20 km au sud-ouest de Tentena (on peut s'y rendre en bemo ou en taxi, mais il vaut mieux avoir son propre véhicule) - 0852 4105 8225 - www.siuricottages.com - - 15 cottages 350 000/550 000 Rps.* Agréables bungalows (standard ou deluxe avec eau chaude) avec terrasse, simples, idéalement situés au bord du lac, sur une vraie plage de sable doré. Calme absolu. L'adresse préférée des groupes.

L'archipel des Togian ★★

Kepulauan Togian

Amoureux de la nature et de la mer, si vous avez tout votre temps et un zeste de courage, si vous ne redoutez pas les conditions de transport précaires (les bateaux sont aussi lents qu'aléatoires) et n'attachez pas trop d'importance au confort de vos nuits (il n'y a pas l'eau courante sur les plus petites îles, et l'électricité, fournie par générateur, ne fonctionne que de 18h à minuit), alors embarquez pour le lointain archipel des Togian!

Se repérer

CARTE B1-2 (P. 488-489) – CARTE DE L'ARCHIPEL (P. 536).

Province de Sulawesi Tengah.
À env. 600 km au nord-est de Makassar, l'archipel des Togian est accessible en bateau depuis Ampana au sud ou Gorontalo au nord. L'île de Batu Daka, au sud de l'archipel, la plus vaste et facile d'accès, abrite les deux principaux villages, Bomba et Wakai. Du port de Wakai, où arrivent les ferrys, on rejoint en 30mn de bateau la petite île de Kadidiri, où logent la majorité des touristes. Pulau Malenge, plus au nord, attire les plongeurs.

À ne pas manquer

Tanjung Api à la tombée de la nuit ; les récifs coralliens et leur faune colorée ; le coucher de soleil sur le ponton de Kadidiri.

Organiser son temps

Évitez de venir de déc. à fév., période où la mer est dangereuse.

Carnet pratique p. 538

Nos adresses p. 538

Découvrir

CARTE P. 488-489 ET CARTE DE L'ARCHIPEL P. 536

Côté terre CARTE P. 488-489

★ Ampana B2

À env. 150 km au nord-est de Poso (env. 4h de trajet). Régulièrement balayée par les rivières en crue et les glissements de terrain, la route est par endroits mauvaise.
Installée sur la côte nord de la péninsule orientale de Sulawesi, cette petite ville tranquille est surtout le port d'embarquement pour les îles Togian. Vous pourrez vous délasser sur la jolie **plage★** de galets. Pensez à vous procurer ici tout ce dont vous pourrez avoir besoin sur les îles.

6

★★ Tanjung Api B2

Péninsule classée parc national au nord-est d'Ampana. Comptez 2h AR.
La traversée est parfois impossible à marée basse.
En fin d'après-midi, négociez avec un pêcheur d'Ampana une escapade à **Tanjung Api** (le « cap Feu »). Partez peu avant le coucher du soleil pour arriver sur les lieux à la nuit tombée. L'eau est d'une telle clarté que l'on distingue parfaitement les **fonds coralliens** du lagon. Tandis que le soleil décline, on longe une succession

Conseils

Hormis quelques minuscules épiceries à Bomba, Wakai et Katupat, vous ne trouverez sur les îles que des hôtels. Emportez de l'argent liquide, car il n'y a pas de distributeurs dans l'archipel et les cartes de crédit n'ont pas cours. Pensez à acheter à Ampana eau, savon, papier toilette, crème solaire, fruits et tout ce dont vous pourrez avoir besoin aux Togian. Prévoyez une lotion antimoustique efficace. N'oubliez pas non plus votre lampe de poche : les îles Togian n'ont l'électricité que de 18h à 0h. Il n'y a pas non plus d'eau courante. Pour la plongée de surface, mieux vaut apporter vos propres masque, tuba et palmes, tous les hôtels n'en louant pas. Protégez-vous du soleil. Ne touchez rien sous l'eau et surtout pas les coraux, fragiles et parfois urticants. Enfin, prévoyez une bonne marge de temps, les bateaux inter-îles étant fréquemment annulés sans avis préalable.

de petites anses, au pied de falaises couvertes de jungle. Sur le rivage, de petites flammes jaillissent çà et là de la terre et de la roche. Jetez une poignée de sable ou quelques gouttes d'eau : le feu persiste. S'échappant d'imperceptibles fissures, le **gaz naturel** s'enflamme au contact de l'air. Votre route de retour sera illuminée par les innombrables constellations auxquelles semble répondre la phosphorescence du plancton marin...

★★ Kepulauan Togian CARTE DE L'ARCHIPEL CI-DESSOUS

Permis d'entrée dans le parc national des îles Togian : 150 000 Rps.

Au cœur du **golfe de Tomini** surgit un archipel volcanique cerné de récifs coralliens. Tapissés d'un épais manteau de forêt tropicale, des centaines d'îles et d'îlots émergent des eaux cristallines, subtil dégradé de bleus et de verts où viennent miroiter de somptueux arcs-en-ciel. Peuplée d'espèces rares – endémiques pour certaines –, cette jungle inextricable abrite le macaque de Togian, le babiroussa, le couscous, le calao et d'autres oiseaux par milliers. D'impressionnants **varans noirs** *(komodo)* s'aventurent parfois près des habitations, en quête de

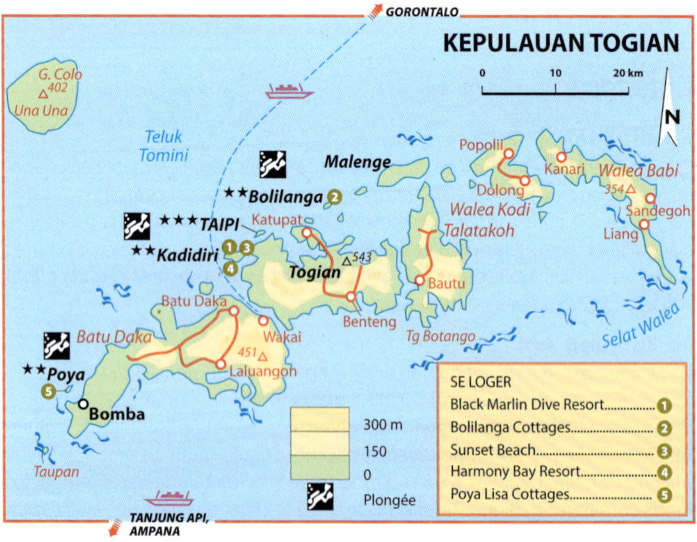

quelque poulet… Moins terrifiants, les amusants **crabes des cocotiers** sortent volontiers le soir.

★★★ Les fonds marins

La **faune marine** des Togian évolue dans les plus beaux fonds de Sulawesi. Ces îles sont l'unique endroit où voisinent une telle diversité de coraux (200 espèces !) : des **récifs frangeants** bordent les côtes, de vertigineuses **barrières** encerclent les îles à quelques kilomètres du rivage et, plus au large, deux **atolls** protègent de profonds lagons. Le spectacle est inépuisable. Du minuscule poisson-clown frétillant parmi les anémones à l'imposante vache marine, plus rare, du fugace serpent zébré à la raie planant avec grâce, en passant par les redoutables requins et barracudas : une kyrielle de créatures rivalisent de couleurs et virevoltent dans les bouquets de coraux et de gorgones.
Dépêchez-vous d'en profiter, les coraux n'attendront pas éternellement : de plus en plus endommagés par des méthodes de pêche agressives (à la dynamite, au cyanure ou au compresseur) malgré le statut de parc naturel de l'archipel, les récifs montrent une proportion croissante de coraux morts et les poissons tendent à déserter les lieux. Il faut désormais s'éloigner de plus en plus des zones habitées pour retrouver la féerie des couleurs et des formes qui ont forgé la légende des Togian.
En naviguant d'une île à l'autre, scrutez la surface : vous côtoierez peut-être une colonie de **dauphins** ou des bancs de poissons volants étincelant entre mer et ciel. Le soir venu, des lueurs blanches apparaissent au loin : sur leurs frêles pirogues à balancier, les pêcheurs apprêtent lanternes et filets pour la nuit.

Les villages et les îles

Sur pilotis ou sur la terre ferme, de modestes **villages** ponctuent les côtes des plus grandes îles. Aux ethnies indigènes comme les Pamona et les Saluan se sont mêlés des immigrants bugis et d'anciens « Gitans des mers » bajau, désormais sédentarisés. La production de **coprah** et la **pêche** (en particulier le commerce d'ailerons de requin à destination de la Chine et la culture d'huîtres perlières) continuent de rythmer la vie quotidienne.
Où que vous logiez, vous ne serez jamais loin de fonds magnifiques ; tous les *losmen* disposent de petits bateaux à moteur pour vous emmener sur les plus beaux spots… qui s'ouvrent parfois juste devant la plage, au pied de votre bungalow. Parmi eux, les deux minuscules plages de la petite île de **Poya★★** qui se dessine en face du village de **Bomba**, au sud de Batu Daka, l'île la plus étendue de l'archipel.
Non loin de là, l'île de **Kadidiri★★** attire la majorité des voyageurs. On peut y nager dans un lac grouillant de méduses non urticantes !
Sa voisine **Taipi★★★**, un îlot inhabité, comblera les inconditionnels de la plongée de surface.
Plus à l'est, au large de **Katupat**, la charmante île de **Bolilanga★★** reste moins fréquentée.
Au nord, l'île de **Malenge**, dont la jungle abrite macaques et tarsiers, est propice à la randonnée et recèle de fabuleux spots de plongée.

Des crabes dans le cocotier

Très prisés pour la finesse de leur chair, les crabes des cocotiers, une espèce déjà éteinte sur nombre d'autres îles de la planète, restent menacés de disparition et se font rares. On dit qu'ils sont capables de grimper aux cocotiers pour couper et ouvrir les noix de leur grosse pince avant ! Les plus gros spécimens dépasseraient les 5 kg.

Carnet pratique

Adresses utiles

Le site **www.infotogian.weebly.com** compile des informations à jour sur les transports et l'hébergement.

Banque/Change - À Ampana et Gorontalo uniquement. Prévoyez assez de rupiahs avant de venir dans l'archipel des Tongian.

Téléphone/Internet - À Ampana et Gorontalo uniquement.

Arriver/Partir

En avion

Jalaluddin Airport (GTO) – *À 30 km au nord-ouest de Gorontalo.* Vols quotidiens de/vers Jakarta, Makassar et Manado. Bus direct pour le port des ferrys.

Tanjung Api Airport (VPM) – *À 5 km à l'est d'Ampana.* Vols quotidiens de/versJakarta via Palu, avec Wings Air.

En bus

Entre Poso et Ampana – Minibus dans les deux sens à 10h et 17h *(4h de trajet - 85 000 Rps)* ou voiture chartérisée *(3h30 - 650 000 Rps).*

La majorité des touristes affrètent une voiture pour le trajet entre Ampana et Tentena *(6h30 - 900 000 Rps)*, voire entre Ampana et Rantepao *(14h - 2 500 000 Rps).*

En bateau

Les horaires des bateaux sont aléatoires. Vérifiez bien vos informations et prévoyez une marge. Pour les traversées de nuit en ferry, réservez un « tatami », où vous pourrez vous allonger.

D'Ampana aux Togian – Un *speedboat* assure la traversée entre Ampana, Bomba et Wakai en 1h30, dans les deux sens *(tlj à 9h et 11h).* Des ferrys partent d'Ampana *(tlj sf vend. et dim. à 10h)* et desservent Wakai *(4h)*, et de là Katupat *(1h)* et Malenge *(2h).* Un autre ferry relie Ampana à Bomba en 3h *(départ mar., vend. et dim. à 9h; retour lun., jeu. et sam. à 9h).*

De Gorontalo aux Togian – Un ferry part à 17h de Gorontalo *(mar. et vend.).* Il arrive à Wakai le lendemain à 6h du matin, puis poursuit jusqu'à Ampana. Il rentre d'Ampana à 10h *(lun. et jeu.)*, fait escale à Wakai à 15h, d'où il repart à 16h pour arriver à Gontaloro le lendemain vers 5h du matin.

Aux Togian, trajets inter-îles – De Wakai, les hôtels de Kadiri assurent le transfert gratuitement. On peut chartériser un bateau pour Katupat *(1h30 - 400 000 Rps)* et Malenge *(2h - 500 000 Rps).*

Nos adresses

CARTE DE L'ARCHIPEL (P. 536)

Restauration/ Hébergement

Sur les îles Togian, les structures sont sommaires et l'eau est rare. Tous les établissements pratiquent la pension complète, incluse dans les prix indiqués, qui sont par personne. Attention aux vols : fermez bien votre bungalow.

À Ampana

Premier prix

Nebula Cottages – *Jl. Tanjung Api 5, Labuan (à 2,5 km à l'est du centre-ville) - ☎ 0822 5944 5457/5278 1663 - www.nebulacottages.weebly.com - - 4 ch. 200 000/350 000 Rps.* Dans un jardin ombragé de cocotiers, près de la plage, l'endroit ne manque pas de charme, et les bungalows avec terrasse sont spacieux. Eau chaude. Personnel attentionné, qui peut réserver billets de bateau et hébergements aux Togian. La meilleure adresse à Ampana.

Marina Cottages – *Jl. Tanjung Api 33, Labuan (à 3 km à l'est du centre-ville) - ✆ 0823 4995 1833 ou 0822 9181 7019 - www.marina-cottages.com - - 30 ch. 275 000/440 000 Rps* . Sur une plage de galets gris, des bungalows simples et propres, et un agréable restaurant face à la mer pour le coucher du soleil. Edy, le patron, fournit volontiers des infos sur les îles Togian. Sans être une merveille, l'endroit est correct pour un transit d'une nuit.

Sur l'île de Poya

Premier prix

❺ **Poya Lisa Cottages** – *sur l'île de Poya, en face de Bomba - ✆ 0823 4995 1833 - www.poyalisa- bomba.com - - 19 bung. 250 000/350 000 Rps/pers.* Un paradis pour robinsons. Des bungalows rudimentaires, de plain-pied le long d'un petit ruban de sable ou, plus isolés, dominant la mer. Repas frugal. L'île se trouve juste en face de Bomba et enverra son petit bateau vous chercher, lequel vous conduira aussi sur de jolis spots de snorkeling (il n'y en a pas autour de l'hôtel).

Sur l'île de Kadidiri

Budget moyen

❶ **Black Marlin Dive Resort** – *✆ 0812 3830 7077 - Ig@.blackmarlindive - - 17 bung. 300 000/500 000 Rps/pers.* Un resort bien conçu, avec charme et confort. Bungalows agréables, espaces communs avec jeux et livres, repas bons et variés, soirées animées. Mais on y vient avant tout pour faire de la plongée, le *dive center* étant très réputé (Padi et SSI). Forfait hébergement + plongée intéressant, paiement possible par carte sur le site Internet.

❹ **Harmony Bay Resort** – *✆ 0821 8832 1517 - www.hb-resort.com - - 7 bung. 700 000/900 000 Rps/pers.* Un petit resort avec plage privée, dans une baie sublime, avec du snorkeling juste en face et une jungle luxuriante derrière. Centre de plongée Padi bien tenu. Excellente cuisine. Bungalows éco avec bloc sanitaire commun très propre, ou standard et deluxe avec sdb privée. Transfert en bateau de Wakai (30mn) inclus.

Sur l'île de Togian

Premier prix

❸ **Sunset Beach** – *Tanjung Pude (à 20mn de bateau en face de Wakai) - ✆ 0821 9919 4240 ou 0823 4995 1833 - www.sunsetbeach-togean.com - - 6 bung. 250 000 Rps./pers.* En surplomb d'une belle anse, des bungalows rudimentaires (eau froide) mais propres et agréables. Superbes couchers de soleil et ambiance très conviviale. Irina, la propriétaire russe, mitonne une bonne cuisine et organise des sorties snorkeling et plongée. Navette gratuite pour Wakai.

Sur l'île de Bolilanga

Budget moyen

❷ **Bolilanga Cottages** – *À 10mn de bateau du village de Katupat - ✆ 0852 4100 3685 ou 0813 5513 8191 - www.bolilangaresort.com - - 8 bung. 300 000/500 000 Rps/pers.* Sur une petite île de sable blanc, une adresse familiale face à la mer turquoise. Bungalows spacieux et charmants sur la plage, avec salle de bains à l'indonésienne *(mandi)* ou à l'occidentale pour les plus chers. Sorties snorkeling (on peut aussi en faire du ponton) et canoës à disposition.

Manado et le pays Minahasa ★

Nichée au creux d'une baie ouverte sur la mer des Célèbes, au nord-est de la péninsule effilée de Sulawesi Nord, Manado concentre les services et administrations de la région. Prospère, d'allure moderne, Manado, l'une des villes les plus riches d'Indonésie, bénéficie de l'un des meilleurs taux d'alphabétisation et de médicalisation du pays. Entre les grands centres commerciaux, les banques et les hôtels, une activité trépidante règne dans ses rues encombrées. Témoin du caractère chaleureux et expansif des habitants, la musique y est omniprésente, et le moindre « mikrolet » ou vendeur ambulant semble vouloir rivaliser au hit-parade du volume sonore ! Cette atmosphère gaie et dynamique fait le charme de Manado, ville par ailleurs sans grand attrait. Le voyageur est amené à y faire escale pour rayonner vers les lacs et les volcans du pays Minahasa ou le parc maritime de Bunaken, dont la faune marine et la diversité corallienne ont fait un site de plongée renommé.

Se repérer

CARTE C1 (P. 488-489) – CARTE DU PAYS MINAHASA (P. 544) – PLAN DE VILLE CI-CONTRE.

Capitale de la province de Sulawesi Utara – 451 916 hab.
À env. 1 200 km au nord-est de Makassar à vol d'oiseau.

À ne pas manquer

Le volcan Mahawu ; une plongée sur les tombants sous-marins de Bunaken ; les *waruga* de Sawangan.

Organiser son temps

Comptez une demi-journée pour Manado, 1 à 2 jours pour découvrir le pays Minahasa et 2 jours de plus pour une excursion au parc de Bunaken. Évitez le dim. (nombreuses boutiques et administrations fermées).

Carnet pratique p. 547

Nos adresses p. 548

Se promener

PLAN CI-DESSUS

Attention où vous mettez les pieds : des trous criblent les trottoirs.

Manado est très étendue, mais la plupart des administrations, des boutiques et des restaurants se rassemblent dans le centre-ville, de part et d'autre de **Jalan Sam**

Manado bombardée

L'**occupation japonaise**, à partir de 1942, ouvrit pour Manado une sombre période, qui s'acheva par le terrible bombardement des Alliés en 1945. Quelques années plus tard, en 1958, la ville fut le berceau de la **rébellion Permesta**. Face aux monopoles du pouvoir central de Jakarta, notamment dans le secteur des exportations, ce mouvement réformiste revendiquait une autonomie régionale. Ce à quoi les forces gouvernementales répondirent par le bombardement de Manado, suivi d'une longue répression armée. Sous le régime de l'« Ordre nouveau » mis en place par Suharto, la ville connut une période de prospérité.

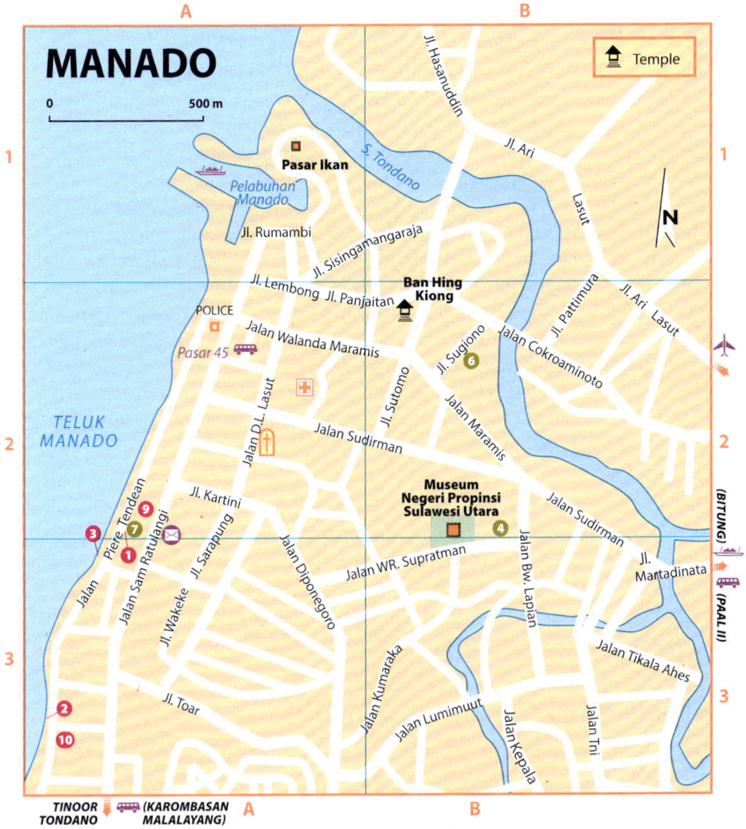

SE RESTAURER
Cakrawala Restaurant 1
Tuna House 2
d'Terrasse 3
Bakmi Singapura 9
Raja Sate BBQ 10

SE LOGER
Istanaku Guesthouse 4
Hotel Regina 6
Hotel Aryaduta 7

Ratulangi (A1-3), grande artère parallèle au front de mer (Jalan Piere Tandean). Vers le nord, cette rue encombrée mène au **Pasar Ikan** (A1), le marché aux poissons, où l'animation bat son plein dès 6h du matin.

★ Ban Hing Kiong B2

Jl. Dl. Panjaitan - ✆ (0431) 851 657.

Fondé en 1819, ce temple taoïste est le plus ancien et le principal lieu de culte de la solide communauté chinoise implantée à Manado. Sous ses toits en pagode, dragons, lampions et offrandes généreuses resplendissent de rouge et d'or, léchés par les effluves d'encens. Renseignez-vous sur les dates des fêtes (notamment le Nouvel An chinois) : l'endroit prend alors une tout autre dimension.

Museum Negeri Propinsi Sulawesi Utara

(MUSÉE DE LA PROVINCE DE SULAWESI NORD) B2

Jl. W. R. Supratman 72 - ✆ (0431) 862 685 - lun.-vend. 8h-16h - 5 000 Rps.

6

Un port florissant

Sa position stratégique sur la **route des épices** et la **richesse agricole** de la région vouèrent très tôt Manado à la convoitise des Européens. Les marchands portugais y établirent un comptoir dès le 16e s., et leurs missionnaires ne tardèrent pas à convertir la population au catholicisme. Déjà implantés aux Philippines, les Espagnols débarquèrent à leur tour, pour une plus courte durée : soutenue par les Minahasas, la **Compagnie hollandaise des Indes orientales** bouta rapidement hors de la péninsule ses rivaux européens. En 1679, un traité signait la **domination batave** sur la ville, qui devait durer trois siècles. De fait, c'est à Manado que les Hollandais exercèrent le plus nettement leur influence. Après les catholiques vinrent les missionnaires calvinistes, qui entreprirent la reconversion des Minahasas au protestantisme. Éduqués dans les écoles des missions, ceux-ci formèrent une élite cultivée et occidentalisée, qui occupa bientôt de hauts postes dans l'administration et l'armée coloniales. Une soumission qui valut à Manado de connaître un essor rapide.

Seul fil conducteur apparent de la collection hétéroclite du musée, la culture et la vie quotidienne locales. Instruments de musique, bijoux, coquillages et habits de cérémonie côtoient, dans l'obscurité et la poussière, *prahu*, calèche, porcelaine, poteries, maquettes de maisons et ustensiles de cuisine...

Circuit conseillé

★ Tana Minahasa (PAYS MINAHASA) CARTE DU PAYS MINAHASA P. 544

Circuit tracé en bleu sur la carte du pays Minahasa (p. 544) – Comptez une journée en voiture, ou faites des excursions ponctuelles en mikrolet *ou en taxi au départ de Manado ou de Tomohon. Mieux vaut louer un véhicule pour éviter les interminables attentes de* bemo.

Enserrées entre la mer des Célèbes et celle des Moluques, les hauteurs du pays Minahasa doivent aux éruptions successives leur relief tourmenté comme leurs sols fertiles. De jolies routes serpentent entre les collines et sur les flancs des volcans, où s'étagent rizières et cultures maraîchères, tandis que le vert sombre des forêts tapisse les pentes les plus abruptes. Région agricole par excellence (tournée vers l'exportation), le pays Minahasa compte parmi les plus prospères de l'archipel. Concentrées le long des côtes, les cocoteraies produisent du **coprah**. Mais la principale source de richesse, outre la muscade et le café, demeure le **clou de girofle**, massivement exporté à Java pour la fabrication des *kretek*.

Une escapade dans ces hautes terres, pourtant si proches de l'affairement de la ville, procure une délicieuse bouffée de calme et d'air frais. Au hasard de vos balades, embaumées par le parfum des tapis de clous de girofle qui sèchent au soleil, vous traverserez de jolis villages soignés et fleuris. D'une rare gentillesse, les habitants – chrétiens dans leur immense majorité – se montreront ouverts et affables.

Tomohon

À 25 km au sud de Manado.

Bonne alternative pour ceux qui ne veulent pas dormir à Manado, base idéale pour rayonner dans les environs, cette petite ville commerçante constitue un agréable lieu de séjour. Les plus téméraires iront visiter le **Pasar Beriman**, marché où se

Maison traditionnelle sur pilotis à Manado.
B. Minden/hemis.fr

vendent aussi bien du poulet que du chat, du chien, du serpent, des rats et des chauves-souris... à consommer bien évidemment.
3 km à l'ouest du centre-ville, son **centre vulcanologique** *(PVMBG - ✆ 0431 351076 - 8h-17h)* vous informera sur les conditions requises pour l'ascension des volcans de la région.
À **Kakaskasen II**, derrière le Happy Flower Resort *(voir « Hébergement », p. 551)* part le sentier qui monte au sommet du **Gunung Lokon★** (1595 m) *(comptez 2h de montée sur les coulées de lave - mieux vaut vous faire accompagner par un guide local pour éviter de vous perdre)*. Attention cependant : il s'agit d'un volcan actif ayant connu plusieurs éruptions au cours du 20e s. ; la dernière remonte à 2013 et il était placé au niveau d'alerte 2 (sur 4) en mars 2023. Si vous avez l'intention d'entreprendre l'ascension, renseignez-vous au préalable.
De Tomohon, suivez la route principale vers le sud sur env. 8 km, jusqu'à Lahendong.

★ Danau Linau (LAC LINAU)

À quelques centaines de mètres de la route principale, au niveau du village de Lahendong.
Un chemin carrossable débouche sur le lac *(baignade dangereuse en raison de la teneur en soufre)*, lové dans un écrin de collines verdoyantes et dont les berges invitent à d'agréables promenades. Des émanations sulfureuses s'échappent de la roche. Le petit restaurant qui domine le site offre un bon point d'observation sur les eaux qui, selon la lumière, déclinent toutes les nuances de bleu et de vert, du turquoise pastel à l'émeraude profond.
Revenez à Tomohon et prenez vers l'est la route de Tondano. Faites-vous déposer à Rurukan, d'où part un sentier. Attention, le trafic des mikrolet *est irrégulier sur la route de Rurukan.*

★★ Gunung Mahawu (MONT MAHAWU)

Comptez 1h30 à 2h AR (marche facile).
Crapahutant à travers champs puis dans la moiteur de la forêt tropicale, vous

TANA MINAHASA
0
5 km
WORI
Manado
Malalayang
Teluk Manado
Tateli
Airmadidi
BITUNG
Pineling
Liang
Sawangan
Tinoor
G. Lokon
1595
G. Mahawu
1311
Kakaskasan
Rurukan
Temboan
Woloan
Tomohon
Taratara
Kasuang
Tondano
Danau Linau
1202
G. Tompusu
G. Kaluta
1179
Lahendong
Leilem
Tandengan
Sonder
Kombi
GORONTALO
Remboken
Karumenga
Danau Tondano
Eris
Pulutan
Tulap
Kawangkoan
Toraget
Tompaso
Kakas
1500 m
1000
500
200
N
Langowan
G. Kaweng
1179
BELANG

Le « père du peuple minahasa »

Né à Tondano en 1890, **Sam Ratulangi** fait figure de héros national. On ne compte pas les rues à son nom, ni les monuments érigés à sa mémoire. Parti étudier en Suisse, il fonda à son retour l'Église protestante minahasa autonome (KGPM). Premier gouverneur républicain d'Indonésie orientale, il s'afficha bien vite comme le chef du mouvement nationaliste et, lors du conflit pour l'indépendance, son autorité encouragea le peuple minahasa à soutenir la cause. Au final, son militantisme indépendantiste lui valut d'être emprisonné par les Hollandais en Irian Jaya. À sa mort, en 1949, on lui rendit hommage en le qualifiant de « père de tout le peuple minahasa ».

n'aurez guère l'impression de faire l'ascension d'un volcan. Le spectacle vous attend au sommet (1311 m), où se découvre un magnifique **lac de cratère★★** encore fumant, dont les eaux turquoise cernées de jaune dégagent une âcre odeur de soufre. Faites-en le tour pour apprécier le **panorama★★** qui s'étend au loin sur la mer et, plus près, sur le cône du Lokon et la campagne environnante.
Poursuivez jusqu'à Tondano (env. 2 km du lac du même nom).

★ Danau Tondano (LAC TONDANO)

À env. 18 km au sud-est de Tomohon. Une route longe toute la rive du lac ; prenez un mikrolet *pour Remboken, Kakas ou Eris et descendez quand bon vous semble pour vous promener. Sur la berge ouest, notamment autour de Remboken, plusieurs petits restaurants sur pilotis ont aménagé d'agréables terrasses couvertes, aérées par la brise, où ils servent des poissons du lac pour le déjeuner ; goûtez par exemple la préparation* woku.
Suspendu à quelque 600 m d'altitude au cœur d'un ancien cratère volcanique, le lac s'étire entre une plaine rizicole et une petite chaîne de montagnes boisées. Au hasard de ses berges sinueuses, on découvre des champs flottants, des pirogues de pêcheurs, de jolies maisons sur pilotis et quelques villages fleuris.
De Tondano, prenez au nord la route de Manado qui passe par Airmadidi.

Sawangan

À env. 15 km au nord-est de Tondano.
Dans ce petit cimetière ombragé de frangipaniers s'alignent 144 **waruga★★**, des sarcophages en pierre datant de l'ère préchrétienne. Les ancêtres des Minahasas plaçaient en effet leurs morts dans ces monolithes hauts de plus de 1 mètre, couronnés de chapiteaux sculptés. La dépouille y reposait en position fœtale, avec bijoux, porcelaines et autres biens précieux... pillés depuis. Originellement situés à proximité des habitations du village, la plupart des sarcophages ont été regroupés là par mesure d'hygiène autant que de conservation.

★★ Taman Nasional Bunaken (PARC MARITIME DE BUNAKEN)

CARTE C1 P. 488-489

À 8 km au large de Manado - entrée du parc : 150 000 Rps.
Évitez la saison des pluies, surtout entre déc. et fév., la mer étant agitée et trouble ; la visibilité est optimale en sept.-oct. Pour la plongée de surface, apportez si possible votre propre équipement. Faites attention aux coraux et ne touchez rien sous l'eau.
Couvrant 75 000 ha, le parc national maritime de Bunaken englobe cinq îles (Bunaken, Siladen, Manado Tua, Montehage et Nain) bordées de mangrove et de magnifiques récifs coralliens. La richesse de la faune marine – raies, tortues,

Alerte à la pollution

Si les fonds marins gardent (encore) leur splendeur, force est de constater les dégâts causés par le tourisme, local comme international. Il suffit de compter le nombre d'objets en plastique qui passent par-dessus bord en une heure de traversée, entre Manado et Bunaken, pour mesurer le travail de sensibilisation à accomplir. Un programme de protection de l'environnement a été mis en œuvre, mais on est encore loin d'une prise de conscience collective... Seul obstacle incontournable au développement des infrastructures : le cruel manque d'eau douce sur l'île. Espérons que Bunaken ne se muera pas en dépotoir.

barracudas, poissons Napoléon, dauphins et requins peuplent ses eaux chaudes et claires – et la diversité des coraux ont fait de l'endroit un site de plongée renommé. Pas moins d'une vingtaine de spots sont à découvrir : récifs frangeants, tombants vertigineux entaillés de grottes et de fascinantes crevasses abritant des myriades de poissons, de toutes formes et couleurs.

★ Pulau Bunaken (ÎLE DE BUNAKEN)

À 45mn de traversée de Manado, avec le bateau public ou bien les navettes des hôtels de l'île.

Hormis les récifs qui la cernent, l'île de Bunaken, la plus peuplée de l'archipel, n'a en elle-même rien d'extraordinaire. La plupart des visiteurs viennent ici pour plonger (les *resorts* sont presque tous équipés d'un club de plongée).

Sur le côté est de l'île, la mangrove de palétuviers domine la côte. Si la plage de **Pantai Pangalisang** n'est ni très large ni très jolie, elle est néanmoins la partie la mieux préservée de l'île (on peut y faire du snorkeling). Les hébergements en bord de mer s'essaiment le long d'un petit chemin où quelques scooters et vélos côtoient les piétons.

Côté ouest, le mince ruban de sable de **Pantai Liang** est souvent envahi par les déchets en provenance de Manado et les coraux ont été largement saccagés. À marée basse, le plateau corallien oblige à marcher loin avant de trouver assez de fond pour nager. Le week-end, les habitants de Manado y affluent par bateaux entiers pour pique-niquer en famille sur la plage.

À la pointe sud de l'île s'étend le charmant **village de Bunaken**. Vaches, cochons et poules gambadent un peu partout, et vous y croiserez des habitants chaleureux et affables, pêcheurs ou producteurs de **coprah**, vivant aussi (de plus en plus) du tourisme. Au centre du village trône une église moderne rose et blanche assez kitsch.

Mais l'intérêt de Bunaken est sous l'eau. L'île est entourée de **tombants** vertigineux, couverts d'une incroyable diversité de coraux, refuges d'une vie marine à couper le souffle. Un paradis pour les plongeurs.

Carnet pratique

PLAN DE MANADO (P. 541)

S'informer

North Sulawesi Tourist Office – HORS PLAN PAR A3 - *Jl. Diponegoro 111, Manado - ✆ (0431) 852 723 - www.north-sulawesi.com.* Bureau à la sortie de l'aéroport de Manado *(www.visit-manado.com).*

Adresses utiles

Attention, ni bureau de change, ni ATM, ni poste, ni téléphone sur l'île de Bunaken.

Bureau de l'immigration

Kantor Imigrasi – A3 EN DIR. - *Jl. Agustus 17, Manado - ✆ (0431) 863 491 ou 0811 4326 010.* Dans l'office de tourisme.

Banque/Change

La plupart des banques font du change ou sont équipées de distributeurs automatiques.

Poste

Pos dan Giro – A2-3 - *Jl. Sam Ratulangi 23, Manado - ✆ (0431) 841 422 - lun.-vend. 8h-20h, w.-end 8h-18h.*

Téléphone

Telkom – A2 - *Jl. Sam Ratulangi 4, Manado.* Appels internationaux.

Santé

Les **pharmacies** ne manquent pas à Manado. Une adresse bien approvisionnée : Jl. Sam Ratulangi 31 (A2), en face du magasin Matahari. En cas de problème médical, votre hôtel pourra appeler un médecin.

Pour les hôpitaux :

Pancaran Kasih – *Jl. Sam Ratulangi 13, Manado - ✆ (0431) 863 237 ou 0881 1524 877.*

Rumah Sakit Gunung Maria – *À Malalayang (à 4,5 km de Manado) - ✆ (0431) 351 008. Chambre de décompression.*

Arriver/Partir

En avion

Aéroport international Sam Ratulangi – B2 EN DIR. - *À 13 km au nord-est de la ville.* Vols tlj pour Makassar, Gorontalo, Jakarta et Surabaya (Java), Denpasar (Bali), et Ambon, et 4 vols/sem. pour Singapour. Des taxis attendent devant le terminal *(comptez 80 000 à 100 000 Rps pour le centre-ville).* Vous pouvez aussi prendre un *mikrolet* pour le terminal Paal II, puis un autre jusqu'au centre-ville.

En bateau

Le port principal ne se situe pas à Manado même mais à **Bitung** *(55 km à l'est - 1h de route).* Il accueille les gros navires de la **Pelni** qui desservent Makassar, Jakarta et Surabaya (Java). Quelques bateaux plus petits (liaisons avec Palu, Pare-Pare, Sangihe...) arrivent directement au **port de Manado** *(Jl. Suprapto/ Jl. Rumambi)* (A1). Les traversées régulières vers les Philippines ont été supprimées.

Pelni – A1 - *Jl. Sam Ratulangi 214 - ✆ (0431) 876 822 - www.pelni.co.id - lun.-vend. 8h-14h.* Détail des liaisons, horaires et billets des bateaux sont disponibles dans les agences de voyage.

En bus et mikrolet

Manado est bien desservie par la route. Les bus à destination de Tomohon, Tondano, Sonder... partent toute la journée du **terminal Karombasan**, à Wanea. Pour l'aéroport, Bitung et Airmadidi, allez au **terminal Paal II** *(dua).* Pour Gorontalo, Palu, Kotamabaru, Tanawangko, au **terminal Malalayang** *(à 30mn du centre-ville, au sud-ouest).* Les différentes compagnies ont leur bureau sur place.

Plusieurs bus relient tlj **Gorontalo**

à Manado *(départs matin et soir)*. Comptez 8h de route, assez bonne dans l'ensemble. Il est plus confortable et rapide de se regrouper pour affréter une voiture *kijang* (adressez-vous à la gare routière).
Le terminal des *mikrolet (bemo)* **Pasar 45** *(empat lima)*, dans le centre-ville (A2), est relié à toutes les gares routières.

Transports

Très étendue et étouffante, la ville de Manado ne se prête à la marche que sur de courtes distances en centre-ville.

Taxi

Vous en trouverez dans la rue mais il est souvent plus pratique de les faire appeler par l'hôtel. Ils sont généralement climatisés et équipés d'un compteur. Vous pouvez aussi négocier un tarif à la demi-journée ou à la journée, selon l'itinéraire souhaité.

Mikrolet

Bon marché mais pas toujours faciles à utiliser quand on connaît mal la ville, c'est le moyen de transport le plus répandu à Manado. Ils portent des numéros et la destination est affichée sur le pare-brise. La station centrale se trouve au **Pasar 45** (A2).

Location de voitures

On ne peut louer de voiture qu'avec chauffeur. Vérifiez que le prix inclut l'essence, les repas et nuitées du chauffeur si vous partez plusieurs jours. Adressez-vous à une agence de voyage ou à la réception de votre hôtel.

Bateau

Un bateau desservant les îles de Bunaken et Siladen, bondé et souvent en retard, part de Manado *(près du marché Bersehati)* tlj sf dim. vers 15h et revient vers 8h *(45mn - 50 000 Rps)*. Sinon, les *resorts* de l'île viennent vous chercher à l'aéroport ou au port de Manado avec leur bateau *(prix variables, de 300 000 à 600 000 Rps)*.

Visites

Nombreuses à Manado, les **agences de voyage** vendent billets d'avion et de bateau, et proposent différents programmes de visite de la région, avec ou sans guide, ainsi que des voitures avec chauffeur. Elles organisent des excursions en pays Minahasa *(voir p. 542)*, des randonnées dans les parcs naturels des environs, des journées accompagnées de plongée de surface ou sous-marine…

Manado Safari Tours – A3 EN DIR. - *Jl. Sam Ratulangi 178 - ✆ (0431) 857 637 - www.manadosafaris.com.*

Nos adresses

PLAN DE MANADO (P. 541)

Restauration

Manado et ses environs fourmillent de petits *warung*, notamment autour du **Pasar 45** (A2) ; on y sert, outre les plats indonésiens habituels, des poissons grillés et de surprenantes spécialités minahasas, telles que le *kawaok* (rat des forêts), le *rintek wuuk* (viande de chien), ou le *lawang pangang* (ragoût de chauve-souris), le tout très pimenté *(rica)*…

À Manado

Premier prix

9 Bakmi Singapura – A2 - *Jl. Sam Ratulangi 22-A - ✆ (0431) 841 612 - (cartes non acceptées) - 10h-20h30 - 25 000/50 000 Rps.* Restaurant de nouilles chinoises pour un déjeuner sur le pouce ou un en-cas.

Green Garden – HORS PLAN - *Jl. Sam Ratulangi 170 (à côté de l'hôtel Minhasa) - ✆ (0431) 870 089 - 9h30-22h (w.-end 12h-22h) - 20 000/50 000 Rps.* Un bon petit *rumah makan* sino-indonésien, réputé pour son cochon grillé, ses légumes sautés et ses bons jus de fruits. Plats servis avec le sourire.

Budget moyen

10 **Raja Sate BBQ** – A3 - *Jl. Piere Tendean 39 (près de MTC and Mega Mall) - ✆ 0852 9806 5388 - Ig@raja_sate_restaurant - lun.-sam. 11h-16h, 17h-22h, dim. 17h-22h - 40 000/150 000 Rps.* Les Indonésiens affluent en famille dans cette grande salle climatisée, où braillent musique et téléviseur, pour déguster de généreux assortiments de satay, brochettes de poulet, bœuf, calamars ou crevettes grillés, mais aussi *gado-gado*, steak de bœuf de Nouvelle-Zélande, currys et autres *nasi goreng*. Service assez lent.

2 **Tuna House** – A3 - *Mega Mas, Jl. Laksda John Lie - ✆ 0852 9999 0112 - 10h-22h - 50 000/120 000 Rps.* Du thon frais à toutes les sauces : en sashimi, en filet, en pavé, pané, mariné, grillé, en salade, en sauce (très) épicée, en brochette ou avec du riz frit... Salle face à la mer souvent bondée.

3 **d'Terrace** – A3 - *Kawasan Mega Mas, Jl. Piere Tendean - ✆ (0431) 888 0939 ou 0852 1001 2178 - 8h-22h - 50 000/250 000 Rps.* L'endroit vaut surtout pour son agréable terrasse en teck face à la mer et sa bonne ambiance le soir. Au menu, des viandes et poissons grillés, satays, riz frit, soupes, desserts variés. Les plats sont bons et copieux, mais le service est hélas un peu lent. On peut aussi se contenter d'y prendre un verre.

Pour se faire plaisir

1 **Cakrawala Restaurant** – A2 - *Jl. Piere Tendean (au 2e étage de l'hôtel Aryaduta) - ✆ 0812 4298 8999 - 8h-22h - 60 000/150 000 Rps.* Le restaurant propose des recettes italiennes, indonésiennes et internationales, et surtout des salades à composer à son idée, en choisissant soi-même les ingrédients et la sauce. Également des pizzas et cocktails à siroter sur fond d'orchestre de jazz.

À Tinoor

Premier prix

À 15 km de Manado sur la route de Tomohon, une dizaine de restaurants servent de la cuisine minahasa traditionnelle. Certains proposent des formules de buffet, d'autres des assortiments de petits plats à partager, permettant de goûter plusieurs spécialités. Choisissez une salle ouvrant sur un beau panorama.

Sur l'île de Bunaken

Voir « Hébergement » ci-après.

Hébergement

À Manado

Manado est plutôt un lieu de transit que de séjour, mais vous devrez peut-être y passer la nuit en attendant un bus, un avion ou un bateau. La ville peut servir de point de départ pour visiter le pays Minahasa et l'île de Bunaken.

Premier prix

6 **Hotel Regina** – B2 - *Jl. Walanda Maramis 123 - ✆ (0431) 850 090 - 33 ch. 250 000 Rps.* Moderne, confortable (eau chaude, TV) et propre, même si l'établissement manque un peu de chaleur et de charme.

Budget moyen

4 **Istanaku Guesthouse** – B2 - *Jl. W.R. Supratman 6 - ✆ (0431) 840 085 ou 0813 4105 2357 - 25 ch. 350 000 Rps.* La déco des lieux, à base d'images de BD et objets de brocante, est rigolote. Chambres

6

spacieuses, lumineuses et propres, service efficace. Une adresse vraiment sympa, un peu bruyante parfois.

Hotel Minahasa – HORS PLAN - *Jl. Sam Ratulangi 199 - (0431) 874 871 - www.hotelminahasa.com - - 25 ch. 390 000/630000 Rps.* Une bonne adresse pour Manado, légèrement excentrée mais d'un bon rapport qualité-prix. Les chambres s'étagent sur deux niveaux, dans un cadre verdoyant, agréable et calme, à l'arrière du bâtiment principal. Confortables, toutes possèdent une terrasse privative ouvrant sur le jardin. Certaines ont une vue sur la mer. Salle de gym, location de véhicules avec chauffeur.

S Loft Manado – HORS PLAN - *Jl. Sam Ratulangi II/118 - (0431) 880 90 00 ou 0811 431 880 - www.sloftmanado.com - - 42 ch. 450 000/650 000 Rps.* Cet hôtel boutique est décoré avec goût comme un loft contemporain. Chambres et suites de taille variable (12 à 70 m²), toutes très bien équipées et insonorisées. Délicieux petit-déjeuner. Personnel aux petits soins. Une bonne affaire.

7 **Hotel Aryaduta** – A2 - *Jl. Piere Tendean - (0431) 855 555 ou 0859 5988 8008 - www.aryaduta.com - - 199 ch. 550000/870 000 Rps.* Confort feutré, ambiance élégante et agréable dans ce grand immeuble moderne dominant le front de mer. Au 6e étage, une magnifique piscine semble, par un jeu d'optique, se jeter directement dans la mer. Salle de sport à disposition.

Pour se faire plaisir

Novotel Manado Convention Center – HORS PLAN - *Jl. AA Maramis Kayuwatu (à 6 km de l'aéroport) - (0431) 818 889 - www.all.accor.com - - 199 ch. 1 700 000/2 100 000 Rps.* Répondant aux standards internationaux de l'hôtellerie haut de gamme, cet hôtel situé à 15mn de l'aéroport a la faveur des hommes d'affaires. Pour un séjour confortable et sans surprise. Spa.

À Kakaskasan II (Tomohon)

Premier prix

The Happy Flower Resort – *Jl. Rungku Kaskaskasen 2 (à 800 m à l'ouest de la route principale) - (0431) 356 888 ou 0821 9466 0000 - www.happy-flower-resort-business.site - - 18 ch. 200 000/600 000 Rps.* Une bonne adresse, simple, conviviale et paisible, dans un jardin tropical plaisant. Les minuscules chambres situées dans la maison principale n'ont qu'une petite salle de douche avec eau froide et wc à la turque. Plus chères, les chambres supérieures et les cottages disposent d'eau chaude et de toilettes à l'occidentale. Petit-déjeuner frugal.

Budget moyen

Highland Resort – *Jl. Kimereng Kali Jaga VI (à Kinilow, au nord de Tomohon, dans une rue en retrait de la route principale) - 0811 4340 888 - www.highlandresort.info - - 12 ch. 340 000/520 000 Rps.* Dans un jardin fleuri, une série de bungalows en bois de cocotier, spacieux et bien entretenus. Chambres propres et bien équipées (TV satellite, bouilloire, minibar, moustiquaire), personnel aux petits soins. Pas de restaurant, mais on peut manger au Moutain View Resort, à 100 m de là. Location de scooters.

Sur l'île de Bunaken

Les prix indiqués incluent la pension complète, par jour et par personne. Le transfert de/vers Manado est en supplément.

À Pantai Liang

Budget moyen

Panorama Diving Resort – *0813 4021 7306 - www.bunakendiving.co* - - *10 ch. 350 000/550 000 Rps/pers.* Bungalows étagés au-dessus de la plage. Belle vue sur la mer. Bon club de plongée à prix raisonnables. Wi-Fi dans les parties communes. Nourriture excellente et abondante. À côté, une annexe dédiée aux backpackers *(250 000/350 000 Rps/pers.)*.

À Pantai Pangalisang

Budget moyen

MC Dive and Homestay – *À la sortie nord du village - 0811 3210 104 - www.mcdivebunaken.com* - - *16 ch. 400 000 Rps/pers.* Bungalows alignés en hauteur, face à la plage (hélas assez sale). Ceux en bois sont spacieux ; les autres, en bambou, sont plus rustiques. Eau froide. Club de plongée pas cher. Accueil chaleureux.

Bunaken Divers Sea Breeze Resort – *0813 5640 9136 - www.bunakendivers.com* - - *8 ch. 800 000/1 100 000 Rps/pers.* Une adresse pour plongeurs avant tout. Bungalows spartiates dans un jardin, certains avec vue sur la mer. Les plus chers, spacieux, sont moins précaires. Nourriture bonne et saine. Club de plongée sympa.

Pour se faire plaisir

Living Colours – *0812 4306 401 ou 0812 4306 063 - www.livingcoloursdiving.com* - - *10 ch. 980 000/1 200 000 Rps/pers.* À flanc de colline, au milieu d'un jardin manucuré, de ravissants bungalows de bois, avec terrasse, chaise longue et hamac face à la mer. Eau chaude et sauna finlandais (payant). Bonne cuisine. Club de plongée Padi très pro.

The Village Bunaken – *0813 5675 0066 - www.thebunakenvillage.com* - - *11 ch. 890 000/1 500 000 Rps/pers.* Joli resort d'allure balinaise, avec un jardin tropical, une petite piscine et un spa. Personnel attentionné et cuisine excellente, délicieux cocktails au bar. Centre de plongée impeccable.

6

Marché flottant traditionnel.
J. Warburton Lee/hemis.fr

COMPRENDRE L'INDONÉSIE

L'Indonésie aujourd'hui

D'un bout à l'autre de l'archipel, les paysans s'affairent dans les rizières, le dos courbé à la tâche, menant leurs buffles aux champs pour les labours, piquant les plants et fauchant les épis, cachés sous leurs larges cônes en palme. D'un contraste saisissant, les métropoles semblent résolument tournées vers la modernité. Brassant les extrêmes, elles juxtaposent tours de verre aux bureaux climatisés, bidonvilles aux taudis délabrés, centres commerciaux et marchands ambulants en quête de quelques milliers de rupiahs et, dans les embouteillages urbains, les automobiles rutilantes croisent les bus bondés : tous les signes extérieurs de richesse s'affichent face à la misère la plus crue. Entre tradition et modernité, richesse et pauvreté, les coutumes séculaires n'en continuent pas moins de régir la vie quotidienne des Indonésiens, par-delà leurs différences sociales, ethniques et religieuses.

Des valeurs immuables

En Indonésie, l'individu ne se définit que par son appartenance à des groupes (communauté familiale, clanique, tribale, villageoise, religieuse...), qui forment autant de cadres dans lesquels sa vie s'organise. Piliers de la société, la **famille** et la religion demeurent des valeurs fondamentales. Le culte des ancêtres reste vivace dans de nombreuses régions et, partout, le chef de famille et les aînés font l'objet du plus grand respect.

Unité communautaire pour l'expression de ces valeurs, le **village** est la cellule sociale et religieuse la plus importante. Même les citadins continuent de participer à la vie de leur village natal et de suivre la **loi coutumière** *(adat)* transmise par les anciens.

Quelles que soient leurs origines ethnique, religieuse et sociale, les Indonésiens restent fidèles aux principes communautaires édictés par la tradition, fondés sur l'entraide et la **solidarité**, la consultation, les délibérations et les prises de décisions consensuelles. Garante d'une certaine stabilité de la société, cette loyauté inébranlable s'appuie aussi sur des réseaux de **filiation** strictement hiérarchisés, les degrés de parenté dictant les prérogatives, les droits et les devoirs de chacun au sein du groupe.

Un habitat traditionnel préservé

En ville comme à la campagne, les constructions actuelles répondent avant tout à des besoins pratiques et, dans l'ensemble, manquent singulièrement d'attrait. L'habitat traditionnel qui donne à tant de

Jakarta, mégalopole aux multiples facettes.
master2/Getty Images Plus

villages leur charme suranné subsiste cependant sur toutes les îles, avec ses particularités régionales, mais aussi de nombreux traits communs. Parfaitement adaptés au climat de l'archipel, les abondants **matériaux naturels** – bois, bambou et palme – assurent aux maisons une agréable ventilation naturelle. Modeste cabane ou maison plus élaborée, bâtie sur des fondations de bois ou de pierre, l'habitation est surélevée sur des **pilotis** qui la préservent des pluies et des crues, mais aussi des rongeurs et des reptiles.

Les différences architecturales se révèlent dans la forme du **toit**, droit ou convexe, plus ou moins saillant et élancé, et l'ornementation des **façades**. Simples lattes de bambou, panneaux de palmes tressées, parfois rehaussés de motifs géométriques ou figuratifs, certaines affichent des sculptures, des cornes de buffle ou des dessins stylisés, gravés dans le bois et colorés.

Une maison vivante

Pour décoratif qu'il soit, cet habitat traditionnel, qui se confond parfois avec l'habitat coutumier *(rumah adat)*, recèle avant tout une valeur symbolique. Dans les contrées où les croyances animistes sont le plus profondément ancrées, on considère en effet la maison comme une entité vivante, animée par un esprit.

Elle se divise alors en trois niveaux : c'est entre les pilotis, à l'**étage inférieur** (ombragé par l'édifice), que sont abrités les animaux – cochons, buffles, poules, chèvres, chiens... –, rangés les outils et le matériel agricole, et que sont effectuées certaines activités domestiques. C'est là que les femmes tissent les ikats, tressent des paniers, ou trient les grains de café...

Quelques marches mènent au **niveau intermédiaire** – le plancher –, souvent ouvert sur une véranda, où les hommes prennent le frais en bavardant. À l'intérieur, près de l'entrée, le foyer est allumé dès l'aube pour faire bouillir l'eau et le riz de la journée. Peu cloisonné, le **corps d'habitation** héberge une famille élargie, trois générations au moins cohabitant sous le même toit. Une fois mariés, les garçons s'y installent avec leur femme, tandis que les filles rejoignent la demeure familiale de leur époux.

Habitués à vivre à l'extérieur, les Indonésiens de ces régions se contentent d'un confort souvent précaire, sans eau courante ni électricité, dormant par terre sur des nattes ou dans des lits de fortune, dans une promiscuité peu propice à l'intimité. Des petites ouvertures, qui font office de portes et de fenêtres, surgissent les frimousses rigolardes ou intriguées des bambins, saluant les étrangers de chaleureux : *« Hello, Misterrrr ! »*

Le **toit**, enfin, est l'espace le plus sacré de la demeure, où l'on honore parfois les ancêtres par des rituels d'offrandes. Il peut aussi servir d'entrepôt pour les vivres.

Une école élitiste

Il se passe rarement une journée sans que l'on aperçoive des ribambelles d'écoliers en uniforme bicolore, petit cartable et balai à la main, s'engouffrant dans un *bemo* ou marchant sur le bord de la route. De fait, le moindre village semble avoir sa petite école. Pourtant, dans ce pays relativement pauvre, où l'école est **obligatoire mais payante** (sans compter le prix des livres et des uniformes), certains parents continuent à faire travailler leurs enfants aux champs, à la maison ou à la boutique. De nombreux jeunes partent aussi tenter leur chance dans d'autres régions, attirés par les emplois potentiels des villes ou par la manne des zones touristiques. Ainsi, les effectifs scolaires se réduisent à des couches de plus en plus privilégiées de la population au fil des sections, de l'école primaire (6 à 12 ans) au secondaire (12 à 15 ans), puis au lycée (15 à 18 ans), pour ne plus concerner qu'une minorité aisée dans les universités.

Les langues

Voir aussi « Lexique », p. 667.

Avec 275 millions de locuteurs dans l'archipel, le **bahasa indonesia**, la langue nationale, figure dans le classement des dix langues les plus parlées dans le monde. Appartenant au groupe des langues austronésiennes, il fut romanisé au début du 20e s. par les Hollandais, qui en firent la langue unitaire, pour les besoins de l'administration coloniale et de l'enseignement dans les écoles. Puis, en 1928, il fut choisi comme langue nationale par le jeune mouvement nationaliste dirigé par Soekarno, et devint la langue officielle de la République d'Indonésie lors de la proclamation d'indépendance, en 1945.

Le *bahasa indonesia* est l'une des formes du **malais** *(voir encadré ci-contre)*, parlé dans la fédération malaise, mais aussi à l'est de Sumatra et à l'ouest de Kalimantan. Historiquement écrit en sanskrit et utilisé comme langue franque dans l'archipel depuis le 8e s., il fut transcrit en arabe au 14e ou 15e s. Parlé par les marchands indiens et chinois, bugis et javanais, mais aussi portugais, anglais ou hollandais, dans les comptoirs côtiers, le malais présentait l'atout majeur, dans cet archipel multiethnique, de ne pas être associé à un groupe numériquement dominant, comme les Javanais.

Sous la houlette des Néerlandais, l'alphabet latin remplaça les caractères arabes, pour forger une langue indonésienne, directement adaptée du malais, et enrichie de mots empruntés aussi bien au sanskrit, à l'arabe, au persan et au chinois, qu'au néerlandais, au portugais, à l'anglais ou au français. Outre ces langues étrangères, quelques apports locaux – javanais, sundanais, minangkabau, bugis, toraja, entre autres – ont également influencé la nouvelle langue.

Une langue pour deux océans

Divisée en plusieurs groupes, la famille des langues austronésiennes embrasse la plus grande ère géographique du monde, de Madagascar à Hawaï. Originaires de Taïwan, les peuples qui les véhiculèrent parcoururent le Pacifique et l'océan Indien à bord de simples catamarans, semblables aux *prahu* des pêcheurs polynésiens et indonésiens ! Pointe extrême de leur avancée dans le Pacifique, l'île de Pâques fut abordée vers 500 apr. J.-C. À l'ouest, ils colonisèrent l'Indonésie, la Malaisie, les Philippines et la Thaïlande (2000 à 1500 av. J.-C.). À quelques exceptions près, toutes les langues indonésiennes se rattachent au même groupe. De l'archéologie à la linguistique, en passant même par les études d'ADN, les sciences ont révélé des caractères communs entre les anciens habitants d'Hawaï, de l'île de Pâques, de Madagascar et de l'Indonésie. Ainsi, dans la langue primitive, le même mot désigne l'œil : *mata*...

Les langues au quotidien

Parallèlement à la langue nationale, maîtrisée par l'immense majorité de la population, la plupart des Indonésiens continuent de parler, en famille et entre membres d'une même ethnie, un **dialecte** régional. On en recense près de 700, qui demeurent, pour beaucoup, la langue maternelle et la seule langue de la vie quotidienne.

Il vous sera relativement facile – et utile – de vous initier aux rudiments du *bahasa indonesia*, surtout si vous sortez des sentiers battus.

Dans les pôles touristiques, vous pourrez vous contenter de communiquer en **anglais**. L'essor du tourisme incite en effet de plus en plus d'Indonésiens à l'apprendre. Dans certaines régions, comme Bali, Yogyakarta, ou le pays Toraja à Sulawesi, des guides s'adresseront même à vous en **français**. Mais leur maîtrise se limite le plus souvent à quelques notions élémentaires.

Jean ou sarong ?

Bien que les Indonésiens aient largement adopté la mode occidentale, les vêtements traditionnels restent très répandus, surtout dans le monde rural.

Les variantes régionales opposent essentiellement les tissus, les batiks dominant à l'ouest, les ikats dans les îles orientales (Flores). Directement rattachée à la **religion** et aux fêtes, la tenue vestimentaire est par ailleurs strictement réglementée par l'*adat* (loi coutumière). Ainsi, de subtils détails, imperceptibles par l'étranger, peuvent traduire la hiérarchie sociale et les appartenances communautaires d'un individu.

Plus souples que dans d'autres pays, les préceptes coraniques incitent néanmoins de plus en plus les **femmes** musulmanes à se voiler la tête d'un *jilbab*. Parfois, leur tenue se compose en outre d'une longue tunique tombant sur un pantalon ample. Les autres revêtent une *kebaya*, fin corsage à manches longues dont une bande d'étoffe *(setagen)* peut souligner la taille ; un long **sarong**, grande pièce de tissu enroulée autour de la taille comme une jupe, couvre les jambes. Le sarong habille également les **hommes**, mais ceux-ci le nouent différemment. Une chemise en batik ou une veste sobre complète le tout, sans oublier le *pici*, toque de velours noir que portent traditionnellement les nationalistes et les musulmans.

Économie

Si l'Indonésie pratique une économie libérale de marché, celle-ci reste largement régulée par l'État, qui contrôle quantité d'entreprises publiques et intervient pour fixer les prix de certains produits de base comme le pétrole, le riz et l'électricité. La crise financière asiatique de 1997 avait entraîné une grave crise économique en Indonésie. Mais depuis, le pays a redressé spectaculairement la barre, avec une croissance moyenne annuelle supérieure à 5 %. En 20 ans, le PIB/habitant a été multiplié par trois et le taux de pauvreté a été divisé par deux. Le pays se classe au 16e rang des puissances mondiales.

Une nation émergente

Le président actuel, Joko Widodo, conduit une politique de réformes visant à moderniser les infrastructures, à améliorer la situation des classes défavorisées, à lutter contre la corruption et à ouvrir l'économie aux investisseurs étrangers. Plusieurs aéroports internationaux ont ainsi été inaugurés, et des ports ont été agrandis, facilitant la circulation dans l'archipel. Le déficit public a été réduit et les exportations sont en hausse. L'Indonésie, en plein essor, pourrait devenir, en 2030, la dixième puissance économique mondiale. Le niveau de vie connaît une hausse régulière et la classe moyenne, en pleine expansion, constitue l'un des principaux moteurs du développement. Plus de 50 millions d'Indonésiens ont un revenu dépassant 4 000 dollars par an. Les inégalités persistent cependant : environ 10 % de la population vit sous le seuil de pauvreté, et les quatre hommes les plus fortunés de l'archipel sont plus riches que les 100 millions de personnes les plus pauvres réunies.

Un géant démographique

Avec 275 millions d'habitants, l'Indonésie se classe au quatrième rang mondial par sa population. Grâce à la politique de planning familial mise en place sous l'Ordre nouveau *(voir « Histoire », p. 612)*, le taux de croissance démographique est passé de 3 % dans les années 1960 à 0,8 % aujourd'hui. Reste que l'une des principales préoccupations des autorités demeure la **répartition démographique**, entre des régions surpeuplées comme Java et d'autres, comme la Papouasie occidentale et Kalimantan où la densité est inférieure à 30 hab./km². Et sur les 17 000 îles que compte l'archipel, moins de la moitié est habitée. L'Indonésie connaît d'importantes migrations internes, en particulier vers Java, qui exerce une forte attraction économique. S'il contribue au brassage social, cet **exode rural** pose d'insolubles problèmes dans les villes, notamment à Jakarta, où s'entasse une population vivant dans des conditions misérables. En 2010, la population urbaine a dépassé la population rurale. Pourtant, dès le début du 20e s., une politique de *transmigrasi*, destinée à inciter les migrants javanais et balinais à s'établir dans les zones sous-peuplées, fut mise en place. Mais son impact sur la répartition de la population est resté marginal, la migration spontanée compensant toujours la migration subventionnée.

Le pays du riz et des épices

Comme toute l'Asie du Sud-Est, l'Indonésie est le **pays du riz**, cultivé en champs secs *(ladang)* ou irrigués *(sawah)*, selon des méthodes ancestrales. Les techniques d'irrigation, très sophistiquées, permettent un cycle de récolte tous les quatre mois dans les sols les plus riches. Nourriture de base de la population, le riz occupe des millions de bras qui sculptent d'un bout à l'autre de l'archipel de somptueux paysages de rizières en terrasses. Classée au **troisième**

ou quatrième rang mondial des pays producteurs, l'Indonésie est aussi un gros consommateur et elle a dû suspendre depuis 2008 ses exportations. Elle importe même du riz pour répondre aux besoins de la population, car les autres cultures vivrières du pays (maïs, soja, manioc, patate douce) occupent une place marginale dans l'alimentation.
Héritage de l'époque coloniale, les **cultures de plantation** fournissent de substantiels revenus au pays. Nationalisées à l'époque de Soekarno, elles appartiennent désormais à de grandes exploitations publiques ou privées. L'Indonésie figure parmi les premiers producteurs mondiaux pour le caoutchouc, le cacao, le café, l'avocat, le thé (septième rang mondial), les céréales. Avec la Malaisie, elle caracole en tête du marché mondial (90 % à elles deux) pour la production **d'huile de palme** (agrocarburant, margarine), avec pour conséquence d'absorber chaque année 28000 km² de forêt pluviale, à Kalimantan, à Sumatra et en Papouasie occidentale – plus de la moitié de la superficie de la Suisse. Et dans les vingt prochaines années, le gouvernement indonésien a encore l'intention de multiplier sa production actuelle.
Mais l'Indonésie est aussi le **pays des épices** et des plantes médicinales (poivre, cardamome, noix muscade, noix d'arec, camphre, noix de cajou, girofle, aloès), ainsi que des bois précieux (teck, bois de santal...). Malheureusement, la déforestation à grande échelle des massifs ainsi que la culture intensive dans certaines régions détruisent de manière irréversible l'écosystème des forêts.

Pas de place pour l'élevage

Terre par endroits surpeuplée (Java), l'Indonésie ne laisse guère de place à l'élevage, trop consommateur d'espace. Le porc, banni par l'islam, n'est guère présent que dans les îles chrétiennes ou animistes (Papouasie occidentale, Flores, Sumba et certaines régions de Sumatra, de Sulawesi et des Moluques). La **pêche**, en revanche, malgré son caractère intensif, est difficile à chiffrer. Les prises des chalutiers étrangers sont en effet largement sous-estimées et celles de la pêche traditionnelle restent inquantifiables. L'élevage industriel de la **crevette** (troisième producteur mondial en 2020) prospère malgré son impact négatif sur l'environnement.

Les ressources naturelles

Pourtant riche en ressources naturelles (grâce, notamment, à l'activité volcanique), l'Indonésie n'exporte pas autant qu'elle le souhaiterait. Les gisements de **pétrole** (mer de Java, Kalimantan, Papouasie occidentale) et de **gaz naturel** (Aceh, est de Sumatra et îles Natuna) ont joué un rôle important dans le décollage de l'économie. Depuis 2004, cependant, le pays importe plus d'or noir qu'il n'en exporte pour satisfaire aux besoins de son marché domestique. En mai 2008, l'Indonésie s'est retirée de l'Organisation des pays exportateurs de pétrole (Opep), pour la rejoindre à nouveau en 2016. En revanche, l'exportation de gaz naturel représente la part la plus importante des ressources du pays, l'Indonésie figurant parmi les dix plus gros exportateurs mondiaux.
Outre les hydrocarbures, les sols indonésiens recèlent du nickel (Sulawesi), de l'or (Papouasie), de la bauxite (îles Riau) et du soufre (Java). Le pays est aussi le deuxième plus grand extracteur mondial d'**étain** (derrière la Chine).

Le rôle de l'État

Les **monopoles étatiques** sur les industries stratégiques (énergie, transports) empêcheraient le secteur privé de s'impliquer dans les domaines d'activités les plus importants pour l'avenir du pays. L'environnement légal s'est complexifié depuis le **programme de décentralisation** (2001). Bénéficiant d'une considérable autonomie, notamment en matière de réglementation du secteur des entreprises, les autorités locales en quête de recettes multiplient les taxes, et ce bien souvent à l'insu de l'administration centrale. Les entreprises dénoncent par ailleurs l'obsolescence des infrastructures, qui freine leur développement. Héritage des années d'abondance pétrolière, et sujet politique hautement sensible, le prix de l'essence reste subventionné à plus de 50 %, pour un coût évalué à 44 milliards de dollars pour le budget de l'État en 2022 (16 %). C'est une hausse du prix des carburants qui fut à l'origine des mouvements populaires qui devaient aboutir à la chute du dictateur Suharto, en 1998. Et en 2013, la baisse des subventions s'est accompagnée d'importantes manifestations. Le gouvernement doit aussi réduire les subventions à l'électricité pour libérer des ressources budgétaires, qui lui permettraient de moderniser ses infrastructures et de soutenir les systèmes éducatif et de santé.

Les nouveaux chantiers

Malgré tout, les finances publiques restent saines, avec un déficit budgétaire contenu à 2,38 % du PIB en 2022 et une dette ramenée à 30 % du PIB en 2023. Le plan de développement de l'Indonésie concerne à moyen terme des secteurs aussi divers que le transport routier et maritime, l'alimentation en électricité et en eau, les télécommunications, l'assainissement ou l'enseignement. Le gouvernement devra peut-être néanmoins faire appel à des investisseurs étrangers pour réaliser ces objectifs, ce qui jusqu'à présent était contraire à la réglementation. L'autre grand chantier auquel s'est attelé Joko Widodo, le président indonésien dont le mandat s'achève en 2024, est l'**éradication de la corruption**, un mal endémique qui ronge traditionnellement l'économie et l'administration du pays à tous les échelons. En 2017, l'archipel n'apparaissait en effet qu'à la 110e place (sur 180) au classement des pays les plus vertueux, selon la liste dressée par Transparency International. Signe que les temps changent, à la fin de l'année 2017, le président du Parlement, troisième personnage de l'État, a été arrêté par l'Agence nationale anticorruption, inculpé et incarcéré pour un énorme scandale impliquant de nombreux autres responsables politiques.

Le tourisme, un secteur en pleine expansion

Le tourisme, qui avait repris sa croissance exponentielle après un effondrement au tournant du 21e s., (crise économique et émeutes de 1998, attentats de Bali en 2002, tsunami), a de nouveau marqué le pas durant l'épidémie de COVID, en 2020. Cette année-là, le nombre de touristes étrangers est tombé à 4 millions, contre 16 en 2019 (la moyenne était de 5 millions à l'aube des années 2000). 2023 semble celle du retour à la hausse ; la progression semble inexorable, malgré les catastrophes naturelles qui frappent régulièrement le pays (tsunami dans le détroit de la Sonde et éruption du mont Rinjani à Lombok en 2018). L'Indonésie s'affirme comme un destination phare du tourisme international. Au-delà de Bali, dont la réputation n'est plus à faire, mais qui est parvenue à un point de saturation, le pays dispose d'un énorme potentiel de développement, freiné seulement par le manque d'infrastructures. Mais là encore, les progrès sont

Dans une plantation de tabac.
Wirestock/Getty Images Plus

notables : autoroute trans-sumatranaise, nouveaux aéroports à Lombok et en pays Toraja, capacité hôtelière à Labuan Bajo, sur l'île de Flores...). Cinq destinations « super prioritaires » ont été définies par le gouvernement – Borobudur à Java, Kuta à Lombok, lac Toba à Sumatra, Labuan Bajo à Florès et Likupang à Sulawesi –, avec le risque de bouleverser irrémédiablement le paysage culturel et l'environnement écologique de ces sites, comme ce fut le cas avec le gigantesque projet Mandalika, à Lombok.
Une prise de conscience semble toutefois émerger au sein des autorités quant aux effets induits par le tourisme de masse sur la société indonésienne. Les appels au respect de la loi et de la culture locale se multiplient à l'encontre des touristes irrespectueux ou adoptant des conduites dangereuses, en particulier à Bali, et les sanctions se font plus fréquentes (amendes, expulsions). Les enjeux économiques sont considérables, pour un secteur qui ne compte encore que pour 1,6 % de la richesse nationale (3 % en 2000). Loin de se limiter à l'international, le tourisme s'ouvre à une classe moyenne de plus en plus nombreuse (elle est passée de 7 à 20 % de la population depuis les années 1990) et curieuse de découvrir son propre pays.

Administration

À l'ouverture démocratique fait désormais écho une administration décentralisée plus à même d'épouser et de respecter les particularismes régionaux, mais qui la rend plus vulnérable aux entreprises de corruption.
Si la vie politique indonésienne est toujours régie par la **Constitution de 1945**, celle-ci a été amendée par une série de réformes visant à consolider la démocratie après la chute de Suharto en mai 1998.
La réforme constitutionnelle du 10 août 2002, a introduit l'élection au **suffrage universel** du président et du vice-président. Auparavant, c'était le monopole du Congrès du peuple, le **Madjelis Permusyawaratam Rakyat** (MPR),

qui faisait office de collège électoral afin d'élire le chef de l'État pour un mandat de cinq ans. L'autre innovation est d'avoir supprimé au sein du MPR le quota de sièges qui étaient affectés aux militaires sur simple nomination. Ses membres sont à présent tous élus au suffrage universel.

Le pouvoir législatif est exercé par un **Parlement bicaméral**. Le MPR se compose en effet de deux chambres : la Chambre des représentants du peuple (Dewan Perwakilan Rakyat, DPR), qui réunit les députés, et la Chambre des représentants des régions (Dewan Perwakilan Daerah, DPD), instituée en 2004 suite à la loi de décentralisation de 1999. La première est formée de 575 membres élus pour cinq ans au suffrage universel. Elle approuve les lois et peut soumettre des projets de loi au président pour ratification. La seconde est composée de 136 membres élus au suffrage universel pour cinq ans.

Une décentralisation forcenée

Afin de désamorcer les velléités séparatistes de certaines régions (Aceh, Moluques, Papouasie), la brève présidence d'Habibie (1998-1999), qui succéda à Suharto – au pouvoir de 1967 à 1998 –, a vu la mise en place de réformes qui ont profondément bouleversé les structures administratives et politiques du pays. La **loi d'autonomie régionale** (1999) autorise la division des provinces, districts et sous-districts en de plus petites unités administratives afin d'assurer une proximité plus forte entre population et pouvoir, censée accroître l'efficacité des services publics et permettre une répartition plus équitable des ressources.

Dix ans plus tard, le processus d'autonomisation régionale s'est accéléré, et ce malgré les efforts du président Yudhoyono, qui entendait freiner l'atomisation du territoire. Le nombre de districts est passé de 292 en 1998 à 514 en 2023 (416 *kabupaten* et 98 *kota*). Au terme d'un référendum, le Timor oriental, qui avait été annexé par la force en 1976, a acquis son indépendance en 2002. L'Indonésie est devenue ainsi l'un des États du monde les plus décentralisés, au risque de menacer « l'unité dans la diversité » *(Bhinneka Tunggal Ika)*, la devise de la République. Et, revers de la médaille, la décentralisation a aussi eu pour effet d'augmenter la corruption aux échelons locaux.

Dotée d'un statut spécial, la **province d'Aceh**, à la pointe nord de Sumatra, vit sous le régime de la charia depuis 2002. La Hisbah, sa police en charge de l'ordre public et de la moralité, y traque les entorses à la loi coranique.

Les divisions administratives

Le pays est découpé en **38 provinces** *(provinsi)*, l'équivalent des régions françaises. Ces provinces sont coiffées par des parlements locaux élus au suffrage universel, de même que les gouverneurs *(gubernur)*, depuis 2004. À l'échelon inférieur, on trouve les *kacamatan* – soit des municipalités *(kotamadya)*, soit des districts ou départements *(kabupaten)* – qui disposent d'un parlement local et d'un préfet *(bupati)* élu pour un mandat de cinq ans. Les *kabupaten* se voient ainsi conférer des prérogatives en termes d'administration et de gestion financière. Le chef de l'exécutif du district, le *bupati*, et le maire *(wali kota)* ne sont plus les représentants de l'État. Les *kacamatan* sont divisés en sous-districts urbains et ruraux. Enfin, **83 463 villages** *(desa* et *kelurahan)* – révélateurs de l'importance des zones rurales – constituent la base de cet édifice administratif.

Religions et syncrétismes

D'un point de vue ethnique, l'archipel conserve l'aspect d'une mosaïque, où cohabitent des centaines de peuples. Six religions officielles sont pratiquées, parmi d'autres croyances traditionnelles ou cultes animistes. Autre caractéristique des Indonésiens : leur capacité à assimiler les religions importées et à les intégrer aux croyances locales, formant un syncrétisme flamboyant.

Une nation théiste

Première nation musulmane du monde par le nombre de fidèles, l'Indonésie n'est pas pour autant un État islamique. Le pays est officiellement **théiste** et reconnaît, aux côtés de l'islam (87,2 % des Indonésiens), le protestantisme (7 %), le catholicisme (2,91 %), l'hindouisme (1,69 %) le bouddhisme (0,72 %) et le confucianisme (0,13 %), interdit jusqu'en 2000. Un compromis légalisé à l'indépendance par les pères de la Constitution. Refusant d'imposer la loi islamique (la charia), ils adoptèrent en revanche le **Pancasila** *(voir encadré, p. 564)*, l'idéologie d'État, à laquelle tous les citoyens sont obligés de souscrire. S'il ne favorise aucune religion, le Pancasila affirme, aux côtés de la foi en l'unité, l'humanisme, la démocratie et la justice sociale, le principe de la **« croyance en un dieu unique »**.

Ce théisme avait pour conséquence, jusqu'en 2015, d'exclure l'athéisme. L'adhésion à l'une des six religions officielles devait être mentionnée sur la carte d'identité, une mesure désormais abolie. Si les religions sont placées sous la tutelle du ministère des Cultes, les **croyances traditionnelles**, comme le *kejawen* (mystique javanaise) ou les cultes animistes que l'on trouve par exemple en Papouasie occidentale, relèvent quant à elles du ministère de la Culture.

Un syncrétisme millénaire

Paradoxalement, toutes les grandes confessions indonésiennes officielles sont des produits d'importation. En prenant racine dans l'archipel, elles ont néanmoins subi des mutations au contact des croyances et des cultures locales. Ainsi, le socle des traditions qui se sont constituées pendant des millénaires autour du noyau originel austronésien imprègne le mode de vie (sens de l'accueil et de l'hospitalité, esprit communautaire et d'assistance mutuelle), mais aussi de multiples facettes des croyances et des rites (cultes des ancêtres, cérémonies propitiatoires, inhumations en deux temps...). Dans certaines régions, comme chez les Dayaks de Kalimantan ou à Sumba, les pratiques animistes sont même presque intactes.

Produit d'un syncrétisme millénaire, la société indonésienne se lit comme

une terre stratifiée où les religions se sont succédé sans jamais s'annihiler. Car le génie local réside dans la capacité à assimiler et à amalgamer les apports extérieurs, qui viennent enrichir le terreau initial. Ainsi, les religions indiennes ont repris le culte de la montagne sacrée, mais l'hindouisme balinais a tempéré le système des castes.
Quant à l'islam javanais, il offre d'innombrables exemples de fusion avec la tradition locale *(voir « Le javanisme », p. 32)* et certains de ses hauts lieux sont d'anciens sites hindouistes. Enfin, le christianisme des Toraja fait bon ménage avec les sacrifices de buffles, et à Flores, on organise des combats au fouet pour célébrer l'ordination d'un prêtre...

Un islam hétérogène

L'islam indonésien s'ancre dans un terreau spirituel d'une grande diversité. L'éloignement explique sa singularité par rapport au foyer originel. Et si le chant du muezzin, la silhouette des minarets, l'observance du jeûne et les prières quotidiennes en sont des manifestations familières et répandues, l'islam indonésien s'est souvent distingué par son esprit de tolérance, même si des groupes radicaux très minoritaires font de plus en plus entendre leur voix.

Pèlerinages

Centre de la vie religieuse, la mosquée est animée par l'imam mais les règles édictées par le culte sont diversement observées, selon les régions. Le **pèlerinage à La Mecque** constitue une obligation très contraignante, en raison du coût et de l'éloignement, et le départ des fidèles donne lieu à de pompeuses festivités dans les campagnes. Une tradition veut qu'au voyage à La Mecque subrogent sept pèlerinages à la Grande Mosquée de Demak ou sur la tombe du sheikh Burhanuddin, à Ulakan (ouest de Sumatra). Mais le prestige qui rejaillit sur un *hadj* est tel que certains paysans n'hésitent pas à vendre leur terre pour se payer l'expédition. C'est le ministère des Cultes qui en supervise l'organisation, et les places étant limitées, les fidèles doivent parfois attendre des années. En 2017, pas moins de 221000 Indonésiens se sont rendus à La Mecque, constituant, hors Saoudiens, le plus grand flux de visiteurs.
Quant au jeûne, dont l'observance répond aussi à une certaine pression sociale, il n'est pas aussi scrupuleusement suivi que dans les pays arabes, sauf dans les régions de

Les cinq principes du Pancasila

Conscient de l'extrême diversité ethnique, religieuse et sociale du pays à construire, Soekarno, le père fondateur de la République indonésienne, décida de la doter d'un credo commun. Ainsi fut prononcé, le 1er juin 1945, avant même la proclamation d'indépendance, le Pancasila (« cinq principes »), véritable idéologie d'État, auquel tous les individus et toutes les organisations sont tenus d'adhérer. Ses cinq principes apparaissent sous forme d'autant de symboles dans toutes les armoiries du pays, aux côtés de l'emblème national, le mythique aigle Garuda. Ils sont : croyance en un dieu unique (étoile), humanité juste et civilisée (chaîne), unité de l'Indonésie (tête de buffle banten), souveraineté populaire guidée par la sagesse des délibérations et de la représentation (banian, arbre sacré) et enfin justice sociale (riz et coton). Ainsi défini, le projet indonésien montre une volonté fédératrice, à la fois tolérante et contraignante, de promouvoir la paix religieuse, ethnique et sociale par une démocratie consensuelle.

Les cinq piliers de l'islam

Essence de la piété musulmane, le *shahada* est une profession de foi (« Il n'existe d'autre dieu qu'Allah » et « Mahomet est son prophète ») que le fidèle récite à chaque *salat*, les cinq prières quotidiennes. Annoncées par l'appel du muezzin qui retentit dans toute la cité, les *salat* (celle du vendredi est la plus importante) s'effectuent en se prosternant au sol en direction de La Mecque *(Kiblat)*. Troisième grand principe de l'islam, la charité *(zakat)* se manifeste par des dons à des associations musulmanes. Temps de contemplation et de piété, le jeûne *(puasa)* du mois de ramadan permet au fidèle de se purifier l'esprit. Toute consommation d'aliment, de boisson et de cigarette est alors proscrite, du lever au coucher du soleil, sauf pour les malades, les enfants et les femmes durant leurs règles. Enfin, les musulmans sont tenus d'effectuer une fois dans leur vie un pèlerinage à La Mecque *(hadj)*.

grande piété, comme Aceh.
À l'exception de l'interdiction de consommer du porc, les autres préceptes du Coran subissent également des entorses, en particulier la prohibition de l'usure, des paris et de l'alcool.

Islam et théisme

La communauté musulmane est divisée entre les sunnites (ceux qui adhèrent à la norme fixée par « tradition du Prophète », la sunna) et les javanistes, appelés aussi *abangan*. Ainsi, à l'islam dit *santri* (impulsé par une orthodoxie normative en provenance du Moyen-Orient) s'oppose l'islam *abangan* (irrigué de croyances traditionnelles).
Cet antagonisme entre ces deux islams – ou entre l'islam et les cinq autres religions officielles – a toujours été assourdi par la **neutralité de l'État**, et ce avec d'autant plus d'échos que l'autorité était forte – voire dictatoriale sous la férule de Suharto, où tout prosélytisme était proscrit. Les différents clergés se contentaient alors de propager leur prédication *(dakwah)* au sein de leurs prés carrés.

Des règles strictes

Traditionnellement modéré, l'islam de l'archipel subit la pression grandissante de sa frange la plus conservatrice. L'islam rigoriste imprime de plus en plus sa marque sur la vie civile (port du voile par les femmes, construction de mosquées, observation stricte du ramadan, etc.) et, dans certaines régions, les infractions à la loi coranique sont sanctionnées (interdiction de vendre ou de consommer de l'alcool, de blasphémer, ou encore d'afficher une certaine promiscuité avec une personne de sexe opposé).

L'islamisme

Sur le plan national, l'islamisme ne joue encore qu'un rôle mineur, mais il renforce son emprise au niveau des provinces, et concentre son action dans les domaines du social, du droit de la famille et de la prédication morale. Depuis le début des années 2000, la recrudescence des attentats terroristes liés à la mouvance djihadiste, des actes d'intolérance religieuse violents ou encore des entorses faites au principe de neutralité de l'État inquiètent les tenants d'une société ouverte, pluraliste et multiconfessionnelle.

Un christianisme épars

Seconde religion de l'archipel, le christianisme s'est implanté juste après l'islam. Son importance s'est sensiblement accrue au cours des dernières décennies, passant de 2,8 % de la population en 1933, à 9,91 % aujourd'hui. Parmi les fidèles, on dénombre 7 % de **protestants** (*protestan*, ou plus souvent *kristen*), la religion des anciens colons hollandais, et 2,91 % de **catholiques** *(katolik)*.

Introduit par les Portugais dès le début du 16e s., le catholicisme fut longtemps laissé en friche par les Hollandais (eux-mêmes protestants). Ce n'est qu'à la fin du 19e s. que la puissance coloniale entreprit d'évangéliser les peuples animistes de Sumatra et du « Grand Est » indonésien. Prosélytes inspirés, les missionnaires composèrent avec les traditions locales sans chercher à les détruire.

Phénomène minoritaire à l'échelle du pays, le christianisme occupe pourtant un grand espace sur la carte de l'archipel, car il est majoritaire dans le **Grand Est**. Mais alors que Flores et Timor-Est sont des terres catholiques, le sud des Moluques (Ambon), l'ouest de la Papouasie occidentale (ex-Irian Jaya) et une partie de Sulawesi (Torajas et Minahasans) sont protestants. Ailleurs, l'implantation des réformés dessine une ligne en pointillés, à Sumatra Nord (Bataks), au centre de Java (à Salatiga et Gunung Kidul) et Kalimantan (Dayaks). Chez tous ces peuples, le christianisme apparaît comme un élément constitutif de leur culture et un point d'ancrage identitaire au sein de l'immense archipel musulman.

La situation est différente pour les **Sino-Indonésiens**, qui n'ont adopté le christianisme en masse qu'après les massacres de 1965-1966, pour éviter d'être taxés de communistes. Mais ce faisant, ils ont renforcé l'image d'une minorité privilégiée et non intégrée, car nombre d'entre eux habitent les zones urbaines majoritairement musulmanes de Java et de Sumatra. Des tensions ont ainsi vu le jour à partir de 1992 (incendies d'églises), qui ont pris un tour violent à la faveur de la crise politique et économique de 1998.

Le socle hindo-bouddhique

Introduit au début du 5e s. par des marchands indiens, l'**hindouisme** fut, durant des siècles, la religion dominante dans l'archipel. Mais aujourd'hui, à l'exception de Bali et de rares îlots de Java (pays tengger, *voir « Le mont Bromo », p. 194*), elle n'est plus qu'un souvenir de pierre dont les temples de Prambanan nous offrent de merveilleux témoignages. À peine 1,69 % de la population indonésienne se réclame de l'hindouisme.

Aux origines du bouddhisme

Fondé en Inde au 6e s. av. J.-C. par le prince Siddharta Gautama (Bouddha), le **bouddhisme** n'est pas

« Agama anda apa ? »

« Quelle est votre religion ? » Pour un Indonésien, croire en un dieu est une évidence, applicable au visiteur étranger, à qui sera posée la question. En cas de réponse négative, il y a toutes les chances que votre interlocuteur exprime sa perplexité, et tente de vous ramener dans le droit chemin. Cette spiritualité omniprésente régit les moments forts de la vie (circoncision, jeûne, mariage, enterrement, pèlerinages). Ces cérémonies sont aussi l'occasion de sceller l'appartenance à une communauté. Si la tolérance est de mise, elle a ses limites : les mariages civils et inter-religieux sont proscrits (un interdit confirmé par la Cour constitutionnelle en 2023).

La filière indienne

Outre les paysages du centre de Java, l'indianisation continue de modeler les comportements, la vie politique et la culture. Ainsi, malgré des siècles d'islamisation, la morale des *priyayi* (anciens nobles javanais), faite de conformisme et de discipline, prévaut toujours. De même, l'organisation politique du pays reprend le modèle concentrique *(mandala)* des royaumes indianisés : le centre du pays *(Meru)* se situe au cœur de la capitale, sur la place Merdeka, où trône le Monas, monument consacrant l'Indépendance nationale, en forme de linga (symbole phallique de Siva). De là, il rayonne sur tout Java, puis, dans un second cercle, sur le reste de l'archipel. Au plan culturel, si l'usage du javanais et des niveaux de langage qui lui sont propres recule au profit du *bahasa indonesia*, la vie culturelle javanaise, en particulier le théâtre d'ombres *(wayang kulit)*, reste largement imprégnée par les épopées indiennes du *Ramayana* et du *Mahabharata*.

à proprement parler une religion (même s'il est considéré comme tel dans de nombreux pays, comme en Indonésie), mais une école de pensée. Il partage avec l'hindouisme beaucoup de points communs, comme l'attestent certains temples de Prambanan dont la décoration puise aux deux sources. Selon cette doctrine, l'existence est un moment douloureux et l'homme ne parvient à la délivrance qu'en menant une vie d'ascèse et en observant une morale rigoureuse, faite de méditation. Seul ce mode de vie peut l'aider à approcher l'état de bouddha, premier être « éveillé » à avoir atteint le stade du nirvana, celui de la connaissance et de la libération des désirs et des passions. De son vivant, Bouddha organisa une communauté de bonzes *(sanaa)* et codifia sa discipline dans le *vinaya*.

Le grand véhicule et le tantrisme

Apparu au début de l'ère chrétienne, le **bouddhisme mahayana** (du grand véhicule) met en avant la notion de compassion du bouddha et rejette l'idée du salut individuel (au contraire du bouddhisme du petit véhicule). Il prend pour modèle les bodhisattvas, des sages qui ont franchi les sept premières des huit étapes menant à l'Éveil et font parfois l'objet véritable d'un culte (leurs figures ornent de nombreux temples).

À partir du 7e s., le **bouddhisme tantrique**, qui s'inspire des rituels magiques et fait référence au monde et à ses forces (notamment la sexualité), connut une grande expansion, en particulier à Java.

L'apogée et le déclin

Introduit dans l'archipel peu après l'hindouisme, le bouddhisme a connu en Indonésie un rayonnement exceptionnel sous le royaume Sriwijaya (7e-13e s.), dont la capitale se trouvait à Sumatra. Du 8e au 9e s., sous la dynastie Sailendra, le centre de Java s'affirma même comme l'un des principaux foyers artistiques et ésotériques du bouddhisme mahayana. Aujourd'hui, le bouddhisme n'est plus pratiqué que par 0,77 % de la population. **Borobudur** est le haut lieu de cette religion : lors de la célébration du *Waicak* (anniversaire de la naissance et de la mort de Bouddha), des milliers de moines et de fidèles affluent de toute l'Asie.

Traditions et art de vivre

Quelle nation manifeste autant de diversité dans ses traditions artisanales ? Sculpture, peinture, étoffes, jusqu'au moindre panier d'osier que vient orner un délicat gecko de bois : chaque objet, même le plus usuel, semble révéler un talent inné, empreinte originale du raffinement des peuples de l'archipel. Une même diversité marque la cuisine indonésienne, heureux mariage de senteurs et de saveurs dans lequel se reflètent ses origines mêlées, chinoise, arabe, indienne, européenne… Situé pendant des siècles au cœur du commerce des épices, qu'il exportait ou qu'on lui apportait, l'archipel indonésien a su leur faire la part belle et les décliner de mille façons.

L'art et l'artisanat

Fortement influencés par les divers courants culturels et religieux qui ont marqué l'histoire de l'Indonésie, l'art et l'artisanat ont néanmoins largement conservé les traits qui font leur spécificité. Profondément ancrées dans les mentalités de la majorité de la population depuis des temps reculés, les traditions animistes restent prédominantes, plus ou moins enrichies d'éléments introduits par les civilisations bouddhiste et hindouiste, islamique, chinoise ou européenne. C'est à Java et à Bali que le syncrétisme a été le plus fort, du fait, surtout, de l'assimilation d'importants apports hindo-bouddhiques (comme les grandes épopées indiennes).
En revanche, la censure imposée par l'islam sur les images humaines et animales a quelque peu bridé l'expression artistique, une rigidité qui a par ailleurs insufflé un goût pour la stylisation des ornements.

Conjuguer le sacré, l'utile et le beau

Héritage de traditions primitives, l'art et l'artisanat indonésiens restent pour une large part indissociables de la religion, les représentations figuratives et décoratives trouvant leur principale raison d'être dans des croyances d'ordre magique ou spirituel, des fonctions cérémonielles, cultuelles ou sociales (culte des ancêtres et des esprits, mariage et enterrement, danse…).
Aujourd'hui, la création artistique a souvent perdu la dimension religieuse ou symbolique qu'elle revêtait à l'origine. Nombre d'artisans ont résolument orienté leur savoir-faire vers le **marché touristique**, s'adaptant aux goûts des consommateurs occidentaux. Une tendance qui évolue vers la production de masse et la recherche du profit, au détriment – parfois – de la qualité et de l'inventivité.

Ikats à Lombok.
ErikdeGraaf/Getty Images Plus

Étoffes des îles

La dextérité des artisans indonésiens s'épanouit dans la confection des textiles, une tradition qui remonte à la nuit des temps. Parures d'apparat ou de tous les jours, les tissus revêtaient jadis une profonde signification sociale et religieuse, qui perdure ou s'étiole à des degrés variables selon les régions. Le mode de tissage, les couleurs, les motifs et le style d'une étoffe peuvent en effet montrer l'origine ethnique et le statut social de celui qui la porte, indiquer la **fonction rituelle** ou cérémonielle à laquelle elle est destinée et, parfois, désigner quelques pouvoirs magiques ou sacrés.

Malgré l'apparition des fils industriels et des teintures chimiques, les méthodes ancestrales se perpétuent, surtout dans les zones rurales, mettant à profit un large éventail de **matériaux** (généralement des fibres de coton, plus rarement de bambou, de bananier, d'agave ou autres végétaux), de **couleurs** (des teintures naturelles, obtenues à partir de plantes ou minéraux, comme le *kombu* ou le *soga*, d'un brun orangé, l'indigotier pour le bleu, les deux étant successivement employées pour les tons bruns), de motifs (géométriques ou figuratifs) et de **techniques** (ikat, batik et *songket*, pour ne citer que les principales).

Le batik : l'habit à la javanaise

Procédé de coloration par réserve, le batik consiste en une alternance de dessins à la cire et de bains de teinture. Préalablement esquissés sur le tissu (en coton ou en soie), les motifs sont ensuite repris à la cire sur les deux faces, afin de protéger les zones que l'on veut préserver d'une couleur donnée. Une opération que l'on répète pour chaque teinte successivement utilisée, en commençant par la plus claire.

À chaque nouvelle étape, il faut donc enduire de cire les parties déjà colorées, et gratter celles que l'on souhaite exposer au bain suivant. Le travail achevé, on élimine toutes les traces de cire à l'eau bouillante.

Traditionnellement, l'artisan applique la cire fondue à main levée à l'aide de son *canting*, sorte de petit réservoir qui permet un tracé fin et précis. La réalisation d'un batik selon cette méthode, ou *batik tulis* (« écrit »), peut nécessiter plusieurs mois. Plus rapide mais d'une finition plus grossière, le *batik cap*, exécuté avec un tampon en métal *(cap)*, réduit l'iconographie à la répétition de motifs simples. Quant aux faux batiks, **imprimés** industriellement et sans cire, on les reconnaît aux contours trop nets et parfaits des dessins, qui ne figurent que sur une face du tissu.

D'une infinie richesse, le répertoire iconographique mêle les **motifs géométriques** (rosaces, carrés, étoiles, cercles entrelacés, damiers), de tradition ancienne, et les **représentations figuratives** (fleurs, feuilles, animaux, objets symboliques ou stylisés), plus récentes. Très élaborée, la composition est parfois rythmée par des lignes, droites ou obliques, qui cadrent les motifs. Quant aux coloris naturels (indigo, brun et blanc), ils ont cédé le pas à une palette plus vive et plus variée.

Les origines du batik demeurent incertaines. Probablement confectionné à **Java** depuis des siècles, ce dernier connut un développement fulgurant dans la seconde moitié du 19e s. Longtemps confiné aux grandes cours royales de Java Centre (Yogyakarta et Solo), où il acquit ses lettres de noblesse, l'art du batik s'est exporté vers d'autres contrées, comme la côte nord de Java, Madura, **Bali**, Sumatra et Sulawesi. Outre ces nouveaux centres de production, le tourisme et, dans son sillage, le marché mondial ont contribué à l'éclosion d'une profusion de styles, un souffle qui continue à stimuler la création contemporaine dans des domaines aussi divers que l'art, la mode ou l'ameublement.

L'ikat : couleurs de la Sonde

Autre art du tissage qui n'a rien à envier au batik, l'ikat (littéralement, « nouer, lier ») en diffère par la technique, qui veut que les fils soient teints avant d'être tissés : ainsi, avant chaque bain de teinture, on noue des fibres protectrices autour des portions de fils que l'on veut épargner, suivant les motifs souhaités. Traditionnellement dévolu aux femmes, ce minutieux travail demande un an en moyenne, entre la plantation du coton et le tissage final.

Probablement introduit il y a plus de 2000 ans, l'ikat doit avant tout sa renommée aux **petites îles de la Sonde**, où il fait encore largement partie intégrante de la vie quotidienne. Le procédé se rencontre néanmoins un peu partout dans l'archipel, avec d'innombrables variantes régionales selon les îles et les villages. Aux animaux et personnages de Sumba répondent, par exemple, les dessins géométriques ou floraux (étoiles, clés, courbes, spirales) de Flores. Dans le village de Tenganan, à **Bali**, la communauté Aga confectionne des doubles ikats, dits *geringsing*, en teignant à la fois les fils de chaîne et de trame avant le tissage *(voir p. 307)*. Selon leur forme et leurs dimensions, les ikats font office de sarong ou de fourreau, de couverture, de tenture, ou encore de linceul. Couleurs et motifs se déclinent ainsi à l'infini... et vous aurez peine à faire votre choix.

Les soieries du songket

Sous ce vocable moins connu se déroule une délicate étoffe, généralement en soie de couleur vive, ornée de motifs dorés ou argentés en léger relief. Pour réaliser de tels dessins, on applique sur la trame, très fine, des **fils d'or ou d'argent**, plus épais, que l'on tisse en même temps que les fils de soie. Selon l'effet recherché, les motifs s'étalent sur toute la surface, ou la rehaussent ponctuellement de leur éclat. Les plus somptueux *songket* naissent des métiers à tisser du **pays Minang** à Sumatra, du nord de **Bali**, du sud de **Sulawesi**, et de certaines contrées de Kalimantan. Des fils de soie ou de coton colorés, ou de métal doré et argenté, remplacent souvent l'or et l'argent purs.

Vannerie

Transmise de mère en fille au fil des générations, la vannerie accompagne depuis toujours la vie quotidienne dans les régions rurales. Elle met à profit les abondantes ressources de l'archipel en fibres végétales (joncs, bambou, rotin, pandanus, raphia, *lontar* et autres palmiers) disponibles sur toutes les îles. Nattes, paniers, sacs, boîtes et chapeaux qui naissent ainsi de ces mains habiles révèlent des matériaux, des techniques, des formes, des couleurs et des motifs d'une grande variété.

Comme les étoffes, les modèles diffèrent d'une région à l'autre, mais aussi en fonction de l'usage, pratique ou rituel, auquel ils sont destinés. La dimension esthétique de ces objets a également encouragé l'essor d'une production tournée vers le tourisme et l'exportation, adaptant parfois au goût moderne des modèles traditionnels.

Parmi les réalisations les plus raffinées se distinguent celles de **Lombok** (paniers et boîtes de rotin tissé en spirale), de **Sumatra** (sacs et autres bourses en feuilles de palmier tressées par les Minangkabau), de **Kalimantan** (paniers et sacs à bretelles des Dayak, en rotin tressé et orné de motifs traditionnels), ou encore les ouvrages en palmes de *lontar* des **petites îles de la Sonde**.

Peinture et sculpture

Dans la tradition indonésienne, la peinture n'est pas un art en soi ; elle vient en complément d'autres créations, pour colorer un panneau de bois sculpté, destiné à orner un temple ou un palais, ou pour animer masques et marionnettes. C'est dans les années 1930, sous l'impulsion des Occidentaux installés à Ubud, sur l'île de **Bali**, que la peinture s'affirma comme un art à part entière *(voir encadré, p. 274)*.

Aussi répandu que diversifié, l'art de la sculpture joue un rôle fondamental - décoratif autant que religieux - dans la vie quotidienne et utilise une variété infinie d'essences locales : bois de jaquier (abondant et bon marché, mais de médiocre qualité), de **teck**, de santal, d'acajou, d'ébène (résistants mais chers), et bien sûr le **bambou**.

Certaines populations, comme les Toraja à Sulawesi, sculptent dans le bois le décor de leurs **maisons** traditionnelles.

Qu'il s'agisse de statues, de masques et de marionnettes - qui animent certains rites funéraires dans les îles périphériques, mais surtout les danses à Java et à Bali -, ou simplement d'objets utilitaires (manches d'épée, boucliers, pirogues, coffres de gamelan, cercueils...), les principales figures exécutées honorent un **ancêtre**, vénèrent une divinité protectrice ou apaisent un démon effrayant. Avant d'être décoratives, elles appuient en effet une fonction rituelle et recèlent une valeur spirituelle et symbolique. Certaines sont même investies de pouvoirs surnaturels, qui confèrent au sculpteur un statut particulier. À **Bali** comme à Java, où la sculpture a connu une évolution semblable à celle de la peinture, sa vocation artistique est désormais plus affirmée *(voir « L'art au service des dieux », p. 216)*.

D'or et d'argent

De nombreux peuples de l'archipel façonnent des bijoux et autres pièces d'orfèvrerie (comme l'argenterie de table), exploitant l'or et l'argent, mais aussi d'autres métaux présents sur place. Concentrée à **Bali** (Celuk) et à **Java Centre** (Kota Gede, près de Yogyakarta), la création est également très réputée au nord et à l'ouest de Sumatra, ainsi qu'au sud-est de **Sulawesi**.

Selon les formes qu'ils souhaitent obtenir, les artisans cisèlent et martèlent le métal, ou bien le moulent à la **cire perdue**. Les motifs émanent des modèles traditionnels anciens aussi bien que des créations occidentales plus modernes. Tirés des répertoires hindous et bouddhistes (fleurs, oiseaux, reptiles...) ou inspirés de l'islam (arabesques, étoiles, croissants de lune), ils sont finement gravés et éventuellement mis en relief par un procédé d'oxydation. Mais la technique la plus originale reste celle des **ornements en filigranes**, composés de très fines lamelles d'or ou d'argent, que l'on aplatit minutieusement avant de les souder, à l'aide d'une poudre sensible à la chaleur. Les figures ainsi obtenues, d'une extrême finesse, sont ensuite montées en bijoux ou autres objets.

Le kriss, arme mystique

À mi-chemin entre l'épée et le poignard, le kriss est avant tout un objet mystique. Jadis apanage des aristocrates javanais et balinais qui, conformément à l'*adat*, se le transmettaient de père en fils, il faisait partie du costume de cérémonie porté par les hommes, dont il indiquait le rang social.

Chargé de magie, le kriss détenait généralement un pouvoir spirituel, prévenant son propriétaire du danger, par des vibrations perceptibles de lui seul. Il le protégeait également en éloignant les forces maléfiques. Sacrée et supposée posséder une âme, la dague suffisait même à représenter son noble possesseur là où celui-ci ne pouvait se rendre. Cette dimension conférait à l'armurier *(empu)* qui forgeait le kriss, une aura sociale et spirituelle empreinte de sacralité, son savoir-faire étant considéré comme un don des dieux.

La signification symbolique du kriss apparaît essentiellement dans la manière dont la lame est incurvée et martelée. Asymétrique, droite ou ondulée (avec un nombre de courbes toujours impair), elle figure le **naga**, au repos ou en activité, ce serpent mythique détenteur d'une puissance magique.

Les plus beaux spécimens sont exécutés selon la technique du **damasquinage**, qui consiste à incruster des lamelles d'or, de nickel ou de fer pour créer des motifs contrastés. Taillées dans le bois, l'ivoire ou l'os, plus rarement fondues dans l'or ou l'argent, les poignées sont parfois très travaillées. Sculptées, gravées, voire serties de pierres précieuses, elles représentent des êtres mythiques d'inspiration hindoue, comme Garuda, l'aigle de Visnu, les *raksasa*, personnages supposés chasser les mauvais esprits, des thèmes qui ont survécu à la censure islamique par le biais de la stylisation.

Le symbolisme du kriss – encore très vivace dans les croyances des Javanais et des Balinais, mais aussi des Indonésiens d'autres îles – trouve probablement son origine à Java, durant la période **Mojopahit**. À Sulawesi, Sumatra, Kalimantan, où ils diffèrent par leurs dimensions, leurs formes et leur décoration, souvent plus simples, les kriss ont également acquis des significations particulières.

Cuisine des îles

Voir aussi « Restauration », p. 634.

Le syncrétisme ethnique de l'Indonésie se reflète dans sa cuisine – colorée, épicée et parfumée – qui mêle les influences des pays ayant marqué son histoire. Les marchands arabes et indiens ont introduit l'utilisation des **épices** (cardamome, cannelle, coriandre, cumin, poivre) et quelques mets comme le *martabak* indien, tandis que les Espagnols ont apporté les **piments**, qui entrent dans la composition ou l'accompagnement de nombreux plats. Durant la période coloniale, les Hollandais ont développé de nombreuses cultures maraîchères (carotte, pomme de terre, chou, tomate). Aux **Chinois**, l'on doit nouilles et sauce de soja (*kecap*, que les Indonésiens ont mise à leur goût en y ajoutant une saveur sucrée, *manis*), fromage de soja *(tahu)*, gâteau de haricots de soja *(tempe)* ou encore cuisson des légumes croquants au wok (*cap cai*, mélange de légumes sautés), qui font désormais partie de l'alimentation quotidienne.

Des repas informels

Dès l'aube, la maîtresse de maison s'affaire aux fourneaux. Les repas restent généralement informels, et plus volontiers individuels que familiaux : riz et accompagnements sont préparés pour la journée et l'on vient s'y servir quand on a faim, quelle que soit l'heure. Seules les fêtes religieuses ou familiales sont l'occasion de repas collectifs. Sur une table ou une simple natte à même le sol, on dispose harmonieusement tous les plats, et chacun se sert à satiété. Si vous êtes de la partie, sachez en observer l'étiquette. Commencez par remplir votre assiette avec modération : vous aurez tout loisir d'y revenir. Attendez ensuite que la maîtresse de maison donne le coup d'envoi par la formule *« silakan makan ! »* (littéralement : « Je vous en prie, mangez ! »). Si vous êtes le seul invité, ne soyez pas étonné si personne ne vient s'asseoir à vos côtés afin de partager le repas : c'est une marque de respect. Rappelez-vous enfin que l'on mange de la main droite – la gauche, réservée à des usages moins nobles, étant considérée comme impure –, après l'avoir préalablement rincée dans le récipient d'eau prévu à cet effet.

Du riz à toutes les sauces

Base de l'alimentation, le riz est parfois remplacé, ou « coupé », dans les milieux modestes ou dans les contrées arides où il fait défaut, par de la patate douce, du tapioca (farine de manioc), du maïs ou du sagou. Selon la région et le niveau de vie de la famille, un assortiment plus ou moins varié de petits plats agrémente l'assiette : légumes (liserons d'eau *(kangkung)*, haricots verts, aubergines, potirons, concombres, choux, fruits de l'arbre à pain et du jaquier…), **tahu** et **tempe** (respectivement fromage et gâteau de soja), poisson, viande ou œufs, servis frits, grillés ou mijotés dans du lait de coco, relevés d'une sauce aux cacahuètes ou d'un **sambal** (condiment à base de piment rouge) et accompagnés de **krupuk** croustillants (galettes de farine de tapioca aromatisées au poisson ou aux crevettes).
Au restaurant, le **rijstaffel** (ou « table de riz »), composée d'une ribambelle de plats, vous permettra d'apprécier un large éventail de l'art culinaire du pays, de goûter au raffinement subtil des mélanges de saveurs et à la force des épices.

Pour les gourmands

Difficile de parler de gastronomie indonésienne, tant il existe de cuisines régionales. De plus, l'hégémonie des cuisines de Java, de Madura (de nombreux migrants tentent ainsi de gagner leur vie dans les autres îles) et de Sumatra, omniprésentes dans tous les restaurants et *warung* de l'archipel, tend à reléguer les innombrables plats locaux au second plan. Vous les découvrirez néanmoins lors de vos pérégrinations, surtout si vous êtes invité à une fête ou chez l'habitant (cérémonie pour un rite de passage à Bali, par exemple). Nous évoquons ponctuellement les principales **spécialités locales** en introduction à la rubrique *« Restauration »* pour chaque ville ou région traitées.

Pour les enfants

Les mets indonésiens étant généralement épicés, pensez toujours à demander avant de passer commande au restaurant – il serait regrettable que votre enfant ne puisse même pas toucher à son assiette ! Pour eux, demandez plutôt du *nasi goreng* (riz sauté), du *mie goreng* (nouilles sautées) ou des *perkedel* (beignets).

Grignoter à tous vents

Dans la rue, aux abords des marchés, des mosquées ou des temples, dans les bus, les bateaux ou les trains : vous trouverez toujours de quoi vous rassasier sur le pouce. Dès l'aube ou à la tombée de la nuit, les cuisiniers ambulants arpentent la chaussée en poussant leur carriole à roulettes, s'annonçant à coups de klaxon de fortune. Au menu : *sate ayam* (petites brochettes de poulet assaisonnées d'une sauce aux cacahuètes pimentée), *mie bakso* (soupe aux nouilles avec des boulettes de viande), *soto ayam* (soupe au poulet), *gado-gado* (mélange de légumes croquants nappés de sauce aux cacahuètes épicée), *nasi campur* (« riz mélangé », généralement un assortiment de cinq ou six éléments, légumes, *tahu* ou *tempe*, viande, poisson ou œuf...), *mie* ou *nasi goreng* (nouilles ou riz sautés avec des petits morceaux de légumes et d'œuf), *martabak* (crêpe épaisse salée, farcie à l'œuf ou à la viande, ou sucrée, aux cacahuètes ou à la noix de coco) et pâtisseries *(kue)* en tout genre (à base de tapioca, de riz gluant, de noix de coco, de banane)...

Groupés dans les lieux passants, les *warung* s'animent en fin d'après-midi. En plus des plats décrits ci-dessus, vous y trouverez des spécialités locales et, parfois, des volailles ou des poissons grillés, servis avec du riz et du *sambal* (condiment aux piments).

Enfin, la moindre ville propose de la cuisine minang – communément appelée **« padang »** – originaire de Sumatra : des plats épicés, souvent cuits dans du lait de coco. Pour les amateurs de saveurs fortes...

Des boissons colorées

On sirote en toute occasion du thé ou du café, qu'on mélange à du lait très sucré. Si vous les préférez nature, précisez *« pahit »* (« amer »). Un **thé** nature et léger accompagne souvent les repas. Si vous optez pour un **café** (préparé « à la turque »), attendez que le marc se dépose au fond du verre pour le boire.

Plus insolites, rose, jaune ou vert fluorescent, sirupeuses ou gélatineuses, chaudes ou glacées : une multitude de boissons font le régal des Indonésiens... et des curieux. À base de glace pilée arrosée de sirop à l'eau de rose, de sucre de palme ou de lait concentré sucré, et rehaussée de gelée colorée *(es campur)*, de fruits, de noix de coco *(es kelapa muda)*, ou encore, de haricots, de maïs, de riz fermenté, de farine de manioc... elles se révèlent parfois désaltérantes et souvent bien nourrissantes !

Arts du spectacle et vie culturelle

Spectacles de marionnettes, danses, théâtre, chanson, musique..., l'Indonésie adore se montrer et se regarder en spectacle. Car, pour ce peuple en permanente représentation sociale, mais qui rechigne à se dévoiler, la scène est le lieu où les mythes, les tabous, les croyances, les contestations trouvent leur écho, et où corps et âme accèdent aux plus hauts degrés de l'élévation spirituelle et esthétique. Imaginaire, émotion, rires, les Indonésiens savent ce qu'ils viennent chercher dans le théâtre d'ombres (wayang), même si la frontière est souvent ténue avec le simple divertissement profane.

Le wayang dans tous ses états

Dans toutes les formes du *wayang* se trouve une **dimension sacrée et religieuse**, telles ces cérémonies balinaises, où les jeunes danseuses en transe servent d'intermédiaire à la divinité, ou ces représentations de *wayang kulit* aux fonctions d'exorcisation. Toile de fond de l'univers psychique des Indonésiens, les mythes ancestraux furent repris et assimilés à travers le répertoire indianisé des *lakon* (récits) : les ancêtres divinisés y prirent les traits des dieux-héros hindous, accompagnés d'autres personnages javanais tels les Punokawan. D'une infinie variété, ces *lakon* mettent en scène les dieux et les démons, dans une lutte qui fournit la trame du récit et au sein de laquelle les personnages humains peuvent prendre parti.
À Java, le répertoire indien – principalement les grandes épopées du **Mahabharata** et du **Ramayana** *(voir p. 577-578)* – est de loin le plus répandu dans le *wayang kulit* et le théâtre dansé. Plus tard, ce fonds s'enrichira avec le *wayang madya* (légende du roi Joyoboyo) et, sous les Mojopahit, avec les aventures du prince Panji. De nouveaux thèmes apparaissent à cette époque pour le *wayang klitik* (marionnettes plates en bois), qui retrace la lutte entre Damar Wulan et Menakjinggo *(wayang wasana)*. Quant au **wayang golek** (marionnettes de bois sculpté en ronde bosse), il met en scène les exploits d'Amir Hamzah *(wayang Menak)*, dont les combats préparent la venue du Prophète. Enfin, à l'époque moderne, la guerre d'indépendance *(wayang perjuangan)* et la fondation de la République *(wayang pancasila)* inspireront au théâtre d'ombres de nouveaux épisodes.

Théâtre de marionnettes...

Peu d'arts au monde présentent, comme le **wayang kulit** javanais, une aussi étroite imbrication de la vie et de la mystique d'un peuple. Probablement apparu à l'époque des premiers royaumes indianisés, ce théâtre d'ombres a survécu à tous les bouleversements, pour se fondre dans le paysage culturel dessiné par l'islamisation. À la fois image et ombre, il brouille les frontières entre le monde réel et le monde imaginaire. Médium entre l'homme et le sacré (la racine *yang* évoque le surnaturel), il réveille l'imaginaire et la mystique qui sommeillent en chaque Javanais. Plus simplement, le *wayang* reste le divertissement par excellence. Véritables œuvres d'art, ses marionnettes sont découpées avec soin dans une peau de buffle (**cuir** : *kulit*), puis perforées d'une multitude de trous et peintes de couleurs vives, souvent rehaussées à la feuille d'or. Certaines pièces, notamment le *gunungan*, l'arbre symbolisant l'univers, exigent une patience infinie. Très stylisés, les différents personnages se reconnaissent à leur tenue, leur morphologie et surtout à leur comportement, comme le truculent Semar *(voir encadré ci-dessous)*. Grand ordonnateur du spectacle, le **dalang** (marionnettiste-conteur) tient en haleine la foule assise à même le sol jusqu'aux premières lueurs de l'aube. À Java, la création n'est pas sacralisée et les spectateurs peuvent à loisir passer derrière la scène pour observer le *dalang*, accroupi au milieu de l'orchestre de gamelan. Capable de manipuler seul pendant des heures une quarantaine de marionnettes, il maîtrise un répertoire pléthorique. Son talent réside autant dans sa virtuosité que dans sa capacité à donner vie aux personnages en prenant à chaque fois une intonation différente. D'une imagination débordante, il brode sur le thème principal une infinité de variations et pimente son récit d'allusions. De temps en temps, le rythme s'emballe et le conteur se fait grave pour narrer la bataille entre les esprits du Bien et du Mal. Les plus grands *dalang* monnayent fort cher leurs prestations, parfois retransmises à la télévision.

... et théâtre dansé

Présentes un peu partout dans l'archipel sous des formes variées, les **danses masquées** renvoient aux plus anciennes traditions populaires. L'acteur n'est que le support de l'esprit du personnage qui l'habite le temps de la représentation. Pour ce faire, il revêt un masque à la figure souvent animalière, comme dans le *barong* balinais (monstre) ou le *reog* est-javanais (tigre). À l'époque des royaumes indianisés, l'art de cour a puisé dans ces danses populaires et a affiné la symbolique du masque pour l'adapter au *wayang*. Cette

Semar, le clou de java

Exclu des cieux en raison de sa boulimie et de sa grossièreté, Semar échoue à Java, sur le mont Tidar. Pour stopper la dérive de l'île sur l'océan, il décide d'y planter un clou. Rapidement, Semar devient le protecteur du lieu et le bienfaiteur du petit peuple. Quand l'islam pénètre l'île, il prédit un retour des religions indiennes dans 500 ans et se réfugie sur sa butte, considérée depuis comme le nombril de Java. Selon certains historiens, Semar serait une divinité ancestrale réintégrée à la mythologie indo-javanaise. Facétieux mais plein de sagesse, il arbore un physique rond et des traits androgynes, et se déplace avec un déhanchement caractéristique. Personnage le plus populaire du *wayang*, ses interventions déclenchent invariablement les fous rires.

Marionnettes utilisées pour le théâtre d'ombres.
TPG Images/Insadco/age fotostock

tradition reste vivace dans certaines régions, notamment Jakarta *(topeng betawi)*, Cirebon *(tari topeng)*, Java Ouest *(topeng banjet)*, Madura *(topeng dalang)* et Bali *(wayang wong masqué, jauk)*.

Au centre de Java, en revanche, le *wayang topeng* a cédé la place au **wayang wong** (ou *wayang orang*), une forme de théâtre dansé où les acteurs s'inspirent des mouvements saccadés des marionnettes du *wayang kulit*, et où l'action est soutenue par des dialogues chantés en langue poétique. Créés au 19e s. à la cour des souverains de Yogyakarta et Solo, ils sont parfois qualifiés d'« opéra javanais ». À Bali, cette tradition, plus ancienne, se perpétue avec le *gambuh* (16e s.) et l'*arja* (17e s.), qui met en scène le prince-héros Panji.

D'un très grand raffinement, les danses javanaises restèrent longtemps l'apanage de l'aristocratie avant de gagner un public plus large, grâce aux troupes de Solo, Semarang et Jakarta, mais sans susciter l'enthousiasme populaire des danses balinaises. L'influence occidentale est manifeste dans ces représentations, avec l'adoption d'une scène, d'un décor et d'une fosse pour les musiciens. Des productions de qualité sont d'ailleurs réalisées pour un public de touristes, dont la plus célèbre est le **Sendratari** de Prambanan *(voir p. 37)*, où le spectaculaire de la mise en scène compense l'obstacle de la langue.

Les grandes épopées indiennes

Gigantesque récit épique de 120 000 versets, écrit entre l'époque védique et le 5e s. de notre ère, le **Mahabharata** relate l'invasion et l'établissement des tribus indo-européennes dans le bassin du Gange. L'histoire ? La rivalité entre les frères **Pandawa** et leurs cousins, les **Korawa**, pour la domination du royaume fondé par leur ancêtre commun Bharata. Dépossédés de leurs droits à la suite d'une partie de dés truqués, les cinq Pandawa sont contraints de s'exiler pendant treize ans dans la forêt. À leur retour, ils récupèrent leur royaume, au terme d'une sanglante bataille de

18 jours. Sombre figure du récit : **Duryodhana**, fils de Dhrtarastra, fait montre d'une nature si malfaisante que son père décide de confier le royaume à son cousin et ennemi juré, Yudistira. La rancœur de ce personnage, injuste et violent, et de ses 99 frères, constitue le point de départ de la rivalité entre les deux clans.

Une foisonnante galerie de personnages l'accompagne et anime l'épopée : tout d'abord, les trois premiers fils Pandawa, tous d'ascendance divine. L'aîné, le vertueux **Yudistira**, incarnation de la justice, est né du dieu Dharma ; le colosse **Bhima**, au caractère impétueux, a pour père Vayu, le dieu du vent ; quant à l'archer **Arjuna**, le plus beau des trois, son père n'est autre qu'Indra, le chef des dieux. Pour conduire son char : **Krisna** en personne, par ailleurs conseiller des Pandawa. Les deux derniers de la lignée, les jumeaux **Nakula** et **Sahadeva**, nés d'une autre mère, ne tiennent qu'un rôle secondaire.

Sans doute écrit au début de notre ère à partir de textes antérieurs, le **Ramayana** (48 000 vers) a connu lui aussi une extraordinaire diffusion en Inde et en Asie du Sud-Est. Des ajouts lui donnèrent un contenu religieux et dévotionnel qui visait à déifier Rama. Œuvre d'un seul auteur, **Valmiki**, le récit reprend certains thèmes du *Mahabharata*, mais l'histoire principale est celle de Rama, parti à la recherche de son épouse Sita, enlevée par le démon Ravana.

Fils du roi Dasaratha, **Rama** est en fait un avatar de Visnu. Il possède toutes les vertus, ainsi qu'une force exceptionnelle. Mais à la suite des intrigues de sa belle-mère Kaikeyi, il se voit dépossédé du royaume d'Ayodhya, et part vivre quatorze ans en forêt. Avec sa femme **Sita** et son frère **Laskhmana**, ils mènent une lutte sans merci contre les démons *(raksasa)*. Pour se venger, leur chef **Ravana** prend les traits d'un moine-mendiant et enlève Sita, qu'il emmène dans son domaine au-delà des mers, Lanka. Rama fait alliance avec **Sugriva**, le roi des singes, et l'aide à recouvrer son royaume. En remerciement, celui-ci lui prête son armée, commandée par **Hanuman**, pour combattre Ravana. Métamorphosé en singe, ce valeureux se rend à Lanka, où il aperçoit Sita, puis rejoint son armée et fait construire un pont pour envahir Lanka. La terrible bataille s'achève par un duel où Rama

Jeu de gongs

Véritable féerie de cuivres et de bois peints, le **gamelan** compte une multitude d'instruments. Suspendu à un châssis, le *gong ageng* ferme chaque phrase mélodique, tandis que le *kenong*, un grand gong horizontal, en ponctue les différentes parties. Le petit gong *ketuk*, au son bref et sec, suit un rythme plus serré. Quant au grand tambour *kendang gending*, il se contente de dicter le tempo du morceau. Mais c'est au groupe des *saron* (métallophones) que le gamelan doit sa sonorité et sa mélodie si particulières. Éléments majeurs de cet ensemble, les *gender* (métallophone à lames suspendues sur des tubes de bambou) et les *gambang* (xylophone) sont parfois accompagnés de *bonang* (rangées de petits gongs disposés sur un cadre de bois). Le spectacle des interprètes frappant les lames de fer ou de bronze à l'aide d'un petit marteau, puis les pinçant immédiatement pour en taire la résonance, constitue à lui seul un véritable ballet. Petit violoncelle à deux ou trois cordes, le *rebab* dessine sa propre ligne mélodique, et, parfois, une flûte (*suling*) accompagne la formation.

transperce Ravana de son javelot. Les deux époux sont à nouveau unis, mais Rama répudie sa femme sous prétexte qu'elle a suivi Ravana. Pour prouver sa pureté, Sita se soumet à l'épreuve du feu et en sort indemne. Rama retourne donc avec elle à Ayodhya, où il se fait sacrer roi.

Vibrantes polyphonies

Les vifs tintements du xylophone, la sourde vibration d'un gong, l'envolée d'une flûte, les curieux échos de bambous de l'*angklung*... dans les palais ou les fêtes de village, la musique accompagne tous les moments de la vie des Indonésiens. Bien plus qu'un simple élément de folklore, elle fait partie intégrante de leur culture, au même titre que le *wayang* ou la danse, auxquels elle est étroitement associée.

Si chaque région possède sa propre forme musicale, Java et Bali ont élevé cet art à des sommets avec le **gamelan**. Créé, selon la légende, par un roi javanais au 3e s., le gamelan est un ensemble essentiellement composé de percussions, qui alterne rythmes vifs et lancinants. S'il conserve son statut cérémoniel dans les cours royales de Java et de Bali, le gamelan a développé aussi un genre populaire, mais il reste généralement confiné à un rôle d'accompagnement du *wayang*.

Depuis les descriptions de Sir Francis Drake, qui visita Java en 1580, cet ensemble instrumental n'a cessé de fasciner et de déconcerter les Occidentaux par sa construction et ses sonorités.

En pays Sunda, certaines danses sont accompagnées d'un **angklung**, curieux objet composé de tiges de bambou de longueur variable, suspendues à un cadre, que l'on entrechoque. D'une grande richesse musicale, Sumatra porte l'empreinte de l'influence arabe dans ses instruments – tels le *serunai*, une sorte de pipeau et le *rebana* (tambourin) –, mais aussi dans le chant. En revanche, la composition de la musique instrumentale vient de la Chine et de l'Indochine. L'île de Nias doit aussi beaucoup à Java, à part une sorte de bourdon indigène en bambou. De même pour le pays Batak, où le **luth** à deux cordes est roi. Un autre type de luth, joué avec un archet, est répandu à Sulawesi Sud, aux côtés du *rebana* et de divers instruments à vent, tandis que la flûte traversière en bambou, originaire des Moluques, anime les régions christianisées de l'île.

Des arts renouvelés

La danse contemporaine

Détachée des arts de cour, la scène chorégraphique moderne indonésienne s'adresse à la nouvelle classe moyenne urbaine (Jakarta, Yogyakarta, Solo, Denpasar, Padang). Souvent nourrie des formes et des répertoires traditionnels, elle manifeste néanmoins une grande capacité d'innovation. La grande historienne et danseuse **Edi Sedyawati** (1938-2022) a contribué à la connaissance et à la diffusion de l'immense répertoire des danses de l'archipel dès les années 1960-1970. Parmi la vieille garde figurent aussi le maître balinais I Wayan Diya et le Javanais Kardjono, à l'approche traditionnelle, ou Farida Oetoyo (1939-2014), Yulianti Parani et Sardono Kusumo, danseur, chorégraphe, considéré comme l'un des pionniers de la danse contemporaine.

Retno Maruti transcende le *Mahabharata* pour délivrer un message moderne, qui s'adresse à l'Indonésie multiculturelle. Ainsi, dans *Ciptoning*, la parole d'Arjuna est réinterprétée comme un appel à l'émancipation des femmes.

Gusmiati Suid (1942-2001) et sa troupe Gumarang Sakti se sont inspirés du *pencak silat* et des danses traditionnelles minangkabau (Sumatra) dans un spectacle où se produisait notamment son fils, **Boi G. Sakti**, lui-même chorégraphe. Lui aussi chorégraphe et danseur, **Muhammad Ikhlas**, de la troupe Cilai, est le fils de Hoeriah Adams (1936-1971), l'une des plus célèbres danseuses indonésiennes. Synthèses entre tradition et modernité, ses spectacles *Transformator*, *Coda* et *Ambek* puisent dans la tradition minangkabau mais la mise en scène est occidentale. Conçu par **Rusdy Rukmarata**, enfin, le ballet *Ken Dedes* présente un mélange harmonieux et novateur de danses traditionnelle et moderne.

Une scène théâtrale issue de la contestation

Un théâtre à vocation nationale, soucieux de dépasser les particularismes régionaux, apparaît au début du 20e s. Créé à l'écart des élites traditionnelles, en langue malaise, il affiche un caractère profane et s'inspire du modèle occidental. En ce sens, la **Komedie Stamboel**, qui fleurit à Java Est dans la première moitié du 20e s., marque un tournant. Les nombreux textes écrits alors empruntent souvent à la littérature sino-malaise, puis un répertoire original apparaît à travers les drames allégoriques ou historiques en vers, les comédies de mœurs, et, durant l'occupation japonaise, des textes exaltant le sentiment national.

Mais le plus célèbre des théâtres populaires reste sans conteste le **ketoprak** *(voir « Déchiffrer la danse », p. 37)*, apparu à Java au début du 20e s. Les troupes sont nombreuses et le répertoire puise dans les *lakon*, l'histoire politique récente de Java, les récits islamiques ou occidentaux, voire les bandes dessinées ! Les scènes, qui alternent batailles et longs dialogues, sont accompagnées d'un gamelan. Mais le *ketoprak* s'adonne également à la critique sociale, par la voix des Punokawan. Son pendant est-javanais, le **ludruk** *(voir « Déchiffrer la danse », p. 37)*, met en scène les vicissitudes et les drames de la vie quotidienne. Là aussi, l'humour occupe une place de choix (les rôles féminins sont joués par des hommes).

Depuis les années 1970, le théâtre a manifesté une intense créativité, grâce, notamment, au **Taman Ismail Marzuki** *(voir « En soirée », p. 72, à Jakarta)*, qui reste la principale scène contemporaine indonésienne. Dans les dernières années de l'ère Suharto, le théâtre devint même l'un des principaux foyers de contestation, malgré la censure. Outre **Putu Wijaya** (Teater Mandiri) et **Rendra** (1935-2009) les figures de proue de cette scène indépendante furent le **Teater Koma**, créé à la fin des années 1970 et dirigé par Nano Riantiarno (1949-2023), et la troupe de sa femme Ratna, le **Bengkel Theater**. Parfois taxé de vulgarité et d'esprit commercial, le Teater Koma a eu l'immense mérite de sortir le théâtre contemporain d'un cercle d'initiés, grâce à son sens du divertissement. Un même souci du spectacle est à l'œuvre dans les travaux du **Teater Lembaga Stage**. Également actrice, **Ratna** a écrit *Marsinah Menggugat (« Marsinah accuse »)*, l'histoire vraie d'une militante violée et assassinée en 1993 après avoir organisé une grève, pièce qui fut interdite par Suharto après quelques représentations.

Phénomène remarquable, un « théâtre ouvrier » a vu le jour en Indonésie, au militantisme revendiqué. L'une de ces troupes, le **Teater Abu**, composée presque exclusivement de travailleurs, fut présentée au théâtre de Rendra. Une conscience écologique s'éveille également, comme dans *Kok Bisanya Sih Kau Bakar Hutan Itu ? (« Comment donc avez-vous pu* *brûler les forêts ? »)*, par le **Teater Kecil**, qui a survécu à la mort de son fondateur Arifin C. Noer (1941-1995).

La pop, entre conformisme et mélopées langoureuses

D'un bout à l'autre de l'archipel, une pléthore de formations locales s'échine à décliner, sur un registre coloré, leur foi, leur misère, la beauté de la nature ou les déceptions de l'amour. De quoi meubler vos interminables voyages en bus...
Ainsi du *kroncong* – formation de cordes, flûte et voix de femme en solo –, dont l'influence portugaise remonte au 16e s. Autrefois attaché aux gens de « mauvaise vie », le *kroncong* fut réhabilité sur le tard, mais il souffre aujourd'hui du désintérêt de la jeunesse, qui le juge ennuyeux et démodé. Quoi qu'il en soit, la musique populaire par excellence, omniprésente dans les minibus et les bars de karaoké, reste incontestablement le **dangdut**. Elle s'inspire du *orkes melayu*, un style combinant des éléments malais, du rock occidental, des musiques de films indiens et de la pop moderne arabisante. Le succès du *dangdut*, souvent taxé de vulgarité, réside pour une part dans les prestations de sensuelles interprètes vêtues de robes à paillettes. Si l'amour occupe une place de choix dans le répertoire, le ton vire parfois à l'humour.

Seul concurrent sérieux du *dangdut*, le **jaipongan** fut créé à Java Ouest dans les années 1970 par **Gugum Gubira**, à partir d'une danse rituelle villageoise, le *ketuk tilu*. La principale contribution de Gugum fut la dynamisation de la section de percussions et le choix d'une véritable chanteuse en lieu et place de la traditionnelle *ronggeng* (chanteuse-danseuse, parfois prostituée). Dans sa forme courante, le *jaipongan* alterne des phases de chant rythmées par un gong, avec des passages frénétiques de percussions et de cris. Un temps proscrit en raison de son caractère « érotique », le *jaipongan* représente aujourd'hui une véritable industrie brassant des milliards de rupiahs.

Pour le reste, la **pop indonésienne** tarde à s'affranchir de l'influence occidentale. Elle a exploré tour à tour le jazz-fusion, le punk, le reggae, le grunge, la techno et plus récemment les musiques électroniques. Mais elle reste dominée par une cohorte de groupes de rock, voire de hard-rock, et par des légions de chanteurs de variétés, qui suivent la voie tracée par l'éternelle **Titiek Puspa**. Dans un autre genre, le très populaire groupe de rock du vétéran **Iwan Fals** a prêté sa voix aux poèmes contestataires de Rendra. Quelques rares groupes échappent au conformisme, tel Potret au son minimaliste, ou **Dewa 19**, dont les albums originaux ont pourtant rencontré un très large public. **Anggun**, très populaire en Indonésie, est l'une des rares chanteuses locales à avoir connu une carrière internationale.

Le cinéma, un art embryonnaire

Bridé par la censure, le manque de budget et la faiblesse du circuit de distribution, le cinéma indonésien a vu sa production chuter depuis les années 1970, où 150 films étaient tournés annuellement. Désormais, les salles climatisées des grandes villes se cantonnent aux superproductions américaines, tandis que les écrans de télévision sont envahis par les films ultraviolents de Hong Kong ou les *Bollywood* indiens, d'un kitsch baroque.

Le cinéma d'auteur tente timidement de résister. Parmi les nouveaux réalisateurs figurent **Garin Nugroho**, Nan Achnas, Mouly Surya, Joko Anwar et **Nia Dinata**, l'une des plus talentueuses. Dans *L'Amour en partage* (2006), elle dénonce la polygamie qui s'installe progressivement en Indonésie sous l'influence du monde arabe. Un cinéma indépendant, très à l'écoute de la société indonésienne contemporaine, composera bientôt une facette originale du cinéma asiatique, qui a le vent tellement en poupe.

Littérature : sur le vent de l'histoire

Voir aussi « Livres », p. 655.

Riche d'un fonds constitué de longues épopées mystiques lues à haute voix, la littérature malaise du 15ᵉ au 19ᵉ s. fut entièrement transcrite à l'aide de l'alphabet arabe. Cette tradition orale s'est ainsi maintenue jusqu'à nos jours dans certaines régions, par les *pantun* (long poème dont la récitation peut durer une nuit entière), à Sumatra et en pays Sunda (Java). Mais au 20ᵉ s., le choix du malais pour langue nationale provoqua l'éclipse des écrivains de Java. De fait, les premiers romanciers « indonésiens » seront presque tous de langue maternelle malaise ou proche du malais. Il faudra près de deux générations pour que les Javanais et les autres peuples de l'archipel apprivoisent le *bahasa indonesia*. Certaines littératures anciennes et modernes survivent néanmoins dans les langues locales tels le javanais, le sundanais, le balinais, le bugis.

L'émergence de la littérature moderne

Avec l'abondante œuvre en malais publiée par les Sino-Indonésiens, puis la littérature populaire et les romans au contenu politique du début du 20ᵉ s., la voie se prépare à la littérature moderne. Pour contrôler les parutions, les Hollandais créent, dans les années 1920, la maison d'édition Balai Pustaka. Déjà apparaissent les traits caractéristiques de la littérature indonésienne : l'usage du **haut malais**, le réalisme et l'emploi fréquent de la première personne. La culture urbaine sert de toile de fond, mais le thème du difficile compromis entre les **valeurs occidentales** et **traditionnelles** préoccupe les esprits.

À partir des années 1930, une nouvelle **conscience nationale** s'exprime dans la revue *Pujangga Baru*, où publie le poète Amir Hamzah. De son côté, Armijn Pane écrit *Belenggu (Les Chaînes)*, le premier roman psychologique indonésien. Parmi les autres auteurs de la revue, citons Sutan Takdir Alisjahbana, qui connut un succès considérable avec *Voiles au vent*, et le poète J. E. Tatengkeng.

La génération 1945

La période de 1942 à 1965 manifeste un grand foisonnement, où les thèmes de la révolution en marche et de l'émergence de forces nouvelles, face à l'Occident, occupent une place privilégiée. Grande figure de l'après-guerre, le poète Chairil Anwar laisse une œuvre influencée par les poètes européens, notamment Rilke. Parallèlement, certains manifestent une prétention à l'humanisme universel, dans la revue *Gelanggang*. Mais, à l'image du climat politique, la division du monde littéraire s'aiguise à la fin des années 1950, entre les écrivains de l'**Institut de culture nationale**, qui soutiennent le gouvernement, et ceux de la **Lekra**, écrivains marxistes aux œuvres engagées.

Les années de plomb : d'une censure l'autre

Après les événements de 1965, les membres de la Lekra sont exécutés ou emprisonnés, et leurs écrits sont interdits.

Parmi eux domine **Pramoedya Ananta Toer** (1925-2006), écrivain prolixe qui a publié une trentaine

Danseuses de Tari Pendet.
chameleonseye/Getty Images Plus

de romans, recueils, nouvelles et essais historiques. Son œuvre frappe par l'acuité de son analyse psychologique et sociale.
Originaire de Sumatra, **Mochtar Lubis** (1922-2004) est l'autre grande figure contemporaine. Journaliste, il parcourt le monde et publie des articles pro-Occidentaux qui lui valent d'être emprisonné par Soekarno. Auteur de nombreux essais, nouvelles et romans, son œuvre maîtresse, *Crépuscule à Jakarta* (1963), paraît d'abord en anglais.
Une nouvelle génération émerge à la fin des années 1960, dont l'une des grandes figures est le poète, romancier et essayiste sundanais **Ajip Rosidi** (1938-2020) qui écrivait à la fois en indonésien et en sundanais.
Autre poète, mais aussi parolier, acteur et metteur en scène, **Willibrordus Surendra Rendra** (1935-2009) connaît également une immense popularité grâce à ses textes dénonçant l'injustice sociale. Non dénué d'humour, son style rythmé et égocentrique a fait école, notamment auprès des poètes Darmanto et Sutardji Calzoum Bachro.
D'autres suivent une voie différente, tels Sapardi et Abdul Hadi, chez qui affleure une introspection mélancolique.
Pour éviter la censure, le roman et le théâtre se tournent eux aussi vers le monde intérieur du narrateur, comme dans les romans d'Iwan Simaputang.
Citons également le nouvelliste Danarto (1941-2018) et le dramaturge **Arifin C. Noer** (1941-1995), qui partagent une même recherche sur le subconscient.
La chute de Suharto et les émeutes de 1998 ont inspiré une prose abondante qui se caractérise par une liberté de ton abordant des sujets qui jusqu'à présent étaient peu traités, comme la politique, la sexualité ou la religion. Parmi ces auteurs, on compte un grand nombre de femmes. L'un des grands succès fut le roman *Saman*, de la journaliste **Ayu Utami** (1968), traduit en français.

Nature et paysages

« Tanah Air Kita », « Notre terre et notre eau », tel est le surnom que les Indonésiens ont donné à leur pays. Un territoire fait d'océans et de mers, et d'une kyrielle d'îles, d'îlots, de récifs et de volcans, immense guirlande tendue sur l'équateur, aux confins de l'Asie et de l'Australie, des océans Indien et Pacifique. Pas moins de 17 500 îles s'égrènent d'ouest en est sur plus de 5 000 km, et sur 2 000 km du nord au sud, composant le plus grand archipel du monde. Tous ces morceaux de terre mis bout à bout formeraient un territoire grand comme quatre fois la France. Mais l'Indonésie est un puzzle éclaté, une mosaïque de paysages dont une partie reste encore à conquérir : plusieurs milliers de ces îles, sans nom, demeurent inhabitées, terra incognita envahies de forêts ou cernées de coraux, oubliées par le temps.

Deux arcs sur la mer

Sur une carte de l'Indonésie, deux arcs d'îles se dessinent nettement, reliant la pointe sud de la péninsule malaise aux côtes nord de l'Australie. Le plus visible, l'arc externe de la Sonde, forme une courbe concave régulière. Un peu plus flou, l'arc interne se déploie juste au-dessus, alignant trois des cinq plus grandes îles de l'archipel : Kalimantan (la partie indonésienne de l'île de Bornéo), Sulawesi (les anciennes Célèbes) et Irian Jaya (la moitié occidentale de la Nouvelle-Guinée), en passant par l'archipel des Moluques.

Jeux de plaques

Territoire en évolution perpétuelle, ce chapelet d'îles résulte d'intenses pressions de l'écorce terrestre. Trois plaques se rencontrent à cet endroit : la plaque australienne qui dérive vers le nord, la plaque pacifique qui glisse vers le sud-ouest, toutes deux se serrant sur la plaque continentale eurasienne.

Issu de ces mouvements, le **plateau de la Sonde** s'est probablement détaché du continent asiatique à l'ère secondaire. Peu profondément immergé (les fonds dépassent rarement 55 m), ce socle laisse apparaître Bornéo, la partie nord-est de Sumatra, les petites îles de Bangka et Belitung et l'archipel de Riau, mais aussi le sud de la Thaïlande, la Malaisie et le Cambodge : une zone stable à l'activité volcanique réduite.

Changement de décor à la périphérie de cette plateforme, où se déploie l'**arc de la Sonde** (du sud-ouest de Sumatra aux Philippines, en passant par Java, Bali jusqu'au Timor). Résultant de turbulences tectoniques plus récentes, il dessine une crête hérissée de cimes élevées,

sommets émergés de gigantesques montagnes sous-marines, des volcans pour la plupart. Les eaux y atteignent des profondeurs insondables (plus de 6 000 m), et de nombreux sommets se perdent dans les brumes, à plus de 3 000 m d'altitude. Du haut de ses 5 030 m, le **Puncak Jaya** (Irian Jaya), couvert de neiges éternelles, s'impose comme point culminant de l'archipel.
Les jeux de plaques sont en perpétuel mouvement et produisent parfois des cataclysmes. Près de 75 % des littoraux indonésiens sont exposés aux **tsunamis**, soit 12 000 km de côtes. Si 19 000 personnes ont péri au cours du 20e s., 180 000 ont disparu dans le terrible tsunami du 26 décembre 2004.

Montagnes de feu

Avec pas moins de 500 volcans – *gunung api* (« montagnes de feu ») –, dont 129 demeurent actifs, l'Indonésie représente la plus vaste zone volcanique du monde. L'activité se concentre sur une ligne de fracture géologique, le long d'une chaîne allant du sud-ouest de Sumatra à Flores, pour remonter vers Sulawesi et les Moluques. Java totalise à elle seule 33 volcans, dont 17 en activité. On en recense 21 à Sumatra, et les petites îles de la Sonde ne sont pas en reste avec les monts Agung et Batur à Bali, le Rinjani à Lombok ou le Kelimutu à Flores. Malgré le danger qui plane parfois à l'approche de ces monstres, leur ascension vous procurera des sensations inoubliables.

Démons meurtriers...

Les volcanologues enregistrent au moins une éruption par an dans l'archipel, une moyenne très élevée. Si nombre de volcans se contentent de gronder ou de cracher d'épaisses fumées noires, leur colère peut aussi être d'une extrême violence. Tel le Tambora, à Sumbawa (1815), probablement le plus meurtrier de l'histoire du pays : il projeta des tonnes de cendres et de cailloux à des kilomètres à la ronde, et son explosion provoqua la mort de 42 000 personnes. Le **Krakatau** (ou Krakatoa), qui se dresse au large de la côte ouest de Java, n'a rien à lui envier avec l'explosion qui, en 1883, entraîna un raz-de-marée à l'échelle planétaire et la mort de 36 000 personnes *(voir encadré, p. 80)*. Parmi les éruptions les plus impressionnantes qui jalonnèrent le 20e s., celles du **Merapi** (1930) ou du Semeru (1978 et 1979) à Java ou encore celle de l'Agung à Bali (1963) resteront gravées dans les mémoires. Ces dernières années, plusieurs volcans se sont réveillés comme le Merapi à Java, le mont Agung à Bali ou le mont Soputan à Sulawesi.

... ou dieux bienfaiteurs

À Java, à Bali ou ailleurs, on ne saurait dénombrer les divinités vouées aux volcans. Redoutées et vénérées à la fois, leurs colères sont responsables de la destruction de villages entiers, catastrophes qui assurent cependant la fertilisation du sol. Chaque éruption répand en effet une épaisse couche de cendres riches en sels minéraux, qui constituent un **engrais naturel** hors pair. Sans cette manne providentielle, les terres se trouveraient vite appauvries, lavées de toutes leurs richesses par les pluies torrentielles. Ainsi bonifiés, les sols donnent jusqu'à trois récoltes annuelles dans certaines régions. Une compensation qui explique l'acharnement des hommes à vivre dans ces zones dangereuses.
Autre héritage de l'intense activité tectonique et volcanique, l'Indonésie recèle d'abondantes ressources minières. En jaillissant des entrailles de la Terre, le magma en fusion véhicule à la surface d'énormes

Les méfaits d'El Niño

Longtemps confiné aux côtes péruviennes (où on l'a baptisé « l'enfant », sous-entendu Jésus, parce qu'il se manifestait au moment de Noël), El Niño s'est déplacé au début des années 1980 à travers le continent américain, pour franchir le Pacifique et atteindre l'Asie, et même l'Afrique. Bouleversement d'une ampleur planétaire, ce phénomène climatique – influant sur les courants marins – affaiblit et renverse les alizés. Or, en stoppant la course de ces vents, qui régissent les moussons du Sud-Est asiatique, El Niño apporte une sécheresse aux conséquences dramatiques. Sans parler des méfaits de La Niña, phénomène plus local qui lui succède parfois, entraînant d'incessantes pluies torrentielles en pleine saison sèche.

gisements de **minerais** – cuivre, soufre, diamants –, richesses qui, à défaut d'éruption, resteraient insoupçonnées et inaccessibles, enfouies sous quelque 200 km de roche. Les mouvements des plaques terrestres font également affleurer des **métaux rares**, comme l'uranium, le mercure, le tungstène, mais aussi l'or et l'argent.

Climat équatorial et moussons

À peine sorti de l'aéroport, après de longues heures passées dans l'air climatisé de l'avion, on est saisi par la moiteur chaude et étouffante de l'atmosphère. Il faut dire qu'ici la pluviosité se compte en mètres, et que le taux d'humidité avoisine 80 % !

Soumise au régime des moussons, l'Indonésie connaît cependant des influences climatiques extrêmement nuancées d'un point à l'autre de l'archipel. L'année est rythmée par un renversement des vents qui dicte l'alternance plus ou moins marquée des saisons sèche et pluvieuse. Ainsi, l'**alizé boréal** (du nord-est), porteur de pluies diluviennes, domine entre octobre-novembre et avril-mai, tandis que de juin à septembre, l'**alizé austral** (du sud-est) souffle un air plus sec.

D'autres facteurs interviennent. Plus on se rapproche de l'équateur, notamment, plus l'humidité est constante ; plus on s'en écarte, et plus les contrastes saisonniers s'accentuent. Le relief détermine également l'abondance des précipitations qui se raréfient par ailleurs à l'est de Bali et Lombok, de Sumbawa à Timor, où la saison sèche peut durer plus de six mois.

Une chaleur tropicale

Avec une température moyenne proche de **26 °C**, relativement stable tout au long de l'année, l'Indonésie jouit d'une douceur idéale. L'air fraîchit en altitude, bien sûr, surtout la nuit, mais les écarts demeurent très faibles. Au-dessus de 1000 m, le mercure chute plus sensiblement : autour de 20 °C, les Occidentaux se sentent revivre... et les Indonésiens s'enrhument, n'hésitant pas à s'emmitoufler jusqu'aux oreilles ! Au-dessus de 3000 m (où seule l'ascension de certains volcans vous mènera), le froid devient réalité et les gros pulls s'imposent à tous.

Une flore luxuriante

La végétation exceptionnelle des îles indonésiennes répond dans une large mesure aux contrastes géologiques et climatiques de l'archipel. De fait, le pays se prévaut de la flore la plus riche et diversifiée d'Asie, voire du monde. Dans cet éden tropical cohabitent une profusion d'essences rares

Parc national de Komodo, île de Flores.
Irosebrugh/Getty Images Plus

et d'épices odorantes, de plantes médicinales, de fruits savoureux et de fleurs chatoyantes.

Voir aussi les illustrations p. 590-591.

Préservée par son isolement insulaire, la **végétation indigène** (préexistant à l'arrivée de l'homme) a pour une large part traversé les siècles, et ce malgré les bouleversements liés à la colonisation humaine (défrichements intempestifs, cultures intensives, urbanisation rapide, introduction d'espèces exotiques originaires d'autres contrées) et aux cataclysmes naturels (volcaniques, sismiques ou climatiques). Certaines espèces ont néanmoins évolué au fil du temps, s'adaptant à un nouvel écosystème, pour se transformer parfois jusqu'à donner des **espèces endémiques**.

La ligne Wallace, un pont brisé entre l'Asie et l'Australie

Au cours d'un voyage d'observation qui devait lui faire sillonner tout l'archipel indonésien, le naturaliste britannique Alfred Russel Wallace (1823-1913) – grand admirateur de son contemporain Darwin – constata avec étonnement de considérables disparités entre la faune et la flore des îles occidentales, comparables à

Palmiers prodigues

Roi des îles tropicales, le **cocotier** n'est qu'une sorte de palmier parmi tant d'autres (on en recense près de 150 dans l'archipel). Sucre, huile de coprah, alcool, bois de construction, vannerie, toitures ou ustensiles ménagers : ces arbres providentiels constituent autant de ressources inépuisables, que les Indonésiens savent exploiter, des racines (décoctions médicinales) jusqu'aux feuilles (comme celles du *lontar*, longtemps utilisées comme support d'écriture) et aux fruits (exquises noix de coco) en passant par la sève (vin de palme, ou tuak).

Le banian, figuier sacré

Lieu de rencontre ombragé, le banian se dresse sur la place du village, mais aussi devant les temples de la communauté hindoue, qui le considère comme sacré. Insolite, cet arbre immense (de la famille des figuiers) développe tout un réseau aérien de racines adventives qui, telles des lianes entremêlées, pendent jusqu'au sol dans lequel elles s'implantent. Elles se multiplient ainsi à l'infini jusqu'à former une voûte... cachette idéale pour un autel chargé d'offrandes.

celles rencontrées en Asie, et celles des îles orientales, plus proches de l'Australie. Il en conclut l'existence de deux aires biologiques distinctes, délimitées par une ligne traversant le **détroit de Makassar** entre Bornéo et Sulawesi, pour se prolonger vers le sud entre Bali et Lombok. Pour le savant, une faille gigantesque marquait une rupture naturelle radicale entre Bornéo, Sumatra, Java et Bali – jadis rattachées au continent asiatique – d'une part ; les îles de Sulawesi, de la Sonde, des Moluques et de Nouvelle-Guinée – issues du continent australien – d'autre part. Aujourd'hui controversée, la ligne Wallace ne semble pas aussi nettement tranchée que son auteur ne l'affirmait, et si la distinction ouest/est apparaît bel et bien, elle se fait de façon plus progressive et nuancée. Il existe ainsi une vaste zone de transition aux contours flous (Sulawesi, les Moluques et les petites îles de la Sonde), baptisée Wallacea, où se mêlent des influences occidentales et orientales. Dans ce secteur, le fractionnement des îles y a d'ailleurs favorisé l'évolution de nouvelles espèces endémiques.

Les dernières forêts primaires

Dominant sur près des deux tiers de l'archipel, de part et d'autre de l'équateur (essentiellement Kalimantan, Sumatra, Sulawesi et Irian Jaya), la **forêt tropicale humide** d'Indonésie reste l'une des plus étendues de la planète. On y recense plus de 2000 espèces végétales différentes, pour la plupart d'une hauteur vertigineuse. Leur canopée (voûte des frondaisons) est tellement dense que la lumière perce difficilement. Dans cette obscurité chaude et humide – un milieu particulièrement propice aux petits palmiers, à toutes sortes de figuiers, et aux orchidées sauvages –, de nombreuses plantes vivent en symbiose. Certaines, dites **grimpantes** (lianes), croissent en se fixant sur des troncs ou des branches qui leur servent de tuteur ; d'autres, les **épiphytes**, se nichent sur les arbres les plus élevés pour jouir de la lumière, hébergeant à leur tour lichens, mousses et fougères. Les plantes **parasites**, quant à elles, ne se contentent pas de coloniser leurs congénères : elles y puisent aussi leur nourriture, comme la **rafflésie** *(voir encadré, p. 589)*, cette orchidée géante qui absorbe la sève à la racine des lianes. Plus néfastes encore, les étrangleurs (dont de nombreux figuiers) naissent sur les fourches des grands arbres, développant vers le sol de longues racines qui s'enroulent autour de leur hôte jusqu'à l'étouffer, pour se muer au final en un arbre et ne laisser au centre, à la place du tronc initial, qu'une longue colonne creuse.

Les forêts d'altitude

Rempart naturel à l'action de l'homme, les escarpements montagneux et les rapides préservent encore les forêts d'altitude. Celles-ci s'étagent à partir de 1000 m, cédant progressivement la place à une végétation plus clairsemée et moins haute. De nombreux **conifères tropicaux** (différentes variétés de pins et d'araucarias) voisinent avec des cousins du chêne et du châtaignier, des rhododendrons à fleurs roses, ou encore des crotons irisés aux teintes orangées et des poinsettias d'un rouge éclatant. Noyée dans les brumes fraîches et humides, la forêt est aussi le fief des orchidées, nichées dans l'ombre diffuse des **fougères arborescentes** et des **bambous géants**. Un labyrinthe de verdure inextricable, tapissé de mousses et de lianes, qui prend parfois, dans le clair-obscur, des allures fantastiques...

Des mangroves impénétrables

Des centaines de milliers d'hectares de mangroves frangent les rivages indonésiens, en particulier sur les côtes sud-est de Sumatra et de Kalimantan. Composée de **palétuviers**, cette forêt amphibie pousse en milieu saumâtre, sur les étendues de vase alluviale qui s'accumulent dans les estuaires. Exploités à l'excès pour leur bois – utilisé pour faire du charbon – les palétuviers dessinent un incroyable lacis de racines aériennes tentaculaires, véritables échasses leur permettant à la fois de s'ancrer dans le sol instable pour résister aux marées, de capter l'oxygène à la surface, et de puiser les sédiments essentiels à leur survie.

La forêt de mousson

Au sud de l'équateur, dans la partie orientale des îles de la Sonde, où la sécheresse est plus marquée, la flore vit en partie au rythme des saisons. Cette **forêt tropicale**, dite « de mousson », mêle des arbres à feuilles caduques et persistantes. Moins élevée que dans la forêt humide, la couverture y est aussi moins dense. Suivant l'altitude et la pluviométrie, on y recense notamment diverses espèces d'acacias, des eucalyptus, de précieux **tecks** et le fameux bois de santal au parfum si délicat.

Les savanes arides

Dans certaines régions, l'action dévastatrice du déboisement entrepris par l'homme a rendu les terres stériles, la forêt ne protégeant plus les sols de l'érosion. Reconquis par la savane, ce maigre terrain déroule de vastes étendues d'herbes et de **broussailles** desséchées, parfois semées de bouquets d'arbrisseaux, d'arbres du voyageur (reconnaissables à leur frondaison en éventail) ou de plantes grasses.

Fleurs des îles

Débordant le long des routes, jalonnant le littoral ou se dissimulant dans quelque jardin plus secret, d'innombrables arbres et massifs de fleurs (plus de 35000 espèces !) déclinent à l'infini leurs parures irisées. La plupart fleurissent tout au long de l'année, à l'exception des **flamboyants**, dont la floraison rouge

La rafflésie, fleur géante

Les forêts de Sumatra et de Java (parc national de Pangandaran) cachent la plus grande fleur du monde : la rafflésie. Fleur parasite, elle n'a ni tige, ni feuilles, ni racines, seulement un réseau de filaments qu'elle déploie à l'intérieur de la liane grimpante qu'elle colonise. Elle donne ainsi une série de boutons qui éclosent une fois par an en fleurs pourpres géantes, d'un mètre de diamètre. Cette fleur aussi magnifique qu'étonnante – ses pétales sont aussi durs que du bois – répand une odeur repoussante qui lui vaut le surnom local de « fleur-charogne ».

LA FLORE

Flamboyant

Croton

Poinsettia

Banian

Fougère arborescente

Jaquier

H. Choimet/Michelin

Orchidée

Alpinia

Allamanda

Hibiscus

Bougainvillier

Heliconia

Frangipanier

H. Choimet/Michelin

n'étincelle de tout son éclat qu'à la saison sèche. Contrastant avec ces bouquets bariolés, les **frangipaniers** aux fleurs blanches teintées de rose ou de jaune exhalent leurs effluves délicats aux abords des temples et des cimetières. Les gardénias se distinguent par leur blancheur immaculée. Quant aux *campaka*, fines fleurs blanches au parfum subtil, elles accompagnent prières et rituels d'offrandes hindoues. De même le jasmin, qui s'emploie aussi en cuisine pour son arôme affirmé. Enfin, tels des étoiles roses ou blanches jaillissant de leurs feuilles arrondies, les nénuphars tapissent tous les étangs, des **lotus** surtout, dont bouddhistes et hindouistes ont fait un symbole sacré.

Fruits savoureux

Une extraordinaire variété de fruits et légumes et d'épices odorantes se déploie sur les étals des marchés. Objets de convoitise qui infléchit l'histoire de l'archipel, poivre, clous de girofle, cannelle, noix de muscade, cardamome ou safran parfument la cuisine indonésienne. Gourmand ou simplement curieux, goûtez surtout aux fruits exotiques. Et même ceux que vous connaissez bien (ananas, bananes en tout genre, mangues, noix de coco) vous surprendront par la force de leur saveur. La palme de l'originalité revenant à l'**avocat**, volontiers consommé sous forme de jus, mélangé à du lait concentré sucré et chocolaté, le tout, assaisonné de piment ! Plus douces, goyaves, papayes ou caramboles (ces fruits de forme étoilée) apaiseront votre palais. Certains combleront les papilles raffinées : fruits de la passion, ramboutans à l'écorce hirsute, *salak* à la peau de serpent, **mangoustans**, à ne manquer sous aucun prétexte. D'autres, enfin, relèvent de l'expérience, aussi indescriptible qu'inoubliable : l'odeur (qui lui vaut l'interdiction dans le métro à Singapour !), la consistance et le goût du **durian** – un fruit très prisé des Indonésiens – suscitent les réactions les plus controversées. À vous d'essayer...

Une faune originale

Qu'elle peuple les forêts humides, les savanes arides ou les labyrinthes boueux des mangroves, la faune indonésienne montre une rare diversité. Regorgeant toute l'année d'abondantes ressources alimentaires, la flore tropicale lui prodigue en effet un habitat idéal. Mais dans ce milieu si luxuriant, il peut être vital de pouvoir grimper ou voler vers la cime des arbres, tant pour se nourrir (les vivres étant plus maigres au sol) que pour se protéger du danger. Hormis les oiseaux et les singes, on rencontre ainsi de nombreux animaux que la nature a pourvus d'attributs aussi originaux qu'efficaces pour pallier leur absence d'ailes.

Des oiseaux par milliers

Avec plusieurs milliers d'espèces, dont près de 400 endémiques, l'Indonésie (Sumatra et Irian Jaya en tête) a de quoi combler les observateurs ornithologiques les plus insatiables. Hérons, aigrettes, frégates, aigles, grues, ibis, cacatoès et autres perroquets... On ne saurait énumérer tous les volatiles qui peuplent les forêts, les cours d'eau et les côtes de l'archipel. Certains vous sembleront familiers, tels ces coqs aux plumes rousses, teintées d'un camaïeu bleu-vert, et ces poules brunes, ancêtres sauvages de la plupart des gallinacés domestiques de nos basses-cours. Introduits en Europe il y a plusieurs siècles pour agrémenter les jardins et les parcs, paons et faisans ont eux aussi traversé les mers. Vous les verrez peut-être, la tête ornée d'une aigrette soyeuse, déployer leur

Orangs-outans.
USO/Getty Images Plus

queue en un éventail majestueux pour séduire une femelle. Plus étonnants, les **mégapodes** (comme le *maleo* endémique de Sulawesi, l'un des quinze recensés dans l'archipel) ont pour particularité de faire incuber leurs œufs deux ou trois mois en les enfouissant dans les sols chauds des plages ou des volcans. On dénombre aussi une bonne dizaine d'espèces de **calaos**, nombreux dans les forêts humides de Kalimantan, plus rares dans celles de Sumatra ou de Sulawesi (où vit le calao à bosse rouge, endémique). Facilement identifiables à leur imposant bec surmonté d'une protubérance cornée, ils se distinguent aussi par leur mode de nidification : la femelle s'installe dans la cavité d'un tronc, dont elle scelle l'accès pour ne laisser qu'une étroite ouverture permettant au mâle de lui apporter sa nourriture. À la croisée des océans Indien et Pacifique, Bali et les petites îles de la Sonde (Lombok, Sumbawa, Komodo, Rinca, Flores, Timor) se trouvent sur le chemin de nombreux **migrateurs**, comme les sternes, les mouettes et les **pélicans**. Il vous faudra beaucoup plus de patience et de chance pour apercevoir l'étourneau de Bali, la dernière espèce endémique de l'île, qui ne survit plus que dans le parc national de Bali Ouest (il est en danger critique d'extinction). Parmi les créatures les plus fascinantes, Irian Jaya cache encore divers oiseaux de paradis, dont les plumes effilées aux couleurs chatoyantes en firent longtemps l'objet d'un commerce lucratif.

Les singes, acrobates de la jungle

L'Indonésie compte d'innombrables variétés de primates, fort bien acclimatés aux forêts humides de Kalimantan et de Sumatra, mais également présents sur d'autres îles. Ils vivent généralement en colonies, haut perchés dans les arbres, où ils quêtent leur nourriture. Bien qu'arboricoles, les macaques les plus communs évoluent aussi volontiers près des rivières ou des côtes. Certains chassent les petits crabes dans la mangrove ou arrachent les feuilles des palétuviers, tel le **nasique** de Kalimantan, un

Voler sans ailes

Royaume des oiseaux, les épaisses frondaisons forestières cachent aussi d'étonnants reptiles et mammifères, plutôt adaptés aux déplacements aériens que terrestres. Dotées de membranes latérales faisant office de parachute ou de pattes palmées, toutes sortes de créatures évoluent ainsi d'arbre en arbre avec agilité, sautant, chutant et planant, s'aidant parfois de leur queue préhensile, de leurs griffes acérées ou de leurs doigts adhésifs pour s'agripper aux branches. Parmi ces insolites concurrents des oiseaux, citons le lémur volant (un petit marsupial), le tarsier (un lémurien aux longs doigts – tarses – adhésifs, primate nocturne de la taille d'un rat, capable de faire des bonds de deux mètres en se servant de sa longue queue comme d'un balancier), le dragon volant (un lézard ailé), l'écureuil volant, la roussette (une chauve-souris géante), et même la grenouille volante (la rhacophore)... Dépourvu de ces attributs, le serpent de paradis, lui, s'incurve en forme de U, tel un fouet glissant dans les airs.

singe nageur, à qui son gros museau rose proéminent a valu le surnom humoristique de « singe hollandais ». Mais vous aurez plus de chance de rencontrer ceux que l'on a introduits aux abords des temples. Considérés comme sacrés par les Hindous, leur apparence familière ne doit pas vous tromper : organisés en groupes solidaires très hiérarchisés, ces locataires se montrent chapardeurs et souvent agressifs.

Plus pacifique, l'**orang-outan** (littéralement, l'« homme des bois ») préfère la solitude des basses forêts, ce que semble refléter son expression paisible et mélancolique. Dépourvu de queue et capable de marcher sur deux pattes, c'est l'un des plus proches cousins de l'homme ; ce qui ne l'empêche pas de grimper aux arbres et d'y dormir. En voie de disparition, l'espèce ne survit guère plus qu'à Kalimantan et à Sumatra, mais la destruction de la forêt (notamment pour la production d'huile de palme) tend à accélérer leur processus d'extinction.

Beaucoup plus petit, son cousin, le **gibbon**, est lui aussi capable de se tenir debout, mais il fait surtout figure de maître acrobate, se balançant de branche en branche de ses longs bras avec une dextérité et une rapidité étonnantes.

Mangeurs de plantes...

Fruits, fleurs, feuilles, branchages : pour les phytophages, tout est bon à se mettre sous la dent. Les clairières tropicales arborées de Sumatra, Java et Kalimantan sont le paradis de nombreux **cerfs**, comme le grand sambar, le muntjac et le minuscule chevrotin. Elles abritent aussi des bovidés, dont le buffle et le **banteng** (un énorme buffle natif de Kalimantan et de Java) et, plus rare, l'anoa (buffle nain sauvage, endémique de Sulawesi).

Très prisés des apothicaires pour les vertus médicinales (et soi-disant aphrodisiaques) de leurs cornes, les **rhinocéros** sont cruellement menacés. Les derniers rescapés se réfugient à Sumatra (ceux à deux cornes) et à l'ouest de Java (spécimens unicornes). Son cousin, le tapir au long nez, erre encore à Sumatra, à proximité des cours d'eau. Autre espèce en péril, l'éléphant ne survit quasiment plus que dans la forêt de Sumatra.

Principalement herbivores, les diverses espèces de porcs et de **sangliers** n'en complètent pas moins leur régime par des insectes et autres petits animaux. Le plus curieux d'entre eux est le *babiroussa* (« cerf-cochon »), de la famille du sanglier.

… et mangeurs de viande

Dure loi de la jungle, la majorité de ces animaux sont la proie des **félins**, même si ceux-ci sont de taille plutôt modeste dans l'ensemble. Chasseurs habiles, ils guettent jusqu'à repérer un butin appétissant, rampant au sol ou tapis dans un arbre, puis se lancent dans une course effrénée ou bondissent d'un coup pour terrasser leur victime. Les plus répandus – diverses espèces de chats sauvages – pratiquent aussi la pêche. Éteints à Java et à Bali, les derniers **tigres** se cachent à Sumatra. Quant aux rares panthères, elles sont désormais protégées à Sumatra et Java Ouest.

D'autres petits prédateurs s'attaquent plus volontiers aux rongeurs, reptiles, oiseaux et insectes, tels la **civette**, curieux animal de la forme d'une belette, le pangolin (qui éventre fourmilières et termitières) ou encore le blaireau-furet à la tête noir et blanc.

Petits lézards et dragons géants

D'innombrables serpents hantent également les forêts et les rizières (renseignez-vous auprès des autochtones sur les espèces venimeuses). Mais rassurez-vous, la probabilité de se retrouver face à un python réticulé (le plus long serpent du monde avec ses dix mètres de longueur) reste faible.

Autre géant, l'impressionnant **varan de Komodo** peut atteindre trois mètres de long, ce qui en fait le plus grand lézard du monde. On ne le rencontre qu'aux îles de Komodo, Rinca et Gili Motang, sur les côtes sud-ouest et nord de Flores, voire à Sumbawa Est. Depuis 25 millions d'années, il coule des jours tranquilles dans l'archipel, alors que son contemporain le mastodonte a depuis longtemps disparu. Son origine et sa survie restent un mystère pour les paléontologues, qui auraient trouvé en Australie un squelette de son ancêtre, long de sept mètres. Toutes sortes d'histoires circulent à propos du « dragon » – comme le surnomment les Indonésiens. En fait, l'animal ne se révélerait dangereux qu'en présence d'une personne blessée et à terre ou en réaction à un comportement agressif. Toutes situations à éviter si vous en croisez un donc…

Plus modestement, le soir venu, vous pourrez observer à loisir le ballet frénétique des **geckos** *(toke)*,

Le « monstre » de Komodo

Le **varan** semble déplacer avec peine ses 150 kg, mais une fois lancé, il est capable de faire des pointes à 30 km/h. Carnivore, le varan se régale de macaques, de cerfs, de sangliers et d'oiseaux mais ne dédaigne pas les lézards, serpents ou œufs, voire les moustiques, en cas de disette. Grâce à son système olfactif (sa langue, bifide, lui sert de radar), il peut détecter un gibier à des kilomètres. Sa queue et ses griffes sont des armes redoutables, et ses mâchoires dissociables, sur lesquelles s'alignent 26 dents crénelées (comme le tyrannosaure !), lui permettent d'avaler des proies énormes. Il est aussi grand amateur de charogne et, à l'occasion, les mâles les plus puissants pratiquent le cannibalisme. Cette méthode d'intimidation servirait à réguler la répartition spatiale de la population, les jeunes mâles étant priés d'aller chercher ailleurs nourriture et compagne. Le varan adulte ne connaît donc d'autre prédateur que lui-même, car l'homme se désintéresse de cet animal dont la peau, trop épaisse, n'est pas digne de servir de sac à main. Un varan vit en moyenne 20 ans.

ces petits lézards qui courent sur les murs des maisons grâce à leurs pattes dotées de ventouses. Ne les chassez pas : ils happent les moustiques et moucherons qui tournoient autour des lampes. Chaque proie gobée s'accompagne aussitôt d'une série de petits cris de satisfaction – « gec-kooo, gec-kooo... ». Dans leur élan gourmand, ils prennent parfois des risques inconsidérés, tombant subitement du plafond d'un « plif » des plus ridicules. Vexé, ou obstiné, l'animal remonte alors derechef à l'assaut. Un manège dont on ne se lasse pas...

Le monde caché des insectes

Amateurs de chaleur humide, les insectes pullulent dans la moiteur des forêts, l'eau stagnante des mangroves et les rizières inondées, avec une préférence non dissimulée pour la saison des pluies. Aussi nombreux qu'étranges, beaucoup adoptent des formes ou des couleurs mimétiques, c'est-à-dire qui se confondent avec l'écorce d'un arbre, le vert d'une feuille, les contours d'une orchidée... Parmi les plus admirables – devenus plus rares depuis la prédation avide des collectionneurs –, de multiples **papillons** aux silhouettes délicates, aux teintes vives ou chatoyantes, voltigent dans les fleurs nourricières.

Trésors des mers

Voir aussi les illustrations p. 598-599.

Entre les océans Pacifique et Indien s'ouvrent, sur plus de 3 millions de km², de vastes mers intérieures. Baignant plus de 80 000 km de côtes, ces eaux recèlent de somptueux jardins sous-marins, foisonnant de créatures aussi diverses que nombreuses.

Paisibles aquariums

Généralement protégés des grands prédateurs par d'impénétrables barrières coralliennes, les lagons et les eaux côtières offrent un habitat chaud et peu profond à une faune d'une rare diversité.

Bouquets aux ramifications infinies, labyrinthes aux cloisons acérées, tables aux anfractuosités inviolables, les **coraux** tapissent un aquarium, peuplé de poissons tropicaux aux couleurs superbes, mais aussi de gorgones, d'éponges, d'étoiles de mer, de crustacés, de pieuvres, de coquillages et d'autres mollusques. Équipé de bouteilles d'oxygène ou simplement d'un masque et d'un tuba, plongez à la découverte de cet

Vie et mort des coraux

Les coraux (qui sont des animaux et non des plantes) s'épanouissent exclusivement dans des eaux chaudes (plus de 20 °C) et lumineuses, donc peu profondes (moins de 50 m). Êtres microscopiques dotés pour la plupart de tentacules urticants, ces innombrables polypes (du latin, « pied ») se multiplient par arborescence à la cadence d'un centimètre par an, les nouveau-nés colonisant progressivement les squelettes calcaires des coraux morts. Se créent ainsi, selon les espèces, des structures isolées ou groupées en massifs, mystérieuses forêts sous-marines aux tons bruns ou rosés, jaune soufre, bleu azur ou rouge électrique. Les trois principaux types de récifs existants cohabitent en Indonésie : les récifs frangeants, qui bordent les côtes ; les barrières encerclant les îles à quelques kilomètres du rivage ; les atolls, qui se forment lorsqu'une île s'enfonce et disparaît, les récifs coralliens qui la cernaient délimitant alors de larges lagons d'eau turquoise en plein océan.

Défense et camouflage

Souvent hérissés de venimeuses épines dorsales, les poissons les plus dangereux ont de surcroît la fâcheuse faculté de se camoufler, pour échapper aux prédateurs ou, à l'inverse, approcher discrètement leurs victimes. Difficiles à identifier, la plupart se confondent ainsi par mimétisme avec le fond. Prudence, donc, avant de poser pied ! Méfiez-vous en particulier des poissons-lions ou scorpions (comme la majestueuse rascasse volante), parfois invisibles dans les algues, les coraux ou les rochers, et du poisson-pierre, qui prend une traître apparence de pierre figée.

univers fascinant : le spectacle est inépuisable (méfiez-vous toutefois des coraux et des poissons que vous ne connaissez pas, nombre d'entre eux étant urticants, voire venimeux). Illuminée par les rayons perçants du soleil, une incroyable palette mouvante décline toutes les nuances de teintes vives ou pastel, irisées ou monochromes, rayées ou tachetées. Prêtez aussi l'oreille : les bruits vous guideront vers les gracieux **poissons-papillons**, zancles et étendards (jaune, blanc et noir) qui fouillent les moindres aspérités de leur museau étiré, les anges empereurs (jaune et bleu), les demoiselles (bleu cobalt) et les **perroquets** (vert et bleu moirés), qui picorent de leur fine dentition. Abondants dans les eaux de surface, vous verrez encore le poisson-rasoir au corps effilé, qui nage à la verticale, la tête pointée vers le bas et, surtout, les délicats **clowns**, orangés tigrés de blanc, qui frétillent au creux des anémones et s'approcheront de vous, curieux. Vous côtoierez ainsi une kyrielle de créatures aux noms évocateurs, petits ou grands, aux contours réguliers ou plus découpés, tantôt solitaires ou se déplaçant en bancs serrés, virevoltant au gré des flots ou, plus farouches, nichés dans des cavités, fusant comme des flèches, ou bien gobant paresseusement les êtres insouciants qui s'aventurent dans les parages... Un monde fragile toutefois, à admirer sans interférer avec lui ; on donne trop volontiers quelques miettes de pain aux poissons pour les attirer, mais il faut savoir que cela perturbe la chaîne alimentaire et, à terme, quand des milliers de personnes en font autant, nuit à la vie sous-marine.

Vous croiserez peut-être aussi quelque reptile, venu respirer à la surface. Les eaux indonésiennes sont en effet le fief de souples **serpents** marins, zébrés de bandes sombres et claires étincelant suivant les ondulations de leur corps. Contentez-vous néanmoins de les admirer à distance, car s'ils s'attaquent rarement à plus gros qu'eux (ils mesurent d'un à trois mètres, mais leur bouche est tellement petite qu'ils ne peuvent guère avaler que de petits poissons... ou mordre le lobe de votre oreille), ils n'en demeurent pas moins extrêmement venimeux.

Parfaitement inoffensives, quant à elles, les **tortues** de mer ont hélas souffert des prédations humaines. Désormais protégées, elles restent cependant très prisées, tant pour le commerce de leurs carapaces écailleuses que pour leur chair réputée savoureuse.

Le monde féroce de l'océan

Plus au large, avant que les fonds ne se perdent dans les ténèbres abyssales, les silhouettes fugaces des grands prédateurs marins promènent leurs ombres inquiétantes. Aux abords des tombants vertigineux, entaillés de crevasses et de grottes, ou au-dessus des pentes sableuses,

LES POISSONS

Serpent de mer
(Laticauda colubrida)

Poisson étendard
(Heniochus acuminatus)

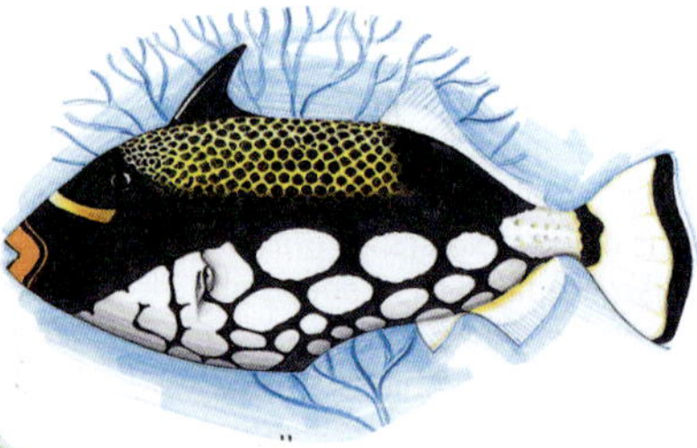

Baliste léopard
(Balistoides conspicillum)

Poisson-papillon
(Chaetodon unimaculatus)

Poisson-ange empereur
(Pomacanthus imperator)

Poisson-perroquet
(Scarus)

H. Choimet/Michelin

Poisson-Napoléon
(Cheilinus undulatus)

Poisson-papillon
(Chaetodon meyeri)

Rascasse volante
(Pterois volitans)

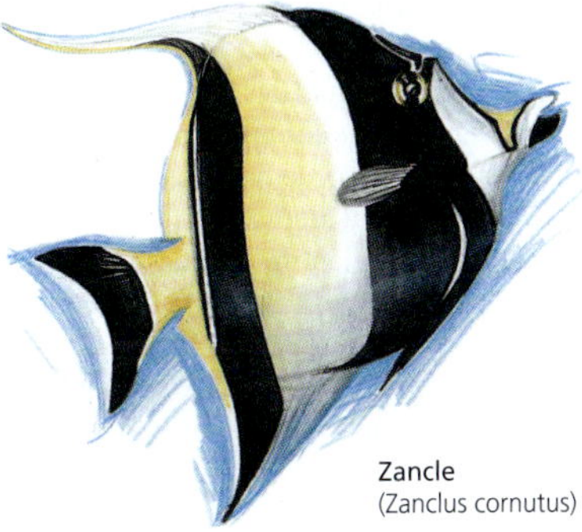

Zancle
(Zanclus cornutus)

Poisson-clown
(Amphipryon percula)

H. Choimet/Michelin

évoluent des espèces plus imposantes : thons, espadons (armés d'une longue mâchoire effilée comme une épée), murènes (qui chassent la nuit) ou, plus redoutables, requins (blancs, tigres, marteaux) et barracudas voraces. Des **raies** planent avec grâce, telle la mante (raie manta), qui peut atteindre six mètres d'envergure, l'aigle ou la torpille, qui émet des décharges électriques.

Enfin, en naviguant d'une île à l'autre, scrutez attentivement la surface : vous côtoierez peut-être une colonie de **dauphins** bondissant d'un même élan hors de l'eau, ou un requin-baleine, le plus grand poisson existant (9-12 m). Plus rares, quelques baleines survivent tant bien que mal dans certaines zones, de même que l'étonnant **dugong** (vache de mer).

Un éden en péril

Entreprise à Java dès l'époque coloniale, la **déforestation massive** prend une tournure alarmante sur des îles longtemps préservées telles que Kalimantan, Sumatra et la Papouasie occidentale, derniers bastions de la forêt vierge avec Sulawesi… La mine d'or et de cuivre de Grasberg (Papouasie occidentale) produit chaque jour 238 000 tonnes de déchets toxiques. Selon Greenpeace, l'Indonésie serait le pays qui a enregistré le taux de déforestation le plus rapide. Six millions d'hectares de forêt ont été détruits entre 2000 et 2012.

Lancée en 1935, intensifiée après 1967, mais arrêtée depuis 2015, la politique de **transmigration** n'a rien arrangé. Afin de soulager Java de son trop-plein démographique, des milliers d'habitants ont été envoyés dans les zones forestières, pour défricher la jungle au profit de l'agriculture. Déboisées et mises à vif, les terres se sont trouvé livrées à l'érosion, une action décapante implacable qui, en deux ou trois ans à peine, condamne aussi bien l'agriculture que la renaissance d'une vie sauvage.

Cette destruction du couvert végétal tend à modifier les **données climatiques** (hausse sensible des températures et accroissement des périodes de sécheresse), offrant un terrain de prédilection aux broussailles. Et quand la flore

Raja Ampat, un nouveau paradis déjà menacé

Avec le parc national de Wakatobi, au sud de Sulawesi, l'archipel des Raja Ampat, à l'extrême nord-est de la Papouasie occidentale, est la nouvelle destination phare des amateurs de plongée sous-marine. Bordées de plages paradisiaques, les eaux de cet archipel de 1 500 îles et îlots abritent une impressionnante biodiversité marine : 540 espèces de coraux, 1 511 de poissons et 700 de mollusques. Constellations de pains de sucre tapissés de jungle et posés sur des lagons turquoise, les Rajat Ampat dévoilent un sublime décor. L'accès n'est pas simple, mais les liaisons aériennes se multiplient. De Denpasar, Jakarta, Makassar et Manado, des vols quotidiens desservent Sorong, la porte d'entrée de l'archipel. Il faut alors 2h en ferry pour atteindre Wasai, puis encore 2h de bateau pour rejoindre l'un des *resorts* luxueux ou des *homestays* rustiques qui se multiplient sur les îles de Kri, Gam, Misool, Pef ou Birie. Le développement rapide du tourisme fait néanmoins peser une menace sur le fragile écosystème des Raja Ampat. Les ancres des navires, notamment, endommagent les fonds marins. En mars 2017, un paquebot de croisière britannique a ainsi heurté un récif corallien de l'île de Kri.

Dauphins à Sanur.
Peacefoo/Getty Images Plus

disparaît, c'est tout un règne animal qui est condamné à mort. Aujourd'hui, Java ne conserve que 10 % de sa couverture forestière. Sumatra a déjà perdu le tiers de sa toison entre 1982 et 1990, et les incendies de 1997 ont encore aggravé la situation. À Kalimantan, Sumatra et en Papouasie, 6 millions d'ha ont cédé la place à des palmeraies destinées à la production d'huile de palme.

L'Indonésie est ainsi devenue le troisième contributeur en gaz à effet de serre derrière les États-Unis et la Chine, à cause de la pollution engendrée par la déforestation.

Le tableau est tout aussi sombre concernant l'état des mers, où se déversent les fleuves pollués de tout l'archipel, faute de système de collecte des déchets digne de ce nom. Le dérèglement du climat et la montée des eaux provoquent en outre l'érosion des côtes et des inondations. Sans parler des tonnes de déchets plastiques issus de l'archipel, mais aussi du monde entier, qui envahissent les mers.

Les carences de la politique environnementale

La politique de préservation du patrimoine naturel mise en place ne semble pas à la mesure des enjeux. Ainsi, le gouvernement n'est pas parvenu à atteindre l'objectif de réduction des gaz à effet de serre qu'il s'était fixé, et les moyens mis en place contre la déforestation sauvage sont notoirement insuffisants. La justice n'a entamé des poursuites que dans 23 cas entre 2009 et 2014. Plus grave encore, la population semble encore loin d'une prise de conscience.

Histoire

L'unité de l'immense archipel indonésien – mosaïque de 17 000 îles, 500 langues et 6 religions – tient du miracle. Appréhender l'histoire d'un pays aussi hétérogène, dont les contours furent dessinés il y a moins de cent ans par une puissance coloniale, relève de la gageure. Au cours des siècles, divers pôles de pouvoir ont émergé et ont imposé leur culture. À l'ouest, Sumatra et Java ont été les têtes de pont des influences extérieures : indienne, chinoise, musulmane, puis occidentale. À l'est, l'archipel des Moluques et son foisonnement d'épices furent le théâtre d'une formidable compétition commerciale. Et dans les petites îles de la Sonde (Lombok-Est, Sumbawa, Flores), les sultans de Makassar firent longtemps régner leur loi... Par le biais du commerce sont d'abord arrivées les religions (hindouisme, bouddhisme, puis islam et christianisme), mais aussi un tronc linguistique commun (le malais) : deux facteurs essentiels dont la pénétration et l'assimilation ont posé les bases de l'unification.

Les premiers âges

C'est à Java, paradis des paléontologues, que l'on peut observer l'une des plus longues périodes d'occupation humaine. Les premiers hommes seraient venus d'Asie à l'ère glaciaire, via la péninsule de Malacca (plus de 1 million d'années). Souvent considéré comme le « chaînon manquant » entre les primates et les premiers *Homo sapiens*, l'« **Homme de Java** », ou *Pithecanthropus erectus* (littéralement « homme-singe debout »), coula des jours paisibles dans la région de Solo (Sangiran). Rameau oriental de la grande famille des premiers *Homo erectus*, il a suivi une évolution parallèle à sa lointaine cousine africaine Lucy, âgée de 3 millions d'années. La formidable découverte de l'« Homme de Flores », en 2003, dans la grotte de Liang Bua, a révolutionné les connaissances, car il s'agit d'une nouvelle espèce d'Homo, ayant vécu dans la région entre 200 000 et 50 000 ans.

Pêcheurs et chasseurs-cueilleurs, les premiers **Homo sapiens** de l'archipel (vers 40 000) étaient de type australoïde : peau foncée, cheveux crépus et petite taille, semblables aux Papous mélanésiens d'Irian Jaya, ou aux Négritos qui peupleraient encore les forêts de Malaisie, des îles d'Andaman (Inde), de Bornéo et de quelques îles des Philippines. Cette époque a livré un important outillage, notamment à Pacitan (Java Est) et Sunga Mas (Sumatra), où ont été mis au jour des objets du paléolithique moyen et supérieur (peut-être 50 000 ans). Il n'en est pas de même, en revanche, des îles à l'est de la **ligne Wallace** *(voir « Nature et paysages », p. 587)* qui, contrairement à Sumatra,

Temple de Borobudur.
BEW Authors/age fotostock.

Java et Bali, ne furent jamais reliées au continent asiatique : de très anciennes industries sont attestées à Sumbawa et Flores, et les peintures pariétales découvertes à Sulawesi en 2021 ont été datées de 45 500 ans, ce qui en ferait la plus ancienne du monde. Certaines populations développèrent néanmoins très tôt des formes d'agriculture et d'artisanat du bronze, révélateurs d'une vie sociale évoluée. Retrouvées à Sulawesi et en Irian Jaya, des peintures rupestres réalisées au pochoir montrent des doigts amputés, un signe de deuil encore en usage chez certaines sociétés papoues.

Les Austronésiens et l'avènement du néolithique

Entre 3000 et 500 av. J.-C. (certains remontent plus loin), l'Asie du Sud-Est fut soumise à une formidable migration humaine, qui rayonna en plusieurs vagues à partir de **Taïwan**. Descendus en bateau par les Philippines, les Austronésiens se répandirent dans l'archipel par l'ouest (Bornéo, Java, Sumatra, Malaisie) et par l'est (Sulawesi, Moluques, Océanie), assimilant les populations australoïdes ou les repoussant vers l'intérieur des terres. C'est à cette époque que se fixèrent bon nombre des caractéristiques actuelles des peuples indonésiens. L'arrivée des Austronésiens marqua la généralisation de l'**agriculture**, de l'élevage (poulets, porcs), de la poterie et d'un habitat sédentaire groupé. Comme dans toutes les îles du Pacifique, la base de l'alimentation était alors le taro, un tubercule que remplacera plus tard le riz. Avec eux apparaissent les fondements de **sociétés hiérarchisées** (2e millénaire av. J.-C.), dont les mégalithes, liés aux cultes des ancêtres, sont les plus émouvants témoins.

L'âge du bronze et la civilisation Dông-Sôn

Phase finale de la civilisation du bronze apparue dans le nord du **Viêtnam** (entre - 800 et - 300), la culture Dông-Sôn se serait répandue au 3e s. avant notre ère dans toute

L'homme de Java

À la fin du 19e s., la découverte à Trinil (Java Est) de restes humains datant du milieu du pliocène (500 000 ans) apporta à Darwin l'une des premières confirmations de ses thèses sur l'origine de l'homme. Mais c'est à Sangiran (près de Solo) que l'on trouva les plus beaux spécimens de squelettes. En 1936, Ralph von Koenigswald mit au jour les restes d'un *Homo erectus* de près de 1 million d'années. Ce squelette, le plus vieux trouvé hors d'Afrique, accrédita un temps la thèse que l'Asie du Sud-Est était le berceau de l'humanité. D'autres découvertes suivirent, notamment d'énormes défenses de mastodonte (4 m) Une étude réalisée en 2014 a daté la couche géologique de Trinil 2 entre 540 000 et 430 000 ans. Le site fait toujours l'objet de recherches et un musée y a été aménagé (mais il contient surtout des copies d'ossements).

l'Asie du Sud-Est. Bien que l'usage du bronze dans l'archipel soit sans doute antérieur, l'apport Dông-Sôn apparaît essentiel pour l'Indonésie, qui en a conservé de nombreuses traces : haches d'apparat, récipients cérémoniels et surtout de grands tambours. Dès le début de notre ère, les nombreuses haches en queue d'hirondelle de Java et les superbes fioles de Sumatra et Madura sortirent probablement des ateliers de Java et de Bali. Un style local s'affirma peu à peu, plus sensible encore dans les fameux **tambours** Pejeng de Bali, les plus impressionnants : 2 m de hauteur.

Les royaumes indianisés

5e-16e s.

La plus ancienne trace des liens entre le sous-continent indien et l'Insulinde nous est donnée par un Grec, Ptolémée, qui mentionne dès le 1er s. apr. J.-C. les îles lointaines de Sabadiba (Sumatra) et Labadium (Java). Le célèbre géographe tenait sans doute ses informations de marchands en contact avec les royaumes indiens, alors au cœur d'un vaste **commerce intercontinental**. Gros consommateurs d'or et d'argent, ceux-ci les payaient aux Romains avec des épices troquées en Indonésie contre des perles et des pierres. Le dynamisme des peuples de l'Insulinde, qui s'aventurèrent jusqu'à Madagascar au début de notre ère, est également attesté et certains leur attribuent même l'initiative de ces échanges. Mais les Indiens n'étaient pas les seuls à lorgner sur les épices de l'archipel, comme en témoigne la tradition bien établie à la cour des Han de mâcher du clou de girofle avant de rencontrer l'empereur (histoire de ne pas gâter son air avec une haleine douteuse !) ou la noix muscade que l'on a découverte aux côtés d'une momie égyptienne.

Quoi qu'il en soit, les liens qui se tissent alors ouvrent la voie à une **pénétration de la culture indienne**, qui imprégnera profondément les religions, les mythes et les arts de l'archipel pendant plus d'un millénaire. La légende javanaise veut que les dieux hindous se soient installés dans l'est de l'île, emmenant avec eux le mont Meru sur le dos de l'oiseau mythique Garuda.

Hindouisme et **bouddhisme** fleurirent dans l'archipel, qui devint au fil des siècles l'un des grands centres de rayonnement de ces religions nées au bord du Gange. L'iconographie exubérante des temples de Prambanan et Borobudur puise abondamment dans les grandes épopées indiennes du *Ramayana* et du *Mahabharata*, que se sont réappropriée les

Indonésiens. Mais leur apport ne s'est pas limité à la pierre et il nourrit tout autant les arts bien vivants du *wayang kulit* et de la danse, ainsi que les mythes locaux du roi-dieu et de la montagne sacrée.

Échos du royaume Gupta

C'est aux 4e et 5e s. que l'influence du royaume indien Gupta devient manifeste. Le plus ancien texte indonésien (4e s.), découvert à **Kalimantan**, mentionne un sacrifice de buffle pratiqué au nom d'un roi dont seul le nom nous est connu : Mulavaraman. Surtout, le choix du **sanskrit**, langue des érudits et des religieux indiens, indique que l'intégration de cette culture étrangère – vecteur idéal pour s'associer à un foyer commercial en plein essor – fut motivée par les princes locaux, et non le fruit des contacts entre marchands ou d'une aventure militaire.

Gravé sur la pierre de Tarumanegara, découverte à **Java Ouest** (5e s.), un autre texte, également rédigé en sanskrit, nous renseigne sur les hauts faits de Purnavarman, roi de Taruma, le plus ancien royaume javanais connu. Les empreintes de pied du souverain qui y sont taillées sont comparées à celles du dieu hindou Visnu.

L'empire de Sriwijaya

7e-13e s.

Aux 6e et 7e s., l'**essor du commerce** entre l'océan Indien, la mer de Chine et les îles aux épices bouleverse la donne régionale. C'est un État bouddhiste, le Sriwijaya, qui va tirer son épingle du jeu, en prenant le contrôle du détroit de Malacca, par où passe le négoce du poivre, des épices, du camphre et du benzène. Connu des Chinois sous le nom de Shi-li-fo-shih, l'empire envoie des ambassadeurs à la cour des Tang jusqu'au 8e s. Il s'affirme aussi comme un grand centre religieux, où le fameux bonze chinois I-Ching dénombre plus de mille de ses coreligionnaires versés dans les écritures à la fin du 7e s. Établi dans le **sud de Sumatra**, à Palembang, le Sriwijaya domine également l'**ouest de Java** et entretient une rivalité épisodique avec les royaumes du centre de cette île. Mais sa sphère d'influence s'étend bien au-delà, dans toute l'Asie du Sud-Est et jusqu'à la péninsule Arabique !

L'apogée des maharajas de Sriwijaya, au 10e s., est attestée par les chroniqueurs arabes.

Cette prospérité attise les convoitises. Au 11e s., le royaume indien de Chola multiplie les raids, les Javanais prennent pied au sud de Sumatra. Sans parler des Chinois

Tambours muets

Merveilleux témoignages artistiques d'une civilisation disparue, les tambours de bronze Dông-Sôn furent importés du Viêtnam, puis fabriqués dans l'archipel au début de notre ère. Un modèle en cire était d'abord réalisé sur un socle en argile, puis on gravait le décor sur la cire, avant l'application du bronze. Parmi les divers types de motifs recensés par Heger, l'étoile cernée de petites grenouilles, en relief sur la partie plane, est le plus courant. Sur les flancs, animaux et scènes de vie s'entourent de frises géométriques, composant un ensemble d'une grande élégance. Symboles du pouvoir de quelques roitelets avides d'obtenir l'onction d'une autorité lointaine ou instruments liés aux rites funéraires, leur fonction prête à débat. Quoi qu'il en soit, des spécimens ont été découverts dans presque toutes les îles de Sumatra à l'Irian Jaya, en passant par les petites îles de la Sonde, suivant une direction qui rappelle le commerce avec l'Inde.

qui bâtissent une flotte commerciale concurrente. À la fin du 11e s., lorsque la capitale migre à Jambi, l'empire Sriwijaya a vécu son heure de gloire.

L'âge d'or des royaumes javanais

8e-10e s.

Au **centre de Java**, qui est déjà l'île la plus riche et la plus peuplée, deux dynasties ont émergé au 8e s. : les **Sailendra** bouddhistes et les **Sanjaya** hindouistes, qui se succèdent à la tête du royaume agraire de **Mataram**. Une civilisation brillante voit le jour, dont le mandala bouddhique de **Borobudur** et les temples de **Prambanan** constituent les joyaux. Mataram préfigure aussi le modèle du royaume concentrique, placé sous l'égide d'un roi-dieu, dont l'histoire indonésienne fournira d'autres exemples.

Mais la rivalité qui sourd entre les deux dynasties dégénère parfois en conflit. À la fin du 8e s., les successeurs de Sanjaya deviennent vassaux des Sailendra. Pour un temps seulement : en 832, à la faveur d'un mariage entre une reine Sailendra et un roi Sanjaya, la dynastie hindouiste reprend le dessus. Contraint de fuir pour s'être soulevé, le prince bouddhiste Balaputra trouve alors refuge à Sumatra, où il parvient à monter sur le trône de l'empire Sriwijaya, l'ennemi juré de Mataram.

La disparition soudaine de Mataram, en 919, reste un mystère pour les historiens, qui avancent l'hypothèse d'une épidémie ou d'une éruption du Merapi. Quoi qu'il en soit, le centre du pouvoir se trouve désormais à l'est de Java pour plusieurs siècles.

Les royaumes orientaux

10e-13e s.

En 929, le roi Sindok fonde, près de **Surabaya**, une dynastie qui étend sa domination sur Bali et lancera même une offensive contre Sriwijaya en 990. Mais vingt-cinq ans plus tard, sa capitale est anéantie lors d'une rébellion, obligeant le jeune prince **Airlangga** à la fuite. Héros de l'histoire indonésienne, ce grand souverain d'origine balinaise parvient en quelques décennies à reconquérir les territoires perdus. On doit à cet ascète et mécène la traduction en javanais des classiques indiens, un fabuleux apport culturel. À sa mort, en 1049, ses possessions sont réparties entre ses deux fils, qui fondent les royaumes de **Janggala** (près de Malang) et de **Kediri** (plus à l'ouest, dans la vallée de la Brantas), ce dernier finissant par annexer Janggala en 1150.

Débute ainsi l'histoire de **Singosari**, qui nous est contée par le *Pararaton*, ou *Livre des rois* (16e s.). Elle commence dans le sang avec l'épopée du sanguinaire Ken Angrok, fils légendaire du dieu Brahma. En 1222, il renverse le roi de Kediri, parvient à réunifier les anciens domaines d'Airlangga, et installe sa capitale à Singosari, près de **Malang**. Sous ses successeurs, le royaume prend le nom de la ville et se couvre de temples. Bouddhiste dévot, versé dans la science et la philosophie, **Kertanegara** (1268-1292) restera le plus grand roi Singosari et le premier à avoir imaginé une unification de l'archipel. De fait, il étend sa domination à Java, Sumatra et jusque dans la péninsule malaise. Mais son rêve est brisé par l'empereur de Chine, le Mongol Kubilaï Khan, qui envoie sa flotte à Java en 1293.

Le très puissant empire Mojopahit

13e-16e s.

Assassiné au cours d'une révolution de palais, Kertanegara n'aura pas le loisir d'affronter l'armada mongole. Le jeune prince Raden Wijaya préfère composer avec l'envahisseur pour reprendre le trône usurpé. Habile tacticien, il parvient même à

se débarrasser de son encombrant allié, sans même lui rendre hommage.
En 1294, Raden Wijaya déplace sa capitale au nord, à Mojopahit (actuelle **Trowulan**), où il jette les bases de l'un des plus puissants États que l'archipel ait connu. C'est le début d'une longue ère de prospérité, fondée sur l'agriculture et le commerce maritime. Un nouveau **style architectural** voit le jour, caractérisé par les fameux temples à portes fendues en brique rouge (dont Bali s'inspire encore), où l'on célèbre un culte syncrétique **hindo-bouddhique**.
L'empire connaît son apogée sous le règne de Hayam Wuruk (1350-1389) et de son Premier ministre Gajah Mada, mais à sa mort une querelle dynastique entraîne une guerre civile (1403-1406). Lorsqu'ils recouvrent leur unité, en 1429, les Mojopahit ont perdu la suprématie maritime au profit de Malacca et entament un long déclin. C'est ainsi que, après plus de dix siècles de rayonnement, les religions indiennes trouveront refuge à Bali, signant la fin de la période classique, ou de ce que certains historiens ont appelé le **Moyen Âge indonésien**.

L'islam entreprenant

15e-16e s.

Si les échanges entre l'Insulinde et le monde arabe remontent au 7e s., ce n'est qu'au 13e s. que l'islam se répandit dans le monde malais grâce aux marchands du Gujarat (Inde), de Perse et d'Arabie. Imprégnée des traits culturels récoltés sur les routes maritimes de l'océan Indien et de la mer de Chine, la foi qu'ils propagent est tolérante, à l'opposé du prosélytisme des soldats de Dieu. Après la côte nord et orientale de Sumatra (fin 13e s.), la religion s'implanta aux Moluques et à Java (15e s.), Lombok (1525), Sulawesi (1600) et enfin Kalimantan (1605). Au 17e s., l'islamisation de l'archipel est à son apogée, englobant toute la « Méditerranée indonésienne », à l'exception de Flores, Timor et une partie des Moluques.
Religion égalitariste, l'islam offrait l'avantage d'abolir les frontières de castes et d'ethnies. De plus, embrasser la foi née en Arabie, c'était intégrer un réseau commercial en pleine extension. Au 15e s., en effet, les dynasties musulmanes contrôlent d'immenses territoires, dispersés de l'Atlantique à l'Indus. L'arrivée massive de marchands chinois, à la même époque, devait également avoir de profondes répercussions sur l'histoire de l'archipel.

L'avènement des sultanats

Les ports et les grandes villes marchandes vont servir de chambre d'écho à la parole du Prophète. Leur prospérité, qui contraste avec la puissance déclinante des vieux États agraires indianisés, les pousse à revendiquer leur autonomie puis à étendre leur domination vers les plaines de l'intérieur. Située le long d'un très actif couloir commercial qui contrôle le marché des épices, Malacca (péninsule malaise) devait également sa richesse à la proximité des plantations de poivre de Sumatra. Elle fut la première grande cité d'Asie du Sud-Est à adopter l'islam, en 1419. Au 15e s., en effet, la noix muscade et le clou de girofle, que l'on ne trouve qu'aux **Moluques**, suscitent la convoitise des grandes puissances. Les musulmans arrivent premiers de cette course effrénée et dès 1480, le sultanat de Ternate est fondé.
Mais, comme toujours, c'est à **Java** que se jouera le destin de l'archipel, au cours de la première moitié du 16e s. La légende attribue aux **Wali Songo**, les neuf apôtres de l'islam

sur la côte nord (Pasisir), l'essor des sultanats de Gresik, Tuban, Demak, Jepara, Cirebon et Banten *(voir également p. 43)*. Les historiens, eux, ont également établi le rôle éminent tenu par les marchands chinois musulmans dans ce processus. Quoi qu'il en soit, la nouvelle foi se répand en pays Sunda (ouest de l'île), où le pouvoir a toujours été plus laxiste. Et c'est au **sultanat de Demak** que revient de porter le coup fatal à l'empire Mojopahit (1527). Il s'épuisera à son tour au siècle suivant, dans sa lutte contre Blambangan, le dernier royaume indianisé de l'est de l'île. Au début du 17e s., une nouvelle puissance musulmane émerge : **Mataram**, deuxième du nom.

L'épisode portugais

Dès le début du 16e s., l'expansion de l'islam s'est heurtée à l'arrivée des Portugais, qui convoitent eux aussi le fructueux marché des épices. En 1511, la **prise de Malacca** par Alfonso de Albuquerque bouleverse les réseaux commerciaux dominés par les Arabes et les Chinois et sert de prélude à la colonisation européenne. Les marchands musulmans se replient sur Aceh, à la pointe nord de Sumatra, où s'épanouit un nouveau sultanat qui n'aura de cesse de refouler les Portugais, avec l'aide du lointain Empire ottoman. C'est chose faite en 1641 seulement, mais par les soins d'une autre puissance européenne : les **Hollandais**.

À Java, les Portugais nouent des contacts sans lendemain avec le royaume de Pajajaran (1522), mais c'est dans les îles aux épices des **Moluques** (Ambon, Ternate et Banda) et dans les **petites îles de la Sonde** (Flores, Solor, Timor) qu'ils affirment leurs positions. Grâce aux efforts d'Alfonso de Albuquerque, qui encourage ses soldats à épouser des femmes du pays, certaines populations adoptent même la religion catholique. Cependant, en butte aux attaques des sultans de Makassar (Sulawesi), puis des Hollandais, les Portugais seront chassés de l'archipel au début du 17e s., et ne conserveront que la partie orientale de Timor.

La Compagnie des Indes orientales

17e-18e s.

L'arrivée de Cornelis Van Houtman dans le grand port poivrier de **Banten**, dans l'ouest de Java (1596), signe le début de l'aventure batave en Indonésie. Cette expédition éveille l'intérêt des Français et des Anglais pour les îles aux épices, mais ce sont les Hollandais qui, en moins de cinquante ans, s'imposent par la force comme la première puissance dans l'archipel.

Du sang pour des épices

En 1602 naît la **Compagnie hollandaise des Indes orientales** (Vereenigde Oostindische Cie - VOC), société à capitaux multiples – l'une des premières de l'histoire –, habilitée à négocier des traités, lever une armée, construire des forteresses et même déclarer la guerre au nom des Provinces-Unies. Très rapidement, elle prend le contrôle des Moluques, notamment de Banda, où la population est massacrée ou réduite en esclavage. Dans la foulée, sous la houlette du jeune **Jan Pieterszoon Coen**, la VOC établit dès 1614 une solide tête de pont à Jayakarta (actuelle Jakarta), près des poivrières de Sumatra et du détroit de la Sonde. Le pragmatisme de Coen est sans limites : en 1618, sous prétexte d'agrandir le poste, il édifie une véritable forteresse. La riposte du prince Wijayakrama est immédiate mais, malgré leur infériorité numérique, les Hollandais lui infligent une cuisante défaite.

Prince Diponegoro.
De Agostini Picture L/De Agostini Editore/age fotostock

En 1619, ils rasent la ville et en rebâtissent une nouvelle, à l'image d'Amsterdam : **Batavia**. La prise de Malacca aux Portugais, en 1641, parachève la mainmise des Hollandais sur le commerce des épices. Convaincus de faire une bonne affaire, ils troquent des îles aux Anglais contre un îlot sans avenir du Nouveau Monde... Manhattan !

Les guerres de Java

Profitant du déclin d'Aceh et de Malacca, Batavia devient le centre de gravité du commerce dans l'archipel, mais la petite colonie reste coupée de l'arrière-pays. Par deux fois, en 1628 et 1629, elle manque de succomber aux assauts du royaume de Mataram. Dès lors, les Hollandais joueront constamment des divisions entre les Javanais pour les affaiblir. En 1639, la VOC signe la paix avec le petit sultanat de Banten, puis se rapproche de Sultan Agung (règne 1613-1646), le souverain de **Mataram**. Successeur de Senopati, celui-ci a déjà conquis l'est de Java, Madura et Bali, dans l'espoir de renouer avec la gloire de l'empire Mojopahit. Bloqués dans leur progression à Java, les Hollandais marquent un point important en 1669 en prenant **Makassar**, étape privilégiée sur la route des épices.
À la fin du 17e s., la VOC profite des querelles dynastiques qui déchirent les deux sultanats. C'est d'abord la capitulation de Banten (1682), à l'issue d'une courte guerre. Puis, les révoltes du prince madurais Trunajaya (1677-80) et de l'esclave balinais Surapati (1686-1703) lui permettent de s'immiscer dans les affaires intérieures de Mataram.
Au 18e s., à l'issue des **guerres de succession javanaises** *(voir « Le rendez-vous des civilisations », p. 41)*, les Hollandais ont conquis une grande partie de Mataram, dont les souverains, divisés et affaiblis, se cantonneront désormais dans un rôle de mécènes.
Mais ces longues années de troubles ont ruiné la VOC, alors même que le commerce des épices décline et que les Bataves perdent leur monopole du commerce en Asie. En 1799, la compagnie est acculée à la faillite.

Les Indes néerlandaises

1800-1949

À peine devenue possession de la couronne hollandaise, la colonie change de main à la faveur des **guerres napoléoniennes**. Nommé gouverneur des Indes néerlandaises (1808) par le roi des Pays-Bas Louis Bonaparte, Herman Willem Daendels hisse le drapeau français à Batavia. Il introduit le travail forcé, ponctionne les paysans et aliène une partie de la terre. Son projet pharaonique de route carrossable « transjavanaise », s'il permet de désenclaver l'île, coûte la vie à de nombreux ouvriers.

En 1811, les Anglais prennent Batavia et y installent Thomas Stamford Raffles, grand connaisseur du monde malais. Soucieux de rentabilité, le gouverneur instaure un système de rente foncière qui oblige les agriculteurs à payer un loyer (un tiers, voire la moitié de leur récolte !). Parallèlement, une petite coterie bénéficie de ses efforts pour créer de grandes plantations. À la fin des guerres napoléoniennes, cependant, les Anglais restituent la colonie aux Hollandais.

Une colonie rentable

Mais le tableau se révèle sombre : la production de café stagne et l'impôt foncier rapporte peu. Surtout, des **révoltes** éclatent un peu partout. Dans l'ouest de Sumatra, le pays Minangkabau est mis à feu et à sang par un conflit religieux, la guerre des Padri (1815-1824). Puis, c'est la **guerre de Java** (1825-1830), menée par le prince Diponegoro, qui laissera l'île exsangue.

La paix revenue, le gouverneur général Johannes Van den Bosch met en place le **Kultuurstelsel**, système de cultures forcées qui va faire la fortune de la Hollande et lui permettre de financer sa révolution industrielle.

Dès lors, Java se transforme en une immense plantation (café, canne à sucre, thé, tabac...), au détriment des cultures vivrières. Cependant, le système atteint ses limites et, en 1860, le livre *Multatuli* de Max Havelaar, qui en dénonce les abus, connaît un immense retentissement en Hollande.

Après 1870, les grandes exploitations d'État cèdent la place aux plantations privées, sous la coupe d'une poignée de propriétaires. De 1850 à 1905, la communauté européenne passe ainsi de 22 000 à 80 000 colons. Usines et magasins à l'occidentale fleurissent, tandis que l'électricité et le chemin de fer (1894) font leur apparition.

Mais ces progrès bénéficient peu à la population locale. Raden Adjeng Kartini (1879-1904), une jeune aristocrate javanaise érigée plus tard en héroïne nationale, va la première dénoncer à la fois le **système colonial**, qui prive les populations locales d'un accès à l'éducation, et la tradition qui maintient les femmes sous la coupe masculine.

Parallèlement, la conquête se poursuit : en 1903, après trente ans de lutte, le sultanat d'Aceh capitule, suivi par celui de Jambi et le royaume Batak. À l'est, Lombok (1894) Sulawesi (1905), Bali (1906) et Flores (1907-1908) tombent tour à tour. Avec la prise de la moitié orientale de la Nouvelle-Guinée (Irian Jaya), en 1928, les Hollandais parachèvent l'**unification de l'archipel**, dessinant les contours de la future république indonésienne (hormis Timor Est).

La revendication nationale

À Java, le mécontentement gronde. En 1908, une association étudiante anticoloniale voit le jour, le Budi Utomo. Vient ensuite le Sarekat Islam, à l'origine simple corporation de fabricants de batiks musulmans qui se transforme en organisation nationaliste en 1912, pour revendiquer 2 millions de membres sept ans plus tard. Puis, dès 1920, le **parti communiste indonésien (PKI)**, premier du genre en Asie, est fondé. Grèves, manifestations et affrontements se succèdent, auxquels le gouvernement colonial réplique par l'interdiction du PKI (1927) et l'arrestation des principaux chefs de file nationalistes. Parmi eux : un certain **Soekarno**, qui fonde, en 1927, le **Parti national indonésien (PNI)**. L'idée d'une nation prend corps en 1928, lors du rassemblement de Medan, où un groupe d'étudiants prononce le serment de la jeunesse et adopte le malais comme langue commune.

En février 1942, l'effondrement hollandais (en dix jours à peine) sous les coups de boutoir des **Japonais** stupéfie les Indonésiens.

Accueilli en libérateur, le nouvel occupant ne tarde pas à mettre l'archipel en coupe réglée : camps de travail, spoliations, famines, révoltes réprimées dans le sang, l'Indonésie traverse l'une des périodes les plus noires de son histoire. Aussi quand, en 1943, les Japonais tentent de se concilier les nationalistes indonésiens, ceux-ci préféreront-ils jouer leur propre carte.

La guerre de libération

Le 17 août 1945, deux jours après la reddition du Japon, Soekarno et Mohammed Hatta proclament l'indépendance de l'Indonésie, dont ils deviennent respectivement président et vice-président. Dès le lendemain, une Constitution est promulguée. Des heurts se produisent alors avec les Japonais, puis avec les Anglais, chargés de maintenir l'ordre. À leur retour, les Hollandais engagent une lutte farouche contre les troupes de la jeune république, commandées par le charismatique **général Sudirman**. Parallèlement, ils tentent de maintenir leur influence en créant un État dans l'est de l'archipel qui leur est favorable.

Mais le contexte international a changé et les Américains ne tolèrent plus l'existence d'empires coloniaux. Menacée d'être privée des fonds promis dans le cadre du plan Marshall, La Haye accepte de reconnaître l'**indépendance** de l'Indonésie en 1949. Seule reste en suspens la question du statut de la moitié occidentale de la Nouvelle-Guinée. Après 330 années de présence, les Hollandais, qui n'ont jamais cherché à promouvoir leur langue et leur culture, s'en vont sans laisser de traces.

Enfin une république

La tâche du nouveau régime s'annonce colossale. L'économie est dévastée par des années de guerre et la pénurie de riz menace, aggravée par l'essor démographique. Le gouvernement s'emploie d'abord à mater la sécession des Moluques (1950) et la rébellion armée du mouvement islamiste Darul Islam à Aceh, aux Célèbes et à Java Ouest (1949-1962). L'Indonésie, qui a adopté un régime parlementaire, s'enlise dans l'instabilité de coalitions dominées par le parti Masyumi, musulman et conservateur, et le parti socialiste.

La démocratie dirigée

Soutenu par les communistes et les nationalistes, Soekarno impose en 1953 l'« indonésianisation » de l'économie. À l'extérieur, il prône le rapprochement avec le camp socialiste et met sur pied la **conférence de Bandung** (1955), acte fondateur du mouvement des pays non alignés. Par ailleurs, désireux de régler la question de l'Irian Jaya, il confisque les biens des Hollandais qui sont expulsés et porte l'affaire devant l'ONU, où il obtient gain de cause en 1963. Miné par l'instabilité politique, les problèmes économiques et les rébellions militaires, le pays s'enfonce dans la crise. Soekarno doit chercher un équilibre entre deux ennemis irréductibles : le **PKI** et l'**armée**. Réprimée par le général Nasution, la tentative de sécession de Sumatra (1958-1961) va servir de prétexte à une reprise en main du régime par Soekarno, qui rétablit la Constitution de 1945 et instaure une « démocratie dirigée ».

Invoquant les idéaux de la révolution, le président se rapproche des **communistes** et adopte une politique dirigiste et antilibérale. Mais la réforme agraire et la tentative de créer des conseils ouvriers aggravent la situation économique et se heurtent aux milieux d'affaires et à l'armée. En 1963, inquiet du projet anglais de constituer une « grande Malaysia » – englobant la Malaisie, Singapour et le nord de Bornéo –, Soekarno choisit la confrontation *(konfrontasi)* avec les Occidentaux et se rapproche de la Chine communiste. Un tel virage inquiète l'armée, d'autant que le PKI semble en mesure de s'emparer du pouvoir. C'est dans ce contexte tendu, alors que Soekarno conserve un immense prestige, qu'intervient le **coup d'État de 1965** *(voir encadré ci-dessous)*.

L'« ordre nouveau »

Rares sont les événements de l'histoire récente qui ont influé sur le destin d'autant d'hommes, tout en restant nimbés d'un tel halo de mystère. La conséquence immédiate du coup d'État manqué de 1965 fut l'élimination du PKI, accusé d'être l'instigateur du putsch. Cela au prix d'une répression féroce qui fit entre 500 000 et 1 million de morts et prit pour cible la communauté sino-indonésienne. Dans les années suivantes, la lutte pour le pouvoir tourna à l'avantage de **Suharto**, soutenu par l'armée, les étudiants et les organisations musulmanes. Destitué par l'Assemblée en 1967, Soekarno sera placé en résidence surveillée jusqu'à sa mort, en 1970.

Le nouveau régime promeut la **croissance économique**, l'alphabétisation et le contrôle des naissances, qui connaissent de réels succès. La modernité fait son entrée dans la vie des Indonésiens, la capitale se couvre de buildings et une classe moyenne émerge. La crise de 1997 révélera cependant la faiblesse structurelle d'une économie gangrenée par les inégalités et la **corruption**.

Pendant trente-deux ans, la scène politique sera dominée par le **Golkar**, soutenu par l'armée. En outre, le régime se montre implacable avec l'opposition,

Le coup d'État de 1965

Dans la nuit du 30 septembre, six membres de l'état-major de l'armée de terre sont arrêtés et exécutés par des « officiers progressistes ». Le haut commandement est décapité, à l'exception du général Nasution et de Suharto, un obscur général qui commande l'unité d'élite Kostrad. Les auteurs du coup de force affirment vouloir sauver le régime de Soekarno, menacé par un putsch téléguidé par la CIA. Les heures qui suivent vont se révéler cruciales pour l'avenir de l'Indonésie. Très vite, Suharto reprend le contrôle de la capitale et déjoue la tentative. Pourtant, de nombreux points restent obscurs quant au rôle du parti communiste, qui a approuvé cette « action intérieure à l'armée » sans y participer, et à celui du président Soekarno, qui l'a condamnée...

qu'elle soit religieuse (massacre des musulmans de Tanjung Priok en 1984), ethnique (Aceh, Irian Jaya) ou politique (censure de la presse, emprisonnements).
À l'extérieur, l'Indonésie participe à la création de l'**ASEAN** (1967), qui regroupe les pays de la région dans le but de promouvoir la croissance économique et de bloquer l'expansion du communisme. Suharto se rapproche des Américains et rompt avec la Chine (les relations seront rétablies au début des années 1990). En 1975, il envahit Timor Est, l'ancienne possession portugaise qui vient de proclamer son indépendance. Mais l'armée indonésienne ne parviendra jamais à mater la guérilla du Fretilin, après vingt ans d'une guerre qui a fait plus de 200 000 morts (le tiers de la population). Le **Timor oriental** obtient l'indépendance en 2002.

La « Reformasi »

Les gigantesques incendies qui ont détruit des millions d'hectares de forêts à Sumatra et Kalimantan en 1997 apparaissent comme les signes avant-coureurs de l'effondrement de l'économie indonésienne et de la chute de Suharto, au pouvoir depuis trente-deux ans. Soutenus par une large majorité de la population, les étudiants ont été les fers de lance de la Reformasi (réforme). Les sanglantes **émeutes de Jakarta** (1200 morts), qui ont notamment pris pour cible la communauté sino-indonésienne, puis l'occupation du Parlement par les étudiants ont contraint le vieux dictateur à passer la main à son vice-président, **Jusuf Habibie**, le 21 mai 1998.
Très contesté, car relevant d'une légitimité qui tient du fait du prince, le nouveau président doit donner des gages d'ouverture (libération de prisonniers politiques, fin de la censure, etc.). Il donne surtout rendez-vous aux électeurs pour le premier scrutin libre depuis 1955.

Les premières élections libres

Aux élections de 1999, le Partai Demokrasi Indonesia Perjuangan (PDI-P), dirigé par Megawati Sukarnoputri, la fille de Soekarno, l'emporte sur le Golkar. Mais, sous la pression des mouvements musulmans qui ne veulent pas d'une femme à la tête du pays, celle-ci doit céder la présidence à son allié, le musulman Abdurrahman Wahid (également connu sous le nom de Gus Dur). Accusé de corruption, il est destitué dès 2001 par le Parlement. La vice-présidente **Megawati Sukarnoputri** lui succède. Son mandat est marqué par le terrible **attentat de Bali** (202 morts), perpétré en 2002 par des terroristes islamistes *(voir p. 221)*. En outre, les conflits régionaux sont loin d'être apaisés. La situation en **Papouasie occidentale** – où les atteintes aux droits de l'homme sont légion – apparaît préoccupante, comme l'illustre l'assassinat par l'armée, en 2001, du dirigeant papou Theys Eluay.
Les élections législatives de 2004 sont les premières où l'armée n'a pas de sièges réservés. Cette fois, le Golkar, l'ancien parti de Suharto, est devant le PDI-P. Trois mois plus tard, l'ancien général **Susilo Bambang Yudhoyono**, du Parti démocrate, devance Megawati et devient le premier président élu au suffrage universel de l'histoire indonésienne. Il est reconduit en 2009, au premier tour, avec plus de 60 % des voix.
Pour nombre d'observateurs, la pacification de la province rebelle **d'Aceh** est l'un des succès de la présidence d'Yudhoyono, tout en constituant peut-être une bombe à retardement. La province, qui dispose désormais d'une autonomie spéciale, a mis en place la charia. La loi d'autonomisation régionale, qui entendait rompre brutalement avec

le centralisme du régime Suharto, s'est emballée. Au risque de mettre en cause la cohésion de l'archipel, elle doit rapidement trouver un équilibre. Par ailleurs, si le groupe Jemaah Islamiyah, auteur des attentats de Bali, a été démantelé, le terrorisme djihadiste n'en continue pas moins de frapper l'archipel : attentats à Bali en 2002 et 2005, à Jakarta en 2016 et à Surabaya en 2018.

Une démocratie sous tension

En 2014, c'est un civil réformateur, **Joko Widodo**, dit Jokowi, qui succède au général Yudhoyono, après deux mandats à la tête de l'État. D'origine modeste, l'ancien gouverneur de Jakarta incarne un espoir de renouveau. Des mesures sociales sont annoncées et près de 200 grands chantiers d'infrastructures sont lancés à travers l'archipel. Pour désengorger Jakarta, menacée par la montée des eaux et l'affaissement du sol (7,5 cm par an), le président décide l'édification d'une nouvelle capitale, **Nusantara** (« archipel »), à Balikpapan. En outre, un moratoire sur l'extension des plantations de palmiers à huile est décrété.

Lors des élections législatives et présidentielle de 2019, Jokowi s'associe à l'un des hommes les plus conservateurs d'Indonésie, le prédicateur islamique **Ma'ruf Amin**, patron du Conseil des oulémas. Il l'emporte avec 55,5 % des voix contre son adversaire de 2014, **Prabowo Subianto**, ancien commandant des forces spéciales indonésiennes sous Suharto, et gendre du dictateur déchu.

Dès le premier mandat de Jokowi, son image d'homme progressiste recule devant celle d'un président qui applique notamment avec sévérité la peine de mort. En octobre 2020 est votée une loi d'inspiration libérale qui réduit les droits des travailleurs (licenciement, acquis sociaux) et assouplit la législation environnementale, dans le but d'attirer les investisseurs.

La démocratie indonésienne est bien ancrée, mais face à une élite politique souvent corrompue et une société civile parfois atone, le conservatisme religieux gagne du terrain. En témoigne le vote au parlement, en décembre 2022, d'une loi interdisant les relations sexuelles hors mariage (non encore ratifiée en avril 2023) et, par conséquent, entre personnes de même sexe, puisque le mariage homosexuel n'est pas légalisé. Dans la foulée, en janvier 2023, le président a semblé vouloir donner des gages de libéralisme en reconnaissant, fait sans précédent, douze violations graves des droits de l'Homme commis par l'État, notamment lors des massacres de 1965-66 et lors du mouvement démocratique de 1998.

Chronologie

- **1 million d'années** – Homme de Java (Trinil, Java Centre).
- **3000-500 av. J.-C.** – Migration des Austronésiens dans l'archipel.
- **300 av. J.-C.** – Pénétration de la civilisation Dông-Sôn.
- **4e-5e s. apr. J.-C.** – Premiers royaumes indianisés.
- **7e-13e s.** – Empire Sriwijaya.
- **8e-10e s.** – Premier royaume de Mataram (centre de Java).
- **778-824** – Dynastie Sailendra (Borobudur, Java).
- **732-919** – Dynastie Sanjaya (Dieng, Prambanan).
- **919** – Disparition du royaume de Mataram.
- **1019-1049** – Royaume d'Airlangga (Java Est).
- **11e-13e s.** – Royaumes de Kediri et Janggala (Java Est).
- **1222-1292** – Royaume de Singosari (Java Est).
- **1293** – Kubilaï Khan attaque Java.

- **1294** – Fondation de l'empire Mojopahit (Trowulan, Java Est).
- **Fin du 15e s.** – Déclin de l'empire Mojopahit.
- **15e-16e s.** – Expansion de l'islam. Sultanats javanais.
- **1511** – Prise de Malacca par les Portugais (Malaisie).
- **Fin du 16e s.** – Émergence du second royaume de Mataram.
- **1596** – Première expédition hollandaise (Banten, Java Ouest).
- **1602** – Création de la Compagnie des Indes orientales.
- **1619** - Jayakarta (future Jakarta) est rebaptisée Batavia.
- **1641** – Prise de Malacca par les Hollandais, départ des Portugais.
- **1799** – Faillite de la Compagnie des Indes orientales.
- **1811-1815** – L'Anglais Thomas Raffles, gouverneur.
- **1824** – Partage de l'Insulinde entre Anglais (Malaisie) et Hollandais (Indonésie).
- **1825-1830** – Rébellion du prince Diponegoro. Guerre de Java.
- **1873-1903** – Guerres d't.
- **1906** – Prise de Bali par les Hollandais.
- **1908** – Premier mouvement nationaliste.
- **1927** – Création du parti national indonésien par Soekarno.
- **1942-1945** – Occupation japonaise.
- **17 août 1945** – Proclamation de la République d'Indonésie par Soekarno, qui devient président.
- **1949** – Reconnaissance de l'État indonésien à La Haye.
- **1965** – Coup d'État manqué. Massacre de communistes, pogroms des Chinois.
- **1967** – Soekarno cède le pouvoir au général Suharto.
- **1975** – Invasion du Timor Est.
- **Mai 1998** – Manifestations étudiantes, émeutes de Jakarta (13-15 mai). Démission de Suharto (21 mai), remplacé par Habibie.
- **1999** – Premières élections libres depuis 1955 : Abdurrahman Wahid devient président. Référendum d'autodétermination au Timor Est.
- **2001** – Destitution du président Wahid. Megawati Sukarnoputri, vice-présidente, lui succède.
- **2002** – Attentats de Bali. Indépendance du Timor oriental.
- **2003** – Attentats de Jakarta.
- **2004** – Première présidentielle au suffrage universel. Susilo Bambang Yudhoyono l'emporte.
- **26 déc. 2004** – Le tsunami fait 170 000 morts à Aceh, dans le nord de Sumatra.
- **15 août 2005** – Le GAM renonce à la lutte armée pour l'indépendance d'Aceh en échange d'un statut d'autonomie pour la province.
- **2006** – Un séisme au sud de Java fait plus de 6 000 victimes.
- **2008** – Mort de Suharto.
- **2009** – Réélection de Susilo Bambang Yudhoyono.
  Attentats à Jakarta visant les hôtels Marriott et Ritz-Carlton.
  Un séisme à l'ouest de Sumatra fait plus d'un millier de morts.
- **2014** – Élection de Joko Widodo à la présidence.
- **2016** – Plusieurs attentats à Jakarta, revendiqués par l'État islamique.
- **2017** – L'ancien gouverneur de Jakarta Basuki Purnama est condamné à deux ans de prison pour blasphème.
- **2018** – Attentat contre des églises chrétiennes de Surabaya. Des séismes dans le nord de Lombok font 555 morts et 1500 blessés. Un séisme suivi d'un tsunami fait plus de 2 000 morts à Palu (Sulawesi).
- **2019** – Annonce du futur transfert de la capitale dans une nouvelle cité bâtie à Balikpapan.
- **2022** – En novembre, sommet du G20 à Bali, sous la présidence indonésienne. En décembre, un séisme provoque la mort de 250 personnes à Cianjur (Java Ouest).
- **2023** – Sommet de l'ASEAN, à Labuan Bajo (Flores).

Départ de randonnée au pied du mont Bromo, sur l'île de Java.
J. Garcia/hemis.fr

ORGANISER SON VOYAGE

Types de séjours

Un pays, un archipel, quelque 17 000 îles réparties entre les hémisphères Nord et Sud : l'Indonésie est à elle seule un univers où chaque envie trouve sa place.

Sumatra, septième île de la planète par la taille, recèle encore des jungles luxuriantes où se cachent orangs-outans, tigres et rhinocéros. Entre lacs immenses, plages désertes battues par les rouleaux et volcans fumants, elle héberge une mosaïque de peuples.

Java berce l'imaginaire occidental de rêves exotiques et de paysages tropicaux. N'en déplaise aux géographes, la traversée de l'île évoque plutôt celle d'un immense village mêlant frénésie urbaine, douceur de vivre et tradition rurale.

Bali, elle, est un rêve quasiment élevé au rang de mythe : plages frangées de récifs coralliens, vertes rizières en terrasses miroitant au soleil, majestueux volcans aux colères destructrices...

Sa voisine **Lombok** ravira le voyageur en quête de plages splendides ou de randonnées sur un volcan. L'île attire de plus en plus de visiteurs, et les infrastructures se sont développées.

À l'est de Lombok, une autre Indonésie se révèle. La nature montre ici un caractère bien différent, aussi rude qu'étrange : **Flores** livre ses vallées enclavées comme des entailles, ses plages brûlées par le soleil, ses forêts touffues, sans oublier les lézards géants de Komodo et les lacs aux couleurs changeantes des cratères du Kelimutu.

Plus au nord, **Sulawesi** étend ses longs bras tels des tentacules. Les plongeurs y dialoguent avec le peuple du silence sur les tombants de Bunaken ou dans les jardins de coraux des îles Togian...

Sport, aventure et nature	
Randonnée sur un volcan	À Java, les monts Merapi et Bromo *(p. 132 et 194)*. À Bali, les monts Agung *(p. 318)* et Batur *(p. 322)*. À Lombok, le mont Rinjani *(p. 375)*. À Flores, l'Inerie *(p. 408)* et le Kelimutu *(p. 415)*. À Sulawesi, le mont Mahawu *(p. 545)*.
Plongée bouteille et plongée libre	À Java, l'archipel de Karimunjawa *(p. 168)*. À Bali, Nusa Lembongan *(p. 265)*, Tulamben *(p. 310)* et l'île de Menjangan *(p. 345)*. À Lombok, l'archipel des Gili *(p. 368)*. À Flores, la baie de Labuan Bajo *(p. 393)* et les îles Tujuhbelas *(p. 410)*. À Sumatra, l'île de Belitung *(p. 480)*. À Sulawesi, l'archipel des Togian *(p. 535)*, et l'île de Bunaken *(p. 546)*.
Surf	À Bali, Kuta *(p. 236)* et la péninsule de Bukit *(p. 249)*. La côte sud de Lombok *(p. 383)*. À Sumatra, l'île de Siberut, au large de Padang *(p. 465)*.
Flore et faune	Les orangs-outans et les éléphants dans le parc national de Gunung Leuser, à Sumatra *(p. 444)*. La rafflésie, une fleur géante, près de Bukittinggi à Sumatra *(p. 470)*. Les dragons de Komodo à Flores *(p. 396-397)*.

	Arts du spectacle
Marionnettes	À Java, spectacle de *wayang kulit* au musée du Wayang de Jakarta *(p. 54)* ; *wayang golek* à Bandung *(p. 103)* et au *kraton* de Yogyakarta *(p. 125)* ; marionnettes animées dans le quartier chinois de Surabaya *(p. 177)* ; la maison des Masques et des Marionnettes Setiadarma *(p. 280)*.
Danse	À Java, pièce contemporaine au TIM et *Mahabharata* au Wayang Orang Bharata *(p. 72)* à Jakarta, *Ramayana* à Prambanan *(p. 159)* et à Yogyakarta *(p. 141)*. À Bali, spectacles de danse *legong*, *barong* ou *kecak* à Ubud *(p. 288)*.
	L'Indonésie, côté culture
Édifices religieux	À Java, la mosquée Istiqlal de Jakarta *(p. 59)*, le mandala de Borobudur *(p. 147)* et les temples de Prambanan *(p. 153)* près de Yogyakarta. À Bali, les temples Tanah Lot *(p. 232)*, d'Uluwatu *(p. 249)* ou de Besakih *(p. 319)*. À Sumatra, la grande mosquée et le temple hindou de Medan *(p. 436 et 439)* ; le temple chinois de Padang *(p. 459)*, la nécropole Tomok au lac Toba *(p. 472)*. À Sulawesi, la nouvelle mosquée Asmaul Husnah 99 Kubah, à Makassar *(p. 516)*.
Musées	À Java, le Musée national de Jakarta *(p. 58)*. À Bali, les musées Blanco Renaissance et Neka *(p. 273 et 274)* de Campuhan. À Flores, le musée de Ledalero *(p. 422)*.
Architecture	À Java, l'architecture hollandaise du quartier de Kota à Jakarta *(p. 54)*, les *kraton* de Cirebon *(p. 111)* et de Yogyakarta *(p. 125)*. À Bali, le palais Taman Gili à Klungkung *(p. 303)* et le palais aquatique de Tirtagangga *(p. 309)*. À Lombok, l'architecture sasak à Sade *(p. 384)*. À Flores, les fragiles villages de bambou du pays Ngada *(p. 405)* et du pays Lio *(p. 413)*. À Sumatra, les maisons coloniales de Medan *(p. 436)* ; les maisons traditionnelles du lac Toba *(p. 451)* et du pays Minangkabau *(p. 470)*. À Sulawesi, le fort Rotterdam de Makassar *(p. 493)* et les greniers à riz du pays Toraja *(p. 511)*.
	Immersion indonésienne
Culture	À Java, cours de danse et de marionnettes, et cours de fabrication de batik à Yogyakarta *(p. 141)*. À Bali, initiation à la peinture et à la cuisine à Ubud *(p. 289)*.
Bien-être	À Bali, massage à Lovina Beach *(p. 331)* ; expérience ayurvédique au Bali Botanica Day Spa et réflexologie ou bains aux herbes à l'Ubud Bodyworks Healing Centre *(p. 289)*.
Spiritualité	À Java, le cimetière des sultans à Imogiri *(p. 130)* et la cérémonie du Kasada au mont Bromo en novembre *(p. 196)*. À Bali, une célébration dans un temple. À Lombok, la fête du Nyale en février sur la plage de Kuta-Lombok *(p. 384)*. À Sumatra, sur l'île de Siberut, un séjour chez les Mentawaï, dans la jungle, en compagnie d'un chamane *(p. 468)*. À Sulawesi, les cérémonies funéraires du pays Toraja *(p. 511 et 517)*.

Aller en Indonésie

Nom officiel : République d'Indonésie
Capitale : Jakarta
Superficie : 1 919 440 km²
Population : 270 000 000 hab. (estimation 2020)
Monnaie : la roupie indonésienne (10 000 Rps = ± 0,61 €)
Langue officielle : bahasa indonesia

En avion

Aéroports

L'Indonésie possède une vingtaine d'aéroports internationaux, les plus fréquentés étant **Jakarta**, Surabaya, Bandung, Semarang et Yogyakarta sur l'île de Java ; **Denpasar** à Bali ; Mataram à Lombok ; Makassar et Manado à Sulawesi ; Medan et Padang à Sumatra.

Taxis à l'arrivée des avions, la compagnie réputée la plus fiable étant **Blue Bird** (taxis bleus, avec un logo en forme d'oiseau). Des **trains** et **autobus** publics permettent de rejoindre certains centres-villes.

Voir aussi la rubrique « Arriver/Partir » des carnets pratiques.

Compagnies régulières

Nombreuses compagnies au départ de l'Europe : Air France-KLM, British Airways, Emirates, Etihad, Eva Air, Garuda Indonesia, Lufthansa, Malaysian Airlines, Thai Airways, Singapore Airlines, Silkair, Cathay Pacific, Qantas, Qatar Airways...

Pas de vol direct depuis la France : les avions font au moins une escale au Moyen-Orient ou en Asie. La plupart des vols internationaux atterrissent à **Jakarta** (Java) ou **Denpasar** (Bali). Un vol Paris-Denpasar avec une escale dure de 16h30 à 19h30, et un vol Paris-Jakarta, avec une escale, de 18h à 20h. Tarif entre 700 et 1300 €, taxes d'aéroport incluses.

Sur Internet

Google Flights est pratique pour comparer les vols et les prix. D'autres **comparateurs de vols** font profiter des promotions des compagnies ou des sites de voyage. Consultez par exemple www.ebookers.com, www.expedia.fr, www.kayak.fr, www.fr.lastminute.com, www.momondo.fr, www.opodo.fr, www.skyscanner.fr.

Avec un voyagiste

Généralistes

Comptoir des Voyages – *2-18 r. Saint-Victor, 75005 Paris - ✆ 01 53 10 30 15 - www.comptoir.fr.* Voyage sur mesure avec séjour immersif et hébergement chez l'habitant. Agences à Bordeaux, Lille, Lyon, Marseille et Toulouse.

Evaneos – *27 r. de Mogador, 75009 Paris - ✆ 01 82 83 36 36 - www.evaneos.fr - lun.-vend. 9h-19h.* Voyage composé en relation directe avec une agence locale francophone.

La Route des Voyages – *10 r. Choron, 75009 Paris - ✆ 01 55 31 98 80 - www.laroutedesvoyages.com.* Itinéraires sur mesure et circuits individuels Java-Bali-Lombok. Agences à Angers, Annecy, Bordeaux, Genève, Lyon, Paris et Toulouse.

Marco Vasco – *36 r. Brunel, 75017 Paris - ✆ 01 73 25 74 92 - www.marcovasco.fr.* Circuits et séjours à Bali, Java et Lombok.

Voyageurs du Monde – *✆ 01 42 86 16 00 (Paris) - www.vdm.com.* Voyages individuels sur mesure offrant un large choix de prestations, circuits en groupe, etc.

Agences dans plusieurs villes de France, Bruxelles et Genève.

Spécialistes de l'Asie

Altiplano Voyage - *En France : Park Nord, Les Pléiades 35, 74370 Metz-Tessy (Annecy) - ☎ 04 57 09 80 02 - www.altiplano-voyage.com. En Suisse : 3 pl. du Temple, 1227 Carouge - ☎ 022 342 49 49 - www.altiplano-voyage.ch.* Circuits sur mesure avec chauffeur et guide francophone et hébergements de charme.

Asia - *1 r. Dante, 75005 Paris - ☎ 01 44 41 50 10 - www.asia.fr.* Circuits individuels (Bali) ou en groupe (Bali, Java, Sulawesi). Agences à Lyon, Marseille, Nice et Toulouse.

Le Monde de l'Inde et de l'Asie - *15 r. des Écoles, 75005 Paris - ☎ 01 53 10 31 00 - www.mondeasie.com.* Circuits individuels à Bali, Java, Flores, Lombok, Komodo et Sumatra.

La Route des Indes et de l'Asie - *7 r. d'Argenteuil, 75001 Paris - ☎ 01 42 60 60 90 - www.laroutedesindes.com.* Circuit individuel à Bali avec chauffeur et guide francophone.

Terres d'escales - *23 r. du Sentier, 75002 Paris (sur rdv) - ☎ 01 42 36 13 91 - www.terre-escales.com.* Circuits à Bali, Java, Lombok, Sumatra, Sulawesi, Sumba et Kalimatan.

Voyages aventure

Allibert - *☎ 04 76 45 84 84 (France) - www.allibert-trekking.com.* Circuits de randonnée, sportifs ou familiaux, à Java et Bali.

Huwans Club Aventure - *18 r. Séguier, 75006 Paris - ☎ 01 44 32 09 30 - www.huwans-clubaventure.fr.* Randonnées à Java et Bali, ou balades moins intenses avec séjour balnéaire à Gili Air. Agences à Lyon, Marseille et Genève.

Nomade Aventure - *40 r. de la Montagne-Ste-Geneviève, 75005 Paris - ☎ 01 46 33 71 71 - www.nomade-aventure.com.* Ascensions des volcans de Java et de Bali, expédition à Bornéo, circuits en pays Toraja. Agences à Lyon, Marseille et Toulouse.

Terres d'Aventure - *30 r. St-Augustin, 75002 Paris - ☎ 0 825 700 825 - www.terdav.com.* Treks et randos tous niveaux à Java, Bali, Komodo, Sumatra et Sulawesi ; circuits à vélo.

Voyages culturels

Ikhar - *23 r. Danielle-Casanova, 75002 Paris - ☎ 01 43 06 73 13 - www.ikhar.com.* Itinéraires sur mesure à Bali, Java, Sulawesi et Sumatra.

Intermèdes - *10 r. de Mézières, 75006 Paris - ☎ 01 45 61 90 90 - www.intermedes.com.* Voyages culturels à Java, à Sulawesi et à Bali.

Sur place

Archipelago Adventure - *Jl. Raya Canggu Tibubeneng, North Kuta, Badung Regency, Bali - ☎ (062) 851 0208 1769 - www.archipelago-adventure.com.* Découverte de Bali, Java, Sumatra et Sulawesi à moto, scooter ou VTT.

Azimuth Adventure Travel - *Jl. Pandega Marta VI/4, Catur Tunggal, Yogyakarta 55281 - ☎ (062) 274 560 663 - www.voyageindonesie.com.* Une agence franco-indonésienne spécialisée dans les randonnées et la plongée.

Bali Authentique - *Jl. Batuyang Kangin 3X, Batubulan, Gianyar, Bali - ☎ (062) 361 47 10 009 - www.baliauthentique.com.* Circuits découvertes de Java et Bali, ainsi que des séjours bien-être.

Bali Autrement - *PT Baliku Beda, Jl. Merta Sari, Gg. YBS Cargo, Kerobokan, Bali - ☎ (0062) 361 73 84 64 - ☎ 06 03 38 17 02 - www.baliautrement.com.* Agence francophone. Location de villas, tourisme solidaire, circuits hors des sentiers battus dans tout l'archipel.

Avant de partir

Le bon moment pour partir

L'idéal est de se rendre en Indonésie durant la saison sèche (mai-oct.), de préférence en **mai-juin** ou en **sept.-oct.** pour éviter les mois de forte affluence. Mais aucune période n'est rédhibitoire, l'Indonésie se visite toute l'année.

Climat

Traversé par l'équateur, l'archipel indonésien jouit d'un climat chaud et humide constant. La **pluviosité** varie selon les régions et les saisons : plus on approche de l'équateur (Sulawesi, Sumatra), plus les pluies sont abondantes et régulièrement réparties tout au long de l'année. Dans les îles méridionales (Java, Bali, petites îles de la Sonde), les contrastes climatiques sont plus marqués. Pendant la **saison des pluies** (nov.-avr.), il pleut presque tous les après-midi. La pluviométrie atteint des records autour de janv.-fév., où l'on enregistre un taux d'humidité proche de 100 %. Même en **saison sèche** (mai-oct.), des averses tropicales tombent fréquemment en fin de journée. Grâce à la proximité de l'équateur et aux influences maritimes, les **températures** oscillent relativement peu et demeurent agréables toute l'année, entre 22 et 32 °C. Elles baissent sensiblement en altitude, où les nuits sont fraîches. Juillet et août sont les mois les moins chauds, tandis que le mercure atteint les maximales en février et mars. Le **soleil** se lève invariablement entre 5h30 et 6h30 pour se coucher vers 17h30-18h30, chaque fois très rapidement.

Périodes d'affluence

Les vacanciers **européens** affluent massivement en juillet-août. Les prix augmentent en conséquence et il devient plus difficile de trouver de la place dans les hôtels et les transports, surtout sur les vols intérieurs. Les **Australiens** viennent nombreux à Noël et en janvier. Quant aux **Indonésiens**, ils visitent les sites touristiques – Bali en tête – lors des vacances scolaires (de mi-juin à mi-juil. en général) et pour la fête d'Idul Fitri (fin du ramadan ; date variable). Les places se font alors rares dans les hôtels et les transports en commun. Pendant le ramadan, il peut se révéler délicat, dans certaines régions, de trouver un restaurant ouvert la journée.

Ce qu'il faut emporter

Voir aussi « Savoir-vivre », p. 638, et « Sécurité », p. 640.

Vêtements

Emportez des vêtements légers, de préférence en **coton**, en **lin** ou en **microfibres respirantes**, qui évacuent bien la transpiration. Prévoyez un **pull** ou une polaire et un pantalon pour circuler dans les régions de montagne, où les températures chutent sensiblement en soirée. Ailleurs, cela vous protégera des moustiques et vous sera utile dans les hôtels, bus ou avions climatisés. Un coupe-vent imperméabilisé s'impose si vous prévoyez l'ascension d'un volcan. En dehors des stations balnéaires touristiques et des grandes villes, il est conseillé pour les femmes d'éviter les tenues trop légères, jupes courtes et décolletés. Pour visiter les **lieux de culte**, portez impérativement des vêtements couvrant les épaules et les genoux. À défaut, vous pourrez acheter un **sarong** pour la visite des temples (mais la plupart en fournissent gratuitement à l'entrée).

Chaussures

Les **tongues**, vendues sur tous les marchés, adaptées au climat chaud et humide, permettent de se déchausser facilement pour pénétrer dans les mosquées ou les habitations. Des **sandales fermées** et imperméables seront préférables pour une balade dans les rizières ou en ville. Prévoyez des **chaussures de montagne** si vous envisagez de partir à l'assaut des volcans. Attention, il n'est pas toujours aisé de dénicher sa pointure sur place !

Accessoires utiles

Contre le **soleil**, emportez couvre-chef, lunettes de soleil et crème protectrice à fort coefficient.
Entre le muezzin matinal, les coqs noctambules et la musique à plein volume dans les bus, les protections auditives type boules Quiès se révèlent souvent indispensables.
Prenez une **lampe de poche** en cas de coupure d'électricité, pour l'ascension nocturne des volcans ou pour rejoindre un hôtel au milieu des rizières. Tous les dispositifs **antimoustiques** seront les bienvenus.
Si vous avez des appareils à recharger (téléphone portable, appareil photo...), munissez-vous d'une **prise multiple**, les hôtels étant généralement sous-équipés en prises électriques. Un adaptateur n'est pas nécessaire.
Enfin, si vous voyagez en bus et en *bemo* (minibus), emportez un **sac solide et imperméable** (ou muni d'une housse protectrice) car les bagages sont souvent entassés sur le toit, et fermez-le avec un **cadenas**.
Sur place, l'achat d'un **sarong** s'avère souvent utile (visite de temple, drap dans un hôtel à la propreté douteuse, plaid dans un bus surclimatisé, serviette de plage).

Trousse à pharmacie

Demandez conseil à votre médecin traitant afin de constituer au mieux votre trousse. Selon l'institut Pasteur, un traitement préventif contre le **paludisme** peut être nécessaire si vous comptez vous rendre en Papouasie, aux Moluques ou à Nusa Tenggara oriental. Dans le reste du pays, il y a un risque dans certains districts, sauf à Jakarta, ainsi que dans les villes, les zones urbaines et les principales stations touristiques (dont Bali).
Il est recommandé d'emporter une bonne quantité de **spray antimoustique** adapté aux zones tropicales, ainsi qu'une crème apaisante en cas de piqûre. Des lotions répulsives sont parfois vendues dans les pharmacies et supérettes à Bali, mais il est presque impossible de s'en procurer ailleurs.
Vous trouverez partout sur place : savon, shampoing, dentifrice et papier toilette. Outre des médicaments contre la tourista, il est conseillé d'emporter un antiseptique (de type Betadine), des pansements, du paracétamol, un antimycosique, un antihistaminique (contre les allergies aux plantes ou aux piqûres d'insectes), un collyre pour les yeux, de la crème solaire et de la pommade (de type Biafine) pour soulager d'éventuelles brûlures.

Adresses utiles

Offices de tourisme

www.indonesia.travel – Site du ministère du Tourisme indonésien.
Pour les offices de tourisme en Indonésie, voir la rubrique « S'informer » au début de chaque carnet pratique.

Représentations diplomatiques

Pour les ambassades et consulats étrangers en Indonésie, voir « Sur place de A à Z », p. 630.

En France

Ambassade – *47-49 r. Cortambert, 75016 Paris - ✆ 01 45 03 07 60 - https://ambassadeindonesie.fr.* Dépôt des dossiers et retrait des visas sur place, lun.-vend. 9h30-12h30.

Consulat – *25 bd Carmagnole, 13008 Marseille - ✆ 04 91 23 01 60 - www.diplomatie.gouv.fr.*

En Belgique

Ambassade – *38 bd de la Woluwe, Woluwe-Saint-Lambert 1200 - ✆ 27 75 01 20 - www.kemlu.go.id/brussels.*

En Suisse

Ambassade – *51 Elfenauweg, Berne 3006 - ✆ 31 352 09 83/84 - www.kemlu.go.id/bern.*

Au Luxembourg

Consulat – *R. J.-F. Kennedy, Steinsel 7327 - ✆ 352 331 722.*

S'informer sur Internet

Sites généralistes

www.diplomatie.gouv.fr – La rubrique « Conseils aux voyageurs » du ministère des Affaires étrangères informe sur les questions de santé et de sécurité par pays.

www.indonesia.travel – Le site de l'office du tourisme indonésien comporte de nombreux articles en français et anglais.

whatsnewindonesia.com – En anglais, pour s'informer de l'actualité du tourisme dans le pays.

www.tourismindonesia.com – Un site complet (en anglais) et constamment mis à jour, qui couvre l'actualité touristique en Indonésie.

www.indonesia-tourism.com – Beaucoup d'informations pratiques (en anglais).

www.infoindonesie.com – Portail francophone sur l'Indonésie.

Actualités et infos culturelles

www.thejakartapost.com – Site du principal quotidien indonésien anglophone.

en.tempo.co – Le site (en anglais) de l'un des plus prestigieux hebdomadaires, couvre l'actualité et la politique.

Sur les volcans

www.volcanodiscovery.com – Informations sur les volcans.

Sur Bali

Voir « Bali pratique », p. 225.

Langue

www.freelang.com – Dictionnaire et traduction en ligne.

Formalités

Ces informations sont fournies à titre indicatif. Avant le départ, renseignez-vous auprès de la représentation diplomatique d'Indonésie dans votre pays sur les conditions et formalités en vigueur au moment de votre voyage.

Documents

Pièces d'identité

Vous devez être en possession d'un **passeport**, valide 6 mois après la date de retour et comportant au moins une page vierge.

Visas

En 2023, l'Indonésie a instauré un nouveau processus simplifié de demande de visa en ligne (sur www.molina.imigrasi.go.id). Le **e-Visa on arrival** (ou e-VOA), valable 30 jours, coûte 500 000 Rps (31 €). Il peut être prolongé à 60 jours pour un montant supplémentaire de 500 000 Rps. Il reste toujours possible d'obtenir un visa à votre arrivée à l'aéroport.

En outre, un autre visa touristique en ligne, le **e-Visa Tourisme**, autorise désormais un séjour de

60 jours consécutifs, sans avoir besoin d'un garant sur place, mais coûte 1 500 000 Rps (93 €).
Sachez que tout dépassement (*overstay*) donne lieu à une amende de 1 000 000 Rps par jour, payable au moment du départ. Dépasser les 60 jours autorisés est de plus considéré comme un délit, donnant lieu à une expulsion et une interdiction d'entrée en Indonésie.
Pour les séjours plus longs, il existe deux alternatives : soit un aller-retour dans un pays proche (Singapour, la Malaisie ou la Thaïlande), soit le nouveau **visa B211**, destiné aux travailleurs nomades. Valable 5 ans, il permet de séjourner 183 jours par an.

Taxe de séjour

Depuis 2019, à Bali uniquement, les touristes étrangers doivent s'acquitter d'une taxe de séjour de 10 dollars. En revanche, ils n'ont plus à acquitter la taxe d'aéroport au moment de l'embarquement pour leur vol retour, car elle est désormais incluse dans le prix des billets.

Permis de conduire

Le **permis de conduire international** est exigé pour louer une voiture, beaucoup plus rarement pour louer une moto. Vous l'obtiendrez en faisant une demande en ligne sur le site de l'ANTS (www.ants.gouv.fr). Attention, les délais de délivrance sont assez longs.

Vaccinations

Aucun vaccin n'est exigé, mais il est indispensable d'être à jour de vos vaccinations contre la diphtérie, le tétanos et la poliomyélite, et fortement recommandé de vous faire vacciner contre la typhoïde et les hépatites A et B. Demandez l'avis de votre médecin pour les vaccins contre l'encéphalite japonaise, la **rage** (qui sévit à Bali) et la méningite.
Les voyageurs ayant séjourné au cours des 6 jours précédant leur arrivée en Indonésie dans un pays où sévit la fièvre jaune doivent fournir un certificat de vaccination.
Centre de vaccinations Air France - *38 quai de Jemmapes, 75010 Paris - ✆ 01 43 17 22 00 - www.vaccinations-airfrance.fr - tlj sf dim. 8h45-18h, jeu. 8h45-20h, sam. 8h45-16h.*
Institut Pasteur - *209-211 r. de Vaugirard, 75015 Paris - ✆ 0 890 710 811 - www.pasteur.fr - tlj sf dim. 9h-16h30, jeu. 10h-16h30, sam. 9h-11h30.*

Douanes

La législation indonésienne autorise l'importation de 1 l d'alcool, 200 cigarettes, 50 cigares ou 100 g de tabac et une « quantité raisonnable » de parfum. Si vous possédez un appareil récent (appareil photo, caméscope, ordinateur...), munissez-vous de la facture d'achat pour éviter tout ennui à la douane au retour.

Assurance voyage

L'assurance voyage comporte plusieurs volets : annulation (avant le départ), prise en charge des frais hospitaliers et de rapatriement (durant le séjour), vol ou perte de bagages. Afin de limiter ces éventuels frais, il est donc fortement conseillé d'en souscrire une auprès de votre tour-opérateur ou de la compagnie d'assurance de votre choix.
Si vous réglez votre voyage par carte bancaire, sachez que la plupart des banques incluent déjà dans leur contrat ce type d'assurance. Pensez donc à vérifier au préalable les garanties dont vous bénéficiez.
Pour étudier la meilleure offre, il existe différents comparateurs d'assurance, notamment **insurly.fr**, très intuitif et complet (comparaison de chaque assurance voyage avec les modalités de

la carte bancaire), ou **www.tourdumondiste.com**, adapté aux courts et longs séjours.
Voir aussi « Santé » dans « Sur place de A à Z ».

Décalage horaire

L'archipel indonésien s'étend d'ouest en est sur trois fuseaux horaires (plus on va vers l'est, plus il est tard). Il y a une heure de décalage entre les îles les plus occidentales (Java), les îles du centre (de Bali à Sulawesi), et les plus orientales (Moluques, Papouasie). Quand il est midi en France, à l'**heure d'été**, il est 17h à Java, 18h à Bali, Flores et Sulawesi (respectivement 18h et 19h à l'heure d'hiver).

Téléphoner en Indonésie

Pour appeler l'Indonésie de l'étranger, composez le 00 + 62 + l'indicatif régional (sans le 0) + le numéro de votre correspondant.
Rens. internationaux – ✆ 32 12.
Pour appeler depuis l'Indonésie, voir « Sur place de A à Z », p. 644.

Budget

Voir également la rubrique « Argent » dans « Sur place de A à Z », p. 630, et le tableau des services ou articles ci-contre.
La vie en Indonésie est **meilleur marché** qu'en Europe, voire très abordable. Les tarifs hôteliers augmentent néanmoins sensiblement en juillet-août, et en raison de l'affluence, le marchandage devient plus difficile. Lorsque le gouvernement décide d'une hausse du prix de l'essence, les tarifs de tous les produits augmentent de même.

Hébergement

Retrouvez notre sélection dans les pages « Nos adresses » de la partie « Découvrir » du guide.
À Bali et Lombok, et dans certaines régions de Java et de Sumatra, la **qualité de l'hébergement**, le charme du cadre et le service atteignent un niveau que l'on rencontre peu ailleurs à de tels tarifs. Les mauvaises surprises existent cependant, avec les *losmen* (hôtels bon marché) bas de gamme, dans les grandes villes ou dans certains sites balinais,

Calculez votre budget quotidien

Le prix à la journée a été calculé **pour une personne**, sur la base d'un séjour pour deux en basse saison.
Mini budget avec hébergement dans un *losmen* de base non climatisé, des repas à l'indonésienne, des déplacements en transports collectifs, sans extras : moins de **340 000 Rps (20 €)**.
Petit budget dans des hôtels de catégorie moyenne, éventuellement climatisés, et en alternant *warung* et restaurants à touristes, ainsi qu'une location ponctuelle de voiture ou vélomoteur automatique, entre **340 000** et **900 000 Rps (20-55 €)**.
Budget moyen dans des hôtels climatisés, éventuellement de charme et avec piscine, un circuit ou une randonnée avec guide, des sorties nocturnes et de petits extras gastronomiques, et un vol intérieur : entre **900 000** et **2 000 000 Rps (55-120 €)**.
Petite folie en privilégiant les hôtels de charme, quelques bonnes tables, deux vols intérieurs, des voitures de location pour les déplacements, une plongée sous-marine et des circuits organisés : plus de **2 000 000 Rps (120 €)**.

Services ou articles	Prix moyen en Rps	Prix moyen en euros
Une location de voiture sans chauffeur pour une semaine (Avanza Toyota)	2500000	150
Un litre d'essence super Pertamax	13000	0,80
Un billet de train Jakarta-Yogyakarta (Java) en classe Ekonomi, selon le train	170000/335000	5/20
Un billet d'avion Jakarta (Java)-Denpasar (Bali)	800000/1800000	50/110
Un circuit Yogyakarta (Java)-Bali via le mont Bromo (trois jours)	1500000/3000 000	90/180
La location d'une moto pour une journée	60000 à 80000	4 à 5
Une traversée Bali-Lombok en ferry ou en speedboat	66000 ou 260/420000	4 ou 16/26
Un litre d'eau minérale	5000	0,29
Un jus de fruits frais	15000	0,86
Une bière	40000	2,30

comme au mont Batur. D'une manière générale, la propreté laisse sérieusement à désirer dans les hôtels de Flores et de Sumbawa.

Les sites touristiques disposent d'un large éventail de structures d'hébergement, de la petite chambre de pension rudimentaire à la suite spacieuse et raffinée d'un hôtel de luxe. Mais, si vous sortez des sentiers battus, attendez-vous à un confort modeste. Demandez à **voir plusieurs chambres** (on aura tendance à ne vous proposer que la catégorie supérieure), vérifiez l'état des sanitaires et de l'air conditionné, et assurez-vous que les fenêtres (quand il y en a !) ne donnent pas sur une rue passante, un marché matinal, une mosquée (première prière à 5h du matin), un terminal de bus ou un port...

Les prix

Nos adresses sont classées par tranches de prix *(voir notre tableau de catégories de prix, page suivante)*, sur la base d'une **chambre double, petit-déjeuner et taxes inclus, en haute saison** (juil.-août et de mi-déc. à mi-janv.), sauf pour Java, où les prix de basse saison ont été retenus car la haute saison se situe en déc.-janv. et lors des fêtes indonésiennes. Mais en matière tarifaire, il est souvent difficile de s'y retrouver : nombre d'hôtels annoncent des prix « publics » qui ne sont jamais appliqués, tandis que ceux affichant des tarifs haute et basse saison restent ouverts à la négociation en cas de faible affluence.

Vous pourrez souvent **marchander** le prix de la chambre dans les lieux touristiques (faites jouer la concurrence) en basse saison (jusqu'à 50 % de réduction) et si vous passez plusieurs nuits sur place ou si vous êtes seul. Souvent, les parents peuvent partager leur chambre avec un ou deux enfants de moins de 12 ans.

Réservation

En **haute saison** (juil.-août, Noël et Jour de l'an), mieux vaut organiser un minimum votre voyage, quelques semaines, voire quelques mois à l'avance pour les hôtels et l'avion. Sinon, vous trouverez toujours à vous loger, mais les

Nos catégories de prix		
	Hébergement	**Restauration**
Premier prix	80 000 Rps à 300 000 Rps (env. 5 à 18 €)	30 000 à 60 000 Rps (env. 1,80 à 3,60 €)
Budget moyen	300 000 à 1 000 000 Rps (env. 18 à 60 €)	60 000 à 120 000 Rps (env. 3,60 à 7 €)
Pour se faire plaisir	1 000 000 à 3 000 000 Rps (env. 60 à 180 €)	120 000 à 300 000 Rps (env. 7 à 18 €)
Une folie	plus de 3 000 000 Rps (plus de 180 €)	plus de 300 000 Rps (plus de 18 €)

meilleures adresses afficheront complet, surtout dans les zones les plus touristiques (Yogyakarta, Bali et les Gili, le pays Toraja et les îles Togian à Sulawesi). En basse saison, vous pourrez choisir votre chambre sur place à la dernière minute.

Types d'hébergement

Il existe officiellement trois types d'hébergement : les hôtels de une à cinq étoiles, les **melati** classés de 1 à 3 et les *losmen*.

Hôtels

Chaque hôtel propose différentes catégories de chambres, dont le tarif peut varier du simple au triple en fonction du niveau de confort. Dans les hôtels les plus chers – qui affichent presque toujours leurs tarifs en dollars –, une **taxe** gouvernementale de 11 % et le service (10 %) s'ajoutent à l'addition.

Melati

Ils forment une catégorie difficile à définir mais dont la qualité, en catégorie 3 tout au moins, dépasse celle de certains hôtels trois ou quatre étoiles. Les boutiques-hôtels (hôtels de charme) adoptent souvent cette catégorie.

Losmen, pondok, wisma, penginapan, wisataw

Toutes ces appellations désignent des pensions ou des **petits hôtels bon marché**. Il s'agit en général de structures familiales, sans employés ou avec un personnel réduit, disposant d'un nombre de chambres limité. On y sert parfois les repas, et un petit-déjeuner sommaire (thé ou café accompagné de pain grillé, pancake, œufs ou salade de fruits dans certains cas) est normalement inclus dans le prix. À défaut d'un grand confort (les matelas, l'éclairage et les sanitaires laissent parfois à désirer), c'est la formule la plus sympathique, tant pour le contact avec les Indonésiens que pour les rencontres que vous y ferez avec d'autres voyageurs.

Traditionnellement, les **salles de bains** ne disposaient pas de douche, seulement d'une cuve remplie d'eau froide et propre *(bak mandi)*, mais, hormis dans de rares îles, ces salles de bains rustiques tendent à disparaître. Ne vous y plongez pas comme dans une baignoire, mais aspergez-vous d'eau avec la casserole en plastique *(gayung)* posée à côté ! Ce système permet également de nettoyer les toilettes (souvent à la turque et dépourvues de chasse d'eau) et, suivant l'usage local, de se rincer (mais libre à vous d'acheter du papier hygiénique).

Sur place de A à Z

Ambassades et consulats

Ambassade de France – *Jl. MH. Thamrin 20 (accès Jl. Sunda), Jakarta-Pusat 10350 - ✆ (021) 23 55 76 00 - https://id.ambafrance.org.*

Ambassade de Belgique – *Deutsche Bank Building (16e ét.), Jl. Imam Bonjol 80, Jakarta 10310 - ✆ (021) 316 20 30 - www.diplomatie.belgium.be/indonesia - lun.-vend. 9h-12h, 13h-15h.*

Ambassade de Suisse – *Jl. Rasuna Said, Blok X 3/2, Kuningan, Jakarta-Selatan 12950 - ✆ (021) 525 60 61 - www.eda.admin.ch/jakarta - lun.-vend. 9h-12h.*

Les consulats présents dans les provinces sont listés dans le carnet pratique de chaque ville.

Dans certaines villes, les centres culturels ou l'Alliance française font office d'agence consulaire.

Argent

Devises

L'unité monétaire est la **roupie indonésienne** (**rupiah**, Rp ou IDR). Elle ne comporte pas de subdivision. Il existe des billets de 1000, 2 000, 5 000, 10 000, 20 000, 50 000 et 100 000 Rps, et des pièces de 100, 200, 500 et 1000 Rps.

Attention, vous ne pourrez acheter des rupiahs qu'une fois sur place.

Il n'y a aucune restriction sur l'**importation des devises** étrangères, mais il est interdit d'importer ou d'exporter plus de 100 millions de Rps.

Dès que vous vous éloignez des lieux touristiques ou des villes, ou lorsque vous circulez en *bemo*, en taxi ou en *becak*, prévoyez un stock de **petites coupures** *(uang kecil)* : il est difficile d'obtenir la monnaie, même sur un billet de 50 000 Rps.

Banques et distributeurs

Vous obtiendrez des rupiahs avec votre carte de crédit et votre passeport au guichet de certaines banques, dans les principales villes et stations touristiques. On trouve des distributeurs de billets **(ATM)** dans toutes les villes, dans les centres touristiques, les aéroports, supérettes et centres commerciaux (cartes Visa ou Mastercard).

Attention aux distributeurs isolés, qui peuvent parfois cacher une caméra ou un lecteur de piratage (*skimming*). Préférez ceux installés à l'intérieur des banques et placés sous surveillance.

Cartes de crédit

La plupart des hôtels, certains restaurants, les grands magasins, agences de voyages et compagnies aériennes acceptent les cartes **Visa** ou **Mastercard** (plus rarement American Express), moyennant parfois une majoration de 3 %.

Conservez une copie de votre numéro de carte.

En cas de perte ou de vol, contactez les nos d'urgence :

Visa – ✆ 001803 1933 6294 - www.visaeurope.com.

Mastercard – ✆ 0018031 887 0623 - www.mastercard.com.

American Express – ✆ 0033 1 47 77 72 00 (en France et à l'étranger) - www.americanexpress.com.

Change

Vous trouverez des bureaux de change dans les aéroports et les localités touristiques.

Les **taux de change** fluctuent d'une banque, d'un bureau de change, d'une ville et d'une île à l'autre, les meilleurs taux étant obtenus à Bali et à Java. Dans les hôtels, les taux sont défavorables. Les bureaux de change consentent en principe des taux plus avantageux.

Les arnaques au change sont légion. Évitez de changer dans la rue ou dans des boutiques aux taux trop alléchants, à Kuta notamment. Préférez les *Money Changer* officiels. Soyez vigilants au moment de la transaction, vérifiez le montant sur votre propre calculette, recomptez toujours les liasses en dernier et vérifiez bien leur contenu, des fausses coupures ou des billets pliés en deux peuvent être glissés. Veillez à ce que vos billets (en particulier les dollars et les euros) soient en parfait état (ni tachés ni froissés), sinon on risque de vous les refuser ou de vous appliquer un taux de change défavorable.

Blanchisserie

Tous les hôtels, même les *losmen* modestes, laveront votre linge contre une somme modique. Ne confiez pas vos vêtements fragiles.

Drogue

Ne plaisantez pas avec le sujet : la détention et la consommation de drogue, même en toute petite quantité, sont très **sévèrement punies**. L'Indonésie possède l'une des législations antidrogue les plus sévères du monde et ne fait pas de distinguo entre les drogues dites douces et celles dites dures. Sachez que le trafic de drogue est passible de la peine capitale.

La police fouille parfois les taxis et effectue des descentes dans les bars et les hôtels, notamment à Bali. Refusez toute proposition si vous voulez éviter la prison de Kerobokan, où croupissent des touristes en « séjour long ». En 2015, un Australien a été condamné à un an de prison ferme pour avoir fumé du cannabis sur une plage à Bali. Plusieurs Français ont été condamnés à mort et attendent de connaître leur sort en prison.

Eau

L'eau du robinet n'est pas potable, mais vous pourrez acheter de l'eau en bouteille *(air mineral)* quasiment partout. Les Indonésiens buvant eux-mêmes de l'**eau bouillie** *(air putih)*, vous n'avez pas grand-chose à craindre si l'on vous offre un verre d'eau. La glace est préparée avec de l'eau saine, en particulier dans les sites touristiques : pas d'inquiétude à avoir là non plus.

Électricité

Le **220 volts** est généralisé.

On utilise presque partout des prises à deux fiches rondes, de type C ou F comme en France. Un adaptateur n'est pas nécessaire. Dans les zones rurales et les îles isolées, des coupures d'électricité peuvent se produire, et une lampe de poche est souvent utile.

Enfants

Les Indonésiens aiment les enfants et leur réservent le meilleur accueil. Dans les stations balnéaires, à Bali notamment, certains hôtels disposent d'une **garderie**, d'équipements et d'activités pour enfants. Ailleurs, informez-vous des conditions de transport et d'hébergement avant de vous aventurer loin des sentiers battus... Les hôtels et pensions possèdent souvent des chambres familiales, et des lits supplémentaires peuvent être fournis. Les lits de bébé et les chaises hautes sont rares.

Vos bambins étant moins immunisés que vous, les recommandations données à la rubrique « Santé » *(voir p. 636)* s'appliquent plus encore à eux. Veillez à leur alimentation, protégez-les du soleil et faites-les boire abondamment. Prévoyez des couches, du lait en poudre et des petits pots. Vous en trouverez dans les grandes villes, mais rarement en dehors. Inutile d'apporter une poussette : l'absence de trottoir et les sols accidentés rendent son usage impossible.

Internet

Le Wi-Fi est à disposition des clients dans presque tous les hôtels et dans de très nombreux restaurants et cafés. Des *hotspots* d'accès gratuit existent aussi dans les grandes villes. Le débit et la vitesse de connexion laissent en revanche à désirer. En achetant une carte SIM locale, vous pourrez bénéficier du Wi-Fi sur votre mobile. Pour votre ordinateur, vous pouvez aussi vous procurer un petit modem Wi-Fi 4G dans les boutiques d'électronique. Dans les villes principales, des échoppes disposent encore d'ordinateurs pour se connecter à Internet. On y propose en général des services d'impression, de gravure de CD et de DVD à partir de votre puce d'appareil photo.

Jours fériés

L'Indonésie reconnaît **plusieurs religions**, ce qui multiplie le nombre de jours fériés. Les célébrations balinaises suivent le calendrier saka. Les fêtes musulmanes, définies par le calendrier lunaire, avancent d'env. 15 jours chaque année.

Jours fériés fixes

1er janv. – Nouvel An (Tahun Baru).
1er juin – Jour du Pancasila.
17 août – Fête de l'Indépendance (Hari Proklamasi Kemerdekaan).
25 déc. – Noël (Hari Natal).

Jours fériés mobiles

Nouvel An chinois (Imlek) – 10 fév. 2024, 29 janv. 2025.
Ascension du Prophète (Isra Miraj Nabi) – 8 fév. 2024, 27 janv. 2025.
Nouvel An hindouiste, jour du silence (Hari Raya Nyepi) – 11 mars 2024, 29 mars 2025.
Vendredi saint (Hari Jumat Agung) – 29 mars 2024, 18 avr. 2025.
Ascension – 9 mai 2024, 21 mai 2025.
Fin du ramadan (Idul Fitri) – 10-11 mai 2024, 31 mars-1er avr. 2025. La plus importante fête de l'année s'étale sur 2 jours.
Naissance, édification et mort de Bouddha (Hari Waisak) – 23 mai 2024, 12 mai 2025.
Fête du sacrifice (Idul Adha) – 17 juin 2024, 7 juin 20205.
Nouvel An musulman (Satu Muharram) – 7 juil. 2024, 27 juin 2025.
Naissance du Prophète (Maulud ou **Mawlid)** – 16 sept. 2024, 5 sept. 2025.

Voir aussi « Agenda », p. 655.

Marchandage

Il est souvent de rigueur. Renseignez-vous au préalable, auprès de plusieurs personnes désintéressées, sur les prix en usage pour ne pas froisser votre interlocuteur en dépréciant son travail ou son service par un marchandage exagéré, autant que pour ne pas payer une somme surévaluée.
Pour une course en **becak**, après quelques jours, vous aurez acquis une idée du prix à la distance. N'oubliez pas, néanmoins, que les conducteurs de *becak* comptent parmi les plus défavorisés de la société et que, pour eux, chaque millier de rupiahs compte. Les tarifs des **bemo** sont fixes, mais les chauffeurs ont tendance à majorer les prix pour les Occidentaux : regardez ce que paient les Indonésiens pour vous faire une idée du juste prix. Il en va de même pour les **locations** de voitures, de motos ou de vélos.
Dans les sites touristiques (Bali, Yogyakarta), négociez le prix des

chambres, surtout hors saison ou si vous restez plusieurs jours.

Marchandez vos **achats**, au marché comme dans les boutiques, sauf si des étiquettes mentionnent des prix fixes. Si vous n'obtenez pas un rabais significatif et que le prix est manifestement excessif, faites mine de partir. Si ce que vous demandez reste raisonnable, le vendeur vous rappellera souvent en vous faisant une meilleure offre. Difficile d'évaluer la valeur des choses, d'autant que certains n'hésitent pas à la multiplier par deux ou trois dans les lieux touristiques. Sachez aussi qu'à partir du moment où le vendeur accepte votre prix, vous êtes « moralement » tenu d'acheter. Le matin, vous bénéficierez peut-être du prix de « bon augure » que certains commerçants accordent traditionnellement au premier client de la journée.

Moto

Une façon grisante de sillonner les îles mais attention, la conduite est souvent éprouvante et dangereuse, notamment sur les routes escarpées dont l'asphalte n'est parfois plus qu'un lointain souvenir, et elle requiert la plus grande prudence. Nombre de touristes finissent en effet leur séjour à l'hôpital. Aussi ce mode de transport reste-t-il réservé aux **motards confirmés**.

Comptez 75 000 Rps/j. (5 €) pour un **scooter**, 150 000 Rps/j. (10 €) pour une **moto**. Vous pourrez en louer dans la plupart des endroits touristiques, notamment auprès de certains hôtels. Théoriquement obligatoire, le **permis international** vous sera rarement demandé, mais il doit être présenté en cas de contrôle policier. Vérifiez attentivement l'état de la moto et les clauses du contrat d'assurance – quand il y en a un. Roulez lentement et ne serrez pas trop le bord de la chaussée, parfois instable et souvent encombré de piétons et d'animaux. Même si nombre d'Indonésiens (et de touristes) le négligent, au mépris de leur sécurité et de l'amende qu'ils encourent, n'oubliez pas que le port du **casque** est obligatoire.

Devant la multiplication des accidents et des conduites dangereuses à deux roues (405 morts à Bali en 2020 !), le gouverneur de l'île a décidé, en mars 2023, de bannir leur location aux touristes. La mesure n'était pas encore entrée en application lors de la finalisation de ce guide.

Photographie

Dans l'ensemble, les Indonésiens se laissent volontiers photographier et se plaisent même à prendre la pose. Ils vous donneront souvent leur adresse e-mail pour que vous leur envoyiez leur portrait.

À la campagne ou dans les zones reculées, les femmes – parfois les enfants – se montrent plus réticentes. Sachez sentir les situations et les sujets propices, demandez l'accord avant d'appuyer sur le déclencheur, et remerciez d'un sourire ou montrez le résultat. Restez discret et abstenez-vous de photographier durant les prières. De même, ne photographiez pas une personne qui se lave, au bord de la route ou d'une rivière. Enfin, il est **interdit** de photographier aéroports, gares, bases militaires ou tout autre site stratégique.

Dans les grandes villes et les centres les plus visités, vous trouverez des cartes mémoire pour appareils numériques.

Pourboire

L'usage du pourboire est peu répandu, sauf dans les grands hôtels (portiers, bagagistes) et dans les taxis et parkings des grandes villes. Il n'en demeure pas moins apprécié… La taxe gouvernementale (11 %), souvent ajoutée à l'addition dans les hôtels et restaurants touristiques, n'est en effet pas destinée au personnel, qui ne touche en général qu'un salaire de misère. Aussi, certains établissements majorent encore l'addition de 10 % pour le service. Quand ce n'est pas le cas, laissez l'équivalent en guise de pourboire. D'une manière générale, essayez d'évaluer la juste somme pour ne pas laisser un pourboire disproportionné.

Presse écrite

Quelques titres sont publiés en anglais, comme le quotidien *Jakarta Post*, l'*Indonesia Times*, l'*Indonesia Observer*, les versions anglaises des grands titres nationaux comme *Kompas* et *Tempo*, et à Bali, *The Bali Times*. Signalons en outre *La Gazette de Bali*, publiée en français, et les quantités de magazines gratuits, mêlant publicités et informations utiles, présents dans les sites touristiques. Vous y trouverez également quelques journaux et magazines américains et australiens, mais la presse française est rare.

Randonnée

Ascension des volcans Bromo et Merapi à Java, Batur à Bali, Rinjani à Lombok, Kelimutu et Inerie à Flores, Mahawu à Sulawesi ; expédition dans les parcs nationaux de Komodo (Flores), du Lore Lindu (Sulawesi) ou dans la jungle (Ujung Kulon à Java) ; simple balade à travers les plantations (Munduk à Bali) ou randonnée thématique (les oiseaux ou les plantes médicinales à Ubud, Bali) : que vous aimiez la marche sportive ou paisible, vous trouverez votre bonheur en Indonésie. La plupart des randonnées peuvent s'entreprendre seul ; certaines requièrent cependant les services d'un **guide**. Assurez-vous qu'il parle anglais (ou français) et, surtout, qu'il est bien de la région et connaît parfaitement l'itinéraire : préférez un guide officiel agréé, qui doit posséder une carte d'immatriculation.

Dans la mesure du possible, renseignez-vous sur les prévisions météorologiques (des pluies diluviennes peuvent vous surprendre en toute saison) et les **conditions vulcanologiques** (plusieurs volcans sont actifs et leur ascension est parfois interdite). Prévoyez de bonnes chaussures, légères, imperméables et antidérapantes, des vivres et de l'eau en quantité suffisante si vous vous éloignez des zones habitées : on se déshydrate considérablement sur les volcans aux émanations sulfureuses, tout comme dans la moiteur de la jungle. Prenez aussi une protection contre la pluie et le froid (en montagne), contre le soleil (crème, lunettes, chapeau) et les moustiques (en forêt), et évitez les shorts (insectes, plantes coupantes).

Restauration

Retrouvez notre sélection dans les pages « Nos adresses » de la partie « Découvrir » du guide.

Voir aussi le chapitre « Cuisine des îles », p. 572.

La variété des lieux de restauration est aussi grande que celle des structures d'hébergement. On trouve partout (mais pas toujours à toute heure) de quoi apaiser sa faim, souvent de quoi se régaler, et toujours à des prix dérisoires.

Les prix

Les restaurants mentionnés dans ce guide, sont classés par gammes de prix *(voir tableau p. 628)*, sur la base d'un repas moyen comprenant un **plat principal** éventuellement accompagné d'une **entrée** ou d'un **dessert**, boisson non comprise.

Types d'établissement

Contrairement aux idées reçues, vous aurez moins de

risques d'intoxication alimentaire dans les endroits modestes mais très fréquentés, où le débit est important, que dans certains restaurants de meilleure allure.

Cuisine populaire

En ville comme dans les villages ou au bord de la route, il y a toujours un **vendeur ambulant** *(kaki lima, littéralement « cinq pieds »)* proposant *bakso* (soupe de nouilles et boulettes de viande), *sate* (brochettes), *nasi goreng* (riz sauté), *mie goreng* (nouilles sautées)ou *martabak* (crêpes épaisses à l'œuf ou aux cacahuètes), ainsi que des gourmandises sucrées (à base de banane, noix de coco, riz gluant, cacahuètes et sucre de palme).
Profitez aussi des **marchés de nuit** *(pasar malam)* – la plupart ouvrent vers 17h ou 18h pour fermer plus ou moins tard dans la nuit selon l'affluence –, et des **warung** (gargotes) – quelques tables avec bancs ou tabourets abrités par des bâches de plastique –, où l'on sert un choix limité de plats locaux.

Les rumah makan

Le pays regorge de **rumah makan**, des gargotes sans prétention où la cuisine est bonne et l'ambiance informelle. On y mange en principe avec la main droite, après l'avoir lavée dans un récipient d'eau prévu à cet effet, mais l'on vous proposera sans doute des couverts.

Vous verrez aussi un peu partout des **rumah makan padang**, qui préparent des spécialités épicées de Sumatra Ouest : on y choisit un assortiment de plats en vitrine ou directement sur la table, et on ne paie que ce que l'on a consommé (goûtez le *rendang*, un savoureux ragoût de bœuf épicé).

Les restaurants

Sous le vocable de **restoran** se cachent toutes sortes d'établissements, du plus simple au plus élégant. Sur les lieux touristiques, une multitude de restaurants à prix moyens affichent tous des cartes sensiblement identiques. La concurrence devient telle que la tendance est à l'uniformisation, et votre choix se portera plus sur l'agrément du cadre que sur le menu. Ces restaurants rivalisent à coups de *happy hour*, de spectacles de danse ou de projections de films, et de charmantes hôtesses happent les clients de leur plus beau sourire avant qu'ils n'aillent s'attabler chez le voisin... Plats indonésiens, chinois, indiens, italiens, français, tex-mex, japonais, thaïs et fruits de mer se disputent la place d'honneur dans les assiettes ; une prétention à l'internationalisation plus ou moins heureuse et savoureuse...
En règle générale, vous dégusterez les meilleurs mets dans les restaurants spécialisés dans **un seul type de cuisine**, et puisque vous visitez l'Indonésie, tenez-vous-en à la gastronomie locale !

Dans les hôtels

Les grands hôtels disposent toujours d'un ou de plusieurs restaurants (parfois climatisés) servant toutes sortes de cuisines. La formule, assez répandue, du **buffet à volonté** permet aux gourmets de goûter une multitude de plats. Les prix, souvent affichés en dollars, sont exorbitants par rapport au niveau de vie du pays.

Les boissons

Vous trouverez partout des sodas (Coca-Cola, Sprite, Fanta), de la bière (Bintang, Angker, San Miguel), du thé et du café, de l'eau minérale *(aqua)* ou de l'eau bouillie *(air putih)*.
Dans les villes et les lieux touristiques, on vous servira des boissons réfrigérées ou avec de la glace (préparée avec de l'eau bouillie). Ailleurs, vous devrez

boire à température ambiante ! Les restaurants servent de délicieux **jus de fruits frais**. Seuls les établissements d'un certain standing proposent du vin, local (Bali produit du rosé, le Hatten), australien, plus rarement français. La taxe de 300 % imposée sur les spiritueux importés a provoqué une hausse des prix et des problèmes d'approvisionnement. Vous pourrez aussi goûter les **alcools indonésiens** : le *tuak* (à base de sève de palmier fermentée), le *brem* (vin de riz fermenté), l'*arak* (vin de palme distillé). Notez que, hormis dans les grandes villes et étapes touristiques, les bars, cafés et restaurants ne servent généralement pas d'alcool. Une législation restrictive interdit désormais aux épiceries et supérettes, sauf à Bali, de vendre de la bière et autres boissons alcoolisées.

Santé

Voir aussi « Trousse à pharmacie », p. 623.
Concernant l'épidémie de COVID, la situation étant évolutive, vérifiez avant de partir la politique sanitaire mise en place par les autorités.

Le soleil

Le soleil des tropiques peut devenir un ennemi redoutable ! Même sous un ciel nuageux, son action reste violente. Une crème solaire à fort coefficient protecteur, le port d'un chapeau et de lunettes de soleil, ainsi qu'une exposition progressive les premiers jours diminueront les risques de coups de soleil et d'insolation. Soyez vigilant lorsque vous explorez les fonds marins avec masque et tuba : un T-shirt et un pantalon vous protégerons partiellement des brûlures. Glissez un tube de Biafine dans votre valise. Prévenez la déshydratation : il est important de boire abondamment et de se munir d'une bouteille d'eau lors des déplacements, surtout en randonnée sur les volcans ou dans la jungle.

L'alimentation

Évitez de consommer fruits et crudités si vous n'êtes pas sûr de l'eau utilisée pour les préparer. Vous ne courez aucun risque si vous les achetez frais et les pelez vous-même. Assurez-vous dans la mesure du possible de la fraîcheur de la viande, des poissons et des fruits de mer que l'on vous sert, et vérifiez surtout qu'ils sont bien cuits.

Les moustiques

Pour se protéger des moustiques, plusieurs précautions s'imposent : à la tombée de la nuit, portez des vêtements longs, utilisez des lotions répulsives antimoustiques adaptées aux zones tropicales (à acheter en pharmacie avant le départ) sur les parties du corps non couvertes et éventuellement sur les vêtements. La nuit, utilisez une prise antimoustique ou une spirale à brûler, ou bien dormez sous une moustiquaire. Pensez à vous munir d'une crème antihistaminique pour apaiser les démangeaisons.

Les maladies

Tourista
Bien connue des voyageurs, la tourista se manifeste par des troubles intestinaux plus ou moins sévères, diarrhées accompagnées parfois de douleurs abdominales. Elle peut être due simplement aux changements de climat et d'alimentation ou, plus grave, provenir d'un manque d'hygiène ou de fraîcheur de la nourriture. Prévoyez un antidiarrhéique (sauf en cas de fièvre et de sang dans les selles) et un antispasmodique en cas de douleurs abdominales. Buvez abondamment (eau en

bouteille, traitée ou bouillie, thé léger, soda, soupe) pour éviter de vous déshydrater, mangez du riz blanc, du bouillon de légumes, du sel et des bananes. En cas de troubles forts et persistants, utilisez des sachets de réhydratation et consultez un médecin.

Malaria (ou paludisme)

Transmise par le moustique anophèle, qui pique entre le coucher et le lever du soleil, la malaria sévit dans certaines zones de l'archipel. Consultez votre médecin traitant avant votre départ, il vous prescrira un traitement préventif si nécessaire, et vérifiez la situation sanitaire sur le site de l'institut Pasteur *(voir p. 625)*.

Dengue

Autre affection transmise par certains moustiques, diurnes ceux-là, la dengue est une maladie virale qui sévit en Indonésie. Elle se manifeste par une forte fièvre, de violents maux de tête, des douleurs articulaires et musculaires, parfois suivis d'une éruption cutanée, qui vous clouent au lit pendant plusieurs jours sans requérir de traitement spécifique. Avertissez néanmoins un médecin sans attendre, car la maladie, en Asie du Sud-Est, peut présenter des effets graves (hémorragies), qui nécessitent une hospitalisation.

Fièvre de Chikungunya

Présente à Jakarta, Java Ouest et Bali, elle est causée par un virus transmis par des moustiques piquant le jour et à la tombée de la nuit. Le plus souvent bénigne, elle se manifeste par de la fièvre et d'importantes douleurs articulaires. Une rougeur de la peau et des symptômes grippaux (maux de tête, conjonctivite...) peuvent survenir. La guérison en une semaine est de règle, mais les douleurs peuvent perdurer plusieurs mois. Les personnes les plus à risque sont les malades chroniques, les enfants en bas âge et les femmes enceintes. Il n'existe pas de vaccin et le traitement est symptomatique (antalgiques).

Zika

Le virus Zika, transmis par les piqûres de moustique de type *Aedes*, est présent en Indonésie, mais le risque pour un touriste de le contracter est considéré comme faible par l'institut Pasteur. Il est recommandé aux femmes enceintes ou ayant un projet de grossesse de reporter leur voyage. Renseignez-vous sur www.diplomatie.gouv.fr.

Grippe aviaire

L'Indonésie est l'un des pays touchés par le virus de la grippe aviaire, qui peut atteindre presque toutes les espèces d'oiseaux, sauvages ou domestiques. Le virus se transmet exceptionnellement à l'homme par voie respiratoire, soit par contact direct avec des animaux malades, soit de façon indirecte par l'exposition à des matières contaminées (nourriture, eau, matériel, mains et vêtements souillés). Par sécurité, il convient de se laver régulièrement les mains et d'éviter de consommer des produits alimentaires crus ou peu cuits, en particulier la volaille et les œufs.

Rage

Les chiens errants de Bali ont été à l'origine de cas de rage *(voir « Vaccinations », p. 625)*.

Services médicaux

La qualité des soins médicaux dépend beaucoup de l'endroit où vous vous trouvez. En cas de besoin, consultez la rubrique santé du site de l'ambassade de France *(id.ambafrance.org)* ou adressez-vous à un grand hôtel. Ils pourront vous orienter vers un médecin ou un hôpital adapté à votre cas.

Bali dispose de bonnes infrastructures hospitalières à Denpasar et Kuta *(voir p. 233 et 241)*, comme Jakarta *(voir p. 63)*.

Hôpitaux

Toutes les villes disposent d'un hôpital *(rumah sakit)*, voire d'une clinique *(clinic)*, et la plupart des villages possèdent un dispensaire *(puskesmas)*, peu engageant mais où vous pourrez vous rendre en cas de nécessité. Certains médecins des hôpitaux de Jakarta et des villes les plus importantes parlent anglais.

En cas **d'urgence**, prenez le premier avion pour **Singapour**, qui détient les meilleures infrastructures médicales de la région.

Médecine traditionnelle

Les médecins traditionnels, qui soignent avec des traitements à base de plantes, se révèlent souvent les plus expérimentés et les plus aptes à soigner un certain nombre de maux tropicaux. Demandez conseil à des Indonésiens : ils sauront vous indiquer la bonne personne.

Pharmacies

Chaque ville compte au moins une pharmacie *(apotik)*, relativement bien approvisionnée. On y trouve sans difficulté les médicaments de base (vendus sans ordonnance). Le reste est plus aléatoire. Les noms des médicaments pouvant différer, mieux vaut connaître les noms génériques des produits ou ceux de leurs principes actifs. Vérifiez toujours la date de péremption.

Crèmes solaires et tampons hygiéniques se trouvent dans les supermarchés, en ville ou dans les stations touristiques.

Dentistes

Comme pour les hôpitaux, en cas de problème sérieux, **Bangkok** est réputée pour la qualité de ses dentistes *(dokter gigi)*. Singapour est plus proche mais plus chère.

Savoir-vivre

Voir aussi « Us et coutumes », p. 651.

Bien que les Indonésiens fassent preuve d'une grande tolérance, il incombe au visiteur étranger de respecter quelques convenances qui lui éviteront de choquer ou de mettre mal à l'aise.

Vêtements

Les Indonésiens, majoritairement musulmans, sont très attachés aux traditions. Par respect, habillez-vous de façon décente, en évitant les vêtements trop courts, moulants, trop décolletés ou trop transparents.

Les Indonésiens considèrent les shorts comme des tenues d'intérieur, et ne les portent qu'en privé, à la plage et, par la force des choses, sur certains sites touristiques. Ailleurs, en ville, dans les administrations, et a fortiori dans les lieux de culte, un pantalon ou une jupe sous le genou sera de rigueur, ainsi que des manches longues ou couvrant les épaules.

Dans les lieux touristiques (à Kuta, par exemple), certaines Occidentales s'autorisent des tenues plus légères, se promènent en ville en maillot de bain et portent des monokinis sur la plage. Tolérants, les autochtones se sont habitués à ces « excentricités »... qui ne les font pas moins jaser. Mais à Java Ouest et à Lombok, où la culture musulmane est plus prégnante, à Sumbawa et Flores, où le tourisme est un phénomène plus récent ou moins répandu, une attitude respectueuse des traditions s'impose.

Des pieds...

On se **déchausse** avant d'entrer dans une maison ou dans une mosquée. Il est grossier de lever ou de pointer les pieds vers quelqu'un ou d'en dévoiler la plante.

... et des mains

La main gauche étant considérée comme impure, l'utiliser pour un autre usage que la toilette intime peut apparaître comme une offense. Servez-vous donc exclusivement de la **main droite** pour manger, saluer ou toucher quelqu'un, recevoir ou donner quelque chose.

Salutations

On se salue généralement d'une **poignée de main**, en inclinant légèrement la tête et, dans certains cas, en se présentant. Les musulmans se touchent ensuite le cœur de la main droite, une marque de bienveillance.
Il est inconvenant de toucher la tête d'autrui (évitez les petites tapes sur la tête des enfants) ou de lui taper dans le dos en signe d'amitié.

Sang-froid

Embouteillage, contrôle policier intempestif, lenteur de l'administration, trajet interminable dans un bus bondé : jamais vous ne verrez un Indonésien élever le ton ou manifester le moindre signe de mécontentement, de nervosité ou d'impatience. Cette impassibilité à toute épreuve peut désarmer le voyageur, qui interprète cet excès de nonchalance comme de l'insouciance ou de la résignation. Elle reflète en fait le **contrôle de soi** qui doit présider à toute attitude, quelles que soient les circonstances – un trait de caractère fondamental, commun à la plupart des peuples d'Asie.
Tout **éclat** en public (cris, mouvements brutaux, agitation) est considéré comme une entorse incompréhensible à la bienséance, qui n'inspire que mépris, moquerie ou peur, et peut même passer pour de la folie. Patience, sourire, discrétion et sang-froid sont la règle.

Le temps élastique

« Jam karet ! » vous répondra-t-on si vous semblez pressé, si vous manifestez de l'impatience face à la lenteur d'un bus ou si vous vous étonnez du retard d'un ami. Ici, on a le temps... et on le prend. Et vous aurez sans doute l'impression que les Indonésiens restent imperméables à toutes les notions qui s'y rapportent – horaires, ponctualité, se dépêcher, courir...
Il vaut souvent mieux se référer aux tranches horaires qui divisent la journée *(pagi pagi, pagi, siang, sore* et *malam ; voir notre lexique p. 667)* qu'aux aiguilles d'une horloge.

Religion

Inconcevable pour les Indonésiens, être **athée** revient pour eux à ne pas avoir d'identité ethnique et culturelle.

Le langage des gestes

Que vous maîtrisiez ou non le *bahasa indonesia*, le langage des gestes se révèle toujours utile et parfois plus efficace que les mots. C'est même un moyen de communication à part entière, qu'il convient de connaître pour éviter les malentendus.

- Un **mouvement de la tête et du regard vers le bas**, presque imperceptible, marque souvent l'acquiescement. Attention : c'est aussi une manière de dire que l'on a compris (même s'il n'en est rien) pour ne pas froisser son interlocuteur. D'où les quiproquos...
- Un geste de la **main droite paume vers le bas** permet d'interpeller quelqu'un, d'arrêter un *bemo*, un bus ou un taxi ou encore de faire ralentir les voitures pour traverser la rue. Lorsque le destinataire de ce signe ne vous voit pas (notamment pour descendre d'un bus), vous pouvez aussi frapper des mains.
- Pour éviter de passer pour impoli ou agressif, utilisez le **pouce**, et

non l'index, pour pointer quelque chose ; ne montrez pas quelqu'un du doigt, faites un signe de la tête ; ne vous tenez pas les mains sur les hanches ou les bras croisés lorsque vous parlez à quelqu'un.

• Chez les musulmans (bien que d'autres le pratiquent aussi), la **main droite posée sur le cœur** après un salut ou une poignée de main marque le respect. Ce geste peut aussi indiquer un refus poli.

• **L'index posé en biais au centre du front** signifie *« gila ! »* (« fou ! »). Les Indonésiens l'emploient souvent pour plaisanter.

Sécurité

L'Indonésie est un pays où l'on se sent en sécurité, et le vol avec violence reste extrêmement rare, mais quelques précautions de **bon sens** s'imposent, surtout dans les lieux touristiques. Consultez aussi le guide de sécurité en ligne de l'ambassade de France.

Évitez d'afficher votre richesse, fermez la porte et les fenêtres de votre chambre, la nuit ou quand vous sortez. N'allez pas vous baigner en laissant appareil photo ou portefeuille sur la **plage**, n'oubliez rien dans votre **voiture**, surveillez vos objets de valeur lors des **trajets** en bus ou en *bemo* (souvent bondés) et lors des haltes dans les gares routières, et gardez-les en lieu sûr (ceinture sous les vêtements ou petit sac toujours à portée de main) si vous dormez dans le **train**. Les **bagages** étant souvent entassés sur le toit des bus, fermez-les avec de petits cadenas. Cette précaution évite aussi les vols dans les chambres d'hôtel. Des coffres sont souvent à la disposition des clients pour déposer argent et papiers. Vous pouvez éventuellement les confier au propriétaire de votre *losmen*.

Écoutez les avertissements des voyageurs sans céder à la paranoïa. Soyez particulièrement vigilant sur la ligne ferroviaire Yogyakarta-Jakarta (Java), à Kuta (Bali), dans l'archipel des Gili et à Kuta-Lombok.

Gardez toujours sur vous la **carte de visite de l'hôtel** (si vous vous perdez ou pour les taxis), des petites coupures et une copie couleur de votre passeport (page de photo et page de visa).

Femme seule

Vous pouvez voyager seule sans problème. Vous ne resterez d'ailleurs pas longtemps solitaire. Les Indonésiens ne manqueront pas de vous accoster pour bavarder – vous posant inlassablement les mêmes séries de questions – ou vous aider à trouver votre chemin. Vous serez sollicitée, rarement importunée. On vous demandera sans cesse si vous êtes mariée ! Généralement plus timides, les Indonésiennes vous aborderont parfois ; si vous possédez quelques rudiments de *bahasa indonesia*, il est possible qu'elles vous convient chez elles, pour discuter, boire un café et partager le repas familial.

Shopping

C'est à Bali (Kuta, région d'Ubud) et à Java (Jakarta, Yogyakarta) que vous trouverez le plus large éventail d'articles – provenant de toutes les îles de l'archipel – et les prix les plus compétitifs. Mais dénicher un batik à Cirebon (Java) ou un panier dans un village perdu de Lombok, directement sur le lieu de production, ajoutera un charme supplémentaire à votre achat...

Où faire ses achats

Marchés – Vous y dénicherez toutes sortes d'épices, des sarongs, des objets usuels (vannerie, boîtes, ustensiles de cuisine, jouets), et parfois des articles spécifiquement destinés aux touristes (mobiles, cerfs-volants et autres babioles

L'ÉVASION À LA CARTE
734 NATIONAL 734
MICHELIN
Espagne • Portugal
Baleares
Espagne · Portugal
1/1 000 000 - 1 cm = 10 km
Distances temps de parcours
Index des localités
Sites touristiques LE GUIDE VERT
Carte routière et touristique
546 REGIONAL Allemagne 546
MICHELIN
Allemagne Sud-Est
Bayern
Allemagne Sud-Est
1/375 000 - 1 cm = 3,75 km
Index des localités au verso
Plans de ville
Distances, temps de parcours
Carte routière et touristique
761 NATIONAL 761
MICHELIN
USA
USA
1/3 450 000 - 1 cm = 34,5 km
Index des localités Plaatsenregister
Sites touristiques Toeristische locaties
Drapeaux Vlaggen
Carte routière et touristique
Toeristische wegenkaart
MICHELIN

colorées). Le marchandage *(voir p. 632)* y est de rigueur !

Boutiques – Innombrables et en tout genre, elles recèlent des articles locaux à prix fixes ou des produits à vocation touristique... à marchander avec le sourire.

Grandes surfaces – Les supermarchés et les complexes commerciaux *(mall)*, nombreux dans les grandes villes, disposent de tous les articles dont vous pouvez avoir besoin (prix fixes).

Souvenirs

Artisanat

Marionnettes et masques

Décoratives et pratiques à glisser dans les valises, les marionnettes (*wayang kulit* ou *wayang golek*), **en cuir ou en bois**, ne sont pas l'exclusivité de Java ni de Bali mais c'est là que vous verrez les plus belles. Les masques en bois, souvent peints de couleurs vives, se trouvent à Java, Bali, Lombok et dans le pays Toraja.

Vannerie

Destinés aux tâches de la vie quotidienne, les **paniers**, nattes et chapeaux adoptent toutes les formes et toutes les tailles. Les boutiques de Bali (dont celles d'Ubud) vendent de beaux sacs dayaks de Kalimantan et diverses créations venant de tout l'archipel.

Tissus

Le **batik** fait la renommée de la côte nord de Java (Cirebon, Pekalongan) et de Java Centre (Yogyakarta et Solo). À chaque région son style, avec ses couleurs et ses motifs. Vous trouverez des sarongs en batik (faits à la main, au tampon ou imprimés) dans la plupart des marchés de l'archipel. Les plus beaux, récents ou anciens, sont vendus dans les boutiques haut de gamme de Java et de Bali.

Les **ikats** sont l'apanage des petites îles de la Sonde (Bali, Lombok et surtout Flores). Il existe toutes sortes de qualités pour la teinture (naturelle ou chimique) comme pour le tissage, et les prix sont souvent plus élevés sur les lieux de fabrication, où la concurrence est moindre. Une production industrielle bon marché s'est développée à Jepara (Java), que l'on retrouve partout, mais dont la qualité ne peut rivaliser avec les pièces réalisées à la main.

Peinture

Différents styles picturaux fleurissent à Bali (région d'**Ubud**) et à Yogyakarta, où dominent la technique du batik et la peinture sur soie.

Sculpture

La création se concentre à Bali, mais la vocation commerciale nuit à la qualité du travail. Vous trouverez des pièces plus belles et plus originales à **Java**, en particulier près de Borobudur et à Trowulan. Le pays Toraja, autour de Rantepao (Sulawesi), produit de belles sculptures anthropomorphes aux traits primitifs.

Bijoux

Bien que l'Indonésie possède des mines de diamants et produise des perles de culture, on trouve surtout des bijoux en argent et en or, à bas prix mais de qualité très variable. Notamment à **Java Centre** (Kota Gede, près de Yogyakarta) et **Bali**.

Antiquités

Vous verrez plus de fausses antiquités (copies de terres cuites mojopahits ou de bronzes hindous, sans parler des « vraies statues de Borobudur » !) que d'authentiques pièces anciennes (plus de 20 ans). Si vous vous y connaissez assez pour faire la différence, renseignez-vous pour trouver les meilleures boutiques, qui se concentrent

en général dans les grandes villes. Vous y débusquerez peut-être quelques belles créations artisanales locales, en bois ou en métal. Les kriss anciens devenant rarissimes, la plupart de ceux que l'on vous propose ne sont que des copies. Ne vous en privez pas pour autant, à condition que l'on ne vous fasse pas payer le prix d'une authentique antiquité !
Il est interdit d'exporter des objets de plus de 50 ans.

Vêtements

Un séjour à Java ou à Bali vous donnera l'occasion de refaire votre garde-robe d'été. Si le prêt-à-porter vendu dans les boutiques ne vous plaît pas (la tendance est à la « taille unique » et, de plus en plus, au synthétique), achetez les tissus de vos rêves et faites réaliser vos habits chez un **tailleur**. Mieux vaut fournir un modèle en guise de patron pour éviter les mauvaises surprises d'un sur-mesure approximatif.

Épices et café

Pour égayer votre cuisine de senteurs et de saveurs exotiques, faites provision d'un assortiment d'épices et de café (le meilleur vient du pays Toraja, à Sulawesi).
Voir « Cuisine des îles », p. 572,

Spectacles traditionnels

Voir aussi « Arts du spectacle et vie culturelle », p. 575, et, ville par ville, les rubriques « Activités » et « En soirée » des pages « Nos adresses ».
Votre découverte de la vie indonésienne serait incomplète sans un spectacle de théâtre, de marionnettes, de danse ou de musique. Il y a toujours quelque chose à voir à Jakarta, à Yogyakarta et à Bali (Ubud, notamment).

Sports nautiques

Rafting

Outre une multitude de cours d'eau, le relief et les précipitations se conjuguent pour donner naissance à des rapides tumultueux, idéaux pour les descentes en rafting. Les agences de tourisme exploitent de plus en plus ces possibilités, notamment sur la Citarik, dans le parc du mont Halimun à Java *(voir « Bogor », p. 93)*, sur l'**Ayung** à Bali *(voir « Ubud », p. 288)* et sur les rivières du pays Toraja *(voir « Le pays Toraja », p. 511)*.

Plongée et snorkeling

Bali (Nusa Lembongan, Tulamben, île de Menjangan), **Lombok** (archipel des Gili), **Sulawesi** (parc maritime de Bunaken, archipel des Togian), Riung, le parc maritime de Komodo et les alentours de Maumere à **Flores** comptent plusieurs sites de plongée sous-marine de renommée mondiale. Les hôtels et les clubs de plongée louent des masques (pas toujours très étanches !), des tubas et parfois des palmes, mais on regrette souvent de ne pas avoir apporté son propre matériel... Vous pourrez éventuellement en acheter à Jakarta et à Bali.
Dans les stations balnéaires et les grands hôtels, des **clubs de plongée** proposent des sorties vers les plus beaux récifs coralliens de la région. Baptêmes pour les débutants, plongées de jour ou de nuit pour les plus expérimentés (pensez à vous munir de votre diplôme), chacun trouvera son bonheur. Bali possède les organismes les plus fiables. Il convient néanmoins de vérifier l'état du matériel (parfois vétuste et mal entretenu) et les compétences des moniteurs. Pendant la saison humide (oct.-avr.), la mer est agitée et la visibilité réduite.

Les moins téméraires pourront admirer coraux et poissons à bord d'un **bateau à fond de verre**.

Il peut être dangereux de pratiquer la plongée sous-marine lorsque l'on prend certains traitements. Évitez de plonger dans les 48h avant de prendre l'avion.

Sorties en mer

Plusieurs compagnies organisent des croisières dans les îles de la Sonde (Lombok, Komodo, Flores) et autour de Sulawesi, la plupart luxueuses et onéreuses. La **Perama** *(www.peramatour.com)* propose un circuit plus abordable. Pour le plaisir de la navigation de plaisance ou profiter des beaux spots de surf ou de plongée : à vous de choisir... Adressez-vous aux agences de tourisme locales, concentrées dans le sud de Bali (Sanur, Benoa), à Lombok (archipel des Gili, Kuta-Lombok) et à Labuan Bajo (Flores).

Surf

L'Indonésie compte de fabuleux spots de surf. Mais attention avant de vous mesurer aux flots déchaînés : ce sport requiert une parfaite maîtrise. Boutiques et agences spécialisées se concentrent à **Kuta** (Bali), véritable Mecque des surfeurs. La **côte sud de Lombok**, autour de Kuta-Lombok, et ses plages exceptionnelles lui ont cependant ravi la vedette. Sans oublier la **péninsule de Bukit** (Bali) et, à Sumatra, l'**archipel des Mentawaï**. Les meilleurs mois sont juin et juillet, mais les plus beaux tubes sont alors pris d'assaut.

Pour plus d'informations sur les conditions propres à chaque site, procurez-vous sur place les revues *Tripsurf* ou *Surf Session*.

Pour connaître les meilleurs spots de surf en Indonésie, allez faire un tour sur www.destination-surf.com et www.voyageindonesie.net/surf.

Tabac

Les Indonésiens comptent parmi les plus grands fumeurs du monde (70 % des hommes). Aussi, les endroits non-fumeurs sont rares (en général des lieux climatisés). Contrainte par les enjeux économiques, la lutte contre le tabagisme n'en est qu'à ses balbutiements. Les cigarettes locales au **clou de girofle** *(kretek)* provoquent des réactions contrastées. Vous trouverez partout des cigarettes américaines de fabrication locale.

Taxi

Pratiques pour circuler en ville, où ils sont en général nombreux et bon marché. Demandez au chauffeur de mettre son **compteur** *(meter)*. S'il ne fonctionne pas, négociez le prix de la course avant le départ. Dans les grandes villes, essayez de vous repérer sur un plan pour éviter de vous faire balader inutilement.

Privilégiez plutôt les compagnies de radio-taxi, comme **Blue Bird** *(www.bluebirdgroup.com)*, car elles disposent d'un central pouvant indiquer au chauffeur le chemin en temps réel. N'hésitez pas sinon à télécharger l'application mobile **Grab**, qui permet de commander un VTC à des prix plus concurrentiels que les taxis ordinaires. Le montant du trajet est calculé à l'avance, donc pas d'arnaque possible.

Téléphone

Sept opérateurs téléphoniques se partagent le marché, dont **Telkomset**, détenu aux deux tiers par l'État.

Les cabines téléphoniques et les *wartel* (petites boutiques offrant des services de téléphonie et de connexion Internet) sont en voie de disparition devant la généralisation du téléphone portable.

Appels internationaux

Pour téléphoner de l'étranger vers l'Indonésie, voir p. 626.
Pour téléphoner de l'Indonésie vers l'étranger, composez le 001 + indicatif du pays (France : 33 ; Belgique : 32 ; Suisse : 41 ; Luxembourg : 352) + numéro de votre correspondant sans le 0.

Appels locaux

Pour un appel interne à la province ou d'un portable, composez le numéro sans l'indicatif régional. Pour appeler une autre province, faites l'indicatif régional (avec le 0).

Téléphone portable

Les téléphones européens, GSM, sont compatibles avec le réseau indonésien. Les appels sur place ou vers la France ainsi que la réception d'appels locaux ou de France avec votre abonnement sont facturés comme des communications internationales. Mieux vaut donc acheter à votre arrivée une carte SIM *(à partir de 5 000 Rps)* avec des unités prépayées (vérifiez au préalable auprès de votre opérateur que votre appareil est **déverrouillé**). Un numéro personnel (commençant par 08) vous sera attribué. Faites installer la puce et vérifier l'acquisition des nouvelles unités par le vendeur lui-même, au moment de l'achat.
Les deux principaux opérateurs sont la compagnie publique **Telkomsel** et **Indosat**. Des recharges sont en vente un peu partout. La tarification des appels est plus élevée de province à province mais reste modique.
Vous capterez la 4G dans les grandes villes, ainsi qu'à Bali. Dans les endroits plus reculés tels que Sulawesi ou Sumatra, vous peinerez sûrement à trouver du réseau. Telkomsel dispose du meilleur réseau et a été le premier à proposer la 5G en Indonésie.

Transports en commun

Voyager en Indonésie est facile et bon marché, mais souvent long et inconfortable : chaleur (ou climatisation excessive), fumée de cigarette, poussière, foule et retards sont souvent de la partie. Pour des vacances courtes, optez pour la voiture de location et l'avion. Pour ceux qui ont plus de temps, bus et minibus *(bemo)* sont les meilleurs moyens de sillonner chaque île. Plus reposant mais guère plus rapide, le train traverse tout Java (pas de réseau ferroviaire dans les autres îles). Quant aux voyages inter-îles, outre les ferries de la compagnie Pelni, peu fréquents, bondés et inconfortables, des compagnies privées comme la Perama proposent des liaisons en *speed-boat* ou en bateau de bois.
Ne vous laissez pas déstabiliser par la **graphie des noms propres indonésiens**, qui fluctue selon les régions et la prononciation. À Java Centre et Java Est, par exemple, le « o » remplace souvent le « a » (ainsi pour Mojopahit/Majapahit, ou Kasada/Kasodo). À Lombok, le village de Kuta s'orthographie parfois Kute.

Avion

Pour de grandes distances, l'avion vous épargnera fatigue et perte de temps. Les tarifs sont assez raisonnables. Outre la compagnie nationale **Garuda** et sa filiale **Citilink**, il existe plusieurs compagnies privées et low-cost qui assurent de nombreuses dessertes intérieures et, pour certaines, vers le reste de l'Asie : **Lion Air** ainsi que ses filiales **Wings Air** et **Batik Air**, **Sriwijaya Air** et sa filiale **Nam Air**, **Indonesia AirAsia**... Toutes les compagnies indonésiennes répondent désormais à des normes de sécurité satisfaisantes et plus aucune ne figure sur la liste noire européenne.

Si vous voyagez en juillet-août, pendant la période de Noël et du Nouvel An ou à la fin du ramadan, **réservez** vos billets avant de partir (même si les tarifs sont beaucoup plus intéressants sur place). Vous pourrez modifier la date une fois dans le pays, dans la mesure des sièges disponibles. De même pour les week-ends. Pour tous les vols intérieurs, même réservés de longue date, présentez-vous à l'aéroport en avance pour être sûr d'avoir une place, car le surbooking est fréquent. De nombreuses **agences de voyage** proposent des billets à tarifs préférentiels et certaines compagnies accordent des remises aux **étudiants** sur présentation de leur carte internationale (ISIC).

Principales liaisons inter-îles aériennes et maritimes

	de Java	de Bali	de Lombok
vers Java	Jakarta > Solo/ Yogyakarta/Semarang/ Surabaya/Malang Bandung > Yogyakarta/ Semarang/Surabaya Yogyakarta > Surabaya Solo > Surabaya	Denpasar > Jakarta/Surabaya/ Bandung/Solo/ Yogyakarta/ Semarang/Malang	Mataram > Jakarta/Yogyakarta/ Surabaya
		Gilimanuk > Banyuwangi (Ketapang) Benoa > Surabaya	*pas de liaison directe*
vers Bali	Jakarta/Surabaya/ Semarang/Bandung/Solo/ Yogyakarta/Malang > Denpasar		Mataram > Denpasar
	Banyuwangi (Ketapang) > Gilimanuk		Gili > Benoa/ Padangbai/Nusa Lembongan/ Senggigi > Nusa Lembongan/Benoa/ Sanur/Padangbai Lembar > Padangbai
vers Lombok	Jakarta/Surabaya/ Yogyakarta > Mataram	Denpasar > Mataram	
	pas de liaison directe	Benoa > Gili/ Senggigi Sanur > Gili/Senggigi Nusa Lembongan >Gili Padangbai > Lembar/ Gili	
vers Flores	*Jakarta > Labuan Bajo*	Denpasar > Maumere/Labuan Bajo	*pas de vol direct*
	liaison avec escale	Benoa > Ende *(liaison avec escale)*	*pas de liaison directe*
vers Sumatra	Jakarta > Padang/ Medan/Belitung/Silangit (lac Toba)	*pas de vol direct*	*pas de vol direct*
	Merak > Bakauheni	*pas de liaison directe*	*pas de liaison directe*
vers Sulawesi	Jakarta/Surabaya > Manado/Makassar	Denpasar > Makassar	Mataram > Makassar
	Surabaya > Makassar	*pas de liaison directe*	*pas de liaison directe*

Bateau

Bien qu'assez lent, le bateau peut vous éviter de longs et pénibles trajets en bus. Beaucoup moins cher que l'avion, il permet aussi de relier les différentes îles. Cela peut donc être une bonne solution.

Ferry

La **compagnie nationale Pelni** dessert les principales îles de l'archipel, à une fréquence hebdomadaire, bimensuelle (le plus souvent) ou mensuelle selon les lignes. Sur certains navires, vous aurez le choix entre **cinq classes**, du simple siège ou matelas dans une grande salle commune ou sur le pont, à la cabine climatisée avec couchettes et salle de bains. N'oubliez pas d'emporter un pull, il fait généralement très froid (air conditionné). Inutile de prévoir trop de provisions, vous pourrez vous restaurer sur le bateau (repas inclus dans le prix du billet). Les horaires (le tableau change chaque mois) et les billets (réservations ouvertes une semaine à l'avance) sont disponibles auprès des bureaux de la Pelni ou dans les agences de voyage. D'**autres compagnies** assurent les traversées les plus courtes, en général tous les jours.

Pelni – *(021) 79 18 06 06 (centre d'appels) - www.pelni.co.id.*

Croisières

Une croisière dans les îles de la Sonde (Lombok, Komodo, Flores) est une expérience inoubliable. Outre la **Perama** et sa formule de trois jours très abordable, des compagnies proposent une traversée sur un *pinisi*, splendide voilier bugis.

Principales liaisons inter-îles aériennes et maritimes

de Flores	de Sumatra	de Sulawesi	
Labuan Bajo > Jakarta	Padang/Medan/Belitung/Silangit > Jakarta	Manado/Makassar > Jakarta/Surabaya	**vers Java**
Ende > Surabaya *(liaison avec escale)*	Bakauheni >Merak	Makassar > Surabaya	
Maumere/Labuan Bajo > Denpasar	*pas de vol direct*	Makassar > Denpasar	**vers Bali**
Ende > Benoa *(liaison avec escale)*	*pas de liaison directe*	*pas de liaison directe*	
pas de vol direct	*pas de vol direct*	Makassar > Mataram	**vers Lombok**
pas de liaison directe	*pas de liaison directe*	*pas de liaison directe*	
pas de vol direct		*pas de vol direct*	**vers Sumatra**
pas de liaison directe		*pas de liaison directe*	
Labuan Bajo > Ende	*pas de vol direct*	*pas de vol direct*	**vers Flores**
	pas de liaison directe	Makassar > Labuan Bajo	
pas de vol direct	*pas de vol direct*	Makassar > Manado	**vers Sulawesi**
Maumere > Makassar Labuan Bajo/Jampea	*pas de liaison directe*		

Bus

C'est le moyen de transport le plus utilisé et **le moins cher** (de nombreuses compagnies de bus se concurrencent). Les billets peuvent s'acheter dans les gares routières mais il est souvent plus aisé de passer par une agence de voyages, voire par un hôtel, surtout dans les grandes villes. Il est prudent de réserver la veille pour les longs trajets, et plusieurs jours à l'avance à certaines périodes (ramadan). On vous proposera parfois de venir vous chercher à l'hôtel.

Les **prix** varient considérablement en fonction du confort et de la rapidité. Selon la catégorie choisie, vous aurez, au mieux, un bus moderne, climatisé (parfois trop!) et confortable, avec un siège réservé (VIP) et des prestations allant de la TV au karaoké; au pire, un vieux bus à banquettes dures qui s'arrête dès qu'un passager souhaite monter ou descendre *(ekonomi)*. Dans les bus non climatisés, la fumée des *kretek* (cigarettes au clou de girofle) emplit le bus durant tout le trajet. Optez pour un bus doté de **fenêtres ouvrables** et arrivez suffisamment tôt pour vous installer près de l'une d'elles : les Indonésiens semblent redouter les courants d'air et ont une étonnante faculté à voyager toutes fenêtres fermées, même en pleine canicule!

Si vous n'êtes pas à cheval sur le confort, voyager dans un **bus ekonomi** vaut la peine : le chargement, les haltes et rencontres dans les gares routières, les discussions animées sur fond de chants de coq seront autant de souvenirs inoubliables.

Au contraire, si vous désirez être bien installé – avec la climatisation en prime –, optez pour le **bus executive** : il faudra penser à réserver votre billet à l'avance.

Les chauffeurs de bus conduisent vite, usent du klaxon sans parcimonie, et chaque voyage s'accompagne de sensations fortes.

☺ Prévoyez un **pull** pour les bus climatisés et des **boules Quiès**, car certains conducteurs passent leurs tubes préférés à plein volume, notamment lors des trajets de nuit.

☺ Pour connaître les dessertes et les horaires de bus d'une ville à l'autre, consultez le site **www.jadwalbis.com** (en anglais).

Shuttle bus – Plusieurs compagnies, comme la **Perama** *(www.peramatour.com)*, relient tous les jours les principales destinations touristiques de Java et de Bali, et assurent certaines **liaisons inter-îles** (Java-Bali-Lombok-Flores). Confortables, rapides et bon marché, ces lignes vous simplifieront la vie, mais vous n'y côtoierez que des touristes.

Bemo

Innombrables, les *bemo* – également appelés **oplet**, **mikrolet**, **colt** ou autres selon les régions – sont des **minibus** circulant en ville et dans les environs, sur de petites ou moyennes distances. Hors les principaux sites touristiques, les *bemo* deviennent rares après 16h. Suivant l'endroit, ils portent des numéros ou des couleurs, et la destination est souvent inscrite sur le pare-brise (sinon, demandez au chauffeur). Les *bemo* quittent les terminaux quand ils sont pleins (voire bondés), ou font le tour de la ville en klaxonnant pour ramasser les voyageurs. Les passagers les arrêtent d'un signe de la main du bord de la chaussée. Pour **descendre**, claquez des mains ou criez *« kiri! »* (gauche!) – encore que le vocable varie d'une région à l'autre –, ou demandez à un autochtone de vous indiquer le lieu où vous voulez vous rendre. On vous fera parfois payer un supplément pour les bagages.

Il est possible de **charteriser** un

bemo à plusieurs pour de longs trajets, ce qui peut limiter le temps d'attente et les arrêts en cours de route. En partageant les frais avec d'autres passagers, le coût sera moins élevé qu'en voiture individuelle. Négociez le prix avant de partir, en précisant le circuit et la durée voulus. Les chauffeurs ont une fâcheuse tendance à vouloir prendre d'autres voyageurs en route : si vous ne refusez pas fermement, vous aurez vite l'impression de circuler dans un *bemo* omnibus...

Train

Seule **Java** dispose d'un bon réseau ferré, reliant toutes les grandes villes. La plupart des trains possèdent trois classes (avec parfois des sous-catégories CA, C, P, Q, S et Z en classe ekonomi) : la première *(eksekutif)* est climatisée et les sièges sont inclinables, la deuxième *(bisnis)* est soit équipée de ventilateurs soit climatisée, la troisième *(ekonomi)*, bondée mais beaucoup plus animée, commence à s'équiper de l'air conditionné sur certaines lignes. Réservez vos billets à l'avance en ligne, dans les gares ou par une agence de voyages. Rens. sur les horaires (assez fiables) auprès de chaque gare ou en ligne.

Kereta Api Indonesia – *www.kereta-api.co.id*. La compagnie nationale des chemins de fer ne dispose que d'un site en indonésien. Pour consulter les horaires et réserver un billet en ligne, mieux vaut passer par le site **www.tiket.com** (en anglais).

Ojek

On trouve dans toutes les grandes villes ces **motos-taxis**, postées à des carrefours et repérables à leur tunique. Le prix, moins élevé que celui d'un taxi, se négocie. À Bali, de simples possesseurs de moto s'improvisent *ojek*. Il est désormais possible de réserver une moto-taxi depuis son mobile en téléchargeant l'application **Gojek**.

Bajaj

Très répandus dans les grandes villes javanaises, les **triporteurs** de fabrication indienne, les *bajaj* (prononcez « bajaï »), sont parfaits et bon marché pour les petits trajets, car ils se faufilent au milieu du trafic. Le bruit assourdissant et l'exposition aux gaz d'échappement n'en font cependant pas un mode de transport de tout confort.

Becak

Ces **cyclo-pousse à trois roues** restent largement usités pour les petits trajets, sauf à Bali, où ils se font rares. Ils sont interdits dans les grandes métropoles (comme Jakarta) et souvent confinés aux axes secondaires dans les autres villes. Négociez le prix de la course avant le départ pour éviter les mauvaises surprises à l'arrivée, et assurez-vous que le conducteur a bien compris où vous voulez aller.

Dokar

Dokar, andong, bendi... quel que soit son nom local, la **charrette à cheval** reste fréquemment utilisée dans les petites villes et les zones rurales. À deux ou quatre roues, peinte de couleurs vives ou décorée de grelots rythmant la course, elle offre un moyen de transport pittoresque, pour de courts trajets ou pour se balader sans se presser.

Transports inter-îles

Java

Les principaux vols internationaux atterrissent à l'aéroport Soekarno-Hatta de **Jakarta** *(voir p. 64)*. Vols domestiques vers Bali, Lombok,

Sulawesi. Liaisons fréquentes en ferry entre Java et Bali et mensuelles ou bimensuelles entre Java et Sulawesi ou Flores.

Bali

Les **vols internationaux** atterrissent à l'aéroport Ngurah Rai International de **Denpasar** *(voir p. 225)*. Vols domestiques vers Lombok, Flores, Sumbawa et Sulawesi.

Liaisons en **ferry** entre les ports de Benoa ou Padangbai et les Gili, Lombok et Flores. Les **speed boat** de Blue Water *(voir « Transports », p. 253)* reliant Bali aux Gili font escale à Teluk Kode, près de Bangsal *(à 20 km au nord de Senggigi)*. Il existe également des liaisons entre Bali et Senggigi en speed boat.

Les **shuttle bus** de la Perama (billets en vente dans toutes les agences de tourisme) desservent Kuta, Sanur, Ubud, Padangbai, Candidasa, le mont Batur, Kintamani, Lovina..., et assurent des liaisons avec les îles voisines, Java et Lombok.

Lombok

Vols internationaux depuis Singapour, Kuala Lumpur via Jakarta et domestiques de Denpasar, Jakarta, Surabaya, Bima vers Mataram *(voir p. 364)*. De Labuan Lombok (Lombok) à Poto Tano (Sumbawa), ferries de 6h à 20h *(durée de la traversée : 1h30)*. Il existe aussi des liaisons régulières par ferry ou speed boat pour les Gili *(voir p. 370)*.

Pour passer de Bali à Lombok, la meilleure solution est de prendre un **Perama Shuttle Bus**, combinant le bus au départ de Kuta, Sanur, Ubud..., avec un embarquement pour Lombok à Padangbai, et un débarquement à Senggigi. Une fois sur place, la Perama assure différentes dessertes.

Le **ferry**, option la moins chère *(env. 62 200 Rps)* mais la plus longue, relie Padangbai (Bali) à Lembar en 4 à 5h (plus si le bateau doit attendre qu'un quai se libère pour accoster). Départ toutes les 2h, 24h/24. Achetez votre billet à un guichet, surtout pas à un revendeur à la sauvette ! De Lembar à Senggigi, il faut prendre un *bemo* et changer au moins une fois, à Mataram. Les rabatteurs peuvent se montrer harcelants, groupez-vous. Il y a également des ferries de Lembar à Labuan Bajo et Maumere (Flores).

Il est permis de passer de Bali à Lombok avec une **voiture de location**, si le loueur l'autorise.

Flores

Vols domestiques de Jakarta à Labuan Bajo et de Denpasar vers Labuan Bajo et Maumere *(voir p. 399 et 424)*.

En **ferry** : liaisons avec Sumbawa *(voir ci-dessus)*. La Pelni relie Bali et Labuan Bajo en faisant route vers Makassar (2 fois/mois) ; un autre ferry de la Pelni dessert Maumere (2 fois/mois).

Sumatra

Les vols domestiques (de Jakarta ou Denpasar) et internationaux (de Singapour ou Kuala Lumpur) atterrissent à **Padang**, au centre-ouest de l'île, et, surtout, à **Medan**, en face de Kuala Lumpur.

Des ferries relient Bakauheni, à la pointe sud-est de Sumatra, et Merak, à l'extrémité ouest de Java.

Sulawesi

Des aéroports de Makassar et Manado *(voir p. 510 et 547)*, vols internationaux vers Singapour et Kuala Lumpur, vols domestiques vers Jakarta et Denpasar. Le nouvel aéroport Toraja, inauguré en 2021, permet de relier plus facilement cette région depuis Makassar.

En **ferry** : Makassar est reliée à Maumere, Labuan Bajo et Benoa. Le *KM Willis* de la Pelni, bimensuel, dessert Makassar (Sulawesi) via Maumere les vend. à 19h (41h de traversée). Il vogue vers Denpasar les vend. matin à 8h *(28h de traversée)*. Le *KM Tilongkabila*, deux dim./mois, dessert Makassar *(24h depuis Maumere)*.

Unités de mesure

L'Indonésie utilise le **système métrique**.

Urgences

Police - ✆ 110.
Pompiers - ✆ 113.
Ambulance - ✆ 118 ou 119.

Us et coutumes

Voir aussi « Savoir-vivre », p. 638.
« Hello, Misterrr ! » : s'adressant indifféremment à un homme ou à une femme, cette salutation enthousiaste vous accueillera à tout bout de champ dès que vous sortirez des secteurs touristiques où, le plus souvent, c'est un « Transporrrt ! » à finalité commerciale qui retentit. C'est souvent la seule notion d'anglais qu'ont les Indonésiens, et elle est devenue leur manière courtoise de saluer un étranger.

Rencontre et conversation

Le contact avec les Indonésiens est immédiat. Dans la rue, au *warung*, dans un bus, à la gare... ils vous aborderont à la moindre occasion. Pour peu que vous possédiez quelques rudiments de *bahasa indonesia*, la discussion s'amorcera sans tarder, prenant invariablement la tournure d'un interrogatoire préliminaire. Une fois ce préalable rempli, la conversation peut prendre un cours plus libre.
À chaque nouvelle rencontre son lot de questions, toujours les mêmes. Un côté systématique qui finit par lasser ou agacer bien des visiteurs, d'autant que leur caractère personnel résonne souvent comme une indiscrétion pour les Occidentaux : on vous demandera sans cesse où vous allez, d'où vous venez, ce que vous faites, si vous avez déjà mangé, fait la sieste ou pris votre douche, combien vous avez payé votre sarong, où est passé(e) votre ami(e)... Pour les Indonésiens, il s'agit d'une façon naturelle et polie de vous témoigner de l'intérêt et d'entamer la discussion, qui n'appelle pas forcément de réponse précise. Sans transition, on vous interrogera ensuite sur vos nom, nationalité, âge, situation familiale, vos activités professionnelles, vos croyances religieuses...
Si cette intrusion dans votre vie privée froisse votre intimité et que vous souhaitez écourter la conversation, rien ne vous empêche de rester évasif. Et vous vous en sortirez toujours en maniant l'art de la pirouette et de la plaisanterie, ou en affichant un sourire entendu !

La loi de l'hospitalité

Ces discussions sont l'occasion de découvrir les Indonésiens et, avec un savant dosage de tact, d'audace, de politesse et de patience, vous aurez de bonnes chances de vous voir convié chez l'habitant ou à une cérémonie. Certaines invitations ne sont pas à prendre au pied de la lettre, notamment lorsque l'on vous propose de prendre un bain ou de rester dormir. Pour en avoir le cœur net, attendez que la proposition soit réitérée.
En entrant, saluez le maître de maison avant les autres membres de la famille. Offrez un petit cadeau à vos hôtes (surtout pour une fête), et ne vous offusquez pas s'ils n'ouvrent pas le paquet devant vous. Par politesse, attendez que l'on vous convie (*« Silakan ! »* : « Je vous

en prie ! ») à entrer, vous asseoir, commencer à boire ou à manger. Vous risquez d'offenser vos hôtes en refusant ce qu'ils vous présentent : prenez au moins de quoi goûter et faire honneur. Finir son assiette ou son verre équivaut à en redemander : si vous êtes rassasié, laissez-en un peu. Sinon, attendez que l'on vous propose avant de vous resservir. Pour **prendre congé**, expliquez où vous allez; mais ne dites pas que vous devez partir.

Contact

Vous verrez souvent deux hommes ou deux femmes se tenir la main ou se coller l'un à l'autre : ces gestes d'amitié sont dépourvus de connotation sexuelle. En revanche, vous ne verrez jamais le moindre contact physique entre un homme et une femme, et il est inconvenant pour un couple de s'embrasser ou de s'étreindre en public.

Ni oui ni non

Respectueux et courtois, les Indonésiens évitent de critiquer ou d'offenser autrui, de le contrarier ou même de le contredire. D'où leur propension à l'acquiescement poli à tout propos. Soucieux par ailleurs de ne jamais perdre la face, ils adoptent un profil haut qui les pousse à hasarder les réponses les plus farfelues plutôt que d'avouer leur ignorance d'un franc « Je ne sais pas ». Aussi, lorsque vous demandez un renseignement, surtout si c'est votre chemin ou l'horaire d'un bus, veillez à formuler votre question de façon que l'on ne puisse pas vous répondre par oui ou par non, et confrontez plusieurs avis – si souvent discordants ! – pour approcher de la vérité.

Rire et sourire

D'une humeur égale et doués d'un grand sens de l'humour, les Indonésiens semblent toujours empreints de gaieté. Présentes sur tous les visages, ces expressions dénotent néanmoins une infinité de nuances subtiles : un sourire peut exprimer la joie, le plaisir, la bienveillance ou pallier la différence linguistique pour signifier un salut. Mais il peut aussi, tout comme un rire, dissimuler la gêne, le chagrin, voire la peur ou toute autre émotion.

Mandi

À la maison, à la rivière, parfois même au bord d'une rizière, les Indonésiens se lavent au moins deux fois par jour, au lever et en fin d'après-midi, et souvent avant les cérémonies religieuses. Vous les étonnerez donc si vous ne faites pas de même. Ne soyez pas surpris ou offensé lorsque l'on vous demande : *« Sudah mandi ? »* (« Déjà baigné ? »). Cela équivaut d'ailleurs presque à une façon de dire bonsoir. Par pudeur, ne photographiez jamais une personne qui se lave (aux bains publics, au bord de la route ou d'une rivière).

La famille

Les Indonésiens se marient et fondent une famille assez jeunes, et vous les intriguerez en leur disant que, âgé(e) de plus de 25 ans, vous êtes célibataire et sans enfants. Vous rassurerez vos interlocuteurs en évoquant votre famille, mais vous vous exposerez du même coup aux inévitables questions sur les âge et prénom de chacun.

Vélo et VTT

Agréable et pratique pour circuler en ville (idéal à Yogyakarta) ou parcourir de courtes distances, beaucoup moins quand il s'agit d'emprunter les grands axes. Étudiez la topographie de la région avant de partir (l'Indonésie n'est pas un plat pays !), vérifiez l'état des pneus et des freins, et prévoyez à boire si vous quittez les sentiers battus. Sachez que vous trouverez un parking à vélos surveillé (payant) à proximité des principaux sites. **Location** à partir de 20 000 Rps/j. (1,20 €).

De nombreuses zones touristiques (Bali, Lombok, Yogyakarta...) proposent des circuits organisés à vélo. C'est le cas de l'agence **Bali Eco Cycling** *(http://baliecocycling.com)*, basée à Ubud (rens. à l'office de tourisme). **Archipelago Adventure** *(voir p. 621)* propose des circuits à VTT à Java et à Bali. À Senggigi (Lombok), rens. auprès de **Lombok Biking Tour** *(voir p. 366)*.

Vie nocturne

Les jeunes Indonésiens fréquentent volontiers bars et discothèques des grandes villes et des centres touristiques – à commencer par Kuta, à Bali, où les femmes occidentales seront l'objet de toutes les sollicitations... **Jakarta** est considérée comme l'une des villes proposant les nuits les plus animées d'Asie du Sud-Est.

Voir la rubrique « En soirée » des pages « Nos adresses » dans la partie « Découvrir ».

Voiture

La voiture constitue la meilleure façon de découvrir l'archipel par ses propres moyens. À Java, Flores et Sulawesi, il est préférable – voire obligatoire – de louer les services d'un chauffeur, ce qui permet aussi de ne pas avoir à ramener le véhicule au point de départ et de simplifier les problèmes en cas d'accident. À Bali et Lombok, vous pourrez conduire vous-même, mais faites preuve de prudence. Dans tous les cas, vous gagnerez beaucoup de temps, éviterez la fatigue des trajets en bus et pourrez vous arrêter à loisir, dans les villages ou pour admirer le paysage... Si vous partez pour plusieurs jours, il faudra couvrir les frais (bon marché) d'hébergement et de restauration de votre chauffeur. Négociez un tarif et précisez bien le parcours que vous souhaitez suivre.

Location

Dans les lieux les plus touristiques, l'offre de location est pléthorique, avec ou sans chauffeur. Quelques grandes agences internationales (Avis, Europcar, Hertz) sont représentées dans les aéroports, les villes principales et les grands hôtels. Les **agences locales** proposent des tarifs plus compétitifs. En revanche, elles n'assurent qu'une couverture minime en cas d'accident. Vérifiez attentivement l'état du véhicule (freins, klaxon, phares, essuie-glaces, pneus et climatisation) et les conditions d'assurance. Cette dernière comprend en général une franchise assez élevée. Exigez un contrat assurant la responsabilité au tiers. Vous devez posséder un permis de conduire international et être âgé de plus de 18 ans. Obligatoires, les ceintures de sécurité sont rarement en état.

Comptez un minimum de 200 000 Rps/j. (12 €) sans chauffeur pour le modèle de base (Jeep Suzuki Jimny ; à éviter au-delà de deux passagers, les places arrière étant inconfortables et équipées de vitres fixes), 400 000 Rps/j. environ pour une **Avanza Toyota** ou un **monospace Toyota Kijang** (cinq à sept places), les prix variant selon les endroits, le modèle, la saison, les agences et la durée de la location (négociez un tarif dégressif si vous gardez le véhicule plusieurs jours).

Réseau routier

Le réseau routier est en relativement bon état sur les

grands axes à Java, Bali et Lombok. Sachez que la **Transflorésienne**, sinueuse, ne permet guère une moyenne supérieure à 30 km/h. La **Trans-Sulawesi**, quant à elle, régulièrement endommagée par les crues et les glissements de terrain, rend les trajets sur l'île particulièrement éprouvants. Ainsi une grande prudence s'impose-t-elle toujours.
Construite en 2013, afin d'équilibrer le trafic dans cette zone encombrée, la **Mandara Toll Road** (pont de presque 13 km de long) permet de relier Denpasar – et notamment l'aéroport Ngurah Rai – à Kuta. La nouvelle **Trans-Sumatra Toll Road** (2818 km), en construction, permettra un énorme gain de temps dans la liaison entre le nord et le sud (ainsi que Java) de cette île immense.

Conduite

La conduite se fait à **gauche**.
La priorité reste à droite, mais en pratique, elle revient au plus gros véhicule ou à celui qui klaxonnera le plus fort. Doubler dans un virage sans la moindre visibilité est un classique. En théorie, la **vitesse** est limitée à 50 km/h en ville et à 80 km/h sur route.
Ne circulez jamais de **nuit**. Soyez toujours vigilant : de nombreuses personnes marchent au bord de la chaussée, parfois accompagnées de bétail, sans parler des chiens errants qui déboulent soudain.
Faites comme les Indonésiens : klaxonnez sans retenue pour avertir piétons, motocyclistes et animaux.

Essence

Faites le plein avant le départ et, si vous partez pour un long périple, renseignez-vous sur la localisation des stations-service (**Pertamina**, la compagnie nationale, détient le monopole), rares à certains endroits. Mais l'essence *(bensin)* vendue en bouteilles par les échoppes tout au long des routes pourra toujours dépanner.

Orientation

Vous pourrez vous procurer sur place de bonnes **cartes routières** et des plans de ville, mais les directions sont mal fléchées et disposer d'un GPS s'avère utile.
Si vous demandez votre chemin, sachez que les Indonésiens ont peu l'habitude de lire les plans : ils examineront le vôtre avec curiosité, mais leur bonne volonté ne vous aidera guère... Sachez aussi interpréter les indications qu'ils vous donneront *(voir « Ni oui ni non », p. 652)*.
Carte Zoom Michelin n° 190, **Bali-Lombok**, au 1/180 000 avec plans de Denpasar, Kuta et Mataram.

Police

Généralement cachés au détour d'un virage, les agents de police trouveront toujours quelque chose à vous reprocher pour arrondir leurs fins de mois, et il est souvent vain de chercher à prouver votre bonne foi. Que vous soyez victime ou responsable d'un accident, on vous considérera de toute façon comme fautif dans la majorité des cas, et les policiers ne vous seront d'aucune aide. Si vous êtes arbitrairement arrêté et enjoint de payer une somme exorbitante, ne vous laissez pas intimider. La règle d'or est de garder son sang-froid *(voir p. 639)* tout en vous défendant clairement et fermement, et de faire preuve de patience.
Ne voyez pas là l'occasion de pratiquer votre *bahasa indonesia* : cela risque d'ouvrir la voie à un « arrangement »... en votre défaveur. L'idéal consiste à faire intervenir un « ami » indonésien, ou le propriétaire de votre hôtel, pour négocier l'affaire : en général, l'addition baisse en présence d'un autochtone.

Mémo

Agenda

Qu'ils soient liés aux panthéons des îles ou aux calendriers agricoles, qu'ils célèbrent un anniversaire ou commémorent une page d'histoire, fêtes et festivals rythment l'année indonésienne.

Février

Fête du Nyale – À Kuta (Lombok). La saison de reproduction de ce gros ver marin donne lieu à des festivités *(voir p. 384 et 386)*.

Avril-mai

Fête des pêcheurs – *En avr.* À Pelabuhanratu (Java). Offrandes à la mer et festivités en l'honneur de la déesse Ratu Kidul *(voir p. 92)*.
Waisak – *Avr.-mai ou juin.* À Borobudur (Java). Commémore la naissance, l'illumination et la mort de Bouddha *(voir p. 152)*.

Juin-juillet

Yogyakarta Art Festival – *En juin-juil.* À Yogyakarta (Java). Spectacles, concerts de gamelan, expositions *(voir p. 135)*.
Bali Arts Festival – *En juin-juil., pendant un mois.* À Denpasar (Bali). Danses, expositions... pour le plus gros événement artistique et culturel de l'île *(voir p. 234)*.
Jakarta Fair – *En juin-juil. - www.jakartafair.co.id.* À Jakarta (Java). Une foire internationale célèbre l'anniversaire de la capitale *(voir p. 67)*.

Juillet-août

Bali Kite Festival – *En juil. ou en août.* À Sanur. Festival international de cerfs-volants *(voir p. 259)*.
Fête de l'Indépendance – *Le 17 août.* Dans tout le pays. Défilés.

Septembre-décembre

Kuta Karnival – *En oct.* À Kuta (Bali). Sports de plage, performances artistiques et culturelles, expositions, concours de cuisine *(voir p. 241)*.
Ubud Writers and Readers Festival – *En oct. - www.ubudwritersfestival.com.* À Ubud (Bali). Rendez-vous des plumes du monde entier *(voir p. 283)*.
Pekelem – *Pleine lune d'oct. ou de nov.* Au mont Rinjani (Lombok). Pèlerinage hindouiste *(voir p. 378)*.
Cérémonie du Kasada – *En nov.* Au mont Bromo (Java). Un rituel hindouiste *tengger (voir p. 196)*.

Livres

Voir aussi « Littérature : sur le vent de l'histoire », p. 582.

Textes fondateurs

Le Mahabharata : conté selon la tradition orale, Albin Michel, Paris, 2006. Le texte de la fameuse épopée indienne.
Le Ramayana conté selon la tradition orale, Albin Michel, Paris, 2006. Ce texte fondamental de la civilisation indienne, que l'Indonésie a assimilé dans ses mythes, narre l'histoire de Rama, l'un des avatars de Visnu, sur un mode tragique et lyrique.
Les Chants de l'île à dormir debout, Le livre de Centhini, Éditions du Relié, 2002, trad. en français Élisabeth D. Inandiak. L'épopée mythique javanaise par le prince de Sourat Karta au 19e s.

Littérature indonésienne

DAMAIS Louis-Charles, **Cent Deux Poèmes indonésiens (1925-1950)**, Maisonneuve, Paris, 1965. Recueil de poèmes.

HIRATA Andrea, **Les Guerriers de l'arc-en-ciel**, Mercure de France, 2014. Le quotidien de 10 enfants, entre découverte de l'école et travaux d'appoint, dans un pauvre village de Sumatra.

KARTINI Raden Ajeng, **Lettres**, École française d'Extrême-Orient, Paris, 2001.

PRAMOEDYA Ananta Toer, **La vie n'est pas une foire nocturne**, Gallimard, Paris, 1993. L'auteur retourne à Blora (Java), d'où il est originaire, à l'occasion du décès de son père. Du même auteur, **Le Monde des hommes**, Rivages Payot, 2001; **La Fille du Rivage (Gadis pantai)**, Folio Gallimard, 2017.

SRI HARDINI Nurhayati, **Le Départ**, L'Harmattan, 2014. Au moment de l'indépendance, une métisse néerlando-indonésienne ne veut pas être rapatriée aux Pays-Bas.

UTAMI Ayu, **Saman**, Flammarion, Paris, 2008. Le destin de cinq jeunes Indonésiens qui apprennent à vivre et aimer dans une société en plein bouleversement.

Littérature étrangère

BARLEY Nigel, **L'anthropologie n'est pas un sport dangereux**, Payot Voyageurs, 2001.

BAUM Vicki, **Sang et volupté à Bali**, Les Éditions du Sonneur, 2014. Ce roman historique se déroule à Bali au début du 20e s., au moment de la colonisation hollandaise.

CONRAD Joseph, **Lord Jim**, Folio Gallimard, Paris, 1982. Roman d'aventures, dans des coins perdus de Kalimantan.

JORDIS Christine, **Bali, Java, en rêvant**, Folio Gallimard, Paris, 2005. Le récit touchant et intime de la découverte de l'Indonésie où l'auteure s'est plongée en visiteuse-ethnologue.

MICHAUX Henri, **Un barbare en Asie**, Gallimard, Paris, 1994. En Indonésie dans les années 1930.

MULTATULI, **Max Havelaar, ou les ventes de café de la Compagnie commerciale des Pays-Bas**, Actes Sud, Arles, 2003. Une chronique de l'exploitation coloniale hollandaise au 19e s. qui eut à l'époque un immense retentissement.

O'HANLON Redmond, **Au cœur de Bornéo**, Petite Bibliothèque Payot Voyageurs, 2001.

ORTIZ Sébastien, **Le Goût de Bali**, Mercure de France, 2005. Textes choisis pour découvrir Bali en compagnie de grands écrivains.

Bandes dessinées

COLLECTIF, **Kompilasi Komikus**, La Boîte à Bulles, 2014. Les aventures indonésiennes de quatre auteurs de BD croquées sur le vif.

GEORG Sacha, *Rubiah*, **L'Employé du Moi**, 2005. Sur cette île quasiment inhabitée, l'auteur rencontre une femme...

VAN DONGEN Peter, **Rampokan**, Vertige Graphic, 2004. Deux tomes. Un jeune colon en 1946.

Films

EVANS, Gareth, **The Raid**, 2012. Film d'action et d'arts martiaux indonésiens.

OPPENHEIMER, Joshua, **The Act of Killing** (2012) et **The Look of Silence** (2014). Ces deux documentaires jettent un regard cru sur les massacres de 1965, une période charnière de l'histoire indonésienne.

UMBARA, Anggy, **Warkop DKI Reborn : Jangkrik Boss** (Part 1), 2016. Ce film a battu le record historique du box office indonésien lors de sa sortie (6,8 millions d'entrées).

UTAMI, Ayu, **Ruma Maida**, 2009. Le combat d'une femme pour sauver sa maison des promoteurs.

WEIR, Peter, **L'Année de tous les dangers**, 1982. Un jeune journaliste australien (Mel Gibson) couvre la période troublée de la prise de pouvoir de Suharto en 1965.

MICHELIN vous GuideVert
l'Europe de vos rêves
LE GUIDE VERT Week&GO
CYCLADES
Toutes les infos à jour
Nos sites étoilés
Plus de 130 adresses
Plan détachable
MICHELIN
LE GUIDE VERT Week&GO
ÎLES CANARIES
MICHELIN
LE GUIDE VERT Week&GO
PORTO
MICHELIN
Format poche
Plan détachable
Nos meilleures adresses
Nos incontournables ★★★
MICHELIN

Denpasar : villes, curiosités et régions touristiques.
Ratulangi, Sam : noms historiques ou termes faisant l'objet d'une explication.
Les sites isolés (plages, temples, parcs nationaux...) sont répertoriés à leur propre nom.

A

B

R

T

U

V

Lexique

Les chiffres

zéro : kosong
un demi : setengah
un : satu
deux : dua
trois : tiga
quatre : empat
cinq : lima
six : enam
sept : tujuh
huit : delapan
neuf : sembilan
dix : sepuluh
onze : sebelas
douze : dua belas
treize : tiga belas
vingt : dua puluh
vingt et un : dua puluh satu
trente : tiga puluh
quarante : empat puluh
cent : seratus
deux cents : dua ratus
trois cents tiga ratus
mille seribu
deux mille : dua ribu
dix mille : sepuluh ribu
cent mille seratus ribu
un million : satu juta/sejuta
dix millions : sepuluh juta

Les formules de politesse

bonjour (le matin jusqu'à 11h env.) : selamat pagi
bonjour (entre 11h et 15h) : selamat siang
bonjour (de 15h à la tombée de la nuit) : selamat sore
bonsoir (quand il fait nuit) : selamat malam

bonne nuit : selamat tidur
bienvenu(e) : selamat datang
au revoir, bon voyage (à quelqu'un qui part) : selamat jalan
au revoir (à quelqu'un qui reste) : selamat tinggal
à bientôt : sampai jumpa lagi
comment ça va ? (quelles sont les nouvelles ?) : apa kabar ?
je vais bien/ça va ! : kabar baik ! baik baik !
s'il vous plaît (pour demander quelque chose poliment) : tolong
merci (beaucoup) : terima kasih (banyak)
je vous en prie/pas de quoi/de rien : sama-sama/kembali
je vous en prie (asseyez-vous) ! : silakan (duduk) !
pardon, désolé ! (pour s'excuser) : ma'af !

Quelques mots et expressions utiles

oui ya **non, ne... pas (après un verbe ou un adjectif)** : tidak, nga
il y a/y a-t-il ? il n'y a pas : ada/ada ?/tidak ada
pas de problème ! : tidak apa-apa/tidak ada masalah/bukan masalah !
parlez-vous indonésien ? : bisa bahasa indonesia ?
oui, un petit peu : ya, bisa sedikit
je ne comprends pas : (saya) tidak mengerti
quel est votre nom ? : namanya siapa/siapa nama anda ?
je m'appelle... : nama saya...
où allez-vous ? : mau ke mana ?
d'où venez-vous/de quel pays (origine, nationalité) ? : dari mana/asal(nya) dari mana ?
de France/je suis français : dari Perancis/saya orang Perancis

Les notions de temps

année : tahun
après-demain : lusa
après-midi (entre 15h et 19h) : sore
aujourd'hui : hari ini
combien de temps : berapa lama
date : tanggal
demain : besok
déjà : sudah
d'abord, autrefois : dulu
en retard : terlambat
heure : jam
hier : kemarin
il est 3h : jam tiga
jour : hari
le temps élastique : jam karet
long, longtemps : lama
maintenant : sekarang
matin (entre 5h et 7h) : pagi-pagi
matin (entre 7h et 11h) : pagi
midi (entre 11h et 15h) : siang
minute : menit
mois/lune : bulan
pas encore : belum
quel jour sommes-nous (de la semaine) ? : ini hari apa ?
quelle heure est-il ? : jam berapa sekarang ?
semaine : minggu
soir, nuit (dès la nuit tombée) : malam

Les jours de la semaine

lundi : hari senin
mardi : hari selasa
mercredi : hari rabu **jeudi** : hari kamis
vendredi : hari jumat
samedi : hari sabtu
dimanche : hari minggu
jour férié hari raya

S'orienter

à côté de : di sebelah
droite : kanan
est : timur
gauche : kiri
loin : jauh
là-bas : (di) sana, (di) situ
nord : utara
ouest : barat
sous, en bas, en dessous : di bawah
sud : selatan
tout droit : lurus

Les transports

à) bicyclette : (naik) sepeda
(à) moto/mobylette : (naik) sepeda motor/bebek
avec chauffeur pakai sopir
aéroport : lapangan terbang
billet : karcis
de (provenance)... à (destination)... : dari... ke...
descendre : turun
direct : langsung
(en) autobus (de nuit) : (naik) bis (malam)
(en) avion : (naik) pesawat terbang
(en) barque : (naik) perahu
(en) ferry : (naik) kapal
(en) train : (naik) kereta api
(en) voiture : (naik) mobil
essence : bensin
gare ferroviaire : setasiun (kereta api)
gare routière : terminal (bis)
jusqu'à : sampai
louer : sewa
monter : naik
partir, aller : pergi
partir, quitter : berangkat
port : pelabuhan
revenir, retourner : kembali
siège, place assise : tempat duduk
taxi-moto ojek

Se promener et visiter

aller à pied : jalan kak
cascade : air terjun
(centre-)ville : (pusat) kota
cérémonie : upacara
cinéma : bioskop
école : sekolah
église : gereja
entrée : masuk
étoile : bintang
fermé : tutup
forêt, jungle : hutan
grotte : gua
île : pulau
jardin (botanique/zoologique) : kebun (raya/binatang)
lac : danau
maison : rumah
mer : laut
montagne, volcan : gunung, gunung api
mosquée : mesjid
office de tourisme : dinas/kantor pariwisata
ouvert buka
palais : kraton (à Java), puri (à Bali)
parc : taman
plage : pantai
rivière : sungai
rue, route (principale) : jalan (raya)
ruelle : gang
réserve naturelle : cagar alam
sortie : keluar
source chaude : air panas
temple : pura (à Bali), candi (à Java)
ticket : karcis
village : desa, kampung

Au restaurant

ananas : nanas
banane : pisang
beurre : mentega
bière : bir
boire : minum
boissons : minuman
bon, délicieux, : enak, sedap
bouteille : botol
brochettes : sate
bœuf : sapi
cacahuètes : kacang
café noir sucré (amer/au lait) : kopi (pahit/susu)
calamar, seiche : cumi-cumi
canard : bebek
chocolat au lait : susu coklat
chèvre, mouton : kambing
citron : jeruk nipis
condiment au piment : sambal
couteau : pisau
crabe : kepiting
crevettes : udang
crème glacée : es krim
cuillère : sendok
doux, sucré : manis
eau minérale : aqua
eau : air
épicé : pedas

fourchette : garpu
frit, sauté : goreng
fromage de soja (tofu) : tahu
fromage à base de graines de soja : tempe
fruits de mer : makanan laut
fruits : buah
gargote : warung
garçon! : Mas!
glace : es
gâteau : kue
lait : susu
langouste : lobster
légumes : sayur
l'addition minta bon**soupe** : sop, soto, kuah
mademoiselle! : Mbak!
manger, peut-on manger? : makan, bisa makan?
mangue : mangga
menu : daftar makan
noix de coco (jeune) : kelapa (muda)
nouilles : mee, mie
nourriture : makanan
orange : jeruk manis
œufs : telur
pain : roti
papaye : papaya
piment : lombok, cabe
poisson : ikan
pomme de terre (frite) : kentang (goreng)
porc : bab
poulet : ayam
rassasié, repu : kenyang
restaurant : rumah makan
riz : nasi
sauce de soja (salée/sucrée) : kecap (asin/manis)
sel : garam
soupe de nouilles aux boulettes de viande : mie bakso
sucre : gula
thé : teh
verre : gelas
viande : daging
vin (rouge/blanc) : anggur (merah/ putih)

Les achats

acheter : beli
argent (métal) : perak
bois : kayu
cigarettes : rokok
combien ça coûte? : berapa harganya?
cuir : kulit
magasin, boutique : toko
marchander : tawar
marché : pasar
masque : topeng
or : mas
peinture, tableau : lukisan
pour le plaisir des yeux : cuci mata
sculpture : ukiran
prix (normal, habituel) : harga (biasa)
tissu : kain
trop cher : terlalu mahal
vous pouvez baisser un peu? : bisa kurang sedikit?
vêtement : baju, pakaian

La poste

adresse : alamat
bureau de poste : kantor pos
colis : paket
carte postale : kartu pos
enveloppe : amplop
envoyer : kirim
lettre : surat
timbre : perangko

Le téléphone

carte de téléphone : kartu telpon
centre de téléphone : kantor telpon, Wartel, Telkom
local/interurbain/international : lokal/interlokal/luar negeri
numéro de téléphone : nomor telpon
téléphone à carte : telpon kartu

La banque

argent : uang
changer : tukar

Carte générale

Premier rabat de couverture

Cartes des régions

Plans de ville

Cartes des circuits

Plans de site

Note au lecteur

Michelin a apporté le plus grand soin à la rédaction de ce guide et à sa vérification. Toutefois, les informations pratiques (formalités administratives, prix, adresses, numéros de téléphone, adresses Internet, etc.) doivent être considérées comme des indications du fait de l'évolution constante de ces données. Il n'est pas totalement exclu que certaines d'entre elles ne soient plus, à la date de parution du guide, tout à fait exactes ou exhaustives. N'hésitez pas à nous signaler toute omission ou inexactitude que vous pourriez constater, ainsi qu'à nous faire part de vos avis et suggestions sur les adresses contenues dans ce guide.
Avant d'entamer toute démarche, formalités administratives ou douanières notamment, vous êtes invité à vous renseigner auprès des organismes officiels. Ces informations ne sauraient, de ce fait, engager notre responsabilité.

Collection sous la direction de Philippe Orain

Responsable d'édition et rédactrice en chef du guide : Natacha Brumard

Réalisation éditoriale : Sandrine Favre

Rédaction : Catherine Bourzat, Élisabeth Cautru, Anaïs Duraffourg, Gilles Guérard, Marion Lemerle, Philippe Pataud Célérier, Jérôme Saglio, Tiphaine Saint-Criq

Ont contribué à ce guide : Ecaterina-Paula Cepraga, Costina-Ionela Lungu (**Cartographie**), Véronique Aissani, Carole Diascorn (**Couverture**), Emilie Reaux, Marie Simonet, Marion Capera (**Iconographie**), Dian Novita Seligmann (**Données objectives**), Bogdan Gheorghiu, Cristian Catona, Hervé Dubois, Pascal Grougon (**Prépresse**), Dominique Auclair (**Pilotage**)

Conception graphique
Christelle Le Déan, Sandro Borel (maquette intérieure)
Véronique Aissani (couverture)

Régie publicitaire et partenariats
contact.clients@editions.michelin.com
Le contenu des pages de publicité insérées dans ce guide n'engage que la responsabilité des annonceurs.

Contacts
Vous souhaitez nous contacter ?
Rendez-vous dans la rubrique contact de notre site internet :
editions.michelin.com

Parution 2024

MICHELIN Éditions
Société par actions simplifiée au capital de 487 500 EUR
57 rue Gaston Tessier – 75019 Paris (France)
R.C.S. Paris 882 639 354

Dépôt légal : 07- 2023 – ISSN 0293-9436
Compograveur : MICHELIN Éditions, Voluntari (Roumanie)
Imprimeur : Chirat, St-Just-la-Pendue
Imprimé en France : 07- 2023

Sur du papier issu de forêts bien gérées